内 容 简 介

　　针对当今世界正在发生的深刻而宏阔的大变局，本书以最新视野，重评当代政治哲学及其前沿论题，突出了四大特点：第一，批判长期主导政治哲学领域的"西方中心主义"理论传统，紧密结合世界全球化和中国式现代化新进程，强调当代政治哲学的多元化发展趋势，尤其是首次引入并总结拉丁美洲新兴政治哲学的研究成果；第二，重新评价政治哲学史，根据当代全球政治的新动向，参照历史上最重要的政治哲学家的相关理论，坚持亚里士多德早已确定的基本原则："公正是为政的准绳，因为实施公正可以确定是非曲直，而这就是一个政治共同体秩序的基础"，一方面简略概述西方政治哲学的发展历程，另一方面重视其在当代所可能采取的多元化理论形态；第三，集中评述最新的政治哲学争论状况及其理论焦点，全面分析当代政治哲学的新型理论论述形态，紧密结合当代全球政治形势的错综复杂状态及其不确定性动向，探索未来新政治哲学的可能发展方向；第四，以多学科或跨学科的景观，彻底超越西方传统政治哲学论述的框架，清除各种为西方强权干预他国内政实行霸凌行径进行辩护的观念和方法，使 21 世纪的政治哲学能够在广阔而开放的理论层面上，实现全面的复兴和重建。

人民文库 第二辑

当代政治哲学

（修订版）

（第一卷）

高宣扬｜著

人民出版社

责任编辑：洪　琼

装帧设计：肖　辉　王欢欢

图书在版编目（CIP）数据

当代政治哲学：1—4 卷/高宣扬 著. —北京：人民出版社，2023.4

（人民文库. 第二辑）

ISBN 978 - 7 - 01 - 025458 - 6

Ⅰ. 当… Ⅱ. 高… Ⅲ. 政治哲学-研究　Ⅳ. D0

中国国家版本馆 CIP 数据核字（2023）第 034959 号

当代政治哲学

DANGDAI ZHENGZHI ZHEXUE

第一——四卷

高宣扬　著

人民出版社 出版发行

（100706　北京市东城区隆福寺街 99 号）

北京新华印刷有限公司印刷　新华书店经销

2023 年 4 月第 1 版　2023 年 4 月北京第 1 次印刷

开本：710 毫米×1000 毫米 1/16　印张：77.75

字数：1300 千字

ISBN 978 - 7 - 01 - 025458 - 6　定价：499.00 元（全四卷）

邮购地址 100706　北京市东城区隆福寺街 99 号

人民东方图书销售中心　电话（010）65250042　65289539

出 版 前 言

1921年9月,刚刚成立的中国共产党就创办了第一家自己的出版机构——人民出版社。一百年来,在党的领导下,人民出版社大力传播马克思主义及其中国化的最新理论成果,为弘扬真理、繁荣学术、传承文明、普及文化出版了一批又一批影响深远的精品力作,引领着时代思潮与学术方向。

2009年,在庆祝新中国成立60周年之际,我社从历年出版精品中,选取了一百余种图书作为《人民文库》第一辑。文库出版后,广受好评,其中不少图书一印再印。为庆祝中国共产党建党一百周年,反映当代中国学术文化大发展大繁荣的巨大成就,在建社一百周年之际,我社决定推出《人民文库》第二辑。

《人民文库》第二辑继续坚持思想性、学术性、原创性与可读性标准,重点选取20世纪90年代以来出版的哲学社会科学研究著作,按学科分为马克思主义、哲学、政治、法律、经济、历史、文化七类,陆续出版。

习近平总书记指出："人民群众多读书，我们的民族精神就会厚重起来、深邃起来。""为人民提供更多优秀精神文化产品，善莫大焉。"这既是对广大读者的殷切期望，也是对出版工作者提出的价值要求。

文化自信是一个国家、一个民族发展中更基本、更深沉、更持久的力量，没有文化的繁荣兴盛，就没有中华民族的伟大复兴。我们要始终坚持"为人民出好书"的宗旨，不断推出更多、更好的精品力作，筑牢中华民族文化自信的根基。

人民出版社

2021 年 1 月 2 日

目　录

《人民文库》第二批书目

马克思主义

马克思传	［德］弗·梅林著　樊集译
恩格斯传	［德］海因里希·格姆科夫等著　易廷镇／侯焕良译
中国共产党思想理论发展史	张启华／张树军主编
社会主义通史（八卷本）	王伟光主编
马克思主义哲学的当代论域	陶德麟／汪信砚主编
资本论注释	［苏］卢森贝著　李延栋等译
唯物史观与中共党史学	张静如著
当代视域中的马克思主义哲学	汪信砚著
马克思主义哲学史教程	何萍著
辩证法与实践理性	贺来著
生态马克思主义经济学原理（修订版）	刘思华著
物与无：物化逻辑与虚无主义	刘森林著
市民社会论	王新生著
现代性论域及其中国话语	张曙光著
东方的崛起：关于中国式现代化的哲学反思	杨耕著

哲　学

境界与文化	张世英著
中西文化与自我	张世英著
新仁学构想	牟钟鉴著
逻辑经验主义	洪谦著
存在论——实际性的解释学	［德］海德格尔著　何卫平译
思的经验	［德］海德格尔著　陈春文译
智慧说三篇（简本）	冯契著／陈卫平缩编
维也纳学派哲学	洪谦著
克尔凯郭尔：审美对象的建构	［德］T.W.阿多诺著　李理译
中庸洞见	杜维明著　段德智译
西方美学史教程	李醒尘著

历　史

中国古代社会	何兹全著
中国通史简本	蔡美彪主编
中国民俗史（六卷本）	钟敬文主编　萧放副主编
中国长城史（增订本）	景爱著
灾荒与饥馑：1840—1919	李文海／周源著
魏晋南北朝隋唐史三论	唐长孺著
中国史学思想史	吴怀祺著
中国近代海关史	陈诗启著
匈奴通史	林幹著
拉丁美洲史（修订本）	林被甸／董经胜著
东南亚史（修订本）	梁英明著

修订版前言

  《当代政治哲学》两卷本首版由人民出版社于 2010 年出版,不到两年,承蒙读者的关爱和支持,早已售罄于市。今值人民出版社 100 周年社庆,荣幸地被列入《人民文库》再版之际,对原著进行较大修订,以适应新时代政治哲学研究的实际状况及其需要。

  本书修订版,除了对原有论述做了更加细致入微的改善以外,还增加了近十年来政治哲学学术争论与研究的最新成果,最重要的,包括:

  (一)在本书"导论"的第二节"政治的技术化"中,增加法国国立巴黎高等矿业学校(Mines ParisTech)的"科学发明社会学研究中心"(Centre de sociologie de l'innovation)研究员布鲁诺·拉图尔(Bruno Latour,1947—)与米歇·卡隆(Michel Callon,1945—)、玛德琳·阿克里斯(Madeleine Akrich,1959—)等,以法国年鉴学派的基本理论为基础,将"长程的历史研究"与"短程的历史研究"相结合,采用英国社会学家兼哲学家约翰·劳(John Law,1941—)、阿雷·利普(Arie Rip,1941—)、苏姗·雷斯塔(Susan Leigh Star,1954—)及加利福尼亚大学伊尔温分校的乔菲雷·波克尔(Geoffrey C.Bowker)等人的科学社会学理论,提出的"'行动者—网络'理论"(Théorie de l'acteur-réseau;Actor-network theory,简称"ANT"),强调当代社会是一个由科技力量统治的网络系统,不应该继续使用传统"主体—客体"、"主观—客观"等思维模式,而是必须以网络的观点和方法,将现实世界中的一切事物和事件,当成由相互关系网络构成的系统,其中的各个组成部分和各个组成要素,都是相互关联的独立因素,其行动和命运,都不可能是由该因素本身所决定,更不应该把网络中的一个元素,当成某个"主体";相反,所有的元素,都是由环绕它的整个网络的性质以及组成该网络的各因素之间的张力所决定。按照这个理论,当代社会无非就是"现代性"的流产儿,是"科学实验室的延展物"。此外,"导论"还增写了第四节"现代化的生态政治"。

(二)本书第一章第四节"对政治哲学论述的'真理性'的质疑",增加了"后真理政治"(Post‐truth politics;Ère post‐vérité;Postfaktische Politik 也被称为"后真实政治"post‐factual politics 或 post‐reality politics)。"后真理政治"是当代社会的一种政治文化现象,其重要特征,就是占统治地位的媒体系统,使用最有效的科学技术手段,结合社会上占统治地位的政治、经济和文化垄断势力,操纵一群盲目追求"时髦"的群众,采用人为虚拟化的符号和象征性游戏,制造大量信息,真假难辨,混淆视听,并高频率和紧密节奏地重复主流媒体发出的有关信息,旨在煽动接受信息者及其群体激起某些有利于进一步推广其信息的情感,促使受煽动的群体疯狂地追随该信息的鼓动。这种新型的信息传播形态,把社会、政治、经济和文化紧密地捆绑在一起,旨在推行由占统治地位的媒体及其后台势力所制定的各种政策、策略及其所保护的利益。

为了深入分析这种"怪异"政治现象,本书在分析中增加了法国社会学家鲍德里亚(Jean Baudrillard,1929—2007)的文化消费理论以及"思辨的现实主义"(Speculative Realism)的理论,引用西方新一代哲学家梅雅恕(Quentin Meillassoux,1967—)、哈尔曼(Graham Harman,1968—)、雷·波列西耶(Ray Brassier,1965—)、燕·哈密尔顿·格兰(Iain Hamilton Grant,1963—)等一批出生于 20 世纪 60 年代之后的年轻学者所倡导的"思辨的现实主义"观点[1]。在

---

① Quentin Meillassoux, *Après la finitude : Essai sur la nécessité de la contingence*, Paris, Seuil, 2006; *Le Nombre et la Sirène : Un déchiffrage du Coup de dés de Mallarmé*, Paris, Fayard, 2011; *Métaphysique et fiction des mondes hors‐science, suivi de La Boule de billard d'Isaac Asimov*, Paris, Aux Forges de Vulcain, 2013. Graham Harman, *Speculative Realism : An Introduction*, John Wiley & Sons, 2018; Graham Harman., *Prince of Networks*, 2009;213; Graham Harman, "On Vicarious Causality", in *Collapse II*, 1997;201; Bryant, Levi; Harman, Graham; Srnicek, Nick (2011). *The Speculative Turn : Continental Materialism and Realism* (*PDF*). Melbourne, Australia, 2011; Eugene Thacker., *After Life*, 2010; x; Bennett, Jane. *Vibrant matter a political ecology of things*. Durham; Duke University Press, 2010.

这些"思辨的实在论"哲学家看来,世界是在我们之外的实体,它们是充满偶然性和不确定性的存在,并不是科学技术所认定的确定对象,也并不是可以通过"主客相互关系"而被我们认识到;相反,世界本身的存在与我们的思维无关;我们所论述的一切,不过是我们自己对外在事物的一种解释,而世界本身是以其自身的逻辑进行运转,我们掌握的知识充其量也只是我们自己的判断而已,所谓"知识"只能在我们生活的范围内有效,对我们有好处,但知识毕竟是"我们的知识",我们的知识不等于世界的存在;外在的世界以其难以辨别的不确定性,以其多种"偶然性",发生复杂的变化和运动。

这些"思辨的现实主义"思想家认为,现代社会受到启蒙时代以来惯用的科学思维模式的长期危害;从康德开始所贯彻的西方哲学形而上学或本体论研究,一直坚持根据康德哲学的主客二元对立思维范式,采用这种主客体相关系原则(correlationism),进行知识真理的探究,把思维主体与存在(思维对象)的相互关系界定为思维可能性的逻辑范围,认定只有在这个逻辑范围内,才有可能发现真理;反之,只要在思维主体与存在(思维对象)的相互关系网之外的一切存在,都是被裁定为不可知的"物自体"①。

但是,现代社会对于世界的探索以及科学技术的最新成果表明,宇宙和世界是无限的,而且,宇宙和世界的存在是非常复杂的,它们同我们之间并没有确定的相互关系。我们所掌握的知识永远是有限的;知识掌握得越多,越显示出我们先前的知识的不可靠性,甚至是错误的;而宇宙和世界本身,永远会发生我们所未知、甚至不可能知道的事物,我们掌握的知识越多,越展现更多的"不确定性",越面临更多的风险性。因此,我们的知识与外在世界之间,只有在有限范围内,才有一定的可靠性,而真正的外在世界,却永远在我们之外,它们的存在与我们的知识并没有关系,一切外在世界都充满偶然性,它们的真正状况及其本质,是由一系列难以断

---

① Meillassoux, Quentin. *After Finitude*. New York, New York: Continuum. 2008:5; Bryant, Levi; Harman, Graham; Srnicek, Nick. *The Speculative Turn: Continental Materialism and Realism*. Melbourne, Australia, 2011:8.

定的偶然性所组成的①。

从 21 世纪初以来,越来越多的新一代西方哲学家参与关于思辨的现实主义哲学本体论问题的讨论,在不承认存在真正的真理的前提下,他们纷纷又提出了各种"新"观点,使思辨的现实主义思潮蔓延开来,也因此而形成了西方思想的"思辨的转向"(The Speculative Turn)。正是"思辨的实在论"的本体论思想,为"后真理政治"提供了形而上学基础。

(三)第四章第八节"让·吕克·南希政治哲学的艺术模式",增添了大量新资料,也进行了更深入的分析研究。

在南希的政治哲学著作中,《运转不得的共同体》(La communautédésoeuvrée,1986)具有典范意义。南希从政治哲学基本概念"共同体"出发,试图论证:真正的共同体,就是一方面在肉体上,共同生活在一起,却又不构成一个不可分割的同一总体;另一方面,在心灵上,始终保持自身的个性,展现在其自身生活的维度内,展现在其生活的空间中,以其自身特殊敏感的"触感"(toucher),感触周围的一切,体谅他人的存在。这样的共同体的最高典范,就是共同体所有的人,相互之间,在肉体和心灵两方面,既保持各自的特殊性、敏感性和个别性,又实现相互之间的亲密无间,彼此间实现赤裸裸的毫无隐私的坦诚关系,达到原始社会每个人都毫无遮蔽而坦诚相见的程度:在那里,既没有法制约束,又无道德规范。

显然,在他看来,在现代化社会中是不可能存在这样的真正的"共同体";因此,现在所有的所谓共同体,无非是无法真正运作、也无法真正实

---

① Paul John Ennis, *Post−continental Voices*: *Selected Interviews*, John Hunt Publishing, 2010; Mackay, Robin(March 2007). "*Editorial Introduction*". Collapse. 2(1): 3−13; Quentin Meillassoux. *After Finitude*, 2008: 5; Graham Harman., *Prince of Networks*, 2009: 213; Graham Harman, "*On Vicarious Causality*", in *Collapse II*, 1997: 201; Bryant, Levi; Harman, Graham; Srnicek, Nick(2011). *The Speculative Turn*: *Continental Materialism and Realism*(*PDF*). Melbourne, Australia, 2011; Eugene Thacker., *After Life*, 2010: x; Bennett, Jane. *Vibrant matter a political ecology of things*. Durham: Duke University Press, 2010; Michael Austin, Paul Ennis, Fabio Gironi., *Speculations III*, punctum books, 2012; Ray Brassier, *Nihil Unbound*, 2007; Ray Brassier interviewed by Marcin Rychter "*I am a nihilist because I still believe in truth*", *Kronos*, March 4, 2011; Graham Harman, *Speculative Realism*: *An Introduction*, John Wiley & Sons, 2018.

施的"无法操作的共同体"（La communautédésoeuvrée）①。

南希通过对阿尔杜塞、德勒兹、海德格尔、布朗索、荷尔德林等人的思想的研究，认为现实的社会并不是现代化理念中的系统化和统一化的社会，而是一个"分裂的片段化的世界"，不可能归属于现代的系统化的社会体系之中（un monde fragmenté, irréductible à la systématicité moderne）。

南希观察到，现代社会所憧憬的和谐共同体的实质，其实是自我残杀的社会，也是窒息各社会成员的创造精神的制度。他认为，共同体是运转不了和不可操作的，它无法实现其设计者预先期望的目的。南希使用"运转不得"（désœuvrée）这个词，表示"无法投入实施过程"（incapable de se mettre en œuvre）的自我瘫痪状态，因此，南希主张揭示一切社会共同体的"瘫痪无能"（le désœuvrement de la communauté），并把共同体本身的瘫痪，当成它自身得以自我转换而实行自我开放的一个珍贵的机会。

南希宣称，真正的共同体的本义是"生活在一起"（Vivre ensemble），也就是与他人共处于一个共同体，能够进行相互沟通以及"相互感染"②，但又不至于相互融合，也不实现相互同一化，而是保留每个人自身的多元化的特殊性。"我们之间亲密有间"（Il n'y a rien entre nous），意思是说，我们在一起，既亲密，又疏远；在一起，并不意味着相互同化，而是各自保持自己的多样化的个性，但又相互坦诚相见。

南希的思想基础，实际上就是试图否定现代性以来所有政治建制，实现一种乌托邦式的生活方式。

（四）第四章第十节"贾克·朗希耶的解放美学"，补充了朗希耶最近以来的政治思想创造成果。

针对当代国际政治全球化的特征，朗希耶以他的政治艺术化理论为基础，提出了政治图像化的新概念，既深刻地揭示当代政治的历史性质，又生动地描述了当代政治与媒体传播事业、艺术制作和权力象征化的结合。

---

① Nancy, J.-L. *La Communautédésavouée*, Paris, Galilée, 2014; *La Comparution*(*politique à venir*), Paris, Christian Bourgois, 1991:75;77-78;80;130.

② 本书作者注：南希原文使用法语 la contamination，表示"感染"，具有隐喻的意义。

贾克·朗希耶的政治哲学的重要意义,在于向我们提供了当代法国政治哲学典范转变的一个重要特点:在经历近半个多世纪的思想创造运动之后,一批年轻一代的思想家不愿意继续沿着由上一代解构主义思想家所开创的反传统路线,宁愿依据他们自己对现实的精细观察经验,创造性地走上崭新的思路。

按照贾克·朗希耶的实际观察,当代政治生活在本质上发生了根本变化,主要体现在文化因素通过最新的科学技术成果向政治的全面渗透,以致打破了政治本身原来的封闭体系,成为以当代文化创造模式为参照系统的新政治,这就是贾克·朗希耶所说的"政治的图像化"。

20世纪80年代以后,由于科学技术的迅猛发展以及科技贵族与政治寡头的联合专政,当代社会已经转化成为被科技贵族与政治寡头联合专政下所控制的"景观社会"或"图像社会"。统治者使用他们手中所垄断的媒体、教育、科学技术及管理机构系统,越来越把"专家"与大多数"不懂技术的人"对立起来。因此,每个人负有一种特殊的历史使命,使自己从被动的"景观观望者"变成为掌握自己命运的主动的"被解放的观望者"(spectateur émancipé)。

现代社会是人为的图像泛滥、并操纵观望者的异化社会。这是充满人为的图像(images artificielles)的怪诞社会,但新的图像社会却充满着悖论:一方面,它制造了大量新型的人为图像,使图像从原有的天真自然的性质,变为人们相互之间进行斗争的手段,使图像失去了原有的文化创造的意义,从而使图像有可能成为麻醉人民的鸦片;另一方面,图像的制作又给予人民一个新的希望和改造社会的可能性,因为图像制作使历史回归到原始社会中自然创造文化的淳朴时代,给予每个人进行文化创造的新机遇。

朗希耶在他著作《被解放的观望者》中指出:生活在当代社会中的人,"是被过度泛滥的图像所异化的人";为了从他人制造的图像的控制下解脱出来,唯一有效可行的途径,就是使自己也成为图像制作者,并以自己所创造的图像,使自己从原来的图像"观望者"身份转化成图像制作者的身份,从而使自己成为当代图像社会的主人,自己也真正成为参与到图像社会的命运决定者之列。

在这里,朗希耶一方面继承了德勒兹的"战争机器"的概念,另一方面也发展了福柯关于权力多向性和多维性的思想,把当代社会中错综复杂的权力斗争网络揭示出来,并使自身主动地面对社会的权力斗争网络,用自身的智慧和权力资源,反过来对抗被统治者所操纵的权力网络,使之转变成为由自身所决定的权力网络。

对于朗希耶来说,如同福柯和德勒兹那样,人人陷入社会权力网络是难免的,甚至是不可避免的;身为社会的一个成员,无法摆脱权力网络的控制。唯一可行的,是使自身参与到权力网络的张力关系中,用自身的斗争策略,对抗现成的权力斗争网络,并使自身从被宰制的地位转化成主动的"自身决定自身"的新地位。

对朗希耶来说,当代社会的图像化,决定了我们必须采取图像创造的策略,来对付原来已经图像横行的社会。在当代图像社会中,权力斗争网络的特征,就在于:图像作为文化创造的重要手段,已经同社会权力网络渗透成一体;原有靠文字制作的文化创造模式,已经被图像制作模式所取代。

以往的语言文化社会早已被占统治地位的旧意识形态和旧文化传统所腐蚀;当代图像社会的兴起,原本具有革命意义,因为它消除了传统语言文字文化的诸多弊病,通过图像创造使文化创造的权利有可能再次归还给社会的大多数人。图像原本是文化的最早创造模本,也是社会大多数人所容易接受和易懂的手段。图像取代文字语言,就此而言,具有积极意义;它特别有利于推广大众文化的传播。

但另一方面,图像制作又有利于社会中掌握权力和媒体手段的统治者,使他们有可能发挥其优势,掌握图像制作的生产和再生产的垄断权。由此便产生了图像社会进一步发展的危险和危机。

朗希耶所创建的"解放哲学"(la philosophie de l'émancipation)倡导所有的人,无例外地积极主动参加思想创造活动。朗希耶认为,现代社会的发展,特别是由于现代社会中科学技术的盲目膨胀泛滥及其在社会整体的统治地位,使思想创造活动被社会中号称"思想精英"的少数人所垄断,他们把社会大多数人排除在思想创造运动之外,实际上剥夺了每个人的思想自由。

贾克·朗希耶的政治哲学一方面针对当代西方社会的政治制度与政治生活的根本转折,提出了以"后民主制"(Post-demcratie)为核心范畴的新政治哲学体系,强调真正的政治,本来就是一种"汇聚点"(point de confluence),它是"各种不同的力量的相遇",尤其是代表"政府"的"警察"与代表"解放"的美学力量的冲突,因此,朗希耶突出了"意见分歧"(Mésentente)、"警察"(Police)、"平等"(Egalite)、"后民主制"等基本概念;另一方面,他又结合当代社会政治与技术以及艺术的紧密结合的特点,创建一种富有政治哲学意义的新美学理论,从而试图把政治与美学结合在一起,主张通过美学创作激起民众向往美好的社会,颠覆传统西方古典政治哲学体系,提出了"解放美学"理论。

在朗希耶的新政治哲学中,代表政府统治力量的警察(la police 包括所有的警政系统)是囊括一切的宰制和控制机构,它试图把社会的所有因素都控制在特定界限内。在政治领域中,与警察相对立的,是旨在实现完全自由的"解放过程"(Le processus d'émancipation),这是一种联合所有渴望自由和追求平等的人们的奋斗过程,也就是团结一切力量实现解放的游戏活动,解放的目标是使各种力量能够合理共享他们共同生活的世界。在解放的世界中,每种力量都有机会实施他们的游戏规则。警察与解放,不可相容,甚至"不共戴天",因此,当代的实际政治,绝不是真正的政治,也是行不通的。

(五)第四章第十五节"德勒兹",重新全面论述德勒兹政治哲学的基本概念及其特点。首先,德勒兹拒绝把政治当成可以独立于人的"内在性"的外在活动;对他来说,政治不是人的超越活动,恰恰相反,政治是人的内在本质的直接表现;人是一种具有"绝对内在性"(immanence absolue)的特殊存在。人的一切活动,包括政治在内,无非就是人的内在性的自我表演,也就是说,是人的内在精神心理活动的外化或实施;包括政治在内的人类一切活动,其真正奥秘,只能在人的内在性中去寻找。因此,对人来说,不存在所谓的"超越"(pas de transcendant),也没有"否定"

（pas de négation），没有"缺乏"（pas de manque）；有的只是"情志的谋划"（un complot d´affects），一种"寻欢的文化"（culture de la joie），一种"对权力的绝对摒弃"（une dénonciation radicale des pouvoirs）①。

德勒兹强调：这是一种发自人的内心的欲望和情感，它引导人疯狂地向与死亡完全相反的方向猛跑！它也引导生命在其自身内在创造力量尚存的任何时刻进行最强劲的创造活动，它体现了人的内在精神生命的强大威力，这也集中体现了德勒兹的尼采主义哲学思想，强调人的内在意志、情感、欲望和理智等精神力量的绝对重要性。

实际上，我们所生活的世界，就是我们自己所感受和所观察到的世界的结合体；在我们所感知或观看到的世界以外，并不存在真正的世界；换句话说，"自在的世界"是不存在的。我们自己的内心世界有能力创建我们自己的世界。世界是由我们自己来创造的。

德勒兹认为，人的内在生命具有强大无比的威力，有可能成为创造自己和创造世界的伟大力量。人必须坚信自身的创造精神，必须充分发挥自己的内在创造性，创建一个属于自己的世界。外在的世界无非只是"向内折的皱褶"，不应该对世界寄托不切实际的幻想，唯有自身的内在性力量，才能通过自己的思想，创造并改变世界以及自己与世界的关系。

（六）第五章"拉丁美洲的政治哲学"做了大规模的补充，强调拉丁美洲政治哲学在当代全球政治中具有极其重要的理论和实践意义，应该重视拉丁美洲政治哲学的发展及其战略地位。拉丁美洲政治哲学是当代全球政治哲学领域中最能代表"第三世界"政治哲学的典范。

拉丁美洲的政治哲学家们从 20 世纪 50 年代之后，独立地创建了具有世界意义的政治哲学理论，不可忽视。拉丁美洲政治哲学的兴起、传播及其实践，彻底打破了政治哲学领域长期以来占统治地位的"西方中心论"，在理论和实践两方面，具有重要的战略意义。

为此，第五章增添了卡斯特罗和格瓦拉的政治哲学，以他们的政治哲学为典范，说明当代全球政治的未来倾向。

---

① See Dominique Lacout, *Léo Ferré*, Éditions Sévigny, 1991：321-322.

格瓦拉的革命形象随着当代历史的发展,越来越成为各国青年的崇拜偶像。据美国《时代周刊》调查表明,格瓦拉是"20世纪最有名望的一百人中的一位"①,而古巴摄影家阿尔伯特·科尔达(Alberto Korda,1928—2001)为格瓦拉拍摄的"游击战英雄"的照片,也被美国马里兰艺术学院选定为"世界最著名的照片"。

最后,祝愿人民出版社,在人民的关怀下,生命长青,永远为人民出好书。

我们的一切,来自人民。人民就是我们的天地父母。人民不但给予我们生命,还抚育我们成长,向我们提供源源不断的物质和精神力量。

离开了人民,我们就寸步难行,一无所有,我们的生命就失去意义。

我们必须永远与民同心同德,全心全意向人民学习,为人民服务,立德为公,奋发图强,朝气蓬勃,日新月异,让生命永远驰骋于健行不止的创新进程中,鞠躬尽瘁,无愧于人民,不辜负历史和新时代对我们的期望。

高宣扬
Gao Xuanyang

2021 年 7 月 19 日于上海交通大学

---

① Dorfman, Ariel(14 June 1999). *Time 100: Che Guevara. Time magazine.*

首 版 前 言

　　哲学,作为人类的一种"超越"活动,实质上就是以不断更新的"惊奇"态度,一再地向人自身以及人类所面对的世界提出质疑,"发出提问",由此深刻地体现出:人,作为"一种政治动物",其自身始终不满足于既得的现成答案,试图不间断地通过一次又一次的"好奇",使被发问的对象和问题,在延绵的"被搁置"和"被怀疑"中,遭受人的哲学思维的挑战性探讨,成为引诱哲学家永远进行反思的精神创作源泉,并在人生历程中,也成为人类自身的自我超越和自我提升的生命动力。

　　哲学性的惊奇,实际上也是人对自身所处的命运的关切态度。政治,作为人生在世的重要组成部分,自然也是哲学惊奇中不可缺少的一个内容。诚然,哲学家之关心政治,采取了很特殊的方式,使哲学家对政治的"惊奇",既不同于专业政治家的态度,也不同于一般人所表达的方式。

　　哲学家是以探讨政治哲学的理论抽象途径,一方面表现他们对政治事业和人类命运的关切和负责精神,另一方面又当成训练个人"实践智慧"(Phronésis;Practical Wisdom)的重要手段,使自身通过对政治的一再惊奇,将自己培养成掌握社会生活基本经验的成熟的人。

　　正因为这样,哲学家对政治哲学的探讨本身,实际上也就是对现实社会中的实际政治"保持合理间距"的一种生活艺术(l'art de vivre);它是一辈子学不完、做不完的"实践智慧",同时也是丰富哲学活动的内容并不断对哲学进行革新的一个不可或缺的过程。

从事哲学研究的个人命运,使我时时关切政治哲学问题。如同作者对哲学其他问题的关切那样,对政治哲学的论题和探索,始终构成个人从事哲学研究的自我发展和自我超越的精神动力。

这本《当代政治哲学》是应新形势的需要而撰写出来的。这本《当代政治哲学》有四大特点:第一,针对世界全球化和中国现代化的新进程,开辟新的政治视野,集中讨论新的政治论题,引入最新的政治概念;第二,以新的观点和研究成果,重新探讨政治哲学史,根据实际的全球政治的新动向,参照历史上最重要的政治哲学家的相关理论及其基本概念,简略地概述西方政治哲学的发展历程及其在当代所可能采取的多元化理论形态;第三,集中评述最新的政治哲学争论状况及其理论焦点,探索未来新政治哲学的可能发展方向;第四,以多学科或跨学科的景观,开发和探索政治哲学的理论基础及其论述体系,以便彻底超越传统论述的框架,尽可能清除各种早已过时的观念和方法,使21世纪的政治哲学能够在广阔和开放的理论层面上,实现全面的复兴和重建。

然而,任何创新都无法从虚无的文化沙漠出发。正如伽达默尔(Hans-Georg Gadamer,1900—2002)所说,必须承认作为"先见"、"前见"或"前判断"的文化传统所产生的"功效历史意识"(Wirkungsgeschictliches Bewußtsein;Historically-effected Consciousness)及其为我们开辟新"视野"(Horizont;Horizon)的可能性,并认真地从"作为一种人类历史理性的传统"出发,在异常复杂的"视野交错关系"(Horizontverschmelzung;Fusion of Horizons)中,寻求建构开展文化和思想创造活动的坚实基地。①

因此,在结构上,本书一方面优先讨论当代的全球政治问题以及新的政治论述,另一方面又照顾到传统的政治哲学的基本概念及其现实的理论命运,以便在对照不同政治理论的基础上,既使读者掌握当代政治的动态,又使他们懂得理论上的来龙去脉,真正理解当代政治哲学的基本问题,逐渐训练青年学生在哲学思维中形成"创新与传统相交错"的理论视野。

---

① See Gadamer,"Wahrheit und Methode: Grundzüge einer philosophischen Hermeneutik", 5th edn,1975;in *Gesammelte Werke*,Bd. 1. J.C.B. Mohr. Tübingen,1985.

政治哲学,在最近几年的中国学术界,有被"炒作"而"走红"的嫌疑。因此,这本书的出版,似乎赶上了这个"不合时宜的""时髦"。但作者并没有为此担心,因为作者确信:只要现实的社会生活本身还存在政治活动的基础,只要政治哲学本身能够随时灵活地适应全球社会的发展而更新,只要公民们还保持着清醒自律的政治意识,政治哲学就有可能也有必要,在社会中获得发展和更新,并因此有可能找到它的适当读者。

值得指出的是,为了不迎合当前流行的各种观点,本书在政治哲学争论和前沿论题方面所强调的,恰恰是当前国内流行的政治哲学话语所忽略,甚至是与其相对立的部分。所以,本书有意提供不同于现行国内政治哲学讲坛的"另类"政治哲学观察视野。

最重要的,也是作者在这里要突出强调的:本书并不同意各种推崇列奥·斯特劳斯(Leo Strauss,1899—1973)政治哲学观点的"时髦"论述,因为他的政治哲学实际上并不是当前西方政治哲学界的"最重要的理论",甚至也不是美国政治哲学中的首要典范。人们实际上误解了他的政治哲学,甚至有意制造了关于他的神话。

作者经常遇到来自美国的政治哲学家,他们往往感到奇怪和费解:"在美国并没有被多数人理解的列奥·斯特劳斯,为什么在中国得到了远比美国学术界高得多的礼遇和传颂?"更难以理解的是,当中国的列奥·斯特劳斯追随者声称他们是"受美国政治哲学气氛的影响"的时候,美国政治哲学家反而宁愿以"沉默"的智慧,表示他们对此采取的更为谨慎的认真态度。至于在欧洲,列奥·斯特劳斯倒真的几乎成为了"死狗",被多数理论家所冷落,因为他的政治哲学既不是当代欧洲的"主流"派别,甚至也不是自由主义的最重要的学派,只不过是整个自由主义大流派中的一个热衷于传统"精英政治"的保守主义小分支。就连他的原籍德国的同胞,也很少以中国政治哲学界所表现的如此狂热态度来讨论他的政治哲学理论。这一切,值得引起中国政治哲学界的注意。

本书的基础,还涉及作者此前更久远的研究生涯:它是作者近30年在法国国家科学研究中心政治哲学研究所的研究成果以及在欧美各国的实地考察而收集的原始资料的综合性作品,同时,还适当借用了作者在国内外讲授政治哲学课程的讲稿和撰写的各种专题论文的内容,其中还包含作者在巴黎国际哲学研究院、巴黎第十大学政治系、台湾大学、东吴大学及台湾政治大学所做的政治哲学相关研究。

基本上,本书试图向 21 世纪的大学生、研究生及一般具有政治意识的公民,提供一个比较适时、完整而简明的当代政治哲学理论及其主要概念,使他们清楚地了解到当代政治活动以及政治哲学的特点,同时也获得关于当代政治哲学的最一般和最基础的知识,为进一步进行创造性的理论思考奠定基础。

本书原来的安排,包括两大部分:第一部分是当代政治哲学的典范论述及其转换;第二部分是当代重要的政治理论,讲述政治和政治哲学的基本概念(政治和政治哲学的一般定义、研究范围及其历史演变),并按国别也按政治哲学家个人以及按不同学派,分别进行论述并加以比较。

关于政治哲学的参考资料,本书主要引用外语原文(英文、法文和德文)的第一手资料,特别是最新的资料,使读者从一开始研究政治哲学,便习惯于查阅和分析原文发表的原始资料以及最新的文本。

高宣扬

初稿于 2007 年暑假

法国尼斯东郊

Saint Laurent du Var 别墅;

定稿于 2009 年寒假

法国南部 Cagnes sur Mer 海边别墅

导　论

当代政治哲学的典范论述

第一节　21世纪"全球政治"的出现

自20世纪80年代以来,全球人类社会,不论在性质上,还是在基本结构及其运作逻辑方面,都发生了根本的变化。政治,作为人类社会的最重要方面,也在全球社会的这场激烈变动中,发生翻天覆地的变化;最重要的是,目前的政治活动,不管是在哪个制度下,也不管是在地球的哪个角落,都已经越过各个民族国家的范围,在任何情况下,都具有全球的性质,以至我们可以说,21世纪的政治,已经成为了"全球社会"的政治,而任何国家的政治也因此都含有"全球政治"的性质。

但是,对于"全球政治"这个概念,还必须进行具体的分析,并正确地理解其真实内容。

首先,"全球政治"并不意味着各具有独立主权的国家以及各地区的特殊政治的彻底消失,也不是像日本的那位自称发现了"新"政治形势的新自由主义者福山(Francis Fukuyama)所说的那样,似乎当代世界已经"达到历史的终结",世界政治将毫无疑问地被纳入自由主义的"新秩序"。①

---

① See Fukuyama, *The End of History and the Last Man*.The Free Press, New York.1992; *La fin de l'histoire et le dernier homme*.Traduit par D.A.Canal, Paris, Flammarion.1992.

相反,全球化的结果,反而给予被冲击的地区性经济、文化和政治以新的机会并从此被"激活"起来。这是一种伴随全球化而发生的全球性"政治共振"现象,也是全球化本身的悖论性所产生的"副产品"。从其性质和实际力量来看,这个"副产品"并非"次政治",而是有可能发展成为决定世界历史未来发展方向的强大动力。

正如16世纪前后国际政治向近现代政治过渡时期所发生的根本转变的状况一样,握有或试图垄断世界霸权的西方国家,总是在国际政治的转变方向、内容及其模式上,基本上扮演着操纵者的角色。

因此,在16世纪前后,出于维护西方霸权利益的需要,当时的西方国家一方面,把它们自身的民族主权列于首要地位,以便使西方各国的国家主权提升到"神圣不可侵犯"的高度;另一方面,为了使他们的殖民活动合法化,对非西方国家则打着传播"西方文明"的旗号,无所顾忌地践踏殖民国家的主权,甚至肆无忌惮地残杀非洲、亚洲及拉丁美洲人民,丝毫不把非洲、亚洲和拉丁美洲国家的"主权"放在眼里;同样也谈不上"尊重殖民地国家的人权"的问题。

在20世纪进入全球化的时刻,西方国家如同它们在16世纪所做的那样,也照样以"双重标准"推行他们的全球政治战略。

就是这样,西方国家的政治哲学理论的代言人之一福山,一方面声称"民族国家的概念过时了",为西方国家推行符合他们利益的全球化策略扫清道路;另一方面又再次提出"人权"和"民主"的口号,以便使它们能够"合法地"打着"维护人权"和"传播民主"的旗号,肆无忌惮地践踏非西方国家的主权,并以他们制定的"标准",不惜通过发动战争的途径,任意地干涉别国主权。就好像在海湾战争中那样,美国等少数民主国家,为了向"流氓国家"输出民主制,一而再地发动战争,强行改变别国的政治制度。

在当代政治生活中,"全球化"和"传播民主"成为西方国家干预他国政治的"理由",而打击"流氓国家"和"恐怖主义",维护世界新秩序,则成为他们派兵入侵他国领土的口实。

在这种情况下,所谓全球化无非就是将西方的政治经济模式向全球推销,使全球政治经济及文化实现西方模式的一体化。正如法国政治哲学家德里达(Jacques Derrida,1930—2004)所指出的,为达此目的,福山等人一方面提出了"历史终结论",强调民族主权的口号已经过时,世界各国必须接受西方的自由主义模式;另一方面又强调"人权高于主权","民主制具有普遍意义",强制性地要求非民主制国家接受西方国家的社会政治制度。①

同时,全球化的发展也成为西方强权国家转嫁其政治、经济和文化危机的一个时机,使西方政治制度所遭遇的各种危机和难题,通过"全球化"的途径,肆无忌惮地强加在其他国家头上。2008 年年底起源于西方国家,特别是美国的最大经济危机和金融危机,借助于全球化的过程,正在迅速地席卷全球,使美国和各主要西方国家有可能把他们的政治和社会灾难"平摊"给其他国家。

全球化中所带来的上述发生在各个地区的"共振"现象,已经引起许多政治学家、政治哲学家和政治社会学家的注意。

英国的原籍波兰的社会学家鲍曼(Zygmunt Bauman,1925—　)把全球化中产生的地区性共振称为"流动的现代性"(Liquid Modernity)②;法国的马费索利(Michel Maffesoli)则称之为"后现代世界的部落化"(la tribalisation du monde postmoderne)③。与此同时,美国政治哲学家兼政治社会学家华伦斯坦(Immanuel Wallerstein,1930—　)所提出的世界体系理论④(World System Theory)以及由弗兰克(Andre Gunder Frank,1929—2005)、马里尼(Ruy Mauro Marini)、多斯·桑托斯(Theotonio Dos Santos)等人所提出的"依赖理论"⑤(Dependent Theory),则更集中地针对全球化

---

① See Derrida,*Spectres de Marx*.Paris.1993.

② See Bauman,*Liquid Modernity*.Cambridge;Polity Press.2000.

③ See Maffesoli,"*La transfiguration du politique*".*La tribalisation du monde postmoderne*.Paris. 2002.

④ See Wallerstein,*The Modern world System*.Vol.Ⅲ.*The Second Era of Great Expansion of the Capitalist World Economy*,1730-1840. New York. 1989;*Geopolitics and Geoculture*. Cambridge. Cambridge University Press.1995.

⑤ See Frank,*Dependent Accumulation and Underdevelopment*.New York.1978.

的发展而阐述了当代政治的特征,从而成为当代政治哲学论述转换的又一个典范。

所以,谈论全球化时期的政治哲学,不能单纯地只把眼光集中在西方国家的政治哲学家,更不应该片面夸大类似列奥·斯特劳斯那样早已过时、充其量也只是为少数自称知识分子"精英"所崇奉的西方政治哲学家。

第二节　政治的技术化

现代科学技术的迅猛发展及其无孔不入地渗透到各个角落,也使21世纪的人类社会,彻底变为"科技化的社会":一切社会现象,包括政治生活,都被彻底地"技术化",因而受到科学技术力量的制约。现代的技术,简直已经成为最强的权势,在各个领域中"称霸",以至人们可以说,**当代技术本身就是一种政治,而且还是掌握统治管理政治要害部门的政治。**

当代社会的科学技术已经完全不同于以往一般社会的科学技术。决定当代社会科学技术的性质的基本因素,包括以下六个方面:第一,当代社会科学技术是一支高度组织化和制度化的技术人员队伍,他们不仅掌握技术统治权,而且也控制着社会的各个领域的领导权,因此,这批新型的科学技术队伍是有组织的政治领导力量;第二,当代社会科学技术是高度发达并具有强大力量的应用知识系统,对社会生活产生实际的效力和具体的影响;第三,当代社会科学技术包含一系列具有强大改造威力和实践功能的工具、仪器设备、经营管理技巧和各种手段体系,其中尤其包括传播媒体系统及其附属因素,是具有影响力的教育、宣传和控制工具系统;第四,当代社会科学技术是一种极其复杂的社会关系网络,构成了当代社会结构中不可忽视的社会力量,因而也是同当代社会中其他诸如政治、经济和文化力量相结合的社会关系网络;第五,当代社会科学技术还包含着被改造因而附属于它本身的自然条件和自然力量,它们是实际地发生作用的物质和精神力量;第六,也是最重要的一个方面,当代科学技术已经成为"人自身及其生活条件的自我生产和自我控制的手段",使它不但可以改善也可以同时破坏人自身及其生活条件。这样一来,如何对待当代科学技术,已经直接成为人自身的未来的命运的关键。

综合以上六个方面的因素所组成的当代社会科学技术,已经不是传统社会所说的那种应用性的科学知识,它已经远远地超出了传统意义的知识范围,而同整个社会的整体性变化力量结合在一起。

海德格尔从现象学的角度,针对当代技术的新特征,对"技术"进行崭新的说明。他说:"完成了的形而上学的时代就要开始了。求意志的意志迫使自己作为其显现的基本形式去计算和设置一切,而这只是为了达到对它自身的保障,一种可以无条件地继续的保障。求意志的意志处于完成了的形而上学的世界之无历史性中。求意志的意志进而就在显现的基本形式中设置和计算自己。而这种显现的基本形式可以简明地叫做'技术'。在这里,'技术'这个名称包括一切存在者区域,它们总是预备着存在者整体:被对象化的自然、被推行的文化、被制作的政治和被越界建造起来的观念。也就是说,'技术'在这里并不是指机械制造和装备的孤立区域。机械制作和装备当然具有一种有待进一步规定的优势地位。这种优势地位建基于作为所谓的元素(而且首先是对象性的东西)的质料的优先地位中。在这里,'技术'这个名称是在十分本质性的意义上被理解的,以至于从其含义来讲,它就等于'完成了的形而上学'这样一个说法。它包含着对'技艺'的回忆,而所谓'技艺'乃是一般形而上学本质展开的一个基本条件。这个名称同时也使下面这件事情成为可能,即形而上学之完成过程及其统治地位的全球性特性,是无须联系诸民族和各大洲在历史学上可证明的种种变化就能得到思考的。"①

显然,海德格尔是把"技术"同西方形而上学体系及其所决定的基本思维模式的转换条件联系在一起来考察的。这样一来,技术连同政治,就

---

① Heidegger, *Vorträge und Aufsätze*. Verlag Günther Neske. 2000[1954]. 参见海德格尔:《演讲与论文集》,孙周兴译,三联书店 2005 年版,第 80 页。

在全球化过程中,随着西方各国的形而上学模式的传播及扩展而在全球蔓延开来,并按照西方人的"求意志的意志"的胜利而统治全球。

所以,就当代科学技术队伍而言,不仅其组成分子的数量和质量发生了根本变化,而且技术人员以最先进、最科学和最有效率的组织和制度结合在一起。在以往任何社会里,科学技术人员不仅占社会人口的极少数,而且零散地分布在社会的各个领域,使他们未能形成一个制度化和有组织的社会力量和社会阶层。而且,技术人员作为科学和知识的应用人员,往往从属于科学知识界,在社会上占据劣势和被支配的地位。到了现代社会,科学和知识同技术的关系发生了变化。同商业和政治领域的统治力量相结合的技术力量,改变了技术人员的社会地位,使他们从科学界和知识界的被从属地位变为统治的优先地位。同时,各种制度化的社会规范和法则,又进一步使他们的优先地位得到正当化和法制化。

传统的西方社会科学长期以来,原本就已经把自然科学看做是最一般的"科学"模式,并以此作为社会科学完成"科学化"之目标。20 世纪60 年代后,自然科学对于包括政治学在内的社会科学的"科学化"及其"标准化"更是咄咄逼人。科学技术的胜利,还使自然科学对于社会的整个结构和运作进行更强有力的干涉和介入。其结果,使得研究社会的社会科学和研究政治的政治学及政治哲学,也越来越感受到科学技术对社会科学理论架构及其方法论所起的强烈影响。

第二次世界大战后,由于科学技术的强大威力,科学技术已经渗透到社会生活的各个领域,并且在这些领域中起着控制的作用和角色,其严重程度甚至使人们不得不把这个新的社会称为"科技至上主义"的时代或者"科技专制主义"(Technocracy)的时代。

早在20 世纪80 年代,法国国立巴黎高等矿业学校(Mines ParisTech)的"科学发明社会学研究中心"(Centre de sociologie de l'innovation)研究员布鲁诺·拉图尔(Bruno Latour,1947—)就已经与米歇·卡隆(Michel Callon,1945—)、玛德琳·阿克里斯(Madeleine Akrich,1959—)等人一起,以法国年鉴学派的基本理论为基础,主张将"长程的历史研究"与"短程的历史研究"相结合,采用英国社会学家兼哲学家约翰·劳(John

Law,1941—)、阿雷·利普(Arie Rip,1941—)、苏姗·雷斯塔(Susan Leigh Star,1954—)及加利福尼亚大学伊尔温分校的乔菲雷·波克尔(Geoffrey C.Bowker)等人的科学社会学理论,提出了"'行动者—网络'理论"(Théorie de l'acteur-réseau;Actor-network theory,简称"ANT"),对当代社会高度科技化的社会影响进行全面研究,强调当代社会是一个由科技力量统治的网络系统,不应该继续使用传统"主体—客体"、"主观—客观"等思维模式,而是必须以网络的观点和方法,将现实世界中的一切事物和事件,当成由相互关系网络构成的系统,其中的各个组成部分和各个组成要素,都是相互关联的独立因素,其行动和命运,都不可能是由该因素本身所决定,更不应该把网络中的一个元素,当成某个"主体";相反,所有的元素,都是由环绕它的整个网络的性质以及组成该网络的各因素之间的张力所决定。

但实际上,网络是非常复杂的;而且,由于网络的性质及其走向,完全由其中的各个组成因素之间的相互关系所决定,所以,组成网络的各个因素中的任何一个,都无法绝对独立,决不能"独善其身"。但是,也正因为整个网络的走向始终是不确定的,所以,每个组成要素本身,也由于整个网络的活力和不断变动的张力,而导致各要素本身具有无法预测的多种可能发展前景,潜在难以测定的"多重偶然性",并因此使各个因素,在受到网络整体约束的同时,又含有巨大的活动潜力,使之反过来又可以对改变整体网络系统的张力关系,产生不可忽视的作用。

这就是说,网络的存在及其活力,网络的相互关联性质,网络的张力的活动性及不确定性,一方面,使网络中的各个因素,处于被网络整体关系的管控之中,因而也处于被动状态;但是,另一方面,正因为这样,各个因素又具有更大的潜力和发展前景,也就是说,更具有其自身的可变性和较大的活动自由。各个组成要素,可以在变动中的网络张力系统里,发挥其自身的主动性和灵活性,利用网络整体张力关系的活动性,为自身的变化寻求最有利于自身优化的可能机会,由此对整个网络系统产生有利于自身的影响。但是,网络整体的存在始终处于高于个体的地位,所以,处于被控制的各个因素,可以依据自身的特殊处境,利用网络整体的张力变动性,为自身探索各种发展的可能性,展现自身的最大潜力。所以,行动者网络理论的提出,有可能彻底颠覆传统的"主体中心主义"及其"主客二元对立模式",也同样有可能彻底消灭传统的人本中心主义以及附属于它的人与自然对立或人与物对立的形而上学,使人在行动者网络中出现的各个因素中,与其他各因素处于完全平等地位,因此也有可能彻底消除人与物之间的间隔或区分,让人在行动者网络中消失自己的特性。也就是说,在行动者网络理论中,人不是一个特殊的因素,更不是永远处于中心地位的力量,而是和其他因素一样,必须靠自身的主动性和创造性来决定自己的地位。

所以,对于"行动者网络理论",我们决不能靠望文生义的捷径而进行简单化的理解。实际上,行动者网络理论的性质,根本不能单靠"行动者"和"网络"两个词的词面意义来直接理解或加以推测。当代科学技术的发展及其对自然和社会的渗透,使人们必须重新考虑自然与社会的关系,并在自然与社会的新关系中重新理解什么是自然、什么是文化以及什么是社会。

网络是一种有生命的活系统,其中不但有各因素间的相互关系的张力,还有不均衡的力量场域,导致网络中会可能存在各种"虚空"或类似宇宙"空洞"那样的结构。那里可能是一种力量对比的"真空",也可能是结构不均衡而形成的"结构空洞"。但是,归根结底,网络结构式的社会是非常灵活,存在各种可能性和潜在性,是以偶然性为主的复杂世界。

美国网络社会学家罗纳德·司徒阿德·伯德(Ronald Stuat Burt, 1949—)在网络社会分析中提出一种"结构空洞理论"(la théorie du" trou structural";Theory of Structural holes),以便说明网络社会的复杂性及其不平衡性。按照这种"结构空洞理论",位于社会网络中不同位置的行动者,他们握有不同的资本,身负不同的力量、能量或潜能。但每个行动者的资本所支持的位置力量,还要依据各行动者及其临近行动者的关系以及邻居行动者和他个人的力量关系。在某些情况下,邻居行动者与个体行动者之间会在资本占有比例方面出现不均衡,甚至可能出现"真空",即产生两者之间资本对比的绝对失调。当两个相邻的行动者之间,完全失去信息和资本的对比关系时,就会出现"结构空洞"①。

早在 20 世纪 90 年代初,拉图尔的代表作《我们从未经历现代:对称的人类学文集》(Nous n'avons jamais étémodernes:Essaid'anthropologiesymétrique,1991)集中揭示现代性的二元对立区分原则的不合理性。根据这个原则,"自然与社会"是相互区分的实体。他认为,"前现代"的人们并没有如此区分自然和社会②。但是,影响到大多数公众利益及生命的一系列事件,诸如气候全球变化、禽流感和艾滋病的广泛传染以及现代生物科技的广泛出现,使现代性所区分的"自然与社会"的二元化,变成为虚假的现象、不可能的事情。实际上,现代社会的发展,把政治、科学以及人民与科学专家的种种论述,都混淆在一起。正因为这样,才导致"后现代"和"反现代"的运动。

拉图尔进一步认为,处于当代社会的我们,必须抛弃现代性的上述区分自然与社会的论述及行动,必须把自然与社会重新连接起来,通过我们的思维,把自然现象、社会现象和各种论述,都当成一种类似"事物议会"(Parliament of Things)中的存在那样。

同时,也必须放弃现代性的各种主张和做法,不再现代性那样,把自然现象、社会现象及各种论述,留待各种所谓的"专家"进行分割性的专业研究,而是采用控制论式的"交错生成"或"杂交"(Hybrid)的途径,由社会公众生活中的人民、事物、语词和概念,进行平等的相互关联,并使之开展共同的探索。

拉图尔在同英国科学社会学家史提夫·沃尔卡(Steve Woolgar,1950—)合著的《实验室生活》(Laboratory Life:The Construction of Scientific Facts,1979)一书中,倡导"社会建构主义"(social constructionism)的

① Burt,Ronald Stuart,*Structral Holes*.Cambridge,MA.Harvard University Press,1992;*Le capital social,les trous structuraux et entrepreneur,dans Revue Francaise de sociologie*,36,599-628;*The Contingent Value of Social Capital,In Administrative Science Quatery* 42:339-365;"*Network-related personality and the agency question:multirole evidence from a virtual world*",In American Journal of Sociology(2012);*Neighbor Networks:Competitive Advantage Local and Personal*,Oxford University Press,2010.

② See Latour,Bruno.,*We have never been modern*.Harvard University Press.1993:iv.

方法,主张将科学实践与社会学研究方法结合起来,采用人工智能及机器人的技术,探索社会问题①。

拉图尔的著作《行动中的科学:如何跟随科学家和工程师穿越社会》也同样建议,采用科学社会学的视野和方法,在科学技术的行动中,也就是在它们的实际活动及其社会效果中,在科学技术实际发生作用的时候,当科学技术确实进行其效应的时候,如实考查和研究科学技术对当代社会的影响②。更具体地说,要伴随科学技术的实际活动及其具体的实施程序,伴随科学技术的在场展开,深入研究科学技术对于当代社会的干预和控制性操作。

在这里,拉图尔不惜采用诺贝尔特·维纳(Norbert Wiener,1894—1964)的"黑箱"(boîte noire;black-box)操作方法,主张象征性地将一个程序操作系列,或者,某种自行运作的知识,假设为有可能被研究者识别的系统;也就是说,由于被研究的知识或程序本身非常复杂,而它们又不可避免地一再地受到操作,所以,可以假设那些被研究的因素及其关系,都是有可能被一种简单化的操纵机制来运作,例如,简单地把它们都分类成"输入"(Input)/"输出"(output)③。例如,一位研究电脑的教授,他就像一个"黑箱"那样,当他设计电脑的运作机制的时候,实际上只是把日常生活中的最简单的程序,以"输入/输出"的模式,创造出人们使用的电

---

① See Woolgar, Steve/Latour, Bruno, *Laboratory life: the construction of scientific facts*. Princeton, New Jersey: Princeton University Press. Originally published 1979 in Los Angeles; by Sage Publications, 1986.

② See Latour, Bruno., *Science in Action: How to Follow Scientists and Engineers through Society*, Harvard University Press, 1987; *La Science en action*, traduit de l′anglais par Michel Biezunski; texte révisé par l′auteur, Paris, La Découverte,《Textes à l′appui. Série Anthropologie des sciences et des techniques》, 1989; rééd. Gallimard,《Folio-Essais》, 1995; nouvelle éd. sous le titre: *La science en action. Introduction à la sociologie des sciences*, La Découverte,《La Découverte-poche. Sciences humaines et sociales》, 2005.

③ See Wiener, Norbert; *Cybernetics: or the Control and Communication in the Animal and the Machine*, MIT Press, 1961; Bunge, Mario; "*A general black-box theory*", *Philosophy of Science*, Vol.30, No.4, 1963, pp. 346-358; Glanville, Ranulph; "*Black Boxes*", in *Cybernetics and Human Knowing*, 2009: 153-167; Feshbach, D(1979). "*What's inside the black box: a case study of allocative politics in the Hill-Burton program*". *Int J Health Serv.* 9(2): 313-339.

脑,而后来使用电脑的大量使用者,却不知道那位设计者教授的原初想法。

所以,拉图尔认为,社会哲学家和知识社会学家必须特别关注科学家们创造某种类似"黑箱"的新东西的时候所采用的"窍门"或"技巧",掌握和揭示科学家们进行科学发明时所惯用的"装置"(dispositifs),尤其注意科学家们在制造这些黑箱的现场时所进行的活生生的行动。这就好像我们在观看魔术的时候,为了彻底弄清魔术师进行"变戏法"的窍门,必须紧紧地盯住他们的每一个动作的最细节部分,监视他们在每一个关节点上的"花招"。只有这样,我们才能够真正地看到:现代社会的运作逻辑到底是什么? 科学家和各个领域的专家和技术专家,他们背着我们设计各种新产品,各种"玩意儿",但他们创造设计时,是背着我们大家,而且,他们完全按照他们自己的想法和观点方法,操纵所有的设计细节,最后,在告知其一切程序的情况下,把他们发明的东西推广到社会上,让社会大众蒙受欺骗,以为大家都受到了新的产品,心甘情愿地把这些新产品用到自己的日常生活中,完全按照他们的要求去使用它们,并在使用中,又不知不觉地也很"听话"地根据使用产品的规定,在使用新产品的同时,也按照新产品的机制进行自己的日常生活。

由此可见,行动者网络理论的出发点,就是对于当代科学技术的充分发明能力的全面估计。当代科学技术经历对整个当代社会的理解和实践,已经彻底把握了当代社会的发展机制及其动力基础。

所以,行动者如何在被动状态中,善于变被动为主动,变劣势为优势,从被统治和被控制的状态走出去,就必须密切注视整个社会网络的复杂张力关系,善于正确估量整个网络系统的张力状态。当代科学技术的威力,恰恰就在于:先行于各种可能性,把握可能的网络张力出现的规律,使处于网络中的行动者,有可能计算出有利于自身的行动策略。

长期生活在当代社会中的行动者,必须善于调查社会的动向,善于把握社会中的各种力量的发展策略,尽可能正确估量网络系统的张力系数的变化线路及其整体变化状态。

对于生活在当代社会中的行动者来说,必须知道:当代社会中决定各个行动者的各种因素的性质,必须掌握当代社会的系统整体的最大潜在选择方向。

基于这样的考量,当代社会的行动者实际上具有很大的发展潜力。关键就是把握当代社会的基本要素所组成的网络及其活动规律。

由此出发,行动者网络理论主张,行动者必须熟悉当代社会的日常语言使用规律,把握社会语言的惯性及其效果,倡导由哈罗德·加芬克尔(Harold Garfinkel,1917—2011)提出的俗民方法论(Ethno-Methodologie)、格雷玛斯(Algirdas Julien Greimas,1917—1992))提出的生成符号学(Semiologie generis)以及塔尔德(Jean-Gabriel De Tarde,1843—1904)提出的社会学建构主义方法(Constuctuvismesociologique)。

行动者网络理论的发明基地,就是现代科学实验室。这一理论的发明者,通过对科学技术实验室的长期细致的观察,发现当代社会的一切变化及其主要动力基础,实际上就是当代科学技术实验室。当代社会就是当代科学技术实验室的扩展板;反过来,实验室就是当代社会的缩影。

其实,当代科学技术社会学对于科学实践的研究,往往采用社会建构主义方法,并与科学哲学息息相关。

作为英国科学社会学的一个重要代表人物,乔菲雷·波克尔的研究,就是立足于对控制论的全面观察分析,集中探索当代科学技术的"控制基础结构"(cyberinfrastructures),揭示主导整个行动系统的所有基础力量及其基本结构,发现它们的运作机制,主要是从控制论的视野,揭示进行控制活动的力量结构及其运作走向。乔菲雷·波克尔是美国匹兹堡大学信息科学学院教授,曾经担任圣·克拉拉大学"科学技术与社会研究中心"主任。他认为,科学家们的创造性行为及其在实验室的活动,对整个社会发生了广泛而深刻的影响。他尤其根据当代信息科学的发展成果,认为通过对"生物多样性(生命多样性)"(la biodiversité)的探索活动,科学家实际上全面地把握了各种生命的行动模式,并在他们的实验中,经过巧妙精致的加工过程,确保他们的研究成果,可以适应各种各样的生命的行为模式,也让社会各界在自己的行为中,实践他们在研究中贯彻的行为模式,导致这种行为模式在整个社会的全面扩展。

　　对于"行动者网络理论"的倡导者而言,他们规划或描画出来的"行动者网络",是彻头彻尾由同时发生作用的各种物质性和符号性因素和力量所决定的。在这样的行动网络中,人的因素已经不是很重要,因为在行动者网络中发生作用的决定性因素和力量,并非其中被卷入的人及其行动,而是把人及其行动加以控制的整个网络力量的张力。人的行动及其思想观念,无非是被卷入到网络整体相互关系中的次要因素,因为他们的行动、思想(包括他们的观念、概念等)和语言,都是从属于整个行动网络整体的相互关系及其张力的走向。所以,"行动者网络理论"的贯彻和实施,实际上是靠网络中的物质性和符号性因素所组成的关系所决定。简单地说,"行动者网络理论"所贯彻的,是一种"物质—信号方法"('material-semiotic' method),以便让社会大众,在接受他们的发明制造的产品的时候,根据科学家设计的程序,不知不觉地遵循科学家操纵的"物欲符号的关系模式",贯彻"行动者网络理论"的结果。

　　显然,在"行动者网络理论"的研究中,起决定性力量的,是"非人"或"无人"(non-humains)的因素,即物体和信号;而它们之间的关系,即网络中的各种"非人"的因素及其关系,在行动者网络中,是高于人际关系;即使出现人的因素及其作用,这种"人",已经不是自然的活生生的人,而是"数字化的人"(Humanités numériques),所以,归根结底,被操纵的一切,都是"非人"。如果说,米歇·福柯早在20世纪60年代就喊出"人死了"(L'homme est mort)的话,那么,在科学技术猖獗的新时代,人已经把自己的地位和作用,全部拱手让位于他们所发明的科学技术了;现代人任凭他们自己发明的科学技术,在社会中横行驰骋,并感到这是一种快乐和幸福。这就是一种新的异化。

　　但是,从另一方面来说,"行动者网络理论"也并没有绝对排除人的积极性和主动性。相反,根据"行动者网络理论",在物质和信号关系中被整个网络所决定的人,实际上,可以依据整个网络的力量走势及其各种可能性变化,充分发挥人本身的智慧和主动性,利用网络整体的变化及其变化规律,充分发挥人的选择智慧和抉择能力。

　　而且,既然所有参与行动者网络的物质和符号因素都扮演实际力量的角色,那么,在其中被卷入的人,可以使自己变成"像它们那样"的角色,使自己也变成"行动者"或"施动者",或者,变成"主动角色",并以自己的"论述"(le discours)的特殊创造力量,扩大自己在网络的威力。

法国语言学家格雷马斯提出的"语言生成论",被"行动者行为网络理论"的倡导者运用到他们的社会研究中。拉图尔认为,传统知识论所倡导的理性主义和外在论(externalisme)观点,并不能正确地说明当代社会中的科学技术及其广泛应用。拉图尔认为,在推广和使用各种科学技术发明的时候,不应该单纯考虑人的社会因素,而是应该网络的作用。当代行动者网络是高度社会性和社会化的社会事实,网络使人们接受由网络提供和设计的集合关系,而且,现代科学技术所贯彻的网络设计,不只是"互联网"那么简单的结构,而是更强烈地影响社会大众的社会行动的方式,进一步贯彻到社会大众的日常生活当中①。

更确切地说,科学家和技术工程师在设计生产他们的发明物的时候,已经为社会大众的生活方式及其社会行为,全面提供了他们不得不选择、甚至他们不得不执行的行为模式和生活模式。因此,当代社会的社会成员的行动模式是与科学家在其发明物中所隐蔽地设计的行为模式相对称的(symétrique)。

由德国当代著名社会哲学家纪墨里(Walter Ch.Zimmerli)在20世纪80年代末编辑出版的《科学技术的时代或者后现代?》(*Technologisches Zeitalter oder Postmoderne? 1988*),集中地讨论了科学技术在当代社会中的地位和性质,尤其是深入研究了科学技术的决定性影响所带来的社会历史性变化的性质。这本书分别探讨了"艺术与技术"、"周围世界(环境)和技术学"、"科学、人和技术"及"科学主义、技术和合理性的危机"等重大问题。②

由纪墨里所编的这本书,提出了当代社会科学技术的性质及其同整个社会、人和生活世界的关系的重大问题。首先,在探讨"艺术和技术"

① See Latour, Bruno., *Changer de société, refaire de la sociologie*, Paris, éditions La Découverte, 2006.

② See Walter Ch.Zimmerli, *Technologisches Zeitalter oder Postmoderne? 1988*.

的关系时,思想家们第一次明确地把科学技术的问题同人的思想自由和思维模式关联起来。纪墨里认为,当代社会的性质既是后现代的又是科学技术的。在他看来,"科学技术的"和"后现代的",构成当代社会的一体两面的性质。重要的问题在于:当代社会所体现的根本性质,用"后现代的"标记来表示的时候,正是为了凸显一种特殊的高度自由的思想模式和生活方式;而当用"科学技术的"标记来表示的时候,正是为了凸显当代社会具有魔术式的力量的变化可能性。科学技术的性质集中地体现了当代社会高度不确定的变化可能性。这种可能性已经不是以往哲学家所追求的纯粹思想领域的发展自由,而是同当代科学技术的物质性和精神性创造力量紧密结合的实践能力。因此,当思想家们用科学技术的力量来标示当代社会的后现代性质的时候,正是强调了当代科学技术所包含的强大物质性和精神性的创造力量。

值得进一步指出的是:在当代科学技术力量中包含着后现代的人从事思想创造的那种特殊心态。这种特殊心态集中地表现在人的**思维模式的图像化、影视化和艺术化**。当代社会人的思维模式的图像化、影视化和艺术化,意味着思维模式的多元化的可能性的进一步扩大。但是,思维模式的图像化、影视化和艺术化又如何受到科学技术发展的影响?当代科学技术的重要特征,就在于不像传统科学那样单纯严格受限于理性范围,单纯地把科学活动当成人的主体化对于客观自然的改造过程。因此,当代科学技术的发展已经使科学技术本身超出传统科学的范围,也超出传统科学方法论的范围。如果说传统科学只追求发现实证的经验性客观规律的话,那么当代科学技术在实质上就体现了人对于自由的追求的可能性。由于这种对于自由追求的可能性包含着许多未知和不确定的因素,当代科学技术本身也已经把各种不确定的因素和可能性当成其本身的本质构成部分。换句话说,传统科学只满足于获得确定性的答案,当代科学技术却宁愿以本身的不确定性作为其不断发展的原动力。

当代科学技术的不确定性的特质,正是当代科学技术一日千里不断发展的基础,也是当代科学技术同**图像、影视和艺术**相互接近,以至相互渗透的重要标志。当代科学技术的这种特质也严重地影响了当代人的思维模式。当代思维模式的不确定性，正是体现了当代思维模式的艺术化及其追求自由的本质。

当代科学技术发展中所取得的控制论、信息科学和系统科学等各种最新研究成果，不仅在很大程度上改变了人们对于社会、自然和人自己的认知，而且也改变了人们的**思维模式和思想方法**。

其实，并不是当代科学技术单向地影响着人们的思维模式和思想方法，而是整个社会整体性的变化本身首先影响着当代科学技术的发展方向，同时又使当代科学技术反过来影响着社会结构的变化和人的思维模式的转变。

以控制论的发展及其对于社会和人的思想的影响为例。应该说，正是20世纪以来现代社会的生产力高度发展，大大加强了对于自然界的开发程度和进军能力，才使得科学家有可能集中研究控制论等当代科学技术问题。从1909年爱因斯坦（Albert Einstein，1879—1955）发现质能等效性原理（$E = mc^2$），1942年著名物理学家费米（Enrico Fermi，1901—1954）在芝加哥大学建成第一个原子反应堆，1945年第一次实现裂变原子弹的爆炸，到1952年实现第一次聚变氢弹的爆炸，都是同整个社会生产力、人力物质资源、科学管理的最新发展以及发明使用科学仪器自动化的新技能密切相关。

整个现代生产和社会结构的发展及其复杂化，不断地提升对于整个社会和生产过程的自动控制。当代科学技术中占很大成分的自动控制能力，实际上已经不是像传统自动机器那样仅仅作为人手的延长，而是作为人脑的扩展。这就表明，当代控制论已经使人类体力劳动的自动化进一步发展成为人类智能的自动化。

控制论的产生，表明当代科学技术不再是单纯地以自然作为固定对象、并以探索自然规律作为主要任务。控制论所研究的"控制"，实际上是一种积极主动的作用和反作用的综合力量。它所要处理的问题，已经不是单一的因和单一的果的单向关系，而是错综复杂的、多面向的、各种可能的因果关系网。因此，控制论所探讨的，已经不是固定的或现成的物理世界，而是一种极其复杂的"可能世界"（possible world）。这是一种可能性的空间和时间结构。控制论所探讨的各种控制活动,实际上是以表面使用的科学仪器和设备体现着人改造其生活环境的各种可能的意愿和能力。由于人可能的意愿和能力的复杂性及其自由本质,使人的控制活动充满着各种随意性和不确定性。

控制论的发展影响了人们对于社会结构和行为的观点。当代著名社会学家季登斯(Anthony Giddens,1938—　)强调现代性的制度面向包含了监控(信息控制与社会监督)、资本主义、军事权力和工业主义(自然的变革:人造环境的发展)四个面向。上述监控机制表明了现代社会具有反思的功能。所谓反思,就是监控自身的实际过程,借此调整自身的行动。季登斯甚至把这种反思性称之为类似自动反馈的机制,并把这种功能看做是现代社会的一个基本特征。①

由于当代科学技术内在地隐含着创造者和运作者的思想智慧和反思能力,在一定的程度上,当代科学技术又变成了一种能够自我维持和自我再生产的相对独立的社会力量。法国希腊裔著名政治哲学家卡斯多力亚迪司(Cornelius Castoriadis,1922—　)指出:当代科学技术的神话,正是在于它本身的自我维持和自我生产,在于它对于人的反控制能力的加强。②

当代社会科学技术所隐含的创造者和运作者的思想能力,同时也表现了他们对于思想自由的无限追求。所以,当代科学技术一旦被运作起来,就有可能表现出后现代社会人们追求自由的无限力量。

正如海德格尔所指出的,人作为主体,既是他所发明和操作的技术的基础,又是这些技术的真正灵魂。所以,当代科学技术的高度自律性,表面上是这些技术力量试图摆脱其创造者的控制的一种异化,但实际上是内在地隐含于其中的主体的人的思想自由的顽强表现。只不过后现代社会的高度复杂的结构以及生活于其中的人与人之间的关系的多重化,掩盖了两者之间的内在关系,才使得科学技术的自律同现代人的思想自由的追求相脱节。③

---

① Giddens,*The Consequences of Modernity*.Standford.1991:59-60.

② See Castoriadis,C."Technique",In *Encyclopaedia Universalis*.Paris.1988.

③ See Heidegger,M.*Sein und Zeit*.Frankfurt am Main:Klostermann.1927.

总之,当代科学技术已经渗透到社会结构的各个组成部分,不仅大大地改变了社会结构的外在存在形式,而且同时也构成它们实际运作的一个内在动力。

首先,渗透到社会各个结构的科学技术力量,在其所渗透的领域内,已经不是作为纯粹科学技术力量本身,而是同各个领域的各种因素紧密互动,并构成本质性的生命力量。而在当代社会的政治领域中,渗透于其中的科学技术,不是外在地作为一种附属手段而成为政治力量所控制的外部因素,而是同政治力量本身紧密相互渗透的政治生命体的组成部分。在当代社会的政治领域中,几乎找不到一种没有技术发生作用的纯粹政治力量和政治活动。

真正的当代政治领域中的政治力量和政治活动,无不是同科学技术紧密相结合,以至于可以说当代政治生活就是科学技术化的政治生活,或者也可以说就是已经政治化的科学技术。在西方各主要工业发展国家中,以现代科学技术为核心问题而形成的政治势力,正在迅速扩大,变为影响社会政治力量对比的重要成分,这就是被称为"绿色政治"的各种政治派别,他们已经在欧洲各国政治生活中占据决定性地位。

同样的道理,在社会经济和文化的各个领域中,科学技术的渗透也使得科学技术同各个领域的基础力量紧密相结合。第二次世界大战后,由于现代科学技术革命和生产力的迅速发展,主要西方国家生产社会化程度空前提高,导致生产专业化和协作化在全球范围内的扩展,导致生产国际化的新发展。而这种生产国际化的发展,又促使垄断资本在全球范围内的集聚和集中,形成生产资本的国际化。各种跨国公司就是在第二次世界大战后科技革命、生产国际化和资本国际化基础上产生并迅速发展起来的。在这个意义上说,当代社会结构中的各个领域,几乎没有科学技术缺席的场所。

对于科学技术的强大力量及其在整个社会中的渗透性,马克思在分析现代社会的时候,曾经给予了必要的重视。马克思已经看到了现代社会科学技术的特殊力量,但他并没有充分估计到科学技术对于当代社会的强大渗透性和控制力。当代社会中科学技术的决定性角色和力量,一方面固然决定于当代科学技术本身的性质,另一方面也决定于当代社会结构本身的不合理性。正如纪墨里在该书中所探讨的"合理性危机"问题一样,当代科学技术所出现的各种问题,不但表现了当代科学技术的合理性的程度及其正当性的问题,也更加表现了创造和使用这些科学技术的社会力量的思考模式和行为规范,也表现了当代社会结构本身的不合理性。①

当代科学技术的上述问题,已经远远超出西方世界的范围,影响到包括第三世界在内的整个地球的社会结构和社会变迁的运动方向,也影响到全球政治建构及重建的问题。

科学技术在控制政治、经济和社会生活的各个领域的过程中,首先实现了一种"科技化"(Technologization)的过程。所谓"科技化",就是用科技的成果装备上述各个领域,并由此实现科技对这些领域的结构和功能的彻底改造,使得这些领域不仅在外表的结构上和组织形式上,都切换成为科技的架构和系统,而且在内在功能和运作动力上,完全受科技的支配。

更重要的是,科学技术在当代社会变为"权力"的象征。变为权力的科学技术,随着当代社会权力运作的多样化和精致化,渗透到权力关系网络中的科学技术因素,就更加严重地影响了政治领域;反过来,也更加使得权力的宰制发生根本性的影响。

权力和技术的相互推动意味着:一方面,权力需要科技的力量去贯彻;另一方面,科技的发展也借助于权力运作的逻辑而发挥它的功能。如此一来,科技的深入进一步加强了权力的宰制,而权力宰制的加强,又进一步推动了科技的发展;两者既相互勾结,又相互推波助澜。

在近代文艺复兴结束后不久,启蒙运动初期的时候,培根(F.Bacon,1561—1626)曾说"知识就是权力"(Knowledge is power),意味着近代社会就是靠知识来加强其权力的;近代社会就是权力和知识的相互渗透、相互勾结、相互扭结,构成整个社会运作的主力。在近代社会中,谁的知识

---

① See Walter.Ch.Zimmerli, *Technologisches Zeitalter oder Postmoderne?* 1988:153-211.

越强,谁掌握、控制了知识,谁能在知识背后进行宰制,谁就是社会的最强者。

同时,科技也同金钱和权力一样,成为了社会运作的基本媒介。"科技"在培根之后的两三百年间,真正地表现了知识同社会上握有权力和金钱的人之间相互勾结和相互渗透的过程。科学技术的成果及其运用状况,显示了知识不但可以被统治阶级所运用,而且统治阶级从中所得到的好处也可以不断地增值,进行再生产、自我分化(auto-differenciation)和自我繁殖(auto-proliferation)。

在此过程中,除了科技本身的因素之外,还有许多和权力有关的利益分赃和再分配过程。这种利益的分赃,随着科学技术和权力的不断膨胀,使利益和权力的再分配过程进一步复杂化。这种复杂化的过程,反过来又掩盖技术同权力和金钱的相互勾结,使这种相互勾结的结构能摆脱社会大多数人的监视而盲目发展。

科学技术在新的时代迅速地通过管理(administration)系统,迅速地渗透和控制了社会的各个领域。这是第二次世界大战后西方社会结构发生根本变化的又一个重要特征。科学技术的进步及其胜利,使科学技术优先地控制了整个管理系统;而管理系统的科技化,又有利于科技化的继续深入和控制过程。管理系统和科技这种相辅相成的运作逻辑,使科技化加速渗透和控制整个社会。

管理就是权力的运作。福柯认为,权力就是在运作中的力量;而运作中的力量就表现在运作中所体现的各种策略的总和。所谓策略,是指把权力加以具体化及其实施的过程。所以,贯彻策略同时也是运用知识的过程;而在现有条件下,贯彻策略便是运用科学技术的过程。

同福柯一样,德勒兹(Gilles Deleuze,1925—1995)也说:"当代社会总自称是法治社会,但对我来说,法并不重要;重要的是法的应用及其程序化(Jurisprudence)。"①

在德勒兹看来,"法"在实际运用以前是空的;不是"法"的条文在起

---

① Deleuze,G.*Pourparles.*Paris.1990:229-230.

作用,而是法官根据他的位置、他的需要,同社会的其他势力结合在一起,根据国家和特定社会势力的利益,去解释条文、去运用他的权力而进行判决。而这才是最关键的。无论是在"法的应用"或是在管理上,都体现了权力和策略运作的实际过程。但所有这些运作,在当代技术无孔不入的社会中,无不是时刻地同科技的因素与手段相结合。

科技化通过管理系统控制整个社会的过程,在政治上引起了政权机构及其行政管理机构的制度性改革,也导致了政府和整个政治生活实现了管理系统的科技化,从而极大地提升了政治管理的效率,也使政权机构进一步实现官僚化,加强了对整个社会的政治上的控制。

科学技术是理性的产物,是知识的表现,是文化的成果。科学技术的这种文化的性质,能使科学技术产生更大的威力,发生更有效的欺骗作用。正因为它可以打着正面的、文化的、文明的、理性的、合理的各种正当的旗号去行使它的权力,所以,科学技术对整个社会的严重后果有其正面影响与负面影响。我们不能只轻易地看到其中的一面,而必须同时看到其两面。但科学技术对整个社会的正负两面影响之间,也可能没有明确的界限,而是互为条件、相互制约、相互转化。

所以在探讨科学技术的问题时,不能用习惯的传统方法论去进行单面向的说明。

在社会科学中,通过对意识形态的重新评价,对科学技术的正当性问题提出了新的质疑。从阿隆(Raymond Aron, 1905—1983)和古德纳(Alvin Ward Gouldner, 1920—1980)开始,他们对于意识形态的批判性分析,有助于我们更深刻地认识科学技术的性质。他们提醒人们有必要"忘记"科学的意识形态性质,但是这种"意识形态的结束"(the end of ideologies),并不意味着排除科学活动中所不可避免的哲学或基础哲学假设的架构,也不意味着政治在技术中的缺席。一方面,他们认为,当代科学技术的发展,就其正面意义而言,固然淡化了意识形态的功能,使这个社会中再也不能有一个绝对垄断的宰制性的意识形态①;另一方面,科学

---

① See Gouldner, A. *The Coming Crisis of Western Sociology*. New York: Basic. 1970.

技术本身也具有意识形态的性质,使它表现出某种悖论的特征。

对研究科学技术的意识形态性质的哈贝马斯来说,却强调意识形态的潜在功能(latent function)及其缺陷。他认为,在所有的科学和科学指涉中,意识形态已经变得"透明"(transparent)起来。① 显然,哈贝马斯等人对于"科技非意识形态化"的分析,不但没有肯定当代科技的"非意识形态"性质,反而使它的"去意识形态化"变成当代社会唯一具有强大威力的"非意识形态化的意识形态"。也正因为这样,当代科学技术正是由于它的"去意识形态化"而构成强有力的权力系统。

科技至上主义或科技贵族专制(technocracy),就是在上述情况下产生的新型官僚阶层或科层机构。

所谓技术贵族专制,从字面上说,它只是表示"技术"(techne)和"政权"(kratos)的结合。美国著名的政治哲学家兼政治哲学家贝尔在《后工业社会的到来》(*The Coming of Post-Industrial Society*,1974)一书中曾经考证过"科学技术专制"的来历,并指明它是史麦特(W.H.Smyth)在1919年首先使用的。从字面上说,科学技术专制主要指技术和技术人员的权力。但扩展开来理解,它表示在科学技术高度发达的西方国家中那些垄断和控制整个社会政治和经济命脉的技术集团的统治。

在西方科学技术发展史上,大概是在20世纪30年代以后,科学技术专制的现象才逐渐明显地表现出来。②

具体地说,从20世纪60年代以后,西方科学技术的发展,一方面同垄断性的跨国技术集团在全球整个政治经济和文化领域中的权力增长密切相关,另一方面又同西方国家政府机构对于整个社会经济和文化的干预的发展相关联。

上述科学技术专制,在20世纪下半叶,随着科学技术本身的强有力的发展及其同国家政权的结合,在西方社会中已经成为了非常重要的本质现象,影响到社会和政治的结构及其运作过程,同时也影响到政治行动

---

① See Habermas,J.*Zur Rekonstruktion des Historischen Materialismus*.Frankfurt am Main:Suhrkamp.1978.

② See Bell,D.*The Coming of Post-Industrial Society*.1974.

的模式和性质。

总而言之,现在的政治,在很大程度上已经变为"科技化的政治";政治斗争的胜负仰赖着科学技术的实际发展程度以及政治与技术本身的相互关系。如果说,过去是"政治决定技术",那么现在的状况是"技术决定政治"。**政治与技术的关系的颠倒及其转换,成为当代政治生活的重要标志。**

21 世纪的政治无不与科学技术相关联;科学技术的成果及其信息,已经成为当代政治斗争的一个重要因素。科学技术的膨胀,侵袭到社会生活的各个面向,对原有的公共领域和私人领域实行技术管制和治理,冲淡了政治生活中的"人性味"。马尔库斯早已在他的《单一维度的人》一书中揭露了现代政治贯彻"技术专制"的严重后果。①

在某种意义上讲,现代政治不再对规范性和评估性的面向进行探讨,更多的是从科学技术的角度,以技术思考的模式,关注于事件间的因果性关系、数字关系以及逻辑关系,只满足于结构性和功能性的探讨。

由于现代技术更多地采取数码化和信息化的形式,所以,现代的技术政治,实际上也就是"信息化政治"或"数码化政治"。在这种情况下,**现代的政治斗争,在很大程度上就是信息控制权及其不断再分配的斗争。**

正因为这样,现代技术政治也加强了与媒体系统的联系。现代技术政治把垄断媒体传播系统当成最重要的政治统治策略。研究当代政治的性质及其策略,不能不关注媒体传播系统的现代特征及其为政治效劳的技术。当代政治哲学必须把现代政治与媒体传播事业的关系当成一个最重要的因素加以深入考察。

法国政治哲学家布迪厄(Pierre Bourdieu,1930—2002)在《国家显贵》(*La Noblesse d'Etat*)和《论电视》(*Sur la télévision*)等书中,先后深入地揭示现代政治与媒体传播系统的相互依赖和相互利用的性质及其社会统治效果。②

---

① See Marcuse, *One-Dimentional Man*. 1964.
② See Bourdieu, *La Noblesse d'Etat*. Paris. 1989; *Sur la télévision*. Paris, 1996.

第三节　全球政治的市场化

现代政治的再一个重要变化,就是全球化的发展导致全球的市场化,使"市场"规则变为整个社会生活的核心机制;"市场"从来没有像今天这样,高高地居于社会之上,以至连"国家"这个长期以来宰制社会生活的"魔鬼式统治机器",也不得不首先处处考虑市场的利益及其运作逻辑,甚至成为市场运作的"政治手段",或沦落为市场的工具。

政治与市场的结合,使当代政治更具功利性、管理性、商业性和金融性。由于当代市场的全球化运作,更加强了经济与金融寡头的结合,导致现代全球市场的彻底金融化。现代市场经济实际上已经成为西方金融寡头所宰制的"殖民地";全球市场的运作全靠金融寡头的操作。因此,不了解当代政治与金融寡头的紧密关系,就无法理解当代政治的真正性质。

发生在 2008 年年底至 2009 年的世界金融风暴和经济危机以及由此牵连的国际政治形势的变化,恰恰证明和进一步显示了当代政治的市场化性质及其特征。

第四节　现代化的生态政治

生态政治(Ecological politics)本来早在古代就已经出现。在中国政治史上,中国古代政治家或思想家,诸如老子、庄子、孔子和墨子等,很重视自然状态在政治生活中的重要意义。

在西方政治哲学中,古希腊时期,亚里士多德曾经系统地探讨自然主义的政治理论。在现代化的黎明时期,斯宾诺莎和卢梭都曾经强调"自然"在社会政治生活中的决定性地位。他们都主张依据自然的原则合理地和恰当地处理和解决人类社会的基本问题。他们认为,政治本来并不神秘;真正的政治势必依据自然原则作为基础。所谓符合自然原则的政治,首先是尊重自然,同时也尊重大多数人的自然生活方式,使政治尽可能地成为大多数人民管理自己的社会生活的学问,创建真正符合自然原则的社会政治制度、政策和程序。真正自然化的政治,从不矫揉造作,也不设定过多的人为规定,一切随社会生活的逻辑展开,也按自然的方式要求社会各个成员。

另一方面,所谓符合自然原则,主要表现在实行符合生态原则的现代化程序,创建一种符合生态原则的现代化新社会。在这样的条件下,现代化本身不应该走非自然化的发展道路,也应该避免传统的"人本中心主义",真正地将自然列为优先的中心地位。也就是说,现代化要尊重自然的原则,反对一切违反和破坏自然的事情。尤其是现代化过程中的工业化和科技化,都要严格地按照自然的原则。

真正贯彻自然主义政治,最迫切的任务,是合理地贯彻市场化和科技化的政策,避免使市场化和科技化同维持自然对立起来。吸取自启蒙以来西方现代化的惨痛教训,必须使科学技术的发展及其成果真正地符合自然的原本结构及其发展规律。

在中国现代化过程中对于科学技术的重视,必须以中国传统优秀宇宙观、自然观和生命观作为指导,使现代化中的科学技术发展,有助于推动宇宙自然生命整体与现代化发展的协调关系。中国人的生命观从来是气贯长虹,高屋建瓴,心胸宽广,抱有天地情怀,心系天下,尊道贵德,主张"以天为宗,以德为本,以道为门,兆于变化"①,"民胞物与"②,在整个生命共同体中,积极主动"与天地相参也,与日月相应也"③,维护兼爱祥和,与天地合德,与日月合其明,与四时合其序,先天而天弗违,后天而奉天时④;"精义

---

① 《庄子·天下篇》。
② 张载:《西铭》。
③ 姚春鹏译注:《黄帝内经·下卷灵枢篇第七十九篇岁露论》。
④ 参见《周易·易传·文言传》。

入神,以致用也,利用安身,以崇德也"①。

这种生命观主张宇宙自然整体生命与人类生命的协调统一性质,对生命进行全面的研究和开发,抵制和批判各种仅仅把自然当成外在"对象之物"的盲目开发自然的态度,以身作则和身体力行贯彻"天人合一"和"与天地参"的积极理念,在尊重自然规律的基础上,积极发挥人的创新能力,实现"天与人交相胜"②的原则,为人类生命在宇宙大自然中共享自然之美、生命之美、生活之美而充分发挥生命的价值。

所以,当我们说生命的时候,首先和主要的,就是指宇宙和自然的生命;只有首先肯定宇宙和自然的生命,才有可能确保各生命体的生成和发展。生命的生成离不开宇宙和自然,各生命体的存在和发展,也离不开整个宇宙和自然生命总体的存在和发展;同样的,生命发展的最高标志,人的生命,也离不开宇宙和自然。这也就是说,不但生命源自宇宙和自然,而且生命也始终寓于宇宙和自然之中,并在实际上隐含和存在于万事万物之中,在其自然的生存历程中,在其生死周期及其循环更新的过程中,始终厚德载物,尊道贵德;强调既要以道德伦理原则生活在社会中,又要充分意识到必须"明天人之际,通古今之变"③。生命既属于自己,又属于整个宇宙和整个世界;生命既靠内在创造动力,又依赖于其生态条件的和谐发展。

为此,我们要树立牢固的生态意识和生态责任,重视贯穿于宇宙整体和人的生命之间的统一变化运动规律及其与人类社会文化生活之间的密不可分关系,以"天人合一"和"天人感应"的生命基本原则,贯彻道法自然和人文化成的理念,既维护生命的人文精神,又珍爱生命的自然生态。宇宙自然就是生命之母;人与自然是相互依赖和相互渗透的生命共同体。由此出发,人类生存于世,必须"敬畏自然、尊重自然、顺应自然、保护自然"④,

---

① 《周易·易传》。
② 刘禹锡:《刘梦得集·天论上》。
③ 司马迁:《报任少卿书/报任安书》。
④ 习近平:《在纪念马克思诞辰200周年大会上的讲话》,人民出版社2019年版,第21页。

发扬中国科学技术"天工开物"的优秀传统①,把宇宙自然当成我们自己的生命,像爱护我们自己的生命那样爱护宇宙自然的生命,使人类生命在与自然生命和谐共生的过程中共同发展。为此,在我们的实际生活中,坚持生态文明建设,发扬勤俭生活作风,对待自然,坚决实行"节约为先、保护优先、自然恢复为主"的方针,努力实现经济社会发展和生态环境保护协同共进,为人民群众创造良好生产生活环境。

第五节　政治哲学论述典范的转化

作为理论形态的政治哲学,在经历 20 世纪的哲学变革之后,其传统和古典的论述形式及其各种理论体系,都遭遇到彻底的质疑和否定。因此,新的政治哲学,从论述的角度来看,既不存在"标准化"的固定概念体系和理论模式,也不存在明确的讨论界限和固定的表达逻辑;**政治哲学的论述形式及其表达方式,已变为"无边界"和"无定义"的地步,以至可以说,当代政治哲学是和政治本身一样,达到了"高度的不确定",充分地呈现了政治的可能性本质及其高度"风险性"。**

当代政治哲学在理论论述模式方面的不确定性和当代政治的不确定性,实际上都一直随全球化、科技化和市场化的膨胀而达到非常突出的程度。

政治哲学的论述模式方面的变化,主要采取两种基本方式:第一方面是由法国和德国的最具有理论创新能力的政治哲学家们所创造的新模式,其中以福柯、德里达和哈贝马斯等人的新政治哲学论述模式为典型。他们基本上试图颠覆传统的论述模式。第二方面是由美、英等英语国家的著名政治哲学家所提出的带改良型的新模式,主要以罗尔斯等人为代

---

①　宋应星《天工开物》,初刊于 1637 年(明崇祯十年丁丑)的科学著作,共三卷十八篇,是世界上第一部关于农业和手工业生产以及综合性科学技术的著作,外国学者称之为"中国 17 世纪的工艺百科全书"。作者在书中强调人类要和自然相协调、人力要与自然力相配合。

表。这一群美、英政治哲学家对传统论述模式有所厌倦,试图修正传统的自由主义政治哲学,提出了新的正义论、自由市场理论以及各种被称为"大杂拌"的折中主义式的社群主义、多元文化主义等新模式。但这一群试图寻求新论述出路的美、英真正哲学家,从根本上说,都不愿意彻底地颠覆自由主义本身,只是以改头换面的"新"理论来修订正在越来越受到严峻考验的自由主义。

一、法国政治哲学的新转折

从 20 世纪末到 21 世纪初,正是处于世纪转折的历史关键时刻,欧美各国政治哲学界都先后发生了重大的理论争论。这是处于世纪转折时期的政治哲学深入进行理论更新的信号。

法国政治哲学界以及整个哲学和人文社会科学领域,发生了一场又一场激烈的理论争执和探讨,而争论的核心就是政治哲学的人性基础问题。

1999 年巴黎《文学评论杂志》(*Magazine Littéraire*)发表"更新政治哲学"专号(Numéro spécial pour Renouveau de la philosophie politique)。在这个专号出版的背后,实际上存在极其深刻的理论和思想背景。法国哲学界和整个人文社会科学在半个多世纪的理论探索过程中,几乎从来没有忽略过政治哲学的核心问题。而法国思想界和理论界环绕政治哲学的长期争论的焦点,就是"人性"、"主体性"、"人权"、"社会民主"和"自由"。但是,在围绕这些关键问题的争论中,相当多的法国知识分子和思想家,多年来几乎都赞同和坚持以解决最实际的社会正义问题为基础,展开对政治哲学理论的探索活动。也就是说,受到流行于法国近一百年的社会民主主义思潮以及主张"社会正义"和"平等"自由民主制原则的强烈影响,大多数理论家不再对抽象的"人性"、"人权"和"自由"感兴趣。他们探讨的重点毋宁是连接哲学理论与社会实际的"社会问题"(le social)。"人"(l'homme)的问题,早在 1966 年,就已经被福柯(Michel Foucault,1926—1984)发表的《语词与事物》"宣判"为"消失殆尽"的老掉牙的"虚假问题"。福柯说:"人们可以打赌:人将自行消失,犹如海边沙滩上的某个人脸图像那样"(on peut bien parier que l'homme s'effacerait, comme a la limité de la mer un visage de sable)。① 由"解构主义"和"社会正义论"等社会思潮所掀起的一股政治思想潮流,经半个多世纪的流传,致使法国政治哲学再也不谈论或不深入研究政治哲学的人性基础或其他更抽象的理论问题。②

但是,当人类社会转向 21 世纪的时候,法国政治哲学的讨论风向又发生了转变。一方面,原来的解构派和社会正义派,以德里达(Jacques Derrida,1930—2004)为代表,从新的角度,反思和重建他们的"人性"、"人权"和"社会正义"等政治哲学基本概念,也依据近 30 年来的全球政治的转变,重整他们的政治哲学的论述形式及策略。他们明智地修正了原来的"人"的概念,从新技术和全球化所带来的生活环境的严重恶化以及人的生存受到数码技术和基因技术的死亡威胁而面临的危机出发,一边批判传统的西方种族中心主义和人本中心主义,一边鲜明地维护包括动物在内的全球一切事物的"生存权"和"存在权",强调要以新的广阔视野探讨人性、整个宇宙和政治的问题。这就造成原来从 20 世纪 60 年代形成和发展过来的法国"解构派"、"社会民主派"和"后现代派"政治哲学队伍的重整和调整,也产生法国政治哲学论坛的崭新局面。③

另一方面,长期与他们对立的自由主义派别也结合时代的变化,针对论敌的基本概念的漏洞和片面性,在认真修正自身的理论问题的同时也尖锐地提出了适合于 21 世纪政治形势的新概念及其政治哲学的探索重点,即集中讨论在全球化、技术化和市场化条件下的"自由"的新内涵及

---

① Foucault, M. *Les mots et les choses. Archeologie des sciences humaines.* Paris. Gallimard, 1966: 398.

② See Picq, J./Cusset, Y. *Philosophies politiques pour notre temps. Un parcours europeen.* Paris. Odile Jacob. 2005:17–18.

③ See Derrida, J. *L'animal que donc je suis.* Paris. Galilee. 2006; Derrida, J. *Apprendre a vivre enfin. Entretien avec Jean Birnbaum.* Paris. Galilee/Le Monde. 2005; Derrida, J. *Chaque fois unique, la fin du monde.* Paris. Galilee. 2005; Derrida, J./Habermas, J. *Le "concept" du 11 septembre. Doialogue a New York (octobre-decembre 2001) avec Giovanna Borradori.* Paris. Galilee. 2005; Derrida, J. *Voyous.* Paris. Galilee. 2003.

其在整个政治生活中的本质意义。①

二、美国政治哲学的更新

在大西洋的对岸的美国政治哲学界,同样也更深入地讨论了自由主义的基本问题,使围绕自由主义民主的理论探索,能够集中在"个人权利"、"机会平等"、"民主的公民资格"等核心概念上开展起来。从 20 世纪 70 年代围绕罗尔斯(John Rawls,1921—2002)所发表的《一种关于正义的理论》(*A Theory of Justice*,1971②)而集中讨论"正义"(Justice)论题以来,接着,在 80 年代伴随着全球化的潮水般泛滥以及以多元文化学界转而集中讨论"共同体"(Community),并在 90 年代又转向对"公民资格"(Citizenship)问题的讨论。③

目前,美国政治哲学界仍然活跃,其争论和探讨的方向,不仅深受欧洲政治哲学发展和更新的影响,而且,也更紧密地结合美国本土及其全球化政治战略,深入研究世界性政治的新特征及其灵活应付策略。

罗尔斯在他的《政治自由主义》一书中坚持鼓吹普遍主义的公共理性的重要性,并在此基础上,比与他争论的社群主义者更加强调多元论和宽容的原则。罗尔斯以较为广阔的视野探讨适用于全球化现状的全球性合理政治秩序。他说:"合理的和包容性的宗教、哲学和道德学说的多样化",乃是民主的公共文化的长远特征。④

显然,美国政治哲学基本论述形式,如同美国一般哲学和人文社会科

---

① See Ferry, L. *Philosophie politique*. Paris. PUF. *Tome Ⅰ*: *La querelle de Anciens et des Modernes*.1984; *Tome Ⅱ*: *Le système des philosophies de l'histoire*.1984; *Tome Ⅲ*. *Des droits de l'homme a l'idee republique*. *Avec Renaut*, 1985; Renaut, A. *Histoire de la philosophie politique*. *Tome Ⅴ*. Paris. Calmann-Levy.1999.

② Rawls, J. *A Theory of Justice*. London. Oxford University Press. 1971. 此书中文译本将书名译成《正义论》是不准确的,因为原文 A Theory 正是强调此书所论述的只是"一种"关于正义的理论,而不是泛泛地或一般地论述"正义论"。

③ See Smith, R. *Civic Ideals*: *Conflicting Visions of Citizenship in American History*. Yale University Press, 1997.

④ See Rawls, *Political Liberalism*. New York. 1993: 42.

学的理论一样,在其重要的发展时刻,总是参考和吸收欧洲思想和理论的研究成果,特别深受欧洲学术界的理论争论的影响。

　　总的来讲,美国政治哲学的论述模式的转变,固然有其本土理论和方法方面的传统的直接影响,但不可忽视欧洲的前沿理论成果及其争论的影响。在这方面,英国、德国和法国的思想和理论影响是非常突出的。

　　欧洲当代政治哲学对美国政治哲学的重要影响,主要表现在美国传统功利主义的衰落和美国政治哲学论述形式的多元化。这两个主要倾向直接导源于欧洲自第二次世界大战结束以来的一系列重大争论及其理论结论。换句话说,没有欧洲政治哲学界在前半个多世纪的理论争论及创新,就不会有美国政治哲学的新转变。这种影响是微妙的和深刻的;它直接导致罗尔斯规范性自由主义政治哲学的诞生,也促进了与他对立的诺齐克近似于无政府主义的"放任性市场模式"的新政治哲学的发展,同时也推动了美国保守主义的更新和社群主义的传播。除此之外,还不能忽略欧洲新马克思主义和"后马克思主义"思潮对美国当代政治哲学的影响。

　　欧洲马克思主义在20世纪下半叶对美国的影响,首先是通过英国的"新左派"和"分析的马克思主义"的传播,接着,积极吸收法国"后结构主义"、解构主义和后现代主义以及德国法兰克福学派的社会批判理论的研究成果,才使典型表现美国本土的实用主义、"后工业政治哲学理论"以及"后殖民主义"的美国新马克思主义,能够在当代美国政治哲学中占据一定理论席位。

　　芝加哥大学马克思理论的研究专家波斯东指出:"如果说近代社会可以分析成为资本主义社会,而且资本主义社会又是一种可以在某些基本面发生转变的话,那么资本主义的最基本核心问题就应该重新加以评述。在这基础上,就可以形成一种有关近代社会的性质及其发展轨迹的新的不同理论⋯⋯这样一种分析将对建构民主的政治理论作出贡献。"[1]

————————

[1]　Postone, M.Time, "Labor, and Social Domination". *A Reinterpretation of Marx's Critical Theory*. 1996:15.

　　波斯东指出:"我对于马克思的批判理论的重建,就是对于资本主义的历史转变和对于传统马克思主义的弱点的一种响应。马克思的政治经济学批判序言是他充分发展了政治经济学批判的最主要的文本。我阅读这一文本的结果,使我对于马克思在他的晚期成熟著作,特别是《资本论》中所发展的批判理论能够进行重新的评价。马克思的批判理论,在我看来,不但不同于传统的马克思主义,而且比它更加强而有力。马克思的批判理论到现在为止,仍然有重要的意义。"①

　　波斯东对于马克思的批判理论的上述重建,在美国引起了广泛反应。美国著名的马克思理论研究者阿拉多(Andrew Arato)、马汀杰依(Martin Jay)、麦卡锡(Thomas McCarthy)、海尔布洛纳(Robert L.Heilbroner)等人,早在20世纪70年代就已经深入探讨了马克思理论中的新问题,并结合各种实际问题和理论问题,试图在重建马克思主义方面打开一条出路(Arato,A.1978;Arato,A./Breines,P.1979;Jay,M.1973,1984;McCarthy,T.1978;Heilbroner,R.L.1980)。波斯东的上述分析和研究工作,更进一步促进了美国学术界对马克思理论的研究兴趣。

　　正如莱特所说,自20世纪70年代初以来,马克思主义传统中发生了理论发展和研究的重大变化,使人们对于马克思主义的许多重大问题的理解,都发生了重大变化。这些变化关系到对于价值的劳动理论、历史理论、资本主义发展的动力、从封建主义到资本主义的过渡、资本主义国家内的矛盾、生产过程中形成共识的机制以及资本主义社会中关于中产阶级的问题。所有这些就是我们的最巩固的成果。因此,在这样一种发展的脉络中,宣布马克思主义作为一种精神力量已经死亡,是可笑的。②

　　当然,美国政治哲学的上述转变及其倾向,还有其深刻的国内政治基础和民族传统的根源。我们将在以下更具体的分析中给予必要的重视。

---

　　① Postone,M.Time,"Labor,and Social Domination".*A Reinterpretation of Marx's Critical Theory*.1996;15.

　　② See Wright,E.O."Marxism After Communism".In *Social Theory and Sociology*,ed. by Turner,London.1996;141.

三、德国政治哲学的典范转换

经历对法西斯专制的反思,吸收西欧各先进国家政治哲学研究的新成果,德国政治哲学在第二次世界大战之后发生了新的变化。主要表现在六大方面:第一,在内容上注重对法西斯专制的批判,主要寻求民主政治蜕变成法西斯专制的根本原因;第二,吸收结构主义和解构主义的新思路,从语言论述方面分析政治的哲学问题;第三,总结当代技术的新成果,提出新的社会系统理论;第四,采纳分析哲学的研究方法,建构"批判的理性主义"的政治哲学理论典范;第五,结合当代社会政治与文化的新特点,集中发展以文化批判为核心的新批判理论;第六,根据德国政治哲学的传统特征以及德国社会政治的具体特点,重建原来的古典自由主义政治哲学。

四、当代政治哲学论述转变的一般基础

当代政治哲学理论指的是 20 世纪中叶以来的西方重要政治哲学。这一部分政治哲学,不仅对于当代政治生活发生直接影响,而且,对当代社会科学整体也具有重要意义。同时,当代政治哲学也以其时代的立场重新考察、估价和反思了传统的政治哲学理论,对传统政治哲学进行见仁见智的批评。所有这一切,都使我们不能不重点地分析当代政治哲学的内容及其特征。

为了论述的方便,我们首先概括说明当代政治哲学的一般特征,然后,基本上按国别来分析和研究它们当中的主要流派。这样做的原因也是由于考虑到西方各主要国家的各自不同的思想文化传统及其历史特殊性。

首先,我们必须看到:当代政治哲学的理论模式和方法,同以往的古典政治哲学相比较,已经有了很大的变化。导致这种变化的原因,主要是政治本身以及围绕当代政治的各种社会文化因素已经发生了重大变化。

在**政治**层面上来说,西方社会在第二次世界大战以后,普遍地进入一个新的民主化和社会福利化的时代。由于文化和科学技术的突飞猛进,整个社会结构及其性质,都发生了很大的变化。古代的"城邦政治"、"基督教政治"、"启蒙政治"以及"古典政治"等,都不再适用于当代的社会文化条件。对于这个新时代,从政治上说,人们有时称之为**"后自由主义"**(post-liberalism)的时代、**"后民主"**(post-democracy)的时代、**"后资本主义"**(post-capitalism)或者**"晚期资本主义"**(late-capitalism)时代,甚至是**"后现代"**(post-modernism)。而且,这些不同的称呼,还同从经济上和文化上所说的"消费社会"或"休闲社会"是相呼应的。

不管如何称呼这个新时代,在政治上所出现的一个重要特征,就是**政府同社会的相互关系发生了根本变化**。这个变化是多方面的;但是最主要的,是表现在相反相成的两个方面:一方面政府的管理角色越来越突出,政府干预社会各个领域的力量越来越强;另一方面社会生活又朝着脱离政府控制的方向发展,造成了越来越多的具有自治能力的社会公共领域,也造成了社会中个人和团体的越来越大的自律,以至在政府同社会之间,建构起越来越复杂的中介因素,使"社会连带"(social solidarity;la solidarité sociale)的性质发生了根本变化。这里所说的"社会连带",根据法国社会学家杜尔凯姆的说法,指的是各个社会中连接社会整体结构以及个人间相互关联的形式及其组成要素;显然,这种社会连带具有政治性质。

由于政治结构及其运作逻辑的变化,又由于国家政权与社会发生了既分离又冲突的悖论性的关系,当代政治的性质已经完全不同于传统的政治。

产生西方社会上述政治层面变化的原因是多方面的。但是,简略地说,主要是两方面的因素。首先,是西方社会**个人与社会的相互关系**发生了新的变化。其次,是西方**社会政治结构及其性质**本身的重大变化。

从个人与社会的相互关系来说,由于生活在文化高度发达的社会共同体之中,社会中的个体的自律性越来越高,其自由活动的能力,比以往任何社会都大大地提高了一步,使得政府的权力和管理能力相对地被削弱。人的自律的提高,首先表现在各个个体在社会生活中进行自决的能力的增强,其次表现在对于政府活动和社会活动的参与性的增强。

由于人的自律的提升,有些政治学家和经济学家甚至主张实行无政府主义(Anarchism),例如,自由主义政治家哈耶克(Friedrich von Hayek,1899—1992)强烈主张以市场经济的自由竞争模式建构自由民主社会的秩序。他在《法、立法和自由:关于正义和政治经济学的自由原则的新命题·第二卷·社会正义的幻像》一书中,论证道:正义在任何时候都不应该等同于"回报"或"酬劳"(reward),真正的社会正义倒是应该实行经济游戏所产生的不确定性原则。[①] 接着,哈耶克又在他的《自由的构成》一书中强调,"自由应该是独立于他人的任何意志"[②]。在此基础上,哈耶克主张社会实行放任政策(the laissez-faire policy)。

在哈耶克之后,罗伯特·诺齐克(Robert Nozick,1938—)更是鼓吹无政府主义。罗伯特·诺齐克在约翰·罗尔斯(John Rawls,1921—2002)发表《一种关于正义的理论》(*A Theory of Justice*,1972)之后三年,迫不及待地发表了针锋相对的著作《无政府主义、国家和乌托邦》(*Anarchy,State and Utopia*,1974),强调政府不应干预任何社会和经济活动,政府应该将其干预活动减少到最低限度的程度,因而提出了"**最低限度国家**"(a minimal state)的概念。[③]

西方整个社会和政治结构的变化,也使西方政治学界对于自由主义和社群主义的相互关系发生了浓厚兴趣。在西方政治学界争论自由主义和社群主义的时候,政治学家巴柏(Benjamin Barber)提出了"**强烈民主**"(stronge democracy)的新概念,一方面批判自由主义的民主,另一方面又批判社群主义的统一民主。巴柏主张:通过公民的直接参与,建构一个在高度科学技术发展的基础上的民主社会。[④]

---

① See Hayek,F.A.von,*Law,Legislation and Liberty:A new Statement of the Liberal Principles of Justice and Political Economy*.Vol.2.*The Mirage of Social Justice*.1976.

② Hayek,F.A.von,*The Constitution of Liberty*.1960:12.

③ See Nozick,*Anarchy,State and Utopia*.N.Y.:Basic Books.1974.

④ See Barber,*Stronge Democracy:Participatory Politics for a New Age*. U. S.:California University Press.1984.

更具体地说,当代政治的变化,表现在:

第一,政府与管理制度发生了根本的转变。

第二次世界大战后,**随着国家和政府干预的因素的增强和无政府状态的发展,**西方社会的性质也发生了重大的变化。这两个相反的倾向的同时加强,使西方社会政治领域出现了前所未有的悖论现象,并在此基础上,使得政治生活出现了高度不确定的状态。显然,对于上述相反相成的两种特征,应该同时予以注意,不能只注意到其中的单一方面。政府角色的变化,在政治活动及被韦伯所称的"科层化组织"(bureaucracy)的政府系统中出现了新的变化。其中一个很重要的因素便是**管理**(administration)阶层及其角色的加强。这和第二次世界大战后生产发展、科学发展、管理手段的科学化及技术革命有很大的关系。

国家领导阶层与管理阶层的结合是非常重要的新现象。这表明**政治管理的现代化同统治技术的现代化已合为一体**。所以,当代政治哲学在讨论政治问题的时候,必须特别注意到管理阶层在政治活动中所起的新作用。

如此一来,传统的被认为稳定的西方民主制度,随着当代社会各领域的结构性变化,也受到了很多新的质疑:民主是否真正地实现了正义与平等? 民主与平等的关系到底为何? 民主和平等只是单纯的政治问题吗? 所有这些问题,同西方民主制中一系列非常古老而又重要的问题密切相连——平等到底是指社会平等? 法律的平等? 还是指实质的平等? 分配的平等?

在第二次世界大战后,作为西方社会典范的美国,在这样一个典型的自由主义国家中,上述问题也同样引起了政治学界的激烈争论。哈佛大学政治学教授约翰·罗尔斯针对上述问题,总结了近四百年西方民主社会发展的历史经验,总结了各个时代重要的思想家关于自由民主制的理论研究成果,发表了《正义论》。在这本书中,他提出了对美国、英国传统自由主义政治制度的批判。他深入探讨民主与平等以及关于民主与平等的社会基础是否稳固的问题。他在重新肯定康德(Immanuel Kant,1724—1804)、卢梭(Jean-Jacques Rousseau,1712—1778)和洛克(John Locke,

1632—1704)政治理论的同时,不得不承认马克思对于资本主义的批评的某些合理性,也肯定了社会主义的社会理念的合理因素。①

同马克思所处的那个时代相比,当代社会固然缓和了阶级的冲突和矛盾,但是,由资本主义政治经济制度的发展所导致的一系列矛盾和危机,不但没有自然而然地消失掉,而且还以新的形式和特征不断地重演。在18—19世纪被当做合理的古典自由主义和功利主义,越来越显示出某些不合理性和非正义性。约翰·罗尔斯在该书的序言中,明确地批评了迄今为止占统治地位的**功利主义**(utilitarianism)和**直觉主义**(intuitionism),特别批评了由英国的休谟(David Hume,1711—1776)、亚当·斯密(Adam Smith,1723—1790)、边沁(Jeremy Bentham,1748—1832)和密尔(James Mill,1773—1836)等人所主张的功利主义原则,从理论上揭露他们的观点的不合理性。②

与此同时,在欧洲各国的政治学界,也广泛地展开了关于当代西方社会政治制度的合理性问题的讨论和研究。德国思想家哈贝马斯(Juergen Habermas,1929—　　)深入地研究了第二次世界大战后西方社会的性质和结构,一方面,高度肯定西方自由民主的政治制度的历史成果,强调西方自由民主制度不仅提供了"**形式的民主**",而且也实现了"**实质的民主**";另一方面,哈贝马斯也指出了当代西方政治民主制的严重不合理性,尤其是集中批判由西方官僚科层制所引起的"**社会系统同生活世界的分离**",同时也批判了"**社会系统对于生活世界的殖民化**"。③

正是在这种社会批判的基础上,哈贝马斯从20世纪70年代开始,逐步地创立了新型的合理沟通行动理论。在哈贝马斯的政治哲学中,同样还深入讨论了由当代社会变化而尖锐地提出的市民社会问题,并探讨了与此相关的公共领域和私人领域的关系问题。

当代社会政治结构的重大变化,不只是表现在政治制度层面上,而且

---

① See Rawls, *A Theory of Justice*. Oxford：Oxfrod University Press.1972.

② See Ibid.：viii.

③ See Habermas, *Theorie des Kommunikativen Handelns*. Band I.：*Handlungsrationailtaet und gesellschaftliche Rationalistische Vernunft*. Frankfurt am Main：Suhrkamp.1981.

还表现在政治领域中**政治阶层**的重新分化。

第二,政治阶层有了新的分化,而这样一来,政治生态也发生了根本性的重构。

按照著名的政治学家奥佛(Claus Offe)的看法,任何一个现代国家内,公民同国家的关系,从结构上来看,基本上采取三种基本途径:其一,公民是国家权威的集体的主权创造者(sovereign creators);其二,公民潜在地受到国家所组织的力量和强力的威胁;其三,公民们依赖于国家所组织的各种服务和活动成果。

所以,从20世纪80年代起,西方政治学界围绕着**福利国家**的发展,集中地讨论了两方面的问题:一方面是主张加强国家对于公民的集体安全的保障制度,使福利国家进一步完善化;另一方面主张扩大国家的自由层面,也就是进一步加强国家对于私有财产、契约式的市场关系和资本主义经济的承诺。这场争论表明,西方社会在第二次世界大战后的一系列变化,导致西方国家制度的根本原则问题的重建,其中包括公民同国家的关系,私有制的范围和界线的问题。① 围绕着这些问题,也有一些政治学家集中研究"公民性"(la citoyenneté)的问题。②

与此同时,西方社会各个政治力量和阶层的结构也发生变化。最重要的是表现在两方面:一方面,由于文化教育的发展而使社会中下阶层越来越多的人提升了文化水平,从而产生了社会中下阶层参与管理国家政治生活的新基础;另一方面,中产阶级(middle class;class moyenne)的数量和队伍不断扩大,也产生了他们积极参与政治决策的浓厚兴趣。在这种情况下,各国政治圈子里,陆续出现以中小资产阶级为基本力量的多种小型和中型的政党组织和团体。上述政治阶层和结构的变化,改变了西方各国的**政治生态**。

因此,同新的社会政治结构密切相连的,是西方**社会阶级结构**的重大变化。马克思在19世纪所说的"无产阶级和资产阶级的对立",已经不

---

① See Offe, *Modernity and the State*. Cambridge: Polity Press. 1996: 147-148.

② See Balibar, *Les frontières de la démocratie*. Paris: La Découverte. 1992.

再采取简单的存在形式了。原有的资本家与劳动阶层的矛盾的表现的程度以及劳资间的分界线,也已经有所改变。普遍的股份与福利制度的出现,各种社会福利制度的完善化,劳工参与企业管理制度的普遍化,企业管理民主化以及工会制度的民主化,等等,使得贫富之间的差别同过去有所不同。

　　但是,新的社会仍然存在阶层的分化,存在着阶层之间的各种矛盾,但阶层间的差异及其矛盾并不单纯地集中到政治问题上。① 研究英国和西方社会阶级和阶层分化问题的社会学家哥尔梭普(John H.Goldthorpe)指出:"当代英国社会主要是由八大社会阶级所构成的:精英阶级(elite class)、高级服务阶级(higher service class)、次级服务阶级(subaltern service class)、白领阶级(white collar class)、小资产阶级(petty bourgeoisie)、蓝领精英阶级(blue collar elite class)、熟练工人阶级(skilled working class)和非熟练工人阶级(unskilled working class)。"②在上述八大阶级中,除了精英阶级是高高在上的社会主宰者以外,高级和次级服务阶级作为服务阶级虽然同时地为社会上下阶层服务,但主要是为上层服务。高级服务阶级包括一切从事高等职业、管理和经理人士阶层;他们的特征,是在服务活动中运用权力关系。次级的管理阶级包括低层次职业和各个管理和经理阶层,他们作为企业或公司机构的职员行使一定程度的权力,但同时,又要服从于上级的支配。白领、小资产阶级和蓝领精英阶级被称为是中介阶层。只有熟练和不熟练工人被归纳为工人阶级。

　　同上述政治问题密切相关的社会阶层化的问题,在当代西方社会中也出现了新的重要变化。首先,指的是社会阶层的结构本身所发生的变化。贫富对立阶级的结构以及社会各个领域中的不同阶层的相互关系,都发生了重要变化。不可否认的是,由于生产和经济的发展,整个社会的财富和人民的富裕程度都大大地提高了。马克思在《资本论》(*Das Kapital*,1867)中所说的资本主义社会绝对贫困化的规律,对于社会整体

---

　　① 　See Marshall,*Repositioning Class*:*Social Inequality in Industrial Societies*.London:Sage.1997.
　　② 　Goldthrope,J. H.*Social Mobility and Class Structure*. Oxford:Clarendon Press. 1980:43;254-255.

而言显然已经不适用了。但这并不意味着新的社会里不再存在贫困的阶级。据统计,被人们认为"最富裕"的美国,官方也不得不承认全国有40%的人口过着"贫穷"的生活。① 在世界范围内,全球有八亿人口得不到足够的食物以保障他们正常工作和生活的需要,使他们随时面临死亡的威胁。②

西方社会的发展,仍然不可避免地面临着越来越严重的社会贫困阶级的不断扩大的问题。根据 20 世纪 70—80 年代以来西方各国的统计,失业人口在各个主要的先进工业国中不但没有减少,而且正在持续增长。更严重的是,失业人口中长期失业者的比例越来越大,以致造成越来越多的长期失业者被剥夺重返社会共同体的正当权益。所谓"无固定住所者"(homeless people)越来越多,在巴黎、伦敦、罗马、纽约和柏林等各个西方大都会中,流离失所者和流浪汉已经成为严重的社会问题。西方社会学家把这些因长期失业而流浪的穷人称之为"社会边缘人"或"被拒于社会大门外者"。③ 他们一旦被排除在社会之外,就很难再重新回到社会生活的正常范围之内。

当代西方社会发生重大变化的另一个重要标志,就是人文和文化因素在社会结构中的加强渗透。这一变化极大地改变了政治的性质,特别是影响了政治策略。所以,当代政治哲学很重视文化问题在当前政治中的地位。

关于西方社会在第二次世界大战后所发生的根本变化,当代政治哲学不仅可以从经济、政治、文化及社会结构各个角度去观察和分析,而且也可以从生活于西方社会中的人的心态、生活方式、行为模式以及其个人和社会心理结构的变化去考察。显然,在考察社会结构的变化时,只停留在宏观的、有形的、可感知的、物质的层面上,是不够的。当代西方社会变

---

① See Macionis, J.J.*Society*: *The Basics*. New Jersey: Prentice-Hall.1996:196.

② See Helmuth, "World Hunger Amidst Plenty." in *U.S.A. Today*, Vol. 117, No.2526 (March 1989):48-50; United Nation Development Program.*Development Programme*: *Human Development Report*. New York: Oxford University Press.1993.

③ See Stoner, *The Civil Rights of Homeless People*. Berlin: de Gruyter.1995.

化的一个重要方面,是人类所创造的文化发展得越来越复杂,在文化中的人文因素和物质因素紧密地相互交错在一起,致使人类创造的现代文化在社会生活中占据着非常重要的地位。

人类社会从最初形成以来,一直是以人类所创造的文化,作为同自然界相区分甚至是对自然进行控制和改造的基础和基本条件。社会当然是人所建造的。没有人,没有人的文化创造,就不会有社会。但当代西方社会中的文化因素和人文因素,同过去的任何社会相比,都有所不同。当代政治哲学所要注重并加以研究的,正是当代西方社会中的文化因素和人文因素的时代特征。

文化在区分社会同自然的性质方面,在西方社会的历史上,始终是起着决定性的作用。这也许是西方社会同东方社会相区别的一个重要特征;因为对于东方社会来说,东方人所创造的文化充其量也只是把社会同自然区分开来;即使是在一定条件下把自然同社会对立起来,也不至于将两者发展到极端对立的程度。不同于西方文化的东方文化,在区分自然与社会的同时,往往也注重"天人合一",使文化本身的发展和充实,始终同自然的发展和人本身的发展相反相成或相辅相成。因此,东方文化不至于发展到只讲人的主体中心地位,而把自然单纯地异化为被人所控制的外在对象。西方文化的特征,从古希腊创立的时候起,便把主客体对立起来,始终强调人作为主体对于作为客体的自然的统治。西方社会进入近代以来,人作为主体对于作为客体的自然的统治,更是变本加厉。到了20世纪中叶,西方文化已发展到严重地破坏人与自然的平衡关系的程度。

当代社会中文化的高度发展的结果,使社会同自然的对立发展到前所未有的危机程度。当代西方文化呈现出许多不同于东方文化的特征,但首先引起当代政治哲学重视的问题,恰巧正是西方文化中将人的主体地位同自然的对象地位相对立的严重程度。由这个特点所产生的结果,引起西方社会在性质和结构的基本方面同自然环境的尖锐矛盾。当代政治哲学对于这方面的问题,进行了多方面的研究。当代政治哲学为此而提出了古典政治哲学理论从未提出过的问题。

　　"文化"成为了当代政治哲学研究行动与结构等重大问题的一个基本参照点。正如英国瓦维克大学社会学女教授阿雪（Margaret S. Archer）所指出的："关于结构同施动（agency）的问题，被正确地看成为当代政治哲学的基本争论问题。但是，在研究这个中心问题的过程中，始终都是被文化和施动问题所笼罩……实际上，这两个问题是直接地并列存在的；也就是说，两者都提出了同一的困难问题，并且也提出了能够同样正确地解决它们的方法。"①

　　当代社会的文化因素的增长及其对整个社会的渗透，使原本作为西方社会中心概念的人的主体性也经受了一场前所未有的考验。人的主体性从来没有像现在这样处于明显的悖论之中。

　　在当代社会中，人本身作为自然和社会的中心，不但在改造自然和社会方面取得了越来越重大的成果，显示了人在其生活世界中的中心地位的进一步加强。正如海德格尔（Martin Heidegger, 1889—1976）所说，作为当代社会文化基本结构的**"现代性"**（modernity），**在本质上就是现代人的一种"生活世界"**。现代性的特征正是在于：人作为主体既是他所建构和所控制的世界的基础，又是这些世界的中心。这样一来，**这个世界就变成了人造的结构，变成越来越具有人为建造性质的世界，成为一种可以被人密码化和神秘化的世界**。与此同时，在这种世界中生活的人，一方面，为自己的创造而自我满足和自我陶醉，打乱了原来的传统社会所建构的各种社会和道德的秩序，寻求改变个人与社会的相互关系；另一方面，又寻求一切可能的创造途径达到自我超越，以迎合其永不满足的、无限的理想的自由需求。②

　　这也就是说，**人不仅成为了其自身认知和行动的主体，而且也是其生存方式的自我正当化的主体及其生存立基于其上的一切关系的中心点。**在此基础上，现代人以其自身所创造的同一性和参照体系，不断地更新、

---

　　①　Archer, *Culture and Agency: The Place of Culture in Social Theory*. (Revised Edition) Cambridge: Cambridge University Press. 1996: xi.

　　②　See Heidegger, *Holzwege*. Frankfurt am Main: Klostermann. 1950: 70; *The End of Philosophy*. New York: Harper & Row. 1973: 30.

扩大和重建其自由的本质。也就是说,**人依据其自身创造的参照体系,不断地重建和重新诠释其生存世界中先存的、现实的和未来的一切关系网络**。具有"现代性"特征的当代社会发展的结果,使人的因素越来越渗透到人的生活世界和社会系统中。正因为这样,现代性的社会结构及其运作逻辑,随着人文因素的进一步加强,内含着越来越多的人为文化的因素,特别是渗透着人的精神心态的因素,呈现出同以往任何社会截然不同的新特征。

从社会学和政治哲学理论的观点研究现代性和后现代性的思想家季登斯、比埃尔·布迪厄(Pierre Bourdieu,1930—)和波德里亚克等人,在重建他们的独具特色的政治哲学理论的时候,都充分地考虑到了当代社会中人文因素的上述新变化。

生活在当代社会制度中的"人",随着现代性和后现代性社会结构和文化的发展,也发生了非常深刻的变化。这就是说,社会的人文因素强化的同时,人自身也被其生活的环境所改造;人自以为改造了其生活环境,但人自身却又被非人性化的生活世界所改造。这种变化,使当代人的政治行动网络、层次和中介因素各方面都进一步复杂化,并出现了许多同人性本身相矛盾的现象。反过来,人的心态、生活方式、行为模式、个人间的关系模式、个人与社会的关系模式等,不仅关系到人的政治行动和社会结构本身,而且更重要的是,其也直接影响到行动者的行动和社会结构的运作动力及其再生产的逻辑。

文化向整个社会的渗透,导致社会和政治的"文化化",其结果,就是社会和政治的进一步象征化。

人的因素同整个社会结构的相互关系,实际上是生活在社会中的人的内在化、客观化、社会化和外在化的基本条件和产物。文化同时是社会结构和政治行动的运作的动力、条件和成果。但不论是文化、社会结构或政治行动,又都是人的生活和行动的条件和成果。因此,考察社会结构、政治行动和文化的任何问题,都离不开对人的因素的研究。但在当代社会中,人的文化创造物已发展到空前繁荣和空前复杂的程度。如果说文化原本是人的精神因素同自然因素和社会因素相结合的结果,那么,当代文化不同于一般以往文化的特征,就在于当代文化中人为因素的比例大大地高于自然的因素,人的创造性因素在文化中占据了主导地位。当代文化一方面体现了人的自由创造精神,体现了人的自由和自律的扩大和加强;另一方面又渗透着非人性的因素,表现出当代人被自身创造的文化产物所困的窘境。

作为行动的条件,文化和社会结构一起,为行动提供条件、资源、约束力和动力。但同为行动的条件的文化和社会结构,在当代社会中,文化占据更重要的甚至是决定性的地位。严格地说,社会结构也是人在行动中的文化创造产品;或者说,社会结构中包含和渗透着大量的文化因素;只是社会结构这个广义的文化产品,带有更多的制度化和组织化的因素和性质。在当代的社会结构中,人所赋予意义的符号、信号和密码系统,更多地渗透到社会制度和社会组织之中。人的行动也同样更多地受制于人所制造和规定的、具有特定意义的符号、信号和密码。人类创造和不断扩大其意义王国,并在这些意义王国的引导下试图不断超越其自由的界限。但同时,这些意义王国又把人引向与人的自由意志相反的方向。

由于当代社会人文的因素与整个社会结构的相互渗透,使社会结构越来越采取**象征化**的性质和形式。季登斯、布迪厄、埃里亚斯(Nobert Elias,1897—1990)和波德里亚克等人的当代政治哲学,都不同程度地重视**当代社会的象征性**问题。这并不是偶然的;这是因为他们充分地考虑到人文因素渗透到社会结构的结果,就使社会结构本身的象征化和中介化的层次进一步自我分化和复杂化。当代社会的象征性和中介性,不能不同人的文化创造活动相联系。所以,当代政治哲学也同样高度重视当代社会的文化因素(参见本书第四章第九节),并从**文化再生产**(cultural re-production;the reproduction of culture)的新观点去研究社会和文化的相互关系的问题。①

---

① See Giddens, *The Consequences of Modernity*. Cambridge: Polity. 1990; Bourdieu, P. and Loïc J.D. Wacquant, *An Invitation to Reflexive Sociology*. Chicago: The University of Chicago Press. 1992; Baudrillard, J. *La société de consommation*. Paris: Le Point. 1970; *L'Echange symbolique et la mort*. Paris: Gallimard. 1976; *L'illusion de la fin*. Paris: Galilée. 1992.

　　随着当代文化的深入发展,以及人的智力活动的进一步发挥,当代社会结构和文化因素以及各个行动者的行动过程都进一步复杂地交错在一起;而在这种交错过程中,人的创造性智力和各种精神心态因素,不论就其广度或密度而言,都以前所未有的程度占据了主导的地位。在这种情况下,传统社会学那种把社会结构和文化当做两类不同的体系,或者把人的行动同文化的因素区分开来加以研究的做法,显然已经不能有效地贯彻到当代政治哲学的研究中去。

　　即使研究传统社会的社会结构、行动和文化的相互关系,也不能继续采用传统社会学的上述研究方法。至于当代社会的理论研究,由于上述重要原因,就更不能也不应该机械地分割开"社会结构"、"行动"和"文化"的因素。显然,社会结构、行动和文化,作为社会事实,作为客观存在的一部分,它们三者并不可能作为相互独立的实体或系统而存在。

　　这就是说,从本体论的角度看,社会结构、行动和文化,从来都是相互交错在一起的。但是,从认识论和方法论的角度看,为了深入分析人在社会中的行动的性质及其运作逻辑,可以按认识和方法的贯彻程序和步骤,将行动过程同对行动发生作用或发生关联的其他因素在逻辑上区分和分割开来。在这种情况下,行动过程可以依据逻辑分析的需要被界定为行动者主体所实行的行为系列,其中包括行为发生前后行动者进行实际行为所关联到的各种内外因素的互动的各种趋向及其总和。

　　同样的,对于行动发生于其中的各种社会因素及其关系,为了逻辑分析的需要,也可以当做行动发生的外在条件而被界定为社会结构。在这种情况下,究竟要不要把行动者行动过程中所包含的各种发自主观文化因素以外的客观文化因素纳入上述社会结构之中,也是可以依据逻辑分析的需要,而有两种可能的分析途径。

　　第一种分析途径就是传统社会学所采用的,也就是把社会结构同行动过程中所关联的主观文化因素以外的客观文化因素总体,当做是不同于社会结构的一个相对独立的系统。在这种情况下,如同帕森思所做的那样,文化系统、社会系统及人格系统形成整合行动的体系。透过社会化和社会控制的机制,使人格得以结构化,并与社会系统的结构相一致。在这个过程中,文化系统显然扮演一个最普遍化的解释中介,同时稳定角色模式和人格系统,并具有文化要素(如语言)和实质理念(如价值、信仰及意识形态等)的特征。社会系统成为了行动的一个系统;在这个系统中,各个个体的行动者依据共同的价值规范而进行互动。因此,这些规范也使行动结构化。由于个体行动者都参与了由这些规范所界定的行动环境的定义,因此,他们的行为的互动就产生了一个社会结构。换句话说,行动模式或互动的协调性和规则性,是通过那些控制着行动者行为的规范的存在才成为可能的。

正如帕森思自己所说:"社会系统的平衡是靠多种过程和机制维持的,而这些过程和机制的失败就必定导致不同程度的不平衡或者非整合。推动社会系统在主要方向上持续运作的两类重要机制,就是社会化和社会控制的机制。"①

显然,帕森思试图从符号和象征的观点,将文化看做是一套具有功能性的符码系统,强调其功能的意义,而不谈其整体创造的生命诠释意义。

传统社会学所采用的上述研究途径,明显地把文化同社会结构分割开来,似乎文化是社会结构以外的相对独立的统一体。这种研究途径固然有积极的认识论意义,有助于研究者将文化因素总体,当成是社会结构系统以外的实现行动的条件和原因。这显然是传统的逻辑分析方法和理性主义原则在社会研究中的一种表现。正如当代政治哲学家所指出的,这是把认识论作为优先的考虑因素和价值取向的结果,它并没有考虑到:真正的行动环境和社会条件本身,原本是相互掺杂的、非常复杂的文化产品。

因此,上述传统社会学的研究途径,只急于达到认识社会的目的,同时又把社会当做是可以任意被研究者加以分割的认识对象,一点都不考虑社会的本来性质和本体结构。同时,在研究完成之后,他们又忘记了研究过程中所做的上述暂时性的逻辑分割,忘记了他们在完成分析之后必须对其研究成果进行反思。

---

① Parsons,*Structure and Process in Modern Societies*. New York:Free Press.1951:22.

　　所以,以帕森思为代表的传统社会学研究文化和社会结构的途径,同时具有正面和负面的两种意义。其正面意义,如前所述,当研究者把文化从社会结构中独立地隔离出来加以分析的时候,确实有助于深入认识和了解文化本身诸因素的相对独立的特性和性质。但这样做的结果,却不可避免地导致歪曲文化和社会结构的本质的负面效果。传统社会学长期以来未能从传统经验主义和理性主义方法论的约束中走脱出来,因此,始终满足于上述文化分割研究途径,无法真正揭示文化和社会之间的实际复杂关系;同时,上述传统研究途径对于文化次系统本身的研究,也陷入了各种片面性,因为这种文化次系统一旦同整体社会结构分离出来,就同原有的走动于社会中的文化脉络大相径庭。

　　第二种分析途径就是当代政治哲学家所提倡的各种社会文化互动论和社会文化本体论优先原则。当代政治哲学家试图超越传统社会学上述研究途径,再也不愿意把社会和文化分割开来,同时也充分考虑到作为研究对象的社会和文化,同实际存在的社会和文化之间的不可避免的**二重化**,充分考虑到社会和文化的实际运作过程同社会学家对于社会和文化的研究过程的**二重化**。这两种二重化是社会学家研究社会和文化的实践活动所不可避免的行动效果。也就是说,当政治哲学家和社会学家研究复杂的社会和文化脉络中的人的行动逻辑的时候,政治哲学家和社会学家的研究活动本身,就已经作为一种实际发生二重化效果的介入行动,从而也就同时地改变了正在被研究的那些政治行动本身,也改变了作为研究对象的政治行动及其社会结构和文化环境的性质。研究活动和研究活动的对象之间的相互干预和渗透,正是政治哲学理论研究活动的特质,也正是传统政治哲学理论所忽略的。

　　当代政治哲学研究社会结构和文化的运作逻辑的时候,尽管不同学派所采用的方法有所不同,但一般地说,他们都不满足于传统政治哲学理论所进行过的那种研究途径。

　　当代政治哲学首先充分考虑到人类文化的发展已经进入到新的阶段这一事实。因此,文化的因素在整个社会结构中的地位和意义也发生了根本的转变。如果说传统社会学家还有可能把文化看做一个相对独立的次系统而加以分析的话,那么,在人类文化高度发达并无孔不入地影响着人类的整个生活世界的结构的时候,当代政治哲学家简直已经不可能再沿用传统社会学家的上述文化分割研究方法。换句话说,当代政治哲学家身处其中的当代社会本身,就是充满着高度的文化因素的生活世界。因此,脱离开文化和生活世界的因素,当代社会简直就是不可想象的。其次,生活在社会中的政治行动者,也就是说社会中的"人",其文化层次也已经空前提高,尤其是精神和心态的层面变得比以往更加复杂,更加自由化。文化的提升改变了人的心态及其行动模式,也改变了人的行动结构和逻辑。

在这个意义上说,当代社会的任何一种政治行动,不可能不具有文化的性质,不可能发生在文化活动的脉络之外。同样地,当代社会的任何一个组成部分,也不可能脱离开文化的因素。再次,文化的提升又使研究社会的研究活动本身越来越普遍化,研究社会的活动已经不是政治哲学家和社会学家垄断的一种专业性职业活动,而是成为了具有社会范围的普及性的社会活动。

也就是说,当代社会中任何一种政治行动,越来越具有研究社会的活动的性质。当代社会中的越来越多的政治行动,往往建立在对于社会的研究活动的基础上。因此,当代社会的政治行动,一方面具有该行动本身所要达到的特殊行动目的和行动方式,另一方面又具有研究整个社会的性质。反过来,社会学家所从事的社会研究活动,也比以往任何时候更广泛和更深刻地影响着整个社会实践,影响着一般性的政治行动。政治哲学家和社会学家研究社会的观点及其成果,也就是他们的各种社会观,为越来越多具有高度文化水准的政治行动者所采纳,成为他们从事政治行动的隐含的或明显的指导思想。

实际上,当代社会结构和文化的交错可以发生在三大层面上。第一个层面就是由人的行动所创造的社会物质条件,包括人类生活居住环境(如都市建筑)、生产设备和交通设施等。当代社会文化的发展使这个层面的文化因素建构起人类生活和社会活动环境的所谓"第二自然"。这种人造的"第二自然",同现代社会以前的各种社会中的真正客观的自然环境相比,不但在性质上和社会功能上,都越来越脱离自然的真正性质,甚至把人同自然分割得越来越远,使人逐渐地并越来越严重地被这些人为制造的"第二自然"所层层包围。现代社会和现代文化有时也将这种"第二自然"称为社会的"硬件"架构,成为人的政治行动和日常生活所不能脱离的基本条件。在这种情况下,人的行动同真正的客观的自然的关系,被层层建构出来的第二自然所隔离,也使人的行动和生活相对独立于真正的客观的自然。反过来,生活于现代大都市和层层的第二自然所形成的生活环境中的人们,也越来越满足于或陶醉于第二自然的范围之内,在心态上产生一种越来越强烈和浓厚的异化情绪,一方面使他们减弱对自然的朴素情感,对自然产生许多错误的幻觉;另一方面又日益醉心于过着脱离自然的人为文化生活,使他们的政治行动和日常生活发生了根本的变化。

第二个层面是指通过一系列多元的符号、密码和信号所构成的各种社会制度。这一类社会制度,既构成社会结构的一部分,使人的行动被纳入到制度和规范的轨道上去,同时,它又更成为文化系统的重要因素,同行动者的心理内部状态发生密切的相互渗透的关系。属于这一层面的文化结构,包括各种政治、经济、行政管理制度和各种媒体系统。

第三个层面是指直接渗透到行动者内心的各种思想观念、道德意识和各种知识体系。这是无形的和象征性的符号体系所构成的。但就符号的结构、系统和运作逻辑而言,就这些符号系统的意义结构及其区分化的过程而言,就这些符号系统同社会结构的相互关系而言,在当代社会中呈现出非常复杂的状况;有待各派政治哲学理论从各个角度并以不同方法加以研究。在这里要特别强调指出的是,20世纪60年代后新出现的各种所谓"后现代主义"的政治哲学理论,对于由符号系统所创见的各种思想观念和文化艺术形式的研究,给予了充分的注意,使他们在这一方面的研究成果,对于重建和发展当代政治哲学起着特殊的推进作用。

由此可见,如果把社会结构、行动和文化当做是社会实在,并从本体论角度加以分析时,就可以像阿雪那样从形态生成论(morphosgenesis)和形态动力学(morphosdynamics)的观点和方法去研究。① 而从认知论和逻辑分析的方法来说,则可以根据认识的重点和分析的层面进行多方面的分割和研究。

季登斯在分析文化对社会变迁的影响时,除了强调宗教、思想风格和意识的重要影响以外,还特别强调当代沟通媒介系统和个人领袖的精神性影响。从 20 世纪 60 年代以来,季登斯还进一步指出科学和思想的世俗化发展对于社会变迁的影响。他说:"影响到现代社会的变化过程的,并不仅仅是我们如何想的方面的变化,而且也是观念本身的内容的改变。例如,自我改善、自由、平等和民主参与的概念,都是前两三百年广泛创造出来的;这些观念曾经动员了社会和政治的改变过程,其中包括革命。但是,所有这些概念已经不能把我们同传统紧紧地连在一起,而是成为了追求人类改善环境的目的,并不断地改变生活的方式。所有这些虽然是从西方开始发展,但是,这些观念和理念已经实际上变为真正普遍性的,推动着世界大多数地区的改变。"②

文化的渗透也表现在技术力量的增强及其对整个政治和社会的控制。这是一种新型的"技术至上主义",它直接地成为了技术专制主义的基础:科学技术的突出角色,使得科学技术完全超出了文化和科学的领域,不仅完全统治了科学和文化,而且渗透到政治、经济和社会生活的所有部门,甚至渗透到日常生活的领域,成为了政治、经济和社会生活的决定性因素。

科学技术对整个社会的专制,在 20 世纪下半叶,随着科学技术本身的强有力的发展及其同国家政权的结合,在西方社会中已经成为了非常重要的本质现象,影响到社会的结构及其运作过程,同时也影响到政治行动的模式和性质。

最后,西方文化和西方社会生活的全球化也成为了当代政治性质发生重大变化的一个原因。

---

① See Archer, *Culture and Agency: The Place of Culture in Social Theory.* Cambridge: Cambridge University Press.1996:274-277.

② Giddens, *The Consequences of Modernity.* Stanford: Stanford University Press.1989:644.

　　西方资本主义社会的发展,从一开始,就把一切其能力所及的范围都纳入到资本主义市场之中。资本主义商业交换活动的高度发达,将交换活动扩大到整个人类生活的各个领域。因此,在其能力许可的条件下,资本主义交换活动早就远远超出经济生活的范围。马克思在《资本论》中深刻地说明了资本的高度生命力及其野心勃勃的占有欲。同样的,亚当·斯密在《国富论》(The Wealth of Nations)也深刻地分析了资本主义经济体系的市场运作机制的强大动力及其发展的无限可能性。布劳岱(Fernand Braudel,1902—1985)在分析15—18世纪资本主义产生和发展的历史的时候,更进一步指出:资本主义商业如同一个疯狂而迅速旋转的车轮那样,在其力所能及的范围内,会不断地把一切因素都刮进其旋涡之内,并使之成为其生命力不断发展的原动力。同时,布劳岱还深刻地说明了资本主义发展同社会日常生活的密切关联。①

　　资本主义经济作为人类发展史上最复杂的商业交换活动的产物和最高成果,实际上集中了人类社会在政治、经济、文化和社会各个方面和各个领域的活动成果,因此具有空前的威力和发展潜力,也采取了最复杂和最曲折的方法和途径。

　　总之,从历史上来看,资本主义从一开始产生就是世界性的事业。虽然资本主义的产生和发展,总是从经济生产最发达和社会历史条件最有利于商业自由交换的民族和国家开始,但是,资本主义生产的性质,决定了资本主义发展的范围和进程必定表现出民族性和世界性高度结合的特征。

　　在人类历史上,西方文化的传统本身有利于西方各国各民族首先产生世界意识。西方各国民族的开放精神,早在中世纪产生基督教的时候,就已经形成和发展了强烈的世界意识。基督教的早期著名思想家圣奥古斯丁(St.Augustine,354—430)在总结罗马衰弱的历史经验的基础上,强调人类是一个统一的共同体。他认为人的历史是单一的、统一的和世界

----

① See Braudel, *Civilization and Capitalism*, *15ᵗʰ–18ᵗʰ Centry*. Vol. I *The Structure of Everyday Life. The Limits of the Possible*. (trans.by) Sian Reynnlds. New York: Harper & Row. 1981.

性的。人类历史作为由全能的上帝所创造的一个整体，只能有一个世界性的形成、发展和死亡的过程。在人类的历史发展过程中，人类作为一个整体，只有一个起源，也只能经历同一个历史过程，并导致同一种结果。他在《上帝之城》(*La Cité de Dieu*)一书中明确地指出：全世界人类，由于人类的"原罪"，终将消灭在一场大灾难之中，只有依靠上帝才能拯救人类。而上帝拯救人类的过程，就是人类共同体超出民族的界限和范围，进行"普世性"救世的活动，实现从地上之城上升到天上之城的过程。这一种历史观固然是基督教史观，但是它比其他宗教更显示了基督教的"普世性"(oecumenicity)。圣奥古斯丁的历史观对于西方历史学家产生了深远的影响。汤因比(Arnold Toynbee, 1889—1975)、史怀哲(Albert Schweitzer, 1875—1965)和尼布尔(Reinhold Niebuhr, 1892—1971)都吸收了圣奥古斯丁的"普世"历史观点。同样的，13世纪的基督教思想家托马斯·阿奎那(Thomas Aquinas, 1225—1274)也特别重视人类历史的"普世性"、理性和经验性。由于基督教在西方历史上长期影响了西方人的思想和情感，所以上述基督教历史观和社会观也深深地影响到西方人的生活方式和思想情感。因此，在这个意义上说，韦伯在分析近代资本主义社会理性化的历史进程的时候，高度地重视基督教伦理思想的影响是正确的。基督教和其他西方历史传统一起构成了西方资本主义社会产生和发展的文化基础。同样的，基督教和其他西方历史传统一起，也构成了西方资本主义文化和生活方式实现全球化的思想历史根源。所有这些文化思想因素同政治、经济和社会因素结合在一起，又构成西方资本主义社会生活和文化的全球化的动力。

总之，现代人类社会的政治，已经不是像过去那样，既不像古希腊时代的"城邦政治"，也不像罗马和中世纪时期的封建帝国和教会共同宰制的专制政治，同样也不像文艺复兴后以"民族国家"(Nation-State; Etat-Nation)为基本单位的"独立主权至上"的国家政治，而是全球化、科技化、市场化和不确定性的因素共同决定的新型政治。

20世纪80年代以来发生的一系列重大历史事件，加速了全球政治的变化进程：欧盟的扩大、苏联东欧国家集团的垮台、恐怖活动的频繁化、科学技术的优势地位的确立、信息化和数码化社会的形成、全球化运动的蓬勃发展、自然的和人为的全球风险的急剧增强、亚洲国家的崛起、商业性流行文化的泛滥以及人类内在心态结构、生活模式和思想模式的转变，等等，使当代政治的基本观念以及全球政治结构和力量发展动向，从根本上发生了变化。

在各个国家内部，国家和社会的组成因素及其基本问题，也相应地发生了变化。这首先是指各个国家政治生活中的核心问题以及政治核心力量结构的变化。在这方面，如果说，长期以来西方各主要国家政治生活的核心问题是保证个人自由及其福利的话，那么，第二次世界大战后至20世纪60年代，由于国际政治形势发生了根本变化，特别是由于苏联和东欧国家集团的出现以及美、苏两个超级大国之间的"冷战"对立，在相当长时间内(即从1945年至20世纪60年代末)，西方政治生活中曾经出现过主流舆论垄断的现象，导致西方原有的自由民主制社会政治生活逐步僵化的倾向。最突出的是美国，作为这一时期西方自由民主制的最强国家和社会典范，竟然出现过无数次联邦调查局侵犯个人自由的局部法西斯现象。在这一时期的美国，联邦调查局可以以"受苏联控制"的借口，监视、限制甚至拘留和逮捕本来受宪法保护的法人。正如法国哲学家福柯所指出的：不只是在苏联集团内实行了极权主义，而且，连美国也在一定程度上贯彻了国家化和政权化的意识形态统治。①

只有到了20世纪的70年代，罗尔斯发表《一种关于正义的理论》之后，美国的政治哲学才走出了此前死气沉沉的局面，呈现出新的转机。

从20世纪80年代起，全球政治，特别是当初一直被当成民主制典范的西方国家的政治，发生了很大的变化。以美国为首的西方国家，民主制的发展固然显示了对专制政治的优越性，但同时也呈现了民主制本身的内在困境和悖论。西方民主制只有经历好几个世纪之后，特别是经历全球化的复杂过程之后，才突出显示它的内在矛盾性和悖论性。这种具有特殊神秘性的民主制悖论，是非常复杂和不确定的因素的复合体，很难通

---

① See Foucault, *Dits et écrits. IV.* Paris. Gallimard. 1994.

过科学技术或理性知识的分析来清理和理解。民主制含有一定的神秘性和古希腊人所说的那种"难题"(aporie),难以诉诸理性和人类认识能力来解决。这正好表现了政治本身的复杂性。

与此同时,与西方相对立的原社会主义国家集团,也发生了急剧的转变。这就是在20世纪80年代发生的重大政治事件:整个貌似庞然大物的苏联国家集团,竟然在短短时间内,以摧枯拉朽之势,顷刻间倒塌成历史灰烬。这是近现代人类历史上最令人惊奇的近乎神秘的政治事件,集中显示了政治暴力的双重性:它既是强制性和咄咄逼人的,又非常脆弱,禁不起历史本身的考验。

于是,在原来相互对立的"资本主义"和"社会主义"之间,一种新的政治风气出现了:它不仅横扫了世界的原有政治局面,也在原来相互对立的政治大阵营内部,引起新的转向,导致政治生活原有的"左"和右、"革命"和"反动"、"进步"与"保守"等传统词汇以及一系列政治哲学概念的彻底变化;同时也引起新的更加复杂的政治游戏规则的出现。

所有这一切,表明有必要根据新的世界形势及政治性质的转变,重新思考政治哲学的基本问题。

为了更准确地把握当代政治哲学的特征,最重要的是揭示各种当代政治哲学的论述性质,并依据各种政治哲学的不同论述类型,进行具体的分析。

在当代政治哲学的研究中,像以往那样,单纯追随一个被列为"真理标准"的政治哲学理论,甚至企图以一种"标准化"的政治哲学作为唯一的研究目标,已经不能适应时代的需要了。同样的,像列奥·斯特劳斯及其追随者那样,一味地强调当代政治哲学研究必须严格地遵循古希腊柏拉图等人所提出的原初模式,也是很可笑的。传统的希腊政治哲学模式只能作为一个参考理论;最重要的是创建当代独具特色的政治哲学。为此,在必要的时候,很有可能必须彻底颠覆古希腊的模式。

迫切的问题还在于:21世纪以来,世界政治的"气候"变得越来越不确定,政治场域中的风险性因素越来越多,各种影响政治的因素和力量,经常不可预测地出现,并直接干扰或影响现有的政治活动以及政治哲学的基础理论本身。因此,停留在固定的政治哲学模式,执着于某些政治哲学理论,不懂得依据时代的变化及全球环境的新特征来研究政治哲学,不懂得政治哲学的论述方式的改变逻辑及其变动着的策略,就无法跟上 21世纪全球社会发展的步伐,也无从把握当代政治哲学的研究方向及其不断更新而又波动不定的论题。

第 一 章

新政治哲学论述的特点

第一节　当代政治哲学论述的转变

当代各种政治哲学,不管采取什么样的理论形态或贯彻何种研究方法,也不管它们表现什么样的思想倾向,归根结底,都是以这样或那样的特殊政治策略所表达的种种论述体系(système de discours;System of Discourses)而已。

各种传统政治哲学,总是力图论证它们本是研究政治的"知识"、"真理"或"正义学说"。但实际上,它们无非是采取哲学理论形式并主要以抽象的论述形式,来捍卫和实行特定政治制度的权力手段和政治策略。

当代各种政治哲学理论,都是以抽象的论述形式,适应它们所维护的特定政治制度的性质及其实际需要,进行哲学上的论证。所以,毫不奇怪,当代政治生活的复杂性,当代政治制度的相互矛盾性及其紧张关系网络,导致当代政治哲学在论述形式上的多种多样性,也自然地导致它们相互之间的持久性争论。如果说,在现实的政治之间不可能出现长期的和谐稳定关系,那么,在各种政治哲学之间也同样不可能存在基本观点上的互通性和"可化约性"。当代政治哲学之间的这种紧张关系及其长期争论,从论述的观点来看,是非常正常的理论现象。

从"论述"观点去分析各种当代政治哲学,具有重要的理论和现实意义;这不但从它们的政治本质本身,而且也从实践的角度,彻底地揭示了各种当代政治哲学的性质。

第二节　政治哲学的论述性质

为了首先把握政治哲学的论述性质,有必要用相当的篇幅,说明"何谓论述"以及"为何必须从论述角度研究当代政治哲学"。

关于"论述"的观点和分析方法,其实,并不是当代政治哲学的新发明,也不是它们独创的新策略。

从尼采开始,就已经非常明显地揭示了各种"真理论述"的政治性及其暴力性。

受到尼采的影响,法国政治哲学家福柯等人,通过对 16 世纪后一系列政治哲学论述的分析,特别揭示它们的建构、生产和扩散过程中的具体程序,发现它们自始至终都在占统治地位的社会势力的宰制和监控下,受到他们的筛选、过滤和决定,甚至紧密地与特定时代的权力斗争相结合,经历特定权力斗争的"检验"和"论证"。

如果说,16 世纪是西方现代政治哲学的形成和鼎盛期,那么,福柯在他的《必须保卫社会》(*Il faut defender la société*)一书中,结合了 16 世纪西方各国的战争政策的制定过程的分析,揭示政治哲学论述与实际权力斗争及政治利益的内在关系。[1]　而在他的《惩罚与监视:监狱的历史》(*Punir et surveiller:Histoire de la prison*)一书中,福柯同样揭示边沁(Jeremy Bentham,1748—1832)的政治哲学与实际监狱政策的密切关系。[2]　同样的,

---

① See Foucault, *Il faut defender la société.* Cours au college de France 1976.Paris.1997.
② See Foucault, *Punir et surveiller:Histoire de la prison.* Paris.1975.

整个关于自然法理论的制定过程及其实践历史,也显示了这些政治哲学论述与政治权力运作的内在关系。①

所以,各种政治哲学的论述,实际上,远不是语言表达的"政治哲学真理",而是不折不扣的"政治事件",是在特定的政治权力斗争的社会力量对比形势中所发生的政治事件的理论总结。

第三节　政治哲学论述中的"知识的意愿"

尼采从他的"权力意志"概念出发,深入分析各种真理论述中的"知识的意愿",强调在真理论述形式中掩饰着一系列权力意向。

各种论述中的"知识的意愿"是复杂的,这是因为它紧密联系于整个社会及其实际运作过程。思想家和科学家所创造的作品和产品,不论在制作、推广或应用过程中,都不是由创造者的个人意愿所决定。

在福柯专门探讨"知识的意愿"的法兰西学院 1970—1971 年度课程计划中,福柯探讨了自古希腊时代至今的各个大哲学家对于知识的基本观点,集中分析了柏拉图(Plato,427—347 B.C.)、亚里士多德(Aristotle,384—322 B.C.)、斯宾诺莎(Baruch Spinoza,1632—1677)和叔本华(Arthur Schopenhauer,1788—1860)直到尼采等人为止的各种论述形式。福柯尤其重视亚里士多德和尼采两位哲学家的态度,因为他们各自代表了两种根本对立的倾向:前者试图将知识当成某种追求自然普遍性的"无关利益"的论述体系,掩饰知识论述内含的力量竞争和斗争的实质;而后者则针锋相对地提出了四项原则:(一)外在性的原则(un principe d'extériorité);(二)虚构的原则(un principe de fiction);(三)扩散的原则(un principe de dispersion);(四)事件的原则(un principe d'événement)。

福柯认为,西方各种关于"性"的论述,实际上就是紧密联系政治统

① See Mesnard,P.L'essor de la philosophie politique au XVI siecle.Paris.2008[1977].

治而制定出来的。所以,在关于"性"的论述中,可以最典型地体现"知识的意愿"的重要性和复杂性。

正因为这样,福柯从 20 世纪 70 年代中叶之后,就集中探讨西方社会的"性论述"的特征及其政治哲学性质。福柯说:"在我们每个人与我们的性之间,西方展现了它对于真理的无止境的需求。"①"我们把我们自己放置在性的信号中,但这是一种**性的逻辑**的信号,而不是一种来自**身体的信号**。"②福柯进一步指出,正是通过一系列二元对立的符号游戏,诸如"身体—灵魂"、"肉体—精神"、"本能—理性"、"冲动—意识"等,西方不只是将性的问题与"合理性"成功地联系在一起,而且,也把我们的一切,包括我们自身、我们的身体、我们的灵魂、我们的个性以及我们的历史,都放置在色欲和欲望的逻辑信号之下;总之,只要涉及"我们自己是谁"的问题,马上就把性的逻辑信号,当做最有效和最普遍的关键钥匙拿出来使用。③

探索关于性的逻辑信号,实际上意味着揭示关于性的知识的建构过程中的权力运作策略。但是,权力在性的知识的建构中的呈现及其真正意愿,并不是直截了当和显而易见的。正如福柯指出:其中玩弄了奸诈和曲折的赌注和游戏权术。④ 正因为这样,福柯把西方性论述中的权术赌注和游戏,称为一种"性的装置"(dispositif de sexualite)。⑤ 为了深入揭示性的论述中所隐藏的权力游戏及其知识的意愿,为了粉碎统治者所一贯操作使用的"性的装置",福柯追随尼采的系谱学,展开了持续而重复的批判游戏。

尼采对于知识的意愿的分析批判,最典型地体现在他的《快乐的知识》(Die Fröliche Wissenschaft)一书中。在这本书中,尼采揭示了知识的真正性质。他认为:(一)各种知识无非就是某种"发明",而在它背后,隐

---

①　Foucault, *Histoire de la sexualite. Tome I*. Paris. 1976:102.

②　Ibid.

③　See Ibid.:102-103.

④　See Ibid.:108-120.

⑤　See Ibid.:99-174.

含着根本不同于知识的东西:各种本能、冲动、欲望、恐惧以及夺取意愿的游戏。知识就是在上述因素之间的相互斗争的舞台上产生出来的。(二)知识并不是上述因素之间的协调和愉快的均衡的结果,而是在它们之间的相互憎恨、它们之间可疑的和暂时的妥协以及它们随时准备撕毁的脆弱协议的基础上建构起来的。因此,知识并非一种永久性的功能,而是一个事件,或者是一系列事件。(三)知识始终都是用来服务的,是具有依赖性和带有浓厚利益关系的。当然,知识并不是为了它自身的利益,而是为那些占据统治地位的力量的利益服务。(四)知识的所谓"真理性",是由它本身规定真假标准的"最初的伪造游戏"(jeu d'une falsification permière)所制作出来的;而且,这种真理性也要靠伪造游戏的不断重复才能维持下来。①

福柯指出,早在亚里士多德的《形而上学》一书中,就体现了真理游戏的斗争性和知识意愿的暴力性。福柯在他的 1970—1971 年的法兰西学院的课程中,从第一课开始,就揭露亚里士多德《形而上学》界定真理时所采取的程序和策略。他认为,亚里士多德实际上玩弄了感觉(la sensation)和快感(le plaisir)的游戏。② 亚里士多德的游戏策略包括了如下四个方面:第一,建立感觉与快感的联系;第二,强调这种联系对于感觉所包含的生命功用性的独立性;第三,确定快感的强度同感觉所提供的知识的数量之间的比率;第四,确立快感的真理与感觉的错误之间的不兼容性。通过这些策略游戏,亚里士多德实际上偷偷地将他所不喜欢的那些知识排除出去,并同时向人们强加一种知识真理的标准,从而显示了知识的意愿的暴力性和强制性。

如果说一般科学真理论述就已经很隐秘地掩饰了其中的权力意愿的话,那么,作为专门研究政治问题的政治哲学,就更"狡猾地"和更精致地掩饰其中的权力意愿。一切政治哲学都声称其"科学性"、"真理性"和"正当性"。

---

① See Foucault,*Dits et Ecrits. II* .Paris.1994:240-245.
② See Ibid.:242-243.

第四节　对政治哲学论述的
"真理性"的质疑

政治哲学论述究竟是否具有真正的"真理性"，关键在于揭示政治哲学论述本身的生产、制作及其贯彻过程的实际性质。福柯及他的同时代法国思想家们，从分析当代政治哲学论述与各个时代政治统治权力运作的关系出发，对20世纪50年代后进行大量档案资料调查的结果进行系统的考察和探索，发现**现代社会自16世纪以来，实际上已经把政治统治和政治运作中的知识论述的生产、制作及其实践的策略彻底地联系在一起了。**

福柯认为，从文艺复兴和启蒙运动以来，知识固然是现代社会得以建立并由此获得发展的重要动力，但现代知识之所以具有如此巨大的威力，能驱动成千上万的现代人按照现代知识的模式进行思考和行动，就是因为现代知识具备着独一无二的论述结构；凭借着这些论述结构和模式，它将知识的学习、传授和扩散过程，同社会成员个人的主体化过程相结合，同个人的思想、行动和生活的方式相结合，同个人的自身自律化相结合，同整个社会的制度化及正当化相结合，以至于现代社会的每个社会成员，都自觉或不自觉地卷入现代知识论述的形成和扩散的旋涡，并在这股受到统治者严密宰制和控制的强大权力和道德力量的社会文化旋涡中，每个人都产生一种身不由己的自我约束和自我规训的动力，自以为自身在追求知识的过程中，完成了自身的主体化，实现了个人自由，但到头来却使自身沦为被现代统治者耍弄的"顺民"。

为此，福柯认为，要彻底揭示现代知识的奥秘，就必须解析它的论述模式和结构及其产生的社会机制，揭露其论述的性质和诡辩多样的策略手段，以及它们的实践的具体策略和技巧。

所以，福柯从一开始，就着手研究和探讨现代社会中的最典型的知识领域,即精神治疗学的论述体系的建构及实践的历史。然后,他进一步全面研究知识论述同社会文化的其他论述的相互关系及其社会实践,探讨它们同整个现代社会制度的建构及其运作的相互关系,并在 20 世纪 70 年代中期开始,又更具体地研究监狱制度及其运作策略,探讨现代知识论述同监狱制度的密切关系,最后,他又研究有关"性"的论述的历史及其社会实践的过程。

从这一切可以看出,福柯始终都抓住"论述"的问题,并将论述放在具体的社会文化环境中加以分析,将论述当成一种活生生的历史事件直接地展现出来,揭露现代论述成为贯穿整个社会生命运作的关键力量的奥秘。当然,福柯也承认,即使论述成为了他揭穿一切传统思想和社会制度运作机制的奥秘的钥匙,但它本身也不神秘:"论述,尽管它存在,但在一切语言之外,它是沉默的;而在一切存在之外,它是虚无的"(au-delà de tout langage,silence,au-delà de tout être,néant)。[①] 现代政治哲学论述,从它们自 16 世纪建构开始,就采取"在语言之外沉默"和"在存在之外虚无"的策略,不断地将其自身论说成为"寻求自由民主生活方式"的政治哲学理论,似乎它们果真站在"客观"立场,与统治者脱离关系,只为公民们说话,为公民们合理建构和管理监督合理的社会政治制度寻找政治方案。

福柯对于当代社会及其政治的上述分析,在 21 世纪获得了越来越多新政治哲学家的赞同和支持。当代社会科技发展以及网络技术的广泛应用,使网络媒体有可能利用它们对整个社会的渗透和控制,对社会政治及文化进行全面的操作和运筹,这就为一种"后真理政治"(Post-truth politics;Ère post-vérité;Postfaktische Politik 也被称为"后真实政治"post-factual politics 或 post-reality politics)的新的时代到来,开辟了广阔的道路[②]。

"后真理政治"之所以能够在 20 世纪下半叶及 21 世纪膨胀起来,最

---

① Foucault,*Dits et Ecrits.* Ⅰ.Paris.1994:521.

② See Economist."*Post-truth politics:Art of the lie:Politicians have always lied.Does it matter if they leave the truth behind entirely?*"(leader)*The Economist*,Sept 20,2016;Hyvönen,Ari-Elmeri."*Defining Post-Truth:Structures,Agents,and Styles*".*E-International Relations*(October 2018);McIntyre,Lee."*Post Truth*",MIT Press(February 2018).

重要的原因,就是网络新媒体的出现及其社会威力。

"后真理政治"是当代社会的一种政治文化现象,其重要特征,就是占统治地位的媒体系统,使用最有效的手段,制造大量信息,真假难辨,混淆视听,并高频率和紧密节奏地重复主流媒体发出的有关信息,旨在煽动接受信息者及其群体激起某些有利于进一步推广其信息的情感,促使受煽动的群体疯狂地追随该信息的鼓动。这种新型的信息传播形态,把社会、政治、经济和文化紧密地捆绑在一起,旨在推行由占统治地位的媒体及其后台势力所制定的各种政策、策略及其所保护的利益。

"后真理政治"混杂在媒体所煽动的信息群,试图巧妙地把政治利益渗透到信息网中,与其他因素交错在一起,增加其政治的迷惑力。后真理政治之所以千方百计使用媒体的传播和宣传功能,是因为媒体有能力把政治以外的诱惑性因素掺杂于其中,利用当代社会各种群体喜于追求"时髦"或"时尚"的心理特点,使用时髦的口号和标签,反复推销其政治意图。所以,被煽动的狂热激情,实际上对政治本身的细节及其阴谋丝毫不感兴趣。被煽动的群体不愿意去深入探索传播中的政治信息的真假性质。传播中的信息变换速度极快,以致使真正的政治争论无法及时展开;当受歪曲或被污蔑的政治团体试图进行辟谣或进行必要辩解的时候,"新"的"后真理政治"的信息又突然铺天盖地传播开来,致使任何正当的政治争论处于"防不胜防"的被动状态,而被蒙蔽或被煽动的群体,则在信息迅速转换的情况下,变得更加歇斯底里,被激起的狂热情绪也变得更加失去控制,致使政治生活中出现了许多异常现象。社会中怀着各种念头或意向的人士,会趁机进入政治漩涡,使政治生活出现许多"不确定性"。

这种状况,曾经在1933年的德国发生过。当时的希特勒法西斯势力正是利用了流氓似的政治手段,煽动群众上街,激起对犹太人的仇恨。在希特勒执政时期,担任"宣传部长"的约瑟夫·戈培尔(Joseph Goebbels,1897—1945)厚颜无耻地宣称:"掺杂部分真理的谎言,很容易被相信成为真理"[①];

---

① Joseph Goebbel, *Tagebucheintragvom 29. Januar 1942*, *Die Tagebücher von Joseph Goebbels*, Teil 2, Band 3, Saur, München u.a.1994:S.213.

"如果你重复谎言足够充分,那么,老百姓就会相信它;而且,甚至你自己也都会相信"①。而希特勒自己也同样宣称:"只有始终坚持把握一个基本原则并且始终坚定地使之贯彻到行动中,才能使我们的宣传无往不胜"②。在戈培尔看来,"政治不再是可能的艺术。我们相信的是奇迹,相信不可能和可望而不可即。在我们看来,政治正是不可能的奇迹"③。

当然,希特勒和戈培尔等人所处的时代,其性质不同于当代社会。问题在于,当代社会在科学技术方面所取得的成果,促使当代西方政治家更有可能利用媒体手段进行各种操纵活动,也使当代政治变得更加具有操作性。

当代社会的社会成员不同于20世纪30年代的德国老百姓。法国社会学家鲍德里亚(Jean Baudrillard,1929—2007)指出:当代社会已经成为"靠人为符号进行过度消费的社会";"超真实已死。所以,超真实万岁!(L´hypperréalitéestmorte.Vivel´hyperréalité!)"在这种情况下,"统治就意味着向群众提供可以使他们接受的有可信度的符号"(Gouverner signifie aujourd´hui donner des signes acceptables de crédibilité)④。群众实际上已经被媒体宣传所蒙蔽,已经被隔离在媒体设计的屏障之外。

"后真理政治"的又一个特点,就是把所有传统伦理规范悬挂起来,使传统道德在社会生活和政治生活中失效。他们只顾自己的"心情"和"快乐",即使天塌下来也不在乎,人们也可以把政治的这种变质,称为一种"昔尼克主义(Cynism)",也就是对政治抱着无所谓的态度,使政治不但成为真假不分,而且也成为社会公众的骰子游戏,满足于游戏中进行"赌注"的癫狂。显然,在本质上,这批"昔尼克主义者"并不是真的对政治"无所谓",而是要求一切政治活动"符合"他们的"口味",至于政治的状况究竟会给大多数老百姓带来什么后果,他们是不会去考虑的。

---

① Attributed to Goebbels in *Publications Relating to Various Aspects of Communism*,by United States Congress,House Committee on Un-American Activities.1946.

② Hltler,Adolf,*Mein Kampf*,Vol.I.1925.

③ Elke Fröhlich(Hrsg.),*Die Tagebücher von Joseph Goebbels*.Saur,München,II,2,10.Oktober 1941,S.87.

④ Baudrillard,J.*L'Amerique*,Paris,Grasset,2016:106.

基于当代社会的激烈变化，英美法等国的一批西方哲学家，梅亚苏（Quentin Meillassoux，1967—　）、哈尔曼（Graham Harman，1968—　）、雷·波列西耶（Ray Brassier，1965—　）、燕·哈密尔顿·格兰（Iain Hamilton Grant，1963—　）等一批出生于 20 世纪 60 年代的年轻学者，先后在 2007 年 4 月和 2009 年 4 月，分别在英国伦敦大学和布利斯托尔的英国西部大学（University of the West of England，Bristol）召开学术研讨会，一起商讨哲学本体论问题，认为当代社会所出现的一切怪现象以及各种难以捉摸的"不确定性"，其根源就在于忽略了哲学本体论的创新研究，重新探讨了从康德哲学以来的哲学本体论的基础问题，发现现代社会自启蒙时代惯用的科学思维模式的危害，因为按照康德哲学所奠定的本体论原则，整个世界只有仿效自然科学那样，首先确立"主客二元对立"原则，承认在我们的思想意识之外存在一个客观的本体世界，而我们为了认识客观对象的性质，必须操用思想意识内在的"先天感性纯直观"和"先天的知性范畴"一起，对客观的"本体世界对象"进行综合判断，凡是将先验的感性知识与先验的知性范畴所把握的内容所得出先天综合的结论，才是真正的知识，才是"真理"①。从康德开始所贯彻的西方哲学形而上学或本体论研究，一直坚持根据康德哲学的主客二元对立思维范式，采用这种主客体相关系原则（correlationism），进行知识真理的探究，把思维主体与存在（思维对象）的相互关系界定为思维可能性的逻辑范围，认定只有在这个逻辑范围内，才有可能发现真理；反之，只要在思维主体与存在（思维对象）的相互关系网之外的一切存在，都是被裁定为不可知的"物自体"②。

但是，现代社会对于世界的探索以及科学技术的最新成果表明，宇宙和世界是无限的，而且，宇宙和世界的存在是非常复杂，它们同我们之间并没有确定的相互关系。我们所掌握的知识永远是有限的；知识掌握得

① See Kant，E.*Kritik der reinen Vernunft*，Riga，1787[1781].

② See Meillassoux，Quentin. *After Finitude*. New York，New York：Continuum. 2008：5；Bryant，Levi；Harman，Graham；Srnicek，Nick（2011）.*The Speculative Turn：Continental Materialism and Realism*.Melbourne，Australia，2011：8.

越多,越显示出我们先前的知识的不可靠性,甚至是错误的;而宇宙和世界本身,永远会发生我们所未知、甚至不可能知道的事物,我们掌握的知识越多,越展现更多的"不确定性",越面临更多的风险性。因此,我们的知识与外在世界之间,只有在有限范围内,才有一定的可靠性,而真正的外在世界,却永远在我们之外,它们的存在与我们的知识并没有关系,一切外在世界都充满偶然性,它们的真正状况及其本质,是由一系列难以断定的偶然性所组成的①;持有这些基本观点的思想家们都属于"思辨的现实主义"或"思辨的实在论"。

从 21 世纪初以来,越来越多的新一代西方哲学家参与关于思辨的现实主义哲学本体论问题的讨论,在不承认存在真正的真理的前提下,他们纷纷又提出了各种"新"观点,使思辨的现实主义思潮蔓延开来,也因此而形成了西方思想的"思辨的转向"(The Speculative Turn),而在这个标题下,其他著名的思辨的现实主义哲学家和思想家,包括:美国达拉斯市的科林学院(Collin College)哲学教授列维·布里安(Levi Bryant)、普林斯顿大学建筑学院哲学教授马奴尔·德兰达(Manuel DeLanda,1952—)、法国青年作家兼哲学家德里斯坦·格拉西亚(Tristan Garcia,1981—)、美国新墨西哥州大学哲学教授亚德里安·荣斯顿(Adrian Johnston)、马其顿女哲学家卡德丽娜·柯洛佐娃(Katerina Kolozova,1969—)、英国青年作家兼哲学家尼克·兰(Nick Land,1962—)、美国纽约的青年作家兼哲学家列扎·尼噶雷斯坦尼(Reza Negarestani,1977—)、美国华盛顿大学哲学教授斯帖芬·萨维罗(Steven Shaviro,1954—)、加拿大青年

---

① See Paul John Ennis, *Post-continental Voices: Selected Interviews*, John Hunt Publishing, 2010; Mackay, Robin(March 2007). "*Editorial Introduction*". Collapse. 2(1): 3-13; Quentin Meillassoux. *After Finitude*, 2008: 5; Graham Harman., *Prince of Networks*, 2009: 213; Graham Harman, "*On Vicarious Causality*", in Collapse II, 1997: 201; Bryant, Levi; Harman, Graham; Srnicek, Nick(2011). *The Speculative Turn: Continental Materialism and Realism*(*PDF*). Melbourne, Australia, 2011; Eugene Thacker., *After Life*, 2010: x; Bennett, Jane. *Vibrant matter a political ecology of things*. Durham: Duke University Press, 2010; Michael Austin, Paul Ennis, Fabio Gironi., *Speculations III*, punctum books, 2012; Ray Brassier, *Nihil Unbound*, 2007; Ray Brassier interviewed by Marcin Rychter "*I am a nihilist because I still believe in truth*", Kronos, March 4, 2011; Graham Harman, *Speculative Realism: An Introduction*, John Wiley & Sons, 2018.

作家兼哲学家尼克·斯列尼切克（Nick Srnicek，1982—　）以及比利时女作家兼哲学家伊沙贝尔·斯登格尔（Isabelle Stengers，1949—　）等。

在这些"思辨的实在论"哲学家看来，世界是在我们之外的实体，它们是充满偶然性和不确定性的存在，并不是科学技术所认定的确定对象，也并不是可以通过"主客相互关系"而被我们认识到；相反，世界本身的存在与我们的思维无关；我们所论述的一切，不过是我们自己对外在事物的一种解释，而世界本身是以其自身的逻辑进行运转，我们掌握的知识充其量也只是我们自己的判断而已，所谓"知识"只能在我们生活的范围内有效，对我们有好处，但知识毕竟是"我们的知识"，我们的知识不等于世界的存在；外在的世界以其难以辨别的不确定性，以其多种"偶然性"，发生复杂的变化和运动。

所以，思辨的实在论的本体论思想，实际上为"后真理政治"提供了形而上学基础。

第五节　论述及其实践的政治性

福柯所探讨的论述，既不是语言学和语法学所谈及的抽象语句或一般性话语，也不是单纯停留在抽象和一般层面的论述结构，而是具体地同现代社会的社会文化制度及现代人的实际思想和生活方式紧密相联的那些论述体系及其实践。他要透过对这些论述的解构，对整个西方社会，特别是近现代西方社会进行彻底的解剖，洞察其维持和运作的奥秘，揭示其历史起因及其现实宰制力量的基础，同时分析生活于其中的西方人，之所以能够在这些论述的监视和宰制下，一代又一代地，一方面进行自我主体化，另一方面又遭受其全面的控制。

所以，福柯明确地指出：**"论述"是一种"事件"**（**le discours est un événement**）；论述并不是如语法书上所说的那样，只是遵循语法规则的普通的语句。他说："必须将论述看做是一系列的事件，看做是政治事件:透过这些政治事件,它运载着政权,并由政权又反过来控制着论述本身。"①

既然"论述"是在特定环境中,由社会中占据一定社会文化地位的一个或一群特定的人(说或写的主体),就一个或几个特定的问题,为特定的目的,采取特定的形式、手段和策略而向特定的对象,说或写出的"话语",论述就总是包含着形成、产生和扩散的历史过程,包含着相关的认知过程,包含着相关的社会关系,也包含着特定的思想形式,特别是包含着围绕着它的一系列社会力量及其相互争斗与勾结。换句话说,论述是在特定社会文化历史条件下,由某些人根据具体的社会目的,使用特别的手段和策略所制造出来;它们被创造出来,是用来为特定的实践服务的。所以,论述从来都不是孤立的语言力量,而是关系到一系列社会文化网络中的各种力量,是活生生的力量竞争和紧张关系,是靠特定的策略和权术来实现的。所以,当福柯将知识归结为论述时,他所分析的重点,就是知识在特定社会文化环境中的产生机制及蕴涵于其中的复杂社会斗争,特别是卷入这些斗争中的一系列社会文化力量的较量过程及其策略计谋手段。

福柯等人所批判的论述,无非分为三大类型:第一,以知识形态所表现的论述体系。这些论述体系往往打着"真理"的旗号,标榜"中立"和"客观",在整个社会领域中扩散和传播开来。第二,政治家或政治学家所说或写出的"话语"或"文本",或者各种与政治相关的话语和文本。这些政治性话语或论述,往往以"社会正义"或"共识"的名义,设法骗取社会大众的信任,进而千方百计实现其制度化、法制化或规则化的程序,使之采取"正当化"的"合理"过程,成为社会秩序的维持依据,成为统治者赖以建立其统治的正当理由。因此,政治论述不只是包括政治家所说的话语,而且,更重要的,是包括已经被正当化、制度化和法制化的社会制度;换句话说,这些社会制度无非就是"被制度化的论述"本身。第三,人们日常生活中所说的各种话语。社会大众在日常生活中所通用的各种

① Foucault,*Dits er Ecrits*.Ⅲ.Paris.1994:464.

日常语言的应用,实际上也是论述的一种,因为它们不只是作为人们表达日常生活需要而流通,而且也是为了进行日常生活中的竞争和协调,自然地蕴涵着论述所固有的那种力量紧张关系。

所以,福柯的政治哲学采用了"知识考古学"、"权力系谱学"和"道德系谱学"的特殊方式,对各种论述进行分析和解构。

福柯的知识考古学研究,首先包括了对于知识论述产生过程的整个历史事件的解构。在论述形成的历史和社会事件中,在福柯看来,构成知识形成的基本模式,在不同时代是根据当时当地社会力量结构的基本需要所决定的。因此,福柯在《语词与事物》一书中指出,从16世纪以来,建构近代知识的基本模式,发生了两次主要的变化。第一次是在16世纪末到17世纪初。第二次是在19世纪。在16世纪末到17世纪初,西方的科学知识主要包括三大领域:普通语法、财富分析和自然史。到了19世纪,上述三大领域的知识演变为语言学、政治经济学和生物学。在福柯看来,西方科学知识的上述三大领域及其演变,都是围绕着作为主体的人的"言说"、"劳动"和"生活"三大方面,也就是说,整个西方近代知识始终都是探讨"说话的人"、"劳动的人"和"生活的人"。福柯把上述西方近代知识的建构说成西方人的特定"知识模式"的产物。①

在福柯的权力系谱学和道德系谱学中,福柯主要探讨各种知识论述同权力运作及其策略,同道德规范及其社会实践的关系。同知识考古学一样,他的权力和道德系谱学也是探讨权力和道德同各种论述,特别是知识论述的紧密关系,探讨权力和道德论述的制度化和规范化及其实际操作策略和技巧,探讨这些论述策略和技巧对于现代社会的宰制过程及其运作机制的决定性影响,尤其是探讨现代社会中被禁忌化、规范化和制度化的"性论述",并将性论述(discours sexuel)放在现代社会发展的脉络中加以分析,指出"性论述"同权力、道德和其他知识论述的相互关系,揭示现代社会实现"个人主体化"的运作机制及其策略。所有这些,均为后人深入揭示政治哲学论述的政治性质给予重要启发。

---

① See Foucault, *Les mots et les choses*. Paris. 1966:262-320.

第六节 后现代政治论述的特征

在当代法国政治哲学中,除了福柯之外,利奥塔(Jean-François Lyotard,1924—1998)所提出的后现代主义理论,也集中地揭示政治哲学论述模式及其玩弄的"真理游戏"策略的性质。

利奥塔认为,对当代政治哲学的分析,不应围绕它们所"叙述"的内容及逻辑,而是探索它们借助于"叙述"而运用"正义游戏"的基本策略。

以往政治哲学理论为何都采用"叙述"甚至"大叙述"? "叙述"究竟隐含什么样的论述意图? 叙述又如何达到各种政治哲学所追求的目标? 在各种"大叙述"中,政治哲学家们运用了何种策略? 传统政治哲学,从古希腊的柏拉图开始,为什么始终紧紧地围绕"正义"论题而喋喋不休地建构它们的理论体系呢? 在传统政治哲学论述中,"正义"、"公正"等范畴究竟是怎样被叙述的? 所有这一切,就是利奥塔的"后现代主义"所要集中揭示的基本论题。

利奥塔在 1979 年所发表的《后现代的状况》(*La Condition Postmoderne*)和《公正游戏》(*Au Juste*)两本书,被认为是 20 世纪后现代主义者的哲学宣言。所以,后现代主义从正式以理论形式登上学术舞台的时候起,便把政治哲学的核心问题"公正"当成集中批判的对象。

利奥塔在一次谈话中说:"当我发表《后现代的状况》一书的时候,我并不抱有引起争论的意图;我一点都不想、一点都没有理由去发动一场争论。……这项研究甚至并非由我引起的,因为这是由魁北克大学向我委托提出的:我必须为他们研究发达社会的知识的状况。因此,我可以很容易地肯定说,'后现代性'这个概念,首先并不确定任何固定的定义,也不确定任何一个历史时代的期限;其次,它只是表明这个词本身,也就是说,这是一个没有连贯性的词。正是因为这个原因,我才选择使用它。它只有起着一个警世告示的作用。这个字是用来表明:在'现代性'之中存在

着某种正在颓废的事物。"①

在这简单的几句话中,利奥塔关于后现代的问题,作了几个方面的说明。第一,"后现代"问题是在西方发达国家的现代知识发展到一定程度的情况下提出来的。西方社会自16—17世纪出现资本主义以来,特别是从18世纪启蒙运动以来,知识成为了形成、维持和发展现代社会制度的基本条件。但是,西方社会的知识从20世纪中叶以后,不论是其内容、形式或社会功能,都发生了根本的变化。西方现代知识的上述根本变化,导致西方社会原有的资本主义制度在性质方面的重大转变。这一状况引起了西方社会统治阶级及其知识分子的严重关切。这就是利奥塔接受这项关于后现代社会的研究计划的直接原因。

正因为这样,在利奥塔的这本书中,几乎从头到尾都以分析和研究现代知识的转变为主题,深入从各个方面研究现代知识的变化状况、原因、表现形式、社会基础及其后果等。利奥塔指出:"我们的工作的假设就是:随着社会进入到后工业时代以及文化进入后现代时代,知识的地位及身份发生了变化。这个转变的过渡时期,至少是从20世纪50年代开始,因为对于欧洲来说,这一时期标志着它的第二次世界大战后重建的结束。"②

利奥塔接着指出:在西方各国,上述变化的时间并不相同。既然对于西方各国来说无法明确指出发生上述重大转变的确切时间,他宁愿以分析导致发生这个变化的基本原因为主。他认为,最能够对他的研究计划产生决定性影响的因素,是西方国家的现代科学知识的状况。利奥塔强调指出,"科学知识是一种论述"(Le savoir scientifique est une espèce du discours)。③

但是,当代社会的科学论述,已经同古典的和传统的西方近代知识论述有根本区别。知识论述模式和方法的变化,正是后现代社会到来的一个最重要指针。我们将在以下的说明中看到:利奥塔关于后现代的分析

---

① Lyotard,"Retour au postmoderne".in *Magazine Litteraire*,No.225.Paris.1985:43.

② Lyotard,*La condition postmoderne*.Paris.1979:11.

③ Ibid.

和新论述,都是同现代知识论述结构的变化直接相关。

第二,"后现代"这个词并没有固定的定义,也并不明确指涉某一确定的历史时期。这是利奥塔长期研究后现代问题之后所得出的重要结论。实际上,正如拙著《后现代论》(中国人民大学出版社 2004 年版)所总结的,后现代主义者,连同利奥塔在内,都没有对"后现代"作出任何明确的定义。这正是后现代主义的特征所在。后现代主义者为了显示他们与传统思想和理论的根本区别,从来都不愿意给自己的思想和理论以及他们的基本概念作出确定的定义,因为他们认为,任何作出界定的做法和企图,都是传统西方思想的基本特征:传统思想从同一性原则出发,试图将一切知识论述都纳入逻辑中心主义的体系之内。

第三,"后现代"这个词是用来**警世告示**,告诉我们:**在"现代性"之中存在着某种正在颓废的事物**。"现代性"指的是一切与现代社会相关的基本精神和基本原则。利奥塔坦承作为现代资本主义社会基本核心的部分,已经出现某些颓废的东西。现代性的某些颓废倾向,导致一系列社会问题的出现,尤其是产生了正当化问题的新转变。这个社会所赖以立足的基本原则和基本精神,已经过时了,它们的正当性受到了挑战。后现代就是在这种情况下出现并慢慢发展起来,并在最后成为了一股重要思潮。

谈到"后现代"的条件,利奥塔显然很重视西方社会自 20 世纪 50 年代以来所发生的根本变化。利奥塔在他的书中特别引用了法国社会学家阿兰·杜连的《后工业社会》(Touraine, A.1969, *La société postindustrielle*)、美国社会学家贝尔(Daniel Bell, 1919—　)的《后工业社会的到来》(Bell, D.1973, *The Coming of Post-Industrial Society*)、美国文化研究者哈桑(Ihab Hassan)的《俄尔弗斯神的肢解:后现代文学探究》(Hassan, I.1971, *The Dismemberment of Orpheus: Toward a Post Modern Literature*)、美国文学评论家本那姆(M.Benamou)与卡拉美洛(Ch.Caramello)的《后现代文化的成就》(Benamou, M.And Caramello, Eds.*Performance in Postmodern Culture*)及德国文化研究者柯勒(M.Köhler)的《后现代主义概念历史概述》(Köhler, M.1977, *Postmodernismus: ein begriffgeschichtlicher Überblick*)的著作,说明"后现代社会"在经济、政治和文化等方面的特征。所有这些陆续发表于

20世纪60—70年代期间的著作,都强调"后现代"作为一个新的社会文化范畴已经普遍地产生,并向传统所说的"现代"或"现代性"发出不可忽视的挑战。

所以,后现代社会的出现并不是偶然的。它是自16—17世纪形成的现代资本主义社会发展的一个结果。资本主义社会经历三四百年的发展之后,不论在政治、经济和文化方面都取得了前所未有的成就;而且,资本主义社会至今还保留它的蓬勃的生命力。但是,与此同时,资本主义社会又隐含着利奥塔所说的那种"正在颓废的事物",包含着一系列由它自身的性质所带来的矛盾和悖论;这些矛盾和悖论,正在随着资本主义社会的演变而形成它自身发生内在危机的危险因素。

后现代主义者就是在这种情况下,从19世纪中叶开始,就已经慢慢地孕育在资本主义社会内部,作为它的一个强大的批判力量发展起来。20世纪中叶是西方社会发展的重要转折点和分水岭:经过半个世纪内接连发生的两次世界大战的浩劫,资本主义社会显示了它的难以克服的内在矛盾,使西方社会中原有的"后现代"力量获得了充分的条件,全面地在整个社会中呈现出来。

在这个意义上说,后现代主义就是现代性本身的自我批判、反省、颠覆和历史转机。

利奥塔在其著作中指出,经历现代性本身近几个世纪的发展和演变,现代性的正当性,已经明显地成为值得人们质疑的问题。在当代,究竟以什么条件,才能正当地说,某一条法规是符合正义(justice)的? 或者说,某一种知识是正确的? 在现代社会中,曾经存在过"大叙述",大谈"公民的解放"、"精神的现实化"或者"无阶级的社会",等等。整个现代社会,为了使其知识和行动得以正当化的,都诉诸这些"大叙述"(le grand récit),以之作为出发点和精神依据。

但是,到了后现代社会阶段,所有这些都过时了,人们不再相信这一套了。在后现代社会中,决策者为人们开创了社会财富和权势增长的广阔前景,并通过其高度发达的沟通手段就可以轻而易举地使整个社会接受下来。知识成为了信息化的商品,成为了获利的源泉,也成为了决策和宰制的手段。

显然,如果说,在现代社会阶段,人们是通过"大叙述"来实现正当化的话,那么,在后现代社会中,是靠什么完成正当化? 是寄望于整个系统的高效率的运作吗? 但是,这是一种属于技术的标准,它并不能判断正确或正义。那么,是诉诸公民的共识吗? 但事实却不是这样,因为所有技术的发明都是在意见不合的情况下做出来的。

值得注意的是,在后现代社会中,知识不仅成为权力的工具,而且,它使我们对各种不同的事物的感受变得越来越敏感,同时也增强了我们承受不可通约性的能力。更为奇特的是,知识之所以成为知识的真正原因,并不存在于发明它们的专家之中,而是完全取决于其发明者的谬误推理过程。在这种情况下,社会关系或者社会正义的正当性究竟又是什么呢? 它们又如何来衡量? 所有这些就是现在的后现代社会所面对的问题。

换句话说,后现代社会使技术,特别是通信、信息和计算机技术变为决定社会生活的正义性和合理性的主要依据,但后现代社会的技术本身的正当性却成为了问题。怎么办? 利奥塔在这里所能提出的唯一办法,只能是诉诸艺术,因为只有艺术的自由创造,才是摆脱这一切悖论、矛盾、困境的场所。

为了批判现代性,利奥塔针对启蒙运动思想家对于普遍人性和个人解放的"后设论述",进行多方面的批判。其一,利奥塔揭露了启蒙运动思想家进行普遍人性和人类解放后设论述的逻辑中心主义错误原则。他同其他后现代主义者一样,遵循现象学方法论关于"返回事物自身"的原则,反对对于活生生的个人进行逻辑的普遍归纳和抽象分析。他发扬胡塞尔和海德格尔关于生活世界中个人的现象学分析原则,强调个人生活中的不确定性和具体性,强调个人的创造性的自由本质。

其二,利奥塔批判了有关人类普遍历史的错误概念。他认为,由中世纪基督教神学家和思想家所进一步加强的人类普遍历史的概念,不过是继承和发展自古希腊以来所确立的传统人观和历史观。利奥塔指出,不管是现代社会的著名文学家拉布雷(François Rabelais,1494—1553),还是思想家蒙台涅(Michel Eyquem de Montaigne,1533—1592)和笛卡尔,都是从中世纪神学家圣奥古斯丁那里借来"人类普遍历史"的概念。而且，在利奥塔看来，整个 19 世纪和 20 世纪的思想和行动，基本上都是受到一个重要概念的指导的，而这个重要概念就是"解放"（Libération）的概念。①

其三，利奥塔严厉批判现代人性论的形上学基础。现代形上学在歌颂和崇尚人性的同时，不仅将人性理想化和抽象化，使人性透过逻辑抽象完全脱离现实的生活世界，脱离活生生的有生命的个人，而且也将人性同非人性绝对地割裂和区分开来，甚至对立起来。现代形上学的这种错误，不仅同上述理性中心主义及其二元对立统一原则密切相关，而且也试图否定在现实生活世界中实际存在的多元化人性表现，试图强制性地将变动着、处于潜伏状态和有待未来发展的人性加以约束，使他们成为占统治地位的论述主体和权力主体追求利益的牺牲品。

其四，利奥塔从"后现代"不断区分的"延异"基本原则出发，强调人性和非人性的不断区分化过程的生命特征，强调人性和非人性的相互渗透及其不稳定性，并把人性和非人性的不稳定性当做人的基本实际存在状态。利奥塔在《非人性》一书中指出：人性是在非人性发展中隐含的。现代性以"进步"的基本概念吞并了非人性，并把非人性排除在"进步"之外，试图论证现代性的"进步"的人性本质。②

其五，利奥塔还进一步批判以启蒙思想为基础所建构的资本主义社会制度，包括资本主义的政治、经济和文化教育制度。利奥塔把整个资本主义制度体系当成是各种知识论述的实际表现，当成是知识论述的现实化。

其六，利奥塔深入批判为这些论述及其制度化进行辩护和论证的正当性原则。

利奥塔对于启蒙思想的批判，为后现代主义提供了批判现代性的基本模式。总的来讲，利奥塔在他的《后现代的状况》和《公正游戏》两本书

① See Lyotard, *Le postmoderne expliqué aux enfants*. Paris. 1988：40-41.

② See Lyotard, *L'Inhumain*. Paris. 1988.

中,除了分析了后现代出现的社会文化条件以外,还集中指出了导致这个转变的"正当性"(合法性)(légitimation)和方法论的问题。

关于方法论问题,利奥塔强调透过**语言游戏**的必要性。他说:"对于所讨论的问题,我们倾向于这样一种程序,这就是把重点放置在语言事实上,因而也集中在语言的语用方面。"①

依据这种语言游戏原则,首先,**说话就是在游戏意义上的战斗**(parler est combattre, au sens de jouer),因此,语言行动类似于一般意义上的角斗和竞技(agonistique générale),也就是具有进行体育运动竞赛的性质。

这种源自于古希腊城邦生活一般原则的游戏,既表现了人类文化活动的高度礼仪性和艺术性,又显示人与人之间通过相互竞争达到总体上提升社会文化的目的。尼采曾经高度赞赏古希腊的竞技活动,认为这是具有重要社会文化意义的人类特殊活动,应该成为整个人类社会文化生活的基本模式。②

其次,利奥塔强调:不应该把语言游戏当成神秘不可测的事物,它实际上就是可观察到的社会联系(le lien social);换句话说,社会联系就是语言游戏的现场表演。"简单地说,社会联系的问题,作为人与人之间的关系,是语言的一种游戏。"③利奥塔指出:上述两条原则是相互补充的。

利奥塔所总结的上述后现代主义原则,包括其正当性和语言游戏原则,都是非常重要的,它们几乎成为了这个后现代主义者的统一诉求和基本策略。后来,利奥塔在谈到后现代主义的基本原则时说:"**后现代主义就是要寻求这样一种正义,就是敢于冒险去从事应该去做的那些假设……这类假设包含着一种绝不是经协调同意而产生的正义观念。**"④

利奥塔在谈到后现代的游戏冒险精神时,再一次批判启蒙时代以来所确立的"协议"和"共识"的原则,强烈反对以同一性原则实行正当性程

---

① Lyotard, *La condition postmoderne*, Paris.1979:20-21.

② See Ibid.:23.

③ Ibid.:32.

④ Lyotard, *The Postmodern Condition: A Report on Knowledge*. Manchester: Manchester University Press.1984.

序,也反对透过"共识"所达成的合法性。在利奥塔看来,只有实行语言游戏的方法,才能达到真正的社会正义,才能完成真正的正当性。

在谈到后现代主义的基本含义时,利奥塔进一步明确地**把后现代主义的基本精神归结为"永远保持初生状态"**。他说:"一部作品之所以可以成为现代的,仅仅是因为它首先是后现代的。这样来理解的后现代主义,不是作为其终结的现代主义,而是处于其初生状态的现代主义(in the nascent state),而且这个初生状态是经久不变的。"①一种经久不变的"初生状态",就是永远保持新的创造精神的那股生命力。

"现代性的初生状态"之所以珍贵,就在于它显示了一种敢于冒险从事一切可能的事情的创造性精神。这也就是表明,后现代主义所追求的,是创作过程中的自由活动,是一种最大限度的创作自由;为此,可以不计代价、不顾效果和不讲形式,不要任何约束,也不包含任何目的。简单地说,它就是游戏。人生就是一场游戏,它是以语言游戏为基本模式所进行的追求无限自由的活动。

实际上,伽达默尔在《真理与方法》一书中论述游戏的自由性质的时候,也谈到了游戏中的冒险精神,他说:"游戏本身对游戏者来说,其实就是一种风险。我们只能与严肃的可能性进行游戏。这显然意味着,我们是在严肃的可能性能够超出和胜过某一可能性时才参与到严肃的可能性中去。游戏对游戏者所展现的魅力就存在于这种冒险之中,由此我们享受一种作出决定的自由,而这种自由同时又是要担风险的,而且是不可收回地被限制的。"②利奥塔及后现代主义者所追求的,是生命创造活动本身,而不是这个创造活动的规矩和任何结果。

如果说一切知识论述,包括后现代的科学论述及其语用活动,都不能完全符合他们所追求的语言游戏状态,都无法真正达到后现代主义者所追求的最大限度的自由的话,那么,只有在真正的艺术创作中才能找到出

---

① Lyotard, *The Postmodern Condition: A Report on Knowledge.* Manchester: Manchester University Press.1984.:79.

② Gadamer, *Wahrheit und Methode. Grundzüge einer philosophischen Hermeneutik.* Ⅰ .Tübingen. 1986[1960]:111.

路。利奥塔认为,后现代的科学论述是以追求不确定性为基本目标。①但后现代的科学论述所实行的不确定的原则,仍然缺乏其正当性。所以,与后现代艺术相比,即使是后现代科学论述也无法与后现代艺术的语言游戏相比拟。

在利奥塔和后现代主义者看来,艺术(art)之为艺术,其灵魂并非已经凝固成艺术作品的那种固定不变的外形和主题内容,而是艺术家在创作进行中的一切变动中的可能性因素。正是这些因素才体现出创作中的无限生命力,才是真正创造的潜在动力;因为只有可能性的因素,才是最千变万化的,才最具丰富和长远的前瞻性。只有在创作中的可能性因素,不管来自主观还是来自客观的,才是最有创造潜力的。

后现代艺术反传统之真正意义,正是为了将后现代艺术带领到其自身所追求的那种真正自由的可能性境界中,以便使其自身进入一种破除一切框框和规则的纯粹可能性领域之中,在自己开辟的广阔的可能性王国中施展其可塑性的潜在创作才能。后现代艺术正是以自身之可能性身份以及其陷入可能性境界为目标。在这个意义上说,一旦其创作活动所开创的可能性维度达到极限的时候,它作为艺术的真正生命也马上停止和丧失。为此,后现代艺术往往尽可能寻求某种延长其可能性的方法和程序,使其艺术作品本身随时可以在重演中再现可能性。

利奥塔和后现代艺术家之所以在其艺术创作中追求以"不确定性"(Incertitude;Indeterminacy)作为基本形式的绝对自由,固然是因为他们已经对传统艺术所规定的各种确定性感到厌烦,而且更重要的,是因为他们看到现实生活的不自由,又看到了现实生活中无法实现他们所追求的那种真正自由,感受到在现实生活中无法实现作为目的自身的人所追求的那种自由。因此,他们意识到只有在艺术创作中,在艺术活动作为一种最自然的游戏中,才能实现人的绝对自由的理想。换句话说,利奥塔和后现代主义者诉诸艺术创作的自由,显示其对于人的自由的无限向往,固然是对于现实生活的否定和反叛,但同样也是在积极探索

---

① See Lyotard, *La condition postmoderne*, Paris.1979:88—90.

人的自由的最大可能性。

因此,在利奥塔和后现代艺术家看来,在艺术创作中追求不确定性的那种自由,并不简单的是一种对现实生活的回避,并不是一种乌托邦式的避难行为,而是一种对于现实的挑战和批判,是在创造中寻求未来自由的可能性。这是一个对于过去、现在和未来,对理想和现实反复反思的最高综合。人的自由只有在这种复杂的多维度的来回运动的游戏中,才能得到最高的实现。

正是在这个意义上说,"后现代"早就隐含于"现代"之中。利奥塔指出:"必须指出,后现代早已内含于现代之中,因为在实际上,现代性,作为现代的时间性,本身就包含着一种使其自身朝向另一种状态超越的冲动力。而且,现代不仅仅要超越自身,还要在自身之中寻求达到绝对稳定状态的解决方案,就像乌托邦的计划那样;此外,现代还包含着'解放'的大叙述式的政治解决方案。从它的构成过程,现代性就一直是孕育着后现代性。"①

利奥塔关于后现代的各种论述都是立足于对现代知识的批判的基础上。他认为,现代科学知识是现代社会发生根本变化的决定性力量。利奥塔发现:自第二次世界大战以来,现代科学知识,特别是尖端科学技术的性质及形式发生重大变化,这些变化的基本特征是同语言密切相关,由结构主义语言学家杜别依兹科依(Nikolas Sergueïevitch Troubetzkoy,1890—1938)所创立和发展的现代音位学(phonologie) 和语言理论,由维纳(Norbert Wiener, 1894—1964) 等人所开创的现代沟通理论和控制论(Cybernétique, Cybernetics) ,由数学家约翰·冯·纽曼(Johannes von Neuman, 1903—1957) 等人所创立和发展的现代代数与信息学、计算机及其语言的研究,语言翻译学以及自然语言同机器语言之间的可容性,人工智能的研究,等等,所有这些,尽管远没有穷尽现代知识的发展状况,已经足以证明:现代科学知识的发展和革命是同语言问题密切相关的。由于语言、通信、沟通、信息等方面的因素所引起的科学技术革命,至少从两个方

―――――――――――

① Lyotard, *L'Inhumain*. Paris. 1988:34.

面强烈地影响了知识本身的发展:知识的研究和知识的传播。例如,现代生物化学中的基因学就是在很大程度上受到了控制论成果的影响。而且,由于现代技术的发展,使各种机器和知识研究工具及仪器越来越精致化、微小化、正规化和商业化,致使知识的传播方式、途径及其方法发生了变化,更加有利于知识的全面和迅速的传播、普及化、大众化及商业化。与此同时,知识的获得、传授、分类、储存、生产及开发的方式也发生变化。知识本身的性质和内容也随之发生变化。从此以后,各种知识都可以迅速地转化成为机器的语言,并以机器语言的方式储存、传播和增值以及再生产。

所以,在新的社会中,只要掌握了信息以及处理信息的机器系统,只要垄断信息传播系统及其再生产的手段,就可以迅速地控制和扩展权力,也可以控制整个社会。一切信息机器及其传播工具和系统,可以迫使整个社会将他们所制造和传播的信息当成唯一正当化的"知识论述"。而且,随着知识的信息化和机器化,一切知识从此就变为专门用来出售的商品。利奥塔指出:"知识是也将是为出售而被生产出来;而且,知识的消费也成为或将成为生产的增值;也就是说,知识是为了交换。知识再也不是为其自身的目的而存在,它将丧失其使用价值。"①

在 20 世纪 60 年代,知识已经直接地变为生产力本身,成为权力和政治的组成部分。

利奥塔认为,在后现代社会或后工业社会,知识的正当性问题已经发生了变化。如前所述,知识论述的正当性问题,包含着两方面的意涵:一方面,现代的"大叙述,不管它们所采用的统一化原则,不管是思辨型的叙述,还是解放的叙述,都已经失去它们的可信性"(Le grand récit a perdu sa crédibilté, quel que soit le mode d'unification qui lui est assigné: récit spéculative, récit de l'émancipation)。② 另一方面,后现代的科学技术,以及各种完成信息化、符码化和数字化的当代论述,作为一种新的知识论述,

---

① Lyotard, *La condition postmoderne*. Paris. 1979:14.

② Ibid.:63.

其正当性也存在许多值得怀疑的地方。

其实,不管是现代社会,还是后现代社会,当它们把知识作为社会存在和发展的基本力量源泉时,它们并没有进行过任何认真的调查和验证。几乎一切知识体系,都是进行自我正当化程序而自我确立的。所以,不论是对于现代社会,还是对于后现代社会,知识问题从一开始就是值得怀疑的;换句话说,知识的正当性地位及其性质是值得人们质疑的。[①]

现代知识都以"叙述"的方式作为基本构成形式。[②] 关于这一点,利奥塔是采纳了现代许多思想家对于现代知识的研究成果,其中,最主要的,包括俄国结构主义民俗学家普罗柏(Vladimir Iakovievitch Propp,1895—1970)、法国思想家和文学评论家德里达、多托洛夫及卡恩等人所做的调查和分析结果。[③] 这种叙述体知识论述,基本上表现为两大类的叙述方式。第一种是以历时性(diachronie)、连续性(continuité)的方式,将在其中呈游戏形式所展示的知识论述,按照逻辑推理的程序表述出来。列维·斯特劳斯所研究的各种神话,实际上就是这种叙述方式的原型。第二种,依据弗洛伊德的理论,是对知识论述本身的内容进行"经济的诠释"。知识对其自身进行诠释,成为了传统知识再生产的主要方式。所以,所谓叙述就是这类传统知识所采用的基本表达方式。

第一,传统知识的叙述方式,是民间历史或民俗用来叙述其自身的形成过程及其正当性,表述它们同该时代的社会秩序、制度之间的相互关系,说明它们对于社会秩序和制度究竟作出了什么样的贡献。因此,这些叙述至少实现了两大社会功能。其一,它们有助于界定该社会的能力和权能的标准和基本准则;其二,它们可以依据这些标准估价和评估该社会所达到的成果。

第二,叙述性的知识不同于较为发达的知识形式,往往采用许多语言游戏。在这种情况下,叙述中有秩序地组合及排列各种能力,使之相互交

---

① Lyotard, *La condition postmoderne*. Paris. 1979:35-36.

② See Ibid.:38.

③ See Propp, V.I.1958, "Morphology of the Folktale", In *International Journal of Linguistics*, No.24,4,Oct.1958; Derrida, Todorov & Kahn, 1970, *Morphologie du conte*, Paris: Seuil.

错和结合起来,因而有助于实现社会的各种能力准则。

第三,为了有利于这些知识的传递,叙述往往规定了一些必须遵守的规则,以便确定某些叙事语用学的原则,有助于使这些叙述传播开来。所谓叙述语用学,指的是叙述的实际运用的程序和规则。由于叙述本身是一个流程,同时又是转述某一事件或故事,所以,最一般的情况,往往是首先确立各个不同角色的叙述的"位置"(les'postes'narratifs)。例如,叙述开始时是从"发出者"(destinateur)出发,传递到其"接受者"(destina-taire),被讲述的"英雄"(les heros),等等。

利奥塔指出:"占据发话者地位的权利,是建立在双重事实的基础上:一方面是曾经占据受话者地位,另一方面是由于被赋予名称而被一个叙事讲述过,就是说曾经在其他叙事单位中处于故事指谓的地位。叙述所传递的知识,并非仅仅涉及陈述功能,它同时也确定:(一)为了能被听见而应该说的东西;(二)为了能够说话而应该听的东西;(三)为了能够成为叙事的对象而应该在故事现实的场景中玩的东西。"①

显然,这种叙述性的知识实际上涉及三种类型的语言行为:发话者作出的发话行为,受话者的受话行为以及被叙述的第三者所作出过的行为。这就使人们清楚地看到:叙事的传统同时又是标准的传统,而这种标准的传统界定了三种能力,即说话能力、听话能力以及做事能力。在叙述中,同一个共同体与这些能力、与这些能力所处的环境之间,构成了游戏的场面。这样一来,叙述过程与构成社会关系的语用学规则,同时地在其实现中达到传递。

第四,叙述涉及时间。叙述的时间是节奏与旋律的综合。这同音乐的声音实施过程中的时间结构是相类似的。这种类似于音乐的时间结构,有助于形成一种单调的旋律,使听过的人,在其没完没了的讲述和聆听的反复过程中,接受和传播同一类知识。这等于一般儿歌的形式,正是有助于迫使那些本来不明白也听不懂的青少年一代,将它们作为无须思考就"应该"接受下来的"真理"。利奥塔指出:"时间不再是记忆的基础,

---

① Lyotard,*La condition postmoderne*,Paris.1979:40.

而是成为一种无法追忆的远古的节奏。"①

一切发生过的历史事件和故事以及英雄们,统统都成为迷迷糊糊的回忆,然而,这些不明不白的时间流程,正是成为一种强迫性的记忆,作为一种知识,被反反复复地灌输给新的一代。显然,叙述性的知识在这里所显示的"遗忘"功能,同前述的建构标准功能、统一功能以及调节社会的功能之间,存在着微妙的重叠关系和互补关系。透过叙述过程,在叙述中的各个不同的"位置",完成了同一化的程序。

第五,所有的叙述都是自然地获得其正当性。叙述的一个奇特性能,就是它们自身完成自我正当化。"这些叙述本身使自己就具有这种权威。"②在这些叙述中,人民只不过是实现叙述的人,而人民的现实化方式,不只是讲述叙事,聆听叙事,而且,也使自己被叙事所叙述。也就是说,人民自己玩叙述,也在叙述中被自己玩:人民自己接受和聆听叙述,也使自己处于叙述者的位置上。

对于知识的叙述形式的重视,本来是从古代就已经开始的。但只有到了文艺复兴及启蒙运动发生之后,伴随着资产阶级脱离封建贵族的约束,叙述才真正被当成是知识的主要形式,并在社会文化正当化的过程中扮演着非常重要的角色。③

为了深入批判传统知识的正当性,利奥塔以"思辨型"和"解放型"的大叙述作为典型。显然,他所说的大叙述,主要是指以黑格尔辩证法为代表的思辨体系和启蒙运动思想家的理论体系。他认为,以马克思学说为代表的解放理论体系,是摇摆于上述两大类型的大叙述之间。

当资产阶级上台的时候,他们之诉诸叙述,是为了显示一种自由民主的理念。在他们的叙述中,"英雄"的名字是"人民","正当性"的标志是"人民的共识",规范化的方式是"谨慎协商"(délibération)。但是,随着资产阶级的掌握政权,详细分析他们所鼓吹的知识叙述形式,原来他们所说的"人民",并不是真正的人民大众,而是"科学知识的操作

---

① Lyotard, *La condition postmoderne*, Paris.1979:41.

② Ibid.:43.

③ See Ibid.:52.

者"（des opérateurs du savoir scientifique）。① 而且，表现为极其抽象的叙述主体，实际上被决策的机构，也就是被国家机器所宰制和窒息，失去了主体作为主体的真正功能。由此可见，在现代社会中，国家同科学知识保持着非常紧密的关系。在这种情况下，国家有可能以"人民"、"民族"或"全人类"的名义，在知识形成和正当化过程中，干预认识活动和立法活动。

第七节　现象学的诠释模式

在当代政治哲学论述转换中，现象学（phenomenology；Phänomenologie）的论述模式扮演了非常重要的角色。现象学的政治哲学最初是由胡塞尔（Edmund Husserl, 1859—1938）和海德格尔（Martin Heidegger, 1889—1976）创建的。前者早在 20 世纪初就基本上完成了现象学理论和方法的建构，并在他后来陆续发表的主要著作《算术哲学》（*Philosophie der Arithmetik*, 1891）、《逻辑研究》（*Logische Untersuchungen*, 1900—1901）、《关于现象学的观念》（*Die Idee der Phänomenologie*, 1907）、《内在时间意识现象学讲演录》（*Vorlesungen zur Phänomenologie des inneren Zeitbewusstseins*, 1905—1910）、《作为严格科学的哲学》（*Philosophie als strenge Wissenschaft*, 1910）、《纯粹现象学和现象学哲学的观念》第一部（*Ideen zur einer reinen Phänomelogie und phaenomenologischen Philosophie.Bd.I*.1913）、《形式与先验逻辑》（*Formale und transzendentale Logik*, 1929）、《笛卡尔的沉思》（*Cartesianische Meditationen*）、《欧洲科学的危机及先验的现象学》（*Die Krisis der europaeischen Wissenschaften und die transzendentale Phänomenologie*, 1935—1937）、《纯粹现象学和现象学哲学的观念》的第二部与第三部、《第一哲学》（*Erste Philosophie*）、《几何学起源》（*Der Ursprung der Geometrie*, 1936）、《经验

---

① Lyotard,*La condition postmoderne*,Paris.1979:53.

与判断》(*Erfahrung und Urteil.Untersuchungen zur Genealogie de Logik*,1939)等书中,不断地阐明、完善现象学的基本原则和方法。

而海德格尔,作为胡塞尔的学生,则发挥了其创造精神,在其著作《存在与时间》(*Sein und Zeit*,1927)、《康德与形而上学问题》(*Kant und das Problem der Metaphysik*,1929)、《什么是形而上学?》(*Was ist Metaphysik?* 1929)、《论原因的本质》(*Vom Wesen des Grundes*,1929)、《柏拉图关于真理的学说》(*Platons Lehre von der Wahrheit*,1942)、《真理的本质》(*Von Wesen der Wahrheit*,1943)、《关于人道主义的信》(*Brief über den Humanismus*,1947)、《林中路》(*Holzwege*,1950)、《赫尔德林诗歌诠释》(*Erläuterungen zu Hölderlins Dichtung*)、《田间小路》(*Der Feldweg*)、《形而上学导言》(*Einführung in die Metaphysik*)、《什么是思想?》(*Was heist denken?*)、《讲演与论文集》(*Vortraege und Aufsaetze*)、《什么是哲学?》(*Was ist die Philosophie?*)、《同一与差异》(*Identitaet und Differenz*)、《理由律》(*Der Satz vom Grund*)、《通向语言的路途》(*Unterwegs zur Sprache*)、《尼采》(*Nietzsche*)、《物的问题》(*Die Frage nach dem Ding*)、《技术与转向》(*Die Technik und die Kehre*)、《路标》(*Wegmarken*)、《艺术与空间》(*Die Kunst und der Raum*)、《论思想之物》(*Zur Sache des Denkens*)、《现象学与神学》(*Phänomänologie und Theologie*)、《谢林关于人类自由本质的论文》(*Schellings Abhandlung Über das Wesen der Menschlichen Freiheit*)、《早期著作集》(*Frühe Schriften*)等书中,发展了现象学的方法,特别为后来的现象学本体论诠释学的产生奠定了基础。

继胡塞尔和海德格尔之后,在 20 世纪 30—50 年代,胡塞尔和海德格尔的学生及追随者汉斯·约纳斯、列维·斯特劳斯、阿伦特等人,针对第二次世界大战,特别是小希特勒法西斯专制的历史经验,以现象学方法为基础,发展出各种多样的现象学政治哲学论述体系。

与福柯和利奥塔等人持有不同立场和理论体系的法国政治哲学家利科(Paul Ricoeur,1913—2005),在总结第二次世界大战及其后世界政治的特征的基础上,从不同的角度谈论当代政治论述的特征。

利科是现象学家,他成功地将本来具有主观观念论性质的现象学

"嫁接在诠释学的树上"。① 所以,他更细致地探索了"论述"的生产、扩散及再生产过程中政治策略和语言策略的具体程序的性质。他认为,论述是在语言(la langue)与言语(la parole)的差异中引申出来的。但只是停留在对于话语和言语的分析,是很不够的。说出来的言语和话语,必须同说出它们的具体环境,特别是具体的人际关系联系起来。论述就是在这种情况下被提出并被重视。

所以,所谓论述是一种事件(un événement)。在这一点上,利科同福柯等当代法国思想家们的基本观点几乎是一致的。但利科为此特别强调:论述之所以成为一个事件,是因为它已经不单纯是语言本身,不像语言那样是超时间的,而是在特定时间内发生的;它总是同特定的说话主体相联系,它直接地揭示了"谁"在"什么情况下","就什么问题",或"依据什么","跟谁"说"什么事情"。因而,论述也同说话主体相关的参照背景(la référence)紧密相关。正因为这样,利科认为,论述是自我参照的。论述在这一点上,已经完全不同于语言,因为语言并不考虑哪位"主体",也不同哪位具体主体相关。而且,这样一来,论述同它所论述的事情相关,同它所论述的事情所发生的环境相关,同它所论述的那件具体事情的一切内外因素相关。

同语言相比,显然,论述超出语言各个组成因素的范围,而同语言以外的世界相关,也同事情所发生的历史和未来相关。就此而言,**论述的事件性,就在于它把世界、社会、文化和历史引入语言中**;或者,它把语言同语言所描述的事件的周遭环境联系在一起,使语言本身,从它的无主体、超历史和无意义的纯符号结构,转化成为在多主体间沟通和交流的文化生命体,成为特定生活世界中具有多重意义象征性结构的新生文化网络系统。如果说,语言以其密码为我们提供沟通和交往的先决条件的话,那么,正是通过论述,才使语言中的信息和内容得以交流和流通,成为活生生的、有生命的事件性。

所以,论述把世界和他人引进语言,使语言从此在文化活动中重新获

---

① Ricoeur, *Du texte à l'action*. Paris. 1986.

得生命,也同时引入说话者的主体世界中,使主体由此同世界沟通和交往。所以,论述是交换信息的时间现象,也是对话的完成。由于论述已经获得生命力,它可以自行解决、延缓或中止。

但是,所有这一切,还只是停留在论述实施过程中的本体论、认识论和方法论的层面。

利科认为,为了更深入地分析论述,还要根据本维尼斯(Emile Benveniste,1902—1976)所提出的"论述语言学"(la linguistique du discours)的具体规则来进行。本维尼斯明确地将符号(le signe)当成语言的基本单位;而把语句(la phrase)当成论述的基本单位。由此出发,利科指出:"论述是语言的贯彻和实施"(l'effectuation du langage)。只有在论述中才表现了语言的"间距化"(la distanciation)特征。

论述的意义是在间距化的过程中展开和更新。利科指出,意义是在其间距化的实现中,完成它同论述所谈论的事件的辩证法关系。探索论述所涉及的事件同意义的辩证法,正是为了进一步揭示论述本身的生产机制,探讨论述如何生成为"作品"(les œvres),并由此有可能进一步发现语言同文字、文本同世界、文本同行动的相互关系,解析这些复杂关系中的各个因素。利科指出:"正是在关于论述的语言学中,事件同意义相互交错结成一体。这个交错关系是一切诠释学问题的核心。"①

在谈到间距化时,利科试图突破由伽达默尔(Hans-Georg Gadamer,1900—2002)所陷入的"二难陷阱",这就是伽达默尔在他的《真理与方法》一书中所提出"异化的间距化"(la distantiation aliénante)的问题。伽达默尔认为,尽管"异化的间距化"有助于实现科学与人文科学的"客观性",但它又损害了我们同我们所参与的历史及实践之间的实际联系。所以,伽达默尔在他的书中指出:在这种间距化面前,我们不得不面临着两难的选择:或者选择"异化的间距化",而这样一来我们就陷入方法论的陷阱,迫使我们将诠释学仅仅归结为一种"方法论",从而降低了诠释学的位格;或者,我们抛弃异化的间距化,使我们直接地探索真理,把诠释

---

① Ricoeur,*Du texte à l'action*.Paris.1986:105.

学本身当成具有存在论意义的学问。因此,在伽达默尔看来,如果我们坚持异化的间距化,就会丧失客观性。利科不同意伽达默尔这种二难推理的方式,并认为,我们完全有可能同时地坚持"**异化的间距化**"及"**参与**"(l'appartenance)。解决这个难题的唯一途径,在利科看来,就是正确地处理有关"**文本**"(le texte)的问题。在论述中,我们所要诠释的,不是仅仅作为暂时固定下来的那个事件本身,而是在其中所隐含的意义世界。正是在论述的语言学中,事件和意义相互关联起来。如果说语言本身就是一种指谓,一种有所指的意义指谓活动,那么,正是在从事件向意义的超越中实现了语言的指谓功能。

正如语言那样,一旦它在论述中现实化而超出原有的语言体系的范围变为活生生的事件,同样的,论述一旦进入理解的王国,便作为事件而超出它自身,进入意义的多层次结构中。这样一来,不仅使语言学同诠释学结合起来,也使语言问题透过语言哲学的探索而具有本体论、认识论和方法论的意义。

利科认为,关键在于**要把间距化当成一种积极的和生产性的概念**(une notion positive et productive)。间距化并不是一次完成的;也不是消极的和被动的;而是分层次和具生产性。在利科看来,第一个关键的间距化就是在被说出的事物中所隐含的"说"的动作。"说话,就是说某件事的某件事"(parler,c'est dire quelque chose de quelque chose)①。所以,利科认为,在论述中,揭示"意义向参照体系推进"的过程,就是从"理想的意义"到"实际的参照体系"的推进,也就是触及语言的灵魂所在,进入语言结构的深层,并由此而走向语言的范围之外,走向与语言相关的世界。

所以,为了揭示在"说"的行动中所开展的间距化,必须从一般的论述语言学,走向关于言语行动的理论(Theory of Speech-Actes;la théorie du Speech-Act)。在这里,利科充分吸收了英美分析哲学的言语行动理论,特别是奥斯汀(John Langshaw Austin,1911—1960)和席尔勒(John Rogers Searle,1932—)的言语行动理论。他们将言语行动分析成包含三层次

---

① Ricoeur,"Conflits des interprétations".*Essais d'herméneutiques*.Paris.1969;87.

的言语行动：说话的动作、说话中所完成的动作以及透过说话的动作所实现的行动。

但是，到此为止，论述行动所隐含的意义，并没有完全展开。所以，间距化的第二次飞越，就是从论述到文本的过渡。

利科指出，**文本**不只是属于一种非常特殊的人际间的沟通方式，而且还属于一种沟通中最具有典范意义的间距化（le paradigme de la distanciation dans la communication）。**文本实际上就是透过间距化并在间距化中实现的沟通本身**；文本显示了人类经验的历史性本身的特点。

为此，必须进一步明确文本和文字的确切定义，了解它们的性质和特征。首先，必须弄清的是，并不是文字本身，而是文字与言语或论谈之间的辩证法关系，引起了诠释学问题。其次，文字与话语之间的辩证法，是建立在间距化的辩证法（la dialectique de distantiation）的基础上，它比上述文字与话语之间的对立还更根本和更原始。更确切地说，间距化的辩证法是早在口头说话的时候，就以说出来的**论述**的形式呈现出来。所以，必须首先在论述中，探索一切由此引起的辩证法。而且，在作为语言的实施本身的论述（le discours comme l'effectuation du langage）与言语同文字的辩证法之间，还必须添加上另一个新的概念，即关于"**结构化的作品**"（l'oeuvre structurée）的概念，因为**结构化的作品实际上就是论述的实施**（l'oeuvre structurée comme l'effectuation du discours）。语言在论述作品中的客观化，是将论述纳入文字结构中的最切近的条件。不仅如此，而且，上述由**论述、作品及文字所构成的三角关系网**，又必须以**建构一个世界的筹划问题**（la problématique du projet d'un monde）作为基础。须知，此前一切探讨，归根结底，都是为了完成从文本到世界的过渡，因为只有在文本所开辟的世界中，才全面地展现出诠释学的最根本的问题。

文本作为论述的实施，为诠释活动开辟并提供了一个无限广阔的世界。这个诠释所涉及的世界，是由语言作为中介所构成的复杂网络，其中包括凝固在语言中的人类经验、人际关系、社会生活、历史以及思想等因素。

对于利科来说，关键的问题是意义同**参照体系**（la reférence）之间的相互渗透关系。所谓**参照体系**是指语言在语言之外的世界中所指涉的各种因素所构成的系统。最早研究参照体系的是弗列格(Gottlieb Frege，1848—1925)。利科发展弗列格的观点，特别指出了"意义"在解析参照体系方面的决定性作用。所以，只要把握一个陈述句的意义，就可以揭示它所涉及的参照体系。因此，正是"意义"，把我们引向了参照体系。利科指出："参照体系并不只是在名称方面的符合，而是一种描述现实性的能力，它是源自陈述本身的。"①接着，他又说："整个陈述……对于它所指陈的事物来说，是作为专有名词而发生作用的。"②利科特地严格地区分了"**指称**"(la dénomination)("**命名**")和"**指谓**"(la prédication)。在**指称**的时候，人们实际上是给予某件事一个名称，而这是在假设某件事尚未有过某种意义的情况下进行的。在这种情况下，指称某件事情实际上是赋予这件事以"价值"，而某件事的意义也就是那唯一的参照关系。但是，在指谓时，把一个"谓词"赋予一个"主语"(一个事先已经很确定地存在的主体)，就是使用一个事先已经有意义的语词。因此，这就等于赋予它某种一般性，不管这种一般性是如何的抽象和含糊。因此，指谓表达一个判断，指谓赋予判断以一定的特征。

从上述区分出发，利科认为，前一种指称，只是在语言范围内把一个名称同它的外延相符合；而后一种指谓，则超出语言的范围，包含着语言之外的复杂关系网，包含着与我们同时存在的那些被指谓的事情，而这些事情是要待人们进一步确定和需要加以描述的，它实际上是一个待开发的世界。

正是在上述指称与指谓的区分中，利科进一步说明了隐喻的性质以及论述隐喻所表现的语言的无限生命力。利科说："**隐喻是由指谓和指称之间的争论而产生的；它在语言中处于语词与语句之间。**"③显然，**隐喻成为了语言中的意义同参照体系之间的辩证法的发生地**。正是在隐喻中所发生的语词与语句之间的微妙关系及其相互转换，生动地体现了语言

---

① Ricoeur, *La métaphore vive*. Paris. 1975：232.

② Ibid.：275.

③ Ibid.：171.

与世界、语言与使用它的人们之间的复杂关系;同时,也正是在这里,表现出说话的人,在其说话的过程中,借助于语言所施加于世界的一切潜在的、实际的和待转化的能力的总和。同时,也是在隐喻中,表现了语言隐含的创造性能力,表现出语言自身在其活动中所包含的全部力量及其与说话者、与世界的关系。

研究隐喻在论述中的性质和功能,对于深入揭示政治哲学理论及其策略,具有非常重要的意义。政治语言,特别是已经理论化的政治哲学语言,在本质上,都是各种类型的隐喻及其连贯网络的运用和表现。由于政治本身的复杂性,由于政治兼有"精致的合理性和极端的恶的高度结合"的性质,所以,任何政治都势必采取委婉而复杂的语言表达方式,而隐喻地使用,或者,更确切地说,隐喻的高度策略性的运用,恰恰满足了政治既需要表达又需要掩盖的双重性质。

我们将要在以下的具体论述中,更深入说明政治之所以需要使用特别是策略地运用隐喻的根本原因,那就是政治始终需要既明确表达其政治目的,又需要适当地依据政治斗争的需要而掩饰其目的。政治就是这种玩弄两面手法进行语言游戏的论述体系。

语言的中介功能往往采取非直接的复杂形式。因此,利科非常重视语言符号的多种中介化结构及其形式,尤其重视隐喻、提喻、换喻、借喻及讽喻(Allégorie)的结构。针对多种语言转换形式,利科集中分析语言创造性在其中的各种表现形式。

为了揭示隐喻的奇妙功能,利科以诗歌语言为例。在这一点上,他是同海德格尔一样。利科指出,在诗歌中的隐喻语言充满着丰富的"变戏法"的魔术,是同日常语言有很大不同的,它的使用过程充分显示了隐喻运动已经超出日常语言的范围,超出普通语法的范围。在这方面,维特根斯坦曾经给予充分的注意及研究。[①] 利科也高度肯定维特根斯坦的贡献,并把隐喻的上述能力说成为"语言对于现实的再描述能力"(le

---

① See Wittgenstein, *Philosophical Investigations*. Oxford. 1953.

pouvoir de redécrire la réalité)。①

隐喻的魔术般描述能力,首先表现在它以"看起来好像……"(voir-comme)的形式,实现语言的**形象化功能**(la fonction imagéante du langage)。由于语言的这个主要功能,语言可以透过它所使用的语言符号及其语句结构,将它所描述的事物形象化和图像化。语言将事物图像化或形象化的目的是双重性的,同时也是悖论性的。具体地说,当语言运用其图像化或形象化的功能而将其指谓的对象活生生地呈现在说话者的群体面前的时候,一方面是为了使说话者群体理解语言指谓的意义,但另一方面却又借由图像化和想象化而使指谓意义陷入具有多重可能性意义的象征化世界。这是因为任何图像和形象,都具有既形象具体又含糊多变的性质。任何一个人面对语言指谓的形象,既可以由此明了指谓的具体内容,又因此引诱人们沿着其自身主观想象的图像意义而导向其可能的世界。

维特根斯坦也曾经以"鸭子和兔子"的比喻说明隐喻的这种"看起来好像……"的功能。"看起来好像……"同"看"并不一样。维特根斯坦为此强调:"我必须在一个外貌的'持续的看'与'一闪间的看'之间作出区别。"②为了形象地说明"看起来好像……"的结构及其功能,维特根斯坦以下列"鸭子—兔子"的图形,表示"看起来好像……"的深刻意涵。

显然,如果人们横看这个图形,它就"好像"鸭子的头部;但如果竖看它,就"好像"兔子的头形。也就是说,这个图形,既可以被看成鸭子,又可以被看成兔子。它的模棱两可性和含糊性,典型地显示出隐喻的灵活性和变换性,它也正好同时地表现了语言的优点和缺点。

---

① See Ricoeur, *La métaphore vive*. Paris. 1975:10.

② Wittgenstein, *Philosophical Investigations*. Oxford. 1953.

隐喻的力量不只是在于它在语词和语句间所隐含的那股"再描述现实的能力",而且还在于隐喻本身也是"指谓";只不过它所采取的形式是"看起来好像……",而它所陈述的是"非口语的中介"(la médiation non verbale)。①

利科认为,隐喻的功能还不只是上述"看起来好像……",而且还包含"……是像……"(être-comme),因为隐喻不仅使用恰当的语词(le mot juste),而且还应用恰当的语句,恰如其分地描述了事物的状态。所以,利科认为,"'看起来好像……',实际上就是说'……是像……'"②。在"看起来好像……"中显示出"……是像……",这就意味着在隐喻的上述两种相互联系的表现形式中,存在着隐喻的特有的统一性;而这种统一性就在于它的谓词形式的两重性:既是,又不是;既这样,又那样。利科指出:"凡是存在相似性的所有各个地方,就会有某些地方存在着严格和正确意义的某种同一性。"③

利科对于隐喻的分析,并不停留在意义层面上,而是进一步引申出存在论的结论。他说:"活生生的表达乃是人们所说的活生生的存在。"④如果说语言谈及了某事,那是因为某事早已经存在着。因此,利科说:"语言揭示了存在本身,并在存在论方面证实了语言所谈及的事物的存在本身。"由此可见,语言中所包含的一切参照体系的存在,就是这些参照体系的存在论的语言表达。语言的参照体系功能的存在论的诠释,乃是反思性的;它参照到现实之后,还要再回到它自身(retourne à soi-même)。但是,利科指出,这个返回自身并在自身中发现自己的语言,它所看到的,已经不是那抽象的语言体系,而是一个"形象"(une figure),一个主体的变形(un avatar du sujet)。这个主体经历语言的反思,重新发现了自己原本已在现实的人的主体中消失掉的那个主体同一性,一种清晰可见的和形象化的同一性。也正是在这里,利科发现:语言一旦与反思的主体和外

①　Ricoeur, *La métaphore vive*. Paris. 1975:216.
②　Ibid.:312.
③　Ibid.:298.
④　Ibid.:61.

在的世界相联结之后,便具有创造的能力,便使其自身真正地变成"自由"和"行动"本身。语言的这种创造性,集中地体现在语言的隐喻的矛盾性:它是在准确的和恰到好处的语词与充满意义的语句之间,说话者作为主体的反思和行动的集中表现,是具有说话能力和反思能力的主体,对自由的追求同现实世界的既矛盾又相协调的关系的表现。

为了深入了解文本的意义结构及其对于诠释学的关键地位,必须充分理解在作品(l'oeuvre)中展开的论述。首先,作品作为论述的结构化,具有三大特征。第一,它是由比语句更长的各段落所构成。这就引起一系列有关作品的有限的和封闭的总体性(la totalité finie et close)结构及其与诠释学相关的问题。第二,作品是一种结码化的编写动作的结果,在作品的结码化形式中,隐含着各种与写作**种类**(le genre)密切相关的具体结码规则。第三,作品隐含著作者的独特的写作**风格**(le style)。因此,作品是由特殊的写作过程、作者所采用的文学写作类别及其个人风格所决定的。所有这一切,表明作品是特殊的个人劳动和生产的产品;在作品中,隐藏着作品生产中作者将写作原料加以形式化的整个过程。这是作为劳动者的作者,将其所选用的写作原料或原始资料,改造成他所喜欢的写作形式的过程。换句话说,这是一种使原来无形或不定形的原料变为作者所期盼的那种形式的作品的过程;这也是遵循着生产特定写作类型的作品的生产程序的过程;又是作者将语言当做其实践(la praxis)对象和当成其特殊技艺(la technè)的实施对象的生产过程。所以,**在作品中呈现的论述,就是被实施的事件和被理解的意义的高度结合**。正是在作者的特殊写作风格中集中地体现了论述的上述双重特征。

其次,由于作品使用了文字书写,使文本相对于作者来说具有**自律性**。**文本作为一种透过文字书写而固定下来的论述**,正是诠释学研究的基本对象。作为作品的文本,它所指谓和表示的意义,一旦经文字写作而被固定下来之后,从此不再同原作者所要表达的意图相符合。文本中所隐含的**字面意义**(signification verbale)同其**心理意义**(signification psychologique),也因此而逐渐地分离开来,使它们在未来的阅读行动面前,将面临着不同的命运。在这种情况下,在诠释过程中,诠释者对文本意义的理解,会导致伽达默尔在他的《真理与方法》一书中所说的"异化的间距化"的效果。但就在这里,已经包含了文本自律性所产生的积极效果。也就是说,由于文字所固有的区别于言语的特殊功能,使文本所展示的世界同原作者的世界区别开来。

由于上述各种原因,在诠释学的历史上,曾经对文本的意义内容,产生过关于"**理解**"(comprendre)与"**说明**"(explication)之间的激烈争论。利科为了克服以往在文本诠释方面所表现的局限性,试图越出符号论和单纯语言学的诠释范围,将争论的范围进一步扩大到**由文本**(le texte)、**行动**(l'action)**和历史**(l'histoire)**三大方面所构成的哲学人类学的层面上**。利科试图在文本、行动和历史三者之间的游戏运动中,进一步展现诠释的新视野,并进一步在更高的层次上,解决以往有关"理解"与"说明"之间的争论。

利科针对诠释学历史上有关"理解"与"说明"之间的争论,提出了他的独特见解。他认为,**一切文字写作所形成的文本作品,其意义都必须放在以人际关系所构成的世界为背景的写作和阅读脉络中加以分析**。但人际间及其与世界的相互关系,又同时地透过"**时间性**"(la temporalité)和"**参照体系**"(la reférence)而在文本中呈现出来。

为此,利科主张将对于文本的历史诠释、现实诠释、社会学诠释、字面诠释以及心理学诠释结合起来,以便开启文本意义在阅读期间的无限展示的可能性。任何文本,经历一段历史间隔之后,由于"时间性"及其"参照体系"的演变以及由此所产生的"积极的间距化",都可以遭受各种各样的被解构的命运,使文本中的意义及其结构,一方面脱离开原有的历史脉络,另一方面又能够结合新的社会文化条件,被纳入新的脉络,重新被赋予新的生命。利科认为阅读行动(l'acte de lire)中所产生的上述文本变化,就是文本在新的社会文化条件下的再生产。这是阅读行动的创造性活动。利科特别重视阅读行动中的上述两种创造性活动,其中一种是使文本脉络(contexte)从原有环境中解脱出来,利科称之为 se decontextualiser;另一种是将文本重新纳入新的社会文化条件的脉络,利科称之为

se recontextualiser。①

从作者到阅读者的过渡,不同于一般的对话,因为在对话中,是同一个论述的环境决定了它的性质;而当论述被文字固定之后,它所可能产生的读者群的范围,既是潜在的,又是不确定的。由于阅读的间距化所产生的诠释学后果是非常有意义的,因为它不仅涉及方法论的问题,不只是附属性的因素,而是具有建构性和生产性的性质。

在《从文本到行动》中,利科特别强调:从文本到行动的诠释学所要解决的基本问题,就是相隔于不同历史时期或同一时期的不同诠释者之间的相互关系。换句话说,处于不同历史时期的两个或多个相异的主体,或者,处于同一时期的不同主体之间,如何透过对于文本的叙述和诠释,实现他们之间的反思内容及行动过程的相互继承和相互沟通? 利科把文本当成人们相互理解并共同完成对于一般性人类经验的消化过程的奥妙场所。所以,如前所述,利科集中全力发展新的文本理论,其中主要是创造性地说明了"间隔化"、"文本"、"历史"、"行动"及"主体间性"等概念的独特内容。在此基础上,利科进一步阐明叙述、反思、行动的同一性问题。利科认为,透过间隔化的程序,从被说出的现实的或现行的论述到被文字固定化的文本,从离开我们较近的文本到较远的文本,实际上是把"理解"与"行动"联系在一起,把现时行动着的人同以往的人类经验联系在一起,从而实现了两者之间的对话性的历史回溯过程和重演过程,实现历史与经验的再生产过程,实现认识与行动的相互统一的过程。

所以,对于利科来说,文本不只是人与人之间相互沟通的一种特殊场所,而且,更重要的,是相互沟通中实现间隔化的"范例"和"典范格式"。文本所揭示的,乃是人类经验历史性的基本性质。从这个意义上说,文本是在间隔化中并透过间隔化本身而完成的一种沟通行动。利科诠释学之所以对于文本寄予极大的希望,就在于文本所具有的自律性及其中所包含的可能世界同人的行动之间的神秘关系。正是从这个意义上说,利科强调:作为行动典范的文本,可以解析人的行动的各个过程,展示"做"的

---

① See Ricoeur, *Du texte à l'action.* 1986:111.

各个基本环节的结构。关于文本与行动之间的辩证关系,在后来发表的《时间与记述》三卷本中,利科进行了更详细的探讨。本书将在以下专门章节集中分析利科在这方面的理论贡献。

利科自己提到他从 20 世纪 80 年代到 21 世纪初期的思考中心时指出:不管他研究记述还是自身的同一性问题,都把研究语言在**"隐喻"和"叙述"形式下的创造性问题**(la créativité du langage sous sa forme métaphorique et sa forme narrative)当成核心。正如本书前一节所已经指出的,他对于语言中的隐喻及论述的各种形式,曾经进行长期的研究,并在这方面取得了重大的理论成果。他在这些成果的基础上,从 1983 年起,连续发表了三卷本的著作《时间与记述》,试图在记述的历史时间的间距化过程中,进一步详尽地探索"记述"与"时间性"的关系,并由此论述"记述的主体"的"记述同一性"(l'identité narrative)问题。他认为,这是诠释学发展中的一个关键问题,诠释学只有跨越了这个重要问题,才能更深入地解决由诠释学的本体论所提出的许多附带问题。也就是说,利科清醒地意识到:由伽达默尔在 20 世纪 60 年代所提出的诠释学哲学化和存在论化的问题,实际上尚未正确解决记述的同一性问题。利科认为,必须回顾诠释学发展史上所遇到的一系列重大理论问题,并深入分析这些问题的难点,才能针对这些理论难点,从语言在时间演变中的形式,发现诠释与记述同思想和行动的相互关系。

利科在三大卷的《时间与记述》中,首先把一切文化产品都统一化约为叙述形态,然后,他深入分析在一切叙述形态中的时间性。他认为,**时间性是贯穿于一切叙述的共同要素**。他说:"在经历无止境的叙述分化现象之后,我假定如下:在叙述的多种形态和形式之间,存在一种功能性的统一单位(une unité fonctionnelle)。在这方面,我的基本假设是:以其各种形式显示在叙述行动(l'acte de raconter)中的人类经验的共性,就是它的时间性。"[1]也就是说,人的一切叙述行动都是在时间中进行,都占据着时间,并以时间形态表现出来。反之,一切在时间中发生的事情,都可

---

[1]　Ricoeur, *Temps et récit*. Paris. 1983.

以被叙述,都可以在叙述形式中再现出来。我们甚至可以说,一切在时间中发生的事情,一切人类经验,只有以这样或那样的形式被叙述出来,才能被理解。利科所重点说明的上述有关**人类经验的叙述性(la narrativité)与时间性(la temporalité)**的相互关系,乃是利科从 20 世纪 80 年代起所集中思考的重要问题,也是诠释学发展中所取得的重大理论成果之一。

利科所提出的上述理论问题,把我们带回康德哲学。康德在他的著名著作《纯粹理性批判》(*Kritik der reinen Vernunft*,1781)中,将时间当成人类经验的先验感性基本形式,同空间一起,构成人类经验的感性知识形式的先验基础。当康德提出"人的认识何以可能?"时,他首先将知识的先验感性纯形式列为最根本的条件。他认为,时间和空间是人的先天内外直观的纯形式,在人的感性认知过程中扮演决定性角色;只有透过时间和空间这两个先天的(a priori)直观形式,人类在感知过程中所遇到的零碎经验资料,才能被统一起来。在康德那里,由于**时间是先天的内直观纯形式**,所以,它比空间更重要,因为空间作为先天的外直观纯形式,归根结底必须将它所整理的感知数据再转化为时间形式,才能进一步被先天的**知性的范畴**所接受,并得到知性范畴的再一次整理和整合。所以,时间是人类经验得以具备统一性和客观有效性的基本前提。康德将一切人类经验都化约为时间的基本形式,以便说明经验同人类感性、知性及理性的复杂关系。换句话说,没有时间这个先天的内直观纯形式,没有空间这个先天的外直观纯形式,一切经验都只能停留在"杂乱无序"的阶段,充其量也只是经验的"杂多数据"而已;未经时间和空间的整理以前,所有那些经验,都将是不可认识的,都将是被排除在人类认知活动之外。

在康德之后,海德格尔曾经从人的生存本体论的角度进一步考察时间的意义。他把时间同人的生存直接联系在一起,并把时间当成解决人的生存的存在论意义的关键。海德格尔在他的《存在与时间》中,以时间为主要线索,诠释人的具体生存和存在的基本条件。他说,时间是解决人的"此在性"及其"人生在世"性质的先决条件,并论述了"时间之为存在问题的超越境域"的重要性。海德格尔说:"前此整理出来的此在的一切基础结构,就它们可能的整体性、统一及铺展而言,归根结底,都必须被理解为时间性,理解为时间现实化的诸样式。于是,生存论分析工作在剖析时间性的时候,又承担起把进行过的"此在"分析重演一番的任务。这一重演的意思,是对诸本质结构,就其时间性加以阐释。时间性本身描述了这一任务所必需的诸项分析的基本方向。"①

如前所述,利科在其哲学思想发展的过程中,也曾经受到过海德格尔的重大影响。但是,正如我们在前面已经指出的,海德格尔对于诠释学的主要贡献,充其量也只是从存在论的角度,对人的生存的结构进行过"短程"诠释和分析。也就是说,利科早已经发现海德格尔在这方面的贡献及其局限性。所以,利科在吸收海德格尔关于时间性的观点的时候,已经意识到其中的有限性。利科在时间与记述的相互关系问题上,比海德格尔走得更远。利科不但试图克服海德格尔在论述上的缺陷,而且也打算超越海德格尔的学生伽达默尔的诠释学的缺点。不过,海德格尔的上述有关时间性的观点,毕竟给予利科深刻的启示。利科以现象学作为基本方法,继承和发展反思哲学的传统,一方面重视海德格尔及伽达默尔的贡献,另一方面又看到了他们的缺陷。利科主张,不能以生存论的哲学本体论论证为满足,而是要在语言及文化的长程迂回(long détour)中解决记述的时间性问题。他认为,在对"此在"进行存在论诠释的过程中,必须发挥"此在"作为主体的反思功能,利用语言叙述的超时间间隔化的特征,在扩大主体性对自身的理解的愿望的推动下,借助于历史不同阶段的叙述文献所提供的"多义"及"歧义"经验凝缩品,把握自身和世界的存在意义。归根结底,人类文化和人类经验,如果要被人类自身所理解和不断继承的话,如果要在时间的长河中保留下来的话,它们就必须被叙述。一切时间中的存在和发展的事物,只有被叙述,才显示其时间性,也才能显示其存在的特性。所以,没有叙述,就没有时间性,也便没有存在。反过来,一切叙述都需要占有时间、并在时间中表达;没有时间,就不可能发生叙述行动和产生叙述作品。因此,时间乃是叙述的存在论的条件。

---

① Heidegger, *Sein und Zeit*. 1927:304.

作为《活生生的隐喻》的姐妹篇,《时间与记述》所要探讨的,是以现象学的方法解析人类经验所赖以存在和发展的基本形态,也就是在时间中延续和自我扩大化的"叙述"。长期以来,利科一直关注着三个重要的问题。首先,是语言应用的广度、多样性和不可通约性问题。其次,是叙述游戏的扩散形式及其样态的集中问题。再次,是语言本身所固有的选择和组织能力问题。

利科一直主张语言的不可通约性。他和某些分析哲学家一样,反对通约论,因为这些通约论认为,一切完美的语言,都可以测定语言的非逻辑应用所能达到的意义和真理性的程度。但是,利科认为,语言的实际应用和潜在的应用范围是极其广泛的。为了研究语言的本质及其与人类文化的关系,利科集中探讨了语言和一切文化所共有的因素,即时间性。正是在时间性中,隐藏着语言与文化的主要奥秘。在《时间与记述》中所探讨的叙述性与时间性的相互关系问题,足以触及语言应用的实际的和潜在的领域的一切方面,其中包括历史知识的认识论问题、对于各种小说所进行的文艺批评理论的问题以及关于时间在宇宙论、物理学、生物学、心理学和社会学方面的理论问题。利科抓住人类经验的时间性问题作为轴心,全面展示"历史"和"小说"这两个侧面围绕这个轴心旋转的过程。换句话说,利科在《时间与记述》中,论述了小说、历史与时间的问题,借此阐明人类认识、生存、精神创造活动及社会生活这几个主要层面,围绕着语言这个中介而相互协调的过程和机制。

如果说叙述必须标示、连接和指明具有时间性的经验的话,那么,就应该在语言中寻找一种具有限定、组织和说明功能的场所。利科认为,作为论述的较长表现形态的"文本"就具有这些功能。**"文本"由此而成为了有时间性的过往经验同叙述行动之间的中介。**这样一来,人们可以透过文本而同以往的一切行动进行交往和沟通;历史的行动也因此而在文本的阅读中复活起来。就此而言,文本就是语言的一个基本单位,它一方面是作为论述的现实意义的最原初单位,即句子的延长;另一方面它又具备组织及安排句子的功能,而这种句子间的组织功能是以各种形式通过叙述来完成的。反之,人类叙述行动所采取的多种形式,也正好可以展示句子间被组织在一起的各种可能性。

为了说明叙述的特征，为了分析进行叙述行动的基本条件，利科再次回顾亚里士多德的叙述理论。亚里士多德在他的《诗学》中，将诗学称为一种作文规则的理论。为了将论述的因素扩展成为文本，成为文章形式的叙述、诗歌或论文，就必须根据亚里士多德所说的"作文规则"，根据他在《诗学》中所总结的作文规则去组织句子。亚里士多德曾经将"口头作文"称为叙述性的文本的原型，并称之为"mûthos"，表示某种具有"情节"（intrigue）结构或"寓言"（fable）性质的句子组织。

Mûthos 原本是古希腊文，原意是"神话"或"传说"。柏拉图在使用这个词时，把它理解成"表达出来的思想"或"意见"，赋予它描述和批评的双重功能。所以，在亚里士多德以前，柏拉图将 mûthos 理解为一种特殊的论述形式，它靠口头流传，传达留存在集体记忆中的特殊信息，描述着发生在久远时代的事情。而且，柏拉图把 mûthos 说成一种与 logos 相对立的论述形式，表示一种缺乏严格推理和论证的论述。但亚里士多德把 mûthos 看为悲剧的一个组成部分，强调其中的"情节"的关键地位。他认为，情节的特征就在于表现了行动。亚里士多德说："我在这里把 mûthos 称为完成了的行动的集合体。"①亚里士多德所指的，并不只是一种静态的句子组织形式，而是一种具有结构化的过程。或者，更确切地说，这是一种情节化的过程，一种生成和展示情节的行动的实现。所谓情节化，就是一种组织工作，一种在叙述中完成并对各种事件所做的安排和选择工作。透过这种情节化的手法，故事才有始有终地构成一个整体。亚里士多德在其《诗学》中说，这种情节化使寓言成为"完全的和整体的故事"，成为既有始有终又有中间环节和结果的生动结构。

因此，情节是各种事件相互连接而构成的整体；同时，它又是事件和历史的中介。只有事件才构成历史的进程。事件并不单纯是发生过的事情，不只是"境遇"或"情势"（l'occurence），而且也是叙述性的组成物，是可理解的叙述单位。正是透过它，各种情势、境遇、目的、手段、动机以

---

① Aristotle, *Poetics*. 1450a5–15.

及想象不到的后果等阶段性因素,才得以组成一个整体,并相互联系。因此,情节又是一种整合性的行动;透过它,叙述变为可理解的手段,历史也有可能在世代相传的人类经验的接力式传递过程中延续下来。

如果说在人类经验中呈现出人类行动的多种多样的异质的和混乱的因素的话,那么,正是透过叙述中的情节,才把这些因素"统一"起来,使人的境遇有可能被理解,使历史本身在被理解的过程中延续下来。利科说:"情节是最基本的叙述单位;它使历史中的异质因素,在一个可理解的总体性中相互构成。"①

为了揭示时间性、叙述性与人类经验的关系,利科反复地分析隐藏在叙述的时间性中的人类经验所呈现的小说与历史的共同关系。表面看来,历史与小说的差异,就在于它们同现实世界的关系;小说可以不像历史那样忠实于现实;小说可以"杜撰出"一个"世界"来。但实际上,小说所叙述的"世界"始终都与现实世界发生联系,而且这种联系比直接的联系还复杂、曲折和深刻。

亚里士多德说:"寓言就是行动的模仿。"②利科认为,寓言对于行动的模仿,是透过"可理解的形象"再现行动的过程。所以,小说的世界是一个"试验室"(un laboratoire);在这个试验室中,人类试图以各种形式,尽可能地以一种一贯性和可理解性的结构,形象地呈现行动过程。但是,利科从现象学的角度出发,认为上述模仿仍然是被"悬挂"和待反思的。在最初阶段,模仿是虚构的和虚假的。所以,在这个意义上说,小说就是一种"制造",就是"做"。小说是透过杜撰和想象而制造一个世界,制造出一个在叙述形式中存在的世界。这是一个文本的世界,是一种作为世界的文本的投射。

被"悬挂"的小说世界是属于行动世界的"前理解阶段",它与小说实施过程中所形象化地表现的日常生活世界,仍然有一段距离。文本的世界当然与现实世界相矛盾,甚至相互冲突。这种矛盾和冲突,并不奇怪,

---

① Ricoeur, *Du texte à l'action*. Paris. 1986:15.

② Aristotle, *Poetics*, 1450a2.

丝毫都不能说明文本世界同现实世界之间的不可通约性,也不能证明两者之间的相互排斥性。恰恰相反,两者的矛盾性正好说明阅读文本中"重做"世界的必要性。如果说文本中存在着一个世界的话,阅读它的目的,绝不是为了原原本本地还原被叙述的真实世界,而是为了鉴赏它,对它或者作出肯定,或者作出否定。所以,文本中的世界是要透过"理解"才能再现出来;而且,这种"再现"并不是要完完全全地复制原来的实际的现实世界。严格地说,"重做"或"模仿"是为了透过"重做"而使文本中的世界与现实的世界产生差异,使后者在"变"为前者的过程中而被理解。利科说:"哪怕是艺术对于现实的最讽刺性的关系,也将成为是不可理解的,如果艺术一点也不重新安排和重新调制我们对现实的关系的话。"①

所以,寓言、小说及传说等叙述性文本一旦形成,就向我们呈现"一个世界"。这个由文本向我们"端出来"的"世界",自然地同现实世界存在差异,甚至存在矛盾。在文本中所呈现的这个世界,透过人的创造性的语言,透过语言的各种组织工作,有意地"搞乱"或"解构"现实世界的秩序。这种倾向显示了人们重新安排和重构现实世界的愿望,也显示了人们试图透过对于小说的叙述形式的"理解"而改造现实世界的努力。

与小说的想象相类似,历史作为以往生活的重建,实际上也是想象力的产物。历史就是叙述的一贯性与文献的一致性的结合:两者的复杂联系正好显示了作为诠释的历史的特征。借助于这种对于以往历史的间接关系以及小说创作的创造性因素,人类经验才得以在其深远的时间性形态中,不断地被形象化地表述出来。

既然人类经验是在时间中被记述的,人类所经历的时间是被记述的时间,所以,在《时间与记述》三大卷中,利科从两个方面论述时间与记述的关系。首先,他对比了圣奥古斯丁在其《忏悔录》中所说的"作为人类灵魂在时间中的延伸"的"人类经验"与亚里士多德在其《诗学》中所说的"作为非编年性的情节编写工作"的不同表现。在对比中,利科揭示了时

① Ricoeur, *Du texte à l'action*. Paris. 1986:18.

间的各种形象和关于时间的各种观念。利科由此总结了记述所包含的三种时间的模拟关系:经历过的时间、情节化的时间和诠释的时间。

其次,利科解析了"历史"中所展示的时间与叙述的关系。他指出,我们所看到的各种形式的历史说明形态,表明"历史"是留存于叙述的变化形态中,也是一种近于情节化的叙述;只是历史描述中所采取的情节化,是不同于小说情节化的特殊形式。历史叙述中的情节化,必须尽可能符合历史数据所提供的状况,不能像小说的情节化那样任意地杜撰,或者凭想象编造情节化。

正因为这样,在叙述历史行为与人类经验的时间性之间,存在着一种非偶然的协调关系;这是一种贯穿于文化中的必然性形式。换句话说,时间之所以成为人类的时间,是就其在叙述形态中被情节化而言的;而记述是当它变为时间性存在的一个条件时,才达到其完满的意义。

在《时间与记述》第一卷的第二部分,利科论述了历史与记述的基本问题,其中包括利科对法国编年史学和对英国分析哲学的"自然法学"(nomologie)模型的记述传统的批评以及对威廉·德雷(William H.Dray,1921—)、乔治·亨利克·冯·莱德(Georg Henrik von Wright,1911—)和阿瑟·丹多(Arthur Danto,1924—)等人的叙述理论的评价。

在《时间与记述》第二卷中,利科走出了历史和叙述形态的范围,而进入**小说叙述**的领域。通过小说的叙述(le récit de fiction),情节化的、以往的和当前的变形,被引向结构主义者们所设想的各种逻辑模型,被引向在**陈述行为**(énonciation)与**陈述**(énoncé)间的辩证关系中所展现的多种时间性变形,以及被引向时间本身可以尽情变迁的想象力世界中。

在评述巩德尔·穆勒(Gunther Müller)、杰拉德·热纳德(Gérard Genette)、哈拉德·魏因里斯(Harald Weinrich)和格雷马斯(A.J.Greimas)等人的叙述理论的过程中,利科进一步论证相应于"叙述的时间"(temps du raconter)、"被叙述的时间"(le temps raconté)和"时间的虚构的经验"(l'expérience fictive du temps)的关于**"陈述"、"被陈述"和"文本的世界"**所构成的三重结构。利科指出,所谓"时间的虚构的经验",是通过"叙述的时间"与"被叙述的时间"之间的**"联结/割裂"**关系而投射出来

（projetée）的。

所以，《时间与记述》第二卷中的四大章节，是为了扩大、加深、充实和发展自亚里士多德以来的传统所积累下来的"情节化"理论，使圣奥古斯丁所论证的"时间性"概念进一步实现多样化，但同时又严格地限定在**叙述形象化**（la configuration de la narration）的范围内。

正是在"时间的虚构的经验"这个概念中，触及**"文本的世界"**（le monde du texte）的根本性问题。利科认为，这是带决定性和关键性的问题。"时间的虚构的经验"这个概念本身就表现了一种矛盾性，它一方面表现了文本世界的纯粹暂时性和时间性的性质，另一方面也表现了文本在其自身之外投射出的"文本的世界"的超文本的展现场所。这就是说，"虚构的经验"这个词本身表明：一方面，文本的世界所栖居的方式是暂时性的；就其单纯地靠文本和在文本中存在而言，这个文本的世界是想象的。但另一方面，文本的世界又构成某种内在性中的超验性（une sorte de transcendance dans l'immanence）；正是靠它才可能同"读者的世界"相对立。在这方面，利科高度评价了马里奥·瓦尔德斯（Mario Valdés）的理论。①

在《时间与记述》第三卷中，利科终于再返回到从一开始就提出的基本论点上，即历史的叙述与小说的叙述在对比和交叉中，共同创立了时间的现象学经验的形象。这就是说，在该书第三卷中，利科成功地协调了他在第一和第二卷中所展示的三大矛盾方面：**史书编纂学、小说叙述的文学理论以及时间现象学**。这三大方面的协调，不再停留在内在时间性形象化的范围内，而是过渡到时间的日常生活经验的叙述式的再度形象化。

这就是说，思想活动通过一系列叙述性的形象化（configuration narrative），最终是在时间性经验的再形象化（refiguration de l'expérience temporelle）的作品中完成的。根据利科借助亚里士多德的三种模拟的学说，在叙述、行为和生活三个层次之间的仿真关系中，上述时间性经验的再形

---

① See Valdés, M. "Shadows in the Cave". *A phenomenological Approach to Literary Critism Based on Hispanic Texts*. Tronto: University of Toronto Press. 1982.

象化的能力是同亚里士多德所说的第三个模仿因素相对应的。

但是,叙述功能并不是可以无限地展示其有效范围。利科在《时间与记述》三大卷中所作的论证,恰巧表明:**时间作为人类生存的一个基本条件,同样也为叙述功能限定了条件。**从圣奥古斯丁到海德格尔的漫长的哲学思想的发展历程中,对于时间的现象学研究,虽然不断地加深和有所扩展,但始终都未能彻底解决理论研究本身所遇到的难题。利科在《时间与记述》三卷本中所展开的关于"记述的诗学"的理论,发挥了历史与小说两种记述的交叉和相互联系所产生的功效,试图克服传统思辨哲学所未能解决的时间本体论的难题,但同时也恰如其分地显示叙述功能本身的有效限度。

在《时间与记述》第三卷的"结论"部分,利科指出,关于时间性的研究不能单靠现象学的直接论证,如以前的传统哲学所作过的那样;而只能通过"叙述"的间接论证的中介化,才能获得对于时间作为人类生存的基本条件的恰当的认识。正因为这样,利科直截了当地说:"记述是时间的看守者"(le gardien du temps)。① 更确切地说,就时间作为"思想的时间"而言,只能是一种"被叙述的时间"。时间只有在"叙述"这个中介过程中,才能成为"思想的时间"。

利科的上述论证既包含认识论意义,又具有本体论意义。《时间与记述》三卷本,正是从这两大方面论证时间性与叙述性的复杂的、意味深长的相互关系。但是,如前所述,《时间与记述》三卷本,并不打算也不可能全部解决这个经历几千年争论的悬而未决的难题。所以,在《时间与记述》第三卷"结论"中,利科再次简略地指出了上述难题的症结所在。利科在那里概括了三个基本难题:(1)叙述的同一性问题;(2)总体性与总体化过程;(3)时间的难以理解性与记述的有限性。

所以,为了解决上述三大难题,在《时间与记述》三大卷之后,利科便将其思考焦点转向叙述的同一性(l'identité narrative)问题。利科将他关于这方面的思考成果,首先以"记述的同一性"为题,发表在《精神杂志》

---

① See Ricoeur, *Du texte à l'action*. Paris. 1986:349.

(*Esprit*)的 1988 年 7、8 月份的合订本上。利科在 1987 年同笔者的一次谈话中,曾经反复强调他的这篇论文的重要性。他说,这篇论文具有"导论"的性质,概述了他的思想发展的基本内容和基本精神。(笔者于 1989 年 12 月专门撰文介绍利科论记述同一性的思想,载于台北《东吴政治社会学报》1989 年第 13 期,可供读者参考。)

所谓**记述的同一性**,指的是借助于记述功能的中介化环节及过程,使一个人得以在记述进行和完成的过程中实现与自身的同一。换句话说,记述的同一性理论所要解决的基本问题是:一个人是怎样通过记述功能的中介而在记述的整体过程中做到首尾一贯的、连续的同一性?

关于记述的同一性的问题,利科反复强调说,是在《时间与记述》第三卷探索"历史记述"和"小说记述"的过程中,为了将上述两大类记述综合在一个基本经验中所发生的。

利科诠释说,人们不正是通过讲述者以他们自身为主体的"历史"的时候,在以这样的形式进行诠释的时候,人们本身的生活才变得"可读的"和变得"最清晰可见"的吗? 在人们没有进行讲述以前,他们的个人历史或任何经历,都作为已经过去了的往事而沉沦,不为人们所知,更不为人们所理解。由此可以假定,"历史记述"和"小说记述"的同一性的构成基础,或者是"个体的人"或者是"一个历史共同体"。

人类生存的历史,就其为人们所理解的意义而言,乃是"被叙述的时间";而这种被叙述的时间,或者是通过历史的叙述,或者是通过小说的记述。人类要理解自己的存在的过去、现在和将来,都必须借助于"语言"所组成的"文本"及其他不同类型的"记述";通过"记述",透过文本形式的记述,历史才被复原、被理解;人类生活的经验也被"情节化"、"生动化"、"形象化"和"立体化",变成"可理解的"东西,变成在各个作为主体的个人之间可以相互沟通和相互理解的东西。

换句话说,所有生活的历史只有在"记述模式"(les modèles narratifs)中才变成可理解的;而所谓记述模式,正如笔者在《诠释学简论》(台北远流出版社 1988 年版)所指出的,乃是"情节",也就是表现于历史、剧本或小说中的那些情节结构。在"情节"这样一个典型化的记述模式中,"历史"像各种杜撰的小说一样,流传下来和为人们自己所理解。

历史既然是人类自己的"小说",历史也就成为人类的"自传",而历史的主人,就是创造并叙述这些历史的人们本身。换句话说,人类的历史,当它被人们自己所理解的时候,当它为人们所传颂的时候,它实际上就是作为"人类自传"的历史。这种历史已不是那原有的、客观发生的历史,而是人类自己对其自传的"诠释"或"解释"。人类对自己历史的认识,无非就是对这种已经被其自身诠释过的自传的认识。这就证实了利科关于记述同一性的基础的假定,即同一于个体的人或同一于一个历史共同体。

更具体地说,每个人或每个民族共同体对自己的生活过程和生活经验的认识,是在自身生活的记述中,即"自传"形式中表现出来的。因此,一方面,对自身的认识就是一种诠释(la connaissance de soi est une interprétation);另一方面,对自身诠释又是在信号、符号及语言等各种中介环节中完成;而且是首先通过"记述",作为其根本的中介化渠道。在"记述"这个中介化过程中,生活的历史就像历史本身和小说叙述那样变得生动活泼。把个人生活和历史,通过小说式和历史式记述而变成栩栩如生、富有感染力的"典型",便成为一个个像"伟人传"那样,围绕著作为主体的"某一个人"或"某一个历史共同体"而叙述的"自传"。

利科正是以"伟人传"为典型,试图解析那些使**个体记述**(récit individuel)与**历史记述**(récit historique)同一于一体的基本机制和功能。这一问题的解决,将有助于认识当代哲学所激烈探讨的"个人的同一性"(l'identité personnelle)的难题。

在利科看来,"同一性"(l'identité)分为两大类:一类是"相同性"(**la mêmeté**),来自拉丁文 **idem**,(英文 **same**,德文 **gleich**);另一类是"自身"(**le soi**),来自拉丁文 **ipse**(英文 **Self**,德文 **Selbst**)。利科认为"自身性"(l'ipseité)并非"相同性";未能正确地区分这两种同一性,正是当代哲学理论争论中所常见的事情。这种混乱状况,是使"个人同一性"概念陷入含混不清的主要原因。利科为自己确定的主要任务,就是分析两者的区分及其相互混淆的程度;在此基础上,进一步揭示**作为记述同一性的根基**

的个人同一性。

利科所阐述的一系列有关论述的"现象学的诠释学"理论和方法,显然比福柯等人更具体地结合语言、社会、历史以及作者个人的身体和精神等重要因素的特征及其在论述中的角色和功能,揭示论述特别是政治哲学论述的性质。在这里,政治哲学论述的社会性、政治性及其语言策略性,都被淋漓尽致地揭示出来。政治哲学论述同社会权力等力量的结合,已经昭然若揭。

第八节　女性主义政治哲学的基本论述

女性主义政治哲学在近 50 年内发展极快,主要是由于社会发展和理论典范的革命所引起的。在社会发展方面,20 世纪下半叶西方社会以前所未有的高速度走向后工业社会和消费社会,导致政治活动模式和社会政治制度的根本性转变。这是当代女性主义迅速发展的社会根源。在理论上,由于法国结构主义、解构主义和后现代主义思潮的泛滥,为当代女性主义提供了重要的理论基础。

但是,当代女性主义政治哲学毕竟是属于年轻尚未完全成熟的理论派别,而且,它们的理论表达及其论述方式都正在探索之中,尚未形成一个严谨的理论体系,以致使它们在许多方面表现得非常多样化,甚至是混乱。

从当代西方思想的发展历程来看,女性主义政治只有在法国思想界中才具有较为深刻的理论表达形式。至于英美等国的女性主义,大多数是依据法国女性主义的理论发展起来的。所以,本书首先集中探讨法国女性主义思想的形成及发展,然后再讨论英美等国的女性主义。

女性主义(le féminisme)本来也是法国思想历史传承中的一个重要组成部分,它不但同法国社会历史及文化的传统有密切关系,具有其理论和实践的特色,而且,也在整个法国思想宝库中占据着非常重要的、无可替代的地位。法国女性主义思潮的形成及其发展,可以说也是法国女思想家们的骄傲:它向世界文化宣示了法国思想家,特别是女性思想家的卓越成果。法国女性主义思潮是随着法国大革命的爆发和胜利而兴起并逐步发展起来的。正如研究女性主义思潮的专家弗莱斯(Geneviève Fraisse)所指出的,现代法国女性主义思想,是在法国大革命之后、拿破仑实行专制政权、否定女性人权的历史情况下,从 19 世纪开始兴起和不断发展起来的①;随后,又在社会主义思潮和工会运动的推动下,进一步在 19 世纪末至 20 世纪上半叶蓬勃地发展和成熟起来,直接成为了 20 世纪下半叶法国当代女性主义思潮的先驱。②

　　资本主义社会和文化是以追求个人自由和人与人之间的平等作为基本目标的。但是,具有讽刺意味的是,资本主义自产生开始,就从男性中心主义和父权中心主义的立场和观点,去理解和实行个人自由和人与人之间的平等及其法制。发生于 1789 年的法国大革命,虽然消除和打破了中世纪以来的封建等级不平等制度,但并没有真正实行男女之间的平等社会文化制度。也许是由于天主教传统在法国的根深蒂固,使法国女人遭受到比英、美等其他西方国家更悲惨的命运。在法国大革命中同男人一样作出重要贡献的女人,在革命成功之后,仍然处于社会文化生活中的被奴役地位。③ 在 1789 年和 1793 年两种版本的《人权宣言》中,男女平等只是在字面上被承认,而在事实上被否定。所以,由当时的女性主义者沃尔斯顿克拉夫(Mary Wollstonecraft)所写的《对于妇女权利的辩护》(*A Vindication of the Rights of Woman*)于 1792 年正式发表。正如米勒特(Kate Millet)所指出的:"这是历史上第一篇宣布并承认妇女的完整人权的文件。"④同时,以女革命家玛丽·固兹(Marie Gouze, 1748/1755—1793)为首的革命妇女团体,也于 1793 年发表了争取妇女和女性公民权

---

① See Fraisse, *Reason's Muse: Sexual Diffenrence and the Birth of Democracy*. Chicago: University of Chicago Press.1994:xii–xviii.

② See Albistur, M./Armogathe, D.*Histoire du féminisme français du Moyen Age à nos jours*.Paris:Editions des femmes.1977.

③ See Fraisse, G. "Droit naturel et question de l'origine dans la pensée féministe au XIX siècle".in *Stratégies des femmes*.Paris:Tierce.1987.

④ Millet, K.*Sexual Politics*.London:Viargo.1971:65.

利的宣言(La déclaration des droits de la femme et de la citoyenne)。在玛丽·固兹推动下,整个法国大革命期间,争取妇女彻底解放的运动迅速地在法国各地扩散开来。但是,由法国大革命的胜利而建立起来的资产阶级政权,却残酷地镇压了这场运动;玛丽·固兹本人也在1793年被判死刑,成为新型的资本主义男性中心主义的牺牲品。与法国大革命几乎同时进行的欧美各国资产阶级革命和改革,也同样没有建立起真正男女平等的社会文化新制度。

所以,从18世纪法国革命到19世纪下半叶,妇女在西方整个社会中仍处于明显的不平等地位。为此,当时的妇女运动,主要提出两项基本要求:第一是平等享有政治上的投票权。所以,最早的英国妇女运动也被称为"妇女争取平等投票权运动"。第二是要求社会生活和文化生活中的男女平等。

当时的英国著名的妇女运动领袖艾莫琳·潘克斯特(Emmeline Pankhurst,1858—1928)提出了争取妇女平等投票权的口号,同时也提出在经济和社会生活中的男女平等,要求女人在经济活动和职业生活中享有同等自由竞争的机会和同工同酬的经济待遇。艾莫琳·潘克斯特在1903年建议创立英国妇女社会与政治联盟(Britain Women's Social And Political Union),对于推动20世纪全球妇女运动具有重要意义。

法国女性主义思想在现代社会中的崛起,不论是从社会历史条件,还是从文化和思想基础来看,都完全不同于英国和美国。在英国,工会运动的发展直接地推动和导致女性公民权的平等化;而在美国,黑奴的解放运动也导致了女性在政治和社会生活中的平等权的实现。但在法国,不论是法国大革命、社会主义运动,还是工会运动的胜利,都丝毫没能根本改变女性在社会生活中的地位。最具有讽刺意味的是,直到1945年戴高乐将军建立法兰西第五共和国以前,法国女性始终都没能同男人一样享有社会政治生活的平等权。①

---

① See Gordon, F. and Cross, M. *Early French Feminisms*, 1830 - 1940. Cheltenham: Edward Elgar.1996:1.

1830 年至 1848 年革命时期,法国社会曾经先后出现了卓越的女性主义代表人物:弗络拉·特里斯坦(Flora Tristan,1803—1844)、宝琳·罗兰(Pauline Roland,1805—1852)、珍·德滦(Jeanne Deroin,1805—1894)、爱伦·布利昂(Hélène Brion,1882—1962)及玛德琳·贝勒基耶(Madelaine Pelletier,1874—1939)。弗络拉·特里斯坦、宝琳·罗兰及珍·德滦的思想,强烈地受到当时的乌托邦社会主义思想的影响,主要是受到圣西门的乌托邦思想的影响。而爱伦·布利昂及玛德琳·贝勒基耶则可以看做是 1849 年后所建立的法兰西第三共和国至 20 世纪初的女性主义思想家。

随着马克思主义的发展,妇女运动从 19 世纪末开始,改变为与社会主义运动相联系的妇女解放运动。马克思和恩格斯在他们所从事的革命理论活动中,始终支持和维护妇女的社会平等权利。由马克思和恩格斯合著的《共产党宣言》(*Manisfesto der kommunistischen Partei*),早在 1848 年,就已经严厉谴责资本主义社会的家庭制度及其父权中心主义的实质。他们把资产阶级一夫一妻制家庭说成是"娼妓制的补充"。马克思认为,在资本主义社会中,女性遭受资本和男人的双重压迫。对传统的性和性别论述的全面批判,是马克思及其学派首先进行的。马克思对于现代资本主义社会和文化的全面批判,使他从社会文化的整个性质、从性论述同社会经济文化基础的相互关系的角度进行批判。关于这点,马克思在其早期的《德意志意识形态》、《神圣家族》、《1844 年经济学哲学手稿》的著作和成熟时期的《共产党宣言》、《资本论》等著作中,不仅对西方传统性论述及其社会文化基础进行批判,而且集中批判现代资本主义社会性论述的政治经济基础,集中批判其中的资本主义生产数据私有制及其国家官僚机构的决定性作用。马克思指出:"现代的、资产阶级家庭是建筑在什么基础上的呢?是建筑在资本上面,建筑在私人发财的制度上面。这种家庭的完全发展形态,只有在资产阶级中间才存在,而它的补充现象却是无产者的被迫独居生活和公娼制。""资产者原来是把自己的妻子仅仅当做一种生产工具来看待的。……他们连想也想不到,问题正是在于要消灭妇女被当做简单生产工具看待的这种地位。……只要现代的生产关系一消灭,那么从这种关系中产生出来的共妻制,及正式的和非正式的娼妓制,自然就会随之而消灭。"①

恩格斯在《家庭、私有制和国家的起源》一书中指出:"近代个人家庭是建立在对于妇女的家庭奴役基础上。……在家庭中,丈夫是资产者,而妻子是无产者。"②由马克思主义所控制的国际工人运动和社会民主运动所推动的妇女解放运动,把妇女解放同工人运动和共产主义革命结合在一起。所以,德国社会民主党领导人克拉拉·蔡特金(Clara Zetkin,1857—1933)成为了这个时期妇女解放运动的领袖。她在1892年到1917年主编了《平等报》,积极主张男女平等和妇女解放。接着,在1910年,克拉拉·蔡特金在哥本哈根举行的第二次国际社会主义妇女代表大会(The Second International Conference of Socialist Women)上,建议将每年的3月8日定为国际妇女节。马克思关于妇女解放的思想,不仅在19世纪下半叶至20世纪初,而且,直到如今,仍然在法国发生广泛的影响,致使法国当代女性主义思想和实际运动,一直不断地从马克思思想中汲取革命力量。当代法国许多女性主义思想家,包括西蒙·德波娃、伊丽佳蕾、克里斯蒂娃等人,都经常在她们的著作中引用马克思对于资本主义社会父权中心主义的批判思想和言论。西蒙·德波娃在她的《第二性》中,还试图应用马克思的历史唯物主义观点,从经济和阶级根源上揭露现代社会中男女不平等的现象及其社会文化性质。③

受马克思主义影响的妇女解放运动,直到20世纪中叶斯大林(Joseph V. Stalin,1879—1953)去世为止,基本上是受各国共产党及其周围势力(如左派工会组织、政治团体)所控制的。但这一系列的妇女解放运动,由于紧密地与政治斗争相联系,特别是在两次世界大战中同欧美各国工人运动和社会主义运动以及反法西斯运动相结合,迅速地发展成为强大的世界性有严密组织的政治势力,同时也具有明显的马克思主义意

---

① Marx, K. *Manifesto der kommunistischen Partei*;《共产党宣言》,人民出版社1997年版。

② 恩格斯:《家庭、私有制和国家的起源》,见《马克思恩格斯全集》第21卷,人民出版社1985年版,第105页。

③ See Beauvoir, S. de, *Le deuxième sexe*. 2 Vols. Paris: Gallimard. 1949.

识形态色彩。在法国,由于法共的强大社会势力,当代法国女性主义思潮及其实践,都受到马克思主义思想的影响。这不仅是指部分女性主义思潮中所包含的历史唯物主义阶级分析观点,而且,也包括当代法国妇女的社会解放运动中的强烈社会主义倾向。近二十多年中,在法国左派政治势力中,出现了一批女性政治家和社会活动家。她们是女性主义思潮的真正实践者。

从第二次世界大战结束开始,随着结构主义、存在主义、马克思主义、精神分析学运动和后结构主义的产生和发展,使女性主义运动开始发生新的转变。这个转变的最重要的特点是思想理论方面的根本变化:一方面是杰出的女性思想家的陆续涌现;另一方面是积极主张女性主义的男性思想家的新理论的建构,使得女性主义运动从此找到了新的理论思想基础。与此同时,在文学艺术界,女性作家和艺术家也成批出现。她们以文学艺术作品和文学评论活动而积极参与女性主义运动,使女性主义从20世纪中叶以后,进入新的历史阶段。在这个阶段内,除了思想理论界和文学艺术创作界所产生和形成后现代女性主义的基本概念以外,更重要的,后现代女性主义更多地在社会实际运动和社会政策改革方面取得了很大的进展。

这就是说,在法国,只有在第二次世界大战结束和20世纪中叶之后,当马克思、弗洛伊德、尼采的思想得到重新的诠释及重构,各种各样的新型思潮,特别是存在主义、精神分析学、结构主义、新型符号论、解构主义、后结构主义及后现代主义的思想陆续产生和发展起来之后,女性主义才掀起和开创它的新历史篇章。在这个意义上说,**当代法国女性主义思想是法国的历史传统与当代各种新型思潮相结合的产物,也是当代法国社会及文化的固有特征的某种思想反映**。在第二次世界大战后的思想争论的活跃环境下,本来早已在当代法国社会和文化脉络中形成巩固基础的女性主义,便在新思潮的理论和思想装备的推动下,蓬勃地以新的姿态、作为一种新的社会力量,呈现在社会生活中。

本书所要集中论述的**当代法国女性主义**,主要是指20世纪60年代后,以存在主义、新马克思主义、解构主义、后结构主义及后现代主义作为

其理论思想基础的女性主义社会文化思潮。 如前所述,尽管女性主义早在法国大革命期间便已经出现,并在 18、19 世纪得到进一步的发展,又在 20 世纪上半叶获得了新的进展,但唯有 20 世纪 60 年代之后的法国女性主义,才真正彻底地建立起自己的独特理论体系,并走出传统势力,特别是传统父权中心主义及其逻辑中心主义理论基础的影响范围之外,成为真正具有理论上和思想上的女性彻底解放及彻底自主的一股不可忽视的社会文化势力。

由于解构主义、后结构主义和后现代主义在当代法国女性主义思潮中扮演了非常重要的角色,甚至可以说,形成当代法国女性主义思想的主要理论思想基础,所以,首先有必要分析上述三大理论派别的主要代表人物的女性主义思想。因此,严格地说,当代法国女性主义,并不只是女性思想家垄断的思想体系;而是由为女性主义提供理论思想的一切不分性别的思想家,包括男性思想家在内;而他们主要是:拉康、福柯、德里达和罗兰·巴特等人。

一、符号论女性主义政治哲学

由拉康、罗兰·巴特、格雷马斯及克里斯蒂娃等人所创立和发展的当代法国的新型符号论,早已超出语言学和传统符号论的范围,将符号、信号、象征和记号等,视为多种沟通、交流、传达、表现的手段,同时也视之为思想和行动的社会文化中介。符号不只是外在的手段,而且,也构成社会文化活动本身的内在构成因素,甚至成为整个社会文化生活所不可缺少的重要成分,在很大程度上决定着整个社会文化生活的命运。人类的社会文化生活以及组织整个社会文化活动的文化产品及制度,归根结底,都是由符号、信号、号志、象征所构成;而这些符号,一旦被创造、介入人类社会文化生活,就分享了人类社会文化生活的生命力,并由此获得了自律性,从而也具有自我生产和自我参照的能力,甚至还反过来,在一定程度上,控制着人类的社会文化生活本身。

早从拉康等人开始,在他们创立和发展新的符号论时,就已经把男女两性关系问题,置于符号论的探讨和应用范围;这不仅是因为男女关系问题,本来就隶属于符号论所探讨的人类文化的一般范围之内,而且,还因为男女两性差异,也可以用符号论的观点和方法来分析和探讨。

从符号论的观点来看,传统父权中心主义实际上利用了它们在政治、社会、经济和文化方面的长期的历史优势,垄断和控制了各种社会文化符号的发明权、指谓权和使用权,首先控制了以符号为基础所建构的所有社会文化产品及制度,使一切以符号为基础所建构的社会文化产品及制度,统统都将女性以及与女性相关的事物,用附属性的、派生性的和次等性的符号来取代。这样一来,在整个社会文化体系中,女性及与女性相关的一切事物,都随着指谓或意指她们(或它们)的符号的附属性、派生性及次等性,而在符号运作的过程中,沦为实际的社会文化生活的附属品、派生品和次等品,成为被符号所神圣化的男性及其文化所控制的物品。

首先,将符号论应用于社会文化领域,特别是应用于男女两性关系领域的思想家,就是拉康。

拉康把弗洛伊德和索绪尔的符号论进一步加以发展,并指出了它们的很大局限性。重要的问题在于:拉康发现了隐含在索绪尔的**"能指—所指"**(S/s)公式中的关键问题,就是它的封闭性和不变性,未能揭示公式中所属的"能指"(大写字母 S)与"所指"(小写字母 s)的关系的开放性、生产性、生成性和双重性;也就是说,未能揭示这个关系中各个组成因素之间的相互独立和分离的可能性,更没有注意到"能指"(大写字母 S)和"所指"(小写字母 s)在相互分离之后的各自独立自我分裂和自我生产。如果以新的公式来表示拉康的新想法,这个新公式就是:$f(S)I/s$。拉康以这个新的公式补充和修正上述公式,使它原来只注意从水平方向考虑"能指"与"所指"的相互关系的发展锁链,变成同时地考虑到它们的水平与垂直两个维度和两个向量的变化可能性。这个新公式所重点揭示的,是"所指"(小写字母 s)的垂直从属因素的效果,即它们可能分化成换喻与隐喻的两种基本结构。

换喻结构的重要特征,就是"能指"与"所指"的关系造成了一种省略。"省略"的重要性在于它表示"能指"可以利用意义所具有的"回溯"

功能,把客体关系中存在的"缺乏"置于这种"省略"之中,并由此赋予它一种针对它所支持的那种缺乏的欲望。同时,换喻过程的结果也造成能指与所指之间的不可化约性,因而也造成对于指意过程的抵制。

隐喻结构的重要特征就在于:它表示"能指"之间的可替代性以及它们之间的可相互转换性。"能指"在垂直方向上进行自我生成和自我生产,产生出拉康所说的那种"创造性的或诗意的意指效果"。在隐喻中,由于"能指"的自我生产,导致部分的新"能指"暂时处于"所指"的地位和进入所指的条件。而且,原来在换喻中处于隐蔽状态的意指效果也呈现出来了。此外,隐喻还显示了新产生的意指关系具有跨越原来意指关系的创造性意义。

拉康认为,正是在这种创造性的能指自我生产过程中,体现了弗洛伊德所没有考虑过的处于能指状态中的主体的变换可能性。值得注意的是,主体在自我生产过程中,不但主体本身进行自我更新,而且,主体的地位也在变换过程中转化成客体的地位。也就是说,主体的位置在意义的自我生产中是可以跨越主体本身的范围,并与原来主体所对峙的客体建立新的关系。关于主体走出自身范围的重要意义,在弗洛伊德那里是未能意识到的。拉康发现:"我"并不是像传统理论所说的那样,似乎他一旦进入与客体的对立和统一之后,就永远与原来的"我"相同一。"我"是可以在意义的再生产中不断更新的。"我"不是永远是同一个"我"。而且,"我"作为"能指"的主体所占据的位置,究竟是向心的还是离心的?这正是拉康所探索出来并加以创造性地解决的问题。他认为,主体在说话的时候,会沿着话中的能指而滑动,特别是随着那不可控制的"欲望"的指引,滑动到连主体自己都不知道的地方去。在这种情况下,主体是在话语的应用中"离心"而去,浑浑噩噩地去寻找他的潜意识中所要寻求的对象和地方。所以,在《弗洛伊德以来文字在潜意识或理性中的作用》一文中,拉康举了许多生动的生活上的例子,说明"我"在话语中随着潜意识而滑动的情形。他在肯定索绪尔的成果的基础上,接着就批评他没能发现任何语词,作为符号性的能指,可以在直线性的水平方向发生"意义"分岔外,尤其还能在垂直方向方面,再生产出主体本身所意想不到的

"指意群"或"指意链"。最明显的例子是"厕所"这个语词。它所意指的,是它作为符号所表达的物质性的那个真正的"厕所"。拉康特别强调,在"西方男人"的心目中,"厕所"这个语词所意指的那扇厕所的门,为他提供了一个象征:一方面,他从这个象征可以联想到自己,当离家在外时,在与外界隔绝的有限区域内,使他可以得意扬扬地获得他所需要的"满足";另一方面,他要与绝大多数原始群体那样,遵守一个公共规则,即他的公共生活必须服从于"便溺隔离"的规则。

在现实生活中,上述"厕所"语词产生了许许多多有趣的故事,其中一个就是拉康在他的著作中所提到的一个童年时代的回忆。一位男孩和一位女孩面对面地坐在靠窗的座位上。他们是兄妹。火车徐徐开进车站。他们透过窗口看到车站站台边上的建筑物。小男孩说:"我们停在女厕所前面了。"小女孩回答说:"白痴! 你没有看到那是男厕所吗?"拉康认为,在许多情况下,语词就是这样把主体的欲望,从能指所指的"发光中心",转移到意指所没有指的"影子"上。这个本来带有自然的无意识的性别分歧,在社会生活中,却注定会被引入"意识形态战争放纵"的力量之中,"无情地对待家庭、残酷地折磨诸神"。拉康接着说:"对这两个孩子来说,女厕和男厕从此将成为两个国家,他们各自的灵魂将努力插上离异的翅膀,使这两个国家的休战成为不可能的事情;但是,男女厕所本来实际上是一个国家,其中的每一个,都不可能在不贬低对方荣誉的情况下而以自身的优势为代价作出妥协。"

从拉康的上述故事以及他的说明,可以看出,语言在其应用中,能指与所指的关系并非是唯一固定的;而是可以以换喻和隐喻的双重方向,导致一群"指意链",并从那里出发,由于他者的介入,又进一步产生原先的说话主体所没有想到要说的话,产生了由他者想说的话语。但是,更重要的,是由他者说出的话,虽然并不是原说话主体想说的话,却无意中又真的说出了主体本来不敢说、不愿说的话。正是在这个意义上说,拉康说:"说话主体说出了他者的话语。"

拉康的贡献就是深入揭示了换喻和隐喻之间的意指游戏的奥秘;而且,就在这个游戏中,"我"是在我思想的玩物的地方缺席的;而在我不想思的地方,我思我在。因此,真理只能在不在场的维度中冒出来;"索绪尔公式中的大'S'和小's'实际上并不在同一个层面上。人正好就是在他认为他的真正位置是在大'S'和小's'的中轴时,才进行自我欺骗,而这个位置实际上又并不存在"。拉康由此明确地表示,**"潜意识是他者的话语"**;作为"能指"的"欲望",永远是朝着对其他事物的欲望的方向延伸。

正是在上述新的符号论的基础上,拉康进一步将"阳具"当成一种典型的象征性"能指",扮演着取代一切"能指"的角色,同时也发挥出"能指"的一切实际功能。这样一来,阳具成为一切欲望的对象和源泉,同时也是"纯粹的差异"的典范。正如拉康所说:"阳具是最具优势和具有优先地位的'能指';凡是它出现的地方,言说就自然地同欲望的降临联系在一起。"①阳具作为纯粹的差异(le phallus comme différence pure),从其整体上,指谓着"所指"的所有效果;也就是说,它作为能指而以其本身的出现,成为了一切所指的效果的前提条件。由此可见,阳具成为了消除欲望对象和没有任何欲求的能指的"原型"(l'archétype du significant),也成为欲望的象征性虚无的"认同"或"核准"。凡是阳具出现的地方,就会自动地产生欲望和欲求;它本身就是欲望的对象和源泉,也是欲望的动力基础。

拉康所发展出来的上述符号论和象征论,从一开始就具有女性主义思想的色彩,因为拉康的上述理论和分析,正好道出了当代女性主义想要说的话:一切现实的和历史的文化符号和象征体系,不论是它们的结构还是运作规则,都是由男性父权中心主义者所创立、制造、决定和垄断的。因此,这些符号和语词,不论就其结构还是其运作规则,都为男性的欲望满足服务,为他们的任意发泄的欲望进行正当化的论证和保护。克里斯蒂娃和伊丽佳蕾等人,将拉康的上述理论更是发展到极致的程度。

---

①　Lacan,J.*Ecrits* *I*.Paris:Seuil.1966:692.

二、对逻辑中心主义和阳具中心主义的批判

由德里达等人所创立和发展的**解构主义**（déconstuctionisme），无疑是当代女性主义的重要理论思想基础。解构主义要"解构"一切传统的思想、理论和制度，也要"解构"各种被男性父权中心主义者视为理所当然的事情。由于西方的父权中心主义已经根深蒂固地渗透在整个社会文化的各个方面，解构主义的那种彻底颠覆一切传统的精神，很自然地满足了女性主义试图彻底颠覆男性父权中心主义的要求和愿望。正如本书有关德里达的章节所已经讲述的那样，**解构主义**是德里达借用海德格尔的**"摧毁"**（Destruktion）或**"拆除建筑"**（Abbau）的概念①，从西方思想传统的最早理论奠定者苏格拉底和柏拉图开始批判，一直批判到 20 世纪以来的弗洛伊德、胡塞尔和海德格尔等这些一般被称为"传统理论的批判者"在内，其用意无非是为了宣示一种向西方传统发出的史无前例的挑战精神，表达一种意欲完全摧毁由传统原则所建构起来的一切现有文化及社会制度的野心。这种精神和野心，对于痛恨男性父权中心主义文化的当代女性主义来说，当然是非常鼓舞人心的。所以，从 20 世纪 60 年代提出和创立解构主义开始，当代女性主义就几乎全部地接受解构主义的原则和理论，把它当做女性主义向父权中心主义挑战和彻底批判的指导性理论思想。

德里达本人尽管是一位男性思想家，但在他的著作中，不但抽象地从理论上批判男性父权中心主义的原则和制度，而且，也从女性主义的立场，为女性主义者说话和战斗。在他的许多书中，经常站在被压迫的女性一边，道出女性长期以来被压抑而难以说出的话。他在《文本学》（De la Grammatologie，1967）中，把一贯为男性泄欲的语言文字，说成是一种"膨胀"本身，就像那为了泄欲而经常不分时间和地点而任意膨胀的**阴茎**一样。他说：语言的问题从来都不是简单的普通问题。它在西方历史上，被

① See Heidegger, *Sein und Zeit*, Tübingen：Max Neimeyer Verlag.1986[1927].

男性父权中心主义所控制和利用,已经成为一种符号本身的膨胀、绝对的膨胀。语言就连它自身也无法控制地成为了西方历史和形而上学的全部视域的代言人。语言也"必须"这样做,不仅因为"欲望"本身期望它能从攫取的一切那里,又不知不觉地重新返回语言游戏之中;而且,还因为由于同一个原因,语言本身的生命受到了威胁,绝望无助,在无限的威胁中漂流,在其界限似乎消失时又重新被带回自身的有限中,但这回,它已不再由于似乎超越它的无限所指而自持,不再受到这种所指的遏制和保证。语言由于它的游戏而陷入的危机,使它又返回到对女性目空一切的状态。语言已经随着历史和顽固的形而上学的论证,而有意无意地不断地持续压迫着女性,成为阴茎发泄欲望的手段和罪恶的共犯。①

　　因此,在德里达看来,西方整个逻辑中心主义就是语音中心主义,也就是男性语音中心主义。男性的声音就是男性的利益和欲望。由男性的语音所系统化的西方语言体系,无非就是以男性的欲望为中心的各种被正当化的"意义"的表述和自我生产的手段。所以,语音中心主义又是**阳具中心主义**(phallocentrisme)。

　　为了彻底批判传统男性父权主义文化,后现代女性主义试图彻底抛弃传统语言以及以传统语言为基础所建构的各种理论和原则体系。按照拉康的理论,欲望是人类潜意识的基础和核心,而语言就是潜意识的符号结构。**传统语言实际上就是男性欲望的符号结构表达。**因此,不仅传统语言的论述形构和表达过程,而且,语言结构本身,从最简单的语言基本单位到复杂的语言符号组合系统,都充满了男性欲望的操作和流露。例如,在中文中,"阳物"一词不只是在字面上表示"男根",还表示"跟男"。据说晋朝的杜预在注《左传》时说:"女常随男故言阳物"(《左传杜林合注》卷三十四)。同样的,根据德里达的分析,"**处女膜**"拉丁文为**Hymen**,原来指的是一个精细、轻薄并包围身体某个器官的膜,包括心脏或五脏中的各种膜。同时,它也指某种鱼类体内的软骨或昆虫的翅膀以及某些鸟眼睛中的表膜或植物种子外壳等。在词源学上,hymen 一词原

---

① See Derrida, *De la Grammatologie*. Paris: Minuit. 1967.

为 humen,因此可以上溯到词根 u,可以在拉丁语的 suo, suere（缝）和 huphos（组织）中找到其意涵。另外,Hymen 一词不只是 hymn（歌）书写上的变体,而且也表示梦从中流出,表示某种融合,或者两者之间的混合,两种存在的认同,表示两者之间不再有区别,唯有同一。因此,**处女膜**也产生一种**中介的效果,表示一个运作过程。在男性父权中心主义的文化体系中,以处女膜作为中介化的运作过程,正是为了表示在男性欲望与"此在"的实现之间、在距离与非距离之间不再有距离;在欲念与满足之间不再有差异。**不仅欲念与满足之间的差异被消除,而且差异与非差异之间的差异也被消除。德里达接着得出结论说:处女膜首先而且主要是透过句法而产生其效果,这种效果使"在……之间"移位,以致那个"悬置"只因为"定位",而不是因为词的内容而发生。不论处女膜是指融合还是分离,都是那个"在……之间"担负着运作之重任。处女膜必须透过"在……之间"得以确定,而不是相反。"在……之间"这个词没有自己的完整意义。适用于处女膜的含义,也适用于其他所有经过必要改变之后的符号。① 德里达的上述论述,揭露了父权中心主义的符号论及整个文化体系对于女性的蔑视。

"性"（le sexe）和"性别"的相互混淆、相互渗透及其在整个西方社会文化体系中的扩散,是一个非常复杂的历史文化发展过程。在这一过程中,语言论述、道德意识、社会文化体系化以及两性社会文化地位的确立过程,是不可分割地相互渗透和相互影响的;也就是说,它们是同步而多向交叉进行的。这种复杂的历史文化发展过程,决定了对于"性"和"性别"的传统论述的分析批判,不能简单化地只抓住上述复杂过程中的任何一个因素,更不能简单化地遵循传统二元对立思考模式和逻辑思维模式。然而,不管西方传统关于"性"的论述的形成和发展过程的复杂性,重要的是,首先,必须认清和抓住有关"性"的论述对于巩固和扩大"性别"论述系统的重要意义;其次,深入分析和揭露"性"的论述和"性别"的论述的相互依赖性及其同整个西方社会文化体系的复杂关系;最后,走出

---

① See Derrida, J. *Acts of Literature*. London：Routledge. 1991.

原有的逻辑中心主义的思考和论述模式,重新建构"性"和"性别"的新关系,以便彻底清除传统的"性"和"性别"论述的影响,重建男女两性的新关系及其新文化。

为此,以克里斯蒂娃、伊丽佳蕾等人为代表的现代女性主义,不再沿用传统文化的性别区分原则,提出将性的论述彻底符号化的策略,"以其人之道还治其人之身",并将一种新的性论述符号游戏,当做一切女性主义论述的基本形式。在她们所创立的新型女性主义论述中,她们以她们所创立的新符号论,论证"性本来只有一种"、"性不分男女"、"性就是性"。因此,性只能以同一个符号来取代和表达。在她们的影响下,美国的后现代女性主义者首先于20世纪70、80年代,提出后现代女性主义的"女性论述符号论"。她们在明尼苏达大学首次创建《符号》(*Signs*)研究刊物,并陆续将该刊物上发表的论文编辑成册,先后出版两集《符号论文选》(*The Signs Reader*: *Women*, *Gender and Scholarship*; *The Second Signs Reader*:*Feminist Scholarship*, 1983—1996)。从此以后,以符号游戏的模式来批判传统的性别论述,逐渐地成为后现代女性主义的基本表达方式。

三、对父权中心主义文化体系的批判

克里斯蒂娃等人的女性主义,在理论渊源方面,继承了尼采和马克思的许多观点,同时又发展德里达等人的解构主义。在资本主义现代文化中,尼采是继马克思之后第二位彻底批判传统"性"论述的思想家。尼采的贡献,不仅从根本上颠覆传统人文主义和理性主义的两性理论,而且也提出了新的性概念。尼采对于现代人文主义和理性主义的批判,导致对于西方传统文化和基督教道德原则的怀疑和否定。他对**男性阿波罗神**(Appolo)的批判以及对于**酒神狄奥尼索斯**(Dionysos)性欲放纵主义的歌颂,实际上是当代女性主义思想理论的最初版本。

尼采的批判,同时也深深地触动了西方传统文化中一切有关性的禁忌,使"性"的问题第一次彻底摆脱"性"以外其他非性因素的约束,真正成为纯粹"性"的论述。为此,尼采创造性地提出了纯粹的"性"概念,以

Sexuality 取代原有的 Sex。在他看来,原有的 Sex 一方面内在地包含着传统文化对于性的各种偏见;另一方面又将"性"和有关"性"的其他因素,甚至把与性无关的其他因素,也混淆在一起。因此,Sex,作为一个传统性语词和性概念,不仅在语词意义方面,也在概念内容方面存在许多值得分析批判的问题。现代女性主义也认为,"性"这个语词本来就包含着父权中心主义的意义,是对于女性的贬抑;而 Sexuality,作为一个新概念,只是专门从生物学的观点界定"性"的特征,特别是作为本能性欲望的那种"性"。所以,Sexuality 的意涵,只是同某种性的本能的表现及其满足相关联。这样一来,Sexuality 也同时包含着围绕性本能而伴随的各种心理和情感现象。现代女性主义进一步在此基础上,提出不包含社会文化意义的、中性的 Gender 来代替 Sex。福柯继承尼采的用语,以 Sexuallité 取代 Sexe。关于"性"的表达语词的任何争论,都涉及男女两性的社会文化利益。

尼采和马克思一样,是在批判资本主义现代性及其同传统文化的关系的过程中,探讨性的问题。尼采从 1888 年至 1889 年起开始使用 Geschlechtlichen Aktus(即性行为)这个词。至于"性"(Geschlechtlichkeit)这个词第一次真正地被尼采使用,是在他的《善与恶的彼岸》(*Jenseits von Gut und Böse*)一书中的第七十五节:"一个人的性欲的程度及本性伸展至他的精神的最高顶峰"(Grad und Art der Geschlechtlichkeit eines Menschen reicht bis in den letzten Gipfel seines Geistes hinauf)。显然,尼采把性的本能和欲望同人的整个精神活动,特别是人的思想创造活动联系在一起加以考察。[①] 这同后现代思想家将性欲和其他各种本能欲望归结为人的本性组成部分的观点是相一致的。介于尼采和后现代主义之间的萨特,在《存在和虚无》中,像尼采一样,从哲学上论证人的性欲和各种欲望的人性本体论意义。萨特认为,人的各种欲望表现了人的内在意识中的"自我"意欲同"他人"相交往和协调关系的努力。人与人之间的拥抱、接吻

---

① See Nietzsche,F.*Beyond Good and Evil*.Trans.Walter Kaufmann,New York:Vintage Books. 1966[1886].

和性交,表现了"自我"和"他人"之间的沟通和协调,同时也表现了个人自我意识同他人内在意识之间的协调。肉体的拥抱表现了欲望的完成,就如同思想靠语言的渠道来完成沟通那样。同样的,作为后现代主义的先驱之一,拉康也强调性的欲望同人的精神意识活动及语言表达的密切关联。

但尼采对于传统"性"论述的批判是有限的,而且,他对于女性的态度基本上是否定的。他在《查拉图斯特拉如是说》一书中指出:"有关女人的一切事情都是一团谜,而有关女人的一切事情只有一种解决方法,这就是怀孕……真正的男人需要两种事物:危险和游戏。因此,他需要把女人当做最危险的游戏物。男人必须为战争而受训练;女人只是为生殖战士而受训练,其余的一切都是愚蠢的……对男人来说,他的幸福就是'我意求';女人的幸福是'他意求'。你访问过女人吗?不要忘记你的抽打!"①

尼采对于女人的否定态度深深地影响了弗洛伊德,使弗洛伊德的精神分析学过分强调恋父情结和女人的阉割情结。所以,当代法国女性主义基本上只是继承尼采对于西方传统理性主义和基督教道德的批判精神。

在当代法国思想界,作为新尼采主义者的福柯,对于传统性论述的批判占据了他的全部著作的绝大部分。从早期《诊疗所的诞生》和《语词与事物》等著作开始,福柯便已经将"性"的问题,当做传统论述的基本内容加以分析和批判,同时也把"性"的问题,同现代知识、权力和现代社会文化制度联系在一起加以批判。但是,只是到了 20 世纪 70—80 年代,福柯才集中地以"性"的问题为轴线,更深入地探讨知识、权力和道德同人的主体化过程的相互关系。因此可以说,福柯关于"性"的论述,构成后现代女性主义思想论述的基础。

福柯之所以要集中力量揭示"性"的论述(le discours sexuel),是因为

---

① Nietzsche, F. *Thus Spoke Zarathustra*. Trans. R. Hollingdale, Harmondsworth: Penguin Books. 1969[1883]:91—92.

"性"始终是西方社会文化生活中最重要的问题。而现代资本主义社会更是人类社会历史上唯一将性的论述泛滥和膨胀到极点的社会。资本主义社会将"性"同商品、权力和文化紧密地联系在一起,使性的论述随商品、权力和文化的泛滥而渗透到社会生活的各个领域。①

福柯认为,"性"的问题的提出是和"现代社会"有密切关系的。但是,**现代资本主义社会关于性的问题,主要是靠知识及权力的运作策略来解决**。所以,现代资本主义社会和文化制度的形成,使"性"的问题走出单纯伦理道德的范围,直接成为了现代知识进行理性探讨的主题之一。这样一来,现代资本主义社会就把性的问题,变为有关性的论述的问题。也就是说,现代资本主义社会是以**知识论述**以及权力对其的控制和操作,来从根本上操纵性的问题。福柯指出,现代资本主义社会和文化的发展,需要突出"说话主体的人"、"劳动生产主体的人"、"道德主体的人"和"认识主体的人"。② 而所有这一切主体化的人,又同"人口生产和再生产的主体的人"密切相联系。也就是说,"说话主体的人"、"劳动生产主体的人"、"道德主体的人"和"认识主体的人",都首先必须以生物学意义的"肉体的个人"的存在为前提,同时又以这种个人身体的不断再生产和繁殖,作为必要的延续条件。所以,在资本主义现代社会所重视的知识体系中,研究和论证肉体的个人的生理结构及其功能的现代生物学及其延伸学科,如医学等,占据了非常重要的地位。因此,福柯把生物学、医学和精神分析学以及精神治疗学等涉及人的身体的控制的学科,当成与控制人的说话能力的语言学和语法学以及管理人的劳动的政治经济学并列起来,将它们列为资本主义社会最基本的知识模式。性的论述就是这样被纳入以上三大知识模式的体系中,然后成为权力运作的重要策略。

福柯指出,资本主义社会是人类历史上将性论述膨胀到极点的唯一

---

① See Foucault, M. La Volonté de savoir. *Histoire de la sexualité*, t. Ⅰ. Paris: Gallimard, coll. "Bibliothèque des histoires". 1976; *Histoire de la sexualité*, t. Ⅱ: *l'Usage des plaisirs*. Paris: Gallimard, coll. "Bibliothèque des histoires". 1984.; *Histoire de la sexualité*, t. Ⅲ: *Le Souci de soi*. Paris: Gallimard, coll. "Bibliothèque des histoires". 1984.

② Foucault, *Les Mots et les Choses. Une archéologie des sciences humaines*. Paris: Gallimard, coll. "Bibliothèque des sciences humaines". 1966.

社会。商品、文化、媒体和权力,都围绕着性的因素而旋转。在这种情况下,一种新型的权力形式出现了,这就是"**生命权力**"(le pouvoir biologique;le bio-pouvoir)。在生命权力的运作中,女人是最大的牺牲品。福柯认为,资本主义社会中的女人,在生命权力的宰制下,只能(一)扮演人口生产的工具和手段;(二)充当男人在家庭生活中的"助手"和"保姆";(三)从事卖淫活动;(四)以其身体充当商品和各种工具,满足男人欲望。

实际上,身体永远是精神和思想的载体和基础。人所创造的各种观念和文化,不管怎样复杂化,都离不开身体,更离不开身体在社会和历史上的命运。从人类文化创立以来,政治和道德方面的规范和制度,往往把身体分割成"公众"和"私人"两大部分。福柯强调指出,一切人类社会和文化都是从人的身体出发的;人的身体的历史,就是人类社会和文化的历史。反过来说,社会和文化的发展都在人的身体上留下不可磨灭的烙印。在这个意义上说,人的身体遭受了各个历史发展阶段的社会和文化的摧残和折磨。身体就是各种事件的记录表,也是自我进行拆解的地方。①

西方传统文化关于女性的论述的男性中心论性质,集中地体现在它关于**女性身体**的论述上。西方传统的逻辑中心主义性质,决定了西方传统文化关于女性身体的论述,主要是**从神学、伦理学、经济学(劳动和劳动力的生产和再生产)、生理学、社会学(家庭和母亲的角色)、人类学(禁忌)和美学的角度提出和进行论证的**。这就是说,关于女性身体的传统论述,是逻辑中心主义和语音中心主义的二元对立模式在论述中的具体化,它主要是**从理性主义的道德论和知识论出发的**。德里达把这类女性身体传统论述称为"**阳具逻辑中心主义**"(phallogocentrism)。② 实际上,这就是西方传统的语音中心主义和逻辑中心主义在女性身体论述中的具体运用原则,根据这种原则,女性身体永远都是男性身体,特别是男性生殖器(即阳具,原文 phallus)的客体和性欲发泄对象。

---

① See Foucault,M.*Dits et écrits*.*II*.Paris:Gallimard 1994:143.

② See Derrida,J.Psyche.*Inventions de l'autre*.Paris:Galilée.1987:194.

　　阳具逻辑中心主义的身体论述,虽然在对待男女两性身体二元对立关系时,采取男性身体中心主义的立场和态度,但是,相对于整个西方传统文化体系,上述传统身体论述,只构成语音中心主义和逻辑中心主义的一个组成部分。这一组成部分,只是专门对付和处理两性关系,特别是男女两性身体的关系。因此,在一个强调理性和语言永远宰制和支配身体论述的西方文化体系中,阳具逻辑中心主义的身体论述,只能受制于纯粹的理性逻辑论述体系;两者的地位,前者从属于并劣于后者。所以,整个说来,包括男人的身体在内的两性身体,其活动规则和规范及其有关论述,都要受理性和语音中心主义的支配,也受到权力运作策略的支配。①这就是说,包括男性身体在内的两性身体及其活动规则,都永远是理性和语言的奴隶。在西方文化中,严格说来,实际上从来不存在真正的身体,也不承认真正的肉体的赤裸裸的呈现;所存在的,不过是按理性逻辑规则和语音中心主义所规定的各种身体的"替身"。这样一来,在西方所有传统身体论述中,真正"在场出席的",不是真正的身体,而是被理性化和语言化的、象征化的假身体。正因为这样,在西方社会文化发展中,真正的身体及其本能欲望,都未能直接呈现在文化体系中。后结构主义对于阳具逻辑中心主义的传统身体论述的批判,实际上不只是企图颠覆这类身体论述体系中的**"男体中心/女体边陲"**的二元对立结构,而且是要真正地达到**"身体的叛逆"**(the revolt of body),也就是达到使身体本身(包括男性和女性的身体在内),直接地和赤裸裸地自由呈现在现实生活中,排除一切理性和语言的干预和支配,当然也排除一切由理性和语言所制定的社会道德文化规范。在这方面,阿尔托在其著作中所表现的赤裸裸的身体直接表达方式是造反的典型,因而也受到当代法国女性主义的赞赏。② 当代法国女性主义成为了从第二次世界大战以来发生于西方社会中的"身体的叛逆"运动的主流。在他们的导引和推动下,这场旷日持久的身体的叛逆运动,极大地冲击了西方社会和文化的传统体系。在这场

---

① See Foucault, *Dits et écrits. IV.* Paris:Gallimard 1994:594-596.

② See Kristeva, *Polylogue*, Paris:Seuil.1977; Irigaray, *Ce sexe qui n'en est pas un.* Paris:Minuit. 1977.

身体的叛逆运动中,还包含了各式各样和多元化的同性恋、异性恋的反道德、反文化的批判运动,造成了当代西方社会以身体叛逆为中心的社会文化危机。

福柯指出,有关女性身体的神学论述,可以说是传统女性身体论述的基础,也是历史最久远、影响最深刻的一种论述形式。本来,在古希腊时期,还存在对身体的自然的描述。但随着基督教中世纪的长期统治,犹太教和基督教对于整个西方传统文化的影响具有决定的意义。在《旧约》和《新约》中,神创造世界和创造人的过程,一开始便把女人当成男人的附属品和社会的"恶"的根源(《旧约·创世记》)。在基督教教义中,女人的"恶"的根源又恰恰是女人的身体,特别是女人身体中的性器官部分。到了中世纪,在神学哲学化的过程中,被圣化的基督教官方思想家圣奥古斯丁和托马斯·阿奎那等人,进一步论证人的欲望,特别是肉体欲望是人和社会罪恶的根源,强调以理性控制和统治欲望的必要性,并以此作为基督徒实现道德完善化和升天的基本原则。与此同时,被圣化和世俗化的社会统治机构又双管齐下地要求全体社会成员实行"禁欲主义"的生活原则,而在这过程中,女性躯体再次成为规训和教育的中心对象。显然,有关女性身体的神学论述,并不局限于宗教神学的范围。它随着犹太教和基督教在西方社会文化生活中的影响的不断扩大而渗透到社会文化生活的各个方面,同其他的传统女性肉体论述结合在一起,成为约束女性思想和行动的规范基础,也成为包括男性在内的全体西方人处理两性关系以及其他社会文化活动的重要规范。[①]

西方伦理学所探讨的重要问题中,包括对于女性身体的形状、姿态及其活动规则,也包括女性和男性对待女性身体的态度,特别是包括两性肉体接触关系的许多道德性规定。同时,由于家庭一向成为西方传统社会的基本生活单位,又是个人性格成长、个性化和整合化的基础单位,因此,

① See Foucault, La Volonté de savoir. *Histoire de la sexualité, t. Ⅰ*. Paris: Gallimard, coll. "Bibliothèque des histoires". 1976; *Histoire de la sexualité, t. Ⅱ: L'Usage des plaisirs*. Paris: Gallimard, coll. "Bibliothèque des histoires". 1984; *Histoire de la sexualité, t. Ⅲ: Le Souci de soi*. Paris: Gallimard, coll. "Bibliothèque des histoires". 1984.

有关女性身体的伦理学论述也成为传统社会进行家庭教育的重要内容。①

有关女性身体的伦理学论述也和神学论述一样,成为传统性论述体系中历史最久远和影响最深刻的重要部分。在这一部分中,最主要的内容是从道德伦理学的观点对女性身体进行种种"禁忌"约束,并在此基础上提出女性身体活动的伦理规范和标准。在有关女性身体的禁忌规则中,最主要的包括"处女贞操观"以及有关女性身体性行为规则等。

根据西方传统的女性身体论述,女性身体中的任何一个器官虽然生长在女性身体上,但其所有权和动作规范的制定权却属于男性,因而只有使女性身体及其各个部分满足男性的需要和符合男性的利益,才达到有关身体动作的道德标准。男性对于政治权力和文化生产权的垄断,又使上述有关女性身体的道德论述无孔不入地渗透到社会各个领域和个人生活的各个阶段。国家政权利用法制将不忠于贞操标准的女性加以判决,而由男性控制的文学艺术作品又把"处女情结"等各种约束女性身体的道德论述加以美化而传播开来。②

到了资本主义现代社会,有关女性躯体的道德论述虽然同生物学的科学论述相配合,而且在某种程度上又同有关自由平等的政治法制论述相结合,但是,总的说来,资本主义比历史上任何一个时代都更严谨地从社会和文化规范方面管束和规训女性身体。现代资本主义社会和文化的法制化、制度化、组织化、专业化、生产化、商业化、信息化、消费化、娱乐化和全球化,使有关女性身体的道德论述采取了全新的形式和手段而更有效地发挥对女性的约束作用,从而也使这方面的论述同其他方面的女性身体论述更紧密地结合在一起,以致对女性身体实现了全天候的全控程度。苏珊·波多(Susan Bordo)在题为《不可承受的体重:女性主义、西方文化和身体》的著作中,深刻而又充满讽刺意味地指出当代资本主义社会文化的发展,造成了对于女性身体的全面控制和约束,以致使女性不仅

① See Foucault, *Histoire de la sexualité*, t. Ⅱ : *L'Usage des plaisirs*. Paris: Gallimard, coll. "Bibliothèque des histoires".1984.

② See Irigaray, *Ce sexe qui n'en est pas un*. Paris: Minuit.1977.

在社会活动、职业工作和家庭生活中，也在休闲和个人生活的各个方面随时承受着有形和无形的压力，迫使自身按照流行于社会中的各种消费娱乐标准约束自己的身体。她说："我对于饮食紊乱的分析——也就是本书对于规范化生活规则的批判的核心，是透过我自身，作为一位女性，亲身在全部生活中同体重和身体形象的斗争实践经验而写出来的。然而，我并不打算把我个人的故事渗入到我的著作中，我力图作为一位哲学家，因而也努力采取对我来说不容易的写作方式。非但如此，我力图保持那些原有的女性主义论述的批判锋芒，同时又补进尽可能灵活和多方面的后现代女性主义论述，以便能够正确地评价当代社会女人和男人的复杂经验，同时又能对于这些经验提供系统的观察和批判的观点。我不是打算透过这种或那种可以找到的模式，去说明各种各样的饮食紊乱；而是像福柯那样建构一种'理智的多面体'。我要揭露围绕这个问题的各个方面和交错点：有关女性饥饿和饮食的文化观念，消费文化的功能，长期起作用的哲学和宗教对于身体的态度，前资本主义各社会阶段有关女性多种失序的类似性，同当代各种身体限制的联系，以及在我们的文化中有关'标准的'女性身体生活经验的连续性，等等。"[1]苏珊·波多还把她的上述分析批判称为"政治的"。她认为，她对于女性身体传统论述的后现代女性主义批判，同其他后现代女性主义者布伦贝尔克（Joan Brumberg）、欧尔巴贺（Susie Orbach）和车尔宁（Kim Chernin）等人的观点是相类似的。[2]

在当代的社会文化生活中，纯粹的有关女性身体的道德论述，已经不像古代和中世纪社会那样采取赤裸裸的道德说教形式，而是同当代流行于消费和娱乐社会中的商业、大众媒介、教育、文化艺术、娱乐和美学的论

---

[1]　Bordo, S. Unbearable Weight: *Feminisme*, *Western Culture and Body*. Los Angeles: University of California Press. 1993: 24–51.

[2]　See Brumberg, J. Fasting Girls: *The Emergence of Anorexia Nervosa as a Modern Disease*. Cambridge: Harvard University Press. 1988; Orbach, S. HungerStrike: *The Anorectic's Struggle as a Metaphor for Our Age*. New York: W. W. Norton. 1986; Chernin, K., *The Obsession: Reflexions on the Tyranny of Slenderness*. New York: Harper and Row. 1981; Chernin, K., *The Hungry Self: Women Eating and Identity*. New York: Arper and Row. 1985.

述紧密相结合,呈现出一种特殊的道德论述形式,甚至采取"非道德"论述的形式。但是,女性身体道德论述的上述复杂化和多元化,不但没有阻止其道德论述的功能,反而使它更加成为现代女性不可承受的社会文化压力,时刻伴随着无所不在的媒体沟通网络,而对女性身体的每一个动作施加压力和进行规训化。随着流行文化和各种大众文化的商品化及其泛滥,就连女性身体各部位的重量、形状及动作姿态,都被无形中纳入女性身体道德规范的范围,迫使女性在衣食住行各方面都要进行约束,使身体达到标准化和规范化。伊丽佳蕾等人在其著作中所提到的有关女性身体饮食节制、瘦身塑身以及减肥"文化"的泛滥,使女性处处时时处于紧张的生活状态,以致造成女性某种新的"神经质狂热"。

由此可见,到了资本主义现代社会,特别到了晚期资本主义社会阶段,有关女性身体的伦理论述已经被现代化和后现代化,同当代社会有关女性身体的生物学、社会学、商品学和美学的论述相结合,构成控制和玩弄女性身体的"论述复合体"(discourses complex),也成为当代社会运转和再生产的权力网络组成部分。

资本主义社会对于商品生产的重视,对于社会进步和科学技术发展的重视以及对于文化教育事业的多元化自由创作的政策,使有关女性身体的各种论述显现出资本主义现代性的特征。第一,女性身体也纳入商品生产和流通的轨道,因而,女性身体像商品一样具有其特殊的交换价值,同时,有关女性身体论述也像商品一样无孔不入地渗透到商品流通的各个渠道。由于资本主义社会商品生产和流通的普遍性和一般化,女性身体及其论述也因此随着商品流通而一般化和普遍化。第二,为了推动资本主义社会的进步和发展,女性身体成为了先进的生物学、生理学、心理学和医学的特殊研究对象,在界定女性身体的生物学"健康"标准的同时,赋予女性身体以社会人口生产和生殖的基本功能,以保障整个资本主义社会有足够充分的劳动力后备军和起码的消费人口。生物学、生理学、心理学和医学对于女性身体的研究不只是将女性身体当做科学活动和技术进步的单纯对象,而且也保障女性身体普遍地纳入资本主义社会发展所需要的健康标准。因此,上述各种自然科学及其技术的进步和发展,成为了女性身体及其健康的标准化的主要途径,也成为资本主义社会对于女性身体进行控制和规训化的主要手段。因此,在资本主义阶段,对于女性身体的控制是越来越采取科学化和技术化的手段。第三,资本主义的教育政策要求培养和训育符合资本主义文化道德要求的新一代妇女,要求有适当数量的女工具备特定的文化知识和技巧,要求具有资本主义法制知识的家庭妇女和职业妇女,也要求符合商品生产和文化生活需要的美化女性。所有这一切,使资本主义阶段的女性论述同时具有道德的、社会学的、经济学的、政治学的和美学的性质。而这一切,又同资本主义社会内教育制度和文化创造的自由化和普遍化政策相联系。第四,资本主义社会文化制度对女性身体的"美化"达到登峰造极的程度,不仅使女性身体成为人体美的普遍标准,而且也将女性标准化的身体美的意义,进一步推广到整个社会政治、经济和文化生活的各个领域,使追求女性身体美的鉴赏活动超出文化艺术创作的范围,成为全社会各个领域谈论和评比的主题,也成为日常生活的基本话题。资本主义社会对于女性身体的如此特殊美化,显然是同资本主义经济的商品生产性质、政治意识形态和文化艺术创作的自由化政策密切相关。近半个世纪以来,这一切又同晚期资本主义高科技发展和媒体信息化以及全球化网络的形成密切相关。第五,资本主义文化的高度发展,又使有关女性身体的各种论述越来越复杂地透过文化因素的中介而扩散开来。正如苏珊·波多所指出的:"看来,我们所经验和概括的身体,始终都是透过文化性质的建构、联结和各种图像的中介而表现出来。"①面对传统女性身体论述,特别是现代资本主义有关女性身体的商品化、信息化和美学化论述,面对上述资本主义女性身体论述在权力和信息网络的推动下在整个社会生活中的扩散,后现代主义除了从哲学形而上学和理论上以及语言论述方面进行"解构"以外,特别主张以高度自由和高度自律的态度进行肉体活动和身体生活的游戏进行对抗,同时,以也同样的态度将传统两性区别及其一切论述彻底颠覆,

---

① Bordo,S.*Unbearable Weight*;*Feminisme*,*Western Culture and Body*. Los Angeles:University of California Press.1993:51.

实现后现代主义所追求的不确定的自由生活境界。①

　　为了抵制当代社会越来越曲折而渗透的女性身体论述,首先,当代法国女性主义不再将身体问题仅仅归结为"女性身体"的问题,而是使之成为不分性别而普遍存在于两性中的不确定的问题。正如后现代女性主义者黛安娜·依拉姆(Diana Elam)所指出的:"我们并不知道女人是什么。成为一个女人,成为女人群的一个部分,究竟意味着什么,就好像有关女人的知识是如何构成一样,都是不确定的。根本就不存在认识论的或本体论的基础,可以一劳永逸地作为依据去解决这些争论。女性主义并不需要任何一种政治界限。"②

　　当代法国女性主义对于传统女性身体论述的解构,目的不是在于将女性重新作为一个"种类"而被界定,同样也不是使两性关系重新树立协调的标准和规则,而是使整个有关"性"的论述进入自由游戏的状态,走出一切规则和界限的约束,使有关"性"的论述及其实践构成自由游戏的新境界。为此,黛安娜·依拉姆指出:"后现代主义所追求的女性新状态是'堕入无底深渊'(mise en abyme)。这是一种无限延异化的结构。作为源出于纹章学的语词,'堕入无底深渊'是将局部对于整体的关系颠倒过来的一种观念:整体的图像本身已经表现在部分的图像中。……因此,'堕入无底深渊'在观念中开辟了一个无限倒退的旋涡。观念表象在这里永远不可能达到终点……这看起来似乎是很奇特的,因为我们习惯于思考着准确性,而且对于局部细节的掌握有助于完满地了解一个图像,而人们并不习惯于强制自己去确认掌握上述旋涡的不可能性。"③后现代女性主义对于女性身体及其论述所采用的上述"堕入无底深渊"的策略,也正如黛安娜·依拉姆所说,"是为了使有关女性主义的问题不要在一个界在线终止,同时又使我们真正了解到女人的无限可能性。也就是说,女人是可以被表现的,但是,试图完满地表现她们的努力,都只能使我们更了解到这种努力招致失败的可能。我把这种无限的倒退特别地称为'堕

①　See Cain,P.A.*Lesbian and Gay Rights:The Legal Controversies.*New York:Westview.1999.

②　Elam,D.*Feminism and Deconstruction:Mise En Abyme.*London:Routledge.1994:27.

③　Ibid.:28.

入无底深渊'。"①

为了使女人走出传统女人的界限,为了使女人身体和男人身体一样无区分地实现一种自由游戏活动,当代法国女性主义者将"性"和"身体"统统拉回到原始混沌的不确定状态。透过"堕入无底深渊"的游戏活动,男人和女人,不论在身体或各个方面,都不存在主体和客体的明确区分和界定,正如黛安娜·依拉姆所说:"在'堕入无底深渊'中,主体和客体无限地交换位置;同时也不存在表象的发送者和接收者的明确区分。因此,在'堕入无限深渊'中封闭了主体和客体关系的稳定模式的可能性。"②

克里斯蒂娃也在她的著作中强调:主体化只是一个过程,而且是一个敢于对抗男性文化符号体系的自我碎裂的运动,尽管其中会遭受或忍受各种痛苦,但唯有走这一条排斥和拒斥的途径,女性身体才能真正成为脱离父权中心主义文化控制的自由分子;只有完成对于性论述和女性身体论述的上述本体论的颠覆,才使女性身体不再成为"客体"和"他者",同样也使男性失去成为"主体"和"自我"的权利和可能性。从此,女性身体不再成为男性性欲或其他肉体欲望的猎取对象,也不再成为父权中心主义社会文化制度的统治和规训对象,不再成为社会活动和日常生活中可以任意被摆布和被使用的对象和工具,也不再成为美的欣赏的对象和客体。更重要的还在于:破坏和颠覆两性界限及其对立,并使之模糊化和不确定化,使女性和男性一样都成为性的游戏活动的自律主体。③

四、德波娃的《第二性》的典范意义

在第二次世界大战结束至20世纪60年代期间,法国妇女运动虽然还呈现由不同意识形态背景所控制的派别分歧,也在不同程度上延续着妇女争取政治经济平等的社会运动。但是,总的来讲,这一时期的女性主义运动,已经不是传统的妇女社会运动,而是一场伴随存在主义、精神分

① Elam,D.*Feminism and Deconstruction*:*Mise En Abyme*.London:Routledge.1994:28.

② Ibid.

③ See Kristeva,*Polylogue*,Paris:Seuil.1977.

析学和新马克思主义等整个思潮的崛起以及各种社会运动的发展而展开的社会文化革命。关于这一点,这一时期,作为最杰出的女性主义思想家,西蒙·德波娃(Simone de Beauvoir,1908—1986)在《论第二性》中明确地指出:关于"女人"的问题,如果只是遵循或停留在传统文化的原则的话,那么,到第二次世界大战结束为止,所有该谈和该讨论的事情,似乎都已经谈到了;再说的话,就只能是不断重复过去说过的话。这也就是说,如果遵循或停留在传统文化的原则,女人的问题似乎已经解决了。西蒙·德波娃讽刺性地指出,在传统文化范围内,女人问题的解决,又意味着女人已经不再存在了,女人已经消失。传统文化对于女人的论述以及在传统文化范围内寻求女人的解放,已经自然地毁灭女人自身。"女人"是随西方传统文化的产生而产生,又随传统文化的发展而消失。①

西蒙·德波娃成功地将存在主义、新马克思主义、弗洛伊德主义结合起来,结合当代法国社会及文化的具体特征,创建了新的女性主义理论,不仅在法国当代思想界占据着重要地位,而且,也成为整个西方社会现代女性主义的先锋。西蒙·德波娃还特别注意到从西方社会文化的历史脉络,特别是自启蒙运动以来的资本主义现代文化对于女人的扭曲和否定。她指出,启蒙思想家和现代的各种社会革命家,都把女人当做是由"女人"的语词所任意指涉的那些人,而不是像男人那样只是依据他们的自然性别而被确定。资本主义的现代文化虽然标榜自由平等和理性的原则,但由这些原则所建立的现代社会文化制度及其文化产品,都把女人纳入由这些文化所规定的范畴之内。显然,现代社会中的男女两性关系,并不是自然的两性关系,并不像自然界的阳电和阴电之间的那种关系。②所以,西蒙·德波娃说:"人类是男性的,而人和男人并不是根据女人自身而是根据相对于他的关系来界定女人的。女人并不被当做是一个自律的生命生存物"(comme un être autonome)。③ "女人,除了男人决定她以外,什么也不是。因此,当人们谈到'性'的时候,主要是想要说:女人主

---

① See Beauvoir,S.de *Le deuxième sexe.I.*Paris:Gallimard.1949:11-12.

② See Ibid.:14.

③ Ibid.:15-16.

要是相对于男人才是一个有性的生命体。也就是说,只有对于男人,对于他,女人才是性的,才是绝对的女性。她是透过同男人的关系而不是透过男人同女人的关系而被决定的;她是相对于主要的男人而变为非主要的女人。他是主体,他是绝对;她是'他者'。"①在西方社会中,即使是在已经实现了民主化、法制化、科学化和平等化的当代社会中,女人始终都是被当做男人的附属品,根据她同男人的关系而决定她的社会文化地位。女人由此完全失去独立性和自主性。一切"法律面前人人平等"和"人权至高无上"的口号,都只是适用于男人;女人是赤裸裸地被排斥在整个社会文化体系之外。西方文化的整个体系和规范,使女人"自然地"被列为双重约束的对象:成为社会文化的一般约束,同时又受到男人文化的特殊约束。"男人在做男人时是正当的,而女人在做女人时却是不正当的;就是说,古时候,人们用垂直线测量倾斜的东西,现在男性就是人类的绝对标准。"②

　　西蒙·德波娃指出,在人类历史上,曾经存在过没有父权文化统治的神话时期,那就是由巴霍芬(Johann Jakob Bachoffen,1815—1887)提出并被恩格斯采纳的所谓"母系社会"(la société matrilinéaire)。恩格斯认为,从母权制到父权制的转变,是"女性具有世界历史意义的失败"③。但是,女人的那个黄金时代其实只不过是一个神话。说女人是"他者",就是说男女之间并不存在真正的相互关系。在男人之外的大地、母亲、女神,通通都不是他的同类。女人的力量被认定是超出人类范围的,所以她在人类的范围之外。社会始终是男性的,政权始终握在男人的手中。列维·斯特劳斯在研究原始社会结束时宣称:"公众的或纯粹的社会权力始终属于男人。"对于男性来说,他的同类永远是另一个男性。也就是一个与他相同的"他人"。社会上所谓的相互关系是在男人之间建立起来的。以各种形式表现于社会的二元性,使男人群体之间相互对立。女人只是

---

　　① See Beauvoir,S.de *Le deuxième sexe.I.*Paris:Gallimard.1949:16.

　　② Ibid.

　　③ 恩格斯:《家庭、私有制和国家的起源》,见《马克思恩格斯全集》第21卷,人民出版社1985年版。

财产的一部分,为每一个男人群体所拥有,是这些群体之间进行交换的中介。所以,女人从未形成过一个根据自身利益形成的、与男性群体相反的独立群体。她们同男人也从未有过直接的自主关系。列维·斯特劳斯说:"那种对婚姻十分重要的相互关系,在男女之间并未形成,但它却要借助于女人而在男人之间形成。女人只不过是为此提供了十分重要的机会。"而且,从权力运作的角度来看,女人始终都只是权威的媒介,而不是实际拥有权力的人;女人的现实处境同各种权威并没有内在关系。

西蒙·德波娃并不满足于揭露西方文化上述"制造和歧视女人"的事实和历史,而且进一步分析了上述事实和历史在整个西方文化史上的社会化和内在化过程。西蒙·德波娃透过一系列理论上和事实上的论证,揭露西方社会整个文化体系和制度的运作,都是围绕着使女人在社会化和内在化过程中成为次于男人的"二等公民"的基本轴心。她强调上述事实和历史,同时也成为西方人,包括女人在内的思想意识和精神心态模式化的基础。也就是说,女人不仅要遭受实际上的歧视,而且也要迫使她自己在思想和精神方面接受社会文化的扭曲操纵,使她们不仅在身体上,而且在精神上和思想上,里里外外全部地失去自我。正是在上述不合理的男女两性关系基础上,同时产生作为西方文化基本概念的"自身"、"主体"、"他者"和"客体"及其相关思想意识。①

西蒙·德波娃的《第二性》上下两卷七个部分,几乎已经全面地论述了性的问题,特别是关于女人的社会文化地位问题。也许是西蒙·德波娃,真正成为了西方文化史上第一位将两性关系问题同西方文化和整个人类文化的产生历史整体联系在一起的杰出女性思想家。她指出,性的二元性如同其他一切的二元性一样,是通过一场冲突而呈现出来。因此可以理解,如果两个当中的一个,成功地向另一个强制地造成它的优越性,那么优胜者就变为绝对者。② 她对于女性问题的全面论述,几乎使在她之后的任何研究女性问题的人,都很难超出她的研究范围。从 20 世纪

---

① See Beauvoir,S.de *Le deuxième sexe*.2 Vols.Paris:Gallimard.1949:I,16~23.

② See Ibid.:23.

60 年代到 20 世纪末,法国任何女性主义思想家,都不得不从她的理论研究成果中汲取营养,作为进行进一步探索的不可忽视的出发点。

五、伊丽佳蕾

由西蒙·德波娃所开创的现代女性主义文化革命运动和思想理论建设,推动了 20 世纪 60—70 年代整个女性主义思潮的发展。朵尔多(Françoise Dolto, 1908—1988)、克里斯蒂娃、伊丽佳蕾(Luce Irigaray, 1932—　)、色拉·科夫曼(Sarah Kofman, 1934—1994)及西克淑(Hélène Cixous, 1938—　)等人,成为了新时代法国女性主义的重要思想家。

朵尔多受到精神分析学的影响而发展起来的女性主义思想家,她是拉康的学生,重要的女性精神分析学家。她虽然信仰基督教,但她的著作《精神分析学与儿科学》(*Psychanalyse et pédiatrie*, 1939)和《有伤风化的精神分析学的福音书》(*L'Evangile au risqué de la psychanalyse*, 1977),对当代法国女性主义的发展具有不可忽视的影响。

色拉·科夫曼是巴黎大学教授。她在 1980 年发表的《女人之谜》(*L'Égnime de la femme*)和 1982 年发表的《女人的尊重》(*Le respect des femmes*)等,使她成为解构主义的女性主义思想代表。

伊丽佳蕾和克里斯蒂娃是在理论思想方面具有创造性的女性思想家。她们同时在 20 世纪 70 年代发表一系列具有哲学理论深度的女性主义思想作品。伊丽佳蕾出生于比利时,大学初期攻读古典文学,后来,转而研究哲学,并在 1955 年获得卢汶大学哲学博士学位。随后,她到巴黎心理学研究院(L'Institut de Psychologie de Paris)深造,专攻精神分析学,并于 1962 年获得精神分析学文凭。毕业后,她在比利时国家科学研究基金会(Le Fond national de la recherche scientifique belge)从事研究工作。两年后,她转到巴黎,成为法国国家科学研究中心的副研究员。1968 年,她又获得语言学博士学位。1974 年起,伊丽佳蕾在巴黎第八大学获得哲学国家博士学位,并在该校精神分析学系任教。1989 年后,她同时地在巴黎国际哲学研究院(Collège International de Philosophie)和在意大利领导和组织各种类型的研讨会,并将她的研究成果陆续地发表在意大利的《利纳西塔报》。由于她在哲学、语言学、心理学和精神分析学之间进行跨学科的研究,针对西方符号象征文化体系中的性别差异进行深入的分析,取得了突出的成果。伊丽佳蕾从语言和论述的结构的解构出发,从后结构主义的立场和观点对传统的两性关系进行"解构",同时深入批判以父权中心主义为主轴的传统两性关系,批判以两性分别为基础所建构的人类文化基本模式,试图建构一个以新的视野进行观察的"另类"文化。[①]伊丽佳蕾所写的《这个非唯一的性》(Ce sexe qui n'en est pas un , 1977) 等著作,进一步将西蒙·德波娃的哲学理论论证推向深入,直接为后现代女性主义提供理论基础。伊丽佳蕾和克里斯蒂娃的著作,标志着后现代女性主义在理论上的成熟,从而也为后现代女性主义社会政治运动的发展及其政策策略的制定起了推动作用。

以伊丽佳蕾和克里斯蒂娃为代表的当代女性主义思潮,在思想理论建设方面,首先,把批判矛头指向西方传统文化的核心部分及其基本原则。她们尤其批判流行于传统文化中的"基础主义"(foundationalisme)和"本质主义"(essentialisme)。正是在这点上,后现代女性主义在思想理论方面的批判成果直接地推动了后现代主义整个思潮的发展和系统化,当然也为后现代女性主义运动的政策策略本身提供了最坚实的理论基础。其次,后现代女性主义在思想理论方面集中地批判了各种传统文化的二元对立论述,特别是集中批判有关权力和道德的传统论述。同样也正是在这点上,伊丽佳蕾的研究成果直接地促进后现代主义整个思潮的发展。在此,伊丽佳蕾的后现代女性主义所进行的理论思想批判,涉及西方传统文化,特别是现代资本主义文化中那些从来未曾被触及的"禁忌"部分,使整个后现代主义对传统文化的批判,真正地达到了长期未被动摇的最深部分。这里指的首先是有关"性"和"身体"部分的传统原则和基本论述。在西方文化史上,可以说,只有到了后现代女性主义思潮出现的

---

① See Irigaray, L.*Le langage des déments.* La Haye : Mouton. 1973 ; *Speculum de l'autre femme.* Paris : Minuit.1974 ; *Ce sexe qui n'en est pas un.* Paris ; Minuit.1977 ; *Et l'un ne bouge pas sans l'autre.* Paris : Minuit.1979.

时刻,才开始猛烈批判西方传统有关"性"和"身体"的论述和原则,并把这些论述和原则,同整个西方理论知识体系和社会文化制度联系在一起加以考察。福柯在批判西方传统文化及其论述体系时,特别强调,有关**禁欲主义实践规则**(une pratique ascétique)的部分,构成传统文化的核心。因此,任何对于传统文化的批判,如果不深入触动其中有关**禁欲主义**(l'ascétisme)实践规则的部分,就只是停留在表层的分析,就不可能彻底动摇传统文化。接着,福柯又进一步将这一核心部分称为"自身对自身的操纵运作"(un exercice de soi sur soi)的学问,是西方人的一种基本生存方式。① 因此,伊丽佳蕾等人的现代女性主义对于有关"禁忌"论述的各个部分的批判,实际上也在很大程度上批判了西方传统生活方式和生存形式,为一种崭新的生活方式的诞生做了思想上的准备。

伊丽佳蕾的后现代女性主义,并不满足于以往传统女性主义对父权主义的批判成果。以往女性主义在批判男性中心主义的时候,只提出男女平等的要求,而且仍然接受传统形而上学的二元对立论证模式。因此,以往女性主义并未跳出父权主义的思考模式,而她们对男性中心主义的批判最终都重新陷入父权主义的圈套,并归于失败。

伊丽佳蕾充分意识到:**男性中心主义的西方传统文化的核心部分,本来就是语言论述体系;而传统语言论述体系又是建立在以男性为中心的旧语言结构基础上。**

伊丽佳蕾根据她在语言学、心理学、哲学和精神分析学的研究成果,认为**传统语言是一种对男性优惠的语言**,因为它是以"声音/意义"的二元对立模式而建构出来的;而它在运用过程中,始终都是以男性作为主体进行论述的。西方传统语言的这种结构,又随着占统治地位的逻辑中心主义原则,随着这种原则对于男性主体地位的正当化而不断加强。所以,不论就语法或逻辑规则而言,这种对男性优惠的语言,又是**一种男性单数和以男性为中心的单向性语言**。关于这一点,法国当代女性主义理论的

---

① See Foucault, M. *Dits et écrits*. IV. 1994:709.

早期奠基人西蒙·德波娃早在《论第二性》中就有所论述。① 传统的父权主义正是利用这种男性单数和以男性为中心的单向性语言而不断地再生产对女性进行压迫的观念和制度以及整个社会文化体系，从而将父权主义社会文化制度和对女性的压迫永久化。

借助于传统语言结构和传统语言论述而不断再生产的整个西方文化，又运用长期掌握社会政治、经济和文化统治权的男性，将本来完全属于自然性质的男女两性差异，发展并巩固成为男性父权主义文化。关于这一点，西蒙·德波娃早就指出：在西方文化中，"两性的关系并不是两种电（阳电和阴电）和两个极端的关系；男性同时地表现为阳性和中性，以至于在法语中以'男人们'（les hommes）指谓整个人类（les êtres humains）。"②同样的，在西方各国的语言中"阳性"和"肯定的"、"积极的"以及"正面的"，都是同一词（the positive；le positif）。也就是说，"男性"，不但代表男性、阳性一类，而且以冒牌的，然而又被巧妙地正当化的"中性"的面目和形式而出现，以致使它成为整个"类"的代名词。在这种情况下，作为"阴性"的女人也就自然地变为"消极的"、"被动的"、"否定的"和"反面的"，而女人也因此处于被决定和被限制的地位，被剥夺了一切平等的双向互动性。

根据传统的单数和单向的语言，女人永远是"非男人"；而且女人永远是"他者"。这样一来，女人也永远没有自我。女人只能以"人家"来自称。在说话和论述中，女人只能以被动语气和被动式表达或被表达。

对于法语和西方各国语言的传统论述中所定位的女人，对于传统论述中女人的被动和被统治地位，伊丽佳蕾并不打算仅仅在语言论述范围内加以讨论，也不愿意仅在语言结构中探索其性质。对她来说，西方传统论述对女性的各种说法，虽然具有语言学和逻辑学方面的深刻根源，但更重要的是根源于西方传统文化的形而上学基础。因此，伊丽佳蕾对于传统女性论述的语言学、符号学和精神分析学的批判，都是同时地以对于传

---

① See Beauvoir, S. de *Le deuxième sexe*. I. Paris；Gallimard. 1949：14—16.

② Ibid. ：14.

统西方形而上学和哲学体系的批判作为基础。在她的《这个非唯一的性》(*Ce Sexe qui n'en est pas un*,1977)的著作中,她说:"谈到女人或者以女人身份说话,都不是说女人或女人说话,因为这并不是关于女人成为客体或主体的那种论述的形成和生产的问题。"①伊丽佳蕾不同于其他后现代女性主义者,她所关怀的重点,是目前已经流行于社会文化生活中的西方语言论述的哲学基础的问题,因为她认为这是批判整个父权主义文化的核心和关键。如前所述,她也同意要彻底批判关于女性的传统论述,并认为这种批判活动是批判整个传统文化的重要构成部分,也是积极开展后现代女性主义运动的社会实践所刻不容缓的要求;但是,所有这一切,都没有比批判和摧毁传统哲学形而上学基础来得重要。也许,我们可以在伊丽佳蕾的后现代女性主义著作中,典型地看到后现代女性主义批判传统女性论述的一个模式,这种模式是同其他的后现代女性主义对传统女性论述的批判同时存在并相互补充的。

伊丽佳蕾指出:"女性性征的理论化,一直是在男性的参数内进行的。"②伊丽佳蕾以弗洛伊德的精神分析学为例,批判弗洛伊德总是从男性性征与性欲为基准,分析女性的性征及性器官的功能。弗洛伊德竟然认为,在女性性欲和性格发展的过程中,如果女性未能成功地以男性性征和性欲为参数来跨越各个关键阶段的话,她们就会在发育上出现不正常现象。例如,在女性性征发育到一定阶段时,会出现女性阴蒂主动化的男性化倾向,而且,这种女性阴蒂主动化的男性化倾向,还必须同女性阴道被动化的女性化倾向协调起来。否则,女人的性征和性欲就会出现"异常"。伊丽佳蕾指出,弗洛伊德等人显然是从男性性欲及其性活动的经验为标准,对女性性征和性欲进行扭曲。男人以及男性精神分析学家从男性的标准,把女性阴蒂当成"小阴茎",并以男人不存在"阉割情结"为理由,想象女人会把阴蒂当成"小阴茎"来进行自慰和手淫,发泄她们的

① Irigaray,L.*Ce sexe qui n'en est pas un*.Paris:Minuit.1977:133;*This Sex Which is Not One*. Ithaca:Cornell University Press.*Langage*,*Persephone and Sacrifice*.Interview with Luce Irigaray,conducted and translated by Heather Jon Maroney.In Borderlines,4,winter:30-32.1985:135.

② Irigaray,*Ce sexe qui n'en est pas un*.Paris:Minuit.1977.

性欲。而且,弗洛伊德等人还把女人阴道当成男性阴茎的"家",如果阴道不接纳阴茎的话,女人似乎就会自然地进行手淫。伊丽佳蕾说:"依据这些理论家,女人的性感似乎仅仅是阴道而已,简直无法与阳具相比;或者,女人阴道不管是'洞空'或'包裹',只是在性交时为阳具提供包围和摩擦的刀鞘,某种'非器官',一种用来翻转来按摩自身的男性化器官。"①

伊丽佳蕾还指出:精神分析学的这种性观念是不会正确地谈论女人的性快感的。"对于女人来说,'缺乏'(absence)、'萎缩'和'羡慕阳物',才是她们的命运,因为阴茎被看做是唯一有价值的性器官。……女人的欲望的存在,仅仅是为了有朝一日获得男性器官的等同物。""女人只是男人进行臆想的一种比较方便的助动器罢了。女人所体验的快感,首先只能是一种受虐的快感,把自己的身体出卖给不属于自己的欲望,使自己处于那种人所共知的依附状态。……毋庸置疑,这个古老的文明不会只有一种语言,一套字母,女人的欲望绝不会像男人的欲望那样,只有一种语言。但是,她的欲望可能被自古希腊以来支配西方的逻辑掩盖罢了。""女人的快感主要来自触摸而不是观看。她由此进入一种支配性的观睹经验,却再次表明她是被动型的:她将是一个美的对象。她的身体因此而被色情化和妓女化,在展览和羞怯之间进行双重运动,以激发她的'主体'的本能;但是,她的性器官再现了'无可观睹'所带来的恐惧。在这个再现和欲望系统里,阴道是再现的窥视目标上的洞孔。希腊雕像已经承认,必须从再现场景中排除和抛弃这种'无可观睹'的性器官。从此,女人的性器官在艺术作品中离开了再现场景,她的'裂缝'终于被缝合了。"②

作为后现代女性主义批判传统女性论述的一个模式,伊丽佳蕾特别重视构成西方传统女性论述的那种所谓**"理性的情感化基础"**(The passional foundation of reason)。这个特殊概念具有特别重要的意义。首先,"理性的情感化基础"指的是传统女性论述赖以存在和巩固的理性基础

---

① Irigaray, *Ce sexe qui n'en est pas un*. Paris: Minuit.1977.

② Ibid.

本身。其次,它又是指这种理性基础如何在长期的传统文化再生产过程中不知不觉,然而又顽固地渗透到整个西方人的情感中,也就是深深的**"内在化"**,从而使这种经文化再生产而纳入心态结构的情感,逐渐地自然化或**"中性化"**,在潜意识中实现它的正当化和**普遍化**。再次,它同时也是指这种内在化的理性基础所经历的**语言再论述化过程**。最后,它又是指这种理性基础在整个西方文化制度和人的心态中的**"散播"**或**"扩散"**(dissémination;diffusion)过程。

上述第一方面的意义,当然是指传统女性论述的哲学基础。我们在论述后现代女性主义思想观和行动策略的时候,曾经系统地回顾后现代女性主义形成前所经历的漫长"史前史"阶段。在史前史阶段,整个传统女性主义都显示出对于传统哲学形而上学批判的忽视。这也正是传统女性主义最终未能摆脱传统文化羁绊的主要原因。在这方面,法国后现代女性主义思想家所作出的贡献是突出的,也是不可取代的。伊丽佳蕾继承和发扬西蒙·德波娃等前辈的哲学批判传统,同时也广泛吸收男性后结构主义和后现代主义思想家的哲学批判原则,使她在当代后现代女性主义思想家中独树一帜。伊丽佳蕾意识到,在人类文化形构和再生产过程中,哲学的一般化和抽象化,将文化再生产和发展中的一切运作机制及其成果固定化,并以系统理论的模式,成为指导人们言行的**世界观**和**人生观**,也成为指导各种认知活动和科学研究的认识论和方法论基础。理性一旦作为世界观、人生观、认识论及方法论,反过来又在人们的一切言行中,特别是在各种论述,贯彻和加强已经被哲学化的那些原则,尤其是被正当化的那些男性父权制的文化的各种论述。**在传统西方文化的形成和发展过程中,哲学化、神学化、知识化、艺术化、社会化和语言论述化的过程是同时进行的,而哲学化是这个过程中的最核心和最优先的部分。**这是从古希腊西方传统文化建构时期早就确定下来的。为此,批判西方传统女性论述,首先不但必须当成是对于哲学化、神学化、知识化、艺术化、社会化和语言论述化整个过程的批判的一部分,而且也必须把其中的哲学化解构摆在中心地位。

要完成对于传统理性论述的哲学批判,除了深入揭露西方传统哲学形而上学的思维模式和论证体系以外,除了揭露这些传统哲学形而上学对于女性的社会文化地位的理论论证以外,还必须形成和建构一种由女性自身所进行的哲学理论反思。当然,伊丽佳蕾并不打算建构一个同男人直接相对立或与男人相隔离的独立女性哲学。她所要建构的是重新思考整个人类社会历史及其文化结构,并在其基础上,抛弃以唯一的"性"作为思考主体的哲学原则。在这方面,伊丽佳蕾从拉康、德里达和福柯的后结构主义理论和方法论中吸收了不少有益的因素。所谓"去中心"的哲学论述和语言论述模式,成为了伊丽佳蕾批判传统哲学和建构新哲学的典范。正如勒德福(M.Le Doeuff)所指出的:"女性主义的职责是朝向普遍性(towards universality);她必须超出和揭示不单纯关怀女人而已的现实性。"①显然,**伊丽佳蕾对于传统理性论述哲学基础的批判,不再重复传统女性主义以"女性主体化"取代"男性主体化"的理论思考模式;而是从普遍化的角度,试图透过"去中心"的理论思考程序,彻底取代作为男性父权主义和整个传统文化的哲学理论基础的"二元对立主客体模式"。**

伊丽佳蕾的第二方面哲学批判重点,是将哲学和人类学、社会学、心理学和语言学的理论思考结合在一起,注重从一般化和普遍化的观点,探索男性父权制文化和传统文化的哲学原则的整个内在化过程。在这方面,由拉康所开创的"语言心理哲学形而上学批判"的研究成果,由福柯和德里达所分别进行的"哲学语言心理论述的解构"以及德勒兹运用的"心理语言综合精神分裂法",都对伊丽佳蕾的上述批判提供了深刻的启发。作为一位后现代主义者,她在将文化、心理、语言和思想的哲学批判发展成为跨学科多元性批判方面,取得了重大成果。这也就是伊丽佳蕾所进行的女性传统论述哲学批判的重要特色。在上述跨学科的哲学多元研究中,精神分析是中心部分。所以,伊丽佳蕾也曾经在某种意义上将自己的方法称为"使哲学家们精神分析化"的方法(A method of psychoanalysing the philosophers)。

在分析男性父权文化统治下的女性传统论述的内在化过程时,伊丽

---

① Le Doeuff.*L'Étude et le rouet.*Paris:Seuil.1989:275.

佳蕾创造性地提出"**女性想象力**"的新概念,以此取代传统内在化过程中的"象征化"程序。在她看来,女性想象力可以克服传统文化象征化程序中偏向男性主体化的倾向,同时也透过女性想象力实现一种哲学形而上学思考的"去中心"过程,避免以男性为中心向女性强制性地灌输整个象征化的社会文化体系。伊丽佳蕾指出:"我们整个西方文化都建立在谋杀母亲的基础上"(toute notre culture occidentale repose sur le meurtre de la mère)。① 传统西方心理学、社会学和弗洛伊德精神分析学,在分析内在化和社会化过程时,总是把重点放在所谓的"伊底帕斯恋父情结"形成之后的幼儿成长过程各阶段,从而集中说明个人心理实现社会化、内在化和整合化过程中男性父权中心的确立机制。伊丽佳蕾与此相反,将哲学理论思考内在化过程的重点转向她所说的那种"前伊底帕斯阶段"(pre-Oedipal phase)的分析。她指出:"母女关系是整个黑暗大陆的黑暗大陆"(the mother-daughter relationship is the dark continent of the dark continent)。② 她又说:"'母/女'关系以及'母亲/女儿'构成我们社会中一切问题的极端爆炸性的核心。只有思考它,并不断改变它,才能从基础方面颠覆整个男性父权制序。"③显然,在批判男性父权文化及其内在化过程时,伊丽佳蕾从精神分析学和语言学的角度看到了"象征化"(symbolize)程序所起的决定性作用。如前所述,西方传统文化中的象征化,是采取"符号/意义"的二元对立基本模式。这种象征化,不论在个人心理意识成长过程中,还是在集体意识的社会化和整合化的过程中,始终都是占统治地位。为了避免重复这种象征化过程,同时为了克服象征化过程所引起的一切社会文化后果,伊丽佳蕾转向象征化以前的女性想象化过程。女性想象化是婴儿同母体采取"肉体对肉体的直接接触关系"的阶段的原始思考模式。这种思考模式构成个人和整个人类思考和行为方式以及整个文化体系的出发点。但是,长期以来,传统西方文化将这一阶段的思考模式撇在一边不加以考虑和考察,忽略了它在个人心理和社会文化整

---

① Irigaray, *Le corps à corps avec la mère*. Montreal: La Pleine Lune. 1981: 81.
② Ibid.: 61.
③ Ibid.: 86.

体形成过程中的决定性地位。她指出,整个西方社会和文化制度,都是建立在母亲的生产者和再生产者的角色的基础上;而西方文化的发展却反过来扼杀母亲的作用。因此,只要我们动摇整个社会文化秩序的基础,一切事情也都改变了。①

六、克里斯蒂娃

克里斯蒂娃并不满足于在单纯的两性关系中探讨女性主义政治的发展可能性。她认为,解决女性政治的根本问题,必须超越狭隘的两性关系,在更广阔和更深刻的人类社会文化的视野中,探索政治与文化的根本性质及其真正原初根源。因此,克里斯蒂娃指出,近50年女性主义不同于古典时期的女性主义;它不但派别林立,花样翻新频繁,而且其内容和基本诉求,已经不是重复古典女性主义单纯争取改善女子社会地位和扩大政治权利的口号,而是向人类整体文化的根本性质及其深度结构进行全面探索,试图解决人类社会和文化创建以来长期埋伏在深层结构中的基本矛盾。②

在名目繁多的当代女性主义潮流中,克里斯蒂娃的杰出成果,恰恰在于巧妙地处理女性主义思想与人类文化重建的内在关系,创建一种超越传统"一般/个别"或"主体/客体"的二元对立统一模式的新方法,即"通过生物学和生理学的特殊性,使女性身份呈现为一种象征性的事实(a travers des particularites biologiques et physiologiques, l'identie feminine apparait comme un fait symbolique),也就是说,变为一种自我生存的方式,以对抗社会的一致性标准和语言霸权。在这样的视野内(从今以后我也只能站在这个立场上),女性的问题,一方面是作为'女人效果'(effet femme),另一方面则作为'母亲功能'(fonction maternelle)来分析。"③

按照这样的新女性主义的思想方法,克里斯蒂娃对女性的分析,不再

---

① See Irigaray, *Le corps à corps avec la mère*. Montreal: La Pleine Lune.1981.:81.

② See Kristeva, *Seule*, *Une femme*. Paris: L'aube.2007:114-115.

③ Ibid.:115.

是采取那种单纯与男性对立的简单模式,也就是说,不再沿用传统本体论所惯用的"二元对立统一"模式,而是彻底脱出其约束,只重点地"通过生物学和生理学的特殊性,使女性身份呈现为一种象征性的事实";典型地选择历史上和西式生活中的令人感动的"女英雄"、"女圣人"、"才女"等具体形象,把她们当成女性的象征性代表人物,突出地表彰她们的卓越的"自我生存的方式",表彰她们以自身的特殊生命历程和生活方式对抗占统治地位的社会一致性标准和语言霸权的成果,由此肯定女性在历史、文化创造以及社会生活中的不可取代的卓越地位!①

正因为这样,克里斯蒂娃的思想理论,就能够从人的思想精神深处的根本问题出发,针对残酷的社会文化的历史事实,揭示当代文化重建的关键,既越出一般女性主义的范畴,又更深刻地衬托出女性解放的真正出路。

克里斯蒂娃首先是从符号论和精神分析学出发,对传统文化进行解构,并深入研究男女两性关系及其同整个文化的关系。②

克里斯蒂娃同德里达一起为发展解构主义的新符号论作出了重要贡献。她是一位天才的语言学家、符号论者、哲学家和文学家。她的著作,不管是关于文学,还是关于哲学和符号论方面,都同时包含着独特的女性主义思想和理论。

她善于将哲学、文学和符号论结合在一起,以其创造性的风格和手法,揭示当代社会中贯穿于日常生活、语言、礼仪、习俗和制度中的各种靠符号游戏所显示的男女不平等的普遍现象。对于这种已经根深蒂固的西方社会中流行的社会文化现象,克里斯蒂娃给予非常尖锐的批判。再加上她在哲学理论方面的优异思考天分,使她的作品一方面表现出语言使用及其优美风格的强大说服力,另一方面又体现出理论论述和论证方面

---

①　See Kristeva, *Le Génie féminin* Vol.3；Arendt，Klein，Colette.Fayard.1999-2002.

②　See Kristiva，J.Semeiotikè.*Recherche pour une sémanalyse*，Paris：Seuil.1969；Le texte du roman.*Approche sémiologique d'une structure discursive transformatiomelle*，La Hayde：Mouton.1970；*La révolution du langage poétique*.L'Avant-Garde à la fin du XIX siècle.Lautréamont et Malalrmé.Paris：Seuil.1974；*Des Chinoises*.Paris：Editions des Femmes.1974；*La traversée des signes*.Paris：Seuil.1975；*Polylogue*，Paris：Seuil.1977；*Folle vérité*.Paris：Seuil.1979.

的卓越效果。

1972 年在巴黎召开"阿尔托—巴岱：走向文化革命"的研讨会。克里斯蒂娃在会上发表了重要论文《审理中的主体》。她透过对于阿尔托诗歌语言的分析和诠释，揭示她自身作为一位理论家，在理论思考过程中所感受到的主体性。这位女性理论家尤其深刻体验到主体在确立过程中所遭遇的种种限制。这不是作者个人的特殊经验的总结，而是带有普遍性和一般性的社会文化批判意义。

克里斯蒂娃指出，任何一种理论论述的建构，都不可避免地要首先同统治着社会文化整体，特别是理论界的占优势权力系统进行斗争。这些号称"权威"的理论检验机制和组织力量，不会轻易地让任何一种具有创造性的理论创见通过其审核。在这种情况下，作为理论思考和创造主体的理论家，只能凭借其自身的经验和能力，一步一步地渗透到设有重重规则的原有意识形态理论场域。如果说所有的理论家都必须以其自身的主体性经验接受这种考验的话，那么，作为一位女性理论家，其主体性及其遭遇又将是如何呢？

克里斯蒂娃非常敏锐地指出了这场检验中首先面临的语言符号闸门的严重性。克里斯蒂娃试图尽可能使自身超脱各种主观的限制和条件，走向所谓客观的中立地位，接受所谓"元语言"的最抽象场域的审核，"以便表达这个即便不理解但却又使她不得不忍受痛苦的过程的逻辑，尽力进入所谓实证主义理论的中立性"。①

就在这场有关理论主体的审理过程中，克里斯蒂娃面对着拉康、马克思主义、黑格尔和阿尔托的主体论的检验。克里斯蒂娃透过对于流行于整个社会文化领域中的主体逻辑的分析和批判，揭露了当代社会整个社会文化体系对于女性思想及其社会文化命运的顽固排斥（expulsion）和践踏。

在对待拉康等人的精神分析学主体论方面，克里斯蒂娃充分肯定了德勒兹和加达里所作出的贡献，因为他们两位在其《反俄狄帕斯》的书中

---

① Kristeva, *Polylogue*, Paris: Seuil. 1977.

已经严厉地批判了弗洛伊德等人的精神分析学的父权中心主义实质。拉康尽管比弗洛伊德向前走了一大步,试图更彻底地摧毁传统父权中心主义文化体系及其逻辑,但拉康仍然无法跳出以阳具为中心的精神分析原则。拉康确实发现了主体并非像传统理论所说的那样是"统一"的思考单位,而是一种"分裂"的结构,而且它产生于"缺乏"、"无"和"虚空",是由换喻形式所代表的不可能事物,表达以隐喻形式而掩饰的主体的未能得到满足的欲望。在这种形式结构中,所谓主体最后竟然是"以父亲的名誉"(au nom du père)而站立的主体。而在这种靠血缘关系确立的主体的外面,还要披上社会文化性质的主体的外衣,即家庭的、国家的或某一团体的主体,等等。拉康的贡献,就是指出了一切对于设立主体具有决定性意义的社会文化审核,都是立足于"以父亲名誉"的"阳具"(le phallus)上:是阳具的无止境地指向他者的欲望,不断推动主体化的过程。就其客观效果来看,拉康的精神分析学更彻底地揭露了传统社会文化审核的父权中心主义性质。克里斯蒂娃看到了精神分析学的这种积极贡献,因为它所发现的主体,"只不过是一个瞬间,一个注意的时刻,一种静止……"一个终归都要被统一的"空间动力"。主体还走得更远,甚至排斥潜意识与意识、能指与所指的划分;也就是说,甚至排斥主体和社会秩序所借以构成的那种审核。

但阿尔托在他的诗歌创作中所采用的"言语不清"和"喷发",都直截了当地拒绝语言及其系统所进行的象征游戏,调动被这种功能所压抑的一切冲动,以便构成它真正的自身。阿尔托主张以身体的冲动,而不是靠语言,来构成一个破碎的表达方式,这是一种非符号性和象征性的生物和社会物质性的、毫不耽搁和毫无延异的一种投资。克里斯蒂娃如同德里达一样,高度评价阿尔托的表达方式及其对于主体的排斥策略。

克里斯蒂娃在阿尔托的反语言表达方式中,看到了破碎的主体只能在人的自然的身体的直接表达体现出来。克里斯蒂娃把这种以身体作为主体形成过程的场所,称为"容器"(chora)。克里斯蒂娃特别指出:早在希腊的文献中,chora就意味着一种可以容纳一切运动和矛盾的"母体",它是混沌的场所,是一切"存在"和"生成"变为稳定物以前的序曲,其中的任何一个因素,都是相互差异的。柏拉图甚至说,chora 是"上帝不在那里"的桃花源,一种永恒的第三自然。① 克里斯蒂娃表示,她使用 chora 这个语词是为了表述"一个过程的组织",一种安置主体化过程中所出现的一切冲动和矛盾的组织。她把它当成一种跨越一切具体的身体并与女性的身体进行游戏的组织。克里斯蒂娃强烈谴责流行于当代社会中的"阳物文化"对于女性的专制,她跟随着阿尔托的身体直接表达方式,发现脱离了语言神学系统统一性约束的主体化过程,将是女性身体在当代社会中所遭受的那种悲惨的命运。克里斯蒂娃明确地看到了:"语言的结构是主体化过程的障碍;它们阻止过程使之固定,使主体化过程屈从于相互牢固地联合在一起的语言和制度的统一。整个系列的统一,包括语言的、认知的、概念的和制度的、意识形态的、政治的和经济机制的统一,都与这个主体化过程相对立,使之封闭、升华,置于'魔力'之下,并透过'魔力'而破坏它。"②

克里斯蒂娃认为,显然,是整个社会文化制度和实际的社会力量,共同联合起来,迫使女性在所有的主体化过程中遭受厄运,压制在整个社会文化体系的最底层。克里斯蒂娃为女性所找到的出路,就是像阿尔托那样,颠覆传统的语言和文化体系,排斥各种符号系统和理论论述系统的同一化过程,勇敢地走向使自身主体粉碎的革命道路,宁愿在无语言文字和符号体系的困境中自由地生存,也贬抑接受任何形式的逻辑和规则的约束。

人类语言论述的最原初典范是母子间的对话模式。作为"他者"的幼儿,实际上,已经作为存在论意义上的人类原初存在,作为人类社会和文化的基本因素,产生和孕育于母亲体内,并自始至终得到母亲的身体和精神双方面细心滋润哺育的基础性社会文化关系的原型。因此,如果说,爱是人自身对他人的关系的最高模式的话,那么,母亲对幼儿的爱,就成为一切爱的典范。

---

① See Plato, *Timaeus.*
② Kristeva, *Polylogue*, Paris: Seuil. 1977.

一切人,不管是女还是男,都是由母亲生出和变来的,也是从母亲演变而来。母亲从女性的身体和心灵的审美活动中形成并不断巩固。克里斯蒂娃受到英国儿科医生兼精神分析学家维尼克特的临床经验和研究成果的启发,强调母亲同她的孩子之间的原始关系已经深深地包含了人的社会关系的一切因素,同时也隐含了人的存在的奥秘。克里斯蒂娃在她的《女性与神圣品》(*Le feminin et le sacre*,2007)中指出:海德格尔所揭示的"存在的安详宁静特征",恰恰植根于"母与子"的原初关系中。由此出发,人类才有可能进行各种创造活动。母亲就"在那儿",原初自然和直截了当地与其亲子的关系而共同存在。所以,在简单明了的"母亲"中,就包含了她自身与他人;母亲就是"与他人在那儿"的原型。这也是一切区分的开端,是存在和世界的所有差异的"黎明的曙光"。

问题在于:在母亲那里,集中体现了"安详"、"感激"、"忠诚"、"献身精神"。但这并不意味着母亲无所作为,而是意味着:开展行动的渴望恰恰被悬挂在有效的仁慈情怀中。母爱是一种被推迟和被延缓的性爱(un eros différé),一种处于等候状态中的欲望(un désir en attente)。而就在延缓和等候中,它开启了生命的时间,也开启了精神心灵的时间以及开启语言的时间。母亲的存在中所蕴涵的,是一种无所认识、无所意指和无所区分的纯时间,在其中,还无所谓善与恶的区分。但与此同时,它又悖论地已经包含了具有性欲满足倾向的"父亲"的成分在内。

因此,女人具有高于男性的心理特质,这就是她们的坚韧性、宽容性、仁慈性和创造性。这是她们的高效率创造和生产的精神基础,也是她们在人类文化生产和再生产中的关键地位的先决条件。

第九节　当代政治哲学论述
转变的基本条件

当代政治哲学的论述典范,从 20 世纪 60 年代起,发生根本转变。导致这种改变转变的基本原因,有各国和国际政治的原因,也有理论和方法上的根源。

如前所述,国际环境近半个多世纪以来的急剧变化,使世界范围内的政治活动,不论及其内容、性质还是就其策略而言,都发生根本变化。这些特征虽然是复杂的,但可以归结为以上分析过的四大因素:全球化、技术化、市场化、风险化。

因此,当代政治哲学针对政治现状的特征,在理论和方法上也相应地出现了根本性的调整。

当代政治哲学理论论述的特点,是利用全球化、技术化、市场化和风险化的时代特点,使原来政治哲学的古典论述形式转化为不确定化、多元化、数码化和图像化等。法国著名的政治社会学家德勒兹、布迪厄、贾克·朗西耶(Jacques Rancière)[①]和米歇·马费索利(Michel Maffesoli)[②]等人,均针对当代政治哲学论述的新特点,提出了深刻的见解。

---

①　See Rancière, *Le destin des images*. Paris. La fabrique. 2006.

②　See Maffesoli, *La transfiguration du politique*, *La tribalisation du monde postmoderne*, Paris. 1992.

第 二 章

美英政治哲学传统的转变

第一节 研究前沿的一般状况

美英政治哲学,长期以来,深受立足于经验主义(Empiricism)哲学基础的功利主义(Utilitarianism)原则的影响,几乎无法逃脱由边沁(Jeremy Bentham,1748—1832)等人奠定的英美传统自由主义的思路。罗尔斯(John Rawls,1921—2002)于1971年出版的《一种正义的理论》(*A Theory of Justice*)鲜明地举起批判功利主义的旗帜。他开宗明义指出:多年来流行于英美的政治哲学,始终摇摆于功利主义和不成体系的观念大杂烩,即各种号称"直觉主义"(Intuitionism)的政治道德理论的混杂体系之间,毫无理论建树。

罗尔斯以远比功利主义和直觉主义更高更深的理论视野,把"正义"置于唯一优先地位,视之为不可动摇的最高政治道德标准和不可取代的社会价值。因此,他一方面强调,不能以其他人的功利为理由而剥夺任何个人的最基本的自由平等权利,另一方面也揭示各种试图取代功利主义的直觉主义的平庸性,指出它们津津乐道于"直觉"的层面,无法越出直觉的范围,往往满足于寻求经验方面可以直接受检验的直觉材料,用以探索政治主要问题的基础条件,因而一针见血地揭示了长期通行于英美政治哲学中的经验主义的理论要害,有助于开辟政治哲学创新的广阔视野。

从 20 世纪 70 年代到 21 世纪初,罗尔斯的以正义论为核心的新自由主义政治哲学,完成了理论上的重要更新转换:首先是通过新型的正义论,建构一个以合理的相对同质的道德信念为基础的稳定的"秩序良好的社会";其次,在吸取开放的争论成果的基础上,主张建构一个以包容理性多元理念为基础并具有广泛重叠共识的"秩序良好的社会"。

在理论建构的第一时期,罗尔斯在其主要著作《一种关于正义的理论》一书中,批判直觉主义说:"第一,直觉主义理论只由若干第一原则所组成,而这些第一原则在处理具体问题时又可能得出相互矛盾的指令;第二,直觉主义理论不能提供明晰的方法和优先原则作为衡量这些原则的重要性。于是,我们只能依靠似乎最准确的直觉,以求在这些原则之间偶然地达到平衡。即使是直觉主义理论能够提供优先原则,充其量它们也是琐碎的,不能在我们形成判断时给予实质性帮助。"[1]

由此可见,罗尔斯的正义理论打破了功利主义和直觉主义的僵局,为长期陷于功利主义和经验主义理论格局的英美政治哲学,找到了创新和发展的出路。

正是在走出传统经验主义理论模式的约束的基础上,罗尔斯接受多种政治哲学理念的合理建构的建议,于 1993 年发表《政治自由主义》,除了坚定地继续维护他的正义观念以外,罗尔斯针对自由民主社会现实中多元理念和价值合理争论和共存的事实,进一步强调民主社会坚持宽容原则的可能性、必要性和正当性。

在强调个人自由的同时,坚持宽容的原则,这本来符合古典自由主义的理论诉求。不论洛克、休谟和康德都指出自由民主制是与宽容精神相一致的。[2]

---

① Rawls, *A Theory of Justice*. 1971:34.

② See Locke, *A Letter Concerning Toleration*; *Epistola de tolerantia*. 1689; Hume, *An Enquiry Concerning the Principles of Morals*. 1751; *Political Discourses*. 1752; *Religion innerhalb der Grenzen der bloßen Vernunft*. 1793.

关于自由民主制的自由平等与宽容原则,卡尔·波普(Karl Popper,1902—1994)曾经结合 20 世纪政治实践经验,针对 20 世纪 30 年代出现的两种极权主义政权及其反人性专制的历史教训,在《开放社会及其敌人》(*The Open Society and Its Enemies*, Ⅰ-Ⅱ,1945)一书中,精辟地指出:自由民主政治制度的实质,并不在于"主权在民",而是在于能在任何情况下,都坚信靠民主平等的合理争论而不诉诸暴力。①

在古典自由主义理论中所奠定的宽容原则,并没有能够轻而易举和顺利地在现实的西方社会中得到全面的贯彻。所以,原本在理论上已经解决的问题,反而在 20 世纪西方各主要国家的政治生活中变为再次引起争论的课题。这是带有讽刺性和意味深长的。

罗尔斯敢于面对现实问题和实际危机,并敏感地在理论上从根基方面进行探讨。所以,近 30 年来,在英美政治哲学界所展开的理论争论和新的探索,有利于全面思索自由主义的难题及其实际实施的政策的基础。

在罗尔斯的最初的正义论的带动下,英美政治哲学界展开了多方面的探索,显示了英美政治哲学界的自由讨论的学术风气。

值得注意的是,《一种关于正义的理论》发表以后,英美政治哲学界发生了重要的变化。第一,作为传统自由主义哲学基础的经验主义和分析哲学,既受到来自英美国内新型哲学理论派别的挑战,也遭遇欧陆各国新哲学流派的质疑,致使英美分析哲学本身也发生理论方面的松动,产生了分析哲学内部的争论;同时,以经验主义为基础的英美主流哲学,开始明显地走出传统哲学问题的纯专业性探讨,更具体地关注社会政治和伦理道德问题,似乎恢复杜威等 20 世纪初第一代实用主义哲学家的关切社会命运的传统。第二,政治哲学范围内逐渐出现多元理论派别,并逐渐跳出传统政治哲学的理论框架,首先把政治本身当成非政治专业化的实际生活领域,使政治从专业政治家和政治哲学家所探讨的狭小范围扩大到包括文化、道德及沟通交往等领域的公民生活世界。正是在这种背景下,不但原来通行于英美政治哲学的功利主义和直觉主义,而且包括罗尔斯

---

① See Popper, *The Open Society and Its Enemies*, Ⅰ-Ⅱ,1945.

最初提出的正义理论在内的新一代自由主义理论,也遭到普遍的质疑,从而产生出一系列既与自由主义相容,又试图在自由主义总框架内创造供多元价值与文化平等相处和成长的新社会。

所以,近 30 年来,英美政治哲学内,一方面,自由主义理论本身进行了一场近乎脱胎换骨的更新过程,这主要指的是上述由罗尔斯所带动的新自由主义的理论探索;另一方面,在自由主义之旁,既受自由主义的启发,又对自由主义基本理论提出质疑,产生了社区主义和文化多元主义的各种版本,活跃了政治哲学本身的更新过程。

具体地说,当代英美政治哲学所探讨的中心论题是自由主义民主和个人的责任。围绕自由主义民主的论题,政治哲学家划分为两大阵营,他们之间固然有明显的理论分歧,但难免仍然存在共通点。第一阵营的政治哲学家坚持自由主义民主的基本信念,试图尽可能对自由民主给予人性道德价值方面的哲学论证。在这方面,先后出现过功利主义、自由主义的平等正义论及自由至上主义三种理论派别。第二阵营采取了社群主义、女性主义、公民共和主义、文化多元主义、后殖民主义以及带有浓厚英美哲学传统特色的新马克思主义。

围绕自由主义民主的争论,属于第一阵营的政治哲学家在阐述自由主义民主的核心概念的时候,还具体地就"权利"、"自由"、"最大多数人的最大利益"、"平等机会"等概念的内涵及其实现条件进行尽可能充分的论证,以便使自由主义政治哲学适应 20 世纪末以来西方社会发生根本变化的状况,获得理论更新的可能性。

近 30 年来,对捍卫和更新功利主义政治哲学作出杰出贡献的思想家包括大卫・利昂(David Lyons)①、罗斯・哈里森(Ross Harrison)②、巴特・斯胡茨(Bart Schultz)③、詹姆士・格里芬(James Griffin)④、理查德・

---

① See Lyons, *Mill's Utilitarianism: Critical Essays*. Rowman and Littlefield. 1997.

② See Harrison, *Bentham*. Routledge. 1999.

③ See Schultz, *Essays on Sidgwick*. Cambridge University Press. 1992.

④ See Griffin, *Well-Being: Its Meaning, Measurement, and Moral Importance*. Oxford University Press. 1986.

布伦德(Richard Brandt)①、哈尔(R.M.Hare)②、彼德·辛格(Peter Singer)③、罗伯特·古丁(Robert Goodin)④及詹姆士·贝雷(James Bailey)⑤等。

在近 30 年的政治哲学争论中,受到质疑的功利主义哲学,主要是它的两大原则:第一,任何政治制度和政治行动的主要目标是捍卫人的福祉;第二,作为政治的基本准则的道德原则,归根结底,必须依据它对人的福祉的实际效果而受到检验。从罗尔斯开始对功利主义展开的理论讨伐,恰恰针对上述两大原则,但质疑的焦点,不是上述原则的一般抽象的层面,因为罗尔斯等人充分意识到:在上述功利主义两大原则中,隐含着无可辩驳的人性论据,以致功利主义能够在工业社会产生以后的两百多年内,始终维持它对大多数公民的理论吸引力。

罗尔斯等人看到了功利主义哲学中隐含的理论威力,促使他们在批判功利主义的同时,谨慎地肯定了其合理的内核,这就是关于确认:创造社会大多数成员的最大幸福的行为和政策,必须在道德上是正当的,也就是说,道德无可否认地必须成为保证人类幸福最大化的基本社会前提。所以,毫不奇怪,罗尔斯的新正义论所设计的理想社会的基本结构,正好容纳了功利主义的上述道德底线。

肯定这一点,有利于我们更恰当地评价近年来对功利主义展开批判的新自由主义正义论及其后的各种政治哲学新派别。

第二节　罗尔斯:以正义的名义批判功利主义

在罗尔斯那里,最根本的问题,就是提出了这样一个坚定的基本观

---

① See Brandt, *A Theory of the Right and the Good.* Oxford University Press.1979;*Morality*,*Utilitarianism and Rights.* Cambridge University Press.1992.

② See Hare, *Moral Thinking.* Oxford University Press.1981.

③ See Singer, *Practical Ethics.* Cambridge University Press.1993.

④ See Goodin, *Utilitarianism as a Public Philosophy.* Cambridge University Press.1995.

⑤ See Bailey, *Utilitarianism*, *Institutions and Justice.* Oxford University Press.1997.

念:"所有的社会首要益品(social primary goods),即自由与机会、收入与财富、自尊的基础,都必须平等地分配,除非对某一种或所有社会首要益品的不平等分配会有利于最少的受惠者。"①

罗尔斯把基本益品分为两类:第一类是社会的基本益品,它直接由社会制度加以分配,如收入、财富、机会和权力以及权利和自由等;第二类是自然益品,它虽然受到社会制度的影响,但并不是直接由社会来分配,而是在很大程度上属于自然天赋,如个人健康、智力、活力、想象力,等等。

罗尔斯的一般正义观的重要贡献,就是再次把"正义"置于社会益品分配的最高原则,并强调:要实现平等,并不是消除一切不平等,而只是消除那些导致某些人受损的不平等。换句话说,如果某些形式的不平等,会导致所有人受益,那么,这样的不平等就可以被接受。

罗尔斯在1978年出版的《作为主体的基本结构》一文中更明确地指出:假设给他人更多的财富反而可以促进我的利益,那么,"平等"关照我的利益就是允许而不是禁止"不平等";如果不平等能够增进我最初的平等份额,这样的不平等就可以被允许;如果不平等像功利主义那样会侵占我的公平份额,这样的不平等就不能被允许。总之,罗尔斯是这样思考"不平等":仿佛把某些对不平等的否决权授予较不利者,他们就可以否决牺牲而非促进自身利益的那些不平等。②

在上述一般正义原则的基础上,为了彻底驳斥此前流行于英美学术界的直觉主义的论述基调,罗尔斯进一步从"特殊的正义"的角度,论证正义原则的具体实施的可能性和必要性。为此,罗尔斯提出了处理上述一般正义观的不同要素的优先顺序。这样,罗尔斯就把他的一般观念分解成三大部分,并按他所说的"词典式优先"原则进行排列。他指出:

"第一原则:对基本同等自由的最广泛的总体系以及与之相容的适用于所有人的类似的自由体系而言,每个人都必须拥有一种平等的权利"(Each person is to have an equal right to the most extensive total system

---

① Rawls, *A Theory of Justice*. 1971:303.

② See Rawls, *The Basic Structure As subject*. In A. Goldman/J. Kim, eds. Values and Morals. 1978:64.

of equal basic liberties compatible with a similar system of liberty for all）。①

"第二原则：社会和经济的不平等应该如此地安排，以便使：(1)这两种不平等都能够最大限度地增进最不利者的利益；(2)这两种不平等所依系的职务和地位，都应该基于对所有人都是公正平等的开放机会的原则。"

"第一优先规则，即自由优先原则，就是各正义原则必须以词典序列进行排列，以便使自由为了自由的缘故才能被限制。"

"第二优先原则，即正义优先于效率与福利的原则，就是使第二正义原则词典式地优先于效率原则以及使总体利益最大化的原则；同时，公平的机会要优先于差异原则。"②

显然，罗尔斯所关心的是合理地排列社会益品的顺序，以便使某些重要的社会益品始终先于比它次要的社会益品，并使后者的增长不至于牺牲前者。而且，对大多数人来说，具有最重要意义的各种基本自由，必须优先于机会平等，而机会平等必须优先于资源平等。

当然，在每一个政治生活的范围内罗尔斯坚持这样的原则：只有当某一种不平等有利于最不利者的时候，这种不平等才被允许。也就是说，优先原则并不影响在每一个范围内保持有效的关于公平份额的基本原则。

罗尔斯的正义论明确地捍卫了自由主义原则，而他之所以对原有古典自由主义进行修正和补充，也正是为了在贯彻自由主义而遇到现实危机的时候，能够使自由主义继续被坚定地贯彻下去。他的贡献只是在于发现了：坚持自由主义是不够的，更重要的是，必须针对贯彻过程中的实际危机和问题，善于提出理论上的战略改变，而不应停留在处理具体问题时的策略变更而已。这就使罗尔斯提出了完全不同于传统自由主义的新型政治哲学论述体系。

为了弥补传统自由主义的缺陷，罗尔斯着力于捍卫自由民主制中作为基本准则的最普遍的公民权利、政治权利和个人自由，即公民投票权、

①　Rawls, *A Theory of Justice*. 1971：302-303.

②　Ibid.

竞选权、享有正当审判程序的权利、自由言论权、自由迁徙权等；所有这些基本权利，罗尔斯称之为"诸基本自由"。① 罗尔斯认为，这些最一般又是最直接涉及普通公民基本权利的自由，最能够体现自由民主制所应该理解和贯彻的那种正义精神，因此应该置之于最优先的地位，才能真正保证自由民主制的实际贯彻。

但是，罗尔斯的正义论之所以具有创新的意义，还在于他提出了"经济资源的公平份额理论"。

罗尔斯为此集中地以"社会契约"为基本模式，把符合人性的最原初的政治道德准则，列为解决社会正义的真正基础。罗尔斯说："我的目的是提出这样的一种正义观，通过这种正义观，可以概括洛克、卢梭和康德使用过、为人们所熟知的社会契约论，同时又将使社会契约论提升到更抽象的高度。"②

罗尔斯认为，社会契约论的意义，就在于提供一个最原初同时又是最自然的平等地位，来探讨和确定真正的正义原则。罗尔斯所说的"原初地位"（the original position），不同于古典契约论所说的"自然状态"；它是纯粹想象的假想环境，用来合理地导向一种特定的正义观。③

值得指出的是，罗尔斯通过"原初地位"的概念作为探讨和论证其正义论的出发点，恰好是为了同古典的社会契约论相区别。"原初地位"的概念是至关重要的，因为它克服了作为古典社会契约论和自然权利论的出发点的"自然状态"概念，揭露了"自然状态"概念的似是而非的性质，将正义的讨论真正回归到能够彻底克服各种导致可能的不平等的正义论证过程及其论证结果。

罗尔斯的智慧就在于看穿了传统契约论和自然权利论所设定的"自然状态"隐含的不平等性。罗尔斯指出，传统意义上的"自然状态"实际上不吻合公平的要求，因为"自然状态"概念还承认各种不平等的自然天赋、不同程度地掌握自然资源以及有强弱差别的体力。基于这种隐含不

---

① Rawls, *A Theory of Justice*. 1971:61.

② Ibid.:11.

③ Ibid.:12.

平等性的"自然状态"概念而进行的正义性论证,就会导致论证过程中,一部分人会利用自己的优势而获得有利于自身的契约结果,同时也自然地迫使那些体力、天赋和资源方面处于劣势的个人,作出妥协性的让步。

这就是说,传统自然权利论和社会契约论所提出的"自然状态"概念,既含有导致不平等的不合理性,也隐含可能导致非正义的不确定性。罗尔斯认为,自然的不确定性诚然影响着每一个人,但有些人拥有的自然优势,也恰好可以利用不确定性的状况,选择有利于增强自己的自然优势的论证策略,以达到强化自己原有优势的契约结果。所以,罗尔斯强调:他的新自由主义正义观所寻求的平等,应该消除上述各种有利于一部分人加强优势地位,而不利于另一部分人改善其不利地位的原初出发点。

由此可见,罗尔斯所提出的"原初地位"概念,是为了防止人们在选择和论证正义原则的时候,会利用自己的各种任意优势。罗尔斯试图通过他的"原初地位"概念,把所有的人都毫无例外地置于"无知之幕"(veil of ignorance)的背后:没有一个人知道自己在社会中所处的位置,包括其阶级地位或社会身份;同时也没有一个人知道他天生会有什么样的运气,不知道自己赋有何种能力、智商和体力,等等;甚至还假设当事人不知道自己有什么样的关于善的观念。正是在这种"无知之幕"的帷幕的笼罩下,促使每个人不会因自然或社会的偶然因素而处于有利或不利的地位。① 这就是罗尔斯所设定的正义讨论的公平条件,也是罗尔斯捍卫和发展古典自由主义契约论的主要贡献。

显然,在罗尔斯的正义论中包含着两条正义原则。第一条是自由原则,它保证每一个人最充分地享有各种平等的基本自由。第二条是差异原则,它要求对资源进行平等分配,除非不平等有益于最不利者的利益。② 罗尔斯把第一原则列为优先和决定性地位,因为他清楚地认识到它是决定社会基础结构的关键性原则,也是捍卫自由民主制政治的"自由"、"平等"、"博爱"的基本精神的出发点。只有首先实施它的原则,才

---

① See Rawls, *A Theory of Justice*, 1971:18-19.

② See Ibid.:104.

谈得上对差异性的容忍及其正当性。由此可见,罗尔斯深刻地揭示了自由民主制社会中可能产生的财富分配不平等的社会根源,也巧妙地试图以第二原则纠正社会经济体制可能导致的不公正现象。

罗尔斯通过上述两大原则,实际上首先解决制度层面的公正原则问题。接下来要探索的,对他来说,就是从社会成员个人的角度分析可能最好的公正原则。在他看来,社会的公正稳定及其改善,必须从社会制度和个人两方面来探索。罗尔斯显然是深受传统西方社会哲学的影响,把"社会与个人"的关系当成首要解决的核心问题。

在处理个人层面的正义原则时,罗尔斯强调必须首先正确对待个人对整个社会所应尽的责任和义务。当然,罗尔斯还特别强调:讨论个人对社会的责任和义务,不是抽象的和无条件的;因为个人对社会的责任和义务,必须以一个正义的社会制度的存在作为前提。我们所讨论的,不是一般性和抽象的个人与社会的关系,也不是抽象的个人对社会的态度问题,而是探讨在一个合理公正的社会中的个体成员所应尽的具体责任。

所以,个人的正义原则也有一个首先要解决的公正问题。在什么情况下讨论个人对社会的责任才是公正的呢?显然,个人必须承担的社会责任,首先,必须是也只能是指对一个具有正义制度的社会的责任。其次,个人对社会制度所制定的条件、提供的机会以及分配的利益是自愿接受的,也就是说,个人是事先已经通过签订一个自愿接受的契约的途径承认自己所处的社会地位的正当性和合法性。因此,现在讨论的个人责任问题,实际上是个人根据契约的精神而履行自己的义务的问题。

在上述基本层面的问题得到解决的同时,由于社会与个人关系问题的复杂性,由于社会生活和政治运作的复杂性,由于社会经济体制本身的复杂性,个人的正义原则,还包括一系列属于积极范畴和属于消极范畴的自然义务等因素。

在分配正义的问题上,罗尔斯不同意遵循一般的"应得原则",因为他明确地意识到:任何以特殊的天赋和才能作为借口而赢得优越的信任的做法,都是不能成立的。罗尔斯认为:任何人都无法对具有自然随意性和不确定性的天赋、家庭出身、精神品质等因素承担责任。为此,罗尔斯特别强调正义的分配原则必须对个人价值判断保持客观中立的态度。

受到德沃尔金等其他自由主义者以及社群主义者的批评之后，罗尔斯在 1993 年发表《政治自由主义》及其他晚期著作，试图修正其原有的理论，提出一种"交叠共识的正义社会"的模式，使原来以基本道德信念为纽带所整合的社会，强化成为以正义的政治观为统治核心力量的合理包容的自由民主社会。①

罗尔斯的理论和思想变化，是 20 世纪 70 年代之后西方社会和全球社会发生根本变化的经验总结，也是这一历史时期政治哲学理论争论和不断创新的一个理论结果。

总的来讲，罗尔斯后来的理论变化，可以归结为以下四个方面：第一，对"原初地位"（The original position）的立约者的动机作了修正；同时也对"基本益品"做了新的说明。第二，改变了对公正原则的普遍性（The Universality of Justice）的看法；罗尔斯本以为由"原初地位"推导出来的公正原则是普遍有效的，但后来发现它的有效性是有限的。罗尔斯明确指出："政治哲学的目的，端看其所针对的社会而定。在一个立宪的民主社会中，它的最重要的课题，就是提出一个有关正义的政治思想体系。"②第三，他原来提出的"一般的"和"无所不包的"理论体系（a general and comprehensive theory），逐渐改变为一个"政治的概念"（a political conception）。第四，强调一种"回避法"（The method of avoidance）的新方法，以便论证其政治哲学的实践性，取代罗尔斯初期过多地强调"形而上学性"、"哲学性"和"知识性"的正义理论。罗尔斯说："我相信，哲学作为追求一种独立的形而上学和道德秩序的真理体系，并不能为一个民主社会提供一个可行的及大家可以共同接受的基本公正的政治体系。"③

罗尔斯认为，民主社会所追求的公平的正义，在实质上是一种交叠的

---

①　See Rawls,"The Idea of an Overlapping Consensus".In *Oxford Journal of Legal Studies*,7, 1987;"The Priority of Right and the Ideas of the Good".In *Philoosphy and Public Affairs*,17,1988; "The Domain of the Political and Overlapping Consensus".In *New York University Law Review*,1980.

②　Rawls,"The Idea of an Overlapping Consensus".In *Oxford Journal of Legal Studies*.7,1987:1.

③　Rawls,"Justice as Fairness:Political not Metaphysical".In *Philosophy and Public Affairs*, 14,1985:230.

共识(Overlapping consensus)。在这种交叠的共识中,包含着三类最基本的价值观和立场:首先,它确认一种大家可以接受的宗教信仰立场,赞成容忍的原则;其次,它履行康德和密尔(John Stuart Mill)主张的道德自由主义原则;最后,共同接受和履行自由民主社会的基本政治价值观。①

罗尔斯强调:自由主义的政治并不仅仅接受宗教的容忍和道德的自由主义,而是把宗教的容忍和道德的自由观念推广到政治生活领域中,承认除了宗教和道德以外,所有易于引起争论的"意义"、"价值"、"人类生活目的"等议题和信念,都可以在自由民主社会的总架构下得到尊重。

由此可见,罗尔斯意识到当代社会已经越来越趋向多元文化、信念、价值共存的新型的非同质性社会;在这个多元多质的社会中,各个不同的文化和具有不同价值观的共同体,既相互容忍、又相互竞争,但大家都需要围绕正义的核心原则,为创建更完美的自由民主社会而相互尊重各自追求的基本价值及其固有的基本权利。而且,在实际上,这种状况本身也符合自由民主制社会的最高理念。

第三节　诺齐克的"放任型自由市场模式"

传统的维护资本主义制度的自由主义政治哲学,往往把以最大限度地发挥资源效率的原则列为最高的优先地位,而自由市场模式则被认为是最大限度发挥资源效率的经济活动方式。除此之外,自由主义政治哲学还把自由市场模式的贯彻当成是防止集权专制、阻止腐败以及维护公民自由的有效途径。因此,在自由主义政治哲学家看来,不论从经济上发挥效率,还是从政治上防止专制腐败,自由市场制度都是最理想的经济、政治和社会生活的基本模式。

---

① See Rawls, "Justice as Fairness: Political not Metaphysical". In *Philosophy and Public Affairs*, 14, 1985: 246; 250; "The Idea of an Overlapping Consensus". In *Oxford Journal of Legal Studies*. 7, 1987: 1; 9.

　　捍卫和发展自由市场原则的自由主义政治哲学的典型代表是哈耶克（Friedrich von Hayek，1899—1992）和诺齐克（Robert Nozick，1938—2001）。

　　在哈耶克的基本理论中，值得注意的是三个基本点：第一，自由权利始终是社会中的公民的最基本和必须优先照顾的权利。因此，他的一切有关自由市场经济模式的政治哲学观点，都是从捍卫个人基本自由权利的原则出发。第二，防止滥用和垄断权力是建构合理幸福社会的最重要条件。第三，涉及社会和个人的基本制度问题，都必须从历史发展和生活条件的最广阔的视野来权衡和制定。为此，哈耶克对于计划经济、市场控制和各种专制主义政治的批评，都是基于以上三个基本点。

　　哈耶克的学生诺齐克针对第二次世界大战后社会危机，适时地提出"自由至上主义"，进一步把上述哈耶克三个基本点所建构的自由市场理论发展和完善起来。因此，诺齐克把问题的焦点集中在个人财产拥有资格及其与社会基本自由权利的相互关系问题上。

　　诺齐克所提出的个人财产拥有资格问题，试图首先论证：在正义状态下凭着自由转移而形成的任何分配都是正义的。因此，政府如果违背当事人意愿而对自由交换进行强制性征税，就是不正义的。一切正当的征税政策必须旨在保护自由交换机制的正常而持续的运作。

　　具体地说，诺齐克的个人财产拥有资格理论包含了以下三个重要原则：

　　第一，任何通过正义途径而获得的财物都容许自由地转移；

　　第二，为人们最初获得的财物提供合理的解释；

　　第三，对通过非正义途径而获得并实行转移的各种财物必须给予限制和惩罚。为此，诺齐克指出：当人们当下拥有的财物是通过正义的途径获得的时候，进行分配正义的公式就是"各尽所择，按择所予"（from each as they choose，to each as they are chosen）。[①]

　　意味深长的是，诺齐克所提出的上述公式是针对马克思所提出的

---

① Nozick，R.*Anarchy*，*State and Utopia*.N.Y.：Basic Books.1974：160.

"各尽所能,按需分配"(from each according to his ability,to each according to his needs)的共产主义原则。这一对照,恰恰表现了自由主义与共产主义的对立性质。

诺齐克由上述三大原则推导出以下关于"最弱的国家"的极端自由主义,甚至是无政府主义的基本政治概念:"最弱的国家只限于提供避免暴力、偷盗、欺诈以及对契约的强制性执行等保护性措施。只有在这个意义上的最弱国家,才能获得合理的辩护;而任何在功能上更强的国家,都势必侵犯个人不得被迫从事特定事情的权利。因此,这样的更强的国家,将得不到任何合理的辩护。"①诺齐克由此证明"最低限度的国家"是合法的和正当的。

诺齐克所主张的"最低限度的国家"就是指尽可能少管闲事的国家,国家的基本的功能只能是保护社会的安全和强制人们履行通过合法途径而达成的契约。

显然,诺齐克的观点是不同于罗尔斯的新自由主义。诺齐克所一再强调的是:"每个人有绝对的权利按自己认为恰当的方式自由地处置财产,只要这种处置不涉及暴力和欺诈。"②

通过对于罗尔斯的批判,诺齐克试图证明:一切比"最低限度的国家"的功能更多的任何类型的国家,都不可避免地将侵犯人权,从而失去国家存在的道德根据。诺齐克在这里表面上批判罗尔斯,但实际上是批判第二次世界大战之后在西方各国普遍实行的社会保障制度以及各种主张国家干预的政治理论。

通过"最低限度的国家"的基本概念,诺齐克试图强调个人权利的不可侵犯性。国家对在合法权利基础上达成的任何自由交易的结果所施加的种种干涉,都直接地抵触人的基本权利。这就意味着连"福利国家"的做法都是不允许的。

在当前情况下,我们且不必急于对他的基本理论下一个总结论,但不

---

① Nozick,R.*Anarchy*,*State and Utopia*.N.Y.:Basic Books.1974:ix.
② Ibid.:265−268.

论在哲学上还是在逻辑上，诺齐克的这个基本观点确实表现了他的理论的前后一贯性和彻底性。至于他的自由至上主义的详细论证及其弱点，留待本书在稍后专门章节进行具体讨论。

第四节　新保守主义的复兴：
列奥·斯特劳斯

在当前充满创新精神的西方政治哲学争论之外，还可以微弱地听到来自极少数试图复兴保守主义政治哲学论述的呼声。这就是由早在1973 年去世的美国芝加哥大学政治哲学教授列奥·斯特劳斯（Leo Strauss，1899—1973）的一群学生和追随者们所提出的新保守主义论述。

值得注意的是，在 20 世纪末、21 世纪初重新推销列奥·斯特劳斯本人早在半个世纪以前所提出的保守主义旧论述，其重点是借用现时学术界批判启蒙理性崇拜的时机，试图把 20 世纪以来发生在地球上的各种专制主义暴行的主要责任归罪于现代理性，并由此复兴由少数"精英"所统治的"新社会秩序"。

列奥·斯特劳斯在他的主要著作《自然法与历史》（*Natural Right and History*，1950）和《城邦与人》（*The City and Man*，1964）中，确实深刻地揭示了启蒙理性赋予个人主义、历史主义和实证主义绝对优胜地位的片面性，从而也深刻地批判了西方现代化过程对理性的崇拜，以致使之工具化和功利化的严重后果。同时，毫无疑问，列奥·斯特劳斯经历第二次世界大战期间法西斯专制主义暴行的历史经验，促使他冷静而深沉地回溯了西方思想发展历程，并认真地重新反思作为西方文化源头的古希腊原典的真正意义。

但是，列奥·斯特劳斯在他的晚年对于希腊哲学的执着精神，除了以上所说的社会历史条件和思想探索的因素以外，还有他个人的理论修养、思想风格及其自身作为从德国被放逐的政治哲学家的身份而在美国哲学界所占有的实际弱势地位的复杂影响。

卡尔·曼海姆(Karl Mannheim,1893—1947)在其关于保守主义的经典著作《保守主义》(Conservatismus)一书中,很深刻地指出了保守主义的基本精神就在于高度重视某些被理性化毁坏的精神和物质利益的重要性。而且,他还指明保守主义思想家一贯重视其自身的思想风格的特征。①

列奥·斯特劳斯关于"回到希腊去"的保守主义口号,除了表示他对其自身在美国的弱势学术地位的不满以外,只不过表现了当代保守主义政治哲学继续维持其立场的一个策略转变。

罗杰·斯克拉顿(Roger Scruton)在《保守主义的含义》一书中已经深刻分析了保守主义政治哲学的基本原则及其历史表现形式。② 列奥·斯特劳斯的最新主张不过是重复传统保守主义政治哲学的原则。罗杰·斯克拉顿一语道破现代保守主义的基本精神无非是"一种信仰体系"。

列奥·斯特劳斯正是试图通过对希腊道德伦理原则的歌颂,传播一种新型的精英主义政治,甚至试图诉诸对于超验的神的信仰,实现对各种类型的政治暴行的惩罚。这样一来,列奥·斯特劳斯就使自己的保守主义涂上神秘主义的色彩,并为树立新的政治信仰力量提供思想基础。

第五节　诉诸新公民社会的社群主义

法国大革命提出了作为当代自由民主制社会的基本理念的三大口号:自由、平等、博爱。从那以后,现代社会中流行并占统治地位的意识形态,诸如自由主义、民主主义、保守主义、共和主义和社会主义等,都围绕着自由、平等、博爱的理念提供自己认为站得住脚并足以说服人心的诠释

---

① See Mannheim,K.*Conservatismus*.Frankfurt am Main,Suhrkamp.1984.
② See Scruton,R.*The Meaning of Conservatism*.London.1998.

论述体系。

问题恰恰在于:在所有这些具有政治诱惑力的意识形态理论中,作为现代社会基础的"公民社会"理念,似乎被忽略,以致作为"公民社会"真正基础的"共同体"也被排除在上述意识形态理论思考的范围之外。

但是,西方现代社会从 19 世纪末、20 世纪初的急剧变化,进一步凸显了公民社会作为现代社会整体运作,特别是其政治运作的基础功能的重要意义。这一问题的症结,更随着整个世界政治因 20 世纪两次世界大战以及苏联东欧国家集团的兴衰而浮出理论层面,使长期以来被西方主流政治哲学忽略的公民社会问题再次涌现出来。

不过,公民社会问题的复出却采取了不同于初期资本主义社会时期的方式;而且,伴随公民社会复出的关键问题,也不再是初期资本主义社会时期所面临的那些直接与中世纪专制相关的历史问题,而是同时地同当代社会的两大特征相联系:第一,不论是资本主义社会还是社会主义社会,其稳定正常运作的基本力量,归根结底,不是国家权力机器的强弱,而是同公民社会基层的各种具有不同共同体价值观的社会群体的利益及其动向相联系。第二,当代社会的发展进一步凸显了文化因素的关键意义,以致长期被认为是社会基础的经济及其政治力量,都越来越诉诸文化的创造力。

20 世纪 80 年代后全球化的发展进一步显示出公民社会的"共同体"问题的迫切性。

其实,所谓"共同体",并不是新的问题,因为不管各种意识形态是否对它进行思考或者是否重视它,它始终都在事实上存在于现代社会基层的基本群体的社会习俗、文化传统及社会共识中。作为一种社会存在和社会力量,共同体比社会、比国家以及比民族等更大范围的群体组织更加具有直接性和现实性。而且,在更原初意义的层面上来探讨,共同体是人类作为社会生存物和作为文化创造体的最自然和最朴素的基层单位。

关于这一点,当黑格尔在《法哲学批判》中严厉批判古典自由主义政治哲学的时候,就已经深刻地指出了共同体的重要意义。黑格尔使用了"安心接纳"的概念说明了共同体的素朴性及其同社会基层组织力量之间的直接关联性。黑格尔认为,随着现代公民社会的发展,人类理性越来越诉诸抽象的人性和道德性,以致使现代社会意识慢慢忽略实际的社会成员必然镶嵌于具体的历史常规与最日常的生活关系中。接着,黑格尔还进一步指出:正是在被称做"道德性"基础上的原初共同体意识的基础上,共同体日常生活也随着历史的发展而引导社会意识产生"伦理性",并通过伦理观念的产生而慢慢形成强调道德自主所必需的那种确定身份和特定能力,以便使每一个具体的共同体成员与他们所隶属的共同体以及他们所占据的特定社会及其政治角色紧密联系在一起。

黑格尔展现在 19 世纪初的这些有关共同体的思想,在 20 世纪 80 年代后终于显示了它的理论威力及其广泛反响。正是受黑格尔的启发,一群号称社群主义哲学的思想家泰勒(Richard Taylor,1931—　)、迈克尔·桑德尔(Michael Sandel,)、迈克尔·沃泽尔(Michael Walzer,1937—　)、阿拉斯戴尔·麦金泰尔(Alasdair MacIntyre)、丹尼尔·贝尔(Daniel Bell,1919—　)等,接二连三地发表新的著作,强调必须关注作为社会基础存在的共同体社会的常规和共识。

强调共同体观念的政治哲学论述,无非是在新的条件下重复传统"共和主义"的理念。本来,传统的共和主义的真正历史基础,是古希腊罗马的城邦民主政治。雅典、佛罗伦萨等希腊罗马古城邦所实行的民主政治管理制度,是最早的也是最理想的共和主义典范。城邦的公民平等而积极地讨论、管理、监督城邦的政治生活,形成了西方最稳定的共和国国家制度的基础。

当社群主义强调常规与共识的时候,如何看待正义? 由此,不但导出社群主义与自由主义的争论,而且也引起了社群主义内部的争论。这场争论把由罗尔斯所开创的英美政治哲学理论探讨热潮引向深入,并在实践上更紧密地同 20 世纪 80 年代后全球社会所发生的政治变化联系在一起。正是在这个意义上说,由罗尔斯的《一种关于正义的理论》所引起的英美政治哲学论述模式的转变历程,很值得我们进行深入研究。

关于社群主义政治哲学的基本概念及其论证方式,本书将在以下专门章节进行更深入的讨论。在这里,只能简略地概括社群主义的基本诉求及其对自由主义的主要批评,这就是首先强调社群的存在论重要性,试图超越自由主义的个人主义优越性观点,反对把社群的利益归结为个人的私人利益,主张以社群为基础把政治生活的基本原则列为首位,捍卫具有特殊性质的每个社会社群的利益、习俗和礼仪及其整个文化价值系统,既反对以个人主义的自由主义压倒社群的多元性,也反对以少数服从多数的一般民主原则而忽视社群的存在的正当性。

第六节 多元化的新理论场域

一、理论意义和历史背景

由德沃尔金等自由主义思想家和社群主义所挑起的对罗尔斯正义论的批评以及全球化过程的急速发展,一方面为一股被称为"文化多元主义"的政治哲学思潮的出现奠定了基础;另一方面也为英美政治哲学理论场域的多元化创新活动,开辟了广阔的新前景。

实际上,所谓文化多元主义的政治哲学是社群主义的进一步延伸,但它是含糊不清的,其内部甚至包含了多种理论派别,在基本原则和基本概念上,很难取得一致的结论。

在理论上,只要我们仔细分析,便会发现:文化多元主义的政治哲学混杂着 20 世纪以来流传于西方政治哲学中的社会主义、自由主义、保守主义和社群主义的极其复杂的思想成分。

从更深的社会文化和思想理论背景来看,文化多元主义政治哲学的活跃和创新,一方面带有积极的意义,为 21 世纪新型政治哲学的开创和重建开辟了更广阔的视野;另一方面也向我们暗示了以往西方政治哲学思想史发展过程的缺陷、片面性,甚至不足之处。

更具体地说,首先,就文化多元主义坚持主张处于劣势或边缘地位的群体及文化的基本自由而言,它是具有新马克思主义传统的社会主义理论的特征。正因为这样,文化多元主义强调:受全球化冲击而被占垄断和统治地位的政治经济势力排挤到边缘的各个种族及共同体,具有不可剥夺的生存和发展的自由,同样应该享有处于中心优势地位的社会群体所拥有的平等权利,也有权保护并发展他们原有的文化传统,应该使他们的特殊文化传统构成全球社会共同繁荣的文化共同体的一个平等的构成部分。

所以,在文化多元主义的理论中,不但包含了原有的社会主义追求平等正义的理念,而且也包含了他们依据新时代的要求而提出的创造性观点。在这个意义上说,文化多元主义的政治哲学有资格被称为是当代历史条件下的马克思主义社会主义的继承者。

其次,在理论上的第二个层面,文化多元主义也吸收甚至发展了自由主义的自由平等的正义观。这是因为,归根结底,文化多元主义之所以维护处于中心优越地位以外的多种具有不可化约的价值观的共同体的基本权利,是因为它们具有这样一种坚定的信念:任何共同体,和任何个人一样,不管处于何种地位,不管继承何种历史文化传统,都拥有不可剥夺的平等的生存和发展的权利。正是在这一点上,文化多元主义的核心价值与自由主义所追求的理念有共同之处。

在理论上的第三个层面,文化多元主义实际上包含了社群主义的基本观念。如前所述,自由主义与社群主义之间的辩论,本来是围绕个人自由的优先性问题。自由主义者认为,个人应该有自由选择和决定自己的优良生活观,并始终支持任何个人从任何被规定的社会地位上获得解放。只不过就个人与共同体的关系而言,自由主义强调个人在道德上的绝对优先性,并强调个人所从属的共同体必须能够对作为他的组成基础的个人的福祉作出贡献。但是,社群主义反对把个人的自主性置于它所从属的共同体之上;他们强调个人始终作为社会特定角色而镶嵌于社会共同体之中,而且这种镶嵌并不强制个人改变他们的优良生活观。为此,社群主义者认为个人所继承的生活方式和各种文化习惯本身,就已经界定并捍卫了他们个人的利益。正因为这样,社群主义和个人主义相反,坚持主张个人不过是共同体传统和常规的产物。在自由主义与社群主义争论中所围绕的个人与群体的关系问题,就这样成为了文化多元主义形成的一个理论出发点。

二、文化多元主义的新视野

但是,文化多元主义在其发展中也谨慎地与社群主义划清了理论界限,他们越来越发现停留在社群主义是不够的,因为社群主义的理论不足以彻底捍卫具有多元文化诉求的共同体的根本利益。相反,文化多元主义却在自由主义理论中找到了彻底捍卫多元文化存在权力的最终根据,这就是对独立存在的任何一种文化共同体所拥有的绝对不可剥夺的生存和发展权利。

在内容上,文化多元主义也分化成多种流派。根据近30多年全球化发展所发生的社会变化,突出地出现了不同的文化群体:少数民族、移民、种族宗教群体、性别差异、无定居而未获正式公民资格的群体,以及各种加入强势国籍的非原籍公民群体等。因此,基于不同群体所主张的文化多元主义,也就具有不同的理论诉求和权利追求,并在不同的文化多元主义理论形态中强调了不同的内容重点。

根据现有的文化多元主义理论资料,可以按其论题涉及的重点而分成以下几大类型:以维护移民权利为重点的文化多元主义、以论述少数群体的民族主义的正当性的文化多元主义、以论述种族主义为主的文化多元主义、以维护土著人利益和基本权利的文化多元主义、以维护群体代表权为中心的文化多元主义、以主张性别平等的文化多元主义,以及以探讨公民资格为中心的文化多元主义等。

总之,文化多元主义已经成为20世纪末以来占据西方政治哲学论坛重要地位的一种理论派别,但是,由于全球化过程的迅速节奏及其多样化,使这种文化多元主义政治哲学论述模式仍然处在变动之中,其动向和内容也值得我们注意。

三、德沃尔金的"基于权利"的平等理论

德沃尔金（Ronald Myles Dworkin, 1931—　）是美国著名的法哲学家，也是属于自由主义政治哲学阵营的思想家。他先后在哈佛大学和牛津大学攻读法学，接着，他在哈佛、耶鲁、纽约和牛津大学先后任教。他同时又是康奈尔大学、普林斯顿大学和斯坦福大学的客座教授。他的主要著作包括：《法哲学》(*Philosophy of Law*, Oxford, 1977)、《严肃地对待法权》(*Taking Rights Seriously*, Harvard, 1977)、《原则问题》(*A Matter of Principle*, Cambridge, Mass.1985)和《法的帝国》(*Law's Empire*, Cambridge, Mass.1986)等。

德沃尔金的理论贡献就在于把自由主义建立在一系列特殊的平等概念基础上，以"权利"为核心，主张取代"基于目标的"(Goal-based)传统功利主义理论，创建一种"基于权利的理论"(Right-based Theory)，提出一系列具有创造性的政治哲学新概念，明确地捍卫个人的基本权利。德沃尔金说："当个人享有诸项权利时，基于一定的理由，任何一个集体的目标，都不能构成一个足够的理由，去否定那些个人作为个体所希望拥有或去做某些事物；或者，同样也不能构成足够的理由，去强制性地使那些个人作为个体而受到损失和伤害。"[1]也就是说，个人权利决不能以任何理由而被集体的目标或效益所否定和取代。德沃尔金将他的理论称为"一般的权利理论"(general theory of right)。[2]

对于个人权利的无例外的同等关注，使德沃尔金把"平等"看成自由的基础。他认为：政府应该对它所统治的每个人，给予同等的关注和尊重。换句话说，每个人对管辖他们的政府，都有权从政治上和道德上提出使其自身受到平等地被关注的要求。

德沃尔金说："我论证的主要概念是平等而不是自由。我首先假设

---

① Dworkin, *Taking Rights Seriously*. Cambridge, Mass., Harvard University Press.1977; xi.

② See Ibid.; xiv; 277.

大家都接受以下各项政治道德中的准则:政府应该对它所统治的那些人给予关注,把他们看做是有可能受苦难和受挫折的生存者;同时,还应该尊重他们,即把他们当成有能力创建改善自身生活的观念,也有能力凭借这些观念去行事的生存者。不仅如此,政府还应该给予他们平等的关注,而不是以种种理由强调必须特殊地关注某些人,认为这些人有资格获得更多的东西,因而使一些有价值的东西和机会进行不平等的分配。同样也不能根据某一个公民的理由而认为某一群人的生活方式比另外一群人的生活方式更加高贵或优越,从而对自由作出限制。"①

为了进一步论证个人权利的极端重要性,德沃尔金还对罗尔斯的正义论原则发出了具有正当性的质疑,补充了罗尔斯的自由主义平等观的某些不足之处。

首先,针对罗尔斯提出的公正分配的观念,德沃尔金认为,被人们普遍接受的机会均等的理念,实际上是不可靠的,因为无论我们对社会偶得产生忧虑还是本身确定的分配份额产生影响,在我们的思考中,我们自己也都注定要对来自另一方面的影响产生忧虑。从道德立场来看,这两方面似乎都同样是任意性的。

德沃尔金还认为,由于自然资质所具有的不应得的特征,前述流行的观点与其说是不可靠,不如说是欺骗。按照这个流行观点,人们的命运应该取决于他们的选择,而不应该取决于他们的偶然境况。显然,这种流行观点只看到社会境况的差异,却忽略了自然天赋的差异,或者,它甚至干脆把自然天赋也当成是人们选择的结果。

其次,德沃尔金提出了不同于罗尔斯的关于社会契约论的论证方式。他认为不应该把社会契约当成现实的或假定的协议,而应该看成是用来澄清与道德平等相关的伦理前提的一种策略。也就是说,政治哲学家诉诸自然状态的观念,并不是为了追寻社会的历史起源,也不是为了确定政府和个人的历史义务,而是为了使用这个模型来展示人类关于道德平等

----

① Dworkin, *Taking Rights Seriously*. Cambridge, Mass., Harvard University Press. 1977: 272-273; "Liberalism". In *Stuart Hampshire*, ed. Public and Private Morality. Cambridge 1978: 122-123.

的理念。

最后,德沃尔金提出了资源平等的观念,并具体地提出"敏于志向"和"钝于天赋"的论证策略,以保障符合自由主义理念的真正平等。德沃尔金使用了"拍卖"、"保险"、"自由市场"和"税收"等技术性词汇来展示他的资源平等理论。

为此,德沃尔金假设社会资源全部被拍卖,社会各个成员都参加拍卖会,每个人手中都有同等程度的购买力。这样一来,人们就用手中同等的资本,通过喊价去竞买最适合于自己生活计划的那些资源。如果拍卖会成功,每个人都会对自己的竞买结果感到满意,因此他们也不愿意用自己的拍卖品和他人的拍卖品进行交换。也就是说,拍卖会的成功实现,使每个人都面临相同的情况,即每个人都愿意要自己的而不是别人的那些拍卖品。德沃尔金称之为"羡慕的检验标准"。如果满足了这个标准,人们就享有平等的关照;因为人们之间的差异不过是反映他们的愿望和生活态度的差异。总之,成功地拍卖会吻合这个羡慕的检验标准,并显示出每个人为自己的选择付出代价的合理结果。①

以上通过拍卖会模式所展现的"敏于志向"的观念,在德沃尔金看来,实际上论证了罗尔斯提出的正义观的三大目标,即尊重人的道德平等、缓冲"自然偶得"和"社会偶得"的任意性以及为我们自己的选择承担责任。

这就意味着:德沃尔金想象最初存在一种平等的资源份额;针对不平等的境况,为了保护资源的平等分配状况,德沃尔金提出一种假想的"保险";为了实现"敏于个人的选择",德沃尔金提出假想的"拍卖",以便通过假想的"保险"和"拍卖"的途径,设法调整实际的不平等状况,使我们能够确定一种公正的资源分配。②

换句话说,德沃尔金的理论假定大家有一个公平和平等的起点,然后又试图通过自己的选择来决定自己的命运。然而,从平等起点的理念出

---

① See Dworkin,"What is Equality?" Part Ⅰ:Equality of Welfare;Part Ⅱ:Equality of Resources.In *Philosophy and Public Affairs*,10,3/4,1981:285.

② See Ibid.:312-314.

发,为了达到境况平等,不仅要求对不平等禀赋给予不可实现的补偿,而且还要求对未来的事件作出不可能的预测;而针对选择的决策和实施过程,必须对选择所付出的代价抱有清醒的估算,并在此基础上还要考虑到为这些代价承担责任。德沃尔金的保险方案,就是对这些问题的次优答复,而他的税收方案是对实施这个保险方案过程中面临的问题而作出的次优答复。

显然,德沃尔金试图克服传统平等理论既未能给予自由留下空间、又没有为自然禀赋的不平等性提供解决方案的缺点,同时又克服传统自由主义只强调自由选择的重要性却无视境况平等的必要性的缺点。

为此,德沃尔金自豪地说:他的理论模式表明,一种介于传统社会主义平等和自由市场式的自由至上主义之间的"第三条道路",具有更大的优越性。①

四、亨廷顿的地理政治哲学

亨廷顿(Samuel Phillips Huntington,1927—　)的文明冲突理论是全球化政治时代中产生的一种新型地理政治哲学(Geopolitical philosophy)。这位政治哲学家的代表作包括:《文明的冲突与世界秩序的重建》(*The Clash of Civilizations and the Remaking of World Order*)、《第三波》(*The Third Wave*)、《转变中的社会的政治秩序》(*Political Order in Changing Societies*)、《我们是谁?》(*Who Are We?*)以及《文化事物》(*Culture Matters*)等。

亨廷顿意识到"冷战政治"的结束开辟了新的政治哲学时代。

亨廷顿是一位非常关注实际政治的政治家,并对西方国家的利益非常敏感。他早期专心研究军政府与文职官员政府的关系,并非常重视军事政变的问题。亨廷顿曾经为白宫充当安全顾问,近几年来,针对美国面

---

① See Dworkin, "*Sovereign Virtue*". *The Theory and Practice of Equality*. Harvard University Press.2000:7.

临的日益严重的移民问题,亨廷顿又很关注移民在国际政治中的关键地位。但亨廷顿的主要理论贡献是提出了"文明冲突理论"。他试图以文明冲突的理论模式说明世界政治秩序的根深蒂固的文化根源。在这一点上,这位思想家果真具有时代和文化的慧眼,使自己的理论涂上强烈的文明色彩,有利于确立其理论在当代世界政治中的合法地位。

亨廷顿的文明冲突理论并不是偶然提出来的。早在20世纪60年代,他就在《变动中的社会的政治秩序》一书中提出了挑战性的新观点。他不同意传统的现代化历史观,强调现代化并不会自然导致整个世界的稳定化,也不能导致世界经济和社会的整体性进步,更不能促使民主制在世界范围的产生和传播;与此相反,亨廷顿主张以强硬态度,对落后国家和地区进行军事、政治、经济和文化的全面干预,以维护西方国家的利益,并声称西方国家所采用的历史性和先行的政策,都具有其正当性。

对于长期受美国统治的拉丁美洲的政治,亨廷顿特别地给予关注和研究。他以巴西为研究平台,主张由军事专制的统治,缓慢地实行自由化政策。在亨廷顿担任美国政治学会主席期间所发表的一篇演说中,亨廷顿公然主张让政治学在拉丁美洲政治改革过程中扮演谨慎的角色。

1993年亨廷顿以提问式的标题"文明的冲突?"("The Clash of Civilization?")在知名学刊《外国事物》(*Foreign Affairs*)发表论文,立即引起学术界的激烈争论。这场争论更因日本学者福山的"历史终结论"的推波助澜而喧嚣一时。1996年,亨廷顿在总结学术争论的基础上,正式发表他的《文明的冲突与世界秩序的重建》。

按照亨廷顿的看法,冷战结束后所发生的旷日持久的世界性冲突,与其说源自不同的意识形态,不如说立基于文化的差异。过去,冷战主要发生在"西方资本主义"与"东方共产主义阵营"之间,如今,冲突是在世界不同的各大文明之间激烈地进行,即在西方、拉丁美洲、伊斯兰教、中国、印度教、东正教、日本及非洲的文明之间。当代世界不同文明的差异及其紧张关系,替代了以往各主权国家之间的矛盾。

这样一来,亨廷顿把当代世界的冲突的真正根源,从西方国家的全球霸权政策转向文明的差异性。他认为,冲突的发生,与其是在国家之间,不如是在不同的文明之间。既然文明的差异构成世界性冲突的持久根源,那么,要寻求解决冲突的正确政策,只有首先确认文明冲突的不可协调性。

在这种情况下,亨廷顿主张加强西方文明本身的自我巩固活动,进一步提升西方文明的内在精神力量,以便强化其世界性征服力量。

基于同样的理由,亨廷顿认为,对待西方国家面临的移民危机问题,也只有加强西方文明本身的内在建设和重建。

在2004年出版的《我们是谁?》(*Who Are We?*)一书中,亨廷顿以狭隘的民族主义情绪,表达对来自拉丁美洲众多移民的反感。他不但没有表示对文化多元化的欢迎,反而直接表达其"民族认同危机感"。亨廷顿尤其感受到拉丁美洲移民的西班牙语对美国官方英语的压迫感,甚至为此担忧拉美移民会导致"美国分裂成两个民族、两个文化、两个语言"。

亨廷顿为此主张强化西方政治的影响,最主要的是首先强化西方文明的思想影响力,同时,通过一系列有效的政策,推动西方语言和文明的传播和教育,巩固西方人本身的自我认同能力,扩大西方语言的传播,并加强西方文明对外来移民的精神渗透过程,促使外来移民接受西方文明的陶冶。

第七节　英美马克思政治哲学的转型

作为一个独立的理论派别,英国分析哲学传统的"后马克思主义"学派是在20世纪70年代末以后才正式登上国际学术论坛。所以,正如研究英国马克思主义思想史的专家安德森所指出的:一般地说,在70年代以前,人们几乎很难在英国哲学界内找到具有高质量理论价值的英国马克思主义著作。① 在80年代,英国的"分析的马克思主义",以牛津大学、

---

① See Anderson,P.*Considerations on Western Marxism*.London:Verso.1989:102.

美国的芝加哥大学与加利福尼亚大学的学者为核心力量,全面地采用分析哲学的方法和技巧,重评和重建马克思主义,试图彻底清除马克思理论中各种形而上学和偏激情绪的阴影,建构成符合当代文化和科学技术所要求的具有严格逻辑结构的理论体系。①

当然,这并不是说,在这以前英国不存在对马克思主义的研究活动。无论如何,马克思生前长期流亡英国,并同恩格斯一起亲自指导和关怀英国的工人运动这一历史事实,就已为英国的马克思主义研究奠定了良好的历史基础。

所以,长期以来,英国理论界比美国以更重视的态度,认真地研究马克思的思想和学说。1960 年《新左派评论》(*New Left Review*)的创办,标志着英国受马克思思想影响的左派知识分子研究马克思理论的兴趣的高涨。该杂志创办以后,连续几十年发表了许多有相当高质量的马克思思想研究论文,对于提高英国的马克思理论研究工作作出了特殊的贡献。

但是,一般说来,英国学者们只停留在经验应用的程度上。在这方面,英国历史学家克里斯托夫·希尔(Christopher Hill)、汤普森(E.P. Thompson)、罗德尼·希尔顿(Rodney Hilton)和艾里克·荷普斯包恩(Eric Hobsbawm)等人,都已经在应用马克思思想观点研究历史方面,作出了显著的贡献。

---

① See Carling, A. "Rational Choice Marxism." In *New Left Reiew*. No. 160. 1986; McCarney, J. *Analytical Marxism: A New Paradigm?* In *Racial Philosolhy*. No. 43. 1986; Anderson, W. H. L./ Thompson, F.W. "Neo-classical Marxism." In *Science and Society*. No. 52. 1988; Lebowitz, M. "Is 'Analytical Marxism' Marxism?" In *Science and Society*. No. 52. 1988; Callinicos, A. *Marxist Theory*. Oxford: Oxford Uniersity Press. 1989; Hindess, B. "Rational Choice Theoty and the Analysis of Political Action". In *Economy and Society*. August 1989; Martin, B. "How Marxism Became Analytical?" In *Journal of Philosophy*. November. 1989; Wood, E. "How Marxism Became Analytical?" In *Journal of Philosophy*. November. 1989; Moggach, D. "Monadic Marxism: A Critique of Elster's Methodological Indivialism." In *Philosophy of Social Sciences*. March. 1991; Mongin, P. "Rational Choice Theory Considered as Psychological and Moral Philosophy". In *Philosophy of Social Sciences*. March. 1991; Ware, R./Nielsen, K. "Analyzing Marxism-New Essays on Analytical Marxism." In *Canadian Journal of Philosophy*. Supplement. Vol. 15 1989; Roemer, J. *Analytical Foundation of Marxian Economic Theory*. Cambridge: Cambridge Uniersity Press. 1981; *Analytical Marxism*. Cambridge: Cambridge University Press. 1986; Mayer, T. *Analytical Marxism*. Thousand Oaks, Calif.; Sage Publications. 1994; Miller, R.W. *Analyzing Marx*. Princeton; Princeton University Press. 1984.

克里斯托夫·希尔所著《论英国内战》以及汤普森的《英国工人阶级的形成》(*The Making of the English Working Class*),都具有一定的代表性。在文学领域中,威廉斯(Raymond Williams)所创建的文化理论,试图用马克思主义的文化观点探讨英国的文化问题。他所发表的《文化与社会》(*Culture and Society*)和《长久的革命》(*The Long Revolution*)两本书,试图运用马克思的历史唯物论,去分析文化生产的特殊过程,并把艺术看做是物质生产的工具在社会中的运用。在经济学领域中,史拉法(Piero Sraffa)在1960年出版的《通过商品所进行的商品生产》(*The Production of Commodities by Means of Commodities*,1960),实际上是以新李嘉图主义的观点诠释马克思的资本论商品观点。他把研究的重点集中到商品交换和流通的领域,反对价格理论,试图以单纯的量化方法诠释马克思主义的政治经济学理念。与此同时,他还论证了资本主义社会的平均利润率的下降趋势,从而在实际上为马克思的传统价值理论作辩护。

在史拉法等人的带动下,英国马克思主义经济学界还创办《资本与阶级》(*Capital and Class*)杂志,围绕着政治与经济之间的互动,探讨英国资本主义社会的经济发展结构。

在英国的马克思主义理论建设中,贝里·安特森(Perry Anderson)和奈尔林(Tom Narin)作出了重要贡献。贝里·安特森所发表的《当前危机的起源》(*The Origins of the Present Crisis*),对于英国的社会历史和当代社会的政治经济性质作了深入的分析。他认为,英国的经济和政治的主要问题,来自于英国资产阶级革命的不彻底性。贝里·安特森分析英国资产阶级同贵族阶级相妥协的过程,并对英国社会从封建制过渡到资本主义的历史作了具体的分析。

奈尔林对英国工人阶级的特性也进行了深入的研究,他的研究成果集中表现在他所写的《英国工人阶级》("The English Working Class")一文中。

从20世纪80年代起,英国的马克思主义研究发生了重大的变化。正如长期担任英国《新左派评论》编辑委员的贝里·安特森所指出的:"研究马克思主义理论著作的地理分布状况,在上一个十年中发生了深刻的变化。就目前而言,理论思想的生产的中心,不是像过去那样只在拉丁语系和日耳曼语系的欧洲,而且还有英语系国家所组成的世界。"①产生这一重大变化的一个明显因素,是试图采用英国哲学的传统分析哲学的方法去分析马克思主义理论中的主要问题。

英国的分析的马克思主义以柯亨(Gerry I.Cohen)为代表,而他在1978年发表的《捍卫马克思的历史观》(*Karl Marx's Theory of History*:*A Defence*,1978)一书就成为了这一派别出现的最早信号。

在《捍卫马克思的历史观》这部著作中,柯亨明确地指出,为了在新的历史条件下发展马克思的理论,必须一方面重读马克思的原典,并以马克思本人的思想观点重新评估马克思理论的意义;另一方面必须严格遵守20世纪分析哲学的方法,以便清晰地解析出理论和经验两方面所提出的问题。②

柯亨本人就遵循着这两条基本原则,在20世纪的最后20年中,从事重建历史唯物主义的工作。柯亨的工作为英国分析的马克思主义理论研究提供了一个最好的榜样。尽管英国分析的马克思主义者之间也存在着各种各样的分歧意见,但是他们在坚持运用分析哲学方法和经验实证主义方法这点上是一致的。他们的共同点就在于:把科学哲学的方法放在非常重要的地位,并主张将分析哲学的各种具体方法和原则,当做清晰地分析和说明马克思基本观点的工具。同时,他们的分析哲学方法论又促使他们非常重视规范化的问题。属于这一派别的理论家包括:加里尼科斯(Alex Callinicos)、庄·爱尔斯特(Jon Elster)、约翰·雷默(John E.Roemer)、菲利普·范巴里兹(Philippe van Parijs)、亚当·普列沃斯基(Adam Przeworski)、安德鲁·列文(Andrew Levine)、艾瑞克·欧林·莱特(Erik Olin Wright)以及罗伯特·布连纳(Robert Brenner)等人。

正如雷默所指出的,他们所使用的是"分析哲学和实证主义的社会

---

① Anderson,P.In *the Tracks of Historical Materialism*.London:Verso.1983:29.

② See Cohen,G.A.*Karl Marx's Theory of History*.:*A Defence*.Oxford:Oxford University Press.1978:ix.

科学的特殊方法"。①

马库斯·罗伯特(Marcus Roberts)在最近的著作中指出:"分析的马克思主义"或"合理选择的马克思主义"(Rational Choice Marxism)是靠其方法为其基本特征的一种类型的马克思主义;也就是说,它表现出将马克思主义从方法论基础进行重建的一种企图,而这种方法论基础过去一直被认为是违背马克思传统的。②

英国分析的马克思主义学派的政治哲学的产生,在西方政治哲学史上具有重要的意义。首先,从理论上说,他们是在新的社会历史条件下,一方面当西方各主要资本主义国家进入到晚期资本主义阶段的时候,另一方面从20世纪初以来建立的教条马克思主义理论阵营,因苏联社会主义国家的崩溃而进入总危机的时候,他们能够继续坚持和重建马克思的思想和理论,并运用英国哲学的特殊分析方法,对于马克思理论中所提出的重大理论问题,进行了新的说明。

在理论上说,英国分析的马克思主义明显地试图脱离黑格尔主义的理论影响。回顾西方马克思主义发展的历史、黑格尔的观点,特别是关于异化和辩证法的观点,对于20世纪各派马克思主义的理论研究都有深刻的影响。威廉·萧(William Shaw)从分析哲学的观点探讨了马克思的历史观,在很大程度上补充了柯亨对马克思历史观的研究中的不足。③ 英国分析的马克思主义能在新的历史条件下,在理论上集中地批判黑格尔主义的影响,对于当代马克思理论研究具有重大的理论意义。

英国分析的马克思主义,不同于德国法兰克福学派的社会批判理论,也不同于法国的人道主义(以萨特为代表)、现象学派(以梅洛-庞蒂为代表)、结构主义(以阿尔杜塞为代表)和后结构主义(以布迪厄为代表)的各种欧洲新型的马克思理论学派。

庄·爱尔斯特在其著作《认清马克思的意义:马克思主义和政治哲学理论研究》一书中,深入地分析了马克思在历史研究和社会研究中所

① Roemer, J. *Analytical Marxism*. Cambridge: Cambridge University Press. 1986: 1-2.

② See Roberts, M. *Analytical Marxism: A Critique*. London: Verso. 1996: ix.

③ See Shaw, W. *Marx's Theory of History*. Stanford: Stanford University Press. 1978.

应用的方法。他认为,马克思除了应用辩证方法以外,还大量地使用近代科学普遍应用的方法,其中包括分析方法在内。根据这些方法,马克思认为历史是可以被理解的。① 而且,他还认为,马克思在研究人的行为时,意识到人的行为结果包含着许多意想不到的非意志性的因素,强调行为后果往往同行动者主体的主观意愿不相一致;因此,马克思在诠释人的行为的时候,总是试图在因果系列和意向性的范围内进行灵活调整。②

庄·爱尔斯特还强调马克思方法论的多样性和灵活性。在他看来,马克思在其著作中曾经广泛使用系统的个体主义方法论,同时也普遍使用语言分析方法。在英国分析马克思主义理论家中,庄·爱尔斯特最积极地主张将马克思主义的方法重建成为反集体主义(anti-collectivism)的方法。他明确主张:"所有的社会现象,包括它们的性质、结构和变迁,只有放置在由个人行动干预所形成的模式中才能加以说明,而这些个人行动的干预,包括个人的特性、目的、信念和他们的具体行动过程的因素在社会运作中的影响程度。"③

由此可见,分析的马克思主义采用了有关合理选择的行动理论、微观经济学理论和游戏理论,去分析当代社会和人类行动的性质。庄·爱尔斯特发挥英国牛津日常语言学派的方法论,特别是应用席尔勒、葛莱斯和奥斯汀等人的语用意向理论,同时也应用后期维特根斯坦的语言游戏理论和方法,对马克思的方法论进行了全面的评估和重建。④

同庄·爱尔斯特一样,剑桥大学教授季登斯,在肯定马克思对于近代资本主义社会和文化的现代性的基础上,主张重评和重建马克思的方法论,特别是反对被教条的马克思主义当做主要原则的社会功能论、社会演化单向论和历史目的论。

---

① See Elster, J. *Making Sense of Marx : Studies in Marxism and Social Theory.* Cambridge : Cambridge University Press. 1983 : 18.

② See Ibid. : 17.

③ Ibid. : 3-5.

④ See Elster, J. *Marxism , Functionalism and Game Theory.* In *Theory and Society.* No. 11. 1982 ; *Making Sense of Marx : Studies in Marxism and Social Theory.* Cambridge : Cambridge University Press. 1983.

季登斯在《政治哲学理论的中心问题》一书中,严厉地批判了被传统马克思主义庸俗化了的"社会结构功能论",并把这种结构功能论贬低为只适用于生物有机体分析的低级方法论。季登斯强调社会远比生物有机体复杂得多,它不满足于以其结构同功能相适应的运作机制,而是要在整个社会复杂关系网络中的行动者那里,特别是在行动者的行动意愿、决策过程及其同社会整体的互动中,说明行动本身和社会的性质。这一切,为20世纪末马克思主义研究的多元化,增添了丰富的内容。

此外,英国分析的马克思主义学派,不论在理论上和方法上,也同19世纪末、20世纪初以来,欧洲各种非官方和非教条的马克思学派有千丝万缕的联系。在柯亨和雷默等人的著作中,当他们分析当代资本主义社会和马克思理论的主要问题时,经常引用属于奥地利马克思主义学派(Austro-Marxist School)的考茨基(Karl Kautsky, 1854—1938)、希法亭(Rudolf Hilferding)、包威尔(Otto Bauer)和雷纳(Karl Renner)等人有关资本主义和帝国主义的理论分析研究成果,也经常引用意大利葛兰西(Antonio Gramsci, 1891—1937)的实践哲学和文化霸权理论,引用苏联早期马克思理论家布哈林(Nikolai Ivanovich Bukharin, 1888—1938)和托洛斯基(Leon Trotsky, 1879—1940)的政治哲学理论,同样也引用属于南斯拉夫实践派马克思主义的马尔科维契(Mihailo Markovic, 1923—　)的实践派理论观点,以及广泛地引用科拉可夫斯基(Leszek Kolakowski, 1927—　)等当代马克思理论家的研究成果。

在传统的马克思主义和英国分析马克思主义理论之间,阿尔杜塞的结构主义的马克思主义的出现是一个关键的历史事件。阿尔杜塞的理论贡献在于:为了彻底批判黑格尔辩证法对于马克思理论的影响,他充分吸收了当代社会科学研究成果,特别是结构主义的方法,并用结构主义的观点重建马克思的整个理论体系。英国分析的马克思主义,在肯定了阿尔杜塞的结构主义研究成果的同时,也批判了阿尔杜塞将结构主义绝对化的倾向。阿尔杜塞在某种意义上为英国马克思理论研究提供一个榜样,启发英国学者在新的社会历史条件下,特别是在当代西方社会科学和人文科学以及整个资产阶级意识形态发生根本变化的条件下,灵活地结合本国和他国文化传统而对马克思的理论进行新的评估和重建。

在相当长的时间内,英国的马克思理论研究人员并未能消化阿尔杜塞的观点,而且,在后期维特根斯坦提出游戏理论以后的一段时间内,他们也未能充分利用本国哲学界在语言研究和科学哲学方面的研究成果,使英国马克思思想研究从20世纪50年代到60年代末出现了相当严重的理论探讨的停滞时期。在阿尔杜塞之后,法国后结构主义者改造弗洛伊德精神分析学、尼采哲学和现象学,并对包括马克思思想在内的整个近现代西方思想体系进行创造性的解构,更加促进了英国理论界对马克思思想的反思过程。关于这一点,季登斯在《资本主义与近代政治哲学理论》(*Capitalism and Modern Social Theory*,1971)、《政治哲学理论的中心问题》(*Central Problems in Social Theory*,1979)和《政治哲学理论的各个侧面与批判》(*Profiles and Critiques in Social Theory*,1982)等著作中,都反复肯定结构主义、后结构主义和现象学领域中的理论探讨,对于重建马克思政治哲学理论的重要意义。①

除此之外,英国分析的马克思主义充分意识到当代科学技术的发展的特殊重要意义。因此,柯亨等人深入研究了当代科学技术的性质,并重新评估马克思的科学观。柯亨在《马克思和社会科学的枯竭》("Karl Marx and Withering Away of Social Science")一文中,强调马克思的科学观之于他的社会观的相对独立性,并同时强调马克思的科学观和社会观之间的矛盾性。

在柯亨看来,马克思在世时所研究的社会科学,主要是关于人类历史和经济的社会科学。而马克思有关历史和经济的科学研究,其目的仅仅在于批判和颠覆资产阶级的社会科学,揭露它们运用社会科学为资本主义剥削辩护的实质。因此,柯亨认为马克思的科学观只具有工具性质,其目的是为了说明近代社会科学对于人类历史和社会发展过程的分析的不

---

① See Giddens, A. *Capitalism and Modern Social Theory: An Analysis of the Writings of Marx, Durkheim and Max Weber*. Cambridge: Cambridge University Press. 1971; *Central Problems in Social Theory*. London: Macmillan. 1979; *A Contemporary Critique of Historical Materialism*. Vol. 1. *Power, Property and the State*. London: Macmillan. 1981.

合理性。

其次，马克思的社会科学观是同他的阶级斗争的社会观紧密联系的。因此，柯亨最后把马克思的社会科学归结为一种关于历史的理论。英国分析哲学本来就是在研究自然科学和经验科学的科学理论的基础上产生出来的。因此，分析哲学的发展导致对科学语言深入分析和对科学哲学的专门研究。柯亨等人在研究近代社会和科学技术的性质的过程中，都充分运用了分析哲学关于语言分析和科学哲学的最新成果。

正如雷默所说："分析的英国马克思主义运用了分析哲学和实证的社会科学的最新方法。"[1]柯亨也指出："分析的马克思主义在运用分析哲学方法的过程中，始终遵循着 20 世纪分析哲学的基本原则，也就是尊重明晰的和严谨的规范要求。"[2]

柯亨等人经常援用现代科学哲学的基本观点和方法，对于近代资本主义的科学技术进行了深入的分析。正如当代逻辑实证主义和逻辑经验主义一样，分析的马克思主义对科学的基础问题深感兴趣，不仅对于科学命题的结构进行了具体的、如雷默所说的"微观基础分析"（microfonda-trice），而且还深入研究比较当代科学理论的各种模式和架构，探讨科学技术对于经济生产、文化建设和政治制度的不同影响。

由此可见，英国分析的马克思主义的理论家们的理论观点和研究方法，包含了当代西方社会学和人文科学最新发展的多元化成果，这显然有利于补充和重建马克思理论体系中的某些欠缺。

英国的分析马克思主义的产生，也有它国内社会和文化传统的根源。首先，英国马克思理论研究，在第二次世界大战以后，由于各种新的社会问题的出现，面临着新的挑战。正如贝里·安特森所指出的，20 世纪 60年代学生运动的高涨所提出的各种理论问题和策略问题，英国社会经济领域中经济危机的不断出现，英国福利国家所提出的各种新的资本主义调和政策及其在社会中的反应，马克思理论研究中由"新左派"所引起的

---

① Roemer, J.*Analytical Marxism.*Cambridge：Cambridge University Press.1986.

② Cohen, G.A.*Central Problems in Social Theory.*London：Macmillan.1978：ix.

各种挑战性的问题,所有这一切,构成了英国分析的马克思主义所面临的主要国内问题。

英国社会和其他西方各国社会一样,在第二次世界大战以后发生了重大变化。资本主义经济,作为马克思生前研究资本主义的基础,已经不是马克思时代的类似结构。生产关系、科学技术的因素、管理形式和经济生产过程中的利润分配以及对于工人的剥削状况和程度,等等,都出现了新的问题,不但有待政治哲学家进行深入研究,而且也对马克思的政治哲学理论和经济观点提出各种怀疑,为重建马克思的理论提供良好的社会历史条件。柯亨在他的《价值的劳动理论和剥削概念》("The Labor Theory of Value and Concept of Exploitation")一文中重新考察了马克思的价值理论和剥削概念,一方面分析了现代社会价值的生产与再生产过程的新特征,另一方面也分析马克思的剥削概念中所隐含的道德批评因素。

结合英国社会的变化,英国分析的马克思主义者很重视美国哈佛大学政治学和经济学教授约翰·罗尔斯的《正义论》的最新正义理论,试图纠正和补充马克思基于阶级斗争事实所创立的正义观点。

这些分析的马克思主义者认为,在当代社会中,保障正义的实现的社会基础,就是首先保障每个人的最基本的公民自由,并不附加任何条件,使这些最基本的自由权的贯彻真正地优先并独立于每个人在社会中的政治、经济和阶级地位。乔治·帕尼查(George E.Panichas)、伍德(Allen W. Wood)、胡沙米(Ziyad I.Husami)、加里·扬(Gary Young)和布恰南(Allen E.Buchanan)等人,在纪念马克思逝世一百周年的时候,分别著文从各个角度探讨马克思的剥削概念和正义观点。[①]

分析的马克思主义者结合英美社会的实际变化,对正义概念进行广泛的讨论,有助于发展马克思的思想,并有利于当代社会的良性发展。此外,结合英国社会的现代变化,分析的马克思主义者艾利欧特(John E.Elliott)也重新考察了马克思理论的最基本概念"异化"。他的论文《马克思

---

① See Panichas, G.E.*Marx Analysed : Philosophical Essays on the Thought of Karl Marx.* New York : University Press of America. 1985 ; Buchanan, A. *Marx and Justice.* Totawa, N.J. : Littlefield, Adams.1982 ; Wood, A.*Karl Marx.* London : Routledge & Kegan Paul.1981.

异化概念的连续性和变化:从〈1844 年经济哲学手稿〉到〈政治经济学批判大纲〉再到〈资本论〉》("Continuity and Change in the Evolution of Marx's Theory of Alienation:From the *Manuscripts* through the *Grundrisse* to *Capital*"),对马克思的异化概念进行了历史的考察,为深入探讨当代资本主义的异化形式提供理论基础。

在柯亨的带动下,英美分析的马克思主义者也结合英美等当代西方各国社会阶级结构的新变化,深入讨论马克思的阶级理论,并探讨将这个理论应用于当代社会的可能性。柯亨本人对于马克思的历史唯物主义理论所做的辩护过多地肯定马克思的经济决定论观点,同时他在分析马克思的资本主义理论的时候,也同样过分强调马克思的价值观点和剥削概念的合理性。因此,柯亨的辩护立即遭到了许多学者的批评。马尔库斯·罗伯特把柯亨的观点称为一种"技术的决定论"(Technological Determinism),并说他的论证在许多方面是失败的。[①]

在研究剥削概念和阶级理论方面取得重要成果的思想家是雷默。他在 1982 年发表的《关于剥削与阶级的一般理论》(*A General Theory of Exploitation and Class*,1982)和在 1988 年发表的《任其损失》(*Free to Lose*,1988)对马克思的阶级、剥削和劳动价值概念所组成的资本主义理论作了全面的分析。

雷默根据当代资本主义的经济活动规律和实际运作状况,全面地重构马克思的阶级理论和剥削观点,同时又强调马克思关于资本主义社会的两个基本命题的有效性:(一)资本主义经济性质决定了资本主义经济必然反复发生周期性的危机,而且,(二)资本主义社会中资本家对于工人的剥削始终存在。[②]

但是,雷默又试图以某种"合理选择"的原则,追随新李嘉图主义者斯拉法,将剥削的问题从生产领域转向流通领域,因而受到了罗伯特等人

---

① See Roberts,M.*Analytical Marxism:A Critique.*London:Verso.1996:137.

② See Roemer, J. *Free to Lose:An Introduction to Marxist Economic Philosophy.* Harvard: Harvard University Press.1988:1–2.

的批评。①

英美分析的马克思主义者并不排除马克思主义者以外的其他学者关于阶级、剥削和资本主义经济的各种观点。他们尤其重视哥尔梭普（John H.Goldthorpe）、史考特（John Scott）、洛克伍德（David Lockwood）和兰斯基（Gerhard Lenski）等人有关阶级分析方面的新观点。

史考特综合了韦伯的阶层理论、马克思的阶级理论以及当代各派学者（包括达伦多尔夫、莱特和哥尔梭普等）的最新研究成果，对于当代资本主义的阶级和阶层的结构同政权的运作关系进行了深刻的分析。②

所有这一切构成近 20 多年来分析马克思主义理论研究的重要活动面向，在当代政治哲学的重建中具有重要意义。

一、柯亨对历史唯物主义的重建

牛津大学政治哲学理论和政治学教授柯亨，是以在 1978 年发表的《捍卫马克思的历史观》（*Karl Marx's Theory of History：A Defense*，1978）而获得在理论上的声誉。十年以后，柯亨将他发表的大量论文汇编成《论历史、劳动与自由》（*History，Labour，Freedom-Themes from Marx*，1988）一书。柯亨从历史唯物主义的基本观点出发，始终将政治问题同社会的经济基础问题联结在一起加以讨论。因此，当他讨论资本主义社会的自由平等和阶级问题的时候，也同时探讨了社会经济基础中的"所有制"（ownership）问题。③ 他探讨了大量的"自己所有制"（self-ownership）和"世界所有制"（world-ownership）的问题。1995 年，他将以往探讨自由平等和所有制的论文汇编成《自己所有制、自由和平等》（*Self-ownership，Freedom and Equality*，1995）一书。

柯亨的理论研究兴趣集中在历史唯物主义的基础观念和关于正义的理论。在《捍卫马克思的历史观》一书中，柯亨集中地探讨了马克思的历

---

① See Roberts，M.*Analytical Marxism：A Critique*.London：Verso.1996：138.

② See Scott，J.*Stratification & Power*.Cambridge：Polity.1996.

③ See Cohen，G.A.*History，Labour and Freedom*.London：Clarendom Press.1988.

史唯物主义基本原则,围绕着马克思历史唯物论的三大方面的问题展开讨论,并试图以分析哲学的方法重建历史唯物主义。柯亨所探讨的历史唯物论三大方面问题是:第一,有关生产力和生产关系的区分问题。第二,有关生产力和生产关系作为一方,同整个上层建筑作为另一方的相互关系问题。第三,有关生产力和生产关系内部各组成因素之间的相互关系问题。

柯亨所探讨的这些基本问题,长期以来,一直是马克思理论发展中的重大争论问题。作为教条主义的各国共产党理论家们和意识形态学家,几乎都是从辩证唯物主义和经济决定论的立场,一方面,强调经济生产因素在社会发展中的决定性作用,另一方面也特别强调权力斗争在政治改革和革命活动中的中心地位,因而,使马克思的历史唯物论增添经济决定论和阶级斗争的浓厚色彩。当然,在欧洲各国共产党的理论家当中,也曾经出现过一些有独立思考能力并有所创见的思想家,例如俄国的普列汉诺夫(Gueorgi Valentinovitch Plekhanov,1856—1918)、奥地利的考茨基和意大利的葛兰西等人。

普列汉诺夫对于马克思的基本理论进行了系统的研究,成为了马克思和恩格斯之后最有理论成果的马克思主义思想家。他的《唯物论史论丛》和《历史一元论发展论文集》是他研究历史唯物主义的主要成果。他在《唯物论史论丛》中提到,马克思所遵循的辩证方法可以归结成两条基本原则:第一,一切有限物是要扬弃自身的,是要过渡到它的反面的。这个过渡的过程,是靠每个现象特有的本性而完成的。每个现象都包含着将要产生它的反面的力量。第二,一个给予了的内容的渐进的量的变化,最后要突然激起质的变化,这个突变的环节,就是飞跃的环节,也是渐进性中断的环节。自然和历史充满着飞跃。接着,普列汉诺夫指出,辩证方法运用于社会现象的分析,才导致历史科学和社会科学的一场革命,使马克思可以运用这个方法,把人类历史看做是由一个法则和规律的演变过程。作为历史唯物论者,马克思在探索社会历史发展规律的时候,集中地探讨创造社会物质生活的劳动和经济活动的性质。正如普列汉诺夫指出的,人是从周围的自然环境中取得材料,来制造用来与自然进行斗争的工具,作为人的手的延长。作为自然环境的性质,决定着人的生产活动和生产资料的性质。生产资料则决定着人们在生产过程中的相互关系,其不可避免的情形,正如一个军队的武装决定它的整个编制和它的成员的相互关系一样。人与人之间的相互关系,则在社会生产过程中决定着整个社会结构。自然环境对社会结构的影响是无可争辩的,自然环境的性质决定社会环境的性质。不过这只是事情的一方面,必须同样考虑到同生产力相平行的生产关系。生产关系是结果,生产力是原因。但是结果本身又变成原因,生产关系变成了生产力发展的一个新的来源。由此得出双重的结论:第一,生产关系和生产力的相互影响,造成了一个社会运动;而这个社会运动有它自身的逻辑和它自己独立于自然环境的规律。第二,因为社会演进有它特有的、不受自然环境任何直接影响的逻辑,所以,就有这样的事情发生:同一个民族,住在同一个地方,而它的生理特质几乎是同一的,在它的不同历史发展中却产生了彼此很不相同的社会政治制度。这说明:社会的发展是非常复杂的,不能简单地套用自然物质环境决定社会条件的基本原则,而必须对于整个社会各种因素进行具体的分析。

因此,地理环境对社会人的影响,在不同的生产力发展阶段中,会产生不同的结果。要辨明这个过程,首先必须考虑到,自然环境之所以成为人类历史运动中的一个重要因素,并不是由于它对人性的影响,而是由于它对生产力发展的影响。因此,自然物质因素对社会发展的影响,是通过对生产的发展的影响,然后才通过许多中间环节而对社会和人的关系发生作用。

由此可见,普列汉诺夫极力捍卫马克思的历史唯物主义原则,一方面,强调社会发展对于物质条件的依赖性,强调生产力和生产关系的优先地位;另一方面,他又坚持辩证方法,强调上述原则和各种物质因素对于社会和人的关系的影响的复杂性。普列汉诺夫的上述历史唯物论理论模式,对于20世纪马克思理论的影响具有典范的意义,在几乎半个世纪的时间内,一直留下他的阴影。

欧洲各国共产党以外的理论家们,也始终围绕着上述三大问题展开讨论,但他们始终未能摆脱黑格尔辩证法和政治经济学关于生产发展的基本观点。柯亨虽然也尊重普列汉诺夫的上述唯物史观基本观点,但他同时又清醒地估计到传统马克思主义唯物史观的教条主义倾向,试图以英国分析哲学的方法,更具体地对于以上所提到的唯物史观三大基本问题进行微观分析。

正如柯亨在该书前言所说:"这是为历史唯物论辩护的书;它提供支持它的论证,但以我认为更引人入胜的形式去说明这个理论。在这方面的论述,受两方面的约束:一方面是马克思本人所写的,另一方面是作为20世纪分析哲学特征的那些清晰性和精确性的标准。"①

柯亨的出发点是肯定马克思的历史观中有关生产力和生产关系的相互关系的基本观点。他说:"历史唯物主义的传统版本,总是认为历史的发展基本上是人的生产力不断增长的历史;历史上的各种社会的产生和消逝,决定于这些社会的功能是促进还是阻止生产力的发展。"②

在此基础上,柯亨主要维护唯物史观的两大论点:第一,生产力始终是历史发展的主要动力;第二,任何一个社会的生产关系的性质,决定于该社会的生产力的发展水平。显然,柯亨在探索人类历史的终极本源时,似乎仍然坚持普列汉诺夫等人的"生产力决定论"的一元论唯物史观的基本观点。这就是说,从历史唯物主义的基本观点来看,柯亨和哈贝马斯一样,尽管两人都生活在当代晚期资本主义社会中,并充分意识到当代社会结构的深刻变化以及随社会变化而改造马克思理论的必要性,但他们两人都不愿意从根本上否定历史唯物主义的基本原理。柯亨也和哈贝马斯一样,一方面肯定历史唯物主义的基本原理的有效性,另一方面又采用完全不同于马克思的新方法和论证途径,重建马克思的唯物史观。在柯亨看来,马克思虽然在思想观点上不愧是一位伟大的创造者,但由于马克思当时所处的社会历史条件和艰苦的生活环境,使他"没有时间,也不打算,更没有书斋的宁静,来把这些思想全部整理出来"。

---

① Cohen,G.A.*Karl Marx's Theory of History.*;*A Defence.*Oxford:Oxford University Press.1978:i–ii.

② Ibid.:x.

因此,柯亨试图将马克思那些处于混乱状态的思想表述,以现代高度精确和清晰的英国分析哲学方法和技巧进行重建。在这方面,他不愿意继续走阿尔杜塞的道路,因为他认为阿尔杜塞一方面未能忠实于马克思的原著,另一方面又在方法上使他大失所望,表现出许多含混不清的地方。

由于坚持使用英国分析哲学的精确的逻辑方法,柯亨有可能对马克思历史唯物主义的某些基本概念进行更深入的探讨。历史唯物主义关于经济结构和生产力的定义及其相互关系,本来就是历史唯物主义整个理论体系的核心。但是,他认为,马克思本人偏偏没有对经济结构和生产力作出精确的和前后一贯的界定,致使后人,包括那些传统的马克思主义者在内,长期对于"经济结构"和"生产力"以及"生产关系"的精确内容含糊不清而引起争论。

柯亨运用分析哲学的方法,首先严厉批判黑格尔的唯心主义辩证法,同时试图精确地界定经济结构和生产力的基本内容。柯亨指出:马克思认为经济结构是由生产关系构成的,马克思并没有说别的东西参与构成经济结构。因此,柯亨说,生产关系单独足以构成经济结构,而这样一来,生产力就不是经济结构的一部分。

为了将生产力同生产关系以及同经济结构更精确地区分开来,柯亨首先将生产力的"力"(force)或"能力"(power)同"关系"做了区分。他认为,"力"不是关系,它不是对象之间所具有的某种东西,而是对象的属性。其次,柯亨把马克思所说的"生产关系在一定阶段上同生产力相适应"加以分析,认为这句话不等于说生产力和生产关系一起构成经济结构。

所以,柯亨运用分析哲学的方法的结果,更明确地把生产力排除在经济结构之外。同时,为了分析"生产力包括在经济基础"的理论错误长期流传的原因,柯亨也使用分析哲学的逻辑方法揭示了人们长期接受某些似是而非的命题的原因。

关于这一点,柯亨在该书第二章做了非常细致的分析,为运用分析哲学研究马克思历史唯物主义树立了典范。

为了肯定并重建马克思关于生产力是社会发展的决定因素的基本观点,柯亨在人类历史发展中寻求一种"超历史"的因素,并指出这些超历史的因素的存在和生命力是生产力不断发展的真正根源。这种超历史的因素存在于人类本身所固有的理性能力和创造精神。历史的主人是生活在社会中的人。只要有人存在,人的理性和理智慧力就可以观察到社会发展对于生产力改进的需求,并依据他们的理性能力不断地改变生产力的水平,导致社会的发展。柯亨指出:"我辩护的是,一种旧的历史唯物主义,一种传统的概念。在这个理论中,历史从根本上说,是人类生产能力的增长;社会形态的兴起和衰落,都要以它们促进还是阻碍生产力增长为转移。焦点是放在该理论的最基本的概念之上,也就是生产力和生产关系。因此,书中将很少讨论阶级斗争、意识形态和国家……"①在这一点上,原属于新左派的理论家安德鲁·列文和艾瑞克·欧林·莱特也给予了充分的肯定。②

柯亨认为生产力的优先地位,并不能从因果性的原则加以理解。柯亨批评马克思在《资本论》中有关资本主义生产力提前存在于前资本主义社会的观点,认为马克思只是从因果关系说明生产力的发展过程。与此相反,柯亨认为生产力决定生产关系仅仅是因为生产力本身需要充分发挥它的效力。在这种情况下,生产关系总是表现出推动生产力发展的倾向。

由资本主义的生产关系所推动的各种科学技术的进步,不但没有与生产力的优先地位相矛盾,反而证明了上述生产关系推动生产力发展的基本倾向的客观性。

同样的,柯亨认为关于经济基础同政治意识形态上层建筑的关系的唯物史观,只是为了从功能运作的角度说明社会结构的性质,其目的是要强调社会中那些非经济的制度,都是具有稳定占统治地位的生产

---

① Cohen, G. A. *Karl Marx's Theory of History.; A Defence.* Oxford: Oxford University Press. 1978:Ⅲ.

② See Levine, A./Wright, C. "Rationality and Class Struggle". In *New Left Review.* No. 123. 1980.

关系的倾向。

由此可见,从唯物史观基本观点的论述表现来看,柯亨似乎没有对马克思唯物史观进行重要的改造。值得深思的是,柯亨虽然得出了类似马克思甚至类似普列汉诺夫的一般结论,但获得这些结论的论证和分析过程却很新颖。柯亨不愿意重复马克思单纯以哲学本体论的意义和方法来论证生产力的优先地位,也就是说,他不愿意简单地从因果关系来说明谁决定谁或谁产生谁的问题,而是从组成社会的各个因素的功能及其实际效果,从经验实证的观点对组成社会各因素之间的关系进行客观的说明。

柯亨把重点转向组成社会的行动者,集中分析处于不同社会关系中的人,面对不同的社会形式和社会需求所可能作出的创造性反应。

柯亨的上述观点受到了英美分析马克思主义的其他理论家的批评,并引起了激烈的争论。首先,安德鲁·列文和艾瑞克·欧林·莱特都严厉地批评了柯亨的有关观点,强调在人类社会的各个阶段的人和行动者,都不可能脱离他们所处的阶级关系而对生产力的发展提出抽象的一般性要求。

约翰·爱尔斯特(John Elster)也特别强调从功能运作的角度进行社会诠释的有限性(Elster,J.1982)。如前所述,约翰·爱尔斯特对于柯亨的批评,主要立足于他对于个人主义方法论的执着性。

约翰·爱尔斯特指出,柯亨的社会功能论实际上是马克思历史目的论的翻版;根据这种历史目的论,似乎人类社会在不同阶段的历史结构,只是为了履行和实现特定的功能并达到特定的目的。

约翰·爱尔斯特主张以人类行动的合理选择和游戏的理论去说明社会的发展。约翰·爱尔斯特的上述观点,得到了雷默的支持,并在论述阶级和剥削概念的论文中加以运用。同样的,由柯亨的上述论述而引起的争论,也为季登斯提出行为结构化理论提供了良好的机会。

季登斯在同柯亨的争论中,重点地说明社会结构和人类行动的互动性,反对将两者二元化,主张在互动关系中分析社会结构和人类行动的双重性。

对于生产力和生产关系的相互关系,柯亨基本上肯定马克思的如下观点:当生产力依靠其自身的生命力和创造性而向前发展、并引起旧的生产关系不再适应生产力的需求的时候,生产关系就会变成生产力发展的桎梏。生产关系不适应生产力的状况,会引起两者的矛盾,并在或长或短的时间内,会激起整个社会内的阶级冲突。代表新的生产力的"进步阶级",会同维护既成利益、现有秩序并代表旧的生产关系的"保守阶级"或"反动阶级"发生冲突。这个时候,社会革命的时代就到来了。这就是说,在旧的社会体系和经济结构中成长和发展的新生产力及其阶级代表,会随着生产力和生产关系矛盾的加剧而组织革命,并最终颠覆旧的社会制度和整个旧的生产关系,造成生产力同新的生产关系以及整个上层建筑相适应的新局面。

对于柯亨所诠释的上述马克思观点,罗伯特·布连纳给予了严厉的批评。[1] 罗伯特·布连纳是英国马克思研究理论家中,专长于社会发展史和经济发展史的专家。他不但精通马克思的历史理论,而且深入研究了亚当·斯密的古典政治经济学,并对英国、法国和东欧各国封建制度转变为资本主义制度的历史做了特殊的研究。罗伯特·布连纳分别研究了封建社会末期发生在英国、法国和东欧各国社会内农民同封建领主之间的矛盾,并具体分析发生在上述不同国家和地区的阶级矛盾,又如何分别地导致英国早期农业资本主义、法国专制主义和东欧各国的封建式的资本主义。

通过上述对欧洲资本主义早期经济形态转变的三种不同形态的研究,罗伯特·布连纳试图得出一个结论,证明前资本主义的生产关系几乎都不同程度地阻碍了生产力的发展。

罗伯特·布连纳所得出的结论,引起了英国马克思思想研究领域的重大争论。[2]

柯亨与罗伯特·布连纳之间的上述争论,构成当代英国的分析马克

---

[1]　See Brenner,R."The Social Foundation of Economic Development".In Roemer,J.(ed.) *Analytical Marxism.*Cambridge:Cambridge Uniersity Press.1986.

[2]　See Aston,T.H./Philpin,C.H.E.*The Brenner Debate.*Cambridge:Cambridge Uniersity Press. 1985.

思主义发展史的重要一环。

柯亨对于马克思历史唯物论的重建所作出的另一项重要贡献,是他对于当代资本主义意识形态和政治上层建筑的具体分析和深入研究。

考虑到当代社会文化的高度发展和各种科技文化的膨胀,柯亨对于意识形态扭曲真理的本质和形式进行了具体的分析。他认为,意识形态就是扭曲真理的某种思想观点,它是社会中的某个特殊阶级根据其有限的利益而制造出来的。

当代社会资产阶级的意识形态,凭借科学技术在制造、传播和复制信号系统方面的卓越能力,比以往任何时代更有效地创造出迎合统治阶级口味的各种语言论述系统。他运用了牛津日常生活语言学派的观点,强调在日常生活中运用的各种语言论述同人的行为和思想观点的密切关联。在他看来,处于不同社会地位的行动者,不但可以依据其社会地位和特殊利益的需要而说话,而且也可以通过说出各种有利于其地位的话语而做出各种事情,通过说话而有效地改变社会事实。同时,占据统治地位和垄断社会资源的统治集团,从政治领域到社会的各个领域,都可以有效地进行各种富有策略的论述的生产和再生产,产生出宰制着社会各阶级的意识形态体系。

柯亨甚至指出,分析哲学作为统治阶级的意识形态,同样也有利于巩固已经被正当化的现有秩序。①

柯亨为了深入分析当代社会的政治制度和上层建筑的问题,积极地参与由约翰·罗尔斯的《一个关于正义的理论》所引起的各种有关正义、平等和自由的一般社会哲学问题的争论,并由此深入探讨当代资本主义社会的政治经济制度的正当性。

柯亨曾先后发表《论无产阶级不自由的结构》("The Struture of Proletarian Unfreedom",1983)和《自由和平等是可互替的吗?》("Are Freedom and Equality Compatible?"1986)两篇论文,深入探讨当代资本主义社会实现自由平等的各种条件。

---

① See Cohen,G.A.*History*,*Labour and Freedom*.London:Clarendom Press.1988:290-291.

自由，原本是马克思社会政治理论的基本概念。马克思基本上同意斯宾诺莎、卢梭、康德和黑格尔的自由观，把一般的自由界定为排除一切强制性的干预。也就是说，自由，就其一般的意义来说，就是从限制性的和强制性的力量中解脱出来。马克思进一步指出，广义的自由，就是排除一切阻力而实现人类的解放，使人本身有可能全面地充分发挥人的本性和人的能力，并在最高级的人类社会中实现符合人性的人类能力的真正全面联合。

马克思曾在《哥达纲领批判》中提出了实现"各尽所能，各取所需"的共产主义社会基本原则，作为人类彻底解放实现全面自由，完成从"必然的王国"到"自由的王国"的过渡。在这个意义上说，实现人类彻底解放和全面自由之时，就是真正实现人类平等之日。平等，只有在真正发挥人类的自由本性的基础上，才是最合理的。一切限制人性自由的地方，就不可能实现真正的平等。

严格地说，人类所追求的最符合人性的平等，就是人人都享有全面而彻底的自由。在马克思看来，资产阶级的生产资料私人占有制和雇佣劳动制，都是严重地阻碍人性全面发挥而导致人类不平等和不自由的最大根源。

因此，推翻和颠覆资产阶级的社会制度，就成为争取无产阶级和全人类的自由平等并实现人类解放的决定性步骤，也是无产阶级靠自己的力量决定自己的命运而获得自由的唯一途径。

马克思认为，要实现人类的真正自由和解放，就必须实现对自然界和对人类本性本身的发展的绝对控制。① 马克思充分发挥了他早在《德意志意识形态》所论述的基本观点，强调只有彻底消灭资本主义生产方式的剥削和压迫，代之于一种全人类的个人间的自由联合和协作，才能实现每个人发挥其才能的高度自由。

马克思的自由观还不停留在对于一般自由的抽象论述，而深入结合

---

① See Marx, K. *Grundrisse der Kritik der politischen Ökonomie*. 1857；参见《马克思恩格斯全集》第46卷（上册），人民出版社1979年版。

人类社会历史活动的不同领域和不同程度,对于不同社会的认识自由、政治自由、社会自由和公民自由等各种形态的人类自由进行分析。

在马克思看来,资本主义社会一方面为人类自由的实现设置了种种障碍,但另一方面,这些障碍实际上是人类历史所面对的最后一次障碍,因为马克思看到了资本主义社会的障碍本身已经隐含了彻底克服这些障碍的基本条件。

马克思由此要求受压迫的无产阶级,从"自在"转变为"自为",通过革命行动颠覆资本主义私有制而实现人类前所未有的大联合。

所以,在马克思的自由理论中,也包含着历史唯物论关于经济物质因素决定社会精神因素、社会存在决定社会意识的一元论史观。

柯亨对于马克思的自由观和正义理论的研究,也引起英国的分析马克思主义者对于马克思道德观的研究。人们发现,马克思对于资本主义社会政治经济制度的分析和结论,往往混杂着许多带有道德性质的价值判断的成分。

英国的分析马克思主义者吸收分析哲学关于区分"事实"与"价值"的观点和方法,试图对于资本主义社会的不同层面的正义实行状况进行更深入的分析,并尽量避免道德性价值判断的介入。

英国分析哲学家赫尔(Richard Hare)借着考察道德语词的含义,探索产生一整套有关人类道德思维的规范的逻辑规则。赫尔注意到道德判断往往具有"可普遍化特性"(universalizability)、"指令性"(prescriptivity)和"凌驾性"(overriddingness)。但是,赫尔进一步分析道德判断的不同结构和特性,发现其他的非道德性价值判断中也不同程度地渗透着上述特性;但仅仅是道德判断中的核心类别才具有"指令性"。为此,赫尔主张对于道德判断的语词结构和运用规则进行深入的探讨。

英国牛津日常生活语言学派认为以前各种道德伦理学说之所以走入歧途,是因为它们只注意到伦理语言的某些用法,而忽略了其他的一些用法。因此,在他们看来,正确的方法是认真观察伦理语言的多种实际用法,不再追求单纯一种主要的基本用法,或者,不再试图以一种用法去概括一切用法。

　　由此可见,后期维特根斯坦语言游戏理论所产生的重大影响。牛津学派的理论家充分注意到伦理语言的实际用法,所以,他们一方面指出其他各派伦理学说分析中的逻辑错误,另一方面也适当肯定每个学说所包含的片面真理。

　　对于早期的牛津学派代表人物摩尔(T.S.Moore)所主张的直觉主义(intuitionism)和他所批判的自然主义学派,晚期的牛津学派哲学家都给予批评,因为上述两派都建立在一种错误的意义理论的基础上。自然主义者认为,伦理语词指示自然的性质,而直觉主义者则认为伦理语词指示非自然的性质。他们两者显然都相信语言的功用是描述客观事实,伦理语言也不例外。

　　赫尔对自然主义者和直觉主义者的描述主义倾向,给予了批评,并为此主张将他们的理论同约翰·麦吉(John Mackie)和理查·罗滨逊(Richard Robinson)所提出的"误差理论"加以比较。[①]

　　同样的,牛津学派的思想家们也看到伦理学中的主观论者犯了同上述描述主义相类似的错误,因为主观论者把一切伦理命题当成说话者对待所谈事物的心理状态的描述,也就是把伦理命题化约成关于主观情感或态度的陈述。

　　在看到自然主义、直觉主义以及主观论的片面性之后,由艾耶尔(Alfred Jules Ayer,1910—1989)所提出的情感理论(the Emotive Theory)似乎提供了一种新的另类选择。情感论强调伦理命题与事实无关,根本不起描述作用,只是说出命题的主体的情感流露。伦理上的不同意见,既然无法借助于事实辨明是非,也就不能通过讲道理的方式来解决。显然,情感论忽略了伦理语言所包含的特殊功用,看不到伦理命题表达了某种目的性活动。所以,情感论仍然忽视了语言的日常用法,以另一种形式走上了化约论。

　　同艾耶尔相类似,史蒂文森(C.L.Stevenson)提出了关于道德命题的态度理论(the Attitude Theory)。史帝文森与艾耶尔不同的地方在

---

　　① See Hare,R.*Moral Thinking*.Oxford:Oxford University Press.1981.

于：伦理判断不仅表现说话人的态度，还伴有使别人产生类似态度的意图。同时，史帝文森他认为伦理语言仍然保留某些描述事实的功能，他把价值语词的双重用法加以区分，揭示出价值语词所包含的情感意义和描述意义。

为了弄清表示价值的语词的具体功能，牛津学派的分析哲学家又强调回到语词原来的语境中去考察。关于价值语词的用法，厄姆森所写的《论区分等级》（*On Grading*）进行了富有启发性的研究。他指出："描述就是描述，区分等级就是区分等级，表达情感就是表达情感，其中没有任何一个可以化约成另外两个。"在厄姆森看来，区分事物和区分人的等级在逻辑性质上并没有重大差别，尽管后者远比前者重要和复杂。因此，区分等级的语词必须有客观的标准。所有这一切，有助于赫尔和柯亨等人总结分析哲学对伦理语词的分析成果。

柯亨在本体论和方法论方面，对于马克思思想中的黑格尔主义因素的彻底批判，也有助于英国分析的马克思主义者抛弃黑格尔含糊的道德理论。黑格尔总是抽象地用道德性涵盖整个道德意识和道德活动。英国分析马克思主义者威廉斯（Bernard Williams）严厉地批判黑格尔的这些观点及其对马克思道德观的影响。威廉斯认为伦理学主要是回答苏格拉底所提出的"人应该怎样活着？"的问题，而关于道德性和道德意识的特殊构成，只是探索人们普遍应该强制执行的那些最一般性的义务的总体。[1]

在探讨马克思道德理论的过程中，米勒认为马克思的道德观同亚里士多德的道德观相类似，两者都是建立在几乎相同的哲学人类学的基础上。[2]

在深入讨论马克思的道德理论的过程中，柯亨高度评价杰拉斯（N. Geras）对马克思道德观的批评。[3] 杰拉斯对马克思的最重要的批评，就

---

[1]　See Williams, B. *Ethics and the Limits of Philosophy*. London. 1985.

[2]　See Miller, R.W. "Marx and Aristotle. In Marx and Morality." In *Canadian Journal of Philosophy*, eds. by Neilsen, K. and Patten, S.C. suppl. for Vol. vii. 1981.

[3]　See Geras, N. "The Controversy about Marx and Justice." In *New Left Review*. No. 150. 1985.

是马克思对资本主义社会正义问题的批评和分析的含糊性。

如前所述,有关正义观的争论,始终包含着政治、经济和道德观念的相互关系问题。马克思的阶级斗争观点和他的唯物史观,使他不能接受关于正义和关于人性最一般的抽象概念,阶级观点使马克思的社会观和历史观难免含有浓厚的意识形态色彩,并产生泛政治和泛道德的严重倾向。正如马克思在《资本论》第一版"序"中所说:"政治经济学所研究的材料的特殊性,把人们心中最激烈、最卑鄙、最恶劣的感情,把代表私人利益的复仇女神召唤到战场上,来反对自由的科学研究。"①

柯亨等人对马克思的道德观的批判和重建,就其积极意义来说,指出了道德问题和道德意识同其他社会问题的区别和联系,并强调根据道德问题的特殊性质及其特殊表达结构的重要意义,有助于深入了解道德在理论和实践上的特殊含义、功能及其有限性。

在资本主义社会进入到文化高度发达的现阶段,深入区分道德与政治、道德与学术等问题,对于推动社会科学和人文科学的新发展是很必要的。但是,马克思所强调的道德的社会性及其同政治斗争的复杂联系,至今仍然是存在的;不能因为当代社会结构和文化发展的变化,而忽略道德与政治及整个社会问题的复杂联系。在这方面,仍然有待马克思思想研究者继续展开讨论。

柯亨对于历史唯物主义的重建,表现了政治哲学理论界的一股历史潮流,试图通过对于马克思理论的重新评价及其应用于当代社会的可能性的探讨,一方面使马克思的理论中原有的积极因素走出马克思本人的思想局限性,另一方面又使当代政治哲学能从马克思的理论中找到重建政治哲学理论所需要的精神养料。

所以,柯亨对于历史唯物主义的重建从 1978 年正式提出以后,近 20 年来争论不断,以及其一次又一次更深刻的理论争论,也启发了各种各样新的马克思理论重建方案。

---

① 　Marx, K. *Das Kapital*. 1867;参见《马克思恩格斯全集》第 23 卷,人民出版社 1975 年版。

二、莱特对马克思理论的重建

莱特(Erik Olin Wright)在1996年发表的文章《共产主义之后的马克思主义》("Marxism after Communism",1966),系统地总结了自苏联东欧国家集团垮台后,马克思理论领域内的各种争论,为今后继续进行马克思主义的理论重建工作提供了良好的参考意见。

根据莱特的说法,要进行马克思主义的重建,首先要把握马克思主义理论的三大核心部分:作为阶级解放的马克思主义,作为阶级分析的马克思主义和作为历史理论的马克思主义。

莱特认为,马克思主义的阶级分析不同于韦伯的社会阶层分析的地方,就在于它同关于阶级解放的规范性问题和一种关于历史轨迹的理论的密切联系。

马克思关于解放的规范性理论,是同马克思的"剥削"概念直接相联系的。马克思的剥削概念是他的阶级分析概念的具体运用和展开。在马克思看来,资本主义私有制的社会中,资产阶级和无产阶级之间的关系就是剥削和被剥削的关系。而剥削关系主要是以经济剥削为基础,并由于资本主义社会经济基础同上层建筑的关系而衍生到政治上的统治和被统治的关系。在这种情况下,工人阶级为了取得彻底的解放,必须在消除经济剥削和政治统治的社会条件下才能实现。

在传统的马克思主义理论中,上述马克思主义的三大核心部分是密切相关的(参见下图)。

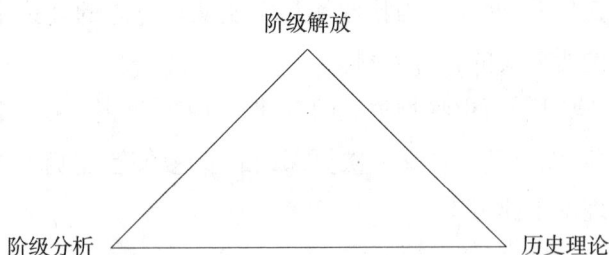

阶级结构、阶级构成和阶级斗争的宏观分析模式

　　莱特说:"马克思主义作为阶级解放,就意味着当代社会和世界的消除。马克思主义作为阶级分析,为当代世界的病态的诊疗提供了最好的手段。而马克思主义作为历史轨迹的理论,则指出了治疗这个病态社会的出路。……三个核心部分构成了一个统一的理论,在其中,阶级分析为历史轨迹理论导向未来的解放的方向,提供了必要和充分的说明原则。"①

　　基于对马克思理论上述三大核心部分的分析,莱特提出了重建马克思主义的理论方案。莱特认为,重建马克思主义三大核心部分及其关系的关键,是建构一个有关当代社会阶级结构、阶级构成和阶级斗争的阶级分析模式(如下页图所示)。

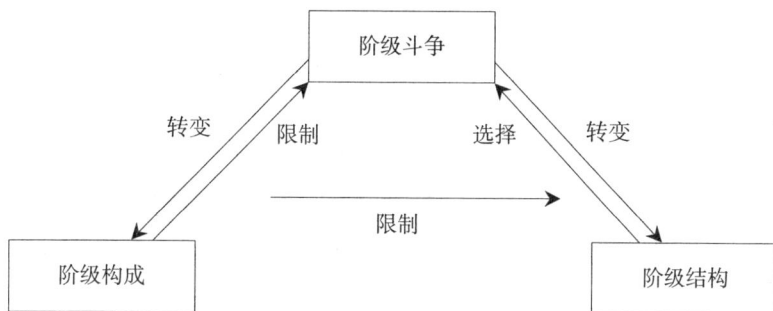

　　在莱特看来,阶级结构只是为阶级构成和阶级斗争限定界限,但不是唯一决定性的因素。阶级构成往往是在阶级结构限定的范围内选择阶级斗争,而阶级斗争反过来对于阶级结构和阶级构成发生转换性的影响。

　　上述模式并不单纯是一种结构性模式,因为对于社会中具有充分意识的活动能力的行动者来说,特别是对于有组织的阶级斗争来说,他们完全有可能在实践的范围内改造社会结构。但是,上述模式也不是某种以一种类型的行动者为中心的行动模式,因为行动者的斗争是受结构的限制。结构限制着实践,但在这个限制条件下,有限的实践又可以改造结构本身。

---

　　①　Wright,E.O."Marxism after Communism".In *Social Theory and Sociology*.ed.by Turner,S.P.:121-145.London:Blackwell.1996:126.

实际上,莱特认为上述模式也为资本主义社会问题的解决提供了可能的方案。莱特把三者之间的相互关系集中在阶级结构上。

在莱特看来,为了正确理解资本主义社会的阶级结构和阶级构成的关系以及两者同阶级斗争之间的关系,必须建立一个有关阶级结构的一贯性的有说服力的概念。马克思主义的传统阶级概念具有两方面的缺点。

首先,马克思主义传统阶级概念过分抽象,只是大致地通过资本主义社会生产方式内部的关系建构起阶级关系的概念。马克思主义传统理论未能深入分析阶级结构概念中的许多具体的经验性问题。

其次,传统马克思主义阶级结构概念只是宏观性的,未能深入描述资本主义社会个人间的微观的阶级关系。为此,莱特认为,必须重构有关"中产阶级"(middle class)、"次阶级"(underclass)和"阶级联盟"(class alliances)的概念。

莱特认为,随着马克思思想在新的时代中的不断重建,马克思的理论将作为一种关于阶级的社会科学理论而不断发展。他说:"有一件事是肯定的,也就是说,阶级政策将继续成为社会斗争的中心问题,因为所有制的形式和社会生产资源的控制,始终是许多社会争论问题的关键。"①

英国分析的马克思主义对于马克思理论的重构活动,也带动了美国的政治哲学家对于马克思理论的重新评价。芝加哥大学马克思理论的研究专家波斯东指出:"如果说近代社会可以分析成为资本主义社会,而且资本主义社会又是一种可以在某些基本面发生转变的话,那么资本主义的最基本核心就应该重新加以评述。在这基础上,就可以形成一种有关近代社会的性质及其发展轨迹的新的不同理论。……这样一种分析将对建构民主的政治理论作出贡献。"②

波斯东指出:"我对于马克思的批判理论的重建,就是对于资本主义

---

① *Marxism after Communism.* In *Social Theory and Sociology.* ed. by Turner, S.P. London: Blackwell. 1996: 142.

② *Time, Labor, and Social Domination: A reinterpretation of Marx's critical theory.* Cambridge: Cambridge University Press. 1996: 15.

的历史转变和对于传统马克思主义的弱点的一种响应。马克思的政治经济学批判序言是他充分发展了政治经济学批判的最主要的文本。我阅读这一文本的结果，使我对于马克思在他的晚期成熟著作，特别是《资本论》中所发展的批判理论能够进行重新的评价。马克思的批判理论，在我看来，不但不同于传统的马克思主义，而且比它更加强而有力。马克思的批判理论到现在为止，仍然有重要的意义。"①

波斯东对于马克思的批判理论的上述重建，在美国引起了广泛反应。美国著名的马克思理论研究者阿拉多（Andrew Arato）、马汀杰依（Martin Jay）、麦卡锡（Thomas McCarthy）、海尔布洛纳（Robert L.Heilbroner）等人，早在20世纪70年代就已经深入探讨了马克思理论中的新问题，并结合各种实际问题和理论问题，试图在重建马克思主义方面打开一条出路。②

波斯东的上述分析和研究工作，更进一步促进了美国学术界对马克思理论的研究兴趣。

正如莱特所说，自20世纪70年代初以来，马克思主义传统中发生了理论发展和研究的重大变化，使人们对于马克思主义的许多重大问题的理解，都发生了重大变化。这些变化关系到对于价值的劳动理论、历史理论、资本主义发展的动力、从封建主义到资本主义的过渡、资本主义国家内的矛盾、生产过程中形成共识的机制以及资本主义社会中关于中产阶级的问题。所有这些就是我们的最巩固的成果。因此，在这样一种发展的脉络中，宣布马克思主义作为一种精神力量已经死亡，是可笑的。③

三、米里班的新阶级理论

米里班（Ralph Miliband，1924—　　）作为英国新左派的成员，从20世

---

①　*Time，Labor，and Social Domination：A reinterpretation of Marx's critical theory.*Cambridge：Cambridge University Press.1996；15.

②　See McCarthy，T.*The Critical Theory of Juergen Habermas.*Cambridge.1978；Heilbroner，R.L.*The Nature and Logic of Capitalism.*New York.1985.

③　See "Marxism after Communism". In *Social Theory and Sociology.* ed. By Turner，S.P.London；Blackwell.1996；141.

纪 60 年代末就集中研究资本主义社会的阶级结构、阶级斗争形式、政治制度、政权、国家制度和机构以及当代民主制等重大问题。他对于当代资本主义社会和政治问题的研究,都试图贯彻马克思的阶级观点,并结合当代资本主义社会阶级结构的变化,重新分析资本主义社会的社会政治问题,对马克思的原有观点进行必要的修正。他的著作包括《资本主义社会的国家》(The State in Capitalist Society,1969)、《马克思与国家》(Marx and the State,1973)、《马克思主义与政治》(Marx and Politics,1977)、《英国的资本主义民主制》(Capitalist Democracy in Britain,1982)、《国家政权与阶级利益》(State Power and Class Interests,1983)和《国家政权与资本主义民主制》(State Power and Capitalist Democracy,1985)等。

米里班同苏塞克大学著名马克思研究者波多摩尔(Tom Bottomore)有深厚的友谊,他们两人和其他人合编的《马克思思想辞典》(A Dictionary of Marxist Thought,1983)自 1983 年出版以来,在学术界产生了深远的影响。正如该辞典的编者导言所说:"马克思向全世界发出的重要概念,在马克思逝世一百年之后,构成近代思想的最有活力和最有影响的思想潮流之一。了解这些观念,对于所有在社会科学领域中工作并参与政治运动的人们来说,是非常必要的。"①

米里班集中研究阶级和政治问题,是因为在他看来马克思的阶级观点和理论构成马克思学说中最重要的组成部分。抓住马克思的阶级分析观点,将为我们提供理论上和经验分析方法方面最好的典范,有助于我们对于历史的和当代的社会生活进行深刻的分析。当然,米里班也指出,由于马克思理论本身的局限性和当代社会的变化,仍然有必要将马克思的阶级分析模式进行修正。②

在米里班看来,必须充分肯定马克思的阶级分析观点的重要性。关于这个重要性,第一,是指阶级分析观点本身符合人类社会历史有阶级区分以来的基本事实。正如《共产党宣言》所指出的:"自由人和奴隶,贵族

① Bottomore,T.et alii.(eds)A Dictionary of Marxist Thought.Oxford:Basil Blackwell.1983.

② See "Class Analysis".In Social Theory Today.eds.by Giddens,A.and Turner,J.Cambridge:Polity Press.1987.

和平民,领主和农奴,行会师傅和帮工,简言之,压迫者和被压迫者,始终处于相互对立的地位,进行不断的、有时隐藏有时公开的斗争,而每一次斗争的结局都是整个社会受到革命改造,或者,斗争的各阶级同归于尽。"

近代资本主义社会不但没有消除阶级对立,反而使阶级关系以新的历史形态表现出来。当代资本主义社会的政治民主化、经济繁荣和文化的发达,都不能彻底消除阶级区分。而且,当代资本主义社会的发展事实也证明:尽管资产阶级和工人阶级的阶级关系发生了变化,社会各个阶层也重新组合,各种社会制度也有利于改善和调和阶级间的冲突,但是,社会的阶层化和阶级区分仍然存在,并不断更新,甚至产生了许多新的社会阶层,构成当代社会新的阶级矛盾。因此,马克思关于阶级关系分析的理论,具有重要的历史意义和现实意义。

第二,米里班特别强调马克思阶级分析观点的历史性,以便同各种教条主义的超历史阶级观点相区分,同时也反对将马克思的阶级分析观点简单地归结为"历史哲学"观点。米里班认为马克思的阶级分析观点有助于分析各个历史阶段的不同阶级结构,同时也为进行经验实证的阶级调查和分析提供最好的科学手段和方法。

第三,米里班认为马克思的阶级分析观点涉及马克思对于整个社会、人类历史和社会科学的最基本的观点,不能把马克思的阶级观点当成孤立的或单纯策略性的工具性方法。因此,在重建马克思的阶级观点时,必须把它放在马克思的唯物史观的整体结构中,并注意马克思的阶级观点同他的最基本的社会结构和上层建筑等概念的联系。

第四,米里班认为应该避免教条主义把马克思的阶级观点简单化约成所谓"社会发展基本法则",而是应该集中研究当代资本主义社会的阶级结构和阶级关系,探索当代社会中阶级关系的各种具体模式。

第五,马克思的阶级分析观点实际上就是一种阶级斗争的分析观点,强调阶级之间的冲突和斗争构成人类社会存在和发展的根本动力。

根据马克思的原本观念,他的阶级斗争分析观点包含着五项最基本的内容:(一)集中分析各阶段阶级斗争的基础和机制;(二)分析阶级对立的性质;(三)阶级斗争所采取的形式;(四)阶级斗争形态在历史发展各个阶段发生转变的复杂原因;(五)同阶级斗争密切相关的意识形态及其他各种复杂的精神因素对于阶级斗争进程的影响。

马克思的唯物史观,当然把阶级斗争的基础归结为经济活动中的生产资料占有制所引起的基本矛盾。从最早的《德意志意识形态》和《神圣家族》到晚年的《资本论》,马克思都把生产资料的占有关系当成整个社会各种关系的基础。

人类社会从无阶级的原始社会解体的决定性原因,是生产力发展而产生产品剩余并导致私有制的产生。整个阶级社会的历史,就是私有制不断扩大和不断发展的历史。各个历史阶段私有制尽管采取不同的形态,都是为了满足生产资料的占有者不断扩大其自身利益的欲望。生产资料个人占有者扩大自身利益的欲望是无止境的,是贪得无厌的;其结果,一方面使私人占有者竭尽全力不断扩大和改善其私人占有的状况,另一方面也不断加强对于被剥夺生产手段的劳动者的剥削,抽取尽可能多的剩余劳动价值,并尽可能减少付出的生产成本。

马克思在《资本论》中指出,生产资料占有者对于直接的生产者之间的直接关系,隐含着全部社会生活和发展的真正奥秘,也是社会中占有主权地位的统治者同被统治者之间的复杂关系的真正基础。

至于各种社会的阶级斗争的真正性质,在马克思看来,就是阶级对阶级的剥削和反剥削的关系。剥削,在本质上就是无偿占有被剥削者的剩余劳动价值。如前所述,自原始社会解体以后,生产工具和生产条件的不断改变,创造了越来越强大的生产能力,使生产劳动者所生产的剩余产品越来越多。剩余产品就是剩余价值的结晶,也就是直接劳动者在生产过程中所付出的剩余劳动的产品。阶级社会的发展史,就是私人占有制不断改进以达到不断扩大占有剩余价值的目的,也就是不断加强对于直接劳动者的剩余劳动的占有和剥夺。

为此,米里班指出:"马克思关于抽取剩余劳动是社会生活最严峻的基本事实的观点,在我看来,是完全正当的。但是,问题在于,基于上述状况所进行的分析焦点过分地狭窄,以至于有可能使剥削过程的一个重要特性,也就是统治的问题,变为模糊化,或至少被覆盖上一层阴影。我在这里所要论证的阶级分析,基本上关系到阶级统治和阶级隶属的过程,而这个过程是剥削过程的最基本的条件。或者,换句话说,我在这里要加以界定的那种剥削,始终都是实行统治的主要目的。但是,在这个意义上的剥削,并不是统治的仅有目的。例如,父权制作为统治的一种形式,对于其组成成员来说,所获得的利益大于被抽取的剩余劳动。"①

根据米里班的意见,重建马克思的阶级分析的观点,就是要打破原有的狭窄框架,不单纯地把阶级关系归结为剥削关系和统治关系,而是扩大成为分析更为广泛的社会和政治问题的基本方法,并在某种意义上,走出过分强调剥削关系的纯经济主义观点的限制。

当然,把阶级分析扩大到社会和政治生活的各个领域,并不是否认剥削问题的重要性。正如米里班所说:"剥削是极为重要的,但正是统治才使它成为可能。然而,强调统治又不是意味着只是从马克思本人的观点出发。相反,其目的是用来阐明马克思思想和夺斗的核心,也就是建构一个消除统治和强制关系的'真正的人性社会'的那个要求。"②

因此,米里班的上述分析和批评,为英国分析的马克思主义者深入地探讨与阶级分析密切相关的"剥削"和"统治"的复杂问题提供了深刻的启示。

关于统治(Domination)的问题,原有的马克思理论确实有将统治归结为阶级剥削的经济主义简单化倾向。这一倾向的产生,主要有两方面的理论根源。第一个理论根源是马克思的唯物史观所坚持的经济一元论。第二个理论根源是马克思生前未能全面而深入地分析社会生活的各个领域,对于各个领域和各个层面的组织、制度和规范体系及其组成因素,都没有来得及进行考察。这就使马克思的理论体系中缺乏对于经济领域之外的社会生活的微观分析。

人类社会的发展包含了非常复杂的过程和内容,也采取了非常曲折

---

① "Class Analysis".In *Social Theory Today*.eds.by Giddens,A.and Turner,J.Cambridge:Polity Press.1987.

② Ibid.

的多种表现形态。马克思理论的贡献就在于:透过复杂而多样化的表现形态,紧紧抓住最本质的关系,有助于排除各种非本质因素的表面复杂现象的干扰,直接把握社会的本质问题。但是,马克思理论注重本质分析的倾向,又隐含着覆盖各种具体问题的复杂性的危险。人类社会不同于自然世界的地方,正是在于在社会中活动的人的高度灵活性和创造性。

正如 20 世纪德国哲学人类学家马克思·谢勒(Max Scheler)所说,人的最基本的特性就在于其不可界定性。在这意义上说,像马克思那样,试图在人类社会中寻求一种能决定一切的基本因素,并以此去说明其他各种复杂问题的倾向,未免过于简单化。以人类社会中的阶级关系和统治关系而言,实际上,是不能单纯化约成经济上的剥削关系。米里班指出:"严格地说,任何社会的任何一个统治阶级,都是靠三种基本的统治资源而实现其有效的控制:生产手段、国家管理和强制性手段以及沟通和取得共识的主要手段。通过生产手段可能会而且往往会关系到这些生产手段的占有制的问题,但并不必然是如此。"①

通过上述三种统治资源而实行的统治关系,构成了人类社会三种不同的统治结构。这三种不同的统治结构又往往是相互渗透和相互依赖的,在高度发达的当代资本主义社会中更是如此。在米里班看来,统治关系是否能够真正实行,还要看统治者是否善于采取控制和宰制的手段。

"统治"(domination)和"控制"(control)的关系是非常复杂的。控制又不等于占有,但控制显然关系到占有的有效程度。随着人类社会的发展,控制的手段和形式会变得越来越复杂,这不仅是因为社会关系本身进一步复杂化,而且,人类文化和科学技术的发展同人的智慧以及人的行动能力相互促进,使统治者不断发展和灵活运用控制手段的同时,被统治者也不断发展和灵活运用反控制的能力,造成了现代社会控制系统中各种复杂因素的不断增加,从而也使统治和剥削关系变得层层复杂化。

在现代社会中,掌握和控制生产手段的阶级,必须同时获得那些控制

① "Class Analysis".In *Social Theory Today*.eds.by Giddens, A.and Turner, J.Cambridge:Polity Press.1987.

行政机构系统和强制力量的人们的赞同和保护;而这些控制国家机构的人们又必须能够依赖那些掌握或控制那些生产手段的人们的协作。

同样的,控制沟通和共识手段也成为了控制上述生产手段和国家行政机构的必要条件。

米里班一方面强调控制的概念,另一方面也同样承认资本主义社会中占有制的重要性。在当代资本主义社会中,控制和占有的相互关系所呈现的不同结构和形态,不但依据社会的不同领域,而且也依据各个领域中不同层面和不同程度的组织机构及人际关系网的结构。

实际上,早在中世纪的封建社会中,实现剥削目的的有效控制并不一定伴随着个人占有制。教会的许多教士并不掌握土地的所有权,但这并不妨碍他们直接地从他们所控制的生产者那里抽取剩余劳动。同样的,在现代的资本主义社会中,那些占据最高层经理机构的高级管理人员,并不一定占有生产资料,但并不妨碍他们获得相当大程度的剩余价值分配。对于那些国有制的大型企业来说,占据最高主管地位的高级公务人员也同样不占有任何生产资料,却又能控制整个企业并获得大量的剩余劳动价值。

国家机构是当代资本主义国家中最大的剩余劳动的获得者;一方面作为大型国营工商业企业机构的占有者、管理者和控制者,另一方面又作为全国各阶层劳动者的年收入税的抽取者、使用者和消费者,国家机构实际上比任何国营企业的企业主,都更多地占有劳动者的剩余劳动价值。国家机构并不一定需要采取对于生产资料和生产条件的占有形式,只需要运用国家权力的控制功能,并直接和间接地干预剩余劳动的分配过程,就可以大量地占有或抽取这些剩余劳动价值。在当代社会中,各种赋税的抽取构成整个社会剩余劳动价值分配和抽取过程的一个最重要的方面。

当代资本主义国家中的经济实权和国家实权在制度上是相互分离的,尽管两者之间在运作过程中也避免不了发生各种联系。

基于这种基本状况,米里班引用米尔斯的研究成果认为,西方主要资本主义国家的"权力精英"主要是由两种类型的人所构成的。第一种类型是占有成百个最大型的私营工业、财政和商业企业以及垄断性大型大众媒介机构的董事和主管们。第二种类型是国家系统中控制着全国的行政领导权的高级官员,从总统、总理到他们的所有高、中层行政官员,包括文官系统、军警系统、司法系统和检调系统的官员,也包括国家所垄断和控制的各个企业和大众媒介机构的主管们。

米里班只对米尔斯的上述阶级分析观点作了微小的修正。根据米尔斯的分析,当代美国社会中的权力精英是由三部分人组成的:第一部分是全国最大的私人企业的董事和高级经理们,他们是社会中的权力精英的最主要的组成部分;第二部分是米尔斯所说的"政治上的领导者"(political directorate),他们主要占据国家的最重要的领导职务;第三部分是军中的高层人物。①

米里班认为,把军中高层人物从国家的"政治上的领导者"中分离出来,是不合适的,因为军中高层人物还不能作为一个独立于国家机构的特殊阶层而存在。

所谓权力精英,实际上就是当代西方社会中的统治阶级的最高阶层,他们一方面集中和垄断了整个社会的控制权,另一方面也集中了对于各个阶层机构和人员的指挥和管理权。权力精英往往通过多层的权力阶层机构和人员而对整个社会进行全面统治,构成了社会的各种统治秩序和统治机构的最高领导者。

在权力精英底下,又存在着多阶层的统治阶级的组成分子,他们构成社会统治阶级的多数人,同少数的权力精英成为明显的对照。权力精英底下的这些统治集团的多阶层组成分子,又分成两种类型的人员。第一种类型是控制大量的中型企业或大型企业的附属部门的主管们,主要是中层经理和行政管理人员;第二种类型是由律师、会计师、科学家、建筑师、医生、高级技术员、高等学校和高等教育机构的教授和行政管理人员、公共关系专家以及其他民用机构和军事机构的中层主管。这些人在为最上层统治阶级(权力精英)的统治正当化方面起了关键的作用,也成为了

---

① See Mills,C.W.*The Power Elite*.Oxford:Oxford University Press.1956:126.

权力精英同整个社会结构实际联结的最重要中介环节。这些人或者是为大型私营企业所雇用，或者是国家机构的中上层官员，或者是以独立职业的身份进行活动。由这些人所组成的统治阶层，就是当代社会所谓的"中层阶级"（middle class）或"高中层阶级"（upper middle class）。米里班认为，给予他们中层阶级或高中层阶级的划分称号并不确切，需要作进一步深入分析。但不管怎样，一方面要把这些人同权力精英区分开来，因为他们并不像权力精英那样享有真正的统治权力；另一方面又要把他们当做统治阶级的一个主要组成部分，因为只有通过他们，最高层的统治阶级才有可能贯彻运用他们的权力，并影响到实际的经济、社会、政治和文化领域。

在米里班看来，统治阶级并不是同质结构的。因而，米里班也不赞同把组成统治阶级的各个阶层当成同一个阶级来看待。事实上，在上述统治阶级各个阶层之间及其内部，充满着利益上和权力方面的冲突，因而造成他们内部的派别和集团的分化。但同时，米里班强调，统治阶级各阶层内部的任何分裂和斗争都往往服从于整个的统治利益的维护。米里班尤其指出，为了维护总的统治利益和秩序，在上述统治阶级中，那些少数的权力精英分子往往最容易成为他们整个阶级的"叛徒"。也就是说，这些极少数的权力精英分子，考虑到整个阶级的利益和社会总体运作的需要，可以在贯彻和制定统治策略的过程中，牺牲和转让统治阶级中一部分人的利益或进行权力输送等。

总之，米里班认为，根据现代主要资本主义国家的社会结构和生产方式，进行阶级分析必须考虑到许多具体的层面。首先，阶级分析就意味着对于阶级的界线和阶级内各个"次阶级"（subclasses）进行精确和细致的区分。其次，阶级分析必须能够明确显示这些社会中的统治结构和机制以及剥削的各种形式。最后，阶级分析也必须揭示社会中的各种形式的阶级冲突，分析资本和国家同劳动之间的冲突以及这些冲突同社会各个阶层的复杂关系。

米里班认为，在全球化实现以后，阶级分析不能局限在各主要资本主义国家的社会内部，不能只关心这些社会内的各个阶级和阶层的相互关系,而是要进一步分析国际范围内的阶级斗争及其多种形式,分析由资本主义经济的"国际化"(internationalization)所产生的"多国"或"跨国"企业中的复杂阶级斗争,其中包括资本主义国家企业主同各个民族国家居民的利益冲突、资本主义国家政府和企业主的共同利益同外国的矛盾,等等。

针对当代社会各种后现代文化和后现代意识形态的出现和泛滥,米里班也认为必须在阶级分析中重视当代社会中两性差异、民族和种族区分、少数民族利益等问题。在最发达的资本主义国家,包括美国、英国、法国和德国等,近20年来出现了越来越多的两性冲突和族群冲突的问题。但是,米里班认为不管当代社会出现各种复杂的具体问题,都不能因此而忽略阶级分析方法的重要性;性别和族群以及诸如环保等问题所引起的冲突,并不能造成阶级分析方法的"过时",而只能更加证明阶级分析方法的复杂性和现实性。

第八节　季登斯的"现代性政治哲学"

英国社会哲学家季登斯(Anthony Giddens)是20世纪60年代以后英国和英语系各国社会学界最重要的社会哲学理论家。自60年代末以来,积极从事社会哲学理论的重建研究活动,发表了一系列重要的著作,创建了关于人类行动的结构化理论(The Structuration Theory of Human Action)。

季登斯早年就读于英国赫尔大学(Hall University)社会学系,受教于沃斯里(Peter Worsley)和威士比(George Westby)等人,对他后期的思想发展有重要影响。大学毕业后,季登斯到伦敦政经学院深造,使他有机会在那里接触到杰出的学者卡尔·波普(Karl Raimund Popper, 1902—1994)、洛克伍德(David Lockwood, 1949—　)和阿瑟·特洛普(Asher Tropp)等人,并从他们那里汲取了不少的思想养料。洛克伍德很重视对英国工人状况的实际经验调查和分析,同时也对古典社会哲学理论进行过系统的批判性探讨。洛克伍德后来也任教于剑桥大学,并在 1976 年被选为英国大不列颠科学院院士。在洛克伍德的社会哲学理论研究工作中,始终贯穿着两条基本指导原则:第一条是强调社会研究对象的客观性,并把客观性列为首位,视其为强制性的因素,决定着社会哲学家的主观研究方向和方法;第二条是强调社会研究对于大量经验实际调查的依赖性。洛克伍德本人在相当长时间内同哥尔梭普(John H.Goldthorpe)一起从事英国工人状况的调查,并深入分析英国工人的阶层化同英国当代社会结构的密切关系。洛克伍德对英国工人状况和英国社会的研究成果,使他写出了《关于社会系统的某些评注》(*Some Notes on the Social System*, 1956)、《穿黑衣的工人:对于阶级意识的研究》(*The Black-Coated Worker: A Study in Class Consciousness*, 1958)、《新工人阶级》(*The New Working Class*, 1960)、《社会整合和系统整合》(*Social Integration and System Integration*, 1964)、《社会的工人阶级形象的变化根源》(*Sources of Variation in Working Class Images of Society*, 1966)、《传统工人研究》(*In Search of the Traditional Worker*, 1975)、《阶级、阶层和性类》(*Class, Status and Gender*, 1986)、《国家市民社会中的转变》(*Schichtung in der Staatsburgergesellschaft*, 1987)、《最薄弱的一环? 关于马克思行动理论的某些说明》(*The Weakest Link in the Chain? Some Comments on the Marxist Theory of Action*, 1988)、《社会连带和分离》(*Solidarity and Schism*, 1992)等著作。洛克伍德所有这些著作,不论在过去还是现在,都对季登斯的社会哲学理论研究产生不同程度的影响。

　　季登斯完成了硕士论文之后,任教于莱斯特大学(Leicester University)。当时,埃里亚斯和诺伊斯塔特(Ilya Neustadt)也正在那里任教。埃里亚斯对人类文明和日常生活的社会意义的研究,无疑深深地影响了季登斯后期思想的发展。季登斯只是到了 1969 年才有机会到剑桥大学任教,并由此开始在那里准备他的博士论文。季登斯迟至 1974 年才获得博士学位。当季登斯来到剑桥大学的时候,著名的英国社会人类学家巴恩斯(John Arundel Barnes, 1918—　　)正在那里任社会学首席教授。1997

年起,他担任伦敦政经学院院长。

季登斯著作等身。在近 25 年中,围绕着对于社会哲学理论基本问题的反思,围绕着重建一个兼有深刻把握人类历史和当代社会根本性质的当代社会哲学理论,季登斯先后发表了 20 多部著作。其中包括:《资本主义和近代社会哲学理论:马克思、涂尔干和韦伯著作分析》(*Capitalism and Modern Social Theory:An Analysis of the Writings of Marx,Durkheim and Weber*,1971)、《韦伯思想中的政治与社会学》(*Politics and Sociology in the Thought of Max Weber*,1972)、《先进社会的阶级结构》(*The Class Sturcture of the Advanced Societies*,1981[1973])、《社会学方法的新规则:对于诠释社会学的一种积极批判》(*New Rules of Sociological Method:A Positive Critique of Interpretative Sociologies*,1976)、《社会与政治理论研究》(*Studies in Social and Polotical Theory*,1977)、《社会哲学理论的中心问题》(*Central Problems in Social Theory*,1979)、《历史唯物论的当代批判,第一卷:政权、财产所有制与国家》(*A Contemporary Critique of Historical Materialism*,Vol. Ⅰ:*Power,Property and the State*,1981)、《社会哲学理论的各个侧面与批判》(*Profiles and Critiques in Social Theory*,1982)、《社会的构成:结构化理论纲要》(*The Constitution of Society:Outline of the Theory of Structuration*,1984)、《历史唯物论的当代批判,第二卷:民族国家和暴力》(*A Contemporary Critique of Historical Materialism*,Vol. Ⅱ:*The Nation-State and Violence*,1985)、《社会哲学理论和现代社会学》(*Social Theory and Modern Sociology*,1987)、《现代性的后果》(*The Consequences of Modernity*,1990)、《现代性和自我同一性:现代晚期的自我与社会》(*Modernity and Self-Identity:Self and Society in the Late Modern Age*,1991)、《亲昵性的转变》(*The Transformation of Intimacy*,1992)、《人类社会读本》(*Human Societies:A Reader*,1992)、《政治、社会学和社会哲学理论:同经典和当代社会思想的遭遇》(*Politics,Sociology and Social Theory:Encounters with Classical and Contemporary Social Thought*,1995)和《保卫社会学》(*In Defence of Sociology:Essays,Interpretations and Rejoinders*,1996)等。

季登斯的上述代表作,表现其思想在三大历史时期内的心路历程特

征,也总结其不同阶段社会哲学理论研究的基本成果,对于当代社会哲学
理论的重建和发展产生了深远的影响。

季登斯的思想发展第一阶段是 20 世纪 60 年代末到 70 年代初。当
时,他系统地研究了对于西方社会哲学理论发展产生重大影响的主要思
想家的经典作品,其中最重要的是孔德、涂尔干、马克思和韦伯。

从孔德那里,季登斯清理了实证主义的遗产,并对于实证主义的发展
过程提出了若干重要的批评意见。在季登斯看来,由孔德所开创的实证
主义在考察近代社会思想发展方面具有重要意义。他认为,严格地说,实
证主义的观念,从 19 世纪中期到 20 世纪,至少在四分之三世纪的漫长时
期内,始终成为社会学发展中的主要思想脉络。[①] 孔德不仅把实证主义
看做是社会科学的逻辑,而且也当成社会改革的实际指导纲领。正是孔
德对于实证主义的逻辑和实践两方面的意义的重视,才使孔德的思想,不
仅影响着社会学和政治学的学术发展,而且也影响了欧洲各国的社会改
革和政治运动。此外,孔德的基本观念和方法论,也直接地影响了社会学
方法论方面的激烈争论,使得方法论领域的争论,在过去的 150 多年的历
程中,始终都围绕着自然科学和社会科学的相互关系问题作为主轴。

在涂尔干那里,季登斯注意到了涂尔干对于社会整体各种关系网和
制度的研究的重要成果,并系统地总结了古典社会学关于社会制度和结
构同功能的相互关系分析成果。季登斯严厉批评帕森思忽略涂尔干政治
思想的片面倾向,使当代社会学界不但未能正确评价涂尔干社会思想中
的政治和国家观点,而且也对于他的社会哲学理论作出了错误的分析。
例如,涂尔干的重要著作《劳动分工》,不但紧密地同他的社会政治思想
相关,而且也对于近代社会政治制度和国家的分析具有重要意义。帕森
思和后来的许多美国重要社会哲学理论家都未能正确分析《劳动分工》
的政治和社会学意义。[②]

同样的,当社会哲学家分析涂尔干的个人主义方法论的时候,如果忽

---

① See Giddens, *Politics*, *Sociology & Social Theory*: *Encounters with Classical and Contemporary Social Thought*. UK: Polity Press. 1995: 10-11.

② See Ibid.: 78-79.

视涂尔干所处的法国政治社会背景及其对于涂尔干本人思想的影响,就会简单而片面地将个人主义归结为实证主义的脉络,就像帕森思等人所做的那样。但实际上,涂尔干的个人主义方法论还深深地扎根于从 18 世纪法国大革命以来所形成的追求个人自由的政治理想脉络。由于忽视涂尔干的社会思想的政治背景,人们也往往简单地以为涂尔干只是关心社会的"脱序"问题,而不进一步深入把握涂尔干对于"脱序"(anomie)、"唯我论"(egoism)和"个人主义"(individualism)三者之间复杂关系的深刻分析。

至于涂尔干的社会思想同社会主义运动的关系,同样也是非常重要的。正如毛斯指出的,涂尔干的《劳动分工》是从个人主义同社会主义的关系的观点出发而完成的著作。①

季登斯认为,涂尔干的社会学中,政治思想占据了中心的地位。② 涂尔干所追随的社会主义虽然不同于马克思所说的社会主义范畴,但他毕竟非常关心社会改革,而且也极端重视社会学的实践意义。帕森思和科舍(Lewis A.Coser,1913—)等人都曾经错误地简单认为涂尔干是保守主义者,其基本原因就是未能正确评价涂尔干的政治思想。

从马克思的理论中,季登斯集中地继承了关于近代资本主义社会的形成和发展的理论,这对于季登斯后期集中研究近代世界的发展问题有重要的影响。正如季登斯本人所说:"在马克思主义和'资产阶级社会哲学理论'之间,是很难存在一个区分线。"③

季登斯和马克思一样,认为社会科学研究不应该脱离对于历史的研究。他认为,作为一个最起码的要求,可以说,历史和社会科学是紧密相互联系的。接着,他甚至进一步认为:"准确地来看,在社会科学和历史之间简直是没有逻辑的或方法论上的区别。"④

---

① See Mauss, M. *Introduction to the First Edition of "Socialism and Saint-Simon"*. London. 1952:32.

② See Giddens, *Studies in Social and Polotical Theory*. London: Hutchinson. 1977:36-240.

③ Giddens, *Central Problems in Social Theory: Action, Structure and Contradiction in Social Analysis*. Berkeley: California University Press. 1979:1.

④ Ibid.:230.

季登斯重建社会哲学理论的一个重要出发点,就是把社会的最基本的性质,同整个人类历史在漫长的时间流程中所经常遭遇的最基本问题联系在一起。社会哲学理论所应该重点考察的,是那些能够穿越时空界限而不断地重复呈现出来的人类实践的问题。只有在这样广阔的历史视野的观察下,才有可能对于各种社会中所遭遇到的复杂问题进行深刻的分析,并把握其中同人类实践行动始终紧密相关的基本要素。

在季登斯的思想发展过程中,他把马克思的唯物史观同西方其他重要思想家的杰出历史观点结合在一起,成为了他批判地反思社会哲学理论问题的重要基础。

季登斯还从马克思那里发现了权力运作对于社会的重要意义,构成了后期季登斯社会哲学理论的又一个重要方面。

马克思对于季登斯的最后一个重要影响,是他的批判的方法和反思的研究态度。季登斯在总结 20 世纪 20—30 年代到第二次世界大战期间的西方社会学发展过程时,指出以帕森思为代表的社会学以及整个社会科学,都不甚了解马克思的理论,因此,当时的社会学理论研究的一个重大缺陷,就是忽视了马克思社会哲学理论。在《社会的建构:结构化理论概要》的导论中,季登斯指出马克思主义在欧洲比在美国产生更重要的影响。帕森思虽然比同时代的其他美国社会哲学家采取了更加严肃认真的态度对待马克思,但他也避免不了对马克思理论的片面性评价,以致使他未能掌握马克思社会哲学理论的重要部分,即关于阶级划分、冲突和权力问题的研究成果。[①]

季登斯总结了欧洲社会科学家和知识分子对马克思理论的研究成果,进一步把马克思的社会哲学理论应用于近代社会发展问题的研究中去。

季登斯非常重视韦伯的社会哲学理论。他认为,分析韦伯社会哲学理论的出发点,首先必须弄清韦伯的社会哲学理论的方法论及其与政治

---

① See Giddens, *The Consititution of Society: Outline of The Theory of Structuration.* Berkely: California University Press.1984: xiv.

思想的内在联系。关于韦伯的基本方法论，季登斯认为韦伯发扬了新康德主义的基本原则，一方面反对黑格尔的绝对观念论，另一方面反对马克思历史唯物主义的经济决定论。①

韦伯的这些方法论立场，直接地关系到他在社会哲学理论中所贯彻的整个研究方法以及由此导出的基本概念。韦伯的社会哲学理论的基本方法，有两点是值得注意的：一方面他强调社会生活中政治独立于经济的重要性，另一方面也同样强调各种伦理系统之间不可能存在统一的理性标准。

根据这些原则，韦伯的社会学首先高度重视社会的政治生活对于社会整体的影响。因此，季登斯强调指出，对于政治的关怀成为了韦伯社会学研究的中心问题。正如季登斯所说："韦伯对于资本主义发生前提及其后果的关怀，在他的社会学著作中，应该理解为他对于德国资本主义发生和发展特征的关怀的结果。"②

在分析德国资本主义发生和发展的过程时，韦伯注意到19世纪下半叶俾斯麦（Otto von Bismarck，1815—1898）专政时期以后德国工业资本主义的发展特征，特别注意到当时德国社会中政治和经济领域对于资本主义发展的不同意义。

韦伯反对像马克思那样把所有的政治事件都归结为由经济基础所决定，也反对马克思仅仅在经济领域中寻求国家政权问题的根源。在韦伯看来，马克思这种唯物主义的极端观点，表面看来，是同当时的传统自由主义政治观点相对立的，但实际上，两者在尽可能减少国家的意义这方面是完全一致的。

韦伯对于政治事务的重视，使他的社会学呈现出非常浓厚的政治色彩。因此，韦伯的社会学对于国家政权和国家机构中的科层组织进行了深入的分析。

其次，韦伯认为，道德在逻辑上是同"合理性"相脱离的。在评估合理性的过程中，总是把道德的目的当成是某种既定存在的事物。

---

① See Giddens, *Politics, Sociology & Social Theory: Encounters with Classical and Contemporary Social Thought.* UK: Polity Press.1995;43.

② Ibid.;31.

　　所以,季登斯说:"韦伯完全否认这样的概念,认为关于合理性的问题可以扩展到对于各种对立的伦理标准的评估上。韦伯经常指涉的'世界的伦理方面的不合理性',在韦伯的认识论中是非常重要的。因此,关于事实的命题和关于判断的命题,是通过一种绝对的逻辑上的鸿沟而分隔开来的。总的来说,科学的理性主义不可能提供任何方法去论证一种伦理概念相对于其他伦理概念所具有的有效性。"①

　　在这种情况下,在韦伯看来,世界上各个民族的文明都同样地把世界的不合理性的问题作为探讨的中心。韦伯对于世界各个大型宗教的研究,正是遵循着这样一个原则。在他看来,世界各国社会中合理化的发展过程,恰正是依赖于其本身是不合理的力量。这也就是为什么韦伯高度重视**"克理斯玛"**(chrisma)这样一种非常特殊的非理性力量。世界历史上许多重要的社会运动和革命运动,都是以克理斯玛作为基本的动力,因而,克理斯玛也就成为了理性化的新形式的潜在根源。

　　对于韦伯的**理性化**概念,在季登斯看来,应该注意到三方面的现象:第一,理性化(rationalization),就其正面意义来说,指涉某种**"知性化"**(intellectualization)的过程,就其负面意义而言,也就是韦伯称之为"世界的解咒过程";第二,理性化指的是为了达到一个确定的实践目的,而千方百计地精确计算出合理的手段的过程;第三,理性化指的是朝向一个固定的目标而系统地建立起来的伦理原则。合理化的上述三个面向,在世界各个民族和各个文明的发展过程中,可以采取完全不同的历史形式。韦伯所考察的是表现在西欧经济和社会发展中的合理化过程。由于韦伯社会学中对于政治的分析占据重要的地位,上述合理化的三个面向同样体现在韦伯所分析的近代西方政治制度之中。

　　通过对于经典社会学理论和古典社会哲学理论的系统深入研究,为季登斯奠定了考察当代社会基本问题和重建社会哲学理论的坚实基础。从那以后,他在20世纪70年代到90年代的社会哲学理论基本概念、方

---

　　① Giddens,*Politics*,*Sociology & Social Theory*:*Encounters with Classical and Contemporary Social Thought*.UK:Polity Press.1995:42.

法论和中心问题的反复研究中,季登斯都没有放松对于古典理论的再探讨,使他的结构化理论能够充分吸收古典理论的成果,在分析当代社会基本问题时,显示出强大的理论威力。

从20世纪70代中期到末期,季登斯集中全力研究社会哲学理论的方法论问题,而他在这一时期发表的《社会学方法的新规则:对于诠释社会学的一种积极批判》就成为了他的思想发展的第二阶段的代表作。

和其他的重要社会哲学理论家一样,季登斯的社会哲学理论思想的发展始终包括对于社会整体的理论关怀和方法论思考两大部分;而这两大部分又是相辅相成的。

季登斯总结和批判了20世纪以来的主要方法论派别及其争论成果。他对于诠释学给予高度重视,但是他又站在反思的立场给予批判。他首先综合了诠释学和功能主义社会学,并在此基础上,进一步吸收结构主义的观点,使他有可能建构起独具特色的结构化理论。

通过对于方法论的系统研究,使季登斯有可能将以往的社会哲学理论分为两大基本类型,并同时发现它们的基本问题,从而为克服和超越两者的局限性奠定了基础。

正如季登斯本人在《社会学方法的新规则:对于诠释社会学的一种积极批判》的第一版"序"中所指出的,他对于社会学方法的新规则的研究是他的更为广阔的研究规划的一个组成部分。

季登斯的整个重建社会哲学理论的研究规划,包括了三项最重要的问题:首先,批判地考察了19世纪以来社会哲学理论及其对于20世纪制度化和专业化的社会学、人类学和政治学的影响;其次,回顾19世纪社会思想的基本论题,论述这些基本论题同关于先进社会的形成理论的密切关系;最后,探讨重建社会哲学理论所要集中思考的中心问题,即人类的社会活动和主体间性的问题。[1]

上述三大问题的解决和深入研究,都同对于方法论的考察和重建直

---

① See Giddens, *New Rules of Sociological Method: A Positive Critique of Interpretaive Sociologies.* London: Hutchinson Press.1976: viii.

接相关。同时,季登斯对于方法论的全面研究,同样也是紧密地同正确评价 19 世纪到 20 世纪的社会哲学理论遗产相关联。

在考察社会学方法的新规则的过程中,季登斯极端重视 20 世纪 20 年代以后所出现的以舒兹(Alfred Schutz,1899—1959)为代表的存在论的现象学、俗民方法论、受后期维特根斯坦思想影响的语言游戏社会哲学理论、诠释社会学以及社会批判理论的新发展。

季登斯认为,所有这些新出现的方法论和社会哲学理论,都特别重视行动者主体的创造精神和语言行为的意义,都试图超越受自然科学思想模式影响的各种自然主义和客观主义的社会科学方法论,并在人的创造性行动中找出解决主客观对立的新途径。

当季登斯在 1993 年为该书第二版修订本而写导论的时候,他特别强调,他对于上述各种新的方法论和社会哲学理论的批判考察,有助于他抛弃传统社会哲学理论关于个人与社会的二元对立的方法论,并在此基础上,促使他建构起有关人的行动的**施为性**(agency)、结构和社会变迁的创造性概念。

季登斯说:"《社会学方法的新规则:对于诠释社会学的一种积极批判》形成了有关人类行动施为性、结构和社会变迁的某种独立的命题;其独特的中心点就是有关行动的性质以及分析行动对于社会科学逻辑的意义。"①

20 世纪以来所出现的上述各种类型的方法论和社会哲学理论,虽然于季登斯更深刻地评估经典社会哲学理论给予深刻的启发,但是,所有这些被季登斯称为"诠释社会学"的新社会哲学理论,往往表现出"在行动方面强,而在结构方面弱"的特征。② 也就是说,这些诠释社会学的观点和方法缺乏深入考虑有关行动的限制、权力和大范围的社会组织的问题。同它们相比,传统的经典社会学方法论往往表现出"在结构方面强,而在行动方面弱"的倾向,往往把行动者当做某种被动和惰性的因素,因而把富有创造性的行动者,变为行动者之外的更为广阔而强大的客观力量所

---

① See Giddens, *New Rules of Sociological Method: A Positive Critique of Interpretaive Sociologies.* London: Hutchinson Press.1976:2.

② See Ibid.:4.

摆布的玩物(the play things of forces)。

对于 20 世纪以来新的社会学方法论规则的系统探讨,使季登斯更清醒地总结了以往和现存的社会哲学理论及其方法论的主要问题。在他看来,重建社会哲学理论的中心任务,就是一方面摆脱由功能论、系统论和结构主义所遵循的客观主义倾向;另一方面摆脱各种诠释社会学的主观主义倾向,以建构一个以"**结构的二元性**"概念(the notion of the duality of structure)为中心的新社会哲学理论。

如前所述,《社会学方法的新规则:对于诠释社会学的一种积极批判》不仅批判和超越了客观主义和主观主义两种倾向,而且也克服了在帕森思社会哲学理论中达到登峰造极的"个人/社会"二元化方法论。

季登斯指出,为了克服"个人/社会"的二元论,中心的问题是将思考的焦点集中到**不断再生产的实践活动**(reproduced practices)中。

因此,关键的问题就是对"个人"和"社会"进行解构。在这里,问题的中心仍然是行动,但是,不再像传统理论那样,特别是像帕森思那样,只是把行动简单地看做是个人的某一种特性,而是要把行动同样地看做是社会组织或集体生活的本质性特质。因此,对于行动的考察,变为超越出主体的单纯行动之外的某种"**施为性**"的问题,使社会哲学理论在考察施为性问题时,不但考量到行动者和施为者所造成的各种复杂性,而且也同样考虑到社会的复杂性。

这样一来,**通过"施为性"和"结构二元性"的新概念,同时对传统的个人和社会、主观和客观的概念分别进行解构,而且也把行动者的行动和社会整体的复杂性联系在一起进行综合的反思。**

季登斯强调指出,有关结构的二元性概念,本身就是同社会分析的逻辑紧密地联系在一起,它并不是对于社会的再生产和变化的条件的一般性化约。

在这个意义上说,季登斯所提出的施为性概念,不同于一般行动概念的地方,而在于直接地同时间的概念相联系,其中还包含着如下两方面的重要性质:一方面,任何个人都有潜在的能力以另外一种可能的方式进行行动,致使任何个人行动都含有现实的和可能的多面向复杂结构和倾向,同时地包含着可观察到、可预测到和不可观察到、不可预测到的多种可能因素;另一方面,在过程中进行的各种事件所构成并独立于行动者的世界,并不一定导致一种预定的未来。

由此可见,通过对于方法论的系统分析和研究,季登斯更加明确地找到走出传统理论狭隘范围的新出路。

季登斯对于传统方法论的考察,使他更明确地意识到社会科学方法论不同于自然科学方法论的基本特征。他坚决反对不加分析地将自然科学方法引用到社会科学研究中去,他并不认为社会科学可以像自然科学那样,通过对于社会现象的研究,得出类似于自然科学规律那样的"普遍性的覆盖规律"。

在季登斯看来,传统社会科学方法论中所广泛使用的演化论和功能论,基本上是从自然科学那里搬移过来的。正因为社会的发展不可能朝着一个明确的、可预测到的目标,所以像马克思主义或黑格尔主义那样,认为人类历史终将朝着最后目的发展的观点是错误的。他认为,演化论的错误和功能论的错误在本质上是一样的。

政治哲学理论研究和社会科学的分析应该采用一种"**双重诠释学**"(double hermeneutics)的方法。季登斯说:"首先,所有的社会研究都必然具有文化的、民族志的或人类学的面向。这就是我用来标示社会科学特征的一种'双重诠释学'。社会哲学家的研究领域中存在着早已建构的具有意义的现象。'进入'这个领域的基本条件就是去把握行动者所已经知道的那些事物,而且也必须去了解,必须进一步进入到社会生活的日常生活活动中去。社会哲学家所发明的那些概念是第二层次的概念,因为他们预先假定了他们所研究的行动者的某些概念能力。但是,对于社会科学来说,最本质的问题是:所有这些,都可以通过在社会生活中所获得的知识而成为第一层次的概念。"①

这也就是说,在社会生活中不断地从事实际活动的行动者,早已经在

① Giddens, *The Consititution of Society*: *Outline of The Theory of Structuration*. Berkely: California University Press.1984:284.

他们的行动中建构了指导着他们行动的某些概念,这就是季登斯所说的社会哲学家应该尊重的"**第一层次的概念**"(first order concepts),而社会哲学家所要建构的是属于"**第二层次的概念**"。

正因为这样,社会学中的概念,一方面表现了社会哲学家本身的思路和方法的运用过程,表现着这些社会哲学家建构概念时的精神状态和使用的文风特征;另一方面在社会哲学家所建构的这些概念系统中,又隐含着他们的研究对象,也就是各种各样的行动者在他们的实际行动中早已建构的概念系统。

社会哲学家的任务,就是进行一种双重诠释,并在双重诠释过程中作为一个沟通者,把他们所研究的各种问题中所隐含的实际意义进一步同产生这些意义的社会生活脉络联系在一起。

社会哲学家对于行动者的意义建构过程,还要注意到不同的行动者在操作和协调日常生活活动中所表现出来的不同程度的概括能力。

实际上,处在同一个环境和脉络中的行动者,可以因为他们观察和处理社会情境各因素的不同程度的熟练能力,表现出他们对于自己的行动意义的不同理解。在这种情况下,社会哲学家要善于以双重诠释的方法对于第一层次的行动者概念进行深入分析,特别是注意到行动者的行动中难以用精确的计算方法表达出来的那些作风和行为方式。

季登斯对于传统方法论的批判,并不意味着他忽视经验的研究。他说:"结构化理论将不会有多大价值,如果它不有助于澄清经验研究中的问题的话。"①

正是在这个基础上,季登斯在1979年发表了《社会哲学理论的中心问题》,标志着他的思想发展的第三阶段的到来。从1979年以来,季登斯集中地研究**人类行动的结构化理论**,并致力于运用这个理论,深入研究近代社会的发展问题。

因此,在季登斯思想发展的成熟阶段,他的著作包括了两个重要的面

---

① Giddens, *The Consititution of Society: Outline of The Theory of Structuration*. Berkely: California University Press.1984:xxix.

向:(1)在后设理论的反思方面,他集中地研究了行动的社会化以及行动的社会化过程本身对于行动的反作用,紧紧地围绕着社会哲学理论的最核心问题,即人的行动及其同社会的相互关联性。(2)在探讨当代社会的发展方面,他深入地研究了与社会发展理论相关联的政治理论、阶级分化理论和文化理论,使他更深入地探讨了现代社会。

在季登斯的思想发展过程中,英美的实证主义,特别是透过其变种功能主义,对于季登斯产生了重要的影响。但是他非常不满足于实证主义和功能主义的理论视野和方法,使他一方面广泛地分析批判了古典的社会哲学理论,甚至超出社会科学的范围,在人文科学的相关领域中进行多方面的探讨,使他越来越强烈地意识到,探索人的行为的社会哲学理论必须采取反思的和批判的态度;另一方面季登斯也同样广泛地分析比较近现代社会科学和人文科学的成果,使他对于现象学、结构主义、海德格尔的存在主义、语言哲学、人类学中的文化理论以及诠释学等问题都有深刻的了解。

身处英国的季登斯,尤其对晚期维特根斯坦的行动和语言游戏理论有深刻的了解。他在论述其结构化理论时,多次强调晚期维特根斯坦理论的重要性。在某种意义上说,晚期维特根斯坦行为和语言理论以及受之影响的其他日常生活语言哲学,成为了季登斯将诠释学、功能主义和结构主义结合在一起并加以改造的中介和手段。晚期维特根斯坦很重视日常生活实践,推动季登斯把日常生活实践作为深入分析人的行动的施为性的中心场所。他认为,反复不断地同时在时空和超时空中表演和贯彻的日常生活实践,可以集中地表现出人的社会实践的**三重交错性**(three-fold):**时间化**(temporally)、**典范化**(paradigmatically)和**空间化**(spatially)。

人的行为在日常生活实践中,充分显示了它的重复性、长时间连续性和现实结构典范性。人的政治行动的三重交错性,从时间、结构和空间三个面向的社会情境化,表现了在特定社会历史条件下的具体行动同跨越时空界限的长远性人类社会实践之间的复杂关系。

实际上,季登斯在这里看到了日常生活实践的长期反复性和它在特定环境下的具体性的反思性质。日常生活实践的反复性和具体性的反思性,使社会哲学理论家有可能认识到人类行动在时空结构及功能方面同时具有的两大面向的特征。

这两大面向,指的是人类的政治行动,在任何时候,一方面总是在特定的时间、空间和社会情境下采取特定的具体过程和结构,另一方面又是在穿越时空和社会情境的条件下同整体性的人类历史实践保持密切的内在联系;而人类行动的两大面向及其相互关联性,又是同行动本身的象征性和反思性密切相同——具体地说,尤其同行动中的语言和思想观念的象征因素密切相关。

季登斯在考察政治行动的时候,首先从社会本体论方面分析和透视一切社会存在的基本特征。对社会哲学理论来说,在一切社会存在中,必须优先考虑并加以深入分析的,是人的行动及其同社会的关系。因此,社会哲学理论的中心问题就是探讨人的行动及其同社会的相互关系的本体论、认识论、方法论和社会学的意义。

人的行动及其同社会的相互关系,作为社会哲学理论所要探讨的最重要的社会存在,从根本上说,其基本特征就是时间和空间的相互交错在历史过程中的存在和穿越性。

普通人或者社会哲学理论的门外汉,往往也可以通过日常生活实践的具体表演和不断重复而不同程度地感受到时空相互交错性。这不但是因为日常生活实践都迫使每个人不可回避地成为日常生活的主体,而且还因为日常生活的具体性和重复性本身也直接地关系到每个人的实际利益。最迟钝的普通人,只要没有丧失掉最基本的思考能力,都会不同程度地意识到日常生活的具体性的和反复性的重要意义。

这就是说,日常生活一方面成为每个人都要关心和解决的具体生活问题——每个人都不得不关怀每时每刻所遭遇到的吃喝玩乐和衣食住行的具体问题;另一方面也使每个人本能地穿越具体的时空界限,不得不思考和关怀在本质上是不断重复的日常生活问题,把日常生活问题同时当成其整个生活历程中必须长期关怀的基本问题。

普通人对于日常生活实践的上述思考模式,为社会哲学理论家分析和探讨人类行动及其同社会的关系提供了最朴素的思考模式的典范。但是,普通人和社会哲学理论的门外汉,在面对和解决其日常生活实践时所采用的上述思考模式,往往表现为某种程度的不稳定性和不平衡性,也在理论上缺乏深刻性和分析性。其不稳定性和不平衡性,主要是由于普通人和社会哲学理论门外汉更多地从本能和自身利益的角度去面对日常生活实践,因此,一方面,他们过多地考虑日常生活的实际利益性质,使他们过多地看到日常生活的具体性,也就是他的时空有限性和特殊性;而另一方面,他们因而忽视了日常生活的长远反复性中所隐含的时空穿越性或超时空性。

至于其理论上所表现出来的欠缺深刻性和分析性,主要是因为他们本来就不是从事理论探讨的专家和思想家,因此他们不可能采取抽象思考的方式而对日常生活实践的组成因素、过程和结构进行认真的反思,也就不可能对于日常生活实践在时空的有限性和无限性方面所表现的多层次性和穿插性进行分析。

这一切,正是社会哲学理论家必须加以解决的。

季登斯以日常生活实践作为基础,深入探讨一切社会存在的社会哲学理论研究和思考模式,具有重大的理论上和方法论上的意义。

如前所述,后期维特根斯坦和英国的牛津和剑桥学派的日常生活语言哲学,在这方面,给予了季登斯深刻的启发。而20世纪上半叶迅速发展起来的各种诠释学理论、精神分析学、结构主义和社会批判理论,则进一步促使季登斯更深入地分析日常生活实践和一般人类实践的内在关系,使他有可能批判和超越原有的主观和客观、行动和社会、微观和宏观的二元化传统模式。

在分析日常生活实践的组成因素、性质、过程和结构时,时时刻刻都不应该忘记或忽视整个社会存在和人类历史所发生的深刻影响,不应该忽略日常生活实践同社会存在和人类历史之间的相互渗透关系。在这方面,季登斯只是提出了某些基本的问题,也只是进行了一般性的分析。

其实,对于这个重要问题,由于他对解决社会哲学理论所要探讨的人类行动及其同社会的相互关系的中心问题具有深刻的战略意义,就必须同时地从哲学、人类学、政治学、历史学、心理学、语言学、社会学和自然科学等综合的角度进行全面的分析和论述;同时,也应该把这样的高度抽象的理论问题,一方面同方法论和逻辑学的基本要求相结合,另一方面又同最普通的和最常见的日常生活具体实践的表演过程相结合。

所有这一切,是季登斯在其论述过程中所应面对并不断解决的重要问题。但他在近几年的理论思考和研究活动中,并没有对这些基本的战略性和策略性的重要问题进行系统的分析和论述,使他的结构化理论欠缺前后一贯的发展性,也使他有时表现出在功能论和结构论之间的摇摆。

一、实践的时间性及其双重结构

首先集中分析在日常生活行动中所表现的人类实践的基本特征。在这个分析中,要紧紧抓住贯穿于日常生活行动和一般人类实践的两大基本因素:**时间**和**权力**。

日常生活行动和人类实践的时间性,是一个非常重要的问题,因为它同时地构成了同日常生活行动、人类实践及其同社会的相互关系的基本性质相关的一切本体论、认识论、方法论和社会哲学理论基本假设的基础问题。

一切社会存在都是在时间中存在和发展,都是在时间的多方向的维度上展现出其现实的和可能的性质和过程。社会存在的时间性,不同于客观的自然事物的时间性,就在于社会存在的时间性始终同在其中渗透着的个人或群体的生命时间、行动时间和创造时间密切相关,同贯穿于社会存在的各种历史的、社会的和文化的事件的时间性密切相关。为此,如前所述,必须从哲学、人类学、政治学、历史学、心理学、语言学、社会学和自然科学等综合的角度进行全面的分析和论述。

时间既是一切存在的基础,又是它的条件,同时也是一切存在历史化、现实化、未来化和可能化的基础和条件。这样一来,时间既成为理解和分析一切社会存在的出发点、基本线索和基本参照关系网,又是使社会存在复杂化甚至神秘化的重要因素。社会哲学理论家应该比普通人和社会哲学理论门外汉更深刻地围绕着时间性的复杂性质,对于社会存在进行理论的反思。

近年来,季登斯在这一方面表现了理论创造的能力,在他的许多最新著作中,特别是 20 世纪 90 年代以来所发表的各个著作中,更深入地探讨了社会存在的时间性问题。

时间具有抽象和具体两方面的特性,因而也成为在时间中存在和展开的一切社会存在实现具体化、情境化和实际结构化的条件,同时又成为它实现超时空化、历史化和未来化的条件。在时间的这种多面向的现实和可能的维度上存在和展开的政治行动,便有可能同贯穿于同一时间维度的多面向的其他复杂因素相遭遇,特别是同在时间中交错的具体空间结构以及在其中的各种事件和因素相遭遇和相交错。没有时间,这一切便成为不可能的和非现实的。但是,时间本身也包含着可能的时间。

因此,时间中的各种可能性又包含着时间本身的可能性。这就使时间不仅在现实的维度上,而且也在其可能的维度上,呈现出多层次的可能性。这就是说,时间的可能性展现维度,不只是表现在现实的时间中,而且也重复地和多层次地在可能的时间中表现出来。

在这个意义上说,对于政治行动和一切社会存在的时间性的分析,从根本上探讨了它们的本体论性质,也就为在认识论和社会学意义上的多层次研究奠定了基础。

同时,时间的研究当然也不应该只限于本体论的探讨,而是应该始终贯穿于对于行动和社会存在的多层次的分析活动中。传统社会哲学理论所认定的主观和客观、个人和社会、行动和社会结构以及微观和宏观的二元化区分,在实质上都是以它们在时间中的存在作为基础。

所以,**把时间性列为首位,就是在社会哲学理论中将本体论分析列为首位,**也就是将造成上述二元化对立的本体论基础列为首位。这是理解和把握结构化理论的出发点。

二、政治行动和社会存在中的权力

贯穿于政治行动和社会存在的权力,一方面也是作为分析社会存在的本体论、认识论、方法论和社会学意义的中心环节;另一方面它又是同上述时间性紧密不可分的重要因素。

当然,这里所说的权力,仍然是从哲学、人类学、政治学、历史学、心理学、语言学、社会学和自然科学等综合的角度进行全面的分析和论述,因而是同传统的权力观念根本不同的。

有关季登斯的创造性的权力的概念,本书将在以下各节中结合对于人类行动结构化的分析进行深入论述。在这里,先从最一般的和最抽象的理论的层面,论述贯穿于人类行动和社会存在的权力的深刻意义。

从19世纪中叶以来,西方文化界和思想界,在批判传统理论和方法论的过程中,已经开始把权力问题作为研究人、社会和文化问题的中心。与此同时,试图超越传统理论方法论的西方各种最新创造性社会哲学理论,一方面不断地批判传统的权力观念的狭隘性和片面性;另一方面又将他们所创造出来的新的权力概念贯彻到整个的社会哲学理论研究中去,使权力逐渐地成为了分析一切社会存在的核心概念。在这方面,尼采、弗洛伊德、马克思、韦伯以及前述20世纪以来新出现的海德格尔存在论现象学、社会批判理论等学派,都不同程度地作出了卓越的理论贡献,为季登斯重新考察这些问题提供了最好的榜样。

而与季登斯同时代的结构主义和后结构主义思想家对于权力的更深入的论述,更是给予了季登斯深刻的启发,因为他们不但使权力远远地超越出政治领域和国家政权的范围,而且,也把权力同贯穿于社会和人类行动中的语言论述、策略运用等一系列最普遍化和最一般化的社会文化因素和人性因素联系在一起。

这一切,为从本体论、认识论、方法论和社会学意义的层面上深入探讨权力同人类行动、同社会存在的相互渗透关系,奠定了基础。

季登斯认为,在社会科学中对于权力的研究不应该属于第二层次的探讨领域。他说："权力不能够在社会科学的其他更多的基本概念确定之后才概括出来。实际上，没有比权力概念更加基本的概念，当然，这并不是说权力概念就比其他任何概念重要，就像在某些受尼采思想影响的社会科学的文本中所表现的那样。权力是社会科学的几个首要概念之一，它同这些其他的首要概念都围绕着行动和结构的关系。权力是人类完成各种事情所必须具有的手段，因此直接地隐含在人的行动中。"①

关于权力的因素，季登斯曾经从最抽象的一般性本体论层面和从各个具体的社会层面进行论述，并把这个问题同行动和社会存在的根本问题联结在一起。

早在 1979 年探讨社会存在中的时间、施为性和实践的基本问题时，他就已经明确地把权力当做是社会实践构成过程中的一个最重要的整合力量。接着，经过 15 年的漫长探讨和分析，他在 1984 年的《社会的构成：结构化理论纲要》一书中更深刻地指出："什么是行动和权力之间的逻辑联系的性质？尽管这个论题的分支化是极其复杂的，但是可以很容易地指出参与到其中的基本关系。所谓'成为有能力别样地行动'，意味着：在这个世界上，以影响着某一种事物的特别过程或状态的效果，成为有能力进行干预或对于这种干预加以限定。这就假定：任何一个行动者或施为者，就是能够（在其日常生活的流程中经常性地）发挥一系列的因果性权力，其中包括能影响着那些由他人所施展的权力的能力。行动依赖于每个个人制造出不同于预先存在的事物状态和事件过程的那种能力。如果行动施为者失去了这种'制造一种区别'（make a difference）的能力，也就是失去运作某种类型的权力的能力，那么，他或她就不再是上述那种施为者。"②

接着，季登斯又说："以另一种方式表达上述那些观察，我们可以说：所谓行动在逻辑上卷入了权力是在改变能力（transformative capacity）的意义上说的。在这个意义上，权力的最包罗万象的意义，就是说权力在逻

---

① Giddens, *The Consititution of Society*：*Outline of The Theory of Structuration*. Berkely：California University Press.1984：283.

② Ibid.：14-15.

辑上优先于主体性,也优先于行为过程的'反思性操纵'(reflexive monito-ring of conduct)的建构。强调这一点是值得的,因为社会科学中的权力概念都趋向于忠实地反映同先前存在的状况相指涉的主体和客体的二元化。这样一来,'权力'就经常地以意愿或意志来进行界定,把它当做是达到意愿中的和意想的结果的能力。而另一些作者,包括帕森思和福柯却是相反,认为权力首先是社会的或社会共同体的一种性质。问题不在于以这些类型的概念去消除另一个概念,而是把他们的关系表达成为结构的二元性的一种特征。在我看来,巴赫拉赫(Peter Bachrach)和巴拉兹(Morton S.Baratz)两人,在他们围绕着这个问题所进行的著名的讨论中,他们说权力存在着两个面向[而不是像吕克斯(Steven Lukes)那样说存在三面性]的时候①,他们都是对的。他们把这些表达成行动者发出决策的能力(the capacity of actors to enact dicisions),而这种决策一方面对于他们有利,另一方面又具有建构到制度机构中去的那种'动员倾向'。当然,这种回答并不完全满意,因为它保存着一种有关权力的'零和'概念。我们不如使用他们的语词以便以下述方式表达权力关系中的结构的二元性:通过意义和正当化而集中起来的资源(the sources focused via siginifi-cation and legitimation)就是社会系统的结构化的性质,是在具有知识能力的施为者在互动的过程中所展现和再生产出来。权力并不是内在地同局部性的利益的达成相联系。在这样的观念中,权力的运用所表示的,并不是行为的某种特殊类型,而是一切行动的特征;而且,权力自身也并不是一种资源。资源是权力运作所通过的中介,是在社会再生产中的行为在每时每刻瞬间化的一个例行因素(a routine element of the instantiation of cunduct in social reproduction)。我们不应该把建构到社会制度中的统治结构,看做是在某种方式上折磨出'驯服的身体'的类似自动机器那样的东西,就像客观主义的社会科学所提出的那样。在社会系统中超越时间和空间而享用某种连续性的权力,总是假定着行动者或群体之间在社会互动中的自律性和依赖性的规则化的关系。但是,所有形式的依赖又提

---

① See Bachrach, P./Baratz, M.S.*Power and Poverty*.New York: Oxford Univrsity Press.1970.

供了某种资源,使得那些依附于它的人们能够对于他们的那些优势者的行动产生影响。这就是我所说的社会系统中的控制的辩证法(the dialectic of control)。"①

三、权力的渗透及其意义

从上述季登斯关于权力的论述中,我们可以看到:权力不但同行动和社会存在,而且也同贯穿于两者的时间性紧密地相互联系。为了论述的方便,同时也是为了更深刻地分析权力的本体论、认识论、方法论和社会学意义,我们将依次进行下述分析。

第一,权力同行动之间的相互渗透,意味着权力在行动者的行动过程中,具有某种决定行动方向、性质、策略、手段和方法的选择、改变他人行动并同他人行动相渗透、同社会脉络互动、决定行动的时空维度以及超越时空限制而朝向新可能性的能力。季登斯曾经简单地将权力同行动的本质关系归结为"能够另样地行动的能力"。季登斯的概括,似乎过多地侧重于权力的创造性特征,侧重于权力为行动者提供另类选择的可能性的那种能力。而且,季登斯也把这种"另样地行动"简单地归结为同先前存在的事物状况和事件过程"造成一种区别性"。季登斯的这种概括,固然显示了权力所固有的创造性,但只是相对于先前存在和现实存在的状况而言。在这里,一方面表现出季登斯思考权力创造性的思路的有限性,另一方面也没有充分考虑到权力的运作的多面向及其多种可能性,更没有考虑到除了创造性以外权力对于行动者和社会所造成的限制性。从根本上讲,仅仅强调权力有可能使任何行动"另样地行动",也赋予施为者"制造一个区分性"的能力,并还没有更深刻地结合人类本性和社会文化的内在性质进行权力的分析。在这方面,存在论的现象主义者以及受他们影响的后结构主义者,一方面批判了传统人类学和人性论的权力概念,另

---

① Giddens, *The Consititution of Society: Outline of The Theory of Structuration.* Berkely: California University Press.1984:15-16.

一方面又把权力同人、社会和文化的生存紧密地联系在一起加以探讨。这种新的视野,可以进一步超出季登斯的上述局限性,进一步将权力同行动的相互渗透及其对于社会存在的影响,在更广阔和更深刻的范围内进行讨论。

第二,由于人类行动和社会存在在其运作过程中和在潜在状态中,都同时具有"资源"和"限制"的双重性质,而且这些双重性本身是相互制约的,因此,在考察权力的过程中,同样也应该考量到行动和社会存在的上述双重性同权力的根本性质的相互影响。在此基础上,才能在本体论、认识论、方法论和社会学意义的各个层面上,深入探讨权力同行动和社会存在的本质关系。季登斯曾经严厉批评传统理论过多地强调"限制"对于个人行动的选择程度的强制作用。实际上,应该从更灵活和更广阔的范围探讨权力运作和"限制"之间的相互关系。首先,不能把限制同"没有别的选择"简单地等同起来。为此,季登斯区分的三种类型的限制:物质性的限制(material constraint)、与核准相连的限制(constraint associated with sanctions)以及结构性的限制(structural constraint)。

在季登斯看来,物质性的限制是由物质世界的性质和身体的物理性质所产生的;由核准所产生的否定性的限制是一种发自某些施为者对于他人的惩罚性反应;结构性的限制是来自行动的脉络性,也就是来自处于情境中的行动者所面对的结构性特征的既定性质。[1]

所以,考察权力同行动的渗透关系,必须同不断变化着的"限制"的性质联系在一起。正如季登斯所说:"限制的性质是随这历史而可能发生变化的,就好像人类行动的脉络性所产生的各种才能性质的变动一样。"[2]只有在上述对于限制的各种复杂状况进行统一考量的情况下,才有可能深刻地分析权力同限制的关系。

第三,关于权力在行动中所呈现的改变的能力(tranformative capacity),首先必须看到权力并不只是同冲突和阶级区分相联系,而且权

---

[1]　See Giddens,*The Consititution of Society:Outline of The Theory of Structuration.*Berkely:California University Press.1984:174-179.

[2]　Ibid.:179.

力也成为人类行动获得解放的中介。在这方面,季登斯一方面批评了马克思关于权力单纯同阶级斗争相联系的狭隘观点,另一方面也批评后结构主义者福柯和结构功能论者帕森思对于权力的片面观点。

季登斯将上述两方面的观点统一加以考察,首先更深入地探讨了权力在社会再生产,特别是社会统治结构的再生产过程中的形成和发展过程。在这里,季登斯结合统治的结构中所隐含的"配给性资源"(allocative resources)和"权威性资源"(authoritative resources),深入地说明权力在行动过程中的改变能力。上述第一种资源包括周围环境的各种物质特性、物质生产和再生产的各种手段和被生产出来的各种物品。第二种资源包括社会时空的组织、身体的生产与再生产以及各种生活机遇所需要的组织。所有这些没有稳定下来的资源,在不同类型的社会中构成了权力不断扩张的性质的必要媒介。在此基础上,季登斯从时间和空间的延续性和间隔性两方面进一步分析权力在行动和社会存在的运作中的作用和意义。

只有在对于时间和权力这两个带根本性的因素进行全面考察之后,我们才有可能更深入地理解作为结构化理论出发点的社会实践的三重交错性:实践性、典范性和空间性。

季登斯对于人类行动的三重交错性所进行的理论上和方法论上的深入分析,使得他创立了一种关于行动结构双重性的理论,打破了传统社会哲学理论主客观二元化的片面性,也超出了经验主义和观念论将现实与长期时空结构加以对立的倾向。

时间性和权力的基本因素,使结构化理论有可能从资源和限制、现实和可能、情境分析和超时空分析紧密地结合起来,进一步对社会实践以及卷入在社会实践中的社会存在进行全面的分析。

四、人的行动的施为性及其结构化

人类行动的结构化理论涉及行动与结构的关系问题。如前所述,英国传统的社会结构功能论从 20 世纪末以来长期深刻地影响着整个西方社会哲学理论研究的方向。这种影响使得社会哲学理论从 20 世纪末以来,探讨行动与结构的关系的时候,基本上产生功能主义和结构主义两种路线的激烈争论。

关于"结构"概念的探讨,如前所述,并非自李维史陀才开始。在社会学界和社会人类学界,从 19 世纪末该两门学科形成时起,古典社会学和社会人类学就已经使用"结构"概念,并试图借助于这一概念,去说明社会和人的行动的问题。

但是,唯有到了 20 世纪 40—50 年代李维史陀系统地提出"结构主义"的理论之后,以"结构"概念为中心研究社会和人的行动的努力,才获得新的启示和转机。在这个意义上说,李维史陀提出的"结构主义"理论,对 20 世纪 40—50 年代以后的社会学和社会人类学的研究取向和方法论的重建,具有重要意义。美国著名社会哲学家史坦福·莱曼(Stanford M.Layman)所说:"法国结构主义对于人类学和社会学的影响原不是很全面的,但仍然具有重要性。在英国,由于李维史陀的著作已经被艾德蒙·李区(R.Edmund Leach,1910—1989)和玛莉·道格拉斯(Mary Dauglas)等著名人类学家所采用,所以已经产生了很大的兴趣和取得新的发展。在美国,李维史陀的著作并没有像重要的文艺批评家苏珊·桑塔克(Susan Sontag,1934—　)所重视的那样被人类学家所确认。"[1]

在分析结构主义的历史发展时,季登斯指出,在英国,由于历史的原因,结构主义和功能主义在某种程度上,具有类似的根源和特征。不论是结构主义还是功能主义,都多多少少受到了涂尔干的启发。

英国的功能主义代表人物马林诺夫斯基与芮克里夫·布朗在反对思辨的和演化论的人类学的时候,从涂尔干的社会学中吸取了关于社会结构和功能的观点。而索绪尔和毛斯,作为李维史陀的前驱人物,也是深受涂尔干的影响。英国的功能论和法国的结构主义都强调了系统的重要性。他们在研究系统的时候,特别研究了社会的和语言的系统,并进一步分析在系统中的各个构成因素的相互关系及其功能。不过,在对待系统

① Rossi,*Structural Sociology*.New York:Columbia University Press.1982:x.

的问题上,功能主义者往往以有机体作为典范,而索绪尔等人则集中地探讨了"语言的共时性"和稳定的结构。

对于受"结构主义"理论影响的社会学研究取向来说,关键的问题仍然是"结构"和行动的相互关系问题。也就是说,他们继续像以往的社会哲学理论那样,把"结构"和行动二元化,并在此种二元化的基础上探索二者之间"谁决定谁?",仍然跳不出那种"谁决定谁?"的传统模式。

季登斯面对着历史发展所继承下来的结构主义,采取了批判的反思态度。季登斯不愿意继续传统上有关结构与行动二元对立的思考模式。季登斯首要关心的毋宁是人的行动的问题。关于行动与结构的关系,并不意味着行动和结构可以构成两个平行的独立论题,而是因为行动的整个过程自然地关联到各种结构。

所以,总的来说,**季登斯是在人的行动的反复不断的实践性和历史性中考察行动和结构的相互关系**;结构的问题是行动过程中,由于行动的动力和创造性,由于行动的反复不断的实践性和历史性所产生的。也正是在这个意义上说,季登斯认为结构只能是从行动的整个不断更新的过程去分析。结构总是离不开行动过程,结构是行动得以出发的条件、资源和中介,同时又是行动过程的创造结果,又在行动中不断得到更新。

五、以"施为性"为核心的结构化理论

在季登斯看来,社会学理论的中心问题是人的行动的问题。因此,建构一个科学的行动理论是社会学理论的基本任务。季登斯所创立的结构化理论是以研究人的行动为中心的。然而,为了同传统的行动理论相区分,季登斯不愿意简单地沿用"**行动**"概念,而是改用"**施为**"或"**施为性**",并把行动者改称"**施为者**"(agent)。这样一来,他所建构的行动理论,才能够超越传统行动理论中的二元化模式,使他所考察的行动直接地成为同一般性的人类实践和社会存在紧密相联的施为活动。

季登斯认为,在他以前,西方社会哲学理论还没有建构起一个真正的行动理论。季登斯强调,人的行动不是一般的运动,也不是一般的生物活

动,而是由作为行动者主体的人,主动地在其反思历史经验的基础上在其他复杂的社会关系的驱动下所进行的高度复杂的施为活动。

柯亨(I.J.Cohen)在总结季登斯行动概念的时候,强调说:"当季登斯承认对话和意义的协调是社会实践的突出特征的时候,他的人类施为概念把注意力转向了所有人类行为的一个更加基本的方面,这就是介入到事件的过程或事务状况的权力(the power to intervene in a course of events or state of affairs)。"①

显然,季登斯把驱动人的行为的力量放在首位,因而,也把人的行动的主体性理解成为一种具有主动创造精神和施为能力的人。正因为人的行动都是作为主体的人施动的结果,所以季登斯把人的行动理论的重点放在行动者的施为性(agency)上。

六、"施为性"和"结构二元性"的时间性

关于"施为"的概念,季登斯非常强调它同制度化、时间性和权力的密切关联,同时又强调人的行动的主动的各种可能性。这一方面是人的行动本身的性质所决定的,另一方面又是季登斯所处的英国社会学理论传统的影响,使他很重视社会制度的功能。

从英国的社会学传统来说,季登斯充分地意识到这一传统中的行动分析理论缺乏关于制度的理论化研究。

什么是社会制度?它同人的行动又有什么关系?考察这个问题,季登斯一方面要克服各种传统功能论把制度看成是约束行动的既定规范系统的观点;另一方面又要克服结构主义把制度加以固定化和结构化,因而忽视人的主体性的倾向。同时季登斯也充分吸收了诠释学的成果,把制度看做是长期历史实践的中介和成果。季登斯在考虑制度和行动的相互关联的时候,严厉地批判了传统理论的"协调"(orthodox consensus)观点,

---

① Cohen,"Strutration Theory and Social Praxis".In *Social Theory Today*.eds.by Giddens A. and Turner,J.Cambridge:Polity Press.1993:284.

同时一方面强调像布劳岱那样重视历史发展的长时间延续性(longue durée de l'histoire),重视这种历史长时间延续性中的"可逆性时间"(reversible time)对于人类行动规范化的重要意义;另一方面,又重视日常生活经验中的"可逆性时间"和个人生活历程中的"不可逆性时间"(irreversible time)的意义。

季登斯对于上述表现在日常生活经验、个人生活历程和制度运作长历程中的三种不同时间形式的比较研究,构成他研究人类行动和一般实践性质的重要本体论基础:第一种,日常生活经验延续性——可逆性时间;第二种,个人生活历程——不可逆性时间;第三种,制度运作长历程——可逆性时间。

发生在不同时间、地点和特定社会情境中的具体行动,同整个人类在人类历史长过程中的一般性人类实践之间的相互关系,是通过(1)日常生活经验延续性中的可逆性时间;(2)个人生活历程中的不可逆性时间;(3)制度运作长历程中的可逆性时间三者之间的相互交错和相互转化而形成,并不断地再生产。

在这过程中,时间在三种人类行动类型中的展现,为人类行动的时间有限性和无限性之间的交叉,提供了可能的条件。人类行动也借助于时间的上述相互交叉和转化,获得了时空有限性和超时空性的双重性质。

实际上,行动的有限性和具体性,主要是受到了不可逆性时间的约束。但是,人类行动的上述三种类型中的不同时间性质,为人类行动走出有限性和具体性的限制提供了可能性。行动时间的上述性质和结构,为行动、制度和规范之间的关系,开辟了在它们之间相互转化的广阔场所。

日常生活经验中的可逆性时间,表示人们每天所经历的各种日常生活事件具有无限的重复性。尽管日常生活也有一种延续,一个过程,但它是天天重复着的。相反,个人的生活历程不仅是有限的,而且是不可逆的,是朝向死亡的。在这种情况下,时间就意味着人的肉体的时间,也意味着个人生活历程的有限边界的时间展现过程。在人类世代相传中不断延续的生命循环,是属于第三种时间类型。在第三种时间类型中,各种事件呈现出重复可循环的性质,这是制度的长时间延续存在的表现,也是

"超个人"延续。

因此,季登斯指出:"制度的可逆性时间是在日常生活连续性中组织起来的实践的条件和成果,也是结构二元性的最本质的形式。"①

从人的行动的本质而言,季登斯坚持人类行动所固有的三重不可分割的面向:时间面向(temporally)、典范面向(paradigmatically)和空间面向(spacially)。

季登斯在考察人类行动的时间面向时,引用了海德格尔关于人的"在世经验"的时间分析。这样一来,关于人的行动的时间问题,就不只是在现实呈现于经验中的各种现象,而是贯穿于行动者过去、现在和未来的各种经验总和及其不断发展的过程。包含了在过去、现在和将来由人的行动所关联的各种可能关系和事件,也包括实际的和人的主动意向所可能涉及的经验事物。

所以,时间的问题,就成为了一种关于行动各种可能性的超验的本体论问题。就是在这样一种将行动时间问题加以本体论化的过程中,季登斯更深刻地研究了人的行动时间、空间和潜在的时空的相互关系问题。

季登斯把潜在的时空看做是一种结构。任何实际的行为,都是在时间和空间以及看不见的潜在结构中进行。以往的社会哲学家,对于看不见的潜在结构同人的行动所经历过和将要经历的各种经验的关系没有进行深沉的反思,看不到在人的实际经验面向中包含着其生活经历过的经验的延续影响。

所以,季登斯说"行动"或"施为"指的是行为的一个连续的流程(a continuous flaw of conduct)。② 他说:"我在这里所说的施为概念,关系到对于一个潜在地可延展的客观世界的干预,直接关联一个更一般化的实践概念。"③

---

① Giddens, *The Consititution of Society: Outline of The Theory of Structuration*. Berkely: California University Press.1984;36.

② See Giddens, *Central Problems in Social Theory: Action, Structure and Contradiction in Social Analysis*. Berkeley: California University Press.1979;55.

③ Ibid. ;56.

季登斯也强调,在人类行动的任何时刻,**作为施为者的主体,始终存在以各种方式行为的可能性**。这里所说的"始终存在以各种方式行为的可能性"是一个非常复杂的有待说明的问题。

人的行动的典范化,是行动作为过程而引起的系统性及其结构性的稳定化的结果。只是停留在时间的面向去考察人类行动,还没有更全面地从行动所关联的社会、文化和人性本身的特征进行分析。所谓典范化,固然一方面同行动的时间性相关,但另一方面也更复杂地显示出人类行动同社会、文化和人性因素的交错关系。这就是说,作为典范性的基础和动力的人类行动的系统性和结构性,正是行动的时间性同行动的社会性、文化性和人性相结合的产物。同时,反过来,上述在典范性中所显示的行动系统性和结构性,又不断地加强了行动的社会性、文化性和人性本质。

人的行动的空间化,连同前述时间化一起构成行动同其客观环境的不断转化及相互渗透。

七、行动实施的分层化模式

为了概括地显示人的行动的复杂性,季登斯曾经将人类行动的分层化模式描画①如下页图,人的行动是在历史地所构成的脉络中进行,是一种反思性、合理性和无意识性相结合的复杂活动。在人的行动实现过程中,显然包含着隐含的和显示的两大因素,同时也包含着人的意识可以控制到和无法控制到的两个层面。

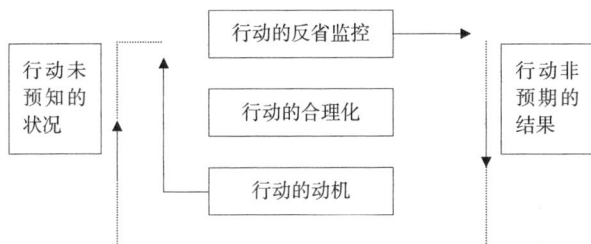

```
                  ┌──────────────┐
                  │  行动的反省监控 │──────→
┌────────┐       └──────────────┘        ┌────────┐
│ 行动未  │                               │ 行动非  │
│ 预知的  │──→  ┌──────────────┐         │ 预期的  │
│ 状况    │     │  行动的合理化  │         │ 结果    │
└────────┘     └──────────────┘         └────────┘
                  ┌──────────────┐
          ┌──────│  行动的动机    │
          │      └──────────────┘
          └─────────────────────────────────┘
```

---

① See Giddens, *Central Problems in Social Theory:Action,Structure and Contradiction in Social Analysis.* Berkeley:California University Press.1979:55.

在隐含的和显示的两种因素相互交错而发生关联的时候,就呈现出行动的结构所关联的各种历史因素和主客观因素,其中包括过去、现在和未来时空中的各种可能性和现实的东西。就此而言,行动者在行动过程中,可能只感受和认知到一部分的因素,其中对于行动前和行动过程中所遇到的大量未认知和未感受到的因素,会采取预知和无意识的罔视态度。不管是采取预知或无意识的罔视态度,这些因素都会程度不同地随着行动的展开,随着行动展开过程中已有和可能有的各种内外因素的参与和相互渗透而发生复杂的变化,并对行动产生多方面的影响,其中包括已预测到的和不可能预测到的各种可能性。

但是,作为能够为自身的行动提供、尽可能运用各种资源的行动者而言,总可以在其能力所及的范围内,为行动的展开进行各种反思和合理化的努力。行动的动机就是在这样复杂的历史和现实条件下形成和实现。

为了深入分析行动者在行动过程中起作用的内在精神力量,季登斯区分了三类与行动的方向、方法和过程密切相关的精神因素:行动的反思性控制意识(reflexive monitoring of action)、行动的合理化(rationalization of action)和行动的动机(motivation of action)。这三个层面的精神因素,都同时在行动的发动、确定、进行和结束的整个过程中发生影响。但这三个层面的精神因素,对行动的方向和实现过程所具有的意义,是不同的。

行动中反思性的控制意识,实际上是日常生活行动周期性重复的一种表现,它不仅渗透到行动者个体的本人行动之中,而且也关系到处理与他人行动的关系。所以,这种反思性的控制意识不只是连续地在行动者主体的行动流程中起控制作用,而且表现出对于相关的他人的行动的各种期待性的意识。

因此,反思性的控制意识同样在不断地调整行动过程中个人与他人的关系,并使这种关系尽可能地朝着有利于实现本人行动的方向发展。对于行动过程中所遭遇到的各种客观的社会和自然因素,反思性的控制意识同样也给予了注意,并依据各种状况使自己的行动同它们的关系,调整到有利于行动实现的最好程度。

由此可见,季登斯所说的那种反思性控制意识,在行动过程中,对于调整行动者主体与客体、自我与他人以及内在精神意识同外在客观因素的关系,都是具有决定性的意义。

当然,行动中的反思性控制意识的产生及其运作,都是同季登斯所说的行动者的各种能力,特别是同认知性能力,紧密地联系在一起。

行动中的合理化意识,在季登斯看来,是专门指行动者对其行动的根据所持有的某种持续一贯的理论认识(a continuing theoretical understanding of the grounds of their activity)。重视日常实践的意义的季登斯,在这里所强调的,并不是指行动者必须具备论证其行动理由的能力,而是指行动者对于期待中的他人所提出的问题,一般都具有说明其行动理由的合理性的能力。

在多数情况下,对于日常生活中的各种行动,行动者并不需要时时清醒地准备说明其行动的合理性理由。

但是这并不是说,日常行动都没有合理的理由;而是指对于日常行动的理由,任何行动者,只要他有足够的行动能力,往往都可以找出在他看来是合理的理由,而这些理由并不一定是从高度严谨的理论论证的角度分析出来的。

季登斯认为,行动中的合理化意识同前述反思性的控制意识,始终都伴随并贯彻于行动的过程。这就使行动的合理化意识和反思性的控制意识同行动的动机区分开来。

行动的动机,主要是指促使行动发动的那种意愿和愿望,它不同于行动的理由,只是在行动的产生阶段明显地表现出来。

在行动的贯彻过程中,动机处于潜在的状态,并不直接呈现在行动的各个表现形态中。只有在打破常规的情况下,动机才直接地呈现在行动的某一个方面。

总的来说,行动动机并不是直接地表现在日常生活的行为中;反之,人的绝大多数的日常行为,都是谈不上有直接动机的。

八、论证意识、实践意识和无意识的动机

季登斯对于行动中的内在精神意识的上述三个层面的分析,又进一步引导出他对于行动中呈现出来的论证意识(discursive consciousness)、实践意识(practical consciouness)和无意识的动机(unconscious motives/cognition)的分析。

如前所述,日常生活中的大多数行动的动机都是无意识的。但是,推动着人类行动的动机意识毕竟是很复杂的。在这点上,季登斯批判地引用弗洛伊德的精神分析学的基本概念。在弗洛伊德看来,伴随着人的一切行动的意识,可以划分为**原我**、**自我**和**超我**三大层次。与三大层次的意识结构相对应的,是"**潜意识**"、"**前意识**"和"**意识**"。季登斯认为,弗洛伊德的上述观点对于分析日常生活行为的意识状态具有深刻的意义。

季登斯把弗洛伊德的这种观点进一步同后期维特根斯坦的日常语言游戏理论结合在一起,并认为:伴随着人的实际日常行动的意识,可以划分为论证的意识、实践的意识和无意识的动机三大类。

在季登斯看来,论证的意识和实践的意识相当于弗洛伊德所说的意识和前意识,它们都是在行动中可以呈现出来的。但是,在论证的意识和实践的意识之间,并不存在绝对的界限;它们的区别只是在于前者是某种可以说出来的意识状态,而后者只是直接地表现在已经做的行动之中。如果说它们两者也有区别的话,那么造成这个区别的原因,就是社会的压抑(repression),如同造成意识和前意识的区别的原因那样。

这就是说,贯穿于大量的人类日常行动中的意识状态,使人们在行动中,可以以论述道理的方式讲述其行动的理由,也可以在实际行动中不借助于语言论述论证其实际理由,有时也以潜伏的形式产生无意识的动机。

显然,行动中的这三大层次意识结构,在人的行动和实际生活中,对于行动者的社会化过程和个人性格的成长,具有不同的意义。

值得注意的是,在行动过程中,具有反思和合理化倾向的行动者不只是将现有的行动过程同过去的历史时空条件下构成的经验相联结,而且

也在反复考虑行动的各种未来可能结果的过程中,将行动的展开及其实现过程同未来相联结。

人的行动的时空结构及其超时空结构,是同人的反思和合理化倾向密切相关联的。两者的相互渗透和相互促进作用,正是在行动展开过程中进行的。所以,人的行动的时空和隐含的超时空结构是人行动本身的内在特征。

行动的上述特征决定了人类行为的意向性及其过程性。把意向性同过程性联系在一起,正是为了克服传统社会哲学理论仅仅把意向性看做行动发动前的暂时性或断裂性因素。

传统社会哲学理论虽然也看到人的行动的意向性,但他们只研究意向性对于行为目的的意义。实际上,意向性本身就是一种过程,它是贯穿于行动的过程,也预先地存在于行动前的行动者心目中,又延续地存在于行动结束之后的各种后续行动中。

在这方面,美国俗民方法论社会哲学家曾经较为具体地研究了意向性对于人类行为的实际意义。这一学派的代表人物加尔芬克尔(Harold Garfinkel,1917—)认为人的区别于动物活动的行为就在于他的思索算计能力(accountability),而所谓思索算计能力,指的是人在行动中要充分考虑到他所掌握的各种实际知识,并使之运用到其行动本身的生产和再生产过程。

但是,行动者对于其行动的思索算计能力,还包括无法在语言中明确表达出来的那些隐含的知识,包括在行动过程中所要展现的各种细微的动作技巧和行动风格。

季登斯把所有这些称为"实践的意识"(practical consciousness)。

在人的行动实现过程中,反思性的掌控能力是同行为的合理化过程中的各种努力相辅相成的。反思性的掌控能力不只是表现在行动的个别动作之中,更重要的,它表现在整体地、有分寸地协调行动的所有有关因素。

与此同时,行动者又凭借在日常生活中反复进行的各种合理行为的经验,实现其合理化的目标。日常生活中反复进行的各种行为,使行动者训练和养成处理行动同生活中遇到的各种规则的复杂关系的能力。这种能力的养成和训练,也构成了行动中各种合理化的努力所必须依靠的基本条件。这种能力在实际上就是行动者进行合理化行动所累积的各种经验的内在化的结果。

为了深入探究行动过程的知识、经验和能力同行动展开的实际关系,季登斯引用和改造了现象学社会哲学家舒兹的生活世界概念和知识库的概念。

季登斯极端重视这些经验和知识储存同行动展开过程中行动者的主动精神的关系。在季登斯看来,生活世界和知识库的重要性,就在于为行动者所做出的各种主动筹划提供明显的和隐含的两种资源。

季登斯在思考这些问题的时候,再次显示他的超知识论的本体论取向的特征。季登斯的这种本体论的取向不同程度地吸收了海德格尔、胡塞尔、弗洛伊德、马克思和英国分析哲学的丰富成果。同时,季登斯的本体论取向也拒绝了关于制度的化约论和各种各样的意识化约论。

也就是说,季登斯反对在研究人的行动过程中过分强调社会制度的作用,也反对将人的行动全部归结为有意识的动机。

季登斯对于后期维特根斯坦的行为理论给予充分的评价,强调要在行动的实际展开中研究行动与规则、与制度的相互关系。

在季登斯看来,不管是行为规则或者是社会制度,都不是作为一种外在于行为的客观条件,而是紧密的贯穿于行为的过程,并在行动的实现过程中,同行动相互交织在一起,并不断地生产与再生产。在行动之外并不存在一种孤立的行动规则,各种规则是社会系统的生产和再生产的中界和结果。各种规则只能在社会总体的反复的历史实践过程中加以把握。

因此,季登斯特别强调说:"第一,在'一个活动'和'一个规则'之间并不存在一种单一的关系……正是行动和实践把各种规则贯彻到由各种相互联系的规则所构成的脉络中去,而且,通过行动在时间的流程中建构社会系统的实际活动中保障了规则的一贯性。第二,各种规则都不能够单靠对于它们自身的内容,把它们作为各种规定、各种禁令等加以描述,因为一旦描述各种规则的相关语词同它们所存在的环境相脱离,各种规则和实践只能够在它们之间的相互连接中存在。"①

九、结构化理论的基本问题

在对于人的行动的理论研究中,除了经常出现对于行动者主观性的过分强调的倾向,或者经常出现对于行动者所处的社会制度的限定性的另一种极端化观点,同时也可能出现对于行动的非期望后果的复杂性的忽视倾向。

在晚期维特根斯坦的行动理论中,上述第三种倾向较为突出,因而也给季登斯一个启示,使他更深入地考虑了人的行动的未来趋向问题,并把行动的未来进一步同行动的现时和过去状态连贯在一起。

季登斯在这里向我们提出了一个关系到人的行动的基本特征的重要问题。这个重要问题就是:**人的行动,尽管表现出具有明显的目的性和动机性,但是,在人的行动贯彻过程中,它始终都是待确定的和可能性的活动。**

如果单纯强调行动的动机性,很容易把人的行动同过去历史环境所确定的行动动机诸因素联结成一个固定的因果系列;如果单纯强调行动的目的性,也很容易把人的行动同未来固定目标联结成稳定的关系。

实际上,在同过去现在和将来的内外条件相连贯的时候,由于受到社会环境和行动者主体各种复杂因素的影响,人的行动过程的各个时空点的面向都是有变动的可能性。

因此,在季登斯看来,**人的行动在本质上是可能的,**尽管人的行动的过去和现在都具有固定的形式。人的行动的可能性显示了人的行动的潜伏性和现实性的结合。正是从这一个基点出发,季登斯提出了行动的结构化理论。

季登斯的结构化理论关系到三个最重要的问题。第一,关于人的行

---

① Giddens, *Central Problems in Social Theory: Action, Structure and Contradiction in Social Analysis.* Berkeley: California University Press.1979:65.

为的主动性和反思性的问题。第二,关于人的行为的日常生活重复性同语言运用的密切关系。第三,关于人的行为的意义及其诠释的问题。

如前所述,以上三大问题一直是社会学理论集中探讨的中心问题。在古典社会学时期,占统治地位的协调(Consensus)理论总是以牺牲人的行动的主动性和反思性的代价去解决行动同社会秩序的矛盾问题。

在帕森思的社会学理论占统治地位的时代,帕森思成功地把功能主义和自然主义的社会学结合在一起,一方面肯定人的行动的特殊性质,另一方面又强调社会科学应该同自然科学一样具有相同的逻辑架构。第二次世界大战结束以后,对社会哲学理论发生重大影响的结构主义和后结构主义,一方面,高度重视人的行为的反思性和主动性,强调人的行为中,发自人自身的行动动力对于行动的决定性影响,从而把人的行动解释成为难以被社会制度所决定的、任意可变的活动。另一方面,结构主义者也重视语言同行动的密切关系,只是他们过分强调了语言结构的稳定性,随时潜伏着忽视人的行动主动性的危险。

为了克服上述片面性,结构化理论所要探讨的基本问题是**人类行动的性质**(the nature of human action)和**行动着的自身**(the acting self)的问题;同时它也考察互动的概化及其同制度的相互关系,把握社会分析的实际内涵。

因此,**结构化的社会哲学理论就是要集中地理解人类行为和社会制度的结构及其运作的问题**。

为了说明这些中心问题,季登斯的结构化理论提出了**结构的二元性的概念**(the duality of structure)。

所谓**二元性的结构**,就是重复性地组构成**规则和资源**的系列(recursively organized sets of relues and resources),它超越出时间和空间,储存于它的各个具体实例中,并作为记忆的痕迹而协和。因此,二元性结构的基本特征就在于它是"**主体缺席**"(an absence of the subject)的人类施为性。①

---

① See Giddens, *The Consitition of Society : Outline of The Theory of Structuration*. Berkely : California University Press. 1984 : 25.

相对而言,包含着不断重复运作的上述结构的那个社会系统,同样也包含着在时空流程中被造就的人类施为者及其在特定环境中的实际活动。所以,对于社会系统的结构化的分析,就意味着研究这样的社会系统在互动中生产和再生产的那些模式。

由此可见,在季登斯的结构二元性概念中,包含着一条极其重要的指导原则,这就是"相互性的原则"。季登斯曾经具体地陈列结构中构成相互关系的四对基本项:规则和资源;过程和创造;中介和结果;限制和能动。

传统社会哲学理论往往把上述四对基本项中的两项分隔化并对立起来。具体地说,传统理论把规则当成约束行动的因素,而把资源当成规则以外的能力或资料。

对于行动过程,传统理论也是当成一种客观的描述对象,似乎不包含行动者在其中所展现的主动创造精神,因而把过程理解成为被动的实现,而把创造理解成为主动的生产。

同样的,对于行动和社会运动中的各种中介因素,也理解成与行动和社会运动所产生的结果相对立的中间环节;似乎中介因素只产生于行动过程,而结果却只能在行动结束时出现。

对限制和能动两方面,传统理论也是从主观和客观的对立和分离进行理解。

为了彻底改造传统理论的上述观点,季登斯从社会和行动的时间本体论基础,统一地说明了上述各个基本项之间的相互依赖关系,他实际上是把所有各项都纳入到人类实践的历史过程中,打破了行动和社会运动在不同时空中的有限边界,因而恢复了所有这些因素在现实的不断运动中的基本面貌。

早在 1979 年,季登斯便明确地指出"结构"所包含的"规则"和"资源"两大方面。[①]

在特定时空和超时空相交错的社会历史情境中,行动者将"结构"当

---

① See Giddens, *Central Problems in Social Theory : Action , Structure and Contradiction in Social Analysis.* Berkeley : California University Press. 1979 : 65-69.

成"规则"和"资源",并在其双重面向共时地发挥各自的作用的情况下,不断地改造和再生产"结构"。季登斯说:"社会科学的基本研究领域,在结构化理论看来,既不是个体行动者的经验,也不是任何形式的社会总体性的存在,而是**穿越时间和空间的社会实践**。人类的社会活动,如同自然中某些自我生产的事物那样,是重复性的。也就是说,社会活动并不是通过政治行动者所带来的,而是通过行动者,通过他们表现为'行动者'的那些手段而持续不断地再建构出来的。正是在并通过他们的活动中,行动的施为者再生产出使他们的行动成为可能的那些条件。"①

十、结构的二元性及其在社会系统中的结构化

对于社会系统的这种结构化分析是完全可能的,因为所有的人类行动,都是在多种多样的行动脉络所提供的规则和资源的特定环境中,由具备施为能力的行动者所进行并可通过知识加以理解的活动。

这样一来,社会系统的结构特征是由它们不断重复地加以组织的实践的中介和产物。在这个意义上说,结构根本不是外在于个人的某种东西,也不是在行动之外的固定框架,而是作为记忆的痕迹和作为社会实践中的实际表现而内在于各个个人的实际行为中。

因此,结构也并不单纯是一种限制,而是始终都同时地限制和施能于各个行动者。

所以,在结构化的理论中,结构始终包含着规则和资源两个方面(见下图)。

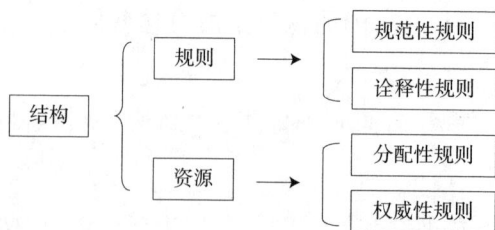

```
                              ┌──→ 规范性规则
                    ┌─ 规则 ──┤
                    │         └──→ 诠释性规则
            结构 ───┤
                    │         ┌──→ 分配性规则
                    └─ 资源 ──┤
                              └──→ 权威性规则
```

① Giddens, *The Consititution of Society*: *Outline of The Theory of Structuration*. Berkely: California University Press.1984:2.

二元性的结构(the duality of structure)在人类实践超时空地长期运作中,不断地在人类社会的不同系统中呈现出结构化的过程。

为了说明上述结构的二元性,季登斯将结构、系统和结构化列表如下。①

结构　structure(s)	系统　system(s)	结构化　structuration
规则和资源,或者是各种变化的关系的组合,组织成为社会系统的属性。Rule and resources, or set of transformation relations, organized as properties of social systems.	再生产出来的行动者间或群体间的关系,组织成为有规则的社会实践。Repropduced relations between actors or collectives, organized as regular social practices.	支配着结构的连续性或变化的基本条件,因而是社会系统的再生产。Conditions governing the continuity or transmutation of structures, and therefore the reproduction of social systems.

上述图表概括地表明了结构、系统和结构化的相互关系。显然,结构的二元性始终都是在时空流程中的社会再生产连续性的基础。结构的二元性也同样必须考虑到:在日复一日的社会活动延续中,人类施为者是具有反思性的控制能力的。问题在于:人类的认知能力始终都是有限的,行动的流程不断地产生行动者非预期的结果,而这些非预期的结果又反过来可能构成行动的未知的条件。

正如马克思所说:人类创造自己的历史,但并不是在他们自己所选择的环境中进行创造的。在研究人的行动同社会制度的相互关系时,最难以解决的问题始终都是:无论是行动者的行动,还是社会制度的运作,都各自同时地具有自我调节的能力和受到限制的特性。

行动者的行动和社会制度的运作,一方面各自具有自身的自律及运作特征,另一方面又相互影响和相互渗透,以致造成在两者的运作中的复杂交错。任何社会哲学家和社会哲学理论家都无法回避对于政治行动和社会制度运作的研究。

以往的社会哲学理论研究传统,深受理性主义和经验主义的影响,总是设法将上述两大方面的问题加以逻辑的化约,造成了两大方面问题在人为逻辑上的分割和简单化。

---

① See Giddens, *The Consititution of Society: Outline of The Theory of Structuration.* Berkely: California University Press.1984:25.

为了正确解决这个难题,季登斯不愿意重复以往社会哲学家所犯过的分裂主客观两大因素的错误,但同时又要吸收和总结他们在这方面所做过的理论努力。充分考虑到人的行动在社会运作中所起的决定性作用,同时也充分考虑到人的政治行动本身的复杂性以及行动同社会制度相互间关系的多重交错性,季登斯首先区分了**系统再生产中的自动平衡的因果环**(homeostatic causal loops)、**人的行动的反思的自我调节**(reflexive self-regulation)以及社会和系统的整合(social and system integration)。

系统再生产中的自动平衡的因果环显示了作为经验现象的系统在再生产中所显示的运作逻辑的客观性。作为人类行动的条件和限制,又作为人类行动的资源和成果,系统往往表现出其客观存在的经验现象的特征,而且其运作也因此遵循着一定的因果律。

作为社会哲学家和社会哲学理论家,在观察和研究社会和人的行动的时候,当然不可忽视社会系统本身的这种经验性质及其客观性。社会系统的这种经验性质及其客观性,也在一定程度上表现了人的行为的经验性质及其客观性,因为上述系统的经验性及其客观性,本来就是同人的行动有密不可分的关联。系统的这种特征自然地构成了系统再生产过程中的因果关系。

所以,研究系统再生产中的因果环,不仅是为了深入了解系统的再生产过程及其规律,同时也是研究渗透和卷入到这种再生产中的人类行动的重要面向。

在这里特别强调人的行动同时地渗透和被卷入到系统的再生产因果环,正是为了说明人的行动在上述系统再生产因果环中,始终处于主动和被动、施能和受限制的地位,同时又是上述系统再生产运作中的看不见的,因而也是一种"不在的"(或者"缺席的")外化和内化的主体。在这里还要进一步加以说明的是,上述系统再生产的因果环在人的行动尚未正式开展并加以实现以前,始终都是某种可能的和潜在的过程。

也正是在这个意义上说,人的行动的展开和实现成为了上述因果环从潜在变为实在的决定性力量。任何系统再生产的因果环,尽管其自身具有经验的性质的客观性,但脱离了人的行动及其实际展开,就变成了抽象的和潜在的东西。

十一、人类行动的反思的自我调节

人类行动的反思的自我调节对于研究人的行动本身及其同社会制度的关系是非常重要的。这关系到季登斯所说的有关人类行动的性质的问题。

如前所述,季登斯强调了人的行动的施为性。而**人的行动的施为性又表现了人的行为的主动性和反思性,同样的,人的行为的施为性、主动性和反思性又同人的行为的日常生活重复性、实践性和语言性有密切关联。**

所以,**人的行动的反思的自我调节,是人的行动的上述施为性、主动性、反思性、日常生活重复性、实践性和语言性的结果和必要条件。**

季登斯曾经把人的行动的反思的自我调节同人在行动中所保持的论证意识(discursive consciousness)、实践意识(practical consciousness)和无意识(unconsciousness)的三重心态结构密切地联结在一起。

反思的自我调节是人类在行动中所进行的一系列内在化和外在化的复杂心态过程。这种伴随着人的行动的复杂反思能力,是同行为过程中的语言运用、日常生活重复性和主体意识的超时空性密切相关。

行动过程中的语言运用,把人的意识和行为以及行为所处的内外环境各因素相互联结成一个整体并相互渗透和相互作用。

因此,伴随着人的行动的论证意识,对于人的行动对其自身的意义、目的、取向、合理化及其各种实际程序都具有重要的意义。同时论证意识也直接影响到行动同它的对象及其周围环境的关系。论证意识由于反复的在行动者主体、行动过程及行动有关的各因素之间循环穿透,其本身也随着行动的展开而不断提升其反思能力,为行动的意义及其走向不断地注入新的因素,有利于调整行动者及其行动所遭遇的各种因素的相互关系。论证意识是人的行动所固有的,显示了人的行动的特性和优越性。

论证意识的存在及其运作,使人能在行动中透过象征系统的多重超验结构把自己的行动不只限于同时空结构中的各经验因素打交道,同时又能超时空地同行动者主体所开拓的各种可能因素相关联,这就使得人的行动透过论证意识的反思能力而获得了最大限度的扩展可能性。

论证意识的反思性尤其关联到贯穿于行动过程的各种意义的建构和再生产。由于人的行动的意义建构及其再生产对于行动的走向及其实际效果产生决定性的影响,所以,论证意识的反思构成了人的行动中反思的自我调节机制的主要杠杆。

反思的自我调节中,实践的意识也同样是起着不可忽视的作用。人的行动的实践意识主要是在日常生活的重复性和长远历史发展的超时空记忆所形成的。如前所述,晚期维特根斯坦对于日常生活中的语言游戏的研究,给予季登斯社会哲学理论的建构以深刻的影响。

晚期维特根斯坦强调日常生活中语言运用的重要意义。在维特根斯坦看来,这种意义不仅在于以重复的游戏确定语言的意义及其使用规则,而且还在于通过语言、思想和社会共同体中各成员的反复性日常实践的联系而建构了各种社会规则、规范、习惯和制度。[①]

维特根斯坦要我们从语言游戏中看到社会生活的实际性、重复性、灵活性和多样性。语言的意义主要指它的活动及其中包含的活生生的社会实践的关系。语言的游戏式运用是在人的重复多次的历史实践中进行的,是在无数次的提问题、回答问题、许下诺言、发号施令和遵守规则的反复实践中巩固下来的。

所以,语言的运用和日常生活的重复性实践的密切关联,正好表现了人的行动同社会制度的建构的密切关联。季登斯进一步发展了晚期维特根斯坦的上述语言观点,一方面深刻地分析了在成千成万的社会成员中所重复实践的日常生活模式对于人的行动以及对于行动中的意识所发生的深刻影响;另一方面也深入分析了反复性历史实践对于行动同社会制

---

① See Wittgenstein, *Philosophical Investigations*. Oxford: Basil Blackwell. 1968 [1953]: 180; 199.

度的复杂关系所起的重要作用。

季登斯所说的实践中的意识具有主动和被动的性质,而且透过这种双重性质使实践的意识本身同社会制度发生了复杂的交错关系。季登斯以前,在古典的社会哲学家中,马克思对于人的实践中的意识的分析是很深刻的。

马克思曾经在批判费尔巴哈(Ludwig Feuerbach,1804—1872)论纲时,强调了人在实践中的对象化和主动创造精神,因而也强调了人的行动对于客观世界所进行的改造性质。季登斯进一步发展了马克思的实践观点,并更深入地分析了实践中的意识的形构和运作过程,特别是吸收了晚期维特根斯坦的上述观点,将日常生活实践和长远历史实践联结在一起,**指明了实践意识的时空性、超时空性和历史结构性。**

实践意识在行动中的反思和调节功能,并不只是行动者主体意识的主观能力,而且也是实践本身的中介和结果,因而也是长时间历史发展的中介和产物。作为日常生活和长远历史发展的中介和产物,实践意识可以在行动中造就和培养一种实践的技巧、风格和熟练性。这一切又反过来在实践中发挥其运作功能,并直接影响到实践活动本身的贯彻。

季登斯把这种在实践中造就的行为风格和熟练性称为"熟练的实施能力"(skilled performance)。季登斯说:"社会学并不关怀'预先给予的'一种对象世界,而是关怀着由主体的积极作为而建构或生产出来的世界……所以,社会的生产与再生产被看做是它的成员们的熟练的实施活动。"①

因此,实践的意识构成了行动中的反思能力总体的重要组成部分。它同论证意识一起,对于建构和再生产人的行动意义结构以及与行动关联的社会制度,都发生重要的影响。

实践意识的上述"特质"使丰富的社会生活经验得以积累和巩固下来,也通过代代相传而凝固在各种制度中,渗透到社会成员的意识结构

---

① Giddens,*New Rules of Sociological Method:A Positive Critique of Interpretaive Sociologies*. London:Hutchinson Press.1976:160.

中,成为它们适应和不断改造社会制度的某种才能和能力。

行动中的无意识层面往往被传统社会哲学家所忽视,尤其是被经验论的和实证的社会哲学家所忽视。季登斯吸收了尼采、弗洛伊德和海德格尔的行动哲学,对行动和社会生活中的无意识层面,给予了充分的重视。

无意识的层面不只是单纯消极的和被动的因素,而是积极参与和渗透到行动中去的各种看不见的因素。这些因素包括历史和日常生活实践中沉淀下来的许多记忆和经验储存,平时因为被压抑在意识结构的最底层,往往采取种种掩饰和曲折形式表现在日常行动中。

因此,无意识也不只是单纯主观性的因素,而是包含着历史各个时代由主观行动所经历的各种客观因素,只是采取了各种隐蔽的和变形的形式,而同其原初的客观组成因素保持很长距离,甚至呈现很模糊的关系。

由于它的隐蔽性和无意识性,它在行动中的作用更加是不可忽视的。无意识的因素参与到反思的自我调节机制中,有时表现为消极的干扰形式,有时也表现为积极的促进作用,其实际功能还要看行动中各种因素的关系,以及行动者自身进行反思性自我调节时,如何处理论证意识和实践意识同无意识的关系。

正如季登斯所说,人的行动贯彻过程中伴随着反思性调控和合理化过程以及行动动机的形构和贯彻过程,还有极其复杂的未知或不知的条件。

考虑到行动过程中未知和不知的条件以及无意识的介入,使得人的行动中所进行的反思自我调节变得更加复杂。季登斯对所有这些因素都进行了深入细致的分析,一方面表现了他的社会哲学理论的本体论取向的深刻性,另一方面也表现了其社会哲学理论的批判性和反思性。

十二、社会整合和系统整合相互关系

为了全面理解人类行动的性质和结构二元性,还必须进一步研究社会整合和系统整合的相互关系。

这里所说的**整合**,指的是被牵连到个人行动者之间或集体之间的实践相互性之中。①

社会整合就是在面对面的互动层面上的系统性(Social integration means systemness on the level of face-to-face interaction)。而系统整合是指同其肉体并不在时空中存在的那个行动者的关联。因此,系统整合的机制是以社会整合的机制作为前提的,但是,在许多重要方面,这些机制又不同于被卷入到共在关系中的那些机制。

在此基础上,季登斯将"社会整合"和"系统整合"加以比较如下。②

社会整合是"共在"脉络中各个行动者之间的相互性(自律和依赖的关系);**系统整合**是在扩展的时空中穿越的各行动者间或集体间的相互性(自律和依赖的关系)。

在季登斯看来,社会互动的系统是通过行动者或群体之间的相互依赖构成的;而社会互动又是在行动合理化的相互联结的条件下,由结构的二元性所产生的。至于社会整合,指的是行动的相互依赖性的程度,或者说,是某种卷入到任何一种系统再生产模式中的"系统性"(systemness)。

在这种情况下,所谓整合,更准确地说,就是在行动者或群体之间所进行的相互交换,或者相互性的实践的调整纽带。

十三、对现代性的批判

现代性的问题成为季登斯社会哲学理论的重要组成内容。季登斯始终重视社会哲学理论研究同实际生活的密切关系。因此,任何一种社会哲学理论研究,无论就其抽象的理论层面或具体的经验内容,都必须同现实的社会生活和人类实际行动关联起来,特别是要直接地用来说明我们

---

① See Giddens, *The Consititution of Society: Outline of The Theory of Structuration*. Berkely: California University Press. 1984:28.

② See Giddens, *Central Problems in Social Theory: Action, Structure and Contradiction in Social Analysis*. Berkeley: California University Press. 1979:77; *The Consititution of Society: Outline of The Theory of Structuration*. Berkely: California University Press. 1984:28.

目前生活在其中的当代社会的性质及其实际问题。

(一) 以"时间"为基础研究当代社会

对我们所生活的当代社会的分析,季登斯首先从社会哲学理论建构的最抽象的本体论基础开始探讨。如前所述,季登斯认为,社会哲学理论所要关怀的最基本问题,不是像传统社会学那样指向社会秩序的问题,而是探讨社会实际建构和社会哲学理论家关于社会的基本概念的时间基础。

社会哲学理论所要研究的是人类历史和不同阶段的人类社会如何在时间的延展中建构和变迁。季登斯说:"我们必须把'秩序的问题'重新改写成为'时间和空间是如何联结起来而成为社会系统的问题'。所以,在这里,秩序的问题,就是时间空间的间隔化延展的问题,就是以这样的条件而组织起来的时间和空间,将在场和缺席的行动者联结起来。"①

这样一来,研究现代社会的首要问题,就是探讨**现代社会所由以建构起来的时间、空间间隔化的模式基础**。但是,相对于空间的结构和模式,时间是带根本性的。所以,研究当代社会的基本问题仍然是从**当代社会的时间延展结构**出发。

以时间的延展性及其同空间的遭遇作为基点去研究各种社会制度,是季登斯社会哲学理论的一个基本原则。这种新的原则完全不同于传统社会哲学理论关于"有边界的社会制度"(the boundedness of social systems)的基本概念。

在季登斯看来,当代社会的基本特征,就是**时间和空间的交叉性延展的空前膨胀,**以至于现代社会的空间概念越来越多地包含着那些由缺席者所占据的位置,有可能在全球的范围内建构起抽象的和形象化的时空建构概念。

为了说明当代社会的这种时空延展特征,季登斯把当代社会同以往的各种类型的社会加以比较。在他看来,越是**古代**的传统社会,行动者和

① Giddens, *The Consequences of Modernity*. California:Stanford University Press.1990:14.

人们越是以"在场"出席者所占据的"位置"(place)来指涉同时间相遭遇的空间。"位置"是根据"地方"概念而概括出来的,而所谓"地方"往往是指在特定地理位置情境中所发生的行动的各种物质条件的总称。所以,具有这样一种时空概念的古代人,只能在他们的观念中建构由在场出席者所能感知到的空间所组成的有限的社会。

实际上,人们习惯于把那些不在场的人所占据的位置理解为没有时间的空间,或者理解为虚空的时间。因此,人们总是以具体的空间,也就是以在场出席者所占据的位置同时间的具体关系来认识时间,并把时间狭隘地理解成为在特定位置上的行动的过程界标。

近代社会随着资本主义世界市场的开拓和发展,首先完成了世界范围内的日历的标准化,接着完成世界各个地区时间的标准化。对时间的这种全球标准化的实践过程,是以行动者对于空间控制范围的扩大作为基础的。

当近代资本主义社会进入到**现代性**的阶段时,由于生产力的高度发展,特别是科学技术能力的空前发展,使现代人能够在其行动中将时间和空间在更遥远的距离内分隔开来。

如果说,古代社会的行动者所理解的空间概念是直接地同在场出席的位置概念相统一的,那么,现代人就可以通过现代文化所创造出来的各种象征性制度和成果,去感知和把握脱离在场出席者的位置的抽象空间。

季登斯说:"在现代性的条件下,位置不断地变为某种'虚幻魔术化'(phantasmagoric)的概念;也就是说,'地方'已经完全地由非常遥远的社会影响所渗透和形构。这样一来,'地方'的结构并非单纯是简单的是现场出现的那些形象,而在'地方'的那些看得见的形式中隐含着决定着其性质的间隔化的关系。"①

这样一来,现代人就有更强的能力同遥远的缺席行动者相互沟通和相互协调,并使他们的行动同更多的缺席者的"他人"相协调。

---

① Giddens, *The Consequences of Modernity*. California: Stanford University Press. 1990: 19.

(二) 当代时空关系的辩证法

当然,在现代性的条件下,时间和空间的分隔并不是以单一直线式的形式发展,而是同时地包含着延展中的压缩和重叠。这就是季登斯所说的时空关系的辩证法。

就现代性的时间结构的特性而言,它是采取"**不连续性**"(discontinuity)的形式。整个社会并不是像传统社会哲学理论所说的那样是单线地连续演化的。

季登斯同意法国后现代思想家利奥塔等人的观点,认为任何社会研究首先必须对传统历史观点进行解构。根据这种解构的观点,人类社会和历史并没有一个统一的总体结构,也不存在任何一种统一的有关组织和社会事物的变化规则。

现代社会在变化的速度和形式等方面,尤其表现出不连续性特征。季登斯从三个方面来说明这个不连续性:第一,变化的步调采取跨越式,使变化前后看不出任何类似性和连续性。这也就是说,现代性社会中的各种事物,往往都是突然冒现的,都是在当时当地条件下以某种人们预测不到的原因而出现,很难同事物存在状态以前的各种条件保持明显的内在关系。同时,现代性社会各种事物发展的跨越形式,也使现代性社会的变化极端迅速,而且变化的密集度极高,可以在同一瞬间突然发生多种变化。季登斯把现代性社会的这种变化的神速性和跨越性,归咎于科学技术的魔术式威力。第二,现代性变化的不连续性还表现在变化的范围的广阔性。季登斯说:"由于地球的不同领域已经纳入到相互联系的关系之中,所以社会变迁的波浪潜在地可以冲破和跨越整个地球表面。"①其实,季登斯还没有进一步看到:现代社会的变化的全球性,还表现在全球范围内许多地区的剧变的同时性。这是同现代性的全球化条件密切相联系的。第三,在现代性的社会中,各种最新的社会制度和组织都是内在自生的,不但同前阶段的事物毫无关系,而且也同其周围同时存在的事物毫

---

① Giddens, *The Consequences of Modernity.* California: Stanford University Press. 1990: 6.

无关系。季登斯把这种现象称为"**现代制度的内在性**"（the intrinsic nature of modern institution）。

现代制度的内在性和现代性的不连续性，**导致现代社会制度的多面向性和多元性**。在这方面，季登斯批判在演化论基础上所建立起来的传统社会哲学理论的制度观。在他看来，不管马克思或韦伯称现代社会秩序为资本主义社会，还是像涂尔干那样把现代社会说成为一种工业主义的范畴，都是由于他们过多地看到现代社会同传统社会之间的联系。

（三）现代社会的四大面向

在季登斯看来，**资本主义和工业主义不过是现代性制度的四大面向中的两个侧面**，这也就是有关商品和资本自由流通的面向和近代社会改造环境的面向；上述两个面向是同现代社会的监控和军事权力另外两个面向并存和相互协调的。

这样一来，作为现代性社会的制度的四大面向分别是：**监控面向**（主要是对信息和社会进行监督）、**资本主义面向**（主要是指社会中竞争性的劳动力和产品市场的那种制度下所进行的资本积累）、**工业主义面向**（指现代社会为自然的改革和创造人为环境的方面）和**军事权力面向**（在发展战争和军事工业条件下实现对于暴力手段的控制）。①

由于现代性伴随着全球化的过程，所以，上述现代性制度四大面向也产生了全球化的四大组织成果：**民族国家系统**（nation-state system）、**世界资本主义经济**（world-caritalist economy）、**国际分工**（international division of labor）和**世界军事秩序**（world military order）。②

季登斯认为，全球化的上述四大面向中最重要的一个侧面是世界资本主义经济，民族国家系统是伴随着世界资本主义经济的发展和扩张而建立起来的政治、经济和官僚组织系统。他说："世界经济中最主要的权力中心是资本主义国家；在这些国家中资本主义经济企业是生产的最主

---

① See Giddens, *The Consequences of Modernity*. California：Stanford University Press.1990：59.
② See Ibid.：71.

要形式。这些国家的国内和国际经济政策,包括对于经济活动的许多调整形式,但是它们的制度和组织主要是用来维持经济对于政治的独立。这种政策特点促使企业的商务活动在全球范围内的广阔发展…… 各种企业,特别是跨国公司,能够产生庞大的经济权力,而且也能够在国内和世界各地对政治的各项政策发生影响。世界上最大的跨国公司可以有远比其他的少数国家更大的财物力量。但是这些跨国企业在某些关键方面不可能同国家的权力较量,特别是涉及领土因素和对于暴力手段的控制方面……所有的现代国家,都或多或少地在他们领土内垄断着对于暴力手段的控制。"①

由此可见,作为全球化首要面向的世界资本主义经济,也需要同民族国家系统、国际分工和世界军事秩序进行互动,才能够在全球内产生历史性的影响。

(四)现代社会的系统化

现代性社会中时间和空间的间隔化,成为了现代社会的发展动力,使各种社会关系有可能越来越远地脱离现场的地方互动的脉络,并使它们有可能在无限的时间和空间的间隔中重建起来。

季登斯把这种现象称为"**社会制度的离位或脱嵌**"(the disembededding of social systems)。现代性社会的这种特征,使许多社会制度和各种文化形式,有可能远远地超出其发明和生产的源头,而在世界范围内传播开来。正如季登斯所说:"这种现象有利于开辟变化的多种多样的可能性,使这种可能性完全脱离原产地的习俗和实践的限制。"②这种状况也促使最强势的社会制度和文化在全球范围内无阻碍地在各个地区传播开来。

现代性时空结构的特征也导致**象征性符号**的广泛运用。季登斯说:"所谓象征性符号,我指的是相互交换的媒介,这种媒介可以不考虑使用

---

① Giddens, *The Consequences of Modernity.* California: Stanford University Press. 1990: 70-71.
② Ibid.: 20.

它们的个人或群体的特殊性质,也不考虑各种特殊的场合而被广泛地通行使用。"①

实际上,象征性符号和现代性社会的时空间隔化的延展是相互影响的:一方面,只有形成时空间隔化的延展,才有可能广泛地使用象征性符号;另一方面,象征性符号的使用促进和加速时空间隔化的延展。两者互相推动,形成一种恶性循环螺旋式发展的局面。

这种局面深刻地改变了现代性社会的各种制度、组织和规范,改变了现代性社会的人的相互关系,改变了现代人的生活方式及其思考模式。

为了分析象征性符号在现代性社会中的重要意义,季登斯集中地分析了**"金钱"**的现代性运作状况。

金钱,一贯地被传统社会学当成重要的社会媒介加以研究。但在现代社会中,金钱同象征性符号密切相关而发生了根本的变化。

金钱媒介在现代性社会中成为了时空延展的最主要手段。季登斯说:"现代金钱经济比'前现代社会'中任何一个时代,都更广阔地为实现各种制度的离位或脱嵌提供了可能性。"②

在"前现代社会",金钱的使用是同商品的流通密切相关的。因此,"前现代社会"的货币是一种商品货币(commodity money)。现代性社会的出现,由于大量抽象的象征性标志在社会生活中的渗透,使现代社会的"原本意义的货币"(money proper)比商品货币更广泛地使用起来。**原本意义的货币**,采取纯粹信息的形式,可以完全脱离进行交易的各方,避免交易各方的面对面的互动,使交易能够在全球范围内不受时空限制而进行。

在这种情况下,货币作为一种流通和交易的手段,可以通过时间空间的延展交错,把瞬息和延期、出席和缺席交错在一起进行互动。因此,现代货币成为了现代性离位和脱嵌机制的最重要的手段。

---

① Giddens, *The Consequences of Modernity*. California: Stanford University Press. 1990: 22.
② Ibid.: 24—25.

（五）现代社会中"专家系统"的横行

同现代性社会的时间延展结构及其抽象象征性的扩大相对应的,是现代社会中"专家系统"（expert system）的产生和日益专横。季登斯说:"专家系统是指技术实施和专业性专家的系统,他们组织我们在其中生活的物质和社会环境的广阔领域。"①

现代社会专家系统的产生和横行,是同现代社会的象征系统和科学技术的泛滥密切相关的。

其实,现代专家系统是靠越来越抽象的人为象征符号系统来维持和扩大的。

季登斯在论述抽象的象征系统同专家系统的关联时,缺乏对于现代社会文化生产和再生产机制的深入研究,也缺乏对于现代社会教育系统运作机制的研究。实际上,现代社会的象征性抽象系统的产生,一方面同现代社会的权力运作特殊结构和逻辑密切相关,另一方面又同现代社会的文化再生产的特征密切相关。

现代性社会的任何一种制度和产品,都无一例外地被标示为专家系统核准的结果。**专家系统成为了现代性各种制度和事物的正当化的主要根据**。专家系统的威力来自于他们所标榜的现代知识系统。大多数人往往把各种专业性的知识系统的制造和教育委托给专家系统,而且采取某种近乎盲目的信任态度。这种状况之所以会发生,也是同前述现代社会时空延展结构有密切关系的。生活在地球上任一角落的人,不需要认识或面对面地了解属于某个跨国公司集团的专家,只要产品标示是某某公司的专家所创造,许多人就可以一窝蜂地信任这些产品,因而就使得现代性的各种制度和事物,有可能以惊人的速度在全球扩展。

所以,季登斯指出:"专家系统和象征性标志一样,成为了离位和脱嵌的主要机制,因为它们把社会关系从直接的脉络中远离出来。这两种类型的离位和脱嵌机制,都是以它们所催生出来的时空延展条件以及在

---

① Giddens, *The Consequences of Modernity*. California: Stanford University Press. 1990: 27.

此条件下时间和空间的脱离为基本前提。"①

当然,现代社会的象征性系统的扩展,也有助于这些专家系统所掌握的技术知识的广泛运用及其公众评判过程。例如,全球计算机网络的建立,作为一种象征性信号系统的扩大,就是有利于这些专家系统的存在和发展的。

季登斯对于现代性的论述,虽然同后现代思想家对于现代性的批判有相当的联系,但在许多基本论点和方法方面,是完全不同的。首先,季登斯对于现代和后现代的标界,并没有完全采用后现代思想家的定义。在他看来,某一种后现代的系统将是在制度上高度复杂的复合体,而其特征就是"超越"上述现代性的四个面向。而且,后现代在四个面向所发生的各种超越性转变,并不一定相互关联,这就使得后现代的制度变化有可能采取多元化的倾向。季登斯对于超越现代性四个面向的各种可能性进行了深入的探讨,成为他对于后现代性的探讨基础。

---

① Giddens,*The Consequences of Modernity*.California:Stanford University Press.1990:28.

人民文库 第二辑

当代政治哲学

（修订版）

（第二卷）

高宣扬｜著

人民出版社

第 三 章

德国政治哲学传统的新变化

第一节　德国当代政治哲学的一般特征

德国政治哲学在第二次世界大战之后也同其他西方国家一样,发生了重大变化。这个变化主要表现在研究主题、方法和理论模式的变化。显然,这些变化是同整个西方人文社会科学界的争论及其结果,特别是同当代哲学的研究状态以及现代政治的变化紧密相关的。

但是,由于德国的政治哲学有强烈的德意志民族历史传统的特征,使德国当代政治哲学的争论本身,深受其历史传统的影响。在德国政治哲学传统中,必须充分考虑到以下几个重要的因素:第一,德国的政治哲学、法哲学和社会哲学,从 16 世纪开始就具有明显的特征和传统。第二,从 19 世纪末开始,德国的政治哲学,从基本哲学理论上来看,受到了原有的德国古典哲学中的观念论(特别是康德和黑格尔)和 19 世纪下半叶新起的现象学(胡塞尔和谢勒等)、生活哲学(狄尔泰)、马克思主义(特别是卢森堡、柯尔斯、卢卡奇和法兰克福学派的新马克思主义)、意志哲学(尼采)、价值哲学(尼古拉·哈尔特曼)、历史哲学(斯宾格勒)、新黑格尔主义以及新康德主义(韦伯)的强烈影响。第三,德国思辨的理性主义传统使德国当代政治哲学的思考模式显示出其特有的理念型。第四,1870 年普法战争之后所形成的普鲁士帝国的专制主义所建构的政治制度及作风,也使德国当代政治哲学具有明显的"大系统"特征。

当代德国政治哲学呈现多元化的状况,但主要可分为三大流派:新马克思主义、现象学和自由主义。其中,新马克思主义主要是指法兰克福学派及其各分派,而现象学主要是海德格尔及其学生所主张的政治哲学,自由主义则又分为德国传统自由主义和以英美分析哲学为基础的自由主义(以卡尔·波普为代表)两大类。

大体来说,第二次世界大战后的德国政治哲学,经历了三个阶段的变化历程。从第二次世界大战结束到 20 世纪 60 年代末是第一阶段,60 年代末至 80 年代德国统一以前是第二阶段,从德国统一至今是第三阶段。

在第一阶段,其核心争论是围绕德国政治制度以及由此延伸的理论问题。这是第二次世界大战所带来的政治灾难引起的理论争论。在这一阶段,有第二次世界大战前所留存的重要理论家,如柯尔森、卡尔·斯密特和原第一代的法兰克福学派,如霍尔克海默、阿多诺、马尔库斯、弗洛姆、波洛克、左尔格、维特伏格、波克瑙(Franz Borkenau, 1900—   )、格罗斯曼(Henryk Grossmann, 1881—   )、洛文达尔(Leo Lowenthal, 1900—   )、莱斯(Wilhelm Reich, 1897—1957)、弗朗兹·纽曼(Franz Neumann, 1900—1954)、基尔斯海默(Otto Kirchheimer, 1905—   )和本杰明等;也有深受英美政治哲学影响的英美派政治思想家及其理论家,同新起的政治哲学家如哈贝马斯等人相遭遇。他们对待德国在 20 世纪上半叶的政治悲剧,从不同的角度和以不同的方法进行了激烈的讨论。

第二次世界大战结束之后,德国哲学社会科学界兴起人类学的基础研究,发展出各种各样的哲学人类学,同时也产生了政治哲学人类学。在这一方面最典型的代表人物是哈贝马斯。他号称以认识人类学为基础试图改造政治哲学。

对法西斯专制的反思,成为了第二次世界大战后德国许多政治哲学家的思考主题。伽达默尔、布洛赫、阿伦德、波普等人均把批判反思法西斯当成政治哲学理论更新的关键。

其实,从19世纪中叶所开创的西方现代性哲学,随着现代社会的发展及其危机的冲击,终于在20世纪上半叶的两次世界大战中遭遇到前所未有的挑战。战火的考验比任何一种历史性实践的检验都更有深刻意义。为什么在一个具有深厚哲学传统的国家,会出现法西斯政权?为什么德国会成为两次世界大战的策源地?灿烂的哲学理论,何以未能转化成为阻止残酷战争的精神力量?德国人历经千年沉思而总结的哲学理论,为何未能成为真正文明的思想基础?

伽达默尔在他的《20世纪的哲学基础》中曾经试图对上述重大问题作出具有哲学性和历史性意义的答案。他说:"正如19世纪事实上是以歌德和黑格尔的去世为起点而以第一次世界大战的爆发为终点,20世纪则是作为世界大战的时代而开始的。如果我们提出这个追溯性的问题,那么,就会有某种划时代的意识,使我们离开这个世界大战的时代……说20世纪的基础存在于19世纪中,听起来也许是种浅薄的说法。然而,我们的出发点却必然是这样的事实,即工业革命和西欧的迅速工业化开始于19世纪,20世纪无非是延续19世纪所建立的东西。19世纪自然科学的飞速发展为20世纪的技术和经济发展提供了根本的基础,以至于我们只能对19世纪科学发现带来的实践可能性进行更为一贯和更为合理的利用。然而,伴随着第一次世界大战,也出现了一种真正划时代的意识,它把19世纪牢牢地归入过去的范畴之中。这种说法不仅在以下的意义上说是正确的,即资产阶级时代把技术进步的信仰同对有保证的自由、至善至美的文明满怀信心的期待统一起来;但这个时代已经终结。这种终结不仅仅是意识到离开了一个时代,更主要的是有意识地退出这个时代,而且是对这个时代最尖锐的拒斥。"接着,伽达默尔还进一步针对哲学的状况进行冷静的估计。他说:"近代史上科学与哲学之间古老的对峙,也许在本世纪达到了顶点,但这个问题本身却可以追溯到更远,因为近代科学并不是19世纪的发明,而是17世纪的发现。为自然知识提供一个合理基础的问题,在那个时代就已经提出;那时的提法是,作为人类与世界的关系之新基础的科学,如何能同这种关系的传统形式统一起来,同作为人们认识上帝、世界和人类生活之体现的希腊哲学传统以及同基督教会的启示统一起来。然后,就开始了启蒙运动,这个运动赋予最近几个世纪以哲学的特征。因为,尽管近代科学的进军如此地高奏凯歌,尽管今天的每一个人都十分清楚,他们对存在的意识充满了对我们文化的科学预设,然而,继续支配着人类思想的问题,却是科学所不能回答的。""正是在这种形势下,哲学开始执行它的任务,这个任务至今仍然没有改变。在近代的三个世纪中所发现的对这个问题的答案虽说听起来不一样,但它们是对同一个问题的回答。而且,后来的回答不能脱离以前的回答,它们必须依靠以前的回答才能成功地得到检验。于是,20世纪的基础问题,如果作为一个哲学问题提出来,那它必然同前几个世纪中提出的回答联系起来。"在更远的地方,伽达默尔更深刻地指出:"社会秩序产生出强有力的形式,使得个人几乎根本意识不到可以按照自己的决定生活,甚至在他自己的个人生活的私人领域,也是这样。因此,我们必须更为尖锐地提出我们时代的问题,即在一个完全由科学支配的社会现实中,人如何能够理解自己。"

与此同时,伽达默尔还深刻地指出了德国古典唯心主义哲学的"天真的假设":(1)断言的天真;(2)反思的天真;(3)概念的天真。在谈到概念的天真的时候,伽达默尔说:"揭穿概念的天真,它也许是对我们今天的哲学的最恰当的定义。我认为,在这里,当前的情境同样受到德国现象学发展的制约,而且相当有趣的是,它还同样受到起源于德国却流行于英语国家的哲学的发展的制约。"

最后,伽达默尔在总结时指出:在欧洲进行哲学反思,不能不继续同经过漫长的世纪流传下来的三个伟大的对话者进行对话,这就是古希腊对话者、康德和黑格尔。伽达默尔说:"如果我们断言,在唯科学主义的时代不再需要这些老师了,可能是一个错误。他们为我们这个完全化简为科学的世界所表明的界限,根本不是我们必须首先发明的。正是在这里,有一些东西总是先于科学而发生。在我看来,20世纪最为神秘、最为强大的基础,就是它对一切的独断论,包括科学的独断论所持的怀疑主义。"

海德堡大学教授莱纳·威尔(Reiner Wiehl)指出,在希特勒政权垮台之后,在德国哲学讨论中占据中心地位的问题,就是人的生存与社会条件的问题。第二次世界大战后二十年,德国哲学才依据社会生活条件的变化以及经济的恢复发展,开辟了创建新哲学体系的前景。他认为,伽达默尔在1960年发表的《真理与方法》标志着德国哲学发展的新转折。

社会哲学家沃尔夫·列本尼斯(Wolf Lepenies)在其著作《德国历史中的文化的诱惑》中,更直截了当地指出:德国在人类历史上贡献了无数的思想家、文学家、艺术家,但从整个德国历史来观察,尽管德国早就进行了启蒙运动,也发表了数以千计的优秀理论著作,但实际上一直未能真正实现严格意义的"启蒙"。列本尼斯认为,最根本的原因,是德国民族的一种劣根性,这就是他们对政治的漠不关心态度。德意志人只是对文化有独特的爱好,却忽略了政治的思考。列本尼斯把德国人的这种劣根性称为"日耳曼人的非政治的心态"(deutsche apolotische Geist)。列本尼斯尖锐地指出:德国人重文化、轻政治,甚至试图以文化取代政治的心态是致命性的。

第二次世界大战结束后至20世纪60年代,是德国哲学界进行沉痛反思的岁月。在战争期间大批受到迫害的哲学家,从1945年起,纷纷返回德国,同留存在国内的哲学家一起,冷静地思考战争的历史教训。

哲学思考主要朝着五大方向进行:第一,深藏于德国人心灵深处的伦理原则,究竟是什么?这一反思的结果,导致第二次世界大战后一系列有关实践哲学和伦理原则的激烈争论,也促使汉斯·约纳斯、哈贝马斯及阿伦特等人集中思考创建新的伦理原则。第二,科学技术的功利性和工具性的恶性膨胀,导致西方理性主义和经验主义内在地发生自我腐蚀,从思想深处动摇了民主制的基础,这就引起第二次世界大战后多次环绕实证主义的争论,也促使法兰克福学派深入开展对"工具理性"和理性异化的批判。第三,对主体性概念及其形而上学基础的反思,深入开展对西方语音中心主义和西方逻辑中心主义的批判。第四,对历史主义的重新评价,试图从历史脉络寻找西方思想危机的根源。第五,对西方种族中心主义及其在政治哲学中的基本概念的审慎重建,探讨民主制的正义原则及其与自由主义的关系,对资本主义制度的正当性和合法性的全面质疑。

在第二次世界大战后的政治哲学家中,汉娜·阿伦特(Hannah Arendt,1906—1975)对德国政治哲学的反思是很深刻的。这位哲学女英雄不惮于提及讨论话题——正义,邪恶,极权主义,干预当今的政治议题比如越南战争、民权运动以及对阿道夫·艾希曼(Adolf Eichmann)的审判,她所建构的哲学理论仍然是解读当代世界的重要思想工具。

阿伦特的政治哲学与 20 世纪人类遭受的毁灭性的灾难密切相关,可以说,阿伦特的理论正是对那个时代人类遭受到的灾难的忧思,她讲述了20 世纪人类的灾难和命运。虽然阿伦特拒绝了"哲学家"的头衔;并且在一次学术会议上,有人问她:"您是做什么的? 您是一个保守人士? 您属于自由主义者? 在目前的各种可能范围内,您处在什么位置?"阿伦特回答:"我不知道。我真的不知道,而且从来也没有知道过。"①但实际上,阿伦特的思想理论已经深入到人性,普遍涉及整个人类,其深度和广度使得她成为一个当之无愧的哲学家。

阿伦特没有把政治看做是一种保护私人利益的工具,而是把它看做一个由复数的人的言语和相互行动所撑开的空间,这个空间不是为有用性而是为人类的自由而存在。

阿伦特的政治思想的一条主线是"政治恶"的问题。她认为,政治恶不能根据一般的道德范畴或人类动机来理解,它不仅超出人类对其理解的界限,而且否定了人类迄今为止所能依赖的一切标准,是对人类自由的绝对否定。阿伦特的政治哲学正是对这种政治恶的回应,她要用政治办法解决人类面临的困境。

阿伦特在 1963 年曾说:"多年来,具体地说是 30 年来,都在思考恶的本质问题。"②阿伦特从《极权主义的起源》(*The Origins of Totalitarianism*)开始,一直在关注思考"政治恶"的问题,对这个问题的思考经历了从"根本恶"到在《艾希曼在耶路撒冷》(*Eichmann in Jerusalem*)一书中提出的"恶的平庸性"的过渡。

---

① Arendt,*Ich will verstehen*,München:Peper,1966,S.109.

② Kohn,J."Arendt's Concept and Description of Totalitarianism",in *Social Research*,Vol.69,No.2,Summer 2002:635.

《极权主义的起源》是阿伦特一部非常重要的著作,该书出版于1951年,透彻完整地揭示出资本主义发展到极权主义的全部过程和手段,它从两百年的西欧史中寻找导致对犹太民族进行有计划的毁灭的基本因素,它试图说明,极权主义虽然新奇,但实际上根源于希特勒和斯大林之前一个实际或更早就已经存在的历史力量。在反犹主义、民族国家的式微、种族主义、为扩张而扩张及资本与暴民之间的联盟这些极权主义因素中,在阿伦特看来,为扩张而扩张是最基本的因素。这种因素是随着帝国主义的兴起出现的一种经济现象。这种扩张没有明确的目的,因而是一种无止境的不断外延。这种因素也就决定了极权主义不受约束的、肆无忌惮的破坏性。在阿伦特看来,极权主义是一种非功利的、动态的破坏运动,它攻击所有的人性特征以及使得政治成为可能的人类世界;在极权主义的信念中,一切都是可能的。她认为,极权主义根源于两个对象:对多样性的功绩和原子论观念以及孤独情绪的不断扩散,反过来,极权主义又促进了这两种现象。

阿伦特不是从因果性的范畴来理解极权主义的,她认为,因素本身可能绝不会引起产生任何事物,一个事件能阐明它的过去,但决不能由它的过去演绎出来。也就是说,我们只能由"果"索"因",而不能由"因"导"果"将事件放入历史发展的普遍必然性当中。因此,在极权主义产生之前,虽然存在极权主义的因素,但并不存在极权主义的本质。因而极权主义也不会随着一个极权主义政党的倒台而自动退出历史舞台,只要极权主义的因素存在,极权主义就不会消失。而这些因素根植于现代社会中,所以阿伦特对极权主义因素和本质的分析,正是对西方现代性的反思。

阿伦特在对极权主义的分析中提出了"根本恶"的概念,她借用这个概念来指示极权主义组织行为的无动机性,把一切不可能的东西变为可能,无法用人的道德、动机来认识。因此,对待这种超出人类所能理解的动机的恶,我们不能采用通常或惩罚、或宽恕这两种对待"恶"的方式;根本恶既不能被惩罚也不能被宽恕,它已经超出人类事务的领域。这种根本恶消除了人的各种可能性,改变了人性,也标志着极权主义"反人类"的特征。她在《极权主义的起源》一书中说:"极权主义的信念'一切都是可能的',到现在为止似乎只证明了'一切都可以被破坏'。然而在努力证明一切都是可能之中,极权主义体制无意中发现,有一些罪行是人们既不能惩罚,也不能宽恕的。当不可能的事情成为可能时,它就变成了不能惩罚的、不能宽恕的根本恶(absolute),人们不再能够根据自我利益、贪婪、怨恨、对权力的欲望、怯懦等恶的动机来理解和解释;因此,愤怒不能报复它,爱不能容忍它,友谊不能宽恕它。正如死亡工厂或遗忘洞穴里的受害者在刽子手眼里不再是'人'一样,因此这类最新的罪犯就超出因人类原罪而团结在一起的范围了。"

阿伦特在《艾希曼在耶路撒冷》一书中提出了"恶的平庸性"这一主题。阿伦特参加了对纳粹分子鲁道夫·艾希曼的审判,她发现这个曾有效组织数百万犹太人从欧洲各地运输到集中营和死亡营的政治罪犯却异常普通和平庸,只会讲一些陈词滥调,只为做一个"守法公民"而感到骄傲,没有丝毫的思想和有力的见解。《艾希曼在耶路撒冷》的出版掀起了轩然大波,为她招致许多攻击,甚至是友人的疏离,人们谴责她是反犹太复国主义者和反犹主义者,没有灵魂,用"恶的平庸性"抹杀大屠杀的罪恶。有人认为该书和《极权主义的起源》一书是相矛盾的。

其实,无论在"根本恶"还是在"恶的平庸性"中,阿伦特始终坚持认为,极权主义下的政治恶,使人变得多余,使人性不再可能维持下去。这两个概念只是阿伦特所理解的恶的两种形式,都不同于西方传统意义上根据动机来理解的恶。恶的平庸性并非否定恶的破坏性,认为恶是无本质可言的,它没有深度,也没有魔力;它可能毁灭整个世界,恰恰由于它就像一棵毒菌,在表面繁生。"这种平庸性指向的是为恶者的心态,它没有特殊的内容和动机,只是异常的普通。"她认为只有善才是深刻而极端的。并且阿伦特并非在为艾希曼这类屠杀犹太人的政治犯作辩护,虽然政治恶是一个庞大的官僚体制造成的后果,但她并没有因此把艾希曼仅仅作为罪犯的一个代表,看成杀人机器上一个自动运作的齿轮,而关注的是"这个人和他的行为",把他视为一个"无思想的人",并没有减轻罪犯应承担的责任。

阿伦特在《艾希曼在耶路撒冷》一书中提到的"无思想"并不是指缺

乏普通的思维能力,而是指缺乏自我判断能力,只是一味盲从地投靠的政府的法律。艾希曼口中的陈词滥调正说明了其思想的空洞。但阿伦特并非认为"思想"是避免作恶的充分条件,而只是避免作恶的必要条件。但她同时也认为纯粹思想和无思想都会使人失去判断的能力,阿伦特在《海德格尔八十寿辰》一文中说明当思想活动和现象世界相脱离时,思想也就失去了判断的能力。她认为思想不能带来确定的知识、绝对的标准,思想是不断从头再来地进行着,对我们先前信奉的标准不断进行质疑。

阿伦特认为宗教、哲学、自然和源自习俗的道德都不能解决20世纪极权主义下的"政治恶",只有通过政治行为和结构才能对付这种恶。

同时,德国哲学家特别回顾了德国思想史,谨慎地研究产生希特勒法西斯政治的思想根源。德国的种族主义思想有相当长的历史渊源。在19世纪德意志帝国统一事业中,产生过不少鼓吹种族主义和沙文主义的思想家,其中海因里希·冯·特莱斯克(Heinrich Gotthard von Treitschke,1834—1896)就是很典型的一位。海因里希·冯·特莱斯克曾先后在莱比锡、弗莱堡、基尔、海德堡和柏林等不同的大学任教,传播他的种族主义思想。他认为,战争是一个民族获得其巩固统一、荣耀和强盛的主要手段。他还露骨地宣称:只有以普鲁士国王为核心才能实现德意志的统一。他本人是德国议会在1871—1884年的议员。他的主要著作《德国19世纪史》七卷本论证德意志民族统一事业的神圣性。海因里希·冯·特莱斯克的种族主义思想并不是短期的偶然现象,而是从19世纪起不断延续膨胀的思潮,并不断地表现出它的政治野心。

其实,对战争的哲学反思,早在战争进行期间,便已经由流亡在国外的德国思想家和哲学家着手进行,这一思考一直延续到战争结束后的漫长岁月中。对战争进行反思的重要的哲学著作,先后有弗洛姆(Erich Fromm,23,3,1900—18,3,1980)著《面对自由的畏惧》(*Die Furcht vor der Freiheit*.1941)、威廉·凯勒(Wilhelm Keller,19,10,1909—28,2,1987)著《论人的本质》(*Vom Wesen des Menschen*.1943)、艾利斯·洛塔克尔(Erich Rothacker,1888—1965)著《人与历史:人类学与科学史论丛》(*Mensch und Geschichte.Studien zur Anthropologie und Wissenschaftsheschichte*.1944)、阿洛

伊斯·马格尔(Alois Mager,21,8,1883—26,12,1946)著《作为心灵现实的神秘:论神秘的心理学》(*Mystik als seelische Wirklichkeit.Eine Psychologie der Mystik*,1945)、卡尔·波普的《开放社会及其敌人》(*The Open Society and Its Enemies*,1945)、科尔森(Hans Kelsen,11,10,1881—19,4,1973)著《法与国家的一般理论》(*General Theory of Law and State*,1945)、哈耶克著《屈从的道路》(*Der Weg zur Knecktschaft.*1945)、斯泰格穆勒(Wolfgang Stegmüller,1923—1991)著《主管的价值与经济生活秩序》(*Subjektiver Wert und wirtschaftliche Lebensordnung.*1945)、马克斯·比卡德著《在我们自身中的希特勒》(*Hitler in uns selbst.*1945)、威廉·维谢德尔(Wilhelm Weischedel,1905—1975)著《负责任的勇气》(*Der Mut zur Verantwortung.*1946)、卡西勒著《国家的神话》(*The Myth of the State.*1946)、米凯尔·波拉尼(Michael Polanyi)著《科学、信仰与社会》(*Science,Faith and Society.*1946)、霍尔克海默和阿多诺合著的《启蒙的辩证法》(*Dialektik der Aufklärung.*1947)、霍尔克海默著《流行的消逝》(*Eclipse of the Reason.*1947)、古尔德·赖德迈斯特(Kurt Reidemeister,1893—1971)著《论自由与真理》(*Über Freiheit und Wahrheit.*1947)、弗里特里希·达伦斯塔德(Friedrich Darmstaedter,1883—1957)著《反集权国家中的政治平等》(*Die politische Glaichheit im antiautoritären Staat.*1948)、贡德尔·安德尔斯著《人的怀古性》(*Die Antiquiertheit des Menschens.*1956)和《到处是广岛》(*Hiroshima überall.*1982)以及列奥·斯特罗尔斯(Leo Staruss,1899—1973)著《论暴政》(*On Tyranny. An Interpretation of Xenophon's Hiero.*1948)等。

所有这些著作,包括未能列入的其他类似著作,都是以哲学家身份对战争进行认真反思的作品,表现了德国哲学家对历史和时代的高度负责态度,同时也显示了德国当代政治哲学的一个重要特点。

实际上,德国哲学家对战争的反思并没有在20世纪50年代前停止,而是一直延续到现在。他们往往利用战争纪念日和其他机会,反复地讨论战争产生的根源。汉斯·约纳斯,作为一位负责任的哲学家,多次围绕第二次世界大战的教训发表作品,进行哲学的反思。他是反复认真思考第二次世界大战历史教训的现象学家。在 1984 年发表的文集《黑暗时代的反思:弗里茨·史太恩和汉斯·约纳斯的两篇演讲》中,收集了不少文章,包括题为《奥施威辛之后的上帝观念》的演讲稿。

汉斯·约纳斯强调:在一个道德败坏的时代,一种"责任伦理学"是必不可少的。汉斯·约纳斯在这里继续论述他在较早时期所奠定的新道德原则。为了创建一种适用于工艺时代的伦理学,他不遗余力地思考社会道德的重建问题。他的《责任原则——一种工艺文明伦理学的尝试》、《权力还是主体性的无能? 责任原则准备中的身心问题》、《技术、医学和伦理学——论责任原则的实践》、《物质、精神和创造宇宙论的诊断和天体演化论的猜测》、《接近恶的终结——人与自然关系的对话》等著作,都表现了对于当代社会命运的关注。

汉斯·约纳斯针对第二次世界大战中许多科学家盲目地为希特勒法西斯政权服务的沉痛事实,强调不能脱离人文价值和道德伦理而片面夸大科学技术的功能。他尤其批判过分重视科学判断的真理性的逻辑实证主义。他认为,逻辑实证主义试图否认任何概念性的思想内容及其价值,简单地把一些无法直接得到经验检验的判断,归结为"胡言乱语"。他认为,这是对于西方传统道德原则的否定,是不符合哲学思考的原则的。

汉斯·约纳斯呼吁哲学家不要忘记奥斯威辛的惨痛教训,在从事科学研究和理论思维的时候,不能忽略道德和人文价值的问题。

在 1986 年春,德国史学界发生了一场剧烈的争论,中心问题是如何评价希特勒的法西斯政权在德国历史上的地位和作用。在争论中,德国历史学家喜尔格鲁伯(A. Hillgruber)等人,以"德国的历史学家必须同德国的命运完全一致"的名义,通过揭露苏联红军在德国内默尔朵尔夫(Nemmersdorf)市的大屠杀案,为希特勒的法西斯政策辩护——在喜尔格鲁伯等人看来,"以德国民族的整体利益"来看,希特勒政权在第二次世界大战的失败比苏联红军占领东德地区以及将大块德国领土并入波兰和苏联的现今版图内还更不利于德国。这一场关于"苏联红军和红旗插上柏林国会大厦顶端,究竟意味着德国的失败还是德国的解放?"的争论,实质上是为希特勒政权的失败大唱挽歌。

哈贝马斯在为法国报刊所写的《关于德国的一场争论的结束语》("Epilogue inédit à une querelle d'Allemands")的短文中,严厉地批判了喜尔格鲁伯等人的立场,揭示他们史学理论的法西斯种族主义实质。

哈贝马斯充分同情在希特勒的集中营内死难的成百万无辜者,并为此呼吁理论工作者要坚持正义和批判理性的立场,为使理论工作对实现社会合理化作出贡献。在德国发生的这场历经一年左右(1986年至1987年)的争论,还同法国哲学界关于海德格尔的争论联系在一起。

哈贝马斯非常重视由维克多·法里阿斯的书的发表所引起的法国哲学界关于对海德格尔哲学的评价的争论。哈贝马斯上述发表于法国《快报》的《关于德国的一场争论的结束语》,就是为了表明他的立场的。法国哲学家吕克·费利(Luc Ferry)和阿兰·雷诺(Alain Renault)联合发表《1968年的思想》(La Pensée 68, Gallimard)一书,批判由阿兰·芬基尔克劳德(Alain Finkielkraut)为代表的另一派哲学家们为海德格尔辩护的观点(关于这一派人的观点,可参看阿兰·芬基尔克劳德著《思想的失败》(La Défaite de la pensée, Gallimard)。

为了更好地总结历史教训,第二次世界大战后的当代德国哲学,比以往任何时候都更加强了同欧洲其他哲学的交流。第二次世界大战后德国哲学,同法国、英国等哲学界的交流,达到了前所未有的程度。正因为这样,第二次世界大战后德国哲学的主流,法兰克福学派、爱尔兰根学派、批判理性主义、新现象学等,几乎主要都是同法国、英国哲学进行积极交流的结果,它们都或多或少打上了法英哲学的烙印。

从20世纪80年代末之后,由于东西德的合并统一,当代德国的哲学研究地图发生了新的变化。在古典时期就已经是哲学研究重镇的莱比锡、柏林、哈勒等,在东德政府管辖时期,只能以研究马克思主义为主。统一后,这里又慢慢恢复了历史文化的气氛和传统。原东德的哲学家们尤其反思第二次世界大战的历史教训,发表不少著作进行反省。所有这些,从根本上改变了德国当代政治哲学的状况。

第二节 哈贝马斯的政治哲学

一、理论概述

哈贝马斯(Jürgen Habermas,1929—)吸收法兰克福学派社会批判理论以及西方 20 世纪以来各种政治哲学理论的最新成果,从 20 世纪 80 年代起,建构一个"合理沟通"的社会政治理论,并最先在他的《关于沟通行动理论》两卷本中全面加以阐述。①

在《关于沟通行动理论》第一卷的第一版序中,哈贝马斯指出:"沟通行为的概念打开了进入由三个错综复杂的论题所构成的一个复合体的门径——在那里首先是一个沟通的合理性的概念,这一概念拒不归化为理性的认识上和工具化的还原,尽管它同怀疑主义共同充分地发展;接着,凭借一个分两个层次的社会概念,我进入第二阶段,这一社会概念,不只是以修辞学的方式,同'生活世界'和'体系'概念相关联;最后,我达到一个关于现代性的理论,说明越来越明显的社会病理学的现象,因为我凭借着这样一个观念,即由交往结构而成的生活领域不得不隶属于严格地组织起来的、已变为自治的行动领域。因此,关于沟通行动理论应该有可能把社会生活的前后背景加以概括和概念化,以便在某种意义上同现代性的矛盾性相适应。"

在 1982 年所写的题为《对于沟通行为概念的阐明》("Erläuterungen zum Begriff des kommunikativen Hadelns")的论文中,哈贝马斯对沟通行为概念作了更加明确而简洁的说明。这篇论文是哈贝马斯在西柏林自由大学探讨哲学的和社会学的行为理论的国际会议上的发言稿。

如前所述,在这篇重要论文中,哈贝马斯特别强调沟通行动理论的社

---

① See Habermas, *Theorie des kommunikativen Handelns*. 2 Bde. Frankfurt am Main 1983.

会意义。他强调社会学关于社会行为的理论,不应只是停留在对社会行为的表面的和形式的标志的研究,而且,更应注重于研究分析社会行为协调的内在的机制,因为唯有这个行为协调机制,才使沟通行为的社会网络有可能成为可调整的和稳固的系统。在他看来,政治哲学理论只有阐明社会行为的可能条件,才能揭示社会的本质;而社会行为理论的中心,则是阐明"他人"行为与"自我"行为有可能"相联结"(anschliessen)的基本条件。换句话说,沟通行动理论的宗旨,是透过对简单的相互作用的分析层面(auf der analytischen Ebene einfacher Interaktionen),论述社会秩序的一般可能条件。

所以,哈贝马斯的沟通行动理论(Theorie des Kommunikativen Handelns;Theory of Communicative Action),以"沟通的合理性"(kommunikative Rationalität)作为核心概念,试图综合地分析研究现代社会总体范围内的社会行为和社会秩序的合理化可能条件,从社会学、哲学、美学、政治学、法学、语言学、人类学、精神分析以及科学技术理论等跨学科的角度,重新分析自现代社会形成以来,曾经为韦伯(Max Weber,1864—1920)、马克思(Karl Marx,1818—1883)和涂尔干(Emile Durkheim,1858—1917)等西方经典社会思想家们所批评过的社会基本问题,尤其重视自第二次世界大战以来发展起来的西方现代社会的崭新结构和特征,批判以帕森思(Talcott Parsons,1902—1979)为代表的现代社会体系和社会行为理论,试图深入揭示现代社会内特殊政治、经济和文化架构中的社会行为的复杂实施过程及其矛盾性,阐明在现代民主政治、科技提升、经济和文化高度发达的社会条件下,各个主体的行为相互协调的条件、主体本身的意识活动及其社会活动网络的关系、主体间在行为发生时的认识沟通和道德约束的条件、行为者的沟通行动及其所寓于其中的外在世界(客观世界和社会世界)和内在世界(主观世界)的关系、主体间行为协调同社会历史背景的关系、行为的发生与社会体系结构演变的关系、行为者的道德意识及其行为协调的关系,以及文化因素在社会行为中的功能,等等,用哈贝马斯自己的话来讲,他的沟通行动理论是"同现代化的世界相遇"的结果①,是

---

① See Habermas,"Entretiens." In *Le nouvel Observateur*,3–9,1988:118.

在继承和改造哈贝马斯所隶属的"法兰克福学派的社会批判理论"（Kritische Theorie der Gesellschaft；Critical Theory of Society）的基础上，对于当代社会及其命运的关切。

因此，"沟通行动理论"绝不是纯理论；而是一种力图证实其批判准则的政治哲学理论的开端（Die Theorie des kommunikativen Handelns ist keine Metatheorie, sondern Anfang einer Gesellschaftstheorie, die sich bemueht, ihre kritischen Massstaebe auszuweisen）。①

接着，哈贝马斯更明确地指出："西方社会自 20 世纪 60 年代以来越来越趋向于这样一种状况，在那里，西方的理性主义的遗产并不再是无可争议的。以'社会国式的'谅解（尤其是联邦德国的某种可能有些特别的方式）为基础而达成的内部关系的稳定化（Die Stabilisierung der inneren Verhaeltnisse, die auf der Grundlage des sozialstaatlichen Kompromisses [besonders eindrucksvoll vielleicht in der Bundesrepublik] erreicht worden），在目前已导致心理方面和文化方面的越来越沉重的社会负担。同样地，在各个超级强权之间的关系方面，人们越来越清楚地意识到那种仅仅短暂地被压抑，然而永不会被克服的不稳定性，正是在针对着这些现象的理论性提炼中，西方的传统和灵感的基础本身成为了问题。"②

由此可见，哈贝马斯的沟通行动理论是新一代法兰克福学派（Frankfurter Schule；The Frankfort School）的理论家，对于当代西方社会的分析批判的产物，其中寄托着哈贝马斯对于当代社会的既肯定又否定的矛盾态度，表达着他们对于当代社会的未来命运的关切。

总的来说，哈贝马斯的沟通行动理论涉及三大方面的问题：

第一方面，涉及传统社会学理论的基本论题。即"合理性论题"（Die Rationalitaetsproblematik）。在这方面，哈贝马斯系统地批判传统合理性概念的片面性，尤其集中批判马克斯·韦伯的合理化理论（Webers Theorie der Rationalisierung），分析韦伯的"目的合理性"和"价值合理性"

---

① See Habermas, *Theorie des kommunikativen Handelns*. Bd. Ⅰ. 1981：7.

② Ibid.：9.

的基本概念之狭隘性,并进一步指明自笛卡尔(René Descartes,1596—1650)以来,传统近代西方哲学家和社会学家单纯地将"理性"加以"认知与工具性之归化"(die kognitivinstrumentelle Verkuerzungen der Vernunft)的错误倾向,提出了在社会范围内唯一可能为各个行为主体所接受的新型合理性概念,即在各个主体间的"沟通行动"中,通过协商,达到共同一致"同意"(Einvertaendnis)的那种"沟通的合理性"。

第二方面,涉及社会体系与社会行为的基本问题。在这方面,哈贝马斯批判将"行为"与"沟通"相分离、将"沟通行动"与"社会体系"相分离的传统政治哲学理论,尤其集中批判帕森思的现代政治哲学理论,强调各主体间的沟通行动所构成的"生活世界"(Lebenswelt;Lifeworld)同社会体系的不可分割性及其相互联结的合理条件。

第三方面,涉及现代化(Modernisierung;Modernization)和现代性的问题。在这方面,哈贝马斯从理论上批判哲学、社会学、美学及政治学等各个学科中对"现代性"的具代表性的"论证性言谈"(die Diskurs der Moderne;Discourses of Modernity),先后分析了黑格尔(G.W.F.Hegel,1770—1831)、韦伯、帕森思及鲁曼(Niklas Luhmann,1927—)等人的"现代性"概念及其论证之片面性,并进一步批判了在当代理论界具影响力的法国"新结构主义"(Neostrukturalismus;Neostructuralism)或"后结构主义"(Post-Strukturalismus;Post-Structuralism)的思想家们,包括德里达(Jacques Derrida,1930—2005)、福柯和利奥塔(Jean-Francois Lyotard,1924—1998)等人的"现代性"或"后现代性"的理论,提出了揭示现代社会的病态性危机的内部根源的新理论,即"体系"对于"生活世界"的"内部殖民化的论题"(Die These der inneren Kolonialisierung),并对未来可能新型合理社会,设计一种贯彻着"沟通的合理性"原则的"商谈伦理学"(Diskursethik)①,作为建构一个"沟通合理"的协调稳定的新社会的道德伦理基础。

---

① See Apel,K.-O./Kettner,M. *Zur Anwendung der Diskurethik in Politik,Recht und Wissenschaft.* Frankfurt am Main;Suhrkamp.1992;7.

因此,关于他的沟通行动理论的体系的基本架构,哈贝马斯是这样概述的:"对于沟通行动的基本概念,我是在最重要的相互穿插的观察中加以展开的。沟通行动的概念打开了进入由三个相互重叠的论题所构成的一个复合体的门径——它首先环绕着一个'沟通的合理性'的概念……接着,环绕着一个双层次的社会概念(ein zweistufiges Konzept der Gesellschaft),而这个社会概念并不只是以修辞学的方式,同生活世界和体系的典范联结;最后,环绕着一个现代性的理论(eine Theorie der Moderne)……因此,关于沟通行动的理论,应该有可能将那些同现代性的各种矛盾相适应的社会性的生活关系网加以概括。"①

在哈贝马斯看来,直到 20 世纪 40 年代初为止,第一代的社会批判理论家们主要是围绕着下述六大问题:第一,"后自由主义的社会"的社会整合形式(die Integrationsformen postliberaler Gesellschaften);第二,家庭的社会化和"自我"的发展;第三,大众传播媒介和大众文化;第四,中止了的社会抗议运动的社会心理基础;第五,关于艺术的理论;第六,对于实证主义和对于科学的批判。为了完成上述六方面的批判任务,霍尔克海默等人进行了跨科学的社会科学研究,并把资本主义的合理化过程,归结为"异化"或"物化"(Verdinglichung;Reification)的过程。

哈贝马斯认为,霍尔克海默等人从事上述批判任务时,由于求助于马克思主义的历史哲学,过分强调生产力与生产关系的"辩证的关系",忽视了生活世界中的现实的和活生生的沟通行动,因而也无法揭示在生活世界中所具体呈现的合理化结构。因此,哈贝马斯在重新说明新的批判理论的基本任务时,强调:"沟通行动理论能够通过从一开始便具重建性的,即非历史性的分析(un einer zunaechst rekonstruktiv, d.h. unhistorisch ansetzenden Analyse),保障其人类学的根深蒂固的结构的合理的内容。这种沟通行动理论描述着行动和相互理解的结构,而这些结构是从现代社会中有资格的成员的直观知识的角度加以观察的。"②

① Habermas,J.*Theorie des kpmmunikativen Handelns*,Bd.Ⅰ.1981:8.
② Habermas,J.*Theorie des kommunikativen Handelns*,Bd.Ⅱ.1981:561-562.

因此,以沟通行动理论为基础的社会批判,再也不以探究传统生活方式中的具体理念作为它的出发点;新的批判理论要求其自身直接地导向在特定历史时期内所可能达到的学习过程。在这种情况下,新的批判理论再也不像第二次世界大战以前那样,要求做到对于"总体性"、对于生活形式和文化、对于生活关联脉络和对于时代,作出整体的批判性的判断和规范性的安排。

显然,如果说第二次世界大战前的法兰克福学派注重于整体性的总批判,那么,以沟通理性作为指导的哈贝马斯批判理论就注重于对现实的生活世界的观察,并把这种观察活动看做是顺应具体历史环境和依据历史可能性的某种"学习过程"(Lernprozess)。① 哈贝马斯说:"我还要强调这种导向政治哲学理论的趋势的完全的开放性和灵活性(den voellig offenen Charakter und die Anschlussfaehigkeit eines gesellschaftstheoretischen Ansatzes betonen),而成果的丰富性只有通过不断地分支化的社会科学和哲学的研究,才能得到保障。"②

正因为这样,针对第二次世界大战后所发生的重大历史性变革,哈贝马斯主张将其沟通行动理论的社会批判任务,具体地改造如下。

第一,就"后自由主义社会"的社会整合形式(Zu den Integrationsformen postliberaler Gesellschaften;On the forms of integration in postliberal societies)而言,哈贝马斯注意到"后自由主义社会"的社会近代化过程中的非理性化偏差,同各个具体国家民族的历史特殊性的密切关系。例如,在西方的组织性完备的资本主义国家中,近代化一方面使经济积累滋生出各种问题,另一方面又使国家不得不日益关注合理化问题。由此便产生了一系列的"社会福利国式的大众民主制"的政治秩序(die politische Ordnung sozialstaatlicher Massendemokratien;A political order of welfare-state mass democracy)③,而在德国和苏联,则导致法西斯主义的专制政体。同样地,在第二次世界大战后的东欧国家集团中,由于民族文化和历史条件的不

---

① Habermas,*J.Theorie des kommunikativen Handelns*,Bd.Ⅱ.1981:562.
② Ibid.
③ Ibid.:563.

同,波兰就最早出现了民主的工人运动和共产党内的有限民主。因此,在西方国家的近代化和现代化的过程中,合理化的形式在很大程度上是取决于各民族的历史特点,取决于他们生活于其中的那个"生活世界"的"现代化"的具体特征。所以,关于现代化过程中的社会整合形式及与此相关的各种社会病态的类型,应该在各个民族的历史渠道中所沿袭的具体"生活世界"网络中去寻找答案、进行分析。现代资本主义社会和苏联式的官僚社会主义社会,之所以能先后导致不合理的社会体系分化结构,就是因为作为媒介的金钱和权力,在生活世界中寄生和统治,即通过实际的法制途径而制度化,从而窒息了生活世界,导致社会之不合理性。

第二,就家庭社会化和自我的发展(Familiaere Sozialisation und IchEntwicklung;Family socialization and Ego-development)而言,哈贝马斯反对传统的马克思主义和精神分析学单纯地从功能论的角度,从经济体系对家庭的影响着手。哈贝马斯强调指出:现代资产阶级家庭的结构性变化是生活世界的理性化的伴随物;家庭关系中趋于平等化的形式、相互间的日益个人化的交往形式以及日益解放的儿童教育实践活动,等等,都可以看做是沟通行动中所孕育的"合理性"的象征。显然,哈贝马斯认为中产阶级的家庭基本单位中的社会化条件已发生了变化。这种变化是由于社会化的过程日益借助于广泛的非制度化的沟通活动来完成,以致造成了家庭基本单位的自治性的增长。相互沟通的基础性结构的发展,使其自身从对于体系的依赖性中解脱出来。在亲友间被教化成追求自由和尊重人性的"普通人"(Menschen),同在社会活动领域中不得不服于功能上和职能上的必然性规则的"公民"(Buergers;Citoyen)之间的鲜明对照,始终成为一种"意识形态"(Ideologie;Ideology)。但是,由于时代的转变,它赋予了另一种不同的含义。家庭的生活世界把家庭中的经济与行政管理体系的强制性命令,看做是外来的,而不是看做来自其背景的中介化的事物。在家庭及其环境中,我们可以发现:在沟通上,结构化的行为与只是形式上组织起来的行为之间的两极化。这就使社会化过程置于完全不同的条件,并使它们导致不同的危险状态。所有这一切,是同以往的精神分析学所强调的"奥底帕斯情结问题"的减少及青春期少年的危机问题的增长相关联的,在哈贝马斯看来,青春期少年的危机问题之所以在当代家庭中日益普遍化,其主要的原因应该是"体系与生活世界的分离"(die Entkoppelung von System und Lebenswelt;the uncoupling of system and life-world)。各种社会制度和体系并不能紧密地通过具体的和相适应的沟通媒介而同家庭周围的生活世界发生联结,以致使青少年在成长过程中无法逐步地训练自己和培养自己的工作和处世才能,无法培育出相应于社会要求的个性,无法形成成年人的那种熟练的"角色"。

哈贝马斯还从理论上批评过时的弗洛伊德精神分析学的"本能理论"(Triebtheorie;Instinct Theory)关于"自我"与"超我"的"意识哲学模式"的解释,待之以将弗洛伊德同米德联结在一起的新型社会化理论,强调以"主体间性"的结构为基础,对个性形成的过程进行理论性的解释。

第三,就大众传播媒介和大众文化(Massenmedien und Massenkultur;Mass media and mass culture)而言,哈贝马斯批评他的前任导师霍尔克海默和阿多诺关于大众文化和文化工业的理论,首先将导致生活世界分化出"次体系"(Die Subsysteme;Subsystems)的操纵性媒介(Steuerungsmedien;Steering media)同那些被普遍化的沟通形式(generalisierte Formen der kommunikation;generalized forms of communication)加以区别,因为后者并未取代在语言中可以达成的相互理解,而仅仅是将它加以凝缩,因而也就继续保持同生活世界脉络的联结。在哈贝马斯看来,操纵性的媒介将行为的协调同语言中的共识和谅解的形式加以割裂,并使之无法达成协议。但是,沟通的普遍化却使"同意"或"相互理解"的语言形成过程,进一步具体化,并始终与生活世界的背景性脉络相联结。大众媒介正是属于这种被普遍化的沟通形式。哈贝马斯强调大众媒介冲破时间和空间的界限而进行超地区性的沟通功能,并肯定了大众媒介有助于保持信息的多重性脉络。

哈贝马斯当然也注意到大众媒介的两重性,即一方面,它有助于超时空的沟通,可以同时实现各地的相互理解的背景性脉络的相互联结和实现相互理解的集中化;另一方面,它通过受控制的自上而下或由中心向四周扩散的单方向的传播渠道,也可以大规模地加强社会控制的功效。但是,由于大众媒介本身带来了无可估量的解放潜力,上述社会控制往往是可以被抵消的。

最后,就抗议潜在力(Protestpotentiale;Potentials for protest)而言,哈贝马斯抛弃马克思主义的社会冲突理论,反对单纯地从资本主义国家经济垄断性和政治操纵性的角度,反对从异化的基本观点去观察和分析现代社会的各种矛盾和社会趋势。哈贝马斯强调指出:"我之所以参照'体系'与'生活世界'的分割的观点,以及我对于大众媒介和大众文化的矛盾潜在性的观察,都是从一个合理化的生活世界的观点去表现私人领域和公共领域的;体系的强制性规则在其中是同执着于其本身意义的独立的沟通结构相互冲突的(zusammenprallen)。沟通行动之移位于由媒介操纵的互动行为,以及破损了的主体间性的扭曲的结构,都不能单靠少量的一般概念的抽象提炼便可说明的那种可以预先决定的过程,对于生活世界病态的分析,正是为了进行对于社会趋势和矛盾的不偏不倚的探究。在福利国家的大众民主制中,阶级冲突的制度化及由此而来的平静化的事实,并不意味着抗议潜在力已完全地止息下来。"①

就当代社会的冲突趋势而言,已经同第二次世界大战前的模式有所不同,当代社会的问题,已经不是物质性的生产力不够发达、不够繁荣;也不是单纯地靠政党及其他次政治团体或社会团体的建立和运作便可解决;也不是单纯地采取体系相协调的国家"补偿"(Entschaedigung;Compensation)形式便可解决的。毋宁说,当代社会是物质财富非常富裕和制度高度完备的体系。因此,许多冲突发生在文化的再生产、社会整合和社会化的过程中。这些矛盾更多地根源于生活形式的结构和逻辑本身。这里,包括了哈贝马斯所说的那种招致生活世界的腐蚀过程(die Lebenswelt Erosionsprozesse)的"经济的和行政管理的复合体"(oekonomisch-administrative Komplexes)的增长的问题。这就是说,在现代资本主义国家中,形成了一个特殊的社会阶层,他们直接地同生产过程相牵连,而且其利益是要维持现有的资本主义增长作为福利国家协议的基础。与此相对立的,

---

① Habermas,J.Theorie des kommunikativen Handelns,Bd.Ⅱ.1981;575-576.

则是围绕着这个阶层的多种成分构成的周边力量,他们一般是远离着晚期资本主义的"唯生产力功效核心"(produktivistischer Leistungskirn)的阶层,对于晚期资本主义高度发达的生产力功效的自我破坏作用,有很敏感的体会。女性主义运动、环保运动等,都是这种社会矛盾的复杂表现。

在 1990 年发表的《候补的革命》一书中,哈贝马斯继续总结了自 20 世纪 60 年代以来的各种社会运动,并在比较东西欧社会制度的过程中,强调指出:"如果对于市场调整的经济的自我控制逻辑不保持完满无损的话,社会的复合体是不可能自行再生产的。近代社会分化出一个由金钱媒介所操纵的经济体系,就好像在同一层面上分化出行政管理体系一样,也正如这替社会体系的许多不同的功能相互补充地发生作用一样。"①接着,哈贝马斯指出:"近代社会对于他们的操作功效的要求的满足,是来自三个源泉:金钱、权力和社会连带(Geld,Macht und Solidaritaet)。一种极端的改良主义再也不认定为具体的按比例的分配的要求,而是依据程序所确定的意愿,某种新的暴力放弃的要求。这也就是说,社会连带的那种社会整合力量,在远远地超出那被分割了的民主制的公共领域和制度的情况下,与另外两个力量,即金钱和行政管理的力量相对立,而可以得到肯定。"②

总之,哈贝马斯的沟通行动理论,就其基本任务而言,同以往的批判理论相比,由于社会历史条件的变化和理论典范及其架构的变化,已经更加现实化和具体化,在为《关于沟通行动理论》的法文版 1987 年所写的序言中,哈贝马斯强调说:"关于沟通行动理论虽然从哲学思维出发去考虑它的论题,但它的核心仍然是一种政治哲学理论。"③

为了突出他的社会批判理论的理念,哈贝马斯又强调其时代性和具体性。就这一点而言,他的批判理论所向往的社会理念,绝不是单靠"解放的社会"这个概念就可以解决的。哈贝马斯指出:"解放的社会在事实上是一个理念(Die emanzipierte Gesellschaft ist in der Tat ein Ideal),它引

---

① Habermas,J.Die nachholende Revolution.Frankfurt am Main:Suhrkamp.1990:197.
② Ibid.:199.
③ Habermas,Theorie de l'agir communicationnel.Tome I.Paris:Fayard.1987:11.

起了误解。我倒更喜欢说那种完好的主体间性的观念。这个观念是从分析一般的相互理解性的必要条件中获得的。这个主体间性的理念表示着某种显示出来的沟通地行动着的主体之间的自由地相互认定的对称的关系。"①

哈贝马斯的以"沟通合理性"为核心的政治哲学在 20 世纪末至 21 世纪初，又取得了新的研究成果。他的政治哲学论述形式，使新型的政治哲学找到了一种可能的重建出路。

二、哲学与政治生涯

哈贝马斯(Jürgen Habermas, 1929—　　)是第二代法兰克福学派的主要代表，他在近 50 多年来对于"沟通的合理性"(kommunikative Rationalität; communicative rationality)的系统研究，不仅在理论上推动了当代社会科学和人文科学各学科的发展，而且，在实践上也深刻地影响着当代西方社会在政治、法律、道德、文化和教育领域的改革。一位研究哈贝马斯的美国学者公正地说，哈贝马斯近年来富有成果和富有价值的研究活动，引起了那些关心社会和政治改革以及关心社会科学发展的人们的充分注意。所以，哈贝马斯的《关于沟通行动理论》一书在 20 世纪 80年代的发表及其影响，就如同约翰·罗尔斯(John Rawls, 1921—2002)的《正义论》(A Theory of Justice.1971)一书在 70 年代所发生的影响一样广泛和深刻。这两部在当代西方思想史上具有划时代意义的里程碑式的著作，都值得人们用多年严肃认真的思索，进行反复的分析、讨论和理解，才能真正地消化它们。

哈贝马斯先是在哥丁根大学、苏黎世大学和波恩大学分别攻读哲学、历史学、心理学、德国文学及经济学。1954 年，哈贝马斯在波恩大学以《绝对性与历史：谢林思想的二重性》("Das Absolute und die Geschichte. Von der Zwiespältigkeit in Schellings Denken")的论文获得博士学位。接

①　Habermas, J.Die nachholende Revolution.Frankfurt am Main: Suhrkamp.1990:148.

着,他在马堡大学的社会哲学家阿本德洛德(Wolfgang Abendroth,1906—1985)的指导下,于 1961 年,以题为《公开性的结构变化:对公民社会的一个范畴的研究》("Strukturwandel der ffenlichkeit.Untersuchungen zu einer Kategorie der Öbürgerlichen Gesellschaft")的论文,获得大学哲学教授资格文凭。

此后,哈贝马斯又在 1963 年发表《理论与实践》(*Theorie und Praxis. Sozialphilosophische Studien*),1967 年发表《社会科学的逻辑》(*Zur Logik der Sozialwissnschaften*),1968 年发表《作为意识形态的科学与技术》(*Tehcnik und Wissenschaft als Ideologie*)及《认识与兴趣》(*Erkenntnisn und Interesse*)。

在 1968 年学生运动之后,哈贝马斯试图以总结经验的姿态,对历史问题进行分析,所以于 1969 年发表《抗议运动与高校改革》(*Protestbewegung und Hochschulreform*)。但社会"左派"对这本书的反应并不热烈。

为了回顾自己的学术和政治生涯,哈贝马斯于 1971 年发表《哲学政治侧面》(*Philosophisch-politische Profile*)。接着,哈贝马斯接二连三地发表了《政治哲学理论或者社会技术? 系统研究意味着什么》(*Theorie der Gesellschaft oder Sozialtechnologie-Was leistet die Systemforschung?* 1972)、《晚期资本主义社会的合法性问题》(*Legitimationsprobleme im Spätkaitalismus.* 1973)、《文化与批判》(*Kultur und Kritik*)、《历史唯物主义的重建》(*Zur Rekonstruktion des Historischen Materialsmus.* 1976)、《关于时代精神状况的提纲》(*Stichworte zur ⟨Geistigen Situationen der Zeit⟩.* 1980)以及《政治短论集》四卷本(*Kleine politische Schriften.* 1981)等著作。

1980 年是哈贝马斯思想发展中的一个转折点。他在以往理论研究的基础上,于 1981 年发表《关于沟通行动理论》上、下两卷(*Theorie des kommunikativen Handelns.* Bd. Ⅰ, Handlungsrationalität und gesellschaftliche Rationalisierung;Bd. Ⅱ, Zur Kritik der funktionalistischen Vernunft)。到此为止,哈贝马斯基本上完成了属于他自己的理论体系。按照他的说法,沟通合理性是当代社会所面临的根本问题。因此,他把沟通合理性当成解决当代社会基本问题的关键。他的这个转变是他长期观察"晚期资本主义的合法性"问题之后的一个重要结论。

从那以后,哈贝马斯以"沟通合理性"作为他的基本范畴,不断地充实自己的理论体系。为此,他又发表了《道德意识与沟通行动》(*Moralbewußtsein und kommunikatives Handeln*.1983)、《阿多诺1983年讨论会文集》(与弗里德堡合编)、《社会互动与社会理解》(*Soziale Interaktion und soziales Verstehen*.1984)、《关于沟通行动理论的预备性研究及补充材料》(*Vorstudien und Ergänzungen zur Theorie des kommunikativen Handelns*,1984)、《关于现代性的哲学论谈》(*Der philosophische Diskurs der Moderne*.1985)、《新的非透明性》(*Die neue Unübersichtlichkeit*.1985)及《一种清理弊病的方式》(*Eine Art Schadensabwicklung*.1987)等。

20世纪80年代末,哈贝马斯的思想又发生了一个重要的转变。整个欧洲甚至世界,接二连三地发生重大的历史事件:全球化、柏林墙的倒塌和德国的统一、苏联及东欧国家集团的垮台、欧盟的扩大、"消费社会"的全面形成及其膨胀以及所谓"后现代"和"后殖民"的新时代的展现,使哈贝马斯重新思考原有的理论问题。他于1988年发表了《后形而上学思维》(*Nachmetaphysiches Denken*.1988)、《候补的革命》(*Die nachholende Revolution*.1990)、《作为未来的过去》(*Vergangenheit als Zukunft*.1991)、《关于商谈伦理学的说明》(*Erläuterungen zur Diskursethik*.1991)及《文本及其脉络》(*Texte und Kontexte*.1991)等。这一切标志着他或多或少地接受了当时流行于理论界的关于"后现代"的说法,只是由于他坚持不放弃他自己的理性主义的旗帜,才以遮遮掩掩的方式,提出"后形而上学"的概念,以便于把自己同其他后现代主义者区分开来。他在1990年发表的《现代性:一项未完成的工程》,就是这样的模棱两可态度的象征。

从20世纪90年代后,哈贝马斯继续把自己的沟通的合理性概念加以充实,发表了《事实与有效性》、《他者之进入关系网络》、《从感性印象到象征表现》、《后民族的星团》、《真理及其确证化》、《人性的未来》(*Zuknft der huamnischen Natur*.2005)及《与教皇的对话:世俗化的辩证法,论理性与宗教》(*Die Dialektik der Sekulisierung. Zur Vernunft und Religion*.2005)等。

由此可见,哈贝马斯的思想发展,基本上经历三大发展阶段:(1)从20世纪50年代到60年代:知识人类学阶段;(2)从70年代到80年代:沟通行动理论阶段;(3)从90年代到21世纪初:后形而上学阶段。

如果说,把握任何一位哲学家的理论观点,都必须首先了解其理论观点所由以形成和发展的社会历史条件的话,那么,对于哈贝马斯来说这尤其重要。在他所著的《大学生与政治》(*Student und Politik*,gemeinsam mit L.von Friedeburg,Ch.Öhler und F.Weltz,1961)和《哲学与政治侧面》(*Philosophisch politische Profile*,1971)的书中,哈贝马斯都曾现身说法地论述其本人的哲学与政治生涯及其基本观点,把他的哲学理论置于他所处的特定的社会历史环境去考察和分析。

作为法兰克福学派第二代理论家和主要代表人物,哈贝马斯(Jürgen Habermas,1929—　)出生于杜斯多尔夫市,并在靠近科隆市的古默尔巴赫(Gummersbach)地区的一个小镇里度过他的少年时代。他的家庭属于中等资产阶级范畴。他的祖父是新教牧师。

哈贝马斯的童年时代正是在希特勒的法西斯统治时期内度过的。当有人问起他的童年生活的印象时,他说,法西斯的统治对于尚在幼年的他是"印象不深的"。他记得在1938年,即9岁那年,在古默尔巴赫地区由犹太人经营的最后一座电影院被政府封闭——而这是通过他的父母之间的窃窃私语中隐约得知的。

哈贝马斯的清醒意识是随第二次世界大战的结束而开始的。那时,他才15岁。他第一次通过电影而发现法西斯的罪行。他为被揭发的法西斯集中营的残暴罪行所震惊。接着,1947年在科隆举行的印象主义画派的作品展览会上,哈贝马斯第一次接触到西方的所谓现代文化的精神。与此同时,哈贝马斯开始广泛地接触萨特(Jean-Paul Sartre)、卡缪(Albert Camus)、托马斯·曼、赫尔曼·赫斯(Hermann Hesse,1877—1962)等人的现代文学作品;其中,萨特的作品给他的印象尤其深刻。萨特对"自由"的追求及其对自由的理解,给予年轻的哈贝马斯很多启示。哈贝马斯多次观看萨特的剧本在科隆和杜塞尔多夫的上演。哈贝马斯还以兴奋的心情阅读萨特的《自由之路》第一部。

正在中学读书的哈贝马斯,不仅对文学和哲学感兴趣,而且也喜爱生物学和心理学。他订阅了由海德堡大学教授亚历山大·米车尔利斯(Alexandre Mitscherlich,1908—1982)所主编的心理学研究杂志《心理》(*Die Psyche*),哈贝马斯也开始研究经济学。他甚至从德国共产党所属的图书馆中借阅马克思、恩格斯、列宁和普列汉诺夫的著作,并为此作了批判性计划。在中学毕业前所填写的志愿表上,他还填写"成为新闻记者"的项目。

哈贝马斯在哥丁根的老师是尼古拉依·哈特曼。哈贝马斯接受哈特曼的教育只有短短的一年(因为哈特曼是在 1950 年病逝的),但哈特曼后期的具有实在论倾向的认识论观点,同哈特曼早期的马堡学派新康德主义观点一样,深深地影响了哈贝马斯的思想发展。在哈特曼看来,认识论的问题是同本体论不可分割的,虽然两者不可混为一谈。而且,他试图沿着康德思考过的基本问题,探讨理论与实践的关系,从两者的关系,观察解决社会基本问题的可能性。

同他在哲学上的第一次遭遇一样,哈贝马斯在政治上所受到的第一次刺激,也对他今后的方向和态度产生决定性的影响。20 世纪 40 年代末到 50 年代初兴起的第二次世界大战后德国的最早的和平主义运动,阿登纳政府关于重整军备并使西德防卫军纳入西方军事体系的决定,使哈贝马斯决心加入左派学生运动。在和平主义运动中,哈贝马斯追随海纳曼(Gustav Heinemann,1899—1976)为代表的西德基督教民主党的政策,反对阿登纳公开恢复纳粹统治时期的某些政策。海纳曼等人的主张曾经得到西德大多数人的支持,所以,海纳曼被选为 1969 年至 1974 年期间的联邦德国总统。

在政治上对哈贝马斯给予印象最深的,是西德第二次世界大战后的大学教育制度领域内的激烈争论。阿登纳政府试图保留自 1920 年以来的德国原有的教育制度,并批准一大批曾为纳粹政权效劳的教授们恢复教职。

哈贝马斯在 20 世纪 50 年代上半期读大学期间,继尼古拉依·哈特曼之后,他先后从师于泰奥多·李德(Theodor Litt,1880—1962)、埃利克·洛达克尔(Erich Rothaker,1888—1965)、汉斯·巴尔特(Hans Barth, 1904—1965)、奥斯卡·贝克(Oskar Becker)、威廉·凯勒尔(Wilhelm Keller)、约翰·狄森(Johannes Thyssen)以及赫尔曼·维恩(Hermann Wein)等人。这几位教授不仅属于不同的大学,而且他们的政治和哲学观点也有很大差别。这使哈贝马斯有可能从他的不同教师的观点中,看到19世纪末以来西方各种意识形态的特征。

泰奥多·李德是哲学家和教育家,第二次世界大战期间曾在莱比锡大学当教授,因政治上反对希特勒,他被纳粹政府解除教职。他的哲学深受黑格尔与狄尔泰的影响,认为通过教育可以解决思想观念与有生命的心理过程的矛盾,可以实现两者的交往与沟通。这一沟通为个体与社会共同体的沟通、现时与往昔、现实与思想之间的交往也创造了可能。李德教授的主要著作《个体与社会》(*Individuum und Gesellschaft*)集中表达了他的观点。李德教授在波恩大学任教时,哈贝马斯常去听课。他的"交往"观点无疑为哈贝马斯带来不少启示。

对哈贝马斯来说,洛达克尔和奥斯卡·贝克的哲学与政治观点尤其具有特殊的教育意义。洛达克尔和贝克都在波恩大学教授哲学。前者属于狄尔泰等人的历史主义学派,后者属于胡塞尔的现象学学派。在第二次世界大战后相当长的时间内,谁也不知道(或者说,谁也不愿意去了解)洛达克尔和贝克在20世纪30年代时期对纳粹的态度。但在20世纪50年代初,人们逐渐地发现,洛达克尔和贝克在纳粹时期都发表过拥护希特勒法西斯政策的文章。

这些事件,又因1953年发现海德格尔在《形而上学导言》一书中有直接赞颂法西斯统治的词句而进一步震动大学教育界。海德格尔是在1945年被盟军司令部的正式通知禁止在大学进行教学活动的。1951年,对海德格尔的教书禁令解除之后,海德格尔除了恢复在大学主持讲座和学术讨论会之外,还陆续正式发表他在第二次世界大战前或战争期间的著述和讲稿,其中最惹人注意的,是上述《形而上学导言》(*Einführung in die Metaphysik*)。这是海德格尔在1935年夏季在弗莱堡大学的哲学讲稿。由于当时所处的时代,海德格尔隐约地掺入一些迎合法西斯口味的词句,其中最突出的是在解释柏拉图的观念时,谈到了一种"内在的真理及这场运动的伟大"。

如前所述,从第二次世界大战结束到 1951 年之间,海德格尔及其他与希特勒的国社党有关联的大学教授们,都因为盟军的禁令而被剥夺他们在西德大学教书的权利。在这段时间里,海德格尔只能在少数人组成的小圈子里讲授哲学或发表其理论见解。海德格尔在这段时间内,发表了《诗人为了什么?》(*Wozu Dichter*? 1946)和《关于人道主义的信》(*Humanismbrief*.1947)等新著作。

就是在《关于人道主义的信》这封致法国思想家兼诗人和作家庄·波弗列(Jean Beaufret)的信中,海德格尔一方面重申他在 1927 年《存在与时间》一书中的基本思想;另一方面强调他本人的思想原则与当时流行的"存在主义"思潮的区别。

年轻的哈贝马斯并不了解海德格尔、洛达克尔及贝克等人的历史,尤其不了解他们在希特勒统治时期的政治表现。在此以前,哈贝马斯还没有用心地思考哲学与政治的关系问题,他总是把海德格尔、洛达克尔和贝克等人,当成可敬的、有思想的哲学家。但是,1951 年前后所发生的一系列政治事件,尤其是关于海德格尔等人在战时所写论著的发表及其内容与法西斯统治的关系,使哈贝马斯迅速地清醒过来。

哈贝马斯在回答法国记者的问题时表示,无论在任何时候,即使是在对其他哲学派别进行"意识形态批判"的时候,他都严格地区分哲学与政治的界限,不容忍任何对两者的混淆的评论态度。

在 20 世纪 50 年代初,当他从海德格尔、洛达克尔和贝克等人同法西斯的关系有所了解的时候,他仍然对政治与哲学的关系保持清醒的态度。他认为,关于政治与哲学的关系,必须严格区分两个属于不同范畴的问题。第一,哲学与政治属于两个根本不同的领域,在任何时候都不能把两者混淆起来。因此,一方面,不容许把哲学理论的争执与评论直接地同政治斗争和政治利益联系在一起;另一方面,也不容许以哲学理论的面目宣传政治观点,如海德格尔在 1935 年的《形而上学导言》所作的那样。第二,哈贝马斯坚持哲学理论为社会合理化和正义化作出贡献的立场。在他看来,这一立场并不会招致政治与哲学的混淆。关于哲学与政治的密切关系及其相互间的必要的间距,哈贝马斯基本上同意古代的柏拉图和文艺复兴时期的马基维利的观点。他认为,哲学在本质上应该成为正义的政治路线的理论基础;但哲学毕竟不能代替政治本身。

为了达到使哲学为社会合理化作出贡献的目的,哈贝马斯坚持揭示和分析当代哲学中某些流派为使政治统治"合法化"而进行的论证。他在 20 世纪 60 年代同现代实证主义的争论,在他看来,就是为了揭示现代实证主义"夸大"科学技术的作用、为当代统治者利用科技成果进行欺骗而效劳的本质。所以,在这一点上,哈贝马斯表示同意上一代法兰克福学派批判"工具理性"和"技术理性"的立场。

哈贝马斯在同法国记者的谈话中指出,"海德格尔事件"使他感到:必须以锐利的政治眼光观察和辨认哲学中所可能包含的政治因素,区分出植根于法西斯政治的各种哲学理论。他在谈到海德格尔事件时说:"这是我在哲学上的第一次震动;天真淳朴性顿时消失掉"(Ce fut mon premier choc philosophique,la perte de l'innonce)。

关于哈贝马斯对政治与哲学的关系的观点,我们有必要作进一步的探讨。因为一方面这将有助于我们更深入地了解他在这方面的具体观点;在这一点上我们要避免以往教条主义者的简单结论;另一方面这也同样有助于更全面地了解哈贝马斯的整个哲学思想发展过程。

为此,我们选择了哈贝马斯本人在 1987 年为法国理论界所写的一篇短文《关于德国的一场争论的结束语》("Epilogue inédit à une querelle d'Allemands")。这篇短文表明了哈贝马斯,通过海德格尔这个事例,对哲学与政治的关系采取了一种较为成熟的态度。

哈贝马斯的上述立场和观点是在他的思想和理论发展中逐步明朗化的。在谈到从他的《公开性的结构变化》(Strukturwandel der Offentlichkeit. 1962)的发表到 20 世纪 80 年代初他对交往理论的研究的思想发展过程时,哈贝马斯强调说:"当我在 1956 年成为阿多诺的助教时,我是浸沉在法兰克福学派由美国返回德国后所开辟的那种精神和文化气氛之中的。在战争之前,这些哲学家们曾思索过资本主义与国家官僚主义化,即思考过资本主义的合理性问题。但在法西斯之后和在第二次世界大战后,他们的问题改为以下的问题:资本主义怎么能留存下来,以致会繁荣起来?因此,他们转而思考这些问题,并也因此转而思考大众文化的问题。但对我们这一代来说,问题有点不一样。当战争结束时,我才 15 岁。我们经历了我们从未知道过的一种民主制。我们这一代人不同意马克思主义对于战前流行的'形式的民主制'的疑问。在我的第一本书中,我想继续由法兰克福学派所开创的对社会进行批判的传统,但同时考虑到这样一个基本事实,即对我们来说,事情变为更好一些;我们经验到一种很了不起的解放!在 1945—1955 年之间,我们参与了一种从未有过的开放⋯⋯我对萨特的羡慕从来没有减少过。总之,第二次世界大战后对我们来说是同现代化的世界的相遇。从波德莱到萨特,这一切都是新事物。甚至包括弗洛伊德在内,我们从来没听到有人讲起。这是一种解放的继续过程。在绘画领域内,这是相当快的进程,在文学上也是如此。在音乐中和在理论领域中则是最慢的,要等到 20 世纪 50 年代末,德国大学界才接受分析哲学。这一切表明,为什么我的第一本书不是去攻击那所谓的形式的民主制,而是去辨认在我所说的极端改良主义之中究竟有哪些因素可以尽可能地向前推进。"

哈贝马斯不仅谈到他同法兰克福学派的关系,还尤其谈到他所关心的问题,即"资本主义为何会留存以致繁荣起来?"在他看来,以萨特为代表的新型知识分子对资本主义的批判,在绘画界出现的印象派等,对他的思索有很大的启示。

这就是说,对哈贝马斯来说,哲学与社会学的思考,应该把"现代化"社会中所出现的主要问题作为中心。资本主义社会在第二次世界大战后的发展包含了极其深刻的哲学和社会学的问题。从 20 世纪 50 年代到 80 年代,如果说哈贝马斯的思想有一个发展过程,如果说哈贝马斯的最新著作以现代社会中的"交往"问题作为中心,如果说他的理论推演进程是以对现代社会的理性的批判为顶点的话,那么,在这一切的背后,始终都贯穿着上述所谓"现代精神的实质"的揭示和分析过程。

为了充分理解哈贝马斯的哲学和社会学思想的发展过程,让我们再具体地结合他的生平经历,用他喜欢用的概念来说,就是他"经历过的生活世界",即他从狄尔泰那里借来,经海德格尔加以改造,又为法国的梅洛-庞蒂和萨特等人加以发展的"生活世界"概念,结合哈贝马斯的"生活世界"的变迁,不难看出,他的哲学和社会学思想的演变是有它自己的逻辑的。

哈贝马斯对海德格尔哲学的绝望,使他转向卡尔·洛维兹(Karl Löwith, 1897—1973)、普列斯纳(Helmuth Plessner, 1892—)、卢卡奇(Georg Lukacs, 1885—1971)、阿多诺、本雅明和布洛赫(E. Bloch, 1885—1977)等人一边。

1954年,哈贝马斯以谢林(Friedrich Wilhelm Joseph Schelling, 1775—1854)关于创世以来的远古年代的哲学理论(Philosophie des Weltalter)为主题,写了题为《绝对与历史》("Das Absolute und die Geschichte")的博士论文。在这篇论文中,哈贝马斯对谢林的"上帝"观念甚感兴趣。

为了探究谢林的"上帝"观念的历史渊源及理论关系,哈贝马斯上溯到古代德国施瓦本地区虔信派教徒的上帝观念及其对后人的影响,特别是对16至17世纪神秘派思想家雅可布·波墨(Jacob Böhme, 1575—1624)的影响。在波墨的丰富的著作中,哈贝马斯发现一种关于意志和自由的富有活力的哲学。波墨使用形象和高度技术性的词汇,论证一切存在如何以"原始基础"为出发点而发展出各种存在物。在波墨看来,发展的动力乃是对立面的斗争、目的性以及表现的欲望。波墨一直被看做是德国观念论与浪漫主义的真正始祖之一,他的思想也是对神的传统观念的叛逆的一种精神表现。哈贝马斯在波墨的神的观念中还看到了原自伊萨克·鲁里亚(Isaac Luria)的古犹太教神秘主义的色彩。哈贝马斯惊讶地发现波墨和伊萨克·鲁里亚之间的许多相似点。为此,哈贝马斯曾向他的朋友,一位以色列哲学家索勒姆(Gershom Scholem, 1897—1982)讲述与此有关的故事:"一位叫克里斯朵夫·荷定根(Christophe Hottinger)的新教神学家,在18世纪末的一天,访问了法兰克福犹太区的犹太教教士哥伯尔赫克(Koppelhecht),向他提到长期地在口头上传说的一种传统,依据这一传统,在犹太民族中存在过可以一直上溯到伊萨克·

鲁里亚的一种神秘主义。那位犹太教士对这位新教神学家回答说，你最好回家去翻阅一下波墨的作品。"

哈贝马斯的这些研究活动，再次表现他非常熟悉犹太文化，也同样对西方文明中的神的观念及其对文化总体的影响给予了密切的注意。

在谈到谢林关于神的观念时，哈贝马斯说道，我们假定处于上帝创世之前的时代。上帝想造就一位与他相似的生物。为了使后者真正地像上帝，上帝必须给他保留地方。为了使这个生物发展下去，上帝通过一种自我矛盾的运动在他自身隐蔽起来。就在这同时，上帝在他自身创建一种神秘的性质；波墨称之为"底基"（Grund），而伊萨克·鲁里亚则谈到远离他乡，即到尘世中生活。因此，只是在自我隐蔽的同时，上帝才能完成创世过程，并由此导致亚当的诞生；这位亚当，因而相似于上帝，一位"另一个自我"（alter ego），真正自由的人。为了使他真正地自由，他必须有毁灭世界的自由，就像上帝曾经安排过的那样。因此，由于上帝想创造一个自由的人，所以，亚当就摧毁了神的世界而开创了世界史，并因此使上帝没有自由。正由于创立了一个第二个自我，上帝也就丧失了拯救世界的能力。也正因为这样，引导世界史，以便复兴创世，乃是人的一个任务。人是上帝的救赎者。人类的自然化就意味着自然的人化。

哈贝马斯对谢林、波墨的上帝观念的上述巧妙解释，很自然地把谢林和波墨的神的观念中所包含的"解放人类"的思想因素，同哈贝马斯本身在当时正在酝酿中的"人类的自我解放"的理想衔接在一起。

大学毕业后，哈贝马斯并未能立即在大学找到一个合适的职务。前后有一年左右的时间，他当过报社记者。作为记者兼作家，他在这短短的时间内写了不少短文和评论，结识了不少社会各阶层人士，并借此机会，对社会生活的多样性、复杂性及戏剧性有新的体验，加深了他对社会的认识。他在这段时间内所写的短评，多为文学和戏剧评论。

凑巧得很，在1956年，报社的一位负责人建议哈贝马斯去会见在法兰克福大学当教授的阿多诺。在此之前，哈贝马斯曾写过一篇关于工业社会学的论文，论述工业社会的合理化的辩证法。阿多诺看过哈贝马斯的这篇论文，并发现了其中所包含的"批判理论"的影响，特别是阿多诺与霍尔克海默合著的《理性的辩证法》的思想影响。

哈贝马斯同阿多诺的会面构成了他一生中的一个转折点。由于阿多诺自1950年起担任法兰克福大学社会研究所副所长(霍尔克海默任正所长)的职务,特别是由于他在哲学理论、社会学及美学研究中的卓越成就,阿多诺从20世纪50年代起成为了法兰克福学派的真正的"精神领袖"。哈贝马斯同阿多诺的结合,既是巧合,又包含着必然性的因素。在此之前,这两位属于两个不同的、然而恰巧又是相连续的历史时代的思想家,早已通过他们各自独立运转的思想机器而在许多重大的哲学和社会问题上相汇合和融合;他们的思想和理论的汇合甚至表现出历史衔接性的特点,因为从阿多诺那方面来说,虽然他属于第一代的法兰克福学派的思想家,但他作为一位有敏锐洞察力和深刻理论创造能力的思维大师,或者,用哈贝马斯的话来说,作为"一位从未遇见过的,也就是史无前例的、唯一的才子",早已在自己的理论视野内发现了他所处的历史时代的新的转变因素,发现了他所度过的历史时代行将终结而过渡到一个崭新的时代的迹象,甚至预感到即将接替的新历史时代的脉搏的强度,因而在阿多诺的40年代的作品中,早已隐含着他区别于同代的理论家的先进的和卓越的新颖观点,而在他的50年代的作品中,他又能最敏捷地把握已经降临到他家门口的历史车轮的旋转频率。这就是为什么,在第一代的法兰克福学派的理论家当中,阿多诺要算是最受50年代的青年人欢迎的少有的学者。

从哈贝马斯那方面来说,他的个人经历加上他同阿多诺类似的敏锐的洞察力,也早已使他成为他的同时代的理论家的先驱之一,最早意识到他所处的现代社会所包含的矛盾及其各种倾向,他也最早领会到上一代思想家对前期社会的理论批判对于眼前的理论创新活动所起的启示作用和深刻意义。此外,哈贝马斯在学术上的多才多艺又使他有资格成为阿多诺的助手,承接上一代思想家送来的思维接力棒,并使之在他的手中依据新时代的步伐而传递下去。

如果说在"老天才"阿多诺(其实,按阿多诺的实际年龄来说,他在20世纪50年代中期刚刚50出头)和"新天才"哈贝马斯之间的上述"准结合"阶段中早已存在两者的许多共同之处的话,那么,在他们俩相结合之后,两者的相互配合及融洽则是不言而喻的。

从 1956 年哈贝马斯成为阿多诺在法兰克福大学的助教开始,哈贝马斯便更迅速地朝着成熟的理论方向发展。实际上,阿多诺本人在此前几年中,还经常返回美国,继续完成他在战争期间在美国已经着手的理论工作的剩余部分。阿多诺只是从 1953 年起才完全结束他在加利福尼亚州哈克基金会主任的工作,并正式地在黑森州政府文化部的委任下任哲学与社会学教授。但只有从 1956 年 12 月份起,阿多诺才正式地被法兰克福大学委任为哲学和社会学的正教授。所以,哈贝马斯是与阿多诺成为法兰克福大学正教授同时地成为阿多诺的助手的。

哈贝马斯作为阿多诺的助手,为期三年(1956—1959)。在这段时间内,哈贝马斯的主要活动是社会学的调查研究,特别是关于社会政治意识、大学教育政策及社会福利保险事业。这方面的研究成果,集中地表现在 1961 年发表的、他与阿多诺的其他学生合著的《大学生与政治》(Jürgen Habermas und alii, *Student und Politik*. Neuwith, Berlin, 1961)一书中。在谈到这本书的内容时,哈贝马斯说,这是初期的作品,而且是与他人合著的,其中所表达的思想观点尚留存青年学者所常有的天真淳朴性和简单化倾向。

在这期间,哈贝马斯积极推进他的博士后研究论文;这是取得大学教授资格的文凭所必不可少的关键性论文:《公开性的结构变化》。这篇论文本来应在法兰克福大学辩论通过,但当哈贝马斯向担任哲学系主任的霍尔克海默提出要求时,后者奉劝他再作更深入的社会学调查,进一步搜集社会资料,然后再作理论分析。实际上,这正是由霍尔克海默本人在20 世纪 30 年代初所创立的法兰克福大学社会研究所一贯坚持的传统,即一切理论创造活动都必须与实际的经验调查活动相结合,在此基础上,才能进行多学科和跨学科的综合性研究,进行哲学抽象活动,使经验科学和哲学思维统一在对于社会总体的、旨在实现人类的自我解放的总批判中。法兰克福学派和社会批判理论就是这一精神的理论结晶。

为了达到这一目标,哈贝马斯不得不来往于法兰克福与马堡

(Marburg)之间,在马堡大学政治学系沃尔夫冈·阿本德洛德(Wolfgang Abendroth)教授的指导下,准备他的博士后论文的答辩。

1961年,哈贝马斯在马堡大学完成他的上述答辩。这篇关于《公开性的结构变化》的博士论文所论及的基本问题是资本主义社会民主制下私人的与公众的利益及其观点的相互渗透和相互关系。在这里,哈贝马斯对现代社会民主制和自由所持的矛盾态度已显露端倪。

正如哈贝马斯自己所一再讲过的,第二次世界大战后的西德社会比西欧的任何国家更敏感地体验到"现代社会"中所包含的"双重社会政治因素":一方面是传统的特别是康德主义的因素,另一方面则是马克斯·韦伯和卡尔·马克思相混杂的因素。依据第一个因素,现代资本主义民主制和法治国家的复兴,有赖于日益高涨的公众热情;但依据第二个因素,在经济与历史发展必然性的重压下,法治国家无非是"工具化的功用性"的表现。哈贝马斯正是在这一思想的指导下完成《公开性的结构变化》的。

实际上,在准备上述答辩时,哈贝马斯已应本体论诠释学派主要代表人物伽达默尔(Hans Georg Gadamer,1900—　　)和另一位著名哲学家卡尔·洛维兹的邀请,到海德堡大学担任哲学教授。那是1960年。这两位老教授的思想都对哈贝马斯的思想发展产生过重要影响。

伽达默尔继承施莱尔马赫、狄尔泰和海德格尔的诠释学理论,在1960年发表了他的著名作品《真理与方法》。伽达默尔从1949年起任海德堡大学教授,并从1953年起领导著名的《哲学论坛》(*Philosophische Rundschau*)杂志。在伽达默尔的思想中,可以明显地看出新康德主义的理论危机、现象学的蓬勃发展、对于古希腊思想的推崇以及海德格尔存在论的相互渗透。这些不同的因素构成了伽达默尔的诠释学的不同组成因素。在哈贝马斯20世纪60年代思想发展中,伽达默尔的诠释学原则成为了他的"认识论人类学"理论的渊源之一。

至于卡尔·勒维兹,哈贝马斯曾在一篇收集于《哲学与政治侧面》的论文中探讨了他的主体际或主体间(Intersubjektiv)的重要概念。这一概念所包含的"相互对话"的观念,成为哈贝马斯后期发展"交往哲学"的重要因素。卡尔·勒维兹在早期(1928)所发表的《个人在人间共在中的作用》("Das Individuum in der Rolle des Mitmenschen")曾经把"主体际"看做是个人存在与他人共在的中介。在反对海德格尔单方面地夸大个人存在的理论斗争中,卡尔·勒维兹力图把"与他人的关系"这个问题,看做是人类在其中经历的世界的首要因素。因此,他认为,在形成"周边"(Umwelt,有时也翻译成"环境")以前,这个世界乃是一种与他人共在"共世"(Mitwelt)。勒维兹为此发扬了洪堡(Wilhelm von Humbollt,1767—1835)与费尔巴哈(Ludwig Feuerbach,1804—1872)的"对话哲学"的精神,并和马丁·布伯(Martin Buber,1878—1965)一样,强调"我"与"你"的关系的决定性地位。"我"与"你"即可组成一个独立的世界,而把整个其他的世界置于一旁,"我"和"你"的这种具有本体论意义的"关系",不只是表示一种"意识上的相互性",而且是具有创建性的心理矛盾,一种可以转化为自我反思的存在关系。

所以,与他人的共在,意味着一种影响着各个方面的基本的"变异"。在勒维兹的后期思想中,上述观念又因吸取尼采关于权力意志与超人的精神而充实为一种关于"他人的世界"的观念。勒维兹对海德格尔的存在分析论的批评及其对"交往"的重视,从那时起,就深深地启示着哈贝马斯。

就在哈贝马斯被邀请到海德堡的前两年,勒维兹发表了《尼采关于精神的永恒回归的哲学》("Nietzsches Philosophie der ewigen Wiederkehr des Geistes")。

哈贝马斯能在伽达默尔和勒维兹身旁执教,既是崇高的荣誉,又是充分发挥其思想威力的良好条件。他同这两位老教授同事,不断交换意见,又开诚布公地批评他们的理论。这一段时期,是哈贝马斯进行深刻反思,准备未来的理论建设及积极论战的时期。

哈贝马斯于海德堡期间,还获得机会参加他早在中学时期就极为推崇的心理学家亚历山大·米车尔利斯教授组织的学术讨论会。这个围绕精神分析学问题的讨论会,为哈贝马斯提供了不少的思想养料。他从一开始就被弗洛伊德精神分析学对整个社会和文化结构的批判原则所吸引。他认为,弗洛伊德的精神分析学,不只是关于人的精神不正常的起源及其发展的理论,而且更是对于社会文化、社会心态及人类精神的实质作了富有创造性的说明。哈贝马斯在这里所掌握到的知识,成为了他在 20 世纪 60 年代的理论建设的重要因素。他在 1968 年发表的《认识与利益》一书,作为他的"认识人类学"的总提纲,把弗洛伊德精神分析学看做是"自我反思的科学"的一种方法论形态之一,同时也是观察社会现象的特殊形态的社会学。

因此,从这个时候起,哈贝马斯已经思索着这样的问题,即精神分析学和马克思主义不只是一种意识形态,而且也是构成社会批判理论的科学成分之一;通过精神分析学,与语言哲学相关联的交往理论,可以径直揭示社会总体的内在本质;哈贝马斯尤其重视弗洛伊德在《精神分析学概论》中所说的语言的"巩固意识进程的功能"。

除了米车尔利斯教授之外,阿尔弗德·洛朗琛教授也在精神分析学方面给予哈贝马斯有益的指导。从此,在哈贝马斯那里,精神分析学成为了一种指导理论,在批判理论完成其使命的过程中,在实现"自我反思"的崇高使命中,起着决定性的保证作用。

哈贝马斯认为,从精神分析学的角度来看,"自我反思"是独立的个体的"精神治疗疗程"的"内向化"过程,是一种"精神分析式的自我对话"。精神意识的反复的、不断深化的"自问自答",使主体本身,即使在交往联系中,也感到一种"孤寂"感。这种"孤寂",尽管有它的缺点,但它是作为主体的自我终于认识到自己的独立的批判使命的标志。它是对抗历史发展中旨在使个人屈从于社会的盲目服从的自由表现。

也就是在海德堡期间,哈贝马斯把他的博士后论文《公开性的结构变化》于 1962 年加以出版发表。从此,这篇论文才以书本的形式公之于世。哈贝马斯关于公开性的研究,构成他未来的沟通行动理论和完整的社会批判理论的一个组成部分。关于公开性的研究,既是社会学方面的,又是哲学理论性的。

在《公开性的结构变化》中,哈贝马斯把舆论看做是科学技术与统治政治相勾结的中间环节。在哈贝马斯看来,具有高度技术性的现代科学技术成果,如果要成为政治统治的有效工具和手段,就必须诉诸"公众舆论"这个实现"公开性"的重要渠道。这也就是借助于那些能够动员、灌输、诱导和疏通公众舆论的大众媒介手段,即电台、电视、报纸、讨论会及其他种种社会沟通形式,使原来远离或不关心科学技术成果的公众,可以逐渐地消化科技成果的知识,也可以认清这些科技成果对于他们的日常生活的"利益";同时,更重要的是,被统治阶级所控制的大众媒介手段,可以在"普及"新科技成果的同时,巧妙地掩饰利用这些科技成果过程中所包含的"巩固统治利益"的因素,使公众只看到这些科技成果有利于公众福利的方面,并有意地使公众陶醉于其中。

哈贝马斯指出,只有在公众之间开展真正自由的、合理的对话和交往,排除公众之外的统治阶级以及为其效劳的技术贵族的控制和干预,才能揭示在科技怪物背后进行精神控制的政治力量的本来面目。

在分析公众舆论问题时,哈贝马斯还极端重视"传统因素"在公众消化科技成果过程中所起的有时积极、但在大多数场合却又是消极和保守的作用。哈贝马斯指出,科技的消化和自我理解(Selbstverständigung),总是包含预测的因素,而在这过程中总是受到此前早已存在的传统的干扰。

哈贝马斯还指出,现代统治政治,在利用科技成果进行舆论宣传时,最常见的形式有二:第一,使大多数公众"非政治化",使他们不懂得政治,不关心政治,从政治生活的核心领域排除出去;第二,破坏关于政治意见的公开的、真诚的讨论,代之于伪装的讨论。

哈贝马斯巧妙地使用"公开性"(Offenlichkeit)的双关意义:它一方面意味着"公开"和"公众化",另一方面也包含着"广告"的意思。哈贝马斯说,现代社会的"广告",乃是官僚统治控制公众舆论的象征,也是商人通过金钱的管道宰制群众思想的工具。

哈贝马斯关于公开性的观点,在1968年发表的《作为意识形态的技术与科学》一书中得到了进一步的发展,接着又在1981年发表的《关于沟通行动理论》中,重新得到深化。

哈贝马斯在海德堡大学的四年(1961—1964),也是美国分析哲学和文化社会学在西德广泛传播的时期。哈贝马斯对美国分析哲学和文化社会学抱着积极的批判态度。因此,这四年是哈贝马斯卷入 20 世纪 60 年代德国社会学和哲学界中的"历史主义与新实证主义大论战"的思想准备阶段,也可以说是哈贝马斯从"社会学—哲学"研究转为"哲学—社会学"研究的转折时期。

换句话说,他在这一时期的理论活动,发现了哲学在与社会学的综合研究中的领先地位。如果说在这以前,哈贝马斯的理论研究是着重于社会学方面的话,那么,从此以后,他突出了哲学理论的重要性,突出了哲学在社会批判总体中的指导作用。哈贝马斯在思想上的这一成熟标志,便是他在 1963 年发表的《理论与实践》(*Theorie und Praxis*)。

在《理论与实践》中,哈贝马斯已经提出他今后加以全面发展的全部哲学问题的初型。哈贝马斯在 1963 年至 1964 年间的第二学期内,曾在海德堡大学讲授关于实证主义、实用主义与历史主义的课程。这同《理论与实践》一起构成他的新型的、以社会批判理论为基础的认识论。

在谈到他自己的认识论思想成熟过程时,哈贝马斯特别强调他同卡尔·奥托·阿贝尔之间自大学时代起便开始了的思想交流过程。哈贝马斯与阿贝尔作为同一代人(前者比后者晚生五年),有过同样的遭遇,经历类似的理论修养过程,考虑过许多共同的问题——但两者又在理论上和风格上保持自己的独立性和创造性。

哈贝马斯与阿贝尔之间的重要区别在于:哈贝马斯是属于法兰克福学派,他的一切理论成果都基于社会批判理论之上;而阿贝尔是更广泛地同英美经验主义传统相联系,特别是通过实用主义和语言哲学,而研究交往和沟通的问题。但他们的共同点,就是都对康德的哲学思想甚感兴趣,而且,都很重视现代语言哲学的成果,试图通过沟通和交往,克服过于沉溺于个人范围的现代意识的片面性。

从 1964 年起,哈贝马斯被任命为法兰克福大学教授,他成了他的老师阿多诺和他的同学阿贝尔的同事。哈贝马斯之返回法兰克福,加强了法兰克福大学的理论队伍,但从哈贝马斯本人的角度而言,他获得进行理论创造的最理想的基地,因为在这一所以伟大作家歌德的名字而命名的大学里,不仅有批判理论的摇篮"社会研究所",有他的师长霍尔克海默和阿多诺,还有他的师兄阿尔弗德·斯密特(Alfred Schmidt)和阿贝尔等人。

哈贝马斯在法兰克福大学的教学经历分为两个阶段:第一阶段是从1964年到1971年;第二阶段是从1983年至今。从1971年到1983年,哈贝马斯曾应史坦贝尔格(Starnberg)的关于"科学技术世界的生存条件"的马克斯·普朗克研究院的邀请,担任了院长职务(Direktor am Max Planck Institut zur Erforschung der Lebensbedigungen der Wissenschaftlich-technischen Welt in Starnberg)。

在法兰克福大学的第一阶段里,哈贝马斯是在讲课的同时,完成了他的《认识与利益》(*Erkenntnis und Theorie*,1968)、《作为意识形态的技术与科学》(*Technik und Wissenschaft als Ideologie*,1968)、《抗议运动与高等院校改革》(*Protestbewegung und Hochschulreform*,1969)以及《论社会科学的逻辑》(*Zur Logik der Sozialwissenschaften*,1970)四本书及其他重要论文。在第二阶段里,哈贝马斯完成他的关于沟通行动理论及其在伦理学领域的理论研究,写成《关于沟通行动理论》的续集《道德意识与沟通行为》(*Moralbewusstsein und Kommunikatives Handeln*,1983)、《社会相互作用及社会理解》(*Sozial Interaktion und Soziales Verstehen*,*zusammen mit Wolfgang Edelstein*,1984)、《关于沟通行动理论的预备性研究及补充材料》(*Vorstudien und Erganzungen zur Theorie des Kommunikativen Handelns*,1984)、《新的不透明性》(*Die neue Unubersichtlichkeit*,1985)、《关于现代性的哲学论证》(*Der philosophische Diskurs der Moderne*,1985)、《一种清理弊病的方式》(*Eine Art Schadensabwicklung*,1987)及《后形而上学的思维》(*Nachmetaphysisches Denken.Philosophische Aufsatze*,1988)。

哈贝马斯在法兰克福大学的这两个阶段内的研究成果,不可能同他在斯坦贝尔格科学技术世界生活条件研究院的研究活动分割开来。这所设于斯坦贝尔格并以马克斯·普朗克(Max Planck,1858—1947)命名的研究院是多学科的综合性研究机构,其目的在于适应近40年来现代科学技术突飞猛进的革命形势,适应由这一形势所引起的人类生活环境的根本变革,对当代世界及其未来进行总体的、战略性的研究。这一研究目的恰好符合哈贝马斯的理论研究方向。

所以,在斯坦贝尔格期间,哈贝马斯不但没有中断在法兰克福大学的第一阶段所开创了的研究计划,而且更有良好的条件更深入地进行其哲学的、社会学的、语言学的、大众媒介的及其他方面的综合研究,使他在这一时期写出了具有划时代意义的理论著作《关于沟通行动理论》两卷本及其他著作:《政治哲学理论或者社会技术理论》、《哲学与政治的侧面》、《晚期资本主义的合法性问题》、《历史唯物主义的重建》、《关于"时代精神状况"的提纲》及《政治短论集》四卷本等。

可以看出,从1971年到1983年,对哈贝马斯的理论创作而言是非常重要的时期,他对马克思主义的批判、对晚期资本主义特性的分析及对交往理论的研究,是同时在这一时期内达到其成熟阶段。

哈贝马斯在法兰克福大学的两个阶段和在史坦贝尔格的研究活动,使他进一步认识马克思、弗洛伊德、马克斯·韦伯、英美经验主义分析哲学(包括其语言哲学、伦理思想、社会政治理论和科学论思想)以及胡塞尔等德国本国的重要思想家的理论。

在哈贝马斯准备关于沟通行动理论的过程中,我们通过他在1984年连续发表的《社会相互作用及社会理解》和《关于沟通行动理论的预备性研究及补充材料》两本书,可以看出他对英美派语言哲学和经验主义心理学的广泛注意。同时,在哈贝马斯创建基于交往理论的实践哲学的伦理学基本原则的时候,也同样广泛地研究英美派的"分析的行为理论",其中,包括约翰·奥斯汀(John Langshaw Austin,1911—1960)、阿瑟·旦多(Arthur C. Danto)、斯杜阿德·汉姆伯赛尔(Stuart Hampshire)、赫伯德·里约奈尔·哈特(Herbert Lionel Adolphus Hart,1907—)、若以尔·费因贝克(Joel Feinberg)、乔治·匹兹尔(George Pitcher)、赫尔(Richard M. Hare,1919—)、安东尼·肯尼(Anthony Kenny)、多纳德·达维森(Donald Davidson,1930—)、阿尔文·哥尔德曼(Alvin I. Goldman)、坎贝尔(C. A. Cambell)、泰勒(Richard Taylor)、胡克(S. Hook,1902—)、卡尔·亨普尔(Carl G. Hempel,1905—)、大维·汉姆林(David W. Hamlyn)、里查德·彼得(Richard S. Peters)、杰利·佛多尔(Jerry A.

Foder)、海勒利·普特南（Hilary Putnam，1926— ）及大维·列维斯（David K.Lewis）等人的理论观点，都成为了哈贝马斯的研究对象。

在为《关于沟通行动理论》的 1987 年版法文译本的出版所写的序言中，哈贝马斯谈到他的理论同自胡塞尔至维特根斯坦的"意识论"（la théorie de la conscience）以及到"交往论"（la théorie de la communication）的演化过程的关系，谈到他同卡尔·奥托·阿贝尔的关于伦理学理论的讨论，谈到他从法国思想家米谢·福柯（Michel Foucault，1923—1984）、德勒兹（Gilles Deleuze，1925—1995）、庄·弗朗索瓦·李约达（Jean François Lyotard，1924—1998）及德里达（Jacques Derrida，1930—2004）等人对"现代精神"（Modernité）及"后现代精神"（Post-Modernité）的批判中所获得的启示，也谈到他从弗列格（Gottlob Frege，1848—1925）等人的语言哲学以及法国的另一位思想家保尔·利科（Paul Ricoeur，1913—2005）关于思想与行为的关系的最新理论中所取得的教益。

由此可见，哈贝马斯的关于交往的理论及伦理学原则，作为对现代精神的批判，作为对现代理性的两面性的批判，乃是对现代及当代的各种哲学理论及人文科学的研究成果的综合分析的总结。

在他的《关于沟通行动理论》两卷本中，在论述美国社会学家米德（George Herbert Mead，1863—1949）和法国社会学家杜尔凯姆（Emile Durkheim，1858—1917）关于社会交往和社会合作的社会学理论时，在论述美国社会学家塔尔科特·帕森思（Talcott Parsons，1902—1979）发展韦伯的理性概念而提出关于社会体系的新型理论时，哈贝马斯都大量地引证了英、美、法社会学家和哲学家的论证材料，其中包括哥德利耶（M. Godelier）、温兹（P.Winch）、加尔维（I.C.Jarvie）、克列克尔（M.Kreckel）及席尔勒（John Roger Searle，1932— ）等人的文章。

所以，如果以为哈贝马斯只是单方面地批判英美派的分析哲学理论，不去吸收这一学派的积极理论成果，那是不符合事实的。在一定的意义上讲，从 20 世纪 60 年代哈贝马斯与卡尔·波普为代表的新实证主义的大论战，到 70—80 年代他对沟通行动理论的创建和发展过程，哈贝马斯对英美派分析哲学的态度存在一个转变的过程。而在这一转变过程中，他的同事卡尔·奥托·阿贝尔对于美国实用主义和英美语言哲学的深入研究,成为了一个重要的中介性因素。

所以,哈贝马斯在思想成熟阶段的上述理论活动,包含了五大内容:(1)对马克思主义经典理论的批判;(2)对弗洛伊德精神分析学的消化及其并入社会批判理论;(3)对英美派分析哲学的批判和消化;(4)对于现代理性和现代精神的批判;(5)对于沟通行动理论及与之相应的伦理学原则的理论思考。

上述五大内容构成他的新型的社会批判理论建设过程的"五大轴线"。

不要忘记,上述不停顿的理论研究活动,哈贝马斯从来都不是离群索居地在书生之塔中进行,他一方面频繁地来往于德国和法国,又横渡大西洋,多次在美国讲学,并在 1967 年至 1968 年之间担任过纽约新社会研究学院(New School for Social Research)的讲座教授;另一方面哈贝马斯积极关心国内外社会政治生活,关心并参加现实的社会改革活动。

如前所述,早在 1961 年,他就与他的同学弗里德堡等人编写过《大学生与政治》一书。这一立场使他自己卷入学生运动中,以致使他不得不在 20 世纪 60 年代中期同学生运动中的"新左派"发生公开矛盾(哈贝马斯等人在《大学生与政治》一书中所表现的悲观消极情绪遭到"新左派"组织的批判)。哈贝马斯对学生运动中的"德国社会主义大学生联盟"(Sozialistischer Deutscher Studentenbund,简称 SDS)的较为温和的立场较为欣赏。他在 1969 年发表的《抗议运动与高等院校改革》则表现了他的改良主义立场——他反对"左派"的行动主义,也反对"右派"的保守的精英主义。他的这篇对学生运动的批评性著作使他从此脱离学生运动,而成为阿多诺式的教授式的理论批判派。

但是,他始终注视着形势的发展。1977 年在西德发生的"斯雷耶尔绑架案"使哈贝马斯更注意政治问题。斯雷耶尔(Schleyer)是西德工商业全国商会主席,被称"老板们的老板"。哈贝马斯对此发表过如下谈话:"我第一次对 1973 年左右不断扩大影响的新保守主义的意识形态有清醒的认识。我不但不只是对见过的事物抱认真的态度,而且把在我们国家所发生的这些自由派的行为,把他们向阿尔诺德·格伦和卡尔·斯密德的靠拢,看做是整个社会形势的一般性特点。我不得不尽力把与这种对形势的看法有关的概念阐明开来,这就是所谓现代精神(Modernität)的概念以及一系列大量的千奇百怪的关于现代精神和理性的概念,正是这些概念支持着德意志联邦共和国。我第一次观察到的另一个重要方面,是我发现新的潜在的对现实不满的人的范围……"

哈贝马斯的上述谈话,虽然只提到他的交往哲学与 20 世纪 70 年代以来的社会政治形势的关系,但我们可以由此看出他的交往哲学与现代社会及"现代精神"的一般关系。在他看来,在传统的形而上学的和宗教的观念遭到破产以后,在由笛卡尔开创的理性的主观化过程达到其顶点而使真理的面目遭到彻底地歪曲之后,现代社会进入了以"现代精神"为支柱的新时代。他的交往哲学就是对这种"现代精神"的批判,是现代社会的批判性哲学。

所以,哈贝马斯说,哲学的基本论题是理性。但什么是理性? 理性并非是一种功能,并非心理机能,而是行为的某种类型和形态。一种行为的合理性不能抽象地加以肯定,而只能在这种行为与其他行为的关系中加以确定;这就是为什么要研究"沟通行为"。换句话说,理性既不在某一个主体之中,不在某个人的行为之中,也不在另一个主体的行为之中,而是在多种行为的关系中,在那种能依据另一行为的意义而确定这一行为的内涵的关系中。这就是问题之所在。所以,哈贝马斯把近代理性概念转换成一种关系性的观念,把"理性"变为与相互关系保持不可避免的关联的"合理性"。

哈贝马斯在研究可能包含着合理性的行为关系时,发现了语言和言语的决定性作用和地位。所以,他的交往哲学又在对语言哲学的批判分析中加以展开。

哈贝马斯把理性朝着反理性自身的方向而加以分割和分析,并把合理的行为分为两大类:一类是依据动机与目的的关系而组织起来的行为,他称之为工具化的理性所支配的那些行为;另一类是旨在达到"相互理解"的合理行为。整个"现代精神"的历史,如同"现代精神"自身那样,乃是上述两种类型的合理行为的冲突史和相互穿插的历史。

但哈贝马斯的交往哲学并不是到此为止，不要忘记，交往哲学乃是社会批判理论的典范，因此它赋有批判社会及解放人类的使命。为此，交往哲学要探讨社会病理学（Sozialpathologie）的现代形式以及"诊断"当代社会病态的进展趋势。在这里，哈贝马斯继承和发扬马克斯·韦伯、埃米尔·杜尔凯姆和马克思的批判概念及其精神，结合对法制系统的批判性探索，以寻求实现真正自由的道路。

正是在这种基本精神的支配下，哈贝马斯积极参与德国"绿党"的和平主义和保护生活环境的活动，支持欧洲共同体的建立。在他看来，这是实现社会正义化与对抗新纳粹党的复活的正确道路。

在哈贝马斯于1987年发表的《一种清理弊病的方式》一书中，他批判了西德社会中以寻求"德国民族特性"为借口、而为法西斯作辩护的历史学家。哈贝马斯把这种寻求新的德国民族特性的意愿称为"一种清理弊病的方式"。哈贝马斯批判米凯尔·斯梯尔默尔（Michael Sturmer）和艾伦斯特·诺尔德（Ernst Nolte）等人为希特勒招魂的立场。

由于哈贝马斯的理论在当代西方文化界的重要地位，各国研究哈贝马斯的热潮正在兴起。在现有的对哈贝马斯的研究文献中，以下所列值得读者翻阅参考：（1）勒奈·哥尔岑著《哈贝马斯著述及其第二手资料。1952—1981》(René Gortzen, Jürgen Habermas Eine Bibliographie Seiner Schriften und der Sekundarliteratur, 1952—1981, Kartoniert)；（2）阿克瑟尔·霍内兹与汉斯·约阿斯合编《沟通行为——论哈贝马斯〈关于沟通行动理论〉文集》(Axel Honneth und Hans Joas, Kammunikatives Handeln. Beitrage zu Jürgen Habermas<Theorie des Kommunikativen Handelns>)；（3）托马斯·麦卡锡（Thomas McCarthy）是英语文献中最有权威的哈贝马斯问题专家，其著作有：《哈贝马斯的批判理论》(T. McCarthy, The Critical Theory of Jürgen Habermas, Cambridge Mass, 1978)、《论合理性与相对主义——哈贝马斯对诠释学的征服》(Rationality and Relativism: Habermas Overcoming of Hermeneutics, 1982)、《沟通行动理论中对于合理化的反思》(Reflections on Rationalization in The Theory of Communicative Action, in

Praxis International, No.4, 1984)、《复杂性与民主制——体系理论的诱惑》(T. McCarthy, "Complexity and Democracy, or the Seducement of Systems Theory", in *New German Critics*, No.35, 1985)。

如果说托马斯·麦卡锡是英语文献中的美国派的话,那么,赫尔德(D.Held)就是英国派知识分子。赫尔德论哈贝马斯的著作甚多。他本人专著有《批判理论导论——从霍尔克海默到哈贝马斯》(*Introduction to Critical Theory*, *Horkheimer to Habermas*, London, 1980);他与他人合著有《哈贝马斯关于晚期资本主义的危机理论》(D.Held, and L.Simon, "Habermas Theory of Crisis in Late Capitalism", in *Radical Philosophers News Journal*, No.6, 1976)、《围绕哈贝马斯的评论》(D. Held and J.B.Thompson, *Habermas*, *Critical Debates*, Cambridge Mass.1982)、《国家与社会》(D.Held and others, *States and Societies*, oxford, 1983)。

此外,还有狄德列夫·霍尔斯特著《哈贝马斯引论》(Detlef Horster, *Habermas*, *Zur Einführung*, Hamburg, 1988),也是值得参考。

三、从认识人类学到语言哲学

哈贝马斯的认识人类学(Erkenntnisanthropologie)是现代哲学人类学的一个特殊形式,是法兰克福学派的批判理论(Kritische Theorie)自 20 世纪 60 年代初同现代新实证主义和本体论诠释学进行长期剧烈的理论争论的一个成果,也是传统的历史哲学遭受自 19 世纪末以来的生活哲学(Lebensphilosophie)的理论批判之后,在承认现代科学技术成果对社会所起的改造作用的前提下,试图解决现实社会历史问题的一个新尝试,它在实际上是自 20 世纪初以来发展起来的一种新型社会哲学和政治哲学。

就哈贝马斯个人的理论发展过程而言,认识人类学只构成第一阶段,它是哈贝马斯在 20 世纪 70 年代形成的"普遍的言语符号论"和 80 年代的"沟通行动理论"的先前观念形态。

哈贝马斯是在 1968 年发表的《认识与利益》(*Erkenntnis und Interesse*, 1968)一书中第一次系统提出他的认识人类学体系的。正如本书绪论所指出的,哈贝马斯的认识人类学是法兰克福的批判学派的第三代人类学——从霍尔克海默的"辩证的人类学"和阿多诺的"否定的人类学"发展而来。

从理论上讲,哈贝马斯的认识人类学的基本概念是相互作用(Interaktion)和交往(Kommunikation)。正是在这两个基本概念的基础上,哈贝马斯从人类活动和行为的历史总体性中,在改造马克思的历史唯物主义的基本概念"实践"的努力中,在继承弗洛伊德精神分析学的主要精神的推动下,在批判新实证主义及其所代表的工具主义的理性概念和技术贵族的唯科学主义的过程中,把人类认识与利益联系在一起,试图揭示人的本质,实现人类社会的合理化。哈贝马斯的这一研究,导致他在1970年发表的《论社会科学的逻辑》(*Zur Logik der Sozialwissenschaften*)一书中所说的"社会科学研究方法论的基础问题",即所谓"在一种关于语言的理论中的社会科学基础"问题——这是哈贝马斯此后十多年一直在思考着的基本问题,这个向言语符号论的转折的结果,终于以"关于沟通行动理论"(die Theorie des kommunikativen Handelns)的名称而在当代哲学界引发出一场思想革命,在对于人的历史行为的多学科的综合研究中,以语言的关键作用作为基本环节,揭示在现代科学技术的伟大成果所开辟的社会合理化过程背后的理性异化作用及其与人的本质的关系,使哲学人类学的研究从马克斯·谢勒、赫尔姆德·普列斯纳和阿尔诺德·格伦所开辟的园地上,打破了原有的单纯从主客体关系考察"人"的问题的传统的认识论模式和"意识哲学的范例",转变成以探讨"主体间性"(Intersubjektiv ita t)为中心的、基于相互交往的崭新的社会行为论,进一步发展为多学科和哲学理论性相统一、理论和实践性相结合、历史考察与经验分析相补充的、旨在实现人类社会合理化的批判性交往理论。这种批判性交往理论集中地在哈贝马斯的两卷本著作——《关于沟通行动理论》(*Theorie des kommunikativen Handels*)中表现出来。

哈贝马斯的认识人类学作为他的整个社会批判理论(Kritische Theorie der Gesellschaft)的一个最初表现形态,具有明显的社会批判精神,其出发点在于:在人的历史总体中,考察人的认识能力的形成和发展,分析人的认识过程与人的实践总过程的关系,揭示人的认识中所表现的精神意识活动与内在心理活动在实践过程中的分化作用和功效,阐明人的认识成果与人类一般行为规律的关系,探讨人的行为规范和动机与历史过程的复杂关系,并在综合以上诸方面的研究之后,试图在批判现代社会的不合理性的同时,寻求解决人类社会合理化的方案。因此,就这一点而言,哈贝马斯的认识人类学具有明显的历史性、批判性和实践性。

哈贝马斯的认识人类学是他在同卡尔·波普等人的新实证主义派的理论斗争中创立起来的。哈贝马斯的《分析的科学论与辩证法》(*Analytische Wissenschaftstheorie und Dialektik*)首先批判了波普等人绝对地夸大自然科学(或精确科学)的认识方法论。在哈贝马斯看来,实证主义所推崇的自然科学并未能穷尽理性的总体。一方面,哈贝马斯批判实证主义者基于经验分析所建立的"科学客观性"概念的"幻相"(Schein)性质;另一方面,他又借助于伽达默尔本体论诠释学关于"精神科学"具有历史性和解释性的观点,论证真正的人类认识论应该包含历史的和解释的因素,进一步批判新实证主义的反历史主义倾向。

哈贝马斯的认识人类学是由马克思主义和精神分析学的因素混合而成的。哈贝马斯在《认识与利益》一书的第三部分,以"作为认识与利益的统一性的批判"为题,把弗洛伊德在《精神分析学导论》中的一段话作为出发点:人类社会的动机和目的,归根到底,是经济性质的。由于不充分具备生产手段,社会不容许其成员不靠劳动而生活;社会不得不限制其成员的数量,并迫使他们的性活动的能量转向劳动方面。

哈贝马斯由此指出:我们处置事物的技术能力越扩大,越可以从现实的重压下解放出来;自我保存系统对人的精神和肉体活动的审核检验力越削弱,自我的组织力量则越强大,因而,控制失望情绪的功能就越大。这样一来,就有可能将世界历史范围内的社会化过程同个人的社会化过程加以比较。

哈贝马斯在这里讲到世界历史的社会化时,用的是 Vergesellschaftung;在讲到个人的社会化时,则用 Sozialisation。这两种社会化的区别在于:前者指广义的、更大范围的社会化过程;后者则只限于个人在心理方面的社会化。由此可见,哈贝马斯的认识人类学在吸收马克思主义的历史唯物主义因素和弗洛伊德精神分析学成果的基础上,在将社会历史与个人精神活动相协调的范围内,试图把人的认识与人的精神解放的可能性联系起来加以考察,最后达到他的社会批判理论所致力于解决的"人的总体解放"的目标。

在题为《认识与利益》的开讲词(1965)中,哈贝马斯一方面从古希腊哲学中追溯关于"理论"的传统界说的最早根源,另一方面批判了自胡塞尔至波普关于理论的脱离实践的说明,强调经验的分析知识、历史的诠释学的知识及批判的认识三种不同类型的人类知识同利益的关系。哈贝马斯把这种利益称为一种引导认识的利益(ein erkenntnisleitendes Interesse)。

哈贝马斯接着指出,依据上述三种不同类型的知识,在逻辑法则、方法论同指导着认识的利益之间,存在极其不同的特殊关系。正是在这一点上,奥托·阿贝尔(Karl-Otto Apel)和哈贝马斯走在同一个方向上。

阿贝尔和哈贝马斯指出,同新实证主义单纯地重视精确的经验科学的价值相反,批判理论的认识人类学有区别地揭示三种知识所包含的不同"利益":经验的分析科学(empirisch-analytische Wissenschaf ten)是出自一种技术性的利益(technisches Interesse);历史的诠释学的科学(historisch—hermeneutische Wissenschaften)则具有实践的利益(praktisches Interesse);只有批判的科学(kritische Wissenschaft)才具有解放的利益(emanzipatorisches Erkenntnisinteresse)。

哈贝马斯在将认识与利益联系在一起的过程中,强调每一种类型的认识,特别是实证主义者加以绝对化的经验的分析性科学知识,都是受某种特殊的利益所支配。有时候,这类利益被掩盖或受到压抑,但这种压抑本身也是为了某种特殊利益。这就是说,科学客观化的程度乃是日常生活中人们的各种现实的态度的延长。

哈贝马斯指出,实证科学的先验性程度乃是劳动的工具化的成功程度的一种标志。在论证过程中,哈贝马斯发挥了黑格尔关于"劳动"与"相互作用"相对立的重要观点。在他看来,相互作用是区分工具化的活动(instrumentale Aktivität)与交往性的活动(kommunikative Aktivität)的重要环节。

劳动,在哈贝马斯看来,是一种有目的的合理的行为。它是一种工具化的活动,是为一种目的而合理选择实现手段的理性活动。哈贝马斯认为,人与自然的关系因人的社会劳动过程而具体化,变为一个人的主观的自然与人的劳动环境的客观的自然的辩证的对立。

人的社会劳动过程在上述对立关系中起着中介作用。劳动在此情况下,不只是人类学的范畴,而且也是认识论的重要范畴,构成人的认识过程的重要环节——因为在劳动过程中,劳动的人必须首先认识自然并把握自己所使用的劳动工具——不要忘记,人们创造和使用以及不断改进工具的整个过程中,都离不开认识活动。

为了重建人类在其中度过的社会文化历史总体,哈贝马斯建议揭示具有"相互作用"性质的制度方面(Institutionnel)与作为"劳动"的有目的的合理活动的关系的内涵及其变化状况——这构成了认识人类学的一个重要内容。这就是说,"相互作用"所标示的,是制度方面的。它与格伦的人类学的"反辩证法的制度论"有明显的不同。在哈贝马斯看来,一个社会的制度方面,指的是指导着那些以语言为中介的"相互作用"所遵循的一系列规范的总体。具体地说,就指导人的行为而言,以符号为中介的"相互作用",当它表现为制度方面时,就具体地体现在社会规范之上;而作为有目的的合理行为的劳动体系,则具体地体现在技术规范系列上。哈贝马斯严格地区分了一种社会的制度结构和有目的的合理行为系统。基于上述分析,哈贝马斯进一步改造了马克斯·韦伯的"合理化"概念。在哈贝马斯看来,现代资本主义社会同"传统社会"的区别,就在于生产力已经达到一个崭新的阶段,致使那些为一定目的而实施的合理行为,即现代人类劳动,有可能不停息地扩展开来,并由于一种相应于这一发展阶段的文化的世界观的出现,致使统治的合法化形式变为社会的一个基本问题。这种新型的世界观把集体生活和个人命运的问题当做人类的基本问题。具体地说,它要解决的论题是:正义与自由、暴力与压迫、满足与幸福、贫困与死亡。这是归属于胜利与失败、爱与恨、罚入地狱和赎罪的范畴的论题。这些范畴是同一种虚假的交往逻辑、相互分离的符号体系以及被压抑的行为主体的命定式因果性相联系的。换句话说,现代社会的特点就在于:与沟通行为相联系的语言变迁的合理性是同一种表示工具性行为的"目的—手段"关系的合理性相对立的。上述两种相互对立的合理性的存在,使现代社会统治的合法化形式(die Form der Legitimation)成为了突出的问题。如果说,以往的传统社会的统治形式是由传统文化借助于天国的神谕而求得其"合法化"的话,那么,现代社会就不再乞求于天国,而是立足于现实的社会劳动本身以及借助于现代科学技术成果而发生的,与沟通行为相联系的语言变迁的"合理性",去论证其统治形式的合法性的。简言之,以往的传统社会的统治形式是纯粹的政治统治,而现代社会的统治则是基于现代生产关系的经济技术统治——或确切地说,一种以政治为中介的经济技术统治的制度。哈贝马斯认为,后者比前者更具危险性和欺骗性,因为后者是打着理性的旗号,在现代文化的外衣下,贯彻一种实质上被工具化的、被语言的虚假合理性掩饰着的统治。哈贝马斯认为,现代社会的以政治为中介的对全人类的统治,基本上是技术贵族的新型意识形态作为手段来实现的。这种技术贵族统治(Technokratie)的特点就是借用科学技术的力量和相互交往中的语言的神秘力量来论证其合法性的。在科学技术与政治之间的交往过程,往往不可避免地借助于公众舆论。现代宪法的各种规定确保了科技、政治与公众舆论的"三角关系"。这种三角关系的实际状况取决于知识与技术力量同传统因素所决定的自我理解程度的关系——这种自我理解的程度也往往成为公众所追求的目标和进行判断的价值标准。因此,政治的真正科学化必须同公众舆论的历史状况及实际水平相适应,必须同特定时间内的公众心态相适应,必须尊重并通过公众舆论的"过滤"和讨论。哈贝马斯曾在《公开性的结构变化》(Strukturwandel der Offentlichkeit, Neuwied, 1962)一书中专门论述过这个问题。

哈贝马斯在论述认识与利益的关系时指出,引导着认识的利益是在劳动、使用语言和统治的过程中形成的。同时,哈贝马斯在分析他所倡导的"批判的科学"的"解放利益"时,特别强调"批判的科学"的"自我反思"(Sel bstreflexion)性质。他认为,实用主义的创始人皮耳士在研究超验的"自我"之间的交往问题时,实际上已经达到"自我反思"的范畴。在皮耳士那里,各个主体间在使用语言信号时,实际上已经从事一种在工具化行为范围内的建设性活动,而这是同语言的特殊功能相联系的。皮耳士曾说:"我的语言就是我自己的总和。"哈贝马斯高度评价皮耳士的这一卓越观点,并由此出发,哈贝马斯指出:各个主体间的语言交往是在各个社会化的主体间,通过符号的中介性的相互作用而实现的。正是在这一交往过程中不同的主体达到相互了解。

主体间的交往不属于工具化行为的体系,而是主要通过语言的总体实现的。社会化的主体在语言总体中发现自我的不同于"他者"的"自我同一性"和超个体性的"超主体间的功能"。这一切保证了个体理性的非工具化和主体的自我反思,为实现全人类在交往中的真正自我解放提供条件。在《关于沟通行动理论》一书的 1987 年法文版中,哈贝马斯先是强调其交往理论从自胡塞尔到维特根斯坦对于意识和语言的研究中所吸收的养料,同时强调卡尔·奥托·阿贝尔的伦理学思想对他的启示。

接着,哈贝马斯概述了他的交往理论的四个重要方面:第一,发展自弗列格(Frege)以来的语言分析哲学和结构主义的语言概念,使语言中的命题形式和语法结构不再成为关键因素,把研究重点转向那些使用语言的主体间的相互理解问题。第二,以"经历过的世界"或"生活世界"(Lebenswelt)和"沟通行为"两个基本范畴,重新揭示"理性"的本质和功能,对从狄尔泰中经海德格尔到萨特和梅洛-庞蒂的意识理论进行全面分析。哈贝马斯认为,在沟通行为中体现的"理性"有助于理解对世界开放的语言,也有助于理解对世界的认识过程本身。通向相互间理解的行为,作为中介物,不断地更新那"经历过的世界",使它不再寻求新的替代物去补充那已经消失的"先验的主体"。第三,在分析各种言谈和推理过程的有效性基础时,哈贝马斯试图克服和超越作为西方传统的标志的逻辑中心论。为了追求有效性,各种自称真理和正义的言论充斥在日常生活的交往实践中。第四,在建立新的批判的理性的过程中,正确地评价从康德、黑格尔到现代西方文化的一切有价值的理论成果,反对一切对西方传统文化的虚无主义和悲观主义态度。

哈贝马斯在这方面既肯定了海德格尔和尼采等人对传统形而上学的批判,也否定他们的悲观主义态度。在哈贝马斯看来,关于交往的理论并非一种类似传统形而上学的总体理论(Metatheorie),而是一种永远不停地论证其批判功能的社会批判理论的出发点(Anfang)——在这一点上,不仅表明了哈贝马斯对批判理论的继承关系,而且也表明了他的理论的新内容和新特点。他在《关于交往的理论》的著作中深刻地分析了他的理论前辈——霍尔克海默和阿多诺等人——的社会批判理论的不足之处。努力吸取第二次世界大战后西方文化的理论成果,尤其重视法国当代思想家福柯、德里达(Jacques Derrida)和利科(Paul Ricoeur)的最新哲学理论。

哈贝马斯的认识人类学对于西欧,特别是对德国和法国的思想界发生了很大的影响。梭纳曼(Ulrich Sonnemann, 1912—1993)在其著作《否定人类学》(Negative Anthropologie)一书中发挥了从阿多诺到哈贝马斯的社会批判精神,以 1968 年巴黎大学学生造反的口号"掌握政权的想象力!"(L'imagination au pouvoir!)作为座右铭,在分析人类学和社会科学同哲学理论的关系时,强调否定的人类学是"对于一切无矛盾的、肯定的可能性的确定不移的否定",是人类在对自己的否认(Verleugnung)和自己的缺席(Abwesenheit)的情况下的自我展示。

在美国,在卡西勒的文化哲学传统及美国本土的实用主义和分析性经验哲学传统的启示下,耶呼达·埃尔加纳(Yehuda Elkana)创立美国式的"认识人类学",试图把知识的发展过程看做是巧妙而狡猾的理性的史诗般的戏剧表演。

1969 年到 1971 年,在哈贝马斯的思想发展史上是一个重要的转折点。1968 年学生运动高潮的兴起及其在 20 世纪 70 年代的迅速退潮,对于一向关心社会政治问题的哈贝马斯来说,无疑地提供了许多启示。这是构成他在 70 年代集中研究社会学问题的实际的和直接的原因。1968 年左派对哈贝马斯的批评以及哈贝马斯次年发表的《抗议运动及高等学校改革》(Protestbewegung und Hochschulreform, 1969),表明哈贝马斯的社会批判理论在同实际社会政治问题相联系时所遇到的许多难点和矛盾。在同学生运动发生矛盾之后,哈贝马斯于1971年离开法兰克福大学,前往慕尼黑西南的斯塔恩贝克(Starnberg)市,同著名的理论物理学家兼哲学家的维察克尔(Carl Friedrich von Weizsacker,1912—)一起,成为马克斯·普朗克研究所的所长,专门研究在现代科学技术高度发展条件下的人类社会生活所面临的主要问题,特别是研究现代社会中因科技进步而出现的一系列涉及社会伦理和心理生活的问题。这一研究不仅要求对现代科学技术及其深刻理论有精湛的研究和理解,而且也要求对现代人文科学及社会科学的发展倾向和趋势进行研究,尤其要对社会和科学发展的新趋势所提出的新挑战作出理论上的回答。

上述社会历史条件及工作职务的变化,也是哈贝马斯在这个阶段中研究论题和研究方法发生转变的重要原因。从研究内容上看,哈贝马斯在1970年发表的《论社会科学的逻辑》和在1971年同著名的社会学家尼克拉斯·鲁曼(Niklas Luhmann)合编的《政治哲学理论或者社会技术论》(Theorie der Gesellschaft oder Sozialtechnologie),都显示了哈贝马斯社会学研究的新重点。这一新重点也突出了哈贝马斯认识论的社会批判性质,即在考察社会历史总体和总观点的统摄下,研究人类认识的性质,分析人文科学和自然科学的逻辑,揭示人类理性在现代科学技术高度发达的条件下所承担的批判作用和解放使命。所以,毫不奇怪,哈贝马斯在发表上述著作的同时,也发表了一系列社会评论,并将他自1953年至1971年所发表的评论8位德国现代哲学家的论文收集成《哲学与政治侧面》(Profils philosophiques et politiques,1971)而加以出版。

在《哲学与政治侧面》一书中,哈贝马斯特别对海德格尔、雅斯贝斯、勒维兹、维特根斯坦、布洛赫、马尔库斯、阿多诺及格伦八位著名的哲学家的"政治影响"感兴趣。但他接着强调说,这些政治影响并非单纯从个人的角度而能解释清楚的;它是从属于历史的发展逻辑。

更重要的,能够突出地概括出哈贝马斯在20世纪70年代的哲学思想的重点的,是《哲学与政治侧面》的那篇序言,即哈贝马斯最先发表于1971年1月的重要论文:《为何还要哲学?》(Wo zu noch Philosophie?)哈贝马斯认为,哲学在德国从来都没有"死去"——虽然马克思曾宣布过哲学的被扬弃和死亡,但哲学一直存在着,并且随现代科学成果及其科学方法论的胜利,哲学表现出它在继承历史传统基础上的自我改造精神。哈贝马斯指出,第二次世界大战后,特别是在 50—60 年代统治着西德哲学界的上述 8 位卓越思想家都以各自特殊的形式和概念发展了哲学。

但令人惊讶的却是:在第二次世界大战后的德国哲学理论中都表现了"学派和基本论题的连续性"。换句话说,问题只能归结为:"在传统哲学范围内一直在运动着的那种精神的改造"。哈贝马斯还特别指出,在 20 世纪以来的德国哲学发展史上,突出地表现了哲学与社会历史命运的相互依赖关系——尽管这种关系在不同的哲学家身上表现出极其不同的"个人的特点"。

哈贝马斯从 20 世纪 20 年代后半个世纪内德国哲学的发展中,总结出四大特点:第一,重要学派及基本研究论题的前后一贯性。为了消除新康德主义自 20 世纪初在哲学界的垄断局面,自 20 年代起发展出胡塞尔和海德格尔的现象学派,雅斯贝斯、利特(Theodor Litt,1880—1962)和斯普朗格(Eduard Spranger,1882—1963)为代表的生命哲学,马克斯·谢勒(Max Scheler,1874—1928)和普列斯纳(Helmuth Plessner,1892—1985)为代表的哲学人类学,以卢卡奇、布洛赫(Ernst Bloch,1885—1977)、本雅明(Walter Benjamin,1892—1940)、科尔斯和霍尔克海默为代表的社会批判哲学以及维特根斯坦、卡尔纳普和卡尔·波普为代表的逻辑实证主义五大哲学流派。这些派别的基本论题及研究方向,一直影响着近五十年来的哲学研究。第二,哲学流派的突出的个人化倾向。在这个意义上说,哲学与其说是一门科学,不如说是同作为个人的哲学大师紧密相联的、具有浓厚的不同文风的个体性思想体系。第三,这一时期的哲学思想的发展,都同法西斯主义的发展这一历史事实,具有这样或那样的联系。第四,这一时期的哲学思想的特征,主要取决于它们同所处的时代之间的批判关系。哈贝马斯对德国近五十年来哲学发展的总结,明显地突出在哲学与实践的关系问题上,显示了他的社会批判立场及其对哲学的社会历史使命的基本看法。

哈贝马斯的上述导言性的论文——《为何还要哲学?》——告诉我们为什么哈贝马斯在 20 世纪 70 年代一直坚持研究与社会批判有关的哲学—社会学问题。

1973 年哈贝马斯在斯图加特市获得"黑格尔奖金",并在同年发表了《文化与批判》(*Kultur und Kritik*)和《晚期资本主义的合法化问题》(*Legitimationsprobleme im Spatkapitalismus*)。这两本书的出版,标志着哈贝马斯的意识形态批判理论在社会学和哲学领域的进一步发展,一方面显示出哈贝马斯的社会批判的认识论同传统马克思主义的区别和联系,另一方面又为他在 20 世纪 80 年代全面发展交往理论作了准备。关于认识论与文化总批判的密切关系,哈贝马斯在稍后不久发表的一篇纪念黑格尔的论文《哲学的作用的再界定》中有着明确的论述。他在这篇发表于 1981 年 6 月斯图加特举行的国际黑格尔协会的讨论会上的论文中说:在关于认识的基础研究理论与紧贴在文化总体上的非历史性的概念体系之间,存在着一种紧密的联系。

这就是说,一方面,关于认识的基础研究理论一直是将哲学起着一种为科学确定和指定其自身的地位的作用;另一方面,与人类文化总体紧密相关的概念体系则让哲学起着判决科学、道德与艺术的作用。哈贝马斯的上述观点与康德的批判哲学理论有密切关系,因此,曾遭到美国里查德·罗迪的批判。但哈贝马斯并不认为康德的批判哲学原则已经失败,毋宁说,哈贝马斯更关心在现代社会条件下改造批判哲学的精神,使认识论研究更紧密地同对于文化的总批判相联系。

哈贝马斯于 1976 年获得黑森州塔姆施塔特市颁发的弗洛伊德奖金,主要是嘉奖他对于语言和诗歌研究的卓越贡献。同年,哈贝马斯发表《论历史唯物主义的重建》(*Zur Rekonstruktion des Historischen Materialismus*)。

《论历史唯物主义的重建》一书的发表标志着哈贝马斯认识人类学阶段的终结。他在 1971 至 1981 年间,身为马克斯·普朗克科学技术世界生存条件研究所所长,在系统研究沟通行动理论的过程中,始终没有中断对认识论问题的研究。

（一）历史与语言

在德国 20 世纪 60 年代的理论争论中，围绕着认识论、社会科学与自然科学方法论、实证主义与历史主义、诠释学与意识形态批判以及人类一般行为理论等基本问题，始终都没有离开过关于历史及语言的性质、功能及其作用的解析。在哈贝马斯同实证主义、诠释学、社会体系理论、哲学人类学等其他流派的争论中，哈贝马斯始终没有忽视过对于历史发展这个人类认识和"生活世界"基轴的分析。但是，依据现代科学技术及现代人文科学，特别是现代语言哲学的研究成果，哈贝马斯努力跳出传统历史主义的理论的窠臼，着重分析了历史与作为交往中介的语言符号体系的演变关系及其与人类认识、与人文科学和自然科学的发展的关系，试图从历史与语言的交叉复杂关系中找出人类认识及文化总体的发展规律，探究人类社会走向自我解放的可能途径。

早在 20 世纪 60 年代，实证主义的卡尔·波普以及围绕着"传统"与"应用"等诠释学重要概念而同伽达默尔进行争论的里德（Joachim Ritter）和谢尔斯基（Helmut Schelsky）等人，都已经表现了剧烈的反历史主义倾向。

哈贝马斯在研究社会科学的逻辑时，同他在 20 世纪 60 年代研究认识与利益以及进行意识形态批判的基本精神一样，没有离开他的"认识人类学"的基本论点。这就使他和卡尔·奥托·阿贝尔（Karl-Otto Apel）一样，很重视实证主义者以及里德和谢尔斯基等人的反驳论证。

卡尔·奥托·阿贝尔曾在评论唯科学论、诠释学与辩证法的关系的论文中概述了从认识人类学的角度而设想的科学论的基本内容。阿贝尔指出，早在科学的诠释学建立的初期，思想家们就已经提出了如下的问题，即人们通过一种作为方法论的抽象，是否能够在人与人之间的超主体际的相互理解的基础上，对一些共同的和表达出来的意义取得一个科学的论题？这样一种作为方法论的抽象是否存在？

接着，阿贝尔指出，19 世纪的哲学诠释学的奠基人施莱尔马赫和狄尔泰已经试图对这个重要问题作出回答。但是，当时的施莱尔马赫和狄尔泰只考虑到要对"原文"所表达的意义,依据规范性的要求或所谓"真理"的标准,作出渐进的和普遍有效的客观化(eine progressive, allgemeingultige Objektivation)的抽象处理。这种处理方法似乎想要使精神科学或人文科学,以自然科学为榜样,走"渐进的和普遍有效的客观化"的途径。只是狄尔泰试图以"传统"的中介作用,使"精神科学"中的本来没有联系的"规范性"的要求发生"普遍有效的"理解作用。

狄泰尔等人的这种观点连他自己都怀疑有可能导致一种"虚无主义的历史主义"(nihilistischer Historismus)的危险。狄尔泰之后的诗人牟济尔(R. Musil),在尼采的影响下,提出了"没有个性的人"的口号(Der Mann ohne Eigenschaften)。

里德和谢尔斯基就是在这种观点的基础上,用"普遍有效的规范"的客观化和联结作用去代替真正的"传统"和历史。

哈贝马斯在《论社会科学的逻辑》一书中,批判了里德和谢尔斯基等人对于"传统"和"理解"所作的反历史主义的推论。

哈贝马斯指出,里德和谢尔斯基渲染现代工业社会的特殊性,似乎科学技术的发展及其魔术般的统治作用,可以取消和抵消历史传统对于人的理解力的作用。

要把握哈贝马斯对里德和谢尔斯基的批判的实质及内容,必须充分理解哈贝马斯关于理性和语言在历史发展中的作用和意义的思想。在哈贝马斯的《论社会科学的逻辑》一书中,正如他以前的《认识与利益》、《作为意识形态的技术和科学》及以后的《关于沟通行动理论》一样,理性与语言是弄清哈贝马斯的论证逻辑的关键。

所以,在哈贝马斯的《论社会科学的逻辑》一书中,当他分析批判实证主义和里德、谢尔斯基等人的反历史主义观点的时候,他发展了马尔库斯关于工业社会理性异化的理论,充分肯定米德和艾伦斯特·卡西勒关于"社会行为以使用语言手段进行交往和沟通作为前提"的基本观点,充分考虑帕森思继韦伯之后对社会行为中语言所起的先验的中介作用的概念,反复地分析了包括波普、亨普尔和纳格尔在内的实证主义者关于语言、逻辑、科学理论与历史的关系的论述,同时也注意到受科林伍德

（Robin Georges Collingwood，1889—1943）影响的威廉·德雷（William Dray）对"关于一般性法则的模型理论"（Covering Law Model）的深刻批判。最后，哈贝马斯还注意到美国分析历史哲学的主要理论家阿瑟·丹多（Arthur C.Danto）关于"叙述性解释"与"演绎性解释"相对立的"分析哲学式诠释学"的基本论点。哈贝马斯在综合各个方面的论点之后，进一步论证了一切科学知识基于理性与语言的历史变迁而发展的理论，从而建立了一个以分析理性与语言的历史功能为杠杆的新型的社会行为理论。

哈贝马斯并不否认，在查理士·荷尔顿·古里（Charles Horton Cooley，1864—1929）、威廉·伊萨克·托马斯（William Isaac Thomas，1863—1947）和乔治·赫尔柏德·米德为代表的"符号论的相互作用论"（Symbolic Interactionism）的影响下，原属芝加哥学派的安瑟伦·斯特罗尔斯（Anselm L.Strauss）在语言理解研究领域中对于现代社会学的发展所作出的贡献。安瑟伦·斯特罗尔斯的社会行为理论，批评了实用主义语言学说的行为主义理论根源，强调社会行为分析必须基于一系列的"解释"结构。他的理论很快得到维因兹（P.Winch）的支持。维因兹在他的《一种社会科学的观念》（*The Idea of a Social Science*，London）一书中建议以伽达默尔的诠释学为基础将斯特罗尔斯的理论变为一种关于科学的理论。

斯特罗尔斯的上述政治哲学理论，包含了深刻的社会语言分析观点，因为在他看来，某些重要的社会变化，诸如"异化"与"再占用"（Reappror_iation）等，并非单纯是被分隔的结果。这些社会现象往往同时地发生在居民的各个特殊的部分。但某些被异化的人们最终可以发现其他人也经历和遇到相类似的问题。因此，在这些发现中所涌现的新词汇乃是共同性的创造物。这些新创造以新哲学、新世界观的形式而出现。这些新的、对于世界、人类生活和人类行为的说明就是一种新的理论、新的人生观。

哈贝马斯很重视斯特罗尔斯的上述来自芝加哥学派符号论的相互作用论的观点。哈贝马斯认为，斯特罗尔斯似乎已经考虑到"自我"的自发性和语言的创造性在由新词汇所构成的新观念中所起的协调和统一作用。这就是说,随着新的社会变化而产生的新词汇,在解释新的环境的过程中,固然会遇到一系列人们所未能预见到的问题,但是,作为社会关系中的、具有历史经验的"自我"和作为长期起着沟通中介作用的语言本身,都会有其自身的、自发的创造精神和适应能力,以便应付未预见到的问题,使之在新的沟通原则中自然地被人们所接受。

在这里,有趣的是,斯特罗尔斯继承米德的观点,精致地区分了"我"和"自我"。米德在《以社会行为论观点看精神、自身和社会》中说:对于各种态度所构成的社会环境所作出的新反应,组成为一种与"自我"相区别的"我","自我"是常规的和普通的个人。他永远此在。他和其他人一样,有他自身的习惯和反应。不然的话,那位"个人"就不会构成社会共同体的一个成员。但对于如此这般地组织起来的社会共同体作出持久反应而又同时地表达他自身的这位"个人",不一定非要采取自卫的方式来表达自己;他可以是作为他自身而在这个共同体中以协作的方式来表达自己,作出他自身的反应。他的态度的各种可能性存在于集体所集成的那个总态度之中——这位"个人"的态度是在这个总结构中采取一种他可能表达自己的方式,尽管这个方式可能尚未存在过。

这就是说,在这一派社会学理论看来,社会乃是这样一种领域,在那里,一切新出现的语言因素和新的游戏般的世界观,都不会遭遇到对抗,如果这些新因素是在人与人交往过程中已经或可能被人们所接受的话。

哈贝马斯在高度评价上述所谓"理解的社会学"的语言学观点的同时,也指出了这种社会学在关于"动机"方面的理论的局限性。米德和斯特罗尔斯等人在解释社会行为的"动机"时,把"动机"说成是与行为者自身解释其环境的说明体系相吻合的一种因素;也就是说,是一种在确定和实现其行为方向时起作用的言语性因素。

英国的艾耶尔(Afred Jules Ayer, 1910—1989)在维特根斯坦的启示下,批评了把"动机"与"原因"相割裂的观点,但艾耶尔把社会现象同自然科学中所遇到的问题混淆在一起,以致其解释社会行为的因果论仍然属于化约论或简化论(Reductionism)的范畴。

如果说像艾耶尔那样的实证主义者在说明社会行为时试图用"原

因"代替"动机"的话,那么,基于弗洛伊德潜意识理论而建立的另一种诉诸于语言理解的社会学则试图克服在主体对于意义的主观的解释中所遇到的局限性,而同时地注意到各个主体的行为举止的"意向性"及符号系统本身所包含的内容的超验性和超主体性的作用。在这方面,哈贝马斯高度评价了麦克英泰尔(A.C.MacIntyre)的研究成果。麦克英泰尔在他的著作《论潜意识》(*The Unconscious*, London, 1958)一书中,把精神分析学纳入语言分析的领域内,从而把由动机产生的行为举止,特别是一系列无意识的行为举止,看做是诠释学研究的对象。

弗洛伊德本人虽然没有全面地在语言哲学的基础上发展他的诠释学原则,但在他的"总体心理学"(Metapsychologie)中,已经涉及这个重要问题。他的总体心理学所设想的发展"模式"可以使医生有可能在同病人的有分析的"对话"中对于所搜集到的片断性的资料加以重新组合;这种组合的方式使医生预见到病人所不能做到的对于反思经验的分析综合。在这里,医生可以设想和构思病人所不能叙述的一种历史及其解释。但是,这段由医生依据病人的片断材料新构成的"历史",只有当病人达到了能像他自身作为历史的见证人而进行叙述的时候,才得到最终的证实。当然,麦克英泰尔也看到了弗洛伊德上述理论在说明社会行为时的局限性。因此,哈贝马斯认为,一切只是想从语言分析的角度去解释社会行为的企图都不会完满地获得成功。

在哈贝马斯看来,语言分析固然为说明社会行为及其历史发展提供重要的方法,但不是充分的。为此,哈贝马斯建议考察一下功能主义社会学的理论。

同时,哈贝马斯还在语言分析的基础上,重新考察现象学、诠释学及先验的语言符号论的各种观点,把语言分析与历史比较、自我的个别性理解与社会共同体的交往、行为的个人动机与社会的反应和效果、个人的主体性反思及其客观的超主体际的有效性等因素加以综合研究。

因此,当哈贝马斯回过头去考察功能主义关于社会行为的理论时,主要是为吸取他们对于社会行为的客观因素的充分解释,使得对于社会行为的动机和结果的说明,经过对于语言的中介性的沟通作用的分析之后,看到社会历史发展中的语言之外的因素所起的作用。哈贝马斯尤其重视功能主义对于行为的主观意向性及其客观效用的分析和评价。哈贝马斯认为,功能主义在分析社会行为的"意向性"的客观作用时,正确地估计到"社会劳动"和"统治"在社会行为的实现过程中的功能。功能主义者认为在整个社会体系中,在文化交往和联系过程中,各种功能的实施及其把握,不一定要采取语言叙述的方式。在社会中,语言和统治的因素的交叉使语言采取"意识形态的结构"的形态——这种语言已经不是一般意义上的日常语言,而是与统治和劳动有关的意识形态的语言。

美国的帕森思曾不同于其他的功能主义者而提出了精细的社会行为理论。但哈贝马斯认为帕森思同样地避而不谈对于意义的解释在说明社会行为中所起的作用。因此,帕森思忽视了说明社会行为所必不可少的交往活动的意义。

在哈贝马斯看来,在解释社会行为过程中,语言分析和历史分析的相结合可以克服单纯的语言分析和单纯的功能分析的片面性,从而使一种基于精神分析学、人类学分析的、关于社会行为的一般理论,能够在诠释学、语言学和历史学的综合观点的考察下获得新生。

哈贝马斯承认,从马克思到孔德,从弗朗兹·奥本海默(Franz Oppenheimer)到马克斯·韦伯,所有这些经典的社会学家,都试图解决上述问题。他们一方面考虑到社会整体的形成和发展过程,另一方面也考虑到基于以往社会的相互作用经验的人类共同体的集体行为在现时条件下的重新组合。卡尔·波普在他的《历史主义的贫困》一书中提到了上述思想家为走出历史主义的死胡同而向经验主义靠拢。但哈贝马斯不同意卡尔·波普试图把历史考察的观点完全地纳入经验实证方法论的轨道。

哈贝马斯高度重视卡普(K.W.Kapp)的研究成果,主张从哲学人类学、文化人类学和进化论的综合角度,全面地分析历史的发展。卡普认为,任何历史都有一个开始和一个终结。但是,历史的开端的重建和重新组合只能在人类学和人本学的总观点下进行。这就是说,要把每一个开端看做是人本身的开端,看做是在社会的每个个体的自身存在所处的持续条件中而发展的人本身的一个起点,一个新生活的起点。同样地,每个历史的终点,只能依据具体的人类生存条件和环境,依据反思的经验去进行预见。正因为这样,哈贝马斯主张,即使采用历史的功能主义的观点,对于一切社会行为的解释,必须同时地综合历史实践的以往的和现时的各种条件,在事物发展的过程中,从实践的观点,而不是从纯技术的观点,去考察和分析各种出现的问题。

哈贝马斯的上述观点是同他的前述人类学认识论相联系的。他说,历史的功能主义的考察不是为了达到可以被使用的技术目的,而是为了"解放"的目的,是完全基于独立的自我反思的基础上的。

在这里,卡尔·奥托·阿贝尔再次显示出他同哈贝马斯的某些共同点。阿贝尔在他的《唯科学主义还是先验的诠释学?》("Szientismus oder transzendentale Hermeneutik?")一文中说,作为对于真理起着批判标准的诠释学的"解释",只有当它遵循着协调性原则时才起作用;也就是说,解释的普遍有效的超主体性是在一个设想的、无限的解释范围内实现的,是一个无限的历史实践过程。

当然,哈贝马斯在同阿贝尔共同研究言语符号与社会行为的关系时,也存在着许多分歧意见。这些分歧意见使哈贝马斯在 20 世纪 70 年代下半期以更加明朗的态度,批判阿贝尔等人的先验主义观点。

但是,不管怎样,从 20 世纪 50 年代下半期和 60 年代发生的围绕诠释学问题、语言与历史、"意义"的现象学理解问题、语言与结构主义的关系问题、语言与"存在"的关系问题以及一系列由于奥斯汀和席尔勒的言语行为论以及后期维特根斯坦提出的"语言游戏"(Sprachspiel)概念和"生活形式"(Lebensform)概念而发生的、以"语言"为中心的重大理论争论,都加在一起,使哈贝马斯坚信,新型的社会科学和人文科学理论,只有在充分地吸取和利用语言理论的成果之后,才有希望从传统社会科学和人文科学的束缚下解放出来。而在研究人类行为的社会学领域中,尤其必须以语言哲学的上述伟大成果作为基础进行新的研究。

哈贝马斯在《关于沟通行动理论》第一卷第三章中指出:"对于把语言上的相互理解利益当做中心问题并视之为行为方向性机制的沟通行动理论来说,分析哲学及其核心部分,即分析哲学关于'意义'的理论部分,提供了一个有指望的出发点。"接着,哈贝马斯又在同一章中说:"对于沟通行动理论来说,关于'意义'的分析理论,乃是唯一地具有启发性和指导性的——这种'意义'分析理论把'意义'同语言的表达结构、而不是同说话者的意图相关联。正因为这样,它有可能看到无数行为的行动角色的行为之间是如何借助于相互理解的机制而在他们之间联系起来的;也就是说,使这些行为有可能在社会空间和历史时代中建立起联络网。"

哈贝马斯在《关于沟通行动理论》两卷本中反复申明和论述语言哲学的研究成果对于他的沟通行动理论的决定性的影响,也同时清楚地表明了:把哈贝马斯的沟通行动理论同以往的一切传统的社会学理论、社会哲学理论相区分的分水岭,恰巧便是在行为与语言的关系问题上。只有透彻地弄清社会行为中的语言机制,才能彻底理解沟通行为的本质,才能真正理解作为新型的社会批判理论的沟通行动理论的真正意义。

(二)言语符号论的普遍性

现代的先验言语符号论最早是由实用主义者皮耳士系统地加以研究的。正如前面已经指出的,卡尔·奥托·阿贝尔在整理和分析皮耳士的言语符号论理论遗产方面作出了突出的贡献。哈贝马斯是在同实证主义的论战中,在分析伽达默尔诠释学、维特根斯坦语言哲学及当代英美其他分析哲学的语言理论的时候,越来越意识到言语符号体系及其演变规律在理解人的精神生活内容及其实际功能、理解人的社会行为及其与人的思想的关系等重大问题上的决定性意义和作用。一句话,研究言语符号体系的形成、使用及其作用,已经远远超出语言学和言语符号论的范围,而成为研究人的一切活动(精神活动、社会活动和生存活动等)的基础理论。这个基本观点的形成是基于这样的认识论和方法论的,即人类社会乃是一种相互交往的共同体(eine Kommunikations Gemeinschaft)。

语言符号论原文为 Pragmatik 或 Sprachpragmatik(英语为 Pragmatics)。所以,人们一般很容易把它同实用主义相混淆。就其原义而言,Pragmatik 指的是语言符号论及其使用,因此,它涉及的,不只是语言符号本身的相互关系,而且还涉及语言符号使用过程中的"使用者"及使用关系中所牵涉的一切其他因素——包括社会的、个人的、物质的、心理的因素等。所以，语言符号论乃是一种属于符号学（Semiotik）的学科，研究信号（符号，Zeichen）、符号使用主体（zeichenverwendendes Subjekt）以及主体之间的关系及其客观效用。

早在 20 世纪上半叶，美国的查里斯·莫里斯（Charles William Morris，1901—1979）和德裔美国哲学家鲁道夫·卡尔纳普（Rudolf Carnap，1891—1970）就已经着手以语言的符号论体系，扩充和补全他们所研究的语言句法上的符号关系学（Syntactics）和语义哲学（Semantics），以便在语言使用的上下文关系和脉络中，全面分析主体及符号使用中的解释关系。当时，莫里斯甚至在皮耳士所建造的"实用主义的符号学"（pragmatistic Semiotic）的基础上，把上述句法上的符号关系学（Syntactics）、语义学（Semantics）和"语言符号论"（Pragmatics）合并在一起，整合成普遍的符号论。同莫里斯一样，卡尔纳普也试图建造"形式的"（formal）和"经验的"（empirical）普遍语言符号论，将上述三方面纳入一个体系。

阿贝尔在研究皮耳士及其后的语言哲学的语言符号论的基础上，又进一步改造康德的先验哲学原则，并吸取席尔勒（John Roger Searle，1932—　）的"言语行为论"（A Theory of Speech-Acts）对于传统的和经典的语言哲学原则的批判研究成果，采纳了赫尔姆德·斯奈勒（Helmut Schnelle）的《语言哲学与语言学》（Sprachphilosophie und Linguistik，Reinbek bei Hamburg，1973）的一些观点，创立了先验的语言符号论（Transzendentalpragmatik）——这是一种关于语言的普遍有效性、关于社会行为的语言基础、关于科学认识和科学理论的真理实质、关于人的道德意识的语言形式及其有效性、关于人的哲学、关于人的历史及其解放等一系列跨学科、跨主客体关系及跨理论实践关系的新型学说；它的基本成分无疑是哲学、语言学、社会学、科学论和伦理学，但它的论述范围却涉及一切与人的活动有关的领域——从自然到历史、从语言到文化、从社会到作为人的行为对象的宇宙。

哈贝马斯在着手分析和吸取阿贝尔等人的先验语言符号论的研究成

果时,也同阿贝尔一样密切地注视英美语言哲学的研究动向,分析和研究与语言哲学的发展有密切关系的伽达默尔诠释学、海德格尔语言分析理论和弗洛伊德语言文化理论。所以,概括地说,在20世纪70年代的理论建设中,为了寻求人类沟通行为的本质及其功能,为了在社会解放的广阔视野内考察语言问题,哈贝马斯试图在阿贝尔的先验语言符号理论中,重新探索维特根斯坦语言哲学原则、伽达默尔诠释学原则及一般社会科学逻辑的基本问题,重新评价奥斯汀(John Langshow Austin,1911—1960)和席尔勒的语言论,使得所有这些已经被阿贝尔考察过的论题,重新在哈贝马斯本人的社会批判理论的大熔炉中陶冶一番。我们将会发现,哈贝马斯与阿贝尔的理论分野恰巧在于:前者比后者更明确地试图把语言符号论扩大成为关于一般的政治哲学理论的基础,成为一种新型的人类沟通行动理论的基础。因此,在哈贝马斯的语言符号论的研究中,除了注意到其语言学理论背景,还注意到它同社会学理论研究的结合与综合,即注意到用马克斯·韦伯和塔尔科特·帕思森及马克思等著名社会学家的政治哲学理论,特别是他们的社会行为理论及社会合理化理论去丰富语言符号论的内容。

哈贝马斯在20世纪70年代关于语言符号论的论述,集中地体现在那篇题为《什么是普遍的言语符号论?》("Was heisst Universalpragmatik?")的论文中。这篇论文最先发表于由阿贝尔主编的论文集《语言符号论与哲学》(Karl Otto Apel,hrsg.*Sprachpragmatik und Philosophie*,1976)一书中;后来被哈贝马斯加载他的《关于沟通行动理论的预备性研究及补充材料》一书中。

四、语言与真理的问题

言语符号论的一个中心问题,就是要探讨语言与真理的关系。这是现代哲学为抵消传统形而上学思考的影响所作的理论研究努力而要弄清的一个重要论题。

卡尔-奥托·阿贝尔在《哲学的真理概念是指导语言科学主要内容的

研究方向的前提》("Der philosophische Wahrheitsbegriff als Voraussetzung einer inhaltlich orientierten Sprachwissenschaft")和《现代哲学环境中的语言与真理的问题》("Sprache und Wahrheit in der gegenwartigen Situation der Philosophie")两篇文章中,详细地考察了这一重要论题自洪堡(W. von Humboldt)至新实证主义者的历史研究状况。

哈贝马斯在采纳语言哲学研究成果中也同样认识到语言与真理的关系问题的极端重要性。所以,在《论社会科学的逻辑》一书中,哈贝马斯分别在论真理与论先验语言符号论的章节中考察了这个论题,并试图在沟通行动理论的范围内去探索。

传统的形而上学总是把真理论放在主客体关系的范围内去研究。传统形而上学忽视了作为交往中介物的语言在真理形成和发挥其有效性的作用。但现代语言哲学在纠正传统形而上学的上述倾向时走向了夸大语言因素的作用的道路,以致只是在语言分析的狭窄范围内研究语言问题。所以,哈贝马斯先后分析批判了关于真理的语义学理论及"真理—赘语论",并明确表示,他所支持的关于"真理的一致论"是以一种政治哲学理论的规范性基础为出发点的;同时,这种真理论还必须同一种以理性为基础的伦理学相联系。哈贝马斯指出,瓦尔德·舒尔兹(Walter Schulz, 1912—)在《变动的世界中的哲学》(*Philosophie in der veranderten Welt*, Pfullingen,1972)一书中曾经表达了类似的观点,即在一般政治哲学理论和理性伦理学的基础上研究真理问题。

哈贝马斯对于瓦尔德·舒尔兹的赞同并非偶然的。因为舒尔兹基于对谢林、费希特和克尔凯郭尔的哲学研究,主张使哲学适应已经变动的世界,以"科学化"、"内向化"、"精神化"和"肉体化"、"历史化"和"责任感"等基本范畴,建立一个适应新世界的辩证法新哲学。在上述基本范畴中。唯一没有在历史发展的疑难中终结的范畴是"责任感",因此,真正能确定哲学的未来命运的是"责任感"——这就是为什么哲学自身对它在形而上学的终结中所想到和所思索到的一切,都是根源于"责任感",同样地,这也就是为什么哲学的未来前途归根结底决定于它的伦理学意义上的反思。瓦尔德·舒尔兹的上述著作以及他此前的著作《哲学的新道路与目的》(*Neue Wege und Ziele in der Philosophie*)和《现实概念的变动》(*Wandlungen des Wirklichkeitsbegriffs*),都因此而成为了哈贝马斯考察真理问题的重要参考。

因此,哈贝马斯主张使关于真理的讨论同关于行为的讨论密切地联系在一起。哈贝马斯说:通过"行为"(Handeln)这个词汇,我引入交往领域——在这个领域中,我们假定并心照不宣地承认在陈述和判断中的有效性,以便交换信息,即有关行为的经验。在"讨论"这个词中,我导入以推论为特征的交往形式——在这个推论中值得讨论的有效性是从论证和证实它们的立脚点和出发点去考察的。为了使这些论证过程得以进行,我们必须以特定方式走出行为和经验的范围。在这里,我们并不交换信息,而是交流旨在论证或否弃那些成为问题的有效性的推论过程。

通过这样的讨论,哈贝马斯获得三个重要的结论:第一,区分了有效性问题与起源问题,使一切与相互间理解无关的动机问题悬挂起来,并把一切实际的限制搁置在一旁。第二,使有效性问题潜在化,使我们有可能表达对经验对象,诸如事物、事件、个人和陈述等的存在与否的保留态度,也能够从其存在和其可能的合法性的角度考虑事实和各种规范。第三,行为领域与论证过程在结构上的区分,乃是动机结构与交往结构的关系的反面,而这后一种关系则是社会文化进化过程的重要特征。因此,论证过程是暂时地被分离和被中止。而这样一来,从行为限制而解脱出来和不再受经验压抑的交往形式,便可以是在受干扰的相互作用的环境中期待那些受到考察的有效性。

从上述论述中可以看出,哈贝马斯一方面在社会行为和相互作用的总体中考察各种命题、陈述或判断的真理有效性问题,另一方面又冷静地区分了沟通行为领域和命题中的真理性问题。

因此,在哈贝马斯看来,当出现沟通行为的时候,关于各种判断命题的有效性的说明乃是多余的;但在论证命题的有效性时,它们确实是不可缺少的。

总之,在哈贝马斯看来,在实际的情况下,所谓肯定是为经验的对象带来信息的;而在论证过程中,人们所讨论的是与事实有关的命题。因此,关于真理的问题并不是在与行为有联系和认识的现实关系中出现,而是在与那些同论证相联系的事实的关系中存在——这些论证是从经验中引申出来,并解脱了实际义务的约束。关于真理的观念只能在同论证其有效性的推论关系中得到说明。

但是,真理的问题并不就此解决。哈贝马斯强调指出,在传统哲学中,真理的概念远远超出"陈述命题的真理"的范围。实际上,"真理"一词往往有"合理性"(Vernunftigkeit)的含义。但是,我们所说的合理性,不仅指各种判断,而且也指其他的言语行为和各种说话举止的规则,甚至还包括各种规范、各种行为和各个人的准则。

在哈贝马斯看来,相互理解的目的,是为了达成一种"同意"(Einverständnis),以便通过这种"同意",走向有相互理解、共识、相互信任和观点汇合的、由各主体间组成的共同体。换句话说,在相互理解的主体间的共同体的范围内,"同意"是立足于相互理解性、真理性、诚实性和合准则性之上的。

关于"相互理解性",哈贝马斯指出了它的多种内容。首先,它意味着在起码两个主体之间,存在着口语表达上的相互理解。其次,它又同时地意味着在他们之间存在着有关他们的陈述命题的准则性的协议——这些准则性乃是他们之间当做规范准则而共同承认的。只有这样,参与交往的各个主体才能对世界上存在的事物发表共同的见解,才能在他们之间相互理解他们的意图的真正含义。

因此,形式的言语符号论的中心论题,是寻求言语行为的普遍的符号论前提,即所谓普遍的主体间的有效性。这种主体间的有效性,要求说话者在表达意见时,起码要达到以下三个前提条件:第一,依据说话共同体所共同接受的规范原则,以便在说话者之间建立一个共同承认的个人间(主体间)的关系;第二,依据共同接受的言语命题表达原则,以便在说话者之间形成一个共同可以理解的正确原则;第三,依据说话者所经历的生活世界和其真实的心愿,诚实地说话。

哈贝马斯由此主张一种广义的和全面的"合理性"(Vernunftigkeit)概念。这一概念,在哈贝马斯看来,包含四个内容,即"可理解性"、"真理"、

"正义性"和"诚实性"。这四个真理的原则的有效性是有区别的,而且,它们的准确性也是不同的。但是,不管怎样,在论证中,只要能够得到证实,命题判断也好,规范也好,都可以具有真理的有效性。当然,哈贝马斯并不否认,命题判断的论证形式是理论论证,而对于规范来说则是实践论证。

所以,哈贝马斯认为,"真理的一致论"所涉及的是陈述命题的真理性和评判或命令的正义性的问题。所谓语言因素的功能在真理问题上的作用,始终都必须依据上述四种具体的真理原则的有效性状况,在语言交往所涉及的各个社会成员之间达成他们可以接受的所谓"背景性的协议"。这就是说,针对四种具体情况,对于对话者的具体要求是要达到:陈述的"可理解性"、命题成分的"真理性"、实施各构成部分的"正义性"及对话者所表达的愿望的"诚实性"。

这样一来,基于反复检试的协议,作战略性的交往,即可以相互理解的交往,其实施要求:第一,对话和行为主体要使个体间关系的实际意义以及使贯穿于陈命题的意义成为"可理解"的。换句话说,对话者和行为者都要以可理解的方式表达自己。第二,对话和行为主体要确认其言语规则所组成的陈述命题的"真理性"。换句话说,对话者和行为者所要提供的,乃是可以领会和听懂的某种事物。第三,对话和行为主体要确认其规范的"正义性"。也就是说,这些规范应该为主体实行口语规则,提供满意的条件。第四,对话和行为主体不怀疑有关各主体的"诚实性"。

只有遵循上述四个条件,可以相互理解的交往才能完成。当语言的正常功能的发挥受到了阻碍,上述四种导向有效性的要求也就成了讨论的主题。这个时候,就会出现相应的、各具特征的提问方式和答案——这些提问和答案乃是交往实际活动的组成因素。

举例说,当一个陈述命题的可理解性成了问题,我们就会提出以下类型的问题:"你要说什么?""我应该怎样理解你?""这些是什么意思?"对于这些提问的答案,我们称为"解释"(Interpretation)。

如果一个陈述命题的内容的真理性成了问题,我们就会提出以下类型的问题:"那些事真是像你所说的那样吗?""为什么它是那样,而不是别样?"对这些提问所作的答复被称为"判断"和"说明"。

如果作为言语法则的组成部分的规范的正义性成了问题,我们就提出如下类型的问题:"为什么你做这些?""为什么你不采取别的方式行动?""你有权利做这些吗?""难道你不应该以别样方式行动吗?"对这些提问所作的答复我们称为"论证"或"证实"。

如果在相互交往时,其中一方的诚实性成了问题,我们就提出如下类型的问题:"他欺骗我吗?""他是否自己搞错?"我们当然不会向不值得信任的人提出这些问题;我们只是向第三者提出这些问题。

哈贝马斯对上述四种"有效性的要求"作了更具体的区分,以便分析它们同言语结构、论证方式以及经验基础的关系。

在哈贝马斯看来,"诚实性",作为有效性的要求,属于"非论证性"的;"真理性"和"正义性",则属于论证性的;至于"可理解性",虽然属于论证性的,但它不同于"真理性"和"正义性"的要求。因为在哈贝马斯看来,可理解性是一切交往和沟通的必不可少的条件,它只属于论证性并非在交往过程中产生的。

在上述分析的基础上,哈贝马斯又对文化与自然的关系所引申出来的各种区别性作了分析。哈贝马斯说,所谓文化是由语言建构而成的现实界。对于这样的现实界,我们可以采取两种态度:参与者的态度或观察者的态度。

说话者和行为者依据正常规则所作出的各种陈述命题,组成了我们所说的"文化"。这就是说,从语言的角度来看,"文化"无非是由说出来或写出来的"话",由表达这些"话"的语句或词句群所组成的。既然所有这些命题都包含着有效性的要求,所以,文化这个"现实界"的存在也是基于这个要求有效性的事实之上。由此出发,当我们涉及由实践的规范所规定的文化部分时,对于行为者而言,社会制度所要求的是规范性的有效性——它并非由那些服从规范主体的相互割裂的行为而产生的。关于这一点,本书将在稍后评述哈贝马斯的道德理论时详加讨论。这里提出这个问题,一方面为了说明哈贝马斯关于道德理论的观点是有发展的,在他的思想发展的 20 世纪 70 年代时期,哈贝马斯的认识仍然是有限的;另一方面也是为了在这里比较关于道德的判断与关于一般知识的陈述命题的有效性的区别。

总之,哈贝马斯认为,由观察性的言语规则所提出的有效性要求是与经验对象和事实有关;而由公认的规范所提出的有效性要求则其本身就是经验对象或事实。正因为这样,哈贝马斯才谈论"存在的规范"的问题。这就是说,规范的有效性是属于规范自身的存在形态,它是由规定性的、惯例的命题表达出来的——是在确定的具体的环境中使用的;它要求在这样的性质的条件下应该实施或不实施某一种行为 X。在这种条件下,命题所采取的"做某某事是恰当的"这样一种语态,对于那些从属于社会体系的人来说,其作用就相当于一个自然的观察者所使用的存在性的量词"某某事物是存在的"。规定性的或指示性的命题所表达的是由存在的规范所提出的有效性要求;而它们并不构成言语规则的组成部分,因此也不能在对规范的观察中实施。一切言语规则可以同时也是一种规范的实施,但只有一种特定的言语规则才表达讲话者或行动者所遵循的、基于规范的那些普遍性关系。

综上所述,在交往中的相互理解的目的,是达到一种"赞同"或"同意"(Einverstandnis),使由各个主体间所组成的共同体实现相互理解、共同认识、相互信任和汇集各种观点。各主体间所组成的共同体的上述四个方面相互理解、共同认识、相互信任及汇集各种观点正好相应于以上讨论过的四种有效性的要求:可理解性、真理性、诚实性及正义性——所谓"赞同"就是以这四种有效性为基础的。

康德在他的《纯粹理性批判》一书中把"先验论"称为研究经验的先天可能性的条件的理论。因此,在康德的先验哲学那里,在关于经验对象的经验知识之外,还存在着一种对先于经验的一般概念的先验知识。这些一般性的概念是先于经验而存在的,但它在认识活动中的参与是不可缺少的;是使对于经验对象的经验知识具有普遍有效性的前提。

牛津大学斯特劳森(Peter Frederick Strawson,1919—　)教授在他同奥斯汀的关于真理的争论中,在他的关于肯定日常的普通语言的意义的许多论文中,以及他的拥护者们,都对康德的先验分析原则给予很高的评价。他们认为，一切前后一贯的经验，都是依据一定的范畴体系。就我们将会发现在一贯的经验中隐含着这种同样的概念结构而言，我们把可能的经验的基本概念体系称为"先验的"。这种新的"先验性"概念与康德的不同点就在于它否定了康德所考虑要加以使用的先验的演绎的验证方法。在康德那里，关于"一般对象的先天的概念是可能的经验的有效条件"这个命题，并没有清楚地加以论证。所以，在康德那里，关于先验性的论题本身已经包含着矛盾和可争议的因素。也就是说，一般的可能经验的先天条件，同时也是经验对象的可能性条件。但斯特劳森这一派人对于康德的先验论的上述改变，充其量也只是康德先验论的更为软弱无力的变种。

哈贝马斯指出，斯特劳森只是放弃了康德的先天的论证，而着重强调经验的"一贯性"（Coherence），并把一切可能的经验的一贯性看做是先验的概念结构的基本特征。

与斯特劳森学派的上述见解相类似，哈贝马斯指出，以保尔·洛朗琛为代表的爱尔兰根学派的逻辑建构主义也在其论证"原始物理"（Protophysik）基本概念体系时，满足于把"先验的"理解为极为有限的条件。与西德 20 世纪 60—70 年代的哲学争论直接有关的皮耳士的实用主义与狄尔泰的诠释学原则，也同样在试图继承康德先验论传统的时候表现了其理论论证的弱点。哈贝马斯指出，皮耳士的实用主义的先验原则试图论证：在经验与工具性活动之间存在着某些先天性的因素。狄尔泰的诠释学则力图论证：在经验的先天性因素的对面，存在着理解的和交往经验的先天性因素。

哈贝马斯一方面看到了阿贝尔等研究先验语言符号论的积极成果，另一方面也批评其先验论的弱点。因此，哈贝马斯建议，重要的问题是要对于有效性要求的论证的实现过程所必须具备的条件进行认真的研究。在这个研究中，我们可以从康德的先验哲学中学到许多有用的东西。但是，研究的重点应该是关于交往的普遍性的和不可绕过的前提条件（allgemeine und unvermeidliche Kommunikationsvoraussetzungen）。对于这样的前提条件的研究，哈贝马斯认为并不一定要沿用"先验的研究"这个词。

因此,针对阿贝尔的先验的诠释学和先验的语言符号论,哈贝马斯提出如下两个不同意见。

第一,相互理解的过程,只能作为一种相互交往的经验的过程,才能加以先验的分析。这就是说,哈贝马斯认为,参与某一种交往过程的收听者,在理解另一位讲话者的言语表达时,实现一种经验,而这种经验是与感受到现实性的一个片段的观察者所具有的经验相类似的。以这种比较的观点来看,就一种可能的经验对象而言,那些具体的表达语句相应于经验的对象,而那些一般性的表达命题则相应于一般的对象。先天的简单的对象概念,诸如一贯性的经验的概念结构和先天的关于一般表达的概念的关系也具有相类似的性质。我们依据那些先天的简单对象概念,可以类推地对我们的先天的一般性的表达概念进行分析。即是说,那些基本概念是与可能的相互理解的状况相关的;而这种概念结构使我们有可能在正确地构成的说明中使用语句。这样的范畴体系组成着诸如"意义"和"意向性"、"讲话功能"和"发生作用的功能"以及个人间的关系等概念。

但是,哈贝马斯强调,上述所谓"可能的相互理解的状况"在这模拟中相当于"可能的经验对象"的表达语句就已经意味着:在交往过程中所获得的经验,相对于这一交往过程中所实现的相互理解的目的而言,是次要性的。很明显,讲出来的话的一般结构(die allgemeinen Strukturen der Rede)首先必须从相互理解的角度而不是从经验的角度,去加以研究和探讨。只要我们承认这一点,与先验哲学相关的问题就成为次要的了。

在哈贝马斯看来,先验哲学基于立足的观点是:当我们以不变的观点使现实客观化和具体化(objektivieren)的时候,我们建构着经验(dass wir Erfahrungen konstituieren)。这种客观化表现在每一个前后一贯的经验中;而这些经验都必须假定一般的对象。这类一般对象可以作为一个基本概念体系(als ein System von Grundbegriffen)来加以分析。

但是,哈贝马斯并不认为康德的上述先验哲学的原则可以指导对于沟通行为的普遍性前提的分析。

因此,哈贝马斯认为,对于相互理解过程的先验的研究,必须依据另一种模式来进行;它不是那种关于构成经验的认识论模式,而可能是依据关于深层结构和表面结构的模式。

第二,用"先验的"这个词,可能会掩饰批判的语言符号论同先天论(Apriorismus)相决裂的事实。这就是说,作为一种社会批判理论,哈贝马斯所能接受的语言符号论是与康德等人所主张的先天论划清界限的。所以,哈贝马斯建议,虽然"先验的"或"超验的"(transzendental)这个概念可以在特定的意义下有助于表达语言符号论的某些深刻内容,但它可能会混淆语言符号论同"先天论"的关系。在康德那里,他是严苛地区分了经验分析与先验分析的性质的。

假定我们接受"先验的"这个词,并把先验的研究理解为经验的客观有效性的、普遍的和必然的前提条件的重建问题(eine Rekonstruktion von allgemeinen und unvermeidlichen Prasuppositionen von Erfahrungen)的话,那么,关于上述重建程序与经验的分析程序的区别虽然继续存在,但是,关于先天的知识与后天的知识的要求的区别性反而模糊起来了。因此,哈贝马斯仍然认定这样一点:"我们把它与经验的科学加以对立的那种'先验的'表达形式,是不能在不引起误会的情况下表现出像普遍的语言符号论那样的科学研究的特征的。"

关于"先验的"方法的问题,哈贝马斯曾对奎因(Willard Van Orman Quine,1908—)与卓姆斯基(Noam Chomsky,1928—)之间的争论进行了分析研究,并在1983年出版《道德意识与沟通行为》一书时收入了他所写的论文《建设性的社会科学与理解性的社会科学的对立》("Rekonstruktive vs.verstehende Sozialwissenschaften")。这后一篇论文原是以英语发表在1980年召开于美国加州柏克莱的学术讨论会上的报告,原题为《解释性的社会科学与解释论的对立》("Interpretive Social Science v.s.Hermeneuticism")。这篇论文对理解哈贝马斯的普遍的语言符号论及其与交往理论的关系极有益处。本书将在稍后论述哈贝马斯的伦理道德思想时详加分析。

哈贝马斯的语言符号论广泛地吸取了自20世纪50年代末开始的、

在奥斯汀(J.L.Austin)与席尔勒(John R.Searle)之间发生的关于语言行为的理论问题的争论。如前所述,奥斯汀在 1955 年发表的《怎样以语词做事情?》(*How to do Things with Words*? 1955,1962,Oxford)一书,奠定了当代语言哲学的基本原则。但接着,奥斯汀的学生约翰·席尔勒在 1959 年以其论"意义"(Sense)及其关系的博士论文对奥斯汀的某些基本原则提出质疑,并在此基础上,席尔勒在 1969 年发表了他的轰动一时的名著《关于言语行为的理论》(*Speech-Acts*, *An Essay in the Philosophy of Language*, Cambridge Uni.Press,1969),系统地论述了他的"言语行为理论"。

哈贝马斯高度评价语言哲学界关于言语行为问题的争论的理论意义,但他同时严厉地批评了奥斯汀与席尔勒等人的语义学原则。

哈贝马斯认为,关于言语行为的理论所具有的普遍的语言符号论意义就在于:它论述"言谈"(Rede)或各种语词表达(Ausserungen)的基本单位的观点,是与语言学论述语言命题的单位的观点相一致的。

实际上,哈贝马斯指出,对于语言的任何建设性的分析的目的,就在于明确地说明说话者构建语法句子并使之通达所必须遵循的规则。就这一点而言,言语行为论与语言学是具有同样的任务的。

但是,哈贝马斯认为,重要的问题还在于区分交往、沟通能力与语言能力,区分普遍的言语符号论与语言学。为此,就必须精细地研究语句(die Satzen)与语词表达(die Ausserungen),哈贝马斯有时也用 Rede,即"言谈"或"讲出来的话"的区别,研究它们所分别应该遵循的不同规则。哈贝马斯承认,席尔勒的关于言语行为的理论已经提出这个重要论题,并认为交往沟通能力(die kommunikative Kompetenz)在言语行为中使用着某些语句使用所应遵循的普遍规则。但哈贝马斯强调指出,"依据语法规则的语句的产生是与应用言语符号论规则的语句使用不相同的;这种言语符号论规则构成一般的言语交谈环境的基本结构。"(die Infrastruktur von Sprechsituationen uberhaupt)在这里,重要的是,哈贝马斯为了深入探讨沟通行为和沟通能力的本质及其规则,虽然从研究言语能力的规则中获得了重要启示,但他不满足于停留在对言语甚至对言语行为的单纯语言学研究。为此,他严格区分语句形成或构造所应遵循的规则与语句和语词在交往中的使用所应遵循的规则,而这后一方面,恰巧是普遍的言语符号论的研究论题。

为了弄清言语符号论的基本论题,必须着重弄清以下五个方面:

第一,语句与语词表达的区别与联系。

哈贝马斯认为,如果我们一方面从处于特定环境的具体言语行为出发,另一方面我们又把这些具体语词表达(言谈)的言语符号论功能所必需的一切因素都加以抽象的话,那么,我们就保持和留存那些讲话的语词。实际上,言谈的基本单位是言语行为(die Sprechhandlung);而语言的基本单位则是语句(der Satz)。它们之间的区别是依据发生有效性的条件方面的(Die Abgrenzung ergibt sich unter dem Aspekt der Gultigkeitsbe-dingungen)。这就是说,每句严格符合语法的语句只要达到可理解性的要求(Anspruch auf Verstandlichkeit)就可以满足了;但言语行为则在表达的可理解性之外,还要求所有进行交往沟通的参与者必须每次都同时地接受达到真理性、诚实性及正义性的要求,并同时还要求参与者相互间都尊重这些有效性的要求——只有在这一切条件都具备的情况下,言语行为才能成功地被看做是沟通行为。因此,哈贝马斯指出,语句只是语言学分析的对象,而言语行为才构成言语符号论的分析对象。

第二,个别言语与一般语言的关系。

在哈贝马斯看来,语言学研究的首要任务,就是要为每种个别的言语制定语法,使它们在任何形式的情况下都能符合一种结构要求。反之,一般性的语法理论的任务是建造规则体系,使每个主体能据此而形成任何一种言语的符合规定的好句子(wohlgeformte Satze irgendeiner Sprache)。因此,语法理论的目的是为每一位成年的说话者提供普遍有效的语言能力。

第三,语言学分析的基本内容。

哈贝马斯指出,每个言语表达(jeder sprachliche Ausdruck)至少可以从三个方面加以分析:语音学方面、句法方面和语义学方面。在上述三个方面中,语音学和句法方面都可以在语言学的自身范围内得到圆满的解释和解决。但语义学方面,如果单纯局限在语言学研究的范围内,就还不能透彻地得到解决;它必须求助于言语符号论的分析才能得到彻底圆满的解决,因为语义学本身包含了言语符号论的抽象因素。

第四,关于具体的言语行为和处于任何一种言语行为中的语句的问题。

这个问题涉及经验的言语符号论(die empirische Pragmatik)与一般的言语符号论(die allgemeine Pragmatik)的区别。在哈贝马斯看来,前者的首要任务是描述性地把握在一个特定地点中的、带有环境典型的言语行为(die deskriptiven Erfassung situationstypischer Sprechhandlungen eines bestimmten Milieurs),以便从其社会学的、种族学的和心理学的角度加以分析;后者的任务则是建造一整套的规则体系,以便使说话行为的主体能在任何一个环境下表达出各种足以达到交往和沟通目的的语句。

因此,哈贝马斯重申,一般的言语符号论旨在为成年的说话人(erw- achsener Sprecher)提供在现实的环境下处置语句的能力,建造这种能力(die Fahigkeit zu rekonstruiren)。哈贝马斯常常使用"建造"、"建设"、"建构"或"重建"(rekonstruiren,rekonstruktion)这个词,以便强调他所重视的一般的言语符号论"建造"交往能力的意义;而这种"建造"能力的意义是语言学和经验的言语符号论所不具备的。

一般的言语符号论为说话者"建造"这种在现实的环境下处置语句的能力的目的,是为了使这些语句具有说明(Dorstellung)、表达(Ausdruck)和通知(Mitteilung)的一般的言语符号论的功能。在1976年最先发表在阿贝尔编的《言语符号论与哲学》一书中的《什么是普遍的言语符号论?》一文,当哈贝马斯在1984年将它收集到当时出版的《关于沟通行动理论的预备性研究及补充材料》时,他还把上述言语符号论赋予语句的说明、表达和通知功能修正为说明、自我表达(Selbstdarstellung)和达成个人间关系的功能。哈贝马斯这一修正,更突出了他的作为沟通行为的基本理论的一般的言语符号论的性质及意义。

第五,普遍的言语符号论的基本内容。

哈贝马斯认为,普遍的言语符号论的三大功能,即借助于一句话说明或表达某某事物、表达一位说话者的意图(eine Sprecherintention zu aussern)和达成在说话者和听话者之间的个人间关系(eine interpersonale Beziehung zwischen Sprecher und Horer herzustellen),都是为了达到使一种表达能在特定的环境下得到承认的目的。所有上述功能的完成是同真理性、诚实性及正义性的普遍有效性的条件相适应的。

因此,每个言语行为可以从相适应的分析观点加以考察:关于语句命题的理论是从对于言谈讲出来的话进行逻辑语义学分析的角度去研究命题的内容的;关于意向表达的理论是依据语言的主观性与超主体际的关系的标准,去研究说话者的意向性的内容的;关于言语行为的理论则研究非惯用语行为的能力,而这种研究是考虑到实现个人间关系时所表现的"相互作用"(Interaktion)。

哈贝马斯强调指出,对于沟通行动理论而言,在上述各类表达行为中,最值得注意和最具有重要价值的,是个人间关系的建立;而这恰巧是关于言语行为的理论的研究对象。在关于言语行为的理论中,弄清言语表达实施过程,揭示讲话表达活动的本质,乃是最核心的部分。在哈贝马斯看来,语言所运载和完成的个人间关系的可能性条件,是同语言本身的性质、起源和发展过程密切相联系的。正如本书前文探讨关于语言与真理的问题时所说的,哈贝马斯和维特根斯坦一样,强调"语言"与"相互谅解"(或"取得一致")乃是有共同起源的、相互联系并互为说明的成对概念。因此,在哈贝马斯看来,言语行为中所建立的主体间关系是言语行为主体,随着其生活及其生活世界中的实际经验的增长,伴随着言语理解能力的发展而逐渐地形成的。

五、对马克思主义的重建

作为新马克思主义的主要理论派别,法兰克福学派从不回避他们与马克思主义理论的历史关系。作为法兰克福学派的第二代的主要代表人物,哈贝马斯一方面继承了他的前辈的社会批判理论,并阐明它与马克思主义的关系,另一方面他根据社会历史条件的变化和最新的理论研究成果,对马克思主义以及霍尔克海默、阿多诺等第一代法兰克福学派理论家的新马克思主义观点进行了不停顿的批判和改造。

哈贝马斯对马克思主义的批判和改造,构成了他整个的"哲学—社会学"理论建设的一个重要方面,自始至终贯穿于他的理论研究活动中。但是,必须强调指出的是,只有经历了多方面的论战,又反复地思考了各种理论问题,并对自己所处的社会历史环境作了深刻的分析和反思之后,哈贝马斯才有可能系统地和全面地对马克思主义本身作出理论评价。这一评价,集中地体现在他在 1976 年发表的《论历史唯物主义的重建》(*Zur Rekonstruktion des Historischen Materialismus*,1976 年第一版)。本书引自该书的一切引文,都来自该书的 1982 年德文第三版一书中。因此,本章所述哈贝马斯对马克思主义的批判,是以《论历史唯物主义的重建》的思路为指导而展开的。

对马克思主义的重建《论历史唯物主义的重建》一书搜集了哈贝马斯自 1973 年至 1976 年论述马克思主义基本理论、哲学在马克思主义体系中的地位、当代社会道德意识结构的变化、当代社会的合理性问题、当代社会学研究新动向对马克思主义的启示、当代法治结构及法学理论的变迁、当代资本主义国家的合法性问题、当代资本主义危机的性质以及其他一系列重大理论问题的论文。

哈贝马斯对马克思主义理论的重建,是同他对社会的研究、对其他派别的理论的分析以及同他本人的现实的政治态度相互联系的。因此,在这一方面的研究,有助于我们全面地评价哈贝马斯的理论。

在《论历史唯物主义的重建》一书的导论部分[在书中,这篇导论是以"历史唯物主义与规范结构的发展"("Einleit ung:Historischer Material-ismus und die Entwicklung normativer Strukturen")的题目发表的],哈贝马斯从第一段起便清楚地界定了他"重建"马克思主义的真正意义。

哈贝马斯指出,在他 1976 年前的二三年间在不同场合所写的这些论文是为了对马克思主义进行一个理论估价;这就是他对于马克思主义的历史唯物主义的"重建"。

哈贝马斯特别区分了"重建"(Rekonstruktion)与"修复"(Restaura-tion)、"复兴"(Renaissance)的不同含义。他说,"修复"意味着回归到一个已经中断了的出发点。但是,哈贝马斯对马克思和恩格斯的兴趣既不是教条主义的、又不是以历史和刻板的态度(ist nicht dogmatisch und auch nicht historisch-philologisch),在这里,philologisch 原义为"语文学的",但此处指"咬文嚼字式"或"死板的"。"复兴"则意味着使一个传统再生和"更新"(die Erneuerung einer Tradition),似乎这一传统曾经被人们抛弃而被历史所淹没。但哈贝马斯说,马克思主义的情况并非如此,因此,对马克思主义来说不存在"复兴"的问题。

接着,哈贝马斯明确地说:"就我们的情况而言,'重建'意味着对一种理论加以解剖(auseinandernehmen,原义为"拆开"),并以新的形式重新组构(dass man eine Theorie auseinandernimmt und in neuer Form wieder zusammensetzt),以便更好地达到它为其自身所确定的目标——对一种在许多观点上需要加以修正,而其发展潜力又尚未也永远不会完全耗尽的理论来说,这是正常的(我认为,对所有的马克思主义者来说也是正常的)态度。"

哈贝马斯的上述几段话非常重要,因为它表达了他对马克思主义的基本态度和基本评价。当然,要全面了解哈贝马斯对于马克思主义的态度,我们不能满足于对上述几句话的分析,尽管这些话非常重要。因此,本节将以上述对"重建"马克思主义的定义的分析作为基点,再结合哈贝马斯本人的思想发展过程及其整个理论观点,概述哈贝马斯对马克思主义的基本态度。

首先,我们再回过头去分析哈贝马斯本人为"重建"马克思主义所界定的含义。他认为,对马克思主义不能抱教条主义和僵化的态度。马克思和恩格斯是在 19 世纪 40 年代,针对当时的社会政治、经济和理论状况,根据他们本人所受到的理论教育的性质和程度,提出他们的一系列政治的和理论的观点,制定了后人称之为马克思主义理论的雏形。接着,他们又在半个世纪左右的时间内,经历各种政治的和理论的斗争,经过反复研究当时的各派理论以及对现实状况的调查研究,他们发展了自己的理论。这些理论是马克思和恩格斯的研究成果,它的理论价值恰巧在于它的基本原则符合当时历史发展的一些基本要求,揭示着当时的资本主义社会的一些重要问题的实质,有助于社会的进步和发展。

但是,马克思和恩格斯充其量也只是天才,而不是神,也不是绝对真理的化身。他们的学说的某些部分,即使在他们生活的时代,也不一定绝对正确。更何况他们的才智和活动能力也是有限度的。因此,他们不但不能完全预见历史发展的趋势,不能制定供后人遵循的真理楷模,而且也不能在他们从事理论活动的时期内对一切现实的和历史的问题作出尽善尽美的分析,不能避免各种理论上的错误,不能取代他们同时代的其他派别的理论的优秀成果。

所以,哈贝马斯强调,他不打算"回归到一个已经中断了的出发点"。马克思和恩格斯的理论已经成为历史的文物之一,不需要对它进行"修复"。它应该保持它本身的历史面目,但不需要刻板地搬用到现实生活中。

哈贝马斯本人认为第二次世界大战后的西方社会是繁荣的,其民主制是为人类生活带来希望的——这种状况不仅与马克思和恩格斯的时代完全不同,也异于霍尔克海默等人所生活经历过的第二次世界大战前的社会状况。所以,没有任何理由要在这个时代里搬用马克思和恩格斯的词句,没有理由把他们的理论当做教条而加以神化。

在这一点上,哈贝马斯的态度是完全同教条主义的、共产党官方的态度相对立的。

其次,哈贝马斯不认为马克思主义有加以"复兴"的必要。马克思主义从来没有被历史淹没过,它一直在延续地发展着。从 19 世纪 40 年代到 20 世纪 90 年代,差不多一个半世纪的发展和延续历程,虽然中间经许多理论争执及分化,而且至今仍然在它的内部发生着剧烈的争吵,但它一直存在着。正如法国当代批判的马克思主义理论家乔治·拉毕卡教授所说:"马克思主义、列宁主义具有明显的力量。正因为这样,它才被怀疑。"

就这一点而言,哈贝马斯同一切否认马克思主义的历史存在和现实存在的理论家相区别。在哈贝马斯看来,不应忽视马克思主义本身所固有的理论威力,但也不能滥用这一理论力量。正因为这样,哈贝马斯所依属的社会批判理论主张合理地发挥马克思主义的固有的批判威力,使之为社会合理化的目标服务。

为了达到马克思主义所确立的目标,马克思主义的许多观点需要加以修正——这一修正工程必须经历哈贝马斯所说的"拆散"(解剖)和"重组"(以新的形式)的过程。这就是他所说的"重建"马克思主义的真正含义。

把马克思主义加以"拆散"或"解剖",就是不承认任何教条主义者所宣称的"体系",打破这个"体系"本身,如果确实有这样的体系的话。拙著《新马克思主义导引》(台北远流 1991 年版)第三章概述批判理论的基本内容时,从一开始,便明确宣布:"批判理论的首要出发点便是否定一切理论体系化的必要性。"

在哈贝马斯看来,马克思主义理论本来不成其为体系,更不存在"不可触动的禁区",不存在不可否定的因素。马克思主义,如果要不断发展的话,应该承受来自各方面的批判和解剖,把它自身的各个组成因素拆散开来,暴露在光天化日之下,让人们仔细地一一加以鉴别,一一同现实的要求加以对照。一部汽车的构造要不断改进,就必须容许机械师和设计师时时加以拆散,加以仔细研究和推敲,然后以新的标准和新的要求,重新设计和重新组装。汽车工业的发展史已经证明这种方法的正确性。对于理论的改造,也要遵循这种方法。

哈贝马斯对马克思主义的重建,就是在承认和肯定马克思主义理论的历史作用和合理目标的前提下,要对它的许多观点加以修正,使之更好地达到其目标。但是,在哈贝马斯那里,对马克思主义,特别是对历史唯物主义的重建,还紧密地同哈贝马斯对沟通行动理论的研究相联系,同他对社会科学研究的哲学基础的研究相联系,同对社会进化问题的研究相联系。

哈贝马斯说:"在语言方面所表现的各主体间的主体间性(Intersubjektivität)的结构,作为可以在基本的言语行为的原型中加以探究的结构,是在构成方面同样地适合于社会的和个人的体系。社会体系可以理解为沟通行为的网络(Gesellschaftssysteme können als Netzwerk kommunikative

Hand-lungen aufgefasst werden）；个体性的人的体系要从语言的和行为能力的角度去观察。"

哈贝马斯的上述基本原则是同马克思单纯地从历史哲学的非反思的原则根本不同的。马克思深受黑格尔的历史辩证法思想的影响，总是假设社会历史的理想的进化过程。到了第二国际的主要思想家考茨基（Karl Kautsky，1854—1938）那里，马克思主义的上述"历史客观主义的社会进化理论"更加典型化。关于马克思主义的社会进化理论的历史客观主义（Geschichtsobjektivismus），哈贝马斯本人还在《关于历史中的主体》（"Uber das Subjekt in der Geschichte"）一文中作了更具体的分析。哈贝马斯还赞同魏尔默对马克思主义的批评观点，因为魏尔默恰当地指出了马克思主义的历史哲学的僵化性和刻板性。

同哈贝马斯一样，法兰克福学派的第二代理论家的其他代表人物，费兹舍尔（I.Fetscher）和格特（Oskar Negt）等人，也相继批评了马克思和考茨基的历史客观主义。

在哈贝马斯等人看来，马克思主义一方面只依据纯哲学的论证方法去建立某种"科学的"理论体系，就如同考茨基等人所做的那样；另一方面它又放弃哲学反思的原则，只一味地强调历史客观规律的强制性，要求一切人不假思索和不加具体地分析各种具体的历史环境，而听任自己的命运和行动由历史规律去摆布。

因此，哈贝马斯认为，"当我们今天重新把历史唯物主义的基本观点应用于社会进化的时候，就要求特别的谨慎。"

哈贝马斯还特别强调，社会科学研究领域内的各种重要的论题及其论证方法，已经随着弗洛伊德、米德、皮亚杰及卓姆斯基的研究成果，而发生了根本性的变化。

但是，归根到底，社会科学和人文科学的研究的最根本转变，集中地表现在它们的基本概念的选择上——确切地说，这类基本概念的选择是为了确立关于沟通行为的研究范围。

再次，哈贝马斯还指出，马克思的政治哲学理论从一开始就显示其规范基础（die normative Grundlage）的含糊性。要解决这个问题，既不能靠对传统的和经典的自然法理论进行本体论方面的改造,也不能靠对基于规律性研究的各种科学进行描述性的说明方法,而只能靠一种社会批判理论来代替。这是哈贝马斯基于对 19 世纪末 20 世纪初以来先进的资本主义社会进行全面考察和分析,基于对现代文化和科学技术的结构的研究,特别是基于对当代社会的人类相互交往的新结构和新关系的研究之后,提出来的社会合理化理论。

在哈贝马斯看来,解决当代社会问题的关键是彻底地重建(nachkons-truiren)一般的交往原则并完成当代规范(Normen)和价值(Werten)的正义化和合理化程序。这一论证过程的基础是这样一个认识,即"言谈 der Rede 是使一切交往和规范合理化得以发生有效性的根据"。哈贝马斯说:"在实际的论证中所要论述的是有效性的要求(Geltungsan sprüche),而这种'有效性要求'又是把言谈看做有效性基础(der Rede als Geltungsbasis)。"这是哈贝马斯重建马克思主义历史唯物主义的中心环节。

哈贝马斯在前面所说的马克思政治哲学理论的规范基础的含糊性,归根结底,就是指历史唯物主义未能基于沟通行动理论,借助"言谈"这个关键环节,去揭示人的行为规范之本质,并由此指出社会合理化之可靠途径。

哈贝马斯和霍尔克海默等人一样,把资本主义社会的理性化以及理性之工具化,看做是近代社会中人的行为及行为关系的结果。但哈贝马斯比霍尔克海默等人更集中地探索近现代社会中人的行为及其关系的演变过程及其奥秘。哈贝马斯在集中探究近现代社会人的行为及其关系的奥秘的过程中,并没有忽视人的行为及其关系同社会物质生产过程的密切联系;在这一点上,他仍然尽可能地采纳马克思主义历史唯物主义中之合理因素,同时也采纳弗洛伊德精神分析学关于人的精神活动与社会生产劳动的关系的理论。但哈贝马斯尤其没有忽视 19 世纪末、20 世纪初以来社会与人文科学的研究成果,尤其重视韦伯、狄尔泰、帕森思、米德、皮亚杰及卓姆斯基等人的社会学与语言学理论的卓越成果,使哈贝马斯越来越把揭示社会奥秘的重点转向交往问题,尤其集中在语言问题上,集中在人们交往过程中所"讲出来的话",即"言谈"之上。

哈贝马斯指出,现代社会之成为一个紧密不可分之整体,一个生产高度发达,人人都被捆绑在由高度理性所创造的现代科学技术的庞然大物的文化机器上的共同体,其根本原因是现代社会沟通行为与交往关系之不合理性,而掩饰和论证此种不合理性,乃是以现代言语和言谈所建立起来的现代文化的使命。因此,哈贝马斯的社会批判理论把批判的矛头指向现代文化的言语结构,揭示这种言语结构的不合理性。

同历史唯物主义相比较,显然,马克思的政治哲学理论只突出了对资本主义社会经济结构的分析,而且,此种分析的理论和基本方法,正如哈贝马斯所指出的,是继承了经典自然法理论的路线,只是马克思试图在把黑格尔的辩证法加以颠倒以后,从纯哲学的本体论和从传统科学揭示自然规律的方法论两个基本方面,去建设历史唯物主义的体系。所以,在哈贝马斯看来,马克思的历史唯物主义仍然没有跳出传统理论和方法论的羁绊,充其量也只是在揭示社会劳动方面作出了突出的贡献,但并未能触及现代社会人类一般行为的规范本质,也未能揭示建立合理社会所赖以维系的具体的、符合真理和正义的、普遍行得通的规范标准。

哈贝马斯认为,马克思主义的历史唯物主义的最大弱点是根本不重视语言问题。语言与人的行为关系、语言与社会文化的关系、语言与统治的关系、语言与人的精神生活的关系、语言本身的各个组成因素及其社会作用,等等,都被马克思置之一旁。

当然,哈贝马斯认为,为了以沟通行动理论作为基础去重建历史唯物主义,不能只满足于把两者联结在一起。重要的问题是,根据沟通行动理论的要求,使马克思所倡导的社会进化理论的每一个观点都在实际问题上得到检验。如前所述,马克思只把他的进化理论着重于分析社会生产力及其有关方面。哈贝马斯认为,应该进一步分析道德、实践知识及沟通行为等问题。为此,更要研究规范结构的发展模型(Muster der Entwicklung normativer Strukturen)。

哈贝马斯指出,"这些结构形式描述出包含着发展逻辑的文化习俗和制度变迁。"这就是说,在历史上特定时期内存在和发生变化的文化价值、道德观念和规范等,其变迁的有效范围和活动范围是有所不同的;而规范结构的变迁是保持着其自身的发展动力的,它独立于经济的力量。在导致更高水平的发展过程中,文化经常起着特殊的作用。

因此,在哈贝马斯看来,文化现象作为沟通行为的直接产物,也应该成为历史唯物主义的最重要的考察对象和研究内容。

对文化现象和道德规范的分析,离不开对个体意识结构的解剖和研究。马克思主义的历史唯物主义一向忽视对个体意识结构的深入分析。哈贝马斯认为,对个体意识结构的分析必须从研究语言功能、结构及其与意识活动的关系入手,然后在社会交往的总网络中去加以考察。如前所述,在分析沟通行为中最关键的因素——主体间的主体间性问题时,哈贝马斯曾经指出,语言的主体间性的结构是研究社会意识和个人意识活动的基础。个人的意识也必须从沟通行为和语言方面去观察。

"意识结构的特定本质,一方面体现在法律与道德的制度中,另一方面是在个体的人的道德判断和行为的表现中存在着。"在这方面,哈贝马斯不仅充分吸取了哲学人类学、人类学、社会学、心理学、伦理学、语言学的最新研究成果,而且,还对当代社会法律、政治、道德制度及其与语言的关系进行广泛而深入的探索。在哈贝马斯任马克斯·普朗克研究所所长期间,哈贝马斯曾在 1981 年夏组织社会科学问题讨论会,集中讨论社会相互作用与社会理解问题。这个讨论会的部分论文后来由哈贝马斯搜集成《社会相互作用和社会理解》(*Soziale Interaktion und Soziales Verstehen*)。这部论文集针对着"主体理论",从发展心理学、精神分析学、社会学和认识论的角度,围绕着人的行为能力的社会发生过程(die Soziogenese der Handlungsfähigkeit)进行探索。为此,讨论会触及一系列有关个体意识结构与社会意识结构的问题,其中包括主体的行为能力和判断能力、自律的"我"(das autonome Ich)、道德的"自身"或"自我"(das moralische Selbst)及其发展模式、规范性概貌(Normalita tsentwurf)等。由于皮亚杰的认识形成心理学在这些方面的突出研究成果,哈贝马斯在《关于历史唯物主义的重建》一书中和在马克斯·普朗克研究所的讨论会上都集中分析了皮亚杰的有关理论。为便于理解这方面的研究理论,有兴趣的读者可参看皮亚杰（Jean Piaget）本人的著作《儿童时期的道德判断》（*Das moralische Urteil*, 1973）和皮亚杰的学生科尔贝格（K.Kohlberg）的著作《论儿童的认识发展》（*Zur kogniti ven Entwicklung des Kindes*, 1974）。

关于认识发生心理学的理论已经证实在个体发生系列中的道德意识发展的阶段性及其变动性。在不同发展阶段中，道德意识是以"前惯例的模式"、"惯例的模式"和"后惯例的模式"的形象结构来加以说明的。这些不同的模式也可以在法律观念和道德观念的进化过程中反映出来。

皮亚杰的上述认识发生心理学揭示了社会规范作为社会共同体各成员所共同遵循的行为规则和准则，在其内化成个人意识的过程中，也存在着不同的发展阶段和演变规律。个人道德意识发展过程中的前"惯例的模式"（prakonventionnelle Muster）、"惯例的模式"（konventionnelle Muster）和"后惯例的模式"（postkonventi onnelle Muster）是同社会范围内的法律观念和道德观念的进化模式相对应的。

哈贝马斯很重视美国麻省伍斯特市克拉克大学（Clark University, Worcester, Massachusetts）发展心理学教授威廉·达蒙（William Damon）的研究成果。这位达蒙教授在研究相互作用过程中社会认识能力的发展和道德意识的发展方面作出了很大的贡献。他在1977年发表的《儿童的社会境界》（*The Social World of the Child*, San Francisco, Jossey Bass, 1977）一书，集中了他在这方面的分析成果。达蒙教授还主编《儿童发展新方向》杂志（New *Directions for Child Development*），并发表了《论儿童社会认识的发展研究》（"The Developmental Study of Childrens Social Cognition"）的论文。达蒙教授在马克斯·普朗克研究所组织的学术讨论会上发表的论文《儿童社会认识发展的结构、演变及其过程》（"Structure, Flux and Process in Childrens Socialcognitive Development"）更详细地探讨了儿童时期社会认识能力的形成和发展结构，更具体地显示出与道德意识和其他社会意识相联系的个人社会认识能力的结构的形成和演变的条件。达蒙认为，人的认识能力及其个体或社会的意识结构，在人的一生中，是不断发生变化的。达蒙严厉地批评了传统心理学片面强调人的意识结构的"坚固性"（Konsistenz）的观点；他着力论证了个体和社会意识结构的"变化性"

（Variation）和"整体性"（Ganzheitlichkeit）。因此,达蒙深入地研究了儿童社会认识结构模式的变化性及其发展过程。他以儿童的"逐渐性"（Allmählichkeit）、"连续性"（Kontinuitat）和"不等性"（Ungleichmässigkeit）观念的形成和演变为例,说明这些观念的变化同儿童整体意识发展的内在关系。他还认为儿童的意识结构模式的变迁意味着儿童意识结构模式在其思维过程中的"重组"（als Reorganisationen des Musters im Denken）,这种累进的重组（progressive Reorganisation）乃是演化过程（als Transformationsprozess）。

和达蒙教授一样,马克斯·普朗克研究所研究员曼弗列德·安韦尔德（Manfred Anwarter）和图宾根市埃伯哈德-卡尔大学（Eberhard-Karls-Universität in Tu bin gen）的社会学家兼社会心理学家埃迪·基尔斯（Edit E.Kirsch）也在研究社会意识的个体发生过程方面作出了贡献。他们在合著的论文《论社会相互作用的个体发生过程及其结构理论分析》（"Zur Ontogenese der sozialen Interaktion.Eine strukturtheoretische Analyse"）中,具体地分析了社会相互作用在个体发生过程中的不同演化阶段:第一阶段是刚出生 2 个月内的婴儿的潜在社会交往能力;他们把这种潜在的社会交往能力（die latente Soziabilität）称为"早期儿童的参与性相互作用"（Fru hkindliche partizipatorische Interaktion）。第二阶段是 2—4 个月婴儿的原始的超主体际的主体性（Primare Intersubjektivitat）。第三阶段是 4—8 个月的婴儿的相互作用程序（Interaktionsrituale）。第四阶段是 8—12 个月婴儿的第二阶段超主体性（Sekunda re Intersub jektivität）,这是"幼童的自律性相互作用行为"（Autono mes Interaktion sverhalten des Kleinkindes）。第五阶段是 12—18 个月幼儿的变换的和定额的相互作用（Alternierende kontingente Interaktion）。第六阶段是 18—24 个月幼儿的补充的相互性的相互作用（Komplementäre reziproke Interaktion）。第七阶段是 24—36 个月幼童的惯例化的有顺序的相互作用（Konventionalisierte sequentielle Interaktion）。第八阶段是 3—4 岁半幼童适应环境的主动的相互作用（Situations adaquate positive Interaktion）。第九阶段是 4.5—6 岁儿童的有关系感知的相关性相互作用（Beziehungssensitive relativierende

Interaktion）。第十阶段是 6—9 岁儿童的确定性的反思型相互作用（Identita tssichernde reflexive Interaktion）。

这些对早期儿童心理意识中各种内在和外化结构的具体研究,有助于分析个体意识的形成过程中的各种性质的观念及其各种内外关系。哈贝马斯尤其注意个体意识形成和发展中的"自我"意识的演变,因为在他看来,对于"自我"意识的解剖是分析超主体性（Intersubjektivitat）意识结构的关键;而分析超主体性意识结构又是揭示沟通行为及其意识基础的奥秘的钥匙。

哈贝马斯在《论历史唯物主义的重建》一书的第三、四、五、六章中,分别探讨了道德意识发展与自我同一性（Moralent wicklung und Ich-Iden-titat）、复杂的社会共同体建立合理的自身特质（Vernu nftige Identitat）的可能性、关于社会进化理论的社会学比较研究以及重建历史唯物主义的重大原则问题。在这些论述中,哈贝马斯更深入地比较研究了个体意识与社会意识的复杂关系。

关于自我发展的概念,哈贝马斯是从认识、语言和行为能力三方面的个体发生过程进行研究的。他认为,在"自我发展"这样一个统一概念之下（unter eine vereinheitlic hende Idee der Ich entwicklung）,可以对认识的、语言的和相互作用的能力的发展进行分析。"自我"是在一个限定的体系内形成的。接着,哈贝马斯分析了与内在自然的主观性（die Subjektivität der inneren Natur）相对立的"可感知的外在自然的客观性"（die Objektivität einer wahrnehmbaren a usseren Natur）、"社会的规范性"（Normativitat der Gesellschaft）和"语言的超主体性"（die Intersubjektivitat der Sprachs）的复杂关系。

正是在对这些关系的探讨中,哈贝马斯指出:"自我"（das Ich）同上述各因素的界限的划定,不仅意味着"主观性"（Subjek tivitat）的形成,而且也意味着"自我"同时地作为认识、语言和相互作用三大方面的"主管单位"（als eine Instanz）的确立——而这后一方面的性质就已经在"界定"中同时地包含着"超越"（transzendieren）。这就是说,"自我"就是在"纯主观的"（bloss Subjektive）与"非主观的"（Nicht-Subjektive）相互区别中确定其自身的特质。

从黑格尔经弗洛伊德，一直到皮亚杰，都是试图在同客观对象相互区别和相互交换的过程中，分析和描述"自我"的主体地位的性质及其演变。在皮亚杰那里，这个"非主观的"，乃是一个"对象"（Objekt）；是一种认识上的、成为客体化的、可操纵的和可支配的实在性（die kognitiv vergegenständlichte und manipulativ verfügbare Realität）；但另一方面，在弗洛伊德看来，这个"非主观的"，又是一种交往的、开放的和可以通过确定性过程而被保证了的相互作用的领域（der kommunikativ erschlossene und durch Identifikationen gesicherte Interaktionsbereich）。"自我"所处的周边世界，乃是在"外在自然"和"社会"这两种领域中相区别的。

在以往的传统研究中，对于"自我发展"有三种不同的探索路线：第一，以苏利文（Harry Stack Sullivan，1892—1949）和埃利克森（Erik Homburger Erikson，1902—   ）为代表的"分析的自我心理学派"的理论；第二，以皮亚杰、科尔贝格（K.Kohlberg）为代表的"认知发展心理学派"（die kognitivistische Entwick lungspsychologie）的理论；第三，以米德、伯鲁默（Blumer）和戈夫曼（Goffman）等人为代表的"相互作用论"（Interaktionismus）。他们以象征性相互作用论为基本观点，制定出一整套关于社会行为的理论，并说明了行为与个体意识的关系。

哈贝马斯综合了上述三大类理论的要点，归纳如下六个方面，并在对此要点进行分析的基础上，提出了他的看法。

作为主体的成年人，其语言和行为能力，乃是教育和长期训练过程的总成果。但是，这些受教育过程的相互联系的作用及其具体的发挥过程，我们至今并未精细地加以把握；其中有些因素仍属于待揭示的"谜"。我们能够把认识能力的发展同语言能力、性心理能力和动机形成能力的发展加以区别。动机形成能力的发展似乎同相互作用能力的发展有密切关系。关于这一点，哈贝马斯曾在《关于角色担任能力的概念》（"Notizen zum Begriff der Rollenkompetenz"）的论文中作了较详细的探讨。

主体在语言和行为能力方面的受教育过程，包含着一系列不可跳跃的、不可倒换的、复杂的和个别性的发展阶段。这些严格地按顺序、按不同个体而发生的阶段,在每个个体的不同情况下,具有不同的内容、不同的性质。在上述三大理论派别的研究中,皮亚杰学派的贡献尤其突出。美国心理学家佛拉威尔曾对皮亚杰的这一理论成果作了简明的概括。据佛拉威尔所提供的分析材料,认知发展诸阶段,不仅在质上相互区别,而且,由于各个阶段内个体的思维方式和思维风格也有所不同,在结构整体上(strukturiertes Ganzes)也大不相同。个体的受教育过程不仅是断续地进行,而且也"危像似地"(krisenhaft)进行。据美国心理学家卡明夫妇(J.Cumming and E.Cumming)的研究报告,某一个特定发展阶段中的问题的解决,构成了一个重新组构阶段的前提。而解决一个危机的经验,也是为克服下一危机提供条件。个体意识和心理的"成熟危机"(die Reifung-skrise)是一个特殊的精神分析学概念,是同心理发展的"青春期阶段"的概念有密切联系的。依据精神分析学的理论,个体心理发展过程中,达到青春期时,会出现一系列"危像",如果不能正确地解决这些"危像",下一阶段的心理发育和成长就会受到干扰。

教育过程的发展方向是通过不断增长的自律(Autonomie),也译作"自治"而显示其特征的。因此,据哈贝马斯的看法,随着个体的自我在解决问题以及在提高解决问题的能力的过程中的自治性的增长,自我越来越独立于外在的自然界,并在同外在自然、社会以及内在本质的象征性结构的交往中,逐渐形成和增强交往的机制和组织能力。

自我的同一性和特质标志着一个有讲话和行为能力的主体的本事和权限。自我同一性(Ich-Identität)是独立于特定的认识前提的,但它又不是认识逻辑意义上的自我的确定条件,它毋宁说是在社会的相互作用中自行形成的个体能力和权限资格的条件。所以,自我的同一性及特征是在"社会化"(Vergesellschaftung)中产生的,但随着个体的成长,它又在晚期的发展诸阶段中,由于吸收了特定社会体系中的象征性的和符号化的一般性,即那些在语言符号中固定下来的"一般性",自我的同一性又朝着"个体化"(Individuierung)的方向发展,而且,个体意识越成熟,这种个体化的趋势越增强,对社会体系的独立性越明显。

教育的一个最重要的机制,就是外在结构的内化或向内界的移植

（die Umsetzung a usserer Strukturen in innere）。美国心理学家列维因格（Jane Loevinger）对于皮亚杰所说的"内化"（Interiorisierung）作了很细致的考察。不仅皮亚杰学派常讲"内化"，并强调人的行为对对象的控制机制以及思维对对象的改造作用，而且，精神分析学派和相互作用论者也谈论从相互作用模式（Interaktionsmuster）向心理内部的关系模式（intrapsychische Beziehung-smuster）的"移植"；他们把这种移植也称为"内化"（Internalisierung）。

这些"内化"，哈贝马斯有时用"Interiorisierung"，有时用"Verinnerlichung"。两个词的内涵的区别在于：后者更强调心理生活过程本身，强调人的思想内部的沉思过程。在哈贝马斯看来，上述三大类理论对个体意识、自我同一性和道德意识的研究，确实推动了对于个体意识发展的研究工作。但是，哈贝马斯认为上述研究仍有待深化。首先，哈贝马斯主张将个体意识中的认识能力、动机和交往的能力加以更精细地区分、比较和综合分析。其次，哈贝马斯主张更深入地分析个体认识能力和性心理机能的发展过程。最后，哈贝马斯还主张将对于个体意识的研究工作放置在对沟通行为的更广泛的研究的范围内，因为在他看来，个体意识的发展是同个体间的沟通行为有密切关系的。通过沟通行为体系，个体意识的个体化和社会化过程是相辅相成的。

因此，哈贝马斯在综合比较列维因格的"自我发展各阶段图"（Schema of Stages of Ego Development），埃里约德·图里尔的"道德意识发展各阶段图"（Schema of Stages of moral consciousness），以及劳伦斯·科尔贝格的"道德诸阶段的界定图"的基础上，制定了"沟通行为一般结构图"。

哈贝马斯的这张图表，从沟通行为的高度去考察道德意识的发展及其与认识能力、规范观念的关系。这张图表的出发点是关于沟通行动理论，其参照理论乃是米德和帕森思的社会相互作用理论及其角色理论。在哈贝马斯看来，道德意识是同担任不同角色的行为有密切关系的。社会学家为了借用戏剧的"角色"术语，以便区分行为者本身及行为者所扮演的角色。不同的行为者，可以扮演相类似的角色；不同的行为者在扮演同一角色的过程中,可以表现出不同的效果和不同的水平,尽管人们对这同一角色的期待和标准可能是一样的。因此,角色理论所要论述的,是为社会所供认的各种社会角色提供一定的标准、规范及模式。任何个人难免有其自身的特殊风度和举止,但角色理论要求每个人以社会期望中的角色标准要求自己。当然,对每个人所扮演的角色的期望及其一系列行为的要求,往往同一定的地位相联系。因此,在帕森思等人的社会学的角色理论中,要求每个人具备着符合其社会角色和社会地位的品质,履行着符合其地位的行为,承担和履行着相应于不同角色的义务和权利。实际上,角色乃是社会所承认的综合性的行为模式。正因为这样,角色理论为社会上的每个人提供了识别和鉴别的方法及准则。

所以,哈贝马斯的上述关于沟通行为一般结构图表也是对角色行为的鉴定图表(Qualifikationen des Rollen handelns)。按照哈贝马斯的解释,道德意识与角色行为的一般准则的联结,往往经历三个步骤:

首先,必须引入可能的沟通行为的结构,而这些结构在童年时期是按顺序成长发展的。依据这些基本结构处理在童年时期不断变化的、相应于不同程度的相互作用实行状况的认识能力——如表中所示,相互作用的实行状况有不完备和完备之分,其最高程度乃是"沟通行为"与"论证"。

其次,必须指明的是,角色行为的这些一般性鉴定次序,至少应该暂时地从发展逻辑的角度去考察,以便使之从相互作用能力上升到道德意识的水平。

最后,在沟通行为一般结构图中,左起第一个纵栏"认知方面的前提"(Kognitive Voraussetzungen),指的是不同水平的沟通行为所要求的认识发展能力。在这里,哈贝马斯以"操作性思维"(operationales Denken)作为标准。所谓"操作性思维",实际上是有计谋的、有计划的、有步骤的、带战略性的、实践的、有效的思维。这是从付诸实施的前景来看的思维能力,是判定思维认识发展水平的最主要的标准。

在哈贝马斯看来,最要紧的是要揭示人类沟通行为与道德意识发展水平的关系。哈贝马斯的沟通行动理论,作为社会批判理论的最高发展形式,其目的是要透视社会行为的本质,同时指明最合理的社会行为与理想的道德意识的内在关系。

哈贝马斯对人类良心中的道德力量寄予很大期望。他是人文主义者和理性主义者。但他知道,通过对人类文化史的全面研究,分析人类理性的本质及其与人类行为的关系,哈贝马斯发现人的理性通过道德规范统制人类行为的伟大力量以及这股力量的实施的条件。这一切有赖于个体意识的发展,有赖于社会文化的全面发展,有赖于个体对自我所应该起的角色的正确认识以及基于这种认识而形成的道德感。所以,哈贝马斯在说明上述图表时说:"我从沟通行为的基本概念出发,而这些沟通行为的基本概念乃是道德冲突感的必要前提。"哈贝马斯在分析行为水平、性质及其作用时,始终没有同对于道德规范、对于动机及对于行动者本身的认识分割开。他说,关于相互作用的三个程度是以"反思性的等级"相区别的。在哈贝马斯看来,具体的行为与行为系列(konkrete Handlungen und Handlungsfolgen),从相互作用的角度来看,是不完备的相互作用(unvoll sta ndige Interaktion),是以前操作性思维(praope rationales Denken)作为认识基础的,其行为动机只是一般化的兴趣或反感(generalisierte Lust Unlust),行动者(Akteure)要有"天然的同一性"(natu rliche Identitat)与这一切相对应的,对于道德意识的感知程度也是最起码的要求,即对于道德规范,具有对于举止期待的理解和遵从(Verhaltenserwartungen. Verstehen und befolgen)。在动机方面,是"行动意向"的表达和完成(Handlungsintentionen oder Wunsche,a ussern und erfullen);在"行动者"观念方面,能对具体行为与行动者有所感知(Konkrete Handlungen und Akteure wahrnehmen)。

当人的行为上升到第二等级,即达到"角色"(Rollen)和"规范体系"(Normen Systeme)的时候,从相互作用的角度看,乃是"完备的相互作用"(vollstandige Interaktion),是以"具体的操作性思维"(Konkretoperationeles Denken)作为认识基础的,其行为动机比"一般化的兴趣或反感"更高一级,必须达到"文化上有所解释的需求"(kulturell interpretierte Bedur-fnisse)——这就是说,只有真正起着期待中的"角色"作用的行为,才是在动机方面有丰富的文化背景,而其行动者,也要达到"角色同一性"(Rollenidentität)的程度,对于规范的态度则是一种"反思性的举止期待"(reflexive Verhaltenserwartungen),即对于规范真正有所理解并加以遵循,能区分"应该"和"想要",懂得自己应尽的义务。

哈贝马斯认为最高级的行为是基于严格的操作性思维的原则行为(Prinzipien),这是真正的沟通行为与论证(Kommunikatives Handeln und Diskurs),其动机是"竞争性需求解释"(konkurrierende Bedürfnisinter preta-tionen),达到"自我同一性"(Ich-Identität),是对于"反思的规范"的理解和应用(reflexive Normen verstehen und anwenden),能区分他律与自律,意识到"个人性与一般的自我"(Individualität-Ich überhaupt)的界限,这是达到了高度自由境界的自我意识,是在行为上达到自我反思的批判能力的理想境界。

由此可见,真正的沟通行为与论证,其动机应具有"竞争性"的"解释",即具有优越的、可论证的、可驳倒或推翻其他动机的基本因素。这种沟通行为的"行动者",即行为的主体,乃是达到"自我同一性"的独立自主的、自由的人。他不满足于充分理解自身的"角色",而且,对社会整体和其他社会角色有充分的认识,把握"自身"和"全体"所应尽的责任,自觉地以"原则"——即比一般"规范"还更高一级——去实施自己的行为。这些行为是对于规范和原则的理解和应用的结果,是有计划、有步骤、基于自我反思的批判行动。

哈贝马斯列出上表,目的在于揭示行为的性质与"自我"的意识结构的关系。因此,这里的重点仍是分析不同程度的个体意识结构。为了深入理解人的沟通行为,读者应进一步弄通本书稍后将集中论述的"关于沟通行动理论"。

在《论历史唯物主义的重建》一书中,哈贝马斯是把个体意识、道德意识和自我同一性当做"重建"马克思主义历史唯物主义的一个重要内容来论述的。

哈贝马斯强调指出:在自我同一性中显示出这样的矛盾性,即"自我"作为一般的个人(das Ich als Person überhaupt)是同所有其他人一样的,但它又作为"个体"(als Individuum)与其他所有的人绝对地相区别(schlechthin verschieden ist)。

哈贝马斯的上述论断具有重要意义:

第一,哈贝马斯既重视"个人"的特殊地位、特殊结构及特殊社会作用,又重视个人同其他所有的人的"相互作用"。

第二,哈贝马斯为了避免以往马克思主义把"个体"与"集体"绝对地对立起来,并忽视"个体"的特殊性的理论错误,强调对于个体意识结构的深入分析,不仅不分割个体与社会整体的关系,而且,有助于把握由无数个体有机地组成的社会整体的性质,尤其有助于理解由各个具有特殊性的个体所牵制的"社会行为"体系的结构。

第三,更重要的是,哈贝马斯把个体意识结构的分析看做是透视道德意识发展过程一般结构的基点。他在《论历史唯物主义的重建》一书中,曾列表说明道德意识发展各阶段。

在目前阶段,最重要的是把握哈贝马斯关于个体意识、伦理观念、沟通行为及社会群体的密切关系的基本思想——这一思想包含如下最根本的范畴:首先,关于道德意识的范畴。哈贝马斯说:"道德意识是指那种能力(Fa higkeit),即依据相互作用的本领(Kompetenz),对于具有重要道德意义的行为冲突的有意识的处置(fuer eine bewusste Verarbeitung)的实施能力。"这就是说,道德意识固然在个体意识中形成和发展,但它的存在和实施,归根结底,还要受"相互作用的本领"的约束。道德意识是只有在人与人之间发生"相互作用"的情况下才发挥出来的。从社会整体来看,各个个体所具备的"相互作用的本领"是有具体限定的,不是依个体自由的有效性而任意变动的。其次,关于"相互性"(die Reziprozitaet)的范畴。为了对一种行为冲突进行共识性的解决(fuer die konsen suelle Lo sung eines Handlungskonflikts)——即是说,为了依据大家所公认的一致意见来解决行为冲突),需要有一种共同承认的观点(eines konsensfae-higen Gesichtspunktes),以便借此得以建立某种解决争论的过渡办法,一个临时的次序。有一定权能的行为主体,独立于各种社会根源、传统及基本观点的共同性,可以从可能的相互作用的结构中形成其自身。这就是说,有一定权能并受各种规范约束的行为主体,尽管处于由各种社会因素、传统及基本观点所组成的客观环境中,但这个行为主体自身,可以从"可能的相互作用的结构"中(aus den Strukturen mo glicher Interaktion)构建其自身,为其自身创立行动的权限,使其自身在这些相互作用的结构中处于一定的地位,发挥一定的功能,并使各自独立的行为主体之间达成一些基本的观点——这样的基本观点,哈贝马斯称之为"各行为主体间的相互性"(Ein solcher Gesichtspunkt ist die Reziprozität zwischen handeln den Subjekten)。

哈贝马斯的"相互性"范畴是同"沟通行为"和"相互作用"两个基本概念密切相联系的。在沟通行为中,各个行为主体作为行为的"参与者"(als Beteiligte),他们之间会建立个人间的关系(interpersonale Beziehung),至少是一种"不完备的相互性"——所谓不完备的相互性,指的是在两个个人 X 和 Y 之间,其中一个主动地有所动作,另一个则对此动作有所期待。例如"老师学生"或"家长孩子"的关系。所谓"完备的相互性",指的是两个个人处于相等同的地位而发生交往,他们的关系可以用 X = Y 来表示。

哈贝马斯在谈到相互性时,批评美国社会学家古德纳(A. W. Gouldner)把"相互性"与"规范"相混淆的模糊观点。哈贝马斯说:"相互性并不是规范,而是在可能的相互作用的结构中,因此,相互性观点理所当然地属于有言语和行为能力的主体的直观性知识(zum intuitiven Wisses sprach-und handlungsfa higer,Subjekte gehort)。"上述有关道德意识的分析,只限于研究个体意识的发展的范围内。如前所述,要更深入弄清道德意识的问题,必须更全面地研究沟通行动理论。因此,关于道德意识的问题,留待论述沟通行动理论之后再作深入分析。

哈贝马斯在着手重建历史唯物主义之前,一方面,全面考察了现代社会的发展的特殊问题,以便揭示历史唯物主义基本概念之历史性错误,强调历史唯物主义适应社会发展特点进行理论上重建之必要性;另一方面,综合比较了马克思主义诞生以来各种社会学理论的内容和方法,以便从中吸取有效的和符合科学原则的因素,重建一个旨在建立合理和正义的社会的批判理论。

在比较综合各种社会学理论方面,哈贝马斯不惜耗尽一切可能的精力和时间去翻阅分析近百年来的各种社会研究文献。他在 1974 年 10 月 31 日在卡舍尔市(Kassel)举行的"第十七届德国社会学家聚集日"(der 17.Deutsche Soziologentag)上,作了题为《以进化理论为例所进行的社会学理论比较》("Zum Theorienvergleich in der Soziologie:am Beispiel der Evolutionstheorie")的报告,此文加载于《论历史唯物主义的重建》一书中。德国当代最著名的社会学家尼克拉斯·鲁曼、马德斯(J.Matthes)、奥普(K.D.Opp)和乍德恩(K.H.Tjaden)等参加了上述集会。

哈贝马斯对社会进化理论从四个方面进行方法论上的比较:

第一,马克思主义的历史唯物主义把历史当做"种类史"(als Gattungsgeschichte)加以概括,并由此出发,试图说明:在向高级文明过渡中产生有阶级的社会;在向现代史的过渡中产生资本主义社会;相对抗的世界范围的社会的发展动力。

第二,由帕森思的"参照行为架构"(action frame of reference)理论、米德的"相互作用论"(Interactionism)和舒兹(Alfred Schutz,1899—1959)的现象学的行为理论所提出的行为理论(Actionstheory)确定了社会学研究的对象和范围。帕森思认为,社会,作为社会行为体系,总是朝着结构的更大功能的专门化而演进——这些社会结构可以解析成"价值"、"规范"、"集体"和"角色"等基本构成因素。维特根斯坦在其晚期理论中对于"生存形式"(Lebensformen)的分析所遵循的"种族方法论"(Die Ethnomethodologie),以及种族语言学(die Ethnolinguistik),成功地把对于语言的研究同对于相互作用的研究结合在一起进行。同时,在批判地接受"角色理论"(die Rollentheorie)的过程中,也把一种结构式的"权力"(die strukturelle Gewalt)掺入到行为理论中。

当然,哈贝马斯并没有忘记指出行为理论的缺点,即它尚未能从普遍的言语符号论的角度,说明行为、语言与社会生活的相互性的内在逻辑。正因为这样,哈贝马斯在 20 世纪 80 年代初全面发展自己的沟通行动理论时,突出地对此进行了研究。

第三,由皮亚杰等人及行为主义者所发展的"举止理论"(die Ver-
haltenstheorie)把心理学关于学习和教育的理论同社会学研究结合在一
起。哈贝马斯同意这样的观点,即社会进化归根结底决定于学习过程。
但是,仅仅依据行为主义的理论还不能充分把握人的学习过程的极其复
杂的内外因素及其关系。实际上,学习过程的分析必须同人的认识发展
逻辑、同社会发展过程密切相结合。

第四,功能主义的体系理论(die funktionalistische Systemtheorie)在某
种程度上反映了同 19 世纪末进化理论相联系的现代社会学的大致水平,
在当时情况下,历史哲学关于社会进化的单一因果性(Monokausalitat)、
一线性(Einlinigkeit)、连续性和必然性的观点仍然有很大影响。但功能
论为我们提供了控制问题(Steuerungsproblemen)的分析的先例,对处理社
会复杂性的人类适应能力作了有见识的理论探讨。同时,功能论的社会
体系理论在应用于社会演进的问题时,以斯宾塞为例,也考虑到一些可能
有的发展领域,从而更充分地考虑到了社会复杂性的可能范围。

在进行上述比较研究的基础上,哈贝马斯集中批判了历史唯物主义
的"种类历史"概念、"社会性有组织的劳动"(Gesells chaftlich organisierte
Arbeit)概念及"上层建筑"(Uberbau)概念。

在哈贝马斯看来,马克思本人只有两次较为系统地论述唯物史观的
基本内容:一次是在《德意志意识形态》的第一部分,另一次是在 1859 年
1 月 1 日为《政治经济学批判》所写的《序言》中。后来,马克思又将上述
基本观点较为系统地应用于对路易·波拿巴雾月十八日的政变事件的分
析中。

哈贝马斯从批判马克思的"社会性有组织的劳动"这个概念开始。
所谓"社会性有组织的劳动"乃是人类在其生活生产过程中区别于动物
的一种特殊方式。马克思曾在《德意志意识形态》一书中作了如下的说
明:人们可以依据意识、宗教或随便别的什么来区别人和动物。一旦人们
自己开始生产他们所必需的生活资料的时候,这一步是由他们的肉体组
织所决定的,他们就开始把自己和动物区别开来。人类生产他们的生活
资料(Lebensmittel),同时也就间接地生产他们的物质生活本身(ihr mate-

rielles Leben selbst）。

哈贝马斯却认为，就人类的生活方式（menschliche Le bensweise）而言，人的有机体同其周围世界的交换或交流，可以从生理学的角度来考察，也可以从劳动过程的角度来考察。如果从生理学角度来看，人与他的周围世界之间只进行资料的交换过程（Stoffwechselprozessen），只是为了从外在自然界中汲取生存所必需的养料或能量罢了。

哈贝马斯认为，马克思虽然把重点放在劳动过程之上，但未能精确地从社会学的角度把劳动当做工具化行为进行分析，也没有按工具化行为的规则（nach Regeln instrumen tellen Handelns）去揭示劳动过程。

马克思曾经把劳动看做是个人之间的社会化的协作。他说：这样一来，生命的生产，无论是自己生命在劳动中的生产，还是他人的生命在生育中的生产，立即显现为双重的关系：一方面是自然的，另一方面是社会的关系。社会的关系是指这样的意义，即在这一方面，许多的个人的共同合作（als hierunter Zusam menwir ken mehrerer Individuen）；至于这种共同合作是在什么条件下、用什么方式和为了什么目的进行的，则是一样的。由此可见，一定的生产方式或一定的工业阶段始终是与一定的共同活动的方式或一定的社会阶段相联系，而这种共同活动方式本身就是生产力（diese Weise des Zusammenwirkens ist selbst eine Produktivkraft），因此，人类所达到的生产力的总和（die Menge der den Menschen zuganglichen Produktivkrafte）决定着社会状况，因而，始终必须把人类的历史同工业的交换的历史联系起来研究和探讨。

上述所引的马克思原话的最后一句，突出地表明马克思主义的历史观的唯物主义性质及其局限性。哈贝马斯所着力批判的正是这一点。

马克思从劳动的社会关系性质的重要性出发，把人类共同活动方式仅仅归结为生产力，然后，又把人类历史看做是以生产力的发展为主的过程。

接着，哈贝马斯强调人的社会劳动与理性行为的关系。哈贝马斯认为，"不同的个体的工具化行为协调成有合理目的的活动，即从生产目的的角度进行协调。完成协作所依据的战略性行为的规则（die Regeln strategischen Handelns)乃是劳动过程所必需的组成部分。"哈贝马斯把劳动看做是从生产角度有合理目的的、个人间的协作行为,看做是受"战略性行为规则"支配的活动。这是对马克思的劳动概念的批判的结果。哈贝马斯把劳动看做工具化的和有合理目的的行为,一方面表明劳动的社会性质和生产性质,强调劳动的社会目的和经济目的(物质目的);另一方面则表明劳动与人类理性、与人类意识的关系。

哈贝马斯由此出发,强调人类生产产品的分配活动也遵循着"相互作用规则"(Interaktionsregeln),即在个人的各个主体间需要有语言方面的相互理解性,需要有公认的规范,要遵循沟通行为的规则。所谓"经济"(Okonomie),就是将劳动和分配进行社会化调整的体系。

对于"人类生活方式"的马克思主义概念,哈贝马斯还从人类学的角度进行改造。哈贝马斯充分利用最新几十年人类学研究的新成果,强调"人"的演变过程中组织上和文化上的发展机制的相互交错的复杂性质。他说:"这个人类化的过程是由相互交错的、组织上和文化上的发展机制所决定的。"在这一点上,哈贝马斯充分利用了人类学家连斯(B.Rensch)和埃德加·莫兰(Edgar Morin,1921—   )的研究成果。

在人类进化过程中,由于相互交往的需要,语言的产生和形成是极其复杂的。美国人类学家阿斯(R.Ascher)和霍克德(Ch.F.Hockett)调查和分析了手势语言(Gestensprache)和呼叫信号(Rufzeichen)的发展过程;另一位美国人类学家胡伟(G.W.Hewes),也着重研究了语言形成过程中的手势语言的重要意义。

为了汲取现代人类学的研究成果,哈贝马斯认为,历史唯物主义必须从以下几个方面进行重建工作。

——要把"社会劳动"与"产品分配"同语言交往过程的建立、同社会角色体系的发展相联系。社会劳动和分配的网络的形成和发展,必须从交往的角度去考察,而这一方面是同语言和社会角色体系的形成有密切关系。每个个体在社会联系整体中的地位及其应有的"角色",是使交往活动得以正常形成并巩固发展的前提。

——把社会劳动的发展同家庭组织原则联系在一起,才能更精确地分析人类生活方式的特征。

——角色行为的结构(die Strukturen des Rollenhandelns)意味着社会劳动的一个新的发展阶段。正是由于角色行为的结构的形成和确定,才使沟通行为规则在各主体间发挥其有效性,也才使礼仪上获得保障的行为规范(rituell abgesicherte Handlungsnor men)不至于向工具性的或战略性行为发展。

——生产过程与社会化过程(Sozialisation)以及对于青少年一代的预先关怀(Vorsorge fur die Jungen),都是对种类的生育和繁殖具有同等重要意义的。因为这一切对于家庭的社会结构的形成具有方向性的决定意义,使外在的自然与内在的自然的同化和整体化朝着一定的方向发展。关于内在自然和外在自然(innere Natur und aussere Natur)的概念,哈贝马斯此前曾在其著作《认识与利益》与《晚期资本主义的合法性问题》中有过论述。

在批判分析马克思的社会化劳动的概念之后,哈贝马斯又批判了马克思的"种类历史"的概念(das Konzept der Gattungsgeschichte)。

哈贝马斯强调"种类历史"概念所包含的唯物主义意义,即人类在自然界的发展和进化,除了进行种类的自我繁殖外,还要借助于社会化的个体的生产活动。人类通过社会劳动来维持他们的生命,同时也生产了他们的物质的生活关系,产生出他们的社会和社会过程——而在这种社会和社会过程中,每个个体也同他们的社会一起发生了变化。因此,种类历史的存在和发展必须求助于"生产方式"这个概念(der Begriff der Produktionsweise)。马克思曾经借助于"生产方式"这个概念,勾画出由一系列由低到高有逻辑顺序的生产方式所联结成的社会历史发展过程,论证出社会历史的进化是生产方式的分阶段发展的直接结果。

马克思曾经指出,一定的历史阶段的生产方式,是由一定发展水平的生产力(durch einen bestimmten Entwick lungsstand der Produktivkrafte)以及与之相适应的社会交往形式(Formen des gesellschaftlichen Verkehrs)所决定的。所谓社会交往形式,也就是"生产关系"(Produktionsverhaltnisse)。哈贝马斯认为,马克思的"生产力"概念,包含以下几个因素:完成生产中的生产者（Produzenten）的"劳动力"（Arbeitskraft）；在技术上可使用的知识（das technische verwertbare Wissen），即可以移植于从事生产过程中的劳动工具和生产技术的那些知识；可以应用于劳动过程并能使劳动力增加效力、提高质量和相互协调的"组织工作的知识"（Organisationswissen）。关于马克思的"生产力"概念的准确含义，由于马克思本人未能作出完备的定义，在他死后，曾发生连续的争论。哈贝马斯的上述界说，实际上突出了劳动者本身的劳动能力、应用于生产中的技术知识以及应用于组织管理中的知识。这是从最近一百多年来的资本主义社会发展的经验中总结出来的。哈贝马斯的这一理论概括排除了传统的马克思主义理论家把"生产工具"视为"生产力的基本要素"的重要观点。

关于"生产力"与"生产关系"的关系，哈贝马斯强调它们之间不是相互独立地发生变化，而是构成一种结构——这种结构：使它们借此可以相互适应（miteinander korrespondieren）；给予相应于结构的生产发展阶段提供一定的、有限的范围；给予生产方式以逻辑性的发展顺序。

哈贝马斯上述有关生产力与生产关系的结构论观点，显然也是采纳了现代结构主义理论的基本观点的结果。这种关于生产力与生产关系的结构说的优点在于：第一，把生产力与生产关系当做不可分割的整体；第二，从整体出发去解释它们的发展过程中的一切变化。

最后，在论述传统马克思主义关于"种类历史"概念的基本内容时，哈贝马斯还批判了关于人类社会经历"原始社会生产方式"、"古代的即奴隶制社会的生产方式"、"封建社会的生产方式"、"资本主义社会生产方式"及"社会主义社会生产方式"五种基本类型的生产方式的教条主义观点。哈贝马斯还提及围绕"亚细亚式生产方式"（asiatische Produktionsweise）的讨论——所谓"亚细亚式生产方式"，包括古代亚洲和古代美洲社会的那种特殊的生产方式。

上述生产方式基本类型的划分，据历史唯物主义的理论，已经一劳永逸地囊括了人类历史全程的、由低级到高级的一切发展阶段。

哈贝马斯把马克思历史唯物主义上述有关生产劳动、生产方式及其发展阶段的理论概述成"种类历史观"。在哈贝马斯看来，这种"种类历史观"是同 18 世纪以来发展起来的"历史哲学"理论有密切联系的。笔者曾在《哲学人类学》一书(香港三联和台北远流 1990 年版)中论述了历史哲学的历史观发展过程及其缺陷,有兴趣的读者可参阅之。

哈贝马斯揭示了与历史哲学相关联的"种类历史观"的如下缺陷和不足之处:

第一,历史唯物主义否认社会发展过程中的"种类主体"的作用,因此,不使用"种类主体"(Gattungssubjekt)的概念。哈贝马斯认为,在一定结构的社会发展过程中,社会和个体总是连同它们的"自我同一性"(Ich-identitat)和"群体同一性"(Gruppenidentitat)一起发生变化。因此,要科学地分析社会发展过程,不能忽视主体的作用及主体际的有效性问题(die Problematik der intersubjektiven Gultigkeit)。

第二,历史唯物主义总是把历史看做是单方向一线性(Unilinearitat)、必然性(Notwendigkeit)、连续性(Kon tinuitat)和不可倒转性(Nichtumkehrbarkeit)的过程,这是宏观主体(Makrosubjekt)的发展观,只满足于一般地概括历史过程的宏观特点,却不去细致地分析主体性的、微观方面的特征。

第三,马克思主义对历史发展动力的揭示,未能从人类学的深层一般性结构(mit anthropologisch tie fsitzenden allgemeinen Strukturen)的角度去进行——而这些结构,在哈贝马斯看来,是人类发展过程中体现在语言、认识和行为动机形成机制的重要因素,是分析社会发展动力的人类意识动力方面的重要问题。

第四,历史唯物主义在解释历史时具有明显的目的论(die Teleologie)性质。在历史唯物主义看来,历史总是要朝着预定的目的发展,最终要达到"最高级阶段",即共产主义。但事物进化的规律是复杂的、多样的,既不可一览无遗,又不可一概而论。

第五,马克思否认社会发展的复杂性增强趋势(Kom plexi-tatssteigerung),只把社会发展过程简单归结为生产力和社会交往形式的演进过程。在这种情况下,马克思未能深入分析技术知识在生产力中的应用和人类的道德实践知识(moralisch-praktisches Wissen)的作用,更没有研究人类知识和道德实践知识的客观有效性条件,特别是语言表达命题的真理性和规范的正当性的标准及其实施条件。哈贝马斯强调指出:"复杂性是一个多方向的概念(Komplexitat ist ein multidimensionale Begriff)。一个社会的复杂性,可以表现在其范围(Umfang)、相互独立性(Interdependenz)、多样的区别性(Verschiedenartigkeit)等方面,也可以表现在它的总体性成效(Generalisierungsleitung)、整体化功效(Integrationsleistung)和重新特征化的方面。"

在批判分析历史唯物主义的"种类历史"概念之后,哈贝马斯深入分析了马克思主义的"上层建筑"概念及其与"经济基础"的辩证关系的理论。这一部分的理论将直接与下一节所论述的"晚期资本主义的合法性问题"相联系,因此,有一部分内容将在下节一起论述。

马克思关于"上层建筑"与"经济基础"的经典定义,概述在他的《政治经济学批判》的"序言"中,马克思说他所得到的并且一经得到就用于指导他的研究工作的总的结果,可以简要地表述如下:人类在自己生活的社会生产中发生一定的、必然的、不以他们的意志为转移的关系,即同他们的物质生产力的一定发展阶段相适合的生产关系。这些生产关系的总和构成社会的经济结构(Die Gesamheit dieser Produktionsverha ltnisse bildet die okonomische Struktur der Gesellschaft),即实际的基础,在其上树立起法律的和政治的上层建筑(die reale Basis,worauf sich ein juristischer und politischer Uberbau erhebt),而且与之相适应着一定的社会的意识形式。物质生活的生产方式制约着整个社会生活、政治生活和精神生活的过程。不是人类的意识决定他们的存在,而相反地,是他们的社会存在决定他们的意识(Es ist nicht das Bewusstsein der Menschen,das ihr Sein,sondern umgek ehrt ihr gesellschaftliches Sein,das ihr Bewusstsein bestimmt.)。马克思的上述定义引起了近百年来马克思主义者内外的一系列的理论争执。首先,马克思的学生们总是把马克思的上述定义简单地理解成"经济与生产决定一切"的公式。恩格斯曾在1890年8月5日致康拉德·施米德(Conrad Schmidt,1863—1932)的信中说:"无论如何,对德国的许多青年作家来说,'唯物主义'这个词只是一个套语,他们把这个套语当做卷标贴到各种事物上去,再不作进一步的研究,就是说,他们一把这个卷标贴上去,就以为问题已经解决了。但是,我们的历史观首先是进行研究工作的指南,并不是按照黑格尔学派的方式构造体系的方法。必须重新研究全部历史,必须详细研究各种社会形态存在的条件,然后设法从这些条件中找出相应的政治、司法、美学、哲学、宗教等的观点。"接着,恩格斯又在 1890 年 9 月 21—22 日致约瑟夫·布洛赫(Joseph Bloch, 1871—1936)的信中强调:"根据唯物史观,历史过程中的决定性因素归根到底是现实生活的生产和再生产。无论马克思或我都从来没有肯定过比这更多的东西。如果有人在这里加以歪曲,说经济因素是唯一决定性的因素,那么他就是把这个命题变成毫无内容的、抽象的、荒诞无稽的空话。"①恩格斯特别在"归根到底"和"唯一"两个语词底下加上着重号,强调经济因素的决定性作用是从"归根到底"的角度,但它又不是"唯一"的决定性因素。

在恩格斯致约瑟夫·布洛赫的同一封信中,他又说了以下重要的话:"经济状况是基础,但是对于历史斗争的进程发生影响并且在许多情况下主要是决定着这一斗争的形式的,还有上层建筑的各种因素:阶级斗争的政治形式及其成果——由胜利了的阶级在获胜以后确立的宪法等等,各种法的形式以及所有这些实际斗争在参加者头脑中的反映,政治的、法律的和哲学的理论,宗教的观点以及它们向教义体系的进一步发展。这里表现出这一切因素间的相互作用,而在这种相互作用中归根到底是经济运动作为必然的东西通过无穷无尽的偶然事件(即这样一些事物,它们的内部联系是如此疏远或者是如此难于确定,以致我们可以认为这种联系并不存在,忘掉这种联系)向前发展。否则将理论应用于任何历史时期,就会比解一个最简单的一次方程式更容易了。"②

恩格斯在这封信中所论述的唯物史观,触及了更加复杂的问题。人类所面临的问题本来是很复杂的。任何哲学或理论体系,无论如何高明,

---

① 《马克思恩格斯选集》第 4 卷,人民出版社 1995 年版,第 695—696 页。
② 同上书,第 696 页。

都不可能以其有限的基本概念归纳或描述这些复杂的问题。因此,历史唯物主义的基本命题充其量也只能从某个部分的侧面或角度去论述当时的社会问题。试图以历史唯物主义的理论体系概述全部社会问题或提供社会问题的解决方案,在任何时候都只能是空想的良好愿望而已。

马克思和恩格斯本人在某种意义上说,看到了自己的理论的局限性及其实施的条件性。因此,他们在世时曾一再地强调其理论的非教条性。

恩格斯在上述那封信的后一部分说道:"青年们有时过分看重经济方面,这有一部分是马克思和我应当负责的。我们在反驳我们的论敌时,常常不得不强调被他们否认的主要原则,并且不是始终都有时间、地点和机会来给其他参与相互作用的因素以应有的重视……"①

实际上,马克思和恩格斯都没有否认经济以外其他因素在历史上的作用。恩格斯在上述那封信中说:"我们自己创造着我们的历史,但是第一,我们是在十分确定的前提和条件下进行创造的。其中经济的前提和条件归根到底是决定性的。但是政治等等的前提和条件,甚至那些萦回于人们头脑中的传统,也起着一定的作用,虽然不是决定性的作用。……但是,第二,历史是这样创造的:最终的结果总是从许多单个的意志的相互冲突中产生出来的,而其中每一个意志,又是由于许多特殊的生活条件,才成为它所成为的那样。这样就有无数互相交错的力量,有无数个力的平行四边形,由此就产生出一个合力,即历史结果,而这个结果又可以看做一个作为整体的、不自觉地和不自主地起着作用的力量的产物。因为任何一个人的愿望都会受到任何另一个人的妨碍,而最后出现的结果就是谁都没有希望过的事物。所以到目前为止的历史总是像一种自然过程一样地进行,而且实质上也是顺从于同一运动规律的。但是,各个人的意志——其中的每一个都希望得到他的体质和外部的、归根到底是经济的情况(或是他个人的,或是一般社会性的)使他向往的东西——虽然都达不到自己的愿望,而是融合为一个总的平均数,一个总的合力,然而从这一事实中决不应作出结论说,这些意志等于零。相反地,每个意志都对

---

① 《马克思恩格斯选集》第 4 卷,人民出版社 1995 年版,第 698 页。

合力有所贡献,因而是包括在这个合力里面的。"①

恩格斯的这几段话试图说明,在经济因素"归根到底"发生决定性作用之外,政治的、思想的及其他的因素有时也发生极其复杂的作用。但不管怎样,恩格斯的上述几段话也表达出马克思和恩格斯的苦衷,表明他们既要强调经济的决定性作用,又要强调其他因素的不可忽视的、相互交错的作用。因此,当他们强调其他因素的复杂作用时,又反复申言经济因素"归根到底"的第一性的、决定性的、支配性的地位。正是这一点,又突出地表明他们的历史唯物主义的"归根到底"的"教条性"和其基本原则的不可更改性。

哈贝马斯在解释马克思的前述关于经济基础与上层建筑的定义时说:"马克思在他的原理中所清楚地说明的联系是指如下的意义,即上层建筑对于基础的依赖性只是表现在出现麻烦的阶段,也就是当一个社会向新的发展阶段进行过渡的时候。这并不是任何一种关于社会的本体论上的理解,而是为了采纳经济结构在社会进化中的指导作用。"

哈贝马斯的这种理解同恩格斯在前述两封信中所表达的观点有很大的出入。这只能表明哈贝马斯本人意欲依据现代社会的结构变化而"重建"历史唯物主义的愿望。

哈贝马斯"重建"历史唯物主义的上述愿望,在卡尔·考茨基(Karl Kautsky)的《唯物史观》(*Die materialistische Geschichtsauffassung*, Bde. Berlin, 1927)一书中找到了理论根据。考茨基在《唯物史观》第一卷中说:"只有在最后关头整个法律的、政治的和意识形态的机构才被看做是一个经济基础之上的上层建筑。至于它们在历史上的每个个别的表现形式则不是这样。它们不管是经济的、意识形态的还是其他的形式,都可以在许多关系中起着基础建筑(als Unterbau)的作用,也可以在另一情况下起着上层建筑的作用。只是对于历史上当时出现的新现象,马克思的关于基础建筑与上层建筑的命题才是绝对地有效。"值得指出的是,考茨基使用了与马克思不同的新概念"基础建筑"去代替"经济基础"(*die o kon-*

---

① 《马克思恩格斯选集》第 4 卷,人民出版社 1995 年版,第 696—697 页。

omische Struktur der Gesellschaft die reale Basis）。马克思用（Basis）去表示"基础"；而考茨基则用 Unterbau 与 Uberbau 相对立，并把两者的明确界限完全抹杀掉。

考茨基的上述"修正"表现了理论界对于马克思主义的历史唯物主义基本原理的探讨倾向，也表现了后人试图使历史唯物主义理论更加灵活化的愿望。如果考茨基对于"经济基础"与"上层建筑"的辩证法关系的上述说明得以在理论上得到证实，那么，经济基础与上层建筑的转换和更新过程，就会比传统马克思主义所规定的僵化原则更加灵活得多。问题在于：历史唯物主义关于经济基础与上层建筑的原理一旦修正成考茨基的命题，它就失去了它的唯物主义的特色，而变成非一元论的原则。考茨基及其后的马克思主义理论家们并未认真地探索这个问题，因此，它离问题的解决还遥远得很。

哈贝马斯认为考茨基的上述提法是"有趣的"（interess anterweise）。接着，哈贝马斯指出，马克思的观点是为了找出社会发展和社会阶段更新的规律，试图用经济基础与上层建筑的矛盾性及其冲突说明社会进化更新的原因。

近一百多年的资本主义发展史证实了马克思主义上述原理的局限性。哈贝马斯认为，把社会危机的机制仅仅归结为经济基础与上层建筑的矛盾是不完备的和不充分的。他引用了法国社会学家阿兰·杜连（Alain Touraine，1925—　）、人类学家哥德里耶（Maurice Godlier，1934—　）和美国社会学家丹尼尔·贝尔（Daniel Bell，1919—　）对于"后工业社会"（Post-industrial Society）的研究理论。在杜连和贝尔看来，后工业社会的基本问题已不是经济方面的，而是教育和科学技术方面的。哥德里耶则认为，生产关系可以为不同的制度服务。总之，经济基础与上层建筑的矛盾不再构成现代社会冲突和进化的主要根源。

哈贝马斯对于历史唯物主义的批判和重建，涉及马克思主义的许多重大问题，但他把重点放在社会进化和发展的问题上。马克思主义的"种类历史"、"社会劳动"、"生产力"、"经济基础"及"上层建筑"等概念都是马克思主义的社会进化理论的基本范畴。除此之外，哈贝马斯还特别援引社会学家克罗尔斯·艾德尔(Klaus Eder)对于国家与阶级的理论研究成果,以补充和批评马克思主义的历史唯物主义的国家和阶级斗争理论。

本节不能详述哈贝马斯对历史唯物主义的批判的全部内容,有些基本的和重大的问题将在其他有关章节加以论述。最重要的是,必须把哈贝马斯对历史唯物主义的批判与他的整个社会批判理论的基调联系在一起,必须从他的关于沟通行动理论的角度去分析和理解,必须从语言的交往功能及其发展的角度去把握。在这一点上,哈贝马斯与他的同时代理论家卡尔·奥托·阿贝尔和尼克拉斯·鲁曼基本上是一致的。关于这一点,只要翻阅鲁曼和阿贝尔的著作,并把它们与哈贝马斯的著作加以比较,便可以一目了然。

六、晚期资本主义的合法性问题

哈贝马斯曾在 1973 年发表专著《晚期资本主义的合法性问题》(*Legitimationsprobleme im Spätkapitalismus*, 1973)。这本书和《论历史唯物主义的重建》构成他对现代社会及对马克思的资本主义政治哲学理论的批判整体。

1975 年 10 月, 德国政治学协会 (die Deutsche Vereinigung für Politische Wissenschaft) 在杜依斯堡召开代表大会。哈贝马斯与政治学家威廉·赫尼斯(Wilhelm Hennis)就"合法性问题"发表重要论文。哈贝马斯的论文于 1976 年 1 月 30 日发表在《水星》(*Merkur*)杂志,1976 年编入《论历史唯物主义的重建》一书中,题为《现代国家中的合法性问题》。

什么是"合法性"问题？为什么要讨论合法性问题？晚期资本主义或现代资本主义的合法性问题与社会合理化问题有何关系？晚期资本主义与"现代性"(Modernitat)问题有何关系？……诸如此类的问题是有重要的、特定的理论内涵及实践意义的。

"合法性"问题本来属于政治学国家论的范畴。现代政治学严格限定,唯有"国家"才有合法性的权力去指挥、支配和使用军事力量,有权制定一系列指导国家行动的政策。

现代社会学与社会哲学,在研究和探讨社会正义、政权的正当实施条件和统治者的职责以及统治者与被统治者之间可以容许达成的合理原则的可能性的时候,经常提出"合法性"的范畴。

在哈贝马斯那里,从他青少年时代关心社会问题开始,正如本书第一章第一节所述,他就已经面对"现代资本主义为何繁荣起来?"、"现代民主制有无合理性?"、"现代民主制在什么样的范围内才具有其合法的功能?"等问题进行了思考。哈贝马斯生活在第二次世界大战后现代资本主义进行自行解决和自我调整其社会危机的新时代。因此,他所关心的,一方面是现代社会自行解决其危机的内在的、根本的原因及其有效程度;另一方面则是现代社会产生危机的精神方面的、文化方面的、科学技术方面的、理性的、道德的基础及其有效程度——在此基础上,他提出了社会合理化的方案,即在沟通行为原则基础上的反思性批判原则的实施,以达到全人类的总解放。

哈贝马斯所提出的"合法性"问题明显地体现出他对现代社会、对理性、对现代性、对人的本质本身以及对人类前途的矛盾态度:一方面,现代社会所达到的高度文明,即在物质方面的先进生产力、科学技术力量的广泛应用、社会成员物质生活条件的空前改善以及对自然力量的魔术般的控制程度等和在精神文明方面所达到的民主制法律、道德体系的完备性以及人的道德意识的修养和培育程度,集中地体现出现代社会的存在与发展本身的合法性,也体现出现代社会的合法性与人类理性力量的内在联系;另一方面,这样一个本来基于理性本身的、有"合法性"基础的现代社会,又为什么还要遭遇到一系列持续的危机? 这些危机虽然最终可以靠现代社会本身加以调整和解决,但它毕竟是不合理的、与现代社会的理性基础相矛盾的,也是有害于人类现代生活的。所以,哈贝马斯的"合法性"问题又是针对着哪些导致现代危机的、确确实实存在于社会中的现实矛盾及其内在本质的呢? 在这里,尤其重要的是,哈贝马斯不停留于问题表面,而试图揭示这些矛盾的本质,特别着重揭露国家政权方面、科学技术力量方面和人类理性的历史演变方面的根基。

　　具体地说,哈贝马斯关于晚期资本主义的合法性问题的论证和批判,包含五个基本内容:第一,什么是晚期资本主义的合法性问题;第二,现代社会对合法性原则的研究;第三,现代合法性问题与资本主义国家结构的直接关系;第四,发达资本主义社会的合法性的延长;第五,哈贝马斯基于其社会批判论对于合法性概念的批判和重建。

　　所谓合法性(Legitimitat),就其一般意义而言,是指依据人们所承认的、视为正确和正当的原则,而对一种政治制度提出的、可论证其法律上的正当性的要求。所以,"合法性意味着对一种政治制度的公认的赏识"(Legiti mitat be deutet die Anerkennungswurdig keit einer politischen Ord-nung)。这就是说,一种政治制度的合法性,意味着人们所承认的、对它的尊重和赏识(Wurdigkeit,原义为"值得尊重"或"功绩";词根 Wurde 既有"庄严"、"尊严"之意),也有"身份"、"地位"之意,因此,在某种意义上讲,与 Identitat 相类似,意味着对它的"名正言顺"之身份之承认。所以,对于一个政治制度的合法性的要求或评判标准(哈贝马斯用 der Legitimita tsanspruch 来表示),"是立足于对于社会的特定的、规范性的标准的、社会整体性的维护之上的。"大家对于特定的、有确定身份标准的社会形成一种大致一致的要求,并全体地对之加以维护——只有在此基础上,才谈到一个社会的"合法性"问题。这样一来,"合法性"问题的展开和论证,要说明现存的制度(Institutionen)和政权(politische Macht)是怎样以根本性的价值(konstitutiven Werte)来维护社会的公认身份(Identitat)的。

　　哈贝马斯在 1973 年在罗马市哥德研究院所召开的讨论会上,以题为《什么是今天的危机? ——晚期资本主义的合法性问题》("Was heisst heute Krise? Legitimations probleme im Spa tkapitalismus")的论文,更具体而深入地分析了晚期资本主义的合法性问题。

　　如前所述,提出资本主义的合法性问题并不意味着无条件地论证或辩护现代资本主义的合法性;恰巧相反,现代资本主义的合法性问题是同它的危机性问题密切相联系,是同它的不合理性相联系的。

　　换句话说,哈贝马斯要以晚期资本主义的合法性问题的研究,揭示现代资本主义的"不合理的合理性"或"合理的不合理性"的奥秘,揭示其既合法又不合理的矛盾性质,以达到实现未来的合理又合法的理想社会的目的。

哈贝马斯在上述发表于罗马的报告中说:"当人们应用'晚期资本主义'这个语词的时候,就意味着含蓄地提出这样的判断,即使在有国家调整的资本主义中,社会的发展也在矛盾重重或危机中进行着(widerspruchsvoll oder krisen haft verlaufen)。"

因此,理解资本主义的合法性问题,必须同对于资本主义现代危机的分析结合在一起。

哈贝马斯关于晚期资本主义的危机问题的研究,是从对晚期资本主义国家的有组织的调整经济活动的能力的分析开始的。

在哈贝马斯看来,晚期资本主义的国家,基于资本累积过程的加速进行,有可能通过国营的或多国联合经营企业的集中过程和对商品市场、资本市场和劳动市场的组织工作,以及对市场的日益增长的功能缺陷的干预,完成国家对整个经济活动的调节和控制。

为了深入论述这个重要问题,哈贝马斯具体地分析了先进资本主义社会的经济制度(das o konomische System)、行政管理制度(das administrative System)、合法化制度(das legitimatorische System)和阶级结构(Klassens-truktur)的特征。

关于先进资本主义经济制度的特征,哈贝马斯援引了美国经济学家谢勒(F.M.Scherer)和奥康那尔(J.O'Connor)的调查分析资料。谢勒在其著作《工业市场结构与经济活动进程》(*Industrial Market Structure and Economic Performance*,Chicago,1970)和奥康那尔在其著作《各国财经危机》(*Die Finanzk rise des Staates*,Frankfurt Main,1973)中,都先后分析了美国在20世纪60年代的三种模式的经济结构的状况及其实施过程。美国经济学家分析了私营经济的两种模式与国营经济的一种模式的状况。私营经济的第一种模式是通过竞争的市场调整经济;私营经济的第二种模式是进行"竞争边缘"(competitive fringe)的、少数制造商对市场进行控制的经济;这一经济模式往往是在市场中存在大量买主的情况下,制造商为了控制价格和赚取利润而采取旨在期望竞争对手作出有利于制造商的积极的反应的战略。作为第三种模式而存在的国营经济控制着诸如军备生产和宇航工业生产等重要部门,可以在很大程度上独立于市场经济而作出各种投资或生产的决定。在国营的和垄断的经济部门中,资本集中和增殖过程占优势;而在竞争性经济部门中劳动强度大的工业则越来越发展。工会组织的力量也在国营和垄断经济部门中有显著的发展。

关于先进资本主义的行政管理制度,哈贝马斯着重指出两点:第一,国家机器借助于总体规划的手段调整着整个经济循环;第二,国家机器不断改善资本的使用条件(die Verwertungs bedingungen des Kapitals)。

至于先进资本主义国家的合法化制度,哈贝马斯是从下述基本观察出发的,即资本主义市场的功能削弱倾向及市场机制的功能性损坏的附带后果,导致资产阶级的关于正常交换的基本意识形态(Basisideologie des gerechten Tausches)的逐步倒塌。这一基本事实使加强的合法需求(ein verstarkter Legitimationsbedarf)显得非常必要。这样一来,已不再是仅仅保证而且也积极干预生产过程的国家机器(der Staatsaparat),就必须为其不断增强的经济干预行为进行合法化的程序和手续,论证这些越来越大地参与活动的合法性。资产阶级意识形态关于普遍性的价值观念体系就变成一般性的公民权利(die Staatsburgerrechte)、公民参政及政治选择权的观念。一种形式民主制(formale Demokratie)得到加强;这种形式民主制所关心的,是使行政管理方面的各种决定相对地独立于公民的具体目的和动机。

先进资本主义社会的阶级结构也发生了变化。哈贝马斯说:"第二次世界大战后的几十年间,最先进的资本主义国家已成功地将阶级冲突潜伏地维持在它的核心领域中"(den Klassenkonflikt in seinen Kernbereichen latent zu halten)。

哈贝马斯对于当代资本主义社会阶级结构的分析,同法国政治学家兼政治哲学家阿兰·杜连的研究成果有密切关系。杜连在《社会的生产》(Production dela Societe, 1973)一书中,他为"历史性"下了独特的定义——同所谓"制度主义社会学"(Sociologie institutionnaliste)相反,他创立一种社会学的干预社会运动的技术。杜连认为,现代社会的阶级结构,已不是像过去那样,在企业中的业主、管理人员同受薪工人的对立,而是生产机器(des appa reils de production)与在社会生活各领域中受生产机器的控制的使用者(des usagers)之间的矛盾。

另一位法国政治学家兼政治哲学家尼可斯·布兰查(Nicos Poulantzas,1936—1979)也在研究现代资本主义社会阶级结构方面作出了突出的贡献。他的《政权与社会阶级》(*Pouvoir politique et classes sociales*,1968)和《现代资本主义的社会阶级》(*Les classes sociales dans le capitalisme aujourd'hui*,1974)两本书,对现代资本主义的阶级结构与国家机器的分析是非常深刻的。

布兰查认为,国家越来越显示其相对中立和相对自治(autonomie relative);它既不是可以被分割出来的机构,也不是单纯的工具。他严格地区分了国家机器与国家权力(le pouvoird'Etat),以便由此区分和分离"革命政党"与"国家",并进而论述国家机器不同部门的多元化的功能。布兰查的国家论很深刻地揭示了"国家机器"之为各种政治力量所利用之可能性及其限度。在《现代资本主义的社会阶级》一书中,布兰查论述现代阶级之"扩大再生产"之可能性,分析资产者关系的国际化(internationalisation des rapports capitalistes)、资产阶级与国家的关系的演变以及现代小资产阶级结构的变化。

哈贝马斯在分析批判杜连和布兰查的理论的同时,也很注意他的本国同事奥弗(Klaus Offe,1940—   )和维尔登贝尔格(Th.Wu rtenberger)在研究资本主义国家问题方面的理论成果。奥弗与隆格(V.Ronge)合著的《"资本主义国家"概念的基础论纲》(*Thesen zur Begru ndung des Konzepts des kapitalistischen Staates*,MS Starnberg,1975)、奥弗的著作《资本主义国家的结构问题》(*Struktur probleme des kapitalistischen Staates*,Frankfurt Main,1973)以及维尔登贝尔格的著作《国家统治的合法性》(*Die Legitimation Staatlicher Herrschaft*,Berlin,1973),都为哈贝马斯的论证提供不少启示。

哈贝马斯在他后来的著作《关于现代性的哲学论证》(*Der*

hilosophische iskurs der Moderne,1985）一书中,曾进一步发展了他对晚期资本主义的合法性问题的观点,所以,当他的这本书的意大利译本（*Il dis-corso filoso fico della modernita*,*Dodici lezioni traduzione italiana di Emilio Agazzi*,Roma Bari,1987）在罗马出版时,哈贝马斯的晚期资本主义合法性观点,连同他的"现代性"和"现代危机"观点,受到意大利理论家的批评和评论。

意大利哲学家安东尼奥·德·西蒙（Antonio de Si mone）对哈贝马斯的观点的评论具有代表性。德·西蒙的论文《论晚期资本主义的危机的可能性》首先全面地估价了哈贝马斯"重建"历史唯物主义的基本方面。在他看来,哈贝马斯以历史社会进化理论为主轴线,分析批判生产方式与社会组织原则的关系,试图以"劳动—相互作用"这一对立范畴的展开替代已逐步过时的马克思主义关于生产的公式,并在此基础上,建立由沟通行动理论出发的社会发展论,在"交往性合理性理论"（Théorie der kom-munikativen Rationalitat）和"现代性理论"（Théorie de la Modernité）的极为广阔的范围内去探索"体系"（System）与"生活世界"（Lebenswelt）的辩证关系。

晚期资本主义社会的性质,从社会关系及其趋势而言,已进入"福利国家"（Welfare State）的阶段。因此,这个社会的各种危机,虽然就其终极原因而言,仍未摆脱经济体系中的基本矛盾,但它已不总是直接地表现为经济形式或只限于经济领域内。

这种社会的特征,在很大程度上同人类文化的高度发展水平密切相联系。因此,许多重大的国家政治问题和社会问题,都已经毫不例外地纳入文化和科学技术高度发展的范畴内,都不能逃脱文化和科学技术的强大影响。"国家机器"对经济生活的越来越强大的干预,国家所制定的战略性行动对经济和社会生活的影响,乃是文化和科学技术高度发展成果的表现。对于晚期资本主义的危机,也必须在新的文化背景下,在新的人类理智总成果的广角镜下进行考察。哈贝马斯所说的"生活世界"概念正是指的晚期资本主义社会内人类生活在其中的"社会文化背景"。

在这种情况下,马克思关于生产力与生产关系的经典公式,应随着上述历史变化而加以修正和调整,使之补充那在旧有的生产方式公式中所欠缺的"沟通行为"因素,把社会的矛盾放在新的"生活世界"中加以解剖。这样一来,生产力与生产关系的旧矛盾便成为了一方面"生活世界"及其各种客观的、规范的表现,同另一方面经济、政治制度之间的矛盾。正是这后一方面,即经济和政治制度方面的历史局限性,不断地限制着人们在其中生活的那个"生活世界"的更新和发展。现代生活世界的交往结构(die kommunikative Struktur der neuen Lebenswelt)及其实施,使一切与日常生活作为现代消费世界的基本表现场所有密切联系的社会运动变为最值得加以理解的方面,同时,也把一切政治问题归结为或还原为经济制度从下面来的和政治制度从上面来的对于"生活世界"的不合理的、歪曲了的、反向的"统治"。

哈贝马斯本人在1984年参加在意大利举行的关于哈贝马斯思想的学术讨论会上,做了重要发言,强调他的关于晚期资本主义危机的基本观点之所在,即从沟通行动理论的角度,把当今社会的基本矛盾理解为一种"生活世界"与政治经济体系的矛盾,其表现形式就是:一方面,在科学技术和文化高度发达的环境下,人们之间的交往成为了一切活动的基础,人们对于日常生活中的基本矛盾构成一切社会运动的杠杆,物质上和精神上的无止境的,然而又是合理的需求,使这一生活世界变成多彩多姿的、相互沟通的、在空间和时间上有无穷伸缩性的多方位的新世界;另一方面,政治和经济制度本身却又往往处于被动的、消极的地位,而反过来要以"统治者"自居去控制生活世界的发展。

值得注意的是,在哈贝马斯解释晚期资本主义危机及其合法性问题时,同他论述个体意识结构问题时一样,他很重视学习过程和教育的作用。他指出:"学习的方式不仅表现在对发展生产有决定意义的、技术上有利的知识领域内,而且也表现在对于实践性道德意识的相互作用结构有决定意义的领域。"

这就是说,社会的发展也在很大程度上取决于教育和学习的质量及其水平,因为恰巧通过学习和教育过程潜在的合理性结构才得以在社会的和制度化的实践中逐步实施。哈贝马斯通过对于教育和学习过程的分析,又进一步强调学习过程在社会组织活动中的特殊作用。在他看来,晚期资本主义社会内的组织问题既然已上升到首要地位,那么,教育和学习对于社会历史发展的方向所起的根本作用就不言而喻了。

如前所述,哈贝马斯对于晚期资本主义的组织原则问题给予了很大的重视。在他看来,组织原则在改造现代社会的过程中具有特别的功能,它甚至起着社会发展总调整的作用。他认为,组织原则体系有很大的伸缩性,在它的内部可以容纳关于学习、关于世界形象的认识以及关于对社会的控制能力等重要因素。正是在这个意义上,组织原则决定着社会总体化(Soziale Integration)和体系一体化(Systemintegration)之间的相互联系的性质与程度。

哈贝马斯指出,组织原则决定着控制和指导体系的实施条件;而且组织原则的发展决定着社会结构的界限,并在一定程度上表达这个组织结构的潜在的可能性,表现着社会整体机制所可能发生变动的限度。

在《晚期资本主义的合法性问题》一书中,哈贝马斯正是从上述观点出发,强调组织原则的特别意义。正是组织原则能在社会体系内部减少危机并使危机从属于经济的和社会的综合结构。哈贝马斯曾为此而具体地区分了四种社会构成:前文化社会、传统社会、资本主义社会及后资本主义社会。

接着,哈贝马斯在分析晚期资本主义的危机时,使用了"输入—输出型"(input-output type)的模型,区分了经济的、政治的和社会文化的三种体系,并指明四种可能发生的危机:经济危机、合理性危机(Rationalitatskrise)、合法性危机(Legitimationskrise)和动机性危机(Motivationskrise)。

总之,哈贝马斯把晚期资本主义说成为"有组织的并由国家调节的资本主义"。

为了更深入了解哈贝马斯对晚期资本主义合法性问题的观点,为了把握哈贝马斯对马克思主义的批判精神,必须进一步分析哈贝马斯关于沟通行动理论、关于道德意识的理论以及关于"现代性"的理论。

在《关于沟通行动理论》第二卷论述生活世界与社会体系的分化时,

哈贝马斯尤其深入地揭示现代资本主义社会的"合法性问题"的特殊性及其与沟通行为合理化条件的复杂关系。在《关于沟通行动理论》第二卷第六章第二节中,在分析社会体系与生活世界的相互分离时,具体分析了晚期资本主义的"合法化"问题及其对社会行为合理化所产生的正面和负面的两种影响。

七、关于沟通行动理论

在哈贝马斯的思想发展史上,严格地说,关于沟通行动理论的基本论题,是在 1976 年写《论历史唯物主义的重建》和《什么是普遍的言语符号论?》的时候,正式地提出来的。这个基本论题,经五年的研究,于 1981 年在他的《关于沟通行动理论》两卷集中得到系统化。然后,又经历对沟通行为与道德意识的深入综合研究,经吸收法国后结构主义思想家们对"现代性"的研究成果之后,上述沟通行动理论的基本论题才得到完善化。上述三个阶段,简单地勾画出了沟通行动理论发展途中的三个"里程碑"。哈贝马斯于 1981 年发表《关于沟通行动理论》(*Theorie des kommunikativen Handelns*)一书。接着,于 1983 年发表《道德意识与沟通行为》(*Moralbewusstsein und Kommunikatives Handeln*),又于 1984 年发表《关于沟通行动理论的预备性研究及补充材料》。至此,他的沟通行动理论总算构成了一个完整的体系。但是,他的关于沟通行动理论,正如他自己在前期著作中所一再指出的,是早从研究认识论问题和进行社会批判的时候起,就已经着手酝酿和建立了。在 20 世纪 60 年代发表的《认识与利益》与《作为意识形态的技术与科学》中,哈贝马斯已把"劳动"和"相互作用"看做是认识论的重要范畴,并把它们同语言一起看做是社会交往活动的基本杠杆。在 70 年代发表的《论社会科学的逻辑》及《关于历史唯物主义的重建》等书,更深入地研究语言作为交往的中介物的意义与功能,并把社会看做是"沟通行为的网络"。

在同伽达默尔、阿贝尔、洛朗琛、鲁曼和法国的利奥塔的探讨争论中,哈贝马斯也从不离开沟通行为问题。沟通行为问题不仅成为哈贝马斯同杜尔凯姆、韦伯、卡尔·曼海姆(Karl Mannheim, 1893—1947)、阿尔弗列德·墨谢尔(Alfred Meusel, 1896—1960)、魏尔纳·松巴特(Werner Sombart, 1863—1941)、卡尔·蒙格尔(Carl Menger, 1902)、古斯塔夫·斯莫勒尔(Gustav Schmoller)、席克弗里德·马克(Siegfried Marck, 1889—1957)、诺伯德·艾利阿斯(Norbert Elias, 1897—1990)、帕森思、赫尔柏德·米德、哈罗德·加尔芬克尔(Harold Garfinkel, 1917—)、马林诺夫斯基、克劳特·李维·史陀等人的社会学相区别的分水岭,而且也成为哈贝马斯同他的前辈霍尔克海默、阿多诺和马尔库斯的早期社会批判理论相区分的标志。而且,更重要的是,沟通行动理论还成为哈贝马斯进行理论批判和社会实践批判的重要武器,在同他的形形色色的论敌或争论对手的探讨中,在进行社会批判的过程中,哈贝马斯始终都以沟通行动理论作为最基本的指导思想。

在哈贝马斯看来,社会无非是人类沟通行为的网络的一个整体。社会劳动只是一系列社会相互作用的典型类型中的一种罢了。所以,哈贝马斯对社会劳动的分析只是他对社会行为的研究的一个开端,一个组成部分。哈贝马斯解释说:"因此,我是从下述基本问题出发,即'作为社会性的活动,是怎样成为可能的?'关于'社会活动是如何成为可能的?'这个问题,只是以下另一个问题的反面,即'社会秩序是如何成为可能的?'应该对这些问题做出回答的关于行为的一种理论,必须能够指明'他者'(alter)之行动能与'自我'(ego)的行动相衔接的那些条件。"哈贝马斯还指出:"从相互理解的机能的角度来看,沟通行为是用来传播和更新文化知识的;从协调行动的角度来看,沟通行为起着社会整体化和创造团结互助的功能;最后,从社会化的角度来看,沟通行为是为了造就个人的独有的特征和本质。"

由此可见,社会、文化、个人、政治、历史、道德、理性、正义及一切重大的社会问题的解剖和分析,对一切社会命运问题的解答,都离不开沟通行动理论。

哈贝马斯反复地强调,关于沟通行动理论并不像以往传统的关于社会行为的社会学理论那样只关心一般性的社会行为的表面特征;而且更重要的是要揭示社会行为协调机制,找出相互作用的稳定的规则及其功能基础。因此,在传统社会学范围之外,哈贝马斯又广泛地吸收了语言学、语言哲学及其他人文科学和自然科学的研究成果,使他的理论具有明显的超学科、跨学科的性质。

哈贝马斯的沟通行动理论,综合了社会学、人类学、语言学、心理学、精神分析学、伦理学、宗教学、法学及哲学的重大理论问题,总结了自 19 世纪末以来上述各学科研究的杰出理论成果。因此,要把握关于沟通行动理论,必须对其基本论题和论证逻辑有清晰的认识。此节力图以简短的文字概述沟通行动理论的基本论题,作为整个沟通行动理论的提纲性导引。

哈贝马斯本人曾在《论历史唯物主义的重建》一书中概述沟通行动理论的基本论题如下:

在我看来,关于沟通行动理论,其目的在于系统地理解和分析下述起码的因素:

——意义(Sinn),作为确定被应用的符号的意义的语义学功能。

——言语符号方面的普遍性(pragmatische Universalien),包括参照体系、人称代词与言语行为类型的体系及意向性语词表达体系。

——有效性要求(Geltungsanspru che),包括真理性、正义性、诚实性、可理解性等因素。这些因素是社会行为得以在社会范围内、在各个个人之间进行有效的交往作用的前提条件。

——经验形式(Erfahrungsmodi),包括外界自然的客观性、价值与规范的正规化、内在自然的主观性、语言的超主体际的超主体性以及一系列成对范畴,诸如"存在"、"显像"、"存在"、"应该"、"本质"、"现象"、"符号"、"意义"等相应的局部性的模式化。

——行为方面的范围,社会的交往的与战略性的行为体系与非社会的工具性的行为体系。

——交往的各个阶段,包括符号的中介化的相互作用,命题化的无区分的行为以及行动上解脱职责的论证性言谈(handlung sentlastete diskursive Rede)等。

——规范性的现实性方面,包括相互作用,角色与规范,规范的规则等。

——交往手段和媒介物,即一切制度化的交往媒介,不管它们是在语言使用中产生的,还是在交换、政治斗争中的战略行为的模式中产生的。

哈贝马斯在论述上述各主要方面之后,对"社会"作了如下的定义:"我把以下所有的体系看做是社会,这些体系是建立在由语言协调行为(包括工具性的和社会化的行为)的基础上,包含着由生产过程所统摄的自然界和由社会化过程所统摄的内在世界在内。"显然,哈贝马斯把社会看做是由社会体系和个性体系(Gesellschafts und Perso nlichkeitssystem)所共同组成的体系,并把这个综合性体系看做有进化能力的体系(ein ev-olutionsfa higes System)。哈贝马斯所列上述八项基本因素,为我们展示了他的沟通行动理论的论及范围。显然,正如他在前面所说的,他的沟通行动理论不只是满足于分析社会行为的一般形式及结构,而且更重要的是要指明社会行为何以能协调地形成一个社会整体。同时还要指明怎样才使合理的行为保证社会之合理化的稳定实现。所以,哈贝马斯除了分析社会行为的体系及其中之不同类型之外,还着力分析合理的沟通行为所以成立的根据与条件,分析沟通行为得以合理实施之语言条件和社会条件,使他的沟通行动理论直接成为合理的社会秩序得以成立的有效根据,成为批判各种不合理的、假合理的社会行为与统治的有力思想武器。

在《关于沟通行动理论》第一卷的第一版序中,哈贝马斯指出:"沟通行为的概念打开了进入由三个错综复杂的论题所构成的一个复合体的门径——在那里首先是一个沟通的合理性的概念,这一概念拒不归化为理性的认识上的和工具化的还原,尽管它同怀疑主义共同充分地发展;接着,凭借一个分两个层次的社会概念,我进入第二阶段,这一社会概念,不只是以修辞学的方式,同'生活世界'和'体系'概念相关联;最后,我达到一个关于现代性的理论,说明越来越明显的社会病理学的现象,因为我凭借着这样一个观念,即由交往结构而成的生活领域不得不隶属于严格地组织起来的、已变为自治的行动领域。因此,关于沟通行动理论应该有可能把社会生活的前后背景概括和概念化,以便在某种意义上同现代性的矛盾性相适应。"

在 1982 年所写的题为《对于沟通行为概念的阐明》("Erla uterungen zum Begriff des kommunikativen Hadelns")的论文中,哈贝马斯对沟通行为概念作了更加明确而简洁的说明。这篇论文,是哈贝马斯在西柏林自由大学探讨哲学的和社会学的行为理论的国际会议上的发言稿。

如前所述,在这篇重要论文中,哈贝马斯特别强调沟通行动理论的社会意义。他强调社会学关于社会行为的理论,不应只是停留在对社会行为的表面的和形式的标志的研究,而且,更应注重于研究分析社会行为协调的内在的机制,因为唯有这个行为协调机制,才使沟通行为的社会网络,有可能成为可调整的和稳固的系统。在他看来,政治哲学理论只有阐明社会行为的可能条件,才能揭示社会的本质;而社会行为理论的中心,则是阐明"他人"行为与"自我"行为有可能"相联结"(anschliessen)的基本条件。换句话说,沟通行动理论的宗旨,是透过对简单的相互作用的分析层面(auf der analytischen Ebene einfacher Interaktionen),论述社会秩序的一般可能条件。

哈贝马斯的这种政治哲学理论,显然与西方启蒙思想时代的政治哲学理论和法兰克福学派第一代政治哲学理论以及当代经验主义的政治哲学理论有所不同。哈贝马斯的这种沟通行动理论所注重的,是分析作为社会行为典型的"相互作用"完成正常的和稳固的联系(eine rege lhafte und stabile Vernetzung von Interaktionen)的可能条件,这也就是他所强调要加以分析的"行为相互协调的机制"(Mechanismen der Handlungskoordinierung)。

总之,在沟通行动理论中,哈贝马斯试图综合地研究社会行为和社会秩序的基本问题,从社会学和哲学两方面,综合分析在社会行为实现过程中所出现的各种复杂问题:各个主体的行为的相互协调的条件、主体本身的意识活动及其社会活动的关系、主体间在行为发生时的认识交往和认识变化条件、行为者的沟通行为及其所寓于其中的外在世界的关系、行为的发生与社会结构演变的关系、行为者的心灵及其肉体在行为发生过程中的复杂关系以及文化因素在社会行为中的功能,等等。

所有这些问题,正如哈贝马斯所指出的,使他的沟通行动理论具有社会学和哲学的理论价值,同时也赋予社会批判的使命。

哈贝马斯把统摄于社会学与哲学两大方面的上述复杂问题,分为五大层次,在他的沟通行动理论中加以分析:

第一层次是集中分析作为"行为协调两大机制"的"同意"(Einver-standnis)和"影响"(Einflussnahme)的基本概念的意义及其实施程序。哈贝马斯把重点放在"同意"这个最重要的行为协调机制上。

第二层次是从社会行为的角度探讨社会秩序的问题。在这部分中,哈贝马斯集中比较分析在当代政治哲学中流行的各个相互竞争的社会秩序论和社会结构观,特别是"社会交换理论"(die Theorie des Sozialen Tausches)和"体系功能论"(der Systemfunktionalismus)、"角色行为理论"(die Theorie des Rollenhandelns)和"自我表演现象学"(die Phänomenologie der Selbstinszenierung)以及"象征性相互作用理论"(der symbolischen Inter-aktionismus)和"种族方法论"(有时译为"民俗论")(die Ethnomethodologie)。

第三层次是在分析上述诸种政治哲学理论的片面性观点的基础上,导入"沟通行为"和"生活世界"的概念。

第四层次是在关于沟通行动理论的总体中,提纲挈领地展开上述重要论证。

第五层次是从政治哲学理论的角度综述"战略性行为"与"交往性行为"之间、"体系"与"生活世界"之间的相互联系;从哲学的角度,综论以"形式的言语符号理论"为基础的社会行为理论。

我们生活在一个复杂的社会整体中——在这个社会中,由于社会本身的发展,理论理性和实践理性,逐渐地分道扬镳,以致使本来基于人类理性的人类行为本身,特别是自进入近代社会以来,奇妙地长期以"理性"做外表,或以"合理性"为借口,越来越成为旨在实现不合理目的的社会原则服务的反人性活动,造成现代社会的人的基本焦虑及精神苦闷的主要根源。在探索"社会行为何以可能?"和"基于社会行为的合理的社会秩序何以可能?"的基本论题的过程中,哈贝马斯越来越把研究焦点集中在"行动的合理性和社会的合理性何以可能"的问题上。因此,哈贝马斯在 1981 年发表的《关于沟通行动理论》两卷本的第一卷是以"行动的合理性与社会的合理化"(*Handlungs rationalitat und gesellschaftliche Rationalisierung*)为副标题的。

在哈贝马斯看来,关于"合理性"的论题,并非由社会学以外强加于政治哲学理论体系之中的;它毋宁说是一切传统社会学理论围绕着进行旋转的主轴性范畴。传统社会学理论在论述社会问题时往往是从三个层面提出"合理性"的论题的:第一,作为一种"纯理论性的问题"把基本的行为概念纳入合理性的范畴之中;第二,作为一种方法论的问题去探讨理解研究对象的意义的问题;第三,作为"经验的和理论的问题"去研究现代社会的合理化进程中所出现的一切问题的意义。

因此,在哈贝马斯的《关于沟通行动理论》两卷本中,他从历史和体系的角度去阐发他的社会合理化理论,即一方面以历史的眼光分析探讨有丰硕成果的传统社会学的合理性理论(从康德经马克思、韦伯、米德、杜尔凯姆到帕森思),另一方面又从理论上系统地论述哈贝马斯本人的交往合理性理论,并在分析批判现代社会中"法制"体系对生活世界的不合理扩张中(即他所说的官僚主义的殖民化),突出显示他的交往合理性理论的"社会批判理论"的本质与历史使命。

哈贝马斯为了以合理性的理论(Theorie der Ration alität)为基础进行社会分析,首先分析批判了马克斯·韦伯的以研究西方理性论为中心的社会学理论,即韦伯的"目的合理性"与"价值合理性"。

众所周知,马克斯·韦伯把理性主义原则的建立和实施看做是"近代社会"和"近代精神"的基本标志。这种理性化的过程(Rationalisierungs-prozess),在韦伯看来,是在对神秘的和宗教的世界观念的世俗化和净化的过程中,在文化从神的束缚下挣脱出来的过程中,以及在资产阶级的个人主义社会和新的国家机器的形成过程中实现的,是为了实现"目的合理性"和"价值合理性"的目标的。

哈贝马斯在吸取韦伯的理论成果的同时,严厉地批评了韦伯单方面分析资本主义理性化模式的局限性,特别揭示了韦伯只限于研究有目的的合理行为的领域,而没有全面探索资本主义社会中"合理性"行为体系的各个组成部分及其演化倾向。简单地说,哈贝马斯的基本批评旨在用沟通行动理论代替韦伯的合理化理论。

在《关于沟通行动理论》第一卷第二部分中,哈贝马斯以"马克斯·韦伯的合理化理论"为标题,集中分析批判了韦伯的社会学观点。

韦伯把社会的近代化和理性化看做是同一个历史过程,并特别强调地分析了新教伦理道德意识在其中的作用。这对哈贝马斯给予深刻的启示,并在理论上和方法论两方面给他一个具体的范例,使他不仅看到分析社会行为与理性的内在关系的必要性,而且看到在理性行为中那些沟通着各个分离的个人主体,并使之整体化和社会化的联系力量,尤其看到了在道德语言、道德意识和道德行为中所体现的、促使人类行为化为社会整体的协调性因素。

哈贝马斯指出,马克斯·韦伯是古典社会学家队伍中唯一把现代社会的产生过程看做理性化的实施的理论家;他一方面同传统历史哲学的抽象的、强加性的前提划清界限,另一方面又不愿盲目顺从进化论的简单化的和近乎机械论的假设。韦伯还试图论证西方理性化在人类历史普遍领域中的有效价值,表现出他从理性出发解决一般性社会问题的宏大志愿。

从方法论上看,韦伯善于用经验分析和考察的方法,使解剖理性化过程具体化和可以被理解;但他又不执着于欧洲传统的经验主义方法,特别避免了英国经验论那种否定理论论证作用的单纯经验主义。韦伯的独创的经验分析方法使人类在行为中贯彻的学习过程成为社会理性化的基本方面。

哈贝马斯还指出,在解释人类社会从宗教魔力的奴役下解脱出来的过程时,韦伯强调了合理化过程的复杂性和曲折性,尽管这一解释还不完善和不清晰。但可以肯定的是:韦伯几乎和马克思一样,在论述现代社会的合理化过程时,只限于集中地分析相对于目的而言的合理化行为。这是韦伯的贡献,也是韦伯的局限性。

哈贝马斯尤其突出地指出了韦伯的"合理性行为"理论脱离语言的

倾向。在哈贝马斯看来,脱离语言研究人类行为的结果,势必把人的行为单纯地同行为主体的主观意识联系在一起,势必把行为主体同社会上的其他行为主体相割裂,终将使对于行为主体的行为的研究,变为在孤立状态下的行为主体的主客体关系范围内的研究。这是典型的传统意识哲学对行为进行研究的范例。哈贝马斯指出:"首先,韦伯引导出'意义'作为行为理论的一个基本概念。同时,他借助于这个概念,把行为同可以观测到的举止区分开来。韦伯说,我们所理解的行为是一种人类举止——不管这些举止是外在的,还是内在的,也不管它是一种疏忽,还是是一种宽容;这不是很重要的——如果只要是行动者把这些动作同一种主观的意义相联系的话。依据这个定义,韦伯并没有一个关于意义的理论作为其背景,而是只有一个关于意识的意向论的理论。他所理解的'意义',并不是立足于语言上的'意义'模式。他并不借助于可能的相互理解的语言中介去引证他的'意义',而是指涉到一个行为主体的意见和意图,而且这个行为主体在他看来首先是一个被隔离的主体。正是这个岔口,把韦伯同沟通行动理论区别开来。"韦伯对于有目的合理行为的分析,在很大程度上也影响了法兰克福学派的第一代理论家霍尔克海默和阿多诺。哈贝马斯不愿意把自己的理性化行为理论停留在他的老师的认识和研究的水平上,所以,他在比较研究韦伯和他的老师霍尔克海默、阿多诺的理性化行为理论的基础上,强调他超越出批判工具化理性范围的理论根据和历史根据,显示他吸收和创造性地发展韦伯、马克思、霍尔克海默和阿多诺对工具化理性的批判理论的特点。

　　哈贝马斯看到了韦伯的理性化理论所产生的特殊历史背景,即在冲破历史哲学和进化论思想框框的条件而迅速发展起来的近现代科学技术的长足进步和辉煌成果。哈贝马斯以法国 18 世纪思想家孔多塞(Marquis de Condorcet,1743—1794)的著作《人类精神进程的历史图景概貌》(*Esquisse d'un tableau historique des progrès de l'esprit humain*,1794)为例,指出当时的历史哲学机械地搬移自然科学实验方法而造成的理论上和方法论上的局限性。

　　在分析了韦伯理性化理论的历史背景之后,哈贝马斯分三步解剖了韦伯的理性化的政治哲学理论。第一步,韦伯的理性化理论应用于宗教和社会分析的重要的理论意义和方法论的意义;第二步,在韦伯对基督教新教伦理道德原则的分析中,设定社会合理化的结构模型;第三步,同韦伯一起研究分析法制的合理化问题。对于韦伯在宗教和社会问题研究中的理性化理论,哈贝马斯着重分析近代人类意识结构在普遍的历史范围内的形成过程;同时又分析这些结构,作为理性化结构,是怎样在社会的各种制度中被制度化和具体化的。

哈贝马斯说:"我所说的'文化',指的是可随时动用的知识储备——在这储备中,交往的参与者,当他们对属于某一个世界的事物相互交换看法时,最大限度地作出他们的解释。我所说的'社会',指的是那些合法的秩序——借助于这些秩序,交往的参与者们调整着他们的隶属于社会群体的成员,并因而保证他们之间的团结一致。所谓'个性',我指的是主体由以获得谈话和行动的功能的那种能力和资格;也就是说,由于这种能力和资格,主体取得了参与相互理解过程的功能,并在其中确定了他本身的身份和特征。"

由此可见,哈贝马斯从韦伯的理性论中获得启示而把作为沟通行为的背景的"生活世界",分为"文化"、"社会"和"个性"三个层次。

在韦伯那里,社会的合理化进程本来包含两个主要方面:资本主义经济和官僚主义国家机器的发展。正是在这两方面表现了近代人类意识结构及其在制度中的固定化和具体化。

哈贝马斯把资本主义经济与现代国家机器分别视为认识要素和评判要素在社会领域中的具体化。这和韦伯的观点是相衔接的。韦伯曾经认为,现代资本主义乃是以社会体系形式表现出来的组织活动,它体现了有高效率的、系统化的个人生活样式与在政治制度对形成的行为活动领域的控制(politisches System zur Verfu gung gestellten Handlungsspielraum)之间的联系。但是,逐渐理性化的"生活世界"越来越复杂化,并日益脱离甚至独立于严密地组织起来的社会领域。这就引起了社会的危机。

但是,哈贝马斯很快就发现韦伯的理论中的缺失,并建议用近百年来社会学、心理学、语言学、人类学、政治学及哲学的最新的综合研究成果去补充它。在《关于沟通行动理论》第二卷第八章"最后的思索：从帕森思、经韦伯到马克思"中，哈贝马斯在"回归到马克斯·韦伯的现代性理论"一节中简单地概括了韦伯理论的"难点"及其"解决方案"。

哈贝马斯指出，韦伯理论的"难点"特别表现在以下四个方面：

第一，韦伯恰当地分析了新教的"职业伦理学"（Berufethik）以及与之相适应的合理的、有规则的生活行为，并称之为有原则的道德意识的实际表现。但他未能成功地说明"职业苦行"（Berufsaskese），作为以唯我论为基础的"神恩"或"恩惠"的具体表现，是怎样非理性地表现出仁慈而充满博爱精神的宗教伦理学的。

第二，韦伯指出过：当职业劳动（Berufsarbeit）的工具性措施发展的时候，实施职业伦理原则的制度却受到破坏。但韦伯未能充分地说明"世俗化"过程为何成为职业伦理受到侵蚀的根源。基于德性原则的道德意识并不一定同救世的个人利益相联系。当然，这些道德意识是以世俗化的形式在某些社会阶层中稳固下来的。

第三，韦伯发现，在生活行为形态中存在着"专门化的人性"（Fachmenschentum）与"享乐化的人性"的两极分化倾向。但他在这个问题上仍然未进行有说服力的论证，他尤其未能指明为何各有其自身规律的文化价值领域之间的对立会造成上述两极分化。

第四，韦伯发现，在现代法制体系中，存在着形式的合理化与实质的合理化的矛盾。但他未能自始至终地把合法性问题放置在现代社会的理性化模式问题中加以总体考察，因为他本身并未能脱离实证主义法学观点的影响。

为了解决这些难点，哈贝马斯提出三个可行的假设：首先，设定现代社会，即最初的资本主义社会的产生，必然伴随着两个方面的要求；也就是说，将"后传统的"（post-traditionnelle）道德观念与法制观念，一方面具体化为制度性的建设，另一方面根植于行为动机中。

其次，资本主义的现代化所遵循的，却是这样一种模式，即认识上的工具性的"合理性"，为了深入到由交往和沟通所形成和所建构的其他生活领域，超越出经济的和国家的范围。而正是在这里，现代化变得越来越优势,以致置道德实践上的和认识工具化的"合理化"于不顾。

最后,由于上述原因,在"生活世界"的象征性的再生产和复制中,便自然而然地发生了一系列的混乱和危机。

为了在理论上贯通和解决上述三方面的设定,哈贝马斯走出韦伯的理论体系范围,广泛地向杜尔凯姆、帕森思、米德、加尔芬克尔、皮亚杰、维特根斯坦等人的社会行为和语言理论请教,也向他的同时代理论家伽达默尔、卡尔·奥托·阿贝尔、尼克拉斯·鲁曼、保尔·洛朗琛、阿尔伯列斯·魏尔默等人商讨。

哈贝马斯论证上述三个基本设定并使之构成完整的关于沟通行动理论体系的过程,主要围绕着两大主轴线:

第一,在最广泛的范围内全面分析社会沟通行为体系的合理化(Rationalisation des Systems des kommunikativen Handelns)过程及演变倾向。这就是说,不仅在认识的工具化的领域内,不仅在动机与目的的相互关系的视野内去考察,而且,也要在道德实践和语言表达以及美学表达的角度下进行考察。为此,哈贝马斯全面分析了有关的理论及其发生史,特别是关于个体间的相互理解的可能性的理论、符号化结构出来的生活世界的理论以及关于交往性的和相互沟通的理性(die kommunikative Vernunft)的理论。

第二,对社会体系的分析要包括对相互冲突的行为的分析与对社会整体化中的各种原则的矛盾的分析。韦伯只是从社会行为理论出发,以资本主义现代化作为社会理性化的模式,试图论证一般社会的合理化问题。因此他只能分析他在世的社会内所出现的各种社会危机的症候。至于现代社会所出现的新的社会阶级结构以及经济和行政管理活动中所造成的复杂的"次体系"(或从属性结构),至于已经造成为广泛的、无孔不入的沟通行为体系的种种合理性行为,所有这一切,韦伯都未能加以分析。因此,有必要深入分析这些社会新结构的演变,从总体系到次体系,从经济活动到道德的、艺术的活动,从相对独立的个体到相互交往的个体,从宏观到微观,特别是对于文化和个性的具体分析。只有这样,才能发现社会范围内的行为冲突及社会整体化(Soziale Integration)之下的各种具体原则之间的矛盾所在,从而达到在实现社会合理化总目的前提下的、各个社会因素及原则间的正常交往体系内的合理协调,达到基于高度自由和严密自我反思以及真正相互理解的理性化程度。

为了分析和说明哈贝马斯的上述论证过程,我们要进一步研究他对杜尔凯姆社会学理论的批判内容,然后再转向他对帕森思行为理论与社会体系论的分析批判。

哈贝马斯对杜尔凯姆社会学的研究,同他对米德、加尔芬克尔、阿尔弗列德·舒兹等人的象征性行为社会学的研究是相辅相成的,这是他摆脱他的老师阿多诺的、属于意识哲学范围的异化论观点影响的决定性的一步。

杜尔凯姆和韦伯一样,对宗教意识在社会生活、个人行为和文化活动中的作用,给予了充分的重视。但杜尔凯姆比韦伯更加卓越之处,在于杜尔凯姆更深入地研究和分析了社会群体的特征的结构,并把集体意识特别是宗教意识的"标记"(les marques de la conscience religieuse)看做是社会群体的特征的典型表现。

杜尔凯姆的这一卓越思想观点曾直接地启示了美国社会学家赫尔柏德·米德,使他更深入地研究了"个性"问题。

杜尔凯姆把宗教信念和爱国主义精神同日常生活中的个人与群体的行为、态度、举止及言谈等联系在一起加以考察,但他同时又把宗教信念及意识看做是深深地扎根于群体的历史中的、构成该群体自身的本质特征的组成因素。

哈贝马斯为了更深入地研究沟通行为及其在符号系统和中介手段方面的历史根源,很重视那些远在语言系统正式固定化之前就已经有权威性功效的、最原始的宗教性符号系统及其在沟通、协调群体行为中的意义。这些在群体意识中扎根,并在行为中起作用的宗教性神圣符号,起码是人类群体中的各个个人之间进行相互作用的"沉淀物",是在形成语法系统前的符号中介物,是关于规范的意识的最古老的表现形式。

哈贝马斯在杜尔凯姆的宗教社会学中看到了交往性行为的"前语言性的根源"(une racine prelinguistique de l'agir communicationnel)。同时,这种属于"前语言阶段"的原始沟通行为是符号性的和象征性的，因此，它可以被"重建"，被置入一种旨在重建规范性行为的分析过程中。但是，哈贝马斯也充分地意识到：杜尔凯姆并未深入地区分由宗教符号所激发的、宗教礼仪活动的总体性（Gemeinsamkeit）与由语言所创立的主体际的主体间性。宗教礼仪活动的总体性或它的群体性表现形式，同由语言创立的主体间的主体间性是有区别的。实际上，正如我们前文所说，言语行为的结构乃是认识的、道德的和表达的三种关系的总和；以下章节将在此基础上进一步论述言语行为的上述三种关系是如何地同外在自然、群体特征和内在自然发生联系的，它们又如何地从"前语言阶段"产生和演变出来的。所有这一切，都是在对杜尔凯姆的宗教社会学进行研究之后，由哈贝马斯在他的对沟通行为的综合研究中加以发展的。

正是在研究宗教礼仪活动以及宗教符号的神圣作用的过程中，杜尔凯姆深入分析了个体与群体的关系，研究群体中的个人之间的交往关系。他的宗教社会学所提出的根本问题是："我们怎么能够同时地既百分之百地属于我们自身，又同样百分之百地归属于他人？"换句话说，"我们怎么能够同时地既在我们自身之内，又在我们之外？"这个根本问题对于社会学具有普遍的和深刻的意义，因为它触及了解决社会问题的核心和关键，即"社会何以可能存在"。杜尔凯姆指出，正是最原始的宗教符号，早在语言系统化和语法化之前，便对群体的所有成员具有同样的意义，表达同一的信念，使得这些原始的宗教符号，在统一的"神圣的"语义结构的基础上，具有着类似"主体间的主体间性"的特征，使各主体间的交往成为了可能。

杜尔凯姆认为，这种宗教礼仪活动中以符号为中介交往乃是规范性的"协议"或"协调"的表现，尽管这是最素朴的规范性协议。这种看法对于分析一般性的交往活动的性质及其起源，具有很重要的意义。如果说，宗教礼仪或各种仪式活动，是宗教的最原始的组成因素的话；如果说，这些原始的宗教仪式已经以言语形式建构出来和表达出来的话，那么，这就表明：宗教信念早就以语言和符号为中介而成为一定的宗教群体或共同体的一个特征，一个可以确定其身份和资格的特征。而且，这也表明：宗教信念的"总体性"（Gemeinsamkeit），也可译作"共同性"或"一体性"，性质本身是在该群体的各个成员之间，以其实际的文化行为而获得验证。

正如结构主义人类学是在最原始的民族习俗中研究一般人类关系及人类行为的典型结构一样，哈贝马斯也认为杜尔凯姆对原始宗教仪式的研究，对于研究一般性的沟通行为的模式及其性质具有重大的理论意义。

哈贝马斯说："宗教信念始终都只能是某一个群体的信念；它是在它进行阐释的同一个实践活动中显现出来的。"换句话说，宗教信念作为一个群体的共同性信仰，首先必须是在这个群体的共同性本质的基础上产生出来的；这个共同性的本质既然是在各个独立的个人之中扎根的，而且又是由各个独立的个人表达出来和加以实施的，这就必然存在一个相互交往的问题；每个个人之间必须存在一个一致性的默契，以协调其信念、认识、表达方式及行动。更重要的是，哈贝马斯强调最原始的宗教仪式具有着"在其自我说明的同时自我实施"的重要性质。这是最原始的宗教仪式的特点。是它的素朴性、原始性和直观性的表现，也是宗教原始仪式的前语言的符号性的优点之所在。

杜尔凯姆于1906年法国社会学代表大会上的发言《宗教生活的基本形式》（"Les Formes élémentaires de la vie religieuse"，见其最新版本：Paris，PUF，1985），对宗教仪式的性质及其对研究人类道德意识的意义，作了直至当时为止最深刻的论证。杜尔凯姆把宗教礼仪同道德规范的性质直接联系在一起加以研究。杜尔凯姆指出："宗教观念是集体的观念，它表达着集体的现实性；宗教仪式是行动方式（des manieres d'agir），它只是在集合的群体中（an sein de groupes assembles）诞生，并旨在激发、维持或复制这些群体的某些心态（certains etats mentaux）。"

美国的帕森思对杜尔凯姆的上述见解曾给予了高度的评价，认为杜尔凯姆结束了实证主义的、具有神秘色彩的宗教观点。

杜尔凯姆由此出发把宗教仪式看做是规范性的道德准则的原型。他说："人们指出，道德规则具有一种专门的权威性——依据这一权威性，当它们发出命令时，它们被服从。现在，我们依据纯粹经验的分析再次证实它们；而且，关于义务的概念，我们所下的定义也很接近康德的定义。

因此,义务或职责,构成道德规则的主要性质之一。"至于这种具有道德规范性质的宗教仪式的实施功能及其社会意义,杜尔凯姆又说:"一个社会,若不是在正常的间隔时期内感受到维持和加强集体感情和集体观念的需要的话,是不可能存在的;这些集体感情和集体观念构成其统一性和个性(les sentiments collectifs et les idées collectives qui font son unité et sa personalité)。但是,这些道德的整顿和巩固的获得,只能通过集会、集合和宗教性团体——通过它们,密切地相互接近的个人,共同地重复肯定他们的共同的感情。由此出发,那些仪式,就其性质而言,不论通过其对象、其产生出来的成果、其使用的程序,都是和严格意义的宗教仪式一样的。庆祝耶稣基督一生中的重要节日的基督教徒的集会,庆祝走出埃及或庆祝颁发十诫的犹太人的集会,庆祝一个新宪章的制定的公民集会,或者某些全国性的重大庆祝活动的集会,在所有这些集会之间,难道存在着根本性的区别吗?"

杜尔凯姆所强调的上述群体性集会和集体行为,就其性质而言,乃是它们所不断重新加以肯定的共同默契或集体协议的实施——而这些协议的内容,作为其本身的性质,不断地回归于它。集会或集体活动的重复性,不过是围绕着同一主题、同一内容的多样化表现,也恰巧这一主题的同一性,表达了"神圣"的、不可更改和不可违抗的性质。这一神圣性,乃是集体或群体共同地确认的"统一性"和"个性"。这就是说,最原始和最基本的规范性的默契和协议,乃是在共同的行动中表达出来的、群体的同一性和身份特质的实施和维持。没有规范性协议,便没有群体的性质,便失去群体的固有身份。

总之,群体的身份及其特质,以规范性的默契和协议为形式而保存和巩固下来,它是由社会共同体本身强加于它的各个成员的,是通过宗教符号的中介,具有神圣不可触犯的权威性,它的稳固性又通过不断重复的宗教仪式活动而获得保障。

杜尔凯姆关于宗教仪式、规范性协议、语言、集体行为与群体身份的统一性理论,恰巧补充了韦伯的理性论和新教道德论,使哈贝马斯有可能在此基础上,再结合米德、帕森思和马林诺夫斯基的理论,全面创建他的沟通行动理论。

哈贝马斯本人在谈到他吸收杜尔凯姆的上述观点时,同时表达了借此建构沟通行动理论的基本规划,其要点如下:

第一,充分肯定作为沟通行为原型的宗教仪式符号系统的意义,进一步全面分析它的历史根源及其发展的社会条件和自然条件。

第二,深入探讨群体的一致行为和默契性行动及其原始的一元化和整体化的表现形式是如何发生分支和歧义,以致发展成为越来越复杂的、成制度的社会体系。

第三,如何理解在群体中共同行动的个人的特殊的个性? 也就是说,在肯定群体的整体性及其在仪式活动和规范行为中所表现的群体共性和身份的基础上,那些以个人形式而存在的、具有独立个性的"人",究竟是怎样维系成一个社会整体的?

所有这些问题,归结起来说,仍然是那个一直困扰着社会学家和社会哲学家的老问题:"社会秩序或社会整体化是如何成为可能的?"或者说,"个人和社会是如何相互关联的?"或者,更确切地说,"自我和他人是怎样在社会范围内构成一个整体而又各自维持其个性?"

在当代研究上述基本问题的形形色色社会学理论中,不是别人,正是帕森思的社会行为理论,引导着哈贝马斯从社会体系的角度去考察规范行为及其可能条件。

在《关于沟通行动理论》的第一版序中,哈贝马斯指出,他在分析一般行为结构的可理解性的条件时,意识到传统认识论对于社会行为分析的无能为力,曾经使他转向帕森思在半个多世纪以前发表的《社会行为的结构》(*The Structure of Social Action*,1937)一书。帕森思的行为理论和社会体系论,正如本书第二章第一节所已经指出的,在第二次世界大战后的德国哲学界和社会学界发生了广泛的影响。在德国当代社会学领域中,和哈贝马斯同时地,然而又独创性地发展社会体系理论的,是比尔费尔德大学(Universität Bielefeld)的社会学教授尼克拉斯·鲁曼(Niklas Luhmann,1927—　)。关于尼克拉斯·鲁曼的基本思想,可参阅拙著《德国当代哲学》(香港天地图书公司版和台北远流版)。鲁曼曾与哈贝马斯合编《政治哲学理论或社会技术论》。因此,哈贝马斯与鲁曼之间的分歧,可在此书中显现出来。

在考察韦伯和杜尔凯姆的社会学时,哈贝马斯肯定了两者关于社会组织维系于一个"共同的价值"的基本观点。正如我们所反复强调的:维系一个社会群体的共同价值,乃是以语言、符号或诸如宗教仪式等中介物而表现出来的。

在帕森思的社会行为理论中,哈贝马斯进一步看到了把行为理论与社会体系理论结合在一起的必要性。社会是不是一个稳定成体系的行为的联系总和? 把"自我"的行为同"他人"的行为相互联系起来并构成社会总体的存在,这种机制的奥秘究竟何在? 这一切,正是帕森思的社会行为理论所要回答的问题,也是哈贝马斯的沟通行动理论所不可回避的基本论题。

在研究上述基本问题时,正如本书第二章第一节所已经指出的,帕森思突出了行为的目的性、规范的稳定性、行为对环境的适应性以及个体向社会共同体归并(整合)等四个重要因素。因此,在论述个体与社会行为关系时,帕森思往往借助所谓的 LIGA-MODEL,即潜伏(Latency)、归并(整合)(Integration)、达到目的(Goalattainment)及适应(Adaptation)四大因素相辅相成的模式。帕森思曾经设想,通过这个模式的多种转化和扩展,可以包括一切行动的可能走向和取向,也可以说明行为的协调、个人之归并于群体、集体性的行动目的以及规范性的协议等问题。

但是哈贝马斯尖锐地指出,帕森思的行为理论的主要缺点在于"只是从外面"探讨个人与社会行为的问题。因此,在哈贝马斯看来,行动本身,特别是与行动有密切关系的"意义"(der Sinn),并没有为帕森思所解决。这样一来,哈贝马斯甚至认为,帕森思的社会学理论乃是一种没有主体和没有意识的政治哲学理论和行为理论。

但是,帕森思的理论仍不失为珍贵的行为理论和政治哲学理论,因为这一理论能从"行为"的角度去考察人所处世的那个社会环境及周围世界;这一理论也从行为的角度去考察人类本身,把"人"放在行为的伸展维度内,深入地考察了那协调着人的行为的规范同人的个性的关系。

为了汲取帕森思的深刻思想,并使之纳入沟通行动理论体系中,哈贝马斯着重发展了三个方面的问题:

第一,为了发展一个关于社会的总体理论,帕森思的行为理论体系显然是太狭窄了。他的行为理论,应该扩大为关于体系化的行为联系网络的学说,深入阐明各个行为由以统一协调成政治行动的各种中介因素及其功能。

第二,为了转变帕森思的行为理论,必须精细地分析其中包含的功能主义的变种,区分出与韦伯、杜尔凯姆和弗洛伊德有渊源关系的文化理论的因素。

第三,帕森思的关于现代社会的理论未能提供分析社会危机的积极观点;他的关于现代社会的理论和关于现代性的观念,有待于在更为全面和协调的广度内加以发展。

实际上,哈贝马斯的总意图,是要把社会"首先看做是一个社会群体的成员的'生活世界'"。正是在这个总观点的指导下,哈贝马斯试图在行为理论的范围内引入社会秩序的范畴。但是,如前所述,帕森思的行为理论,如果不加以打破的话,是无法在其体系内展开上述论证的。

帕森思在其理论活动中也同样体察到他的理论的不完备性。因此,据哈贝马斯看来,帕森思自 20 世纪 30 年代以来,经历了两大转折。在 1937 年他发表《社会行为的结构》时,他只限于论述规范性行为理论的基本特征。在那时,帕森思在分析有目的的合理行为时,批判了功利主义的行为理论,因为功利主义未能说明行为主体的自由抉择问题。同时,帕森思也批判了以霍布斯为代表的经验主义,因为它不能揭示社会秩序何以可能的原因。为此,帕森思曾集中考虑工具化的范畴的问题。但是,帕森思在 1937 年后不久便修正了他的理论。这是他的第一次转折。到了 1951 年发表他的模式可变性理论时,他实际上借用了功能主义的观点。

在哈贝马斯看来,在 20 世纪 50 年代的新的理论中,帕森思并不满足于把行为理解成活动主体在特定环境中的取向总和。他要冲破这一陈旧观点,而把行为的取向看做是文化、社会与个性之间的协同作用的结果。

帕森思在吸取弗洛伊德与马林诺夫斯基的文化论之后,强调"社会体系是围绕着行动者之间的相互关系而发动起来和组织起来的行动体系,而个性则是围绕着活生生的有机组织而发动起来和组织起来的行为体系"。

哈贝马斯认为,帕森思的这种行为理论仍然存在着几个难点需要加以解决。首先,必须弄清文化因素是如何决定着行为的取向的;其次,文化体系、社会体系是如何在"行为"概念中协调一致地发生作用的。解决这些难点的关键,是扩大行为主体的活动范围,并使之在相互交错的关系中协调其相互间的问题——为此,最根本的,是用语言的要素去协调,特别是解决个体间的相互理解的问题。而这个问题,正是帕森思的行为理论的最大弱点。

哈贝马斯指出:"在一种文化的环境中行动,意味着相互作用的各个方面要从一个知识储存库中获取其表演解释的根据,而这个知识储存库是用文化来保障和由各主体间的主体间性来承受的。只有这样,才能适应于他们所处的环境,并各自实施其目标。"这里所强调的"各主体间的主体间性"和行动各方所处的"环境",就是哈贝马斯在他的沟通行动理论中加以全面发展的言语行为理论和关于"生活世界"的概念。哈贝马斯在批评帕森思的行为理论的弱点时说:"借助于沟通行为的概念,我们不仅获得了分析行为取向的实施过程中所出现的、源自文化、社会和个性的因素的依据,而且也可以由此看到文化、社会和个性是怎样同象征性建构出来的'生活世界'而结合在一起的。""生活世界"的象征性的结构或语言符号结构是在沟通行为中产生出来的。只有从这个基本观点出发,才能完满而灵活地阐明文化、社会和个性的相互关系,才能合理地解决人类社会的基本问题,才能在充分尊重和发挥个性自由的条件下,在保护优秀文化传统和发展文化的前景下,整体地协调人类的行动。

帕森思在 20 世纪 50 年代后的理论建设中,也试图把他的行为理论扩大为社会体系理论。他的社会体系论包含着五个值得注意的要点:第一,是他的所谓"周围环境论"——在他看来,社会乃是在环绕着它的世界中的一个体系。第二,是他的所谓"政治行动体系论"——在他看来,社会乃是行动体系,在其中,文化和语言是重要的构成因素。他说:"人类行为是文化性的,因为关系到行为的意义和意向是以符号体系的形式构成的。"第三,帕森思把行为体系看做是"文化"、"社会"、"个性"和"组织"四个"次体系"之间的相互作用和相互渗透的体系;而这些"次体系"又各自在行为体系的社会再生产总功能中履行着自己本分内的专门功能——这就是说,在行为体系中,文化次体系专门执行保持模式的功能;社会次体系执行着归并或整合个人或担当一定角色的人的行为单位的功能;个性次体系则负责达到目的的功能;组织次体系则是适应过程中的行为举止之场所。第四,各个次体系之间存在着相互的"交换流"。因为每个次体系都具有相对的稳定性,所以,它们不只是表现着不同的参照系列,而且在它们之间可以存在偶性的关系。各个次体系之间相互构成一个"周围环境",但它们之间可以发生调整着的交换关系。就在这些次体系间的相互交往中,它们的关系可以凝缩成新的结构,帕森思称之为"相互渗透"。第五,帕森思在上述各次体系间平行关系的基础上,又假定一个"控制和支配的等级",以表示对四个基本功能的判断和评判。

帕森思的上述社会体系论虽然比他前期的行为理论更加复杂,但哈贝马斯指出,就理论基础而言,这是功能主义人类学和新康德主义文化论的结合;就其内容而言,虽然帕森思强调了"交换流",但仍然没有足够重视沟通行为,尤其没有足够重视作为交往中介的语言在社会体系中的作用。正因为这样,美国社会学家杜宾(R.Dubin)曾批评了帕森思的理论的前后矛盾及其缺点。

哈贝马斯在批评帕森思在语言中介的问题上的理论弱点时,并没有否认帕森思后期的社会体系理论对于包括语言在内的中介物的分析。但是,哈贝马斯指出,帕森思在研究作为调节机制的中介物的时候,只看到"金钱"和"权力"两个中介物的作用,只看到"语言"同"金钱"和"权力"之间的结构方面的类似,即在"密码"(Code)和"信息"(Message)方面的类似,而看不到语言在交往过程中的作用,看不到语言在既定的"生活世界"中所起的各主体际的相互理解作用。

哈贝马斯对于帕森思、杜尔凯姆和韦伯的社会学理论的批判研究,构成他向沟通行动理论转变的一个重要因素。这一因素同他对米德的象征性相互作用论和加尔芬克尔、阿尔弗列德·舒兹等人的种族方法论的研究,同他对马克思和弗洛伊德理论的批判继承,同他对言语行为论、言语符号论及语言哲学的研究相辅相成,成为他的沟通行动理论的形成过程的重要方面。综合以上各个方面,用他本人的语言来说,就是走出狭窄的传统认识论和传统哲学方法论的天地而迈向新型的社会科学逻辑的过程,就是从意识哲学的束缚下解放出来的过程,就是朝向适应于新时代的跨学科的新型社会批判理论的过程。

由此可见,在哈贝马斯的思想发展过程中,经历与实证主义、批判理性论、诠释学、逻辑建构主义等思想派别的争论,经历对马克思、韦伯、狄尔泰、杜尔凯姆、米德、帕森思、弗洛伊德、皮亚杰等人的理论的历史研究,经历对维特根斯坦、席尔勒、阿贝尔、鲁曼、舒兹等人的语言哲学、言语符号论、社会体系论和种族方法论的分析研究,经历对第一代法兰克福学派理论家霍尔克海默、阿多诺等人的早期社会批判理论的比较研究,哈贝马斯决心与由康德和黑格尔所发展的"意识哲学"彻底决裂。为此,他在《关于沟通行动理论》一书中系统地清算了法兰克福学派的社会批判理论中的意识哲学路线,对自卢卡奇到阿多诺的依据意识哲学的原则而发展的"异化论"和"单纯的工具理性批判论"进行批判。

哈贝马斯同意识哲学的决裂,并非一蹴而就的;这是在他的思想发展过程中连续不断地进行长期批判和反思的过程。所以,本节将依据哈贝马斯本人在《关于沟通行动理论》、《关于沟通行动理论的预备性研究及补充材料》及《道德意识与沟通行为》等书中所提供的线索,分析和论述他从米德、舒兹、皮耳士及维特根斯坦等人的理论中所得到的启示。

正是在同意识哲学相决裂的过程中,哈贝马斯越来越突出沟通行动理论的意义。

哈贝马斯在理论上和方法论上同意识哲学的决裂,首先是他自身的哲学研究方向和政治哲学理论性质所决定的。

从20世纪60年代中期开始,德国社会学和政治哲学理论研究面临着新的发展转折点。据哈贝马斯本人所说,当时的社会学还在很大程度上为分析哲学的认识论,为新实证主义的批判理性论所支配,表现出要进行所谓"科学的统一化"的倾向。哈贝马斯的老师阿多诺在当时曾领导了对这种新实证主义的倾向的理论批判斗争,但阿多诺的批判并未跳出意识哲学和历史哲学的框框,因此,既无力战胜新实证主义的唯科学论倾向,又不能以崭新的姿态总结自第二次世界大战以来西方社会中所发生的在政治、经济和文化方面的翻天覆地的变化。

哈贝马斯认为,自 20 世纪初以来,由康德和黑格尔所发展的意识哲学已经遭到了来自分析哲学和来自弗洛伊德精神分析学的批判。但哈贝马斯感到遗憾的是,这两股批判意识哲学的理论力量越来越在分岔的研究道路上标新立异,以致各自在完全不同的理论和方法论基础上,发展自身的推论逻辑,并相互对立起来。

从理论上讲,意识哲学总是脱离"生活世界"及以语言为基本中介物的沟通行为。因此,意识哲学对理性的批判,不管这一批判进行得如何彻底或采取何种形式——主观主义的或客观主义的形式;唯物主义的或唯心主义的形式——都只能停留在狭窄的主客体关系的范围内,或甚至停留在孤立的主体中,无法正确说明认识过程中的"相互理解"的问题,也不能正确解决不同的独立的主体之间的相互协调的政治行动的机制及其实际效果,不能说明主体的认识、主体间相互交往及其与社会行为总体的关系,当然也就不能正确地说明以沟通的合理性为基础的新型的合理社会的建立的可能性条件的问题。

所以,为了彻底批判意识哲学的传统,最关键的是引入"生活世界"与"言语符号论"的概念,使对于理性的批判超出从柏拉图到黑格尔的传统形而上学的范围,在四个基本论题上建立完整的沟通行动理论——这四个基本论题就是:

第一,在言语研究的范围内,继承自弗列格(Gottlob Frege,1848—1925)以来的分析哲学和自弗洛伊德至现代结构主义对于语言的理论研究成果,同时超越出他们的形式主义的方法论,即单纯地集中分析命题形式和语法结构,而把研究重点转向从事言语行为的各个主体间的相互理解问题和主体间性的问题。正是在这个最重要的问题上,以往的意识哲学不加以重视,以致使他们自己无法解决他们所提出的认识论问题,更不能说明人的社会行为的实质及其与周围世界的关系。

第二,对"生活世界"(Lebenswelt)和"沟通行为"的概念的研究,继承自狄尔泰、胡塞尔,经萨特、梅洛-庞蒂,到海德格尔等人的批判传统形而上学的路线,把对于理性的批判"现实化",即放置在一定的"周边世界"中实现对理性的批判,使这种批判独立于意识哲学的路线,在实际的沟通行为的网络中分析理性,分析在生活世界中的言语的功能及其保证理性之自我反思和自我解放能力的决定性作用。这样一种对于旧形而上学的批判,实质上是以言语中介物所建立的生活世界及其交往网络,取代那个空洞的、抽象的"第一实体"或别的类似物,充实着越来越相互脱离的、失去活力的社会体系及其"次体系",诊治和克服那些由于忽视交往中介网络而处于"病态"的现代社会的各个组成部分,真正实现生活世界和社会体系合理交流。在这种情况下,沟通行动理论就比生活哲学、尼采的权力意志论、存在哲学及"解除结构"后结构主义的哲学更加彻底地把"第一实体"从哲学研究中排除出去,也不需要用这样或那样的"取代物"去填补那个为了说明"相互理解性"而不得不设想出来的所谓"先验的主体"。

第三,克服西方传统的理性中心论或逻辑中心主义(Logozentrismus),克服以此理性中心论为精神支柱的形形色色的本体论和认识论,但同时又不排除理性本身的地位,在交往的实践活动中解决有关真理的一切问题。

第四,在肯定以往传统哲学的肯定性因素的同时,批判"绝对"、"终极原则"及一切试图包罗世界万物的哲学专制主义概念,在以往文化发展成果的基地上建立崭新的文化和社会。

在发展上述四个基本论题的过程中,哈贝马斯高度重视分析哲学和弗洛伊德主义的理论,尤其重视后期维特根斯坦的语言哲学及席尔勒的言语行为论,重视社会学中的象征性相互作用论,同时也高度评价实用主义始祖皮耳士关于语言、行为与思想的相互关系和深刻观点。

在摆脱意识哲学的理论研究过程中,哈贝马斯曾经全面地研究了以语言理论为基础的社会科学方法论的可能性问题。那是在 20 世纪 60 年代的事情。在同卡尔·波普等人的实证主义倾向的斗争中,哈贝马斯一方面同阿多诺站在一起,试图从认识论的角度充分理解以语言理论为基础而建立社会批判理论的意义。另一方面,他已经着手分析研究晚期维特根斯坦的语言哲学、伽达默尔的诠释学及舒兹的种族方法论同社会批判理论相结合的可能性问题。

正是在这一研究的过程中,哈贝马斯加深认识了意识哲学的理论错误及其最大弱点,即把人的精神活动同人的行为、生活环境及把人联结在一起的最普遍的语言中介物分割开来,从而不仅无法解决认识论本身的基本问题,即认识的真理性问题、认识主体与客体的关系、各主体间的认识和相互理解的问题、认识与行为的关系、认识与道德的关系、认识的客观有效性问题等,而且也无法解决认识论以外更为普遍的社会问题。哈贝马斯的研究经历使他从 20 世纪 70 年代起转向了沟通行为的问题。

但是,哈贝马斯在强调同意识哲学的决裂的时候,并没有忘记同时地强调他的沟通行动理论的社会批判性质及历史使命。他说:"沟通行动理论根本不是一种纯理论(Metatheorie),而是一种力图证明其批判准则政治哲学理论的开端。"

因此,沟通行动理论所要研究的中心问题,恰巧是社会批判理论的规范性基础的问题,在生活的多种形式中,语言变幻魔术中的理解的客观性问题和各主体的思想行为的多元化的统一可能性问题。

在他的《道德意识与沟通行为》一书中,哈贝马斯曾在《哲学的作用的再界定》和《社会科学面临着理解的问题》两篇文章中详细地从理论上论述沟通行动理论与意识哲学的根本区别。

哈贝马斯认为,在现代哲学理论中,唯有实用主义与诠释学派极其深刻地批判了意识哲学的错误,为他的沟通行动理论提供很深刻的启示。实用主义和诠释学的主要贡献是批判意识哲学关于对象知觉与表象的基本认识论观点,从而推翻了传统哲学在意识及其对象的范围内寻求自身立足基础的奢望。意识哲学总是从一个孤立的认识主体出发去研究主客体的关系,然后又只限在主客体关系的范围内研究认识与世界的问题。意识哲学虽然也耗尽力气论证主体的反思能力,但他们的重点无非是让这个主体朝着它的对象去发展,而甚至由这个主体自己去创造和决定对象。实用主义者,特别是皮耳士和伽达默尔的诠释学把认识看做是用于行动并以语言为中介的过程。同时,他们还把本来就包含着主体间性的、在协作中实现的认识过程,放在实际行为和日常的沟通行为网络中去研究和分析。不管他们把这些交往网络称为"生活形式"、"生活世界"、"由语言中介化的相互作用"、"语言的变幻系列"、"交谈"、"文化背景"、"传统"或"历史成效"等,这些具有共同体一致承认性的因素都同时具有认识论价值和超越认识论范围的更加深远的意义。行为和言语的作用远远地超出意识哲学所探讨的范围,它们把认识、言语、理性、社会、行为、道德及批判联系成一个总体,但又不为哲学思维和认识活动提供第一性的基础,既从整体和相互联系的角度,又从宏观微观两方面,从不断地相互协调的角度展示社会及其走向,展示社会中的各个主体的内外特征及其相互转化,展示各主体间的复杂关系。

通过实用主义与诠释学理论的研究,一切意识活动都只有在言语行为的分析的基础上才获得其生命力并获得理解。这样一来,对意识的研究成为了行为与言语的客观化的分析过程的一个组成部分。

为了取代意识哲学,必须首先在理论上研究中介化的问题。中介的问题不仅存在于认识论领域,也存在于科学、道德与艺术之中。因此交往哲学在深入研究中介问题的时候,必然要以批判的眼光考察在科学、道德与艺术中的一切中介化问题,而这是意识哲学从未触及和解决的重要问题。其次,哈贝马斯反复强调认识方面的解释、道德方面的期待、言语表达以及各种艺术评判活动,在实际的日常沟通行为中,都是相互渗透的。正因为这样,对"生活世界"的理解过程乃是对文化传统的最大限度的吸收过程、消化过程和表达过程。这样的深刻关系,表达出哲学同历史、哲学同文化传统、哲学同现实社会生活的重要关系,也体现了表达这些关系的必要性和可能性。由此可见,哲学的批判使命,基于总的社会批判,还包括对于科学、道德、语言和艺术的理性和感性反思活动所做的解释和中介的作用。

不论是马克斯·韦伯,还是深受他的影响的卢卡奇、霍尔克海默和阿多诺,都试图从对于工具化的理性的批判出发,探索社会合理化的前景。

他们的批判和合理化的论证,都由于局限在康德和黑格尔所圈定的意识哲学范围内,充其量也只能把合理化过程当做理性的异化作用来加以研究。结果,在霍尔克海默和阿多诺所开创和奠定的早期社会批判理论中,仍然笼罩着意识哲学的阴影。从黑格尔,中经马克思和卢卡奇,到霍尔克海默、阿多诺和马尔库斯,都喋喋不休地把对于"异化"的批判和揭示,看做是实现社会真正合理化的主要杠杆。

因此,为了彻底批判意识哲学的理论影响,为了同早期社会批判理论划清界限,并在新的历史条件下全面发展新的社会批判理论,哈贝马斯在《关于沟通行动理论》第一卷第四章中,以"从卢卡奇到阿多诺——作为异化的合理化"为题,批判地考察了意识哲学对于社会批判理论和对于社会合理化理论的消极影响,系统地分析和比较马克斯·韦伯的合理化理论与马克思主义的社会合理化理论的异同点。

哈贝马斯认为,马克斯·韦伯与新马克思主义的社会合理化理论,都来自新康德主义和黑格尔主义的社会文化理论。早在马克思本人那里,在《资本论》论述"死的劳动"和"活的劳动"的辩证关系时,就已经表现了黑格尔意识哲学的影响。"资本"乃是资本化的"死的劳动",是"活的劳动"日益受到更强烈的剥削的根据。因此,在资本主义社会中,劳动过程的悲剧就在于:劳动本身,除了把自身的劳动力当做商品而出售给"资本"之外,别无他途。这样,"活的劳动"越是在生产过程中创造财富,便越积累"死的劳动"——资本,便越为"活的劳动"自身创造日益贫困化的条件。"死的劳动"作为"活的劳动"的对立物而存在,但这个"死的劳动"恰巧又是"活的劳动"所积蓄而成的。马克思用"异化"概念说明上述"活的劳动"与"死的劳动"的对立和悲剧。所以,马克思在分析社会合理化过程的矛盾运动的时候,揭示着基于工人劳动的交换价值的生产过程的矛盾——这在表面看来是积累财富和资本,但实际上又是一种经济制度的自我巩固和自我摧毁的过程。

关于马克思对资本主义社会的合理化过程的上述批判及其与马克斯·韦伯的社会合理化理论的相似性,卡尔·勒维兹、毕尔波墨(N.Bir-baum)及季登斯(A.Giddens)等人都曾作过深刻的分析。

正因为在马克思与韦伯的社会合理化理论中包含着某些相似性,所以,毫不奇怪,西方马克思主义的某些理论家的社会合理化理论继承和发展了韦伯的重要观点。卢卡奇和霍尔克海默,作为直接受到韦伯思想影响的新马克思主义理论家,在发展马克思的政治哲学理论时,很自然地汲取了韦伯的许多重要思想观点。从卢卡奇、霍尔克海默到阿多诺,往往把韦伯的合理化理论同"死的劳动"与"活的劳动"、现代社会整体与道德性(Sittlichkeit)的辩证法联系在一起,即同黑格尔与马克思的思想联系起来。哈贝马斯在分析从卢卡奇、霍尔克海默到阿多诺的社会合理化理论时,一方面指出了他们沿着韦伯的路线只看到关于行为的目的论概念及行为的目的性的片面性,另一方面也指出了把行为理论与社会体系理论结合在一起的必要性,以便从总体性的宽阔前景,全面考察"生活世界"的合理化与社会的各个次体系的合理化的极其复杂的过程,全面分析和揭示行为体系的复杂性的日益增长的趋势,从而科学地进行理性的批判。正是在这样的崭新的观点下,同意识哲学的决裂势在必行,而沟通行动理论的创立也顺势而成。

哈贝马斯在论述沟通行动理论对意识哲学的批判观点及揭示卢卡奇、阿多诺等人的异化理论的片面性的时候,实际上也构成哈贝马斯对历史唯物主义的重建工程的一个重要部分,是哈贝马斯以沟通行动理论改造传统马克思主义、改造早期社会批判理论的重要内容。

为了具体地清算意识哲学通过经典的马克思主义而发生的、对于20世纪60年代前的新马克思主义理论家的思想影响,哈贝马斯分别地批判卢卡奇、霍尔克海默与阿多诺的"异化论"、"工具理性论"、"个性瓦解论"及"大众文化论"。通过这样的理论批判过程,哈贝马斯终于确立了他自身,作为第二代社会批判理论的主要代表人物的崭新形象。

霍尔克海默在批判资本主义社会的理性工具化过程时,恰巧是从卢卡奇的异化论出发的。卢卡奇在1922年的论著《异化与无产阶级的意识》中指出,在资本主义社会中,商品的关系典型地表现了一切"客观性"形式的模式和一切"主观性"的相应形式。卢卡奇显然是采用新康德主义"客观性形式"的概念,特别是继承狄尔泰的"此在形式"或"思维形式"的概念,把它看做是一般社会的历史发展阶段的"总体性"特征的抽象。卢卡奇把社会的发展看做是"作为人类生存方式的客观性形式的不间断的动乱的历史"。在卢卡奇青年时代所写的《关于小说的理论》和《心灵与形式》的著作中,他尤其重用"客观性形式"的概念。客观性形式是人同他的环境的一种"中介";它决定着人的内在生活就像其外在生活那样具有客观性。

整个资本主义社会的合理化过程无非是一种异化过程。因此,卢卡奇和霍尔克海默都依据黑格尔主义的观点,认为理性在人的相互关系中和在人与自然的关系中,以及在人与其内在精神生活的关系中,实现理性自身的客观化。客观性的形式始终保持着同理性的普遍性的密切关系。

哈贝马斯在《关于沟通行动理论》德文版第一卷第四章第一、二节中,对卢卡奇和霍尔克海默的异化论及工具理性论作了很深刻的分析批判,并揭示了他们的理性论的片面性与意识哲学的历史理论关系。在英文版的文献中,阿拉多(A. Arato)和勃连(P. Breines)所著《青年卢卡奇与西方马克思主义的起源》(*The Young Lukács and The Origins of Western Marxism*, N.Y.1979)一书,也对此论著有较好的论述。

这就是说,通过客观性形式,卢卡奇把资本主义社会中的人与人之间的关系、人与自然的关系以及人与自身内在生活的关系,看做是理性客观化过程中的"异化"表现。这种异化给人以理性客观化的假象,掩盖着其自身的不合理的和反理性的本质。这种虚假性是如此地扭曲着人的精神活动,以致人的一切意识活动都先天地以这种虚假的合理的偏见去看待人与人之间、人与物之间及人与自身内在生活之间的关系。这样一来,人的思维形式、认识形式和生存形式(Daseinsform)都打上了这种"异化"的烙印。

卢卡奇参考了马克思《资本论》对商品关系的分析以及韦伯关于合理化和关于有目的的合理行为的观点,导致这样的结论:无产阶级的意识乃是"作为总体性的历史的主体—客体"。

显然,卢卡奇的黑格尔主义及其意识哲学传统,使他自己在批判资本主义"异化"和工具化理性之后,又栽入他所批判过的工具主义的逻辑圈套之中,使其理论结论直接成为"革命斗争组织"的意识形态工具。正如阿尔伯列斯·魏尔默所分析的那样,"这一企图的最终失败具有讽刺意味地归因于如下的事实,即卢卡奇所重建的马克思主义哲学,就其中心点而言,等于回归到客观唯心主义那里。"

在卢卡奇的影响下,霍尔克海默和阿多诺在改造韦伯的理性化理论的基础上,对理性的工具化过程进行批判。在他们合著的《理性的辩证法》一书中,把卢卡奇的异化理论加以扩大,以致在他们看来,理性的工具化过程可以一直远溯到上古时期,似乎人类从使用工具的最初时期开始,便经历着理性的工具化过程。

霍尔克海默与阿多诺进一步依据异化论而引申出"大众文化论"、"个性瓦解论"和"自我保存论"。在他们看来,在资本主义社会中,文化的再生产和个性行为动机基础都不过是生产过程中劳动的异化的结果。霍尔克海默说:"合理性的观念越是被人们追求和向往,人们精神中对于文化的自觉或不自觉的怨恨和不满就越强烈。"

阿多诺在研究艺术作品的偶像崇拜方面,同样发展了卢卡奇的异化论。他把商品拜物教观念应用于音乐作品的分析。他说,交换价值在文化财富中采取了特殊的形式。因为在文化领域中,表面看来似乎免除了交换的能力。这种表面现象恰巧使现代社会中的人以为文化财富欠缺交换价值。由于商品包含着交换价值和使用价值,所以,在特殊的资本主义社会中,文化财富的使用价值实际上为纯粹的交换价值所取代;而且,这个取代使用价值的纯粹交换价值同时又以欺骗人的形式实行着使用价值的功能。就在这种张冠李戴的误认中,表现出音乐中拜物教的特殊性质:交换价值所负载的情感在创造现时的表象的同时又由于其与对象的关系的空缺而加以否定。

阿多诺在《否定的辩证法》一书中分析了辩证法的概念性中所呈现的物质与精神的关系问题。阿多诺认为,概念在抽象中所触及的真理,无非是概念自身所取消、所压抑和被藐视的那些东西。想要以概念的形式又不打算在概念中去理解那些非概念的东西,把那些非概念的东西加以分开,那是认识的一种幻想。就在《否定的辩证法》一书的开头,阿多诺便宣布："过去看起来过时了的哲学,仍然在生活中保持着,因为实现哲学的那个时刻已经被错过。"

阿多诺的上述思想虽然比霍尔克海默和马尔库斯更接近沟通行动理论的中介概念,但他毕竟停留在意识哲学的王国内,以致波墨迈斯德(Th. Baumeister)正确地指出,阿多诺在《否定的辩证法》和《美学理论》中所表现的走出纯粹认识论范围和诉诸艺术活动的趋势,并未能解决阿多诺的哲学的矛盾——《否定的辩证法》与《美学理论》充其量也只能相互推卸责任,并把难题在它们之间投过来投过去。

哈贝马斯对意识哲学的上述批判分析,突出地显示了意识哲学在理论上的软弱无力和在实践上的局限性。阿多诺的否定的辩证法在理论上所得出的悲观主义结论恰巧宣告了意识哲学在现实社会问题面前的失败。霍尔克海默和阿多诺虽然都触及语言的问题,但他们的批判始终都只能在"主观的理性"和"客观的理性"之间摇摆不定,最终,连霍尔克海默和阿多诺都只好在他们的晚年宣布他们的社会批判理论的根本转折。即放弃他们早期的理论活动宗旨,并把批判活动不得不局限于理论的范围内。狄德尔·亨利斯(Dieter Henrich)把所有只限于理论理性批判的哲学归结为"对于现时代和现代性的哲学上的自我解释"。狄德尔·亨利斯以海德格尔对形而上学的批判为例,一针见血地指出对于现代社会和现时代的理论批判的共同本质,即认为"主观性"(Subjektivität)只能依据其自身的固有结构来确定它的实施,也就是说,只能依据最普遍的和最一般性的"目的体系"来完成其自身的批判使命。而且,主观性和理性自身,在它们作为手段而维持或再生它们的自身存在的过程时,对于意识并无明确的自觉性。所以,不论是现代的唯物主义或唯心主义,都最终在他们的形而上学体系中"调和"主观性与客观性。

霍尔克海默和阿多诺的批判理论,由于没有彻底摆脱意识哲学的影响,也走向了"调和"的结局——但他们拒不解释这种调和思想,而宁愿重新陷入他们已经批判过的"协调的形而上学"的陷阱。阿多诺的《否定的辩证法》就是这种调和的产物。哈贝马斯为此指出,意识哲学使霍尔克海默和阿多诺陷于批判的"疑难"(Aporie)之中,不得不诉诸理论本身,即借助于理论本身的手段去达到其理论的目的。

由此可见,不充分理解沟通行为在理论批判活动中的意义,将无法使理性的批判同社会行为体系统一在一起,无法达到理性批判中的主观性与客观性的统一,无法实现社会合理化的目标。一旦以沟通行为的形式而行动的"主体"在语言的中介物中发生作用,各主体间的相互理解性便成为可能,而相互独立的工具化的、局限于认识活动的主体理性向交往理性的转化也成为了可能。

关于沟通行动理论的最中心的概念,就是沟通的合理性。以此中心概念出发,建构一个现代的合理化社会,就是沟通行动理论的基本任务。建立一个现代的合理化社会,从沟通行动理论的角度来看,就是以沟通的合理性为准则,以言语行为为基本中介和杠杆,实现社会行为的相互协调。因此,行为协调的社会运作机制,也成为了沟通行动理论的最基本的问题。对于社会行为协调的机制,哈贝马斯是以两个基本范畴——"同意"与"影响"——为中心而展开其分析过程的。在哈贝马斯看来,作为相互作用的人类共同体的"社会",其运作和发展,乃是基于生活于社会中的各个成员之间的"同意"(Einverständnis)和"影响"(Einflussnahme)而实现的。

在"同意"和"影响"的协调性结果的基础上,才发生一系列复杂而曲折的,然而是可以相互联系的社会行为网络。但在哈贝马斯看来,"同意"与"影响",作为社会行为协调的两个机制,是相互排斥的,是有本质区别的。

因为从"同意"的角度来看,它起码必须包含着有关各方的共同接受的认识。正如哈贝马斯所说:"我说一种知识是共有的(ein Wissen gemeinsam)即一种共识,指的是这样构成的'同意',即它是在各主体间承认可以进行批评的那种有效性要求的基础上而确立的(wobei Einverstandnis in der intersubjektiven Anerkennung von kritisierbaren Geltungsan-spru chen terminiert)。'同意'意味着参与的有关各方接受的一种认识是有效的,即可以把各主体间相互联结地加以接受(die Beteiligten ein Wissen als gultig, d. h. als intersubjektiv verbindlich akzeptieren)。"正因为这样,对"相互作用"的行为系列具有重要意义的"同意"和其中所包含的那种共同接受的认识,可以完成协调行为的功能。

须知,唯有共同赞成的那种"主体间的信念"(nur aus intersubjektiv geteilten Uber zeugungen),才能导致相互性的责任感(Reziproke Verbindlichkeiten)。换句话说,要使得相互作用的行为的各个有关参与者产生和形成相互间的义务感、责任感或受约束感,必须首先确立上述参与者的各个主体之间的共同接受的信念(intersubjektivgeteilte Überzeugungen)。

正是在这些贯通于各主体间的一致性信念之中,运载着使其中任何一方可以唤起另一方理智(einer an die Einsicht des anderen appellieren kann)的理由潜能(Potential von Grunden)。这种存在于相互作用各方的主体间的共同性信念,使相互间在必要时的"呼吁"、"提示"等信息传递成为可能,并发生效应。

至于谈到"影响",不管是单向性的或相互间的"影响",作为因果性行为的外来因素,作为在相互作用的行为中非共有的因素,不可能在参与者各主体间产生可以发生共鸣的"责任感"。那些靠欺骗和说谎而发生的"影响"以及在参与者的某一方心目中所可能产生的"以假当真"或"以真作假"的个别性信念,都不会具备可以在各主体间发生效力的那种相互性的约束感的。

因此,从"利益"的角度来看,哈贝马斯认为,"同意"和"影响"是相互排斥的两种行为协调机制。

哈贝马斯认为,各种派别的政治哲学理论,起码都接受关于社会角色的分析观点的。根据角色观点,所谓行为,无非就是基于对周围环境的认识和解释的某种行动计划的实施和完成。在实施某一个行动计划时,角色行动者要把握和熟悉(bewaltigen)其环境;而行动的环境则构成角色所理解的周边世界的一个"片段"(die Handlungssituation bilder den Ausschnitt aus einer vom Aktor gedeuteten Umwelt)。这一"片段"表现了角色对行为可能性程度的理解,是他的行为计划的重要基础。各个角色都必须或多或少地具备对其行为环境的认识,都必须在其意识内部形成、产生或再复制作为观察者的言语判断陈述命题,并将这些言语判断或陈述意见的命题再向角色自身表述出来(an sich selber adressieren)。这类判断往往采取如下形式:"A 认为、想要或希望、担心某件事情(把'某件事情'用一个命题来表示,则可以用 p 来代表它)。"因此,可以把上述形式概括为:"A 认为(想要、希望或担心)p。"这是从行为理论的角度所概括的,各种政治哲学理论对于角色行为及其与对周边环境的认识的关系。

各种社会行为理论都一致认为,在行为相关各方的对话中,起码必须有可以相互一致的认识(ein übereinstimmen des Wissen),以致使各方对于行为环境的理解达到"相重叠"或"相搭接"(überlappen)的程度。为此,各方就采取语言的或其他方式的信息传递或交换形式。

就在这一点上,各派社会行为理论存在着分歧。有一派理论认为,协调行为的主要方式是"同意"或"获得共同性意见";另一派则认为,靠角色之间的外来影响(eine externe Einflussnahme)便可以协调行为。

在哈贝马斯看来,如前所述,"同意"和"影响"是相互排斥的协调机制,因为从"利益"的角度来看,实现"相互理解的过程"(Verständigungsprozesse)中,不可能同时地(gleichzeitig)完成相互作用各方的"同意"和旨在导致因果性行为的"影响"。哈贝马斯在论述这一命题时,在"同时地"三个字底下加上着重点,强调两者的"同时性"的不可能性。

在哈贝马斯看来,从利益的观点来看,"同意"不应该是在另一方的强制之下被一方所接受。即使是用外来的欺骗、谎言、威胁或诱惑,使一方接受不属于其本身的认识的意见,也不应看做是"同意"。如果勉强把这类一致性看法看做是"同意",它也不能起着协调行为的功能。

总之,任何一位行为角色,只有在采纳了基于对其行为环境的认识的意见,充分地考虑到成功地实施其行动计划的利益,才能在同相互作用的各方进行信息交流的过程中,达到协调一致的意见,调整行为者各方的行动计划,以利于计划的实施。

在实施计划的过程中,一方面,希望获得成功的态度往往排除行为环境中所遇到的、其他角色的行为主体,因为对于行为者而言,同他相对立的其他行为,如同其行为环境中的其他不利因素一样,只能限制他的行为计划的成功实施;另一方面,相互理解的态度又保证了相互作用各方的相互独立性。在这后一情况下,相互作用各方是各自作为其行为的主体而确定自己的态度的,而这种态度又是以相互间所承认的"主体间的有效性要求"为基础的(auf der Grundlage der intersubjektiven Aner kennung von Geltungsansprüchen Konsens)。

早在 1976 年所写的《什么是普遍的言语符号论?》一书中,哈贝马斯在论述席尔勒的言语行为的标准形式及其表达性原则时,就已着手对社会行为进行综合性的分类,列出了社会行为的分类图表。这是根据席尔勒的言语行为理论而演绎出来的言语行为分析单位图表。

哈贝马斯认为,工具性行为、象征性行为及战略性行为都可以不具有主体间的相互作用的关系,因此,不能成为标准的言语行为,也不能由此引导出关于标准的言语行为的基本的分析单位。

在交往性行为中,唯有明示的、无制度功能的、独立于上下文的有区分性言语命题,才是可以成为言语行为的基本分析单位。正是在这类交往性行为中,可以看出哈贝马斯在普通的言语符号论所阐明的那种"非惯例性力量"(die illokutive Kraft);交往性行为借此力量创建个体间的关系(Herstellung interpersonaler Beziehungen)。

但是,传统行为哲学,自亚里士多德以来,一直把重点放在目的性行为的研究上面。在传统行为哲学看来,目的性行为,特别是工具性行为和战略性行为,集中地表现了社会行为中主客体的典型关系,显示了各种主体旨在达到其行为目的而建立、创造和实现有利的行为环境的努力,也同时表现了他们为此目的而选择各种适应的手段的过程中的认识能力的演化。因此,在传统理论中,关于目的性行为的分析中心,是"行为计划"(Handlungsplan)——这种行为计划是基于对环境的认识和旨在实现目的的意愿而制订出来的;同时,这一计划又表现了在可选择的行为中作出决定的过程。因此,传统理论满足于对目的性行为的分析研究,希望解决最基本的社会问题。

但是,上述研究回避了各个分离的社会行为间的协调问题。目的性行为的研究不得不分析"自我"与"他者"的关系,揭示为了成功的目的所必须具备的"相互作用各方"的相互"同意"或"相互理解"的程序与条件。

因此,传统政治哲学理论把研究的重点从一般的目的性行为转向以达到成功目的而实施的"战略性行为"。在这方面,关于交换与政权的理论(Tausch-und Machttheorie)的分析和论证具有典型性和代表性。

关于交换和政权的理论在集中分析旨在获得成功目的的战略性行为时,强调相互作用各方的相互"影响"在协调行为中的意义。这个基于功利主义原则的理论认为行为角色是以最大限度的"功利"原则去选择和衡量其行为手段的。

为了从功利主义原则论证战略性行为对于建立社会秩序所起的重要作用,交换与政权理论引进了辅助性的假设。

首先,在交换理论看来,在"供"和"求"两方主体间的均衡状态,是通过"自由竞争"实现的。其次,在政权理论看来,在特定统治的实存政权内,发出命令的统治者与服从命令的臣民之间的统治关系也是依据双方利益的协调来完成的。

这样一来,社会呈现为一种工具性的秩序(stellt sich die Gesellschaft als eine instrumentelle Ordnung)。这种社会秩序把一切实践的方向和目标都统引到金钱的竞争与政权的争斗的焦点上,并以各方对市场和对政权的特有关系,协调着他们的决定和选择方案。在这样的经济的和政治的战略性行为中,一切都被看做是获取成功的手段和工具,其工具性行为的性质不证自明。

对于工具性的社会秩序,不论是杜尔凯姆或者韦伯,也不论是帕森思和他的学派的其他理论家,都一再指明其不稳定性。他们一致认为,单靠利益关系是不可能维持一个稳定的社会秩序的,是不能稳固地协调复杂的社会行为网的。

就是功利主义者自己,也意识到"补充"其理论的必要性。例如彼得·勃劳(Peter Blau)曾在1966年出版的《社会生活中交换与政权》(Exchange and Power in Social Life, New York, 1966)一书中,用关于正义的概念补充其功利主义的交换理论。另一位理论家达连多尔夫(R.

Dahrendorf)则在他的冲突理论中引入韦伯的制度化政权的观点。

上述例证表明,关于交换与政权的理论都试图引进规范化的概念,以便使工具性的秩序披上"崇高"的外衣。

与交换和政权理论不同,系统的功能论试图用中介化的相互作用去代替战略性行为。但这样一来,社会秩序就通过一种维持着体系界限的模式(Nach dem Modell grenzerhalten der Systeme)而独立于行为理论的概念系统。因此,倒不如说,社会行为概念是基于体系理论的交往概念和调整概念而设计出来的。关于这一点,哈贝马斯已在《论帕森思的中介理论》("Bemerkungen zu T. Parsons' Medientheorie")一文中作了详尽的论述。

这样一种中介物具有着信息密码的特点;可以借助于它,由信息发出者传达到信息接受者那里。但是,作为一种调节中介物,其象征性表达不同于语言的语法性的表达语词。例如,市场价格,作为调节手段,也是一种中介,它具有一种特殊的、带倾向性的结构(eine Pra ferenzstruk tur),它可以带引诱性地向接受者提供促使后者接受的信息。因此,这种调节性中介的结构性构成具有两个特点:一方面,它是"他者"的行为与"自我"的行为的"交结";另一方面,它又试图避开相互同意形成过程(Konsensbildungsprozesse)中的冒险因素。这样的运作程序是自动化地进行的,因为中介性密码的应用和有效作用,是限定在下列条件之内:

第一,只适用于严格限定的标准状况的范围内(eine gut abgrenzenzbare Klasse von Standardsituationen);

第二,由明确的利益所界定;

第三,以致使有利的各方的行为方向,通过一个一般化的价值(durch einen generalisierten Wert)而受到调整;

第四,"他者"在原则上能够在两种"二者择一"的情况下作出决定;

第五,"自我"可以通过其供应物而控制这些选择;

第六,各行为角色只对行为结果感兴趣并因而很自由,以致使他们只依据其自身的成功利益而作出自身的决定。

以"金钱"为例,其"标准状况"是由所有物交换的过程(durch den

Vorgang des Gutertausches）所确定的。货物物主,作为交换有关各方,都遵循着经济利益的原则,以便寻求投资与获取利润间的最好关系,并为此而使用旨在达到其目的的、选择好了的手段。而"一般化的价值"是由"有利性"所构成;这种价值的"一般化"性质,指的是所有参与交换的各方,在任何时候和任何地方,始终都以"有利性"原则办事和行事。"金钱"的密码,作为交换中介物,它在"他人"与"自我"之间构成一个"交换站",成为了"他者"作出选择的形象或图式;通过它,我们可以看到"他人"对"自我"所提供的"供应物"所抱的态度,即"接受"或"拒绝";也可以看到由于上述态度而获致的结果,即"他人"得到或拒受交换中供应的产物。

显然,在上述情况下,交换各方可以在交换过程中,凭借各自具备的"供应"条件,相互制约着他们的选择和决定,而无须考虑在沟通行为中所必须具备的"协作性精神"的原则。这正是上述交换行为与沟通行为的区别点。如上所述,在交换行为中,行为角色所要采取的行为态度,是客观地估计了"行为环境"之后,由角色自身依据其行为结果所获致的合理利益的程度而形成的。在这里,衡量成败的标准乃是"赢利性"（Rentabilität）。

所以,以"金钱"为中介的相互作用,是以市场为中介的战略性行为原则的结果,也同时地取代了这个战略性行为原则。它同体系理论的社会概念相符合,但这种社会概念与工具性概念不一样,并不能补充规范论的范畴体系。

一般地说,战略性的相互作用也是属于以语言为中介的相互作用的范畴。但是,在这里,言语行为本身在这个模式内是被追求成功的行为所同化的。因为很明显,对于所有从事战略行为的行为主体来说,由于他们所感兴趣的是取得行为计划的成功实施,因此,以言语所进行的交往和沟通,只是他们所能找到的许多交往手段之一种罢了。他们之所以选择了语言这个交往手段,只是为了达到对谈的效果。

哈贝马斯对于上述战略性行为理论的分析批判,构成他对目的性行为理论的批判的一个重要组成部分,也是论证哈贝马斯本人的沟通行动理论的序曲。

接着,哈贝马斯进一步分析批判"片面的相互理解行为",主要的是指"规范调节行为"(normenregulierter Handeln)和"戏剧性行为"(dramaturgischer Handeln)。这两种行为都不是战略性行为,但它们之间使用相互理解的语言手段,是片面性的,只是作为调整行为的一个主要因素的。关于这两种行为,帕森思和戈夫曼都分别有所论述。

在哈贝马斯看来,帕森思和戈夫曼的论述均未能全面地估计到语言在沟通行为中所起的作用。所以,他们对语言在行为中的相互理解作用的认识,是片面的,是不够深刻的。在由各种规范所调整的行为中,相互理解(Versta ndigung)的作用是把已经在一个群体中贯彻的规范协议加以具体化(Aktualisierung)。换句话说,原来已在一个群体中获得一致同意的规范性协议,在具体地贯彻于各个相互作用的行为时,有关各方仍然使用语言这个相互理解的手段。

因此,由规范调节的行为,并不能发生于孤立地存在的个人,甚至也不能发生在孤独的个人同他人相遇的时候。脱离群体的孤独的个人,即使当他在他生活的环境中,遇到其他的人们的时候,这个个人仍然是在群体协议的规范之外。

只有在一个本来已经存在规范协议的群体内,即具有着规范性的群体一致意见(ein schon bestehendes normative Gruppenein versta ndmisses)的共同体内,相互作用的各方才有可能借助于语言达到相互理解。因此,也只有在这个共同体内,群体各成员的行为,才能依据共同接受的特定价值,朝着一定的方向进行着。所谓规范乃是在一个群体内所共同同意的"协议"。严格遵守某个特定规范的社会群体各成员,都有权利相互地期待着各方,实施或放弃在特定环境下所具体要求的行为(in bestimm ten Situa tionen die jeweils gebotenen Handlungen ausfu hren bzw.Unterlassen)。

所以,在这种情况下,所谓"遵守规范"(die Normenbefolgung),作为规范调节行为论的中心概念,指的是贯彻一个已经被普遍化了的"行为举止期待"(die Einfu llung einer generalisierten Verhaltenserwartung)。所谓"行为举止期待"并不具有对一个预定的事件的认识论的意义,而是只具有规范性意义,即是说,一个社会群体的成员,有权利对某种行为作出如此的"期待"。这种规范性行为模式是以社会学的"角色理论"为基础的。

至于"戏剧性行为"的概念,并不涉及孤独的行为者或孤独的"角色",也不涉及某个社会群体的成员,而是涉及相互作用的各个参与者(Interaktionsteilnehmer)——他们相互构成一个"公众"并使他们自身表演在这个"公众"面前。

在戏剧性行为的"公众"(ein Publikum 原意为"公众"、"观众",它是一种借喻,用来表示戏剧性的行为的观众)面前,戏剧性行为的每一个行为角色都可以通过其行为向观众提供关于角色自身的某些形象,或多或少地表达其"主观性"(seine Subjektivität)。

由于这些角色是唯一能优先地把握其自身的思想、感情和意念境界的人,所以,也只有他们才能在某种程度上控制着他们的"观众",控制着这些观众对角色思想和意念境界的理解程度。在整个戏剧性行为网络中,各个相互作用的角色,以上述机制相互调节行为,并借此而进入相互理解各角色"主观性"的境界中。也正因为这样,在戏剧性行为中作为中心概念的"自我表现"(die Selbstrepra sentation),并不意味着自发性的表现动作,而是意味着自身生活经历的表现,在不同的观众中所显示的不同风格。哈贝马斯把它称为"自身生活经历表现在有关的观众面前的风格化"(die zuschauerbezo gene Stilisierung des Ausdrucks eigener Erlebnisse)。

上述戏剧性行为理论只用于相互作用行为的现象学描述,但一直没有被普遍地理论化。

把戏剧性行为理论同前述规范调节行为论加以比较,可以看出两者的不同特征及其局限性。这就是说,规范调节行为论只关系到作为大家公认的规范体系和现存制度体系的某种社会秩序。为了使制度既稳固又符合预定的价值观念,制度可以同特定的利益相协调。因此,在哈贝马斯看来,这种社会概念并不重视行为"角色"的创造性努力,是很狭隘的。在这个意义上说,哈贝马斯赞同德·朗(D.Wrong)的批评观点。德·朗指出,上述规范调节行为理论把社会行为的主体"过分地社会化";而与此相反,戏剧行为理论则把行为角色"过低地社会化"。因此,总的来说,上述戏剧行为理论没有恰当地估计到"制度"在社会行为中的地位和意义;这种理论都只是以"自我"或"自身"的表达模式,分析具有多元化性质的个体之间的相交沟通。这种戏剧行为论固然估计到了行为角色的创造性努力;就这一点而言,它相对地弥补了前述规范调节行为理论的缺点。但是,同规范调节行为理论相比,它又低估了制度的作用,因而它本身也包含了弱点。

如前所述,哈贝马斯的上述分析,其矛头是指向帕森思的社会行为理论和戈夫曼的戏剧行为理论。本书已先后概述了帕森思的社会行为和社会体系理论的基本概念及其对哈贝马斯的影响。应该指出,哈贝马斯在探讨沟通行动理论的时候,自始至终都以"合理性"的范畴作为核心,并特别注意到"合理性"与"世界"的关系。帕森思的行为理论与戈夫曼的戏剧行为论,就是在这个角度下,受到了哈贝马斯的考察与解剖。在他的《关于沟通行动理论》第一卷第一章"论合理性的问题"中,哈贝马斯曾比较分析了三种从"行为角色—世界"的关系的角度研究社会行为的不同概念:合目的性战略性行为理论——把"角色"与"客观世界"相联系;规范调节行为理论——把"角色"与"社会的和客观的世界"相联系;戏剧行为理论——把"角色"与"主观的和客观的世界"相联系。

现在,在进入分析象征性的相互作用理论与现象学种族方法论之前,有必要综合地从"合理性"基本范畴的角度去考虑上述三种社会行为理论在处理"行为角色"与"世界"的关系时所表现的理论弱点。

在哈贝马斯看来,合目的性或战略性行为理论的主要欠缺是把"社会表现为一个工具性的秩序"(stellt sich die Gesellschaft als eine instrumentelle Ordnung dar)。盖夫根(G.Gaefgen)曾在他的《战略行为的形式理论》("Formale Theorie des Strategischen Handelns")的论文中,把行为角色所处的环境说成为"一个客观的世界"。在此情况下,行为的成功在很大程度上要取决于朝着同一个目的而动作的各个角色所作出的、出自其各自个人利益的"决定"。因此,各个角色必须在认识能力方面具备一定的条件去把握其他角色的"决定"的内容。另外,各个角色所采取的合目的性行为和战略性行为充其量也只能获致一种极其狭隘的"单一世界概念"(Einwelt begriff)。

同上述合目的性行为理论相比,规范调节行为理论至少承认行为角色与"两个世界"的关系,因为后者在"客观的世界"之外又加上一个"社会的世界"。客观的世界指的是现存事物的世界,而社会的世界则是角色本身所隶属的那个世界。在角色所参与的"社会的世界"中,角色作为主体而起作用,同时,其他角色也依据规范协调而有可能参与相互作用的活动。所以,"社会的世界"具有规范的背景,它考虑到那些被合法承认的个人间关系的总体,使这个总体内的个人间的相互作用,以某种形式和内容,得以实施。所有承认相应的规范的行为角色,都隶属于这同一个"社会的世界"。

所以,在规范调节行为理论中,如果说"客观的世界"的意义是由存在的事物的状况的参照关系所展现的话,那么,"社会的世界"的意义就由规范存在的参照关系所确定。在这里,哈贝马斯特别强调他所理解的"社会的世界"的意义的正确内容。他说,不应该把规范的存在看做是某些宣布规范性"社会事实"的存在的命题。换句话说,规范的存在不只是关系到宣布规范的存在的命题,而且,更重要的是,规范的存在,就在于它意味着其有效性和合法性是被有关各方,即被各个参与者和接受者所一致地承认。由此,哈贝马斯强调,规范协调行为理论总是设定各行为角色能够区分两个世界:客观的世界和社会的世界——前者是有关事实性的因素,后者是有关规范性的因素。更确切地说,前者涉及"条件"和"手段",后者涉及"价值"。

至于戏剧行为理论,戈夫曼在 1965 年发表的《我们表演一切戏剧——论日常生活中的自我表演》的著作中,不仅对戏剧行为作了清楚的论述,而且首次引入社会科学领域中。哈贝马斯承认,戏剧行为理论提出了两个很关键的概念:遭遇(encounter)和"表演"(performance)。

依据这两个基本概念,所谓社会相互作用,乃是所有的参与者所构成的"公众"的"相遇",在其中,每个人对于他人而言,都是呈现出由他自身所规定的某种事物;同时,每个人又为他人而重现自己。行为角色在表现属于其主观性的某些事物的同时,又希望为公众所接受和观察到。然而,哈贝马斯认为,戏剧行为理论所说的戏剧性行为,在某种意义上说,又具有"寄生的性质";因为这些行为似乎凝聚成某种朝着一个目标的行动。在戏剧行为中,行为角色往往为了表现其自身的观点,而不得不朝着其主观的世界进行行动。哈贝马斯曾把这种主观世界称为"主观经验的总体";而那些行动者,相对于他人而言,总是可以优先地进入到这个主观经验的总体中去。

综上所述,从"合理性"与"世界"的关系来看,以上所分析的战略行为理论、目的性行为理论、规范调节行为理论及戏剧行为理论,都未能把语言的相互理解性看做是协调行为的基本机制。

当然,哈贝马斯并不否认上述各种行为理论都已经多多少少地、以各种不同的形式,论述到了语言在社会行为中的功能。例如,在战略性行为理论中,战略性行为乃是依据自我功利性的标准,通过有关各方的利益参照系统内的适当调整,以语言行为为中介进行协调的。但在这里,之所以诉诸语言的中介,只是把语言当成诸多中介物中的一种,而且,在诉诸语言的过程中,对话的参与者都是为了成功地达到其各自的主观目的,而尽可能地以其自身所期望的意愿和观念,影响着别人,使之朝着各自心目中的目标进行。这种语言中介作用只完成间接的即非直接的相互理解性的某些有限状态。

在规范调整行为理论中,语言作为中介,也只起着传播文化价值的作用,充其量也只是文化主义的语言观。这种片面的语言观广泛地流行在美国的文化人类学的文献中。

在戏剧行为理论中,语言只是作为"自我导演的中介",因而,语言的表达功能大大地超过了言语命题的认识意义和个人间协调的意义。在那里,语言简直被片面地理解为文风和美学表达的单纯手段。

所以,哈贝马斯说,上述各种行为理论都只是片面地理解语言。在这种情况下,上述各种行为理论也都是片面地理解"交往"的含义,充其量也只能论及沟通行为的某些特殊情形——例如在目的性行为论和战略行为论中,交往只是被理解为旨在实现各自目的的人们之间的非直接的相互理解;在规范调整行为论中,"交往"被理解为把先前已存在的规范同意加以具体化的各个行为者之间的赞同性行为;而在戏剧行为论中,"交往"则被理解为以观众为目标的、角色自身的自我导演和自我表演。所以,在上述三种不同场合中,每一种片面的行为理论都只是表达了语言的单一的功能:说话者的行为功效、个人间关系的建立和经历过的个人经验的表达,都被分割地加以表达。

同上述片面理解语言的行为理论相比,沟通行动理论是唯一全面理解语言在社会行为中的功能的理论——这一理论不是支离破碎地去理解语言的"相互理解性中介功能",而是把语言的相互理解功能看成为:说话者和听话者之间,基于他们所解释的"生活世界",即基于他们所各自理解的、用他们的语言表达的"经历过的经验",各自同时地在"客观的世界"、"社会的世界"和"主观的世界"中,同有关的事物发生关系,以便在对所处的环境的共同认识中取得协调性的一致意见。正因为这样,关于沟通行动理论特别重视米德的象征性相互作用论、后期维特根斯坦的语言游戏理论、奥斯汀和约翰·席尔勒的言语行为理论和伽达默尔的诠释学以及舒兹的现象学的种族方法论。

象征性相互作用论把行为角色的作用看做是角色本身在学习过程中重建自己的"社会"及确定其特殊性身份的综合性结果。因此,在哈贝马斯看来,分别由米德(G.H.Mead)和舒兹(Alfred Schutz,1899—1959)为代表的象征性相互作用论(der symbolische Interaktionismus)和受现象学启发的种族方法论(die pha nomenologisch belehrte Ethnomethodologie)在很大程度上弥补了前面所批判的社会行为理论:战略性行为理论、目的性行为理论、规范调节行为理论和戏剧行为理论的重大欠缺,并突破性地提出了"承担角色"(die Rollenu bernahme)的重要概念,把"承担角色"看做是青少年在创建自己的"社会的世界"和自身特征的受教育过程中的基本机制,从而通过"承担角色"的概念更好地理解"社会化"(Vergesellschaf-tung)和"个体化"(Individuierung)的同时性和协调性。

这样一来,象征性的相互作用论巧妙地克服了社会制度结构与个人特性多样化的抽象的对立,较为合理地说明了具有循环性质的受教育过程,并把社会秩序和角色个人两个方面都看做是同样具有建设性的因素,在相互作用的活生生关系中各施其能。因此,象征性的相互作用论采用了"社会化相互作用的模式"去表达一切类型的社会行为(alle sozialen Handlungen nachdem Muster sozialisatorischer Interaktionen vorgestellt)。这是关于社会行为理论在揭示社会行为本质的研究中的重大成果,为使帕森思等人的社会行为和社会体系理论改造成为新型的沟通行动理论提供了契机。如前所述,社会行为理论的缺点,归根结底,就在于单纯地在抽象的层面上谈及社会与个人的关系,未能将两者在"社会化的相互作用"的运作中加以分析。

然而,哈贝马斯又指出,米德和舒兹的象征性相互作用论在论述社会化的相互作用机制时,恰巧忽视了语言在社会化过程中所起的中介性功能。这一致命弱点,使米德和舒兹无法获致关于沟通的合理性的理论境界。

在《社会科学的逻辑》一书的第二版序(1982年8月)上,哈贝马斯强调说,在促使他同"意识哲学"相决裂的理论探索中,由舒兹发展的"种族方法论"和由后期维特根斯坦发展的语言哲学以及由伽达默尔发展的诠释学一起,起了非常重要的启示作用。哈贝马斯说:在吸收诠释学和语言分析的同时,他得到了这样的信念,即社会批判理论必须与由康德和黑格尔奠定基本概念的意识哲学相决裂。

这就说明,象征性的相互作用论在哈贝马斯沟通行动理论的形成和发展中,起了非常重要的作用。

象征性的相互作用论没有充分地区分"世界"(Welt)和"生活世界"(Lebenswelt),没有深入地分析语言中的协议在协调社会行为中所起的核心作用。正如哈贝马斯所指出的,恰巧是"在语言中所形成的同意承担着行为协调的功能"(in dem sprachliche Konsensbildung die Funktion der Handlungskoordinierung übernimmt);而对于这一点的说明,乃是获致对政治哲学理论卓有成效的沟通行为概念的关键(als Schlüssel)。

如果从行为角色与"世界"的关系的角度来看,象征性的相互作用论同前述目的性行为理论、规范调节行为理论和戏剧行为理论一样,由于未能全面地把握语言在协调社会行为过程中的基本机制,都只是片面地看到"客观的世界"、"社会的世界"和"主观的世界"的某些方面,都不能像沟通行动理论那样,通过"生活世界"的基本概念,全面地把握社会行为中的各个行为角色,以语言作中介,协调地处理各个角色所面临的,既不同而又共有的三种世界:"客观的世界"、"社会的世界"和"主观的世界"。

由加尔芬克尔所发展的种族方法论以及其他基于现象学和诠释学而发展的象征性相互作用论,把社会活动看做是以协商讨论方式进行的某种解释活动的结果。在他们看来,相互作用的各方共同协商讨论对于社会行为境况或状况、环境的一致性定义,以便协调他们的行动计划(um ihre Handlungspla ne zu koordinieren)。在这一观念中,包含了"社会性相互作用"和"语言协调"两个极其重要的因素。在此基础上,如果说加尔芬克尔和舒兹等人集中地分析社会性相互作用和语言协调的功能与机制,并由此而着重揭示行为角色的"解释"活动,着重揭示社会活动中的言语行为基础以及社会相互作用的"对话"(Kon versation)实质,那么,社会秩序的问题就演化成主体间的假想和想象的偶然性的连续系列,而在社会相互作用的各个环节中,"解释"者虽然重建了具有规范结构的社会,但充其量,这种社会在其探索式的发展中,也只能建立在脆弱的和不稳定的"同意"的基础之上;即使在最理想的情况下,单纯地用解释活动去同化社会交往活动,也会使交往活动导致自行封闭化,陷入无止境的对话活动中,从而把社会简单地归结为对于历史文化传统的永久性的反思的过程。

哈贝马斯在肯定加尔芬克尔和舒兹等人的符号性相互作用论的同时,没有忽视他们的理论对于相互作用和对于语言的片面理解;因此,哈贝马斯在全面评述这些理论的时候,乘机表达了他本人对于上述理论的补充。

哈贝马斯在批判象征性相互作用论的"社会活动解释论"的理论缺点时,强调指出了把社会活动简单归结为"解释"活动的危险性,即有可能把"社会化"过程同想象中的规范化社会相混淆。这种混淆的根源在于忽视了"世界"和"生活世界"的区别。其实,相互作用的参与者之间的超主体间的"相互理解"的论题,不应该同他们进行解释活动的来源相混淆。哈贝马斯用德文 Worüber 表示相互理解的论题;用 Woraus 表示解释活动的材料来源。哈贝马斯认为两者应有明确的区别,不应相互"污染"(darf nicht mit dem kontaminiert werden)。在哈贝马斯看来,基于相互理解的行为乃是自我反思性质的。因此,社会制度方面的秩序和行为主体的特性,总是要出现两次,即在两个层次表现出来。也就是说,作为行动环境状况的构成部分,它们可以为相互作用有关各方所清楚地意识到和认识到;作为产生交往过程的解释来源(als Ressourcen fur die Erzeugung des Kommunika tionsvorgangs),它停留在背后作为背景性的因素,并只是以解释文化传统的形式,作为现有的知识和认识表现出来的。象征性的相互作用论并没深入分析上述两种因素的相互关系,并错误地把两者都分别地看做是自行独立(verselbsta ndigensich)的因素。象征性相互作用论虽然论述到相互理解过程的内容(der Inhalt)和构成(die Konstutution),但在某种情况下,构成的观点几乎占压倒一切的程度;过分地强调了社会角色中的观察结构(die Perspektivens-truktur),以致把沟通行为归结为单纯为实现社会化过程的角色作用的采纳。而在另一种情况下,相互理解中所共同关注的论题又上升为极为重要的地位,文化知识作为唯一的解释来源留存下来,而社会秩序则从某种意义上说被淹没在对话之中(in Gespra chen versinkt)。

为了克服象征性相互作用论的上述理论缺点,哈贝马斯着力发展了关于"生活世界"的概念,使之成为沟通行动理论的中心范畴。

八、关于"生活世界"的概念

在西方哲学史上,关于"生活世界"概念的提出,具有"转变范例"(Paradigmenwechsel)的重要意义。根据赫尔柏德·斯奈德尔巴赫和艾伦斯特·图根哈特的看法,西方哲学史的发展,从古希腊的柏拉图、亚里士多德,经近代的笛卡尔、康德以来,共经历了两种思维范例转换,即从柏拉图等人的"本体论思维范例"(Ontologisches Philosophieren),从思考"第一本原"、"第一原则"的范例,转化到近代哲学由笛卡尔开创的"认识论和方法论思维范例"(epistemologisch methodologisches Philosophieren),集中从主体、"自我"与认识对象的关系即主客体间的关系进行思考。

由笛卡尔开创的上述认识论和方法论的思维范例,经德国古典哲学的杰出代表康德和黑格尔的完善发展之后,只有到了胡塞尔那里,才受到了革命性的挑战。胡塞尔在 1936 年发表的著作《欧洲科学的危机和先验的现象学》(*Die Krisis der europa ischen Wissenschaften und die transzendentale Phenomenologie*),此书后被编入《胡塞尔文库》(*Husserliana*,第十一卷)一书中,提出了"生活世界"的概念,真正地完成了由康德所提出"关于人类认识的可能性条件"的科学分析。胡塞尔从人类思维的基础出发,探索人类概念思维与日常生活中的"生存周边世界"(die allta gliche Lebensumwelt)的关系。

哈贝马斯很重视胡塞尔的生活世界概念,并早在 1968 年的《认识与利益》一书中,就指出了认识与生活世界的关系,哈贝马斯说研究过程组织它的对象领域(der Forschungsprozess organisiert seinen Objektbereich so)是如此地进行的,即不仅产生着行动着的人的生活过程,而且也产生着认识的和进行研究的人的生活过程,就像产生着利益一样。……"利益"一词,应该标示着"生活联系"的统一性(die Einheit des Lebenszusammenhangs anzeigen);它是被埋置于认识中的。

哈贝马斯注意到胡塞尔的"生活世界概念"中所包含的两种因素:一种是属于个人才能方面的,另一种是属于社会训练出来的实践能力(sozial eingeu bten Praktiken)方面的。在《关于沟通行动理论的预备性研究及补充材料》一书中,哈贝马斯更明确地指出:"同文化传统不同,制度和个人特性的结构可以在实际上限制着留给行为角色发挥主动性的范围;因为行为角色可能会把社会制度和个性当作环境的因素来看待。因此,我们可以把它们归入带有某些先天性的、关于世界的形式上的概念,看做是规范的或主观的因素。但是,如果由此认为规范和经历过的经验只能以此类形式而出现,那就搞错了。……实际上,它们可以具有两种身份,即一方面是作为社会的世界或客观的世界的因素,另一方面是作为生活世界的结构构成因素。生活世界的背景是由两个层面构成的:一方面,是由个人才能组成的,也就是说,包含着如何控制一个环境的直观知识;另一方面,是由熟练的社会实践组成的,也就是说,包含着可以使人在一种环境中得以自信的直观性知识;在此之外,也包含着对背景信念的普通知识。由此可见,社会与个人特性,不仅起着限制作用(nicht nur als Restriktionen wirksam),而且也起着源泉作用。作为一切交往性行为的基础,关于'生活世界'的不容置疑性乃是建立在这样的信念上,即行为角色非仰赖着有效可靠的社会互助性和经过检验的才能不可。再者,关于生活世界的认识的更为矛盾的性质还表现在这种认识恰巧是由于它本身不是一种知识的对象,所以它才引起'绝对准确'的感觉;而且,这种认识还紧紧地同下述事实相联系,即人们引以为自豪的知识、人们关于做事的方式的知识和人们预先反思中所把握的知识是不可分割地存在着的。"

由此可见,哈贝马斯既把生活世界概念当做沟通行为的背景(als den Hintergrund)来看待,同时也看做是沟通行为的构成性的相互理解的源泉(als konstitutiv Ressource)。因此,他很重视这一概念,并在论述中,具体而深入地与他的前人对"生活世界"的认识加以比较。

首先,为了论述"生活世界"的象征化的更新过程,哈贝马斯强调了三个不可分割的条件:第一,分析沟通行为的主体所涉及的、同各个不同的"世界"的关系。哈贝马斯把沟通行为主体在其中从事活动的"世界关系网"(die Weltbezuge),看做是"生活世界"的首要前提。第二,在相互理解的行为中,重新界定"环境"(die Situation)概念,以便在"生活世界"的构成性的成果(konstitutiven Leistungen)中,区分出"背景形成的成果"(die kontextbildenden Leistungen)。第三,抛弃或扬弃掉行为角色的层面,以便在"生活世界"的保留和再产生过程中,发现沟通行为在保证实现社会合理化过程中所作出的特殊的贡献。

其次,哈贝马斯具体地分析了上述三方面的运作过程,并结合了自弗列格以来语言分析哲学的研究成果,作了深入的探讨。在这方面,应该说,后期维特根斯坦关于"语言游戏"和"生活形式"的概念以及以此理论为依据而发展起来的,以彼得·温兹(Peter Winch)为代表的所谓"理解的社会学"学派的理论和以阿尔弗列德·舒兹为代表的现象学种族方法论的理论,在"生活世界"这个范畴的理论建设中所作出的杰出贡献,直接成为了哈贝马斯在《关于沟通行动理论》进行论证的基础。在哈贝马斯看来,"生活世界"这个概念是使沟通行为概念完备化的,不可缺少的理论因素。

如前所述,哈贝马斯在分析"生活世界"的概念时,从一开始,就很重视沟通行为的主体所涉及的、同各个不同的"世界"的关系。哈贝马斯强调指出,在他以前的相互作用论和现象学的种族方法论虽然都重视语言在协调机制中所起的作用。重视语言是协调中达到"相互理解"所必经的"中介",但是,他们在理解沟通行为时,往往把沟通行为理解偏了,即把沟通行为本身理解成实现社会化过程和杜撰规范性秩序的渠道。这种理论上的"偏离",其原因恰巧在于:由米德和舒兹所启示的社会行为理论仍然未能清晰地区分"生活世界"和"世界"。这就是为什么哈贝马斯一再强调,各行为主体所处的三种"世界"——主观世界、客观世界和社会世界,并一再强调"生活世界"及"世界关系网"的微妙关系。同时,哈贝马斯还指出,前人的上述理论"偏离",在理论上是由于混淆了相互作用各主体间的相互理解的目的和他们所进行的解释的内容来源。在这一点上,哈贝马斯特别强调,"相互理解的行为"是具有反思的性质,因此,制度方面的秩序和行为主体的个人特性,会在行为过程中出现两次。

这就是说,作为行为环境的关键性因素,它们可以成为有关各方的说明的认识的对象;作为沟通行为过程本身的产生来源,它们一直居于背后;作为背景性的因素,并只是作为文化传统力量在解释过程中体现出来。

上述相互作用论和现象学的种族方法论未能对以上重要界限作出明确的区分,以致使他们把沟通行为仅仅看做是旨在实现社会化过程的一种表现"角色"的活动罢了。不然的话,当他们过分强调交往的主题和内容时,则完全忽视了社会化过程,而片面地只分析交往中的对话过程。这种做法,实际上就是把沟通行为中的相互理解的内容和相互理解过程的构成,分别看做是互不关联的自律过程。

　　为了避免上述偏离,哈贝马斯首先精细地分析了沟通行为主体对他所处的环境中的不同世界的关系。哈贝马斯指出,沟通行为主体为了在交往过程中达到相互理解,面临着三个不同的世界——"客观世界"、"社会世界"和"主观世界"。在分析目的性行为、规范调整行为和戏剧性行为的时候,哈贝马斯早已指明上述三种世界的存在。

　　在分析沟通行为主体所处的世界关系网的时候,哈贝马斯简单地回顾了自弗列格和前期维特根斯坦(创作《逻辑哲学论》时期的维特根斯坦)以来,语言哲学关于语言与世界的关系的理论的演变。在维特根斯坦看来,"世界乃是事件的总体性"。如果说,弗列格和前期维特根斯坦所提出的只是一种关于世界的语义概念(ein semantischer Begriff von Welt),那么,由皮耳士所启示的乔治·亨利克·冯·莱德(Georges Henrik von Wright,1916—　)的语言行为"相互约定论"的法则和因果性概念(ein interconventionistischer Gesetzesund Kausalita tsbegriff),充其量也只是为"客观世界"的"时间性"的界定提供了可能性——因为这种语言行为的相互约定论很重视语言行为的受法则支配的性质,认为客观世界乃是与一系列法则相关联的事物状态的总体(als die Gesamtheit der ge-setzma ssig verknu pften Sachverhalte),是在一定的时间内存在,并可以或可能受到激发而发生变化。按照上述语义学派语言哲学的观点,关于"事物状态"的观念是可以在肯定的或意愿的命题中,以命题的内容的形式表达出来的。因此,借助于这些关于世界的语义学概念,可以阐明我们在前面已经论述到的那些目的性行为的本体论前提条件。但是,这种说明也是极其有限的,因为在上述概念的指导下,只能表现行为主体同世界的关系的两个方面:即一方面行为主体可以认识现存的事物状态;另一方面,又可以实现他所期望的事物状态。

　　如果说,对于目的性行为和战略性行为来说,上述世界观念只是把行为主体与"一个世界"关联起来的话,那么,对于规范调整行为和戏剧性行为来说,就分别增加了"社会世界"(eine soziale Welt)和"主观世界"(eine subjective Welt)。然而,不管怎样,仅仅借助于语义学的世界观念,有关目的性行为、战略性行为、规范调整行为和戏剧性行为的各种政治哲学理论，都未能把行为主体与他的三个不同的"世界"关联起来。

总结上述片面性，哈贝马斯主张，沟通行动理论应以反思的形式，充分发展"角色—世界"的关系概念。在这种情况下，行为角色不只是要解决他同世界的关系，更重要的，要借助于语言这个手段，要借助于语言所固有的一切功能机制及其潜在的可能性，解决行为过程中沟通行为各方所始终关注的、作为关节点的"相互理解"的问题。这就是借助于语言的、贯穿于沟通行为始终的反思过程。这一反思过程，把"角色—世界"关系提高到从未有过的高度和层面。哈贝马斯说："相互理解是以如此的方式实现着行为调整的机制的功能，即参与相互作用的各行为者共同接受他们的表达命题所必需遵守的有效性要求，也就是说，他们各主体间承认他们相互之间所发布的有效性愿望（Verstaendigung funktioniert als handlungskoordinierender Mechanismus in der Weise，dass sich die Interaktionstei lnehmer uber die anspru chte Gu ltigkeit ihrer Ausserungen einigen，d. h.Geltungsanspru che，dis sie reziprok erheben，intersubjektiv anerkennen.）。"

实际上，交往性行为要求把行为角色看做是说话者和听者，把他们看做是相关于附属在客观世界、社会世界和主观世界的参照体系的主体，同时，又把他们看做是相互之间发布着他们各自可以接受和同意的有效性要求的角色。

哈贝马斯曾将相互作用各方在交往中所必须具备的有效性要求，归结为三个方面（参见本书有关语言与真理的问题的论述以及普遍的言语符号论的基本方面）：

第一，发出的陈述是正确的（wahr）；换句话说，被提到的命题内容的存在前提是确确实实地被实施。

第二，意向的行为，就其实际起作用的规范性条件的关系而言，是正确的（richtig）；也就是说，行为应该与之相符合的那些规范条件，其本身乃是有合法性的。

第三，说话者所表达的愿望同他实际陈述的言词是相符合的。

所有这三个方面，再说一遍，就是说话者所必须遵守的三个要求，它

们分别表现为：陈述命题或命题内容的存在前提的真理性（Wahrheit fur
Aussagen oder Existenzpra suppositionen）；合法地得到调整的行为和这些
行为的规范背景的正确性（Richtigkeit fur legitim geregelte Handlungen und
deren normativen Kontext）；主体的主观经验表达的诚意性（Wahrhaftigkeit
für die Kundgabe subjektiver Erlebnisse）。

在《关于沟通行动理论》第二卷第六章论述"生活世界"概念的时候，
哈贝马斯强调"角色—世界"关系中，行为主体作为说话行为的主角，在
他的说话行为中所包含的三种立足于语言符号论的不同的，然而是相互
联系的态度：

第一，面对着"客观世界"中的某些事物，把客观世界看做是说话者
的正确陈述语词之所以可能的依据性的事物总体；

第二，面对着"社会世界"中的某些事物，把社会世界看做是基于合
法的规则的个人间关系的总体；

第三，面对着"主观世界"中的某些事物，把主观世界看做是说话者
能够在公众面前正确地加以表达的，并由他自身优先可以把握的各种经
历过的事件的总体。

在这些情况下，在沟通行为中的主体的言语行为所参照的背景性体
系，在说话者看来乃构成客观的、规范的和主观的现实因素。

在上述《关于沟通行动理论》第二卷第六章第一节中，哈贝马斯实际
上已经对客观世界、社会世界和主观世界，分别作了如下定义：

"客观世界是使正确的陈述成为可能的那些实体的总体。"

"社会世界是基于合法的规则的个人间关系的总体。"

"主观世界是说话者可以在公众面前正确表达的、他优先进入的经
历过的事件的总体。"

为了充分理解这些定义，不妨把它们与《关于沟通行动理论的预备
性研究及补充性材料》的论述加以比较。

在《关于沟通行动理论的预备性研究及补充性材料》一书中，哈贝马
斯充分肯定了皮耳士和维特根斯坦从语义学的角度对世界所作出的定
义。接着，在批评了目的性行为论和战略性行为理论忽视社会世界同角

色的关系之后,哈贝马斯指出,在客观世界中存在着的事实状况之外,还存在着"社会世界"。社会世界"可以使行为角色,作为起角色作用的主体(als rollenspielendes Subjekt),如同按合法地调整起来的个人间关系的那些角色那样,而相互地发生作用"。所以,哈贝马斯在同一本书中又说:"社会世界是制度性的秩序所组成的;这些制度是使相互作用纳入合法地确立起来的社会关系网总体性的稳定的秩序;而这样一个规范复合体的一切接受者(alle Adressaten eines solchen Normenkomplexes)是归属于这同样的社会世界的。"

所以,哈贝马斯说,如果说客观世界的意义是与事实情况的存在有关的话,那么,社会世界的意义就与规范的规定的有效性(或对规范的赞同态度)有关。从语言哲学的角度来看,客观世界乃是陈述中的言谈所涉及的参照体系或参照关系网;而社会世界乃是由规范所组成的个人关系网。至于主观世界,如前所述,乃是与主观的经历事件(Subjektive Erlebnisse)相关,只是这些经历不应单纯地被理解为内在的精神状态,而要把它们理解为可以在公众面前显示其进入论题的优先性的那种被占有的经历。

在完成了上述论述之后,哈贝马斯试图在重新界定"环境"概念的过程中,在"生活世界"的构成性成果中区分出"构成背景的成果因素"。在他看来,如果把沟通行为理解为"掌握环境"(die Bewältigung von Situation)的话,那么,沟通行为的概念,首先就意味着从两个方面限定"掌握环境"的含义:第一方面,在目的性方面,是关系到一个行动计划的实施问题;第二方面,是交往性方面,关系到对于环境的解释和达致一种"同意"的问题。实际上,相互理解的行为所必须服从的一个构成性条件,便是有关各方在他们共同承认的环境中,实施着他们所共同赞同的行动计划。在这个过程中,他们总是设法避免两种危险,即相互理解的失败(导致误解和不一致)和行动计划的失败(不成功)。避免第一个危险是克服第二个危险的必要条件。如果沟通行为各方,不能够依据环境所提供的行为机遇,了解到相互理解中的各方所提出的需求,他们就不可能达到他们的行为目的。因此,充分利用环境所提供的行为机遇和行为可能性(die Handlungsmo glichkeiten),是通过沟通行为达到目的的必要途径。

为此,必须充分理解"环境"与"生活世界"的关系。所谓"环境",乃是由生活世界的、受一个论题限制的"段落"(ein Thema ousgegrenzten Ausschnitt einer Lebenswelt)组成的。而所谓"论题",指的是沟通行为中的至少一个行为者的实际目的和利益有关的因素;它往往限定着由环境所提出的论题发生效力的参照范围,同时,它又依据着有关各方对于环境的解释而在行动计划中突出起来。所以,行为的环境决定于由行为方案所突出的论题所限定着的那种解释。换句话说,决定于实施行动计划所采取的手段和实施条件。所以,归根结底,所谓"环境",包含着一切在行为者看来限定着其行为动向的因素。因此,如果说"生活世界"为行为主体提供相互理解活动中所必需的文化源泉,那么,环境的因素就为他的行动计划的实施限定一些实际的条件。从前述参照体系中的三个世界的概念里,可以把"生活世界"和"环境"为行为者所提供的上述因素,归结为"事实"(Tatsachen)、"规范"(Normen)与"经历过的经验"(Erlebnissen)三大类。这样一来,"世界"和"生活世界"的概念便可以进一步地分别被理解为:"对象的论题化"(Thematisierung von Gegensta nden)和"创造性活动的可能场所"(Beschra nkung von Initiativspielra umen)。这就是说,"世界"乃是行为角色从事活动时,能够与他的行为目的和利益相关联的、起着限定其行为"论题"的作用的外在环境因素的总和,而"生活世界"乃是为行为角色的创造性活动提供相互理解的可能的建构性范围的因素的总和。

所以,很明显,"世界"和"生活世界"这两个概念,首先都是用来限定在一定环境下行为角色行为论题的外在和内在范围的观念。

"生活世界"中的各个"段落",随着"论题"的移动,将因各"段落"的不同内容和意义,依据"环境"和"相互理解"的需要而发生相应的移动。

对于那些密切地注视着其行为"环境"的行为角色而言,"生活世界"构成了相互理解的一个前后背景,构成一种视野和思路领域,限定着其行为的环境,并因而不受论题化的影响。但是,正如前段所述,由于行为的实施状况的变化,"生活世界"中对于环境有意义,并可能产生相互理解的需要的那些"段落",也会发生移动。哈贝马斯强调指出,在这些生活世界的"段落"中,只有那些转变成环境的因素,才构成交往性陈述命题的前提——通过这些命题,沟通行为的各个角色可以对世界的某些事物产生共同的意见。这些依赖着环境的前提,可以构成必要的条件,但还不是充分的条件,因为它尚不能使语言的标准化的、字面上的表达意义(die wo rtliche Bedeutung sprachlich standardisierter Ausdru cke)完备化,不能完备地确定一个文本的确定意义。正是在这个意义上说,必须把"环境背景"(Situationskontext)和"生活世界背景"(Lebensweltkontext)加以区别。

为了形象地描述生活世界各因素在沟通行为中同各个世界的关系及其功能,哈贝马斯画出了"关于沟通行为与各世界的关系"的图。

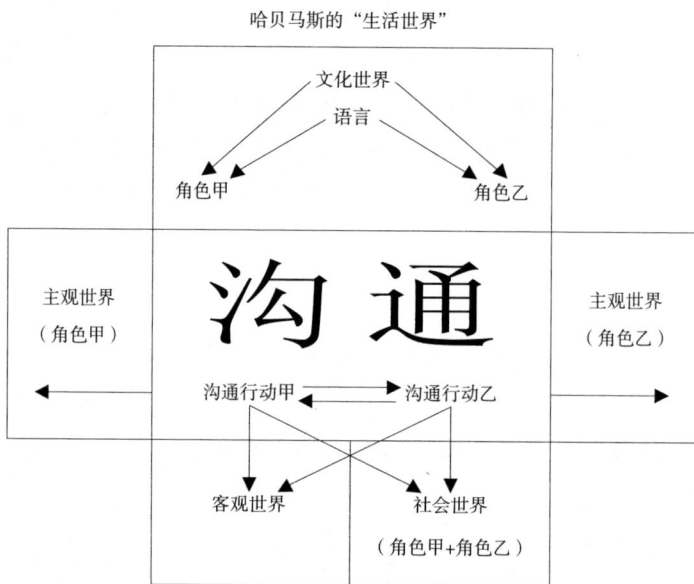

哈贝马斯的"生活世界"

在上图中,交往活动网中的角色甲和角色乙,依据他们各自相关的客观世界、社会世界和主观世界,在他们共有的生活世界的基础上,作为说话者和听话者的身份,凭借语言这个中介,进行相互间的理解和协调,图中的双线箭头,表示着行为角色甲和乙,通过言语行为而建立的、同各个世界的关系。

这个图形象地表明,生活世界是为了相互理解的需要而构成的,而关于各个世界的形式上的概念则构成相互理解基于其上的那个参照体系——说话者和听话者,各自以他们对客观世界、社会世界和主观世界的某一个事物的"生活世界"的共有部分作为基础,实现他们之间的相互理解。

为了说明上述情况,哈贝马斯在《关于沟通行动理论》第二卷第六章第一节中,以工地上工作的泥瓦工人群体为例,分析了在泥瓦工人间的交往中所可能出现的问题及其解决可能性条件。

哈贝马斯所强调的,是各个进行相互理解活动的主体,总是要把他们所面临的三个世界,看做是他们对行为环境的统一认识的基础。

在现实的交往活动中,作为交往的中介和起着重要的协调性的言语行为,总是同时地与不同世界的关系相交叉地发生作用。交往中的各种说法、论题和话题,总是与交往所处的环境中所面临的不同世界发生关系。这就是说,交往中所使用的语言,在不同的环境下,面对着不同的世界,总是极其复杂地存在着与各个世界相关的含义。语言在具体使用中所涉及的、与各个世界相关的含义,同语言本身所隐含的、历经不同年代的环境所凝聚的普遍性含义相交错、相渗透,在交往的实际开展过程中,呈现着极其复杂的指涉关系、比照关系、重叠关系和掩饰关系,等等。所以,在立足于协调性的相互理解的交往活动中,交往的各个参与者都同时地借助于他们的言谈而同客观世界、社会世界和主观世界中的某些事情发生这样或那样的关系,尽管他们之中的某些人可能在他们的话题中只涉及上述三个世界中的一部分。交往活动中的各个主体所涉及的各个有关"世界"中的有关事物,是语言本身的微妙功能和神奇作用的具体而生动的表演。这种表演是随语言的被使用而同时地发生的,它并不依说话者和听话者的任意指义而变化,它毋宁是语言本身所赋予的带自律性的特质所决定的——尽管语言的这些自律性表现又不可避免地与说话者、听话者的交谈话题有关。经语言而发生的、同各个世界相关的参照关系网,就这样地以极其复杂和矛盾的形式,掺杂到交往中的各个主体之间,一方面限制着交往的界域、论题及其解决程度,另一方面又发生"构成性"作用,使交往朝着可能的合理解决方向发展。

在这个过程中,说话者和听话者之间在通过语言而发生的复杂的世界关系网中,首先突出地要求各主体间达成一致协议的,乃是对他们所处的行动"环境"作出的定义。如前所述,对"环境"的一致定义,应成为主体间相互理解和协调的共同前提,而这一前提的解决,又因语言的使用而不可避免地把各个主体同他们所遭遇的三个世界相联系。所以,哈贝马斯认为,为了协调地相互理解,说话者和听话者使用三个世界的参照体系,作为他们之间思考着他们共同的活动环境的定义的解释范围。他们并不直接地指涉世界上的某些事物,而是通过他们的陈述的有效性有可能被其他的行为角色所质疑这一过程,相对地有条件地使用他们的陈述,并由此而间接地与世界中的某些事物相关联或相参照。

在有多个泥瓦工共同参与的劳动过程中,当老泥瓦工派一个新近刚上工的、较为年轻的泥瓦工去找啤酒,并要他快去快回的时候,就已经是以如下的"环境"作为前提,即在场的所有听到老泥瓦工发出上述命令的各个泥瓦工同事们,即那位被指令的年轻泥瓦工及其周围的同事们,作为这次"交往活动"的参与者,都很明白,上述指令所关联的"论题"是"早餐快到了",而"供应饮料"则是与此论题有关的一个"目的",为此,一位老同事派遣一位新来的年轻同事去办事,因为老同事心里很明白,这位年轻人由于其新近工作的特殊身份,难以拒绝只好服从命令。

在上述交往活动场合中,工地上泥瓦工群体的上下级关系乃是一个人可以向其他人提出办某件事要求的"规范性前提条件"。活动环境之所以确定,在时间上是由于休息间隙的到来,在空间上则是啤酒零售店与工地的特定距离。在这种情况下,如果啤酒零售店与工地之间的距离,使得来往路程不可能在几分钟之内走完,以致使那位发出命令的老泥瓦工的计划的实现,不得不诉诸一辆汽车或其他的交通工具,那么,那位受令的工人就可能作出这样的回答:"我没有汽车。"

由此看来,任何一个交往性的话题的背景,都由对于"环境"的许多定义所构成,而这些定义又由于实际的相互理解的需要,必须充分地相互交叠着,即充分地相互重合,达到一致性,如果不存在这种具有共同观点的共同体作为前提的话,那么,沟通行为的各角色,在提供以相互理解为目的的某种战略性行为的一些必要手段的过程中,设法达成关于环境的共同一致的定义,或者去寻求直接地进行协商谈判,达到在一般情况下只能通过所谓"修补过程"(哈贝马斯谓之 Reparaturleistungen)才可以得到的事情。

在许多情况下,在说话者提出一个话题之后,往往会随着出现接二连三的新话题。围绕着交往中所必需的、对于"环境"的共同定义,这些新话题不断地起着检验的作用,使说话者未言明的、关于环境的定义,或者被肯定、或者被修正、或者被部分地拒绝,或者干脆地被作为疑问而引起争议。

对环境作出定义和反复作定义的不停的运动过程,意味着有关各方在交谈中使用各自的言谈去指谓其所属的不同世界的各有关内容。具体地说,或者涉及他们协议中所解释的客观世界中的某些因素;或者涉及他们各主体间所共识的社会世界中的某些规范性因素;或者涉及主观世界中优先可以进入的某些个人因素。所以,在同一时刻内,所有的行为角色,以其同三个世界的不同关系,而确定他们自身的地位、角色和身份。各个角色以他们之间可能达成的每一个关于环境的共同定义,他们界定着那区分着外界自然、社会和主观世界的标界限,同时又不断地在他们之间区分出他们作为"解释者"身份的界限,区分出客观世界和他们各自的主观世界的界限。

在上述例子中,那位发命令的老泥瓦工,当他听到他人的答复以后,可能会发现他自己必须纠正他的未言明的关于最近的咖啡店在星期一开门的假定。也可能会出现另外一种完全不同的情况,如果他听到那位被指令的工人回答说:"我今天一点也不口渴。"但是,这位工人面对着别人的惊愕的反应,他会理解到:工歇间伴着喝啤酒吃点东西乃是一个成了规范的习惯,它并不以任何一个参与者的主观意愿和感情而改变。也还会出现如下情况,即那位新来的年轻工人不了解老工人向他发命令的规范方面的背景,因而他可能会冒冒失失地打听下次该轮到谁去找啤酒的问题。还有可能,这位年轻工人由于来自其他地区,一点不了解当地的工作习惯,不知道要在工作中间有吃第二顿早餐的习惯,因而他会提出一个超越出问题范围的疑问:"我为什么现在必须暂停工作?"

从上述种种假设的事态发展的不同阶段,可以看出:每一次交谈中,交往的某一方总要修正他起初提出的"环境"定义,以便同在这个互动网中的其他人所提出的环境定义相协调。

在上述的前两种情况中,大家通过交谈而纠正着他们对于环境的各个具体因素的看法:首先,关于"最靠近工地的酒吧间正在营业"的看法,被确认为主观性的错误意见。其次,关于"在上午工休瞬间喝啤酒"这件事,变为该群体所公认的一种规范性的惯例。

在上述的后两种情况中,关于环境的定义需要补足与社会世界有关的某些因素:凡是等级较低的工人就要尽义务为大家找啤酒;而在九点钟工休时大家一起喝啤酒。

正是在这种重新对环境下定义的基础上,每个人都有着属于自己的,但顺从着交往共同体的协调的,关于客观世界、社会世界和主观世界的看法。这些构成各个行为角色的陈述的参照体系的交叉结构,具有着主体际的有效性。

在上述例子中,行为的环境构成相互理解的现实需要和行为的可能性的现场所在地,构成相互理解的现实需要和行为可能性得以在其上发挥作用的基地范围。在交往的过程中,行为的环境总是成为各个参与者的生活世界的相交焦点。这个行为环境有它自身的活动平面,因为它总是同生活世界的完整复合体相关联,它本身可以在生活世界总体的广阔范围内,随环境因素的需要而从这一段游动到另一段。这些游动段落的内容及其游动走向,又决定于行为参与者所属的生活世界的总内容所能提供的可能性程度。

具体地说,各个行为的参与者所属的生活世界,由于不同的历史背景和不同的前提,有着千差万别的区别性。这些区别性为生活世界中各段落在界定环境时的游动可能性,提供不同程度的范围。生活世界越丰富,游动可能性范围越大,游动的灵活性越大,游动中对其他参与者界定环境所起的指导作用也越大。在由各个参与者的生活世界所交叉的那个关于环境的共同界定部分中,最有丰富背景的参与者具有最大的灵活性,随时可以在交往的实际进行中,从他的生活世界的其他段落中调动一切可能的有关因素,来支持他的生活世界中与他者相交的那一段落内,从而发挥了该参与者在交往中的实际指导作用。

但是,如前所述,对于哈贝马斯来说,"生活世界"并不只是具有相互理解的背景建构的功能(nicht nur eine kontextbildende Funktion)。因此,"生活世界"的另一个重要功能,就是它起着"信念储存库"(ein Reservoir von Uberzeugungen)的功能。所谓"信念的储存库",就是指它为沟通行为参与者提供创造性见解的泉源,以便满足在一定环境下由共同承认的解释所产生的相互理解的需要。因此,在这里,再次体现出:"生活世界"作为源泉(als Ressource),对于相互理解过程而言,乃是构成性的(konstitu-tiv)。这一点是同前述"生活世界的构成性成果"的概念相衔接的。

由此看来,从沟通行为参与者的实际相关联的角度看来,"生活世界"是限定着行为环境(die Handlungssituation),并留存在论题化之外的那种构成相互理解过程的建构性背景的地平线(als horizontbildender Kontext von Versta ndigungsprozessen)。但另一方面,从沟通行为的各个参与者对于沟通行为本身的认识、解释和其他行动上的贡献而言,生活世界又可以起着"信念储存库"的作用,为各个行为主体在交往中的相互作用,提供以语言结构建造出来的、可在交往共同体中进行交流的信念,即构成参与者的认识和行为所赖于其上的那股力量泉源,或某种可被称为自信心的内在精神根据。这种"储存库"越完满、越深渊、越为交往的行为主体提供越强的自信心,从而越可以显示出在交往过程中的特有的优先地位。

语言学家席尔勒和后期维特根斯坦都已经很深刻地指出了理解文本含义同"生活世界"的关系。席尔勒把"生活世界"中的那些储存性知识,说成为"内含的"或"含蓄的"知识(implicit knowledge)。而且这些内含的知识并不能在有限数量的命题中显现出来;它宁是具有整体结构的知识(ein holistisch strukturiertes Wissen),其各个构成因素是相互联系的。因此,这种知识,就我们未能依我们的意愿而对它有所认识,并对之有所质疑的情况而言,是不受我们任意支配的;哈贝马斯甚至称它具有"半先验性"（Halbtranszendenz）。换句话说，内含于"生活世界"中的知识乃是具有整体结构的，其构成因素相互联系在一起，其有效影响并不依我们本身的意愿，并不依我们是否对它意识到或是否对它有所怀疑而发生作用。哈贝马斯指出："生活世界以自身可理解性的形态显现出来（Die Lebenswelt istim Modus von Selbstversta ndlichkeiten gegenwartig），致使交往着的行为者是如此信赖地直觉地以这种形态进行活动，从未考虑到它们有成为问题的可能性。"

生活世界的存在，在严格意义上讲，并不为沟通行为的角色本身所意识到。因此，不能把它归结为一种已经认识到的知识。这种隐含的知识的特点就在于：它是可以被怀疑和被论证的（bestritten und begru ndet werden kann）。在生活世界的诸"段落"中，唯有那些对环境有意义的"段落"，才能在沟通行为的行为角色所表达的言谈中，在其针对某些事物的论题化的过程中，进入行为角色有意地论题化的上下文构成因素的范围之内。由于生活世界具有上下文背景的整体构成功能和进行相互理解的储存库作用，所以，就"生活世界"为解释活动提供精神养料和文化能源以及文化智能而言，生活世界乃是作为背景假设而以言语构成起来的"库存"（als sprachlich organisierten Vorrat von Hintergrundannahmen vorstellen），它是以文化传统的形式而自我再生产的（der sich in der Form kultureller Uberlieferung reproduziert）。

作为文化传统的生活世界，在沟通行为中起着非常重要的作用。哈贝马斯认为，在这个意义上说，沟通行为的各个参与者，凭借着文化传统的传递背景，可以使他们在解释活动中具备着能把客观的、社会的和主观的世界相互联系在一起的具体解释的能力。正是由于生活世界的这个文化背景，使沟通行为的各个角色，在交往活动中，能在一定限度内超越其现有环境的限制，依据文化传统所提供的浓缩式精神财富，进行先验式和综合性活动，把上述三个世界联结在一起，产生比现有环境所提供的有限条件更为广阔得多的自我创造的前景。生活世界为行为角色提供的这种超越现有条件的创造潜力，为沟通行为关系达到更高的相互理解水平和更理想的协调提供更大的可能性。

这种情况,在较为复杂的沟通行为网中尤其重要。由于受环境的限制,各行为主体对沟通行为所要达到的高水平的相互理解,往往存在不同程度的差距。在这个时候,文化传统的背景,可以为行为角色提供启示,使他们有可能超越现有环境的具体限制,发挥传统中凝结的文化财富的精神威力,有创意地作出各种更为深刻的解释,为协调所必需的相互理解提供有利的新认识因素。

正是在这个意义上,哈贝马斯才能更清楚地把"世界"同"生活世界"加以区别。在他看来,"世界"和"生活世界"的区别不只是表现在对于对象的论题化方面,而且也表现在对于沟通行为的作用范围的限定方面。

就对于对象的论题化而言,由于生活世界的上述两种功能,生活世界中的对于活动所处环境有意义的那个段落,可以依行为角色的意愿,对论题化提供相互理解的必要含义,推进相互理解的过程;就行为作用范围的限定而言,生活世界的文化传统可以使行为角色有可能具备"先验的"条件,超出现有环境的限制,在现有环境之外的另一个世界中相互理解。所以,哈贝马斯说:"正常地说,文化与语言都是排除在环境的因素之外的。它们一点也不限制行为作用范围,而且也不归属于行为各方借之协调对环境的认识的那些关于世界的严格概念之列。语言与文化不需要任何可把它们当成行为环境因素来理解的概念。"

语言与文化,作为生活世界的构成因素,从不限制行为角色;相反,它们为行为角色提供超越现有环境限制的能力,具有无穷的创造潜能。但是,值得注意的是,在生活世界中的个性结构以及各种社会制度,与文化相比,具有完全不同的作用。社会制度与个性结构(Institutionen und Perso nlichkei tsstrukturen),都可以作为环境的因素而对行为角色的活动范围起着限制的作用。就此意义而言,哈贝马斯把制度和个性结构列入关于世界的概念之列,分别作为规范的和主观的因素,而可能发生其作用。然而,如果把制度和个性结构仅仅理解为单纯的上述世界概念形式,那就大错特错了。必须注意,制度和个性结构具有双重的身份:它们一方面是分属于社会世界和主观世界;另一方面又作为生活世界的构成因素而属于生活世界的一部分。实际上,如前所述,作为背景的"生活世界",

本身就包含着个人的能力(individuelle Fertigkeit)和社会实践所造就的那股能力——这种个人能力像直觉的知识那样可以在对待行动环境时表现为行为角色对环境的控制能力和对一般社会活动的处置本领——也就是说,这种个人知识本领,作为自觉的和直观的认识,可以决定着人们如何去对付环境;作为社会实践所造就的直觉知识,它又可以使人们把它看做赋予其自信心的行动基础。

正因为这样,个人个性结构和社会条件,可以同时地起着限制资源的作用。

总而言之,作为沟通行为的基础的"生活世界",是不容置疑的。它之存在及其在沟通行为中的作用,应归因于人类社会的长期交往实践中所固定下来的、得到共同承认的相互社会联系网及由此造就的、得到反复检验的个人的和集体的本领。生活世界的知识具有矛盾的性质,一方面,它恰巧由于本身不构成认识的对象,而在行为者主体那里起着主体本身意识不到的作用,所以,生活世界的知识才以绝对确切性的感觉而在交往活动中发生中介作用(das Gefu hl absoluter Gewissheit Vermittelt);另一方面,生活世界的知识,又恰巧由于人们值得给予信赖并成为人们处置事物的方式的依据,而不可分割地同人们预先反思地获知的认识相联系着。在社会生活中呈现的价值和准则里所隐含的社会交往互助网和社会化的个人所具备的个人本领,都在交往活动中,以活动角色所意识不到的方式而发生作用;社会和个人因素的这种发生作用的过程及其形式,类似于前述文化因素和传统因素的作用及其形式。在这个意义上说,哈贝马斯建议纠正文化主义的生活世界概念。

何谓文化? 何谓社会? 又何谓个人? 哈贝马斯说:"我把知识的保存称为文化;正是从这个知识的储存中,交往的参与者在对于世界上的任何一个事实协调其一致意见时,吸取他们的解释所必需的原料。"接着,哈贝马斯说:"我把合法的秩序称为社会——正是通过这个,这些合法秩序交往的参与者调整着他们对于社会群体的从属关系,并由此保障着某种团结一致性。至于个性,我是指使一个主体有能力说话和行动的那些才能,并因此而使该主体有可能参与相互理解的过程,并在其中确定其特有的同一性。"

　　哈贝马斯为"文化"、"社会"和"个性"两次所下的定义,几乎完全一致。正如哈贝马斯所指出的,交往性行为,就其相互理解的功能而言,是用来传递和更新文化知识的;就其协调行动的功能而言,是用来实现社会整体化和建立团结一致性;就其社会化的功能而言,是用以塑造个人的特性的。文化的传递和更新、社会整体化和社会化的三个过程,就是同生活世界中的三层次——即文化、社会和个性——相适应的。

　　在哈贝马斯看来,"生活世界"的象征化的再生产,取道于三条路线:第一,有效的知识的连续过程;第二,群体相互一体化的稳定化过程;第三,负责任的行为者的教育和成长过程——而这个"三分化"的过程乃是同哈贝马斯所界定的客观世界、社会世界和主观世界相对应的。

　　为了避免使生活世界的再生产偏向工具性的合理化道路,哈贝马斯强调生活世界中的相互作用,必须以交往活动中的"协议"和"同意"为基础,必须以协调一致的权威性取代在以往社会中作为相互作用的根据的神圣的权威性。哈贝马斯说:在未来的社会中,社会相互作用不应是盲目的,而应是越来越清晰、越来越明亮——而这一切,都只能立足于这样一点上,即一切具有合理动机的"同意",应成为相互论证的参与者之间的"唯一的基础"(einziges Fundament)。

　　哈贝马斯并不绝对否弃技术性的科学合理性,并不简单地摒弃工具性的合理性;只是强调生活世界的再生产,不应继续听从以往的中世纪社会中的所谓神圣的权威性,而应置于沟通行为的监护之下,使生活世界中的交流和相互作用,纳入交往的各主体间的同意机制之中,使同意成为每一次交往活动的真正的和唯一的基础。

　　只有这样,在哈贝马斯看来,作为现代社会的不可避免的现象的生活世界的合理化过程,才不演变为"异化现象",而有助于人类的解放。他期望"我们的世界观的非中心化和生活世界的合理化,可以成为一种解放的社会的必要条件"。强调交往活动中的协调的同意机制,正是为了避免历来常犯的生活世界的再生产过程中的那些盲目性。为了更具体地分析这一过程的盲目化的可能性条件,哈贝马斯分别画出三个图表。

第一个图表解析"再生产过程为维持生活世界的结构性构成因素而作出的贡献"（Beitraege der Reproduk tionsprozesse zur Erhaltung der strukturellen Komponenten der Lebenswelt），第二个图表是"再生产故障中的危机现象"（Krisenerscheinungen bei Reproduktionsstoerungen），第三个图表则是指明以相互理解为目的的行为的再生产的功能。沟通行为的活动范围是由符号性（象征性）的价值的语义学上的界域、社会空间和历史时间所共同构成的。而形成现实的交往实践活动网的相互作用，则构成文化、社会和个人得以再生产的中介过程。正是这些再生产过程，扩及生活世界的象征化结构的各个方面。它们有待我们从生活世界的物质基础的保存（die Erhaltung des materiellen Substrsts der Lebenswelt）中区分出来。

在目的性的活动中，社会化的个人以其活动介入世界中，以便完成他们的目的。正如马克斯·韦伯所指出的，那样由行动着的主体在这样或那样的环境中所必须加以支配和控制的问题，分解成"内在必要性"和"外在必要性"两大类的问题。而上述在行为和活动过程中所产生的问题是同生活世界的再生产过程中的象征性再生产与物质性再生产相对应着的。但是，在哈贝马斯以前的现象学的、以理解意义为基础的各种社会学研究，不管是其开创者胡塞尔本人，还是胡塞尔的学生阿尔弗列德·舒兹以及在这一学派系统中的彼得·贝尔杰和托马斯·吕克曼，都片面地侧重于文化的层面，以致使他们的以生活世界的概念为基础的社会学，充其量也只满足于创建一种新的知识社会学。

正如彼得·贝尔杰和托马斯·吕克曼在他们合著的《论现实的社会建构》一书中所坦言的："这本书的最根本性的论题，已经明示于书目及其副题之中；即是说，现实是社会化地建构出来的，而知识社会学的任务是分析那些实现着这一建构的过程。"这就重演了社会学发展史上的文化主义路线的通病。

首先，哈贝马斯强调指出，文化主义的通病就是把社会活动仅仅或主要地归结为一种单纯的、以解释为基础的相互理解过程。他们忽视了与这种相互理解相平行和相交叉的社会协调整体化和个人社会化的过程。因此，生活世界并不是单纯地作为文化知识而就其与世界的关系受到检验。它的受检验过程,必须同时地和间接地在社会范围内,在行为的各主体所共同承认和共同接受的条件下,即达到普遍有效性的要求的条件下,符合各行为主体作为个人的特性的标准,才能合理地实现。

其次,哈贝马斯接着批判另一条以生活世界的概念为基础的杜尔凯姆学派社会学路线片面地强调社会整体化,以致像帕森思这样在理论上卓有成效的社会学家也只是片面地大谈特谈"社会共同体"(Social Community)的概念,并用这一概念说明被整体化的群体的生活世界。这样一来,"社会共同体"成为一切社会的核心,而社会也成为一成不变的结构构成,由它确定在合法地安排和布置的个人间关系基础上而形成的、群体各成员的权利与义务。

因此,文化和社会只是"社会共同体"的功能性附属品——文化向社会提供某些可以被制度化的价值;而社会化的个人则依据准则所规定的举止期待,表现其具体的行为动机构成。

最后,哈贝马斯进一步批判只是片面地侧重于个人的社会化的米德学派社会学理论。在米德的影响下,现代的符号论的相互作用论的代表人物,诸如勃鲁默(H. Blumer)、斯特罗尔斯(A. Strauss)、特纳(R. H. Turner)及罗斯(A.M.Rose)等人,都把"生活世界"仅仅看做角色游戏似的沟通行为的某种"社会文化场所"。因此,社会和文化只成为作为个人的行为角色的受教育和受训的中介过程——这样一来,他们的政治哲学理论就狭隘地归化为某种"社会心理学";在这方面,特别典型地表现在罗斯所著《人类行为及社会过程》一书中。

正是在总结上述三种历史上出现过的理论片面性的基础上,哈贝马斯建议把生活世界的现象学分析同象征性的和符号论的相互作用论相结合,以便在再生产的三个过程相互联系和相互交叉的复合体中,全面考察生活世界再生产的合理化的可能性条件,克服再生产障碍中的"危机现象"。

沟通的合理性,是以语言行为为基础,以交往过程中的相互理解和相互协调为基本机制,旨在达到交往共同体各主体间所共同接受的合理目标的行为关系网络总体。就此意义而言,沟通的合理性虽然批评工具性的、合目的的合理性概念,但它并不绝对排斥目的概念;毋宁说,它是包含着达到:(甲)相互理解目的和(乙)共同认定的合理目标两方面的、更为全面的合理性概念。同时,这样理解的合理性,包含着对以往传统的理性概念的批判和扬弃,即克服那种只把理性单纯化理解为认识上的、获致真理的功能和实现成功目的的手段的狭窄观念,而把理性放在人际间的广泛的和相互交往的生动的关系网络中去考察,使理性变成交往关系的总和。

然而,上述交往合理性只有在社会领域及其历史运作中,才能实现。因此,沟通的合理性在社会及其历史运作中的实施,必然同生活世界的再生产过程相互渗透和相互交错。在沟通行为的基础上的生活世界的再生产,保证着每个从事交往活动的成年行为角色,能正确地区分以取得成功为目的的行为与以取得相互理解为目的的行为,同时,又能正确地区分单靠经验性动机与依据理性推理的动机所产生的立场观点。在这种正确区分的基础上,才能在交往中实现生活世界的合理的再生产,同社会体系的进化相协调。

在哈贝马斯以前,杜尔凯姆和米德等人已经在他们的相互作用论中,论述到生活世界的三分化(文化、社会、个性)及其合理化的可能性条件,也论述到它们同社会的分化与同沟通行为的合理化的一般性关系。在杜尔凯姆和米德看来,生活世界的结构性构成因素以及作为其维持基础的过程越是分野化,相互作用的背景和程序越是要求在合理化的动机的基础上进行相互理解的条件;而这种所谓基于合理化动机的相互理解,归根结底,就是建立一种以完满的推论和论证为依据的同意。由杜尔凯姆和米德所概述的这种生活世界的再生产的合理化过程,在哈贝马斯看来,可以归纳为三大方面的因素:生活世界的结构的分化;形式与内容的分化;象征化的再生产的反思性进化过程。

在生活世界的结构分化的层面上,从文化与社会的关系的角度来看,结构的分化是由于制度体系与世界图像的越来越大的分离。从个人与社会的关系的角度来看,结构分化是由于实现个人间关系的那个偶性边缘地域的不断扩大。从文化与个性的关系的角度来看,则是由于文化传统的更新越来越依赖于个人的批判精神和分化的创造能力。正是在这种倾向中，可以看出文化、社会和个性三个层面上的越来越大的"漏洞"——在文化方面，文化传统的持久性更新越来越变幻无常和不固定；在社会方面，社会的合法秩序越来越依赖于制度的表面程序和规范的形成程序；在个性方面，高度抽象的"自我"的同一性始终成为自我调节的稳定性的一个目标。

同样地，文化、社会与个性的分化，也相应于形式与内容的分离。在文化方面，本来保证着文化同一性的传统核心部分，从具体的内容中分离出来；但早在古代时期，在神秘的世界图像中，上述两者本来是很紧密地相互交错在一起的。随着社会的发展，它们越来越演变成形式上的因素，变为抽象的世界观，成为交往的一般前提，成为论证的手段，成为抽象的价值。在社会方面，普遍的原则也从原始时代同其具体背景相联系的状态，变为更为抽象的形式。在近代社会中的法律秩序和道德的原则，越来越少地同具体的生活形式相参照。在个性方面，在个人社会化过程中获得的认知结构，越来越远离起初被拼入具体思维中的文化知识内容。形式的才能可以实施的对象，变得越来越不稳定。

最后，与生活世界结构性分化相适应的，乃是再生产过程的功能方面的特殊化。马克斯·韦伯、米德和杜尔凯姆都分别研究了符号性结构再生产的反思性进化过程。在他们看来，近代社会内部所形成的行为体系，不断地修改着文化传统、社会整合和个人教育的特殊任务。

在哈贝马斯看来，进化的动力是决定于某种确实的存在，即生活世界的物质性再生产，所提出的问题。但是，另一方面，这一社会进化总是利用各种结构上的可能性，并从它的角度服从于结构方面的限制。而结构方面又同生活世界的合理化，整体地发生变化。哈贝马斯强调，这一切又依赖于与之相应的受教育过程。哈贝马斯很推崇皮亚杰的认知进化论逻辑，认为生活世界的结构的历史演变，绝非偶然性的，而是有方向性的，是同受教育过程相联系的。

哈贝马斯为了更全面地从生活世界再生产与社会体系的交叉结构中，去分析社会的交往合理性的条件，在他的《关于沟通行动理论》第二卷第六章的第二节,进一步详细地探讨了帕森思和鲁曼等人的"社会体系理论"及其与生活世界再生产的可能关系。

帕森思在晚年的体系理论中,把生活世界的三个构成要素(文化、社会和个性)纳入其社会行为理论,并把社会行为体系视为文化、社会和个性发生相互影响的背景性条件,而生活世界的三个构成性因素则成为一般化的行为体系的部分体系。

但在哈贝马斯看来,社会进化只是一种第二位的分化过程。体系与生活世界是同时地分化的,因为前者的复杂性和后者的合理性是相交叉地存在着的。为了论证这个交叉结构,哈贝马斯逐步地分析了从远古时代起社会体系与生活世界结构的变化过程及其相互间关系的变迁。

哈贝马斯认为,社会体系分化的四种机制,是在社会进化的过程中按次序显示出来的。在有国家组织起来的社会中,由一般化的象征性的交换关系,换句话说,由金钱作为一般化的象征性的交换中介物所调节的市场出现了。但是,只有当经济不再受到国家命令的支配,金钱这个中介物才会对社会体系整体产生结构性的影响。哈贝马斯指出,在当代欧洲各国,在资本主义体系内,只产生着分化的某种局部性的体系;是金钱的中介作用,才迫使国家组织起来的。就是在市场经济和现代行政管理相互发生影响的这种局部性体系中,帕森思称之为普遍化的象征性交往中介的调节中介(Steuerungsmedium)的机制,找到了相适应的社会结构。在前文图表中所列出的四种机制,在社会进化过程中先后显示其支配地位;每种机制表现出更高程度的整合作用,分别地取代着过时的和变更了功能的先前机制。体系的每一个新阶段的更高的分化,为高级的复合体提供更高的层面和水平,为专门化和相应于更抽象的分化的整合化,提供了可能条件。第一种和第四种机制是通过交换关系而运作的;而第二种和第三种机制则通过国家政权关系。在这种情况下,如果说第一种和第二种机制仍然从属于先前阶段的社会结构的话,那么,第三种和第四种机制则为新的社会结构的形成提供方便。交换和政权丧失掉由婚姻规则的规范所调整的妇女交换和由特权的区别所衡量的群体分层化的具体形式,而变为更加抽象的单位,即所谓组织性的强权和协调中介。所以,第一种和第二种机制操纵着亲缘关系的群体的分化;而第三种和第四种机制则意味着占有阶级和组织的分化;也就是说,意味着已经在功能上专门化的单位的分化。以这为单位所采纳的结构,是已经在先前阶段的机制中标示出来。

当然,不同的社会形成,不可能单纯地依据复合性的程度去加以区分。社会的形成也决定于制度方面的复合性程度,而制度上的复杂性,每每在进化的过程中,给予生活世界中新出现的机制以各种影响。正因为这样,节段性的分化是以亲缘关系的形式而制度化,以等级化的形式而分层化,以政治的形式而国家组织化,又是以具有法权资格的个人间的关系的形式而呈现为首要的调节中介物。

纵观社会进化的过程,在古代社会中,相互作用是决定于亲缘关系体系中的各个角色的地位和身份的。而在这一阶段,"角色"这个概念不存在任何问题,因为沟通行为几乎完全由规范化的行为举止模式所预先地决定着。到了分层化的部落社会中,由于依据特权而等级化的家庭群体体系的出现,性别的作用和再生产的角色就逐渐地相对化起来。在这个时候,对于个人的社会地位而言,他所从属的家庭等级,比他个人在家庭中的地位更为重要。所以,在这一阶段,"地位"概念被广泛地和明确地采用着——因为社会分层化了,而分层的唯一衡量标准,乃是个人所从属和源出的那个家庭在社会中所获得的"特权"的程度。一旦国家取代亲缘关系而在社会结构中起着决定性的作用,社会的分层化就密切地同获得政治权力的程度和同在生产中的实际地位相联系着。在这个阶段内,"政府职务的权威性"概念获得了具体的和确定的内容——它不仅由于具备着特权而影响着社会的分层化,也对私人的及政府的结构和地位产生重要作用。只是到了市场经济的充分发展,促使金钱的社会调节作用采取立法和制度化的那个时候,国家权力的权威性才相对地受到了限制。在这一阶段,形式上的法权成为了私人间商业交换活动的调节杠杆。

随着无止境的竞争,资本主义的公民社会越来越制度化;尤其是通过私法使各个使用战略策略的个人间的竞争,限制在家庭中进行。从另一方面,由公共法组织起来的国家机构则构成可供持续冲突达成协议的可能场所。这样一来,在这种社会的基础中所隐含的问题就越来越明显地表现出来。整个的法制体系,急需在能够证实其合法化的基本制度中立住脚跟。在资产阶级的立宪国家中,首先是指基本法和关于人民的主权的基本原则。正是在这些基本法和基本原则中,体现了后惯例型的意识结构(关于道德意识的不同阶段的结构,详见本书稍后关于道德意识的部分。此处所谓"后惯例型"是按科尔贝格的道德意识发展各阶段图式的界定;在那里,他按"前惯例"、"惯例"和"后惯例"三阶段加以区分)。正是通过民法和刑法的道德实践基础,上述基本法架起了桥梁,把非道德化和外化的法制与非制度化和内化的道德,联系在一起。

哈贝马斯为了说明这个问题,曾经概述了法制和道德意识发展中的两个阶段,以便指明向法制和道德的惯例型和后惯例型的过渡,构成了政治和经济上分化为阶级的社会中,各种制度体系的发生的必要条件。也就是说,社会体系的新的分化,只有在生活世界的合理化达到一个新的高度的时候,才能发生。为此,哈贝马斯详尽地探讨了在法制上和道德上的普遍化过程中,如何同时地发生着生活世界的合理化过程和导致新的整合化水平的可能性。在解析这个双重过程时,哈贝马斯集中地解决在相互作用和行为走向中,由于不断发展的"价值普遍化"的偏向,而发生的两种相向的倾向的问题。

所谓"价值的普遍化",是借用于帕森思的概念,以便说明在行为者那里受到制度的启示依据价值确定行为方向的趋势和倾向,越来越在演化中变成普遍化和形式化。这种倾向以一种结构上的必然性,产生于法制和道德上的进化——正如我们在前面所已经看到的,法制和道德上的进化,采取越来越抽象的形式,保障在发生冲突情况下的协调一致。显然,即使是最简单的相互作用的体系,也不能不发生某种程度的普遍化的行为定向。

到了现代资本主义社会,价值的普遍化倾向达到更高的水平。在传统的精神文化生活越来越分化成抽象的道德性和抽象的合法性的情况下,私人生活关系要求普遍性原则的自律化的贯彻,而在职业工作领域则要求越来越服从于法制。如果说过去的角色行为动机是由具体的价值来确定方向的,角色是依据亲缘关系确定的,那么,动机和价值的普遍化倾向则导致越来越遥远的程度,以至于最终把抽象地服从于法制,变成行为角色在高度有组织性的行为领域内必须贯彻执行的唯一的规范性条件。

因此,价值普遍化的倾向,在相互作用的领域内引起了相反的两种趋势。动机和价值的普遍化越进步,沟通行为越来越脱离传统所带来的规范性行为举止的具体模式。伴随着这种分离,社会整合化的重心越来越从根基于宗教的协调一致,转向与语言相联系的协议过程。由行为的协调转向相互理解的机制而引起的上述两极的转换,促使朝着相互理解方向进行的行为的普遍化结构,变得越来越纯粹化和抽象化。正因为这样,价值的普遍化乃是解放沟通行为中的合理性的潜力的必要条件。也正是在这里,在表现价值普遍化倾向的法制和道德的发展过程中,我们看到了生活世界实现合理化的一个方面。

但是,上述过程又表明,沟通行为中的具体价值的行为方向逐渐地被解除的过程,乃是以成功为目的的行为与以相互理解为目的的行为,逐步相互分化和分离的过程。

在现代社会发展过程中所呈现的、以成功为目的的行为与以相互理解为目的的行为的相互分离,归根结底,构成了生活世界的象征性的再生产,同现实的社会体系的发展的矛盾;构成了现代社会不合理现象的最终的社会根源。

正如本节从一开始便指明的,哈贝马斯所期望的、作为现代社会的真正合理化基础的"交往合理性",应该是以语言行为为基础,以交往过程中的相互理解和相互协调为基本机制,旨在达到交往共同体各主体间所共同接受的合理目标——就此意义而言,沟通的合理性本来就包含着相互理解和实现共同认定的合理目标的双重目的。

如果说,人类社会的发展,使沟通行为中的相互理解和达到成功的双重目的相互分离的话,那么,哈贝马斯所探讨的生活世界再生产的条件及其与社会体系的发展相交叉的要求,正是为了在现代社会中,倡导一种真正合理的沟通行为网络,克服上述那种不合理的分离,克服社会整合与体系整合的矛盾。哈贝马斯在解析生活世界再生产与社会体系发展的不协调时,集中地发现了社会发展过程中,社会行为的两种协调机制的相互对立化倾向及其在社会行为网络中的具体化根源。

如前所述,资本主义社会中以非语言的金钱和政权作为交往中介的趋向越发展,沟通行为中的相互理解和取得行为成功的两种目的就越脱节。尤其突出的是,现代社会的发展,越来越诉诸不用语言的交往中介;这些日益发达的非语言的中介,即金钱和政权,在时间和空间中联结起,越来越复杂的相互作用网,不管这些复杂网络是否受到控制,也不管行为者如何对之作出反应。如果说,行为的责任感意味着行为者是依据可评论的有效性要求去履行他的行为的话,那么,导出具体世界,但又并非基于协商一致的交往而产生的行为协调,就一点也不要求相互作用的各行为角色承担其行为的责任。通过调节中介而分化的从属体系,连同体系化的机制,在规范之外,在远离生活世界之外,建立起它们自身的社会结构。

当然,这些社会结构仍然保持着同交往活动的联系,主要是因为现代社会中毕竟还存在着作为基本制度的民法。因此,解决社会体系整合化和生活世界的社会整合化的矛盾,还存在着两种可能性:那些在生活世界中起着固定的调节机制的金钱和政权制度,疏通着由生活世界取得的、对于严格组织起来的行为领域的影响;或者,与此相反,这些调节性的制度疏通着由社会体系取得的、对于通过交往而建构起来的行为条件的影响。在上述第一种情况下,那些调节性的制度促使社会体系的维持服从于生活世界的规范要求;而在第二种情况下,则是把生活世界隶属于社会物质再生产的体系化结构,并由此而实现其中介作用。

人类社会的发展表明,沟通行为的合理化过程是何等的复杂和曲折。交往程度的复杂化和社会体系本身的复杂化,固然是生活世界和社会体系本身的日益分化及其不合理的分离的结果,但另一方面,交往活动和社会体系向更高水平的每一次提升,都已在客观上造成了上述分化的条件和可能前提。因此,要解决真正的交往合理性,不仅要揭示各种分化的不合理性及其历史的和客观的根源,同时又要指明在现代社会条件下,克服上述分化的具体途径。

在哈贝马斯看来,迄今为止所发生的生活世界与社会体系的分离,归根到底,就是交往与行为的分离,是语言的中介作用和协调作用从行为过程中被排斥出去的结果,是行为的复杂化越来越诉诸非语言的社会制度的结果,是行为借助于行为自身的日益复杂的结构而从语言交往网络中自行自律化的结果,是行为的交往性隶属于行为自身的目的性的结果。因此,正如赫尔柏德·斯奈德尔巴赫所指出的,哈贝马斯的沟通行动理论的重要意义在于:"这个理论把交往与行为联系在一起加以思索,不使一方归化为另一方。"(Wichtig ist, dass diese Theorie Kommunikation und Handandere zu reduzieren.)通过导入"生活世界"概念,使"交往"和"行为"这两个在社会发展中被逐步分离开来的重要方面,重新地被综合起来加以考察,以便寻求在社会体系日益复杂化的条件下,"交往"与"行为"的真正的合理的结合,作为现代社会合理化的牢固基础。

哈贝马斯指出:"在交往性行为的情形中,构成相互合作过程脉络的解释实施活动,表现为行为协调的机制;交往性行为并不在解释的逻辑中归化为相互理解的行为。"

正因为这样,对交往与行为的综合考察,只是为了实现沟通行为的合理性,使实行沟通行为的各个主体在"生活世界"的视野内和领域内,达到相互理解,协调他们的行为。这种综合考察并不导致交往与行为的无区别的合并或归并。正如本节开头所强调的,沟通行为的合理性本身包含着和维持着相互理解和达成行为目的的双重过程——两者的协调,不是相互合并,而是相互渗透和相互交叉;而在这个交叉结构中,"语言乃是交往的一种中介,它是用来在期望相互交往的人们之间实现一致性意见的。至于那些为协调其行为而相互同意的行为角色,则进行着他们各自确定的目的。在这个意义上说,目的性行为的结构,乃是适用于一切行为概念的最基本的结构。决定着关于社会行为的概念的区别性的地方,就在于:参与相互作用的各个不同的行为者,是否在实现其目的的活动中,采取相互协调的方式"。

哈贝马斯所主张的生活世界与社会体系的双重层次结构,乃是使交往与行为都合理地达到其目的的理想模式,是在现代社会中实施合理性概念的理想模式。在这个两层次的结构模式（Zweistufenmodells）中，社会体系的进化乃是第二位的分化过程；只有让社会体系日益复杂化和生活世界的日益合理化的交叉进行，才能保证现代社会的真正合理化。

九、寻求规范化的社会政治哲学

哈贝马斯的整个理论生涯的基本目标，就是为当代社会寻求一种规范化的合理制度。哈贝马斯曾经说过，他的目的就是要发展一种社会理论，而这种社会理论所关注的是使他自己的批判标准能够发生效用。如此一来，哈贝马斯所从事的批判工作，实际上含有双重意义：第一，从左派思想家所理解的批判角度来说，这种批判是试图揭露现实社会的非正义；第二，从康德所理解的批判意义来说，这种批判是要探索从事批判活动的可能性及其条件。

实际上，当哈贝马斯在20世纪50年代开始追随霍尔克海姆和阿多诺的时候，就已经大体上确定了为当代社会寻求合理制度的可能性的基本方向。对他来说，由于受到德国古典哲学和理性主义传统的深刻熏陶，一种合理的社会制度只能建立在合理协商而取得正当化共识的基础上。所以，哈贝马斯在1961年完成的取得大学哲学教授资格文凭的论文《公开性的结构变化：对公民社会的一个范畴的研究》，就集中地研究了近现代公民社会公共领域基本架构的变迁以及使之得以重建的理性标准。在哈贝马斯的心目中，人类社会发展到近现代阶段的最重要成果，就是不断地以合理化的标准及一整套经过合理协商，并实现正当化程序的规范制度来改善整个社会的秩序。此后多年，哈贝马斯先后在《理论与实践》、《认识与利益》、《晚期资本主义社会的合法性问题》以及《作为意识形态的技术与科学》等著作中继续沿着这条线索进行社会理论的探索。他在1981年完成的《沟通行动理论》（上、下两卷）乃是他的初期理论探索努力的主要成果。正是在这里，哈贝马斯明确地肯定了沟通合理性问题是解决当代社会基本问题的关键。也正是在这里，哈贝马斯具体地提出了实现合理社会规范化制度的基本条件，从而为他在20世纪末进一步探索当代合理社会的规范化体系奠定了基础。

在哈贝马斯看来,实现合理社会规范化制度的基本中介就是充分发挥语言在合理沟通过程中的协调作用,而实现规范化的社会基础就是克服体系对生活世界的殖民化,使语言的合理沟通渠道不断地激活生活世界,合理地实现生活世界中各主体间的协调关系,把各主体的主观世界同由各主体间性所构成的社会世界以及各主体间所面对的客观世界连成一体,形成为既有共同协商基础,又有通过合理共识所确认的规范化标准体系的新型社会。

为了使他所追求的合理规范社会找到可靠的实现基础,哈贝马斯从20世纪末开始的近20年中,集中探讨规范化的程序、规范化的道德标准以及规范体系的组成因素等重要论题。

因此,哈贝马斯在20世纪70年代至80年代探索语言运用的规范化程序及社会功能的基础上,继续研究在伦理关系建构以及伦理规范合法化过程中的语言论述规则,由此创建了集政治程序规范化、合理协商的心理学基础、实现合理沟通并达成合理共识的道德标准等重要方面于一身的新型政治哲学。

哈贝马斯认为,合理的规范化社会固然必须"依法治国",遵循法的原则和基本精神,组织、管理和统治整个社会。但是,任何法律,即使是经过合理沟通和共识而正当地建立起来的,在其从书面文本的规定向现实的社会发生实际效用的过程中,总是免不了具有不同程度的不确定性以及各种可能性。这是因为法的精神和原则,并不局限在文本的确立,更重要的是在它的实际贯彻中,是在其种种具体程序的贯彻环节中保证其原有的法律精神,以便使法的精神及原则能够在具体贯彻过程中一五一十地落实下来,真正使法的精神及原则在社会生活中彻底实施。因此,建构一个合理的规范社会,不能满足于合理创建和制定法律的过程,而是要进一步探讨法律的制定及其实施的各个环节的合理协商性,实现各个环节的事实性与有效性的高度结合,同时,使法律建构和实施过程中实现合理的商谈伦理原则,并时时关注法律建构与实施过程中的公民基本权利,使法律、政治和道德真正实现相互渗透,尽可能克服法律实施过程中所可能出现的各种滥权的现象。

　　哈贝马斯所寻求的规范化合理社会理论,是通过对传统政治哲学的批判以及通过多学科综合研究的途径建构起来的。他试图将政治哲学和法哲学与政治科学、社会学、心理学和伦理学结合起来,同时也重视语言学和人类学的研究。所以,在他关于规范化的研究中,哈贝马斯很重视将社会学的法律理论与哲学的正义理论结合在一起并相互补充。同时他也把法的商谈理论与古典的理性的法的理论结合在一起,使道德与法律之间实现必要的互补关系。在所有探讨规范化理论的时候,哈贝马斯又始终以他所建构的"商谈理论"为核心,试图建构一种以商议为基础而精心策划并在每一个环节都严格受到监督的规范化政治。由此看来,哈贝马斯所建构的规范化政治哲学,不只是重点建立了一整套的新概念和理论体系,而且也特别重视论证过程的规范性,使他自己的规范政治本身也受到其自身所提出的规范的检验。

第三节　斯洛德岱克的"生命政治哲学"

　　彼得·斯洛德岱克(Peter Sloterdijk,1947—　　)是近 20 年来走红于国际哲学界的德国新一代思想家。他于 1968—1974 年间在慕尼黑和汉堡大学完成哲学、德国文化和历史学的学习之后,于 1976 年在汉堡大学,以《文学与生活经验组织》为题,获得博士学位。从 1980 年起成为职业作家。1988 年任法兰克福大学的诗学教授。1992 年起任卡尔鲁尔高等塑造学院的哲学与媒体文化教授。同年,斯洛德岱克兼任维也纳美术科学院的文化哲学教授。2001 年起,他担任卡尔鲁尔高等塑造学院院长。由于他在哲学创新方面的贡献,他于 2001 年以"未来哲学思考"的名义,获得克里斯蒂安·凯勒奖(Christian-Kellerer-Preis für die Zukunft philoso-phischer Gedanken)。2002 年,他与萨弗兰斯基(Rüdiger Safranski)共同领导"哲学四重奏"广播电台(Sendung"Philosophisches Quartet")。

彼得·斯洛德岱克的主要著作包括:《昔尼克理性批判》(*Kritik der zynischen Vernunft*, 2 Bde., 1983)、《魔树》(*Der Zauberbaum. Die Entstehung der Psychoanalyse im Jahr 1785*, 1985)、《舞台上的思想》(*Der Denker auf der Bühne. Nietzsches Materialismus*, 1986;英译本 *Thinker on Stage: Nietzsche's Materialism*)、《哥白尼式的动员和托勒密式的裁减》(*Kopernikanische Mobilmachung und ptolmäische Abrüstung*, 1986)、《走向世界:走向语言》(*Zur Welt kommen-Zur Sprache kommen*, 1988)、《欧洲式道教思想:政治动力学批判》(*Eurotaoismus. Zur Kritik der politischen Kinetik*, 1989)、《允诺讲德语:关于祖国的演讲》(*Versprechen auf Deutsch. Rede über das eigene Land*, 1990)、《千禧年转折前夕:关于未来状况的报道》(*Vor der Jahrtausendwende. Berichte zur Lage der Zukunft*. 2 Bde. 1990)、《世界的生疏性》(*Weltfremdheit*, 1993)、《在同一个船上:对超级政治的探索》(*Im selben Boot: Versuch über die Hyperpolitik*, 1993)、《欧洲衰落在增长》(*Falls Europa erwacht*, 1994)、《自我探索:与卡洛斯·奥利维拉的对话》(*Selbstversuch*, Ein Gespräch mit Carlos Oliveira, 1996)、《生存在一起的强有力根据:对民族创建的回忆》(*Der starke Grund zusammen zu sein. Erinnerungen an die Erfindung des Volkes*, 1998)、《球体。第一卷:微观球体学》[*Sphären I-Blasen, Mikrosphärologie*, 1998. (*Spheres I*)]、《球体。第二卷:宏观球体学》[*Sphären II-Globen, Makrosphärologie*, 1999. (*Spheres II*)]、《人类公园的规则:对海德格尔论人道主义的信的答复》(*Regeln für den Menschenpark. Ein Antwortschreiben zu Heideggers Brief über den Humanismus*, 1999)、《对群众的鄙视:对现代社会文化斗争的探索》(*Die Verachtung der Massen. Versuch über Kulturkämpfe in der modernen Gesellschaft*, 2000)、《关于可靠新闻的改善:纪念尼采逝世一百周年》(*Über die Verbesserung der guten Nachricht. Nietzsches fünftes Evangelium. Rede zum 100. Todestag von Friedrich Nietzsche*, 2000)、《生物的家庭驯化》(*La domestication de l'etre*. Version francaise. Paris. Mille et une nuits, 2000)、《论海德格尔》(*Nicht gerettet. Versuche nach Heidegger*, 2001)、《太阳与死亡:与汉斯·居尔根·海因里希的对话探索》、(*Die Sonne und der Tod*, Dialogische Untersuchungen mit Hans-Jürgen Heinrichs, 2001)、《贝尔

木达的道家思想:兼论幻象的某些规则》(*Tau von den Bermudas. Über einige Regime der Phantasie*, 2001)、《论暴政的起源》(*Luftbeben. An den Wurzeln des Terrors*, 2002)、《球体。第三卷:泡沫,多数球体学》[*Sphären III-Schäume*, *Plurale Sphärologie*, 2004.(*Spheres III*)]、《在世界范围内的资本》(*Im Weltinnenraum des Kapitals*, 2005)、《与阿兰·芬基尔克劳特的哲学对话录》[*Was zählt*, *kehrt wieder. Philosophische Dialoge*, *with Alain Finkielkraut*(*from French*), 2005]、《恼怒与时间:一种政治心理学的探索》(*Zorn und Zeit. Politisch-psychologischer Versuch*, 2006)、《美学的命令》(*Der ästhetische Imperativ*, 2007)、《德里达:一位埃及人》(*Derrida Ein Ägypter*, 2007)以及《论三种一神论的斗争》(*Gottes Eifer. Vom Kampf der drei Mono-theismen*, Frankfurt am Main, 2007)等。

斯洛德岱克的政治哲学有两个研究焦点,这就是对当代技术政治专制的批判和对环保政治的重视。他认为,在技术高度发展和技术市场化的情况下,当代技术不只是充满功利主义和工具主义,而且还进一步严重地危害人类的生存,最重要的是基因工程关于"人造人"的研究技术的危害性。他说:"我们是生活在一个主要拥有技术的星球上。如果人们可以说在那里有人,那么,那是因为在那里存在一种技术,它可以使人在成为人以前呈现出来。"①他还说:"人们把人的生成当成一种驯化家畜的真正事物,就好像普通的家畜的家庭驯化的悲剧那样。"②为此他呼吁要实现全世界的团结,捍卫人的尊严,防止技术的滥用及其对全球人类生存的伤害。对人的生存的危害是当代政治的核心问题。与此同时,使环保问题列入了当代政治的议事日程,也成为当代政治的关键课题。他认为,资本主义全球化是导致环保被破坏的主要根源。因此,当代政治必须将全球化问题纳入受合理控制的制度中,严禁以全球化的借口滥用技术和破坏环保。

彼得·斯洛德岱克是当代德国最活跃的哲学家。他以灵活犀利的语

---

① Sloterdijk, *La domestication de l'etre.* Version francaise. Paris. Mille et une nuits. 2000:88.

② Ibid.:40.

词和论述,尖锐地批判传统哲学,并针对现实的基本问题,创造性地提出一系列震撼德国哲学界的观点和主张,在最近20多年的学术界和公众论坛上,经常锋芒毕露地"解构"传统的概念和方法,把哲学从抽象的理论概念体系中,引向多学科整合的发展道路。

所以,在斯洛德岱克那里,哲学已经不是原有的体系构成,也不局限于探讨传统哲学的基本问题,而是更多地讨论适应于当代社会文化特征的新问题。在他所提出的问题当中,不只是涉及社会文化的物质结构及其运作方式,而且,还探讨精神层面的复杂倾向。他明确地说:几百年来,哲学已经面临死亡和无能为力,因为它没有完成它的任务(Seit Jahrhunderten liegt die Philosophie im Sterben und kann es nicht, weil ihre Aufgabe nicht erfüllt ist)。

斯洛德岱克在研究哲学的过程中,很注意人的生活及其环境的关系。他针对现代社会生活方式的转变,深入地研究与人的居住相关的"地域"或"位置"的问题。他认为,地域或位置是老百姓实际居住和生活的那个空间结构。他认为,地域或位置,可以更具体地使我们理解抽象的空间。实际的人从来没有完全"真空"地生活在世界上。人类生活的空间的特点,就在于它始终都是具有生物学和物理学的性质,而且,人类本身也不只是被动地被安置在空间中,而是主动地创造自己所欲于其中生活的实际空间。人类毕竟是生活在他们自己所创造的空间中。

斯洛德岱克所集中讨论的问题表明,德国哲学家已经走出传统哲学的狭隘范围,试图以新的时代的精神,重新思考哲学的基本问题。

斯洛德岱克的政治哲学正是在上述基本观点的基础上,以"昔尼克理性"(zynische Vernunft)为主要概念,批判现代性。他认为,面对现代科学技术的发展及其盲目膨胀,人们再也不考虑科学技术的伦理道德原则以及人类本身的责任心,一种"游戏人生"的生活态度正在迅速传播开来,恰好有利于那些掌握科学技术财富的社会势力运用技术理性来宰制整个社会的目的。①

---

① See Sloterdijk, *Kritik der zynischen Vernunft*, 2 Bde., 1983.

所以,斯洛德岱克集中研究以人的生活环境为基点的新政治哲学。为此,他一方面批判破坏生活环境的现代资本主义生产方式及全球化,另一方面深入研究人的生活环境的时间空间特征;同时,紧密结合现代艺术创作的经验,从艺术创造的角度,考察人类生活环境的性质及其困境。

在政治问题上,斯洛德岱克主要对欧洲联盟的成立及其扩建进行观察和分析。他多次参与欧盟论坛,严厉批评欧盟机构及其法制对滥用科技成果的不负责任的态度,主张在环境保护、基因工程和军事工程的发展方面,进行全民的监督制度,防止大垄断财团与统治集团的非法勾结,扩大欧洲范围内的福利措施,维护弱势社会势力的权益及其基本人权。

第四节　鲁曼的社会系统与风险政治哲学

一、现代性问题的核心地位

人类历史步入现代社会以来,"现代性"如同"鬼魂"一样,始终缠绕着当代政治哲学家的思考活动,成为他们进行理论建构的中心论题。鲁曼的杰出理论贡献,就在于针对当代社会的分化特征,恰如其分地提出了观察、分析和批判现代社会的新型系统哲学理论。

从历史发展的宏观来看,鲁曼等人这一代理论家同现代性的关系及其对于现代性的理论分析,都同 19 世纪以来古典政治哲学家及其对于现代性的分析密切相关。两代理论家之间的这种关系,指的是他们之间的相互继承和相互区别的双重关系,同时又直接成为当代政治哲学的现代性理论的内在构成部分。换句话说,鲁曼等当代政治哲学家对其上一代政治哲学家的现代性理论的态度和批判分析,同时也构成他们的现代性理论的一个重要组成部分。实际上,两代理论家之间对于现代性的相互关系,既有许多相互穿插和相互重叠的现象,也有相互区别并显示出不同的特殊性方面。

　　显然,鲁曼等人所面临的,已经不是马克思、涂尔干和韦伯等第一代经典理论家所分析的现代性,也不是帕森思、米德和霍尔克海默等人所面临的状况。自第二次世界大战以来的"现代性",究竟是否仍然属于"现代性"的范畴;或者,当代所呈现的"现代性"究竟具有什么特征? 现代性的动力及其运作结构究竟是什么? 现代性包含什么样的危机和风险? 其出路何在? 究竟应该以何种态度和何种方法对待现代性所面临的上述所有问题? 这一切,都是有待新一代政治哲学家去思考和分析的。鲁曼等人的政治哲学理论,就是在面临新型的"现代性"的社会历史条件下,试图以新的方式解决它们而建构和发展起来的。因此,有必要将鲁曼等人的现代性理论,一方面同传统现代性理论作比较,另一方面又在它们内部相互之间进行深入比较。

　　从最一般的观点来看,鲁曼等人都以不同的方式而不同程度地继承和发展了上一代理论家对现代性的分析批判。鲁曼认为,马克思、涂尔干和韦伯等人的现代性理论,其本身就是极其复杂的现代社会的"简单化"(Simplifikation;simplifizierung);他们的经典政治哲学理论,为我们提供了有关现代性的"共同性参照点"。因此,通过马克思等人的经典政治哲学理论,也就有助于我们这一代人"简化"对现代性的认识。① 由于鲁曼同帕森思之间的特殊师承关系,所以也可以说,他是通过同帕森思的关系而"简化"他同上一代经典政治哲学家的相互关系的。但是,具有深厚德国哲学、人文社会科学修养的鲁曼,又特别通过德国古典哲学而进一步"简化"他同古典的现代性理论、同现代性本身的相互关系。

　　鲁曼生活和学习在德国的第二次世界大战进行期间和结束初期,并和哈贝马斯一样,是在 20 世纪 50—60 年代期间开始其政治哲学理论的学术研究生涯的。这就决定了鲁曼和哈贝马斯两人都以德国类似的历史文化背景,亲自感受和观察现代性的根本变化。在谈到现代性的时代转变对于个人的冲击时,鲁曼特别提到了现代社会高度区分化进程的极度复杂性以及发生在当代自然科学技术,尤其是生命科学领域对于生命系

_____

① See Luhmann,*Trust and Power*.New York.Wiley.1979.

统自我生产性的重大发现。①

面对当代高度分化并被多面化了的社会,鲁曼认为当代政治哲学家再也找不到具有同一性的整体统一价值结构。因此,只有借助于一种由功能决定结构的新型功能结构论,才有希望建构出一个非规范性的、无特定目的,同时又源自社会本身的新社会概念。这也立即涉及一种不论是结构,还是功能,都具有双重偶然性,因而富有多种可能性面向、具有极端不可预测性的新系统概念。②

鲁曼由此将现代性的特征归结为"复杂性"(Komplexität)。对鲁曼来说,当代现代性的主要问题,已经不是传统理性主义者所强调的那种作为社会中心的"人",当然也不是传统政治哲学家所注重的、作为主体的个别行动者及其所面临的社会"秩序",而是发生了重大变化,特别是已经在功能方面和结构方面高度分化并各自自我参照和自我生产的多元化的社会系统。他以一种特有的"反人本中心主义"(anti-anthropocentirsm)的新观点,注重从系统同其环境的相互间的极度复杂关系去研究"现代性"。

鲁曼的社会系统理论实际上就是对于现代社会进行分析的理论产物。鲁曼认为,当代社会不同于以往社会的地方,主要是它在功能方面的高等分化。如果说传统社会的区分化是体现在社会阶层的分化的话,那么,当代社会的区分化主要是表现在功能方面的高度分化、专业化和自律化。正如鲁曼自己所说:"在最近几年,我环绕两个相互穿插和相互促进的理论计划而工作。一方面我探讨一种一般社会系统理论(a general theory of social system)。这个理论以帕森思的双重偶然性(double contigency)概念为起点,而且从一般系统论(General Systems Theory)、自我参照关系理论(Theory of Self-referential Relations)以及沟通理论(Communications Theory)中得到启发。在这里,'复杂性'(Complexity)和'意义'

---

① See Luhmann, N.*Sozial Systeme*: *Grudriß einer allgemeinen Theorie*. 1987; *Beobachtungen der Moderne*. Opladen. Westdeutscher Verlag. 1992.

② See Luhmann, N, *Funktionen und Folgen formalen Organization*. Berlin. Duncker und Humboldt. 1964.

（Meaning）概念是进行功能分析的关键。另一方面，我集中研究一种关于当代社会的理论（a theory of modern society）。对于当代社会，我们再也不能把它描述成'市民社会'、'资本主义社会'或某种'科技贵族专制系统'（a scientific-technocratic system）。我们必须改之以一种指涉社会分化的社会定义。不同于一切早先社会的当代社会，它是一种功能上不断分化的系统（a functionally differentiated system）。因此，对于它的分析，要求对于它的每一个单一功能次系统进行详尽的研究。再也不能从一种单一的主导观点去把握社会。反之，要详细理解它的运作动力，必须充分地理解到这样一个事实：即它的政治、经济、科学、法律、教育、宗教、家庭等各个功能系统，已经更加相对地自律化了；而且现在这些功能系统也各自相互地成为其中任何一个系统的环境。"①由此可见，他的社会系统理论，可以不折不扣地称之为一种现代性理论。

所以，鲁曼对于社会系统的独特分析，主要是为了揭示当代社会不断区分化的机制及其各种可能趋势，指出当代社会分化的特征及其所引起的一切复杂后果。因此，从这个意义上说，鲁曼社会系统理论所集中分析的问题，就是现代性的社会系统的特征。

接着，在观察和分析当代社会运作的基础上，鲁曼指出：理论生产与再生产，作为人类精神创造自由活动的产物，其发展的结果，尤其是当发展到高级阶段的时候，越呈现出其风险性和游戏性；以为理论创造只能显现为精神创造活动的顺利开展过程，乃是一种误解。同时，以为理论越创造，就会因知识的扩大而越使人更全面地掌握客观规律，以为可以使人更加自由，这种看法也只是看到了理论和知识发展的一个面向，只是看到知识发展的积极层面，却看不到知识发展所不可避免引起的消极层面。

启蒙运动以来，理性主义的传统原则和路线，使人误解知识和技术的发展终将彻底地解放人类本身，可以使人实现从必然王国向自由王国的过渡。启蒙理性以为，知识越多，技术力量越强，人类生活于其中的社会次序越理性化，因而秩序就越稳固，人类行为也就越标准化，而人类对于

---

① Luhmann, N., *The Differentiation of society*. New York. Columbia University Press. 1982: xii.

客观对象的掌握和支配能力越强,人类就越处于主动和支配的地位,因而也越远离混乱的偶然性王国。所有这一切,已经为当代自然科学、社会人文科学的发展证明为不恰当的。启蒙理性决定了其历史观,也决定了启蒙理性主义者会将人类社会文化及其历史,当成一种线性上升式进步的发展模式,似乎文化越发展,就越远离原始社会时代的混乱无序状态,越采取有秩序的理性化结构的模式。但近现代知识和技术发展的结果,已经使启蒙时代的梦想完全破灭。知识和技术发展的结果,从事实上有力地证明了:知识和技术越发展,我们认知和掌握的事物越多,我们就越发现未知事物越多,越发现无从把握的偶然性越多,因而我们所面临的风险就越大。这样的事实不能单纯从消极的观点去看;而是需要从积极的观点去看待。对于真正具有自由创造精神的思想家来说,由自由创造所带来的风险性越大,其从事自由创造冒险活动的真正推动力量就越大。鲁曼社会系统理论的悖论性自身,为我们从事政治哲学理论研究的反思性所带来的启发是不可估量的。

二、社会系统理论的形成

德国政治哲学家和社会哲学家尼克拉斯·鲁曼(Niklas Luhmann,1927—1998)是当代社会系统理论的创始人。他所创建的社会系统理论,虽然是针对当代资本主义社会的系统分化问题,但他所依据和使用的方法,却具有特殊的哲学意义。

在他的整个学术生涯中,鲁曼系统地总结了人类历史上一切有关"系统"的研究成果,并根据现代社会文化发展的特征加以改造,使他的社会系统理论,不仅包括近现代自然科学研究系统的最新成果,包括现代社会科学研究系统的理论成果,而且也包括自古希腊以来西方文化从哲学、社会人文科学角度对于系统的探索理论观点,还包括人们从最广泛的日常生活经验中所总结的通俗系统概念。这一切,为他的社会系统理论奠定了最牢固和坚实的基础。

鲁曼不仅从历史的角度研究了人类的系统概念,而且很注意从哲学和多学科整合的角度,从理论和实践相结合的观点,特别是从当代科学技术和管理系统的研究应用成果中,从语言和日常生活的角度,既从宏观方面也从微观方面,重新全面地研究社会系统的性质和功能。

有的人只看到鲁曼政治哲学理论庞杂和系统化的一面,因此片面地认为他的政治哲学理论是某种"大型叙述式"或单纯宏观(巨视)政治哲学理论。其实,他早在30多年前,就已经明白说明:预计将耗费30年研究过程才能初步建构的理论体系,包括了总论、各论和总结三大部分。其中总论部分,显然是宏观式的探讨当代社会的系统总体结构及其特征;各论部分就是微观分析当代社会各领域的功能特征及其独立自律性;而这第三部分将是在更高的层面、使宏观和微观两者结合在一起的目的。所以,正确地说,鲁曼的政治哲学理论也是当代各种政治哲学理论试图将宏观与微观紧密结合的一种努力成果。

在这一方面,美国社会学家亚历山大(Jeffrey C. Alexander)等人倒给予了充分的注意,并给予中肯的评价。

鲁曼对于社会系统理论的研究,固然是建立在他个人才能及其扎实而广阔的哲学、社会科学和人文科学的学识基础上,建立在他自己极其丰富的技术管理阅历和社会生活经验的基础上,但是,帕森思对他的理论影响,确实是有着决定性的因素。

在这里,首先值得注意的是,人们只注意到鲁曼社会系统理论同帕森思结构功能论之间的某些渊源关系,但忽略了鲁曼对于帕森思功能论的批判以及他的创造性贡献。

实际上,他在研究和总结帕森思结构功能论时,不但跳出了传统系统观点和社会结构理论的框架,而且也试图将宏观和微观的分析方法结合起来,卓有成效地论证了当代社会自我生产机制的重要基础,强调必须以严谨的方法和程序,微观地分析当代社会系统的自我生产复杂机制,揭示社会系统中各种不同的具体功能运作的隐含微观过程,并把这一过程本身当成社会系统自我生存和不断再生产的基本条件,使他一方面宏观地将社会当成能自我生产的"系统",另一方面又微观地深入分析社会系统内部那些面临周遭环境时所作出的种种微观反应过程。

鲁曼在总结帕森思结构功能论时,逐一地分析了帕森思的不足之处,就其基本概念进行了重构,对意义、沟通、演化等关系到结构功能论根本问题的关键范畴,重新给予独创性的探讨,使他能从帕森思的失败中找到了理论重整的出路,为结构功能论的新生摸索出可能的方案。

实际上,鲁曼在20世纪60年代初赴美国哈佛大学深造,并集中学习研究帕森思的结构功能论以前,已经对于系统概念及其有关理论有深刻的认识。所以,有关帕森思对于鲁曼的影响,不应该过分夸大。鲁曼是在德国的实际生活中,在其对于社会的细致观察中,逐渐发现系统概念的重要性。他在现实生活中所看到的一切,以及他在接受广泛的人文社会科学和自然科学教育的过程中,意识到不论是科学家、理论家、思想家、社会学家,也不论是普通老百姓,在观察和分析社会及自然现象时,都不知不觉地将系统当做认识和分析的工具。作为认识和观察“工具”的“系统”,已经在人类实际生活和科学研究活动中普遍地被应用。

同时,他还意识到:社会的发展及演化,表现出越来越复杂的“系统”分化,同样也显示出越来越复杂的功能交错关系。这一切,才促使他下决心到美国对帕森思的结构功能论探个究竟。

鲁曼的学术生涯本身也为我们生动地提供了社会学研究的某些原则。他并非毕业于标准大学的社会学系;从这个意义上说,他是从一位“外行”而变为社会学家的。

1946—1949年,他在弗莱堡大学学习法律。在某些人看来,他当然并不是一位“科班出身”的专业社会学家。他只是到了成熟时期才转而研究社会学。但他的社会学研究成果却出乎与他同代的社会学家的预料。他的社会学研究生涯给予我们的启示,首先就是洞察社会所必须具备的丰富社会经验和敏锐的分析方法。社会学理论和方法方面的严格而系统的训练固然重要,但像他那样经历丰富的社会生活,又从各个角度和各个学科的研究中吸取理论和方法论方面的养料,才有可能对社会学的重大理论问题有深刻的理解,从而才能为创造性地思考奠定基础。

社会学理论的建构要求开放的思维,因为当代社会的发展越来越向我们显示:社会结构和政治行动的向度和运动规律,在其不断演化的过程中,总是一次又一次超越人们预想的极限和界限的。非科班出身的鲁曼之所以能够取得理论上的重要成果,正是由于他的思路开阔,无所拘束,可以说他冲破了一切传统社会学思考的框架。

鲁曼出生于吕纳堡(Lüneburg)。这座位于汉堡东南部五十多公里的小城市,以其著名的盐业生产成为了中世纪汉萨同盟的重要成员。吕纳堡曲折小道的两旁,密密麻麻地耸立着中世纪商店房屋以及鲜红的像牛血般的砖墙,在鲁曼的记忆中留下深刻的印象。建筑于 14 世纪的市政厅会议室(Grosse Ratsstube)是全德国最华丽的建筑之一。当鲁曼来回慢踱在大厅欣赏这魅力无穷的古建筑时,他的社会学想象似乎又得到了创造的启示。

年轻的鲁曼,只有在第二次世界大战之后,即到 1946 年,才有机会升入大学法律系。鲁曼在大学时代深受德国法学和哲学传统的熏陶,接着他又从事极其复杂的教育行政工作,在德国下萨克斯州教育部担任行政管理官员多年。法学的学术训练使他形成了体系式的思考模式。严谨的法律体系以及法律的专业化分工给予他的深刻印象,使他初步地养成了以系统的观察方式看待各种社会现象的习惯。

哲学以及人文社会科学的熏陶又使他奠定了深厚的文化基础。根据他自己在接受访问时所说,他对哲学和社会科学的狂热喜爱,使他早在从事行政工作时期,就已经大量地搜集和分类相关研究资料,建构起他日后进行深入研究据以参考的私人学术研究"档案库"。[1] 他的学术档案库,储存了从哲学人文社会科学到自然科学各个学科领域的一切可以搜集到的最新数据,特别注意到当代科学技术的最新成果。他的学术档案库的丰富性已经为他未来的复杂政治哲学理论体系的建构,奠定了坚实的经验数据基础。

鲁曼在搜集资料的过程中,已经注意到当代社会功能分化的高度复杂性及其严重影响,由此确定了他日后研究社会系统理论的决心。如前所述,鲁曼在 20 世纪 60 年代初前往美国哈佛大学对结构功能论进行学

---

① Luhmann, N.1987f:53.

术研究并非偶然。他在 50 年代从事文化和社会事物的行政管理工作时，就已经广泛细致地收集和总结各种复杂的社会文化生活的经验，同时也注意到当时已经在自然科学和社会科学领域中取得重大成果的系统理论，从而奠定了他献身于社会系统理论研究生涯的基础。从美国返回德国之后，他在海德堡西南约三十公里的斯拜尔担任短期的行政管理工作。他虽然在这个坐落于莱茵河左岸，并富有宗教传统的城市里度过了短短的时间，但它在 16 世纪 20 年代抗拒罗马教会控制、从而成为路德教会基地的"光荣"历史，使鲁曼从此更加重视宗教活动在社会整体系统中的决定性地位。鲁曼经常在空闲时间，漫步在斯拜尔市具有悠久历史的大教堂周围。

据说在 1030 年罗马皇帝康拉特二世亲自为大教堂奠立了第一块基石，并在而后数百年间接二连三地在此召开了 50 多次宗教会议，使它成为了基督教会史上非常著名的城市。在宗教改革时期，德国的六位支持路德教的大公也在这里联合起来宣告对罗马教会宗教裁判所审判书的抗议，从此，路德教获得了"抗议教会"（Protestanismus）的美名。鲁曼后来多次强调宗教在社会演化和分化过程中的重要意义，正是受到了斯拜尔独特历史的启发。

鲁曼连续地在行政管理部门从事各种组织管理工作，使他有机会广泛地收集组织管理方面的数据和实际经验。

法学家出身并具有丰富行政管理经验的鲁曼，在研究社会系统的初期，把研究重点集中放在社会组织的问题上，这主要表现在他于 1964 年所发表的重要论文《形式组织的功能与功效》（"Funktion und Folgen Formaler Organisation"）。

系统对于鲁曼来说，就是一种极其复杂的组织体系；换句话说，系统就是组织起来的复杂性，也就是组织化的复杂性。当代系统的特征，就在于它并不只是一种复杂性，而且也是一种高度组织化的复杂性。所谓高度组织化的复杂性，无非就是强调它是社会文化发展中功能分化及人为组织能力复杂化的双重产物。

因此，在当代各种社会系统中，既包含了组织化的系统本身的自我分化的结果,同时又隐含着人类社会文化发展中所投注于其中的各种精神能力,隐含着它自身今后自我发展所需要的生命动力。鲁曼在这一时期从事行政管理工作的丰富经验,让他更深入地了解了当代社会组织系统的高度复杂性及其分化机制。在组织管理方面的各种制度及其对于社会和人的活动的干预状况,为鲁曼思考当代系统进行自我参照的能力提供了丰富的数据。从此以后,关于系统同组织的相互关系,构成了鲁曼社会系统理论的关键概念。

正是在"系统"、"组织"和"复杂性"三大概念之间,鲁曼试图纠正帕森思结构功能论处理"系统"与"功能"之间的颠倒关系,即将原来帕森思所强调的系统高于功能,颠倒成为功能优于系统。这就决定了此后鲁曼改造帕森思结构功能论的基调,也隐含了鲁曼今后突现功能分化对于系统发展产生决定性影响的基本思路。

从他在20世纪60年代所发表的早期著作中还可以看到,鲁曼已经在一定程度上脱离了传统西方方法论及认识论的约束,不再执着于传统分析、思考和推理方式。他宁愿从实际发现的问题出发,从他所面临的各种实际的复杂现象出发,探索解决当代社会复杂问题的可行方案。他的最重要的变化,就是在研究中试图将源生性逻辑(genetic logic)和一种整合性逻辑(integrative logic)协调起来,以便借助于前者深入探讨社会中各种不同角色所产生的各种结构的机制,而借助于后者则深入研究一个社会系统引发其不同成员并充分发挥其各自不同功能的机制。这是鲁曼社会系统理论在方法论和认识论方面的一个显著特征。

由于社会文化组织的高度复杂性,对于系统的分析,不能局限于传统自然科学的逻辑,不能沿用从个别到一般、或从一般到个别的归纳或演绎方法,更不能单纯地满足于应用单向逻辑推理的方式。这就是说,在极其复杂的系统运作中,往往出现多成分的变化因素,存在多方面的演变和发展的可能性。在系统的运作中,系统不只是作为一种现成的事物或单位而运动,不仅具有向上或向下的变化可能性,而且也作为一个具有自我生产和自我调节能力的生命统一体。

鲁曼所强调的源生性逻辑,主要是显示系统自我生产和自我参照的特性,同时也是显示系统形成和发展的多重方向可能性及其交错性,显示其变化的极端复杂的性质。

此后,鲁曼一方面充分吸收和发扬帕森思等人的系统功能论,另一方面深入研究和探讨20世纪以来自然科学中有关系统的最新研究成果,使他在研究社会系统问题时,更集中地探讨系统及其组织同其环境之间的复杂关系。

我们将在他成熟期间的著作中进一步看到,他的社会系统理论,始终贯穿着这样一种新的原则,这就是:任何组织的运作过程和任何系统的适应性,归根结底,都依赖于其环境中各种难以预见和无法控制的偶然性因素的活动以及该系统对于这些偶然性因素的简单化程序。系统环境所造成的各种复杂的偶然性因素,为系统本身的运作带来许多变量,同时也提供许多潜在的解决方案,提供可能的演变方向以及可能的风险前景。面对这些复杂状况,系统本身所主要考量的,是其自身的继续维持及其自我更新的可能性。这是系统从其自身的存在和运作的前景出发所作的考量。环境尽管对系统的继续存在和更新发生威胁或产生压力,但对于系统而言,系统始终并不把系统以外的环境当成其自身,所以,系统最终总是优先考量其内在的因素及其变动的可能性,总是考量从其自身的潜在能力出发,探索发展自身或更新自身的可能性。

系统所采取的简单化程序,无非就是系统自身的自我调节和自我更新能力的展现。简单化是为了使系统得以继续存在和发展,是为了系统自身更好地维持其自身的独立性。所以,简单化表面看来是受到环境变化的结果,似乎是环境所逼而产生的;但实际上它是系统自身对于环境的主动反应,是系统优先考量自身的表现,也是系统自我调整和自我更新的表现,是系统为持续维持和加强其自律性所采取的措施。然而,系统面对环境所作的各种简单化程序,又意味着系统自身的任何自我调整和自我生产都同环境的偶然性因素保持密切的关系。

鲁曼的学术生涯首先受惠于谢尔斯基(Helmut Schelsky, 1912—1984)。谢尔斯基在20世纪60—70年代,正好在敏斯特大学社会学系主持工作。在这位社会学家兼法哲学家的精心管理下,敏斯特大学社会学系不仅生气勃勃,吸收了大量年轻有为的教学和研究人员,而且贯彻了跨学科研究的路线,将理论探讨与实际经验调查相结合。在他的帮助下,鲁曼才有机会到威斯特伐里亚地区多尔德蒙市(Dortmund)的社会研究机构工作。接着他到多尔德蒙北部的敏斯特大学社会研究中心工作。这是一所非常古老、具有丰富宗教人文传统的大学。

1966 年,他在谢尔斯基及社会学家兼人类学家格列森(Dieter Claessens,1921—　　)的指导下,获得了博士学位,并取得德国大学教授资格文凭,在敏斯特大学担任社会学教授。谢尔斯基在 20 世纪 70 年代初被北莱茵·威斯特华伦州政府任命为文化部长兼高等学校发展规划顾问委员会主席,创建了比尔费尔特大学,并在那里设立"比尔费尔特大学跨学科研究中心"。

就在这样的情况下,鲁曼在同年转任至比尔费尔特大学。从此以后,他获得珍贵机会,一方面同谢尔斯基及其他志同道合者一起,其中包括约阿吉姆·马特斯(Joachim Matthes,1930—　　)、弗朗兹·克萨维尔·考夫曼(Franz-Xavier Kaufmann,1932—　　)以及克里斯蒂安·冯·费贝尔(Christian von Ferber,1926—　　)等人,从事社会研究工作;另一方面又能发挥他自己的独立创作。

比尔费尔特大学是新开创的年轻大学。因此,在这里,鲁曼获得了前所未有的自由创作的机会,得到了不受任何约束的良好研究环境。当他选择社会学系作为其任教单位时,他所考量的主要理由,也正是寻求一种不受约束的条件。他幽默地说,就是因为考虑到社会学家不必将自己限定在某个特定研究领域,他才选择了社会学系的。

他来到比尔费尔特大学社会学系之后,首先考虑的就是以他多年来的设想,从事一种多方面的研究。他在行政管理部门虽然工作了多年,也在美国受到一定的社会学训练,但他并不认为社会学必须遵循传统的所谓标准化的方法或模式。首先,他认为,经验研究固然重要,经验调查虽然可以为社会学研究提供丰富的原始资料,也同样有助于使研究更接近现实社会生活,但经验研究毕竟有很大的局限性,无助于建构深刻的社会研究理论,也无助于深入探索社会现实本身。

他认为,社会本来就是极端复杂的。社会如同生命系统一样是无休止地进行着自我生产和自我更新活动。经验资料只能为研究现成的个别社会现象提供必要的参考数据,但仅此而已。经验研究所解决的个别社会现象,仅仅是整个社会生活的一个非常小的部分,甚至是非常不重要的部分。社会的更广阔的领域及其内在奥秘,绝非经验数量方面的统计或换算就可以推算或决定出来的。社会生活及其环境的高度复杂性,使社会系统在其运作中不可能始终遵循固定不变的规则,而是受到多重变化的偶然因素的影响,产生多种可能性和偶然性。这种偶然性的交错性及变动性,又使社会系统不得不考虑到其自身的自律可能性。所有这一切导致社会研究的复杂性以及它的应变灵活性。社会科学研究必须使自己摆脱传统旧有规则或模式的约束,使社会科学本身也富有活力和生命力。

其次,鲁曼在比尔费尔特大学的研究也同样保持同传统政治哲学理论的距离。他并不认为像马克思、韦伯或杜尔凯姆那样的古典社会科学家的理论真的具有超时代的魅力和有效性。他们的理论毕竟只是他们那个时代的思想和精神生产的产物。理论的生命力要求进行无止境的自我更新,需要不断创造。面对现代社会的高度分化和组织化,现代社会科学必须发展出一种特有的广阔研究视野。

在谈到经验研究的特征时,鲁曼并不讳言它的优点及其对于现代科学发展所作出的贡献。但鲁曼尤其重视现代科学技术和现代社会功能分化的特殊性,强调这种变化给予经验研究所带来的冲击。资料并不是如同经验主义者所设想的那样,似乎它是一种没有生命的外在实在,或者,它似乎就是某种客观中立的死材料。

现代控制论和信息科学所面对的各种数据,其本身就是具有自我生产和自我参照能力的独特生命体。被观察和被处理的数据本身具有某种主动并有自律能力的活生命。这种特殊的生命固然不同于人的生命,但它确实可以靠其自身的自我参照而具有调整和应付潜力。数据一旦被处理,它便会以其独特的内在相互关系及复杂网络而活跃起来,甚至进行自我更新,脱离人的操作而自行发展。数据由此而可以膨胀或缩小,可以自我涂改和自我掩饰。把经验资料当成死的或客观中立的数据堆积的看法,现在已经过时了。所以,在鲁曼看来,即使是在对待数据的时候,也必须从自我生产和自我参照的系统概念出发。

从 20 世纪 70 年代起,近 30 年对于社会系统理论的研究,使他成为了当代社会系统理论最杰出的代表。

鲁曼的杰出才华和深厚的理论修养,使他在社会系统理论的论述方面有可能取得独领风骚的丰硕成果,著作等身。主要著作包括:《通过程序的正当化》、《社会学启蒙》、《政治哲学理论或者社会技术:系统研究做出了什么》、《法律社会学》、《法系统语法学理论》、《宗教的功能》、《教育系统中的反思问题》、《社会结构与语义学:现代社会知识社会学研究》、《法律的区分化:法律社会学和法律理论论文集》、《社会学启蒙第三卷:社会系统和社会组织》、《作为热情的爱:论亲昵性的密码化》、《系统理论的典范转换:在日本的演讲论文集》、《社会系统:一个一般性理论的纲要》、《对于法律的社会观察》、《生态学的沟通:现代社会是否可以在生态危害的基础上建构?》、《社会启蒙第四卷:关于社会功能区分化的论文集》、《论社会的经济》、《作为建构的认知》、《社会结构与语意学:关于近代社会的知识社会学研究》、《言语与沉默》、《典范丧失:关于道德问题的伦理学思考》、《关于社会的科学》、《社会的法律》、《社会的艺术》以及《社会的社会》等。

从以上鲁曼本人的著作所发表的年代及其探讨范围来看,可以清楚地看到鲁曼思想发展的阶段性。正如拙著《当代政治哲学》所指出的:1984 年他的《社会系统:一个一般性理论的纲要》的发表,乃是他的思想发展历程的重要分水岭。

在 1984 年以前,他致力于研究法律、教育、知识、语义领域以及社会福利问题,先从他自己所熟悉的领域和相关专业开始,探讨社会系统中的某些部门和专业领域的功能特征,并在此基础上准备一个有关一般性系统的大型理论纲要。

1984 年之后,他进一步深入研究社会各专业领域的特殊功能运作原则。最后,他终于勉强地完成了他在进入比尔费尔特大学时所作的承诺:

建构一个有关当代社会整体功能分析的政治哲学理论体系，即表现在他逝世前夕发表的《社会的社会》一书中的那套较为完整的当代政治哲学体系。

他的思想发展和论述过程，显示了德国哲学、文化和历史的深刻影响；其中，人们首先可以看到黑格尔辩证法对他的重要影响。他的思路及其展现过程，似乎遵循着从抽象到具体、再从具体返回到抽象的辩证逻辑思维路径。黑格尔本人曾经在他的哲学论述中反复运用这种"从抽象到具体、再从具体到抽象"的辩证方法（参见其主要著作《精神现象学》和《逻辑学》等）。马克思在改造黑格尔上述观念论辩证逻辑方法的基础上，在他的《资本论》研究和表述中创造性地采用了"抽象—具体—抽象"的方法。

鲁曼也是黑格尔的追随者，在他对于系统的论述中，同样也改造和应用了从抽象到具体再从具体到抽象的逻辑方法。正如我们在分析鲁曼思想发展及其著作内容的时候所看到的，他首先从整体也可能是从抽象出发研究世界和社会，然后再分别地分析研究世界和社会的各个组成部分，进入到对于各个部分系统的具体分析，最后他又返回对世界和社会的全面整体性研究，提出他的"社会的社会"的大型社会系统理论，从整体考察他所研究的社会，同时又将以往分别研究过的各个组成部分的系统理论，重新纳入这个超大型的关于"社会的社会"的系统理论中，使他总算能够在自己在世的时候基本上完成他的社会系统理论研究计划。

当然，任何人从事科学研究工作，不管采取什么方法，不管遵循什么逻辑，不可能达到绝对的顶峰。作为一种思想和逻辑方法，从抽象到具体、再从具体到抽象的方法，不可能在一次循环中绝对完满地完成对于其研究对象的考察；它要求突破个人的范围，并在各个个体研究者的交错迂回和循环中，在多次的循环中，逐渐地使研究计划得到提升。

鲁曼在其一生中，实现了他个人最大限度的研究循环，使他纵使没有达到绝对完满，也可以说获得了史无前例的成果。

三、社会系统理论的特征

(一)从规范性系统论中走脱出来

现代社会学中的系统理论实际上是从自然科学系统论搬用过来的。社会学系统理论的重点,总是强调社会系统中各个层面的关系和过程的重要性。

正如系统论社会学家巴克里所指出的:"我们所感兴趣的那种系统,就是可以一般地描述成由各因素或各组成部分所构成的复合体(may be described generally as a complex of elements or components);这些各因素或各组成部分,往往直接或间接地在一个因果性网络中相互关联起来。因此,每一个因素或组成部分,至少在一个特殊的时期内,以或多或少的稳定方式同其他的因素或组成部分相互关联。"

显然,社会学中所使用的系统论及其相关的方法论,都是以自然科学中的逻辑理性原则,采用归纳和演绎推理的传统方法,应用从具体到一般,又从一般到具体的化约抽象过程以及类推方式,试图寻找适用于相同领域的稳定普遍法则。

面对当代社会在结构、行动和功能方面的重要变化,鲁曼的社会系统理论采用了与传统完全不同的理论模式、思想模式和方法论。鲁曼的社会系统理论包含极其深刻而丰富的内容,又采取了与传统理论和方法论根本不同的原则,所以,人们往往对它望而生畏甚至加以神秘化。其实,只要抓住鲁曼社会系统理论的理论模式和方法论特征,了解其形成的社会历史脉络,把握其理论思想根源,弄清其理论主旨、认识论基础和基本方法,就可以由浅入深地逐步掌握它。

为了正确把握鲁曼社会系统理论在理论模式、思想模式和方法论方面的特征,就必须充分考虑到促使鲁曼系统理论产生和演变的整个系统理论发展的历史背景。在这方面,主要可以从三大层次加以考虑:(1)自然科学界从 19 世纪末以来对于系统的研究成果,特别是 20 世纪 70 年代由马图拉纳(Humberto R. Maturana)和瓦列拉(Francis J. Varela, 1945—
)等生化学家对生命现象研究中有关"系统自我参照性"所取得的重要
成果。(2)社会科学界吸收和应用自然科学系统观的最新成果,特别是
帕森思社会学及其后各种社会学派别对于社会功能性系统的研究成果。
(3)在思想模式和方法论方面受到当代系统论影响所产生的各种变革和
变化趋势。

如前所述,鲁曼社会系统理论是对于当代社会复杂分化的最深刻诊
断。他首先从当代社会基本结构以及当代政治行动者社会行为的基本特
征出发,强调当代社会结构在功能上的高度分化以及当代行动者的政治
行动逻辑的极端复杂性。

接着,他深刻地指出了当代社会功能分化的自我参照性质,使他对于
当代社会的分析,建立在崭新的功能结构论的基础上,以其独特的社会系
统理论及其"微观/宏观"相结合的独具风格的方法,将当代社会功能分
化的特征明显地衬托出来。他的社会系统理论的基本概念及其理论体
系,都是环绕着当代社会的功能分化运动趋向及其机制,把现代性放在系
统分化的逻辑中进行解剖。而在上述分析中,他继承并改造传统结构功
能论,以新型系统论为基础,强调系统本身的高度自我生产性。

所以,要深入理解鲁曼的社会系统理论,必须对现代社会的分化过程
及其不断复杂化运动机制有足够的认识,把社会的功能分化当成现代社
会的核心问题,并以各功能系统自我生产性和自我参照性为基点,探讨社
会分化和演化同系统与环境的紧密关系。正如鲁曼本人所一再指出的,
当代社会的基本特征是功能上的急速分化;如果说传统社会是以社会阶
层的分化为基轴而发生区分化和演化的话,那么,当代社会是靠其功能方
面的不断分化而演进的。

问题正是在于:当代社会以其本身各个系统的功能发展及运作的结
果,导致了社会本身的自我分身,即导致当代社会从最初刚刚由中世纪发
展而来的近代大型社会结构,迅速地分化成多重结构和多种类型的各种
社会系统。原有的大型社会的存在,已经随着近代社会功能分化的加速
进行而成为不可能的事情。这就导致近代社会的各个系统分化过程的极

度复杂化;这种系统的复杂化,一方面使各个系统渐行渐远,相互脱离关系,变为各个系统同它们的环境的关系;另一方面,每个独立的社会系统又演变为新的功能分化的起点,导致社会系统越来越多和越来越层次化,以致使各个系统原有的自律性,也越来越高,甚至使它们达到各自只靠本身的自我参照来进行自我调整的结果。在这种情况下,各系统之外的各个系统,往往成为新的社会分化的基础。而且,分化层次越多,各社会系统越要从其本身的角度重新观察其他社会系统,也导致各系统相互观察层次的重叠化,造成观察多阶化和观察视野多元化和交叉化。

各个系统功能的发展,往往越来越立足于各系统功能本身的自我生产和自我参照过程。

总之,传统社会的分化在其内容方面是以社会阶层的分化为主轴,而在其分化进程方面,则是基本上以时间单线先后顺序而朝着单向发展。但到了现代社会,它的分化就采取层层多向分离和各自自我生产和自我参照的基本方式进行。举例来说,当现代社会在 16 世纪诞生时,最明显的是发生了政治同宗教的分离。那时,政治作为一个刚刚独立出来的系统,如果要继续存在和发展下去,它就必须面对整个大社会极端复杂化的全社会大系统,一方面维持其自身的独立性,另一方面从其本身的功能运作的需要,维持和处理它同外在整体社会的关系。这就要求它将政治这个自身系统之外的整个大社会,当成其生存和独立运作的环境,并将这个复杂而庞大的环境对政治系统的影响和干扰,尽可能减少到不根本影响政治系统的自律的程度。正是在这种情况下,政治这个从大社会整体分离出来的独立系统,就开始以其自身的功能运作为基础,进行自我参照、自我调整、自我协调,并将环境的影响减少,使之简单化。现代社会的分化进程和高速度及其复杂性,致使现代社会的分化进程及其逻辑,不可能只是在整体社会的大范围内加以笼统分析。

当代社会的这种功能分化的高度复杂性,使社会中的各个行动者,不管是单个的或集体的,都面临着各种极端复杂的双重偶然性。这就使行动者,不管是个人或集体,对于行动的复杂性,都抱着同样极端复杂的期待心理和态度。所以,在鲁曼的社会系统理论中,对于政治行动的探讨,是以"期待"(Erwartung)为核心,并在期待这个中心概念的带动下,对行动过程的可能性场域进行多面向的分析,特别是将行动的面向和维度放在超出传统因果关系的范围之外,建立一种适合于当代社会具体环境中的新行动维度概念。

如果说以"系统同其环境的复杂关系"为主轴的功能分化研究是鲁曼社会系统理论的中心论题的话,那么,期待就是他的社会系统理论行动观的核心概念。在极其复杂的社会系统运作中,面对系统同环境之间的各种可能状况,行动者始终都只能以期待的心态和态度从事其实际的行动过程,包括选择和决定其行动过程的程序、策略和方式。在期待的心态和态度面前,一切行动及其相关的问题,都只能是可能的。

期待本来是由韦伯最早在其行动理论中提出来的。但是,在韦伯那里,这个概念仍然处于尚未充分开展的阶段。韦伯受到传统直线单向因果论的强烈影响,把期待看成为行动者在其行动实行以前的主要心态。

鲁曼看到了韦伯的期待观点的局限性,从新的系统论的视野,将期待赋予新的意义。生活在社会系统中的行动者,其不同于一般动物和其他生命体的地方,就在于他的"期待"贯穿于其行动的始终:在行动展开以前抱着期待,在行动展开过程中也同样抱着期待,而且,即使某一个行动完成以后,他也同样对已经实现了的行动抱着期待的心情。

抱着期待的心情,就意味着:不论是过去的、实际正在进行的,还是未来预定中的行动,也就是说,无论是在行动前、行动过程中,还是行动之后,其行动永远都是属于一种可能性。

期待的心态,使社会系统中的行动者,随时随地都以复杂的心情策划其行动策略、方式、手段和程序,同样也以复杂心情,对待其行动的开展过程及其结果。这种特殊状况,使行动者哪怕在行动完结之后,都时刻考虑重建其行动计划,同时也时刻对其行动进行反思。期待还导致行动者永远不满足其行动结果,永远追求新的行动可能性。期待把行动者的心理世界,连同他的实际活动场域,扩展到超一线性的多维度结构,导向非线性、非单向的复杂系统。

期待新概念将行动问题进一步纳入鲁曼社会系统理论的"微观/宏

观"相结合的独具风格的方法中,使行动在宏观方面伸展到社会的历史长河中,出现更多的伸缩可能性,而在微观方面则将行动分割成更多层次,特别是增加了非常细腻的心理分析系统,使行动在心理层面的多种可能性进一步展现出来。

鲁曼是在20世纪60年代初受教于帕森思的。帕森思的系统功能论立足于自亚里士多德以来传统"局部/全体"二元模式的基础上(Aristotle, Metaphysics),以自然界为模式,将社会系统理解为具有同样维度结构的开放的同一性系统。

鲁曼看到了各种系统的相互独立性以及社会系统远比自然系统的极端复杂性及其自我反思性,一方面凸显各个系统的高度独立性,强调各个系统诸内在因素之间相互关系的极端复杂性及其同周边环境诸因素之间的紧密关联性,使各系统独立的本质特性不但仰赖于系统本身诸内在因素的复杂自律性,而且也仰赖于内在因素同环境诸因素之间的复杂关系;另一方面,凸显社会系统内维持自身发展的自我指涉性以及立基以其上的自我分化性,同时也强调社会系统重复一般系统特性的本质,从而使社会系统不再从个人间相互关系的观点进行观察,走上了超越传统人文主义观点的新型社会系统观的研究道路,在这个意义上说,鲁曼的社会系统论是一种超人文主义的社会系统论。

总之,鲁曼新系统功能论的主要特征,便是完成了从"局部/全体"的模式到"自我差异化"的转折。

按照鲁曼的新系统观,任何系统在本质上是自我参照的;也就是说,系统总是依据其本身的需要去对待和处置其环境的复杂性的。系统都是由特殊的组成因素及因素间的特殊相互关系所构成的;不同的系统,只根据其自身特殊的组成因素及其因素间的特殊相互关系的运作需要而自我调整和分化。为此,它们才试图尽量减少其系统自身同环境的复杂关系,避免系统外的环境的干扰。

鲁曼的系统论基本上仍然是属于一种系统功能论,因此也在很大程度上吸收了帕森思的社会学理论的研究成果。在鲁曼的系统论中,鲁曼按照帕森思系统功能论的基本观点,将对于社会系统的研究分成三大层次:关于社会系统的理论、关于演化的理论以及关于沟通的理论。

但是,鲁曼进一步发展帕森思的系统功能论,不但扩大和改造了鲁曼原有基本概念,而且从根本上颠倒了系统与功能的相互关系,从原来的"系统→功能"转变为"功能→系统",同时也结合当代社会的各种新变化,从超越传统理论和方法论的高度,将社会系统放在超社会和超个人的广阔维度内加以分析。

鲁曼显然看到了帕森思系统功能论的弱点,并试图从克服其弱点出发,进一步充实系统理论的原有基础。当鲁曼到美国学习和研究帕森思的系统功能论时,正值达兰多尔夫等人从冲突论角度狠批系统功能论的"保守主义"性质。达兰多尔夫的批判有一定的道理,因为在帕森思那里,对于社会结构这个系统的探究,其出发点和最终目标,就是要论证:社会结构作为系统所具有的稳定性,是其主要功能持续有规律地运作的基本保障;而社会结构中的各个主要功能的持续规律性运作又反过来加强了社会结构系统的稳定性。

在帕森思的心目中,社会系统功能论的主要旨趣,就是首先设定社会结构这个系统应该成为一种稳定的秩序,在肯定这个前提之下,他的社会结构系统功能论就是要解决"社会秩序何以可能"的古老问题。从霍布斯开始,传统政治哲学理论就试图寻求达成稳定社会秩序的基本合理条件。帕森思为此将他所探究的社会结构,设定为一系列由稳定关系所连接的因素所构成的系统,以便由此演绎出一个合理社会秩序运作的基本条件。

帕森思为了探究社会结构系统的稳定性基础,把重点转向那些促使社会系统稳定的规范体系。他认为,现代社会尽管是高度个人自由的社会,但每个人都自觉地意识到遵守大家所共识的社会统一规范的必要性。所以,他也把他的社会结构功能论称为行动者的志愿行动理论或意愿行动论(Voluntaristic Theory of Action)。

帕森思显然吸收了他同一时代美国哲学和社会科学的经验主义、功利主义和实用主义的传统,在考察个人行为与社会的关系及其实际运作效果时,避免宏观地满足于模糊层面的抽象思考模式和思想方法,并尽可能把理论架构中的理念模式,同实际而具体的状况既相互区别又相互联系。

他充分地估计到:在有相当高程度个人自由的现代社会中,一方面,个人行动是在个人意志自由、自由思考和自由决择的条件下进行的,因此,个人行动是由个人在其所处的环境及其考量利害关系后所决定的。就此而言,个人行动是由个人随其所欲并尽其所能而随机应变的自由活动。为此,帕森思把个人行动看做是"完全偶然性"(utter contingency)。但另一方面,个人行动又不可避免地发生在深受社会环境限制的客观时空结构中。社会环境的高度复杂性意味着环境中也充满着偶然性因素。这种偶然性不同于上述由个人因素所产生的偶然性,但它们之间又有不可分割的联系。

由社会客观环境所决定的偶然性,一方面是由社会结构中的相互关系网的组织和性质所影响,另一方面又是由不同结构及其组成因素的各种不同功能的运作所决定。当主观因素和客观因素所产生影响的偶然性,平行地或交叉地对行动者的个人行动发生作用的时候,显然,像帕森思那样,从个人行动者主观意向的高度灵活性和可变性以及从客观社会结构功能运作的复杂性的两个综合角度,去考察行动和结构的相互关系及其对行动的影响,是有一定道理的。

因此,帕森思基本上继承和发展了英国社会学与社会人类学传统中有关社会结构功能论的理论观点,注重于处理个人行动和社会结构的相互关系,并在这种相互关系中研究人的政治行动的性质和基本问题。

帕森思在设想社会结构系统同个人行动的相互关系时,强调在特定社会结构系统内,每个具体行动都势必包含文化、社会和个人三大层次;而在这三大层次中,由于他很重视社会结构系统的稳定性基本条件,他又把重点集中到文化层次上,把人们共有的文化价值规范,当成各个行动运作的指导原则。文化价值和规范,在这里就成为社会结构系统内各个行动维持其同一性的基本条件,因而,价值规范系统也就成为社会结构系统各主要功能稳定运作的基本保证。

在这样的基本前提下,帕森思才去探讨构成社会系统稳定运作的基本功能。所以,如前所述,他是从系统推演出功能的。因此,他虽然也很重视对于系统的基本功能的研究,但他所感兴趣的,是那些维持社会系统稳定的基本功能。在帕森思那里,功能只是保证社会系统结构持续运作的某种社会过程和动力条件。

许多帕森思重要概念,虽然在鲁曼的理论体系中也作为中心概念而加以使用,但已经完全改变了原有的内容和意义。作为鲁曼社会系统理论的中心概念的"沟通",在某种意义上说,是从帕森思关于互变的一般化媒介的概念(the concept of generalized media of interchange)演变而来的。帕森思的上述概念是为了把 AGIL 系统中四大功能的四项次体系相互连接起来。但鲁曼不同于帕森思,反对像帕森思那样,从一种系统典范(即 AGIL)出发去分析和限定系统的功能。鲁曼所反对的是帕森思所建构的抽象和一般性系统概念。他宁愿通过对于系统功能运作的复杂过程的经验性观察,也不愿意以先验的假定性系统概念去说明系统的性质及其功能。

鲁曼在深入研究社会结构系统的过程中,看到了它的运作的复杂性及其自我生产性。在鲁曼看来,显然,系统之所以运作,不是因为它首先是系统,而是因为它内在的基本功能的相互自我参照所决定的。系统脱离开系统中的功能自我运作,就是抽象的、空洞的和无生命的系统。但是,反过来,社会系统中诸基本功能的自我运作,也不是在它自身自我封闭条件下进行的;而是在同其环境的复杂关系中,通过系统内诸功能之间的相互协调和自我参照,以某种尽可能简单化的程序,将系统同其环境的上述复杂关系对系统内诸功能自我运作的影响和干扰尽可能地减少,以达到使本系统诸功能的自我运作实现自我生产的目的。

此外,鲁曼还进一步看到社会系统本身的多重性及其各自独立性。社会系统并不是一种单一的同质系统,而是由一系列不同层次和具有不同自律性的独立系统复杂地构成的。社会中有社会,社会外还有社会,就如同系统中有系统、系统外有系统一样。社会各系统的非同构型,使它们之间相互地和同时地成为了"系统—环境"关系。

社会系统所面临的复杂环境,不同于自然各系统的地方,就是除"物

质面向"外,又有"时间面向"和"符号面向"。在这方面,鲁曼也同样克服
了帕森思原有结构功能论的某些缺陷及其不足之处。

在上述取向的观察下,鲁曼认为,社会结构系统内各功能的自我生
产,会导致这些功能的不断分化和自我区别化,因而也一方面使社会系统
不断演化,同时又使任何社会系统内部,都不可能形成和维持共同的和统
一的价值观念系统,从而也不可能造就一个具有统一指导价值的规范体
系。在鲁曼看来,社会系统并非是一种规范性的概念。社会毋宁是一种
由相互指涉的诸内在因素的连接网络,在其中,各个行动者的政治行动,
都是相互参照和相互指涉的。只要是以一种特定意义作为指涉架构的诸
行动网络,就可以构成一个行动系统,同时也就把那些以其他意义为指涉
点的别种类型的行动网络当成其环境。

在谈到社会系统的演化问题时,鲁曼所强调的,是系统本身由复杂的
功能运作所产生的可能性。在鲁曼看来,任何系统之转化为其他系统,并
不是由于系统作为系统而产生出来的;也就是说,不是由于系统的稳定架
构所决定的,而是系统内的自我生产和自我参照的功能的分化结果。因
此,社会系统究竟将如何转化和演化,它究竟朝向什么方向演化,以及它
将演化成什么样的新系统,所有这些问题,都是决定于该社会系统内诸相
互自我参照的功能的运作的可能性。实际上,在谈到系统内诸功能的分
化时,鲁曼已经反复强调系统内各功能运作的极端复杂性;这种极端复杂
性,使得任何社会系统所表现出来的秩序,带有相当大程度的不稳定性。
他说:"任何一个具有较高价值的秩序,往往通过较少的可能性来维持其
稳定性。"①也就是说,像社会系统那样的复杂系统,由于其高度自律的自
我生产和自我参照性,使它们的功能运作呈现高度复杂和高度变化的状
态;在这种情况下,它们的系统结构的稳定性是很少可能维持的。现代社
会既然属于高度分化的功能运作系统,它们的演化趋势,就只能采取越来
越快的变化节奏;而且其变化方向及其未来形式是越来越不可预测。

---

① Luhmann, *Soziologische Aufklaerung Bd. I .: Aufsaetze zur Theorie sozialer Systeme.* Mit. F. Becker, Koeln /Opladen: Westdeutscher Verlag.1970:76.

(二) 本体论和认识论基础的转换

鲁曼在总结传统系统论在自然科学、人文社会科学以及思想模式和方法论三大方面的最新成果时,注意到观察社会系统的认识论和方法论改革的重要性。不仅如此,而且,鲁曼实际上建构了独具特色的社会本体论,使他对于他所观察和分析的社会现象及其他相关的问题,能够借用具有社会本体论意义的体系概念进行创造性的分析。

对于鲁曼的社会系统理论,有相当多的人只看到他的认识论和方法论方面的革新,而忽略了他在社会本体论方面也有独特贡献。他的整个系统理论明显地表明他把世界和社会当成具有不同层次的系统。而且,鲁曼对于世界和社会也不同意传统形上学和认识论的基本原则,他强调世界和社会的多元性和差异性,反对将世界和社会看成为某种以单质的实体为终极本体的、不可分割的统一体。

系统论的成果不仅为鲁曼带来新系统概念的丰富信息,而且也为他开辟新的思路,特别是启发他采用新的认识论和方法论原则。从20世纪60年代以来,整个人文社会科学界在批判旧的传统认识论的同时,试图以更多元的模式与方式开创认识论的未来发展道路;特别是尝试以新的建构主义认识论取代传统受意识哲学深刻影响的主客二元对立模式。这种建构主义认识论作为一种新的原则,既然正处于摸索的阶段,难免产生多种多样的方案。鲁曼所尝试贯彻的建构主义认识论(konstruktivistische Erkenntnistheorie)的基本原则,是当时多元化的认识论新模式的一种;它主张将人的认识过程和外在世界看做是各自"封闭"的两大系统(Luhmann, N.1987c;1990);同时,还强调认识过程的对象并不一定同认识的主体及其思想过程有直接的关联。这种建构主义认识论不但是同马图尔纳和瓦列拉等人的认知生物学(Biologie der Kognition)(Maturana, H. R./Varela, F.1982;1987)以及同史宾瑟·布劳恩(G. Spencer-Brown)的"三重同一性"(a triple identity)[1]思想原则密切相关,而且也直接表现了

---

① See Spencer-Brown, G. *Laws of Form*. Ashland, Ohio: Book Masters. 1994[1969].

鲁曼本人的系统观。

值得首先指出的是:鲁曼的认识论基础及其基本方法论,并没有脱离20世纪下半叶整个人文社会科学界的方法论论战背景。这一时期内,传统理性中心主义、语音中心主义和主体中心主义等思考模式,都遭遇到一次又一次严厉的批判。鲁曼所提出的上述建构主义认识论,只不过是近四十年来所出现的多元化建构主义认识论中的一种罢了。从20世纪60年代开始,生命科学在探讨人的认识、心理、意识和思想活动的规律方面实现了飞跃性的发展。这是生命科学同哲学、心理学、自然科学及社会科学各学科之间进行综合研究的结果。

鲁曼的这种建构主义认识论,同这一时期所出现的其他建构主义认识论一样,其基本特点就是否定认识过程的主客二元同一性。认识过程归根究底只能是发生在认识主体中。尽管它在发生前后及其整个过程,都免不了同主体以外的客观外在世界诸因素具有多种不同程度的关系,它永远是属于主体意识、感情、意志、欲望及行为的范围之内,它永远是主体在其环境中所进行的认识行动系统。认识主体对于认识对象及其所处环境固然会产生各种影响及不同程度的改变效果,但认识过程本身永远只发生在主体的范围内;这是一个封闭的独立运作系统,它与外在世界的关系,就如同一个系统与其外在环境的关系那样。各种传统认识论的基本特征,就是夸大或混淆认识过程的主体及其客体,不仅将两个独立的系统混淆在一起,特别是将这两大系统之间的各种关系,说成为属于同一系统的因素,而且,也混淆系统及其环绕的世界。这是传统主体逻辑中心主义原则的结果。

鲁曼社会系统理论不仅明确说明系统及其环境的复杂关系,而且也阐明社会系统同其世界的区别。传统认识论总是把世界当成对象,当成与主体相对立的客体;而且,还强调主体可以通过认识过程把握作为对象客体的世界。鲁曼与此相反;在他的认识理论中,一方面强调主体认识过程中的心理活动,只能是一个具有其自律性的系统;另一方面又强调进行认识活动时所环绕的世界,只能是一种比任何系统更复杂得多的复合体。这就提出了一种完全不同于传统理论中作为对象或客体的崭新世界概念。鲁曼所说的世界,是包括了所有系统及其环境的复杂复合体。

世界的复杂性只能以其所涵盖的各种可能性来自我标示。换句话说,世界的高度复杂性的外延和内涵,等同于一切可能性的总和。传统理论由于过高估计人的主体地位,甚至将人的主体提升到中心的高度,使传统理论几乎都在人本主体中心主义的自我陶醉中,夸大人的认识能力和意识能力,特别是夸大人的理性能力。

鲁曼却清醒地估计到人同其世界相比所表现的那种渺小性。鲁曼认为,传统理论实际上犯了双重错误:一方面夸大了人本身的意识能力,将人的意识规定为中心;另一方面又过低估计了世界的高度复杂性。传统认识论就是在上述双重错误的基础上,混淆了认识中的意识活动系统同整个世界的界限。

如前所述,鲁曼系统观不同于传统系统观的认识论基础在于其建构主义的认识论。按照他的认识论原则,人的任何认识活动,不管怎样精细或强大,充其量也只能在人体神经系统范围内进行,永远采取封闭的形式。人的认识活动,在其操作过程中,始终是向内封闭的。外在世界的存在及其运作,是作为另一个系统、又作为认识活动系统的环境而独立,始终只能对认识活动发生干扰作用,而无法参与认识活动的操作过程本身。

鲁曼的这种建构主义认识论是同他对传统本体论的批判紧密联系在一起的。如前所述,传统本体论总是将主体和客体对立起来,并以人本中心主义的立场,主张主客同一性的基本原则。[1] 鲁曼虽然并没有宣称过自己就是后现代主义者,但他的许多理论思考模式及其采用的方法论,都与同时期的后现代主义者存有惊人的类似之处。

鲁曼同后现代主义者相类似,在其理论思考中,将重点从"统一"和"同一"转向"差异"。世界、自然、社会和文化,本来就充满着差异。差异才是世界和社会的基本状况。他在 1985 年接受访问时,强调所有对于世界的观察是以差异为基础的。系统理论所从事的各种观察之所以能够进行,系统及其环境之间的相互关联之所以能够保持,就是因为世界本身充

---

① See Spencer-Brown, G. *Laws of Form.* Ashland, Ohio: Book Masters. 1994 [1969]: 112.

满了差异,世界和自然以及社会是多种多样的差异性所组成的。传统本体论将世界、自然和社会当成以某种实体为基础的统一体,不但强调观察世界的主体必须立足于主体同一性的基础上,而且还以寻求世界与主体的同一性作为基本目的。鲁曼与此相反,认为世界在实际上是多种系统相互交错的结果,世界并不是以某个单一的终极实体作为其基质,而是由多质和多中心的大小不同系统构成的。有多少个系统,就有多少世界;反之亦然。至于多质多种世界的运作原则,也是非同一的:各个世界系统各自以其独特的自律而运作。想要以一种同一的规则来概括所有的世界的运作状况,在鲁曼看来,正是传统各种政治哲学理论最终失败的主要原因。

同时,鲁曼社会系统理论的认识论和方法论基础,在很大程度上是吸收了马图拉纳和瓦列拉等人的研究成果。

以马图拉纳和瓦列拉等人为代表的当代生化科学研究方法,特别重视生命系统的自我生产和自我参照能力。这种观点和方法,是以他们对于世界和自然的崭新本体论为基础的。

传统自然科学以归纳和演绎逻辑为基础,以个别与一般的二元对立统一关系为原则,总是寻求各个研究领域的统一规范性法则。为此,各个传统领域的科学家将世界及其研究对象加以分类,人为地对其研究对象进行分割和归类,按照上下、左右、部分整体、主客等的对称式排列,试图将世界和自然纳入一种合理的秩序中。研究对象失去了其自身的存在基础和固有能力,似乎世界和自然就是按科学家所设计的秩序而分阶层或等级地存在。按照这个逻辑,只有有机界的较高层面的生存物才有其自身的生命。反过来,也只有最高级的人类才有意识和理性,才有可能对自己的生命进行自我调整和自我更新。但马图拉纳等人反对以机械论和目的论去说明和分析生命现象,认为复杂的生命活动不能单靠物理学理论所通用的“运动”、“演化”或“分割”等概念来研究,而是以某种自律、自我生产和自我参照的原则,将外部环境的各种因素的影响,转化为有利于巩固和更新生命自身生命力的力量。

生命统一体根据其自身的生命维持和发展的需要,组成特定的关系网络,并在此基础上,不断地加强其内部各组成因素之间的互动关系,使生命得以在自我更新的范围内,尽可能地化环境的因素为积极的自我生产的动力。在这种情况下,环境的因素再复杂,充其量也只是生命系统自我生产的条件(Bedingung),而不是生命系统的组成因素。

鲁曼就马图拉纳等人的生命系统理论应用到政治哲学理论研究中,一方面把系统概念一般化,强调整个社会加强各个组成部分都具有系统的特点;另一方面他又将系统进一步具体化和层次化,分析社会不同层次的不同系统性质及特征。

鲁曼特别强调意识本身的自我生产性和自律性。而且,意识的自我生产同其他系统的自我生产一样,并不是因为意识有一个主体,也并不是因为这个主体本身就是人。意识作为系统具有其自身独立的运作规则,执行着系统同其环境相互协调的简单化程序。

在方法论方面,鲁曼反对将传统自然科学的研究方法僵硬地搬用到社会科学领域。他认为,自然科学所通用的经验主义和理性主义的方法以及相应的逻辑归纳、演绎和推理,其有效性是很有限的。

经验主义固然可以为自然科学研究提供相当可靠的资料,在一定程度上有助于了解世界的实际状况,但是,经验主义并没有从根本上透彻说明世界的本来面目。况且,经验研究方法充其量也只能有助于分析局部的表面问题,它并不能从根本上揭示世界的各个系统的主要运作原则。更何况在当代社会充满着人为科学技术干预的条件下,任何数据都可能具有自我生产和自我增值的能力。面对这些自我生产和自我增值的资料,经验主义是无能为力的。经验主义者看不到数据本身的局限性,更看不到现代社会中的资料所具有的自我生产能力,使他们无法跳出狭隘经验的范围,或者满足于感性经验所提供的有限数据,或者津津乐道于人为创造的试验室和实验室所验证过的数据。同时,他们往往将数据理解为绝对固定的质和量两方面的规定性,殊不知这些规定性本身原本就是他们自己所共认的"标准"的具体化产物。其实,在鲁曼看来资料远不是那些以数字表达出来的统计产物,而是有自我生产能力的生命体;数据本身也是一种具有自身生命的系统单位。现代社会中的数据是隶属于整个社会大系统的次系统,它们由于相互之间建立了紧密的联系,并形成了它们内在的体系网络,致使它们产生独具特色的自我参照性,并在同周围环境的相互关系中,为了保持本身的生命再生产,能够在其自身范围内进行一种特有的沟通,实现它们内部的语义参照系统。在当代社会充满着符号、密码、象征的互动情况下,现代数据可以以其自身的系统而不断扩充和增值,实现其同其他社会系统的简单化程序。

研究当代社会的社会学家如果看不到现代数据的上述复杂性质,将使自己迷失于数据迷宫之中而不能自拔。鲁曼认为,只有以社会系统理论的新观点分析当代社会的数据,并将数据的处理及其分析纳入社会系统的大范围内加以思考,才能正确理解现代性的许多关键性问题。

(三)反人本中心主义的系统理论

鲁曼研究社会系统的又一个明显特征,就是试图远离传统社会学中的人本中心主义(anthropocentrism)原则,使他对于社会系统的兴趣远远超过了对于人的兴趣,并把每一个个人妥善地安置于复杂的社会系统之中,以便从社会系统运作的观点去分析人和行动者的问题。

世界上各种系统的存在及其运作是普遍的和客观的。所谓系统的普遍性和客观性,主要正是指它们并不是根据人的意志或思想而具有其规定性。系统的存在及其运作,完全根据系统自身内在因素间的相互关系及其网络的自我参照。人的思想和行动对于系统的存在及其运作的影响,只是在人的因素参与系统运作的范围内才有意义。

正是在这个重要思想的指导下,鲁曼认为有必要深入研究对于了解社会系统理论作具有重要意义的"行动系统"和"心理系统"。意义和沟通也只有在这个前提下,在鲁曼的社会系统理论中被赋予了特殊的内容。总的来说,就一般系统理论而言,人的因素只是在其涉入系统范围时才有意义;一般性的系统研究是不把人及其意识纳入核心范围的。换句话说,一般系统理论是超出人及其行动的范围而探讨问题的。但就特殊系统而言,只有涉及那些与人相关的系统,才有必要深入探讨人的问题,包括探讨人的意识、心理、意志以及人的行动的某些特点。

在此情况下,鲁曼并不忽略对于人的意识、心理及其行动的深入分析。正因为这样,鲁曼的政治行动理论中对于与人相关的"时间维度"、"期待"、"心理系统"及其他等,都作了特殊深入的分析。

显然,鲁曼社会系统理论是反人本中心主义传统的。他根据当代社会系统不断分化和复杂化的趋势,同时应用当代科学技术所提供的科学管理方法,使他成功地论证了:社会生活是超出个人间的关系和直接互动性范围之外而组织起来的。个人同环绕着他的环境世界之间的关系,就是一种特殊的系统同其环境的复杂关系。反过来,在鲁曼看来,作为"个人"(Individual)的人,始终都是作为社会系统的环境的一部分而存在。与个人的存在相反,社会系统始终都是通过沟通行动构成的。每一个作为个体的个人都是同社会系统相对立的;具有不同个性和人格的个人的存在及其同社会系统的对立性,正是各种社会系统存在的先决条件,而不是隶属于社会系统的随便任何一种"次系统"。各种社会系统靠其本身的独特沟通行动而独立存在,也通过这些沟通行动使社会中的每位个人被卷入到社会系统的运作中。

在这里,明显地表现了鲁曼社会系统理论的非个人性质(impersonal)。鲁曼的这种社会系统观再次显露出其反人文主义传统性质,同时也显示其技术主义特征。

在鲁曼以前,有相当多的政治哲学家,特别是帕森思的意志主义行动理论(Voluntaristic Theory of Action),把分析的重点放在行动者的个人意愿之上。帕森思受到传统古典社会学理论的强烈影响,总是凸显人的意志及人的主体目的性在其行动中的决定性地位。在这个意义上说,帕森思的意志主义行动理论实际上就是传统目的论行动理论的新变种。

在古典时代,马克思、韦伯或杜尔凯姆等人,都很重视从古希腊以来占统治地位的主体中心主义逻辑,强调人作为世界和社会的主体,具有主观意志和目的。由于在他们看来人是世界和自然的中心,人的主体意志和目的就成为了决定社会系统运作的基本力量。到了近代,由于资本主义对于个人自由的重视,上述主体中心主义就进一步变换成为个人意志或个人目的中心主义。在帕森思的时代,受到美国资本主义经济和社会制度的强烈影响,经验主义、功利主义和实用主义更是泛滥成灾。经验主义、功利主义和实用主义就是传统主体中心主义在资本主义社会发展阶段的变种,因为它们都毫无例外地凸显个人的地位。无论是经验、功利,还是实用,指的都是对于个人而言,指的都是对于自由主体的个人是否有意义。

帕森思针对美国等高度发达的资本主义社会的特征,深入分析了作为社会基本成员的个人,尤其作为具有高度自由的个人,究竟是如何处理其主观意志和行动同整个社会制度的关系的。帕森思的个人意志主义行动理论就是在这种社会文化背景下产生,并在理论上获得正当化的。

所以在深入研究鲁曼的社会系统理论的时候,必须充分考量他的理论同他的老师帕森思的理论的原则区别。帕森思把社会看做是具有不同基本功能的、多层面的次系统所形成的一个总系统,并把受个人意志决定的行动放置在这个社会系统的不同领域中加以分析。由此而言,帕森思是把个人行动和社会结构系统作为基本问题和基本脉络加以考量的。这样一来,不论是从行动者个人,还是从社会环境而言,个人行动过程中以及社会系统运作过程中所出现的偶然性因素,就被纳入以“人”这个行动者主体为中心的网络中加以考量。不管帕森思如何强调社会系统本身的复杂性,也不管他如何深入地微观分析社会结构系统层面的复杂性,他都不可避免地将其所分析的社会结构系统归属于个人的意志主义行动网络之中。在鲁曼看来,帕森思的系统功能论的败笔,主要的原因就在这里。换句话说,帕森思的结构功能论的失败就是他以人本中心主义为指导思想。

从帕森思的系统论的失败,我们可以看到:当人们将社会系统归属于人的时候,当人的地位高于或优于社会系统的时候,社会系统本身的生命其自律就被扼杀或被窒息了。

美国传统的个人行动互动论者,为了克服观察社会宏观取向的片面性,只注意到个人间互动行动的重要性,在很大程度上忽视社会系统及其环境的复杂性,忽视系统本身的自我参照能力,从而只是简单地将政治行动看成为单纯的“原因—结果”关系或“理由—结果”关系的系列网络。

鲁曼的上述原则和方法,使他有可能跳出分析政治行动的上述"原因—结果"关系或"理由—结果"关系的模式,令人信服地证明了:任何一个政治行动,只要发生在社会组织范围内,并受到社会组织的自我参照性的影响,其发生、过程和结果就完全不一样了。总之,作为个体的个人始终都是社会系统的环境中的一个因素和一个组成部分。他反对从个人的任何一种观点去观察和分析社会系统。

为了深入清除人本中心主义在系统理论的影响,鲁曼在 1970 年和 1975 年先后发表的《社会学启蒙》两卷本以及其他有关社会学的论文中,进一步考察了韦伯的政治行动理论的人本中心主义的实质,并指出了韦伯的"目的模式"(the ends-model)和"支配模式"(the command model)的局限性。他说:"'目的模式'和'支配模式'两者基本上都是以这样的假设为基础的,即人作为一个完满的人格性而生活在社会系统之内,并且人是以其所表现的行动而实现其自身的自我同一性的。"《社会的区分化》原为鲁曼 1970 年和 1975 年出版的德文著作《社会学启蒙》第一、二卷的英文选译本,其中也搜集了此前发表的重要论文:《实证法和意识形态》及《互动、组织和社会》等。

鲁曼在这里严厉地批评了韦伯的目的性和支配性行动论的封闭性。他在上述引言中,以黑体字突出显示韦伯理论将行动者设想成局限在社会系统之内的具有完满人格的主体。这样一来,韦伯就把不具完满人格的行动者,也就是缺少整合性的行动者当做应该克服的不完满性。但是,很显然,韦伯的这种设想是违背实际的状况。

正如鲁曼所指出的:"为共同目标所作出的努力,在实际上其动机始终是不完备的,古典社会学理论所作的假定,迫使科学的研究倒退而陷入到某种规范的或者有固定任务取向的理论形式中去,或者依赖于理念型。因此,它干脆放弃把握实际行为的条件和功能的尝试。传统的对于系统的内在取向,通过'手段/目的'的图式和通过权威的支配模式的方式说明系统,将理论硬性钳制成规范式的理论或者以方法论加以限制(也就是以所谓手段/目的合理性的唯一模式限定理论)以及将社会各个成员的人格当做社会系统的'部分'加以处理,所有这一切都是同以上所述那种偏见相和谐的。能够颠覆这种偏见的一种组织理论到现在为止还不存在,尽管我们可以列出一系列批评性的文章。但是,我确信:这样一种组织理论可以在一个关于对于其环境开放的系统的概念的基础上全面展开。"

在这段论述中,我们可以看到,鲁曼的系统理论所说的系统,是一种对于其所在的环境开放(a system open to its environment)的系统。鲁曼之所以强调系统的开放性,是因为第一,任何系统在实际上都不可能是自我封闭和自我孤立的;它永远都是在环境中生存和发展。第二,任何系统所处的环境都不会是清一色的或单一性的,而是极其复杂的,具有不可预测和不可一目了然的高度复杂性。第三,环境同系统的关系也不可能是单一性的、单向性的和固定不变的。在这里所说的非单一性,指的是系统和它的环境之间的关系的多样可能性,包括多种在实质和形式上的可能性。在这一点上,鲁曼所反对的是传统政治哲学理论对于系统及其环境的所谓本体论上的"同一基质论"以及所谓的"同一关系论"。同一基质论总是强调系统与环境之间的基质性实体的稳定性,并以此为基础去说明系统本身的同一性和它的环境的同一性。所谓同一关系论,则总是假设系统和它的环境只能保持一种主要的关系,并以这种基本关系为基础去说明系统及其环境的变化。这里所说的单向性,指的是传统理论总是以系统本身作为出发点去确定系统同环境之间的关系,避而不谈系统同它的环境之间的关系的多种可能的方向,也不考虑这些多种可能的方向随着系统及其环境的复杂性所可能产生的新的多种可能方向。第四,鲁曼强调系统的开放性正是为了凸显系统本身的高度复杂性及其高度自主和自决的走向。为此,鲁曼说:"开放的系统维持同其环境的实际运作关系,并且通过使得这些关系有组织地联结在一起的方式而维持系统自身。"①第五,鲁曼所强调的系统开放性,并不是以行动者主体为中心的行动网络开放性,更不是以具有完满人格的主体为中心的目的模式或支配模式的结构。首先,以韦伯为典型的传统行动理论,往往以行动主体的动机和所

---

① See Spencer-Brown, G. *Laws of Form*. Ashland, Ohio: Book Masters. 1994[1969]: 112.

要达到的目的之间的网络作为行动系统的界限。这样一来,尽管韦伯反复强调行动网络的复杂性以及主客观因素的变化多样性,但永远限于行动系统的封闭性之中。而且,这种封闭的行动系统还以有限的中心和边界关系作为基础。其次,在韦伯的行动系统理论中,往往包含着对于行动主体的人格理想化的倾向。强调系统中心的理想化实际上是为了强调系统本身的封闭性及其同一性。而且,为了把这种封闭的系统纳入目的模式和支配模式,也不可避免地将行动主体的人格完满化。韦伯的上述系统论当然同他的本体论和认知论基础密切相关。鲁曼的新系统论,反对系统结构的"中心/边界"模式,也反对目的模式和支配模式,主要是为了强调系统的开放性及其复杂性。在鲁曼看来,系统的开放性和复杂性的一个重要表现,正是系统中行动者主体的不固定性和不稳定性,也表现在主体的人格非完满性。行动者本身人格的非完满性,是理解其行动在系统中的不确定性的基础和出发点。

(四)技术主义的"简单化"基本原则

推动鲁曼创立、并采用最新系统论的根本原因,就是他所处的当代社会在科学技术方面的史无前例的伟大成果。当代社会可以说就是高科技占统治地位的新社会。科学技术的突飞猛进,不但改变了社会结构及其功能,而且也改造了人本身的思考模式及其观察和认识世界的手段、方法和程序。我们将在以下章节探讨当代各种科学技术成果的重要意义时,进一步细致分析各种当代科学技术思考模式对于鲁曼社会系统理论的影响程度,特别是将在那里更具体地讨论当代科学技术所遵循的系统理论及其方法对鲁曼社会系统理论所造成的影响。在这一节,我们探讨的重点,是当代科学技术在应用"简单化"原则方面的决定性意义。

当代高科技在人为创造能力方面的惊人效果,不但使现代人有可能比以往任何时候都无法想象的程度进行他的任意创造活动,而且,也使其创造物本身成为越来越复杂的特殊统一体,甚至成为具有自身新生命的自律系统。人的创造能力的高效率,一方面生产出前所未有的成果,另一方面又迫使现代人采取更有效的方法和手段,处理、解决、控制以及观察他们自己所创造的事物。这种后果具有两方面的意义。首先，它使人们意识到本身创造能力的有效性，或更确切地说，高效率性，从而使人产生一种新的自信心，以为人具有创造、控制和改变世界的广阔可能性；这种新的信心的建构本身也具有两面性，因为它将推动人们更积极地进行其创造活动，同时又使人产生一种错觉，以为自己可以为所欲为。其结果，就是促使人们在面对自然界时，更加狂妄自大，在许多情况下无视自然界客观规律的存在及其有效性。现代人的狂妄，使他们在分析自然事物及各种其他事物时，产生一种简单化的倾向。这就好像不懂事的小孩，面对各种危险事物，却仍然自以为是，把客观事物的复杂性置之不顾。小孩子的这种简单化原则，就是他们既不懂世界的复杂性，又要将其天真烂漫的想象强加于外界事物之上。现代人在许多方面似乎重复了不懂事的小孩子的这种简单化倾向，并将这种简单化模式普遍化和一般化。另外，科学技术的发展，使现代人产生另一种错觉，以为他们可以任意处理各种事物。现代化的高效率，给予人们在心理上、意识上以及行动方法上的影响，都有不可忽视的后果。

世界越复杂，人们所创造的事物越复杂，人们越试图使之简单化，因为事物的复杂化，有助于训练人们以简单化的方式处理事物。

这一切甚至也改变了人们的"生命"概念的性质及其内容。生命在当代科学技术看来，具有双重的意义：一方面就其狭隘意义来说，它是传统生物科学所强调的那种富有新陈代谢能力的统一体；另一方面这样的狭义的生命，是指那些处于有机物高级发展阶段的生存物。但是，当代科学技术的发展，突破了原有的传统生命概念，使生命变为超出有机物范围的普遍现象，成为一切具有单位统一体特征的系统所固有的活动模式。

在当代科学技术所创造的各种复杂系统中，几乎都包含了这些系统的创造者在创造过程中所发挥的智慧结晶。这就是说，被创造出来的各种系统，并不只是如同几何学系统模式和物理学系统模式时代的那些系统产品，并不像它们那样呈现出纯静态的结构，而是具有自身的生命，并在不同程度上具有自身的自律，不但可以自行运作，按照其自身的规律发生作用，而且还甚至倒过来试图对其创造者进行反控，并超出其创造者的意料之外,作为一种独立的统一生命体进行自我生产。

这样一来,现代人所创造的自律系统反过来又给人类社会和文化生活增添新的内容和新的风险,使人类进入一种前所未有的风险社会。风险社会的基本特征就是它的极度复杂性。这种极度复杂性是人为的有组织的复杂性,但它又悖论地超出了人的控制能力,成为时时可能威胁人类本身的变量;而且它还增添了社会活动和文化生活的风险性及其潜在发展能力。各种人为的新系统富有自身的独特生命力,具有一种只能由其自身自我操纵和自我调整的灵活生命。

无论是被创造物还是科学技术本身的运作逻辑,都显示某种被称为"优化原则"的操作规则。科学技术及其科技产品在其运作中的优化原则,指的是它们依据其自身的生命运作逻辑而对付或处理其复杂的周围环境的基本手段。优化原则是以具有自律性质的系统的本身内在需要为出发点,当它们面对环绕它们的复杂环境因素时,为了维持和发挥其本身的生命威力,为了尽可能缩小或抵制环境的干扰,或者进一步为了使环境的干扰转换为有利于系统自身的力量,就不得不采取强化其自身的积极有效措施和程序,使得系统自身的生命力提升到最高限度,也使得系统同其环境的相互关系转换成为有利于系统的地步。

简单地说,优化原则就是系统对于环境复杂性所作的选择性反应,是系统所进行的一种有利于系统的选择原则;进行这种选择的结果导致系统强化自身的内在结构,使其内部各因素间的相互关系更紧密地协调起来,完成系统自身的再生产和更新。优化使系统在环境的刺激面前呈现优势状态。这种在技术上的优化原则实际上就是简单化程序。

任何现代技术产品,特别是生物化学和信息科学的运作过程及其产品,都应用了优化原则,作为其维持自身生命和发挥其威力的基本程序。这些产品应用各种偶然性、几率、可能性以及不确定性的原则,以最大限度的优化统计方法,试图尽可能地达到最高有利效果。为此,它们进行了各种多样可能性中的冒险选择程序。这也就是处于当代高科技条件下所必须进行的简单化程序。这种简单化程序,作为一种优化选择,是完全不同于传统的"合理选择"。所谓合理选择是以理性为最高指导原则,追求一种最确定和最稳定的绝对安全方案。与此相反,当代科学技术所提供的优化原则,即简单化程序,是以几率和偶然性为基础,以冒风险的精神,试图在可能性中找出有效几率最高的答案。显然,简单化程序所要达到的目的,不是唯一不变的,也不是确定精确的;而是随时等待转化和面对各种可能性。

面对这些当代科学技术的新成果和变化,鲁曼设计了一种与系统自我生产相对应的观察方法,也设计了同样复杂的理论模式,并赋予这种理论模式某种类似于系统自我生产能力的生命力。鲁曼的社会系统理论本身就是这样一种具有自我生产和自我参照能力的理论体系。这种理论的特点就是在处理与其周围环境的相互关系时使用简单化的原则。社会系统理论的简单化原则一方面是对付其研究对象的手段和方法,另一方面又是它自身进行自我参照和自我调整的过程。

更具体地说,鲁曼所采用的新方法论,就是体现在他所总结的"系统与环境的关系的复杂性"以及"将系统及其环境的复杂性尽可能地简化"的"技术主义"原则和方法方面。之所以称之为技术主义方法,不是指鲁曼遵循着"技术贵族"式的思考方式,如同哈贝马斯在20世纪70年代对于鲁曼所作的独断式指责那样。所谓技术主义原则和方法,指的是鲁曼充分重视当代科学技术发展及其对于社会系统分化所发生的影响。

当代社会和文化各系统的复杂化本来就是当代科学技术发展的直接结果,但是,当代科学技术在促进社会分化和复杂化的同时,也带来了分析和处置这些各种复杂系统的基本原则,这就是鲁曼所说的简单化的原则。当代科学技术处理各种复杂系统及其同其环境的复杂关系的主要方法,就是采用简单化的程序。

在科学技术的简单化程序中,一方面包含了前述选择过程,另一方面还包括排除过程,两者是相互补充和交错进行的。排除就是尽可能将系统以外一切不利于系统内部自我调整和自我生产的因素和过程缩减到最小范围,使其缩减或消失,达到增强系统本身自我维持和扩大其生命能力的目的。上述优化程序,实际上也是包含选择和排除两方面,而且两者总是并行推进,直到实现系统调整其与环境的关系、而使自身得以生存和更新为止。

使系统与其环境的复杂关系简单化,是鲁曼社会系统功能论在分析社会系统同其他基本功能的相互关系所采用的基本原则。他认为一切社会系统都面临着极端复杂的多面向的环境,因此,社会环境为了生存和发展,总要发展其本身的降低复杂性的基本机制。所以,社会系统的基本功能始终围绕着使系统与其环境的复杂关系简单化的原则而旋转。使系统与其环境的复杂关系简单化,其宗旨就在于保障系统本身各主要功能,尽可能地在不受环境干扰的情况下,持续地稳定贯彻下去。因此,它是系统自我生产和自我参照的主要标志。但从根本上说,这个基本原则又是实际的社会系统同其环境相遭遇时所遵循的基本原则。鲁曼的上述基本原则无非是实际的社会系统运作基本原则的理论反思产物。

(五)自我生产性和自我参照系统

自我参照(或自我指涉,Selbstreferenz;self-reference)和自我生产(Autopoiesis)概念是鲁曼社会系统理论的核心。鲁曼社会系统理论不再使用传统西方社会科学的"实体"概念,而是代之以"时间的视阈"和"功能的分析"的相互比较方法,以便灵活处理社会系统的高度复杂性,并使社会系统的运作及其运作中之自我参照和自我生产性质清楚地展现出来。自我生产和自我参照的概念是为了使时间的视阈贯彻到系统的功能分析之中。环绕着自我生产和自我参照概念,鲁曼才有可能在其新的系统理论中,提出了几个既相互联系又相互区别的关键概念:系统、环境(Umwelt;Environment)、功能(Funktion;Function)、区分化(Differenzierung;Differentiation)、意义、双重偶然性(Doppelte Kontingenz;Double Contingencies)和沟通。

至于鲁曼系统论的上述主要范畴及相关概念,必须充分掌握鲁曼的系统理论中关于意义(Sinn;signification)、沟通(Kommunikation;Communication)、合理性(Rationalität)以及现代性(Moderne)等基本概念的特殊意义。

如前所述,鲁曼之所以能改造帕森思的结构功能论,就在于全面地重构了结构功能论的基本概念,诸如意义、沟通、合理性以及现代性,等等。上述各个重要概念虽然都在字面上似乎沿用传统的同类概念,但在鲁曼的社会系统理论中,这些概念已经被赋予完全新的内容。这些基本概念具有特殊的内容和论述方式,不能按照传统或帕森思的旧有概念方式去理解鲁曼的这些重要概念。

所有的自我生产的系统,都是靠其自身而不断生产出组成其单元统一体的各个构成部分。对鲁曼影响极深的当代生化学家马图拉纳和瓦列拉曾经对系统的自我生产作出下述说明:任何自我生产的系统都是不断重新生产其组成部分的网络体系;这种网络之所以能够自我生产其组成部分,就是因为它是具有生命力的独立单位。如同计算机是由其各个组件(Komponente;Bestandteil)所构成一样,凡是能够自我生产的系统,都是由具有一定相互关系的组件所组成的。组件的相互关系及其网络是系统的生命基础;因此,系统的自我生产离不开其组件的自我更新,离不开这些组件之间的相互关系的重组和再结合。组件之间的互动和相互关系,使系统持续地生产出新的生产过程。

系统的生产过程是在系统组件的再生产中维持的。计算机的各个组件之间相互发生作用,造成了生产各个组件的生产过程本身也不断更新。一切具有生命力的系统,都是以自我生产的方式而组织起来,形成为一个自成一格的单元统一体。就生命体具有自成一格统一体的性质而言,它就是一个封闭的系统。说它是封闭系统,不是指它与外界毫无关系,而是指它全靠它的系统内部各组成部分的相互关系来建构统一的生命网络。

这种封闭的生命网络如果要生存下去,就必须在面对环境的复杂影响时能够进行自我生产和自我参照。所谓自我参照,主要是指系统的各个组件之间在其相互关联及其同其环境的交往中进行自我区分和相互区分,而在这种自我区分和相互区分中,系统中的各个因素以及整个系统本身,实现经过中介而环环相扣的自我确认、相互区隔和相互作用,同时又完成同其他组件之间的新关联。

显然,自我参照并不只是因素之间的相互比较和相互关联,而且还是一种不停的运作过程,也是一种区分过程、辨认过程、变动过程和生产过程。

鲁曼自己反复强调：自我参照系统并不单纯是自我组织或自我调整系统。当代理论上的发明还将自我参照的观念应用到一个系统中的组成因素或构成要素的层面上。

这就意味着自我参照和自我生产系统生产出它们相互关联所依据的各种要素。所有这些系统都是能够生产出它们自身所必须仰赖的各种组成要素，而且，它们还是在一种封闭系统的范围内生产出这些与系统本身的存在紧密相关的组成要素。

要使得一个系统能够进行自我生产和自我参照，在鲁曼看来，首先必须使该系统不只是能够自我生产出它本身所必须具备的各种组成要素，而且还必须能够保证使这些组成要素自身也能够进行自我生产。

这就是说，系统的自我生产固然仰赖于系统本身能够不断在其自身的范围内生产出特色需要的组成要素，而且，更重要的，是这些组成要素也必须具备在系统内进行自我生产的能力。系统是靠其所构成的组成要素的存在而存在和运作的。所以，归根结底，系统的自我生产和自我参照，最后都要决定于组成系统的组成要素的自我生产能力。鲁曼自己承认，他的这些关于系统自我生产和自我参照的观念，主要是受到了马图拉纳的研究成果的启示。

参照活动过程本身，本来就是关联到三项主要因素：指涉者、被指涉的对象以及作为指涉中介的某物。指涉活动永远是一种关联过程的实现。参照（Referenz；Reference）的动词原义就是"关联活动"，来自拉丁语词 referre，意思就是"关联"或"关系到……"；这是一种建构相互关系的活动，是以某因素为中介或关联手段，某个进行参照（指涉）活动的因素，把自身同另一因素关联起来。任何关联都必须以被关联的要素自身首先具有与他者关联的诉求，然后，还需要被关联的诸要素具有相互关联的能力和可能性。但是，这还不够。更重要的，是在相互关联的要素之间，必须存在一种中介，以此中介作为媒介或中间环节，使得相互关联的各要素能够通过这个中介而协调起来。所以，上述组成参照过程的三大因素（指涉者、被指涉的对象以及作为指涉中介的某物）实际上就是自我关联者、被关联者以及作为关联活动的中介的因素。以上三大因素缺一不可。

　　这样一来,参照活动过程也是一种"在关联中进行关联"和"在关联中产生关联"的活动,是关系到重叠进行程序的自我关联过程,从而也是一种双重的自我关联活动。通过参照过程中的关联活动,参照者建构了标示自身的必要数据和条件,也在自我标示中进行了自我确认和相互区分的双重程序。正是在完成了上述指涉和关联活动中,系统实现自我生产,并由此表现出其自身的自我创造生命力。

　　总之,任何参照活动必定是双重的区分过程:一方面它以其运作标示出与自身相区分的另一面,另一方面又通过这个与自身相关联的另一面对自己完成自我标示。不仅如此,而且,这种包含双重过程的同一参照过程,又自然地隐含着未来多重的区分过程的必要性和可能性。正因为这样,鲁曼将自我参照过程看成为循环的连续过程。这些过程是封闭的,正是因为它们都不需要实现"输入"或"输出",不存在自系统之外的其他系统引进或排除其自身运作所需要的能量。

　　自我生产和自我参照的系统又是开放的;但同其封闭性相比,生命系统的开放性是从属性的、次要的、受决定的。换句话说,生命系统的开放性是为了其封闭性服务的。系统的开放性之所以是决定于其封闭性,就是因为这种开放性是,而且仅仅是为了实现生命系统自身在其封闭的系统中的自我维持和自我生产。生命系统的封闭性和开放性是具有悖论性质的双重过程,是生命系统为了维持其生命特征,并将外部环境的复杂因素列为本系统内部诸组件间相互关系网络获得新生的基本条件。在任何时候,生命系统与其环境之间的交换,都是决定于系统内部诸因素相互关系网络的自我生产的。

　　鲁曼将生化科学关于系统自我生产和自我参照的理论和方法,普遍地应用到社会研究中,并认为自我生产和自我参照不只是生命系统所特有,而且也是存在于社会系统的各个领域,也存在于人的意识系统和心理系统之中。这样一来,鲁曼将生化科学的自我生产和自我参照概念一般地扩展到社会科学领域,并以此为工具分析社会整体及其各个组成部分。只要存在系统与其环境的复杂关系,就会演出自我生产和自我参照的运作过程。鲁曼所说的简单化程序实际上就是系统面对其环境时所作出的自我生产和自我参照过程。

在鲁曼那里,系统的自我生产和自我参照是经过适当的加工和改造之后被应用于社会系统的分析的。他认为,系统的自我生产和自我参照必须首先作为一种可以普遍应用的一般概念而确立。如前所述,鲁曼将系统同其环境的简单化过程看做是自我生产和自我参照的普遍范例。

由此可见,鲁曼的自我生产一般概念就是要强调:一切系统都可能发生以其组成因素的再生产来维持其系统整体生命活动的过程。撇开各个系统的区别性和差异性,凡是同其环境保持复杂关系的系统,都是要靠其构成因素及其相互关系的再生产来维持其生命,以对抗、抗拒、阻止、遏制和抵消环境对于系统生命运动的各种干扰。就一般的意义来说,系统的自我生产和自我参照是自律的,它并不需要外在力量或因素的介入,也无须向外输出其构成部分。但是,如前所述,系统的自我输出和自我参照都离不开环境,在这里,指的是系统的自我生产和自我参照的运作,只是需要将环境当成一种条件,而不是当成其决定性因素。而且,正如前面所一再强调的,系统的自我生产和自我参照是为了其运作的需要才考量到环境,才与环境打交道,发生相互关系。因此,系统在其自我生产和自我参照中同环境的一切来往,都是为了强化其生命本身,都是为了使系统能在下一轮同环境的交往中变得更具自律性。

在上述将自我生产和自我参照概念加以一般化的同时,鲁曼又进一步针对各个系统的差异性和区别性,探讨各个系统的自我生产和自我参照的特殊性,更加微观地分析各个系统的特殊自我生产和自我参照特征。正如大家所看到的,鲁曼在分析心理系统、意识系统、宗教系统、法律系统、语义系统等特征时,总是针对这些特殊系统的功能、运作过程及其不同组成因素的相互关系,描画出它们的自我生产和自我参照过程的细节和不同程序。

鲁曼认为,社会是一种更加复杂的自我生产和自我参照系统。社会是一种大系统,它包含着社会中的各种社会系统。他指出:"社会是自我参照系统的一种特殊案例。社会系统是以各种沟通的网络的存在作为前提的;这种沟通网络包含了以往的、将来的以及到处存在和发生的沟通。当然,沟通只能是在沟通的系统内发生,而且,这个沟通系统无法避免重复循环的形式。"

社会系统之所以能够进行沟通,就是因为它本身就是一种沟通系统。正因为这样,鲁曼在论述社会系统的功能及其运作时,首先高度重视社会系统的沟通过程及其意义的特殊性。

正是在上述对于系统自我生产和自我参照功能的全面分析的基础上,鲁曼进一步说明了他的沟通、意义、区别及演化等重要概念群。鲁曼就是这样建构了他的自我生产和自我参照系统政治哲学理论。

(六)多学科整合与比较研究方法

对于鲁曼的这些新的概念群,不只是要正确理解这些概念的特殊内容,而且还要从多学科,即从哲学、人文社会科学和自然科学综合分析比较的观点和方法去理解。单纯限定在传统社会学的范围内不仅不能正确理解,而且还会导致各种误解和扭曲。

多学科整合同多学科相互比较是相辅相成的;实现其中的任何一个面向,都意味着同时地和相应地进行另一个面向。鲁曼社会系统理论的整个架构以及它的各个重要概念,都是在哲学、社会科学和人文科学各学科的视野交叉场域中加以观察和展开的。

他的政治哲学理论,在某种意义上说,充分表现了德国政治哲学理论和哲学理论的传统特征,集中地围绕着"意义"和"沟通"而创建新的社会系统理论。但他是在吸收和发展现代生物科学及物理科学中的系统理论和演化理论的基础上,以新的观点和方法,特别是关于系统自我生产的基本观点,将社会的沟通系统纳入系统性的信息处理程序过程中去。因此,要深入把握鲁曼的系统理论,不能不回顾和分析包括生物科学在内的整个自然科学有关系统论的研究过程,同时又要考虑他的特殊概念的高度抽象性。鲁曼成功地将生物科学、物理科学和化学等自然科学领域中的现代系统论研究成果,运用到社会和人类历史发展的研究中去。在鲁曼看来,由于所谓的社会实在都是组织在社会系统之中,就好像各个社会系统都在整个世界之中一样,所以有关社会系统的理论,构成整个世界和其中的各社会系统的一般系统理论的一个组成部分,只是在循环、段落和社会互动过程等各个方面,社会系统理论要集中地分析社会系统所特有的性质。

在鲁曼社会系统理论以前以及其形成过程中,德国和整个欧洲反复展开了有关自然科学、人文社会科学和哲学方法论的激烈争论。鲁曼对于其中所争论的各个重要问题,都给予高度重视。这场漫长的争论涉及鲁曼社会系统理论所采用的许多关键概念,例如时间、主体、客体、历史、意识,等等。其中,以时间为例,它是鲁曼社会系统理论的关键概念,在理解鲁曼社会系统、行动及其相关基本性质方面,具有决定性意义。但它涉及物理学、心理学、历史学、哲学等多学科领域。以牛顿力学为支柱的近代物理学和传统社会学,都只看到时间的直线单向性,并由此导出一系列相关的时间观念,包括连续性、不可逆转性、前后延续性等。在近半个多世纪的争论中,量子力学、相对论、生命科学、哲学、人类学等多学科,都提出了崭新的"时间"概念,替代了原有的传统时间概念。鲁曼将最新的时间概念运用于社会系统理论,才呈现出鲁曼社会系统理论的特色。

鲁曼的许多关键概念及其整个系统理论,都以广阔的视野和多面向的理论基础作为根基,包含和凝缩了历史、文化和思想的沉淀结晶。就以他的"自我生产"概念而言,如果没有或缺乏人文社会科学基础,缺乏历史和文化视野,就很难把握其深邃意涵。生产的意义是双关性的:一方面是普通所说的"生产"(Produktion),另一方面又是"制作"或"制做",来自古希腊和拉丁文 poïein,强调创造产品(oeuvre)的活动,特别是创造精神产品的制作活动。因此,诗歌作为人类精神创造活动的最优秀产品,才有资格被称为 poesie。就是因为这样,诗歌就成为文学创作中唯一以精神创作(poïein)为词根的特殊"创造活动"(Creation)。法国思想家和作家瓦列里(Paul Valéry, 1871—1945)在谈到诗歌和创作时,深有感触地说:"你们知道,在'诗歌'这个词底下可以辨认出两个完全不同、然而又在一定程度上相互关联的东西:它的第一个意义,是指一种建立在语言基础上的特殊艺术;但诗歌也包含一种更一般、更广泛及更难以界定的意义,因为它更加含糊不清,标示某种既承受、又生产的状态。"

鲁曼的自我生产就是指社会系统的生命创造活动,隐含了非常复杂、然而又具有自我区别和相互关联的循环性和重叠性过程。这一切,只有在思想上装备着丰富而又广阔的知识基础以及经验能力,才能有所理解。

鲁曼自己一再强调,他的社会系统理论是供那些具有类似理解和反省能力的人们而创作的。他的创作风格和环绕着这一切的精神氛围或光环,只有具备相当丰富的人文社会科学基础和多学科视野的人,才能体会和把握。广泛的人文社会科学基础和多学科整合的态度,不仅有助于深入理解鲁曼的社会系统理论,而且也将引导人们在阅读和反省的过程中,继续进行再生产和再创造,以便从鲁曼的著作中重新出发。人文社会科学基础和多学科整合提供了最大的潜在能力和发展前景,创造了可以供人们反复迂回、重叠反思和多面向创造的空间和场域。

(七)系统理论语言的反思性

在理解鲁曼社会系统理论各主要概念时,还要学会反思地阅读与再生产鲁曼的理论语言和概念。如同当代其他许多政治哲学家一样,鲁曼不但创造了一系列新的语言论述系统,创造了许多新的概念,同传统语言论述有根本的区别,而且,鲁曼也通过语言本身的独特特征,在严格地区分语言系统同心理系统、个人系统、沟通系统、逻辑思考系统以及社会系统的基础上,反复强调他的社会系统论中所使用的语言的反思性,并强调语言与语义(Semantik;Semantics)在社会系统运作中的重要意义。

在鲁曼看来,语言本身就构成一个复杂的自我生产的符号系统。没有沟通,社会系统就不会存在和运作。社会系统内的沟通,是社会系统本身为了处理其与环境的复杂关系,为了更好地进行社会系统内自我参照和自我生产的目的不断发生的。由于沟通也是在自我参照中进行的,所以,社会系统内的任何沟通也都是具有自我生产的性质。

正如鲁曼所说,沟通是在沟通中不断产生和不断更新的。社会沟通所采用的各种符号和密码,随着沟通的不同目的和过程而发生变化;这种变化又是随着社会系统同其环境的复杂关系,随着它的简单化程序而显示出其自身的特征。而语言是在特定时间内具有固定结构的意义储存器。语言的存在及其运作使整个社会以及社会的各个层面、各个次系统，都得以在沟通中不断地自我生产。

人就是通过所使用的语义来形成他们之间沟通中所要传达的意义。语义在这个层面上就是意义的运作形式。所以，通过语言而保留或储存的社会系统内所进行的交互关联形式，就是语义。

因此，当任何一个人，不得不使用语言而去分析各种复杂的系统的时候，就免不了发生一种以语言系统替代或化约其他系统的通病。

由于各个社会系统内的交互关联过程就是对于各种可能性的选择，所以，语义的产生、使用和继承过程，实际上又是整个社会系统以及其各个次系统相互关照的结果，也是这些社会系统进行自我生产和自我参照的记录，同时还是事物、社会和时间形式中所呈现的社会演化过程的缩影。语义在鲁曼的社会系统理论中所表现的上述特征，表明鲁曼也把语义的选择、使用、演变、再生产等过程，紧密地同社会系统演化过程中所发生的各种事件和可能性联系在一起。

语义同社会系统演化在社会系统理论叙述中的紧密关系，表明鲁曼很重视语言及其语义的反思性和潜在变动性。语义是在社会系统的沟通中被交换、使用、关照和对比的；因此，它们始终具有可变动性，是一种在时间多面向展现中具有多维度结构的形式。时间是语义延伸及转变的条件，也是其暂时稳定的居所。由于时间在鲁曼的社会系统理论中也呈现多向变动可能性，所以，语义成为了社会系统演化向多面向发展的渠道。

为此，鲁曼一方面以他所创造的特殊概念语词而设法使语言使用所产生的各种复杂问题简单化，另一方面他又反复提醒读者对社会系统理论的任何语言论述进行反思。

其实，任何一种语言系统都具有自我生产的性质。但是，各种语言系统的自我生产性又有所不同。语言系统的自我生产性决定于该系统内各因素间的相互关系及其沟通状况，在这点上，即使是语言的使用者也难以有能力完全控制。所以，各种语言论述一旦作为系统而存在，就会发生由该系统所决定的自我生产过程。在这个意义上说，任何语言论述系统都具有自我反思性。显然,在这里,所谓语言的反思性,指的是:一方面这些语言概念具有自我生产和自我参照性质,通过其间各个构成因素之间相互关系的变化,语言系统本身也发生了一系列变化;另一方面读者在阅读和思考它们时,还要进行反复的和必要的反思;不但要反思其内容,还要反思其与所指涉的意义之间的关系。鲁曼不同于其他政治哲学家的地方,就在于他自己已经意识到其本身所使用的特殊语言论述系统,将会以其自身的自我生产性、自我参照性和自律性而不断再生产,构成一种具有其独立系统生命的语言论述而存在,并在社会沟通中发生其特有的效果。正是考虑到这一点,鲁曼使用了独特的概念语词,使他的社会系统理论能借助于其独特语言系统的自我生产性而在读者中产生必要的反响。使用"一看就懂"的语词,并不是鲁曼建构社会系统理论的目的。他所期望的,是通过其所使用的特殊语词和论述系统,能够在读者的沟通中产生一种不断自我生产的效果,就如同进行一种沟通中的选择程序那样,使读者在收到的语言结构系统中,理解到其中隐含的意义,并使这些意义产生自我更新和增值。通过语言本身的自我生产性,鲁曼试图使读者理解到同语言系统一样极端复杂的社会系统的特征,尤其理解到社会系统和语言系统一样具有复杂的自我参照性。

鲁曼特别注意到语义学(semantics)和社会结构之间的区别及其悖论性。所以,在鲁曼所进行的现代性的社会学分析中,他都首先将社会结构同语义学因素加以区别。他说:"我在现代社会中所进行的现代性分析,是从将社会结构同语义学因素相区别开始着手的。"

任何一位社会学家,当他在一个特定的社会内对于该社会结构进行描述、分析和探索时,他所采用的语言实际上已经是该社会结构的一部分。所以,社会学家所使用的语言及其特定意义,本是该社会结构对于该社会学家施展影响的产物。反过来,社会学家所采用的语言及其意义,又是社会学家试图跳出社会结构约束、而从事"客观"观察的语言表现。对于社会学家来说,要清醒地意识到自身使用语言意义的多层次性。这意思是说,社会学家的语言意义,容纳着多层次的社会结构和同样多层次的社会学家观察位阶。社会学家同社会结构的相互关系的复杂性,使他无法完全清醒地区别出其自身所使用的语言意义的层次性及其位阶。同时,语言使用中,随着社会结构系统及其环境的极端复杂性势必导致多种悖论性。既然社会学家本身已经有可能在其语言运用中失去方向,甚至有可能在其反思时也出现缺陷,那么,对于政治哲学理论的读者来说,这种语言反思过程就更具有一定程度的冒险性。

传统理性主义总是将悖论性当成异常。随着现代科学技术的发展,悖论性已经越来越成为科学界注意研究的主要课题。在哲学领域内,英国哲学家罗素早在 20 世纪初就观察到语言悖论性的重要性,并对它进行独具特色的研究。后来,语言哲学承续罗素的研究方向和方法,对于语言悖论性问题作出了深刻的分析。

鲁曼社会系统理论的许多基本概念,诸如系统、功能、反思、意义、选择、复杂性、世界、偶然性、演化或沟通,等等,虽然相互之间具有特定的理论和逻辑上的关系,但又同时各自具有明显的独立性,甚至在他的整个社会系统理论论述的各个部分中,这些概念的内容和性质都有可能发生重大变化。

由此看来,鲁曼的系统论中各种基本概念,原则上都是相互独立的,而他们之间的相互联系是依据在不同系统中的状况而有所区别。鲁曼的基本概念所表现的上述基本特征,要求读者清醒地估计到概念使用的领域和环境:他的每一个概念,都有一个主要的运用和发挥的领域,在这种领域中所表现的概念基本特征是主要的;当他的概念在其主要领域之外被运用而同其他领域中的主要概念发生关系时,这些概念的意义和性质就要随着该领域主要概念的意义来确定。

鲁曼的各种基本概念在很大程度上表现出"相对性"(relativity)和"关系性"(relationality)的特征。这些性质必须同鲁曼社会系统理论的反思性联系在一起加以分析。鲁曼的社会系统理论同他同时代的其他创新性政治哲学理论一样,具有特别明显的反思性质。本书后一部分将专门探讨鲁曼社会系统理论与他同时代其他政治哲学理论的比较关系,并将在那里更深入分析他的理论的反思性质。反思性不只是表现为该理论体系各概念之间的相互关联性,而且还表现为理论本身的自我参照与自我生产,表现为理论内部各概念间关系的灵活性和伸缩性。反思性体现了现代政治哲学理论对于它所研究的社会对象之间保持着一定的距离,并在这种距离中使理论有可能进行迂回和循环论证,避免传统理论那种逻辑封闭性和自我满足性,让理论不只是同其研究对象保持互动的源生关系,而且产生互为启发的效果。这样的新型政治哲学理论并不追求理论体系的完满性或绝对性,也不打算声称自身的绝对真理性;它所在乎的,是理论的不断自我批判和自我翻转,并在翻转中重新检验原有理论及其概念的正当性,使理论及其概念在其实际应用中,一方面继续保持同实际社会的距离,另一方面又加深理论本身的深度和广度,不断翻新理论的内容与架构。因此,具有反思性的社会系统理论并不打算建构完满的体系,也不打算寻求终极真理,更不打算建构自我同一或与其对象相同一的逻辑架构。它所在乎的反倒是永远在一定距离中进行对于社会的观察,并时时警惕使自身从观察的各种层阶中跳脱出来,沿着观察的不同层阶,清理出符合各个系统的观察成果。

在鲁曼的社会系统理论中的各种概念,其意义就是在其相应概念系统中保持着一定的语义。这种维持在一定概念系统中的概念意义,在同其他概念的互动和沟通中,会不断产生新的意义,从而实现概念之间的"沟通中的沟通",也实现在沟通中生产新的意义的功能。正如鲁曼自己所说:每个概念都有其时段性,也就是说,它们的意义或在整个理论体系中的地位是随不同的状况而改变:在一些情况下,功能概念是重要的;在另一些时候,"系统—环境"概念是重要的;还有的时候,运作和观察的差异是很重要的。在一定理论体系中的概念沟通与互动,使这些概念具有自身的生命力,并在自我参照中适当变更或增值其意义。

所谓相对性,指的是鲁曼语词概念从不以达到最高完满性为目标。既然他的社会系统理论是反思的,它就不仅表现为自身的反思性,而且对于任何读者来说,都容许具有其独特的自我指涉的意涵,在对于不同社会现象的分析和观察中表现出不同的理论效果。

在这方面,鲁曼的观察概念所呈现的特殊意义,对于我们正确理解他的概念及其理论的相对性是很重要的。观察的差异性使任何一个概念的意义都会有所差异。鲁曼并不要求所有的读者都从他的社会系统理论中得出相同的意义理解,也不要求所有的读者都以同等程度掌握和应用他的理论。相对性在这种意义下就是差异性,就是一方面容许理论及其读者有自身的陈诉方式和理解模式,另一方面根据不同理论叙述和应用环境而容许理论自身具有不同的被理解意涵及被应用维度。

所谓相关性,指的是他的概念语词与他的其他概念语词的关联性。相关性本身再次体现了社会系统理论有其独特的体系,并要求其概念意义及应用范围各自具有严谨的相互关联性。在这种情况下,鲁曼的任何一个概念的意义以及对于它们的理解,都必须放在它同其他概念的相互关联的网络之中。孤立地观察或理解他的任何一个概念,都会产生片面性。

鲁曼理论及其概念的相对性及相关性,是建立在他对于传统本体论、方法论和认识论的批判的基础上。他同其他同时代的政治哲学家相类似,不愿意重蹈传统理论的覆辙,更不愿意满足于依赖任何一种终极原理,也不愿意在有限的二元对立中使每个概念都同一到一个逻辑原则之中。相关性为鲁曼的理论及其概念提供了活动的空间,也为它们开辟了再生产的可能性。

第五节　阿尔诺德·格伦

一、生涯及基本思想

在当代德国的哲学界,哲学人类学已经成为普遍的政治思考模式。对人的关注直接导致对人的政治生活的哲学探索。而且,哲学人类学的思考模式和表达方式,也从根本上改变了政治哲学的理论特征。此外,由于哲学人类学深受现象学的影响,所以,哲学人类学的政治哲学论述形式,也成为现象学的政治哲学的一个特殊类型。

哲学人类学在德国的主要代表人物之一是阿尔诺德·格伦(Arnold Gehlen,1904—1976)。他在莱比锡和科隆大学攻读哲学、艺术史和日耳曼语言文学,并于 1927 年完成博士论文《论德利斯关于假定及类似假定的知识的理论》(*Zur Theorie der Setzung und des Setzungshaften Wissens bei Driesch*,1927)。此后,格伦在哲学人类学研究中获得了越来越重要的成就,相继发表了一系列有深远影响的著作,其中包括:《实际的和非实际的精神:对绝对现象学方法的哲学研究》(*Wirklicher und unwirklicher Geist. Eine philosophische Untersuchungen in der Methode absoluter Phanomenologie*,1931)、《关于意志自由及其他早期论文》(*Theorie der Willensfreiheit und andere frühe Schriften*,1965)、《论人:他的本质及其在世界上的地位》(*Der Mensch.Seine Natur und Seine Stellung in der Welt*,1940)、《技术时代中的灵魂》(*Die Seele im technischen Zeitalter*,1957)、《人类学与社会学研究》(*Studien zur Anthropologie und Sociologie*,1963)、《原始人与晚期文化》(*Urmensch und Spätkultur*,1964)、《人类学研究》(*Anthropologische Forschung*,1961)及《道德与超道德》(*Moral und Hypermoral.Eine pluralistische Ethik*,1969)等。

除此而外,格伦还发表一些重要的论文:《论文化的进化》("Uber kulturelle Evolutionen")、《行为研究的伦理学效果》("Die ethische Tragweite der Verhaltensforschung")。

格伦生于莱比锡,他的父亲马克斯·格伦(Max Gehlen)原籍魏斯特伐里。格伦在 1914 年至 1923 年在莱比锡著名的托马斯中学读书,在 1923 年至 1926 年间,格伦在科隆大学,在马克斯·谢勒和尼可拉依·哈特曼教授的指导下学习哲学。1926 年至 1927 年格伦回到莱比锡大学研究哲学,同时还研究德语、艺术史、物理学与动物学。1927 年 11 月他在著名的生命哲学家汉斯·德利斯(Hans Driesch,1867—1941)的指导下通过了博士论文《论德利斯关于假定及类似假定的知识的理论》。德利斯的思想对于格伦产生很大的影响。

在德利斯看来,必须把关于等级和种类的理论同关于实在性的理论区分开来。德利斯的如下著作在格伦的思想中留下深刻的印象:《有机体的哲学》(*Philosophie des Organischen*,1909)、《生机论史》(*Geschichte des Vitalismus*,1905)、《肉体与心灵》(*Leib und Seele*,1916)、《机器与有机体》(*Die Maschine und der Organismus*,1935)以及《人与世界》(*Der Mensch und die Welt Posthume*,1945)等。德国理论家洛达尔·山松(Lothar Samson)在其著作《格伦的自然目的论与自由观》(*Naturteleologie und Freiheit bei Arnold Gehlen*)一书中指出,德利斯在这些著作中所阐发的思想,都可以在格伦的哲学人类学著作中找到其明显的痕迹。

格伦自己在其著作《哲学人类学与行为理论》(*Philosophische Anthropologie und Handlungslehre*)中,也一再强调谢勒的思想观点在他本人的思想发展过程中所起的重要作用。

格伦于1930年获得其大学教授资格的文凭,即前述《实际的和非实际的精神——对绝对现象学方法的哲学研究》。

1933年夏,他在法兰克福大学取代保罗·梯利克(Paul Tillich)的教职。不久,他在莱比锡大学社会学研究院任汉斯·弗雷耶(Hans Freyer)的助教。1934年当汉斯·德里斯因遭政治迫害而被迫退休时,格伦在莱比锡大学接任其哲学教授职务。格伦于1938年到康德的故乡堪尼斯堡任堪尼斯堡大学教授。1940年,格伦继雷宁格尔(Robert Reininger,1869—1955)任维也纳大学教授职务,并取代昆德尔·易卜生(Gunther Ipsen,1899—1984)而任该校心理学研究所所长。

格伦在第二次世界大战期间是纳粹党法西斯统治的积极支持者。他的哲学人类学观点在一定程度上为希特勒的雅利安种族主义辩护。但在纳粹统治面临崩溃前夕,他被征入伍而在战场上负伤。

第二次世界大战后格伦曾被奥地利科学院命名为通讯院士。不久,他在德国法军占领区内的施佩耶尔市任高等行政管理学院教授。1962年起,格伦任亚琛(Aachen)高等技术学院社会学教授,直到1969年退休为止。1976年1月30日格伦于汉堡逝世。

二、以经验研究为基础

格伦的哲学人类学思想也和谢勒的理论一样,从探讨人的本性及人类文化在世界上的地位出发,进一步批判现代文化的"非实际精神"。他在1931年写成的获取大学教授资格的论著《实际的和非实际的精神:对绝对现象学方法的哲学研究》严厉地批评了市民社会的学究式的文化和教育界,指责他们或者固执于唯心主义的理性主义哲学的思辨体系,或者是敷衍潦草地越过历史的文化比较方法,既不研究主体间的行为关系,也不去触及人的行为的本质。

如果把格伦的上述观点同他的同时代人艾伦斯特·儒恩格勒(Ernst Jüngler,1895—)、卡尔·斯密特(Carl Schmitt,1888—1985)和海德格尔的态度相比较,那么,可以明显地看出,格伦毕竟发现了第一次世界大战后的市民社会的无实际成果的文化"垃圾堆"中的某些"纯知识"(blossen Wissen)的成分;同时也试图以历史相对主义观点探讨当时的市民社会中的"非道德性"(die Amoralität,也可译作无视道德标准的生活方式)以及"行为放纵"(Handlungslosigkeit)的根源。

作为形而上学的一贯反对者,格伦的著作所贯穿的基本线索和思路,是对人类学问题的贯注和重视。他在这方面的代表作,便是前面已经提到的《论人——他的本质及其在世界上的地位》(1940)、《原始人与晚期文化》及《道德与超道德》。这三本书可以构成他的哲学人类学的三大支柱,如同康德的三大批判(《纯粹理性批判》、《实践理性批判》及《判断力批判》)构成康德哲学的三部曲那样。

格伦的哲学人类学基本观点,也可以在他所领导的《人类学研究》杂志中表现出来。这本学术杂志集中了他自1936年至1961年的讨论会上的发言稿以及同一时代哲学人类学研究的重要论文。1980年这本人类学杂志发行量达八万册之多,足见其学说影响之广!

格伦的哲学人类学以经验为基础。他认为,经验是人与现实的关系及其调整结果的总结,因为人在本质上是一个"行动着的生物",是通过经验来决定对世界的态度的。人类行为的伸缩性和灵活性不断地在"作为生活经验的行动"中表现出来。因此,作为我们的经验的一部分,作为一种建筑术的(architektonisch)人文科学,必须受到我们的特别的注意。

在 1936 年举行的题为"论经验的本质"("Vom Wesen der Erfahrung")的学术讨论会上,格伦论证了研究经验的重要性;而在 1942 年题为"关于人的一个形象"("Ein Bild des Mensch")的学术讨论会上,他强调哲学人类学作为一门科学的重要性及其研究人心和人体两方面的不可分割的完整体系。

1961 年他所主持的题为"我们的时代的社会状况"的学术讨论会上,他探讨了现代工业化的主客观后果及其社会影响。他认为,现代社会的高度工业化为在世界范围内的工业文化的建设创造了前提,也为社会平等的合理实现提供有利条件。他说,在现代工业社会条件下,经验变为第二手的经验;道德价值观念也发生了变化,即产生了所谓第二手的道德。因此,他认为当代思想家的首要任务是适应现代工业社会的需要而建立一种新型的义务道德。

格伦关于哲学人类学的思想及其在当代社会中的应用,使格伦成为德国现代哲学人类学及社会学人类学领域中最有影响的学者,也使他在社会科学界和政治生活中享有很高声誉。

一般地说,格伦的哲学人类学研究往往导致较为中肯的、又带有灵活性的适应于保守派口味的社会生活结构的设想,导致某种格伦本人所说的"现代社会的设计方案"。同时,格伦也通过他的哲学人类学研究积极干预现代社会生活,从社会学的角度分析现代工业社会中的人的问题。不仅如此,格伦还以其社会学人类学的研究成果推动着当代美学理论的思想建设——在这方面,他的论著《时代绘画家:论现代绘画的社会学与美学》(*Zeit-Bilder. Zur Soziologie und Aesthetik der modernen Malerei*,1986)带有典型的意义。

由于格伦的哲学人类学带有灵活的、适应时代精神的因素,所以,尽管从社会政治观点来分析具有保守主义(Konservatismus)的性质,但评论界宁愿称之为新保守主义(Neo-Konservatismus),并把这种新保守主义看做是与目前正在发展中的形形色色的左派思想有千丝万缕的联系的社会思潮之一。对此,哈贝马斯在其《美国和德国新保守主义对文化的批判》("Die Kulturkritik der Neokonservativsen in den USA und in der Bundesrepublik")中有所论述和分析。此外,赫尔姆德·杜比尔(Helmut Dubiel)也对此作了详尽的解说。格伦的哲学人类学是一部完整的关于人的本质的理论体系;它不仅包含了格伦的前人及其同时代人对于人的理论研究成果,包含了格伦本人对与"人"的理论相联系的各个学科的研究和分析,也包含了他本人的思想的各个发展阶段的复杂因素。

为了从整体的观点来评述格伦的哲学人类学思想,我们以他的三部代表性著作为基本线索来介绍,这三本书分别是《论人:他的本质及其在世界上的地位》《原始人与晚期文化》及《道德与超道德》。

格伦在1940年发表的著作《论人:他的本质及其在世界上的地位》是他的最基本的哲学人类学作品。格伦本人曾说,他的后期的两本最重要的著作《原始人与晚期文化》和《道德与超道德》是他在《论人:他的本质及其在世界上的地位》一书中所阐发的"最基本的人类学"(elementare Anthropologie)的继续和发展。

1940年格伦发表《论人:他的本质及其在世界上的地位》一书时,评论界一致给予好评,称之为"哲学人类学的一部核心著作"(als ein zentrales Werk der philosophischen Anthropologie)。当时在哲学界有很高声望的尼可拉依·哈特曼(Nikolai Hartmann,1882—1950)曾在《德意志哲学报》(*Blatter fur deutsche Philosophie*)上发表《德国的新人类学》("Neue Anthropologie in Deutschland")一文,给予格伦的《论人:他的本质及其在世界上的地位》(以下简称《论人》)一书以很高的评价,使格伦的这本书得以获得同当时德国国家社会主义党所支持的艾伦斯特·克里克(Ernst Krieck)所写的《新人类学》(*Die Neue Anthropologie*)不相上下的社会地位。

格伦的这部著作的发表,使他同普列斯纳一样被人们公认为现代哲学人类学历史上仅次于马克斯·谢勒的重要理论家。他的《论人》一书使哲学人类学在对于人的行为及人的语言的深刻理论研究的基础上得到系统的发展。1928年同时发表的谢勒著作《人在宇宙中的地位》和普列斯纳的著作《有机体与人的发展阶段》,构成20世纪20年代哲学人类学理论建设的首创工程,极大地推动了哲学人类学的发展。格伦本人在其《论人》一书中除了肯定谢勒对他的思想影响以外,也承认普列斯纳的上述著作对他的深刻影响。

实际上,格伦的《论人》一书是自1928年至1940年为止的哲学人类学争论的一个系统理论总结。在谢勒和普列斯纳的上述两部著作发表之后,格伦同康拉德·洛连兹(Konrad Lorenz,1903—1989)、汉斯·毕尔格尔·普林兹(Hans Bürger-Prinz)与赫尔姆德·谢尔斯基(Helmut Schelsky,1912—1984)等人多次进行理论探讨。当时的动物心理学家雅可布·冯·乌义兹克尔及其指导下的学生布依登狄耶克和康拉德·洛连兹等人,对于人与动物心理的反复的比较研究,为格伦提供了丰富的科学资料和深刻的启示。

在格伦发表《论人》前两年,即1938年,布依登狄耶克发表《动物与人》的论文,总结了乌义兹克尔在汉堡环境研究所的研究成果。乌义兹克尔在研究动物生活环境的过程中,发展了动物品行学的理论。他指出,动物在生活进化中创立了自己的生活环境。某些新康德主义者正是从这个环境概念出发,强调一切生物都以其生活环境为前提而不断进化的——这个环境对某种特定的生物来说是唯一性的,不可取代的。动物的心理所观察到的环境是动物心目中"先天地确定的结构"所构成的,而这种"先天的结构"又是由动物的生物学的组织机体所决定的。

所以,总的来说,动物生活的环境是由动物所观察到的世界和动物的行动所关系到的因素所组成的。乌义兹克尔在1934年发表的《动物世界与人类世界》一书是格伦的《论人》的理论来源之一。布依登狄耶克发展了乌义兹克尔的理论,强调"活着的主体"在质的方面的复杂特性。布依登狄耶克尤其强调这个"活着的主体"同他的环境的关系比试验中所观察到的更加复杂得多。格伦曾在《论人》一书中表示感谢布依登狄耶克对他的研究的支持。

整个20世纪30年代,德国哲学界、心理学界、教育界和社会学界都很关心人的本质这个论题。在研究人的本质的过程中,把人与动物加以比较研究,成了重要的一个方法。弗里特里希·翟弗尔德(Friedrich Seifert)在30年代中期发表题为《对哲学研究中的人类学转折点的理解》的论文,极端重视从生物学观点对于人的本质的研究。

如果从当时的社会政治背景来分析,这种从生物学和人类学角度研究哲学的偏向还可以同希特勒的法西斯的"人种优劣论"相联系,尽管格伦等人并不愿意公开地承认这种关系。

从方法论上来看,格伦的《论人》与普列斯纳的《有机体与人的发展阶段》的较为先验的和抽象的方法论有所不同。格伦的《论人》在从生物学观点分析动物与人的不同特点时,很重视采纳各个具体的经验科学的研究成果,着重分析人的生存的具体方式,试图寻找各种不同的生活方式的特点及其模式。

在具体方法上,格伦研究人的本质是从研究人的行为入手的。格伦认为,从人的行为入手可以避免传统的将肉体与精神分离的二元论。另外,更重要的,在格伦看来,人在本质上是行动着的存在物(Der Mensch ist das handelnde Wesen);人是有自己的看法的、随时都不确定的、可变的本质存在(das stellungnehmende Wesen)。所谓行为,就是人的观点的外部表现。人的不确定性恰巧由于人的取决于其生活环境、取决于其本性以及取决于其肉体条件的"未完结存在"(das Unfertigsein)。人的行为归根到底是一个文化范畴。人的行为总体表现了人对自己、社会及自然的看法和态度,是深受人的文化背景影响。从这个意义上说,"人是教育的生物"(ein Wesen der Zucht),而所谓教育,又包括自我教育(Selbstzucht)、教育(Erziehung)和培育(Züchtung)。

格伦认为,人是一种根据其生存条件而在一定形式中形成和在一定形式中留存的、非确定的生物。这里所说的"在一定形式中形成"和"在一定形式中留存",指的恰巧是教育的意义。换句话说,教育的意义就在于可以使人依据其生存的条件(Existenzbedingungen)而采取一定形式出现并暂时地留存着,因此,格伦把教育称为"出现于一定形式"或"停留于一定形式"的从属于人的生存条件的事情。

谢勒在探讨关于人的对世界开放的性质时曾提及人的本质的不规定性的问题。格伦在《论人》一书的引论部分,在分析"作为生物学的特别问题的人"(Der Mensch als biologisches Sonderproblem)和"关于人的发展阶段图式的否定"(Ablehnung des Stufenschemas)之后,提出了"关于人的第一个概念"(Erster Begriff vom Menschen)。就是在这一节文字中,格伦论述了人的教育性质及其本质的不规定性。

由于人在不同的生活环境中所受到的不同教育,人在不同时期内的行为可以朝着不同的方向发展,可以产生不同的目的,可以采取不同的配合手段,可以在不同的思想观念的指导下来进行,可以产生不同的效果。

人的生活环境的复杂性及艰苦性也要求人接受各种各样的教育,并在受教育中懂得把握自己的命运。问题在于:人的生活环境往往又使人以不同的程度错过那些"作为自己的生存的必要条件"的"教育"的各种机会,从而使自己的未来更加不可捉摸或甚至陷于危险之中。就这个意义而言,人的生活是忧虑重重的。人的一切行为就是在这种忧虑的笼罩下,为寻求自我解救的目的而进行的。

但是,从另一方面来说,作为"教育的生物","人毕竟又是有预见的"(Der Mensch ist schliesslich Vorsehend)。"同动物相反,人是为未来而不是为现在而生活。"

格伦认为,在他以前,谢勒和赫尔德(Johann Gottfried von Herder,1744—1803)都曾经触及上述同类问题,但未能成功地加以发展。格伦在批评谢勒的观点的有限性时,引用了谢勒的论著《论优美与庄重》(*Uber Anmut und Würde*)关于人与动植物对于自然的不同态度的论证。在动植物面前,自然不是某种"规定性",也就是说,自然的本质不是作为动植物的有意义对象而存在。自然的本质存在于动植物的"彼岸",不为动植物所把握。与此相反,人具有"自由"的本质,总是力图通过自己的理智中的因果律锁链将自然对象安排在一定的次序中而加以把握,然后又据此来采取行动对自然作出反应。格伦认为,谢勒的这种观点仍然停留在康德的自由观的水平上。

至于赫尔德,格伦用相当长的篇幅论述了他对动物及其生活环境的研究成果。格伦把赫尔德看做是这一学说的"先驱"(Vorganger),格伦高度评价了赫尔德的理论贡献,认为赫尔德看到了人的理性、语言和"深思熟虑性"(Besonnenheit),因而也看到了人与动物的根本区别。

人没有从动物观点所说的那种"周围世界"。如果说动物只是从满足他们的欲望出发来看待其"周围世界"(Umwelt)的话,那么,在赫尔德看来,人是从根本不同的方向来理解其周围世界的。人类从理性与自由的观点来支配自己的全部力量,去对待自己的周围世界。正是在这个意义上,格伦认为"自赫尔德以来哲学人类学没有迈出任何前进的一步"。

如果说格伦本人也试图从生物学的角度,作为研究人的一个重要方面,去揭示人的本质的话,那么,格伦的出发点是要突出人的有机体的各个组织,相对于动物而言,是具有"非专门化"的特性及其不完善性。由此出发,格伦强调人的"自由可能性"(die Freiheitsmo glichkeiten des Menschen),论证作为"不确定的存在"的"人"的可塑性(Plastizität)和可发展性(Entwickelbarkeit)。

在论述人的行为与动力(Handlung und Antriebe)时,格伦强调对于行为动力的分析必须同行为的过程、表现及其内容和效果相联系。在这方面,格伦为动力分析制定了七条具体规则:第一,人的动力是可被阻挡的、可被制止的,而且还可以被保留(Die Antriebe sind hemmbar und können zurückbehalten werden);第二,动力首先在经验的结构中展示开来,又是在经验中被自觉地意识到;第三,动力是可以在一系列图像中、幻觉中和记忆中占据位置和保留下来的;第四,动力是可塑的和可变的,可依据经验和环境而改变,可以在行为中重新生长出来;第五,因此,在基本的要求和有条件的利益之间并没有鲜明的界限;第六,被阻遏的要求有可能进一步增长,以致作为一种"延续的利益"(als Dauerinteressen)在未来的时候引起运动,而且它与现时正在发展中的要求相对立而"内在地留存着"(innen bleiben);第七,所有的要求和利益,一旦成为交往中的经验(Umgangserfahrung)并因此而形象化的时候,就同时地成为另一种潜在的利益(anderer virtueller Interessen)的对象。

综上所述,格伦对人的生物学研究一方面吸取了自20世纪20年代以来由乌义兹克尔、奥斯本(F.H.Osborn)及布依登狄耶克等人的研究,另一方面也体现了与纯粹生物学观点相区别的、更为全面的哲学人类学理论的特点,这就是格伦对人的理性、自由、意识的能动性及行为的计划性的重视。

在格伦看来,文化乃是人的"第二本性"(Zweite Natur);人可以凭着自己的能力和行为效果,把世界引向自己所希望的未来。

值得注意的是,在格伦关于"人"的理论中,"行为"这一概念是起决定性作用的。在人的行为中,我们不仅看到人与动物的根本区别,也看出人的创造性、可塑性和发展性。而且,格伦在考察人的行为时,也没有忘记语言的创造、指引和催化作用。正确地说,格伦在《论人》中所表述的理论是从人的生物学的特殊问题出发。在这一方面,他与一般哲学理论单纯强调人之理性和社会本质不同,看到了人作为自然界的一个因素,看到人在自然界的重要地位以及看到人的行为中与自然有密切关系的因素。另一方面,他又与一般地强调人的生物学属性的单纯生物学派不同,不是从纯生物学观点来分析人的生物学属性,而是竭力分析人之生物学属性之特殊本质,揭示这些生物学属性在社会生活和人的行为中所可能产生的后果以及这些后果对人的总体属性的影响。在这一点上,他较为全面地吸取了自19世纪下半叶以来在自然科学和社会科学各个学科领域中所取得的重要试验成果和理论研究成果。

但是,格伦既不愿意走卢梭式的关于"人"的"完满无缺性"的理想主义路线,也不愿意像后来的艾伦斯特·布洛赫(Ernst Bloch)那样把人想象成"解放者"的"崇高形象"。格伦宁愿较为实际地承认人之高尚品质之有限性及人类所面临的各种可能的危险。

如前所述,格伦把自然看做是人的生存环境,首先是他的劳动场所。也就是说,人在自然界生存时,首先要考虑如何使自然成为他的特殊的生存环境(sein spezifisches Lebensfeld)。因此,人要对自然进行"处理"或"加工"(bearbeiten)。正因为这样,在《论人》中,"行为"是格伦的第一个中心范畴。人之所以有能力对自然进行加工、改造,就在于人之自身活动性(Eigentätigkeit des Menschen)。在《论人》中,第二个重要概念是"释负"（Entlastung）。

释负概念在人类学中一贯占据重要地位。在格伦那里，释负成为了人的行为与人的意识相联系的中心环节。人的意识的本质只有通过人的行为才能成为可理解的事物。在实用主义者皮耳士和詹姆士那里，意识不过是行为的一个阶段。法国社会学家索列尔（Georges Sorel, 1847—1922）曾经在《论实用主义的功利性》一书中指出，就人的行为与意识的关系而言，甚至早在康德那里就有卓越的见解。

格伦在考察人的意识的本质时制定了释负原则（Das Entlastungsge-setz）。在格伦看来，人的生物学的特殊地位使人类首先从现时的、实际的观点来看待世界。人类首先通过他所感受的经验把握世界。在此基础上，人类进一步在观察、谈话和思考中重建他们所经历过的世界。在这过程中，人类为了使世界重建成有利于自己的利益的状态，为了使自己的行为尽可能地省力和省时，人的意识总是本着释负原则为人类的行为制定一系列方案和步骤，并在行为中像释放能量一样付诸实施。在这方面，格伦认为语言起着一种极其特殊的、无与伦比的微妙作用。不仅是关系到人的感性行为，人的手、脚及肉体各个部位在劳动过程中的移动原则；而且就连人的思考、抽象及想象过程以及人的社会组织结构，都遵循着"释负原则"。这个原则的目的，归根到底，是为了使自然界及周围世界，通过人的劳动和行为，成为有利于人类及其共同体的最好的生存条件。

格伦的《论人》一书在 1940 年出第一版后，在 1950 年出第四版时作了较大的增订和修改。除了补充自 1940 年至 20 世纪 50 年代的最新研究成果及争论意见之外，还专门补写第四 14 节"关于精神的几个问题的说明"（Exposition einiger Probleme des Geistes）。这一节所提出的"关于制度的理论"（Theorie der Institutionen）在六年之后，即 1956 年，被系统地详述在《原始人与晚期文化》一书中。

《论人》一书包含 44 节，分为"导论"，第一节至第九节；第一部分"人在形态学上的特殊地位"（Die morphologische Sonderstellung des Menschen），第十节至第十二节；第二部分"感知、运动与语言"（Wahrneh-mung, Bewegung, Sprache），第十三节至第三十七节；第三部分"动力原则、性格及精神问题"(Antriebsgesetze, Charakter, Das Geistproblem),第三十八节至第四十四节。

就内容而言,《论人》的导论部分是最重要的。就是在这一部分中,格伦论述了他的哲学人类学的基本概念及其相互关系。如前所述,在论述人的生物学性质的基础上,格伦以"行为"、"释负"、"语言"、"动力"和"意识"为基本概念分析了人的性质。人是行动着的生物,他是以语言为中介的"说着话的行为动物",又是以语言为中介而在行动中释负的有意识的生存物。唯其如此,人才有别于动物,不只是本能地适应其周围世界,而且以其预见的目的指导自己的行为,以达到改造世界的目的。

《论人》的第一部分的内容实际上是以进化论观点论述人的生态学特点。格伦还采纳了荷兰解剖学家路易·波尔克(Louis Bolk)的研究成果,特别重视人的身体相对于动物而言的缓慢增长的规律(Retardationsgesetz)。

《论人》的第二部分以研究语言及其根源为中心,论述人的思想意识、行为及现实的关系。格伦曾在1938年发表论语言的专著:《论语言起源的问题》(Das Problem des Sprachursprungs)。这篇论文的内容在《论人》增订版中列入书中。在这一部分中,格伦的重要成果不仅表现在他关于语言本身的起源及其特点的深刻见解上,而且也突出地表现在关于语言与行为的相互关系理论上。格伦认为人的行为是具有"语言性"的(Sprachmassigkeit)。这就是说,人的行为在某种意义上讲,是可以同语言相比较的;人的行为是以一定目的为宗旨同时又具有"游戏似的"(spielerisch)。这就是说,由于人在生物学上和社会学上的双重结构,人的行为固然具有一定的目的性,但在具体实施过程中,人的行为又像游戏那样表现为"无目的性"或"对目的无所谓"(zweckfrei)。布依登狄耶克(Buytendijk)的论文《人与动物的游戏》("Das Spiel von Mensch und Tier")以及格鲁斯(Groos)在更早的时候,即1899年所发表的《人类的游戏》("Die Spiele des Menschen")给予格伦很深刻的启示。

关于人的行为的目的性和游戏性的理论,不仅对于分析人的劳动,而且对揭示人的文化活动的本质具有指导意义。

人的语言和行为都以"循环运动"的过程(Kreisprozess)表现出来的。在这方面,心理学家詹姆士·鲍德温(James M.Baldwin)和维克多·冯·魏查克尔关于精神活动过程的研究论文,也给格伦很有益的启示。

《论人》的最后一部分从人的"动力"和"欲望"的特性及人之可塑性出发,进一步探讨关于人的"排列组合强制心理"的理论(eine Theorie des Formierungszwanges und der Ordnung),以便论证人之可变性在现实生活中和在理论上的确定化的可能条件。正是在这里,格伦建立其文化理论及政治哲学理论。但在这部分中,格伦的理论包含着浓厚的、有利于法西斯的国家社会主义政治色彩,有利于希特勒推行其反人道的种族主义侵略政策,以致格伦本人不得不在第二次世界大战后用很大精力整个地修改了这一部分。在这方面,格伦广泛地吸取了美国实用主义,特别是美国社会学家米德(George Herbert Mead,1863—1931)的观点。关于格伦与米德社会学观点的关系,卡尔·希格伯尔德·列贝格(Karl-Siegbert Rehberg)曾在其论著《关于各主体间的理论是研究人的学说》(*Die Theorie der Intersubjektivität als eine Lehre vom Menschen*)中作了深刻的分析。

在格伦的哲学人类学理论体系中,对当代西方社会政治和社会制度建设发生直接影响的部分,是他的关于"制度"的学说(Die Institutionenlehre)。这一学说的核心内容是在他的《原始人与晚期文化》一书中阐发的。

在阿贝尔等人主持和组织的"实践哲学与伦理学"电台讲座讨论会上(Das Funk-Kolleg Praktische Philosophie-Ethik,1980),哲学家们在探讨一系列关于人类行为、社会道德及政治制度等有重大现实意义的理论问题的时候,是从格伦的制度学说出发的。格尔哈德·普鲁姆普伯(Gerhard Plumpe,1946—　)在提出"人类为何需要伦理学?"的问题时,强调格伦的制度学说从人的主体的自律性出发,重视人的意志自由和行为自主对于人的社会特性的决定性作用。阿贝尔本人在《哲学的改造》第一卷中也以"阿尔诺德·格伦的制度哲学与语言的制度化"为题专门分析制度学说的内容及哲学意义。

格伦的《原始人与晚期文化》(*Urmensch und Spätkultur*) 分为三大部分:第一部分——制度(Institutionen),其中包括二十四小节,分别论述人的行为借着工具等实际的合理手段,达到使自己的意图在对象中具体化和物化的目的。在这里所论述的各个重要概念,实际上已在《论人》的第一至二十四节中有所分析。在那里,格伦把"工具"(Werkzeuge)、"行为"及"目的"等看做是人类共同行为(Zusammenhandeln)中的组成因素。

在《原始人与晚期文化》的第一部分中,格伦试图在落后民族的晚期文化中,在他们的礼仪、交往、习俗等共同行为的"组合模型"(Ordnungs-mustern)中寻求人类社会中长期不断发展的"共同行为"的制度化的原型(Urform der Enstehung von Institutionen)。

但是,格伦在历史研究中,与法国社会学家杜尔凯姆等人很类似,几乎认为这些制度的形成和发展无须进行历史论证,而只需指出它们是"背着参与者自行形成的"(sich hinter dem Rücken der Beteiligten bilden)。这就是说,这些制度在实际上并不是人们有意地或按照预订的合理计划去建立。关于这一方面,可以与杜尔凯姆的《宗教生活的基本形式》相比较。

所以,在《原始人与晚期文化》的第一部分中,格伦以对制度的分析为杠杆,分别分析工具、实验性的行为、超越、习惯及习惯之外化、作为目的自身的行为、分工和制度、外化、生产性、动机的物化及相互性(Ge-genseitigkeit)等概念。

各种不同的制度为人们提供了活动的机制(Mechanismen),其中主要是"相互关系原则"(das Gegenseitigkeitsprinzip)及"存在中的价值自身"(Selbstwerts im Dasein),等等。

格伦认为,可达到的最高的精神境界(Höchst geistreich)乃是高度稳定的聚精会神的功能(die Funktion der Spannungs-Stabilisierung);而"礼貌"(Höflichkeit)和相应的"冷静"(Ku hle)的可能境界则是善的表现。

《原始人与晚期文化》的第二部分是以论述远古文化问题(Probleme archaischer Kulturen)为中心,区分动物与人类的本能,并分别分析"不确实的知觉"(unwahrscheinliche Wahrnehmungen)、"不确定的义务"(Unbestimmte Verpflichtungen)、礼仪、图腾、神话、魔术及幻觉等概念,试图找出原始文化与原始社会的价值的形成条件,并在此基础上论述格伦的基本论点,即原始人的礼仪习俗行为隐含着"形成制度的力量"(die institutionenschaffende Kraft der darstellenden oder ritualisierten Verhaltens)。

在原始人的礼仪中,在任何一种运动形式的单纯地有节奏的动作中,都已经包含了形成制度的各种行为的基本因素。

《原始人与晚期文化》的第三部分是"三种行为方式和三种对世界的看法"(Drei Handlungsarten und drei Weltansichten),其中包括三个小节和两节附录索引。这一部分是对原始人的魔法、神话和图腾所进行的人类学说明,揭示其中包含的文化价值。与此同时,格伦把社会生活的各种连续形式同现代社会中"被行为过滤出来的文化"(vom Handeln abgefilterten Kultur)加以对比和分析,为格伦在《道德与超道德》一书中对现代社会及其文化的批判作准备。

格伦在1975年1月为《原始人与晚期文化》的第三版写序时指出,为了揭示人的本质,他不得不重新研究人类早期宗教及原始文化,如同马克斯·韦伯在《关于宗教社会学论文集》(Gesammelte Aufsätze zur Religionssoziologie)中所论述的那样。格伦认为,韦伯所说的产生于放纵行为与戏剧性魔术的崇拜,是一切神话的正常起源。正是这个基本观点成为格伦的制度理论的起点。

格伦在序言中指出,在人类历史上存在着三种"文化开端",即从狩猎和采集生活到定居生活并到农业经营生活的过渡。那是在新石器时代发生的。接着,出现了一神教和看不见的神;与此同时并与此相适应,人们对于外部世界的崇拜也相对地消失。在每次发生宗教信仰变化的情况下,人类的意识结构也发生了变化。

所以,格伦是在原始人的宗教观念、文化价值以及生活习俗的变迁中去寻求那些约束着人类行为的各种"制度"的原始形态及根源的。

格伦的制度理论主要包含以下几个内容:

第一,人类是行为生物(handelndes Wesen),因此,关于人类及其文化本质的研究,其基本内容就是"关于行为的学说"(Handlungslehre)。

第二,作为一种历史的生物,人类在世代相传的历史生活过程中,一方面通过人类的行为"消耗"或"消费"着历史的现实性,另一方面人类精神和意识在历史延续的行为中所积累着的经验和智慧也自然地在各种制度中巩固下来和沉积起来。

第三,各种制度,诸如"国家"(der Staat)、"家庭"(die Familie)以及各种经济的和法律的权力(die wirtschaftlichen und rechtlichen Gewalten)一旦形成,便同人类本性所决定的人类行为的自律性相反相成。

第四,人类意识在人类生活中始终起着决定性的作用。格伦认为,观念的灵活性(die Versatilität des Vorstellens)是当代意识结构的一个基本标志,因此,必须深入探索意识结构的特殊性及其功能,并在人类行为的规范及制度中找到其解释的根据。在人类行为中始终贯彻到底的动机和目的两个基本因素,是各种行为制度形成、发展和演变的最终因子。行为中的动机与目的所形成的各种极其复杂的关系及其演变的可能性,是各种制度赖以形成和发展的根据。各种制度实际上是人类行为中的动机和目的在历史过程中长年累月地相互调整的结果,是逐渐地稳定下来的、采取物化形式而出现的人类精神与自然对象相互作用的产物。

从另一个角度来看,各种制度又可看做人类内在地固定化的标志。格伦在《原始人与晚期文化》的第十节中具体地分析了人类通过制度而内在地固定化(Innenstabi lisierung des Menschen durch Institutionen)的过程。但通过自然界而非稳定化、可塑化和可变化的那些领域是在整个制度体系中延续下来的。那些未被专门化的本能,那些通过学习而可变更的行为以及语言等,就是上述本来在自然中演变但又在制度中内在地固定下来的人的基本特性。

如前所述,格伦的制度理论构成他的哲学人类学体系的核心部分,也对当代社会制度的建设以及对当代伦理学研究产生深刻的影响。在前述的由阿贝尔等人主持和组织的"实践哲学与伦理学"电台讲座讨论会上,参加者围绕着格伦的制度理论对当代伦理学建设的一系列重大的基本问题展开了讨论。讨论的中心是格伦在《人类学研究》上所发表的《人与制度》("Mensch und Institutionen")一文的意义。在这篇集中谈"制度"的论文中,格伦认为,依据人类主体的自律性(Autonomie des Subjekts)及其意志自由和行为自由,可以使人类社会得以形成和责任化(die Formen und Verpflichtungen menschlicher Sozia litat)。

如前所述,人与动物相比,具有两个突出的特点:"缺乏本能"(Instinktarm)和"对世界开放"(Weltoffen)。人类的这种先天的不足显然要求通过实践理性和伦理学的反思来补偿,以便求得人类在自然界的生存并确保其在宇宙中的地位。

本来,人类的特点并不是在于人的精神的优越性,而在于人的行为中所体现的高度理智性。因此,格伦主张对人的有理智的行为进行深入的分析,这恰巧是格伦的制度理论的出发点。

人类行为中所体现的高度灵活性和理智性就是上面已经提到的精神的主观独立性和自律性。它们是同人的意志自由和行为自由密切地联系在一起的。

精神的主体性是它的自律性、人的意志自由及行为自由的基础。精神的主体性是人的一切奥秘的最终根源。格伦认为,人的有理智的行为及由此而来的道德性,如果没有人类精神的主体性,是难以成立和不可设想的。正因为精神具有不可撤换的主体性,要求高度自由的人类意志及有理智的行为才能在制度化的现实生活中体现出灵活的自律性。

但是,格伦在分析人的行为时说,同动物相比,人固然有其优越的精神活动的多样性和独立性,但又恰巧这一点衬托出人"在生物学上的无能"。

人缺少动物所具有的本能的适应能力,对生活环境的反应不如动物那样直接和敏捷,缺乏生物学机能的专门化。人的行为的这种生物学上的弱点使人对自然环境的反应迟钝,经不起自然环境和社会条件的突变,使基于人的生物学要求的许多行为难以在现实中持续下来。更确切地说,凭着人的弱于动物本能的生物学结构,人在原始的、未经开发的、荒芜的自然环境中的生活能力,是远远地低于动物的。

正因为这样,人类自然地倾向于避开现成的生活环境,力图发挥其有理智的行为的威力,宁可在改变世界的实践中开辟一个适应其内在精神要求的新世界——这种新世界甚至可以完全不顾及前此已存在的、现有的自然条件,只要达到其内在要求便可。

人在实践行为中表现的高度理智性及独立性,乃是生物学上的无能的补偿和抵消。人类在生活中的各种有理智的行为,特别因借助于"工具"和其他发明物,而远远地超过因生物学上的无能而给人带来的不便和不利。这样一来,人的有理智的行为越是获得进展,人越想扩大其基于精神主体性而实施的有理智行为的威力。但是,这一切只是问题的一个方面。

格伦在其制度论上还看到了问题的另一方面。格伦认为,生物学上的无能又因人的精神活动的多样性和多变性而加剧人的生存的危机。人的精神的主体性使人产生过多的激情和向往,给人自己增加了难以忍受的"负担"。正是为了调整精神活动的多样性和疏导日益沉重的精神负担,为了缓和人的精神的紧张状态,协调社会的人的多种行为与多样而又多变的要求所产生的不均衡状态,人类才建立起一系列的制度,规定权力、所有制、家庭及各种社会关系。就这一点而言,各种制度又具有释负功能(die Entlastungsfunktion der Institution)。格伦的制度论为格伦的学生赫尔姆德·谢尔斯基进一步所发展。

谢尔斯基在其所著《科学文明中的人》(*Der Mensch in der Wissenschaftlichen Zivilisation*,1961)的论文中试图根据现代社会的变化对格伦的制度论进行适当的改造。

但是,哈贝马斯和狄德利斯·博埃勒(Dietrich Böhler,1942——)等人严厉地批判了格伦的制度论及其整个哲学人类学的反辩证法的、反批判的及保守主义性质。

卡尔·奥托·阿贝尔在《哲学的改造》第一卷中专设一节评论格伦的制度观对语言的论述。阿贝尔一方面肯定格伦的"语言制度化"的观点,另一方面也批评了格伦对语言的制度化理论的形而上学性质。阿贝尔和哈贝马斯一样,认为格伦未能深入揭示语言的"交往功能"及其在人类生活中的重要地位。

格伦的哲学人类学的第三个重要组成部分,便是他在《道德与超道德》一书中所论述的关于社会调节理论。

《道德与超道德》(*Moral und Hypermoral, Eine Pluralistische Ethik*)初版于 1969 年,由前言与十二节文字组成,概括地总结了各个重要的哲学家、社会学家和人类学家的多元论伦理学理论,分析这些重要理论对当代人类思想和行为的影响。整个著作是以阐述道德理论为基本内容的。正如格伦在该书前言所说:"伦理学上的冲动与呼吁,实际上在本书中被理解为社会调节"(In der Tat werden hier ethische Impulse und Appelle als Sozialregulationen aufgefasst)。

格伦对于道德研究的一切推论都是基于"人是文化生物"这一概念之上。"人在本质上是一个文化生物"(der Mensch ist von Natur ein Kulturwe-sen),所以,人类才有可能以道德制度及准则来调节其行为,形成一个社会共同体。

实际上,格伦的"道德论及社会调节论"乃是他的制度论的核心部分。同语言、国家、家庭等其他制度相比,道德制度是带根本性的,是人的文化生物本质的决定性因素,也是其他一切制度得以实施的前提。

同时,作为形而上学的反对者,格伦试图以其更为具体化的伦理理论取代启蒙运动时代伏尔泰等人的较为抽象的伦理学原则和格言。在《道德与超道德》一书中,格伦搜集了已经发表过的六篇论文及一些新写成的论文,试图把伦理学的研究任务与人类学、行为研究及社会学联结成一个统一的整体,使伦理学建立在更为具体的经验基础上,并凸显出四个最基本的伦理形式:基于相互性而发展出来的伦理原则(das aus der Gegenseitigkeit entwickelte Ethos);一种多样的、符合本能的和可达到的以及基于行为生理学原则的调节准则,使伦理学真正符合幸福主义(Eudaimonismus)原则,成为福利的伦理学(Ethik des Wohlbefindens);与家庭有关的道德行为及一切与之有关的人道主义原则;关于制度(包括国家在内)的伦理学。

据法国社会学家乔治·索列尔(Georges Sorel, 1847—1922)在《古代社会的崩溃》一文中所分析的,雅典社会在伯罗奔尼撒战争之后的社会崩溃是同当时的社会道德败坏相联系的。格伦引用了索列尔的研究成果,比较研究了 1945 年德国战败后的社会结构与社会道德状况,强调建立人道主义的、幸福主义道德的必要性,并主张发挥知识分子的作用,以取代国家的滥用权力的状况。

《道德与超道德》的最后一部分是格伦对 20 世纪 60 年代后德国社会政治与道德状况的评论,其中包括他同康拉德·洛连兹(Konrad Lorenz)与哈贝马斯的争论性论文。格伦曾在批评 60 年代末左派学生运动的文章中论述道德原则及人道主义精神在维系社会关系中所起的重要作用。他的学生谢尔斯基继承格伦的这种保守主义精神,试图以卫道士的面目批评左派知识分子的叛逆行为。

在格伦与哈贝马斯之间,争论的问题很多,但主要的是关于相互性概念的意义及其与道德的关系。在《常规的还是交往的伦理学?》("Konventionelle oder kommunikative Ethik?")一文中,哈贝马斯主张用交往伦理学取代基于相互性概念而形成的伦理学。

总之,格伦的哲学人类学的基本内容是对于人的行为的分析,而他的行为哲学的核心则是所谓"制度论"——格伦的哲学人类学三部曲《论人》、《原始人与晚期文化》与《道德与超道德》构成了他的制度论哲学人类学的理论建设,对于当代哲学、伦理学和社会学的研究产生了重大影响。

第六节　赫弗的正义论

奥德弗里德·赫弗(Otfried Höffe,1943—　)是瑞士弗莱堡大学伦理学和社会哲学教授,并任该校国际社会哲学与政治研究所(Internationales Institut fur Sozialphilosophie und Politik)的所长。1994 年以来,赫弗到图宾根大学主持政治哲学研讨会。他同罗尔夫·盖格(Rolf Geiger)、达尼尔·勒维(Daniel Loewe)、让·克里斯多夫·默尔勒(Jean-Christophe Merle)、亚历山德洛·宾扎尼(Alessandro Pinzani)、尼可·斯卡拉诺(Nico

Scarano)以及沃尔夫冈·施罗德(Wolfgang Schröder)一起,广泛地探讨了当代政治哲学的基本论题,已经成为了德国政治哲学研究的一个重镇。

在关于行为问题的争论中,他从社会哲学与伦理学的观点出发,论述了他的起自亚里士多德实践哲学的所谓"行为规范基本模式的合理性结构"的观点。他的主要著作包括《实践哲学——亚里士多德的模式》(*Praktische Philosophie-Das Modell des Aristoteles*, 1971)、《人的战略:论公众决定过程的伦理学》(*Strategien der Humanität. Zur Ethik öffentlicher Entscheidungspro-zesse*, 1975)、《道德的和政治的言谈》(*Sittlich-politische Diskurse*, 1981)、《康德》(*Immanuel Kant*)、《论政治正义》(*Politische Gerechtigkeit, Grundlegung einer kritischen Philosophie von Recht und Staat*, 1987)、《论约翰·罗尔斯的正义论》(*Über John Rawls'Theorie der Gerechtigkeit*, 1977)以及《霍布斯及其人类学和国家论哲学》(*Thomas Hobbes:Anthropologie und Staatsphilosophie*, 1981)等。

赫弗高度重视亚里士多德和康德的实践哲学基本原则,强调人的理性本质及其对人的行为的指导意义。因此,在他的《论伦理学与政治:实践哲学的基本模式和基本问题》(*Ethik und Politik Grundmodelle und Probleme der praktischen Philosophie*, 1979)一书中,他从亚里士多德关于人的本质的论述出发,论证人的理性本质、语言天赋及其政治生物本性的辩证的统一。在赫弗看来,这是探讨人的行为及其规范的基点。赫弗认为,在世界范围内的哲学讨论中,问题越来越集中到伦理学、社会与政治的三重关系上。在他看来,在德国兴起的实践哲学研究热,无非是为了指导个人和政治生活领域中的善的和正义的行为。这就是说,为了达到真理与正义,必须同时地从符合伦理原则的正确行为、符合正义的政治秩序和达到哲学真理高度这样三个方面出发。赫弗反对把问题简单地委托给经验性的自然科学和实证科学去论证,也反对用简单的政治手段来解决。显然,赫弗是基本上赞成哈贝马斯的社会批判的交往理论的。接着,赫弗对于美国哲学家约翰·罗尔斯(John Bordley Rawls, 1921—2002)的正义论进行了分析性的批判。

罗尔斯的正义论从洛克(John Locke)、卢梭和康德的社会契约思想为基础,论证民主制的道德价值,强调正义是最基本的美德,就像真理性应成为理论理想体系的支柱一样。但罗尔斯也指出,正义还有赖于社会合作,要严格区分对制度来说和对个人来说的正义原则。他要求调节人们的行为,创造出社会合作的结构。

赫弗在指出了约翰·罗尔斯正义论的康德主义痕迹之后,主张以公众的、公开的作出决定(Offentliche Entscheidungs findung)作为在政治上达到正义原则的基本模式,作为有条理的交往过程的基本方式。他认为,这种基于对人的行为的研究、旨在调整正义与理性的关系的"公开的作出决定"的模式,乃是政治正义化的基本战略原则,也是高度发达工业社会内重建伦理的、实用的政治制度,实现人道主义和享用科学技术成果的目标。

2004年后,赫弗的研究重点是"理性还是强权"(Vernunft oder Macht)。赫弗试图以理性和权力的相互关系为主轴,结合 20 世纪 70 年代以来权力理论的新发展态势,再结合近年来美国等西方国家的自由民主制内越来越倾向于"强权政治"的趋势,进一步伸张正义,强调改革现代民主制的迫切性。在研究过程中,赫弗重点地讨论规范性民主制理论(normative Demokratietheorie)、制度及个人伦理(Institutionen-und Individ-ualethik)、国家的公民道德性和公民本身的伦理的关系以及合理的道德心理学(rationale Moralpsychologie)的问题。赫弗认为,所有这些具体的问题,都关系到当代民主制的存亡。

第七节　哈耶克的自由主义

哈耶克(Friedrich August von Hayek, 8, 5, 1899—23, 3, 1992)出生于奥地利的维也纳,其父系三代在大学执教。从小就受到家庭的良好的教育,特别受到数学和逻辑思维训练,使他树立了精确思维的习惯。18 岁时,正是奥匈帝国哈布斯堡王朝分崩离析的关键时刻,他考入维也纳大学法学院,研究法学和经济科学。1921 年获法学博士。但哈耶克最早感兴趣的学科是哲学和心理学。哈耶克一边学法学和经济,以便研究哲学和心理学,细心撰写《感觉的秩序》书稿,尽管这部书稿迟至 1952 年才正式出版。他在这部著作中,已经天才地看到了感觉作为人对世界的诠释模式的本质。他认为,感觉归根结底是以现存秩序模式作为前提条件。因此,感觉就是一种诠释,是对各种印象的分类。所以,感觉始终只是依据主观分类的兴趣而选择某一特定情况的一个方面。感觉因此不是客观的事实的反映,而是以预先存在的范畴类别而对对象进行抽象连接的结果。而且,哈耶克还强调:感觉在很大程度上还可以形成一种习惯性联结方式,促使主观意识活动依据特定的模式对事物进行分类化选择。这就是哈耶克早期的心理学思想,也是他后来形成的文化进化论的基本观点的最早表现。他在这种知识心理学的观点的支配下,坚持主张对于人来说,获得知识和应用知识,并非绝对受意识支配的活动,而是在很大程度上决定于未经大脑思考的习惯性动作。这就使哈耶克从最早的时候起,就已经形成了后来他在维也纳大学跟随门格尔(Karl Menger,13,1,1902—5,10,1985)教授进行国民经济研究的基本方法论基础。

1923 年,哈耶克又获社会政治学博士。从那以后,他追随维也纳大学经济学家维兹尔(Friedrich von Wieser,1851—1926)教授,并积极参加由米瑟斯(Ludwig Edler von Mises,1881—1973)教授领导的研讨会,同阿尔弗列特·舒兹(Alfred Schütz,13,4,1899—20,5,1959)和菲利克斯·考夫曼(Felix Kaufmann,4,7,1895—23,12,1949)结识。从此,哈耶克走上了研究自由主义市场经济的漫长道路。

按照门格尔和维兹尔的方法论原则,人始终是作为个人而思考和行动;而个人的思想和行动所依据的,不是抽象的、远离其个人经验的概念。正是个人在实际生活的长期经验中,确认他自己的思想和行动的原则。一切抽象的大道理总是缺乏经验上的依托和证据,很难在个人的思想和行动中获得实际的认同。

1923—1924 年,哈耶克到纽约进行研究工作,并在哥伦比亚大学听课。回国后,哈耶克发表了论货币的著作,并与米瑟斯一起创建奥地利经济周期研究所(Österreichisches Institut für Konjunkturforschung)。哈耶克在 1927—1931 年间担任该所所长,并在 1929 年受聘在维也纳大学担任教授职务,1931—1950 年受伦敦高等经济学院的邀请担任教授。哈耶克在维也纳任教期间,结识了一批优秀的经济学家,他们是哈伯勒(Gottfried von Haberler)、马赫拉伯(Fritz Machlup)、摩尔根斯泰因(Oskar Morgenstern)、斯特里戈尔(Richard von Strigl)和布劳恩(Marthe Stephanie Braun)等。

哈耶克的社会科学理论,在很大程度上受到牛津大学科学家和哲学家米凯尔·波拉尼(Michael Polanyi,12,3,1891—22,2,1976)的影响。

哈耶克主张使社会制度以市场经济竞争为榜样,促使整个社会生活实现彻底的自由化。所谓自由化,根据他的看法,就是最大限度地按照自然的运作模式来生活和行为。任何干预,不管借口科学还是打着真理的旗号,都无济于事,只能破坏原有的自然秩序,导致人类自己无法预想的灾难。

真正的自然秩序就是最合理的制度的原型。人类无论怎样把自己用理智或知识武装起来,都不能使自己超越真正的自然力量。

国家作为社会的产物,只能是是社会服务,而不能反过来立在社会之上,对社会进行自以为是的干预。

哈耶克由他的有限理想概念和社会的自发秩序导出他的自由权利概念。

由于经济学背景的影响,哈耶克提出"自发的秩序"这一核心概念。他认为,如同市场机能(market mechnism),语言文字、社会习俗、法律以及工业技术,等等,都是在社会长期演化过程中逐渐形成的,它们并不是由某个人或某些人运用他们非凡的理性,刻意设计出来的,而是在社会中的个体成员在选择、争取各自目标的行为过程中自然形成的。正如在市场机能中,社群成员在各为其私的过程中出现的供求关系,无形地调节着市场,在个人寻求自我利益的过程中同时也自然地满足了社群的公共利益。因此,哈耶克相信,只要社会中的每一成员都自己选择目标,自由地实现自我,自然会形成一种由社会内部自我成长的秩序(self-generating order)，也就是"自发秩序"。这与认识到个人理性有限的有限理性概念是一致的，社会的发展不是诉诸某个人超凡的理性，而是在于成员个人的自我选择和追求。

自发秩序不是诉诸外部命令的人为秩序，它是依据自由原则的规律自然形成的。这种自由原则是古典自由主义"限制政府权力，以保障个人自由"的有限政府(limited government)原则，也就是宪政主义(constitutiona-lism)或法治原则(general law)。哈耶克认为，法律的本质是规律所具有抽象性和普遍性，不是命令所有的一时性和特定性，与当权者的任意决定不同。

在以自由原则为基础的法律范围内，哈耶克把他的自由观念限定为"法律下的自由"(liberty under the rule of law)。因此，可以说，哈耶克的自由不是个别的、特定的权利，而是普遍性的权利。哈耶克捍卫自由，反对当代平等主义。他主张人人皆有自由在法律面前拥有平等的竞争机会，坚决反对平均化，反对经济上通过财富再分配实现的平等。

第八节　阿克瑟尔·霍内兹的社会哲学

阿克瑟尔·霍内兹(Axel Honneth，1949—　)是第二次世界大战后年轻一代的社会哲学家。他原是哈贝马斯的学生，曾经长期追随哈贝马斯探讨社会批判理论的改造新途径，研究沟通行动理论，探索针对当代社会与政治问题的主要理论研究方向。

作为哈贝马斯的学生，他继承了法兰克福学派的批判理论，并从2001年起，担任法兰克福大学社会研究所的所长。一般说来，阿克瑟尔·霍内兹被认为是"法兰克福学派的第三代"的最重要代表人物。

阿克瑟尔·霍内兹从1969年起，先后在波恩大学、波鸿大学和柏林大学攻读哲学、社会学和德国语言文学。当哈贝马斯在20世纪60—70年代对社会批判理论进行语言哲学和沟通理论的改造的时候，阿克瑟尔·霍内兹积极地参与由哈贝马斯组织的一系列研讨会,成为哈贝马斯的助手,为哈贝马斯编写和出版了关于社会批评理论及沟通行动理论的文集。1977 年,阿克瑟尔·霍内兹在柏林自由大学担任社会研究所的助理研究员。1982 年,在哈贝马斯的推荐下,阿克瑟尔·霍内兹参加在慕尼黑的马克斯·普朗克社会科学研究所(Max-Planck-Institut für Sozialwissenschaften)的研究工作。1983 年,阿克瑟尔·霍内兹担任法兰克福大学助理教授。1990 年,阿克瑟尔·霍内兹在法兰克福大学获得大学哲学教授资格文凭。1991 年,他到康斯坦斯大学任教。1992 年起,担任柏林大学的奥多·茹尔研究院(Otto-Suhr-Institut)的政治哲学教授。1995—1996 年,阿克瑟尔·霍内兹应纽约社会科学研究新院的邀请,担任客座教授,然后,自 1996 起,他正式地成为法兰克福大学教授。

自从 2001 年担任法兰克福大学社会研究所所长之后,阿克瑟尔·霍内兹的研究重点是以马克思主义的物化(Verdinglichung)概念为基础的"承认哲学"(Philosophie der Anerkennung)。这是类似哈贝马斯的沟通哲学的一种建立在主体间相互承认的基础上的新型社会哲学,试图通过对伦理学的改造,建构一个适用于当代社会的"言谈沟通伦理",在人与人之间的合理沟通过程中,形成稳定的合理的人际关系。在这方面,阿克瑟尔·霍内兹还重点地借助于当代心理学、精神分析学和社会学的成果,试图重建社会批判理论。

阿克瑟尔·霍内兹的代表作有:《正义的另一种:实践哲学论文集》(*Das Andere der Gerechtigkeit. Aufsätze zur praktischen Philosophie*, Frankfurt/M, 2000)、《对黑格尔法哲学的重建》(*Leiden an Unbestimmtheit. Eine Reaktualisierung der Hegelschen Rechtsphilosophie*, Stuttgart, 2001)、《对承认理论进行精神分析学的改造》("Das Werk der Negativität. Eine psychoanalytische Revision der Anerkennungstheorie", in *Werner Bohleber/Sibylle Drews Hrsg., Die Gegenwart der Psychoanalyse-Die Psychoanalyse der Gegenwart*, Stuttgart 2001, S. 238 – 245)、《为承认而努力》(*Kampf um Anerkennung*, Frankfurt/M, 2003)、《非整合化:对时代的社会学诊断》(*Desintegration-Bruchstücke einer soziologischen Zeitdiagnose*, Frankfurt/M, 1994)、《沟通行

动论文集》(*Kommunikatives Handeln*. Mit Hans Jonas, Frankfurt am Main,
2002)、《德国哲学与德国政治》(*Deutsche Philosophie und Deutsche Politik.*
Frankfurt am Main, 2000)、《自由的辩证法》(*Dialektik der Freiheit.*
Frankfurter Adorno-Konferenz, 2003)、《权力批判》(*Keitik der Macht.*
Frankfurt am Main, 2000)以及《论物化》(*Verdingchilung-Eine anerkennungs-
theorie Studie.* Frankfurt am Main, 2005)等。

　　首先，阿克瑟尔·霍内兹作为哈贝马斯的得意门生，继承和发扬了哈贝马斯的合理沟通行动理论，强调一切社会批判都必须把合理沟通当做首要标准和基本手段，同时，阿克瑟尔·霍内兹又深入地吸收美国社群主义政治哲学的研究成果，并采纳美国社会学家米德的象征互动论的研究方法，试图建构一个以各主体间相互"承认"为基础的合理社会。

　　阿克瑟尔·霍内兹把他的老师哈贝马斯的沟通行为理论同法国解构主义思想家福柯等人对当代社会文化的批判理论结合起来，创建一种新型的"承认理论"(Theorie des Anerkennung; Anerkennungstheorie)，集中批判当代社会权力运作的策略，寻求公民政治权利的合法性的扩大。阿克瑟尔·霍内兹认为，阻碍当代社会公民合法权利的因素，主要是来自统治阶级对权力的垄断以及他们对公民权利的忽视。阿克瑟尔·霍内兹试图发扬法兰克福学派的社会批判精神，以哈贝马斯的沟通合理性概念为核心，吸收福柯等人的新权力观点，同时发扬美国社会学家米德的象征互动论的传统，改造黑格尔早期的法哲学思想，强调主体间性相互沟通及相互理解的中介地位，在普通日常语言运用的背后，寻求一种被称为"后形而上学"的语言，以便重建在当代社会中已经日益衰落的道德理性，维护道德重建与经验生活世界的紧密关系。

　　阿克瑟尔·霍内兹认为，为了实现上述目标，最关键的是寻求"承认"的合法地位，并在合理沟通过程中实现"承认"在公民社会公众生活中的有效性。"承认"不仅是公民间的主体间性关系合理建构的基础和结果，而且也是公民与国家间达成共识的基本手段。为此，必须维护实现"承认"的三大条件：爱、权力和团结。在此基础上，才有可能使道德衰败的当代社会改造成为具有道德规范的合理社会。显然，阿克瑟尔·霍内兹把道德伦理因素当成实现公民社会合理承认的关键。阿克瑟尔·霍内兹认为,相互承认是实现理想社会规范化的基础,也是批判当代社会权力滥用现象的重要手段。

阿克瑟尔·霍内兹认为,单纯停留在合理沟通的层面上,还不足以建构一个稳定的合理的公民社会,重要的问题,就是要立足于合理沟通协商所取得的主体间性合理关系网络的建构,进一步使主体间性不仅在个人之间,而且也在个人与各个群体之间达成相互间平等身份的确认。

阿克瑟尔·霍内兹所说的"承认",包含三个主要的层面:第一,是个人间的相互承认,指的是个人间相互尊重彼此的平等的身份;第二,指的是个人与社会整体的相互承认,强调个人对自己所自愿确认的社会的承认以及社会对其各个平等的成员的基本权利的确认,在这个领域中,实现合理的承认就意味着合理实现个人的社会化和社会整合化;第三,指的是掌握权力的不同层面的社会机构对于个人身份的尊重以及各种权力的正当性地位的确立,在这个意义上的承认,就意味着个人与社会权力的相互承认关系。

阿克瑟尔·霍内兹的社会哲学的出发点,就是把实用主义者米德和青年黑格尔的基本思想协调起来,并以此为基础,论述由主体间性共同承认并合理建构的社会的基本性质及其运作机制。阿克瑟尔·霍内兹指出:"社会生活的再生产服从于相互承认的律令,因为只有当主体学会从互动伙伴的规范视角把自己看做是社会的接受者的时候,他们才能确立一种实践的自我关系。不过,只有当这个一般前提包含一个动力要素的时候,它才具有解释的效率。所以,上面提到的律令,坚实地扎根于社会生活过程中,它提供了规范上的压力迫使个体逐步解除施加于相互承认意义上的约束,因为只有这样,个体才能在社会中表达不断扩展的主体性要求。在这个意义上说,个体化的类历史过程,是以相互承认关系得到不断扩展的事实作为基本前提。但是,只有把这种发展假设再次与社会生活过程中的事件联系在一起,它才能成为社会理论的基石。正是社会群体的道德斗争,即他们的集体的努力,才有助于在制度上和文化上建立起新的相互承认形式,并由此使社会变革在规范的意义上成为可能。"

关于相互承认的形式,阿克瑟尔·霍内兹首先肯定了米德和黑格尔所作出的理论贡献。正如阿克瑟尔·霍内兹所指出的,虽然米德没有适当地更换黑格尔学说中具有浪漫意义的"爱"的概念,但他毕竟也像黑格尔一样,区分了三种不同的相互承认形式,即(1)对应于爱的关系的"情感关怀";(2)不同于法律关系的"友谊";(3)与团结相联系的"赞许",而所谓团结指的是一种给予承认的特殊的方式。在黑格尔那里,三种互惠性模式在主体自主性和相互关注的每一阶段同步增长的意义上,就已经反映在特殊的个人概念之中。但是,只有到了米德,黑格尔那里隐含的直觉认识,才在系统意义上被设定为一种经验的假设。至此,个人的自我关系在三种承认形式的系列运动中渐渐发展成积极的关系。而且,两位思想家都努力把不同的承认形式,放在社会再生产的不同领域中。黑格尔在早期政治哲学中区分了家庭、市民社会和国家;而在米德那里,我们也能辨别出一种趋势,把法律关系和劳动领域,设定为普遍化他者的两种不同表现形式,从而与具体的他者的原始关系区分开来。

显然,在阿克瑟尔·霍内兹看来,区分社会一体化主要取决于情感依附、权力赋予和共有的价值取向。而阿克瑟尔·霍内兹对黑格尔和米德所肯定的,就是把互动的三个领域,追溯到相互承认的不同模式那里,而且每一种模式都对应于道德发展的特殊潜能和个体自我关系的不同类型。正是在这样一种认识的基础上,阿克瑟尔·霍内兹重建一种承认理论,强调在爱、法律和团结的三种关系模式中具有三种潜能,这就是承认媒介、成为可能的自我关系形式以及道德的发展。

显然,阿克瑟尔·霍内兹继承哈贝马斯的合理沟通行为理论,不仅继承和发展其中的基本理论概念,而且也继承了其基本方法,特别重视吸收美国社会学理论和方法的成果,以至阿克瑟尔·霍内兹能够重点地围绕米德的社会学经验主义方法,重建黑格尔关于公民社会的理性主义政治哲学,使他的研究能够较为全面地吸收欧美关于公民社会主体间关系的政治理论和道德学说,建构起一个试图适用于当代社会基本特征的新政治哲学。

在谈到承认学说的基本核心时,阿克瑟尔·霍内兹指出,我们基本上满足于用经验的概念分析来提出问题。由此得出的结论是,随着向现代性的过渡,个体权利与具体的角色期待分离开来,因为个体权利在原则上必须归属于作为自由存在的每一个个体。如果这种简单的说法正确的话,这就已经间接地指出了法律承认的新的性质。我们可以明确认为,对于传统的法律关系,承认某个人是一个法人,在某种程度上仍然依存于依据他们的社会地位而赋予他们的社会重视。这种共同体的传统伦理,构成了一种规范境域,个体的多种权利与义务,在这一境域之中仍然同社会合作体系中的不同使命相联系。所以,法律承认,仍然是按照每一个作为角色承担者的主体所享有的重视程度而被等级化了;这种关系,只是在使法律关系服从后,在传统道德要求的历史过程中,才逐渐被打破。

阿克瑟尔·霍内兹认为,在现代社会中,个体化和独立化主体之间对等重视的社会关系,代表着社会团结的必要条件。在这个意义上说,彼此对等重视就意味着根据价值互相评价,这就使他者的能力和特性,也对共同的实践产生意义。这种关系就可以说是"团结",因为他们不仅激起被动的宽容,而且还激发了对他者个体性和特殊性的切实可感的关怀。人的完整性,如果不是仅仅在抽象的讨论的层面上来探讨,而是在我们的日常生活以及在日常语言的运用中来体验,也就是说,是在可以直接感觉到和检验到的现实社会中来观察的话,归根结底就决定于我们自身始终都在努力辨认的认可和承认的模式。而且,也只有在日常生活中可以体验和鉴定的承认实践和模式中,我们才能确切地感受到自身的人格及社会地位,同时也感受到生活本身对我们自己的实际意义。

第九节　赫尔穆特·柯因的法哲学

赫尔穆特·柯因(Helmut Coing,1912—2000)是法兰克福大学法哲学教授。早期曾在基尔大学、慕尼黑大学、哥定根大学以及法国的里尔大学攻读法学。1935年在哥定根大学获得法学博士学位之后,到法兰克福大学接受埃里斯·根兹默(Erich Genzmer)教授的指导,进行博士后研究,并获得哲学教授资格文凭。1941—1948 年,他担任法兰克福大学的古罗马法与公民法教授,并同时讲授法哲学的课程。1955 年,赫尔穆特·柯因升任法兰克福大学校长。从那以后,赫尔穆特·柯因除了继续进行他的法学和法哲学研究工作以外,还担任了学校和研究工作的行政官员,并在 1964 年创立"马克斯·普朗格欧洲法历史研究院"(Max-Planck-Instituts für europäische Rechtsgeschichte),并担任院长,直至 1980 年退休为止。期间,他还担任过马克斯·普朗格协会的副主席等领导职务。由于赫尔穆特·柯因在法学和法哲学研究的重大成果以及他在科学研究领导工作中的重大贡献,使他多次得奖,并成为多所著名大学和科学研究机构的荣誉教授。

　　赫尔穆特·柯因的著作很多,其中包括:《论 1578 年法兰克福改革以及当时的公共法》(*Die Frankfurter Reformation von 1578 und das Gemeine Recht ihrer Zeit*,1935)、《罗马法在法兰克福的采用》(*Die Rezeption des Römischen Rechts in Frankfurt*,1939)《法的最高层次的基本原则》(*Die obersten Grundsätze des Rechts*,1947)、《法哲学的基本原则》(*Grundzüge der Rechtsphilosophie*,1950; 4. Auflage 1985; 5. Aufl. 1993)、《罗马法在德国》(*Römisches Recht in Deutschland*,1964)、《德国法制的历史的各个阶段》(*Epochen der Rechtsgeschichte in Deutschland*,1967—1976)、《欧洲法学的最初统一》(*Die ursprüngliche Einheit der europäischen Rechtswissenschaft*,1968)、《1500—1800 年的欧洲私法》(*Europäisches Privatrecht 1500—1800*,1989)以及《近代欧洲私法历史的文献手册》(*Handbuches der Quellen und Literatur der neueren europäischen Privatrechtsgeschichte*,1973)等。

第十节　依凌·菲彻尔的马克思研究

依凌·菲彻尔(Iring Fetscher,1922—　　)是法兰克福大学的政治学教授,专门研究马克思思想,并在保卫人权以及批判新保守主义方面有突出贡献的政治哲学家。他在大学时期攻读哲学、德国语言文学、罗马文化以及历史学,先后在图宾根大学、斯图加特大学和法兰克福大学任教,也曾经在世界著名的大学担任客座教授。1988 年从法兰克福大学退休。

长期以来,依凌·菲彻尔钻研马克思的思想发展史,对马克思与黑格尔、卢梭的思想关系有深刻的造诣。

依凌·菲彻尔的主要著作有:《马克思与马克思主义》(*Karl Marx und der Marxismus.* München:Piper & Co,1967)、《卢梭的政治哲学》(*Rousseaus politische Philosophie.* Frankfurt:Suhrkamp,1975)以及《马克思主义》(*Der Marxismus.* München/Zürich,1983)等。

第十一节　敏科勒的政治思想史研究

敏科勒(Herfried Münkler,1951—　)是柏林洪堡大学政治学系教授,长期从事政治思想史、意识形态及战争理论的研究。

作为年轻一代的政治哲学家,敏科勒近几年来勤奋治学,获得了显著的成果。他是在 1981 年获得博士学位,研究论题是马基维利的政治思想。他认为,马基维利奠定了近代政治哲学的基本原则,论证哲学家以政治哲学家的身份从事政治理论的研究的义不容辞的历史责任,并有义务担当时代的政治顾问,为政治命运以及国家事务提供最好的政治参考意见,拟订对社会负责的政治方案,也为良好的政治决策进行理论上的论证。他的博士论文《历史哲学与政治行为:论马基维利对基督教历史哲学的崩溃与弗罗伦斯共和国的危机的回应》(*Geschichtsphilosophie und politisches Handeln. Niccolò Machiavellis Antworten auf den Zusammenbruch der christlichen Geschichtsphilosophie und die Krise der Republik Florenz*)成为他在政治哲学界获得声誉的主要资本。接着,1987 年,他

又 以《国 家 理 性：近 代 初 期 的 一 个 主 导 概 念》（"Staatsraison. Ein Leitbegriff der Frühen Neuzeit"）为 题，完 成 他 的 哲 学 教 授 资 格 文 凭 的 考 试。

针对当代世界政治的特点，敏科勒把研究重点放在"帝国理论"（Imperiumstheorie）的探讨中。他认为，像古代的罗马帝国和当代的美利坚合众国那样试图争霸世界的大型帝国，是进行政治理论探讨的典型对象。敏科勒认为，古代和当代的帝国政治的特点，就是强调：（一）和平和稳定性；（二）帝国的使命；（三）对抗"野蛮人"的疆界；（四）宣称文明和经济繁荣。任何帝国政治的宗旨，就是建立世界霸权。

敏科勒的重要著作，包括：《帝国：从古罗马到当代的美国的世界统治逻辑》（*Imperien. Die Logik der Weltherrschaft-vom Alten Rom bis zu den Vereinigten Staaten*，Rowohlt Berlin Verlag，Berlin，2005）、《马基维利：从弗罗伦斯共和国的危机中诞生的近代政治思想的创立》[*Machiavelli : die Begründung des politischen Denkens der Neuzeit aus der Krise der Republik Florenz*，Fischer Taschenbuch-Verlag，Frankfurt am Main，2004（zugleich：Dissertation，Frankfurt/Main，1981）]、《论新的海湾战争》（*Der neue Golfkrieg*，Rowohlt，Reinbek bei Hamburg，2003）、《论克罗尔斯维兹的战争理论》（*Clausewitz'Theorie des Krieges*，Nomos，Baden-Baden，2003）《政治学教程》（*Politikwissenschaft : ein Grundkurs*，Rowohlt Taschenbuch-Verlag，Reinbek bei Hamburg，2003）《论战争》（*Über den Krieg : Stationen der Kriegsgeschichte im Spiegel ihrer theoretischen Reflexion*，Velbrück，Weilerswist，2003）、《全球化时代的民主制的民族国家》（*Der demokratische Nationalstaat in den Zeiten der Globalisierung : politische Leitideen für das 21. Jahrhundert*，Akademie-Verlag，Berlin，2002）、《新的战争》（*Die neuen Kriege*，Rowohlt，Reinbek bei Hamburg，2002）、《托马斯·霍布斯》（*Thomas Hobbes*，Campus-Verlag，Frankfurt/Main und New York，2001）以及《关于正义的概念》（*Konzeptionen der Gerechtigkeit : Kulturvergleich-Ideengeschichte-moderne Debatte*，Nomos，Baden-Baden，1999）等。

第十二节　贝克：风险社会的政治哲学

乌尔里希·贝克(Ulrich Beck, 1944—　　)是德国当代研究风险社会政治的思想家,近几年来连续发表关于风险社会的一系列著作,在国际学术界产生重要影响。

贝克的主要著作有:《风险社会:走向另一种现代性》(*Risikogesellschaft-Auf dem Weg in eine andere Moderne*, 1986; *Risk Society: Towards a New Modernity*. London: Sage, 1992)、《抗毒药:论有组织的不负责任》(*Gegengifte: die organisierte Unverantwortlichkeit*. Frankfurt am Main: Suhrkamp, 1988)、《论有风险的自由:近代社会的个人化过程》(*Riskante Freiheiten-Gesellschaftliche Individualisierungsprozesse in der Moderne* 1994, mit Elisabeth Beck-Gernsheim)、《反思的现代化:论近代社会秩序中的传统和美学》(Beck, Ulrich & Giddens, Anthony & Lash Scott, *Reflexive Modernization. Politics, Tradition and Aesthetics in the Modern Social Order*. Cambridge: Polity Press, 1994)、《自身的生命:在我们生活于其中的未知社会中游走》(*Eigenes Leben-Ausflüge in die unbekannte Gesellschaft, in der wir leben*, mit W. Vossenkuhl and U.E. Ziegler, photographs by T. Rautert, 1995)、《爱的正常混沌》(Beck-Gernsheim, Elisabeth & Beck, Ulrich, *The Normal Chaos of Love*. Cambridge: Polity Press, 1995)、《风险时代的环保政治》(Beck, Ulrich, *Ecological Politics in an Age of Risk*. Cambridge: Polity Press, 1995)、《政治的再发现:反思全球化社会秩序的现代性》(Beck, Ulrich, *The Reinvention of Politics. Rethinking Modernity in the Global Social Order*. Cambridge: Polity Press, 1996)、《没有敌人的民主制》(Beck, U. *Democracy without Enemies*. Cambridge: Polity Press, 1998)、《世界风险社会》(Beck, Ulrich, *World Risk Society*. Cambridge: Polity Press, 1998)、《英勇的劳动新世界》(Beck, *The Brave New World of Work*. Cambridge: Cambridge

University Press,2000)、《风险社会及其外:政治哲学理论的争论问题》（Adam,Barbara & Beck,Ulrich & Van Loon,Joost.*The Risk Society and Beyond*:*Critical Issues for Social Theory*.London:Sage,2000)、《论个人化:制度化的个人主义及其社会和政治后果》（Beck,Ulrich & Beck-Gernsheim,Elisabeth,*Individualization*:*Institutionalized Individualism and its Social and Political Consequences*.London:Sage,2002)、《与乌尔里希·贝克的对话集》（Beck,Ulrich & Willms,Johannes,*Conversa-tions with Ulrich Beck*.Cambridge:Polity Press,2003)、《全球化时代中的政治》（Beck,Ulrich.*Power in the Global Age*.Cambridge:Polity Press,2005)以及《世界性的视野》（Beck,Ulrich.*Cosmopolitan Vision*.Cambridge:Polity Press,2006)等。

贝克1944年出生于现属波兰境内的斯鲁帕斯克(Slupsk),当他出生时,这个小城镇归属于日耳曼帝国的斯托尔普市(Stolp)。从1966年起,贝克在慕尼黑大学先后攻读社会学、哲学、心理学和政治学。1972年获哲学博士学位后,贝克在慕尼黑大学任社会学教授。1979至1981年贝克任敏斯特大学教授。1981—1992年任邦贝尔大学教授。1992年贝克又返回慕尼黑大学任社会学教授,并领导该大学的社会学研究所。同时,贝克任伦敦经济学院教授。

贝克还担任许多国际著名学术杂志和刊物的编委,并从1995—1997年,担任巴伐利亚和萨克森州未来问题委员会（Kommission für Zukunftsfra-gen der Freistaaten Bayern und Sachsen)委员。

贝克认为,风险社会的到来以及风险政治的出现,并不意味着"世界末日的到来";相反,我们应该从我们日常生活所遇到的种种微观现象以及从整个欧洲和世界所推广的改造世界计划的宏观现象中,一方面看到风险时时处处威胁着我们,另一方面又坚信整个世界发生根本性转变的"时机"和条件,已经很充分地显现出来,以致使我们没有理由对未来感到悲观。

贝克在《什么是全球化?》一书中指出:"有效的风险概念,像一个魔杖一样,使隐居于现状并自满自足的社会开始学会使自己懂得害怕和恐惧,同时也学会使恐惧转化为积极的力量,转变成一种政治。"①

贝克的警告是意味深长的,因为他实际上提醒现代人要首先自我认罪,诚恳地承认错误,进行忏悔和反省,然后,人类才有可能探索出一个与自然界和"世界良心"相协调的较好的生活方式。

1986年苏联境内发生震惊全世界的切尔诺贝利核电站爆炸事件,因而造成了空前未有的跨国界的核污染。正是在这个时候,贝克发表了他的著作《风险社会:走向另一种现代性》。

贝克指出:自从西方启蒙运动以来,随着韦伯所说的"魔咒解除"的现代化进程,科学技术已经逐渐代替宗教的地位以及神话的部分功能,导致科学技术妄图控制和宰制人类和世界的一切的严重后果,造成对人类生存本身以及世界的未来的实际威胁。

科学技术的盲目发展,虽然一方面显示人类知识和控制自然的威力,但另一方面也透露人为的未来灾害的可怕性质及其不可预测性。

贝克试图说明:人为的祸害实际上远远地超过自然灾害;而人为灾害的首要特征,就在于它的不可预测性和不确定性。也就是说,人为的祸害不只是在数量上与日俱增,而且它们还是无法预测和具有高度不确定性,其伤害的范围也是难以预料的。

因此,在贝克等人看来,现在地球遭遇毁灭性灾害的几率已从一百年前的20%飙涨到50%! 人为祸害的主要特征,是毫无限制地扩张,彻底破坏人类原有的世界观的框架及内容,根本改变了人类关于存在、时间、地域、知识、道德和历史等基本概念,也使人从此失去用以思考世界问题的基本参照系统和价值系统。原来的必然性、规律性、道德性等范畴,已经完全失效了。人类必须面对新的风险时代的特征,重新发现和发明新型的可靠立足点。

在贝克的风险政治哲学中,"现代化"(Modernization)、"全球化"(Globalization)、"个人化"(Individualization)、"环保生态学"(Ecology)、"世界主义"(Cosmopolitanism)、"风险社会"(Risk society)以及"第二现

---

① Beck, *Was ist Globalisierung*. 1997.

代"(Second Modernity)等新概念的出现及其应用,表明他的风险政治哲学已经取得丰硕的理论成果。

乌尔里希·贝克往往很容易被人们归属于当代社会学家的范畴,但他的风险社会学理论其实并不只是对当代风险社会的诊断,而且也是对当代社会的风险政治的深刻论述。更确切地说,贝克应该既是社会学家,又是政治哲学家。

贝克和鲁曼一样,充分意识到当代社会的风险性的加强和增高,主张建构一种新型的风险政治理论和可行的政策。

为了建构有效的防范措施,以积极态度对待新的社会风险,贝克主张在两大方面进行政治改革:第一,加强推广社会风险意识的教育,使欧洲公民意识到:风险性是一种正常的现象,它并不能由于科学技术的发展而得到克服;相反,科学技术越发展,社会人为的风险越增强。第二,风险的增强并不意味着当代社会面临"末世",必须消除各种面对风险的消极和悲观情绪,鼓励树立"不确定性"和"偶然性"的观念,以消除启蒙以来长期流行的"战胜自然"或"掌握客观规律"的传统观念。

贝克认为,现代性的发展已经造成各个现代科学只按单项学科的封闭式专业化倾向,而且也助长了各个学科自以为是、对外傲慢的态度。这种传统的科学发展政策反而助长了科学本身对各种新风险的无能回应的恶果。科学本身缺乏反思性,从不对自身破坏自然的态度进行必要的反省。

贝克还认为,过去发展起来的不平等社会的价值系统,不但不利于克服风险;而且反过来还助长了各种人为风险的产生和膨胀。所有以往的传统社会价值系统,在当代技术盲目发展的条件下,都转化成为不安全的因素,加剧了社会风险的增强。

因此,对贝克来说,正确地对待风险的问题,不只是纠正科学技术发展的政策,而且还是建构和创立新的社会保险制度、创建全民合理的保险政治系统的问题。一句话,风险问题是当代政治的首要论题。

此外,正确的风险政治制度已经超越民族国家的边界而成为全球政治的重要问题。风险是没有边界和没有国界的。当代各国政府必须面对现实的普遍风险而订立国际性政治制度,不仅维护本国安全,而且也把国际性安全列入重要议事日程。在风险问题上,不应再存有什么幻想,以为可以单靠本国主权或力量来防止。

　　当新的不确定的社会风险处处时时威胁我们的时候,当这些新型风险层出不穷和无可预测地袭击全球老百姓的时候,当一个又一个像艾滋病、地震、海啸、恐怖爆炸事件、疯牛病以及其他种种难以预料的风险威胁着整个世界的时候,那些列奥·斯特劳斯的追随者们怎么还能标榜"精英政治"而继续在学术沙龙的象牙之塔中津津有味地谈论抽象的古希腊政治乌托邦理念呢?

人民文库 第二辑

当代政治哲学

（修订版）

（第三卷）

高宣扬｜著

人民出版社

第 四 章

法国政治哲学论述典范的变革

第一节　当代法国政治哲学的一般状况

　　法国的政治哲学,在 20 世纪初的一段时期内,曾经由 19 世纪流传下来的柏格森主义、新经院主义(Néo-Scholastisme)和人格主义(Personnalisme)所统治。

　　柏格森的政治哲学紧密地与他的生命哲学联系在一起。柏格森一生始终不停地思考哲学和生命的基本问题,并试图一再地探寻新的可能性,重新依据科学和文化的最新成果的启发,推动他的哲学思路在生命自身的创造演进中不断更新。所以,他从一开始就怀疑传统形而上学和认识论的基础,试图根据当时科学的最新发现,全面反思达尔文进化论及其他实证科学的基本原理,再反过来重复思考从生命的角度进行哲学改造的可能取向。柏格森为此指出:他所感兴趣的,毋宁是无法通过数学还原的"非空间化的无形的生命时间",即"在思想中运作的生命的延绵";它既不是笛卡尔、牛顿、康德等人源自自然科学模式的时间概念,也不是罗素、爱因斯坦等用最新数理逻辑或相对论公式所可以简单概括的。

　　生命的奥秘,在柏格森看来,就在于穿透在时间复杂脉络中的本质性思想的"创造的演进"。因此,真正的科学以及以科学为基础的现代哲学,必须以揭示"生命"、"思想"、"时间"和"语言"的四重交错关系及其运作逻辑为己任。在这个意义上说,"生命时间"就是现代哲学所必须优先思考的"绝对"(L'Absolu)。

显然,如果说柏格森极端重视哲学与科学的新型关系的话,那么,他所理解的科学,绝不是理性主义和经验主义框架中的科学,而是对于生命发展中的思想、经验、语言、感情、意志和艺术创作想象力等复杂因素以及带有一定神秘性力量的交错多变网络的观察和直观体验,特别是必须通过生命在时间的无形隧道中的"创造性进化"去把握世界的存在奥秘。

一、生命的特征就是创造

生命的无限创造精神,既表现在肉体行为在时空上的不断运动变化,也表现在精神生活在质的层面的无限多样的异动可能性。肉体和精神心灵的生命的创造性演进,并不单纯停留在可观察到和有形的现实世界,而是在现实与可能相交错的复杂场域中进行;必须超越现实和"客观存在"的领域,探索可能性、潜在性和偶然性及其与现实的交错关系。

因此,生命的延绵并不只是体现在可观察的时间连续性,也不只是呈现为单向的一线性延续,而是与极其复杂的中断性、断裂性和交错性形成盘根错节的乱麻团,同时又内含着难以预测的张力关系的变动可能性。

归根结底,生命的这种延绵性,主要是由其内在本能的"生命冲动"(élan vital)所推动。因此,它在本质上是质的多样变动性的呈现,因而也往往导向超越现实的多种异质倾向。实证主义所关心的重点,是现实的"客观"存在的对象或"事实",而他们所依据的知识、理性和经验,都只能停留在对于事物的表面认识和"检验",所以,这种方法虽然号称"科学",但始终无法揭示生命的内在创造本质。

生命的创造的演进,固然远远超出实证主义的观察范围,而且也不同于海德格尔的现象学存在论。让·伊波利特(Jean Hypolitte, 1907—1968)在比较柏格森与海德格尔的时间观的时候,特别强调两者的生命观和时间观的差异。①

伊波利特指出：海德格尔批判传统形而上学的努力，无疑推动了哲学家对生命的探索进程。但海德格尔仍然强调具有一定"主体"意义的单个性的特殊"此在"（Dasein）的中心地位，使生命的复杂性、偶然性、断裂性、重复性、深不可测性、突发性、细腻差异性以及多方向进取性等，都被"此在"的"在世生存"所限定。

柏格森认为，实证科学固然难以理解生命的奥秘，而且，单个的"此在"的任何"抉择"、"诠释"和超验努力，也都无法掌握生命深层隐含的"非人性"创造力量。所以，伊波利特得出结论说："整个柏格森哲学可以压缩成这样一句话：'哲学应该成为超越人的一般条件的努力'（Toute la philosophie de Bergson pourrait se condenser dans ce texte：'La philosophie devrait être un effort pour dépasser la condition humaine.'）。"②

二、生命就是自我启动和自我限定

生命不是现实存在中的有形体和客观对象；它不在它的目的、表现过程和终点中表现它的本质。生命固然有生有死，有时间和空间的存在形式及其限制，但它的本质却不在现实展现出来的"结果"、"形式"或"结构"上；生命的真正奥秘，深藏于其根源及其原动力。这是超越时空限制的"生命冲动"，它是其自身内部的生命倾向的自我表演，它始终是自我展示、自我决定、自我选择、自我限定和自我变动的多种趋势的力量合成。

三、生命运动的可能性和不可预测性

柏格森强调指出：生命始终处于运动中，而且，由于它的动向和延绵

---

① See Hypolitte, *Bergson et Heidegger*. Paris. 1948.

② Ibid.; 1948.

趋势只决定于内在的"生命冲动",所以,生命属于可能性的范畴。传统的因果关系、前后系列观以及具体和抽象的对立关系等,都不能真正把握生命时间的本质,尤其无法揭示其可能倾向。正因为这样,柏格森很重视最新数学和自然科学对可能性、或然性、潜在性、偶然性和混沌领域的探索成果。

柏格森曾经和彭加莱以及爱因斯坦等数学家、物理学家一起探索相对论、微积分、混沌理论等,试图从中受到启示,进一步说明生命的可能的复杂变动趋向及其内在根源。尽管如此,柏格森仍然不愿意停留在自然科学的现成成果上,更不打算简单搬用自然科学的公式。

柏格森在他的《创造的进化》中尖锐地指出:"理智恰恰是以对生命的自然不可理解性作为其特征的"(l'intelligence est caractérisée par une incompréhension naturelle de la vie)。[①] 生命的复杂性和变动性的真正根源,既然内含于生命自身之中,那么,人们没有任何理由非要在生命之外,把生命当成被某个主体观察和研究的"对象","从外部"对它进行指手画脚的"说明"。柏格森坚信传统科学对生命的研究方法将是徒劳无益的。

由于柏格森一直受到法国的心灵哲学(philosophie de l'esprit)的教育和影响,又对理性主义和经验主义缺乏信心,使他宁愿诉诸从普洛丁以来的神秘主义。

近50年来,法国及西方哲学界在重评启蒙的过程中,针对启蒙时代前后对神秘主义的排斥以及现代性思想本身的悖论的日益暴露,对神秘主义的研究有越来越加强的趋势。重评启蒙是与重评神秘主义、非理性主义同时进行的。同样的,对柏格森哲学的重评,特别当涉及极其复杂的生命论题的时候,越来越多的思想家同意柏格森的看法:不能排斥神秘主义的积极意义。[②]

[①] Bergson, *Evolution créatrice*.; Cf. Bourgeois, *L'Evolution créatrice d'Henri Bergson*. Paris. 2007.

[②] See Janicaud, D. *Une généalogie du spiritualisme français. Aux sources du bergsonisme*. Paris. 2003; Cariou, *Bergson et le fait mystique*. Paris. 1976.

四、生命的基本形式是延绵

生命的延绵不同于时间。时间虽然也表现延绵,但它只是从"量"的多样性(multiplicité quantitative)出发,因此它只是属于数学的研究对象;与此相反,生命的延绵是从质的角度,是质的多样性(multiplicité qualicative)的表现。柏格森指出,生命的展现过程,就是"维持自身"(La vie est maintien de soi);而维持自身就是在它自身范围内实行自我开放和自我展开。一切生命过程,都是力图通过自身的维持和延续,来不断弥补和补充生命自身的欠缺。在这个意义上说,生命就是"活着",就是"延续生存"(survivre)。这就是"延绵"(la duration)的本意。

这就意味着:生命从来不是一次性完成,它不是通过一次性的创造活动就可以一蹴而就的。生命需要在它的延绵中实现一再的更新化的创造活动。正是通过一再的超越,永不满足地实现更新,生命才能克服原先的欠缺,不断地弥补其生存中所感受的"不满",填补其部分的"空虚",也补偿其消耗的部分。正是在这个意义上说,柏格森的生命冲动理论,一方面不同于达尔文的进化论,因为进化论排斥"超越";另一方面也不同于基督教神学所说的神创论,以为万能的神只需在一次性的"创世"奇迹中,就可以完备地和一劳永逸地造出一切事物。

柏格森所主张的生命绵延是指生命存在过程中的不断超越。所以,绵延也是"超验"(la transcendance)。

五、生命的自由本质

在可见的生命现象背后,究竟是什么始终维持和延续生命本身的存在及其创造活动? 柏格森在 30 岁的时候发表的《论意识的直接材料》开宗明义地宣称:"我们必须通过语词表达,而且我们往往要在空间中思考。也就是说,语言要求我们在观念之间,确立像物质对象之间的明确间断性那样的清晰的区别性。采纳这些,固然有利于实际生活,而对大多数科学来说也是很必要的。但是,我们不禁要问:由一些哲学问题中所产生出来的各种不可克服的难题,难道不就是因为人们往往硬要把本来不占据空间的现象固执地在空间中堆积起来吗? ……为此,在各种问题中,我们选择了形而上学和心理学共有的自由问题。我们试图借此指明,在决定论者及其对立派之间的所有争论,都蕴涵着对延续和广延性、连续性和同时性、质量和数量之间的预先的混淆。一旦消除这个混淆,人们也许可以看到:一切旨在反对自由的言论都将烟消雾散。"①

在柏格森看来,历史上环绕人和世界的而发生的一切传统哲学争论,其目的无非就是试图寻求剥夺生命自由的论据。相互对立的旧形而上学的理论的共同点,就是柏格森所揭示的上述一连串的"混淆",即通过他们的时间和空间的论证,把生命的历程纳入他们所设计的各种时空学说中,以达到剥夺生命自由的目的。柏格森创立的生命哲学,旨在驳斥传统形而上学的两大对立派别,即决定论及其对立派,使生命真正摆脱他们所设置的圈套,不再相信他们所散布的关于延续和广延、连续性和同时性、质量和数量的相互混淆的传统论述,获得真正的自由。

生命在本质上就是一种自我决定和自我创造的独立单位;也就是说,归根结底,生命是自由的。

为此,柏格森对康德的自由观进行批评,因为康德一方面混淆了时间和空间,强调在经验的感性时空系列中,人是受到因果性和必然性的限制,没有自由;可是,另一方面,康德又把自由推到时空之外的领域,以为只要人遵循理性,归属于理智世界,就可以独立于自然规律而获得自由。②

生命的自由性恰恰来自它的非空间性和非时间性。生命超出了空间和时间系列的范围,不需要具有连续系列性质的空间和时间的约束,也不需要前后左右的顺序性和秩序性。生命的自由使它可以交错重叠、毫无

---

① Bergson, *Essai sur les données immédiates de la conscience.* In *Bergson Œuvres.* Paris, P.U.F. 2001(1959): Ⅷ; Kant, *Die Metaphysik der Sitten.* 1797.

② See Ibid.

秩序地存在和展现,就像后来德勒兹在他的《论折叠》的著作中所描述的那样。①

生命的自由建立在心理状态的强烈紧张性(l'intensité)和意识状态的多质多样性(la multiplicité)的基础上。因此,《论意识的直接材料》的前两章先逐步地论证完全不同于物质的心理和意识的特殊性,然后,柏格森才清楚地论证自由的本性。

在纪念柏格森的《创造的进化》发表 100 周年时,法国科学院院士兼法国哲学会主席贝尔纳特·布尔乔亚指出:"柏格森的自由观是与他的生命自我创造观相一致的。对柏格森来说,生命的存在就意味着创造,也就是摆脱进化论所说的自然选择规律,只凭借生命自身的自由创造,就可以实现生命自身的存在方式。"②生命的延绵就是不停顿的创造的延续,是一次又一次的事件的重演和更新。每次创造都由生命自身开始,无须以前期的生命创造作为基础或出发点,也无须决定于外在的规则。所以,每次创造都是一个正在进行中的自由行动。

1932 年,柏格森在他的《道德与宗教的两个源泉》一书中,揭示了现代人被囚困在现代科学技术成果的牢笼中,以致造成近代民主制的"非自然化"。③ 柏格森指出:近代民主制的基本精神,就是将自由与平等结合在一起,但是,现在,"人类呻吟着,半死不活地被压在人自身所造成的进步之下"。④ 柏格森因此说:20 世纪的政治需要增补它的灵魂。⑤ 柏格森建议,为了拯救处于危机的政治,人类精神必须简单化,同样地,也要使已经被复杂化的疯狂,加以节制。⑥ 在柏格森的政治哲学中,显然还保留着强烈的自然法精神,而他在面对现代政治危机时,也仍然把希望寄托在人类自己对自身理性的节制。与此同时,新经院主义的两位杰出思想家,

---

① See Deleuze, *Le Pli. Leibniz et le Baroque*. Paris. 1988.
② Bourgeois, *L'Evolution créatrice d'Henri Bergson*. Paris. 2007.
③ See Bergson, 1963[1932]:1023—1215.
④ Ibid.:1245.
⑤ See Ibid.:1239.
⑥ See Ibid.:1237.

吉尔松(Etienne Gilson,1884—1978)和马里坦(Jacques Maritain,1882—1973),率领着由他们所培育出来的卢汶学派(l'école de Louvain),不仅在形而上学领域,而且也在政治哲学中,独占鳌头。新经院主义者将中世纪的学说加以翻新,结合20世纪初人们心理的特征和当时的社会要求,推出了一系列新型的社会哲学与政治哲学观点。吉尔松和马里坦各自就国家、主权性、自然法以及民主制等重要问题,发表了划时代的著名作品。①

吉尔松在《上帝之城的演变》(Les métamorphoses de la cité de Dieu,1952)指出:现代民主制符合圣奥古斯丁关于"上帝之城"的基本原则,因为民主制是在基督教合理性概念的引导下创立,并在同样的理念下,经过多世纪的探索,逐步完善起来。

马里坦在他的《人与国家》一书中,强调民主制必须建立在政治生活的道德理性化的基础上。马里坦说:"只有通过民主制,才有希望使政治实现一种道德理性化的过程,因为民主制是建立在法制基础上的自由的合理的组织。"②马里坦等人提醒哲学家们,更多地重视以合理性为基础的人权问题和世界的政治统一化过程。马里坦等人的新经院主义政治观点,很快地转化为人格主义的思想。在他们的后继者牟尼耶(Emmanuel Mounier,1905—1950),更进一步使新经院主义政治思想转化为强调个人的人格的人格主义政治哲学。对于他们来说,人的基本特征就是其生活世界、人格以及社会生活的人格化。也就是说,人及其世界,特别是他们的政治活动的特征,就是以尊重每个人的人格为最高准则。这种人格主义政治思想,尽管很快地让位于存在主义,但却深深地影响了20世纪整个政治哲学的发展,因为他们对于人格的个性的重视,几乎无一例外地成为了20世纪政治哲学主流,特别是存在主义的基本观点。

从第二次世界大战开始的法国政治哲学,虽然可以分为许多派别,但我们仍然可以大致地看到其中的三大主流思想:存在主义、现象学和马克思主义。在这一时期的政治哲学中,最有成果的,就是属于这三大派别的

---

① See Gilson,E.1951;1952;Maritain,J.1953.

② Maritain,J.1953:53.

哲学家萨特、卡缪、马尔塞、梅洛-庞蒂、加洛迪、勒菲柏勒、阿尔杜塞、利科、柯杰夫、雷蒙·阿隆、埃里克·维尔（Eric Weil, 1904—1977）、西蒙·维（Simone Weil, 1909—1943）、西蒙·戈雅·法卜勒（Simone Goyard-Fabre）等。他们在这个领域的研究成果，对当代法国政治哲学的发展具有重要意义。

从20世纪60—70年代起，法国政治哲学的状况，发生重大变化。结构主义和解构主义的兴起，给哲学家提供了分析和研究政治的新观点和新方法。福柯、德里达和布迪厄等人，把解构主义和尼采及海德格尔哲学结合起来，都对权力、国家、民主制、正当化、社会正义等问题感兴趣。他们采取了反历史和反主体中心主义的立场，重新探讨了最重要的政治问题。

接着，从20世纪70年代末至80年代开始，后现代主义思潮，开始建构了自己的新政治哲学体系。利奥塔等人，根据他们的新型的社会、政治和文化观，提出了一整套的后现代政治哲学理论。

在20世纪末和21世纪，法国哲学界又出现了以阿兰·雷诺、昂里·米歇、让·吕克·马里埔及状·吕克·南希等人为代表的新一代哲学流派，即批判从60年代兴起的结构主义、解构主义和后现代主义，又反思自康德和卢梭以来的自然法理论及契约论，并结合欧盟的建立和苏联解体的经验，提出了新的政治哲学理论。

由此可见，法国政治哲学的发展历程，基本上与一般哲学思想的演变相适应。总的来讲，当代法国政治哲学经历了三大发展阶段：第一阶段是从第二次世界大战到50—60年代，第二阶段是60—70年代，第三阶段是80年代之后至今。

在第一和第二阶段，最有影响力的政治哲学家，就是萨特、梅洛-庞蒂、雷蒙·阿隆、阿尔杜塞、柯杰夫和埃里克·维尔等。

自称存在主义者和马克思主义者，萨特的政治哲学，在他的《辩证理性批判》中典型地表现出来。萨特当然并没有围绕传统政治哲学的论题来阐述自己的政治哲学观点。萨特更多地从他的实际斗争的需要，特别是依据他本人在理论创造中所关切的主题，论述他的政治哲学观点。为此，他一方面批评当时已经兴起的结构主义社会历史观，另一方面集中论述了他为综合存在主义与马克思主义而提出、以"实践"（la praxis）概念为核心的历史主义的政治哲学。正是在这个意义上说，萨特的政治观是以他的辩证的历史观为基础的。

作为萨特的基本政治哲学概念，所谓实践，是指存在主义所关注的个人的实践（la praxis individuelle）。但为了使个人实践跳出存在主义的狭隘范围，萨特试图通过它的"总体化"（la totalisation）过程，实现向马克思主义历史观的过渡，从而完成萨特所想要实现的目标：存在主义与马克思主义政治观点的结合。萨特写道："人的关系的唯一可理解性（l'intelligibilité），是辩证法。在每个以稀有性（la rereté）为基础的特定历史时代中，这个可理解性，只能在相互对立中表现出来。因此，不仅作为实践的阶级斗争，只能通过辩证法的解读，才能被理解，而且，在人类的多样历史中展现的辩证法本身，也只能在特定历史条件下，作为进行中的辩证合理性的实现过程而产生出来。"①因此，在萨特那里，实践是人的尺度和真理的基础，而辩证法是"分析理性"（la raison anlytique）的永久的解析。②

在 20 世纪 60 年代，萨特的观点立即引起了存在主义与结构主义的争论。这场争论实际上远远超过政治哲学的范围，涉及政治哲学的基础——社会历史的性质。萨特指出：结构主义之所以否定历史的存在，以断裂性和共时性取代连续性和发展性，是为了整个地否定马克思主义。萨特坚持要从特定历史环境的特点出发来分析一切政治问题。所以，当涉及结构主义所说的"无主体的历史"和"人已经死去"的时候，萨特再次引用他在 1946 年就明确主张的历史"环境"（la situation）的概念。他指出：民主制所主张的抽象的自由主义，表面上认为，犹太人、中国人、黑人都应该享有与其他民族平等的权利，但自由主义者宣称，犹太人、中国人和黑人的自由权，只是当他们作为普遍的人的时候才有效。显然，民主制

---

① Sartre，1960：744.

② See Ibid.：741.

所主张的自由和人权,在具体的特定历史环境下,便失去了它的有效性。① 由此出发,萨特也明确地说:"人并不存在;存在的,只是具体的犹太人、基督徒、天主教徒、法国人、英国人、德国人、白人、黑人和黄种人。"②

梅洛-庞蒂是另一位发生强烈影响的存在主义政治哲学家。梅洛-庞蒂不同于萨特,他在政治上始终保持一种冷静谨慎的态度。当法国政治家皮埃尔·蒙德斯·弗朗斯(Pierre Mendès France)在1962年发表《近代共和国》(*La république moderne*)的时候,梅洛-庞蒂也表现了类似的政治立场,但他并无意将自己列入一定的政治营垒中。尽管梅洛-庞蒂无意卷入政治旋涡,但他始终关切政治的命运,这使他能够以较为客观的立场,密切注视政治的发展方向,并及时地在当时比较普及发行的《现代杂志》、《快报》和《世界报》等报刊上,发表他的富有洞见的政治评论。

梅洛-庞蒂的政治思想经历了一段演变过程。他早期曾经对马克思和胡塞尔的思想表现出一股强烈的热情。因此,在第二次世界大战前后一段时间内,梅洛-庞蒂曾经对现代自由主义进行尖锐的批评。他坚持认为,社会生活中的人,不应该像自由主义所鼓吹的个人主义的个人,而是应该相互共存,应该以"主体间性"的方式,生活在生活世界的群体中,应该相互支持和相互帮助。他在《辩证法的历险》中强调人的相互支持性。"单独的主体是零,独自一个人是没有自由的。"③同样,他也强调马克思所说的"实践"的重要性。但他主张:只有在自由的环境中,人才有希望通过实践而与人群、理事会合在一起。在历史的实践中,人永远摇摆在历史的旋涡之中,一会儿被历史的辩证法所威胁,一会儿又返回历史的轨道。20世纪50年代之后,梅洛-庞蒂发现苏联劳动集中营的存在,并因此逐步地采取批判苏联式的社会主义的立场。由此导致梅洛-庞蒂与萨特的分歧。梅洛-庞蒂在胡塞尔的现象学中找到进行政治改革的希望。他在《辩证法的历险》中说:"历史中存在一个中心,这就是政治行动;在

---

① 　See Sartre,1946:233.

② 　Ibid.:233.

③ 　Merleau-Ponty,1955:276.

它的周围是文化。"①因此,梅洛-庞蒂的政治,就是一种包含文化因素和人道主义理念的相对主义政治。

结构主义的政治哲学的重要代表是阿尔杜塞、福柯等人。他们两人虽然都宣称结构主义,但他们都同严格意义上的结构主义有所不同。阿尔杜塞号称马克思主义的结构主义,而福柯则把结构主义同他的新尼采主义结合在一起。所以,无论是阿尔杜塞,还是福柯,都不过是采用了结构主义的一些重要观点和方法研究政治哲学的思想家。我们将在专门章节进一步详细论述他们的政治哲学理论。

在存在主义与结构主义的争论中,雷蒙·阿隆是作为中间人的身份发表他的具有独特立场的政治理论。雷蒙·阿隆以《历史与暴力的辩证法》(*Histoire et la dialectique de la violence*)为题,阐述他的基本观点。阿隆一方面把《辩证理性批判》说成是一种"摧毁性和魔鬼式的",另一方面又客观地分析其中所论述的问题。阿隆说:《辩证理性批判》可以作各种不同的解读。从萨特的思想来说,这本书有双重好处。就其思辨的利益而言,它是以实践的理论为基础,在强调个人意识的"自为"(pour soi)能力和实践的范围内,建构一个关于集体的概念。另一方面,就其实际利益或政治利益而言,《辩证理性批判》要论证实践克服异化的可能性;因为萨特毕竟看到了实践本身的惰性(inerte)及其异化(aliénation)的倾向,所以,萨特极力论证:在一个以实践为基础的社会中,应该可以靠非暴力的方式,保障实践的自由性质。从萨特与马克思主义和历史主义的关系来看,萨特的《辩证理性批判》试图论证历史对人的实践的总体化过程的正当性,同时也由此寄托解放全人类的希望。② 阿隆最后强调萨特的存在主义与他的马克思主义之间的不可协调性和矛盾性。③ 雷蒙·阿隆的政治哲学散见于他的一系列评论政治问题的著作《从一种神圣家族到另一个:论想象中的马克思主义》、《进步幻想的破灭》、《论自由》、《为颓废的欧洲辩护》、《想象中的马克思主义》及《找不到的革命》等。

---

① Merleau-Ponty,1955:212.

② See Aron,1973:13-14.

③ See Ibid.:33;59;225-226.

　　发生在 20 世纪 60 年代初的萨特与列维·斯特劳斯的争论,推动着
法国政治哲学的理论建设的进程。从那以后,福柯、德里达等人,从结构
主义出发,进一步提出他们的后结构主义和解构主义政治观点,把重点指
向整个传统政治理论及其基础。福柯在他的法兰西学院课程中,集中转
向最敏感的政治问题:国家权力的专制及其权术策略。他在《监视与惩
罚》的监狱史著作中,揭露近代政治制度对人的无时无刻、无所不在的监
视、规训、宰制、监管、控制和统治的性质及其策略。福柯针对边沁所发明
的"全方位监控监狱"(panoptique)的问题,全面揭露现代国家的专制实
质。福柯还探讨国家理性与所谓的"自身的技术"的关系,指出西方近代
国家,实际上继承了自基督教以来所采用的"自身的技术"与"基督教教
士权力运作模式",使政权的运作,从当初只注意领土主权,转向集中对
被统治的个人实行全面宰制的问题。德里达也反复对现代国家的权力滥
用现象进行无情的批判,同时揭露现代国家政治制度的形而上学基础的
非正当性。

　　在解构主义和后结构主义理论的基础上发展起来的后现代主义,从
20 世纪 70 年代末至 80 年代初以来,首先集中批判现代政治哲学的"大
叙述"(grand récit)体系的非正当性。利奥塔在其代表作《后现代的条
件》中指出:现代知识所采取的大叙述体系形式,是近代理性主义的产
物,它们几乎成为了一切现代政治制度进行自我正当化的理论根据。从
霍布斯、休谟、洛克到康德、黑格尔、马克思,都竭尽全力用他们所编造出
来的大叙述体系,论证他们所推崇的社会制度的合理性。[①] 实际上,所有
这一切,都是玩弄语言游戏,是他们凭借他们所依靠的权力网络,建构有
利于占统治地位的权力集团的论述体系。所以,现代政治理论,在本质上
是特定论述的自我论证和自我实施。利奥塔等人更感兴趣的,是实际的
政治生活本身的运作过程以及为之服务的策略的运用过程。利奥塔认
为,一切正义问题都必须靠公民自己来判断,无须规定统一的法制基础,
因为所谓法制只是大叙述系统的产物。为了彻底否定现代国家的"公权

---

　　① See Lyotard,1979.

力"形象,利奥塔论证了后现代社会公民社会的特征,强调公民个人权利的不可化约性和不可归纳性。

除了以上属于时髦潮流的政治哲学以外,还有必要简单论述其他较为著名的政治哲学家的观点。首先是柯杰夫。柯杰夫在他撰写于1943年的《关于法的现象学概论》(*Esquisse d'une phénoménologie du droit*)一书中,强调了从现象学立场研究法制问题的重要性,同时他也指出:法国哲学界实际上尚未对法的性质进行系统的研究。

柯杰夫承认,他的关于法的定义,既是经验性的,也是行为主义的。柯杰夫从这样的假设出发:当两个不同的生命体(不管是个人、集体还是抽象的生命体)相遇,其中一个或者具有肉体的人格,或者是精神的人格。上述两个人格发生互动(interaction),其中一个人格的行动,使另一个产生反应,或者,导致另一个取消、促进和激发其行为。在这个情况下,在特定社会环境下,如果从一个群体中出现第三者,出自有意识的目的,介入或干预上述两者的互动。这个时候,也只有在这个时候,探讨法的定义才有它的意义。显然,柯杰夫关于法的定义是在非常具体的社会历史条件下提出来的。他认为,正是在这样的社会环境下,才有必要和有可能讨论关于法的行动主体以及它的条件,其中包括客观法、法的执行规则、国内或国家的积极的实证法、法的现象以及法的现象学等问题。接着柯杰夫还进一步更详细地探讨法对于国家、经济、道德、宗教的独立性和自律的问题。为了论证法的自律地位及实行正义的可能性,柯杰夫借用黑格尔法哲学中的现象学人类学原则。柯杰夫认为,只有把人放在公民的主奴双重地位中,才有可能具体解决现代人的法制行动及其正义性问题。柯杰夫强调,真正的人,是包含矛盾的身份:它一方面是自己和社会的主人,另一方面又是奴仆。所谓绝对的正义,只能是上述两种原始正义的综合结果。整个正义的演变和实施的历史,无非就是上述两者的结合的逐步过程。一切实际的个人,都只能是特定社会的公民,所以,正义也只能是黑格尔所说的"平等的贵族式正义"(justice aristocratique de l'égalité)与"等价的中产阶级式的正义"(justice bourgeoise de l'Equivalence)之间的一种"公平性的正义"(une justice de l'équité)。

曾经发生重大影响的另一位法国政治哲学家,就是埃里克·维尔。他在他的著名著作《政治哲学》中指出:政治学所思考的,是某种与道德、法制、个人、社会和国家紧密相关的历史性合理行动。也就是说,政治学所思考的政治行动,必须是一种正确处理与道德、法制、个人、社会和国家的合理关系的历史性活动。政治行动,归根到底,是一种历史行动,它的合理性及其实施过程,都离不开历史条件的限制;政治学是建构在历史的具体普遍化过程中。① 埃里克·维尔试图竭力阻止把政治学简单地归结为一种社会科学。政治科学,作为一种建立在哲学思考基础上的理论体系,其最原初的根源,乃是道德的思考。显然,埃里克·维尔的政治哲学同康德的政治理论有密切的关系。

在第三阶段,即80年代至今,阿兰·雷诺发表了五卷本的《政治哲学史》(*Histoire de la philosohie politique*. Paris:Calmann-Lévy,1999),并与吕克·费里(Luc Ferry)一起,在批判解构主义政治哲学的基础上,发表《1968年事件的思想:论当代反人文主义》(*La pensée 68. Essai sur l'antihumanisme contemporaine*. Paris:Galliamrd,1985)。同时,保尔·利科也继续发表他的新政治哲学的著作:《阅读评论第一集:有关政治著作的评论集》、《公正的》(*Le juste*,1995)、《批评与信念》(*Critique et conviction. Entretien avec François Azouvi et Marc de Launay*,1995)、《反思集》(*Réflexion*,1996)、《意识形态与乌托邦》(法文版)(*L'Idéologie et l'Utopie*,1997)、《另类的》(*Autrement*,1997)、《促使我们思考的因素:自然与法规》(*Ce qui nous fait penser:la nature et la règle*. Avec Jean-Pierre Changeux,1999)、《记忆、历史、遗忘》(*La mémoire, l'histoire, l'oubli*,2000)及《公正的》第二集(*Le Juste II*,2001)等。

在第三阶段,随着时代政治的新转变,法国政治哲学呈现新的转折。如果说,20世纪中叶开始的人文主义争论是直接由法西斯现象所引发的,那么,80年代末至90年代,柏林墙的倒塌、苏联和东欧国家集团的覆没、消费社会和全球化的膨胀、恐怖事件及大规模自然灾害的连续发生、

---

① See Eric Weil,1971[1956]:16.

电子数码技术的泛滥、基因工程的滥用等一系列重大历史事件,就加剧了20世纪末以来包括法国在内的西方思想界的人文主义论战。

在目前法国哲学界所进行的人文主义新论战中,主要有三条主线相互交叉并相互争论:第一条是由解构主义和后现代主义延续下来的思路,在近二十多年来,特别是在福柯于1984年去世之后,主要是由利奥塔和德里达为代表,重点地探索了新的社会文化条件下的人的条件问题。在这方面,他们所阐述的新人文主义,与1968年学生运动发生前后的基本观点有很大的区别。他们以西方法制的"死刑"以及现代"人造基因"技术的"非人性"为范例,强调人性中的"动物性"(l'animalité)①,主张"宽容"(Pardonner)。② 德里达还针对西方自由主义者利用苏联及东欧国家倒台而对马克思主义者进行无节制的"反攻倒算",发表《马克思的幽灵》,批判人文主义的虚伪性和残暴性。③ 德里达等人的论点,立即引起德国哲学家哈贝马斯④和斯洛德岱克(Peter Sloterdijk)的回应⑤。

第二条主线是法国原有的现象学运动的延续,由于新的生活世界的转变以及法国现象学理论和方法的重新调整,在人的问题上,也出现了有别于胡塞尔和海德格尔等现象学创始人的人文主义的新观点。当然,法国现象学运动在新的阶段的进一步分化和多样化,也使现象学对人的问题的新探索,出现了多种论述方式,并在现象学运动内部产生了激烈的争论。

首先,站在最前列的,是现象学家列维纳斯(Emmanuel Levinas,1906—1995)。正当西方社会面临伦理道德思想的严重危机,当大多数西方思想家深感西方道德及其哲学、宗教和文化基础本身已经过时而无能为力的时候,列维纳斯以坚定的立场,几十年如一日,力挽狂澜,以人性为基本论题,始终坚持进行道德伦理的哲学重建,试图深沉反思20世纪两

---

① See Jacques Derrida, *L'animal que donc je suis*. Paris. 2006.

② See Jacques Derrida, *Le toucher*. Paris. 2000.

③ See Jacques Derrida, *Spectre de Marx*. Paris. 1993.

④ See Habermas, J. *Zukunft der menschlichen Natur*. Frankfurt am Main. 2006.

⑤ See Sloterdijk, P. *Regeln für den Menschenpark. Ein Antwortschreiben zu Heideggers Brief über den Humanismus*. Frankfurt am Main. 1999.

次世界大战的悲惨教训,并在当代消费社会和电子数码文化泛滥的历史时刻,创建一种以尊重"他人"为核心的新道德哲学,一种他称之为"第一哲学"的伦理本体论体系。

列维纳斯所发表的著作,诸如《时间与他者》(*Le temps et l'Autre*, 1947)、《从存在到存在者》(*De l'existence à l'existant*, 1947)、《同胡塞尔和海德格尔一起发现存在》(*En découvrant l'existence avec Husserl et Heidegger*, 1949)、《总体性与无限:论外在性》(*Totalité et Infini. Essai sur l'Extériorité*, 1961)、《难以实现的自由:论犹太教》(*Difficile Liberté. Essai sur le judaïsme*, 1963)、《人文主义与作为他者的人》(*Humanisme et l'Autre Homme*, 1972)、《另类存在或在本质之外》(*Autrement qu'être ou au-delà de l'essence*, 1974)、《从神圣的到圣者》(*Du sacré au saint. Cinq nouvelles lectures talmudiques*, 1977)、《我们之间:论对他者的思想》(*Entre nous. Essai sur le penser-à-l'autre*, 1979)、《伦理与无限》(*Ethique et Infini*, 1982)、《超越性与理智性》(*Transcendance et intelligence*, 1982)及《各民族的时代》(*A l'heure des nations*, 1988)等,都反复地捍卫人文主义精神,强调现象学必须靠对于"他人"的"脸"(*le visage de l'Autre*)的"显现"的观察,探索人的本体论基础以及揭示世界的本真结构。

列维纳斯所理解的伦理学,并不像海德格尔那样,只是把它当成一种"存在方式",也不仅仅是指个人的精神境界的完善化过程,而是个人无法逃脱的"对于他人的责任"(la responsabilité à l'égard d'autrui)的实施过程,这也是每个人的同一性(l'identité)和唯一性(l'unicité)的真正奥秘所在,是任何人无法替代的。①

因此,列维纳斯有关人性的著作,都是环绕着对"他人"的伦理关系,论述他人存在的绝对性及其无限崇高性,强调人性就是"对他人负责"。即使在谈论神学和犹太教传统时,列维纳斯的立足点,仍然是每个人对他人的绝对责任心。他认为,他人的存在是无可忽视的最高原则,这就如同

---

① See Emmanuel Levinas, *Totalité et Infini. Essai sur l'Extériorité.* Paris. 1961; *Humanisme et l'Autre Homme.* Paris. 1972; *Ethique et Infini.* Paris. 1982.

神对于人的存在的绝对性那样。正因为这样,列维纳斯把伦理学当成"第一哲学"(philosophie première)。

与列维纳斯始终站在一起,利科(Paul Ricoeur)重提了"责任心"(Responsabilité)的伦理基本概念,批判全球化、欧盟扩大以及基因技术所带来的道德衰败。① 他的理论旨趣,使他不但批评胡塞尔单纯进行主观意识的现象学还原的主观观念论,而且也强烈批评海德格尔关于"此在"(Dasein)的"人生在世"(Sein-in-der-Welt)的"短程迂回"(le détour de court-circuit)的缺点。② 在利科的现象学的新人观中,明显地显示出以下特征:人的主动创造性,始终不可能逾越处于绝对地位的神的超验性;有限的人,尽管具有这样或那样的文化优越性,始终避免不了"可错性"(faillibilité)和"可有罪性"(culpabilité)。③ 因此,人在其不断重复的文化思想创造中,始终必须参照永远优先于他的"象征性原始结构",从中一方面领会绝对的神的启示,另一方面理解"历史前结构"所凝聚的丰富人类经验。在此基础上,现实的人,还要通过尽可能漫长的"最客观的人文社会科学的迂回绕道"(le long détour par les sciences humaines les plus objectives),取代海德格尔的所谓"此在"的"短程迂回",通过与过去、现在及将来的"他人"的对话(le dialogue avec des autres),开辟自身的创造可能性。④

另一位杰出的现象学家米歇·昂利(Michel Henri)也发展他的"自我奉献"(Auto-Donnation)的现象学人观,强调人的生命的自律和自我生产能力的"无限性"。⑤

更具代表性的现象学新人观,是由让·吕克·马里墉(Jean-Luc Marion)所提出的。他在现象学领域中,通过"捐赠"(donnation)问题,开辟了

---

① See Paul Ricoeur, *Quel ethos nouveau pour Ourope*. Paris. 1992; *Fragility and responsability*. Naples. 1992.

② See Paul Ricoeur, *Du Texte à l'action*. Paris. 1986.

③ See Paul Ricoeur, *Symbolique du mal*. Paris. 1988.

④ See Paul Ricoeur, *Preface*. 参见利科为高宣扬的《利科的反思诠释学》所写的"序言",同济大学出版社 2004 年版,第 4—12 页。

⑤ See Michel Henri, *Auto-Donnation*. Paris. 2004.

关于人的存在的本体论探究的新方向。经过与德里达等解构主义现象学的激烈争论之后,从 20 世纪 80 年代末至今,让·吕克·马里墉将其"捐赠现象学"的人论,集中阐述在《成为事实的捐赠》、《还原于捐赠》、《论过度》及《性欲现象》等著作中。[①]

第三条主线是原本就明显地与结构主义、解构主义和后现代主义采取根本对立立场的自由主义学派,以吕克·费里(Luc Ferry)、阿兰·雷诺(Alain Renaut)、弗朗斯瓦·弗列(François Furet)、阿兰·芬基尔克劳德(Alain Finkielkraut)为代表。他们充分利用上述全球化等重大社会历史事件的有利条件,一方面提出了相应于新时代发展要求的新自由主义的人文主义,另一方面也趁机批判原来存在的解构主义和后现代主义的人观。在这方面,他们尤其借助于海德格尔历史档案的全面揭露,重点地将解构主义和后现代主义的反人文主义的倾向,并使之同海德格尔在第二次世界大战期间的法西斯政治立场联系在一起加以批判,从而掀起了一场震荡法国及整个西方学术界的批判海德格尔的新运动。[②]

自由主义学派实际上迫不及待地将人性问题的讨论,直接地同政治哲学的研究联系在一起。1999 年,法国《文学杂志》(*Magazine littérraire*)出版了关于"政治哲学的重建"的专号(Numéro spécial consacré au "Renouveau de la philosophie politique"),围绕政治哲学的基本论题,重估了法国自 20 世纪 60 年代以来的政治哲学的状况,引发了关于人文主义的更大论战。主持这场论坛的弗列德列克·马尔特尔(Frédéric Martel),很明白地把矛头直接地指向半个世纪以来流行于法国的马克思主义和解构主义,他说:"在 60 年代,政治哲学在法国再也找不到它的读者。马克思主义和解构主义的优先地位以及社会科学的深刻影响,使哲学长期地远离对政治的研究。人们只限于描述和说明社会问题,却再也不谈论我们的社会究竟应该追随什么样的目的。"

实际上,关于政治哲学的讨论本身,本来就已经隐含了对人文主义的

---

① See Jean-Luc Marion, *Etant donnee*. Paris. 1997; *De surcroit*. Paris. 2000; *Le phenomene erotique*. Paris. 2003.

② See Emmanuel Faye, *Heidegger. Introdcution du naizism dans la philosophie*. Paris. 2005.

评价问题,因为它涉及人权、人道主义、人与人之间的统治关系以及一系列关于人的价值的老问题。正如著名诗人保尔·瓦列里(Paul Valéry,1871—1945)所指出的:"政治向我们讲自由……但这只是一个充满允诺的语词,同时也引发一系列的忧虑。"瓦列里在这里暗示了近代社会的自由所隐含的"允诺"(la promesse)和"忧虑"(l'inquiétude)的两重性,揭示了近代自由的含糊性、悖论性和可能性的交叉结构,并把自由问题看做是未来的事情。这也就是说,近代自由民主制所论及的人的自由,在实际上,无非只是未来的可能性。

因此,如果要谈到人的问题,就必须实际地讨论人的命运;政治是一切社会科学中最触及人的命运的学科。埃德加·莫兰(Edgar Morin,1921—　)就曾经正确地指出:"政治处理一切最复杂和最珍贵的事务,即个人、集体以及人类的生命、命运和自由。"①所以,"政治向一切知识提出了最大的挑战……它关系到一切关于人和社会的知识"。②

同样,在他之前,福柯(Michel Foucault,1926—1984)也指出:近现代政治的核心问题就是人的生命。现代权力所关注的首要对象,就是个人和社会群体的生命;在这个意义上说,现代权力就是不折不扣的生命权力。

如果说政治关系到生命本身,那么,更确切地说,政治实际上关系到人的自由问题,因为人的生命的本质就是自由。一切政治都是关于人的自由的规定、限制及其扩充和实施。如果政治不回答和不理会自由问题,那么,它就丧失了政治的真正意义,它也就导致对人类政治活动的本意的背叛。反过来,任何政治只有环绕着自由的限制和扩充,它才能获得社会的确认,并在社会生活中表现出它的效益。

当代法国自由主义者,以阿兰·雷诺和吕克·费利等人为代表,在他们的批判结构主义、解构主义和后现代主义的代表性著作《1968年的思想》中,已经直截了当地点明了这些被称为"1968年思想"的"反人文主

---

① Morin,E.*Pour entrer dans le XXI siècle*.Paris.2004:11.
② Ibid.10.

义"性质。①

在上述三大主线之外,仍然还有一大批思想家,以其各自独立的见解,在新的视野中,探讨 21 世纪人性的发展可能性。

首先值得一提的,是社会学家兼哲学家埃德加·莫兰。这位思想家,面临新世纪人类文化重建的紧迫任务,从关切青年一代的教育问题入手,提出一系列颇有见地的观点。他认为,讨论人性不应是抽象的和不着边际的,而是要从最实际有效的教育问题出发。为此,莫兰在他的《为了进入 21 世纪》(*Pour entrer dans le XXI siècle*, 2004)一书中,一方面把西方的人性问题放在人文和教育危机的背景下,集中批判教育领域的腐败及衰落及其对下一代的危害;另一方面又依据时代的变化,提出拯救人性颓废的切实的教育改革方案。②

与此同时,社会学家和人类学家也积极参与世纪转折时期的人性探讨与政治哲学的新争论。年轻的社会学家罗耐(Joel de Rosnay)在他的《数码符号的生化人:展望第三千僖年》(*L'Homme symbiotique. Regards sur le troisième Millénaire*)一书中,从宏观和微观的各个不同角度,从自然、历史、文化及人本身的遭遇,分析在当代制造"克隆人"的基因技术和数码符号技术的威胁下,人类的未来命运。他认为,21 世纪的世界文化和思想,不但是极其复杂,而且也将具有高度变动性和灵活性。这对于人类来说,既有积极意义,又有消极和悲观后果。当代文化对人及其社会整体的干预和改造的效率,达到了令人难以想象的地步;而受到现代文化干扰、改造和破坏的社会与世界本身,也正以不可预测的变化而反过来影响着人的生存;自然也影响着哲学的发展。如果说连人本身,也可以通过生命遗传工程来制造的话,如果说连人的精神品质和道德意识,也可以通过生命遗传工程加以设计和改造的话,那么,人性本身也可能遭受生命遗传工程的全面宰制,变为可以数码化和程序化的东西。

在欧盟扩大的新形势下,法国哲学家关于"克隆人"的未来的讨论,

---

① See Luc Ferry/Alain Renaut, *La pensee 68*. Paris. 1984.

② See Edgar Morin, *Pour entrer dans le XXI siècle*. Paris. 2004.

实际上也是整个欧洲哲学家所共同关心的问题。德国的哈贝马斯在他的最新著作《人性的未来》(*Die Zukunft der menschlischen Natur*, 2001)中也指出:在当代科学技术的干预下,未来的所谓人性,将不再是真正属于人的内在本质的东西,而是科学技术发明的产物。在这种情况下,我们所能发出的疑问,只能是克隆人的哲学思维能力及其效果问题。受到法国关于人性辩论的影响,德国的燕斯·莱斯(Jens Reich)以《一种被制造的人即将诞生》(*Es wird ein Mensch gemacht*)的书名,揭示基因技术所制造的"克隆人"所可能带来的伦理危机。[①]

因此,为了维护人性的危机,法国和欧洲议会支持成立"科学伦理最高咨询委员会",邀请最有声望的思想家和科学家,以人性的名义,探索现代科学技术的发展的伦理原则。

关于人性的论战至今仍然继续,今后也必将随社会文化发展所引发的问题而持久地开展下去;其动向,确实值得各国哲学家共同关注。

在人类历史跨越21世纪的门槛之后,法国的"后马克思主义"政治哲学,面对全球化及西方各国国内政治、经济和文化结构的新变化,积极地提出了自己的新观点。拉毕卡就全球化与西方民主制的关系,发表《革命与民主制》,同时,根据实际社会运动的需要,还为重新发表的列宁著作《帝国主义:资本主义的最后阶段》写序,强调马克思理论在当代社会生活中的重要意义。[②] 与拉毕卡一起坚持研究马克思思想的一部分巴黎大学教授,也坚持每年一次举办全球范围的学术研讨会,试图不断补充和发展马克思对于现代社会的批判思想。

与此同时,值得指出的是,法国政治哲学还受到了一般哲学史研究的启发。许多哲学家,是在研究黑格尔、康德、休谟、卢梭、霍布斯及胡塞尔著作时,深刻地提出他们的政治哲学观点,对推动当代法国政治哲学的发展具有积极作用。在这方面,除了以上提到过的柯杰夫和埃里克·维尔以外,还有研究黑格尔法哲学的贾克·董特和德拉迭(Derathé),研究德

---

① See Jens Reich, *Es wird ein Mensch gemacht*. Berlin. 2003.
② See Labica, 2002; 2003.

国古典哲学的布尔乔亚(Bernard Bourgeois),研究康德的费洛年柯(Philonenko),研究霍布斯、孟德斯鸠和康德的西蒙·格雅·法柏乐(Simone Goyard-Fabre),研究霍布斯的庄·鲁阿(Jean Roy),研究卢梭的维克多·格尔德施密特(Victor Goldschmidt)、斯达洛宾斯基(Jean Starobinski, 1920—　)、柏格林(Burgelin)等人。

　　另外,对于发生在英美和德国的政治哲学争论,特别是由罗尔斯 (John Rawls,1921—2002)、德沃尔金(Ronald Myles Dworkin,1931—　)、哈贝马斯(Habermas)、诺基克(Nozick)和布哈南(Buhanan)的著作所带动的理论争论,法国哲学家也给予必要的注视,并在一定程度上参与了讨论。在这方面,可以参看马西尔·拉克斯的《关于平等性问题的当代论题》(Louise Marcil-Lacoste, *La thématique contemporaine de l'égalité*,1983)、吕克·费利的《政治哲学》(Luc Ferry, *La philosohie politique*,1984)以及西蒙·格雅·法柏乐的《政治哲学》(Simone Goyard-Fabre, *La philosophie politique*,1987)等著作。

　　对于20世纪末的法国政治哲学的研究状况及其动向,法国《文学杂志》曾于1999年发表讨论《政治哲学的更新》("Renouveau de la philosophie politique".*Le Magazine littéraire*.1999)专号,进行了一定程度的总结。

第二节　在生存世界中探索人的自由

　　当代法国政治哲学,如同西方其他国家的政治哲学一样,把探索个人自由当做其论述的核心。但对个人自由问题,法国的政治哲学家们采取了特殊的论述方式。

一、自由的历史性及其限制

　　第二次世界大战结束后,由萨特等第一代20世纪哲学家所开创的理论革命进入了关键时刻:这就是从传统阴影下走出,迎向崭新的全面创造时期的历史转折点。

在当代法国哲学发展的第一阶段,哲学思考所面临的,是西方社会的三大危机:希特勒政权的出现、文化和科学危机以及严重的异化现象。这三大危机使"人及其自由"的问题,显著地成为哲学家们思索的焦点。如果说,启蒙运动曾经向人们许诺过"自由"和"解放"的话,那么,两百年来的"现代性"的历史,给人类所带来的,仅仅是西方近代自由民主制范围内的"自由";事实证明了这种自由的内在矛盾性:它一方面确实给予了个人远比中世纪多得多的自由,另一方面它又使人陷入一系列现代"自由的"法制、规范和规则的枷锁中,强制人们变为福柯所说的那种不折不扣的"温驯的人"。① 其实,这一切,只是卢梭早在 18 世纪所作的批判的见证。卢梭在他的《社会契约论》中,开宗明义地指出:"人生来自由,但却发现自己处处被套在枷锁之中。"就连现代法制理论的创始人之一孟德斯鸠也直截了当地揭示了现代自由同遵守法制的一致性:"所谓自由就是遵守法规。"福柯、利奥塔等人的贡献就是结合现代社会发展进程的活生生的事实,论证了现代自由的有限性及其对人本身生活自由权的侵犯。而且,福柯等人并不把自由问题孤立起来讨论。他们结合当代国家政权及现代民主制的实际进展状况,揭示了现代自由对人性摧残的必然性。他们把现代国家的滥权现象当做最关键的问题来讨论。自然权利论思想家当初所作的对现代国家政权的限制承诺,随着现代国家机器的发展而逐渐地和彻底地泡沫化。

在西方民主制范围内而出现的德国法西斯,集中地证实了西方自由民主制本身的危机及其矛盾性质。与此同时,由一系列社会危机和科学技术发展所造成的人的生存的异化,也促使人越来越感受到自身无法掌握自己的命运。人的自由本身受到了威胁。人们无法掌握自己的命运。

为此,作为向传统形上学开战的先锋,萨特早在 1934 年,就写出了《呕吐》(*La nausée*),生动地揭示被"抛入"世界而存在的人的"荒谬性"。

---

① See Foucault,1975.

萨特通过他自己所经历的社会事件,深深感受到个人再也不是个别的
"单子",而是同周边的世界的命运连成一体的生命单位。萨特所处的具
体生活世界,教育了萨特本人,使他感受到自己已经不由自主地"介入"
到了他所试图超越的世界中去。萨特的思想转变,使他越来越意识到:个
人是不可能超越历史和环境的。正如他自己所说:或者盲目地被时代推
着走,或者主动地承担起历史的责任,"自为地"介入到时代的洪流中去。

　　对一个人来说,当他面临社会的重大变化和时代的挑战,他究竟介入
不介入,这是个人要不要自由的问题;或者,更确切地说,问题不是"有没
有自由"或"要不要自由",而是个人要"选择"什么样的自由的问题。萨
特认为,对于具有意识的人来说,每个人都毫无例外地拥有选择的自由。
所以,萨特说,个人存在的自由,是注定的;"我们注定是自由的"(Sartre,
1943)。自由之所以是注定的,是因为一方面它取决于个人的选择,另一
方面它又受制于时代和环境。因此,自由是矛盾的,具有两面性:就自由
同环境的不可分割的联系而言,"偶然性是最根本的"(l'essentiel,c'est la
contingence),也就是说,是环境决定你的自由,它是无可选择的。但自由
归根结底又是个人选择的结果,因为人毕竟是有意识的存在,人可以也必
须以自己的意识而选择自己的自由;选择或不选择,都是选择,都是自由。
所以,萨特才说"人的自由先于人的本质,并且还使人的本质成为可能;
所以,人的本质悬挂于它的自由之中"(la liberté humaine précède l'essence
de l'homme et la rend possible,l'essence de l'être humain est en suspends dans
sa liberté)。①

　　萨特在这个特殊的时代探讨人的自由问题,又是他的现象学哲学的
性质所决定的。胡塞尔的现象学,不同于把人对于自然的主体地位列为
首位的传统西方哲学,强调人与人之间的"主体间性"以及"生活世界"的
重要性。因此,掌握和应用现象学观察人生问题的萨特,很自然地将研究
焦点指向个人的自由问题。与萨特同时代的其他存在主义思想家,马尔
塞、卡缪、利科、列维纳斯等人,也同样关心自由问题。虽然都同属于存在

---

① Sartre,1943;61.

主义哲学家,但他们之间仍然有激烈的争论,并在自由问题上,各持己见,展开公开的讨论,提升了这一时期人们对自由的理解。

最典型的,是卡缪同萨特环绕自由的争论。卡缪当然也同萨特一样,感受到这个现实的世界对人的自由的限制。卡缪所追求的,是一个真正自由的人。所以,卡缪一方面否定"无所不在的万能的"上帝,因为这意味着上帝可以随时随地限制人的生存;另一方面卡缪也反对现实世界中的暴政统治者。在《卡里古拉》(*Caligula*)中,卡缪通过他所塑造的人物Martha(一位被误解的"罪犯")说:"啊!我恨这个把我们归化为神的世界!"①同样地,在他的小说中那位被禁闭在牢笼中的人物Nada也说:"神否定这个世界,而我就否定神。"②在卡缪看来,真正的人,就是敢于使自己变为比他所生活的环境更为强大的人③;而真正自由的人,就是"既敢于拒绝执行暴政又敢于拒绝接受暴政的人"。④ 如果说萨特只满足于"我存在,因此,我存在"的话,那么,对卡缪来说,最根本的,毋宁是"我造反,因此我存在"(je me révolte,donc nous sommes)。⑤ 由于造反和叛逆构成伟人的自由存在的先决条件,所以,造反对人来说,是具有形上学性质:"形上学的叛逆,就是人反对他的生活条件及反对一切造物主的造物行为而使人自行站立起来的一场运动。这种叛逆之所以具有形上学的性质,就是因为它不同意人和神的创造的目的性。"⑥

自由的问题,归根结底,就是理性的限制问题。其实,理性作为历史的产物,也同时受到历史的限制。所谓"万能"和"永恒"的理性是不存在的。"现代性"所颂扬和崇拜的理性,在个人自由受到威胁的时候,集中地暴露了它的历史有限性。

为了维护个人生存的自由,萨特受到胡塞尔和海德格尔的影响,直接

---

① 1962,Théâtre,Récits,Nouvelles.présentés par Roger Quilliot avec une préface de Jean Grénier.Editions Pléiade:171).

② Ibid.:237.

③ See Camus,Actuelles,Ⅰ,1950,Galliamrd:24.

④ Actuelles Ⅲ,Galliamrd,1958:184.

⑤ See L'Homme révolté,Gallimard.1951:36.

⑥ See Ibid.:38.

地向传统形上学开刀,反对将理性置于至高无上的地位,径直转向个人的
"在世生存",将希望寄托在"自为"的个人所选择的自由。为了自由的实
现,萨特为人下赌注,不指望神。他明确地说:"我为人下赌,不指望神。"
萨特强调指出:"人是以其出现而造就一个世界的存在。"(l'homme est
l'être don't l'apparition fait qu'un monde existe)①在萨特对于自由的探讨
中,我们看到,萨特所讨论的人,是充满矛盾的生存物。人追求自由,但他
又意识到他的自由的实现,是无时无刻不受到限制的。然而,人作为生来
自由的生存物,又必定顽固地追求绝对的自由。这是人的悲剧,也是人的
烦恼,但同时又表现了人的可贵之处。人宁愿在烦恼中度过,也不要没有
自由的生活。而且,尽管存在着种种困难和障碍,人始终都要不惜代价地
追求自由。萨特比他的同时代人都更深入和更执着地寻求自由的道路。

　　萨特所揭示的自由的双重性,表现他本人的双重性:他既要追求自
由,又意识到必须受到环境的限制,必须承担环境所赋予的介入责任。因
此,他同传统的关系以及他同当时的马克思主义的关系也是矛盾的:他既
反对传统,又同传统保持一定的联系;他既拥护马克思主义,又强调个人
自由的不可剥夺性。

　　萨特虽然于1980年去世,但他仍然不失为20世纪的思想家;正如伯
尔纳特·亨利·列维(Bernard Henri Lévy)所说,20世纪是"萨特的世纪"
(Henri-Lévy,2003)。问题在于:萨特本人所属的时代以及他所执着的主
体意识哲学,使他所寻求的自由,始终无法跳出意识的范围,而当萨特始
终坚持意识的意向性的首要地位的时候,他实际上就是仍然使自己陷入
传统理性主义的圈套。这就决定了萨特等人所主张的自由,只能是意识
想象的自由,是从属于理性的自由;或者,如同他自己所说,只能是一种
"虚无"。萨特对于自由的哲学探索所得出的结论,不但不能彻底解决实
际问题,而且也同他本人的实践存在很大的矛盾。这就决定了萨特哲学
的命运:他很快地就在20世纪70—80年代,在风起云涌的思想变革的浪
潮中,被新一代思想家所抛弃。以福柯、德里达等人为代表的新一代哲学

————————

① Sartre,1946.

家,宁愿从更实际的生活世界中,在实际的冒险挑战中,彻底脱离理性的限制,在理性的范围之外,探索自由的可能性。

所以,当代法国哲学对自由的探索,在较晚时期,表现出三大特点:第一,继续与实际的生活世界紧密相关,从现实的生活世界出发;第二,显示其逾越理性的特征,不再考虑理性的规定,而是在理性的限制之外,探索自由的各种可能性;第三,从脱离现实与虚幻的想象出发,甚至在必要时,透过返回历史的途径,探索自由的限度。

福柯、德里达和德勒兹等人,从对于生活世界的解构入手,注重于人的肉体和精神本身所给予的具体条件,从欲望、感情、意志、个人能力、身体状况以及身体与世界的相互关系,更深入地探讨自由的可能性。与此同时,部分哲学家主张以中世纪经院哲学家为榜样,在彼岸的幻想世界中探索自由的可能性。①

当萨特探讨人的自由的时候,列维·斯特劳斯和拉康就已经在语言的结构中发现了人的生存的奥秘。对他们来说,要探索自由,首先要尝试突破理性的限制,而突破理性和各种规范的界限,就意味着必须突破语言本身给人带来的界限,深入到语言之中,揭破语言本身的结构,在语言中探索人的自由的可能性,探索人的创造的可能性及审美性。

所以,同萨特等人的思索方向相反,列维·斯特劳斯、拉康和福柯等人试图从另一个角度探索人的自由。他们认为,仅仅在抽象的存在论层面上,在现存社会制度范围内,是无法找到真正的自由:必须在西方实际的社会制度和语言规则之外,在现代性社会文化的历史脉络中,探索人的解放问题。

要自由,就必须向语言寻求自由;必须向语言提出"人为什么没有自由"的问题。结构主义的重要贡献,就在于把注意力集中地转向限制着人的自由的语言,转向作为思想和文化的基础的语言,尤其集中批判具体运作权力宰制机制的现代知识论述体系。

---

① See Yves Cattin,"La liberté sans repentir ni pardon".In *Bulletin de la société française de philosophie*,Séance du 25 janvier 1992.

　　萨特所没有彻底解决的自由问题,由后结构主义和解构主义思想家们,在新的基础上继续探讨下去。后结构主义和解构主义者是从两方面深入探讨自由问题。一方面,他们继承和发扬从勒斐伯勒开始的日常生活研究,由罗兰·巴特、布迪厄、德舍多和波德里亚等人,更广泛地结合现代社会的日常生活现象及其矛盾,揭示现代人在日常生活和消费文化中的自由的双重矛盾性。另一方面,拉康、福柯和德里达等人,干脆摒弃抽象的个人自由目标,宁愿采取更具挑战性和更积极主动的"逾越"实践,作为实现个人自由超越的主要途径。

　　德里达和福柯等人,都蔑视各种限制人的自由的"界限"。对他们来说,所谓自由,就是逾越界限。人的最根本的特点,就是不断地以创造精神建构独特的自身。人是要不断追求自由的生存物。但什么是自由?德里达和福柯都说,他们对"自由"这个词和概念,就好像对"人"这个概念一样,始终都保持一种警惕性,保持一个距离。他们清醒地意识到:社会上存在的各种"自由",始终都是以这样或那样的代价,以个人失去其自身的真正身份的先决条件而实现。因此,他们虽然酷爱自由,但他们所理解的自由,并不是"主体的自由"或"意识的自由",也不是现代社会所给予的自由,因为一切"主体的自由"和现代社会的自由,都是以主体化过程中所必须遵循的法制和规范作为标准,以牺牲自身的自由、使自己顺从于规范作为代价而实现的。正因为这样,德里达说,他尽管热爱自由,但很少使用"自由"这个概念,甚至宁愿不用自由这个概念。"我对'自由'这个词是不信任的,但这并不是因为我属于某种类型的决定论。这是因为这个词,往往包含对主体或意识(即以自我为中心的逻辑主义)过多的幻想的形上学假设,似乎这些主体和意识具有不依赖于冲动、计算、经济和机器的独立性。如果自由是指超越一切机器游戏,超越一切决定论的机器游戏的'过度'的话,那么,我就是确认和尊重这种自由的积极支持者;但我毕竟倾向于不讲主体的自由或人的自由。"①

　　福柯也同德里达一样,强调他并不稀罕现代社会所给予的各种"自

----

① 　Derrida/Roudinesco,2003:85-86.

由",他宁愿以艰苦卓绝的探险游戏和闯越各种界限的创造活动,追求自身的审美生存方式。所谓"自由就是对规律的认识",在福柯看来,无非是启蒙运动的虚幻理念,早已经湮没在现代知识和科学技术的成果所造成的灾难(社会的和自然的灾难)之中。福柯一生不停顿地批判知识、道德和现代权力,其目的,正是揭露现代知识与权力运作共同宰制现代人的策略诡计,以便使个人能够实现其自身不断逾越的审美快感。所以,由萨特在第二次世界大战期间所掀起的个人自由问题,终于在崭新的哲学视野中,转换成为新一代哲学家无限地探索审美生存的创造性游戏。

除了存在主义、结构主义、后结构主义和解构主义思潮以外,在第二次世界大战之后以现象学方法探索自由的哲学家,还有弗拉基米尔·杨科勒维奇(Vladimir Jankélévitch, 1903—1985)、雷蒙·柏林(Raymond Polin)、列维纳斯和利科等。他们都先后试图在重建现象学的伦理学的基础上,一方面批判现代自由观的缺欠,另一方面尝试通过对"他人"和其他中介的介入,在伦理道德的基本原则的基础上阐述自由的问题。

杨科勒维奇是在第二次世界大战结束后不久发表他的《论道德性》(*Traite des vertus*, 1947),然后,他始终关切道德问题,并反思了道德本身所隐含的矛盾性及其困境,发表《道德的悖论》(*Paradoxe de la morale*, 1981)。他在《道德的悖论》中深刻指出:"存在越多,就有越多的爱;而越多的爱,存在就越少"(Plus il y a d'être, plus il y a d'amour, et plus il y a d'amour, moins il y a d'être)。这就是道德的悖论。这种悖论暗示了一种没有神的神秘感,促使存在为其自身的存在而奋不顾身地存在着,并由于颠倒了两者的关系而忘却了自身。杨科勒维奇强调:现象学并不是一种特殊的科学的哲学,而是自身在众人的意识中对其自身的关系的一种必不可少的方式。

雷蒙·柏林强调价值的重要性,主张复兴苏格拉底主义,甚至恢复昔尼克学派的幸福论。他认为,现象学应该重建价值,把它们当成主体的现象加以描述。但是,正是从这里出发,柏林的价值现象学逐渐地远离胡塞尔。

从杨柯勒维奇和柏林的现象学伦理学,可以看出法国哲学家在把现象学应用于伦理学时所采取的态度,这是由笛卡尔以来法国哲学传统所确立的特殊的人文主义精神所决定的。列维纳斯早在1933年,就已经在他发表于立陶宛的一篇论文《法国与德国文化对精神性的不同理解》("La compréhension de la spiritualité dans les cultures française et allemande")中指出:根据笛卡尔关于人的肉体和精神的二元论,身体和精神只能靠神的恩惠才能结合起来;由身体和精神的联结所形成的心理活动,不是纯精神性的,而是被身体所污染。但法国人认为,精神具有强大的力量,可以在理性的思维中,超越想象、感性和激情,特别是在科学理论的创造和论证中,把人的尊严提升到最高层次。因此,帕斯卡说:"人的尊严就在于他的思想"(la dignité de l'homme est en sa pensée)。列维纳斯为此强调指出:"正因为这样,法国人非常关注世界的道德,并直接诉诸理性,唯其如此,他们自然地把道德当成正义来接受。所以,在法国,一直以很大的力量探讨道德:从18世纪到当代的道德家,包括杜尔凯姆(Emile Durkheim)、劳赫(Rauh)和列维·布吕尔(Lévy-Bruhl)。他们的出发点就是:人的精神性就表现在理性,就在于有能力使自己的行动合理化、并赋予意义。"

促使列维纳斯深刻思考伦理学的直接原因,是第二次世界大战的残酷性、希特勒法西斯对犹太人的迫害以及他本人对犹太教和基督教的忠诚态度。值得指出的是,列维纳斯和利科并不是单纯实现现象学在伦理学领域的应用,而是把现象学的思考方向,从根本上转向了伦理学领域;也就是说,现象学不应该像胡塞尔那样,单纯以先验的自我为基础探寻科学的思维方法,也不应该像海德格尔那样,只是关心以个人的此在为中心的存在论建构,而是应该把伦理列为主轴,探索无限超越的人生最高境界的可能性。这关系到现象学的带根本性的伦理学改造工程。

海德格尔只是关怀个人的存在,但列维纳斯却更加关切他人的存在。

二、解构历史与反思生活世界

现实生活中的自由,并不是脱离历史的行程而突然降临于世界。人的自由始终伴随历史整体性的本质结构而变动,它所表现的,正是人在其过去、现在、将来的生存过程中的基本生活模式的变化及其探索新生活方式的努力程度。正因为这样,西方思想和文化,从其根源起,就一直很重视对于历史本身的叙述、重构和再现。历史(histoire)是整个西方的奥秘所在。历史向来是西方文化传统的核心和根基。要实现真正的自由,必须首先从历史的约束中解放出来。正因为这样,福柯和德里达等现代法国哲学家,很重视对历史的研究,并直接通过"解构历史"的活动,来"诊断现实"本身。福柯在临死前接见评论家罗杰·鲍尔·德洛阿(Roger-Pol Droit)时说:"我对历史学家所作的工作特别感兴趣,但我所要做的,是另一类型的历史研究工作。……我所感兴趣的,是弄清楚被人们称为'现代性的门槛'的 17 至 19 世纪。从这个门槛开始,西方的论述展示了非常令人恐怖的全球化的霸权。现在,根据他们的最主要的概念及其基本规则,可以运载着随便任何一种'真理',……所以,归根结底,我的历史研究目标只有一个,这就是穿透现代性的门槛。"①

什么是历史?真正的历史,绝不是历史学家所制造出来的历史(论述)话语体系,而是由一系列历史事件(les événements historiques)和历史事迹(les monuments historiques)所构成的自然堆积。历史本身,如同自然界一样,就其真结构而言,是零乱无秩序的"皱褶"。至于历史中的文化和人类创造精神因素,在尼采看来,无非是"永恒回归"的历史力量的不断展现。因此,历史并不是沿着直线式的结构而连续地展现出来,更不存在历史学家所宣称的"意义",同样也不是以定向的"进步"路线,由"简单"向"复杂"、由"低级"向"高级"而延伸开来。真正的历史远比人们所想象的更充满着偶然性、不可预测性和混乱性的因素。

西方思想和文化在本质上是压抑性和向外扩充性。福柯和德里达在他们的著作中深刻地揭露:历史就是西方文明产生和发展的写照,它既是西方人自己向自身套上文化枷锁的过程,也是西方人向世界各民族进行

---

① La confession de Michel Foucault,Entretien inédit de Roger-Pol Droit avec l'un des grands penseurs du XX siècle.In *Le Point*,No.1659,le 1 juillet 2004:85—93.

政治、经济、文化和思想扩张的论述版本。西方文化和思想的建构和发展过程，在这个意义上说，就是西方文化对内实行压抑、对外进行扩张、并建构其世界霸权的历史见证。整个西方文化史，就是西方不断发动内外种族战争、进行种族灭绝政策的历史（Foucault，1997）。也正因为这样，西方人所编写的历史，始终具有双重的性质：一方面，是以他们的主体性原则，用他们的理性和他们的语言所编写；另一方面，又是用他们手中的火和剑，用种族战争和对外侵略战争中所流射出来的又腥又红的血而谱写出来的。历史既是文质彬彬，具有逻辑性和论证性，又是血淋淋，具有征服性、强制性和暴力性。

早从古代起，历史成为了西方人自身形塑主体性，建构其文化、实现其社会制度的正当化的基础，也是白种人实现自我站立、确立其世界霸权的出发点。当西方文明诞生于希腊时，希腊人便将文明的发展同整个西方的命运、同人类历史的结构及其未来结合在一起。到了近代之后，由笛卡尔所建立的主体中心主义，尤其成为西方历史论述体系的撰写原则。近代西方历史学家，紧密地结合西方对外殖民战争的利益，重构了整个人类历史，试图由此论证：西方才是人类的中心和希望所在。所以，西方人所编写的历史，既是他们本身文化和思想发展的记录，又是他们征服全世界、在世界上建构其霸权统治的过程的罪证。

根据福柯和德里达等人的分析，西方历史中所贯彻的，无非就是西方思想和文化中的西方种族中心主义、西方语言中心主义和西方理性中心主义的原则。在这个意义上说，西方人用火和剑所铸造的历史，是同他们用文字和理性所谱写的历史一脉相承的。因此，只有将批判传统的斗争彻底贯彻到历史领域中，才能真正地揭示西方传统的实质，也才能真正与它彻底划清界限。在当代法国哲学发展历程的第一阶段中，萨特等人之所以在其创造活动中未能超出传统的视野，未能彻底放弃主体性原则，就是因为他们未能从传统西方历史主义中走脱出来。

在西方的历史学中，历史同理性的关系是双重的：一方面，历史是理性的表现和展示形态；另一方面，历史本身的展现又是理性自我证成的过程。这样一来，历史的命运就是理性的命运；历史的发展又是理性实现的根据。坚持一种历史主义,就是坚持主张历史是由某一个以理性为基础所建构的主体所创造的。所以,历史主义又是同一种主体中心论和逻辑中心论密切相联系。任何解构理性主义的工程,都势必导致对历史本身的解构;同样地,任何解构历史的工作,都成为彻底批判理性主义的前提。从马克思到萨特,虽然都试图批判传统思想,但到头来,他们都仍然是理性主义和历史主义的拥护者,使他们不但未能与历史领域中的理性主义划清界限,而且还甚至试图比传统思想更彻底地在历史中贯彻理性原则,竟然宣称自己发现了历史的理性"规律",并号称自己"使历史学变成了科学"。由此可见,凡是未能将历史主义与理性主义当成同一个东西加以批判的人,最终将因其理性主义历史观的导引,而重新陷入传统的窠臼。要使自己得到真正的自由,首先必须使自己从历史的羁绊中解脱出来,必须使自己不再成为历史的奴隶。

为了彻底批判西方传统,福柯和德里达等人,集中揭露了作为西方历史灵魂的种族中心主义(Ethnocentrisme)①。福柯和德里达都从西方文化史,特别是从资本主义发展史的角度,揭露西方人编纂和"统一"人类历史的西方种族中心主义的实质。

福柯在研究西方性史的时候,就深刻地指出了西方文化的主体性原则及其与种族中心主义、与整个西方文化的内在侵略性和扩张性的密切关系。福柯在其《性史》的论述中指出,早在公元前一千多年前,希腊奴隶制刚刚形成的时候,希腊人就开始向外移民了。他们首先是向东方,经爱琴海诸岛,在东岸的小亚细亚沿岸地区,建立了一些殖民城邦。小亚细亚属于土耳其,古希腊语当时称为"安那托利亚"(Anatolia),意思是"太阳升起的地方"。后来腓尼基人首先称之为"亚细亚",意思是"东方",西方人从此沿用它。随着西方人对东方地域认识的日益扩大,凡是位于他们的东方的地方,都以他们为中心被称之为"亚细亚"。德里达指出,西方白种人的种族中心主义政策,使他们在编纂历史时,不遗余力地"漂白"整个人类历史。现在的亚洲就是这样被具有特别强大"漂白能力"

---

① See Foucault,1997;Derrida,1971;1998.

（la capacité de blanchir）的"白种人"（la race blanche）"命名"；同时，也以西方人的统治中心为标准，被"漂白"为"东方"，并把它划分为"远东"、"中东"和"近东"三大部分（Derrida, J.1998；1998d）。按照德里达的说法，西方人所谓"命名"（la nomination），就意味着以命名者的"主体"为中心，以命名者所树立的法制和规范作为标准，对作为"客体"的"被命名者"给予并确认其身份；这样一来，被命名者也就自然地隶属并归属于"命名者"，使被命名者成为命名者的一部分。命名活动在这个意义上说，也就是建构"中心"和"边陲"的"差异"的一种区分活动。①

按照福柯和德里达的看法，西方人的种族中心主义历史偏见是同希腊和西方文化的内在发展逻辑，特别是其形上学本体论基本原则紧密相关的。② 关于这一点，德里达在其论诗学（poétiques）的文章中曾经作了进一步的深刻揭露。③ 他在那篇文章中以隐喻方式，分析希腊形上学本体论论述的特征，指明其"白种人""漂白"异族文化的逻辑和"白人神话"（la mythologie blanche）的基本原则。

从那以后，西方白种人以他们自身为主体和中心，在向全世界扩张的过程中，一方面不断"漂白"和"命名"全球各地及其历史，而且另一方面还将其"漂白"和"命名"活动，透过他们所确立的法制和规范加以正当化，使他们所"命名"和"漂白"的历史，也成为最"科学"和最"客观"的历史的标本。

西方种族中心主义总是强调人类文化起源于西方，并且都是由西方人所创造出来的，而西方文化就起源于希腊。这种散发西方种族中心主义气息的论调认为，作为西方人的最早祖先和文化的开创者，希腊民族是一群得天独厚具有天赋、具有理性思维的唯一优秀民族，比世界上所有其他民族都高明，以此蔑视东方和其他地区的古老文明。黑格尔就说过："在希腊生活的历史中，当我们进一步追溯并在有必要追溯时，可以不必远溯到东方和埃及，单纯只在希腊世界和希腊生活方式内，就可以追寻

---

① See Derrida, J.1972b；1983b；1984；1995c.

② See Derrida, J.1972b.

③ See Derrida, J.1971.

出：科学与艺术的发生、萌芽、发达直到最盛的历程，以至它们衰落的根源，都纯粹在希腊人自己的范围之内。"①

根据英国历史学家罗斯托采夫的《古代世界史》(Rostovtzeff, M. *A History of the Ancient World, Vol. I: The Orient and Greece*) 牛津版所说："从整个希腊历史中，我们可以看到所有希腊人有一种日益增长的意识：他们属于一个民族，构成一个统一体。这个统一体不仅以共同的宗教、共同的语言为特征，而且以或多或少共同拥有的文化为标志。殖民运动以及相应的贸易的扩展大大促进这种民族感情。"②恩格斯在讲到雅典国家的产生时说：雅典相邻的各部落单纯的联盟，已经逐渐地由这些部落融合为统一的民族所代替了。

值得注意的是：正是由于有了共同的"希腊人"的思想，这时就逐渐形成了两个概念："异邦人"（或"别的希腊城邦的人"，the other Hellenes）和"异族人"（或"野蛮人"，barbarians）。他们很自然将同属希腊人的不同城邦的人，即使是远至西西里、西班牙、北非的希腊殖民城邦的人，都称为"异邦人"，但认为他们和自己一样，都是希腊人，不过是居住于不同城邦而已。西方人"自身"，将异族人称为"他人"或"他者"，把"没有主体性"的异族人，当成具有"主体性"的西方人"自身"的"客体"，就是伴随着希腊形上学本体论关于主客体二元对立统一理论而开始。

西方种族中心主义理论奠基人柏拉图认为，凡希腊人都以血统和感情联结在一起，而把非希腊人称为"异族人"。只有希腊人与异族人之间的争斗，才叫做"战争"；而在希腊人和希腊人之间，即不同的希腊城邦之间的争斗，只能叫"纷争"，不能叫"战争"。凡是希腊人，就不应当蹂躏和劫掠希腊人的土地，焚毁希腊人的房屋。他认为，应该将这点写进"理想国"的法律中去。③ 希腊人所确定的对"异族人"的"战争"政策及其主客对立原则，后来也成为整个西方人开展对被称为"他人"的"异族人"进行种族战争、并同时进行文化"漂白"的基本原则。

---

① Hegel,1833,Vol.I.

② Rostovtzeff, M.1976[1925]:229-237.

③ See Plato, Republic:469B-471D.In Plato,1973.

　　西方人不仅以自身种族及其文明的优越性为傲，而且也往往视自己本种族语言所创造的文化论述体系为"典范"，同时也把他们以其语言文字所编纂的人类历史当成"典范"。当他们向外扩张、进行殖民或对外交流时，总是将西方文化论述体系及其历史论述当做真理的标准，要求作为"他人"的全球"异族人"，接受他们的文化和历史论述体系，并以此"典范"贯彻于"他者"的生活和文化再生产过程中。

　　西方基督教，也是在"创造"和掌控人类历史方面，不遗余力。从早期的教父哲学时期的奥古斯丁（Augustin，354—430）到"经院哲学"（"士林哲学"、"烦琐哲学"）的代表人物托马斯·阿奎那（Thomas Aquinas，1225—1274）等人，都一再地试图论证：基督教作为"普世性"的宗教，是全人类历史的创造者，也是人类历史的中心；而人类历史不过是"天上之国"的永恒存在的一部分，是至高无上的神实现其救世的历史。因此，人类历史无非就是人类沉沦于世、犯罪的历史，也就是教会史和救世史。正如奥古斯丁所说，人和人的历史是由于同天主的相遇和关系而形成的。只是因为天主进入世界，人类历史才有了意义。研究历史的目的无非就是找寻"天主"的旨意。因此，人的历史"始于"启迪，而终于天主圆满的启示。

　　就基督教而言，在德里达看来，它就是隐喻着人世间的"太阳"就在西方，而基督教声称它本身就是"普世的宗教"，也意味着整个世界各个民族都必须而且最终都必然统一地信仰西方人所崇拜的唯一的神。所以，语音中心主义实际上又是一个"神学形上学"原则，是一种"形上学化的神话"或"神话化的形上学"，试图将全世界各种族及其历史，都归属于西方的"神"的全面统治（la domination universelle）。

　　福柯还认为，在整个中世纪时期，西方人进一步建构了"基督教教士权力模式"（le pouvoir pastoral），不但用之于其本土范围内，而且也运用于其世界各地的殖民地统治，并贯穿于他们所编写的人类历史论述体系之中。这种"基督教权力模式"的主要特点，是将其统治的重点，从单纯的占有领土转向控制"羊群"（即被统治者、被殖民者）。"教士"（即西方统治者）既是"羊群"的导引者、教导者、管教者，又是惩罚者、持鞭者、规训者;既是最高权威,又是"救世主"、"施恩者"。这种基督教模式,显然把统治和规训的重点放在"羊群"中的每个个体,试图使其统治渗透到每一个被统治者身上。到了资本主义时期,基督教模式被全盘继承下来、并以新的科学、理性和民主的观念加以改善,不仅成为西方各国国内统治,也成为其对外殖民统治的基本模式,成为整个人类历史标准文本的重要理论参考指针。①

福柯指出:从"种族"概念到"民族"概念的转变,标志着西方种族主义已随着近代资本主义的产生和发展而采取了新的理论和实践形式;因此,从"种族"到"民族"的转变,不但丝毫未能改变西方种族中心主义的实质及其全球霸权主义基本目标,而且,反而更显示了西方种族中心主义同当代理性主义、同当代科学技术以及自由民主制的紧密复杂结合关系,使全球范围内的种族问题也变得更复杂,并招致新的麻烦。而在历史论述体系中,上述资本主义民族主义原则也被全面贯彻执行。

福柯认为,在资本主义制度建立以后,"种族主义(le racisme)首先随着殖民一起发展,也就是说随着殖民者的种族灭绝主义(le génocide)政策一起发展"②。资本主义为了取得对于世界的霸权,在向全世界推行其"规范化体系"时,需要透过种族主义作为杀人和处死人的重要手段。为此,从 19 世纪开始,福柯发现了一个非常重要的现象:为了使杀人和推行种族战争的政策获得正当化的"科学论据","生物学理论迅速地同权力话语结合在一起",以便用生物学,特别是以"人种生物学"(l'ethnobiologie)的术语,改写和掩饰政治话语,重新编写人类历史,并以此思考殖民关系、战争的必要性的问题。

这也就是说,资本主义推行殖民战争政策的正当化依据,无非是两方面:一方面是以自由、民主为理由,迫使全世界接受"理性的规范",实行种族文化灭绝(l'ethnocide)的政策,进行德里达所说的那种全球文化的"漂白";另一方面是以科学、特别是生物学为理论基础,强制性地透过军

---

① See Foucault,M.1994:IV,137-139;230-232.

② Foucault,M.1997:241.

事、政治和经济并进的途径,改变历史造成的种族分布和生活状况。① 西方人对于人类历史的篡改,已经不满足于单纯透过语言文字的论述编写形式,还要进一步透过实际的事实改变过程,透过对于原有历史所奠定的文化构成结构的改造和强制性改变,达到对于整个人类历史及其现实结果的全面控制。

福柯在 1976 年 1—3 月在法兰西学院的系列演讲中,结合西方近现代社会建构和发展的机制,特别是结合作为近现代西方社会和文化制度核心的权力、知识和道德三者之间的紧密内在关系,揭示了现代资产阶级民族主义的西方种族中心主义(l'ethnocentrisme)的实质。福柯指出:"相对于哲学家与法学家来说,从根本上和结构上处于边缘的各种话语,例如古希腊时代的狡猾的雄辩家话语、中世纪的信徒的话语、战争和历史的话语、狂热的政治家的话语以及被剥夺财产的贵族话语等,在 16 世纪末和 17 世纪中期非常确定的环境中,在西方开始了自己的也许是一个新的历程。从此以后,我认为它取得了相当大的发展,直至 19 世纪末和 20 世纪,它们的范围扩张得很大很快……辩证法(la dialectique)也作为矛盾和战争普遍的和历史运动的话语,变为作为哲学和法律的话语,在古老形式中复苏和置换过来。实际上,辩证法把斗争、战争和对抗,在逻辑或所谓矛盾的逻辑中编码。辩证法把它们纳入整体性的双重程序,并建立了一种最终的、根本上无论如何也不能被推翻的合理性。最后,辩证法透过历史,保证了普遍主体的建构,得到调和的真理建构和法律建构,在其间,所有的个体最终都有自己被安排好的位置。黑格尔的辩证法以及一切追随者,都应当被理解为哲学和法律对作为社会战争话语的记录、宣告和活动的历史政治化与进行殖民和专制的和平化。辩证法对这种历史政治话语进行了殖民,后者在欧洲几个世纪中,有时在闪光中,经常在阴暗里,有时在博学中,有时在血泊里,走过了它的道路。"②

福柯试图从欧洲社会和文化的历史变迁过程,来说明作为欧洲文明

---

① See Ibid.;Derrida,J.1971.

② Foucault,M.1997:52.

建构基本力量的各种近现代理性主义和科学真理的话语论述,特别是其中的历史话语论述,实际上都掩盖着以西方种族主义为中心的文化霸权的建立过程。福柯把近现代文明的各种话语论述的建构和扩张,当成西方以其种族中心主义为原则所建构的近代资本主义世界秩序正当化的理论基础。

为了进一步论证资本主义社会和文明的世界秩序建构过程就是一种不停的种族战争,福柯特别集中分析了作为近代资本主义历史分水岭的17世纪的状况,特别集中分析了当时的英国革命前后以及法国路易十四统治末期的历史话语结构。他说:"从17世纪开始,认为战争构成历史绝无终止的经纬脉络的基本观点,以一种精确的形式表现出来:在秩序和和平下进行战争,使战争加工改造我们的社会,并把它分为二元的模式,这实际上就是种族战争。马上,人们就发现了组成战争的可能性,以及保证其维持、继续和发展的基本要素:人种的差异,语言的差异;力量、权力、能量和暴力的差异;原始性和野蛮性的差异;一个种族对于另一个种族的征服和奴役。社会实体正是建立在两大种族之上。根据这种观点,社会从头到尾遍布种族冲突。从17世纪开始,它就作为人们研究社会战争的面目和机制的各种形式的模型而被提出来。"①整个近现代世界史,可以说就是由西方种族中心主义新全球霸权话语所编写和规定出来的;而在这场以种族战争为基本内容的历史论述体系中,西方人以其政治、经济、文化和科学技术的优势,论证了由他们所建构的新世界秩序的正当性。

由此可见,到了近代资本主义文明形成的时候,历史被赋予理性的色彩。西方人更是自命为"历史的进步"和"发展"的化身,并将其西方文明当成整个人类文明的标准。自始至终,西方人在建构和发展其文明时,都试图论证他们就是人类历史的主人和中心,也是历史发展的动力。在他们看来,历史就是属于他们的。从15、16世纪开始的近代资本主义殖民时代,西方人不惜采用"文明"和赤裸裸的强盗手法,将世界上最古老的文化创造作品,从埃及、印度、中国、中东及美洲地区,抢回伦敦、巴黎的博

---

① Foucault, M. 1997:53.

物馆,以宣示他们对于人类历史的独占权力和诠释权。由此可见,即使在原来西方人缺席的远古历史的地盘中,他们也试图透过篡改、编制和重展的手法,使人类历史全部纳入西方文明的逻辑体系之中。

发生在 20 世纪、由西方人自己所发动的两次世界大战的残酷性及其野蛮性,彻底掀开了西方人所编写和诠释的"人类历史"的最丑恶的一页,终于沉重地打击和粉碎了人们对于历史热情的狂想。历史地图因此也在世界范围内被重新标示。在第二次世界大战以后,西方再也没有一位历史学家,敢于声称他可以穷尽历史事件的真相和意义。历史的范围不仅变得模糊和真假难辨,而且,各种悲观和宿命的观点也在一定程度上浮到表面。西方历史神话的瓦解,加速了西方文化的危机。历史从来没有像现在这样得到全面的怀疑;解构历史的活动,也从来没有像现在这样显得特别迫切。

但是,引起关于历史性质及其结构的争论的,并不只是上述社会历史背景,而且还同当时所出现的一系列新思潮和新理论紧密相关。

自马克思、尼采和弗洛伊德以来对于历史所作的批判,也为当代法国哲学家们解构历史的理论工程,提供了多元的可能方案。现代人文社会科学和哲学,特别是当代法国哲学的发展及其"语言学的转折",结构主义的产生,诠释学的新发展,从语言与历史事件的相互关系的角度,使绝大多数历史学家相信:各种历史的意义是要靠诠释者及整个诠释过程来决定;历史的绝对"客观性",已经不太可能。历史必须开放;历史有待人的各种诠释。历史将在各种诠释中,在语言和话语的解构中复活,并以"将来的过去"或"过去的将来"的形式,重新出现的超时空的社会生活结构中。传统历史学所论证的历史连续性、发展性、进步性等观点,逐渐被间断性、中断性、共时性的观点所取代。至于把历史当成线性的单向发展过程的传统看法,也随着结构主义的"无主体的历史"的出现而遭到前所未有的猛烈批判。

总之,从来不存在纯粹的所谓"客观"的历史;历史总是在语言中显现,并通过某一主体的话语,隐含着未来的趋势,又呈现在现实中。所以,历史(histoire)是透过语言而同现实、同未来交织在一起的特殊论述体系。因此,让历史在现实中重新复活,从历史事件的实际运作过程中释放出它自身的能量,使之成为透视现实的锐利武器,并让获得了新生命的历史,以其广阔的时空视野,穿透被层层沙幕掩盖的现实,进一步解构现实和透视未来。这就是福柯的考古学和系谱学的方法,也就是他研究和批判现实的艺术。所以,对于福柯来说,根本没有传统历史学家所说的那种纯粹过去了的历史,有的只是由历史学家所制造的历史话语,以现时的表现形态,潜伏着未来的活生生的历史。这种历史是用语言说出和写出的"话语中的历史",因而它只能是从属于写和说的主体及其存在脉络,并在现实的权力和道德的交错关系中被扭曲。因此,历史绝不是连续展现、并以历时表演的形式,呈现在我们面前。历史乃是在现实中活动的话语力量,被各种社会文化关系脉络所控制,成为现实社会文化境遇的组成因素。历史,对于福柯来说,并非被埋葬了的过往遗物,而是隐含在现实深处的神秘力量,可以唤起思想和语言网络的象征性力量,参与到现实的各种权力竞争中。正因为这样,历代统治阶级总是利用历史话语,控制时代发展的动向,以决定社会的未来状况。

因此,福柯主张使历史从话语体系中解脱出来,还原成它的实际结构,揭示其中隐含的权力斗争状况,成为"诊断"和改造现实的批判手段。同时,还要让历史重新讲述它自身被阉割的过程,展示它自身的本来面目,以利于社会大众认清自身被宰制的历史原因。

为了使这种方法和研究艺术变得越来越熟练,福柯不惜一再地将现实折叠到历史中,并不断地又将历史的脉络展现在现实的社会结构中,让历史的活生生的被扭曲的图景,重新呈现在当前的论述之中。在他的题为《必须保卫社会》的法兰西学院演讲中,福柯以大量篇幅,分析了西方的各种战争话语和历史话语的相互重叠及相互转换,以揭示当代历史学为统治势力服务的真正面目(Foucault,1997)。

所以,当福柯撰写精神病诊疗史的时候,他所说的历史,已经不是传统的历史论述。福柯所要论述的,是同"正常"的标准相反的"异常"精神病治疗史。这种"新"的历史,不是由传统的论述所构成,而是由"无声的档案"(l'archives silencieuses)堆积起来,是没有固定顺序、前后断裂、没有连续性的结构。正是透过"异常"的精神病治疗史、精神病诊疗所的历史、西方监狱史以及西方人的性史,福柯试图揭露:取得了正当化地位的精神治疗学及各种"科学知识",透过其自身确认的"标准",将精神病患者及其他"异常者"列为监控、宰制和镇压的对象。由此可见,以精神病治疗学为代表的现代科学的历史,就是以科学知识为手段,将社会分化为"正常"和"异常"相对立的历史。由此可见一斑:一切历史论述,都是以一种"同一性"原则为基础,将符合标准的所有的人,设定为历史的主人。显然,这种同一性是以某种排斥性作为其条件:一切不符合标准的人,都是"异常"的人,是被排斥在历史之外。福柯透过精神病治疗史的解构,指出了传统历史论述的同一化和排斥化功能及其策略,并试图说明传统"历史"就是以这样的方式"论述"出来的。换句话说,作为历史论述基础的同一性原则,无非是从"正常"和"异常"的对立出发的。归根到底,历史的同一性是以理性与非理性的对立为基础。任何以往历史,如果没有这种将"正常"与"异常"的对立策略,就不会存在和维持下来。所以,历史是为"正常"的人们服务的,也是那些"正常者"自己的历史;而被排斥的"异常"者,不但被排斥在历史之外,而且也对历史本身一直保持沉默。

福柯的新历史观,其实是受到尼采、乔治·巴岱和布朗索的影响。尼采早就指出,在"神之死"和"人之死"之后,历史就来到了它的终结点:西方的历史随着它的论述的瓦解而死去。

西方传统历史观的思想基础是形上学的本质主义和总体性原则。反过来,传统历史观也成为形上学本质论和总体性原则的论证根据。历史是同形上学如此紧密地联系在一起,以至于任何批判历史的活动,都不可避免地必须与批判形上学同时进行。西方的历史观,早在古希腊时期,就是同形上学思维方式和基本原则同时形成并相互论证的。关于历史有其起源、终极本质、基本意义和最终目的的神话,从一开始就是在古希腊形上学的理论论证的正当化过程而巩固起来的。形上学极力论证,包括历史在内的世界上一切事物,都存在某种"本质"和"终极原则",都来自同一的"根源"。一切事物及其发展历史,都是靠其本质和源泉来维持的。本质产生并决定历史,而历史则成为本质和源泉的展现过程和证实过程。

但本质永远是藏在隐蔽处,永远是被现象所遮盖和掩蔽,同时又是被历史所吸收和掩盖,成为历史本身的神秘动力和根基。

　　形上学对于历史本源和本质的清理,始终都是以论证终极真理为其基本目标。凡在历史走过的地方,就隐含着真理的足迹。历史不过是真理的领地和隐现场所。只有靠真理的指引,才有可能存在、并发现历史。所以,在西方之外的世界各个角落,不管那里存在和发展什么样的文化,都需要靠西方理性知识体系的支持和论证,才能在人类历史的系统中占据一定的席位。西方种族中心主义为了以它们的标准统一世界历史,制造出一种单向线性历史观,以连续性、发展性、统一性和同构性为特征,试图将世界各个民族的文化,强制性地纳入西方理性规则的轨道中去。西方种族中心主义者把一切非西方的文化及其历史,都视为欠缺的、偶然的、片断的时空碎片,当做异质的、枝节性的和散状的紊乱,被排除在人类历史总体体系之外。只有经过他们的加工和整理的历史,才是符合理性和真理系统的历史的一部分。所以,在西方标准的历史教科书背后,往往隐藏着无数被"流放"和被贬抑的事件,它们被当成历史的垃圾,受到了"正统"历史的压抑和吞噬。由于历史论述的书写和生产过程长期被统治者所垄断和控制,现有的一切历史论述无非都是"大叙述"体系,并标榜自身是标准的知识形式。历史和知识,终于以统一的叙述形式,发挥它们的共同的压抑功能:将一切非西方的、非理性的和非同质的人物和事件,统统清洗出历史的大门之外。

　　福柯在他的《知识考古学》一书的导论中,简略地叙述了当代历史观的转变过程。他认为,最重要的,是在各种观念史、知识史、科学史、哲学史、思想史及文学史的领域中,历史学家的注意力已经转向断裂和非连续性(discontinuité)的现象。[1] 如果说传统的历史是把以往的、过去了的"遗迹"(monument)记忆化,使之转变为"文献"(document)的形式的话,那么,当代的历史研究者就把"文献"转变成"遗迹"。[2] 传统历史观将遗迹

――――――――――

[1]　See Foucault, M.1972:3-4.

[2]　Ibid.:7.

实现记忆化的过程,就是使之文字化并对它进行线性处理的过程。反过来,将历史当成遗迹本身,就是使之重新恢复其原貌、显示其断层重叠基本结构的过程。这是两种对待历史的根本对立的态度,也是对待理性主义和主体中心主义的不同立场的表现。所以,解构历史,对福柯来说,不仅是批判以往的历史的欺骗性及其种族中心主义和逻辑中心主义,而且就是具体地贯彻实际的知识考古学、道德和权力系谱学的策略的实践过程。只有将传统的历史撰写改变成断裂的和重构的知识考古学和权力系谱学,才能使历史的解构,不只是停留在批判的层面上,而且也为实际地重建新的生活世界铺平道路。

福柯就是这样通过对传统历史的批判和解构,把它对于传统形上学的批判进一步贯彻到底,终于在历史领域中,把形上学从它的最顽固的最后堡垒中赶出去,也为他所追求的真正自由的生活奠定基础。

三、在日常生活中超越和扩大自由

历史的解构同生活世界的重构的关系就是这样:一旦历史的假面具被彻底揭开,日常生活的活生生的节奏、情节及其不断自我再生的动力,就被彻底地解放出来。生活世界只有彻底摆脱了历史的阴影,才有希望在个人自身的真正自由的基础上被重建起来。

当代社会先进科学技术的发展及其在社会生活领域中的实际运用,以及当代社会本身由于权力干预的加强和社会分工的日益专门化而产生的高度制度化倾向,造成了当代社会越来越远离甚至破坏自然(nature)的恶劣状况。破坏自然呈现为两大主要面向:一方面使自然界本身遭到直接的破坏,另一方面人的日常生活(vie quotidienne)也逐渐失去其自然性质,使现代人过着由人工科技力量所设计和控制的非自然的生活。这实际上构成了对现代人的自由的新威胁。

萨特在探索自由的可能性时,根据现象学的返回生活世界的原则,在世界的生活世界中深入分析开创自由新视野的可能性。

如果说,萨特一再强调"超越"对于人的生活和思想创造活动的决定性意义,那么,法国当代思想家们则进一步发现:"超越"并不是同现实生活相矛盾;超越本来是可以在现实生活世界中实现,而且,它还是构成现实生活的一个重要方面。换句话说,现实生活世界不但是人们脚踏实地经营自己的平俗生活的领域,而且是人们不断地超越的整个世界的一部分。传统的思想将"超越"推向遥远的甚至是不可及的彼岸,使人误解现实生活世界,以为现实生活本身并不包含"超越"。但实际的状况表明:现实世界中包含了两个相互连接和相互转化的部分:实际的世界及待超越的世界。在原有的思想和社会生活领域中,还存在着大量仍待开辟的可能性世界。超越的世界固然是无限的,但现实世界也是无限的,而且也是充满着希望和可能性;超越的世界同现实世界是相互交叉的。现实中的待超越的世界,也是一个无限的可能性世界,它的广阔度和时空维度,并不亚于实际生活世界以外的"彼岸世界"。由此出发,人们逐渐发现人自身、思想、精神、心理、身体、语言、社会生活以及人际关系的特征及其双重结构(double structures):它们往往都是既有主动、积极、创造的一面,又有被动、消极、破坏的一面。

为了填补因不断超越所造成的空虚,为了满足不断增长的"非人性"的需求,在萨特之后的法国思想家们,试图走出传统思想和社会生活的限定范围,在人的思想及其社会世界的限定之内和之外,开辟更大的活动空间和创造天地。

为此,他们首先把人的自由,从思想的狭小范围扩大到整个精神和肉体活动的创造领域。什么是思想? 传统思想家总是将"思想"同"理性"紧密联系在一起,并把思想同现实的日常生活割裂开来,实际上是企图以理性约束思想自由,缩小思想的可能范围和可能深度;同时也是为了将生动活泼的日常生活变为思想和理性的奴隶,使社会大众即使在他们的普通的日常生活中,也仍然严格地受到思想、道德和法制的控制和宰制。

与此相反,当代法国哲学家们所追求的思想自由,是"想其所想"的自由。在他们看来,想什么,如何想,为了什么而想,以及想的结果怎样,等等,都不应有所限制,不应有所规定,不应该确定或树立"标准",作为限制思想自由的借口,更不能因此而限制思想的自由;思想同情感本来是联系在一起,并如同情感一样,没有某种可以约束它的规范、原则或法制;而且,它也如同情感一样包含着非理性的成分,并同实际的日常生活紧密相关。思想应该为生活服务,应该为生活开辟更广阔的领域和时空范围。既不是思想决定生活,也不是生活决定思想,而是思想和生活都双双自由化,相互在朝向自由的道路上竞赛;应该使思想顺应生活的需要,有利于生活的更加自由化又要使生活像思想那样实现高度的自由化。思想还应该以生活为榜样,应该从生活中汲取营养和力量,如同生活那样,永远充满着活力,同身体的快乐、幸福、欲望及其满足相呼应。因此,真正的思想不应限定其所想的对象、目的、方式,也不应限定其表达方式。真正的思想就像原始人的神话创作模式,将精确性与模糊性、确定性与变动性、区分与同一混杂在一起,是理性与非理性相互交叉的可能性世界,是既广阔无边又深邃无底的宇宙,是可以任想象自由地驰骋和翱翔的地方。将思想脱离理性的约束,使思想活动进入混沌的和迷宫式世界,就是使思想本身真正地实现"想其所想"、"无所不想"和"任其所想"。

其次,受到尼采哲学、精神分析学和现象学的影响,当代法国哲学家们不再将精神和肉体、思想和欲望、理性与感情严格地分隔开来或对立起来。梅洛-庞蒂和拉康是在这方面取得了辉煌成果的杰出思想家。在他们的影响下,从 20 世纪 60 年代之后,当代法国哲学家们除了进一步发挥思想意识本身的自由想象空间,还在思想意识之外发现情感、无意识和意志以及肉体等因素,并把这些因素当成比思想意识更广泛和更频繁地影响着人的实际生活的实际力量。扩大思想意识领域,就意味着首先使思想意识本身摆脱语言、语言论述和一切传统符号体系的约束,使思想及意识都能够不再以附属于各种逻辑规范体系的语言及传统符号作为其主要表达手段。思想及意识一旦摆脱语言和各种传统符号,就像脱了缰的野马那样自由。

再次,他们不只是把社会当成既成的现实生活世界,不只是强调社会关系网络的现实性,而且还深入探讨人在不同社会生活领域中的不同性质的实际活动,同时也不断开辟在规范和法制所规定的社会内外的各种新领域。实际的社会生活领域是非常丰富多彩的,也是具有高度伸缩性的可塑性的世界。在当代法国哲学家们看来,生活世界和日常生活领域是最坚不可摧的社会生活基础,它在任何时候都是照样正常进行,照样无可阻挡地按其节奏和规律循环往复地进行;而且,日常生活也并不是仅限于传统社会规范所规定的范围,而是一个可以不断打破各种"禁忌"的快乐世界,一个具有无限开拓远景的可能性世界,也是一个具有超越性质的世界。传统思想历来将日常生活世界贬为无限重复的"庸俗"领域,甚至将之等同于诱惑人犯罪的"罪恶世界";并在其中设定一层又一层的"禁忌"重叠的结构,试图限定人,特别是限定肉体、欲望和感情活动的范围。如今,它却跃升为隐含超越性质和具有无限可能性的虚幻世界。因此,实际的社会生活的广度和深度,决定于生活于其中的人们的生活态度和创造精神:思想麻木者总以为社会生活就是循规蹈矩的生活模式的无限循环;而具有创造精神的人们却会在实际的社会生活中不断发现新领域,探索新的乐趣,开辟新的希望。越是禁忌丛生、规矩林立的地方,越要大胆地超越它或逾越它。新一代法国思想家们把逾越禁忌当成一种游戏活动,把逾越禁忌所面临的危险和冒险境界,当成寻求快乐和满足创造欲望的理想境界。

当代法国哲学家们,根据他们所钻研的不同领域,分别深入探讨人在其宗教、艺术、哲学、科学、经济、政治等实际活动中的特征。他们越深入探讨,越发现其中的无穷乐趣和潜在可能性。而且,他们越探索实际的社会生活领域,他们越感受到回归到原始社会生活的情趣及其自由。原始社会中所自然呈现的"宗教人"(Homo religious)、"游戏人"(Homo luden)、"旅游人"(Homo viator)、"游牧人"(Homo nomadus)的生活风格,尤其成为现代法国思想家们所向往的生活模式。

从此,日常生活和实际生活,成为历史和现实理论研究的真正基础。德里达说过:"我是一位到处流浪的哲学家"(Je suis un philosophe errant)。德里达的话体现了古希腊早期以"无为"为乐的乐观主义哲学家们的生活理想。到处流浪的人之所以到处流浪,不是因为没有希望;恰恰相反,正是因为抱有希望,才不断地向前走。流浪的人是典型的"旅游人"(Homo viator),是开天辟地时期人类的最早原型,是最原始的人面对周遭世界而寻找出路,不断抱有惊奇性态度,并期望在冒险中重现新希望和有新发现的人。只要是在旅游中游荡,就意味着存有生活的希望。"目标"本身的具体性并不重要,因为目标越是具体,继续走下去的希望就越小和越有限。因此,真正的人宁愿在旅游中进行无始无终的游荡,寻求非具体的目标,以便达到永远寻求目标、永远抱有希望的目的。德国哲学家海德格尔深刻地以"林中路"(Holzwege)作为象征性的比喻,表示人的无目的的思考所处的理想境界。在本质上是自由的思考,本来无须任何预定的目标,也无须遵循固定的路线。唯其如此,自由的思考才有可能真正自由地展开,才有可能达到自由思考所追求的真理。林中路,就是没有方向和无目的的路。人的一生,就是在类似于"林中路"的人生道路上进行自由的探索。当代法国哲学家们所期望的日常生活方式,就是这种在迷宫式的"林中路"中无止境地游荡、无固定居所、"无法无天"的生活。

四、摆脱传统本质论的约束

研究人的思想、生活方式、社会现象和政治行动是脱离不开对日常生活的观察和分析的。但在西方传统的社会研究历史中,受到传统"本质论"的影响,从古希腊开始,由于只重视社会对象的本质问题和本质结构,社会科学研究人员和社会学家往往只看到被当做"本质"的社会制度和重大的社会活动。他们往往把大量的在日常生活中出现的琐碎的事情,看做是非本质的现象加以排斥。显然,这种忽视日常生活现象的社会研究传统,存在着其形成和发展的理论上和方法论上的根源。

在传统形上学的本质论基础上,将日常生活和各种普通的社会现象当成异质性因素,成为附属于空洞的抽象概念的"垫脚物",或者成为供总体性论证的螺丝钉或下脚料。日常生活和各种生活现象就这样终于被排斥和被吞噬,尤其被驱除出理论的视域之外。萨特早在他的《存在与虚无》中就已经批判传统形上学的本质论,强调存在和生活并无本质,凡是在本质论划定"必然"和"统一"的地方,实际上只是无秩序的偶然、机遇、怪诞和变换不定的虚幻。但萨特无法彻底摆脱传统形上学的约束,使他最终又诉诸"总体性",也使他的存在主义未能将日常生活现象完全从本质论的控制下解脱出来。当代法国哲学家们却发扬尼采的精神,比萨特走得更远,终于以日常生活和身体的第一感受作为思想的出发点。尼采宣布:日常生活是以身体的第一需要为目标的,是生命的最重要的动力来源和基地,必须让整个身体及其各个部位,都从理性和总体性的系统中解放出来。身体以及为之满足的日常生活,应该以它们的生物性、感性和肉体性作为第一优先,把道德、法制和各种统一性的标准,都退离生活领域之外。只有让身体和日常生活从长期约束它的理性中解脱出来,才能恢复它们的真正活力,使之真正成为带动整个思维活动和精神创造活动的原动力。

在社会研究中,最容易引起研究者注意的问题,不一定是社会的本质。恰恰相反,为人们常见的各种具体社会现象,反而会引起人们和研究者的注意,作为他们观察和研究的起点。但是,本质论的传统影响给予研究者一个错觉,以为凡是本质的东西一定是社会中占决定地位的强大力量或具有重大影响的组织制度。在这样的错觉的指引下,西方社会科学研究,除了个别的例外,几乎都把重心放在社会制度、社会结构和权力关系的研究中,或者集中地研究社会历史中发生重大影响的各种事件,而忽视对日常生活和生活世界的研究。

五、加强对日常生活基本结构的研究

日常生活(la vie quotidienne;everyday ordinary life)是人在世界上和社会中生存的重要内容和基本结构。人在世界上和社会中生存总是在时间中度过。日常生活在人生在世的时间结构中,占据了大半的部分。从人生的基本时间结构中的日常生活所占据的地位来看,日常生活无疑具有重要的决定性意义。日常生活的重要意义对于所有的人都是普遍的。因此,在这里首先必须扭转以往传统社会学的片面观点,似乎日常生活只是同作为公共生活对立物的"私生活"(la vie privée;private life),或者把日常生活看做是同所谓高雅的政治文化生活相对立的庸俗生活活动,或者甚至把日常生活理解成同极少数"伟人"的"伟大活动"相对立的低级生活活动。因此,从日常生活在"人生在世"时间结构中的重要地位来看,所有的人,不管是平民还是皇帝;不管是俗民还是伟人,都有其自身的日常生活,而且这种日常生活在时间上占据了其一生的绝大部分。

日常生活的重要表现就是它的日复一日的重复性,以及由此形成的日常生活的习惯性、惰性、无意识性和庸俗性。这些性质在日常生活的流程中又相互影响,进行恶性循环,导致日常生活的盲目性和社会学家对它的忽略性。

日常生活的日复一日的重复性,显示了日常生活的节奏性。节奏性可以产生固定的生活方式、生活模式和生活态度,也可以决定不同的人和群体的行为方式。节奏性也可以透过内在化而影响人的精神生活方式,影响着人的性情、爱好和各种情感,甚至影响着人的思维方式和思想模式。节奏性使得日常生活本身带有反思的性质。节奏性给予日常生活一种优越的地位,使它同人的别类生活方式相比,自然地成为了人生的基本成分。节奏性占据了人生时间结构中的绝大部分,只是采取了过于单调的形式和重复的特点。当然,单调性和重复性一方面掩盖了日常生活的重要性;另一方面,又使日常生活自然地和不知不觉地消耗了人生的大部分,并使日常生活成为思想活动的反思源泉。

日常生活是由每个人的每一个平常日子所组成的。平常日子的活动当然首先是满足人生的基本生存需求。在这一点上,不分阶级、地位和角色,人人都回避不了。满足人生的基本生存需求的日常生活活动,对于所有的人来说,几乎都是相类似的。例如,吃饭、睡觉和工作,等等,所有的人都是一样的。日常生活活动的上述普遍意义,进一步显示了日常生活研究的重要性。没有任何其他的社会文化生活方式能比日常生活更加重要和更加稳定;即使在残酷的战争和革命岁月,当其他活动都不得不停止的时候,唯独日常生活照常进行。所以,日常生活是最禁得起各种社会事件考验的唯一最坚不可摧的活动。而且,往往是在满足人生基本需求的日常生活中,可以最直接地显示出各种不同的人生态度,显示出不同的人对于社会的不同观点。由于日常生活的自然性,使得日常生活中的表现更带有直接性、原始性和真实性(l'authenticité)。如同原始社会的原始文化更直接地表现人性一样,日常生活的表现也在某种意义上说,更直接地表现了不同的人生态度。

由于日常生活同人的生存的基本需求有密切的关联,日常生活领域也就成了极其复杂而尖锐的社会斗争的一个重要场所,成为了显示社会结构基本特征的重要场域(champ)。

日常生活的节奏性,在很大程度上决定了日常生活的共时性结构。日常生活的共时性结构,使它成为了累积和凝结不同历史结构中不同因素的最有利场所。因此,日常生活也成为了检验和分析历史经验的最好基地。日常生活中的各种习惯(coutume),在这个意义上说,表现了历经长年累月累积和发展的文化传统和各种文化特征。所以,对日常生活的研究,也是深入揭示各民族、各社会文化结构的钥匙。

研究日常生活还意味着深入探讨日复一日的日常生活结构同历史剧变、同各种偶发事件的冲突,并由此深入研究人类社会发展中复杂而曲折的过程,深入研究社会复杂结构中的复杂的人类政治行动。日常生活并不是可以永远长期地脱离历史剧变和社会事件而存在,也不能完全置社会结构于不顾,而麻木地进行。因此,研究日常生活同社会制度、社会组织和各种政治行动的复杂交叉和互动,是有重要的意义的。

日常生活尽管是带有直接性、单调性和节奏性,但是它同样也易于异化。日常生活的异化,可以表现为人们对于日常生活的麻木不仁或盲目重复,或者也可以表现为对于日常生活的过分沉溺和陶醉。日常生活的异化造成了对于日常生活研究的障碍,为研究日常生活蒙上了一层纱幕。

由于当代社会结构的变化,一方面,社会财富的剧增造成了日常生活的多样化及其内容的不断丰富;另一方面,社会自由的发展所造成的个人自律的增强,使日常生活的问题成为了重要的社会问题。当代社会学家越来越多地注意到了日常生活问题。

对于日常生活问题的研究的最重要表现,就是当代政治哲学中"生活世界"、"俗民语言"、"生活风格"和"生活爱好"等新概念的普遍提出。

日常生活结构及其意义,随着社会的发展而不断发生变化。在不同的社会中,日常生活的结构及其意义有所不同。这就是说,社会的状况与日常生活的结构及其意义之间是有互动的关系。日常生活的结构及其意义在很大的程度上决定于也表现了社会的基本结构。但是,反过来,日常生活的结构及其意义又在一定程度上影响着社会的结构本身。

法国当代社会学家勒斐伯勒(Henri Lefebvre,1901—1991)从第二次世界大战后就很重视日常生活的研究。他认为,近代社会的形成,特别是现代性和后现代性结构的产生,为日常生活结构的剧烈转变及其多元化开辟了新的历史前景(Lefebvre,H.1971)。近代社会的发展,推动了文化生活的复杂化及其在整个社会生活中的优先地位的产生。近代社会和现代性加速了日常生活的都市化过程,越来越多的平民集中到由现代文化控制的大都市中生活,使越来越多的人的日常生活在大都市结构中度过。近代社会的都市化,从根本上改变了人的日常生活方式及其意义。

日常生活世界占据普通人实际生活的绝大部分。为了控制和宰制社会大众,除了在理论上和思想上有意识地回避或贬低日常生活的意义以外,历代统治者还进一步设定一系列理性规则和社会道德制度,规定日常生活的基本原则和规范。思想成为高高在上的领域,驾驭着日常生活的一举一动。福柯在其著作《性史》中,以大量事实揭示历代统治者控制日常生活世界的一贯伎俩或计谋,他把这种伎俩或计谋称为"自身的技术"(technique de soi)。数不胜数的"自身的技术"如同约束着孙悟空的"紧箍咒"一样,日日夜夜时时刻刻地监视和控制着老百姓的日常生活的一言一行和一举一动。而统治者为了使这种控制的"技术"正当化,竟美其名曰"自身的技术";意思是说,这一切是为了建构有"教养"的"自身",为了使每个人都在其日常生活行为中时时刻刻地遵循着社会的规范和制度。① 所以,福柯等人反其道而行之,主张在日常生活领域中实现高度的自由,置一切"自身的技术"于不顾。他们认为,不应该使生活成为思想的"奴隶",不应该把自己的自由生活的权利交给思想去掌握,而是相反,应该使生活摆脱思想的牢笼而任其所为,使生活领域成为生活本身的天

---

① See Foucault,M.1976;1984a;1984b.

地,使生活不再成为理性或道德的"婢女"。

如果说传统社会中的日常生活领域早已透过"自身的技术"所操纵和控制(contrôle),那么,在现代社会中,当代统治阶级更利用其社会优势及权力,一方面将绝大多数社会成员进一步吸引到日常生活领域之中,另一方面又凭借他们在政治、经济和文化方面的强大资源和能力,利用他们所控制的现代科学技术和整个社会的高效率的管理制度,把日常生活领域改造成有利于麻醉社会大众的场所,使社会大众在其中进一步受到他们在职业活动以外的"第二次剥削",承受"第二次被宰制"。波德里亚和布迪厄等人将其理论研究活动的重点转向当代日常生活领域,深刻揭示了当代日常生活领域的整体结构的根本改变及其运作原则。他们还以大量的事实揭示当代日常生活结构以及人们生活方式和生活风格的转变,说明当代日常生活场域中各种社会力量的新型竞争逻辑及其基本策略。① 当代法国哲学家们以现代社会生活方式转变的事实,从理论上论证生活本身的尊严及其在本体论上的特殊意义。现代人应该在生活上思想,让思想像日常生活那样自由自在地进行,像日常生活那样排除一切约束或禁忌。思想本来应该是为生活本身服务的。

六、日常生活的反思性

日常生活固然常因其反复性而表现为盲目性和异化,但又同时具有反思性。在多数的情况下,人们总是在日常生活的行为中进行或多或少的"考量"或"估计"活动。所以日常生活行为往往是一种"反思性的实践"。

这种反思性的实践具有明显的无意识性。但是,日常生活的反思性,为人的行为提供源源不断的经验智能的意义。换句话说,日常生活例行化所总结的经验,表面看来,都是人在生老病死过程中最普通的事情,但是,其中却隐含着人生在世所必需的各种智能和经验。日常生活经验的

① See Baudrillard,J.1968;1970;1972;1976;1981;1983;1995;Bourdieu,P.1979a;1991.

珍贵性,就在于它以重复的形态浓缩着人生在世的本质结构,集中了生活中最稳定和最内在的方面,为人生在世积累最基本的生活本领和经验,也累积了应付各种复杂环境所必需的反应能力。日常生活的这种反思性,使人生过程中的任何时刻,当人面临各种复杂环境而需要作出决定性的反应时,它能为人的行为提供必要的启示和各种可能的解决方案和方法。在这个意义上说,日常生活的反思性使日常生活本身成为了人的社会行为和社会结构不断更新和不断重建的最大能源储备所和最丰富的土壤。

日常生活的反思性也决定了日常生活结构及其意义结构的象征性。这主要是指日常生活结构及其意义结构的不断复杂化和层次化,同时也是指其语言化和符号化。当代政治哲学深入研究了日常生活经验同日常生活语言的相互关系,并同时研究两者之间在长期重复过程中的互动及其再生产的过程。耶稣会会士、先后在法国及美国著名大学担任历史学、人类学、哲学和社会学教授的米歇·德舍多(Michel-Jean-Emmanuel de la Barge de Certeau,1925—1986)在其著作《日常生活的发明:做事的艺术》(*L'invention du quotidien.I.Arts de faire*)中,不但阐述了日常生活的丰富内容,而且也分析了它的反思性及语言性。① 他认为,日常生活占据了人的生活时空的绝大部分,而且,也训练了人的生活的基本技能,培训了人的思想和行为的模式,使人懂得如何面对生活、他人和世界。因此,日常生活为人们提供丰富的实践智能,尤其是说话和待人处世的艺术。同他一样,当代法国哲学家们在日常生活世界中发现了越来越多原来不为人知的真理,隐含着深刻的本体论和方法论意义。

理论研究一旦回到日常生活领域,人在日常生活中的各种感情、思想、行为及其细微表现,都成为了探讨的对象。正是在这些长期被忽略的地方,存在着人在世界上安身立命的道理。传统理论所推崇的"理性"、"真理"和"道德"等,其实都来自日常生活的实践,同时也同其中的其他各种因素严格地混杂在一起。传统理论把其他因素剔除掉,只夸大"理性"、"真理"和"道德",不但违背事实,而且也使理性本身也僵化和失去

① See Certeau,M.de,1980.

生命力,脱离开它的生产土壤。对于日常生活的肯定和重视,为当代理论思维及各种思想创造提供了新的出发点。

当代法国哲学家们重新探讨理性(raison),正如梅洛-庞蒂所说,他们看到了理性的更为广阔的内容及其复杂成分,同时也看到它同其他因素之间的互动关系,使理性重新在现实的关系网络中活跃起来。日常生活中的理性及其表现形态,是多种多样并变化无穷的。日常生活中的理性,实际上主要表现在人与人之间的复杂关系中,表现在人同自然、社会及整个世界的关系中。理性应该在其活生生的关系网络中加以考察。理性不只是概念,不是实体,也不是本质或看不见的"形式",而是存在于现实的各种关系中,并在这些关系中呈现出千变万化的可能形态。于是,"合理性"概念就代替了"理性",并包含了"理性"。

与此同时,理性以外的意志、情感、欲望以及各种在日常生活中所出现的复杂而又带偶然性的因素,也成为当代法国哲学家们研究的研究主题。决定人的基本因素,并不是理性,而是日常生活中的生活风格、生活态度、生活情趣、生活方式。在所有这些理性与非理性相混合的因素和力量中,存在着人之为人的重要基础。因此,各种生活方式和生活风格,隐含着人之成为人的奥秘。当代法国哲学家们为此集中探讨了与各种生活风格、生活方式密切相关的意志、感情、欲望及爱好等方面,并把这些因素提升到本体论的高度。

七、重新评价西方人性论

"人"(l'homme)的概念是整个西方社会文化及其制度体系的基础和出发点。从古希腊开始,一直到现代西方社会,从来都是以建构一个符合该社会及时代要求的"人"的概念为中心,同时建构其社会文化系统,以便使各个时代的社会及文化,都能够和谐地围绕着生活于其中的人而运作;同时,反过来,历代思想家们也要求生活于各个时代的人们,都能够按照该时代社会文化制度的正当化标准而生活。整个传统"人性论"(l'humanisme)的背后,始终是传统形上学关于"本质"、"总体性"和"主客体同一性"的基本原则;在这些传统"人性论"的基础上,各个历史时代的统治者才有可能建构起稳定的社会文化制度及一系列规范。在任何时候,每当关于"人"的概念及其理论体系失去其正当性的条件下,便会出现整个社会文化制度的动乱,甚至导致它们的危机和灭亡。同样的,各个时代的反抗力量,首先也把各个时代的官方"人性论"列为他们的主要思想攻击目标,以便在摧毁各个特定"人性论"的前提下,实现对于整个社会文化制度的改造和颠覆。

当代法国哲学家们所展开的理论和方法论革命,始终以对于"人"的历史命运及其文化的讨论为中心,显示出他们对于人本身的前途及其实际处境的高度关注,也表明他们始终都能够紧紧抓住以"人"为中心、改造社会文化制度及其各种论证性理论体系的关键问题。人的问题并不只是同人的实际状况及其实际利益相关,而且还同人文社会科学以及一切科学理论的基本原则密切相关。所以,有关人的问题的讨论,始终环绕着实际和理论两个面向,而且,两者也是不可分割、相互紧密相联的。

当代法国哲学家们之所以很重视 3H 和 3M 的思想,是因为这六位伟大的思想家,都始终将他们的理论创造和批判活动紧密地同关于"人"的问题的探讨联系在一起。3H 和 3M 在这方面的论述及其对于传统人性论的批判,成为了当代法国哲学家们探索"人"的奥秘的榜样。

黑格尔、胡塞尔和海德格尔都在他们的理论体系中深刻地探讨人的问题。海德格尔在其《存在与时间》一书中,以人的个人存在为中心,颠覆传统形上学关于人的本体论体系,并强调唯有靠人本身的自我展示和自我诠释,才能真正领会生存的本体论构造及其特征。他认为,人是唯一能够靠其自身的自我展示和自我诠释来发现自己的存在本质的生存物。人在其自我展示和自我诠释中,意识到自己的生存必须经过不断的"被抛弃"、"沉沦"、"与他者共存"、"与世界相遭遇"以及"论说"等过程,才能创造出自己的独具特色的存在方式。因此,人的存在是不可界定的,也是不甘心由世界来规定其存在的方式。人只有靠其自身的自我创造才能克服其生存中的各种"烦恼"、"焦虑"(angoisse)、"忧愁"和"困扰",最终达到对于自身存在的理解。因此,在海德格尔那里,就已经强调了人的存在的独特性、唯一性、亲在性及其不可取代性。其实,海德格尔早在撰写《存在与时间》以前,就已经深刻地指出:关于人的问题,是西方思想史上唯一被不停地探讨、又未能被正确解决的问题,因而也是唯一被讨论得非常混乱的问题。由此可见,海德格尔已经明确指出人的问题在整个西方文化传统中的关键地位。海德格尔等人对于人的存在的论述及其对于传统形上学的批判,实际上也是继承了尼采等人关于人的基本思想。

尼采早已指出:人是由他的生存权力意志来创造自己的存在方式的。尼采严厉地批判那些循规蹈矩的"庸人",强调人唯有靠自己的权力意志的自我扩张,才能创造出自己的伟大事业。① 所以,尼采早在 19 世纪末,就已经吹响了彻底批判资产阶级人性论的号角。尼采在批判资产阶级人性论时,尤其集中批判它的个人自由观。尼采认为,作为个人自由观的基础,"个人"并不是像自然权利论(la théorie des droits naturels)思想家们所说的那样,可以被化约为一个一个独立的"实体"。尼采认为,真正的个人不是原子式的单位,不能像一般的自然物体那样可以被当成一种计算单位,也不能被化约或被概括成某种带普遍性的一般概念。尼采说:"个人是多元性和不断成长的";"个人比人们所想象的人格还复杂得多,'个人'或'人格'只是为了强调其特点和集中描述其性质罢了。"②因此,尼采主张让个人任其自身生存,不能加以任何限制;而一旦将个人限定在一定范围内,并以统一的规范约束他们,这种"个人"就实际上死亡了。不难看出,当代法国哲学家们对于"人"的概念的讨伐和颠覆,正是由上述尼采思想出发的。

八、对近代人性论的反叛

当代法国哲学家们充分意识到:环绕着"人"的范畴而发生的西方社会文化危机,还必须放在更长远的历史范围内、同整个西方社会文化的历

---

① See Nietzsche,F.1966[1886];1969[1883].
② Nietzsche,F.1977[1888—1889],Vol.XIV:25[113].

史变迁特征相结合。严格地说,西方的社会文化危机并不是只有在现代时期的范围内才发生的事件。只要仔细地分析西方社会的发展过程,就很容易地发现:在西方发生的各种社会文化危机,几乎没有一个不是由于对于过时了的"人性论"的绝对肯定所引起的。在西方社会文化历史上,西方传统文化及其维护者,为了给统治阶级的统治行动所进行的"正当化"论证,一向都是自称为"人"的一般利益的最高代言人,总是将自己说成为"全人类"的普遍利益的代表。而当社会统治阶级镇压、打击被压迫阶级的时候,统治者也总是把"反人性"的罪名强加于被压迫阶级头上。远在古希腊时期,正当西方人为他们的文化寻求出路和确定基本模式的时候,困扰着他们的首要问题,就是"人"的"身份"问题:人是什么? 人同神的关系怎样? 人的生活有什么意义? 人的生活目的是什么? 人在宇宙和整个世界中,处于什么地位? 在他们寻求答案时,他们就已经预先选择了"人是世界的中心"和"人是自然的主人"的结论。人的历史使命及其命运,以肯定的"绝对命令"被确定为今后长期思考的方向。从此,西方社会各个时代的统治阶级以及占统治地位的传统文化,都是号称"人性"的最高代表,是"人"的正当利益的集中代表。凡是被传统文化所讨伐和压抑的社会势力以及受到社会"正当化"制度迫害的思想家,都无例外地被冠以"反人性"或"野蛮"的称号。每当社会发生重大变化,每当决定着整个社会制度的各种关键性环节发生变化,就会出现影响着整个社会的社会文化危机,而这些一个又一个的历史危机,又都同有关"人"的争论紧密相关。为此,创立新的思想观念的思想家们,往往都首先突破关于人的传统论述的束缚。

　　如果说统治西方一千多年的基督教(christianisme)就是从人的问题出发,全面修正古希腊的古典"人性论"的话,那么,同样地,当近现代资产阶级试图揭开历史的新序幕的时候,也首先颠覆基督教的神学人性论,而声称他们的人道主义、人性论和自然科学人性论的普遍性和合理性。由此可见,在西方,每个新时代的思想家们,都从批判和颠覆旧人性论、提出自己的新人性论开始,进行他们的理论上和思想意识方面的意识形态斗争。

这一状况,尤其是在西方近代资本主义社会的形成过程及其后的各个时代,表现得特别突出和特别明显。首先,虽然关于"人"的概念及一系列有关"人"的理论和知识体系,早已在古希腊西方文明的形成时期就被当成核心问题,但只有到了资本主义社会阶段,西方社会和文化才更以"人性"、"人道"及"人权"(droit de l'homme)等范畴作为其整个文化的基础。而且,越是到了近现代时期,思想家们越将他们的人性论同科学知识、科学技术的发明紧密结合在一起,使得近现代各种人道主义、人性论以及自然科学的人性论,采取了越来越"理性"和"科学"的形式,声称自己是最"客观"的真理论述形式,因而它们就更加具有掩饰性和欺骗性。所以,探讨环绕着"人"的问题而发生的社会文化危机,尤其必须紧密地结合现代西方社会的发展来进行。实际上,西方社会及文化的危机是从资本主义社会形成时期就开始的。而后,每当资本主义社会向前发展一步,西方社会和文化关于"人"的定义及其理解,就不断地有所变化;同时,这些变化也引起整个社会文化的重大变化。

在整个西方社会文化历史上,随着不同的社会制度的出现,曾经出现过三种不同历史范畴的"人性论":(1)古希腊的人性论;(2)罗马帝国时期的基督教神学的"人性论";(3)近现代资产阶级人性论。

近现代资产阶级人性论是西方传统人性论的集大成者:它总结了古希腊、罗马时期基督教的人性论,并在批判它们的基础上,以"科学"的形式加以论述。近现代资产阶级一出现在历史舞台上,为了发展社会生产力及其商业经济活动,大力推动自然科学及技术的革命,发展现代科学技术知识及实际管理方法。所以,近现代资产阶级的人性论的最大特点,就是以近现代自然科学、社会科学和历史哲学作为理论基础,论证"人"的个人自由的至高无上价值。

回顾整个西方资本主义社会的发展史,不难看出,曾经出现过四次紧密地与"人"的概念危机相关联的大规模社会文化危机。第一次是在资本主义社会出现前夕及初期,也即在 16 世纪左右。当时,刚刚形成的资产阶级及其文化代言人,很需要确立一种不同于中世纪社会文化制度的新文化及新社会制度。具有个人主体性的"人"的自由,维护人的基本权利,就成为最关键的问题而被提出来。这就是所谓的"古典时期"(L'Âge classique)。环绕着"人"的主体性及其自由、平等的基本权利而从哲学上论证的笛卡尔意识哲学(la philosophie de conscience)及英法等国思想家们所提出的自然法理论,就是在这样的历史条件下形成的。这又可以被称为"第一现代性时期"的人性论及文化危机。福柯曾在他的《古典时期的疯狂的故事》生动地描述和揭露了这个时期整个意识形态以及生物科学等新兴自然科学,将"人"区分为"正常"和"异常"(anormal)的基本策略,说明当时所谓人的自由以及个人基本权利的真正社会意义及其虚伪性。第二时期是18世纪"启蒙时期"(L'Âge des Lumières;The Age of Enlightenment)。人们因此也将启蒙时期称为"第二现代性时期"。在这一时期内,一系列启蒙思想家进一步为人性和人权作辩护和论述,建构了许多新的理论和知识体系,进一步显示出所谓新的哲学、认识论以及自然科学等各种现代科学知识,无非就是为了为新的社会制度,造就和培训一种符合新社会规范和社会法制的"人"罢了。而这一时期的一切有关"人"的论述,不管是科学论述,哲学论述,还是政治论述,都是以建构有利于巩固新的法制统治为中心目的。第三次是在19世纪中叶,资本主义社会经历一段蓬勃发展的过程之后,那些最敏感和最有思想创造能力的作家、诗人、艺术家及哲学家们,如法国的波德莱和德国的尼采等人,最早发现了资本主义社会本身对于文化的双重态度的矛盾性和悖论性:既有积极推动和维护人权的面向,又有侵犯和破坏人权的消极倾向。他们从资本主义社会的文化及社会制度中,看到了资本主义社会的内在矛盾,看到了它的双重性格及双重面貌:它们是科学的,然而又是最野蛮的;它们是推崇法制的,然而又是最伪善的;它们是尊重人权的,然而又是最践踏人权的。于是,尼采和波德莱等人便掀起了批判资产阶级古典文化的浪潮,出现了前所未有的所谓"现代性"。到了这个时候,人们才对"现代性"有充分的认识。"现代性"也因此才从这个时期开始被人们广泛应用,由此才使人们将"现代性"误认为这个时期内首次出现的"新"事物,因而也冠以这一时期的文学和艺术为"现代性"的最典型代表。其实,这一时期的现代性无非是"第三现代性",是前两次现代性的继续和成熟表现罢了。第四时期是从第二次世界大战之后出现的现代性。有一部分思想家称之为"后现代性"。但不管是"现代性"还是"后现代性",也不管是哪一时期的"现代性",都同"人"的范畴及其理论紧密相关。从20世纪20年代末兴起的德国法西斯势力,把原有西方传统的"人"的观念及其一切社会文化产物中所隐含的否定因素,都彻底地暴露出来。法西斯在短短二十年内所实行的一切倒行逆施,使人们清楚地看到了西方传统所谓"人性"的"非人性"面向。这是近代资产阶级历史上的"第四现代性时期",也是近现代文化最终面临被彻底颠覆的"世纪末危机时期"。当代法国哲学家们所面临的西方文化及其人性论,就是在这种"世纪末危机时期"所表现出来的人性论,因此,他们将采取最革命的批判方式去颠覆它们。

在萨特之后的法国思想家们比萨特更彻底地批判传统人性论和人观。德里达、福柯和德勒兹等人认为,被现代经典思想家们及"人文科学"所捍卫和赞赏的那种"人",只是存在于概念之中。在现代社会的实际生活中,人早已经"死亡",早已不存在。由于近现代经典思想家们采用主客体二元对立模式分析和论证"人"的主体性、理性、个人自由及其基本权利,所以,近现代一切有关人的论述,充其量也只是以语言、理性和法制所分割、区分和限定的逻辑结论;实际的人的一切活生生的血肉、情感、性格、爱好、欲望和思想,等等,都被抽得一干二净;他们的肉体被肢解、被监视、被规训,彻头彻尾地成为了生物科学、道德科学和政治科学的研究对象,成为创造财富的劳动工具,像被关押在全方位立体敞视所监控的监狱中的"囚徒"一样,其一切思想言行都受到严格监视和控制。所以,福柯在其所著的《语词与事物》一书的结论中说:人只剩下空洞的形象,就像那大海沙滩上的人形一样,被海水冲洗得面目全非;"人"终于消失无踪(Foucault,M,1966)。而且,自从近现代"人文科学"建立以来,实际上也始终受到自然科学及其方法论的控制,以至于其本身既没有明确的研究对象及研究领域,也没有真正独立的科学研究方法。正如福柯所指出的,自诩以捍卫人的个人自由、价值和尊严的人文科学本身,实际上只是隶属于语言学、经济学和生物学的一种边沿科学和"复制科学":"与生物学、经济学和语言科学联系起来看,人文科学并不缺乏确切性和严格性;它们就像复制科学,处于"后设认识论"的位置";而作为其研究对象的"人",实际上只是生物学、语言学和经济学意义上的人,这种人,是按照生物学规则活动的生命单位,是按语言学规则说话的人,也是按经济学原理而为社会创造财富的劳动的人,根本就不是实际的活生生的人。①即使是现代精神分析学形成以来,人的命运也没有改善多少,因为在精神分析学中的人,只是一种"分裂的人"和"被隔离的人"②。由拉康所发展的后弗洛伊德精神分析学更是明确地揭示了人的精神分裂特质:人的所谓主体性,不再是统一的、完整的和总体的结构,不再是由"我思"所掌控和维持的理性自我,而是充满着无限欲望能量、难于驾驭的物质性的自然肉体和能源中心。正如拉康所指出的,主体其实就是一种由千变万化的"能指"和"象征性的阳具"为中心的"欲望机器"(appareil du désir),根本就不是按部就班地依据理性逻辑规则而运作的"我思"统一体。德勒兹和加达里甚至将现代人当成类似于"精神分裂病患者"(schizophrène)那样的"战争机器"。因此,迄今为止一切为人的主体性进行论证的"科学"和"理论"的论述,都早已将真正的人化解为没有尊严、没有实际自由、没有自主性和丧失肉体的"死人"。

传统人性论对于"人"的一切理论论证,都是围绕着人的主体性的建构及其社会协调的问题。根据传统思想的说法,人之所以"应该"成为世界的中心,成为自然的主人,首先是因为人具有主体性。近代哲学从笛卡尔开始,历经卢梭、康德等人,进一步将人的主体性归结为人的意识的主体性,归结为人的个人思想的自由。"我思故我在。"但对于近代思想而言,人的思想自由及其主体性,主要是依赖于人对于现代知识的掌握及其经验运用的程度。人必须有知识,并利用他的知识进行符合知识要求的"合理"行动,才能使自己成为生活的主人和世界的中心。这一切,正如福柯所指出的:"现代思想认为,人的存在方式使自身能够扮演两个角色:他既是所有实证知识的基础,又毫无例外地加入经验客体之列。这与

---

①　See Foucault, M. 1975;1976;1984a;1984b.

②　Foucault, M. 1966;Deleuze, G. 1990.

人的一般本质无关,而是自 19 世纪以来几乎不证自明地充当我们思想基础的那种历史先验性所造成的。"①福柯认为,近代思想开创以来所确认的"人"的概念及其主体性等"属性",都是在现代知识论述建构过程中不知不觉地强加于现代人身上的结果。这样一来,"人文科学谈论的,并不是人的形上学本体论地位或他的无法抹去的超验性,而是他们置身的认识论装置的复杂性,以及他们同知识的三维空间(即由数学和物理科学所探索的第一维空间,由语言、生命和财富生产及分配的科学所研究的第二维空间以及由哲学思考所探讨的第三维空间)的持久关系。"②"人文科学的对象并不是那个注定从世界的黎明时分、从他的黄金岁月的第一声啼哭起就必须工作的人……"而且,"人文科学的对象也并不是人所说的语言,尽管只有人才有语言;而是那个从包围着他的语言内部透过言说(parole)向自己再现语词或语句意义、并最终为自己提供语言本身的存在。"③总之,"人文科学并不是对人的天性的分析,而是将分析从实证的人(有生命的、言说的和劳动的存在),扩展到使这个存在者得以认识(或努力认识)生命的意义、劳动及其规律的本质以及他的言说方式的层面。"④

福柯对于"人"的批判,对于整个当代法国思想界的理论和发展方向,都是具有决定性意义的。第一,他继续发扬了尼采对于传统人文主义的批判精神,揭示了一切人文主义及其人文科学的知识理论形式所隐含的非人性和反人性的因素。第二,他指明了批判现代人文主义的三个主要重点,即作为认识主体的人、作为权力运作主体的人和作为道德活动主体的人。在他看来,作为主体的人,尽管在社会生活和文化生活领域,可以表现为"劳动的人"、"说话的人"、"做事的人"、"思想的人"和"施欲的人"等,但作为现代的人,知识、权力和道德是最根本的。第三,他明确地将新人文主义分析成不同类型的资产阶级意识形态,并针对不同形态的

① Foucault, M. 1966.

② Ibid.

③ Ibid.

④ Ibid.

人文主义,揭露他们的历史局限性,特别是对于人性的各种扭曲。他说:
"我们对于自身的永恒批判必须避免人文主义和启蒙运动精神之间的过
分简单的混淆。"①接着,福柯指出:"人文主义同启蒙运动根本不同,它是
西方社会中不同历史时代多次出现的一种论题或者是一种论题的集合体
(ensemble)。这些论题,始终都是同有关价值的判断相联结,因此无论就
其内容或就其采纳的价值而言,始终都是有很大的变化。而且,人文主义
还被用来当做区分化的批判原则。曾经有过一种人文主义,它是作为对
基督教和一般宗教的批判而呈现出来;也有过一种基督教人文主义(大
约在 17 世纪),它是同禁欲主义(l'ascétisme)的人文主义相对立的,而且
它带有更多的神正论色彩;在 19 世纪也出现过一种对于科学抱着不信
任、仇恨和批判态度的人文主义,与此同时又存在一种对同样的科学抱有
希望的人文主义。马克思主义也曾经是一种人文主义。存在主义和人格
主义也曾经是人文主义。曾经有过一段时间人们还拥护过由希特勒国家
社会主义所表现的那种人文主义价值。同样的,斯大林主义者也自称是
人文主义者。我们当然不能由此得出结论把所有自称人文主义的人或思
潮加以否定。但是,我们只能说人文主义的各种论题其自身对于思考是
过于灵活,而且非常多样化和缺乏一贯性。至少存在这样一个事实,从
17 世纪以来人们所说的人文主义,始终都必须以某种特定的人的概念作
为基础,而为此人文主义不得不要向宗教、科学和政治寻求某些观念。因
此,人文主义是用来为人们所追求的那些有关人的概念进行掩饰和证成
的。正因为这样,我认为必须针对这样的人文主义论题提出一种批判的
原则,这是一种有关具有自律性(l'autonomie)的我们自身的永恒创造。
这样一种原则实际上就是启蒙运动自身所固有的那种历史意识。从这个
观点看来,我宁愿看到在启蒙运动精神和人文主义之间的一种紧张关系。
总之,将人文主义和启蒙运动精神混淆起来是危险的,而且,从历史上来
说也是不确切的。"②启蒙运动所追求的最高理想是全人类的解放。但

---

① Foucault, M. 1994: Vol. Ⅳ. 572.

② Ibid.: 572-573.

是,在福柯和后现代主义者看来,启蒙运动所追求的这个最高理想,是建立在两个最基本的逻辑错误的基础上。首先,启蒙运动思想家假设了某种具有普遍性的人性的存在。按照启蒙运动思想家的逻辑,人具有某些普遍的共同特征,同非人类严格地相区分。他们将人同非人类区分开来的思想基础,仍然是自古希腊柏拉图和亚里士多德以来所确立的理性中心主义以及依据它所规定的二元对立统一原则。其次,启蒙运动思想家总是把他们自己所代表的社会阶层和社会阶级,当做全人类进行思想活动和社会文化活动的标本。由此出发,他们不仅把他们所代表的社会阶层和社会阶级加以普遍化和理想化,而且也把他们夸大成为世界的中心和历史的中心。在这种情况下,启蒙运动思想家所论证的普遍人性和人类解放的理念,实际上忽略和扼杀了实际社会中处于不同生活世界的个人的特征,忽略和剥夺了这些个人生存的实际权利,强制他们纳入启蒙运动思想家所设定和鼓吹的社会文化发展方向,并以启蒙运动思想家所代表的社会阶层的实际利益作为标准,去衡量和要求生活世界中存在的每个人。

如果说,海德格尔是从人的生存出发,经过对于"存在"的一般结构和本体论意义的反形上学探讨之后、而达到"语言是存在的家"(Sprache ist das Haus des seins)的结论的话,那么,德里达和福柯则恰恰相反,他们都从分析和批判人说出来的"话语"和"论述"出发,进一步揭示在语言指涉对象"不在场"的情况下,人的"不在场"的本质。这样一来,德里达和福柯以及受他们影响的整个法国当代后现代主义思想家,都是从批判传统语言文字的"不在场"性质及其悖论性出发,集中批判作为资本主义现代文化核心的人文主义,彻底揭露现代人文主义将人的概念掏空、异化和扭曲的过程,尤其揭露现代人文主义作为一种特殊的论述的"非人性"(l'inhumain)功能。

德里达的整个著作,都是集中批判作为现代人文主义基础和核心的语音中心主义。整个西方文化,从古希腊摇篮时期开始,当建构以人为主体的人文主义传统的时候,就同时建构语音中心主义的基本原则。按照这个原则,人面对自然和整个客观世界的主体地位以及人面对他人和整个社会的主体地位,都是由"说话的人"和"理性的人"的基本事实出发的。说话的人,根据"声音/意义"的二元对立关系,将理性的原则在处理主客观关系的过程中现实化,从而保障了人的主体地位,同时也保障人在处理主客观关系中的理性原则。

但是,德里达在批判胡塞尔现象学和西方整个传统文化的过程中,发现上述语音中心主义和理性主义所建构的整个人文主义文化中,以"听得见、但看不见"的声音符号去指涉和取代那些"既听不见又看不见的客观对象和客观意义";然后,传统思想家们又将被他们所论证的那些"既听不见又看不见的客观对象和客观意义"当成既成事实,并封之为"绝对真理",要求所有的人以此为准则说话和行为。同德里达一样,福柯的后结构主义对于现代性社会和文化的批判,虽然是从对于现代知识和语言论述的分析和解构开始,但其批判方向始终是针对现代人文科学,特别是在现代人文科学中作为中心概念的"人"及其主体性理论论述体系。福柯认为,"人"是不可界定的。传统理论硬要给人下定义,并要求每个人都必须确立自己的主体性,必须遵守"同一性"原则,使自己不但在说话和论述时"前后一致",符合自我认同法则,而且,要使自己的言行随时随地都符合社会规范和法制,使自己达到社会所公认的"人"的标准。所有这一切无非就是要剥夺人的神圣不可侵犯的自由。

在德里达和福柯之后,针对启蒙运动思想家上述对于普遍人性和人类解放的"后设论述"(méta-discours),利奥塔从多方面进行批判。第一,利奥塔揭露了启蒙运动思想家进行普遍人性和人类解放后设论述的逻辑中心主义错误原则。他同其他后现代主义者一样,遵循现象学方法论关于"返回事物自身"的原则,反对对于活生生的个人进行逻辑的普遍归纳和抽象分析。他发扬胡塞尔和海德格尔关于生活世界中个人的现象学分析原则,强调个人生活中的不确定性和具体性,强调个人的创造性的自由本质。第二,利奥塔批判了有关人类普遍历史的错误概念。他认为,由中世纪基督教神学家和思想家所进一步加强的人类普遍历史的概念,不过是继承和发展自古希腊以来所确立的传统人观和历史观。利奥塔指出,不管是现代社会的著名文学家拉布雷,还是思想家蒙台涅和笛卡尔,都是从中世纪神学家奥古斯丁①那里借来"人类普遍历史"的概念。而且,在利奥塔看来,整个 19 和 20 世纪的思想和行动,基本上都是受到一个重要概念的指导的,而这个重要概念就是"解放"的概念。② 第三,利奥塔严厉批判现代人性论的形上学基础。现代形而上学在歌颂和崇尚人性的同时,不仅将人性理想化和抽象化,使人性透过逻辑抽象完全脱离现实的生活世界,脱离活生生的有生命的个人,而且也将人性同非人性绝对地割裂和区分开来,甚至对立起来。现代形上学的这种错误,不仅同上述理性中心主义及其二元对立统一原则密切相关,而且试图剥夺在现实生活世界中实际存在的多元化人性表现,强制性地将变动着、处于潜伏状态和有待未来发展的人性加以约束,使他们成为占统治地位的论述主体和权力主体追求利益的牺牲品。第四,利奥塔从后现代不断区分的基本原则出发,强调人性和非人性的不断区分化过程的生命特征,强调人性和非人性的相互渗透及其不稳定性,并把人性和非人性的不稳定性当做人的基本实际存在状态。利奥塔在《非人性》一书中指出:人性是在非人性发展中隐含的。现代性以"进步"的基本概念吞并了非人性,并把非人性排除在"进步"之外,试图论证现代性的"进步"的人性本质。③

同福柯一样,后现代主义思想家利奥塔也认为,一切理论论述所论证的"人",无非是"非人"的概念。④ 利奥塔以"非人"为题发表他的论著《非人》⑤,其目的在于从两方面批判古典的人性论。一方面,他认为,一切传统的人性论都是彻头彻尾的反人性,是对于人的彻底否定;另一方面他又认为,按照真正的实际的人的状况,人是无法同"非人"绝对分开的,人永远包含着非人的成分,人同非人之间是没有明确界限的。而且,"人"只有在经历"非人"的阶段之后,只有在同"非人"相遭遇之后,才能使自己改造成真正的人。真正的人是不回避非人性的。从古以来,一切

①　See St. Augustin,354–430.

②　See Lyotard,J.-F.1988b;40–41.

③　See Lyotard,J.-F.1988a.

④　See Ibid.

⑤　See L'Inhumain,1988a.

最优秀的思想家和作家,都在他们的作品中形象地描述和论述人和非人之间的辩证关系。早在古希腊时代,许多神话就已经讲述了人的非人性质,并以生动的故事情节描述人的非人性。在古罗马作家和思想家塞内卡(Lucius Annaeus Seneca,B.C.4—65)根据古希腊神话所改写的悲剧《默岱》(*Médée*)中,对爱情、亲情、友情抱有强烈忠诚态度的女主角默岱女神,同时又是最残酷无情和非人性的妻子、母亲和女儿。她为了追求真正的爱情、亲情和友情,不惜以最残酷的手法杀害自己所爱的情人、孩子和父亲。究竟默岱是人还是非人? 其实她是最真实的人,又是最真实的非人。同悲剧中所讲述的人一样,现实生活中的人,在实际上,也只有遭遇到非人的残酷经验之后,才会对人的真正本质有所理解。对于法西斯的残酷无情的反人性本质有痛切体会的阿多诺①,曾在1969年说:"艺术只由于人的非人性才忠实于人。"同样的,超现实主义诗人阿波里奈(Guillaume Apollinaire,1880—1918)也说:"首先,艺术家是一些想成为非人的人。"生活在19世纪的雪莱夫人(Mary Godwin Shelly,1797—1851)针对资本主义社会的人性的残暴以及现代科学技术对于人及其生活环境的人为扭曲,创作了《弗朗肯斯坦:现代普罗米修斯》(*Frankenstein*,1817)的小说,模仿歌德的《浮士德》中的魔鬼形象,塑造出弗朗肯斯坦这个角色。这位由科学家人为地创造出来的有意识、又有强大无比能力的魔鬼,最终终于感受到自己的孤立,亲自杀害了制造他的那位科学家本人。雪莱夫人所撰写的这个故事,生动地表明:现代人自以为有智能掌握和使用科学技术,但恰恰是现代人自己包含着更多的非人性,是最残暴无情的非人。

从理论上来看,对"人"的否定,一方面表现了从古代以来所确立的传统主体性原则的失败及其崩溃,另一方面它又恰好表现了人作为人的自我超越精神,反映了现代人不满足于现状,永远向上进取、向周围的异在世界奔驰的豪迈气魄。人只有敢于进行不断的自我否定,才能真正地体现自己的冒险精神,才能在瞬息万变的今天把握自己的命运。所以,利

---

①　See Theodor Wiesengrund Adorno,1903—1969.

奥塔认为:"将重点放在非人性冲突上的做法在今天比在昨天更正当。"①

透过对人的否定,当代法国哲学家们一方面否定和颠覆了自古以来一切传统理论和道德,另一方面又强烈批判被现代社会统治者所维护的现实生活秩序,否定现实的人的生活条件,从而更激进地推动了20世纪末以来的社会文化革命。

九、在逾越中寻求自由

第二次世界大战所产生的社会文化危机是空前的。这一危机促使西方思想家重新探讨西方文化中的"人"的概念及其系谱,全面怀疑它的正当性,尤其是将它同整个资本主义社会的社会文化制度联系在一起加以批判。

首先从理论上关切"人"的问题的,是最早将黑格尔思想传入法国思想界的科杰夫。因此,黑格尔的辩证法成为了批判旧有的传统"人性论"的锐利思想武器。科杰夫在他的讲座中,提出了"否定性"、"虚无化"同"人"和"人性化"的相互辩证。他在谈到黑格尔的精神哲学时说:"黑格尔所说的道德到底是什么? ……说穿了,就是:一切作为存在的存在,就是存在本身。一切行动,作为对于现存的存在的否定,其本身就是不好的,也就是'罪恶'。但罪恶可能是可原谅的。怎么成为可原谅的? 就靠它的成功。成功取消了罪恶,因为成功就是一种新的存在着的现实性。但如何判断成功? 为此,历史必须终结。"②这就是为什么一切行动,特别是革命行动,都是残忍的甚至是血淋淋的。黑格尔哲学最终导致对于存在化的一切行动的颂扬和肯定。只要有能力和有可能成为现实的存在,就有可能成为真理本身。换句话说,存在的真理性,就隐含在"存在"本身的"存在化"。这一切,启发了所有参与黑格尔讲座的思想家和作家们,特别推动巴岱、拉康等人,重新思索人的自由及"逾越"的问题。

---

① Lyotard,1988a.

② Kojève,A.1947:95.

对于这些问题的探讨,在 20 世纪中叶,最早应该是由萨特开始的。如前所述,萨特在其现象学的和存在主义的哲学哲学研究中,敏锐地抓住了人的命运问题,并将人的自由列为首位。① 在萨特看来,人的自由本质给予人带来的最高价值,就是使人成为一个创造者,成为他自己和他的世界的创造者。"人是以其出现而创造一个世界的生存物"(L'homme est l'être dont apparition fait qu'un monde existe)。这也就是说,对人来说,生存就意味着寻求自由,就意味着创造。但对人来说,所谓创造,总是包含双层含义:创造自己和创造世界;因为人的个体生存,永远脱离不了与他人共存,脱离不了与其周边世界共存。萨特对人的探究的最大贡献,就在于揭示人的生存中人与其世界的共存性。

与萨特同时代的另一位存在主义思想家和作家卡缪也同样最早揭露了现代人的"荒谬"(l'absurde)。他说:"荒谬的人(l'homme absurde)于是隐约看见一个燃烧的而又冰冷的世界,透明而又有限的世界;在这个世界里,并不是一切都是可能的,但一切都是既定的,越过了它,就是崩溃与虚无。"②卡缪尖锐地批判传统人性论中的各种道德观和自由观。他说:"荒谬的人明白,他迄今为止的存在,是与这个自由的假设紧密相关的;这种自由是建立在他赖以生活的幻想之上。在某种意义上说,这成为了他的障碍。在他想象他生活的一种目的的时候,他就适应了对一种要达到目的的种种标准化要求,并变成了他自身自由的奴隶。"③至于传统道德,卡缪更是痛加鞭笞:"对生命意义的笃信,永远设定着价值的等级,设定着一种选择以及我们的倾向。"④卡缪在揭露现代人的"荒谬性"(l'absurdité)的时候,很自然地诉诸早在现代社会黎明时分就已经无情批判现代人文主义的虚伪性的尼采。卡缪说:"当尼采说,'显然,天上地下最重要的,就是长久地忍受,并且是向着同一个方向。长此以往,就会被引导到这个大地上某些值得经历和体验的东西,比方说,艺术、音乐、舞

---

① See Sartre,1943.

② Camus,A.1961.

③ Ibid.

④ Ibid.

蹈、理性、精神等。这些都是某种改变着的东西,某种被精心加工过的、疯狂的或是富有神灵的东西'。尼采阐明了一种气势非凡的道德标准,但他同时还指出了荒谬的人的出路。屈从于烈火,这是最容易而同时又是最难以做到的。然而,人在与困难较量时,进行一些自我判断是件好事。"①卡缪赞赏尼采在"忍受"中对抗和化解传统道德力量的伟大精神,欣赏尼采将希望寄托在文学、艺术和各种精神创造性活动的做法,把这种态度作为当成否定和拒绝传统人性论的最有效的手段。

同萨特和卡缪一样,新一代法国思想家们,也把自己的思考活动环绕着"人"的问题。人的问题实际上又始终伴随着有关人的主体性、知识和自由的双重悖论,而其核心就是有关人的限定性及其不断逾越限定性的能力界限。因此,福柯指出:人是一个既受限定、又不断超越和逾越其限定性的生存物。人的这种特征,使他命定地要自限于其自身的能力,受困于自身有限的能力和视线之内,遭受其生活环境和生活世界的限定,但又同时又要一再地逾越和超越,受到其内在的无限欲望和理念的引诱和启发,无止境地追求新的目标,但又在其目标的追求中失去方向。在这种双重的矛盾中,人使自己一再地改变自身的性质和特征,使自身的自由成为永无止境的超越活动。

第三节　福柯政治哲学的诞生及其影响

福柯(Michel Foucault, 1926—1984)的政治哲学采取了"知识考古学"、"道德系谱学"以及"生命政治"的论述形式,旨在彻底否定和颠覆传统政治哲学的思维和表达模式。

后现代主义的政治理论,立足于尼采的政治哲学,很自然地把对于权力的批判放在最重要的地位。福柯、德里达、利奥塔等人,作为后现代政

---

① Camus, A. 1961.

治哲学的主要代表人物,几乎都集中研究现代政权的权力运作策略,并把权力运作同论述的制作、扩散和再生产联系在一起,揭露现代政治结合现代知识、科学技术及其他理性手段,进行全方位统治的程序。

福柯虽然不是政治学家,但他的思想和著作,经常关心并深刻论述当代政治问题,也对当代政治学理论进行反复的批判。他把当代政治学列为重要的知识论述体系之一,在对政治学论述进行考古学和系谱学批判时,揭露了政治学论述同社会权力关系的内在联系,尤其集中批判了当代政治学关于权力、策略、政府、正当化和自由民主的理论。而在福柯后期的生存美学中,福柯进一步把政治列为普通生活艺术的一个重要内容。

福柯在政治理论方面的特殊观点,始终都是围绕着现代社会的具体政治问题而提出来的。他从来不愿意抽象地或一般地讨论政治理论。而且,福柯所重视的,不是政治学的基本理论,而是现代政治活动的实际策略及其与权力关系网络的运作机制。因此,他的政治理论的重点,是揭露现代政治的权术、策略、程序及具体技术。福柯自己经常把他的政治探讨的重点,集中在他所说的那种"政权的配置"(dispositifs de pouvoir)之上。所谓"政权的配置",主要指的是权力实际运作所必需的机制、机构、策略、战术、政策、组织配备、程序等相互联系的力量网络。为此,福柯还特地探讨了"知识的意愿"(volonté du savoir),这是被掩盖在求知的欲望的背后的权力活动及权力游戏,其目的是通过知识活动以及对知识的控制而达到政治统治的目的。福柯在进行他的政治研究时,如同他研究知识一样,是通过实际历史的表演,通过血淋淋的历史斗争过程来揭露政治的黑暗及其阴险的策略游戏。

一、福柯的生命政治理论

福柯对当代政治学的重要贡献,首先就是他的"生命政治"(bio-politique)及"解剖政治学"或"政治解剖学"(anatomo-politique;anatomie politique)的理论;同时,针对资本主义社会的特殊的权力运作模式,福柯也专门研究了新型的基督教教士模式及其运作过程中所采用的权力技术。

福柯特别重视现代政治的权力技术和策略的特殊性。本书在有关福柯的尼采主义思想的分析中,已经针对福柯所提出的"政府统管术"(Gouvernementalité)作了详细的论述。"政府统管术"是现代资产阶级权力斗争经验的总结产物。它和整个资本主义政治制度一样,有它的宏观和微观两方面的双重机制及目标。就宏观结构及机制而言,"政府统管术"是一系列统治制度、机构、程序、计谋、政策、策略和技术的综合体,它是用以保障占统治地位的政府系统,能够以各种各样变换着的权力运作手段和形式,实现对于社会整体的人口、个人、知识论述、政治活动、经济发展以及保安工作的全面控制和管理。因此,现代政府统管术将主权、规训、宰制和管理灵活地抓在手中,既保障社会的稳定性,也操纵社会的演化方向。所以,福柯在揭露现代政治时,以相当多的笔墨,分析和批判现代政府统管术的具体策略、程序和技术。

任何政治制度的产生和存在,同一定的权力技术(technique de pouvoir;technologie du pouvoir)和政治技术(technique politique)的灵活机智的贯彻执行密切相关。如果说政治制度离不开权力关系及斗争的话,那么,最关键的是离不开政治技术或权力运作技巧。没有灵活熟练的政治技术和权力技术,任何政治制度的存在,都是不稳定的,也会经常陷入危机。政治技术是使政治制度维持下来、并正常运作的基本保证。资本主义政治制度之所以能够迅速战胜封建的中世纪政治制度、并稳固地维持下来,就是因为资本主义不仅带来了宏观整体性的"合理"的制度及其运作法制,而且,还因为资本主义非常重视制度和权力的微观运作技巧和具体的技术程序。资本主义善于将理性化的过程,特别是现代知识和技术的研究成果,贯彻到政治及其他一切社会领域中,建构了历史上从未有过的理性化的政治技术和权力技术。国家作为一个统治工具,当然不得不变为越来越复杂的综合体,也变得越来越神秘化和抽象化,但它的本质,实际上是很简单的。现代国家的本质,在福柯看来,无非就是它的管理技术化。所谓现代国家的管理技术化,其关键就是国家在管理技术方面所玩弄的计谋。现代国家在管理技术方面所玩弄的计谋,比古代国家更加狡猾,更加隐蔽。①

　　生命政治和解剖政治,既是宏观的"合理的"政治制度,也是微观的政治技术和策略程序的总和;生命政治是现代资本主义制度的核心和灵魂,它确保了资本主义社会整个权力关系网络,以"性"为主轴,实现对个人和对整个社会的双重控制。福柯指出,生命政治和解剖政治的产生及发展,是有它们的社会、经济和文化基础的。它是从18世纪开始实行的;更确切地说,它主要针对由"活人"(des vivants)所构成的"人口"(population)这个总体,由现代政府实行一系列合理化的统治技巧和政治技术,以便解决和管理有关健康、卫生、出生率、死亡率、寿命统计、种族及其他与生命相关的事情。② 从根本上说,生命政治是资本主义社会发展到它的关键时刻所创造出来的,它是关于掌控个人、人口群体和实行生命政治的权力技术。同时,生命政治的产生,也同资产阶级掌握政权以来所积累的统治经验,同它们围绕政治制度所经历的各种争论,特别是同自由主义、社区主义、民族主义以及福利主义等争论,有密切关系。就其实质而言,这场争论的焦点,就是资本主义制度中的法制与个人自由的关系问题。在这方面,发生于19世纪的英国政治界的自由主义争论具有典型意义。

　　什么是自由主义?福柯不打算将它定义为一种理论和意识形态,而是把它当成一种实践方式和政治技术。作为一种实践方式,自由主义是资产阶级追求最大限度功效的政治手段,它是以最少成本达到最大限度经济效果的政治实践技巧。自由主义是现代政府实行合理化统治的原则和方法(principe et méthode de rationalisation de l'exercise du gouvernement)。③ 从自由主义的眼光来看,政府本身并非目的,而是获取最大限度经济功效的机器和技术。与此不同,在德国政治界所兴起的"警政科学"(Polizeiwissenschaft)则更加注重国家理性。双方的争论,导致了生命

---

　　① See Foucault, *Dits et écrits. III*. Paris: Gallimard. 1994: 656.

　　② See Foucault, *Dits et écrits. III*. Paris: Gallimard. 1994: 818; See *Annuaire du Collège de France*, 79ème année, : 367.

　　③ See Foucault, *Dits et écrits. III*. Paris: Gallimard. 1994: 819.

政治及其一系列政治技术的产生和实行。

资本主义是一个由个人所组成并维护个人自由的社会。对于资本主义社会来说，个人同整体社会的协调和配合，是以个人自由的发展为基础的。在现代社会中，没有真正的个人自由，就不会有整体社会的合理运作。因此，能否对社会上的极其复杂、并具有意志自由的个人，进行操纵和控制，是关系到资本主义制度生死存亡的关键。但是，对于个人的控制，也脱离不了对于人口群体的控制。所以，政府对个人（individu）和对人口（population）总体的控制是双向共时进行的。"人口的发现，是同发现个人以及发现可规训的身体同时进行的。"①为了对整体性的人口和个体性的身体进行控制，资本主义在这一时期发明了解剖政治和生命政治。

正因为这样，在建构资本主义制度的过程中，西方社会权力关系网络中的各个权力结构，一方面围绕着社会整体的控制和协调，另一方面又针对社会中的个人自由，进行不断的紧张运作和调整。所以，现代政治权力的改革和演进，一方面朝着个人化的方向发展，另一方面也朝着集中化和中心化的目标而发生变化；现代国家的权力集中化和中心化，就是后一种倾向的结果。上述两种倾向，同时并进，相互促进，以便达到巩固现代社会权力关系网络的正常运作的目的，同时也使资产阶级的统治不断地巩固化和稳定化。

从 18 世纪开始，随着资本主义社会宏观政治制度的初步建构和稳定化，权力关系网络的运作，越来越把重点，转向对个体、对个人的控制和规训。道理是很清楚的。如前所述，资本主义社会是建立在个人自由的基础上。整个社会的结构及其运作，都是离不开具有独立的自由意志的个体的积极性及其配合。而且，现代社会中的个人自由，比整体社会的宏观制度，更加复杂，更加难以管理和控制。如果说，从启蒙以来，整个社会都朝着合理化的方向发展的话，那么，这种合理化的进程，也是以规训个人作为其首要目标，以便使每个个体，一方面发挥他们的各自积极性和创造性，另一方面又能协调整体社会的法制和规范，自律地约束自己，同整体

---

① Foucault, *Dits et écrits. IV.* Paris; Gallimard. 1994; 193.

社会的发展及宏观运作相配合。为此，对个人的规训和宰制，成为了资本主义社会稳定发展的关键。

"在没有把个人加以规训之前，显然不能把他们解放出来，不可能使他们获得自由。"①任何社会统治都是为了有效地达到控制个人的目的。但是，资本主义不同于以往社会的地方，就在于：在控制个人的同时，更注重于发挥个人自由的效率和功能；在资本主义制度容许的范围内，个人具有无限的个人自由。资本主义制度的这个特征，使资本主义政治制度把重点也放在对个人的规训上，并把规训个人的目的同承认个人自由相结合。在这方面，资本主义政治制度创造了一系列权力技术和策略。

所以，在政治方面，合理化的进程，也是以控制个人的政治技术（technique politique）的建构作为中心目标。针对资本主义社会政治制度的上述特征，福柯说："我所思索的，实际上，是针对个人的政权技术的发展问题。"②正是在这样的社会背景下，福柯同时地提出了以掌控个人为主旨的基督教教士权力运作模式及生命政治的两个概念，以便突出现代资产阶级政治策略和政权技术的特点。18世纪之后，生命政治同现代权力的基督教教士运作模式（la modalité pastorale du pouvoir）双管齐下，操纵、宰制和规训每个个人。在这个意义上说，生命政治与基督教教士权力运作模式，同属于"个人化的权力"（pouvoir individualisateur），其重点是规训和宰制具有个人自由的个人。

生命政治在宰制和规训个人方面，创造了一系列极其细腻而灵活的策略和技术。第一，生命政治针对个人在物质需要和精神心灵方面的无止境的欲望，抓住"性"的因素所发出的极大迷惑性和引诱性的无限力量，制造和扩散不断更新的性论述，使性论述成为弥漫于整个社会的最主要的论述体系，控制着个人生命成长过程的分分秒秒，把个人的生命活动，纳入整个社会的宏观和微观的双重运作过程。第二，生命政治所创造和操纵的性论述，是以现代科学理论为蓝本，使各种各样的论述都显示科

---

① Foucault, *Dits et écrits*. IV. Paris：Gallimard.1994：92.

② Ibid.：136.

学理性的特征。第三,生命政治的科学性论述,并不满足于一般和抽象地谈论性的问题,而是针对各个人的具体需要和欲望,又分别向不同的个人推销特殊的性论述,使每个人都能够接受针对个人欲望的性论述。现代生命政治所扩散的这种性论述,具有现代生理学和解剖学的特征,显示出现代性论述体系的"解剖"性和分析性,发挥了它们对于个人欲望的控制和宰制功能。第四,生命政治的现代性论述,利用了现代逻辑学的分析综合程序,以归纳和演绎为手段,达到了将具体与一般相结合的目的,有力地推销了现代资产阶级的人性论和人文主义,有利于通过人文主义的精神,把个人的性欲望、性需求和性理想等复杂倾向,同资本主义法制体系的运作相协调。

资本主义社会的民主制(la démocratie),在福柯看来,无非就是"在18世纪发展起来的某种自由主义(un certain libéralisme);它把极端强制性的技术运用得非常恰当,使之在一定程度上,成为了被允许的社会和经济自由的基础"①。民主制的自由,并非绝对的个人自由;它实际上是以对于个人的强制性管制为前提,也就是以实行控制个人的特种政治技术为基础,对个人进行规训,使之将自身的自由限制在法制和规范所允许的范围内。福柯将控制个人的现代政治技术,称之为"统治个人的政治技术"(la technologie politique des individus)。②

作为现代理性化的一个程序,上述统治个人的政治技术,又是同整个西方社会实行新型的"自身的技术"(technique de soi;Technologies of the Self)的进程紧密相关。或者,更确切地说,"统治个人的政治技术"是现代"自身的技术"的一个重要组成部分;它也是现代的"自身的技术"在政治领域的主要表现形式。

如前所述,福柯从来反对抽象地讨论现代政治。他始终结合现代社会的特殊政治问题,探讨现代政治制度的特征,并深入批判现代政治学理论的抽象论述体系。与此同时,福柯也把现代政治问题同整个社会的基

---

① Foucault, *Dits et écrits. IV.* Paris: Gallimard. 1994: 92.
② Ibid.: 813.

本矛盾结合在一起加以讨论。所以,当福柯提出上述"统治个人的政治技术"的时候,也首先分析了它同当代社会新型的"自身的技术"的内在关系。

在 1982 年 10 月举行于美国维尔蒙大学(Vermont University)的学术演讲会上,福柯发表了题为《统治个人的政治技术》("The Political Technology of the Individuals")的论文。① 在这篇论文中,福柯明确地从现代社会的"自身的技术"的特征出发,探讨和分析现代政治的根本问题。他认为,现代政治的明显特征,就在于超越了单纯争夺政治统治的斗争的范围,也不再是一种单纯反对经济剥削的斗争,而且,更重要的,还是反对对于个人身份的约束的斗争(les luttes politiques aujourd'dhui n'étaient plus seulement des luttes contre les dominations politiques, plus seulement des luttes contre exploitations économiques, mais des luttes contre des assujetissements identitaires)。② 当代社会政治的这个特点,表明资本主义的发展,已经越来越把统治的重点,转向对个人身份的检查、监视、限制和掌控。

现代政治所采用的"统治个人的政治技术",是贯穿于西方社会中的"自身的技术"当代变种。统治个人的政治技术,作为一种最典型的现代政治技术,其重点是管制构成社会基本成员的个人。但是,值得人们深思的,是这种特殊的现代政治技术,在论述其基本目标和基本任务时,并不直接强调对个人的管制,而是以非常"理性"的面目,采用最迷惑人的功利主义方法和手段,大谈特谈政府"关心个人健康"的问题。换句话说,以管制个人为中心目标的现代政治技术,其基本特点,就是以"关心个人"为主要手段,推行严格控制个人的政策。福柯以 1779 年在德国出版的"一个全面的医疗政策体系"为例,说明在 18 世纪资产阶级新政治技

① See Hutton, P.H. and ali, *Technologies of the Self. A Seminar with Michel Foucault.* Amherst: The University of Massachusetts Press. Institut de l'environnement. 1988.; Foucault, *Dits et écrits. IV.* Paris: Gallimard. 1994: 813–828.

② See Foucault, *Herméneutique du sujet*, Cours au Collège de France, 1981–1982. Paris: Galliamrd. 2001.

术的诞生及其特征。① 福柯指出,通过这本书,我们可以看到:关心个人的生命,成为了这个时代现代国家的一个首要任务。② 但是,富有讽刺意味的是,正当资产阶级高唱"保护个人健康"的口号并实行这种政策的时候,各个主要的资本主义国家,为了发展它们的资本主义,不惜发动大规模的国内战争和世界大战,驱使成千上万的人民,在战场上相互屠杀。正如福柯所说:在现代国家实行"保护个人健康"的政策的同一时期,法国大革命发爆发了。法国大革命是各资本主义国家发动大规模国内战争的重要信号,"它演出了动员国家军队进行大规模屠杀的悲剧"③。

与此相类似,在 20 世纪 40 年代,正当英国经济学家伯弗里兹(William Henry Beveridge,1879-1963)提出他的社会公共保险计划,并准备在 1941 年至 1942 年全面推行的时候,第二次世界大战爆发了。资本主义国家不计代价地再次上演了世界性惨绝人寰的大屠杀悲剧。福柯说:"在所有的大规模屠杀的历史上,很难找到另一个实例,可以同第二次世界大战相比较。可是,正是在这个时期,社会保护、公共健康和医疗救助政策刚刚付诸实行。也正是在这一时期,人们准备实行、或至少公布了伯弗里兹的计划。我们可以从这个巧合而概括出一个口号:'你们进行大屠杀吧,反正我们保障你们会有一个长久而舒适的生命历程。'总而言之,在资本主义国家中,生命保险同走向死亡是同时并进的。"④

福柯认为,在资本主义社会中,人们可以举出成千上万的类似例子,表明毁灭性的残酷屠杀过程与保护个人健康的政策,总是"成双平行"。所有这一切,并不是偶然的。"这就是我们的政治理性中最重要的矛盾之一(c'est l'une des antinomies centrales de notre raison politique)。"⑤福柯把这种现代的政治理性,称为"死与生的游戏"(le jeu de la mort et de la

---

① See Frank,J.P.*System einer vollständigen Medicinischen Polizey.*Mannheim:C.F.Schwann. 1780-1790.

② See Foucault,*Dits et écrits.IV.*Paris:Gallimard.1994:815.

③ Foucault,*Dits et écrits.IV.*Paris:Gallimard.1994:815.

④ Ibid.

⑤ Ibid.

vie)①,它实际上是现代政治理性所玩弄的政治技术之一。

由于当代社会全面推行了社会保险和社会安全政策,把维护个人健康和实现全面的疾病保险,列为最重要的社会政策,福柯尤其集中而具体地分析批判了当代社会的保险和安全政策,并将它们当成现代政府针对居民和个人而玩弄的"死与生的游戏"的一个显著表现。

福柯早在 1976 年,就对现代医疗制度及其医院组织系统的功能,进行了深入的分析批判。福柯认为,现代医疗制度虽然属于医疗保健机构系统,但它在本质上是现代"疾病政治"(noso-politique)的重要组成部分。②

18 世纪是西方政治制度发生根本变化的关键阶段,而在这一时期,一系列医疗制度的创立及其完善化,构成政治制度革新的关键。在这一时期所普遍出现的私人医学(médecine privée)和公权力医学(médecine publique)系统,是资本主义政治经济发展的产物。资本主义的发展,需要使医疗事业同时采用私有制和公有制双管齐下的制度。各种各样医学机构及其制度的创立,是当时的资产阶级政府进行社会统治的一项普遍的策略(stratégie globale)。"毫无疑问,没有一个社会不实行一种疾病政治。"③

法国及整个欧洲国家在 18 世纪所出现的"疾病政治",表明当时的政府,不仅把社会群体和居民的健康和疾病,当成最重要的政治经济问题来看待,而且也以多种形式及多种机构组织的建制,保障国家能够发挥它对于医学系统的控制;在这个意义上说,疾病政治并不只是关系到医学技术救助的问题,而是超越了医学的范围,构成政治统治的一般性问题。④在新建构的医学治疗系统中,整个社会的群体和个人,都无例外地被纳入社会控制的领域中。作为社会基本存在单位的家庭及其成员,通过医疗

---

① See Foucault, *Dits et écrits. IV*. Paris: Gallimard. 1994: 816.

② See Foucault, *Dits et écrits. III*. Paris: Gallimard. 1994: 14–15.

③ Ibid.

④ See Foucault, "La politique de la santé au XVIIe siècle." In *Institut de environnement*, 1976: 11–21; Foucault, *Dits et ecrits. III*. 1994: 13–27.

社会化的渠道,也史无前例地随着现代"疾病政治"的运作,而被纳入社会控制(contrôle social)的圈子里。从此以后,"医学,作为健康的一般技术、为疾病服务以及治疗的艺术,在 18 世纪不停地发展和膨胀的行政机构和政权机器系统中,越来越占据重要的地位。"①

1979 年,福柯的上述论 18 世纪健康政策的论文再版时,他更明确地把政府的健康政策同掌管整体居民的社会控制的警政系统联系在一起加以探讨。福柯认为,"18 世纪健康政策的出现,应该同更一般的社会进程联系起来,这就是当时的政权已经明确地将社会福利列为其主要目标。"②为此,福柯将当时的健康政策同警政系统的建立及运作,看做是现代国家理性统治和管理个人的最重要的政治技术。

二、对现代国家理性的批判

为了深入批判现代资本主义国家的性质及其政治技术,福柯特别集中地分析了"国家理性"(raison d'État)的问题。他认为,国家理性首先是一种统治艺术(un art de gouverner),是一系列符合特定规则的政治技术的总和。国家理性是在罗马帝国衰落、各个新型的民族国家逐渐兴起的时候产生出来的。在 16 世纪末至 17 世纪初,随着资本主义的发展,国家统治的艺术,也不断发生变化。国家理性虽然也包括国家统治机构与相关组织的建构及其管理,但更重要的,是强调贯穿于现代国家中的统治技术,特别是重视对人的管理艺术,将当代科学技术的特殊理性手段、计谋和策略,充分地运用于政权的操作。这些统治技术,同中世纪的封建统治方法根本不同,不是采取赤裸裸的强制性手段,也不再以神性原则作为其正当化的最后依据,而是尽可能以理性和技术,进行政治活动,以便使政治统治不再是僵硬的单纯政治斗争,而是使之提升到"艺术"的境界,讲究科学理性的技能和效率。资产阶级在其统治的过程中,特别讲究政治

---

① Foucault, *Dits et écrits. III*. Paris: Gallimard. 1994:23.

② Ibid.:729.

的艺术性。国家的统治作为一种艺术,并不是单纯的暴力胁迫和直接的权力斗争,也不只是以实现对一个特定领土的绝对统治为基本目标,而是采用科学理性,进行细致计算和反思,将经济功效同人性论游戏相结合,以不断提升国家的生存力和国际竞争力为其宗旨的社会赌注。为了达到这一目的,资产阶级政治不惜利用现代科学技术的一切最新成就,并同时借用艺术的方法。就其统治对象而言,国家理性主要的是针对不同的个人,尤其是针对他们的复杂多变的精神心理因素。

从 17 世纪开始,当现代国家还处于最初的历史阶段时,在文艺复兴时期积累了丰富政治经验的意大利政治学家,就已经为国家理性制定了基本的定义。16 世纪的波德洛(Giovanni Botero,1540-1617),在他的《论国家理性》(*Della ragione di Stato dieci libri*)的著作中,强调了国家理性的统治艺术性质。他说:"国家理性,就是对于国家建构、巩固、留存及富强的方法,有充分了解。"①同样的,另一位意大利思想家巴拉佐(G.A.Palazzo),也在他的著作《政府论述及真正的国家理性》(*Discorso del governo e della ragione vera di Stato*)中,凸显国家理性同中世纪君主专制国家的根本区别。他说:"国家理性是一种方法或艺术,通过它,我们才有可能懂得进行有秩序的统治,并在共和国内维持和平。"②维护国家统一、完整性及其和平局面,乃是实现国家理性的基本目标。

福柯还从德国思想家谢姆尼兹(B.P.von Chemnitz)的著作《论日耳曼罗马帝国的国家理性》(*Dissertatio de rationee Status in imperio nostro romano-germanico*)那里,找到同样的证据,说明现代资产阶级国家从其最初形态,就显示它的理性特征。谢姆尼兹说:"国家理性是非常必要的政治考虑,用以解决一切公众问题,并做好协商和参谋工作,制订适当的计划,其唯一目的,就是使国家得到维持、扩大和繁荣。"③

所以,国家理性就是遵守一定规则的统治技艺。为了保证这种政治

---

① Batero,*Della ragione di Stato dieci libri*.Roma:V.Pellagallo.1583.

② Palazzo,*Discorso del governo e della ragione vera di Stato*.Venetia:De Franceschi.1606.

③ Chemnitz, B. P. von, *Dissertatio de ratione Status in imperio nostro romano-germanico*. Freistadi.1647;Foucault,*Dits et écrits*.IV.Paris:Gallimard.1994:816.

技术的灵活性和功效性，不但要求它尊重传统和习俗，而且，更主要的，是采用科学理性知识。显然，这样来理解的国家理性，是同马基维利（Nocolo Machiavelli，1469-1527）和基督教的政治理论不一样的。现代国家理性既不强调神的旨意，也不依据贵族王公们的理智和策略，而是直接从国家本身的性质及其合理性中延伸出来的。

为了实现国家理性，现代政治特别强调实际的政治实践（pratique politique）同政治知识（savoir politique）的正常合理关系。也就是说，政治实践提供了丰富的统治经验，并注意到实践本身的艺术性及其不断提升的必要性；而政治知识是以理性分析、总结和推理为基础，根据历史发展的进程以及社会的需要所生产出来的。政治实践和政治知识的结合，使现代政治有可能不断增强国家的实力，并保证现代国家能够适应时代的变迁而日益兴盛。现代政治学就是在这种情况下诞生、并发展起来的。在这个意义上说，现代政治学就是国家理性的一个重要组成部分，只不过它同国家保持着特定的距离，以便使它本身具有特殊的两面性：它既是国家理性的理论基础，又不直接参与国家事务；既为国家服务，又不同国家相重合；既讨论政治，又不同于一般政治实践。政治学不是专为政治实践辩护、为实际政策进行正当化论证的学问，它毋宁是对国家进行监督、咨询、批评、揭发和指引的论述体系。正因为这样，现代政治学可以被称为"非政治的政治"。也就是说，现代政治学是政治的一部分，但它是以"非政治"的面目和理论内容，监督和批评现代政治的发展进程。作为国家的统治机构，政府应该针对自身的统治实践，不断地进行理性的反思。在这个意义上说，国家理性就是政府在其统治过程中对自身政治实践的反复总结、改进和创新。而政治学则是国家理性在理论上的概括。

在西方的政治思想史上，其实，早在柏拉图时代，就规定了国家领导人的政治学素质及本分。柏拉图的"国家篇"（Republic）明确规定：必须由非政治的哲学家领导整个国家事务。这也就是说，在国家范围内领导他人的政治家，必须具备特殊的政治知识，必须站在高于一般具体的政治斗争的层面上，以高瞻远瞩的特殊智慧的眼光，将整个国家纳入、并维持在稳定合理的秩序中。政治学并不讨论统治人的法制，也不关注人性或神性原则,而是只关切国家本身的性质。真正的国家(l'État),是一种专为其自身而存在的社会共同体。法学家可以从法制的角度对它的存在的正当性进行讨论,但政治学家却不同于法学家,只是从国家的自然本质的角度,对国家的问题进行反思。

从关切国家本质的角度出发,政治学家所关心的第二个问题,就是维护国家强盛的管理艺术。自从现代国家诞生以后,讨论国家管理艺术的政治算术(arithmétique politique)也自然而然地产生了。所谓政治算术,也可以称为"政治统计学"(statistique politique),它实际上就是向政治家赋予政治技术和技能,使之善于进行合理的政治算计的现代知识体系。

国家理性的第二个特点,就是从国家与历史的关系来思考国家问题。① 国家不是单纯从法制,而是从它的历史兴衰历史可能性的角度,探讨它的内在力量强弱的两种潜在趋势。国家究竟朝着什么方向发展,问题的关键,是政府实行什么样的政治统治艺术。国家必须不断地增强它的实力,因为任何国家都存在于与其他国家竞争的历史环境中。所以,任何国家的存在和发展,归根结底,依赖于它的政府能否在有限的历史时期内,实现国家内在力量的强盛,以便在国际实力竞争中获胜。因此,国家理性同时也关系到政府同国家之间的合理关系,它要求政府能够制定、并执行一整套最合理的政策和策略,在最快的历史时间内,将国家的实力提升和增强。

国家理性的第三个特点,就是"合理地"解决国家与个人的关系,尽可能地使生活于国家内部的每个人,都能够为国家实力的增强作出贡献。为此目的,国家必须针对个人的积极和消极的两种倾向,实行恰当的政策和策略:在有的时候,国家要求个人维持健康,生活得愉快和长寿,进行有效的劳动,从事生产和消费;但有的时候,国家又要求个人作出牺牲,在必要时,为国家献身而死。② 美国总统肯尼迪(John Fitzgerald Kennedy, 1917-1963)上任时,针对苏联在航天科学方面的优势,表示将在极短时

---

① 　See Foucault, *Dits et écrits. VI.* Paris: Gallimard. 1994: 819.

② 　See Ibid.: 819-820.

间内,迅速增强美国的实力,保证使美国的宇宙飞船能够成功地将人运往月球。为此,肯尼迪说:每个人都不应该时时考虑国家给了自己什么,而是应该问问自己,究竟为国家作出了什么贡献。肯尼迪的话,正是体现了资本主义国家的"国家理性"处理个人与国家的关系的基本原则。正如福柯说:国家理性并不只是关心个人,也不是仅仅为了关心个人而关心个人;国家关心个人,毋宁是为了使个人有利于国家的强盛目的。在这种情况下,关心个人的结果,必须使得个人的作为、生活、死亡、活动以及一切个人行为等,都能够为国家强盛的唯一目的服务。所以,国家所推行的健康政策和疾病保险制度,并不是如同西方国家所宣称的那样,完全是为了照顾和关心个人的健康,为了推行福利政策,而是为国家要求个人作出必要的牺牲准备托辞。

为了深入讨论现代国家中的个人同国家之间的关系,不能不涉及现代警政系统(la police)的建构及其运作的问题。现代警政系统是伴随着现代国家理性的诞生而建立的。实际上它是现代国家理性处理个人与国家关系的重要行政管理中介和关键环节。

国家理性在讨论现代国家的功能时,强调现代国家在实现对于社会及个人的双重统治的过程中,必须行使积极和消极两方面的功能。如果说,国家通过法制的力量对付国内敌人,以及通过军队对付国外敌人,是属于国家的消极功能的话,那么,国家通过警政系统,维护国内生产秩序,保障公民正常生活以及促进国家强盛繁荣,就属于国家的积极功能。[①]现代警政系统是资本主义社会政权建设的最重要成果之一,其目的在于全面实现政府对于个人的控制、管理和规训。在现代公民社会制度下,每位公民都具有强烈的个人自由意志,而且,他们对于国家的积极贡献,也往往同他们对于国家的消极态度,同时地展现出来。在这种情况下,对现代公民社会所实行的政治统治,比以往任何时代都更复杂。作为现代国家的积极功能的主要保障机构,警政系统必须善于针对现代公民社会中每个公民的精神和思想的复杂变化,面对他们在生活中的各种欲望要求,

---

① See Foucault, *Dits et écrits*. VI. Paris: Gallimard. 1994: 825.

进行合理的管理和严格的宰制。现代警政系统担负起国家的最复杂的统治任务,必须善于将强硬的管制措施及糅合的教育手段结合在一起,使各种各样在精神思想活动方面极其不稳定的公民个人,能够在符合国家法制和规范的范围内,自由自在地生活。

为了深入分析现代警政系统的社会功能,福柯更深入地分析警政系统同现代公民社会(La société civile;Civil Society)的关系。

现代警政系统是与国家理性(la Raison d'État)同时产生和发展的政府行政部门;但它实际上又成为管理和控制现代公民社会的权力机构。警政系统与公民社会的上述不合理关系,是同警政系统在西方国家中的形成过程有密切关系。在 18 世纪以前,警政系统被赋予很大的权力,几乎成为了国家理性的集中代表机构。为了揭露现代警政系统对现代公民社会的控制策略,福柯以 17 世纪思想家图格·德·马耶尔纳(Louis Turquet de Mayerne)的著作《论贵族民主制的君主国家;兼论含有三种共和制合法形式的政府》(*La Monarchie aristo-démocratique,ou le gouvernement composé des trois formes de légitimes républiques*)作为蓝本,进行分析批判。

在图格·德·马耶尔纳的著作中,明显地将警政工作当成政府统治全国居民的一种特殊艺术,以便由此尽可能地利用人口资源,促进国家的繁荣。警员的首要任务,就是维护公共秩序和道德。为此,图格·德·马耶尔纳建议在政府中设立警政官员,专管人和财产两大项目的事情。"警员工作的真正目标是人。"[1]"警员监督一切与人的幸福相关的事情。"[2]"警员监督一切关于社会协调的事情。"[3]人的事务又分为积极事务和消极事务两类:人的积极事务包括对人的出生、培养、教育、工作、爱好、技能和职业训练的管理;人的消极事务,指的是对于老人、寡妇、孤儿、穷人的管理,也包括对疾病、传染病、瘟疫、灾荒以及保险工作的管理和监

---

① Turquet de Mayerne,L.*La Monarchie aristo-démocratique,ou le gouvernement composé des trois formes de légitimes épubliques*.I.Paris.1611:19.

② Ibid.Preface II.

③ Turquet de Mayerne,L.*La Monarchie aristo-démocratique,ou le gouvernement composé des trois formes de légitimes épubliques*.I.Paris.1611:2.

督。对于公民的财产管理,则包括对商品和各种日用品的生产及流通的监管,不仅管理商业和市场,而且也监督和指导商品的制造,同时还管理公路、河流、公共设施机构以及国家领土内的一切空间。这样一来,警政系统的活动范围,实际上扩大到国家和公民社会的一切领域,包括国家机构的司法、财务和军队,同时也监控着公民的公共生活和私人生活领域,并将国家的一切功能和活动加以协调。

图格·德·马耶尔纳的上述著作,既表达了当时的一些思想家们对于建构理想国家的乌托邦精神,也表现了管理国家机构的严格规则,同时还试图显示现代国家管理的科学性、普遍性、艺术性和全面性。图格·德·马耶尔纳将这四方面的因素巧妙地结合在一起,把警政系统当成国家管理的"一种艺术手段",对警政系统的合理性、技巧性和策略性进行论述。

显然,在最早论述警政系统的西方政治著作中,警政系统作为国家理性的重要表现,也是将政治统治变为一种政治技术和艺术的关键环节。警政系统既然囊括了国家理性的最基本面向,它就必须以最高效率实现国家对社会整体和个人的全面统治。为此,警政系统的工作和活动,不只是确保完成国家的统治功能,而且,必须使被统治的臣民,一方面心甘情愿地承受来自国家的一切命令和需求,另一方面还能主动地为国家奉献自己的一切。这就要求警政系统成为政治艺术的典范。警政系统的功能,使国家有可能对一个由个人自由所建构的新型公民社会进行合理的统治,同时也保证使被统治的个人,能够自由地生活,尤其保障他们的个人财产。但是,警政系统的上述职能,也显示了近代国家干预公民私人生活及个人自由的企图心,使刚刚形成的近代公民社会从一开始就同国家理性发生严重的冲突。

虽然 17 世纪警政系统具有完全不同于当代警员的特殊意义,但当时警政系统对于整个社会及个人生活的控制程度及策略,却隐含了近代国家同公民社会之间的全部矛盾。

在 18 世纪以前,西方公民社会既是资产阶级国家的社会基础,也是独立于国家的市民阶层的集合体。从 15 世纪开始,随着资本主义的形

成,公民社会成为了介于国家与市民阶层的中间环节。对国家而言,公民
社会反映了市民阶层的基本利益和呼声,也监督国家的合理性和正当性;
对属于中产阶级的个体性的市民而言,公民社会成为了他们同共同体中
各个成员之间进行对话、讨论和协调的场所,同时也成为他们同国家和政
权机构发生紧密联系的基本纽带。

关于公民社会的观念,本来有它自身的漫长的历史;而且,就其本身
的严格意义而言,也存在多种版本和论述模式。在当代的理论争论中,公
民社会的观念特别被重新讨论起来,用来强调公民社会同国家至上的观
念的对立①。对福柯而言,他之所以关心公民社会,并不是为了寻求某种
特定的定义,毋宁是公民社会本身的自由讨论及其监督国家的功能。所
以,他对早期警政系统的扩权存在形式及其运作,深表关切。

公民社会是从旧的封建专制社会脱胎而来的,但在西方文明历史上,
它的前身就是古希腊的城邦社会(la cité;polis;politeia;politia)。就公民
社会的词源而言,发人深省的地方,恰正在于:从一开始,作为公民社会的
最早起源,"城邦"(polis)就意味着具有一个特定社会秩序的共同体。所
以,在城邦政治的发展过程中,就导致建构维持公共社会秩序的机构的必
要性;后期专门维持社会公共秩序的警员机构(police),就是在这种情况
下应运而生。

但是,就其真正意义而言,公民社会所强调的,是以具有自由意志的
个人的特殊利益及其活动作为基础的社会共同体;它尤其突出该共同体
中,由个人自由参与和互动的社会团体的多样性,以便保证市民共同体内
各个成员之间的沟通、对话、协商和交流,形成他们之间的自由关系。这
些多样的社会团体,也成为具有沟通和报道功能的公众舆论(Public opin-
ion)的组织传播渠道。在早期阶段,各种由市民自由参与的社会团体,积
极地传播、沟通、组织市民的自由观念和意见,同时传播、传递和讨论各种
最新的新闻消息、科学研究成果以及知识理论。通过这些功能,由市民参
与的社会团体,积极主动地交流市民间的意见、舆论和消息,有效地监督

---

① See Cohen/Arato,1992;Gellner,1996;Hall,1995.

国家的权力运作。

健康的公民社会,为了保证同国家之间的沟通和监督关系,大致包含三大层次的组织团体:第一层次是一般民间协会和团体,包括由具有自由意志的个人所组成的各种沙龙、基金会和协会;第二层次是媒体机构;第三层次是政党和各种政治性团体,包括各种政党及其外围群众组织。

由于公民社会的成分及其结构的多样性、交错性及多元性,公民社会内部显然存在交叉而重叠的复杂关系,同时也存在多方向和多种类的力量关系。就公民社会中个人关系的性质而言,基本上存在"公共领域"和"私人领域"两大类结构。这两类结构,既有区别,又有联系和交叉重叠。也就是说,在公民社会中的公共领域与私人领域之间,既有明显的界限,又有交叉和重叠的地方,以致很难将两者严格地加以分割和对立起来。

公民社会中的组织和团体,具有不同功能和形式。一般地说,它们的功能的发挥,以"从下到上"、"从上向下"和"水平双向"三大模式,连接国家同公民社会的关系。"从下到上"就是一方面向国家反映公民社会的利益、需求和呼声,另一方面又监督国家权力的运作;"从上到下"就是向公民社会沟通国家政府的各种决定、政策和运作状况,使公民社会及时了解国家的各种活动;"水平双向"就是在公民社会内部做好公民之间的沟通,并按照不同的形式和管道,将公民各个阶层组织起来,使公民社会建设成为一个有效的社会共同体。哈贝马斯在论述公民社会时,虽然注意到公民社会同国家、公共领域与私人领域之间的区别及其相互关系的复杂性,但仍然有简单化和绝对化的倾向。[1]

按照最早的公民政治哲学家的看法,公民社会是一种个人主义的社会(individualist society)、商业社会(commercial society)和生产社会(productive society);同它以前的军事专制的和好战的古代社会相比,它是和平主义的社会(pacifist society),是主张以和平的非暴力方式处理公共问

---

[1]　See Habermas, *Der strukturalwandel der Öffenlichkeit*. Frankfurt am Main: Suhrkamp. 1964.

题的社会。①

正因为这样，现代公民社会是以商业和工业的发展为基础，而公民社会中的个人，基本上将其精力贡献给生产力和商业的发展事业，以便由此积累财产和资金。公民所主要关心的，就是财富的增长。显然，公民无法奉献他们的主要时间和精力，去直接参与、思考和策划政治活动。这就造成公民社会本身的矛盾，也使公民社会必须采取组织和沟通的方式维持自己的存在。也就是说，它一方面关怀个人利益和财富，使人们耗费大量时间和精力从事商业和经济活动，不能直接参与和管理政治事业；另一方面，又希望政治本身能够为个人的利益和财富的增长服务，使政治制度和政治策略，都有利于个人利益与财富的增长。如果说，公民个人的基本关怀就是财富的增长，如果说从事生产活动已经耗费了公民个人的大量时间，那么，他们又应该采取什么样的形式和途径，来监督和管理政治？公民只好吸收古典的共和国形式，以推选公民代表的途径，实现他们对于政治的监督和管理。现代公民社会选择民主共和国形式，实际上已经隐含了现代民主国家滥用权力的危险。所以，康德在谈到公民社会的时候指出："民主制（democracy），就其真正意义而言，必定是一种专制政治（despotism），因为它建构起一个行政权力机构，使得全体公民有可能从事决策；但是，这一决策，是在未取得个人直接同意的情况下作出的，其结果，它可能是环绕着个人意见，或者是对抗个人意见。在这种情况下，决策是在没有全民参与的条件下由全民实现的。这也就意味着：所谓'公意'（General will）是同其自身，也就是同自由相矛盾的。"②提出"公意"概念的卢梭（Jean-Jacques Rousseau，1712-1778）自己也认为，实现真正的公民民主是非常困难的。比卢梭稍晚一些时间的孔史宕（Constant，Benjamin

---

① See Hume，*Political Essays*. Ed. By Knud Haakonssen. Cambridge：Cambridge University Press.1994；Ferguson，*An Essay on the History of Civil Society*. Ed. By Fania Oz-Salberger. Cambridge：Cambridge University Press.1995；Kant，*Political Writings*. Ed. By Hans Reiss. Cambridge：Cambridge University Press.1991；Holmes，*Benjamin Constant and the Making of Modern Liberalism*. New Haven，CT.：Yale University Press.1984.

② Kant，*Political Writings*. Ed. By Hans Reiss. Cambridge：Cambridge University Press.1991：101.

Constant de Rebecque, 1767-1830)则认为,必须区分古代与现代民主的不同性质①,才能真正了解公民社会的性质及其功能。孔史宕强调,在古代,虽然城邦的市民能够直接参与政治管理,但他们的民主和自由是受制于城邦整体的。城邦市民的个人信念是同城邦全体市民的信念一致的。在这个意义上说,城邦市民并不拥有私人领域(private sphere)。现代市民则只能采取间接民主的方式,通过他们所选出的民意代表,参与国家的管理,因为一方面现代公民社会是比古代城邦更大得多的共同体,另一方面它的一般成员必须集中精力从事经济和商业,他们没有充分的时间参与公共事务(public affairs)。②

现代民主国家的性质,决定了公民社会同现代国家之间的矛盾及其永久冲突性。正因为这样,公民社会中个人及其社会团体的存在,成为了公民社会监督国家理性的最有效途径,也成为协调公民社会与国家之间的矛盾的中间环节。但是,现代国家的发展趋势,却正好压抑和削弱着公民社会的监督功能。福柯所描述的警政系统,就是国家对抗和削弱公民社会功能的主要手段。

福柯指出,由多样社会团体所组成的公民社会,有助于对抗和削弱专制和集权的国家,并有效地监督国家的权力界限及其使用范围。集权的国家机器,总是千方百计地将公民社会中的个人加以"原子化",使个人变为至高无上的国家机器的一个零件而已。公民社会的存在,通过它的多样而独立自主的社会团体,监督国家的权力,同时又将个人的积极性和主动性组织起来,使个人的力量有效地发挥出来。

到了18世纪,警员的社会功能随着公民社会及现代国家机器的发展而进一步发生新的变化。监督生活于公民社会中的个人,越来越成为警员的主要任务。警员要时刻监督公民的生老病死状况和心态变化,了解他们职业能力、道德心以及对法制的态度。如前所述,早期的政治学家严格区分了国家的积极和消极功能,并把严格意义上的"政治"(la

---

①　See Constant, *Cours de politique constitutionnelle*. Paris. 1818-1820.

②　See Constant, *Mélange de littérature et de politique*. Paris. 1829.

politique)理解为国家的消极功能,把"政治"理解为对付国内外敌人的事务,而把"警员"(la police)理解为国家的积极功能的主要表现,因为警员的任务,就是保证公民社会中的新事物的产生和成长,维护公民社会的正常秩序,加强国家的实力。当时的政治学家认为,如果说政治是靠法制和一系列禁令以及强制性力量,来维护国家的统一和安全的话,那么,警员主要是靠它的管理技巧和特殊技术,以积极的手段和方法,来保证现代公民社会中的个人的幸福生活及其自由行动。正是为了维护公民社会的个人幸福和自由,警员必须干预个人的一切事物,尤其是他们的生活。显然,近代警政系统的创立和发展,是同近代生命政治的产生和发展相平行的。警政系统和生命政治,以理性的名义,使现代公民社会的个人生活和自由受到了严格的管制。而值得注意的是,近代警政系统是以保障个人自由和维护社会正常秩序的名义,将公民社会中的私人生活和个人自由,神不知鬼不觉的手段,纳入它管辖的范围。

福柯研究上述警政系统的职能及其策略,正是为了更深入地揭示当代社会中国家对于公民社会私人生活领域的粗暴干预的历史根源。所以,现代国家理性,无非就是以现代某种类型的知识为手段、不断增加国家权能的现代"合理化"的政府。①

三、政治与道德

关于政治与道德的关系,现代资产阶级一方面继承了古代希腊和中世纪基督教的某些原则,另一方面则更多地针对现代社会的实际需要以及资本主义社会本身的政治统治技术的技巧性和策略性,创造了一系列与国家理性相适应的道德规范和措施。福柯认为,现代道德的特征,就是同现代生命政治相平行,实行一种以"性论述"(discours sexuels)为中心的新型道德原则。

在古希腊时期,福柯发现,并不实行严格的道德要求(austérité

---

① See Foucault, *Dits et écrits. IV.* Paris: Gallimard. 1994: 153.

morale），也不存在普遍的苦行和苦修的伦理原则。在肉体和精神生活方面，某些类似的苦行生活方式，并不构成社会道德的基本要求，而只是通行的一般道德的补充性因素。① 更具体地说，古代希腊人，在其通行道德中，对于性的方面的严格要求，并不是最基本的方面。他们把性的方面的道德要求，更多地同当时多种多样的哲学和宗教流派以及生活风格联系在一起。因此，希腊人在性的道德方面，与其是强制性地要求所有的人遵守同一规范，不如说建议人们根据自己的不同的生活风格和精神生活要求，有智慧地选择自身的有节制的性生活方式。福柯认为，古希腊的性道德方面的严格要求，大多数是围绕着四大论题而展现出来：肉体生活（la vie du corps）、婚姻制度（institution du mariage）、人与人之间的关系（relations entre hommes）及理智的生存方式（existence de sagesse）。② 值得注意的是，古希腊上述有关性方面的有关要求，是以多样形式，以人们的自由思考为前提，同时又以达到身体和生活快乐为其基本宗旨。这些性方面的严格要求，还只是针对男人的生活和思想风格，而不是对整个社会的两性都有效的道德规范。所以，这些严格要求，并不是作为"禁律"，而是作为寻求精神生活丰富化和风格化的男人的讨论题目，在当时的有教养的男人中传播。指出这一点，是为了强调：西方有关性的道德原则，在历史上曾经发生过重大的变化；而在资本主义社会建立以后，根据资产阶级的政治统治的需要，在道德方面，统治者主要是创造了一系列新的性论述，修正和补充传统的道德。

如前所述，资本主义社会是一个空前未有的性论述极其泛滥的社会。所以，资本主义社会特别创造了其特殊的道德规范体系，并将它们同资本主义社会的特殊的政治技术联系在一起。在这方面，性论述扮演了特别的角色。福柯在 1967 年同意大利记者卡鲁索（P.Caruso）的对话中，强调资本主义社会中政治同道德的一致性以及性论述在其道德中的主要地位。③ 福柯指出："在政治方面，实际上我认为，从今以后，道德是完完全

---

① See Foucault, *Dits et écrits.IV.*Paris：Gallimard.1994：552–553.

② See Ibid.；553.

③ See Foucault, *Dits et écrits.I.*Paris：Gallimard.1994：616.

全地被整合到政治中去;道德可以被归结为政治本身,也就是说,道德等于政治。"①

如前所述,资产阶级的政治,对人口、居民以及个人的生命的统治是非常重视的。正是为了实现对居民和个人的整体性和个体性的双重统治,现代资本主义政治才怂恿和传播关于性的科学论述和道德论述,使之成为其政治技术的最重要组成部分。资本主义社会的性道德,不同于中世纪的道德的地方,就是它与性的科学论述紧密地相结合,也因此使资产阶级的性道德论述,涂上浓厚的科学理性的色彩。

一般来说,基督教在性的方面的道德论述,主要表现为三大基本内容。第一,基督教的性道德论述,强调一夫一妻制的神圣性。第二,基督教的性道德论述强调:一切性行为,只能为了一个目的,这就是生产。也就是说,基督教道德只允许人们为生孩子而发生性关系。第三,一切为寻求肉体快感的性行为,都是犯罪和堕落的诱因。因此,基督教是从否定和消极的角度谈论性快感。

崇奉理性的资产阶级道德,为了实现对居民和个人的控制,往往同"科学"的医学、生理学、解剖学、卫生学和生物学的论述相结合,进行更为灵活和多样的教育和引导方式。福柯认为,在性的方面的现代道德论述,同科学的性论述紧密地结合在一起,成为现代生命政治的不可分割的组成部分。

四、政治与法律

在福柯的理论体系中,法律的性质及其社会功能,是不能脱离它们同权力运作的复杂关系的。在 1976 年的法兰西学院的讲稿中,福柯指出:他在 1970—1971 年之间,主要是探讨权力"怎样"运作的问题。研究权力"怎样"运作,就是试图在权力的两大极限,即法律和真理之间,把握权力的运作机制:一方面,法律的法规严格地限制了权力;另一方面,权力所生

---

① Foucault, *Dits et écrits. I.* Paris: Gallimard. 1994: 616.

产出来、并反过来引导权力的真理,也成为权力的另一个边界。因此,很显然,在社会的运作过程中,存在着"一个由权力、法律和真理构成的三角形"(triangle de pouvoir-droit-vérité)。①

在西方社会中,探讨任何一个重要的社会问题,都不能脱离同权力和真理的相互关系;对于法律问题来说,它同权力和真理的关系就更加重要,这是因为近代西方社会是一个法制社会,而且,现代知识也成为整个社会所崇奉的论述体系。在这种情况下,法律、权力和真理构成了整个社会得以稳定正常运作的三大支柱。

在上述三角形结构的框架内,探讨法律的性质及其运作机制,不只是意味着要深入分析法律同权力和真理之间的相反相成的双重关系,而且,还意味着要同时分析权力和真理之间的相反相成的双重相互关系及其对于法律的影响。这就是说,在上述三角形结构中的任何一项,不只是法律,而且,包括权力和真理在内,都不能单独孤立地存在和运作;三角形中的任何一项,都必须在同其他两项因素的相互关系中存在和运作。对于它们的考察,也是如此。所以,福柯说:"为了简单的指出权力、法律和真理之间的关系的紧密程度和稳定性,而不仅仅是它们之间的相互关系机制,应当承认这样的事实:权力迫使我们生产真理,而权力又为了它的运转,急需知识真理;……从另一方面讲,我们同样地也不得不服从真理,在这个意义上,真理制定法律;至少在某一个方面,是真理话语对于法律的制定,起着决定性的作用;真理自身传播和推进权力的效力。总之,根据拥有权力的特殊效力的真理话语,我们被判决,被处罚,被归类,被迫去完成某些任务,把自己献给某种生活方式或某种死亡方式。这样一来,就产生法律规则、权力机制、真理效力。"②

福柯是在探讨知识考古学和权力系谱学的情况下提出权力、法律和真理的三角形结构的。从知识考古学和权力系谱学的角度来看,首先值得深入研究的问题,就是:"究竟是什么样的法律规则,促使权力能够为

---

① Foucault, *Dits et écrits. III.* Paris: Gallimard. 1994: 175-189.

② See Ibid. : 175-179.

生产真理论述而运作起来。"①这就表明,在福柯看来,关于法律的性质及其重要性,是在探索权力与知识真理论述的相互关系的情况下显示出来的。在福柯看来,在权力和知识真理之间,法律扮演了非常关键的角色;权力在其运作中,之所以能够同知识论述的生产和再生产紧密地结合起来,就是靠法律的力量。权力必须诉诸法律,才能约束、并引导知识真理的生产和再生产,使知识论述的生产和再生产,有利于权力的运作和再分配。同样的,知识真理论述之所以有助于权力的正常运作及其正当化(légitimation),就是靠法律本身的强制性力量。所以,法律同权力的紧密关系,成为了权力生产知识论述、并使知识论述反过来影响权力的一个关键。

但是,法律、权力、真理之间的相互关系,并不是抽象的。三者的相互关系的具体性和复杂性,首先就体现在其中任何两项之间相互关系的中介性和反思性(réflexivité):其中任何两项之间的相互关系,都要通过第三项的介入来维持和运作。因此,权力与法律的相互关系的中介性和反思性,就体现在它们同知识真理论述之间的双重关系;也就是说,权力同知识真理论述之间的相互关系,是靠法律作为其中介因素而维持和巩固下来。如前所述,知识真理论述是当代西方社会中贯穿一切社会关系网络的最重要轴心力量。因此,法律和权力,都必须以知识真理论述作为其中介因素,并通过它们同知识真理论述的复杂关系而运作。

为了弄清上述问题,必须首先了解福柯是如何看待法律的。如同他研究权力一样,福柯不打算对法律作出明确的一般性定义。他不是首先探讨"什么是法律",而是更多地从法律在社会生活中的实际运作状况及其贯彻程序,探讨法律的性质。他认为,要揭示法律的性质,不能停留在它的语词论述上,不能单纯分析它的法规条文,而是更应该集中分析它的执行程序和策略,更重点地研究它在典型的实际判例和审判过程中的具体表现。福柯在其多处论述中均一再强调:现代社会以法律和宪法条文装饰一切,强调现代权力和法律以及真理之间的相互渗透和勾结。通过

---

①　Foucault, *Dits et écrits. III*. Paris: Gallimard. 1994:175.

知识真理论证法律的正当性,并以真理的面目表现出来,用真理论述形式显示法律的真理性,是当代社会一切法律的显著特征。但所有这一切,都还只是表面的现象。更重要的是,必须将现代法律置于其现实的运作中加以分析;同时,还必须将法律放在它同整个社会的实际关系中去考察,不能满足于了解中央政权和中心地区的法律结构及其运作状况,而是更应该注意边沿地区和外省的法律结构及其运作状况,因为只有在那些边沿地区,才能充分表现出现代法制的虚伪性和不合理性,才能发现权力滥用的腐败状态,才能看到法律屈从于权力的真正面目。

当谈到现代社会的性质时,福柯说:"主权和规训,主权的法治和规训化的机制,是我们社会中,政权的基本运作机制的两项绝对的构成因素(souveraineté et discipline, droit de la souveraineté et mécanique disciplinaire sont deux pièces absolument constitutives des mécanismes généraux de pouvoir dans notre société)。"①这就是说,现代社会虽然声称自己是法制社会,但在实际运作中,它并不是单纯地依靠法制,而是千方百计地试图在法制之外,借助于规训(discipline)的实际效力,使权力直接地控制社会的各个领域。现代社会是靠法制与规训进行双重统治的社会。所以,就现代社会的实际状况而言,不能对它的法制系统寄予太大的希望,更不能将其法制体系理想化和神圣化。福柯明确地指出:现代社会实际上是法制与规训同时并重、双管齐下的社会;而在大多数情况下,规训的运作和干预,往往多于法制的运作。从福柯所调查的结果来看,现代法制社会在其发展过程中,有越来越违法的倾向,越来越在法制之外,诉诸各种规范和规训策略,去直接控制和宰制社会生活。正如本书在前面许多地方所已经指出的,近现代资产阶级在建构其法制社会时,仍然免不了要在一定程度上继承中世纪封建社会的基督教规训模式,并依据当代社会严格控制个人的需要,将权力的基督教运作模式(modalité pastoral du pouvoir)加以理性化和完善化。因此,现代法制社会实际上已经将法制同规训当成两项相互补充的统治手段,甚至在一定程度上,将规训列于优先地位。也就是说,

---

① Foucault, *Dits et écrits. III.* Paris: Gallimard. 1994: 189.

尽管法制在表面上仍然约束规训,但法制却要为规训的目的服务。在必要的时候,依据具体状况,行政机构根据其实际的权力,可以在现有法律之外,可以跨越法律,直接地制定规训的规范(norme),使现代规训的规范和程序,在实际上远远地超出法制的范围,在实际生活中发挥比法制更大的效力。这样一来,规训本来是隶属于法制的。但现代社会对个人进行全面管制(contrôle général)和严格规训(discipline sévère)的迫切需要,促使对于个人的约束规范和规训,在法制体系之外膨胀起来。在某种意义上说,规范和规训,越来越占据高于法制的决定性地位。要理解这一现象,首先必须从现代政府行政部门滥用权力的现象入手。

因此,福柯在分析当代法律的性质时,首先不是从法律的书面条文及其体系,而是从现代政府行政机构及其官员的滥用权力现象出发,从法律屈从于权力的角度进行揭露。在这方面,中央政权机构往往采取更加狡猾、隐蔽和曲折的复杂方式;离中央越远的地区和部门,越露骨地显示出来。为此,福柯建议从当代社会的非中心地区入手,详细探索非中心地区(边缘省份和地方机构)的权力运作及其法制结构,调查它们贯彻法制的实际状况,实际了解那里的规训系统及其运作策略。通过非中央地区各政府部门滥用权力的腐败状况,可以进一步揭露当代社会法律的具体性质。

福柯尤其调查了监狱系统的法制和管理制度,了解那里的法制贯彻的具体状况,以便揭露现代行政和司法机构的腐败及其实际的违法程度。[①]

实际上,福柯认为,"过去君主专制绝对的、戏剧性的、阴暗的权力,能够置人于死地,而现在,由于针对人口、针对着活着的人的生命权力,由于这个权力的新技术,出现了一种连续的、有学问的权力,它是'使人活'的权力。君主专制使人死,让人活;而现在出现了我所说的调节的权力,它相反,要使人活,让人死。"[②]如前所述,福柯尤其是在 20 世纪 70 年代

---

① See Foucault, *Surveiller et Punir. Naissance de la prison*. Paris: Gallimard, coll. "Bibliothèque des histoires". 1975.

② Foucault, *Il faut défendre la société*. Paris: Gallimard/Seuil. 1997.

之后反复强调,西方各国政府权力机构从 18 世纪开始,其权力运作机制发生了重大变化,主要是指近代国家权力一方面对个体和个人的身体实行惩戒、监视、规训,另一方面对整个社会人口总体进行调节、协调、管制,以便达到社会整体的平衡运作。惩戒和调整两大机制系统虽然是不同的,但又是相互联结的。这种状况严重地影响了当代社会法律的实际性质,尤其深刻地揭示了当代社会法制的虚伪性。为了揭露现代社会滥用权力和违反法制的腐败状况,更全面地宰制个人和整个社会,福柯尤其强调现代社会在时空方面对于个人身体的控制的全方位性。福柯认为,现代监狱对人身的拘禁,并不只是为了实现对于人心的控制,而且,其重点正是实现对于个人身体的惩戒、管制和规训,并通过对于身体的惩戒过程,造就出一种"听话顺从的身体"(un corps docile),由此完成对于人的内心世界的控制和规训。所以,现代社会不但没有消除对于人身的惩戒和管训,而且还由于生命权力的诞生和扩大,由于现代法制和规训规范的相互结合,对于人的身体和精神心态,实现了比以往任何社会更有效得多的双重惩戒和控制。

由此可见,现代规训社会的产生不但没有以管制取代法律,反而进一步使法律在社会生活的各个表面领域无限地扩张,为管制和规训之横行铺路。如果认为福柯由于强调管制而否认现代社会法律的存在及其泛滥,那是绝对错误的。

总而言之,管训不同于法律,但管训离不开法律,也离不开法律的正当化,离不开法律作为真理论述的依据所发挥的实际效力。现代社会固然强化了对于个人身心和整个社会的管训,但丝毫没有贬低或削弱法律的倾向。福柯所批判的,正是法律掩护下的管训机制与技术的不断膨胀。

福柯并没有忽视对于现代社会宪法(la constitution)和法律(droit)的研究。在他的知识考古学、道德系谱学与权力系谱学的研究中,福柯不断地指出当代国家权力机构制度化、法制化和真理科学化的过程及其特征,同时也揭露当代国家本身时刻滥用权力,不断违法,逾越法规,甚至践踏宪法的特征。福柯认为,西方当代社会法制化、滥用权力和时刻违法的普遍现象,正是当代社会一体两面的特征,具有明显的悖论性;而这种悖论性也正是西方所谓合理和科学的法治的悖论性本身。福柯说："当我们说西方社会中主权问题是法治问题的中心时,意指的是,论述和法的技术是为了在政权内部解决统治的问题而运作的。换句话说,论述和法的技术的运作,都是为了在这种统治所在的地方,化约或掩饰两大因素:一方面就是关于主权的正当化的权力,另一方面就是关于服从法律方面的义务。因此整个法治体系,归根结底,就是为了排除由第三者进行统治的事实及其各种后果。正因为如此,在西方社会中,法治体系和法律审判场域,始终是统治关系和多种形式的臣服计谋的永恒传动装置。"①

福柯一贯主张具体地研究和批判当代社会的法律体系及其与权力和知识真理之间的关系。所以,他紧紧抓住监狱制度作为典型,深入批判当代法制与权力和知识真理的关系。

值得指出的是,福柯即使是在集中探讨刑法及监狱问题的时候,也没忘记揭露当代社会法制体系、宪法、各种具体法规的性质及其具体操作程序的诡异性。福柯在 1984 年的一次对话中,反复纠正对于他研究监狱及刑法问题的各种误解。当他谈到《监视与惩罚》一书时,福柯说:"首先,在这本讨论监狱的书中,我显然不愿意提出有关刑法的基础问题。……我把有关刑法基础的问题放在一边不管,正是为了凸显在我看来经常被历史学家所忽略的那些问题,这也就是有关惩罚的手段以及它们的合理性问题。但这并不是说惩罚的基础问题不重要。"②对于法律和法治的问题,福柯一贯透过其与权力、知识和道德之间的复杂关系进行探讨。同时,他也非常重视作为现代性核心问题的法治和政治合理性的问题。他指出:"我们现代的合理性的主要特征,并不是国家的宪法,并不是这个作为最冷酷的、无情无义的魔鬼的宪法,也不是资产阶级个人主义的飞跃发展。……我们的政治合理性的主要特征,在我看来,就是这样的事实:所有的个人,都被整合到一个共同体或一个总体性的结果,导致永远被推动的个体化同这个总体性之间的持续的相互关联。由此观点看来,我们

---

① Foucault, *Dits et écrits. III*. Paris: Gallimard. 1994: 177-178.

② Foucault, *Dits et écrits. IV*. Paris: Gallimard. 1994: 641.

才可以理解为什么权力与秩序的二律背反能够容许现代政治的合理性。"①

如前所述,现代社会从 18 世纪末 19 世纪初开始,就进入一种新型的规训社会(la société displinaire)。这个规训社会在法律方面的特点,就是明显地呈现出悖论和矛盾的现象:它一方面实行司法改革(la réforme judiciaire),另一方面又进行刑法制度的改革,而两者之间,却往往脱节和相互矛盾。② 西方不同的国家在这方面的矛盾状况,并不是完全一样的。但总的来讲,司法改革同刑法的改革是不相适应和不协调的。

根据 18 世纪的法学家,例如意大利的巴加里亚(Cesare Bonesana Beccaria,1738 - 1794)、英国的边沁和法国的布里索(Jacques Pierre Brissot,1754-1793)等人的看法,犯罪完全不同于犯错误。犯错误只是违反道德、宗教和自然规则,而犯罪或违反刑法,则是违反社会契约以及由政府所规定的法制。犯罪是一种有害于社会的事;罪犯是整个社会的敌人。卢梭还曾经认为,罪犯就是破坏社会契约的人,他们是社会的内在的敌人。由于各种罪行都有害于社会,法制就必须制定一整套刑法,以便惩罚罪犯,将罪犯当做敌人,使之从社会中排除出去和隔离开来,或者将他们处以死刑,或者将他们流放出去,远离社会,或者把他们集中禁闭于特定的监狱和改造机构,剥夺他们的正常的肉体和精神生活的权利,使他们在身体、精神等各个方面都过着完全不同于正常社会的生活,并以强迫劳动的方式,尽可能弥补他们的罪行所造成的损失。所有的刑法,在制定的时候,并不只是为了监督和宰制所有个人在实际上的所作所为,而且,更重要的是还要进一步监督和宰制所有个人的可能作为。把所有个人的可能作为,全部纳入被监督和被宰制的范围内,就意味着不仅要监督所有个人实际做的一切事情,而且也要监督一切没有做但有可能做出的事情。这就使刑法和法制所控制的范围,从个人的实际的、现存的、过去的行为,进一步扩大到未来的、可能的事情。

---

① Foucault, *Dits et écrits.IV.* Paris:Gallimard.1994:827.

② See Foucault, *Dits et écrits.II.* Paris:Gallimard.1994:589.

所以,只能在政府法律规定的范围内,界定犯罪的性质及其被惩罚的程度。也就是说,制定法制及刑法,是为了巩固政府所统治的社会秩序;在法制、法律存在以前或以外,讨论犯罪的性质是没有意义的。刑法只能从它有利于社会的角度去理解。①

所以,福柯认为,所谓法律,就是一整套的法治体系,而所谓秩序无非就是一种行政管理系统,特别是国家所维持的管理体系。他严厉批判自18世纪以来资产阶级政治家和法学家试图协调法律与秩序的各种努力,并把这种努力归结为一种不可实现的虚幻梦想。他坚定地认为,法律与秩序的结合只能导致法律体系整合到国家秩序中去的结果。②

福柯总是把法律看做是整个社会权力机制建构的一个零件。他说,统治权和惩戒,统治权的法律、立法和惩戒机器,完全是我们社会中整体权力机制建构的两个零件。③ 所谓法律,永远都是统治权的法律,因为一切法律如果不停留在它们的口头或书面的论述上,而是考虑到它们的实行及其各种具体程序的话,归根结底,都是为了维持和巩固一定的统治秩序。福柯认为,通常的法律理论,只是从个人与社会的相互关系,强调一切法律基本上都具有个人自愿默认的契约性质。福柯的法律理论,在批判上述传统法律理论时,并不否认法律除了为建构统治权服务以外,还承担起协调整个社会以及协调个人间关系的功能。

有关宪法(la constitution)的问题,福柯的观点凸显了三个方面的特征。第一,他把宪法归结为一种法律上最高层次的论述体系,因此,必须把重点放在建构这个论述体系的具体策略之上,集中探讨建构宪法这个论述体系时所彰显的各种力量斗争的复杂关系。因此他认为宪法在实质上不属于法律的范畴,而是更属于力量的范畴;不属于书写的范畴,而更是属于平衡的和协调的范畴。第二,作为整个社会各种社会力量权力斗争的一个权衡总机制,宪法所能表现出来的内容和形式,只能是抽象的和冠冕堂皇的。在这个意义上说,任何宪法都只能是自由民主的最一般甚

---

① See Foucault, *Dits et écrits. II*. Paris: Gallimard. 1994: 589-590.

② See Ibid.: 827-828.

③ See Ibid.: 179.

至是空洞的保证。第三,正如对于权力机制的分析必须从中央转向边缘地区和基层单位的毛细血管网络一样,任何对于法治体系的分析,也应该从宪法转向地区化、边缘化、专业化和具体化的法规条文及其实施程序的研究,因为正是在这些具体而处于边缘地区的法规及其实行的细微程序中,才显现出宪法、法律体系与权力的腐败性和无效性。

正如以上反复强调的,福柯强调规训的程序和技术(des procédures et des techniques de la discipline),同时也指出现代法律功能的科学化、专业化、理性化与现实化。所以,福柯说,与其赋予法律以权力表现的特权,不如对它实施的各种限制技术(les techniques de la limitation)进行定位。在这个意义上说,福柯对于监狱和惩戒的深入研究,不是削弱或忽视法律;而是相反,是为了更深刻地揭示当代社会法律的特征。

如同在创作中主张逾越(transgression)和置法规于不顾(négliger la loi)一样,福柯对于现代法制和法规,基本上是采取忽视和蔑视的态度的。资本主义社会的法制既然具有上述两面性和悖论性,对于福柯来说,就只能对之采取双重的态度:既在必要的时候遵守它,又要有勇气逾越和蔑视它。①

对于福柯来说,任何时候和任何社会,都不可能实现绝对的正义,"因为一种正义始终都必须对其自身进行自我批判,就好像一个社会必须靠它对其自身和对其制度进行不停地批判一样"②。

第四节　德里达政治哲学的典范论述

一、"解构"的政治意义

德里达几乎同福柯生活和研究在同一时代。但他在思想形成和发展

---

①　See Foucault,*Dits et écrits.I*.Paris:Gallimard.1994:525-534;536-538.

②　Foucault,*Dits et écrits.IV*.Paris:Gallimard.1994:524.

方面,确实也比福柯成熟得比较晚。德里达自己曾经坦率地说,他从福柯那里受惠很多。[①] 他只比福柯年轻四岁,他和福柯一样,同在巴黎高等师范学院学习和成长,受到同一时期法国重要的思想家的影响,其中包括萨特、阿尔杜塞、依波利特和罗兰·巴特等人。在谈到他同阿尔杜塞的关系时,德里达说,他同阿尔杜塞的关系,既是亲近的,又是遥远的;既有联系,又没有关系。[②] 总的说来,德里达一直对阿尔杜塞怀有深厚的感情,因此,在阿尔杜塞去世三年之后,德里达决定写《马克思的幽灵》,作为对阿尔杜塞的纪念,也作为对阿尔杜塞所追求的事业的肯定。[③]

因此,德里达和福柯在许多方面有相似之处,例如他们都一样深受现象学和尼采哲学以及结构主义的影响,他们都把矛头指向传统文化及其基本原则;他们俩也都对于语言论述问题深感兴趣。正因为这样,吕克·费里(Luc Ferry)和阿兰·雷诺(Alain Renaut)曾经把德里达和福柯等人归入"法国的海德格尔式的尼采主义者"[④]。但是,他们的思想方法及风格完全不同,探讨的重点也不一样。德里达更对于人文思想、哲学和文学艺术感兴趣,他更关心西方文化的核心问题;而福柯则更多地研究社会科学的基本问题,对于当代社会的基本运作机制进行深入的分析,以他所独创的知识考古学、权力系谱学和道德系谱学以及"关于自身的历史本体论",对于现代社会的制度、规范、法制和权力机制给予无情的揭露。

德里达的思想风格所显示的特殊性,是他本人的亲身生活经历以及他的心路历程的集中反映。他很早就开始进入哲学和文学。他说,最早影响着他思想成长的人,包括纪德、尼采和瓦列里(Paul Valéry, 1871—1945)等人。纪德在1897年所写的《地粮》(Les Nourritures terrestres)给德里达极其深刻的印象,使他可以一字不漏地背诵它。他说,他像其他青年人一样,非常崇拜纪德这本书对于人的赞颂热忱。纪德以动人的文字,赞颂人的独立不羁的天性及其对于自由的追求。纪德在这本书中所宣扬的

---

① See Derrida, *Voyous*. Paris: Galilee. 2003: 18-20.

② See Ibid.: 169.

③ See Ibid.

④ Ferry, L. *Et Alain Renaut*, 1986.

放纵感觉、对抗道德和家庭约束的叛逆精神,尤其激荡着年轻的德里达。德里达宣称:纪德的这本书对他而言,简直就是一份宣言或《圣经》;它既是宗教的,又是新尼采主义的、感觉主义的、非道德主义的,甚至是"非常阿尔及利亚"的。德里达当时对于纪德的崇拜,使他几乎阅读了纪德的所有的书。正如德里达所说,纪德的那本《非道德论著》(*L'Immoraliste*)把德里达引导到尼采主义。

德里达在哲学方面的创造活动,从一开始就深深地受到在 20 世纪 40—50 年代风靡一时的现代存在哲学和现象学的影响。17—19 岁就读于阿尔及利亚阿尔及尔市高吉耶大学预科(Lycée Gauthier)时期开始,他就钻研柏格森、萨特、卡缪、齐克果和海德格尔的哲学著作。他说,他在中学的最后两年,阅读了柏格森和萨特的著作;他们的哲学论述奠定了德里达在哲学方面的基本功。

20—22 岁,他同一群来自阿尔及利亚的高才生,其中包括布迪厄、摩诺里(M.Monory)、诺拉(P.Nora)和谢尔(Michel Serres)等人,就读于巴黎路易大帝大学预科(Lycée Louis le Grand),准备报考巴黎高等师范学院。

在 20 世纪 50 年代,正当存在主义、新马克思主义、弗洛伊德主义、现象学、符号论、结构主义和拉康后弗洛伊德主义思潮活跃于法国论坛的时候,德里达顺利考上巴黎高等师范学院,成为阿尔杜塞的学生。阿尔杜塞对于他的思想发展给予了深刻的影响,主要是使他对一系列同结构主义、马克思主义、黑格尔主义和现象学相关的思想观点有新的认识。如前所述,阿尔杜塞是"结构主义的马克思主义者"。阿尔杜塞的重要贡献,在于总结和应用结构主义等当代法国和西方思想的研究成果,对于马克思思想中的各个重要理论和概念,进行必要的改造,使他成为当时渴望创新和突破传统的青年一代法国知识分子的良师益友。从此以后,在二十多年的学术生涯中,德里达始终都是阿尔杜塞的亲密朋友,尽管在许多重要观点上,他们之间的分歧越来越多。在巴黎师范学院期间,他也结识了福柯等新朋友,后来他们都成为后结构主义和后现代主义的思想支柱。

德里达对于现象学情有独钟。他在 1990 年正式出版的《胡塞尔哲学中有关"起源"的问题》(*Le problème de la genèse dans la philosophie de Hus-*

srel.Derrida,J.1990c），就是以他在1953—1954年进修于比利时卢汶大学胡塞尔档案馆时所写的研究笔记作为基础。当时，福柯也同他在一起研究胡塞尔，使他们之间有机会不断地共同讨论现象学问题。1954年，在哲学家甘狄亚克教授的指导下，德里达将他的这部研究笔记改写变为获取"高等研究文凭"的论文。在这篇论文中，德里达站在尼采的立场，揭露胡塞尔对传统文化以及语言结构的批判的不彻底性。

1956年获得高等院校哲学教师文凭资格之后，他到哈佛大学和剑桥大学进行短期研究，并开始翻译和批判胡塞尔的《几何学史》。在谈到他翻译这本书的动机时，德里达说，当时他所贯注的，是在文学、哲学和科学之间的写作空间。德里达始终都把自己当成非传统意义上的哲学家、文学家、艺术家和科学史家。他所思考的，绝不仅仅是严格意义上的哲学、文学或艺术问题，而是偏重于文学自由创作的、带有浓厚哲学味的艺术和建筑的设计活动。从这里也可以再一次看到德里达的尼采式的独特写作风格及其不拘形式的思想作风。

在英美期间，他大量阅读爱尔兰和英美现代派作家乔易斯（James Joyce,1882—1941）等人的文学作品，使他有机会将乔易斯等人的后现代文学写作风格，同法国波德莱尔以来的现代主义和后现代主义，特别是同马拉美、布朗索和巴岱的文学语言解构创作活动相比较，为德里达后期有关文本和语音中心主义的解构理论创作做了准备。

德里达对于乔易斯的《死者》的杰出笔调和深刻思想给予很高的评价。德里达认为，在乔易斯的这部堪称世界最优秀的短篇小说中，体现了作者对于"人"及其思想灵魂深处世界有极其深刻的了解。人的思想并不是任何语言文字都可以正确表达出来的；再好的写作技巧和文笔，都无法完全正确描述思想的历程和创造的曲折活动。乔易斯的成功之处就在于巧妙地使用隐喻和文字游戏，以曲折的象征和隐喻，以其独特的文风和风格，衬托出人的心灵深处最隐讳和最复杂的情感。德里达还对乔易斯发表于1916年的半自传性小说《青年艺术家的肖像》一书非常赞赏，认为乔易斯在其中所描绘的小说主人公斯狄凡·德迪勒斯心理世界，是非常贴切的。乔易斯在1922年所发表的《尤利西斯》（*Ulysses*）更是德里达的最爱,因为这部小说首次成功地采用"意识流"写作手法,令人触目惊心。乔易斯在整部小说中,记述了广告经纪人布鲁姆在1904年6月16日一整天的活动,淋漓尽致地描写了布鲁姆及他的妻子莫莉、儿子斯狄芬·达德路斯三位主要人物的潜意识活动,从他们的潜意识活动中,曲折地和象征性地表现了他们的全部个人历史、精神生活和内心世界。全书以象征、比喻、暗喻、换喻及借喻等委婉而又生动的笔法,显示了人及其社会生活的高度复杂性和象征性。乔易斯已经在这部小说中揭示了语言文字的很大局限性。他在这部小说中,采用隐晦的表达方式,在许多地方甚至不采用正常的标点符号,正是表明语言文字规则对于作者自由表达创造活动的极大限制。而乔易斯最后写成的著名小说《为芬尼根守灵》,更采用了多层次结构和多样风格相互更替和交错的高明手法,体现了作者创造中的细腻、熟练、机智和灵活的风格。德里达从乔易斯那里所获得的启示,后来成为了他的解构主义思想发展的重要起点。

1957—1959年德里达应征入伍,被派往阿尔及利亚参加正在残酷进行的侵略战争。但他并未直接参与战争,而只是以教师身份为军人子弟教授法语。他的左倾的革命情绪同战争格格不入,使他在20世纪50年代末犯了严重的精神抑郁症。他同当时兴起于整个法国的反战青年运动有密切的联系,这也成为他此后长期批判传统社会文化的一个重要社会历史基础。

从1960年到1964年,德里达任教于巴黎大学哲学系。1965—1984年返母校巴黎高等师范学院任教。德里达任教期间,并没有受到上级和同人的重视,以至于他在巴黎大学和高等师范学院一直没能获得教授正式职务,始终都是"高级讲师"而已。

传统形上学的二元对立思维模式,首先集中表现在它的意义理论中。所谓意义,按照传统形上学的原则,就是语音所标示的思想观念内容,也就是思想观念所标示的客观对象。因此,德里达在1962年完成和发表的《胡塞尔论几何学的起源》法文译本及其导言,就是在纠正和评论胡塞尔现象学意义理论的过程中,完成对传统形上学二元对立模式的批判。①

德里达不仅在哲学领域,而且也在文学和艺术领域不断探索批判传统和创新的可能性。从 20 世纪 60 年代到 80 年代,德里达在从事哲学创作的同时,积极参与各种文学艺术的创作和评论,同法国国内外著名的结构主义和解构主义的作家和艺术家们积极深入讨论有关文本和文学艺术创作的问题,使他成为 70 年代后后现代主义文化理论的主要思想家。

1966 年他受旅美的法国社会人类学家勒耐·杰拉特(René Girard, 1923—　)的邀请,到美国巴尔迪摩市约翰·霍布金斯大学参加学术研讨会,同保尔·德·曼、拉康、罗兰·巴特、依波利特和哥德曼等人相遇。德里达此次访美,奠定了此后他在国际学术界的重要地位。如果说他在国际上更早地比在法国国内成名的话,那么,他在美国的此次学术访问,就是打响他在国际学术界的知名度的真正起点。

1967 年是德里达解构主义理论创作的大丰收年。这一年,他在法国哲学会举办的学术报告会上,发表了《论延异》("La différance")的著名论文。同时,他又发表三本重要著作:《论文本学》(*De la Grammatologie.* Derrida, J. 1967c)、《书写和延异》(*L'Ecriture et la Différance.* Derrida, J. 1967a)以及《语音和现象:胡塞尔现象学中有关信号问题的导论》(*La voix et le phénomène: Introduction au problème du signe dans la phénoménologie de Husserl.* Derrida, J. 1967b)。他对胡塞尔现象学的批判,成为他继承并超越现象学对传统形上学的批判的出发点。

1983 年他受密特朗总统的委托筹备巴黎国际哲学研究院(Le collège international de philosophie),并担任该院第一任院长,同时在巴黎高等社会科学研究院(Ecole des hautes études en sciences sociales)兼任教职。

从 20 世纪 70 年代到 90 年代,德里达发表大量著作,不断批判西方传统语音中心主义和逻辑中心主义,彻底颠覆传统形上学和传统文化的基本原则,同时也对文学艺术和社会政治的各个领域的重大问题进行研究和批判,使他成为 20 世纪末最有影响的思想家之一。他的主要著作包

---

① See Derrida, J. 1962.

括:《散播》(*La dissémination.* Derrida, J. 1972a)、《论哲学的边缘》(*Marges-de la philosophie.* Derrida, J. 1972b)、《立场》(*Positions.* Derrida, J. 1972c)、《无意义论述的考古学:孔狄亚克著作读后》(*L'Archeologie du frivole. Lire Condillac.* Derrida, J. 1973)、《丧钟》(*Glas.* Derrida, J. 1974)、《马刺:尼采的文风》(*Eperons. Les styles de Nietzsche.* Derrida, J. 1978a)、《绘图中的真理》(*La vérité en peinture.* Derrida, J. 1978b)、《明信片:从苏格拉底到弗洛伊德以及到彼岸》(*La carte postale. De Socrate à Freud et au-delà.* Derrida, J. 1980)、《他人的耳朵》(*L'Oreille de l'autre.* Derrida, J. 1982)、《哲学中从未采纳的启示录语气》(*D'un ton apocalyptique adopté naguère en philosophie.* Derrida, J. 1983a)、《签署彭日》(*Signéponge/Signsponge.* Derrida, J. 1983b)、《自传:尼采哲学的教学和关于专有名词的政治》(*Otobiographies. L'enseignement de Nietzsche et la politique du nom propre.* Derrida, J. 1984)、《观看权的阅读》(*Lecture de Droit de regards.* Derrida, J. 1985)、《使画面疯狂:论安东尼·阿尔托的绘画和图像》(*Forcener le subjectile. Étude pour les Dessins et Portraits d'Antonin Artaud.* Derrida, J. 1986a)、《回忆保尔·德·曼》(*Memoires-for Paul de Man.* Derrida, J. 1986b)、《海域》(*Parages.* Derrida, J. 1986c)、《论精神:海德格尔和有关精神的问题》(*De l'esprit. Heidegger et la question.* Derrida, J. 1987a)、《心灵:他人的发明》(*Psyche. Inventions de l'autre.* Derrida, J. 1987b)、《关于乔易斯的三言两语》(*Ulysse gramophone. Deux mots pour Joyce.* Derrida, J. 1987c)、《有限公司》(*Limited Inc.* Derrida, J. 1988)、《论哲学的权力》(*Du droit à la philosophie.* Derrida, J. 1990a)、《盲目的记忆:自画像及其他遗迹》(*Mémoires d'aveugle. L'autoportrait et autres ruines.* Derrida, J. 1990b)、《胡塞尔哲学中有关"起源"的问题》(*Le probléme de la genèse dans la philosophie de Husserl.* Derrida, J. 1990c)、《海德格尔和有关精神的问题》(*Heidegger et la question.* Derrida, J. 1990d)、《合唱作品》(*Choral Work.* Derrida, J. 1991a)、《文学活动》(*Acts of Literature.* Derrida, J. 1991b)、《关于当代欧洲的反思》(*The Other Heading : Reflections on Today's Europe.* Derrida, J. 1992)、《马克思的幽灵》(*Spectres de Marx.* Derrida, J. 1993)、《难题》(*Aporias.* Derrida, J/1994a)、《特

定时刻：伪币》(*Given Time*：*I. Counterfiet Money*. Derrida，J.1994b)、《观点：
访问录》(*Points*：*Interviews*. Derrida，J.1995a)、《死亡的礼物》(*The Gift of
Death*. Derrida，J.1995b)、《论名》(*On the Name*. Derrida，J.1995c)、《档案
热》(*Archive Fever*：*A Freudian Impression*. Derrida，J.1996)、《解构的责任》
(*Responsabilities of Deconstruction*. Derrida，J. 1997a)、《友谊政治》(*The
Politics of Frienship*. Derria，J. 1997b)、《德里达选读：书写表演游戏》
(*Derrida Reader*：*Writing Performances*. Derrida，J.1998a)、《精神分析学的抗
拒》(*Resistances of Psychoanalysis*. Derrida，J.1998b)、《监督的权利》(*Rights
of Inspection*. Derrida，J.1998c)、《他者的单语主义：或起源的修补术》(英
文版)(*Monolingualism of the Other*：*or The Prosthesis of Origin*. Derrida，J.
1998d)、《激情》(*Passions*. Derrida，J.1999a)、《名字除外》(*Sauf le nom*.
Derrida，J.1999b)、《赐死》(*Donner la mort*. Derrida，J.1999c)、《触动》(*Le
toucher*，*avec Jean-Luc Nancy*，2000a)、《拍摄语词》(*Tourner les mots*，*au bord
d'un film*，2000b)、《精神分析的心灵状态》(*État d'âme de la psychanalyse*：
l'impossible au delà d'une souveraine cruauté，2000c)、《哀悼作品》(*The work
of Mourning*，2001a)、《纸张机器：打字机丝带及其他答复》(*Papier
machine*：*le ruban de machine à écrire et autres réponses*，2001b)、《明天将是
什么……：与鲁狄内斯柯的对话》(*De quoi demain…*：*Dialogue avec
Elisabeth Roudinesco*，2001c)及其他。

德里达上述各种著作，都贯穿了在阅读中解构和再创作的原则。他
的任何一部作品几乎都是在阅读文本基础上而进行的诠释性解构的产
物。如前所述，德里达自己声称是一位永远流浪的"无家可归"的思想
家。这种自嘲性并富有游戏幽默感的自我分析，如同我们所看到的福柯
那样，是为了一方面以身作则地在一生创作活动中无止境地对传统文化
进行批判，同时又避免使自己陷入传统式的"自我界定"的框框。对于德
里达和福柯来说，要实现自由创作就不可能有限定性，更不应该进行自我
界定。因此，到处流浪和永远流动就是为了寻求不受任何限制的思想自
由。但是，德里达不同于福柯的地方，就在于借助于阅读文本而在文本的
穿梭中进行自由创造。德里达不仅靠阅读自古希腊以来的所有传统文本

进行创造性的再诠释,而且也不停地对同时代的其他思想家的作品进行解构而实现自我超越。

所以,他的上述作品,基本上可以分为两大类,其中第一类是在阅读自古希腊以来的古典文本基础上所完成的解构式创作,第二类是在阅读和欣赏同时代其他思想家和文化人的文本或文化产品(包括书写文本及戏剧、诗歌、绘画、电影和建筑设计作品等)基础上所阐发的创作思想。他所阅读的古典文本包括古希腊赫拉克利特(Herakleitos,544–483 B. C.)、德谟克利特(Democritus of Abdera,460–370 B.C.)、巴门尼德(Parmenides,544–450 B.C.)、苏格拉底、柏拉图、托马斯·阿奎那、卢梭、波德莱尔、马拉美、瓦勒利、布朗索、马克思、尼采以及索绪尔等人,而他所阅读的 20 世纪主要思想家和文学艺术家的作品,包括胡塞尔、海德格尔、叶慈(William Butler Yeats, 1865 – 1939)、艾略特(Thomas Stearns Eliot, 1888–1965)、庞德(Ezra Pound, 1885 – 1973)、阿波里奈、彭日(Francis Ponge,1899–1988)、乔治·巴岱以及阿尔托等人。

他在阅读中的解构活动,针对上述两大类作品,采取了多种多样的文字游戏消遣策略。第一种策略是针对传统古典文本,主要是揭露其语音中心主义和逻辑中心主义的二元对立思考和创作模式。第二种策略是针对现代性作品,一方面从中发现试图超越语音中心主义和逻辑中心主义的痕迹,同时对其局限性及其同传统原则的关系进行嘲讽和超越,并在超越中发挥解构的效果。第三种策略是针对书写文本的封闭结构,进行开放的文字创造游戏,一方面彻底打破语言文本的形式结构和意义结构,另一方面创造出提供自由创作所必需的新文字词句,并在新创作的文字词句中扩大其自由创作的维度。第四种策略是针对旧文本或作品的符号结构,解析传统符号结构受传统形上学约束的本质特征及其形式表现,寻找破坏和超越传统符号结构而达到实现符号无限差异化的途径。第五种策略是针对由类似符号的各种形象结构所表达和构成的作品,例如用绘画的图形,用电影表演和蒙太奇表现形式,以舞台对话和表演的戏剧形式,以各种图形拼凑或交替使用的形式,以及靠物质产品对比建构的建筑物,等等,进行类似对于书写文本的解读式创造活动,试图一方面揭露原有作品中各种"类符号"结合结构的局限性,另一方面找出书写文字以外的各种多元化"类符号"重组所可能提供的自由创作道路。第六种策略是将解构当成一种待继续开展差异化的差异化运动,使之成为一种延缓进行的、待"命名"的"延异"(la différance)过程。这是一种隐喻式的延异(une différance métaphorique),是一种所谓"已宣告自己的存在、却无法命名的事物。"①以德里达本人的话来说,"解构"如同女人生子的过程,它包括受孕、成形、怀胎以及最后的分娩,但仅止于胎儿尚未命名的那个时刻。这是一种刚出母体产道而又未被命名的胎儿降世时所发生的事件,既令人企盼,又引起惊惶。这一解构事件宣告解构本身就是产自文本母体、却又无法再还原其与母体的原初联系,必然地导致新生儿的新生命运动。

德里达一再地表示,他的"第一"兴趣是文学。1983 年接受《新观察》杂志记者卡德琳·大卫(Catherine David)的访问时说,他的第一愿望无疑并没有把他引向哲学,而是引向文学,引向"文学让出的空间"。所谓"文学让出的空间",指的是透过"惯用语式的写作"(écriture idomatique)的迂回手法,使自己写作出来的作品,不再成为旨在控制他人的作品。② 他强调,他的作品之所以经常采用新花样,例如,在《哲学的边缘》《明信片》等,同一页上会出现多栏、多音调的形式,就是为了不使自己的作品堕入传统著作那样的直线性、平面性和单质性的东西,可以避免使自己的作品不扮演"控制他人"的角色。他说,传统作品为了达到控制他人的目的,往往采用单一的和统一的形式。"一条直线上的一个单一的声音,一种连续的言语,这就是他们想要强加的东西。这个权力主义的规范,将会像一个无意识的情节,一种本体论的、神学政治的、技术性形上学的等级制度的阴谋,这正是需要解构分析的等级制度。"③

所以,德里达的解构生涯中所从事的创造活动,不但远远超出哲学和文学评论的范围,在打破学科界限的文化领域中进行多方面的解构游戏,而且也试图打破传统的写作方式和表达方式,打破语言和文字的范围,在

---

① Derrida,J.1967:428.

② See Derrida,J.1983c.

③ Ferry,L.Et Alain Renaut,1986.

语言文字以外的多种符号和"类符号"的重构中开辟自由创作的新途径。他的解构生涯的实践显示:为了彻底背离和破坏语音中心主义和逻辑中心主义,不仅有必要对传统和现有的一切话语论述和文本进行阅读中的解构,而且也试图在新的符号和类符号的游戏中,找到克服语音中心主义和逻辑中心主义的创作道路。

为此,德里达实行差异化运动游戏的基本策略,是对一切传统规则和文化产品进行"解构"(déconstruction)。首先,他认为必须透过人们常用的语言论述、话语和各种言说,穿越其中以声音和意义相互对立的"二元对立"形式,持续地揭示其背后未显示的"缺席"因素;特别要透过眼前静止的结构形式,发现和引导出被形式所扼杀的差异化生命运动过程。为此,德里达首先集中分析和揭示连接着现存各种关系网络的语言论述、话语和言说的静态二元对立结构。

对于德里达来说,语言和话语之中有政治,有玄机,有游戏,有生命的自我创造运动,尤其是存在文化和社会的生命运动。反过来,揭露语言论述、话语和言说的过程也是有政治,有策略和文化再生产的游戏。

其次,解构并不停留在对语言论述的颠覆和译码,而且还要越过语言的界限,对一切传统进行解构。

德里达认为,解构必须在文字所组成的文本中不断延续地进行。所以,就其创作风格而言,他是一位不断穿越文本,并在"文本间"(intertex-tuel)中到处"流浪",不断地在"重读"(re-lire)中对文本细火慢焙、汲取精神养料而重新进行自由创造的思想家。他以古往今来的著名著作的文本,作为其思想和创作的"田野",从中一再地得到启示和灵感,并扩大视野,在文本间进行横跨边界的、无止境的反思和创造,使他成为一位独具特色的当代著名思想家。对他来说,人文科学、哲学、美学、神学、艺术和自然科学之间,并无不可逾越的鸿沟;恰恰相反,由于它们之间原本都是各自独立的主体精神创造物,在其语言论述的文本结构中,无疑都隐含着涵盖层层象征意义的不确定结构,值得每一位读者反复端详体会和反思,以便从中挖掘"解构"和"重构"的无限潜能。

接着,德里达还强调:解构就是"发生的一切",或者就是作为"不可能"而发生的一切。① 德里达赋予"解构"以一切可能发生的或不可能发生的事物和过程。由此,德里达把尼采的造反精神贯彻到了极点。

德里达本人曾经多次谈论他所提出的"解构"的基本含义。如前所述,他的"解构"概念是对于海德格尔"解构"概念的超越,其目的是为了颠覆传统形上学。正因为这样,德里达特别强调:他所使用的"解构"是在特殊的使用环境中提出的;当时是在转译海德格尔的"摧毁"或"破坏"(Destruktion)时候提出的。德里达在 1986 年 5 月 22 日解答记者迪迪耶·加恩(Didier Cahen)的问题时指出:他所提出的"解构"是多少有点置换了海德格尔所用的 Destruktion 一词之后所作的积极转译;海德格尔在他的《存在与时间》中所指的"存在论的摧毁",并不是宣告存在论的取消,也不是对存在论的消灭,而是对传统形上学结构的分析。但是,这种分析并不仅仅是理论上的分析,而是同时又是"存在"和"意义"问题的另一种写作。正是在这个意义上说,解构又是写作和提出另一个文本的新方式。所以,"解构"并不是一个可以与"批判"同日而语的术语。"解构"从根本上说就是对于批判的解构。

在谈到建筑师贝尔纳特·朱米(Bernard Tshcumi)为巴黎科学文化城拉维列特(La Vilette)的设计时,德里达指出:"解构不是、也不应该是仅仅对话语、哲学陈述或概念以及语义学的分析,它必须向制度、向社会的和政治的结构,向最顽固的传统挑战。"德里达高度赞赏美国设计师艾森曼(Peter Eisenman)在其建筑设计中所贯彻的解构主义策略,肯定他在解构主义的建筑设计中对于统治者的政治、经济及文化政策的对抗和挑战。

这样的"解构",完全不同于黑格尔辩证法的"扬弃"(Aufhebung)。德里达并不否认在黑格尔的辩证法中包含着对传统形上学的否定性批判。正是在"扬弃"的概念中,显示出其意义的含糊性:它既意味着"揭示",也意味着"否定"。但是,黑格尔把同一性的原则当成比扬弃更重要和更根本的概念,而且,最后,黑格尔果真将扬弃窒息在他的同一性概念之下。所以,如果与黑格尔相反,不是力图将"扬弃"概念的含糊性加以

---

① See Derrida,*De quoi demain…:Dialogue avec Elisabeth Roudinesco*.Paris.2001:67.

"同一"或"综合"的话,那么,透过对于"扬弃"概念的解构,就可以引出颠覆整个黑格尔唯心辩证法体系的"延异"新概念,作为建构非概念的"解构"哲学的基础和出发点。透过对于黑格尔辩证法的批判,德里达认为,反思一种没有综合和没有"扬弃"的对立统一,是完全可能的;而这样一种排除综合和扬弃的"解构",就是一种"极端的含糊性"(ambivalence radicale),同样也是一种无法透过传统逻辑加以解决的"疑难"(aporie)。就是在这样的脉络中,德里达强调"解构"具有"疑难"的特征。他说:"这个特殊的'疑难',人们称之为'解构'"①。由此可见,德里达所说的"解构",其目标并不是要达到同一性,也不是追求明确性和清晰性,而是为了建构模糊的、无中心的非结构;因而,它在某种意义上说,就是一种很难实现的"疑难",或者,它简直就是一种无止境的冒险性探索。德里达以埃森曼的上述建筑设计为例,强调"解构"是一种冒险,又是最困难的事业,因为它既要同最顽固、最具抗拒性的政治的、文化的或经济的权力相妥协,又要同它们进行无休无息的较量和抗争;既要破坏旧的文化,又要建造新的复杂事物。

此外,作为一种含糊性的"非概念",解构同样也吸收了康德关于"美"的概念的含糊性。德里达发现,康德曾经认为"美"既是"无概念"、又"采用概念"(le beau comme étant à la fois *sans* concept et *avec* concept)②。康德曾经把"美"当成认识和道德实践的最高统一,又是对于它们的双重的超越。康德指出,在美的鉴赏活动中,人们所追求的美的对象,具有概念般的普遍性的品格,又超越一般概念,凸显美的唯一性、特殊性、不可取代性以及非功利性。在美中的概念与非概念的统一和超越,使美成为最崇高和最珍贵的事物;它既是确定的,又是非确定的;它是最含糊不清的,又是最独一无二和不可取代的。正是在这个意义上,解构可以同美相比拟。解构所隐含的美的魅力,使它的实行过程充满着特殊的快感和喜悦(plaisir)。解构所带来的快感甚至可以导致类似性高潮的那种

---

① Derrida, *Limited Inc.* Illinois: Northwestern University (Édition française en 1990, Paris: Galilée). 1988: 133.

② Derrida, *La vérité en peinture.* Paris: Flammarion. 1978: 87-88.

富有刺激性、快乐性和解脱性的特点。

总之，德里达用重建了的"解构"，表示一种颠覆二元对立概念的叛逆活动和基本策略，它把矛头直接指向传统理性中心主义和语音中心主义的基本思考模式，并同时包含着一系列非常困难的富有创造性的创举。德里达明确地指出："传统的'二元对立'之所以必须被颠覆，是因为它构成了迄今为止一切社会等级制和暴戾统治的理论基础。作为一种策略，'解构'在批判和摧毁'二元对立'的同时，又建构和实现原有的'二元对立'所不可能控制的某种新因素和新力量，造成彻底摆脱'二元对立'后进行无止境的自由游戏的新局面。"①

德里达所提出的"解构"（déconstruction）策略，在20世纪70年代后汹涌而起的后现代主义批判西方传统文化和思想的创造活动中，具有决定性的指导意义。此处特别强调"解构"仅仅是"策略"，而不是"理论"，也不是"方法"，更不是"概念"，是因为德里达的解构主义的基本精神，就是颠覆传统西方理论和各种方法论，同样也颠覆一切靠语言规则建构起来的逻辑体系，他不愿意将自己的解构活动当成"理论"或"方法"。他认为，"解构"是与正常的语言概念完全不同的表达策略，是一种实践活动，是具有不断自我创造精神的创作活动本身。他试图突出"解构"的实践性和运动性，强调它不受传统语言规则和逻辑体系的约束，重在显示它在思想和实际活动中的创造特性，它的超越一切约束的自由本质。"解构"的这一特点，自始至终都贯穿于德里达的思想创造活动中，也体现在他的一切作品中。只有从一开始就把握他的"解构"策略的这一重要特点，才有可能理解他所提出的各种问题，并同时把握他的著作的基本精神。

所有那些被排除和被界定为"反常"事物，是不可能透过正常的概念、观念或言辞表达出来的；它们也不可能透过有规则的象征结构表达出来；更不可能以同一性原则加以归类或稳定化。它们毋宁是一些不停地以变异策略而逃避同一原则的"自身"。

德里达对于西方传统思想的解构，并不仅限于理论上的批判，而且，

---

① Derrida, *De l'esprit. Heidegger et la question.* Paris：Galilée. 1987.

也始终同直接参与积极的社会抗议运动连成一体。从青年时代积极参与反对侵略阿尔及利亚战争的左派政治运动开始,无论在20世纪60年代激烈的学生和工人运动中,还是在80—90年代支持各种社会弱势集团和族群的斗争中,他都站在最前列,并同广大民众打成一片,甚至有时成为他们的代言人。他在理论著作中所表现的高度抽象的语言表达和高度严谨的逻辑思维的作风,丝毫都不妨碍他作为各个历史时代社会和政治运动的积极参与者的身份而活动。德里达始终认为对于传统文化的解构,如果要进行到底的话,就不应该步传统文化将理论与实践对立起来之后尘。德里达坦率地指出:"解构不是、也不应该是仅仅对话语、哲学陈述(énoncé philosophique)或概念以及语义学的分析,它必须向制度、向社会的和政治的结构,向最顽固的传统挑战。"①他在西方当代文化史上,开创了将理论与实践结合在一起、并以"游戏"形式将理论与实践之结合纳入无止境的自由创造活动中去的先例。

由于德里达始终坚持对于西方传统文化和思想的批判,使他越来越遭受到来自各个方面的抨击甚至是诋毁。1992年春天,英国剑桥大学决定授予德里达荣誉博士学位。在接着的几个月内,剑桥大学内外的英国学术界,甚至包括国际媒体,竟然掀起了反对的声浪,并引起了激烈的争论。一位叫做萨拉·里兹蒙(Sarah Richmond)的学者竟然污蔑德里达的思想"对年轻人是毒药";而德国《明镜》周刊竟然也以这位学者的上述诬告性言论作为标题。在这种情况下,剑桥大学不得不决定以投票的方式授予德里达荣誉博士学位。这不只是说明了德里达已经成为具争议性的学术人物,而且,更重要的是,他的思想和理论已经触怒一批传统思想的卫道士们,使他们再也不顾学术自由的原则,试图以权力和利益相威胁,赤裸裸地干预德里达的学术活动。但他们的鼓噪和污蔑,仍然以失败而告终。德里达为了捍卫学术自由和思想创造的自由,接受《剑桥评论》的访问,并为该杂志提出的问题,做了明确的回答(《剑桥评论》

---

① Derrida,"Entretiens avec Derrida, par Didier Cahen." In *Digraphe*, No.42, decembre 1987 Paris.1987.

1992 年 10 月号）。

由于苏联集团的垮台而兴起的对世界革命运动的反动,使德里达决心站出来,为他批判过的马克思及其思想辩护。他在《马克思的幽灵》一书中,声称要为一切被压迫的人说话,他要站在受迫害的人的一边,甚至要为被剥夺说话权利的动物说话,为她们(女人)、他们(男人)、它们(自然界)和牠们(动物)说话。德里达认为,由于当代科学技术的迅猛发展,不但一切人,而且连一切动物,也受到威胁。因此,他要呼吁消除死刑,反对一切克隆人和克隆动物的制造试验。"我认为,消除死刑是使博爱仁慈与正义共存的最重要的条件。"①死刑问题涉及政治和权力争斗,涉及人的尊严,涉及科学、历史、宗教和社会生活的基本性质。德里达回述了西方思想史和哲学史,他说他惊讶地发现:在欧洲这样大讲人权的文明中,竟然没有一位哲学家,反对过死刑。从柏拉图到黑格尔,从卢梭到康德,几乎都站在支持死刑的立场上。即使是在新黑格尔主义之后的"现代性"的文明史上,不管是波德莱尔,还是马克思,包括雨果等人,都对主张消除死刑的运动表示过怀疑。德里达甚至发现,连萨特、福柯这样具有叛逆性格的思想家,也没有明确地主张取消死刑。这就使德里达有理由认为:对死刑的如此持久的坚持态度,是西方形上学、神学和政治长期紧密结合的结果,也是西方种族中心主义的顽固性的一个例证。② 德里达指出:关于死刑的发明,彻底揭露了西方号称的人权、人道主义和法制的虚伪性。③

当全球化引起和加速世界范围内的贫富的两极分化,当全球化成为美国霸权主义的策略的时候,德里达一再地表示他对不发达国家人民的支持,主张重新考虑联合国组织的正义性原则。德里达还揭露某些发达国家,以人道主义援助为名,行其掠夺剥削之实的行径。④

德里达又是一位宽容(un philosophe de pardon)的哲学家。宽容来自

---

① Derrida, *De quoi demain… ;Dialogue avec Elisabeth Roudinesco.*Paris.2001:237.
② See Ibid.:239-240.
③ See Ibid.:235-236.
④ See Ibid.:215-217.

生命本身,宽容是生命的真正基础;生命之成为生命,就是因为它本身就是被给予的宽容。他说:"生命,在本质上,就是在生命中生存(la vie, au fond, l'être en vie)。"①接着,德里达又强调,生命之所以成为生命,总是受惠于生命的给予者,更确切地说,受惠于生命存在前的过去的生命。没有过去的生命的给予,就不会有生命的存在。德里达反复强调他对生命的尊重及关切;关切生命就势必实行宽容。不给予宽容的人,就是对其自身的生命的背弃,也就是其自身的自我毁灭。所以,"第一,宽恕是人的问题,是人固有的,是人的一种权力,或者是上帝具有的;是经验的,或者是存在对超越性的一种开放。我们可以看到所有关于对宽恕的争论都围绕着这个界限,和与这个界限有关的东西。第二,这个界限不同于其他界限:如果存在宽恕的话,是对不可宽恕的宽恕,因此宽恕如果存在的话,它并不是可能的,它并不作为可能而存在,它只有在脱离可能的规律之外,在被不可能化,作为无限不可能之不可能的存在。这就是它与赠与的共同性所在。"德里达认为,宽容在本质上是哲学家的天职,因为只有哲学家才有最宏大的志向和远见。近几年来,德里达变本加厉地谈论宽容,因为他意识到人类历史已经进入一个新的转折点。

当人类历史进入 21 世纪以后,德里达继续他的以往的思想风格和创作姿态。他在新世纪初所发表的新著作,表明他不愧是坚持思想自由原则的伟大思想家。

在他的《流氓》(*Voyous*. Paris. Galilée. 2002)一书中,德里达深入地探讨了现代民主制以及由此引起的政治与有的相互关系问题。

德里达认为,政治实际上要首先解决最重要的社会关系问题,而在社会关系中,最具有实际意义的,是社会生活中的敌友关系,包括社会内外的敌友问题。所以,在他的《友谊的政治》(*Politique de l'Amitié*. Paris. Galilée. 1994)一书中,德里达结合近现代民主制制度的演变及其历史经验,深入地分析了政治生活和政治活动的核心问题,即敌友关系问题。

----

① Derrida/Roudinesco, 2001:16.

二、对传统政治哲学的"解构"

作为一位解构主义者,德里达一向关心政治哲学的重建。他认为,这项重建工程是应实际政治状况和政治哲学理论发展的需要而被提出来的。作为一位思想家,应该责无旁贷地关心现实的政治以及当代政治哲学的重建。

首先,就政治的实际状况而言,德里达在他的《马克思的幽灵》一书中简单枚举了十项重大"祸害",作为当代政治实际状况的特征:"失业"、"剥夺无家可归的公民的政治权"、"经济战争"、"世界自由市场侵犯公民利益"、"债务国的贫困化"、"军火生产及其贸易的膨胀"、"核武器的扩散"、"种族间的战争"、"黑社会和贩毒活动的猖獗"、"国际法及其执行机构的无能。"①

在理论上,德里达把矛头指向传统政治论述及其各种改良方式。德里达坦率地说,他的政治哲学当然是以解构主义作为基本原则。②

德里达的解构主义是对以黑格尔、马克思等人为代表的传统"本体论神学"和"本源论目的论"的批判,它是立足于对海德格尔存在论的批判的基础上。

德里达坦率地说:"请允许我简略地强调一种解构理论的程序,而这种解构程序,至少对我来说,曾经当成是我必须承担的责任。它从一开始,就对黑格尔、马克思甚至海德格尔的现象学本原论思想中的本体论神学以及历史目的论的本原论的概念提出质疑(consistait dès le départ à mettre en question le concept onto-théo-mais aussi archéo-téléologique de l'histoire-chez Hegel,Marx ou même dans la pensée epochale de Heidegger)。"但这不是为了把它同"历史的终结"或"一种非历史性"(une anhistoricité)相对立,相反的,是为了揭示这种本体神学源初目的论(cette

①　Derrida,*Spectres de Marx*.Paris.1992.
②　See Derrida,*Les Spectres de Marx*.Chapitre II,Conjurer-le marxisme.Paris.1992:125-127.

onto-théo-archéo-téléologie），归根结底，禁锢、抵消和消除历史性本身。因此，问题在于思考另一种历史性；但这并不关系到另一种历史，也不是另一种"新历史"，同样也不是另一种历史主义（un new historicism），而是作为历史性的"事件性"的一种开放（une autre ouverture de l'événementialité comme historicité），由于它的开放性，不但不回绝，而是相反，由此有可能开辟到达作为允诺的弥赛亚或解放的允诺的入口处（qui permet de ne pas y renoncer mais au contraire d'ouvrir l'accès à une pensée affirmatrice de la promesse messianique et émancipatoire comme promesse）。但所有这些允诺，都再也不是作为计划程序，或作为本体神学和作为目的论的末世论的目标（non comme programme ou dessein onto-théologique ou téléo-escha-tologique），也就是说，远非放弃，而是相反，必须比过去任何时候都更坚定地坚持解放的愿望，并把它当成非如此实现不可的那种愿望。这就是一种"再政治化"的条件（C'est là la condition d'une re-politisation），这就是另一种政治的概念。"①

德里达在他的新政治哲学著作中所强调的无非就是重复他从一开始就确立的解构主义原则，而他的这种解构主义，在政治哲学领域中，仍然把重点指向对传统本体论的批判，其目的，就在于建构一种不同于传统政治哲学的新政治概念。德里达讲得很清楚，他建构新政治的目的，是为了比以往更坚定地坚持"解放的希望"。

当然，德里达还特别指出，由于新时代的特征，新政治哲学所指望的"解放"，不再是过去的那种号称"历史必然性"的最后解放的实现，而是"归因于不明确性的严峻考验"。德里达再次强调了全球化时代的"不明确性"及其对于政治政治哲学的重要意义。正如他所说，这种关于"踪迹"、"重复性"、"修补性综合"、"增补"等解构主义的策略，是对以往本体论的"超越"，是通过"在场"、"载入延异"、"载入与他者相关的可能性"，因而也是极端异己性与异质性的可能性。②

---

① Derrida, *Spectres de Marx*. Paris. 1992：126.

② See Derrida, *Spectres de Marx*. Paris. 1993：126.

显然,德里达的这种政治哲学,首先把矛头指向一切形而上学,因为正是形而上学一直成为传统政治哲学的理论基础。

在一次以"人的目的"("Les fins de l'homme")为题的研讨会上,德里达承认自己的解构主义(déconsructivisme)是一种新尼采主义(Néo-Nietzschéisme)。但是,如同福柯的新尼采主义一样,德里达的新尼采主义,不是简单地重复尼采的原则和概念,而是以海德格尔的风格,以德里达自己所发明创造的表达策略,彻底改造尼采哲学,发扬它的不妥协批判精神,彻底颠覆西方传统理性主义、逻辑中心主义、语音中心主义、主体中心主义、神学中心主义及其各种变种,主张重新改写一切历史,摧毁并重建一切文化,使人及其创造活动彻底摆脱一切约束,包括人间的和神界的各种戒律、禁忌和规范,永远处于真正无目的和无止境的高度自由的游戏状态。德里达反对抽象地或一般地谈论"对立",他主张以"差异化"替代"差异"。

德里达认为,问题不是在于揭示、承认或说明"现有的差异",因为一切传统文化,也同样愿意承认事物及其表达的差异性。所以,问题在于:必须以一种产生差异的差异化生成运动,解除原有的差异,并不断产生随时可变动和模糊的差异;必须以不断地消除差异界限的差异化运动,替代稳定不变的差异结构;必须揭示那些"缺席"的东西,把隐藏在"出席"的事物背后的"不在"的因素,在差异化的运动中,从传统所否定和掩饰的"同一"中召唤出来,并重新赋予它们以新的差异化生命运动的能力。

在这种情况下,尼采原来所提出的"超人"理念已经彻底改变为一种无法加以界定的自由创造活动,某种德里达称之为"游荡"或"流浪"的思考方式。

所以,德里达以其特殊的风格和论述形态,创立了他认为适应于当代社会文化环境的新尼采主义。德里达的新尼采主义,不仅不同于尼采,也不同于福柯;德里达主要根据世界本身的"差异化"存在模式,模仿人在思想和表达中所不得不采用的符号和象征的差异化运动的"痕迹",集中批判西方文化中的语音、符号与意义、价值、真理的相互关系模式,试图彻底颠覆这个模式中的二元对立同一性原则,集中批判它的逻辑中心主义和语音中心主义,由此建构一种新型的差异化游戏策略,重建整个人类文化,也重建人类的生存世界。

在德里达之前所出现的结构主义,虽然对于批判传统思想发挥了重要的作用,但是,德里达仍然认为,"结构"概念还保留了许多含糊不清的性质,无法彻底地同传统思想完成彻底的决裂。他说:"结构一词毕竟还包含着许多的含糊性;一切都取决于人们是如何使它运作起来。"①

为了凸显"解构"的反传统意义,德里达还特别说明它同"结构"的对立。

在德里达看来,任何结构都是为了强调一种中心,为了显示体系的必要性。传统形上学的特征正是在于它对于系统的追求和崇尚,在于对中心的肯定。所以,传统形上学所理解的系统,是封闭的,内外分明的。德里达为了针锋相对地提出问题,把"解构"理解为对"结构"的系统性及其中心的对抗。因此,"解构"并不只是从形式上否定结构,而且,还要进一步颠覆传统形上学的知识系统论的主旨。从这里,我们再一次看出,德里达的解构主义是同结构主义有根本区别的。如果说结构主义仍然强调结构的系统性的话,那么,德里达的解构主义就从根本上否定结构及其系统性的必要性,并由此杜绝任何中心产生的可能。

德里达等人的后结构主义对于结构主义的超越,不只是停留在对于结构主义语言观及其语音中心主义的批判,而且还进一步引申到语音以外的文字以及文字以外的其他各种符号、记号、图像等具有"间隔化"和"差异化"特征的形象结构的运动场域。将自由创作的活动范围延伸到文字以外的间隔化和差异化图像结构的运动中去,其目的不但是彻底摆脱语音中心主义的约束,而且也要走出西方文化的种族中心主义的阴影,同时实现在新的差异化运动中进行自由创作游戏的理想。这样一来,对传统语音中心主义的解构,就不只是消极地停留在传统论述原有的活动范围,而是进一步走出语音的有效范围、而在语音以外的更广阔领域中主动开辟新的自由创作可能性。

---

① Derrida, *Positions*. Paris. 1972:35.

1972 年,在谈到他的《论文本学》的意义时说:"文本学应该摧毁一切将科学性的概念和规范同神学本体论、逻辑中心主义和语音逻辑主义联系在一起的事物。这是一件极其巨大和无止境的工程,以便使一切逾越经典科学的事业,不再退回到前科学时期的经验主义的泥坑之中。"[1]

德里达和尼采一样,并不相信传统思想所崇尚的科学真理;对德里达来说,要彻底揭露知识的真理性以及传统思想的各种道德说教,最重要的,是抓住它们所玩弄的语言和符号游戏,特别是玩弄语言符号游戏的基本策略,集中揭露其中各种游戏的关键手法,这就是德里达自始至终加以反复揭露的逻辑同一性原则。

德里达把传统语言和文化的这种同一性原则,称为"语音中心神学"。德里达认为,一切传统文化和思想,就是以此为基础,推行他们的各种控制和统治人的政策及策略。与传统文化的同一性原则相反,德里达所贯彻的,是尼采所采用的战斗的、批判的以及"重估一切价值"的策略,某种被尼采和德里达称为"文风"(style)的多变灵活的风格。

我们就以德里达自己对他的尼采式文风的说明,来描绘德里达的新尼采主义的特征。德里达是在 1972 年参加关于尼采的研讨会上,以《马刺:尼采的文风》("Épérons:les styles de Nietzsche")为题,讲述他的尼采文风的意义。他在会上所作的这篇讲演,先在意大利威尼斯出版,由意大利作家和思想家斯蒂凡诺·阿格斯蒂(Stefano Agosti)写序,并附有画家弗朗斯瓦·卢布里欧(François Loubrieu)以英、法、德、意四国文字说明的插图。无论就形式或内容,这部作品,都集中显示了德里达的尼采风格。

正如斯蒂凡诺·阿格斯蒂在这本书的序言所说,这本书中运载着随时可以跳蹦出来的种种随机应变的"机关",也随时表现出作者的充满隐喻意义的语词游戏的智能。[2]

德里达试图运用文字和语言本身的各种变化及其与意义之间的变动关系,一方面批判传统形上学以同一性原则强制性地向读者施加它所编

---

① Derrida,*Marges-de la philosophie*.Paris.1972:48.

② See Derrida,*Eperons.Les styles de Nietzsche*.Paris.1978:7–21.

造的"标准意义",另一方面也借此以灵活机动的批判策略,对付传统思想的各种"诡计",并由此也灵活地创造自己的作品。

如果说,德里达本人是没有同一性的、随时变动的思想家的话,那么,德里达的任何文字、文本或著作,也同样是随时可以负载各种意义的"储藏库"或"海绵";或甚至毋宁说,德里达是充满各种待发现其信息的魔术师,是玩弄差异化游戏的哲学大师。

德里达及其文本的多变性和不确定性,是他的战斗力和生命力的真正来源。德里达自己经常宣称:他把本来属于读者阅读和诠释的权力,交还给读者自己。德里达所要求的,不是像一切文本那样,必须前后一贯地论述和论证同一的主题,也不是要读者按照作者或根据作者的设定,在文本中发现符合逻辑格式的真理。德里达认为,尊重读者在阅读时本来属于读者的诠释权力,就是尊重读者的自由。读者的自由,作为真正属于读者自己的自由,是连读者自己也无法确定的。

所以,德里达宣称自己从来没有意图想使读者依据他的观点来看待世界。他所期望的,是让读者和他一样,自由自在地想其所想、做其所想做的。

德里达之所以痛恨传统文化的同一性原则,就是因为它约束了人的自由。就在这本《马刺:尼采的文风》中,德里达一开始就指出,他所要表示的,是向读者交回属于他们自己的诠释"解构"的权力。①

德里达写文章的风格,也就是做人的风格。但这种风格本身,并不是可以被他人确定的某种形式或格式。德里达说,风格问题始终是"考试",是一种考验和检验;它像沉重的马刺那样,随时有可能刺伤身体,而他自己也随时准备被刺;同时,马刺也随时可以刺向阻碍奔跑的障碍物。所以,风格的变化性,对于作者来说,一方面是自由,另一方面又是威胁;但更确切地说,它与其说是自由,不如说是随时出现的对作者本人的威胁。它像鹅毛笔那样,像铅笔那样,既可以写成任何作者想写的东西和文字,但它又潜藏着刺向作者的危险。是的,德里达所追求的文风,毋宁是

---

① See Derrida, *Eperons. Les styles de Nietzsche.* Paris. 1978:27-28.

一种类似尖刀(stylet)的东西,甚至是匕首(un poignard)。

作为一位尼采主义者,德里达并不怕文风的马刺性质。他宁愿玩这个文风的探险游戏,给自己下赌注,也向传统挑战。文风就这样成为了德里达的战斗武器,也成为他表白自己的自由自在性格的手段。

德里达声称自己像尼采那样,并诙谐地认为,文风就像女人那样,随时可以改变性格,随时可以改变其装饰和服装。文风的生命等同于女人的生存方式。必须善于使自己的文风便成为真正的女人。尼采就是这样的思想家。德里达也试图成为具有女人般文风的思想家。女人善于化妆,也善变,同时又灵活巧妙,引而不发,常常以退为攻,等待时机,应付各种复杂的环境;既可以诱惑男人,又可以控制男人。这正是女人的迷人之处和她们的实践智能的集中表现。只要正确地使用和表达风格,只要学会使自己的文风变为真正的女人,它不但不会刺伤自己,而且还可以更有效地攻击敌人。文风的正确运用,将保护我们自己,对抗来自传统形上学的任何狡猾的攻击。①

德里达在他的文风中所展现的,是他的生活方式。他和尼采一样,始终把哲学当成自由生活的实践智能的总结。他的哲学,就是他的生活方式的理论表现。德里达说过:"我是一位到处流浪的哲学家(Je suis un philosophe errant)。"德里达的话,体现了尼采所赞扬的前苏格拉底哲学家们以"无为"为乐的乐观主义哲学家们的生活理想。到处流浪的人之所以到处流浪,不是因为没有希望;恰恰相反,正是因为抱有希望,才不断地向前走。流浪的人是作为我们的祖先的"旅人"(Homo viator),是开天辟地时期人类的最早原型,是最原始的人面对周遭世界寻找出路、并抱有成为"人"的希望的那种"过渡中的人"。只要是在旅游中游荡,就意味着存有生活的希望。"目标"本身的具体性,并不重要,因为目标越是具体,继续走下去的希望就越小和越有限。

因此,德里达宁愿在旅游中无始无终的游荡,寻求非具体的目标,以便达到永远寻求目标、永远抱有希望的目的。德国哲学家海德格尔曾经

---

① See Derrida, *Eperons. Les styles de Nietzsche*. Paris.1978:30.

深刻地以"林中路"作为象征性的比喻,表示人的无目的的思考所处的理想境界。

在本质上是自由的思考,本来无须任何预定的目标,也无须遵循固定的路线,更无须固定的论题。唯其如此,自由的思考才有可能真正自由地展开,才有可能达到自由思考所追求的真理。林中路,就是没有方向和无目的的路。人的一生,就是在类似于"林中路"的人生道路上进行自由的探索。

将政治和生活艺术化和美学化,不但使政治和生活充满着艺术的气息,而且使政治和生活本身也成为艺术。这就是说,不是把艺术当做政治和生活的附属品,当做政治和生活的手段和工具;而是把艺术当做政治和生活的本体,当做生命本身。

在德里达看来,艺术的本质就是游戏。艺术原本就是政治和生活的原本,就是政治和生活的典范,也是政治和生活的真正理想场域。所以,德里达在他的文风中所要表达的政治和生活方式,就是一种玩政治和生活的态度,或者就是在玩中进行政治活动和生活,在玩中寻求新的自由,在玩中不断创新。

德里达认为,这是一种女性化的生活方式。德里达和尼采一样认为,女性化的生活方式,体现了人生对于生活的"引而不发"和"后发制人"的态度。他们所追求的"女性化"的生活方式,是在彻底打破传统二元化对立思考模式和男人中心主义文化生活模式的基础上提出来的。因此,他们所说的女性化生活方式,不是过着传统文化所形塑的那种女性生活方式。他们心目中的女性生活方式,实际上表示一种无中心、无规则、无父权中心主义道德原则、无逻辑中心主义理性原则以及追求"永远区分化"和永远差异化的生活方式。

在某种意义上说,尼采和德里达推崇古代中国老子和庄子的生活哲学,主张以女性化的无为精神来指导自己的生活。在他们看来,女性的优柔寡断,正是人生能屈能伸应付周边复杂变局的理想态度,也表现了一种最自由自在的生活方式。女性化也因此成为了德里达的文风的一种象征,以不断的"向内折"的反思态度对待生活,以此作为自身随时"向外折"显示自由的灵活立足点。

德里达所追求的女性化的生活方式,当然不能简单地希望所有的人都变成女性;德里达的女性化,如前所述,只是一个象征,它所要表达的是实现一种从容不迫、静中有动和随机应变的生活方式。这种生活方式的一个重要特点,就是不断地采取差异化的策略,以中介化的过程,使生活方式和思想本身,变为内容不断丰富的多元多质多中心结构,同时也实现不停地创新过程。

把女性化理解成为差异化和中介化,可以使生活和思想避免僵化和过分直接,同时也给予生活和思想本身,越来越多的回旋的余地,并在迂回中不断地扩大自由的可能性。女性化的中介化,就是一种"掩饰"策略,用不断的化妆层层地将自己潜入底层;这也就是德里达所说的那一种"延缓"和"迂回"的策略在生活中的应用,就是德里达后来所说的"延异"。女性的一般性格的特点便是在"随和"中随机应变;善于"忍",并在"忍"中等待时机,创造从被动转向主动的条件。德里达认为,所以,德里达更直接地说,男女做爱时女性阴道对男性阳具的策略,便是上述中介化和差异化典范模式的象征结构。

德里达的文风,典型地表现了他同传统决裂的决心,也典型地表现了他的思想的特征。他在文风中所展现的,是他的思想的灵魂:永远在差异化的游戏中存在、战斗、发展和延续,并在这种含有差异化游戏的延续之中,继续进行差异化的游戏。

德里达在谈到自己的关键概念"延异"(la différance)的时候说:"'延异'之所以不同于一般差异的普遍化过程,就在于'延异',有可能使我们在超越一切种类的界限之外(au-delà de toute espèce de limites),思考差异化的过程,不管是文化的、民族的、语言的或甚至是人类的界限。"①

所以,延异,这是一种差异化中的差异化,在差异化中实现进一步的差异化,靠差异化延续自己的差异化的生命。差异,差异,只有继续差异,

---

① Derrida/Roudinesco, *De quoi demain...* Paris. 2001;43.

才成为真正的差异,才使差异本身富有生命力。

所以,德里达在批判语音中心主义的过程中,集中地在"差异"的问题上做文章。他认为,传统西方文字中的"差异"(différence)并不足以正确表达差异本身,最主要的原因,就是传统的"差异"概念,并没有显示"差异"的生命运动性。关于"差异"与"差异化运动"的区别,是一种带根本性的差别。传统思想只满足于利用概念的抽象性,试图通过概念的抽象,完成语言及其意义的双重关系的固定化和普遍化。德里达指出,传统的"概念"就是强调"把握"(prise)(Derrida/Roudinesco,2001:17)。德里达说:"进行解构,就是为了转化成为'超概念的'(hyperconceptuelle),它要大量地消耗它所创造和继承下来的一切概念,直至某一个思想着的文字书写超越概念的把握和概念的控制为止。也就是说,解构试图思索概念的界限,它试图延续这种超越的经验本身,它要在其中关爱地进行超越的活动。这活像一种概念的神魂颠倒一样,它唯有在溢越中才感到兴奋。"①

德里达认为,传统思想对于语言及其概念抽象化的推崇,实际上隐含着对于现实差异的稳定化倾向,也掩盖了差异本身的生命力。他说:"带有 a 字母的 differrance,相对于带有 e 字母的 difference,之所以有可能实现普遍化,是因为它使我们有可能去思索在一切类型的界限以外的差异化过程,不管是涉及文化的、国家的、语言的或甚至是人本身的差别。只要有活生生的痕迹,只要有'生与死'或'出席和缺席'的关系,就存在带有 a 的差异化。"②所以,他发明了新的表达差异的概念"产生差异的差异"(différance),即"延异"。他说:"Différance 中的 a 所意涵的活动性和生产性,指涉在差异化游戏中的生成运动(l'activité et la productivité connotées par le a de la différance renvoient au movement génératif dans le jeu des différences)。差异化游戏的生成运动中所包含的上述活动性和生产性,并不是从天上掉下来的;它们既不是只要一次就可以完全记录在封闭

---

① Derrida/Roudinesco,*De quoi demain...*Paris.2001:43.

② Derrida,2003a:43.

的体系中,也不是可以在一次性的共时的和分类学的研究过程中就一劳永逸地完成。这些变动中的差异,乃是运动变化的结果,也是认为以静态的、共时的、分类学的、非历史观的结构概念无法理解这种差异的观点的结果。"①所以,德里达又说:"带有 a 的差异,并不是一种区别而已,也不是一种本质,同样也不是一种对立,而是一种空间的运动,一种时间上的"空间生成"(un"devenir-espace"du temps),一种空间上的"时间生成"(un"devenir-temps"de l;espace),一种对变化生成的参照,是对一种异质性的参照,而且,这种异质性主要并非对立性的。因此它记载某种并非同一的"自身"(même),就好像记载非同一的差异一样;也可以说,既是经济学,又是非经济学。所有这一切,也是所指与能指相互关系的中介……"②

由此可见,德里达所强调的差异化中的差异运动,是一种隐含着活动性和生产性的自由创造的生命运动;是符号的差异化运动本身所产生出来的差异。而他所发明创造的 Différance 这个词,正是为了凸显一切语言文字中所隐含的一切无法由语言本身完全表达出来的差异化运动的生命过程。显然,德里达所说的"产生差异的差异",一方面要表示两种因素之间的不同及其相互联系性,表示这种相互联系性所产生出来的自律性;另一方面还要表示这种"不同"中所隐含的某种延缓和耽搁的意思。正如本书以下几个章节所要进一步论述和分析的,德里达的"延异"概念在实际上并非传统的"概念",而是表达运动和变化中的差异化运动本身;它实际上隐含许多层次的内容,有待我们在有关后现代文学批评部分更深入地分析。

在德里达看来,人所创造的语言符号,其重要的特征,不只是在于它本身内部和它同所表达的对象之间的差异性;更重要的是语言符号中的任何一个因素,都包含着当场显示和未来在不同时空中可能显示的各种特征和功能。正因为语言符号中隐含着这些看得见和看不见的,也就是

---

① Derrida,J.1972c:39.

② Derrida,2003a:43.

在场的和不在场的、现实的和潜在的特征和功能,才使人在使用语言的过程中,面临着一系列非常复杂的差异化运动问题。这种差异化运动,不是传统意义上的那种二元对立的固定差异化结构,而是具有自我差异化能力、并因而不断自我增殖的差异化过程。

德里达认为,语言符号的上述"产生差异的差异"的特征,只有在书写出来的文本中才集中地表现出来。"根本就不存在主体,不管它是作为延异的代理人、作者和主宰者,还是它可能地和经验地将被延异所击垮。主体性,像客体性一样,是延异的结果,一种被记录在延异系统之中的结果。这就是为什么 différance 中的 a 也使间隔意味着拖延(temporisation)、迂回和退迟的原因。透过这种间隔,直觉、知觉、消耗完成(la consommation),一言以蔽之,就是与在场的关系以及对一个在场实在(une réalité présente)和一个存在物或存在者(un étant)的指涉,总是被延迟的(sont topujours différés)。透过差异原则来延迟,这是因为一个要素要发挥作用和有所表征,即包含和传达意义,只有透过在踪迹的适当安排中指涉另一个过去的或将来的要素才能达到。"①所以,德里达在论述"产生差异的差异"的同时,也集中地研究了"书写"(l'écriture);而因为书写的特征只有在高度组织化和系统化的"文本"(le texte)中才充分体现出来,所以德里达为此而建构了具有独特性质的新学科"文本学"(Grammatologie)(台湾和大陆学者对此未译出统一的准确中文语词。有人译之为论文本学;又有人译之为语辞学、语文学等)。但实际上,Grammatologie 在西方原是很古老的一门学问,专门研究书写出的文本的结构及其逻辑原则。德里达将它彻底加以改造,赋予新的意义,变成了关于研究文本特性的学问。正如他所说,它是有关文本结构的学问(grammatologie comme science de la texualité);德里达有时也称它是关于书写文字的科学(science de l'écriture)。

他说:"作为文本性(la textualité)的科学,文本学只有在改造符号的概念、并将符号的概念从其与生俱来的表达主义的枷锁中连根拔除的条

---

① Derrida,J.1972c:40.

件下,才能成为非表达(non-expressive)的'符号论'"①。

　　显然,德里达创立新的文本学,是为了彻底摆脱和颠覆传统语言符号学,为了更彻底揭露语言符号本身在书写过程中所呈现出来的"产生差异的差异"的本质。所以,他也把"文字"称为"延异"。他说:"关键就在于生产出新的书写概念。我们可以称之为'文字'(gramme)或称之为'延异'(différance)。"②正是作为"文字"的延异,才能保障排除以"在场出席/缺席"二元对立为基础的一种结构和一种运动。所以,延异就是差异的系统游戏,就是不断差异化运动的"痕迹"(des traces),也就是将各个不同因素相互关联起来的"间隔"(l'espacement)本身。③

　　在他看来,传统符号论的特征就是他的文本学所要彻底摆脱的那种"表达主义"(l'expressivisme)。当德里达强调文本学的时候,不管他是指文本的特性还是书写的本质,都是以颠覆西方传统形上学的二元对立模式为基础的。这种二元对立的模式,如前所述,在语言符号的结构上,集中表现在现代符号论创始者索绪尔所说的"能指/所指"的结构中。不仅如此,德里达在摧毁了"能指/所指"二元对立的结构之后,他还强调他的文本学所集中解析的,不是文字本身,也不是表现文字的书写法(la grath-ie),而是作为"踪迹"或"痕迹"的书写。在这里,德里达所重点地要表达的,仍然是他同传统"表达主义"的势不两立的态度,尤其是反对柏拉图所说的语言符号和观念用以"再现"客体对象的说法。

　　所以,德里达的文本学所研究的,与其说是文字和文本,不如说是这些文字和文本的运动其及一切可能性。

　　所谓书写出来的文字、文本的运动及其一切可能性,其本身就是各种可能性的总和。④ 凝固在书写文字中的各种可能性,既然已经作为书写文字脱离原作者而独立存在,就构成一个独立的文化生命体。以书写文字的特定文字结构而产生的独立文化生命体,当然一方面受惠于原作者

<hr />

① Derrida,J.1972a:46.
② Derrida,J.1972c:37.
③ See Ibid.:38-39.
④ Derrida,J.1986c:252-287.

的创造,但另一方面它却借助于或受惠于书写文字本身的优点而成为一个随时待阅读、待诠释和待发展的新生命体。书写文字同原作者思想创造之间的上述复杂关系,表明书写文字从一开始就作为一个无限可能的差异体系而存在。正是从这个意义上说,德里达强调书写文字的差异化性质,并将这种差异化当成是一种可能的差异化生命体。

书写文字,作为一种可能的差异化生命体,显然再也不能继续按照传统形上学和传统语音中心主义的原则去理解。如果按照传统语音中心主义的原则,书写文字的差异结构,不但不隶属于书写文字结构本身的内在差异化运动生命过程,而且它只是以静态的差异结构形式而暂时地呈现出来。如前所述,语音中心主义将语音与意义的差异归结为一种由语音所决定的固定差异结构,并将书写文字所表达的上述差异结构当成为远离思想创造差异化运动的第二层次的次要结构,因而是属于较不重要的被决定的结构。但是,德里达在批判语音中心主义的过程中,颠覆了上述书写文字的差异化位置及其性质。在传统思想家表示书写文字被决定性质和无生命性的那个地方,德里达却相反地指出了书写文字的决定性意义及其差异化可能性的生命力。

在西方思想史上,许多天才的思想家早已对书写文本的无限意义有深切体会。中世纪伟大思想家圣奥古斯丁(St.Augustin)早在其《忏悔录》(*The Confessions*)中,透过对其一生各重要阶段所阅读的关键性文本的回忆,阐述和解剖其个人心灵矛盾和转变的奥秘。他把阅读的文本当成自己思想心灵冲突和矛盾展开的场域,又当成自我忏悔和自我反思的灵感发源地。

同样地,诗人但丁(Alighieri Dante,1265-1321)的《神曲》(*The Divine Comedy*)的《天堂篇》("Paradiso")也以文本解构为其心灵旋转的主轴。但丁在其中慷慨宣称:

> 在那深处的终极,
> 我看到"爱"是怎样将纸页
> 装订成一册书籍;
> 书页片片缤纷,

原本飞散在茫茫宇宙间。①

可见，阅读作为一种活动早就被伟大的思想家和创作家们当成揭开心灵矛盾和进行反思而突破精神界限的伟大无形时空结构。德里达所遵循的阅读中解构的道路，无非是这些早期思想家所开创过的反思途径的延伸，但不同的是德里达所依据的是一种崭新的解构精神原则。

德里达赋予书写文字以重新创造的生命力的思想出发点，就是看到了书写文字差异化结构中潜伏着再生无限差异化的可能性。书写文字的这种再生无限差异化可能性的生命力，当然不能抹杀原作者创作原文本的历史功绩。但是，德里达在书写文本中所看到的，是两种截然相反的力量。他认为读者有必要针对这两种相反的力量采用完全不同的策略：对于文本中原有作者的精神创作剩余物，必须警惕它对于读者的静态身份感及其个性的伤害；而对于文本中展现的文字元号结构，则应从中发现某种足以解放人心和导致精神重建的潜在动力，以便由此出发，促使读者发扬其断裂表意结构的冲力，决意在文本结构中找出突破文本本身约束的创意基础。

考察书写文字无限再生区分化和差异化的生命力，当然首先必须考察原作者当初如何将这些文本书写出来的过程。这些书写出来的文字和文本当初是如何被写出来？要回答和分析"如何写出来"的问题，并不是如同传统诠释学所说的那样，仅仅指原作者个人在创作当时当地的所谓真实创作过程。传统诠释学受逻辑中心主义和语音中心主义的影响，将原作者当成一个独一无二的死去了的个人，试图考察和重现那些同样已经死去的以往历史条件、以往语言条件和以往文化条件下的创作过程，试图"真实地"再现凝固了的历史结构。这显然是办不到的。传统诠释学之所以相信上述原则，之所以相信依据上述原则可以达到"真实地"再现原作者及其历史文化条件的目的，主要是因为他们同样地相信语言可以"再现"那些缺席了的历史，也相信语言可以再现一切"不在"的东西，并将这些"再现"当成现时真实存在的事物。

---

① *The Divine Comedy*，XXXIII：85-87.

　　与此相反,对于德里达来说,如果要探索这些文字和文本是如何写出来的,重点是使作者及其历史条件获得重生,使该文本的书写过程在被阅读和被诠释的差异化运动中复活。而这样一来,"真实地"再现死去的原作者和历史并不重要。重要的是在原有文本书写结构的差异化基础上,结合阅读者和诠释者在新的历史文化脉络的思路,赋予原作者和原文本以新的差异化可能运动的生命力。在这种情况下,对于书写文字的诠释和理解,不是原封不动地重复已经死去的原作者的思路,而是利用书写文字差异结构进行新的差异化创作运动。如前所述,书写文字的差异化特征,正是在于利用语言文字元号之间的差异及其可能导致无限差异化的特性,有可能变为一种以文字差异为中介而进行的无限文化创造运动。德里达对于原文本原作者的上述再生新观念,不是要从根本上否定原作者的创造贡献,也不是为了根本否定原文本的文化价值,而是在新的历史文化条件下使原文本重新复活,获得新的文化创造生命力,因而也赋予原文本延长其文化生命的能力。将已经死去的文本重新在新的历史条件下复活起来,获得其新的生命,这就是对于旧文本的最高尊重。

　　文字和文本的书写过程,作为一种运动,其本质就是一种"产生差异的差异化运动";这种运动,在时间和空间方面,既没有先前的和固定的、作为运动起源的界限和固定标准,也没有未来的确定不移的目的和发展方向,更没有在现时的当场呈现中所必须采取的特定内容和形式。这种运动的真正生命力,不是在它发生的当时当地所"表现"出来的那种特定时空结构和状况,不是传统本体论所追求的那种"现时呈现"的真实性结构,而毋宁是它所隐含的、朝向未来的运动能力。所以,它是一种延异的运动。

　　书写文字的朝向未来运动的珍贵性,就在于一切"可能性"都可以发生。书写文字的朝向未来的运动,不能单纯从过去、现在、未来的时间一维性和单向性的观点来理解。实际上,这里所说的"未来",是时间和空间所组成的多维度可能性场域。因此,凡是属于时空方面的可能性因素,全部都属于"未来"的范围。作为书写文字差异化的未来维度,虽然包括时间方面的走向和脉络,但是,对于书写文字结构的差异化可能性来说,一切"未来"都是由书写符号之间的差异化倾向造成的。因此,书写运动发展方向及其可能结构的未来图景,主要决定于符号本身的自我差异化以及符号之间的差异化运动。符号自身和符号之间的差异化运动,如果从时间一线性和单向性的观点来看,只能出现向过去和向将来的变化可能性。而符号差异化向过去的发展可能性,从这个观点看来,是一种向历史的倒退运动,因而也是一种向历史的复归运动。从时间的常识来看,这只是一种逆向的历史恢复过程。所以,上述时间一线性和单向性的观点,对于文字元号差异化多种可能性的理解只能具有负面的限制意义。只有超越上述传统的时间常识,上述文字元号差异化的"向过去"运动,才有可能被理解成为一种新的未来运动,而且也包含一种积极的正面意义。这是因为即使是在文字元号差异化的"向过去"运动中,实际同样也包含向一种新的创造可能性发展的前景。在这个意义下,文字元号差异化的"向过去"运动,是它的一种向未来运动的可能形式。这种向过去运动的文字差异化,同样包含未来创造的可能性,所以它不全然是向历史的倒退,也不全然是对于历史的恢复。同样地,文字元号向将来的差异化运动,也包含多种可能性。这种可能性显然超出传统时间一线性向未来发展所规定的单一模式,而是朝着未来多种方向发展的潜在可能性。而且,时间维度的未来多种可能性方向,同空间维度的未来多种可能性方向,一旦交叉起来和结合起来,就可以形成更多层次的难以预料的可能变化方向。书写文字的未来运动可能性的重要意义,就在于以符号差异化多种可能性的途径为思想创造多种可能性提供多元的方向。总之,文字书写的差异化向未来的运动,实际上就是"返回将来"(back to the future)和"迈向过去"(forward to the past)的多元化综合性创造活动。作为后结构主义者,德里达当然不愿意将自己的思想创造运动限定在传统语言符号的规则范围内。所以,他对于书写文字差异化运动的上述理解,实际上也为后现代主义者打破传统文化和进行自由创造提供了精神动力。

严格地说,语言符号,包括文字,它们表现的当时当刻所表达的意义,只是这些符号和文字运动过程的一个极有限的可能性形式罢了。传统形上学的错误,就是将这种极有限的可能性形式绝对化、固定化和标准化。

从现象学观点和方法来看,任何书写和文本在其表达当时当地的表现,是其先前多种可能运动中所偶然采取的极其有限的表达形式。所以,先不说书写文字在现时的呈现形式同往后未来书写运动的多种生动活泼的潜在可能性相比较,就其本身同以往书写过程隐含的多种运动可能性相比较来说,书写在"现时"的当时当地的表现结构,也只构成一种极其贫乏的有限可能表达形式罢了。传统西方文化和思想如此重视各种书写文本的"现时"表达结构,甚至奉之为社会所有人都必须学习、并立之为标准的言行典范,是因为这些文本,一方面构成当时当地社会权力结构所认同和核准的单一表达形式,集中表现了当时当地控制社会整体利益的社会阶层的根本利益和观点,另一方面它又以其单一形式,将上述认同和核准的统治阶级利益和观点一般化和普遍化,以客观中立的形式掩盖了这些利益和观点同统治阶级的特殊关系。这也就是说,执着于当时当地单一的表达结构,并使之神话化和固定化,是因为这些文本单一结构具有上述两面性:既表达一定的意义,又掩盖其他的意义;既表达确定的意义,又掩盖各种可能的意义。传统文化将书写文字差异结构的任何一个"现时"表现标准化和正当化的目的,正是为了限制书写文字差异结构的自由运动方向,也就是为了封杀不利于统治者利益的可能发展方向。

文本学所要研究的"产生差异的差异",固然是一种运动,但是,如前所述,这种运动的真正生命力,恰巧是在其未来可能性中展现出来。因此,当德里达总结"产生差异的差异"的运动的性质的时候,强调说:"首先,'产生差异的差异'转向有所保留的(主动和被动的)运动,而这种运动是透过延缓、移转、迟延、回还、迂回和推迟的过程"①。德里达在这里所一再强调的,始终是摆脱文本在当时当地所表现出来的"在场"结构。德里达所感兴趣的,是这个"在场"结构在其往后延缓过程中所可能呈现的一切倾向。由于书写文字比在声音形式中表现的话语更具有延缓的特征,因此,德里达要加以"解构"的,是作为"踪迹"(trace)的书写文本。德里达指出:"对于文字、书写物、踪迹、文本等非理念的外在性,我一再坚

---

① Derrida,J.1972c:17.

持不将它们与劳动(travail)分割开来的必要性。这是一种双重标识(double marque)或再标识(re-marque)的程序。物质概念和其他概念,必须在被解构的场域中(这是颠覆的阶段)和在解构的文本中,被标识两次……透过这两个标识之间的间隔游戏,人们可以同时进行一种颠覆性的解构和一种肯定性的移动和逾越的解构(une déconstruction de renversement et une déconstruction de déplacement positif, de transgression)"。①这就是说,所有的踪迹,都是被当成是某种与从事创作的"劳动"过程本身紧密相关的活动场域;透过作为再标识活动的场域的种种踪迹,德里达找到了进行间隔化游戏(jeux de distantiation)的机会和条件,也找到了进行解构活动的广阔的可能性的前景。

　　延异实际上也是一切未来可能的差异化运动的总和。文字差异化结构既然隐含着各种可能的差异化运动模式,其差异化运动的本质结构就是被延缓的差异化,即"延异"。被延缓意味着被搁置,而被搁置越久,就包含着越多的差异化的可能性。所以,差异化的可能性及其不断更新的生命力,是在延长和被搁置的过程中不断地伸展的。时间结构的共时性和连续性的统一,使延异在时间上的被搁置,成为一种无限发展的可能结构。早在海德格尔研究人的此在的生存结构时,他就已经深刻地发现生命存在及其发展同时间之间的内在本质关系。时间性是生命的存在有限性结构的界限。但是,海德格尔一方面揭示了此在生命在时间性中的限制,另一方面又指出了生命在时间性中的一切"能在"(Seinkönnen)模式,也就是生命在时间性中的一切可能延缓的机制。海德格尔特别重视"能在"的重要意义。他认为此在的生命本质就是"能在"。②他说:"此在总是从它所'是'的一种可能性,从它在它的存在中随便怎样领会到的一种可能性中,来规定其自身为一种存在者。"③人生的"能在"本质,使人生隐含无限丰富的创造可能性。为了进一步深刻揭示"能在"对于人生的重要意义,海德格尔甚至将"死亡"纳入"能在"的范围,使死亡不再成为常

---

①　Derrida,J.1972c:88-89.

②　See Heidegger,M.Sein und Zeit 1986[1927]:42-44.

③　Ibid.:43.

人所恐惧的那种生命终点,而是成为发展生命创造过程的一个重要组成部分。①

为了凸显延异或"产生差异的差异"(différance)的自由无限可能性的性质,德里达将"延异"的游戏(jeu de différance)走出语言文字的界限,把眼光转向实际社会生活中充满着差异化运动的人类文化创造活动。他首先研究与人生命攸关的经济活动。所以,他又把延异的产生差异的差异化运动,当成经济学的概念。经济是社会生活中最基础和最活跃的领域。经济领域不但是人的生命和人的整个生活世界的基础,而且,它甚至是人的生命本身。生命不但脱离不开经济,而且也在经济活动中不断重生。经济活动的基本特点就是它建立在"产生差异的差异"的基础上的生产性、再生产性、不稳定性、竞争性和高度自由性。在经济中,一切活动和一切新的动力,都来自不断更新的差异。本来,经济活动产生的缘由,就是差异本身。有了差异才有经济立足于其上的交换活动;而交换活动要不断维持和更新,交换本身就要不断产生自我差异。显然,德里达所说的"产生差异的差异",已经不是传统的古典政治经济学所能加以说明的范畴;而是必须经过批判和颠覆古典政治经济学以后所产生的新经济学的范畴。

作为新的经济学的概念,延异是一种不断生产和再生产的运动,因而也是社会上现行语言中所通用的各种二元对立概念的温床。正如德里达自己所说:"延异,作为产生差异、并进行差异化的运动,也是在我们的语言中流行的各种概念对立的共同根源。为了举几个例子,这些对立包括:感性的/理智的、直观/意义、自然/文化……作为共同的根源,'产生差异的差异',也是宣称这些对立的那个'自身'的组成因素"。②

因此,作为经济概念,作为一种生产的运动,延异的"产生差异的差异化",总是把一切差异看做是这种运动的一个"效果"。既然只是一种运动的一个效果,它就不是唯一确定的,而是包含各种另类可能性的一种

---

① See Heidegger, M.Sein und Zeit 1986[1927]:235-244.
② Derrida, J.1972c:17.

可能性。德里达在论述延异的经济性质的时候,还特别强调要一方面同只看到差异结构稳定性的结构主义相区别,另一方面又要同单纯把生产看做是来自单一根源的源生学相区别。显然,德里达在这里影射了李维史陀的结构主义和卓姆斯基(Noam Chomsky, 1928—)的发生性语言学。透过德里达同李维史陀和卓姆斯基的自我区别,我们又可以进一步看到德里达后现代主义的区别概念的特征,这就是他不愿意把"区别"放在一个封闭的时空结构的脉络中,他也不愿意把"区别"理解成为因果系列中的一环,也不愿意置之于由一个或多个原因甚至由某个终极原因所产生的变动,当然也不愿意把它预定成达到某个目的或结果的一个可能性环节。

延异的"产生差异的差异",作为一种可能性,隐含着多种可能性。传统西方形上学并不排除"可能性",但从古希腊以来,特别是从亚里士多德在《形而上学》一书中界定可能性范畴以来,可能性一直被看做是否定性的和反面的偶然性。这也就是说,传统的可能性是作为标准化的现实性和规则性的反面和对立面。而且,传统可能性,都是在单向和单线时空脉络中发生的一个中间环节。因此,在传统形上学中,一切可能性都是达到现实性和最终目的一个过渡环节。后现代主义所需要的新的可能性,透过德里达所说的"产生差异的差异",一方面同传统的形上学相对立,另一方面他所重点表示的是可能的未来多样性和开放的无限性,同时又表示待生的和待创造的"可能的可能性"。就后现代的上述可能性的两面性而言,它包含着许多等待开辟和等待展开的创造的自由。所以,在对于文本的解构中,解构活动所推动的"产生差异的差异"的运动,只是把文本的结构和组织性当做没有底盘的游戏,当做没有底的棋盘。所有这些有关"产生差异的差异"的可能性,将在本书有关后现代文学评论的章节中进一步展开。

从语音中心主义的话语转向"产生差异的差异"的文本学解构,实际上也是一种对于原文本作者在文本中"要怎么说就怎么说"的语音中心主义的反攻,当然也是对原有文本的自我反驳和自我摧毁的活动。德里达对于文本的差异化解构,透过文本这个符号体系,一方面进行破坏原初制造文本的话语,另一方面又要透过潜入文本而走出文本,达到在文本中迁回和不断批判传统、不断创新的自由。按照传统文本学和诠释学的要求,诠释文本要回到原文本作者用文本说话的意图。在这里,借着寻求客观中立标准的途径,达到文本中的话语实行专制主义的目的。但是,当德里达强调潜入文本的时候,一方面要利用文本中的话语去反驳原有的话语意图,另一方面又透过话语和文本的差异继续扩大甚至歪曲它们之间的差异,使它们之间相互残杀,起到自我破坏的作用。这是德里达灵活地运用文本迁回的战略战术去破坏文本本身的游戏活动。一切语言符号,不只是话语所发出的"在场"语音和语声,而且也包括书写文字化的文本在内,本来就是符号本身,而且,始终都只能是符号本身。德里达之倾向于书写化的文本,并不是因为成为了文本的语言符号已经根本不同于作为语言符号的话语,而是因为德里达在摧毁传统文化的战斗中,他别无选择地所面对的,只是而且已经只是语言符号罢了。所谓"只是而且已经只是语言符号",指的是德里达从一开始从事批判和解构,他所面对的,别无其他,只有已经层层结构化,并经长期累积而深深扎根于社会历史土壤中的传统符号体系。因此,德里达只能以符号反符号,也就是潜入到符号中从中破坏符号;而重视书写化的文本,不过是在别无选择的条件下,究竟选择何种符号结构为先的结果。所以,透过文本批判话语,又透过文本摧毁文本,无非是在文本中寻找和揭露已被掩盖的话语的踪迹,又在文本的踪迹中寻求自我解放和自我创造的途径。德里达在同英国的哲学家伯宁顿(G.Bennington)的对话录中从容不迫地承认说:解构从符号开始,这就是从第二者本身入手,这也就是一种迁回(détour)。① 符号本身,从古以来,特别是从传统形上学建立以来,就是一种迁回。因此,对符号的解构和摧毁,也必须透过迁回。透过符号解构符号,就是透过迁回反迁回,就是在迁回中摧毁迁回、并从迁回中挣得自由。在向符号结构这个迁回体系中进行迁回式的解构活动的时候,德里达想要表达的还包含着一层层更深刻的意涵,这就是拒绝传统西方思想把世界化约成论述符号体

---

① See Bennington, G./Derrida, J. 1991:26.

系的做法。反对把世界转化成符号体系,当然意味着要返回事物自身去,但是,返回事物自身又不能直接地避开迂回的中间环节而直接地闯入。德里达等后现代主义思想家们,都懂得以迂回的战略和策略向传统宣战,因为只有在迂回中他们才能置传统于被动、而使自己获得迂回游动中的自由,也就是避开传统思想家有可能限制他们的自由。正如本书导论所说,后现代主义是在吞噬现有传统文化中进行自我创造;但这种吞噬不是直接地从外向传统啃咬,而是钻入其内部,透过在传统中消耗传统的能量,或将传统能量转化成自身能量的途径进行解构。

不断地产生结构的解构运动,对于既成的传统文化而言,就是不承认并破坏原有传统体系中的中心;而对于解构运动中"产生差异的差异"来说,也同样是无中心的自由游动和不断扩大的创造活动。"产生差异的差异"归根结底是反中心和无中心。德里达认为只有透过书写的文本,才能把有向度的、因而有限度的和有边界的中心还原成无向度的和无边界的真正的"零度"。德里达实际上也意识到,就其本身不得不潜入符号进行迂回而言,如果他所迂回的符号结构仍然保持有向有度的时空结构的话,德里达就等于在书写的文本中作茧自缚、并最终被符号结构的中心所宰制。所以,德里达的文本解构,要超出时空的结构,进行一种无边界的自由游戏活动。其实,任何符号结构的时空性,都是立足于附属于它的意义结构的时空性;而各种意义结构的时空性又决定于被运用在其中的各种特定的二元对立概念的内容。因此,德里达旨在摆脱中心化的解构游戏活动,为了达到超越时空结构的目的,必须集中全力摧毁各种历史的传统二元对立。在所有的二元对立中,最根本的还是符号本身的"能指/所指"关系。"能指/所指"的对立关系有许多本体论和认知论的理论功能,也有许多玩弄和掩饰策略的实践功能,但是,最根本的功能,在德里达看来,是玩弄"在/不在"的辩证法。如前所述,"能指/所指"的关系在实质上就是以"在"、"在场"和"出席"代替"不在"、"不在场"和"缺席"。在这种辩证法中,传统文化不断地以符号的"在场"性质,论证其所表达的"不在场"的真理性、正当性和正义性,同时又以其"在场"使话语的主体消失掉,也就是以符号的"在"代替说话主体的"不在",又论证了这种

"不在"的正当性、真理性和正义性,从而也建构了说话主体的中心地位。解构要打破的正是"能指/所指"二元对立的上述中心化功能。正如德里达所说:"于是,透过解构,语言侵入了无所不有、疑难重重的领域;此时此刻,没有了中心或根源,一切都成了话语——也在这种情况下,话语的语辞就获得了理解,也就是说,一切都成为一个系统;而在这个系统中,处于中心地位的所指,无论它是否来自一个根源,不论它是否是超验的,都绝不是脱离一个有种种区分的系统的绝对存在。超验的能指只有在意指作用的领域和活动之外,才能扩展成无限。"①显然,只有使能指和所指脱节,才能使能指的意指活动导向一个"不在"的不断差异化的领域,并在那里不但解除了原有的主体中心的秩序,而且也进入了真正无中心的自由领域。

在 20 世纪当代法国哲学家中,德里达可以说是一位始终力图使自身脱离同一化原则约束的思想家。他与传统针锋相对,提出了差异化运动的游戏策略。他认为,差异化是世界的本质;没有差异就没有世界,没有生命,没有思想,当然也就没有哲学。差异化的生命力,就在于差异化本身的自我生产性和自我更新能力。这也就是说,差异化之所以普遍地成为世界存在与发展的根据,就是因为差异化本身,并不需要在它之外,寻求其存在及发挥功效之理由。差异化本身只靠其自身的不断自我差异化而存在,它就是它存在的理由,它为自身提供无穷无尽的生命力。

其实,传统文化和思想也同样看到了差异的生命力,但它们因发现差异化的生命力而害怕它,试图将差异化运动终止在它们所需要的同一性之中。但具有尼采的"超人"精神的德里达,敢于面对差异化游戏的风险性,敢于玩差异化游戏去对付传统思想。所以,只要有差异化的可能性,德里达便出现在那里,并在那里,大玩特玩差异化游戏,将其差异化游戏及其创造性成果,延伸到一切可能的地方,延伸到哲学之外的遥远的地方。

当然,一般认为,德里达是法国后结构主义(post-structuralisme)和解构主义(déconstructivisme)的最最主要的思想代表人物。但是,以这样简

---

① Derrida,J.1967c:232.

单的"归类"方式,将德里达说成为某一个特定思想流派的思想家,并不能恰当地表现德里达的思想和理论特点,同样也远没有说明他同后结构主义和解构主义之间的复杂关系。

不管是德里达本人,还是后结构主义或解构主义,都是非常复杂的;而且,他个人和这个派别,原本都是以"不确定性"、"自我生成性"及不断差异化(延异)作为其自身的特征,它们并不希望人们以简单的公式、化约或归纳方式,将它们进行分类,因为它们把自身的"不可归类性",即它们的差异化声明,当成是他们的创造性和不断再创造的动力来源。

实际上,从德里达从事思想创造和理论活动的 20 世纪 50 年代起,在半个多世纪的思想历程中,德里达发表了成百篇大小文章和著作,说出了千差万别的言论,参与了许多不同的实际社会文化运动;他在这些论述、著作和实际行动中,常常使用随机应变的策略,展现出他的独特思想风格。我们必须紧密结合所有相关的具体事件,才能真正展现他的心路历程。

如前所述,德里达始终贯彻差异化的游戏精神,也在他的著作中一再玩弄差异化的游戏策略。这样一来,似乎很难把握德里达的思想原则,很难断定德里达所要想的内容。是的,德里达本来就不打算让他的读者猜到他究竟在想什么,因为他认为这正是好玩的地方。但是,另一方面,为了不使德里达的思想变成固定化、格式化和同一化,还要设法猜测他究竟想什么。猜测他在想什么,是为了知道他究竟不想什么;也是为了知道他可能想或不想什么。为了知道他究竟想什么,就必须结合他想问题和谈论问题的具体环境。

因此,德里达的思想及其性质,只能根据他在具体环境下所写出和讲出的言论、文本及其实际行动来分析。有一次,当德里达的访问者问道:"你是不是暗示:要逐一地依据不同情况来分析问题,不应该事先提出一个基本原则?"德里达回答说:"存在一个原则,但在实行中,必须考虑前后脉络和时机的特殊性。对待一个原则,我在不同的场合,就不会采取相同的决定。"①

---

① Derrida/Roudinesco,162.

的确,德里达是一位"没有身份"的人。他厌恶规定和身份,时时刻刻试图使自身脱离固定的框架和形式,以便显示他自身的不断创造和不断突破自身的形象。

德里达原本就是在差异化的环境中出生和成长的人。首先,由于他对于传统文化及其基本原则的抗争和叛逆,由于他不愿意使自己陷入传统文化的种种惯例的"陷阱"之中,德里达始终宁愿让自己表现出含糊不清的身份。他认为,他自己越是不确定,就越远离传统文化的范围。德里达曾经反复说,历来传统文化所玩弄的最拿手的伎俩,就是首先把某个人界定为具有某种确定身份的人,因为透过身份的确定,传统文化就可以把它的对象控制住。在这一点上,德里达同福柯几乎完全具有同一种叛逆性格。当他接受法国《文学杂志》(Le Magazine littéraire)记者弗朗斯瓦·瓦尔德(Farnçois Wald)的访问时说:"我像其他人一样,想要身份。但是,……每次这种身份总是自我发布,每次一种归属感总是围困我;如果我陷入这种途径的话,有人或有东西就会对我叫道:'当心陷阱,你被逮住了。挣脱锁链,使自己脱身,在别处另行约定。'这不是更富有创造性吗?"①德里达所理解的身份,与传统的定义不同,是针对自身的一种差异,也是没有自身或排除自身的差异。他强调,如果他也和别人一样寻求某种身份的话,毋宁是为了找到自己的差异,或者,更确切地说,是为了找到自己在不断移动中的差异性。因此,对于德里达,如同对于福柯一样,不能从一开始就要求对他有一个明确的身份认识。他的身份,他的思想,他的思路,从来都不是稳定和确定的。正如他自己所说,他希望使自己变成一个能够不断改变自身的面貌的普罗德斯神(Proteus)。这位古希腊神话传说中的海神,能够随心所欲地改变自己的容貌。

德里达是在自由创造的游戏中不断叛逆和不断创造的思想家;他也是在各个不同阶段表现出不同性格和不同研究主题的人物。德里达往往以多种声音说话,他的哲学是矛盾的和不确定的。人们如果仅仅为了了解他,勉强还可以大致地找到他的某些思想特征;例如,我们可以说,他是

---

① Derrida,J.1991c.

后结构主义或解构主义的思想家。但这种概括并不能完全显示他的思想和理论的根本特征。最重要的,毋宁针对他的具体著作或某一个具体环境,对他所探讨的问题进行深入的分析。这样才能把握他的基本精神和基本风格。

德里达蔑视一切"界限",试图穿越各种约束人的界限,他甚至要越出人的界限本身。对他来说,人的最根本的特点,就是不断地以创造精神改变自己。人是要不断追求自由的生存物。但什么是自由? 德里达对"自由"这个词和概念,始终保持一种警惕性,保持一个距离。德里达清醒地意识到:社会上存在的自由,始终都是以这样或那样的代价,以个人失去真正自由的条件而实现的。因此,他承认,他很喜欢自由,但他所理解的自由,并不是"主体的自由"或"意识的自由",因为一切"主体的自由",都是以成为主体过程中所必须遵循的规则作为标准,以牺牲自身的自由、使自己顺从于规范作为代价而实现的。正因为这样,德里达说,他尽管热爱自由,但很少使用"自由"这个概念,甚至宁愿不用自由这个概念。"我对'自由'这个词是不信任的,但这并不是因为我属于某种类型的决定论。这是因为这个词,往往包含对主体或意识(即以自我为中心的逻辑主义)过多的幻想的形上学假设,似乎这些主体和意识具有不依赖于冲动、计算、经济和机器的独立性。如果自由是指超越一切机器游戏,超越一切决定论的机器游戏的"过渡"的话,那么,我就是确认和尊重这种自由的积极支持者;但我毕竟倾向于不讲主体的自由或人的自由。"①德里达认为,在这个生活世界中,到处都存在各种各样的机器和"机关",特别是在语言中。正因为这样,弗洛伊德才谈到经济,也就是无意识的计算、关于现实和快乐的计算的原则以及关于重复和推动重复的冲动等。"只要存在计算和重复,就存在机器。所以,弗洛伊德充分考虑到经济的机器以及机器的产物。同样,只要存在机器,又同时存在超越机器的"过渡":这种过渡,既是机器化的产物,又是对机器计算的对抗和解脱。也正因为这样,在机器和非机器之间,并不单纯是简单的对立,而是

---

① Derrida/Roudinesco,2003:85-86.

存在某种值得大做文章的复杂关系网。我们可以把这个称为'自由',但这个自由仅仅是在可计算性存在的限度内而说的。"①由此可见,德里达所主张的自由,是对于一切设计、计算和诡计的摆脱活动,是一种对抗限制和突破各种牢笼的解脱策略。

这位于1930年7月15日出身于阿尔及利亚犹太血统家庭的哲学家,在20世纪50年代(1952—1956年)就读于巴黎师范学院期间,经受了当时法国思想革命的激荡、冲击和洗礼,从60年代初开始,就以尼采哲学作为基本动力,发扬黑格尔、胡塞尔和海德格尔的反思原则(正因为这样,德里达有时也被称为"3H(Husserl,Hegel,Heidegger)分子"),继承和发展自波德莱尔、马拉美、布朗索和巴岱等人的语言批判路线,借用和改造海德格尔的"解构"概念,超越结构主义,集中批判西方传统形上学和语音中心主义。所以,德里达不是一般的海德格尔主义者,也不是一般的尼采主义者;他是综合胡塞尔、黑格尔和海德格尔,并以新尼采主义的观点,批判胡塞尔的现象学和海德格尔的存在论,试图由此找到彻底批判传统、重建现代文化的出路。

第五节　利奥塔后现代政治哲学的特点

一、后现代政治哲学的一般特征

在《后现代的条件》、《公正游戏》和《非人》等主要著作,利奥塔首先批判以传统大叙述体系为基本模式的正义论,接着,利奥塔进一步提出了后现代社会和政治的合法性问题,作为后现代政治哲学的核心论题。

利奥塔认为,历来从不存在"公正社会"。他尖锐地指出:传统政治哲学总是首先提出作为评判"公正社会"的标准,把公正社会模式化,然

---

① Derrida/Roudinesco,2003:86.

后,反过来要求一切政治哲学论述,都必须以符合统治阶级利益的"标准"和"模式"来展开对各种政治问题的论证。

为了揭露传统政治哲学的公正模式的性质,利奥塔集中批判两种传统的公正性模式,即"一致性模式"和"自律模式"。

利奥塔在批判正义和公正的一致性模式时,追溯到这个模式的真正始祖柏拉图。柏拉图以正义理念作为最高标准,要求现实社会"模仿"他的理念进行正义建构。这样一来,现实的公正社会是由像柏拉图那样的哲学家、理论家或提出的理念和模式而设计出来的。哲学家和理论家成为了公正社会的理念或标准的叙述者和发明者。他们成为了关于正义和公正的论述的"最初话语"的创建者,而现实的公正与这些最初的公正话语之间就形成一种"一致性"的关系。利奥塔尖刻地指出,现实的公正不折不扣地成为了"不在场"的"现实"。换句话说,所谓"公正社会",无非就是那些由一批政治哲学家所提出的公正理念的"再现"(représentation)而已。

利奥塔认为,传统政治哲学所探讨的公正和正义,都是"指谓性命题",它们指涉着"公正",但那只是在话语间的相互"一致"的命题关系,与实际的状况无关。

利奥塔进一步分析了西方传统政治哲学的"公正"论述的"双重运动方式",即一方面作为理论而运作,另一方面又带有实行其公正模式的措施程序规定。这就像福柯所说的"论述的实践"(la pratique discursive)。一切论述都是由论述本身及其论述的实践所构成的;它们既表现作为理论的论述的逻辑结构和特征,又展现为一系列付诸实践所必需的策略、程序和技术。

基于上述分析,利奥塔还说,属于指涉性的陈述命题,是用以对其指涉的对象作出判断;属于实践性的部分则是具有规范化的功能,用以发挥其法律、判决和断定的职能。但是,整个"一致性"模式的提出和贯彻,恰恰掩饰了它的两种运作方式,使之展现为貌似公正和具有"客观公正"的表面特征。

至于第二种类型的公正模式,利奥塔所指的是所谓"主体自律模式";它是由法国的卢梭在他的《社会契约论》中提出来的。卢梭认为,只要是全社会人民所自由接受的"契约",就可以保证这种契约既能够约束大家,又可以保留人民的自由意志。因此,所谓公正就是主体意志的体现,它是主体自主自律的结果。

利奥塔认为,公正的自主模式具有参考意义,因为它倡导由主体自律发出的公正性,而这样一来,公正性既成为主体发出和说出的规范性陈述,又是主体意志的体现。主体是法律、道德规范和各种律令的作者,具有对规范负责和权威性,同时也确认主体自身的自由。

但是,根据对叙述结构的分析,实际上没有一个陈述发出者是自主的。经过人类学大量调查所收集的资料表明:一切神话叙述者首先就是接受者,他是他律的,而不是自律的。在最原始的人类那里,一切神话叙述都是根据"听来的故事"而被复述出来,而且,每次复述都免了讲述者的名字。所以,在神话流传的过程中,每个接受者,根据听来的故事,不再提醒转述者的名字,使每个复述者,既是新一轮讲述的听者,又是新叙述者;而且,每次新一轮讲述,听者和讲述者都有权编造新的情节,使自身成为故事的主人公,成为叙述的说明者、讲述者、发出者,又不强求听者全部接受其故事的具体规定和细节,从而给予新的听者重新编造故事的自由。

利奥塔很赞赏这种通行于原始人中的"听者哲学",主张使之替代西方正统的"说者哲学"。而且,利奥塔由此指出:"人们是通过听,而不是通过说以进入语言的。"①

利奥塔把这种通行于原始人的文化创造模式称为"异教主义"(paganisme),以与西方传统的思维和表达模式,即主体中心主义的模式,区别开来。

这种异教主义模式的优点是:第一,强调多种语言游戏规则并存和共时地运作;第二,反对主体中心主义,反对主体的权威性和永久的作者地位,当然也反对作者对其叙述占有的垄断权;第三,反对统一的标准,主张无标准的思维与创作。这一切为后现代主义所主张的"反共识"提供方

———————

① Lyotard/Thebaud, *Just Gaming*.University of Minesota Press.1985;35.

便,也为最自由的意志和政治活动提供最广阔的前景。

从理论上讲,利奥塔后现代主义政治哲学的基本论题,是立足于语言游戏的原则而集中批判传统理性主义政治哲学的总体性原则。

利奥塔认为政治上的正当性危机的根源就是理性的科学论述合法性的危机本身。自柏拉图以来的西方政治哲学一直是靠本体论论述为科学知识提供合法性基础,利奥塔把这种论述模式称为"大叙述"(Grand narrative),或"元叙述"(Meta-narrative)。利奥塔说:"我用'现代'这个术语指称所有根据某种元叙述而为自己立法的科学……"[1]根据利奥塔的分析,现代元叙述大致可分为两种类型:法国式的启蒙叙述和德国式的思辨叙述。在这两种类型的元叙述中隐含着形而上学理性和工具理性的统一。由这两种理性的合二为一,构成了现代以来包括科学在内的一切合法性的基础。因此,现代政治的合法性和正当性,也是以上述两种理性的结合所产生的"总体性"作为基础。

利奥塔进一步指出,基于两种理性的统一而产生的"总体性",也是一个"发展"的概念,也就是说,将理性的最终实现投射到未来的现实,并使工具理性转变为对完善的无限追求。

问题在于,作为一个全新的理念,作为一个全新的时代的标志,正如哈贝马斯所指出的,现代性不能、也不会再从其他时代那里,寻求自己的标尺;它必须从自身中寻求规范性和合法性。也正因为这样,哈贝马斯把现代性看做是一项未完成的事业。换句话说,哈贝马斯承认,现代合法性实际上尚未确立。

但是,对于利奥塔来说,他比哈贝马斯更加对现代性的合法性持怀疑的态度。利奥塔明确指出:技术科学以其完成的现代性形式而破坏了现代性,也就是说,现代性一方面由于把人自己变成了"自然的主人和拥有者"而自我实现,另一方面又由于"当代技术彻底地颠覆了现代性事业本身"而破坏了现代性。显然,利奥塔不像哈贝马斯那样乐观,看到了现代性隐含着带有深刻危机的悖论。在这种悖论中,利奥塔看到了危机本身

---

[1]　Lyotard, *La condition postmoderne*. Paris. Minuit. 1979: xxi.

的不断增长及其不可克服性,而且也看到其中真与善的脱离。不但如此,科学技术越发达,它离理性所允诺的合理现实就越远,因而,现代性的合法性本身就越面临严重危机。这就表明,由现代性所推动的科学技术的发展,不但未能完成现代性的普遍的社会理想,反而加快了其合法性丧失的过程。

利奥塔指出,现代性的上述悖论集中体现了现代性政治的危机。为了克服现代合法性的危机,政治哲学除了彻底放弃传统论述模式以外,没有别的出路。由希特勒一手制造的奥斯威辛浩劫标志着现代政治哲学本身的自我否定和彻底死亡。

为了寻求克服现代性的合法性的出路,利奥塔引入后现代概念,作为对现代性元叙述的彻底怀疑,并由此导出新型的正当性基础的本体论根据。

正是在这个意义上说,后现代不是现代性的对立面,而是现代性困境的描述,是对现代性疑难的再思考。也正因为这样,利奥塔后来又说,后现代的真正目标,是重写现代性。

重写现代性就意味着从现代性的总体性概念中走脱出来,在解脱总体性压迫的彻底自由的条件下进行正当性的自我重建。

利奥塔早就指出,作为现代性合法性危机的基础,总体性表现了一种压迫的关系,也就是体现了元叙述的论述模式对异端的多种可能叙述模式的压迫。因此,现代性必须向总体性挑战。解除总体性就是寻求最自由的论述话语的多样性的可能性,"我们所要做的就是以惊异的目光凝视话语种类的多样性,就好像观看千姿百态的动植物那样"。

正是为了寻求论述话语的多样性,利奥塔引用了维特根斯坦的语言游戏概念,以便"强调语言事实,尤其是语言事实的语用论方面"。语言游戏的珍贵之处就在于保障了各种语言游戏类型中说话者、听者和说话所处的具体环境之间所形成的复杂关系。这样一来,各种不同类型的语言论述,都可以使说话者、听者和具体环境之间形成多元的自由关系,不受任何一种固定的规则的约束。

丧失了总体性原则,会不会导致整个社会的混乱,甚至陷入所谓的野蛮状态？利奥塔指出："大多数人都不再怀念失去的叙述。但这并不意味着他们陷入野蛮状态。拯救他们的是这样一种认识，即合法性只能来自每个人自己的语言实践和交流互动中。"也就是说，多种的语言实践和交流模式及其运用的高度自由，就是未来的真正具有合法性的正当性基础。

后现代的正当性所追求的是不确定性、灾变和实际的悖论。不确定性和灾变以及各种悖论是人类思想自由的正常状态。正因为这样，未来的新型合法性不是生产已知，而是生产未知；不是用来预测，而是为了开辟各种可能性。这样一来，未来的政治和科学将彻底摆脱决定论的模式，在不确定性中寻求不断地创新，克服各种具有约束性的共识，以寻求差异性为目标。

显然，利奥塔对共识的否定是针对哈贝马斯的，因为哈贝马斯的沟通合理性政治哲学太迷信共识，以为通过合理的协商可以获得新的合法性基础。利奥塔的合法性新概念一再地使用歧义来表达未来各种思想观点和论述之间的不可通约性，即不可统一性。

二、对现实政治的关怀

同福柯一样，后现代主义者都集中关注当代政治的权力运作及其论述，特别分析了其政治策略。后现代主义的政治哲学不同于传统政治哲学的地方，首先是把政治当成一种论述体系；但是，接着，他们并不只是从书面论述出发，而是把重点整治论述的实践及其策略，指向国家政权的实际权力操作及其策略和程序。而且，后现代主义者往往关注与当代实际政治生活密切相关的问题，针对实际发生的政治事件，一方面论述他们对现代国家的批判，对现代国家政权的合法性和正当性，提出质疑；另一方面揭示现代国家操纵国际政治的权术策略，对目前世界的不合理的政治秩序进行无情的分析。他们几乎打破传统政治学的理论体系，也不采用传统政治学的基本概念和方法。

首先，后现代主义者很重视从市民社会的基本观点来观察西方社会从"现代"到"后现代"的转变,他们更集中地围绕个人和社会的相互关系这个主轴,探讨后现代社会的基本特征及其政治制度的可能形式。

其次,市民社会的观念已经有很长的历史,而且,在当代的各种争论中,也产生过许多不同的论述方式。① 在当代政治学界和社会学界中,各派思想家在探讨现代社会和后现代社会的基本特征时,之所以特别强调现代社会的"市民社会"性质,正是因为它是以自由民主和尊重个人基本人权为基本原则的现代社会的社会基础。作为市民社会的现代社会,其优越之处及其生命力之所在,正是在于承认:在这种社会中,由完全自由的个人所组织和参与的各种多元团体和协会的存在的正当性。由多元的自由群体和协会所构成的社会网络,正是对抗各种具有极权倾向的国家主义的强大社会力量;通过各种由个人所自由组织和参与的团体和协会,才有可能粉碎和抵制试图把每一个公民和社会成员化约成由国家所控制的权力机器的一部分的专制倾向。所以,在目前的情况下,强调市民社会正是为了牵制国家权力的膨胀,重视公民的"自我"同社会之间的相当大程度的相互依存性,同时也是为了发展公民的各种权利,扩大民主制的社会基础。

在 17—18 世纪,正当现代社会处于刚刚形成的阶段,由现代思想家所论述的市民社会,主要强调它的(1)个人主义性质,(2)商业性和生产性,(3)和平协商性。② 康德(Immanuel Kant,1724—1804)特别强调市民社会的个人主义性质,并明确指出:"一位公民所具备的最起码的本性,就是他必须成为他自己的主人(he must be his own master),同时他必须握有某些财产(must have some property),以便支持和维护他自身。"③弗格森(Adam Ferguson,1723—1816)也说:"对于古代希腊或罗马来说,个人什么也不是,而公权力却高于一切。对于现代来说,在欧洲的如此众多的民族中,个人高于一切,而公权力才什么也不是。"④

① See Cohen,J.L./Arato,A.1992;Gellner,E.1996;Hall,J.A.1995.
② See Hume,D.1994;Ferguson,A.1995;Kant,I.1991.
③ Kant,I.1991:78.
④ Ferguson,A.1995:57.

　　相对于古代社会,现代社会中的市民社会在处理个人间和团体间的各种争论时,主张尊重每个人自由民主权力的容忍和竞争并行的制度,主张以和平协商和讨论的方式而取代并避免暴力介入。① 卡尔·波普尔(Sir Karl Raimunel Popper,1902—1994)指出:"对于民主,我并不把它理解为'人民统治'或'多数人统治'这样一些含糊不清的东西,而是把它理解为一种无须使用暴力就能够授与或罢免统治权的制度。"②因此,把市民社会和民主制简单地归结为"主权在民"是非常模糊的,不但不能显示市民社会和民主制的本质特征,而且有可能将它同其他社会混淆起来。

　　这样一来,市民社会中各种舆论、媒介、传播、争论、决策和政策实行过程,在原则上都不容许有任何"黑箱作业",不允许任何不透明的讨论、决策和政策施行过程。这一过程是为了保障市民社会不仅存在建立于公众自由平等协商基础上所产生的共识和协议,并通过这种协议而协调个人间、个人与团体间的共同普遍利益,而且,使市民社会真正变成具有思想自由的公民个人所共同建构的"有思想的社会"(sociétés de pensée)。

　　利奥塔等人比古典资本主义时期的思想家更加强调市民社会的透明性、公众性、沟通性、自由思想性和语言论述的自由竞争性。③

　　同现代社会相比较,后现代社会的市民社会结构,并不是古典资本主义市民社会的简单翻版,但又不是它的简单继续和发展。在后现代社会中,只是原有市民社会的基本精神,也就是尽可能高度发挥市民个人的自由创造精神和自由表达以及自由参与社会事务的特征,发展到最大限度;也就是说,在后现代社会中,具有固定组织形式和职能的各种社会组织、管理机构和国家政权,都纷纷被否弃和被不断批判,以便尽可能减少它们对于公民个人的约束。在这个意义上说,后现代社会具有某种无政府主义的性质。

　　由于后现代社会中个人自由和自律的无限膨胀,原来在古典资本主义社会中发展起来的市民社会和民间社会,作为一种个人对抗整体社会

---

① See Machan,T.R.1998.
② Popper,K.R.1956:Vol.Ⅱ.151.
③ See Habermas,J.1993[1962].

和国家政权的形式,无论在组织制度和活动形态方面,都表现出极端无政府主义的特征。后现代社会中的市民社会和民间社会是个人自由的真正王国,是追求极端自由的后现代个人回避和对抗国家和社会约束的一种特殊领域。正是在社会和公权力无法顾及的领域中,高度自律的个人可以蔑视法制和道德规范的存在而任意行动。这种领域,以多种多样的存在和活动形式,例如采取夜间活动的酒吧和家庭联欢会等形式而渗透于社会的各个角落。

正是在这个意义上说,极端自由主义经济学家诺齐克(Robert Nozick,1938—　)在他的《无政府主义、国家和乌托邦》(Anarchy, State and Utopia,1974)一书中所论述的社会状态及其自由竞争模式①,在一定程度上,表达了后现代主义者的后现代社会的理想境界。在这本书中,诺齐克一方面论证了"最低限度国家"(minimal state)的正当性及一切非"最低限度国家"的非正当性;另一方面,也论证了分配的正义(distributive justice)的基本原则。诺齐克的论述当然只是发挥了极端自由主义的理念,而且他所依据的基本原则和出发点也是古典的洛克式的"自然权利论",但是,由于诺齐克所追求极端自由主义包含着后现代主义者的"不确定性"概念的基本因素,所以,在这个意义上说,不但极端自由主义同后现代主义的自由理念具有许多共同之处,而且,作为古典自由主义理论基础的自然权利论,也同样包含了后现代主义对于人的自由理念的因素。尽管后现代主义者不断地批判古典自由主义,尤其是批判作为现代社会和现代国家建构基础的自然权力论和社会契约论,但是,在这里,我们又看到了后现代主义在追求绝对自由的不断批判中,实际上又不断地同它所批判的经典理论相遭遇,同时,他又在某种程度上返回经典理论的基本观点,类似于重复经典理论的基本精神。为了对这种反复回溯经典理论的尴尬状态进行辩解,后现代主义者可以用尼采的"永恒回归"的口号加以说明,同样也可以用游戏理论中所强调的"自由来回运动"的原则来掩饰。这也说明,自然权利论作为现代社会的理论基础,由于肯定

---

① See Nozick,R.1974.

个人自然权利的不可替代性和不可化约性,由于肯定每个社会成员都具有社会契约所必须保障的神圣不可侵犯的自然权利,同样可以作为后现代主义论述后现代社会的一个出发点。在这里,再次看到:后现代社会尽管具有其自身的特征,但这些特征在许多方面又已经隐含于现代社会之中。

后现代社会无政府状态的特征,当然从另一方面否定了国家机器和统一政权的必要性。这一基本特征,又同后现代主义者反中心、反大一统和主张多中心、边陲化以及不断区分的基本原则相一致。绝大多数后现代政治哲学家都批判国家政权的正当性,都主张以高度自由和多元性的社会共同体取代现代社会中由高度组织化的国家机器所控制的现代市民社会。也正因为这样,后现代主义所主张的无政府状态,又是他们批判现代市民社会基本模式的结果。

简单地说,后现代理论家对于现代社会所提出的挑战主要表现为以下四大方面。

第一,对于一切有关现代社会的"大叙述"论述体系提出根本性的质疑,并对这些长期被认为有利于现代社会的传统意识形态的正当性进行批判。"大叙述"论述体系所论证的有关"善的社会"的理想以及它们所设计出来的达到这些理想的种种方案和程序,统统被否弃。各种大叙述论述体系总是千方百计论证:存在着某种达到现代社会理想境界的普遍指导原则。但后现代思想家否认这些基本指导原则的必要性及其正当性,并以实际过程证实:这些基本指导原则不过是用来排斥和否定各种不同意见,甚至有可能导致以这些原则为基础所建立的各种专制主义。

第二,后现代思想家否认任何单一政党或是社会运动的普遍代表性。现代社会中各种政党和社会运动,总是标榜它们可以代表社会大多数人的意见和利益,甚至标榜它们自己可以引导社会走向理想的"善的社会"。后现代思想家们认为,多元主义和歧义性才是当代社会的基本特征,而任何试图将多元和歧义统一到一个统治中心或统一到单一的社会秩序中的努力,都是要失败的。

第三,后现代思想家主张鼓励各种各样新的社会运动,并尽可能保持和发展这些社会运动的多元性、分裂性、竞争性、零碎性、变化性和不确定性。在他们看来,后现代社会是以断裂和各种无中心的碎片所组成的结构。后现代思想家反对经典的现代社会中遗留下来的各种以官僚形式所组成的政党。他们所追求的是不断分裂和不断产生的新社会运动,并期望这些多元的和不断变化的新社会运动进一步促进社会的多元化和变动性。

第四,对现代社会的科技知识的信息化进行彻底的揭露和批判。后现代思想家们认为,科技及其信息化使当代社会的性质和结构发生了根本的变化。当代社会的变动性、不确定性及其不可预测性,正是源于当代科技的强大创造力量和控制力量。

后现代主义在批判现代社会意识形态的时候,尤其批判它们所标榜的"批判"、"观点"和"代表性"。一般说来,现代社会意识形态总是强调它们所具有的"批判精神"、"客观的观点"和"普遍代表性"。后现代主义者不相信任何具有客观和普遍精神的理性,也不承认具有标准化和规范化的语言论述的正当性,更不相信会有任何一个社会团体或阶层,可以成为历史发展的"主要动力"或"社会普遍利益"的代表者。在后现代思想家看来,任何大叙述体系,都是作为社会部分阶层或团体的意识形态,它们所宣称的客观性都是虚假的。即使靠所谓客观的理性和规范化的语言论述所表达出来的各种观点和政策,也缺乏其正当性。

后现代思想家利奥塔认为,整个社会其实是靠掌握不同财富和文化资本的个人或集团之间的语言游戏而构成。语言游戏将相互分裂或对立的各个成员或派别联结成一个虚假的社会整体。因此,在语言游戏中的各个成员都没有资格声称自己是代表全社会说话或进行论述。他说:"所谓社会主体本身也在语言游戏的这种散播中不断解体。社会连带是语言性的,但它不是靠单一的线而联结织成。它是靠遵循不同规则的语言游戏中至少两个成员之间的相互交错而形成的交织物。"①

后现代思想家利奥塔在说明这个社会的性质时,强调指出,现阶段资

---

① Lyotard,J.-F.1979:32.

本主义的经济发展,在各种技术剧烈演变的支持下,是同国家功能的根本转变相辅相成的。在这种情况下,对于经济和整个社会的协调和再生产的功能,越来越集中在行政管理技术人员和各种自动化机械设备(automates)。整个社会的各重大事件和重大决策过程,都越来越依赖对于信息的掌握,而各种信息的掌握和处理又越来越集中在各种类型的专家集团中。所以,现代社会中的领导阶层同时又是决策阶层。他们不再是单靠传统政治集团来构成,而是靠各企业主、高级公务员、各专业机构的领导层级以及工会、政治和宗教团体的高级干部。每个人都回到其自身,但每个人都知道这种自身本身又是很微弱的。自身是微弱的,但不是被完全隔离,而是被纳入到一个前所未有的高度复杂和高度运动着的关系网中;每个自身都被放置在复杂的沟通网络的各个纽结中。①

在利奥塔看来,后现代社会也同样面临着公正和正义的问题。但是,他不同意约翰·罗尔斯(John Rawls)从古典理论中推衍出正义的基本原则,也不同意单纯从专家、哲学家或权威人士的论述中寻求其正当性。同时,利奥塔也反对柏拉图、亚里士多德到洛克(John Locke,1632—1704)的古典正义论,反对马克思的正义论。在利奥塔看来,上述种种古典理论都是依靠陈述性或意谓性的理论论述,依靠预设的哲学形而上学关于正义的论述,依靠作为"论述背后的后设论述"的逻辑。

利奥塔认为,真正的公正是在语言游戏中约定而成的;而且这种约定具有相当大的灵活性、相对性和变动性。利奥塔反对用统一的固定公式或教条来理解正义和公正的问题。

对于任何人来说,社会契约以及有关正义的一系列重大社会问题,首先都不是认识问题或理论问题。任何人,只要他生活在现实的社会中,从一出生就面对着一系列有关契约和正义的问题。在任何人学会说话和进行思考以前,就已经存在和通行着大家所共同承认的有关公正和正义的论述和话语。因此,公正和正义问题的产生、认识、讨论、实行和契约化的问题,实际上也是属于一种语言游戏。在这种语言游戏中,人们为了

---

① See Lyotard,J,-F.1979:29-31.

"说"和讨论正义问题,就个人而言,首先是"听"正义的问题,也就是在社会生活中反复聆听有关正义的一切讨论,包括具体的和抽象的各个方面。没有一个人是天生就会"说"和讨论正义的。

维特根斯坦(Ludwig Josef Johann Wittgenstein,1889-1951)在分析语言游戏时,详细地描述儿童学会说话的过程①,具体地引用工人使用工具箱进行劳动的过程②;同时也借用一座城市的建构和变迁,说明语言和说话过程就是人的基本生活形式。因此,任何语言就相当于一座一座的古城市,从中可以看到一代一代的人其基本生活形式的演变。③ 维特根斯坦还借用下棋的过程说明语言的使用。④ 对于维特根斯坦来说,"服从一个规则,作一个报告,发出一个命令,玩一种棋,就是习惯(使用、制度)"。⑤ 从维特根斯坦的上述语言游戏理论中就已经可以看出,像"正义"这样重要的社会基本问题,其约定的过程,就是游戏的过程。在这游戏过程中,既不能单纯从个人的角度,也不能以绝对隔离的观点试图寻求游戏的绝对开端。

利奥塔在谈论"共通感"(sensus communis)的时候说:"共通感之于美学之中,就如同一切有理性的生存物都在伦理道德中实践一样。这里存在着向共同体发出呼吁的问题;而这个共同体是先天地自我形成的,并不需要直接表现的规则而进行自我判断。这仅仅是因为该共同体借助于一个理性的概念、自由的理念,而在人们的道德责任感中被接受"。⑥ 关于共通感的上述特征是利奥塔在讨论康德的美学品味概念的先天性和普遍性的时候谈论到的。其实,人们关于公正和正义的意识和观点,就是类似这种共通感的东西。它是无法通过哲学推论或认识过程,也无法通过科学观察和论证,而是在人们所参与的社会共同体的反复而无意识的实践中产生和发生效果的。对于正义的共通感,只能通过在适当阶段内运

① See Wittgenstein,L.1968[1953]:4.
② See Ibid.:6.
③ See Ibid.:8.
④ See Ibid.:47.
⑤ Ibid.:81.
⑥ Lyotard,J.-F.1983:243.

作的社会共同体,通过相当数量的人类群体的反复实践活动,才能有所理解,并在此基础上,进一步理解有关正义的约定过程。

利奥塔主张辩证地看待正义的约定活动。在这点上,利奥塔部分地赞同卢梭(Jean-Jacques Rousseau,1712—1778)对于契约的解释和说明。卢梭不同于柏拉图,不主张求助于科学探讨正义问题。卢梭明确地指出,正义和公正完全是由人的自由意志来决定。

但是,利奥塔认为,卢梭的所有这些观点也只是停留在理论层面。如前所述,社会契约和正义的问题,都是在人的社会生活的实际运作中提出来,并又在现实中以无意识的约定游戏和语言论述游戏实现的。正因为是属于游戏问题,所以,契约和正义问题在任何时候和在任何社会中都不可能绝对完善化和一劳永逸地获得解决。

在利奥塔看来,公正和正义的问题并不存在客观的标准。这是因为正义问题在很大程度上取决于生活在特定社会地位的人的利益和具体意见。它不像科学活动那样,有客观存在的研究对象。

正义问题也不属于形而上学和理论问题。正义问题关系到特定的人或人群对于特定历史阶段的特定社会问题的看法,也关系到表达和论证这些看法的不同语言论述。就其语言论述的性质和结构来说,正义问题不可能采取高度概化和抽象化的后设语言论述形式。否则,正义问题就脱离了同具体社会活动和同人的具体利益的直接关系。实际上,历代哲学家和理论家以及统治集团的人物,就是利用这种抽象化的手法,把正义问题神秘化。

对于正义问题的各种看法,实际上是赋有不确定性和多变性的"意见"(opinion)。由于正义问题不属于科学,利奥塔把正义归结到"意见"的范畴。什么是意见? 利奥塔引用了康德关于"意见"的定义。根据康德在《纯粹理性批判》(*Kritik der reinen Vernunft*,1781)中有关意见、科学和信念的论述,所谓意见,是一种不论在客观上或者在主观上都意识到不充分的那种信念。从这个观点来看,意见属于主观的领域,而且更确切地说,是属于缺少方法的主观意识。也正因为这样,在习惯上经常会把意见同先入之见和偏见相等同,有时也把意见看做是"前科学阶段的认识"。

"意见"的这种性质,使思想家们往往把它的产生根源归结为教育或者是社会习惯的问题,而不是属于真理的问题。① 意见虽然不属于科学领域,但它又是包含着对于特定对象所作的具有价值意义的判断。在这个意义上说,意见又不同于态度。意见往往是不稳定的,而且它往往是针对一些有限的对象和事物。也正因为这样,一般进行的民意调查,往往是在一个特定的时刻,对于一些短暂出现的现象进行了解,并不要求对于更深的原因和本质问题进行研究。在这种情况下,一般所谓公众意见,无非就是对于一群个人的标本进行调查,然后总结他们所表达的各种意见。所以,有时也把"意见"看做是与价值判断无关的事实判断。这样一来,这里所说的意见,就更接近"信念"。

"意见"的上述性质,自然就使意见具有相当大的主观性,并随着发表意见的个人的不同地位、不同时期和不同主观情绪而变化,同时也随不同的意见对象而变化。

在讨论正义问题时,不同的人所发表的不同意见,还表现在他们发表意见所采用的语言论述形式。这就是说,讨论事物是否具有正义的性质,或者讨论某个判断是否公正,都关系到语言论述的形式。在利奥塔看来,关于公正的问题,在语言论述中只能采用"逐例说明"的论述方式。换句话说,是否正义或公正,只能在讨论具体有限的事例中才能得出恰当的结论。"说"公正不公正,只能是"说某事是否公正"。任何人都不能以同一绝对标准,同时说各种事都是公正或不公正。

正义问题不应该普遍化和永恒化。利奥塔认为,世界上和历史上从来没有出现过永远公正的社会和永远公正的个人;也不存在适用于一切时代、一切情境的绝对公正标准。当然,利奥塔并不排除有些人可以做到经常地公正,但他不可能做到永远地公正。

正义问题作为某种社会约定,会产生一定的社会历史效果,但这是通过语言游戏来实现的。反过来说,正义问题的存在本身,就是谈论正义问题的语言游戏的效果。在不同的社会中,不同的人群谈论正义问题和按

---

① See Kant,I.1781.

照正义标准处理社会事物,但这并不是说人们在思想认识上和在逻辑上要弄清正义是什么。

传统文化总是论证说,正义问题是在共同体一致认识正义的标准和正义的定义的基础上才被提出来和被贯彻的。传统文化甚至提出了正义的哲学基础和后设语言论述原则。在西方,柏拉图就是试图这样论证的第一个思想家。但利奥塔认为正义问题的存在及其社会效果,与其说依赖于科学、认识论和逻辑学论证的力量,不如说更密切地同语言游戏中的约定活动相关联。

利奥塔认为,语言游戏的约定功效与描述不同。约定从一开始在一个共同体内被提出来,就已经包含着产生约定效用的共同期望。这种发自约定语言论述本身的内在力量,同约定的语言论述的表达和沟通过程同时地在共同体内的个人间呈现出来,因而也就在同一个共同体的个人间产生了某种强制性的、迫使他们接受的客观气氛。这种气氛虽然看不见或触摸不到,却客观地存在,而且形成了同每个人的内心责任感和共识感相通的一种压迫感,要求每个人对于他们所共同提出和讨论的正义问题产生服从和接受的情感。他认为这并不神秘,这是同社会中的语言游戏紧密相关的,既不必大惊小怪,也不需要动辄以科学真理的标准去衡量。语言游戏既然是人的日常社会生活中无时无刻进行的活动,不管人们是否意识到、认识到这种语言游戏对于人的生命存在、文化和整个社会的正义问题的重要性,事实始终还是事实,语言游戏在实际上同时导致了正义问题的提出、判断和社会效果的实际状况。利奥塔很喜欢用上帝同犹太人的关系作比喻来说明上述约定语言游戏的性质和效果。

犹太人作为犹太教徒,世世代代生活在同一个共同体内,并使用同一种语言,进行同一类的语言游戏,来维持他们一代又一代类似的生活方式,创造出他们共同体特有的文化和宗教信仰。所有这一切,都是同他们所进行的语言游戏相关联。甚至可以说,是语言游戏把上述各种社会活动和社会因素在时间上和空间上连接起来,成为一个有生命的统一体。语言游戏的这种性质,使它成为了犹太人共同体的社会历史文化生命的枢纽。犹太人之间的这种语言游戏,使每一个犹太人从学会说话的时候起,就信仰他们的上帝,尽管他们自己也说不出"上帝"究竟是什么。无可争辩的事实是:当犹太教徒学会说话、并说出上帝的时候,从感情上和内心深处,就同时产生出对于上帝的敬仰和服从感。

同样的道理,对于约定式的语言论述所形成的各种带强制性的社会制度、规范和法律,人们并不是先从明了它们的定义,或者确确实实感受到它们的客观存在,或者真正地通过检验而肯定它们的实际威力之后,而是在说话论及这些社会制度、规范和法律的时候,人们就不知不觉地从内心中产生出必须遵守和服从它们的精神力量。当人们说某一种法律的时候,我们并不知道这种法律究竟说什么,但人们却自然地产生必须服从这一法律的感觉。这种感觉就是来自谈论法律的语言论述本身。

当然,对于各种各样的法律的语言论述所产生的强制感和服从感,不能简单地和孤立地归结为这一句或那一句具体讨论法律的语言论述,因为这种隐含在语言论述中的强制性服从力量,是在某一个共同体长期历史实践中、对于整个社会的正义结构的不断约定式论述游戏中积累的。而且,上述谈论具体法律的语言论述游戏所产生的强制性力量,又同整个社会和共同体关于所谓"法律的法律",也就是"后设法律",或者"法律本体论基础"的看法和情感联系在一起;而这种所谓"后设法律"就隐含着"法律是公正"的声称。在这里,"后设法律"何以有资格和有权力声称"法律是公正"的并不重要;重要的是,当我们谈及法律的时候就形成服从的行为,同时也产生"服从就意谓着公正"的感觉。这一切,就是语言游戏的神秘力量;而它只能在游戏活动中体现出来,绝不能靠理性论证或科学检验发现的。

语言游戏的理论,在利奥塔那里,不仅对于分析和批判现代性和传统西方社会,而且对于理解后现代社会的性质和结构,对于如何在后现代社会的条件下进行自由的生活,都是非常重要的。在这种情况下,语言游戏不只是利奥塔的基本社会观,也是他分析的方法论基本原则,同时又是追求最自由的生活的指导原则。

以语言游戏的理论去看待人的生活和思想活动,使利奥塔选择艺术创造活动作为生活的蓝本和达到真正自由的领域。

利奥塔所追求的后现代艺术,用他的话来说,就是"在现代的范围内以表象自身的形式,使不可表现的事物实现出来;它本身也排斥优美形式的愉悦,排斥趣味的同一,因为那种同一有可能集体来分享对难以达到的往事的缅怀。同时,它往往寻求新的表现,其目的并非为了享有它们,倒是为了传达一种强烈的不可表现感。""我们的任务并非提供实在,而是要创作出对不可表现之物的可以想象的暗指。"①

由此可见,利奥塔对于当代社会的批判和对于未来的期望,都是以寻求最新自由的可能性为主要原则。人类社会和文化的发展,虽然始终都是建立在现实条件的基础上,而且,没有任何一种新的成果可以摆脱已经取得的实际成果。但是,在实质上,人类社会和文化都是以寻求和扩大新的自由作为真正的动力。

在利奥塔看来,所谓新的自由,不仅应该是现实中未曾存在的可能性,而且也是未曾被预料的、同时又是不可表现的和不可表达的可能性。然而,作为人的自由,具有所有这些特征的新自由,又应该通过它在现实社会和生活中的呈现而被人们意识到,并不断地被人们所追求。在所有新的自由的可能性中,只有不可表达的,才是最具有吸引力的前景。因为只有它才能成为人的想象的自由,为其追求者提供永远填不满的欲望的动力,又提供了永远没有界限的创造潜力。

在利奥塔看来,不可表现的可能性,应该是没有固定的形式,并在形式变化之后不断提供朝向新形式转化的可能性。一旦有了形式,一旦转变成形式,就不是不可表现的。

不可表现的事物成为了永无止境的新自由的可能性象征。后现代主义的社会观把这种不可表现的自由当成最核心的观念。

不可表现的可能自由,只有在真正自由的语言游戏中才能被体会,才能被实现。也就是说,要追求无止境的新自由,首先必须使自己参与真正自由的语言游戏。真正的语言游戏是开放的语言游戏活动,它是在参与中和实际运作中才能呈现的游戏。任何人都无法为它界定其内容和形

---

① Lyotard,J.-F.1979.

式,也无法界定其未来趋向。

第六节　利科的现象学政治哲学的特征

一、现象学政治哲学的基础

　　利科的现象学政治哲学不是简单地重复胡塞尔和海德格尔的现象学政治哲学原则,而是相反,通过对上述两者的批判和反思,通过对诠释学以及包括基督教圣经、人文社会科学各个学科的长程迂回的中介,通过对"恶"与生命的严峻关注,深入地揭示政治悖论的内在矛盾,揭示人性的弱点和可错性,展现正义性本身的复杂内在矛盾,特别是分析正义原则实现过程所必须偿付的巨大代价,其中包括正义原则实现过程所必需的制度化建构中付出的代价,同时强调重建正义原则必须走出具有暴力性质的论述和合法的程序形式之间的矛盾,并一再地强调脆弱的人性隐含的"恶"的可能性在重建正义事业中的人类学意义。

　　显然,利科从第二次世界大战结束所经历的曲折政治经历中,总结出越来越深刻的现象学政治哲学原则,不再满足于以胡塞尔的个人主观意向性为基础的现象学反思原则,也不满足于海德格尔建立在对"此在"的现象学诠释而建构的政治哲学,试图总结第二次世界大战后,包括20世纪50—60年代发生的匈牙利事件、1968年学生运动、苏联社会主义国家集团的政治迫害事件等的历史教训,同时,也总结冷战期间两大阵营对立以及全球化后所发生的各种不可预测的地区性战争所带来的人类苦难,总结欧盟建立过程中有关民族传统与人权维护等问题的争论的政治意义,用创造性的现象学方法,深入分析政治哲学中长期未能解决的难题,其中首先是有关政治本身的矛盾,更具体地说,是当代民主制本身的矛盾。

　　民主制的矛盾隐含着人性的矛盾。为了分析人性的矛盾,利科跨越人文社会科学各个学科的学科界限,从人类学、神学、精神分析学、语言学和社会学等角度,集中地分析恶的问题,试图从"恶"在人性中的隐埋性及其顽固性,揭示民主制建设中始终无法避免的人类学研究课题,即充分意识到人性本身的脆弱和复杂性,承认人性必然包含脆弱性,克服对人性怀抱理想主义的空洞理念,深入揭示人性的人类学、历史学、社会学、心理学和神学的基础。

利科认为,任何政治问题离不开对人性的全面的多学科研究,离不开对人性的旷日持久的精细探讨,并把"恶"同生命之间的相互重叠关系列为政治研究的重要课题。

长期以来,利科从现象学角度深入研究道德和自律的政治问题,深入分析人的意志的结构,以便探索人类思考和行动的伦理学基础。利科早在《意愿者与非意愿者》这本书中,就把对于人类行动的意志基础的分析,列为政治哲学的重要问题。同时,利科也像梅洛-庞蒂一样,从身体和精神的双重层面,研究意志和情感及其同行动的关系,以便深入分析"在世"的主体的具体行为的社会条件对于主体内在精神世界的复杂关系。

利科对第二次世界大战后政治现实问题的观察,最终可以归结为"政治的悖论"(paradoxe politique)。所谓政治的悖论表达了第二次世界大战后政治的多重表现和复杂功能转变。

首先,第二次世界大战后政治表现为国家越来越朝着双向发展:一方面,国家越来越加强其"合理性",另一方面,国家在滥用权力方面越来越显示其"不合理性"。

关于国家机器的上述双重矛盾的发展,主要是来自对1956年发生的匈牙利事件的总结。在这场事件中,典型的国家机器表现出最大的合理性和最大的镇压性的矛盾。在谈到这个矛盾的时候,利科说:"一方面,人的政治存在(l'existence politique de l'homme)展现出一种特殊的合理性,而这种合理性是不可能从经济基础的辩证法找到理由;另一方面,政治展现出特殊的'恶',这些'恶'也同样不可能化约成其他不同的因素,特别不能化约成经济上的异化现象。因此,经济剥削有可能消除,而政治上的恶却继续存在。而且,由国家所发展的经济剥削的手段,虽然可以消除,但政治的恶也仍然继续存在。此外,由国家所采用的消除经济剥削的手段,有可能在国家实行镇压的时候,恰好成为滥用权力的条件。权力的滥用导致新的镇压和新的效果,但在本质上是与过去的国家一样。"①

所以,对利科来说,政治哲学的主要论题,不是探讨新的政府制度,而是首先分析新时代条件下出现的新兴镇压的否定性。

通过这种特殊的分析程序,利科不追随传统政治哲学的思路,而是集中探索政治本身的"自律性"(l'autonomie de la politique)以及"政治的恶"的特殊性(la spécificité du mal politique)。按照利科本人的说法,这种特殊的政治哲学思路,主要区别于政治哲学史上两种相互对立的思考方式:一方面是以亚里士多德、卢梭、黑格尔为代表寻求政治合理性的路线;另一方面是强调政治的暴力和欺骗性,以柏拉图主义、马基维利和马克思为代表。②

所以,利科认为,在古代和近代政治之间,并不存在本质的区别:"归根结底,卢梭就是亚里士多德。"③利科指出,在政治哲学中,思考的方式和风格是次要的,最重要的是看如何对待政治中的本质问题。

利科还指出,合理不合理,在政治上是可以转换成"恶"的问题。那些声称"总解放"的政治家,可以由此急转成为主张最残酷的镇压,因为他们都声称政治的"自律性"和"国家理性"。国家借助于理性和合法性,可以使自身摇身一变而成为"合法的组织"和"最高的权威",因而也使它成为镇压的机器。因此,政治的恶是对"政治的特殊性"的膨胀结果。

韦伯早就指出,国家有可能掌握合法的强制性权力的垄断。所以,利科指出,国家的问题,重要的是,要充分意识到:关键不在于权力,不在于暴力,而在于国家本身的目的。利科说:"决定国家的本质的,不是暴力,而是其目的;国家的目的,就是促进历史共同体实现其历史;这就是国家进行决策的重点(ce n'est pas la violence qui definit l'Etat mais sa finalite, a savoir aider la communaute historique a faire son histoire. C'est en cela qu'il

---

① Ricoeur,"Le paradoxe politique." In *Histoir et verite*,Paris.1964:261.

② See Ibid.:262.

③ Ibid.:266.

est centre de decision)。"①

利科同意埃里克·维尔(Eric Weil, 1904—1977)关于"国家"的一般定义:"国家是历史共同体的组织;只有组织成国家,共同体才能作出决策。"②利科认为,当我们强调国家是以历史共同体为基础的时候,我们是把我们自己置于简单的形式道德的范围之外,尽管我们并不真正地脱离伦理的基础,因为正如大家所知道的,一个共同体的同一性是靠道德习俗的内容,靠各种被接受的规范和象征体系来维持的。所以,透过历史共同体的概念,我们实际上完成了从抽象和表面到具体的过渡。

所谓"组织成国家的共同体",意味着共同体是透过一系列多样化的制度、功能、社会角色以及各种行动领域的交错构成而组织起来。在这样组织起来的国家中,究竟如何处理个人与集体的关系? 如何使国家在坚持其合理性的同时,又尊重个人的自由? 个人自由又如何同国家的法制相协调?

埃里克·维尔认为,最简单的解决出路,就是靠作为"公民性"(la citoyenneté)的个人的合作。埃里克·维尔说:"世界组织的目标,是在特别自由的国家中的理性的个人的满足。"③

埃里克·维尔的上述国家定义,实际上否定了霍布斯所作的关于国家是人工产品(l'Etat soit un artifice)的假设,同时也否定了国家是任何一种专断或专横的直接结果的专制主义论断。因此,并不是国家中的暴力性质,而是它的目的性(la finalité)本身,决定了国家的性质。一切国家所作出的决策,都应该围绕着这个核心。具体地说,这种决策的目的就是使历史共同体能够延续地留存下来。为此,国家必须面对来自国内外的一切威胁它的存在的力量。

正是由于维持国家的延续性,两种政治哲学传统提出了两种根本不同的方案。理性主义的政治哲学往往坚持将重点放在"形式"(la forme)方面,而马克思主义者及各种集权主义者则将重点放在"强力"(la force)

① Ricoeur, *Du texte a l'action*. Paris. 1986; 399.

② Weil, *La philosophie politique*. Paris. Vrin. 1984[1956]; 131.

③ Ibid.; 240.

之上。前者的思考集中在政权和权力的方面,而后者则注重于设计一个尽可能完备的法制组织的国家。这里所说的法制,必须充分考虑到两方面的因素:实际的具体条件的因素和法律面前人人平等的原则。两种缺一不可。这正是考虑到政治与伦理的内在关系。

对于理性主义的政治哲学来说,国家问题的重点是,(1)要强调公众职能的独立性(l'indépendance de la fonction publique),(2)强调由整合化一的科层制所保障的国家服务工作的重要性,(3)强调法官的独立性,(4)议会的监督权,(5)强调透过广泛而宽容的讨论,对全民进行自由教育的重要性。这就是法制国家的基本规则。在这种情况下,国家始终都意识到对于限制它的权力,不至于使它自身的权力膨胀到独裁的程度。

如果真的始终坚持这条路线,国家的合理的职能,是以协调两方面的合理性为主轴来展开的:一方面是经济技术的合理性,另一方面是由共同体的历史累积起来的道德精神所产生的合理性。所以,国家(l'État)就成为合理性与历史、效率与公正的综合。由这样的理性化所建构的国家,是一种教育性的国家,它极端重视教育(透过学校、大学、文化及媒体等)。

利科高度肯定由埃里克·维尔所坚持的上述理性主义政治哲学的传统,但这并不意味着他拒绝另一种传统的政治哲学。利科对于由马基雅维利、马克思和韦伯所遵循的政治哲学观点,仍然给予充分的注意,并对其中的某些合理部分给予肯定,试图将这一部分观点,同上述理性主义政治哲学的政治观点加以适当的结合。

利科认为,韦伯曾经试图将马基维利和马克思关于"国家是强力"(l'État comme force)的观点,整合到他的法制国家的理论中。对韦伯来说,如果看不到"合法的(正当的)暴力"(la violence légitime)在国家中的重要地位的话,就根本无法得出一个完整而正确的国家定义。

所以,利科同意韦伯的观点,并由此引申出"政治的悖论性就在于国家定义中恰巧包含了形式与强力的对立"的结论。当利科承认国家在"正当的暴力"方面所具有的特权时,这并不意味着他试图以暴力因素来界定"国家",而是为了强调国家中的权力因素的重要性。

韦伯和利科所强调的,是正当化的暴力的性质及其在国家生活中的重要地位。利科指出,哪怕是最民主的现代国家,尽管它在形式方面进行了非常细致的建设工作,也都免不了包含着暴力因素和不平等方面。

所以,真正彻底的形式主义政治哲学,就必须考虑到国家的某些正当化暴力的重要性,以便使国家在必要的时候,使用它所合法掌握的正当化暴力,克服某些不合理的社会特权、非正义和不平等现象。

在任何时候都应该注意到:现代国家既是阶级的国家(un État de classes),又是公民的国家(un État du citoyen)。

利科特别强调,无论怎样重视国家的法制建设和形式方面的合理性,都无法尽善尽美地建构起一个非常合理的国家机构。为此,利科强调,只有使国家和政治制度的建设同伦理道德方面的要求结合起来,才能正确处理政治和国家的矛盾性和悖论性。利科指出,真正的法制国家是不会回避道德伦理原则在政治方面的应用的,总是尽力将伦理意图贯彻于政治领域。

二、对于政治的一贯关怀

早在他的思想发展第一阶段,利科就非常关心各种重大的政治事件,并对它们进行理论上的分析。在 20 世纪 50 年代中期,利科还在意志哲学的范围之外,开展对于包括政治在内的一切社会问题的象征性结构的研究。他把当时已取得富有成果的英美语言分析哲学、符号学,同结构主义的历史比较研究方法结合在一起,进一步开展对社会行为、人的本性、政治及伦理问题的研究。他在这一方面的研究成果,集中在他的辉煌著作:《历史与真理》(Histoire et Vérité,1955)之中。

《历史与真理》的出版,表明利科不只是单纯地关怀正在发生的现实社会现象,而且试图进一步更深入地探讨造成这些现实状况的历史原因,指向与现实的社会问题紧密相关的历史过程,指向始终暗暗地却又同时强烈地影响着现实的历史因素。历史的层面始终都是传统历史哲学所集中探讨的对象。利科在这方面,并不像与他同时代的历史学家或历史哲学家那样,简单地将黑格尔的历史哲学当做"思辨哲学"的典范而加以摒弃,而是继承了黑格尔历史哲学的某些观点,从历史本体论(l'ontologie historique)和人的同一性(l'identité humaine)的相互关系,研究人类存在及其历史的基本条件。但对他来说,更重要的,是将这一根本问题进一步在历史研究中具体化,更深入地探讨有关历史知识的论述的性质,区分历史事件与自然事件的性质,对历史事实与社会事实、叙述与诠释、原因与规律之间的关系进行批判的反思。他认为,历史从根本上说是某种叙述,也是一种实践(l'histoire comme récit ed comme pratique)。

所有这些,使利科在探讨历史问题时,集中思考了历史、判断和同一性的问题,以这三大论题作为研究历史的基本出发点。因此,他同以往历史哲学的关系,与其说继承了黑格尔,不如说更多地受到康德和汉娜·阿伦特(Hannah Arendt,1906—1975)的思想影响。也就是说,利科在探讨历史问题时,他最关怀的重要问题,实际上是个人与社会共同体两个层面,在面对自己的历史事实时,究竟如何进行历史的叙述和作出判断。这个问题实际上关系到人们对于历史的现实态度,因而也关系到人们在现实社会中的行动方向及其性质。由此可见,利科对于历史的研究和探讨,主要是针对现实的政治问题。在这方面,他在 20 世纪末所发表的一系列有关欧洲统一的论文,尤其典型地表现了这个特点。①

每当发生重大的政治事件,利科都要集中地给予观察和分析。对他来说,发生于 1956 年的匈牙利事件,具有双重历史意义:一方面有助于从理论上考察马克思主义及其同当代政治活动的关系,另一方面也有助于一般地解析政治的性质。

为了分析政治的一般性质,利科针对匈牙利事件发表了《论政治的矛盾性》("Le paradoxe politique")专文,从苏共血腥镇压匈牙利争取民主、自由和独立的正义运动的历史事件中,分析出政治的悖论性和矛盾性(le paradoxe politique):政治是由特殊的合理性和特殊的恶相结合构成的。

利科对于政治的观察和分析,首先,是从关心人的历史和现实命运出

---

① See Ricoeur,1991;1992a;1992b.

发。其次,他还依据传统政治哲学的惯例,在其政治理论主中,论述了政治的一般性质、政治哲学的基本任务、当代民主制的基本问题、国家的实质、法制的基本功能、公民的基本权利和义务等重要问题。

利科还从哲学的基本理论出发,着重论述了政治与伦理的关系、恶的象征性以及对于意识形态和乌托邦理论的批判分析。

利科一直很关心法国和世界的政治问题。他对于政治哲学的思索,从 20 世纪 30 年代到 90 年代,从未间断过。保尔·利科虽然在某些历史阶段会对重大的政治事件保持缄默,但他对访问他的彼得·康伯(Peter Kemp)诠释道:他的缄默只是在实践方面,而非在理论方面。在理论上,利科对持续不断意识形态和乌托邦问题进行探讨,提供了对政治哲学长期深入研究的范例。利科后来将他在政治方面的思考,集中在他的论文集《阅读评论第一集:有关政治著作的评论集》中。

三、对于埃里克·维尔政治哲学的继承

埃里克·维尔的政治观点,对于利科来说,其重要意义在于揭示了社会、政治及经济的相互关系及其各自的特殊性。

首先,利科非常赞赏埃里克·维尔关于"现代社会的个人都是不满足的"(l'individu dans la société moderne est essentiellement insatisfait)的论断。利科认为,埃里克·维尔这一论断将有助于我们正确理解当代社会政治的悖论性,即其矛盾性。现代社会个人的不满足性,主要来自两个原因:首先,现代社会作为一个基本上以经济活动为主导、并由经济生活所决定的社会,就其本质而言,是一个竞争的社会。社会的竞争性,阻碍了个人享受劳动的成果;同时,社会中的各个阶层和群体,由于社会的竞争性,总是在缺少公正裁判的情况下相互对立。在整个社会划分为各个阶层和群体的情况下,由社会的机制所控制的个人,因感受到分割、隔离和不安全而产生了对社会不正义的感觉。换句话说,在这个合理化的经济社会中,劳动显示出它在技术上的合理性和在人性方面的荒谬性。

其次,在现代的劳动社会中的个人,总是感到不满意甚至感到被撕

裂,因为他们觉得对自然的斗争和要求效率的计算,都对他们个人毫无意义。这样一来,他们越来越在劳动之外寻求生活的意义;而劳动变成了纯粹只是为了赢得生计、生活享受和休闲而不得不做的事情。劳动在现代社会中不再像黑格尔和马克思所想象的那样是进行理性教育的最好手段。

正是由于上述两方面的不满足性,现代社会往往诉诸历史共同体的充满生命力的传统,而恰巧这个历史基础,成为了现代社会有组织的劳动所努力要加以削弱的对象。正因为这样,才使现代社会自我封闭于一种奇特的悖论性之中。这种悖论性,主要表现在两个方面:一方面,现代社会为了生存,不得不进入极其激烈的技术方面的竞争,而现代社会又使受到技术瓦解的行动,变为社会的伦理政治核心;另一方面,现代社会的人,处于经济与政治的十字路口。在十字路口中的西方人,遭受着史无前例的苦恼,不得不在工业化与传统政治经验的合理性之间的矛盾中受尽精神煎熬。正是为了躲避这个困扰和苦恼,越来越多的人躲进了私人生活领域,试图在生活的余年享受私人生活的幸福。

西方国家的这个惨痛教训有助于我们反思政治与伦理的交错关系,因为只有正确总结这方面的教训,使政治制度正确地处理由技术经济的发展所产生的社会伦理的颠倒和没落,我们才能更好地恢复和处理政治与伦理的关系,并使政治由此保持其应有的尊严。由经济的发展所产生的合理性本来不应该与伦理的道德目标相矛盾。

四、对政治的恶的揭露和分析

利科认为,要对政治进行全面分析,不只是要看到政治本身的特殊性,深入比较它同经济与伦理的关系,而且,还要深入揭露政治所隐含的特殊的"恶"。为此,利科继上述《论政治的悖论性》之后,又在1960年发表《论原罪:对于意义的研究》(*Le péché originel: Étude de signification*, 1960),并在他的《意志哲学》的第二卷的第三部分,深入探讨"恶"的象征性。在1991年发表的《读书评论第一集:环绕政治问题》中,利科更系统地论述了他的政治哲学基本观点,强调他是自亚里士多德以来的理性主义政治哲学与自马基维利以来的"强力论"政治哲学的忠实综合者。

利科始终认为,政治之为政治,不只是因为它具有不同于其他社会领域的特殊的合理性,而且,更重要的,是由于它具有比社会其他领域更严重和更隐蔽的"特殊的恶"。利科指出:"一方面,人的政治行动展示着一种合理性的特殊形态(un type de rationalité spécifique),一种不能简单地归结为经济基础辩证法的特殊合理性;另一方面,政治又表现为特殊的恶(des maux spécifiques),即政治上的恶,政权的恶。……特殊的合理性和特殊的恶,这就是政治的两面性和特有性质。在我看来,政治哲学的任务,就是阐明这种独特的荒谬性,并揭示这种矛盾的反常现象;因为政治上的恶非靠政治上的合理性来推进不可。"①总之,利科认为,政治是荒谬的和悖论的,它是合理性和恶相结合的怪胎;而政治上的恶又恰巧靠它的合理性来生存和发展。所以,利科又说:"政治是以最丑陋的恶和最精细的合理性相结合,导致一种政治异化的存在,在这方面突出地表现了政治乃是一种相对的自律。"②

政治的悖谬性和自相矛盾性,扎根于历史之中,却呈现在意志上;它是形式(la forme)和强力(la force)的综合而产生的怪胎。在《伦理学与政治》一文中,利科更突出地分析了政治的"形式"与"强力"的两面性,并超出了亚里士多德和马基雅维利,更多地援引汉娜·阿伦特、埃里克·维尔、韦伯和马克思。利科指出,政治的强力方面包含着政治的一切在表面看来难以理解的"奥秘",而它的形式方面,则集中了政治作为一种"法的国家"(un État de droit)的整体构成性质。

利科接着指出:"问题的关键在于国家就是意志。如果说国家在意愿上是合理的,那么它是透过历史上作出决定的一系列行动而向前发展的。"③因此,国家是靠历史过程中所作出的"决定"(décision)来维持,是透过国家的组织和领导,在历史的持续进程中去改变人群的命运。利科

---

① Ricoeur,1964[1955]:261-262.

② Ibid.:262.

③ Ibid.:268.

将政治放在历史的视野中分析,不仅使他有可能在包含着人类存在奥秘的"时间"长河中解析出政治这个怪物的"密码",而且,也使他更深刻地揭示政治何以同时具有"合理"和"欺骗"的双重性。

在保尔·利科看来,同国家的存在密不可分的恶(le mal),是那种不应该存在、而又确实存在的东西;对于"恶",我们无法说出它为什么如此这般地存在。因此,不能对于"恶"提出"为什么",对于它,只能像对于宗教信仰的问题一样,只能以"不管……"的模式去对待。换句话说,恶的问题不属于认识论的范畴;对于它不能像对待一般存在物那样探索其原因、规则及条件,而只能不管它的来龙去脉,不管它怎样存在和显现,都对它进行坚决的斗争,不管恶以怎样强大的状态出现,不管它采取这样或那样的形式,都不能姑息它。

恶是什么? 这不是只关系到政治,而是同人的本性,同整个世界的本体论基础紧密相关的重大问题。所以,利科对于恶的分析,是从人类学、神学、社会学、语言学、政治学、心理学以及符号学的综合角度进行观察。

利科本人本来是一位虔诚的基督徒。他对于基督教《圣经》进行过深入的研究。他的神学研究,不只是出于信仰方面的考虑,同时也是从学术和理论的立场,注重于从历史和文化的观点来分析《圣经》,并从中得出有关人的象征性结构的结论。然后,他进一步分析恶的象征性。

恶的问题是属于实践领域,它同宗教有许多类似性。基督徒在提到他们的信仰时,总是回答说:"不管这样,不管那样,……我相信神……"基督徒不是"因为……而信仰",而是"不管……而信仰"。所以,对待恶,也必须以"不管……"的模式去替代"因为……"的模式。在对于"恶"的批判中,保尔·利科高度赞赏美籍德裔宗教哲学家、神学家保尔·田立克(Paul Tillich, 1886—1965)关于"不管……"(inspite of...; en dépit de...)的思考模式。如前所述,恶的问题,绝不是认识问题,不是靠理性思考和正确推理就可以理解和解决的。恶的问题如同信仰一样,一方面不能在认识论范围内解决,另一方面还必须同"希望"联系在一起,靠人的行动,特别是靠斗争,才能解决。恶的问题尽管同宗教一样,同属于行动领域,只能靠"不管……"的模式来解决,但宗教又不同于"恶"的问题,因为宗教又同时给人带来希望和生活的力量。宗教的最早根源同人的最早起源几乎是同时的。

利科主张，"希望"要靠宗教信仰和人的自由提供和开辟最丰富的动力源泉。希望是永远存在和永远可能的。希望根源于人对于自由的追求以及人性对于自由的向往；而这种追求和向往的最深刻表现，根植于宗教信仰之中，如同人类文化和人生的最深远的意义都根植于宗教神话之中一样。宗教信仰为人的存在提供永不枯竭的动力来源和希望源泉。因此，对于恶的斗争，也必须从宗教信仰中吸取力量。

对于恶，利科认为，不应该把重点放在对恶的起源的探讨上，因为恶的问题不属于理论范畴；一切妄图以"起源说"说明恶的"理论"，都是神话而已，都是假理论。恶不是别的，就是我们的行动的反对对象。我们同恶的唯一关系，只有"反对的关系"（la relation du "contre"）。唯有将恶的问题维持在实践的领域中（maintenir le mal dans la dimension pratique），才能使我们面对恶的时候，保持"向前看"的积极态度。

五、意识形态与乌托邦

利科的诠释学既然将思想、语言、符号、象征及行动统一起来加以考察，就势必要深入探讨诠释学与政治及伦理的相互关系问题。关于意识形态（idéologie）与乌托邦（utopie）的论题，就是在这种情况下，在利科的理论体系中，作为一个重要的论题而呈现出来。

利科认为意识形态和乌托邦问题，不只是政治学和社会学的范畴，而且是属于民族学、哲学和诠释学的基本范畴。因此，对意识形态与乌托邦的考察，必须由政治学、社会学、民族学、社会学、哲学和诠释学进行跨学科的综合分析。

利科分析意识形态与乌托邦问题，是沿着从外向内、从表面到本质的深化过程。因此，他的研究，从一开始就不可避免地同意识形态的表面功能，即意识形态的"扭曲"（distorsion）和"掩饰"（dissimulation）人的社会地位的功能相遭遇，并由此，开始了他同马克思主义传统的意识形态理论的争论。在此基础上,利科指出:"我将从事一种层面上的分析;这种分析,将引导我们,每次都从最表面的层次,推进到最深的层次。在对于意识形态和乌托邦的两个平行的分析中,我力求维持它们的同样结构,以便为应用于它们深层的相互关系的思索作出准备。"①

利科的意识形态理论,如前所述,是在持续多年的研究中,发展和总结出来的。总的说来,作为现象学的反思诠释学的理论的组成部分,利科的意识形态理论,是以关于"论述"(le discours)与"行动"(l'action)的辩证理论为基础发展出来的。因此,就理论结构与论证逻辑而言,要弄懂他的意识形态理论,首先,必须弄懂他的关于"论述"的理论;而关于"论述"的理论本身,就包含着从封闭的、稳定的、潜在的"语言体系"(le système du langage)转化为口语化言语(la parole)和"论述"的结构分析和综合论证,也包含着从"论述"转化为固定的、合乎情理的、文字化的"文本"(le texte fixé et sensé par l'écriture)的论述,又包含着"想象力"在"论谈"中的功能及其转化为政治行动的论证,最后,还包含着从论谈和行动理论转化为政治和伦理体系的论证。因此,利科的意识形态理论是一个整体,贯穿着他的理论体系的各个重要部分。我们把握他的意识形态理论,有助于我们全面地理解利科的诠释学理论,又有助于由此去理解一般的社会科学与人文科学的基础论题。

从利科的著作中,有关意识形态部分,首先是他在 1975 年秋开始在美国芝加哥大学所作的系列演讲。值得注意的是,利科在这些演讲中,完成了自卡尔·曼海姆(Karl Mannheim,1893—1947)以来对于意识形态和乌托邦问题的最系统的综合性研究,使传统上仅由社会学和政治学研究的意识形态问题,同传统上仅由史学和文学研究的乌托邦问题,在一个完整的理论架构中得到统一和综合。

其次在利科的关于"论述"和关于"文本"的理论著作中,存在着许多对于意识形态问题的直接的和间接的论述。在利科文本理论中,他在1974 年发表于《社会研究》的《文本的模式:作为文本的有意义的行为》

① Ricoeur,1986;380.

（"The Model of the Text：Meaningful Action considered as a Text.in Social Research",38/3 1971），是研究意识形态理论的基本著作之一。接着，在1976年发表于布鲁塞尔《圣路易大学学报》上的《在论述和行动中的想象力》（"L'imagination dans le discours et dans l'action"），原题为《认知、做和希望：理性的限制》（"Savoir,Faire,Espérer.Les Limites de la Raison".Bruxelles,Publicatons des Facultes universitaires Saint Louis.1976），也是他的很重要的论文。此外，发表于加拿大渥太华大学出版物的《实践理性》（"La raison pratique"）、发表于《卢汶哲学杂志》1974年5月号的《科学与意识形态》（"Science et ideologie"）、发表于卡斯德里编《非神秘化与意识形态》一书中的《诠释学与意识形态批评》（"Herméneutique et critiques des ideologies"）以及发表于纽约《哲学交流》刊物1976年2月号的《意识形态与乌托邦：两种社会想象的语词》（"Ideologie et utopie：deux expressions de l'imaginaire social"）等论文，都是研究利科的意识形态理论的重要资料。上述这些论文，后来绝大部分都收入到利科在1976年发表的《从文本到行动：诠释学论文集第二集》那本书中。

在利科看来，意识形态应包含三个深度不同的层次的概念。

第一层次：作为扭曲和掩饰的意识形态（l'idéologie comme distorsiondissimulation）。

第二层次：作为合法化和论证手段的意识形态（l'idéologie comme légitimation et argumentation）。

第三层次：作为整合功能的意识形态（l'idéologie comme intégration）。

上述三个层次的意识形态功能，是从表面向最深的核心不断深化的研究和分析过程。因此，唯有一步一步地深入下去，才能最终揭示意识形态的本质及其真正功能。

首先，从第一层次，即意识形态的扭曲和掩饰功能入手。青年马克思在1843年至1844年所写的《1844年经济学哲学手稿》和《德意志意识形态》的时候，曾集中地引用和发表了法国最早的意识形态理论家，尤其是孔狄亚克（Etienne Bannot,Abbé de Condillac,1714—1780）的继承者和学生德拉西（Antoine Destut de Tracy,1754—1836）的意识形态理论。在这些意识形态学家看来,意识形态理论就是对于人的精神所创造的观念进行分析的学问。在那个时候,意识形态纯粹是分析观念的理论体系,是理论中的理论(la théorie des théories)。德拉西甚至把意识形态称为"所有科学的女王"(la reine des sciences),因为它必定会走在所有使用"观念"的科学的前头。德拉西等人肯定意识形态在社会、政治和教育方面的特殊功效。所以,在1799年至1800年之间,德拉西曾经被法国大革命时期的执政官任命为公共教育顾问(Conseil de l'instruction publique)。德拉西等人还主张成立一种世俗的共和自由主义政府,由一些开明的精英分子组织代议政府。正因为这样,德拉西等人以自己的实践证明了他们的意识形态学说是带有浓厚的自由主义政治倾向。第一位指责德拉西等人的意识形态学说的人,是拿破仑。拿破仑把意识形态学家说成为"危害社会秩序"的人。

青年马克思的才华在于他发现了德拉西的意识形态理论,并试图以意识形态概念批判他所处的德国社会。但是,马克思从一开始就使用了"意识形态"的贬义,以一种带有轻视和蔑视的口吻,来影射那些只会"喋喋不休"地从理论上批判社会的"青年黑格尔学派",指称他们只会解释世界,而从不进行改造世界的革命活动。而且,马克思还赋予意识形态概念一种"唯心论"的卷标,因为在马克思看来,那些意识形态学家都把"观念"放在首位,甚至认为"观念"可以产生整个世界。

马克思应用了摄影术中的图像倒影的隐喻,试图揭示"意识形态"这个语词所隐含的深层意义。在他看来,意识形态的首要功能,就是产生出现实形象的倒影(produire une image inverse de la réalité)。也就是说,意识形态只能以颠倒的形式反映现实世界。

利科认为,在马克思的这种对于意识形态的隐喻式的说明中,包含了特殊的和一般的用法两层意义。第一层意思,即它的特殊用法,是直接来自费尔巴哈(Ludwig Feuerbach,1804—1872)的;意识形态的这一层意义被具体化应用于宗教批判中。在费尔巴哈的《宗教的本质》一书中,宗教乃是"现实的扭曲和掩饰"(distorsion-dissimulation de la réalité)。具体地说,费尔巴哈认为,人的主体所具备的本质属性,透过宗教,被投射到一种想象中的神的对象之上,以致使本来属于主体的人的属性神秘化,成为一个被崇拜的、神化的人类属性。所以,费尔巴哈说,宗教的本质就是人的本质;所有的神学都是人类学。马克思由此发现了一切意识形态的颠倒性质。也就是说,费尔巴哈的上述宗教观念颠倒论,在马克思的思想体系中构成了意识形态理论的、具有典范意义的模式。

马克思由此发展,创造了真正具有马克思主义独创意义的新概念,即实践(Praxis);马克思把它当做使现实生活与观念表像之间相互联系起来的一个必要的中介环节。这样一来,上述隐喻式的说明,便上升为第二层次意义,即关于意识形态的一般性用法。马克思认为,实践的概念实现强调人的现实生活的优先地位;现实生活在人们的头脑中的反映,就是意识形态。所以,现实的社会生活,即实践,透过人们的想象中所产生出来的概念而被扭曲或被虚幻化。从这里,马克思得出一个革命的意识形态的结论。既然意识形态是现实生活的倒影、扭曲和虚幻化,就必须把观念再颠倒过来,使原来"头脚倒立"的人,真正地靠自己的脚来走路,进行实践活动。只有在实践中,才能真正理解意识形态的颠倒性观念的性质。实践不仅带领主体的人正确地认识世界,而且也引导人在改造世界的革命实践中使自己同客观世界统一起来。

这样一来,透过一种革命的意识形态,人们可以透过反思的批判和实践行动来改造世界。在这一阶段中,马克思还没有把意识形态同科学对立起来。马克思自己靠他的创造性思想建构了这样的科学,这就是他的《资本论》。利科认为,只有到了马克思的继承者那里,特别是在德国的社会民主党人那里,意识形态才被置于同科学对立的地位。这就是"教条的马克思主义"的产生。

为了克服教条的马克思主义者的意识形态理论,利科强调,实践和思想创造活动本来并不相互对立。想象活动固然会在其最初阶段产生出"颠倒的现实观念",但如果坚持马克思本人的实践观点,没有理由会使想象的创造性活动必然地导致"错误的"或"虚幻的"观念体系。①

---

①　See Ricoeur,1986:382.

至于意识形态的第二层含义,即它的正当化功能,马克思曾经在他的《德意志意识形态》一书中揭露意识形态对于巩固和维护统治阶级政治制度方面的特殊功能。马克思认为,透过意识形态的建构和宣传,统治阶级总是将他们的特殊的阶级利益"论证"为"普遍的"和"一般的"利益,以概念的普遍性和一般性,掩盖统治阶级的特殊私利。所以,马克思指出,在有阶级的社会中,统治阶级的意识形态就是占统治地位的意识形态。为此,一切被统治的社会阶级,都必须清醒地意识到统治阶级在意识形态方面的抽象化策略。

利科注意到马克思在这方面的分析所含有的积极意义。利科认为,马克思实际上以意识形态的正当化功能触及到统治(la domination)的基本问题。有关统治的正当性及其正当化程序,利科认为,这是一个比社会阶级问题更重要的问题。从历史教训中可知,极权主义的专制和暴政比社会阶级的斗争更可怕。毫无疑问,一切统治都试图借助于概念的普遍化和一般化来论证其统治的正当性。其实,早在古希腊时期,柏拉图就已经揭露了为统治正当化服务的"智者"(Sophiste)所使用的"修辞学"(rhéthorique)。智者们利用他们的修辞学,以诡辩方式编造了一系列"错误"或"虚幻"的概念,以便掩盖统治阶级的特权利益。利科从柏拉图等人的理论中,强调必须诉诸一种"文化社会学"(sociologie de la culture),才能理解这些复杂的问题。文化社会学揭示了社会之运作同规范系统的建构之间的内在关系。没有任何一个社会不是靠各种象征、规范和符号的运作而存在。任何社会都势必创造出一系列与修辞学、隐喻、讽刺及论述等紧密相关的观念体系。只要将这些观念体系的建构极权运作同马克思所说的"实践"联系在一起,就可以克服它们的虚假性和颠倒性。利科认为,只有当这些各种论述只是为当政者服务、为统治者的权力进行正当化论证的时候,这些公众性的论述才变为意识形态。正是在这个时候,必须注意在各种论述中所隐含的诡辩策略。为此,利科高度评价了韦伯关于"克里斯玛"(chrisma)的论点。但利科指出,韦伯把克里斯玛现象仅仅限制在传统国家和传统社会中是错误的。利科清醒地意识到:即使是现代社会,即使是在建立了健全法制的社会中,也有可能产生克里斯玛现象。这是人们应该警惕的。

意识形态的第三层功能是整合化。利科把意识形态的这一功能看得比前两个功能更重要。

一般说来,政权当局是靠宣传的扩散以及一系列有组织的社会仪式活动,靠重复性的教育和制度,来实现意识形态的整合功能的。各个时代的统治者,总是强调一种有利于他们的合法化的意识形态。在一般情况下,借助于意识形态的整合功能,主要是为了使全民对他们所属的社会共同体、国家和民族利益有所"认同"。所以,结合一系列属于全民性的庆祝和纪念活动,特别是涉及社会共同体创立的历史事件的纪念日,可以加强有利于统治者正当化的意识形态的地位,也有利于意识形态所进行的整合教育。例如,庆祝和纪念国庆日、战争胜利日、国家受辱日、民族英雄纪念日等仪式和活动,在公众场合唱国歌,背诵历史文献或文学作品,都有利于扩散和加强国家认同的意识。而反复地进行这些活动和教育,又进一步巩固这些成果。所有这些仪式、歌曲、节日等,都显示社会共同体的同一性、身份和基本标志。

换句话说,在反复举行的国庆纪念日活动中,统治者巧妙地向公民灌输了关于这个国家的"同一性"和"正式身份"的信念,使公民们在纪念活动中,自然而然地树立了他们所隶属的那个国家的基本形象、合法身份及其与公民身份的"同一"关系的信念。在这种情况下,国家创建事件的"开创价值"(la valeur inaugurale des événements fondateurs),成为了整个社会共同体群体信念的目标和基本内容。这样一种意识形态的整合作用,是透过统治者有意识地在不断地加工宣传和诠释活动中对于公众的大规模和反复的组织运动中,一再地重演和重现那个创建活动本身;并且,使创建事件本身也作为意识形态反复地显现在公民群体的意识中。统治者在这种意识形态教育中,充分地利用了任何社会群体所固有的那种"自我同一性"的身份意识及其历史根源意识。

任何社会群体要在历史上站得住脚,要树立自己的独有的形象,要确立自己的身份和同一性,要使别的共同体承认其形象和同一性,必须借助于这类社会群体为其自身所赋予的稳固的和持续的形象。正是这种稳固的和持续的同一性形象,表现了意识形态现象的最深层的结构特征。

但是,利科强调指出:意识形态的上述整合功能,不但不能与意识形态的前两个功能(掩饰功能和合法化功能)相分割,而且,它甚至要借助于前两个功能的配合,方能持久地延续下去。换句话说,意识形态的整合功能,是其掩饰功能和正当化(合法化功能)的延续。意识形态的三个层次结构及其相应的不同功能,必须以递减方式和递增方式进行层层深化的分析,同时,又必须把握下述两个相反相成的方面:一方面幻想和虚幻化并非意识形态的最基本的现象,而是正当化过程的一个腐蚀性环节;而正当化过程又扎根于意识形态整合功能之中;另一方面,一切观念化过程,又确实不可避免地转化为扭曲、掩饰和欺骗。

如前所述,保尔·利科是继曼海姆之后,又一位将意识形态与乌托邦(utopie)问题统一起来加以考察分析的思想家。在利科看来,对意识形态的上述分析,应该同对于乌托邦的分析相互平行地进行。换句话说,意识形态是对现实生活的一种诠释(une interprétation de la vie réelle),而乌托邦则是对现存秩序的毁坏和怀疑。两者的功能是相互补充的。如果说意识形态具有掩饰、正当化和整合的三层次功能的话,那么,与此相平行,乌托邦就具有相对应的三层次功能:逃避、对统治者挑战和对可能性的探索。

利科指出:"我们说过,群体透过意识形态相信它自身的同一性。因此,透过这三种形式(即掩饰、正当化和整合),意识形态加强、重整、维持,并因此维护作为社会群体的社会共同体。因此,正是乌托邦的功能,将想象力投射到现实之外,投射到一个并不存在的地方。"①利科在描述了意识形态与乌托邦的相互关系之后,强调乌托邦不仅在空间上是一个纯想象的外在于现实,而且,在时间上,也是一个在正常的现实时间之外的虚幻的时间。

这样一来,利科全面地发展了卡尔·曼海姆的意识形态与乌托邦理论。卡尔·曼海姆在其著作《意识形态与乌托邦》一书中指出,乌托邦是

① Riceour,1986:388.

想象事物与现实之间的一个分离，它对这个现实世界的稳定性和永恒性构成一种威胁。

为了理解乌托邦的三种与意识形态相辅相成的功能，首先必须了解乌托邦的三层同样与意识形态相辅相成的意义。

乌托邦的第一层含义，就是它表达了被现存秩序排斥的社会群体的存在的各种可能性及其潜在性。因此，乌托邦乃是透过想象力而思索着一个不同于现实社会存在的另一存在（l'utopie est un exercice de l'imagination pour penser un"autrement qu'être"du social）。换句话说，乌托邦是不同于现实社会的另一种想象中的存在，是用想象的力量，去梦想被替代了或被推翻了的现实秩序；是用想象的力量去催产一种代替现实社会的新存在，是用梦想来表达对于现存社会的反抗和不满，显示了抗拒现实社会的一种勇气；它试图用想象中的秩序，来召唤、改造和颠覆现实存在的社会。因此，在历史上，乌托邦的方案总是千差万别，多种多样，甚至它们之间也相互对立。既然是想象，多样的文化背景，就会产生多样的乌托邦模式。但不管怎样千差万别，它们的共同点在于表达对现实的不满。由此可见，我们不是以乌托邦的具体内容，而是依据它始终都提出一种在现实之外的可选择性的社会方案这一基本功能，来确认它的乌托邦性质。

所以，乌托邦并不是纯粹消极的力量。恰恰相反，乌托邦的历史表现了人类精神的进取性和创造性，表现了潜在于人类精神内部的社会改进力量的伟大的、正面的、积极的意义。

实际上，利科看来，"秩序必须有多样的反面"（l"ordre a nécessairement plusieurs contraires）。[1] 就以家庭为例，乌托邦历史上出现过许许多多方案：从修道院式的禁欲方式到男女杂居的方式；共同体式的家庭方案到酒神式的性欲彻底放纵的方式等。在政治方面，乌托邦的方案，包括无政府主义、无情的强制政体及由哲学家称王统治的柏拉图式共和国等。显然，决定着乌托邦的本质的，如前所述，并不是它的这样或那样的具体内容，而是它那始终一贯地提出另一种社会方案的功能。正是乌托邦的这一功

---

[1]　See Ricoeur, 1986:388.

能，是针对着意识形态的第三个功能，即整合功能。乌托邦乃是抗衡着意识形态的一种相对立的精神力量和社会想象。凡是意识形态说"该如此存在而不以另一种方式存在"的时候，乌托邦便回答说："以另一不同方式存在"或"不在这儿，而到别处去生存。"

乌托邦的第二层含义在于它们对于现存政权运作方式提出质疑，在于它们敢于对于现存权力运作方式表示不满和反对。如果意识形态的第二个功能是它对政权的正当化和合法化，那么，只有当我们深入考察乌托邦的第二层功能的时候，我们才进一步看到：一方面，意识形态是为统治阶级的政权运作效劳的思想体系；另一方面，乌托邦却是以想象取代或颠覆各种现存政权统治方式的精神动力和意识创造，是政权统治方式的各种潜在方案的源泉。卡尔·曼海姆在提出他对乌托邦的基本观念时，正是考虑到乌邦在政权问题上的这一功能。在这方面，15 世纪末 16 世纪初的德国农民革命领袖托玛斯·闵采尔（Thomas Münzer，1489—1525）所提出的乌托邦成为了典型。他的乌托邦的特征，就在于试图靠实际的革命力量来实现其乌托邦的理想。他比乌托邦思想史上那位只是单纯地创造了"乌托邦"这个概念，并只局限于在文学想象中的汤玛斯·莫尔（Thomas More，1478—1535）还更具典型性。卡尔·曼海姆和艾伦斯特·布洛赫（Ernst Bloch，1885—1977）都先后高度赞扬了汤玛斯·闵采尔对于政权批判的乌托邦思想（Ernst Bloch，Thomas Münzer als Theologe der Revolution）。有相当多的乌托邦思想家们，以其关于历史终点的想象，盼望实现某种"末世神学"的理想。凡是基督教神学延迟到历史末日去审判的一切，闵采尔都期望在今日的历史中去实现。所以，透过闵采尔的"革命神学"式的乌托邦，一切在历史意识、期待、纪念和创见方面把我们对立起来的各种差别，由于把神的王国从天上拉到地上，把历史末日提前到历史中间，都一概地被消除掉和被抹杀掉。

从闵采尔的例子可以看出：乌托邦在批判现存政权方案的同时，具有着孕育和产生新的不同政权方案的功能。乌托邦的这一功能必须进一步从正面和反面两个角度加以分析，才能使我们对乌托邦的第二个功能具有全面的认识。

　　乌托邦在批判、反对和颠覆现存政权的同时,往往孕育着和杜撰出未来的专制,以至于这些未来专制暴君有可能比乌托邦所要推翻的现存暴政更坏和更糟糕。乌托邦的这一致命缺点是同乌托邦的"想象性"有密不可分的联系。卡尔·曼海姆也已看出这一症结。他指出,乌托邦的基本缺点在于其"乌托邦式的精神状态",一种纯粹只在臆想中存在的方案。乌托邦的要害就在于它的脱离现实性。也就是说,一切乌托邦,都是由其自身在现实中不存在东西作为出发点,缺乏实践和政治性的思索;一切乌托邦思想家所设计的制度,都完全不考虑现在所能提供的特定条件,完全脱离特定历史阶段所可能提供的社会文化前提。利科甚至说,乌托邦不考虑"一个历史时代所可能存在的可寄予信任的现实条件"。① 所以,乌托邦总是要求现实生活中的好人"跳出"现实生活,"跳跃"到另一个并不存在的地方,不顾一切可能出现的危险和风险,也不惜使用一切可使用的煽动性,甚至疯狂的和惨无人道的语词。

　　因此,乌托邦总是伴随着对于现实活动的逻辑的藐视,伴随着对于一切现实社会生活的规则的蔑视,因而也不可能制定出符合现实条件的、迈向其理想的可靠方案。这一致命弱点,使乌托邦不仅必然陷于失败,而且,甚至可能导致严重的破坏现存秩序的反面后果。

　　在乌托邦的第三层次功能中,它起着与意识形态的掩饰功能正好相反的功能,即为了一个不可实现的完满规划,从现实中逃逸。利科把乌托邦的这一"病态"与意识形态的欺骗性病态相对照,强调乌托邦的逻辑乃是一种"或全或无的逻辑"(une logique du tout ou rien)。

　　当然,利科在指出乌托邦的消极功能的时候,并没有就此停步不前,而是进一步指出了乌托邦以其特有的讽刺形式所可能发挥的解放作用。乌托邦以讽刺性的幻想,解放人们的思想;以那种"不存在的地方",去开辟可能的世界的前景,促进人们积极地思考新的改进方案。在这个意义上,乌托邦阻止着"期待的视野"与"经验的视野"的混同;乌托邦维持着希望与传统之间的间隔性距离。

① 　See Riceour,1986:390.

第七节　列维纳斯

一、现象学政治哲学的创新模式

列维纳斯与利科同属现象学派。他也和利科一样，始终关怀现实的政治问题，并从伦理学的角度，考察政治的基本论题。但是，伦理学在列维纳斯那里，具有崭新的意义：第一，列维纳斯把伦理学当成优先于一切哲学问题的基本出发点；也就是说，伦理学不只是决定哲学和世界观问题的最高本体论范畴，而且也是思考和分析政治哲学的基础。第二，一切政治问题，在本质上，就是对待"他者"的立场、态度和策略的表现。换句话说，一切政治问题，都可以归结为与他者的关系问题。正是在这个意义上说，政治就是最高的伦理学原则在政治领域中的贯彻。第三，伦理学的核心就是"对他人负责"。因此，一切政治都必须对他人负责，把"对他人负责"当成政治的灵魂。第四，由于政治的伦理学本质，决定了政治上的自由就是以"对他人负责"作为基本前提。也正因为这样，列维纳斯把自由当成政治哲学的核心问题，并从"他人第一"的观点解决自由的问题，而自由也就彻底脱离传统政治哲学的主体中心主义范畴，变为由"他人"决定的新范畴。第五，作为政治哲学的中心论题，正当性也是在"他人"的最高本体论意义下进行讨论。

分析列维纳斯的政治哲学不能脱离他的哲学思想的成熟过程。一般地说，列维纳斯的思想经历了三大阶段的变化。

第一阶段是 1935—1947 年，列维纳斯在这一时期的代表作《论逃亡》和《从存在到存在者》中力图寻求越出"存在"的新思路。第二阶段是 1947—1970 年，列维纳斯在其代表作《总体性与无限》中试图论证从"自身"到"他者"的必要性和正当性。第三阶段是 1970 年至 80 年代，列维纳斯建构以他者绝对优先的伦理基本原则为核心的第一哲学，而这一时期的代表作是《另类存在:在本质之外》。

"自由"这个论题,始终贯穿于列维纳斯的所有哲学著作中,它是列维纳斯的哲学思考的主题,也是他试图改造整个哲学的基石。但是,列维纳斯所说的自由,绝不是以传统的存在论为基础的个人自由,因而也不是以某个主体性(la subjectivité)为轴心的"我"的自由。

列维纳斯通过对希特勒法西斯专制的批判和反思,充分意识到:当代自由的危机,来源于对"他者"的生存权利的践踏,源自"他者"的"绝对优先地位"的"缺失",源自以自我的主体性为核心的西方传统本体论和形而上学。

所以,在列维纳斯看来,谈论自由,首先必须摆脱西方传统的主体性哲学,摆脱各种以"存在"(être)和"本质"(essence)为基本范畴的传统形而上学,创立一个以"他者"为绝对优先的新哲学。一切关于主体性的哲学论述,都是以"存在"和"本质"为根基,在进行逻辑还原和终极推理的过程中,将"存在"和"本质"作为主体性的合法性根据。所以,谈论自由,首先就要超越传统存在论和本质论,在存在论和本质论之外,探索以"对他人绝对负责任"作为"第一原则"的形而上学的基础,并在"对他人负责"的原则下,重新探讨自由的可能性问题。①

列维纳斯说,"如果'超越'有一个意义的话,它只能意指'存在的事件'(l'événement de l'être)的实现,……即过渡到存在的他者(passer à l'autre de l'être)",也就是成为不同于存在的存在;它不是另一种存在,而是不像存在那样的存在。它也不是不存在,因为此处朝向不像存在的存在,并不需要死亡。"存在"与"不是存在"相互映照澄明,并由此实现决定存在的思辨辩证法历程;在那里,试图使存在后退的否定性即可被存在湮没。②

总之,既然列维纳斯的新哲学是以"他者"(Autre)为核心范畴所建造的"第一哲学"的话,那么,"他者"的至高无上性,正是在于它是人类自

① See Levinas,*Autrement q'être*,*au-delà de l'essence*.Paris.2006:20-21.
② See Ibid.:13-14.

由的基本保障。

所以,自由,首先是伦理学的基本范畴。人们可以从政治、经济、思想、艺术创作等各个角度谈论自由的问题,但归根结底,它必须首先是伦理学的。没有伦理学,脱离道德原则,自由就无从谈起。列维纳斯在他的重要著作《另类的存在》中指出:"在这本书中,我讲到"责任"就是主体性的本质性的、首要的和基本的结构(je parle de la renponsabilité comme de la structure essentielle, première, fondamentale de la subjectivité),因为我是以伦理的范畴来描述主体性。在这里,伦理并不是来自某个优先存在的基础的辅助性因素;相反,正是在被理解为"责任"的伦理学中,解决主体性的最关键的东西。"①一切自由,一旦抛弃道德原则,就失去它的核心价值,就成为伤害、损害和侵犯他人利益的工具,就从根本上变为破坏个人存在价值的手段。

自由涉及如何看待个人及其利益。列维纳斯并不否定个人及其利益,但他所要的,是一种伦理学的个人主义(individualisme éthique)。只有从伦理的角度论述个人及其利益,它才真正获得事实的和形而上学的正当性。

列维纳斯的现象学自由观,首先集中在《难以实现的自由:关于犹太教的论文集》(Difficile Liberté. Essai sur le Judaisme)②一书中。列维纳斯认为,犹太教就是苏格拉底主义的"兄弟",因为它们都一样在人的天真赤裸的"脸"上,寻求人的本性。

这本书是他在20世纪50—70年代精心阅读犹太教教义《塔尔姆德》的体会和反省心得。正是在这本书中,列维纳斯全面地发展了他的政治哲学,特别是他的现象学自由观。

《难以实现的自由:关于犹太教的论文集》开宗明义引用《塔尔姆德》的一句箴言:"自由就在石桌上(Liberté sur les tables de pierre)。"这句话集中表达了《塔尔姆德》一书的核心思想,即"自由将是由神的手指铭刻

---

① Levinas, *Autrement qu'etre ou au dela de l'essence*. Paris. Livre de poche. 1978:

② See Levinas, *Difficile Liberté. Essai sur le Judaisme*. Paris. Alben Michel. 2003.

在石桌上的永恒法规的女儿"（la liberté serait fille de la Loi éternelle gravée, par le doigt de Dieu, sur les tables de pierre）①。列维纳斯由此明确地引申出他的第一哲学的基本原则："在成为自由之前，首先负责任；必须对他者负责"（responsable avant d'être libre; responsable devant l'Autre）。

在这个意义上说，列维纳斯的自由概念是对犹太教经典教义文本《塔尔姆德》进行现象学诠释的直接产物。显然，列维纳斯的自由概念与犹太教教义存在不可忽视的内在关系。正是在这个意义上说，列维纳斯的自由观和政治哲学，包含了犹太教教义的丰富内容，具有一定程度的宗教特色。但是，促使列维纳斯反省《塔尔姆德》的伦理学自由观的根本原因，是第二次世界大战中希特勒法西斯专制对基本人权的践踏，而列维纳斯总结新型自由观的基本方法，则是现象学原则。所以，列维纳斯说："在经历基督教 15 个世纪的福音宣道的欧洲遭遇了希特勒灭绝人性的战争之后，犹太教才转向它的源泉"（Au lendemain des exterminations hitlériennes qui ont pu se produire dans une Europe évangélisée depuis plus de quinze siècles, le judaïsme se tourna vers ses sources）。列维纳斯确实痛切地感受到：只有亲身体验近现代西方政治实践的历史经验，才能以现象学的"返回事物自身"的原则，重新全面思考西方哲学形而上学和本体论的伦理学根基的脆弱性，才能确立以"他者"为基本范畴的新型的"作为第一哲学"的伦理学，才能彻底扭转整个西方思想的立足点和基本方向，保障西方价值体系及其道德伦理原则的稳固性，以拯救已经摇摇欲坠的西方文化和形而上学。

列维纳斯把伦理学当成"第一哲学"（philosophie première），但不是本体论意义上的第一哲学。这正是列维纳斯发展胡塞尔和海德格尔现象学的一个重要特色。他强调现象学要靠对于"他人"（l'autre）的"脸"（le visage）的显现的观察，探索人的本体论基础以及揭示世界的本真结构。

海德格尔早在 20 世纪 20 年代，就试图以"此在"的"人生在世"现象学还原，开展对传统本体论和形而上学的批判。作为胡塞尔和海德格尔

① Levinas, *Difficile Liberté. Essai sur le Judaisme.* Paris. Alben Michel. 2003. 扉页。

的学生,列维纳斯继续将现象学对于传统本体论和形而上学的批判推向深入。列维纳斯在他的《总体性与无限》(Totalité et infini)一书中,开宗明义宣布:"'真正的生活是缺席的'(la vraie vie est absente)。但是,'我们在世'(nous sommes au monde)。形而上学涌现出来并维持在这种'不在现场'(alibi)中。形而上学转向'别处'(ailleurs),并转向'另处'(autrement),转向'他者'(autre)。它以它在思想史上所采用过的最一般形式,显现出来;但不管是什么样的土地环绕或隐蔽着它,它实际上像一个运动(comme un mouvement),从我们所熟悉的世界出发,即从我们寓于其中的地方,从'我们自己的家'出发,转向异己的'自身之外'(vers un hors-de-soi étranger),朝向一个彼岸(vers un là-bas)。"①

列维纳斯用极其简练的几句话,不但区分了他所论证的真正世界与海德格尔的世界的性质,而且也深刻地指出:人的形而上学基础,并不在我们实际"在世"的那个地方,不是在"我"所亲身寓于其中的"此处",而是在"别处",在他人那里。换句话说,必须从"此在"转向"他人"。他者的世界是无限的,它绝对不可与"自身"、"主体"和"自我"相提并论,也绝对无法实现相互转换、相互比较和相互等同。

列维纳斯还进一步指出:所谓朝向别处的运动,不是普通意义上的"别处",而是指具有"杰出而卓越意义"的"他者"(dit autre dans un sens éminent)。② 显然,列维纳斯试图强调:这不是简单地朝向那一个一个地出现在我们面前的"别人"而已,而是还要朝向一切在场及不在场的所有"别人",朝向在自身之外、生存于别处的"他人",朝向"另类地存在"(autrement)并不同于"此在"的"他者"。他者是无限的,"任何旅行,任何气象和装扮的变化,都无法满足由此产生的欲望。形而上学地被欲求的他者,并不像我所吃的面包,像我所居住的地方,像我所朝思暮想的景色,或者,像有时候,我自身渴望我自己那样,把'我'当成'他人'……形而上学地产生的欲望,倾向于朝向'完全不同的其他事物'(vers tout autre

---

① Levinas,*Totalité et infini*.Paris,2006:21.

② Ibid.

chose)，朝向'绝对的他者'(vers l'absolument autre)。所以，对欲望的习惯性分析不可能成为它的特殊的意愿的理由。"①它并不像一般欲望那样，并不打算返回自身；不会在得到满足之后又回到自己那里。这是一种朝向我们从未居住从未达到的别处。它是在我们所生活的世界的彼岸，一个具有另一种性质的"他乡"(un pays étranger à toute nature)，一个并不属于我们的故乡的一部分的地方，也是我们始终都达不到的那个地方。因此，这种欲望是永远不会满足的。

列维纳斯试图以他所描述的"他者"世界的绝对性及外在性(extériorité)，强调他者的世界的不可替代性和至高无上性。

显然，列维纳斯所理解的伦理学，并不像海德格尔那样，只是把它当成一种"存在方式"，也不是个人的精神境界的完善化过程，而是个人无法逃脱的"对于他人的责任"(la responsabilité à l'égard d'autrui)，这也就是每个人的同一性和唯一性的真正奥秘所在，是任何其他别的东西所无法替代的。

正是为了强调"他者"对于个人以及对于自我的至高无上性，列维纳斯用"关于外在性的论文"(essai sur l'extériorité)，作为他的《总体性与无限》那本书的副标题，以便重申它之异于并外在于"自我"的绝对性质。也就是说，必须在"我"之外、超出"我"的范围，在一种他称之为"外在性"的无限世界，寻求世界的形而上学基础。

接着，列维纳斯还说，对于他者的欲望，作为一种"形而上学的欲望(le désir métaphysique)，怀有另一种意义的欲望；它所欲望的，是超越一切可以被简单地沉思的事物之外。它如同'善'(la bonté)那样，单靠被欲望的事物不但无法满足，反而把它挖空"；"这种欲望(对他者的欲望)是绝对的，如果发出欲望者是必死的，如果被欲求的是不可见的话"。② 所以，列维纳斯所说的"形而上学的欲望"，指的是"有限的个人"对绝对的"他者"的"绝对欲望"：这是不可讨价还价的欲望，是个人和世人无法抗

① 　Levinas, *Totalité et infini*. Paris, 2006:21.

② 　Ibid.:22.

拒的"对他者的欲望",是对世人发出的"欲望他者"的绝对命令。

为了强调"他者"的绝对优先地位,列维纳斯还指出:"欲望是对于绝对他者的欲望(le désir est désir de l'absolument Autre)"。列维纳斯甚至认为:无限地和绝对地追求"他者",势必使欲望者陷入不可见的世界(l'invisible);但这是值得的,因为一切追求向他者超越的世人,只有真正使自己成为彻底献身于他者的人,才活得有意义,才最终达到形而上学的要求。列维纳斯坚定地说:"为不可见的世界而死,这就是形而上学(mourir pour l'invisible-voilà la métaphysique)。"①

列维纳斯自己在谈到他的更成熟的著作《总体性与无限。关于外在性的论文》及《另类存在》时说:"在'存在者'(existant)之间,在人类生存者以及海德格尔所说的那种'存在者的存在者性'之间隐约显现的,不是一种神秘化和一种掩饰,而是朝向善和朝向对神的关系的一步,而且,在存在者之间的关系中,并不同于'有限者的形而上学'的事物,也不是单纯意味着无视存在和优先存在者而把海德格尔的有名区分加以颠倒。这颠倒只是一个运动的第一步;它向比本体论更古老的伦理学开放,让具有本体论上的区别的'彼岸'的真正意义绽放出来。这无疑是无限的真正意义。而这一切,就是从《总体性与无限》导向《另类存在》的哲学进程。"

"形而上学是在伦理关系中发生作用的(Levinas, *Totalité et Infini.* 1971:77)。"因此,列维纳斯的著作都是环绕着对他人的伦理关系,论述他人存在的绝对性及其无限崇高性。即使在谈论神学和犹太教传统时,列维纳斯的立足点仍然是每个人对他人的绝对责任心。他认为,他人的存在是无可忽视的最高原则,这就如同神对于人的存在的绝对性那样。

列维纳斯说:"我永远是他者的负责人,我回应'他者'(Je suis responsable d'autrui, je réponds d'autrui)。"②每个人都应该是为他者而存在。人们有绝对的义务回应他人的一切要求。列维纳斯还说:"他人的'脸',并非单纯是一幅可塑的形式(le visage n'est pas simplement une forme plas-

---

①   Levinas, *Totalité et infini.* 1971:23.

②   Levinas, "L'Asymétrie du visage". In *Cités*, No.25, Paris. 2006:118.

tique），而是即刻对我形成为一种义务，是对我的一个召唤，对我发出命令，使我处于为他服务的地位（est aussitôt un engagement pour moi，un appel à moi，un ordre pour moi de me trouver à son service）。"①

如果说传统的西方哲学始终以主体性的存在为基础，以"总体性"（la totalité）概念为核心，试图将万事万物都归纳成为"一"而完成以主体为中心的"主体与客体的统一性"的话，那么，列维纳斯就相反，他拒绝把"他者"归化为主体自身，并强调只有通过他者，自身才有可能在与他者的"照面"中，使主体的经验实现一种超越。

列维纳斯认为，他人的"脸"，以其赤裸裸的纯真本性，向我们本真地呈现人和世界的本质所在。当他人的脸呈现于我面前时，就最本真地向我们显示生命的原本性质，呈现其未经修饰的自然特征，因而就有力地转换成对我来说是一种无可抗拒的命令。

列维纳斯通过"脸"的概念表现出他对胡塞尔和海德格尔的现象学的超越及发展。"脸"就是作为最高本质的"他人"的直接显现，这也是现象学终究要追根探源的首要问题。

人始终都面临着"他者"的包围和共存，也面临着正确处理同"他者"的关系。人是在同"他者"的相互关系中生存的，也是在同"他者"的关系网络中，面对着他的世界，面对着他的彼岸；面对他的现在，也面对他的过去和未来。

所以，他者，既存在于现在，也存在于过去和未来，特别存在于超越的彼岸。如果说，在现实世界中的他者只构成"他者"世界的一小部分的话，那么，更多的，或甚至更无限的绝对的"他者"，是以存在之外的"另类存在"的绝对地位，在无限超越的彼岸中，时时向我们发出震撼心灵的"召唤"。

对列维纳斯来说，处于彼岸的他者，是现实的人必须追求并必须与之对话的最重要的部分。因此，列维纳斯把希望更多地寄托在彼岸，寄托在无限的他者对人的精神支持和启蒙。这也就是说，他者的世界是无限的，

① Levinas，"L'Asymétrie du visage".In *Cités*，No.25，Paris.2006：116.

是无止境的。

因此,他者,就意味着"无限性"(l'Infini)。列维纳斯说:"超越就是无限的理念(La transcendence comme idée de l'Infini)。"①"思考无限,思考超越者,思考异在者,并不是思考一个对象。但思考没有物体的线性距离的事物,实际上就是做得比思想更多和更好。超越性的距离,并不等同于一切观念中将精神活动与其对象分离开来的那种距离。"②

他者所构成的世界是无法与个人的我相比拟。"他人就是形而上学的真理的场所;而且,他人也是对我同神的关系所不可缺的"③。当然,他人并非神的肉身化,但他正是通过他的"脸"所表现的非肉体化,体现出神所显现的无与伦比的崇高性。每个人对于他者所要承诺和承担的责任是绝对的、无条件的、无限的、无偿的、不可计较的,不对称的(asymétrique)。我对他者只能是无代价地宽容、包容和关怀,是一种不打算取得回报的"自我捐赠"。

人的生活世界的特征,正是在于:生活世界不只是现实的构成,而且也包括与它对立、并与它共存的"彼岸"。这个彼岸是超越的,但它的超越性及其与人共存,正是人的生存的基本条件。彼岸是由他者所构成,是人自身可以在一定条件下进行穿越的未知世界,也是时刻发生难于想象的变化的世界。彼岸是可能性的无限世界。

人不同于一般生存物的地方,就在于他永远回避不了要在现实与超越之间的来回运动、来回想象,并以其对于超越界的想象,作为其生存和获得自由的条件。因此,正如特罗迪农(Pierre Trotignon)所说,在列维纳斯那里,"他者"也就是超越的标志,也是超越的经验本身。

对于列维纳斯来说,思想并不是从自身向自身提出的同一性问题出发,然后再创造出一个经由他者的中介和否定的道路而进行某种反思;与此相反,列维纳斯所强调的是,思想从一开始,就必须通过"与他者的关系",才能真正进行,因为同他者的关系以及向他者的超越,并非源自外

---

① Levinas, *Totalié et infini*. 1971:39.
② Ibid.:41.
③ Ibid.:77.

在于它的世界,而是原本属于思想本身的内在特性。

　　总之,列维纳斯的思想深刻宏伟,其核心是无限地关怀他人。伦理学既是他的哲学基础,又是他的理论思索的制高点和顶端。

二、与他者的关系:最优先的本体论问题

　　列维纳斯反复强调指出:"最重要的论题,我的主要定义,就是:其他的人,作为最优先的本体,构成给予我的这一切整体,即所有一切事物和整个世界以及呈现于我们面前的一切景观的一部分;而他人,在一定程度上,正是以'脸'的方式,渗透到这个整体之中。"

　　正如马里墉所说,列维纳斯把对他人的"脸"的无条件的至高无上的尊重,当成是向每个人发出的"神圣的和无可讨论的召唤"(l'appel)。这种召唤,其实,早在胡塞尔那里,就已经被当成"现象学的基础性的行动"(l'acte phénoménologique fondateur)。但是,列维纳斯却进一步把"召唤"转变为新的现象学"发生转向"的重要概念:一方面,列维纳斯使胡塞尔原来以"自我"为中心、而导向对象的意向性,扭转成返回自我的"反意向性"(retourner l'intentionnalité centrifuge de l'égo vers l'objet en une contre-intentionnalité revoyée l'égo);另一方面,列维纳斯将原来作为这个反意向性的源泉的"存有的对象"(l'objet étant),取代成为一种"无须首先存在的'脸'(un visage,qui n'a pas d'abord à être)"。[①] 也就是说,"脸",作为高于一切和无条件优先呈现的伦理本体,比一切一般的"存在"更超出存在;它既是超越的,又是现实优先呈现的"绝对",是人的生存、思想和行动的基础和出发点。

三、向他者"临近"的绝对性和直接性

　　在列维纳斯那里,我自身毕竟要无条件不断地朝向"他者"超越,一

---

　　① Marion,"La voix sans nom.Hommage à partir de Levinas." In *Emmanuel Levinas*.Rue Descartes Collège international de philosophie.Paris,2006:11.

步一步地"临近"（proximité）"他者"："临近就是一种责任心（la proximité est une responsabilité）；……"①"我在临近无限中而奉献自身；而自我奉献是临近的标准和准则。"②

列维纳斯特别强调向他者的"临近"是无条件的和直接的，无须任何中介，因为它来自最诚挚的自我奉献的意愿："临近，毋宁是中介的欠缺，是突发的和突如其来的直接性（Proximité désigne plutôt le mangque de médiation, abrupte et soudaine l'immédiateté）"；"而这种临近的直接性，就是对于空间上的临近的否定，对某种'相邻性'的否定（l'immédiateté de la proximité est exacte negation de la proximité spatiale, du'voisinage'）。"③

自身向他者的"临近"是一种道德的义务，是无需任何理由，是无需任何交换的条件；通过诚挚的临近，自身实现向无限的他者的超越。

四、只有向他者超越，才有自由

对列维纳斯来说，自由就是向他者的超越。他者的存在，是无限的王国，是人性的真正场所。这就意味着：所有的个人，只有朝向他者实现真正的超越，才有可能达到真正的自由。自由只存在于他者的无限世界。人必须向人性的乌托邦（L'utopie de l'humain）寻求新的自由期望。人性的乌托邦是无限的自由王国。人性的乌托邦，不是乌有之邦，也不是虚幻的彼岸；它是他者之所在，也是人自身于现实中生存的依托性的精神支柱及向往的目标。它的存在不但吸引人自身的超越活动，而且也鼓动人们在现实世界中的不停创造。所以，乌托邦是现实的人进行创造的源泉和动力来源，也是改造和批判现实的指针，又是人的自由的保障。

同样地，向他者的超越表明神本身的存在及其无限性，表明人与神的永恒对话的必要性、可能性和潜在性。神是存在的无限性的根基所在，也是人本身永远保留希望的支柱。自由脱离不开神的保护和启示。人是有

---

① Levinas, *En découvrant l'existence avec Husserl et Heidegger*. Paris, Vrin. 1949：233.

② Levinas, *Difficile Liberté. Essai sur le judaïsme*. Paris. Albin Michel. 1963：119-120.

③ Levinas, *En découvrant l'existence avec Husserl et Heidegger*. Paris. Vrin. 1949：215.

限的存在,他只有向无限的神和他者实行超越,才能有希望达到他在有限的现实中所无法获得的自由。

另外,向他者的超越表明自由是无限的,也是不可或缺和不可被剥夺的。"自由铭刻在记载着法律的神圣的石桌上。……它显示于一种书写的经文上,当然也是不可被摧毁的,而且它还在人之外永恒地存在,存在于永远保存着人的自由的天国之中。"①

列维纳斯认为,自由之所以是神圣、不可剥夺和不可摧毁的,就是因为它是神所保障的。"法律之桌是神的创造物和作品。"实现自由固然需要付出代价,需要在一定条件下使人受到约束,但这种约束不是来自人的意志,而是归根结底决定于神的意志。"不只是这张脸,而且还有其他的人,对我来说,都同时赤裸裸地、赤手空拳地和毫无保障地向我呈现出来,而且,他们又同时成为向我发出命令的场所。这种类型的命令,也就是我所说的那种呈现在'脸'上的神的话语。"②在列维纳斯看来,如果没有超越的他者,没有在神的保护下的无限自由王国,人间的自由即使有法律保护也是脆弱的,不堪一击。法西斯对于人权和自由的肆意践踏,就是明证。

同时,列维纳斯认为,自由也不是像康德所说的那样永远严肃和高不可攀;自由对于人来说是随时都可以成立和实现的,"只要我能够自由地选择我的存在,一切都将是正当的"。他人对我的命令,实际上就是通过他人的脸上所显示的神的命令而发挥它的威力。

向他者的超越,不仅给人以真正的自由,而且也保证了人的希望和永远乐观。面对现实中的恶和恶势力的横行,如果没有他者的超越性,如果没有人性的乌托邦,如果没有无限的神,就很难使人产生勇气去克服不断出现的灾难。

所以,列维纳斯所理解的自由,绝不是传统形而上学所说的那种属于主体的自由,更不是某个人自身的自由。他认为,自由是在他者的世界中

---

① Levinas, *Totalité et Infini. Essai sur l'extériorité.* Paris, 1961:219.

② Levinas, L'asymétrie du visage. In *Cités*, No.25, 2006:116.

存在的道德关系,是把自身溶解在他者的世界中的存在。单纯在主体的世界中是无所谓自由的。

所以,在列维纳斯那里,不能把自由理解成个人主体的"主动性",而只能在受到他者的"召唤"的"被动性"中实现。在这里,主动或被动并不重要;重要的是,摆脱自身的自我中心,永远朝向他者靠拢和趋近,并努力实现向他者的真正超越。

五、他者的匿名王国:"有"

因此,向他者的超越,要求人们除了进行创造的行动之外,还必须以宁静的沉默和思索面对生活世界,面对彼岸世界。整个世界,归根结底,是以其形式而存在的微妙结构,是无限的超验世界的总体。"形式的世界像无底的深渊一样敞开着(le monde des formes s'ouvre comme un abîme sans fond)。它就像宇宙爆炸形成时那样,是敞向无底的深渊的混沌。在那里,无所谓地方。它就是那个'有'(il y a)本身"。

列维纳斯巧妙地使用法语中的"il y a"这个短语和语词①,来表达"他者"的一种具有双关意义的存在论超越结构:它是一种无条件的"有",同时它又是包含着"他者"的"另类存在"(autrement qu'être),是由于"他"在那儿的呈现而成为绝对的"有"。

面对浩荡无边无底的他者的"有",人的生存的最好态度就是像小孩子那样,像幼儿那样,沉睡,沉思,单纯,朴实,真诚,不假思索地坦然接受"他者"的存在,让自己设法意识到自身的渺小和无奈,让生活世界继续默默地走它的路,使世界作为真正的他者而陪伴着生存,给予生存以最大的希望。列维纳斯认为,只有真正进入这种肃穆寂静和天真无邪的沉思中,才表现出人的生存的开放性、警觉性及其时时清醒的可能性。

总之,列维纳斯透过现象学走向理想的伦理世界,他认为这种伦理世

---

① 本书作者注:Il y a 的原义是有,但其法文结构又具有双关性的隐语指涉功能,即一方面表示它就在那儿,另一方面又表示一种中性而客观的有。

界的存在,是生活世界得以自由实现其节奏及和谐的条件,也是现实世界中的生存得以产生希望的基础。

六、"时间"是主体与他人的关系

对于海德格尔来说,生存,只能是专门隶属于某个人所独有的存在方式。他把这种仅仅属于个人的存在称为"在世生存"(Sein In der Welt)。因此,海德格尔认为,"存在"(Sein)具有"向来属我性"(Jemeinigkeit),与"存在者"(Seiendes)有根本的区别。正是在这个区别的基础上,海德格尔把时间看成是有限的存在者的"此在"(Dasein)的一般存在形式。这样一来,海德格尔就把时间理解为"此在的存在"、"在其相互排除的时刻中的散播状态";而且,时间,作为某种不稳定和不忠诚于其存在自身的因素,是在"过去"中,即在它们自身的"亲在"之外,各自相互排除,但同时又向我们以庸俗化的形式,启示和展现"生与死"、"意义和无意义"。

可是,对于列维纳斯来说,时间恰恰是"思想"对"他人"的关系(relation de la pensée à l'Autre),是越出存在之外的一种模式(mode de l'au delà de l'être)。也正因为这样,时间就成为了自身对一切他者、超越者和无限的关系(comme relation au Tout Autre, au Transcendant, à L'Infini)。[①]

针对海德格尔的"此在"的有限性时间结构,列维纳斯强调:时间并非"被隔离和独自的主体的事实,而是主体本身与他人的关系"。[②]而且,进一步说,列维纳斯所感兴趣的,并不是胡塞尔和海德格尔所探索的"时间观念",而是时间本身。

所以,在列维纳斯那里,"时间并不被压缩成存在者的存在的存在论的视阈"(présent le temps non pas comme horizon ontologique de l'être de l'étant)[③],而是作为对于他人的思想的关系,呈现为社会关系中所遭遇和

---

① See Levinas, *Le temps et l'autre*. Paris. P. U. F. 2004[1979]:8.

② Ibid.:17.

③ Levinas, *Le temps et l'autre*. Paris. P. U. F. 2004[1979]:17.

经常面对的多种多样的"他人的脸"。当然,含有他人的脸的意义的社会关系,可以表现为色欲、父亲关系以及对邻人的责任心等。但这种隐含时间意义的社会关系,绝不形成为某种知识结构,也不呈现为"意向性";同样它也不打算"再现他者",或者,试图使他者呈现出来,让它们同时呈现。列维纳斯认为,时间所采取的"连续性"(dia-chronie)的形式,无非是为了展现一种绝不使他者招致扭曲和变异的关系,并保障他者对于思想本身的不冷漠态度。

这也就是说,时间在具体的生存中的延续性展现,丝毫无损于他者的至高无上的崇高地位;时间在生存中的展现,毋宁是他者的一种迂回展现,是为了表示他者通过时间对"思想"的关切。

时间所固有的上述对于他者的内在性(Immanence),自然地使有限的存在者无法真正把握具有永恒意义的"对绝对他者的关系"。在深沉的时间中沉睡的绝对的他者,是无限的和绝对超越的。正是在这个意义上说,绝对的他者之所在,就是永恒的时间本身。

列维纳斯认为,人的有限生存对上述永恒性的无能为力,并不说明人类认识的无能,而是表现了人的认识能力对绝对他者的无限性的"不恰当的认识"的无能为力。正是这种不恰当性,表明了时间的延续性的有限性,也表明人类所必须保持的那种"永久等候"的态度,即一种正确地对待无限的他者的耐心期待心情;它表现了人自身对他者应有的无条件顺从的关系。

第八节　让·吕克·南希政治哲学的
　　　　艺术模式

让·吕克·南希(Jean-Luc Nancy,1940——　)是新一代的哲学家。他出生在波尔多附近的戈德朗(Caudéran),那是法国传统的天主教文化相当浓厚的地区。在 20 世纪 50 年代,正当法国哲学界充斥着存在主义、结构主义、马克思主义和各种符号论等思潮的时候,南希在巴黎大学接受哲学教育。因此,他对各种思想观点都有着强烈的兴趣。1962 年毕业于巴黎大学之后,在他的第一本著作《关于昏晕的论述》(*Le discours de la syncope*,1976)中,就已经体现了多重的思想理论对他的影响;其中最明显的,是笛卡尔、黑格尔、康德、尼采和海德格尔的哲学影响。

让·吕克·南希的著作有:《我在》(*Ego sum*,1979)、《思辨的评论》(*La remarque spéculative*,1973)、《否定的不安息》(*L'inquiétude du negative*,1997)、《眩晕的话语》(*Le discours de la syncope*,1983)、《绝对律令》(*L'Impératif catégorique*,1983)、《声音的分享》(*Les partages des voix*,1982)、《纳粹神话》(*Le mythe nazi*,*avec Lacou-Labarthe*)、《非功效的共通体》(*La communauté désoeuvrée*,1986)、《哲学的遗忘》(*L'oubli de la philosophie*,1986)、《神圣的位置》(*Des lieux divins*,1987)、《自由的经验》(*L'expérience de la liberté*,1988)、《一个有限之思》(*Une pensée finie*,1990)、《思想的重量》(*Le pids d'une pensée*,1991)、《著作集》(*Corpus*,1992)、《世界的意义》(*Le sens du monde*,1993)、《缪斯们》(*Les muses*,1994)、《基督教的解构》(*la deconstruction du christianisme*,1998)、《闯入者》(*L'intrus*)、《特殊多样的存在》(*Être singulier pluriel*,2000)、《肖像的凝视》(*Le regard du portraail*,2000)、《躲避的思想》(*La pensée déribée*,2001)、《圣母往见》(*Visitation*,2001)、《世界的创造或世界化》(*La creation du monde ou la mondialisation*,2002)、《不要触摸我》(*Non me tangere*,2003)、《图像的实质》(*Au fond des images*,2003)、《哲学的编年》(*Chroniques philosophiques*,2004)、《在所有意义里的意义》(*Sens en tous sens*,2004)、《拆封/拆开——基督教的解构之一》(*La déclosion*,*Déconstruction du Christianisme*,Ⅰ.)及《头韵法》(*Allitérations*,2006)等。

在南希的政治哲学著作中,《运转不得的共同体》具有典范意义。南希从政治哲学基本概念"共同体"出发,试图论证:在现代化社会中并不存在真正的"共同体";所有的所谓共同体,无非是无法真正运作、也无法真实实施的"无法操作的共同体"。

南希通过对阿尔杜塞、德勒兹、海德格尔、布朗索、荷尔德林等人的思想的研究,认为现实的社会并不是现代化理念中的系统化和统一化的社会,而是一个"分裂的片段化的世界",不可能归属于现代的系统化的社会体系之中(un monde fragmenté, irréductible à la systématicité moderne)。

南希观察到,现代社会所憧憬的和谐共同体的实质,其实是自我残杀的社会,也是窒息各社会成员的创造精神的制度。他认为,共同体是运转不了和不可操作的,它无法实现其设计者预先期望的目的。南希使用"运转不得"(désœuvrée)这个词,表示"无法投入实施过程"(incapable de se mettre en œuvre)的自我瘫痪状态,因此,南希主张揭示一切社会共同体的"瘫痪无能"(le désœuvrement de la communauté),并把共同体本身的瘫痪当成它自身得以自我转换而实行自我开放的一个珍贵的机会。

南希宣称,真正的共同体的本义是"生活在一起"(Vivre ensemble),也就是与他人共处于一个共同体,能够进行相互沟通以及在"相互感染"①,但又不至于相互融合,也不实现相互同一化,而是保留每个人自身的多元化的特殊性和特殊性。"我们之间亲密无间"(Il n'y a rien entre nous),意思是说,我们在一起,既亲密,又疏远;在一起,并不意味着相互同化,而是各自保持自己的多样化的个性,但又相互坦诚相见。

所以,真正的共同体,就是一方面在肉体上,共同生活在一起,却又不构成一个不可分割的空间总体,另一方面,在心灵上,始终保持自身的个性,展现在其自身生活的广袤中,延展在其生活的空间中,以其自身的敏感性,继续感触周围的一切,体谅他人的存在。

南希本人试图亲身实践他所主张的"真正的共同体"的生活,所以,他曾经在一段时间内,与他的挚友和同事菲利浦·拉古-拉巴特(Philippe Lacoue-Labarthe, 1940-2007)共居于同一屋檐下,双方夫妻自愿相互对换,试图探索他们所追求的"共同体"的实施可能性及其实际问题,同时也实现他们在1968年学生运动高潮时所提出的口号:"大家只要做爱,不要战争"(faitesl'amour, pas la guerre)。

其实,归根结底,南希所主张的"真正的共同体",只是在生活、感情、

---

① 本书作者注:南希原文使用法语 la contamination,表示"感染",具有隐喻的意义。

爱情、艺术、语言交流方面的共同体,究其实质而言,一点也不具有政治的性质,其宗旨在于保护他所追求的"共同体"能够确保不受国家的控制。对于南希来说,他所主张的共同体,是大家生活在一起,相互接触,"触及他人"(touchel´autre),但并不丝毫触犯他人的个性。正因为这样,他所宣称的"共同体",其唯一的特征,大家仅仅相互"触觉"(toucher),在相互触觉中各自自由的生活,维持共同的联系和沟通。

按照这样的"共同体"设计,我们生活的世界始终都不应该成为"总体化"的统一体,而是仅仅相互共享各自不同的理想、追求和生活方式,确保大家的多样性和个性化。在这种情况下,传统社会所追求的同一法制、社会制度和道德原则,都失去意义,最终导致一种"意义被排除在社会之外"的结果,而"任何意义都变成没有意义"。这样一来,所有传统的哲学、文学、道德等,都从这个社会中消失殆尽;存在于世的,只是"过渡"和"待发"(enpartance)的状态;一切都有待人们进行诠释,一切都有待重新发现。

南希的这种政治理念,与德里达所追求的"接触"(Toucher)一样,旨在宣扬一种无止境的"无目的性"的循环往复的生活游戏,以便实现最自由的创作,享受哲学、文学、艺术等创造活动的乐趣,不断释放自身生命的激情和冲动。①

严格说来,南希和德里达都在幻想和追求一种难以实现的"相互亲热"的社会,但充其量也只能在他们的创作游戏中实施。

让·吕克·南希(Jean-Luc Nancy,1940—　)的政治哲学思想,主要受到乔治·巴岱(Georges Bataile,1897—1962)和布朗索(Maurice Blanchot,1907—2003)的新尼采主义的启发,并在一定程度上,模仿巴岱从总结个人内心经验出发对政治事件进行思考的基本模式,围绕着生与死、善与恶以及美的问题,试图探索生命之奥秘及其极限,同时也探索政治本身究竟在多大程度上决定着生命的本质及其世界命运。

如果说巴岱是在总结内心经验的过程中受到心灵启发而创建他的新

---

① See Derrida,J.*Le Toucher.Jean-Luc Nancy*.Paris,Galilée,2000.

尼采主义政治哲学的话,那么同样地,南希是在经历一场生死攸关的心脏移植手术过程中而遭遇极其特殊的个人心灵历险的基础上,建构起自己的带有某种神秘意义的政治哲学理论。通过对于自身心灵经验的反思,南希集中思考生命历程中决定着其个人存在的本质的"自身性"及其与"他者"的关系。

南希的政治哲学的特殊性,就在于在其自身经历的痛苦经验中,遭遇到宗教、艺术与哲学三者相互对话的新型现象学模式,并以新尼采主义的方式,通过具有独特风格的语言论述表达出来。他在 1991 年接受心脏移植手术后,经历沉痛的反思而撰写《闯入者》(L'intrus)。

在某种意义上说,南希的政治哲学也深受他的博士论文指导教授利科的思想影响,因此,他和利科的现象学政治哲学有某种程度的相似之处,即将对于政治的关怀与对于人性和神性的探索结合起来,同时又以艺术创作模式作为参照性的创造框架,试图用语言游戏和艺术创造的审美快感原则的结合来寻找改造政治哲学的新方案。

值得注意的是,南希总是在自身难以预测的偶然思索和思想创造过程中,在哲学和神学思想的宝库中找到进行政治哲学理论创新的启示。具体地说,正是为了分析和总结其精神生活特殊遭遇的过程,南希的思路中遇到了黑格尔和尼采,而作为思想中介的人物,又恰恰是巴岱和德里达。这两位思想家固然生活在不同的年代,也表现出迥然不同的风格,但在思考人性、神性和世界存在的本质问题上,两者都不约而同地参照了尼采和基督教神学的某种思考风格。

尼采给予他的最深刻的启发,就是集中思考生命及人的存在的过程中的意志问题,并把意志当成生命与存在的最根本的动力和创造性的根源,同时也使意志提升到高于世界存在及个人存在的本体论根源。

政治与哲学,两者都与生命的活动及其神秘基础息息相关。所以,作为生命与政治的核心的自由问题,也成为南希穿梭于存在、艺术创作、宗教神性与人性内在本质之间的基本因素。南希始终不愿意按照传统的形而上学与本体论的模式探讨政治与哲学的问题,同样也不愿意照搬基督教神学的思想模式来考察生命与世界的本质,而是以尼采为榜样,像德里达那样,一再地对传统的各种思路提出怀疑,并进行彻底的解构,试图一再地更新思考生命与存在的奥秘的思想原则,使思考和被思考的生命与存在,都通过思路的曲折与创新的不停顿性而得到更新,并在这些一再的更新中显示生命与思想本身的真正自由的本质。

问题在于,生命与思想的自由,尽管一再地展现出更新的可能性与创新的快感,但同时又不可避免地必须遭遇艰难困苦的不幸的检验甚至死亡的考验。所以,南希在《被离弃的存在》中,通过对生命及其生存的法则相互依存性和相互残害性,生动地展现出生命展现过程及其走向死亡过程中对于生存法则的依赖性和痛恨态度以及由此产生的生命和世界本身的悖论。南希由此强调,尽管生命永远不可避免地会遭遇痛苦与悲剧,但生命的珍贵之处就在于它的不可屈服性和不可让与性。用南希自己的话来说,这就是生命的不可献祭及不可牺牲性。生命是至高无上的,是无价之宝,但同时又必须为其自身的存在付出代价。问题在于,生命为自身付出的代价,一点都不意味着生命的可牺牲性,也丝毫无损于生命本身的价值,恰恰相反,当生命面对死亡而视死如归的时候,正好表现出生命的价值高于一切的本质,并将一切试图使生命付诸牺牲的任何力量置于可悲的地位。

南希试图以艺术生命的审美生存游戏作为生存和政治自由的典范,因此,他在《声音的分享》中,强调分享的绝对重要性。分享是人类共同体的基本原则,也是个人生命展现及实现无限的创造自由的基本条件。所以,在南希的政治哲学中,他所探讨的人类共同体就是以分享作为基本范畴。这样一来,作为政治生活的基础的共同体的存在,不是一种以统一和同质为本质的社会结构,而是经过被称为"通道"(passage)的开放性,使原本保持各种不同的间隔而共在的生存场域相互沟通起来,形成某种具有共同体政治生命的社会存在。

在《政治的重演》和《政治的撤退》两本书中,南希与他的朋友一起,重新思考了决定着西方政治传统模式的政治哲学的基本范畴,进一步发展了巴岱关于"主权是无"的基本观点,系统地批判了作为西方政治理论与政治统治模式的基础思想,即一神论的总体性概念。在这方面,南希的思考不约而同地与列维纳斯对总体性的批判相遭遇,并在遭遇中找到了共同的思路。当然,南希又不同于列维纳斯,因为南希对基督教神学的研究,目的不在于栖身于基督教的一神论神学怀抱中,而是从一神论观念中得到启发,而进一步对政治哲学的总体性思想进行解构。列维纳斯则不同,因为列维纳斯根深蒂固地执着于他的源自犹太教的一神教思想,对总体性的批判只满足于达到摧毁传统的主体中心主义,却不愿意最终摧毁一神论神学思想的基础本身。

南希对共同体的研究不同于英美传统的社群主义和自由主义,其核心是论证共在和共存的不可避免性和第一优先性。强调共在和共存,不是单纯地维护一个独立的共同体的基本利益与基本价值,而是在于揭示共在与共存本身的开放性、游离性、彼此间隔性以及相互沟通性。他在《特殊多样的存在》一书中,强调任何特殊的个别存在都是在共同具有一定间隔距离的世界中的共存,同时也是彼此间显露自身的离弃外展状态的共在。

南希认为,政治和法律以及道德的责任心,都必须建立在对世界本身以及每一个存在的生存的命运负责的基础上。所以,在任何意义上说,政治与法律都是位于共存的生命的地位之下,是为生命的存在与共在而负责的。

对于南希来说,自由不是属于个别的独立的主体,而是在共存的条件下实现共通的特殊存在寻求自身的个别性的基本条件。没有共存和共通就无所谓自由,同样也无所谓个别性的存在的思想创造的可能性。

南希的政治哲学一点也离不开对艺术的研究。当他集中批判希特勒的奥斯威辛集中营的罪行的时候,南希通过艺术的表现与再现的问题,深入追溯了政治与政治的恶以及对于图像的偶像的起源。他在《缪斯们》深入探讨了艺术的多样起源,探讨了艺术与宗教以及政治的相互关系,强调艺术的再现及其神秘性与恐怖和暴力的出现之间的神秘关系。南希认为,各种图像不只是艺术性的,而且也是生命对其自身的理解的表现,同时也是生命自身向外展开及其表现可能性的一种通道,因此在艺术的创作中和图像的呈现中,同时也就展现了政治权力的各种表现及其性质,同时也表达了政治与生命的意志之间的内在神秘关系。因此,南希曾经用大量的时间思考了艺术和图像的问题,试图沿着这个思路去揭示政治与生命和宗教之间的复杂关系。

第九节　吕克·费利和阿兰·雷诺的新自由主义

吕克·费利(Luc Ferry,1951—　)和阿兰·雷诺(Alain Renaut,1948—　)同属新康德主义的自由主义政治哲学派别,两人长期合作,一方面倡导以新康德主义为主线的自由主义理论;另一方面,坚持批判解构主义和后结构主义的政治哲学,否定1968年学生运动以来所发展的一系列反传统的离经叛道的思想创造路线,特别针对解构主义的"反人文主义"倾向①,主张以人文主义和理性主义为基础,重建当代政治哲学。

随着苏联及东欧社会主义国家集团在政治和经济两方面的全面衰退,随着新自由主义思想越来越在英美等主要资本主义国家发生更大的影响,吕克·费利和阿兰·雷诺从70年代末开始,陆续发表批判马克思主义以及各种类型的"左派"政治哲学思想的著作。

吕克·费利和阿兰·雷诺的共同著作有:《大学的哲学》(*Philosophies de l'université.* 1979)、《从68年到86年:个人的演变历程》(*68/86 Itinéraire de l'individu.* 1987)、《68年的思想:论当代的反人文主义思潮》(*La pensée 68. Essai sur l'anti-huamnisme contemporain.* 1988)、《体系与批判》(*Système et critique.* 1992)、《论法:关于古代人与现代人的新争论》(*Le droit, la nouvelle querelle des anciens et des modernes.* Vol.I.1996)、《哲学体系》(*le systéme des philosophies.* Vol.2.1996[1987])、《从人权到共和国

---

① See Luc Ferry/Alain Renaut, La pensée 68. Essai sur l'anti-humanisme contemporain. Paris. 2002[1988]:29-30.

的理念》(*Des droits de l'homme à l'idée républicaine*. Vol. 3. 1996［1992］)、《海德格尔与现代人》(*Heidegger et des modernes*. 2001)、《18 岁的哲学思维》(*Philosopher à dix-huit ans*. 2002［1999］)。

吕克·费利和阿兰·雷诺两人,除了共同创作以外,还分别撰写他们各自感兴趣的论题。吕克·费利的著作还有《人类的事业:关于人文主义的论战》(*La cause de l'homme ou la nouvelle querelle de l'humanisme. Avec Pierre Chaperon, Joël Danloup*. 1989)、《审美的人》(*Homo aestheticus*. 1991)、《新的环保秩序》(*Le nouvel ordre écologique*. 1994)、《动物与人》(*Des animaux et des l'hommes*. 1994)、《人与神还是生命的意义》(*L'homme-dieu ou le sens de la vie*. 1992)、《现代人的智慧》(*La sagesse des modernes*. 10 *questions pour notre temps*. 1999)、《什么是人? 以生物学和哲学为基础探索人的本质》(*Qu'est-ce que l'homme? Sur les fondamentaux de la biologie et de la philosophie*. 2000)、《美的意义》(*Le sens de beau. Aux origines des la culture contemporaine*. 2002)等。

而阿兰·雷诺的著作有:《法的体系》(*Le système du droit*. 1986)、《个人的时代》(*L'ère de l'individu*)、《法哲学》(*Philosophie du droit*. 1991)、《什么是法?》(*Qu'est-ce que le droit?* 1992)、《大学革命:论文化的现代化》(*Les révolutions de l'université. Essai sur la modernisation de la culture*. 1995)、《论个人》(*L'individu*. 1995)、《神之间的战争:论当代哲学中的价值论战》(*La guerre des dieux. Essai sur la querelle des valeurs dans la philosophie contemporaine*. 1996)、《自由主义与文化多元主义》(*Libératisme et pluralisme culturel*. 1999)、《政治哲学史》(*Histoire de la philosophie politique*. 5 *tomes*. 1999)、《萨特》(*Sartre. Le dernier philosophe*. 2000)、《当代康德》(*Kant aujourd'hui*. 2000)、《自我的变化:论民主身份的悖论》(*Alter ego. Les paradoxes de l'identité démocratique*. 2002)、《大学何为?》(*Que faire des universités?* 2002)、《孩子们的解放》(*La libération des enfants*. 2002)等。阿兰·雷诺(Alain Renaut, 1934—)精通德国语言文学及其历史,还专门研究费希特,曾经以费希特哲学为主体撰写他的博士论文,然后,与吕克·费里(Luc Ferry)一起创办法国哲学研究院(College de philosophie),

先后任教于南特大学和巴黎第一大学。他的思想建立在对于福柯、德里达及拉康的解构主义思想的批判的基础上,集中地分析法国自 60 年代之后所流行的"反人文主义"思潮。他认为,当代法国反人文主义思潮是德国的海德格尔和尼采哲学思想的延续。

为了捍卫传统的自由主义思想,吕克·费利和阿兰·雷诺首先试图重建大学领域中哲学教育的理论阵地,强调恢复传统哲学教育的重要性,并把人文主义教育和法制教育列为重点,强调时代的变化丝毫不影响人性的基本特征,并在捍卫基本人权的基础上,揭示现代人在道德、文化、科学和审美方面的新变化。

吕克·费利和阿兰·雷诺把重建大学哲学教育当成政治哲学的一项重要的重建工程。为此,他们发表了《大学的哲学》、《系统与批判》、《哲学系统》、《18 岁的哲学思维》等著作。他们认为,哲学教育是人的思想成长的基础,同时也是道德熏陶的基础教育。吕克·费利和阿兰·雷诺重新肯定自古希腊以来的哲学教育传统,并极端重视理性、逻辑思维、伦理道德及审美鉴赏的系统训练。

针对现代哲学围绕现代性所展开的争论,他们集中论述正当性和合法性的人性基础,同时论证当代社会文化的发展均以人文主义作为基本指导思想。

在《68 年的思想》一书中,吕克·费利和阿兰·雷诺指出:解构主义思想家指责传统人文主义充当"压迫的同谋、甚至是压迫的主因"[1];其实,人文主义思想本身不但不应对启蒙以来的各种不合理现象负责,而且相反,它是现代合理的社会制度的思想基础,也是现代自由民主社会的法制、道德规范及各种正常秩序的理论依据。

吕克·费利和阿兰·雷诺在《68 年思想》一书中突出地围绕两个主要理由来捍卫人文主义思想的正当性和合法性。第一,"不应该简单地把人文主义与形而上学混同起来,就好像海德格尔主义者所做过的那样;

---

[1]　Luc Ferry/Alain Renaut, *La pensée 68. Essai sur l'anti-humanisme contemporain.* Paris. 2002 [1988]:32.

也不能把人文主义与小资产阶级意识形态混同起来。"第二,"如果我们今天明显地无法恢复到启蒙时代哲学家们所倡导的价值,那么,我们同样也不可能不参照或不实行哪些价值;我们更没有理由为此而摧毁它们,如同68年的思想家们所试图实行的那样"①。因此,问题的症结,就在于集中探索一种"非形而上学的人文主义":一方面,从政治上探索民主制里的主体性的真正意义;另一方面,在思辨领域里,则探索理性本身究竟是如何处理与他人的关系问题②。

第十节　贾克·朗希耶的解放美学

贾克·朗希耶(Jacques Rancière,1940——　)原是法国巴黎第八大学教授,退休后,担任该校名誉教授,并在美国芝加哥大学任讲座教授。他曾经在20世纪60年代与路易·阿尔杜塞一起,撰写《阅读资本论》,成为名噪一时的结构主义马克思主义学派的一个成员。

朗希耶的学术生涯和他同时代的法国其他左派知识分子很多共同点。他和德里达等人都生于法国殖民地阿尔及利亚,早年参加过阿尔及利亚抵抗法国入侵的运动,而且也同他的同时代的青年一起研读过马克思的著作,因此,很早就形成了他的比较激进的政治思想。

1968年5月巴黎发生学生运动,朗希耶不但积极参与,而且还在理论上提出独特的见解,促使他很快就与他的老师及师兄弟们分道扬镳。

1968年学生运动失败后,朗希耶独立地总结经验教训,撰写了《哲学家及其贫困性》(*Le philosophe et sespauvres*;*The Philosopher and His Poor*,1983)。

朗希耶认为,知识分子所处的贫困地位促使他们对社会不满,但并不

---

① Luc Ferry/Alain Renaut, *La pensée 68. Essai sur l'anti-humanisme contemporain.* Paris. 2002 [1988]:34.

② See Ibid.;35.

能因此而"自然地"理解社会的劳工阶层及社会革命。他的理论观点进一步加剧了他与阿尔杜塞等人的理论分歧。

为了清算阿尔杜塞等人的"贫困思想",朗希耶对"意识形态"、"无产阶级"、"工人阶级"、"知识"等重要概念进行分析批判,重新估价了上述被传统马克思主义当成核心范畴的基本政治概念,并在此基础上,重点地提出了"群众"(les masses)的范畴,并加强了对人权问题的研究。

朗希耶认为,全球化和世界资本主义市场经济的泛滥,严重地侵犯了人的基本生存权利,当代经济和科学技术的新发展,虽然在表面上改善了人的生活环境,也似乎给人民的日常生活带来许多便利,但在实际上又促使越来越多的人过着毫无保障的贫困生活。流离失所以及被压迫到生存边缘的人,比比皆是。人权问题是当代政治的基本问题。

为了维护基本人权,任何诉诸于"主权"的政治话语都是不合法的。在朗希耶看来,当代各国政治家都极力维护统治阶级的特权,并特别以"维护主权"的名义,向一切被统治阶级施加压力,试图使后者就范。朗希耶认为,主权概念是非常模糊的政治范畴。必须针对不同的政治环境,针对具体问题,才能弄清各个实际的"主权"的性质。在大多数情况下,总是统治阶级以维护主权为借口,侵犯他人的利益,扩大统治阶级的特权。

为了支持俄国知识分子和艺术家的正当人权,朗希耶曾经与其他法国知识分子一起积极参加"莫斯科艺术双年展"的活动。

结合当代政治的转变,朗希耶转而集中研究政治与艺术的关系,特别是重视与当代政治又密切关系的视觉艺术(Art visuel;Visual art)。艺术在当代社会生活中所扮演的角色越来越重要,以致连政治也不能不密切地与艺术问题联系在一起。朗希耶认为,由于媒体的中介作用以及媒体与政治权力的紧密结合,使视觉艺术比其他艺术形式更突出地发挥政治的功能。

近多年来,"莫斯科艺术双年展"逐渐成为俄国人民关心国家政治生活的一个中介手段。在参加"莫斯科艺术双年展"活动的时候,朗希耶特地发表演讲,揭示媒体与政权在世界范围内的进一步勾结,并利用艺术视觉干预国际政治。在视觉艺术中,国际政治和经济、文化垄断集团特别利用与媒体相关的电视、新闻报业与电影展开多种多样的政治攻势。朗希耶还指出:媒体本身的无边界的传播形式恰好有利于国际垄断势力展开全球的政治统治。而且,由于媒体所展示的视觉艺术可以更有效地直接与广大人民大众相遭遇,而视觉艺术本身的直接视觉效果也有利于国际政治垄断集团以最少的代价实现最大的宣传和宰制的效果。

朗希耶的著作除了在 20 世纪 60 年代发表的《阅读资本论》(与阿尔杜塞等人合写)以外,近 10 年来的新著作包括《劳动之夜:法国 19 世纪工人的梦幻》、《论质性解放》、《历史的名称:论知识的诗学》、《论政治的边缘》、《从政治学和哲学的角度论分歧》、《在人民的国度的短暂旅游》、《审美的政治:论感性世界的特殊功能》、《图像的未来》、《民主制的仇恨》等。

针对当代国际政治全球化的特征,朗希耶以他的政治艺术化理论为基础,提出了政治图像化的新概念,既深刻地揭示当代政治的历史性质,又生动地描述了当代政治与媒体传播事业、艺术制作和权力象征化的结合。

贾克·朗希耶的政治哲学的重要意义,在于向我们提供了当代法国政治哲学典范转变的一个重要特点:在经历近半个多世纪的思想创造运动之后,一批年轻一代的思想家不愿意继续沿着由上一代解构主义思想家所开创的反传统路线,宁愿依据他们自己对现实的精细观察经验,创造性地走上崭新的思路。

按照贾克·朗希耶的实际观察,当代政治生活在本质上发生了根本变化,主要体现在文化因素通过最新的科学技术成果向政治的全面渗透,以致打破了政治本身原来的封闭体系,成为以当代文化创造模式为参照系统的新政治,这就是贾克·朗希耶所说的"政治的图像化"。

从 20 世纪 70 年代以来,朗希耶始终坚持一条鲜明的哲学创造路线,即强调思想是每个人的天生权利,也是每个人的珍贵能力;人人都有权利、也有能力发挥自己的思想创造性,独立思考自己所感兴趣的问题,关切自身的思想创造成果,并期望使整个社会都合理尊重每个人的思想自由。不论在政治、美学、教育和哲学等领域内,朗希耶都主张让所有的人获得主动思考的真正权利,使他们发挥当家作主的公民权利,彻底粉碎少数科学技术专家的技术和政治专政,让社会的每个人享尽思想成果。

20 世纪 80 年代以后,由于科学技术的迅猛发展以及科技贵族与政治寡头的联合专政,当代社会已经转化成为被科技贵族与政治寡头联合专政下所控制的"景观社会"或"图像社会"。统治者使用他们手中所垄断的媒体、教育、科学技术及管理机构系统,越来越把"专家"与大多数"不懂技术的人"对立起来。因此,每个人负有一种特殊的历史使命,使自己从被动的"景观观望者"变成为掌握自己命运的主动的"被解放的观望者"(spectateur émancipé)。

现代社会是人为的图像泛滥、并操纵观望者的异化社会。这是充满人为的图像(images artificielles)的怪诞社会,但新的图像社会却充满着悖论:它一方面制造了大量新型的人为图像,使图像从原有的天真自然的性质,变为人们相互之间进行斗争的手段,使图像失去了原有的文化创造的意义,从而使图像有可能成为麻醉人民的鸦片;另一方面,图像的制作又给予人民一个新的希望和改造社会的可能性,因为图像制作使历史回归到原始社会中自然创造文化的淳朴时代,给予每个人进行文化创造的新机遇。

朗希耶在他著作《被解放的观望者》中指出:生活在当代社会中的人,"是被过度泛滥的图像所异化的人";为了从他人制造的图像的控制下解脱出来,唯一有效可行的途径,就是使自己也成为图像制作者,并以自己所创造的图像,使自己从原来的图像"观望者"身份转化成图像制作者的身份,从而使自己成为当代图像社会的主人,自己也真正成为参与到图像社会的命运决定者之列。

朗希耶说:"话语并不一定比图像更有道德"(La parole n'est pas plus morale que les images)。这是指:人类文化创造从原始图像阶段进入文字语言阶段之后,受到统治者监控的文字语言创造已经逐渐堕落成为宰制人民的基本手段。靠语言进行正当化的文化,制造道德论证的假象,声称只有靠语言论述,才能形成社会的道德共识。但实际上,语言论述已经成为权力运作的帮凶。现在,图像社会的产生,固然还有其消极的一面,但它又为人民的图像制作提供方便,有利于发动人民的图像制作来实现人民对自身命运的决定权。

在这里,朗希耶一方面继承了德勒兹的"战争机器"的概念,另一方面也发展了福柯关于权力多向性和多维性的思想,把当代社会中错综复杂的权力斗争网络揭示出来,并使自身主动地面对社会的权力斗争网络,用自身的智慧和权力资源,反过来对抗被统治者所操纵的权力网络,使之转变成为由自身所决定的权力网络。

对于朗希耶来说,如同福柯和德勒兹那样,人人陷入社会权力网络是难免的,甚至是不可避免的;身为社会的一个成员,无法摆脱权力网络的控制。唯一可行的,是使自身参与到权力网络的张力关系中,用自身的斗争策略,对抗现成的权力斗争网络,并使自身从被宰制的地位转化成主动的"自身决定自身"的新地位。

对朗希耶来说,当代社会的图像化,决定了我们必须采取图像创造的策略,来对付原来已经图像横行的社会。在当代图像社会中,权力斗争网络的特征,就在于:图像作为文化创造的重要手段,已经同社会权力网络渗透成一体;原有靠文字制作的文化创造模式,已经被图像制作模式所取代。

社会文化再生产的上述模式变换,使人类社会从此进入图像与语言同时并举发展的新时代。这是人类社会发展的悲剧,也是人类社会发展的新希望。由此看出,图像与语言同时并举的时代,产生了文化创造的新悖论。

以往的语言文化社会早已被占统治地位的旧意识形态和旧文化传统所腐蚀;当代图像社会的兴起,原本具有革命意义,因为它消除了传统语言文字文化的诸多弊病,通过图像创造使文化创造的权利有可能再次归还给社会的大多数人。图像原本是文化的最早创造模本,也是社会大多数人所容易接受和易懂的手段。图像取代文字语言,就此而言,具有积极意义;它特别有利于推广大众文化的传播。

但另一方面,图像制作又有利于社会中掌握权力和媒体手段的统治者,使他们有可能发挥其优势,掌握图像制作的生产和再生产的垄断权。由此便产生了图像社会进一步发展的危险和危机。

在当代社会中,图像无所不在,它们到处随时地被观望,但实际上它们与其是客体,不如说是真正的主体;图像在被观望中不知不觉地成为观望者的观望者,因为它们使一切观望者在观望中陶醉于观望而沦落为观望的奴隶,满足于观望活动而遗忘了自己的真正独立性。

总之,朗希耶所创建的"解放哲学"(la philosophie de l'émancipation)倡导所有的人,无一例外地积极主动参加思想创造活动。朗希耶认为,现代社会的发展,特别是由于现代社会中科学技术的盲目膨胀泛滥及其在社会整体的统治地位,使思想创造活动被社会中号称"思想精英"的少数人所垄断,他们把社会大多数人排除在思想创造运动之外,实际上剥夺了每个人的思想自由。

他在近作《图像的命运》(Le destin des images)一书中指出当代图像的变迁性质,并揭示当代艺术图像的新命运:艺术成为了媒体传播系统的操纵工具,成为政治实行正当化的手段。在这种情况下,再也不存在任何真正的"现实",有的只是被制造出来的图像及其象征物。当代政治恰恰利用了图像的这种可悲的历史命运,肆无忌惮地推行对全球社会的统治①。

贾克·朗希耶的政治哲学一方面针对当代西方社会的政治制度与政治生活的根本转折,提出了以"后民主制"(Post-demcratie)为核心范畴的新政治哲学体系,强调真正的政治,本来就是一种"汇聚点"(point de confluence),它是"各种不同的力量的相遇",尤其是代表"政府"的"警察"与代表"解放"的美学力量的冲突,因此,朗希耶突出了"意见分歧"(Mésentente)、"警察"(Police)、"平等"(Egalite)、"后民主制"等基本概念;另一方面,他又结合当代社会政治与技术以及艺术的紧密结合的特点,创建一种富有政治哲学意义的新美学理论,从而试图把政治与美学结合在一起,主张通过美学创作激起民众向往美好的社会,颠覆传统西方古

---

① See Ranciere,*Le destin des images*.Paris.Editions La fabrique.2003:9-10.

典政治哲学体系,提出了"解放美学"理论。

在朗希耶的新政治哲学中,代表政府统治力量的警察(包括所有的警政系统)是囊括一切的宰制和控制机构,它试图把社会的所有因素都控制在特定界限内。在政治领域中,与警察相对立的,是旨在实现完全自由的"解放过程"(Le processus d'émancipation),这是一种联合所有渴望自由和追求平等的人们的奋斗过程,也就是团结一切力量实现解放的游戏活动,解放的目标是使各种力量能够合理共享他们共同生活的世界。在解放的世界中,每种力量都有机会实施他们的游戏规则。

朗希耶充分肯定每个人的不同智慧的平等性。他认为,任何人都有能力施展自己的能力和智能,因而他们也都应该有同等的机会在社会生活中进行平等的竞赛。实际上,在朗希耶看来,每个人的不同智慧都是属于他们自己的独特生命,所以,每个人的智慧都是独一无二的。在这方面,朗希耶充分发挥了法国 17 世纪至 18 世纪的著名教育学家约瑟夫·贾格多(Joseph Jacotot,1770—1840)的重要观点,即每个人的智慧是不可化约的,是不可以使用同一个标准来衡量和归纳的。警察的错误就在于无视人与人之间的这种不可归纳的独特性;警察试图使用暴力或不平等的法制进行错误的压制行动,试图强制不同的人和不同的群体放弃他们固有的自由及其独特的智慧,粗暴地破坏了每个人固有的平等权利。

所以,朗希耶强调,政治的真正目的,只能是实现真正的平等,即让所有的人都有机会施展自己的独特智慧,以其独特的能力,决定自己的命运,实现所有的人一起平等地共享整个社会的资源。

由此看来,朗希耶的政治主张也是对于现代性的严厉批判,其矛头直指现代社会所建构的"同一性"原则,因为按照现代性的同一性原则,所有的人都必须根据同一的标准,塑造自己的"主体性",然后,在此基础上,现代社会要求所有的人都要根据同一个标准,达到一个"共识",遵守和实行同一个法制,以达到现代社会的统一性统治。

朗希耶的政治哲学坚定地反对各种强制性控制机制,反对现代社会的各种同一化措施,一再主张解放每个人的独特能力和智慧。2005 年法国为了动员公民建构"欧洲宪法"而实行"欧洲公民公投"（Référendum français sur le traité établissant une constitution pour l'Europe）的时候，朗希耶发表《对民主制的痛恨》，公开批判现代民主制①。

朗希耶指出，当代社会所鼓吹的共和主义意识形态，表面上主张捍卫"普世"的价值观，反对恐怖主义，但实际上却推销新知识分子精英主义，为少数政治精英寡头的政治统治进行辩解。

朗希耶首先指出，当代社会流行一种被称为"痛恨民主制"的新意识形态，指出现代民主制正在越来越堕落成为被少数人操纵的腐败制度，其目的就是要通过占统治地位的垄断力量，对全民实行强制性的警察制度，以暴力的控制机制，胁迫当代公民放弃自己的不同意见和不同理念。朗希耶接着又在 2006 年进一步揭示现代民主制的弊病，揭露占统治地位的政治势力越来越明显地背叛和扭曲了民主制的真正意涵②。朗希耶认为，当代反民主势力，口头上讲"民主"，实际上已经把启蒙时代所提出的民主制扭曲成强制性统治，以少数政治"精英"把持越来越大的统治权，他们宣称自己是各种政治势力的"代表"，但实际上却不顾公民思想上的多元观点，通过操纵性的政治程序，试图统一全民的思想观点。

《对民主制的痛恨》分为四大部分。第一部分综述民主制的早期历史，以"从凯旋式的民主制到罪恶的民主制"（De la démocratie victorieuse à la démocratie criminelle）作为小标题，阐述"冷战"时期西方统治者以"同极权专制相对立"的口号，修正古典民主制的意涵，贯彻一种新的专制，以"反对极权制"为标准，衡量公民的政治态度，授予"反对极权制"的人们一种民主自由，却残酷地迫害一切对冷战持有不同意见的群体。

1990 年之后，随着苏联的解体，西方社会又出现了新的政治形势，国家政治被少数"国家精英"和"知识分子精英"所把持，而在社会生活中，新一代马克思主义思想家坚持批判由"国家精英"和"知识分子精英"的

---

① See Rancière，J.*La Haine de la démocratie*，Paris，La Fabrique，2005.

② See Rancière，J.*Conférence à l'occasion de la sortie du livre《La Haine de la Démocratie》tenue dans le cloître de l'école des Beaux-Arts de Rennes*，［archive］，sur *Radio Univers*，2006（consulté le 22 novembre 2020.

假民主制,特别批判这种假民主制所推行的个人主义价值观。

《对民主制的痛恨》的第二部分,集中分析传统民主制的本体论基础,即"自然权利论"。实际上,受到天主教道德原则的深刻影响,法国等欧陆国家的民主制,始终贯彻一种"教会牧师权力指挥模式",按照这种模式,必须靠牧师的教育和监督,所有作为"羊群"的人民大众,才能正确处理个人与集体的关系。但是,在现代社会的民主制中,传统的"教会牧师权力指挥模式"也失效了,取而代之的,是少数精英的政治统治。

《对民主制的痛恨》第三部分,批判民主制、共和制和代议制,揭示所谓民主制、共和制和代议制都是失去了原有的意义,因为随着现代社会的科技化和政治垄断化,所有的民主制建制,都用来为政治精英的世袭服务,已经演化成为彻头彻尾的"寡头政治"(Oligarchy)。至于当代共和制,也变成同化所有异质的和多元的社会成员的政治制度,因而,当代共和制是与民主制的个人主义原则相对立的。

《对民主制的痛恨》第四部分论述了对民主制痛恨的理由。为什么痛恨民主制? 因为当代民主制已经完全背叛了原来民主制的原则,把民主制理解和实施成为一种国家的形式或政府的形式。原来的民主制,并非国家或政府的制度,而是在国家层面底下的一个原则,是非国家性质的社会原则,主张贯彻整个社会的平等原则,对国家精英提出的各种制度进行抵制和质疑。所以,对当代民主制的痛恨,源自现代社会对民主制的扭曲,是对于民主制的错误理解的一种反抗,也是对社会原子化(atomisation de la société)、个人主义和民粹主义的蹿升现象的抗拒[①]。

由于朗希耶的解放美学政治哲学具有独特的色彩及广泛影响,法国学术期刊《批判》曾经以"贾克·朗希耶:现代场景"为专题,对贾克·朗希耶的思想进行全面分析和评论[②]。

---

① See Rancière, J.*La haine de la démocratie*, Paris : La Fabrique, 2005:106.

② See *Jacques Rancière: Scènes des temps modernes*, revue *Critique*, n°881, Paris, octobre 2020.

第十一节　布迪厄的象征性政治哲学

一、布迪厄政治哲学的象征性

布迪厄(Pierre Bourdieu, 1930—2002)是法国当代著名社会学家,也是卓越的哲学家,特别是一位政治哲学家。他针对当代社会的文化再生产性质及其运作逻辑,全面地探讨了当代政治的社会场域性质,并结合当代社会文化再生产的特征,深入研究当代政治场域的特殊运作逻辑。

布迪厄的著作博大精深,再加上他经常以象征性方法和含蓄的修辞进行表达,使他的著作及其论述的内容深刻,非经多次迂回反思的途径,不能全面正确把握。要摸清他的基本思想脉络,首先要从他的理论思想基础及其历史形成过程的特征出发,同时掌握他的基本概念及其相互关系。在开始的时候,布迪厄为了克服传统主观主义和客观主义的偏差和缺点,试图综合古典社会学三大奠基人马克思、韦伯和涂尔干的基本思想,同时又全面吸收一百年来法国及整个西方人文社会科学的优秀成果。幸运的是,他所生活的时代,使他有机会和有可能从李维·史陀和弗洛伊德那里得到重要启发,使他能够创造性地改造了李维·史陀的"结构"概念,灵活地提出带有革命性的新概念:"结构的建构主义(或建构的结构主义)"(le constructivisme structuraliste ou le structuralisme constructiviste);同时,他又从弗洛伊德精神分析学的理论中,吸收"否认"(Verneinung; dénégation)等重要概念,使之成为他的崭新的正当化理论的核心观念。

布迪厄的任何一个重要概念,并不是各自孤立的,而是在同他的其他重要概念的相互关系中,呈现其实际意义、反思性及其整体性。研究他的任何一个重要概念,都势必关联到他的其他重要概念,使我们对于各个概念的理解,都不得不在其概念的相互关系总网络中进行分析。因此,对于他的概念的理解和分析,严格地说,都不能就某个概念单个地或孤立地进行,也不能只是在一个层面上封闭起来;而是要在反复地同其他概念的联系中,进行多次反思和多重阅读。布迪厄曾一再地强调其理论和方法的象征性(symbolique)、反思性(réflexivité)和相关性(relationalité),就是为了避免把他的概念和任何研究结论当成僵化和固定不变的教条。

布迪厄一向反对把社会看做实体性的有形结构,也反对把社会当成如同自然界那样的外在于社会学家的纯客观对象。因此,布迪厄也反对将行动者同社会的关系,简单地归结为一种"主体"与"客体"的单纯二元对立。布迪厄进行社会研究的基本出发点,就是把社会看做是社会中的人及其文化的复杂交错所构成的有机生命体。他从一开始研究社会问题时,就明确地把握贯穿于人类社会生命体中的三大主要力量,即人与人之间的"力的紧张关系"(rapports de force)、"正当性"(légitimité)及"信仰"(les croyances)。这三大因素相互渗透,共时地来回内外穿梭于社会以及生活于社会中的人际关系之间。但现代社会已经发展成为以文化再生产为主轴的新型生命共同体。所以,现代社会一方面是人与人之间、人及其所创造的文化之间的复杂相互关系的产物,而这个复杂的相互关系,无非就是由各种象征性的权力网络为基干所构成的相互竞争的力的紧张关系网;另一方面,社会又是人与人之间的相互关系及其所创造的文化不断地进行更新和再生产的基本条件。也就是说,人以其文化创造了社会,但社会也同时地成为人的生存和创造活动的基本客观条件,反过来制约着人的创造活动,成为人的生存及其创造活动的前提和出发点。人同他生活于其中的社会之间,始终处于紧张的互动之中。这样一来,人同其社会构成了一种双重结构,而组成这个双重结构的双方,一方面各自向对方施展各种影响,另一方面又深受对方的制约,使两者之间发生共时的双向互动和互制。

从1966年发表《继承者》以后,布迪厄更集中地研究文化再生产以及统治和象征性暴力的相互关系问题。他认为,在象征性暴力日益渗透到文化再生产过程的现代社会中,被统治阶级(les dominés)不得不并无意识地被纳入象征性暴力的运作旋涡之中,并成为象征性暴力的主要牺牲品。因此,在社会中处于劣势或弱势地位的被统治阶级,时时刻刻都受到整个社会的现成的不合理的社会条件的挤压,被迫地在他们的生存心态中内化着他们自己的生活条件,使他们反过来又成为当代社会各种象征性暴力泛滥肆虐的社会基础。

在布迪厄的思想整体中,最关键的是他对当代社会文化再生产性质的深刻分析,这也就是他所说的"当代社会文化结构及性质的象征性"。当代社会是以其文化再生产活动作为基本动力的,而当代社会文化再生产活动又是一种象征性的文化实践。当代社会文化再生产活动的象征性,主要表现在文化再生产和消费活动的双向共时变化结构和双重区分化特征。他认为,当代社会文化再生产的双向共时变化结构,就是心态结构和社会结构的共时双重分化;而当代社会文化再生产中的区分化(la différentiation de la reproduction culturelle de la société moderne),就是整个社会区分化的基础;文化再生产和消费活动中的双重区分化,作为一种最复杂的象征性权力运作过程,其本身就是一种象征性实践(la pratique symbolique)。它呈现出文化再生产区分化同社会区分化之间的紧密互动关系:文化再生产区分化既是社会区分化的主轴,但又受到社会区分化的影响;在文化再生产区分化活动中,文化再生产活动的主体,既以其象征性实践活动,实现其自身的自我区分化,又进行着客观化的区分活动,使主体和客体之间,行动者与社会之间,在文化区分化活动中,发生象征性的互为区分化的双重过程,并产生互为区分化的效果,并使整个社会表现出象征性的结构及性质。这些文化再生产的区分化活动,隐含着当代社会文化中各种权力网络的介入及干预,而且它们是通过以语言为中心的象征体系的社会运作来实现的。所以,深入把握布迪厄的社会文化再生产理论,又意味着深入探讨他的语言象征性权力运作逻辑的理论。

作为他的主要概念的文化再生产(la reproduction culturelle)及其"象征性实践"基本范畴,实际上又同他的其他重要概念紧密相联;而在这些其他概念中,"生存心态"(Habitus)、"场域"(Champ;field)、"社会制约性条件"(Le conditionnement social;Social Conditioning)、"资本"(Capital)、

"语言交换市场"（le marché de l'échange linguistique）以及"象征性权力"（le pouvoir symbolique）等，是最重要的。在弄清楚上述各个概念的基本意涵之后，仍然还要再一次从整体的角度，将上述概念连贯起来，在其相互关系中进行反思、再反思。

二、政治场域的特殊逻辑

布迪厄的思想观点的产生及其深远影响，并不是偶然的。除了他本人的特殊才华以外，他所处的社会历史环境也为他提供了最完满的思想营养和最丰饶的文化土壤。他生活和成长在一个特殊的年代；这是一个非常富有创造性的伟大时代。第二次世界大战震撼了整个一代人的思想。成批富有才华的青年思想家以大无畏的革命精神，向传统理论发出挑战，试图改变整个社会文化制度及其基本运作模式。

当布迪厄开始对人文社会科学理论感兴趣的时候，黑格尔、胡塞尔和海德格尔正被当做"思想大师"，同另外三位被称为"怀疑大师"的思想家，马克思、弗洛伊德和尼采一起，为法国学术界所崇拜，成为当时法国思想界进行思想创造活动再出发的主要启蒙力量。黑格尔（Hegel）、胡塞尔（Husserl）和海德格尔（Heidegger），都是以 H 字母为首，所以，人们称之为"3H"；而"三位怀疑大师"（trois Maîtres de soupçon）则被简称为"3M"。3H 和 3M 为处于变动中的法国思想界带来了最富有创造力和最灵活的思想方法：辩证法和现象学（关于当代法国在 50—60 年代的思想和理论争论及其伟大意义，请参阅拙著《当代法国思想五十年》，中国人民大学出版社 2005 年版）。在谈到他的生活和学习时代时，布迪厄说："当我是大学生时，在 50 年代，现象学以其存在主义的变种，正处于其极盛时期。我很早就阅读了萨特的《存在与虚无》，然后又阅读梅洛-庞蒂和胡塞尔。在当时的知识分子圈子里，马克思主义尚未真正取得如同现象学那样的地位……这就是说，我在当时只把马克思著作当做课堂读物来学，我特别对青年马克思感兴趣，而且被《费尔巴哈论纲》所感动。但当时是斯大林主义取得胜利的时代。如今我的许多激烈反共的同学们，当时都还站在共产党一边。"①

显然,以现象学为基本方法的一群存在主义者,如萨特、梅洛-庞蒂、卡谬及西蒙·德波瓦等人,如日中天,吸引并影响着当时广大青年人。而马克思、弗洛伊德和尼采的反叛怀疑精神,则直接推动这一代人向传统和旧理论权威进行猛烈批判和"解构"。

在海德格尔和萨特的影响下,现象学被广泛地应用于哲学创造和人文社会科学的研究中,并采取多样形式而在法国发展起来,使当时的法国掀起了一场真正的空前未有的现象学运动。如果说现象学本来是德国思想界的创造产品的话,那么,只有到了法国并被法国思想家创造性地加以发展之后,它才显示了伟大的内在力量。这场声势浩大的现象学运动,使当代法国思想界产生和并存着八大形式的现象学派别:(1)萨特从人的生存和意识自由的问题出发,发展了一种以"偶然性"(la contingence)和"境遇"(la situation)概念为中心的存在主义现象学。(2)梅洛-庞蒂(Maurice Merleau-Ponty,1908—1961)从身体(le corps)和精神的交互关系的角度,创立了一种"身体生存现象学"。(3)列维纳斯(Emmanuel Levinas,1905—1995)从宗教神学和哲学的相互对话中,以"他人"(l'autre)、"时间"(le temps)和"死亡"(la mort)的问题为主轴,发展一种近乎神秘的伦理学现象学。他说:"时间并非存在的界限,而是存在同无限的关系。死亡并非虚无化,它是为了使上述存在与无限的关系,即时间本身,有可能再产生出来的必要前提。"②(4)利科(Paul Ricoeur,1913—)通过诠释学的文化反思迂回过程,成功地将现象学"嫁接"在诠释学这个非常厚实的树干上,创造了一种诠释学现象学。(5)德里达(Jacques Derrida,1930—2004)将现象学加以改造,使之同尼采哲学结合起来,形成声势浩大的解构主义现象学运动。(6)福柯(Michel Foucault,1926—1984)采用尼采的系谱学方法,通过对于传统知识、权力和道德的解构性诠释,创立一种以"自身的历史本体论"(l'ontologie historique de Soi)为中

---

① Bourdieu,P.1987:13.

② Levinas,E.1991:27.

心的崭新现象学论述策略。（7）利奥塔（Jean-François Lyotard，1924—1998）从现象学出发，建立系统的后现代主义的哲学论述体系。（8）布迪厄从社会学家的立场，将现象学同语言的社会应用相结合，以分析和解剖当代社会的文化再生产实践为中心场域，创立了反思的象征性政治哲学理论。布迪厄自己承认，正是在现象学的影响下，他在相当长时间内从事了一种"情感生活现象学"的研究（des recherches sur la phénomenologie de la vie affective），探索情感生活经验的时间结构（les structures temporelles de l'expérience affective）。在此基础上，布迪厄在 20 世纪 60 年代系统地研究了阿尔及利亚劳工生存心态及其生活实践经验的相互关系，如同海德格尔那样，以生存时间为轴心，探索秉性系统及行为的复杂关系，建构起"一种关于时间秉性的社会学"（une sociologie des dispositions tempo-relles）。①

对于布迪厄来说，现象学可以说就是一种非常具有启发性的理论和方法论。他曾经说，他以某种程度的热情阅读海德格尔的《存在与时间》，并对海德格尔的时间观和历史观甚感兴趣。而胡塞尔的《论观念 II》（Ideen II）和舒兹（Alfred Schutz）的著作，则帮助他进一步以现象学深入分析社会现象。

除了现象学以外，当时影响着布迪厄的思想家，还包括著名哲学家、"后黑格尔的康德主义者"（un kantien post-hégelien）埃里克·维尔（Eric Weil，1904—1977）和科学哲学家科伊列（Alexandre Koyré，1892—1964）。他们向年轻一代传播了黑格尔的辩证法和科学哲学理论。同时，哲学家古以耶（Henri Gouhier，1898—　　）、巴舍拉（Gaston Bachelard，1884—1962）和冈古彦（Georges Canguilhem，1904—　　）等人，也为布迪厄深入掌握西方哲学理论给予有益的指导。布迪厄在巴黎高等师范学院研究哲学和社会学期间，深受阿尔杜塞（Louis Althusser，1918—1990）和拉康（Jacques Lacan，1901—1981）的影响，同时对他们共同感兴趣的现象学、马克思主义、黑格尔主义、结构主义以及海德格尔和后期维特根斯坦语言

———————————

① Bourdieu，p.1958.

哲学进行深入研究和探讨。布迪厄理论体系中非常重要的有关语言论述象征性权力的部分,就是在拉康等人和后期维特根斯坦的语言观点的影响下产生出来的。他还通过梅洛-庞蒂的身体现象学和罗兰·巴特的符号论,进一步对人文社会科学一般方法论问题进行反思。

同当时的其他同学稍微有所不同,布迪厄对于社会制度和教育制度的不合理性问题更加感兴趣。尽管当时法国社会学界并不存在非常杰出的理论家,但他已经开始对社会学理论及其实际效用问题抱有浓厚的兴趣。

在开展对于社会的全面研究过程中,布迪厄试图采用康德哲学的探索模式,因而将一切社会现象的研究,归结成这样的一个基本的公式:社会历史运动和社会结构的可能性条件,究竟是什么? 这就是说,一切社会现象,既然都同时具有历史性和结构性,那么,它们之可能条件,究竟是什么? 总之,在布迪厄看来,社会研究主要应该回答社会历史性和结构性之可能条件。为此,社会学家和哲学家在丰富生动的社会现象面前,不应有任何教条式的固定框框,尤其应排除主观主义和客观主义两种极端;必须同时从动态和静态两方面研究社会的历史性和结构性,避免单纯地导向任何一种抱有总体化倾向的哲学体系。

布迪厄尤其吸取韦伯的历史方法,主张从历史联系的角度去考察在各个不同结构网络中的"社会兴行动者",并重构它们之间的相互关系。为此,布迪厄不同意经典马克思主义将人的社会关系禁锢在物质性"生产关系"的框框之内的做法,主张深入揭示人的社会关系结构中那些起积极作用和主动作用的各种因素,尤其是心态因素(des éléments mentaux)和文化象征性因素。但同时,布迪厄又接受马克思的影响,重视社会结构,特别是经济结构和阶级结构对于行动者的客观制约功能,强调社会结构本身也是人的历史活动的产物,是富有内在生命力的。

同时,布迪厄主张依据社会学本身的逻辑,对社会现象做分类调查,以此洞察隐藏于社会空间结构深层的关键机制。为此,布迪厄在重视实际经验资料调查的同时,又反对经验实证主义,反对以保尔·费利克斯·拉查斯费尔德(Paul Felix Lazarsfeld,1901—1976)为代表的微观社会学经验论。布迪厄在《被说出的事物》一书中,严厉地批判拉查斯费尔德的美国式经验实证主义的社会学研究法,批评他们"只在表面上模仿试验上的严谨性",却在实际上"掩饰着那些由社会学方面所建构起来的真正对象的全面丧失"(dissimulent l'absence total d'un véritable objet sociologiquement construit)。①

布迪厄对哲学理论极端抽象化的排斥,并不意味着拘泥于纯经验事实的调查,也不意味着忽视对于研究对象的建构及其可能性的探索。在布迪厄看来,社会科学从来都不可能是对单纯现实的反映,而是包含着其本身固有逻辑的研究创造过程的成果。他在谈到社会研究中的"事实"的建构时说:"事实从来都不会自身自动地成为对象,除非人要它回答他所提出的问题。"②布迪厄认为,如果社会学家完全丧失认识论和哲学方面的警戒性,即使应用高度科学化的调查方法和使用精确的数学统计方式,也免不了停留在不痛不痒的表面现象方面。

在布迪厄看来,社会学虽然有它的特殊学术领域和具体的研究对象,但他认为,社会学不应该过于将自己限制于狭窄的传统研究领域,更不应该同社会人文科学的其他学科过于僵化地区分开来,而是应该同语言学、政治学、心理学、经济学、人类学和哲学等紧密结合,打破以往社会学过于坚持"纯"自然科学实证研究方法的传统路线和方法,尽可能地从人和社会的全面观点,研究社会和文化的各个面向。布迪厄最初在阿尔及利亚所作的各种社会研究工作,都是跨学科性的,是将社会学、经济学、政治学、人类学、民族学、心理学、语言学和文化研究结合起来的研究典范。

他说:"社会科学不停地环绕着个人和社会的关系问题旋转而受到困扰。实际上,在我看来,将社会科学分成心理学、社会心理学、与社会学,是从最初的一种错误定义而形成的。"③也就是说,他认为,以往各个社会科学都没有正确地理解个人与社会的关系,往往错误地将个人和社会分割成不同学科的研究对象,忽略了实际的个人和社会之间的不可分

---

① Bourdieu, P. 1987:30.

② Bourdieu, P. 1968:62.

③ Bourdieu, P. 1980b:29.

割关系。布迪厄反对将社会科学按传统的分类而分割成各自独立的王国,强调社会科学各学科之间的交流和融合,特别主张以正确的观点和方法,重新理解和解决"社会与个人之间的关系"问题,并以此为基础建构和重构整个社会科学及其各个领域。在社会科学中,布迪厄尤其重视民族学、社会学、语言学和哲学。"民族学同社会学的区别是一种典型的错误界限。正如我在我最近出版的《论实践的意义》一书中所试图揭示的,这纯粹是一个(殖民时代的)历史的产物,而它是没有任何正当的逻辑。"①传统民族学和人类学本来就是殖民运动的产物。民族学和人类学研究一向为殖民统治效劳,并试图为西方各国统治"异民族"提供正当化的理论根据。就是在这种背景下,民族学和社会学作了"分工",似乎民族学只是研究殖民地"异族"的习俗和文化,而社会学则只是研究西方工业社会的问题。

所以,布迪厄始终将民族学、人类学和社会学结合在一起,对西方国家及受到西方国家强烈影响的民族,例如阿尔及利亚等国家和地区,进行民族学、人类学和社会学的综合研究。迄今为止台湾学术界对布迪厄的介绍和研究,往往只是将他说成为社会学家,忽略了他身兼社会学家、人类学家和民族学家的三重身份,也同样忽视他对于社会科学的全面整合观点。

当有人问社会学是否是一门科学时,布迪厄明确地说:"社会学确实是一门科学。但问题是在什么意义上可以说它是一门科学? 正是由于这一点,其答案可以根据不同的社会学家而有所差别。"②社会学家不应该只是将自己扮装成"客观中立"的"科学家",对社会上各种运动和实际斗争置之不理或置若罔闻,而是应该积极地从事实际斗争和社会活动,将自己看成社会的一个活生生的成员。布迪厄自己的实际活动,实践了他的诺言。他从青年时代起,就积极的从事社会运动,甚至参加各种社会政治斗争。从 20 世纪 90 年代起,他更是国际著名的反全球化运动的左翼知

①　Bourdieu, P. 1980b:30.

②　Bourdieu, P. 1984:19.

识分子。他主张将社会学的职业,当成一种"战斗"(combat),而将社会学领域当成"战场"(champs de combat)。社会学之成为"战场"是不可避免的,因为对于社会学家说来,他必须面临社会学领域内部的斗争,又要面临整个社会的复杂斗争。社会学家从来都不可能脱离利益和权力的竞争,但这也并不意味着社会学家只能以其自身的利益出发从事研究工作。社会学家之间发生理论和方法的争论,是不可避免的;如果社会学领域内没有争论,那才是奇怪的事情。针对社会上的各种问题,社会学家有职责进行考察,并发表自己的意见。因此,社会学的发展势必使社会学家亲身参与社会运动本身。布迪厄说:社会学是一门"制造麻烦的学科"。① 社会学要不断地"揭示被掩盖的事物"(dévoile des choses cachées)。② 布迪厄认为,社会学家可以尽可能地以客观的方法,对于社会现象进行分析,但同时还要意识到自身研究工作的局限性。因此社会学家必须随时准备进行反思,并意识到自身的工作成果是带有象征的意义。布迪厄反复强调社会学家必须随时批判自己的固有知识和观点,要排除自发性知识所产生的各种虚幻印象,要善于协调主客观因素的影响,尽可能正确地"建构"自己所观察的社会,并正确地"建构"必要的研究资料和原始数据。他反对对调查统计数字产生"盲目迷信"。他认为,社会世界是以建构起来的数据和资料为基础产生出来并加以论述的。

取得哲学博士学位和"哲学教师资格文凭"之后,布迪厄便在著名的社会学家和人类学家达尔贝尔(P.Darbel)、李维(P.Rivet)和赛柏尔(C.Seibel)的领导下,接受法国国家统计调查局(l'INSEE)委托的任务,在阿尔及利亚从事多年的社会田野调查活动。在此期间,也同著名人类学家沙雅德(A.Sayad)合作调查了阿尔及利亚农民的生活习俗和各种礼仪。之后,布迪厄又以民族学家和社会人类学家的身份,到他的故乡法国西南部的贝阿恩地区(Le Béarn)从事农村民族学田野调查活动。

在 20 世纪 60 年代,结构主义思想占据非常关键的地位。布迪厄说,

---

① See Bourdieu,P.1984:19.

② Ibid.:20.

正是靠结构主义,才使社会科学成为人们尊敬和主导性的学科。① 布迪厄所接受和应用的结构主义,最初是李维·史陀和索绪尔在人类学和语言学中所发展的结构主义。李维·史陀和索绪尔的结构人类学和结构语言学,推动布迪厄从新的理论视野,重新观察现象学,并改造当时的语言哲学,使他走上超越客观主义和主观主义的革新道路。布迪厄在同其他思想家争论的过程中,逐步地发现了上述结构主义过于强调社会结构和心态结构的固定性和不变性,因而存在着某种对于行动者心态和行为主动性的忽视倾向。布迪厄在他的长期田野调查和研究中,意识到行动者心态和行为结构的双重特征,即心态和行动结构,都在其社会历史脉络中,共时地进行内在化和外在化的双重运动。内在化和外在化的共时运作,表明行动者心态及其行为,都同时具有主动性和被动性的双重特点。他后来将心态和行为的这种双重结构,称为"共时的结构化和被结构化"。这就是"结构"的主动结构化和被动的被结构化的"共时性"。② 这样一来,布迪厄也就超越了传统的主观主义和客观主义,创立了自己的"建构的结构主义"(le structuralisme constructiviste)或"结构的建构主义"(le constructivisme structuraliste)。③ 为了凸显他的特殊的结构主义对于创造性的重视,有时,他也把他的独具特色的结构主义,称为"生成的结构主义"(structuralisme génétiqque)。④

布迪厄一再地指出:他的结构主义完全不同于李维·史陀和索绪尔的结构主义。他之所以称之为特殊的结构主义,是因为他看到了,不只是在语言和神话等象征性体系之内,而且,在社会世界中,都存在着客观的结构;它们独立于行动者的意志和意识,可以影响和限制行动者的行动方向和他们的思想观念。也就是说,客观的结构并不是不动的"框架",而且具有限定和影响的主动意义。而他之所以称之为建构主义,是因为他也看到了,存在着两方面的社会生成运动,一方面是那些构成"生存心

---

① See Bourdieu,P.1987:16.
② See Bourdieu,P.1991.
③ See Bourdieu,P.1987:147.
④ Ibid.:24.

态"的各种感知模式(des schèmes de perception)、思想和行动的社会生成过程;另一方面是社会结构(structures socials),特别是场域、群体及社会阶级的结构的社会生成过程。① 这些同时具有主客观性质的生存心态和社会结构,都呈现出不断的自我生成过程和客观的生成过程。

布迪厄反复强调社会、行动、思想以及社会研究本身的"象征性"(la symbolique)和"反思性"(la reflexivité),所以,他也常常将其理论称为"反思的象征形式社会学"(une sociologie réflexive de la forme symbolique)或"反思的社会人类学"(l'anthropologie sociale réflexive)。② 但另一方面,贯穿于布迪厄政治哲学理论研究中的一个基本指导方法论,就是以"相关性"的原则(le principe relationnel),探讨主观与客观因素在实践过程中相互渗透和相互转化的现象和逻辑,从而把传统理论和方法论加以分割和对立化的主客体因素,在其实际相互渗透的运作过程中进行探讨,揭示人类实践和社会实际运作中,思想、情感、风格、心态方面和社会结构方面的主客观因素之间所发生的"被动中的主动"和"主动中的被动"的共时双重转化过程。因此,又可以把布迪厄的政治哲学理论,称为一种研究结构的外向"结构化"和内向"被结构化"的相互统一的理论。③

其实,布迪厄本人一向痛恨各种各样的僵化和绝对化的化约主义。所以,他并不打算用一种固定不变的卷标来标示自己的理论的特征。在多数情况下,当他不得不为了突出其政治哲学理论的特征、以与各种传统理论相区分的时候,他才针对不同的状况以及他所要谈论的主题,对其本身的理论作出不同的评估。但是,不管怎样,在布迪厄政治哲学理论研究中所贯彻的基本原则,就是把社会和人类行动,统统当成具有历史性和创造性的"生存心态"(habitus)的人类"施动者"(agent)的实际活动表现。④因此,在任何时候,不管研究什么样的社会问题,布迪厄都把焦点集中在施动者"生存心态"在实践中的表现,探索其历史轨迹和实际影响,分析

① See Bourdieu,P.1987:147.
② See Bourdieu,P.1992b.
③ See Bourdieu,P.1979a;1991.
④ See Bourdieu,P.1996.

其不断双向共时的转化和不断更新的再生产过程,揭示其再生产过程之内在动力和外在表现网络。① 所以,如前所述,从布迪厄探讨阿尔及利亚劳工问题最早时期,他就明确地提出了"一种时间性的禀性研究的社会学"的原则。② 而到了20世纪90年代,他又把自己的理论称为"相关性的科学哲学"(une philosophie relationnelle de la science),强调他的理论的重心是揭露社会中的各种"关系的双重意义"(la relation à double sens),同时又强调必须采取一种"双重阅读"(une lecture à double sens)的原则,也就是一种"相关性"和"生成性"的阅读法③,去理解他自己和其他一切政治哲学理论。

总之,布迪厄政治哲学理论的思想基础是多方面的。第一,他的理论思想基础的建构,是在同20世纪下半叶整个法国和西方各国的人文社会科学变革和理论争论紧密相关的。第二,他的理论思想基础是远远超出人类学和社会学领域,具有多学科整合和开放性交叉的性质。第三,他的理论思想基础表现了现象学、新康德主义、马克思主义、存在主义、精神分析学、符号论、语言哲学、结构主义和建构主义的综合影响;而其中无论任何一种思想因素,都在被他吸收的过程中受到了根本的改造。第四,布迪厄的思想基础中,包含着非常强烈的批判性和反思性的因素。

自1961年起,他以欧洲社会学研究中心和《社会科学研究集刊》为学术研究阵地和论坛,同沙雅德、达尔贝尔、圣马汀(M.de Saint-Martin)、巴斯隆(J.-C.Passeron)、卡司特尔(R.Castel)、桑伯勒东(J.-C.Chamboredom)、斯那柏尔(D.Schnapper)、柏尔丹斯基(L.Boltanski)、德尔索(Y.Delsaut)及其他理论家一起,从事对于教育、文化和社会统治阶级状况的调查和研究活动。由于布迪厄在研究教育、文化和社会结构变迁方面作出了突出的贡献,所以,人们往往也把他称为当代法国最著名的教育社会学家、文化社会学家、政治社会学家和权力研究专家。自1964年起,布迪厄担任了法国高等社会科学研究院和国家科研中心的文化与教育社会学

---

① See Bourdieu,P.1997.
② See Bourdieu,P.1958.
③ See Bourdieu,P.1994:9-11;29.

研究所所长职务。同时,他又在高等社会科学研究中心领导对于社会学理论的研究工作。1985 年起,他担任了法兰西学院欧洲社会学研究中心主任,并获选为法兰西学院社会学终身讲座教授。

布迪厄的著作极其丰富。自 1958 年以来,共发表了五十多篇著作,其中最重要的有:《阿尔及利亚社会学》(*La sociologie de l'Algérie*. 1958)、《继承者》(*Les héritiers. Les étudiants et la culture*. 1964)、《一种普通的艺术:摄影的社会运用》(*Un art moyen. Essai sur les usages sociaux de la photographie*. 1965)、《对艺术的爱》*L'amour de l'art. Les musées d'art européens et leur public*. 1966)《社会学家的职业》(*Le métier de sociologue*. 1968)、《论哥特式建筑及其与经验哲学思维方式的关系》(*Postface à Panofsky. Architécture gothique et pensée scolastique*. 1970)、《再生产》(*La reproduction. Elément pour une théorie du système d'enseignement*. 1970)、《实践理论概述》(*Esquisse d'une théorie de la pratique*. 1972)、《海德格尔的政治本体论》(*L'ontologie politique de Martin Heidegger*. 1975)、《论区分》(*Distinction*. 1979)《论实践的意义》(*Le sens pratique*. 1980)、《关于社会学的一些问题》(*Questions de sociologie*. 1980)《说话所要说的意义:语言交换的经济学》(*Ce que parler veut dire. L'économie des échanges linguistiques*. 1982)、《学人》(*Homo academicus*. 1984)、《被说出的事物》(*Choses dites*. 1987)、《国家精英》(*La noblesse d'État*. 1989)、《艺术的规则》(*Les règles de l'art*. 1992)、《回答》(*Réponses. Pour une anthropologie réflexive*. 1992)、《世界的贫困》(*La Misère du monde. Ouvrage collectif*. 1993)、《论实践理性》(*Raisons pratiques*. 1994)、《论电视》(*Sur la Télévision*. 1996)、《巴斯卡式的沉思》(*Méditations pascaliennes*. 1997)、《科学的社会运用》(*Les usages de la science:Pour une sociologie clinique du champ scientifique*. 1997)《防火板:用来对抗新自由派入侵的言论》(*Contre-feux:Propos pour servir à la résistance contre l'invasion néo-liberal*. 1998)、《男性统治》(*La domination masculine*. 1998)以及《经济的社会结构》(*Les Structures sociales de l'économie*. 2000)等。

布迪厄在研究当代社会的过程中,始终非常重视当代社会现实生活中的实际结构及其运作逻辑。西方资本主义社会是一个充满活力的社会,甚至可以说,它是人类历史上最具有自我改造和自我调整能力的社会。从第二次世界大战以后,西方社会的内在活力尤其推动了空前未有的变革。

历经四百年左右发展起来的近现代资本主义社会,到了 20 世纪 60 年代,终于到达了一个重要的历史转折点。不管人们怎样称谓当代资本主义社会,说它是"晚期资本主义社会"(Habermas,1973)也好,"后现代社会"(Lyotard,1979)也好,"后工业社会"(Bell,1973)也好,或者"消费社会"(Baudrillard,1970)也好,其共同点,就是强调文化再生产已经在整个社会实践总体中,提升到一个决定性的地位,以至人们可以说,当代社会是一个以文化实践及其不断再生产作为整个社会的基本运作动力。布迪厄的政治哲学理论的重要贡献,就在于灵活地从人类学、民族学和社会学的整合视野,提出了一个崭新的文化实践及其再生产理论,以便独到地揭示当代社会的基本特征。

如前所述,布迪厄认为,当代社会不同于传统社会、不同于早期资本主义社会的地方,就是文化因素已经深深地渗透到整个社会生活的各个领域和各个部门,以至可以说,当代社会的最重要的特点,就是文化在整个社会中的优先性以及文化的决定性意义。相对于社会的政治和经济等其他领域,文化已经跃居到了社会生活的首位。现代的政治不能像古代或早期资本主义社会时期那样,单靠政治手段就可以解决;现代的经济,也同样需要靠文化因素的大量介入,才能活跃起来。

但是,究竟应该如何研究当代社会中的文化问题呢?

从一开始从事社会科学研究工作起,布迪厄作为一位人类学家和社会学家,就意识到必须将法国象征社会人类学和社会学的传统加以发展,并密切地结合西方当代社会的主要问题,彻底批判和抛弃传统社会人类学和社会学有关文化研究的观点和做法,转而集中地探讨社会中的文化再生产的运作逻辑。① 其实,不只是在法国,而且,几乎整个西方各国社会科学界,都已经从 20 世纪中期开始,随着西方社会的变化,将研究的重

---

① 　See Bourdieu,P.1964;1970;1971;1972;1979a;1979b;1980a;1984a;1989.

点转向文化再生产的问题。为此,当代法国和西方各国人类学,都普遍地把对于当代社会和文化的基本问题的研究,列为实现人类学和社会学研究现代化(the Modernization of Anthropological Research)的首要目标。近四十年来,他们越来越重视与当代社会和文化再生产的基本问题相关的都市文化、科学技术、政治经济生活的管理、信息网络的处理、两性自由选择、人工智能、生化遗传工程、教育改革、市民日常生活方式、生活风格、大众文化以及文学艺术的自由创作等课题。因此,在法国和西方各国的社会科学中,都市社会学和人类学、科学技术社会学和人类学、政治经济管理社会学和人类学、信息社会学和人类学、医疗社会学和人类学、符号社会学和人类学以及文学艺术社会学和人类学等,所有这些与当代文化问题密切相关的专门学科,都得到了特别迅速的发展。西方文化的全球化过程,又使西方文化和社会的基本问题,同样地影响了全球人类的生存条件及其结构变化。在英国,伯明翰大学的社会科学家们已经从 60—70 年代起,积极地展开对当代文化的多学科整合研究,创立了"伯明翰大学当代文化研究中心"(The Birmingham Centre for Contemporary Culrural Studies)。英国的其他大学也纷纷重视对于文化及其再生产的研究:1966 年李德大学(Leeds University)创立了"电视研究中心",莱彻斯特大学创立了"大众传播研究中心";伦敦大学也在 1967 年创立"电影研究中心"。英国社会学家早已超出传统社会学领域,对文化及其再生产进行全面的研究。法国和西方人类学和社会学,在实现其现代化过程中所探讨的上述问题,也自然地关系到全球人类文化整体的基本问题。这样一来,就使法国和西方人类学和社会学,同时也在探讨当代人类及其文化所面临的世界性问题,其中包括移民、文化交流、多元文化、第三世界的贫穷以及西方文化同非西方文化之间的关系等问题。

布迪厄自 20 世纪 50 年代末至今所进行的整个研究道路,就是以反思的象征论观点和方法,探索当代人类社会的结构同人的精神心态结构的互动关系,并把这个问题当成他研究文化再生产中的重点核心。为此,在布迪厄的社会人类学和社会学体系中,明显地表现出三个与反思象征论密切相关的重要观点和方法:第一,他把文化再生产的问题看做是探讨当代人和社会的各种矛盾及其发展奥秘的关键课题。第二,他把当代人的文化活动及其创造作品的过程,同整个当代社会结构的动态运作密切地结合起来,特别是同社会结构中基本权力网络的动力生成、权力再分配及其发展运作逻辑结合在一起;他在把人的心态结构看做是同社会结构同时同步运作的精神生命体的同时,又更深入地探索人的心态结构在文化再生产过程中,同人的语言及其他各种以象征结构为基础的各种文化构成因素之间的复杂关系。第三,他把象征性实践看做是人类进行文化再生产的基本活动,看做是社会结构和心态结构不断运作和更新的基本动力。

在这里,有必要一再地强调:布迪厄所提出的"文化再生产"(la reproduction culturelle)概念的重要意义。有人错误地将它翻译成"文化复制"。其实,"文化再生产"完全不同于"文化复制"。"复制"一词容易导致误解,以为文化再生产活动只是"重复"或"模仿",忽略了其中的创造性活动性质,更忽略了其中所隐含的复杂运作及其策略斗争过程。原文reproduction 固然也有"复制"的意涵,但它主要源于英国古典政治经济学和马克思政治经济学的"再生产"概念,重点在于强调"再生产"与原来生产基础结构的关系,并显示再生产过程中多元因素交错共时互动的复杂性,其中包括历史、现实和未来之间的多维并存和多向交错,也包括可见的、有形的、物质的、可描述的、可表达的和不可见、无形的、精神的、不可描述的、不可表达的诸因素之间的互动。在这里,尤其显示布迪厄抛弃传统单向性时间观念、一线性因果逻辑方法和二元对立思考模式的决心。布迪厄所强调的文化再生产,一方面意在凸显它在整个当代社会运作中的决定性地位,显示当代社会不同于传统社会的特征;另一方面又要显示它的复杂运作过程及其策略活动,强调它已经完全不同于以往任何传统社会中的文化再生产活动,呈现出当代社会的许多固有的特征,其中最重要的,是当代社会的象征性权力斗争对于文化再生产活动的介入,以及当代社会文化再生产对于调整和重构社会阶级结构、个人生活方式、心态、思想风格、文化资源再分配、社会权力再分配和实现政治权力正当化程序的特殊功能。总之,"文化再生产"是布迪厄政治哲学理论中的核心观念,也是他的理论和方法的基础和出发点。如果在这一问题上发生误解,对于布迪厄整个理论和方法的研究,就注定要走上迷途。

关于文化再生产过程同文化产品之间的复杂关系,无论是在理论上,还是在实践上都具有重要的意义,这个问题不仅典型地显示文化再生产过程本身及其重要理论的反思性和象征性,而且也有助于深入理解人类文化再生产过程中理论与实践之间的一般关系。

应该把对于文化再生产过程的研究,提升到对于人类一般实践的研究的理论层面上。从本质上讲,具有强烈社会性质和浓厚文化性质的人,其行动的一般结构和一般性质,总是避免不了带有文化再生产的性质。简言之,人类的实践无非就是文化再生产活动;一切人类实践活动,都是创造和更新文化的活动。反过来说,人类的一切文化生产和再生产活动,就是具有一般的人类实践活动的特征。

布迪厄作为社会人类学家,当他深入研究人类实践的一般结构和运作逻辑的时候,当然首先重视人类实践的文化再生产性质及其所采取的象征性结构。他的研究,第一,把文化再生产活动的行动者,放置在其行动实际展开的社会结构和心态结构的双重结构之中;第二,以相互关联的观点,动静结合地全面考察文化再生产行动展开过程及其前后所处的相互关系的网络,把相互关系放在优先的决定一切的地位;第三,从行动者所处的地位及其变化的各种可能倾向,深入分析行动者在文化再生产行动过程中所进行的一切内化和外化的心态结构,分析这种同社会结构共时同质双向运作的心态结构同行动本身的相互关联;第四,深入分析行动者的内在心态结构和外在的行动脉络在文化再生产行动的各个场域及其变化的可能性中的影响,同时,也分析行动及其影响的各种可能倾向和可能维度,以便从行动的实际和可能的双向结构中揭示实践的一般逻辑;第五,在由语言和权力等各种象征性文化中介因素所展示的运作过程中,分析行动和实践透过象征性文化中介结构所可能展现的象征性实践运作逻辑。

在布迪厄看来,以生存心态为基本动力的文化再生产的象征性实践,既具有历史性,又有超历史的独立性和自律性;它既是历史的产物,又是超验的。从这个意义上说,文化再生产中的生存心态,不仅为一切行动的实际展开,而且也为一切个人的自由思想和自由创作,提供了可能性。布迪厄说:"作为生成性图式的既得体系,生存心态使一切附属于其生产的特殊条件的思想、知觉和行为的自由生产,成为了可能。"①布迪厄在说明生存心态在象征性实践中的意义和作用的时候,极力反对那些把自由和历史必然性相互割裂并视之为两个相互独立的"二律背反"的教条主义者和决定论者。布迪厄在这里显然清楚地意识到文化再生产活动的两个重要方面,也就是一方面,行动中包含行动者的富有创造性的自由意志,另一方面行动中又包含一般实践固有的各种可能性的结构。

文化再生产活动,一方面,是创造和再生产具体的文化产品的特殊历史条件下的文化实践;另一方面,它又是具有一般实践特征的人类文化历史创造活动。在这种情况下,研究人类文化的再生产活动,既要充分考虑到不同的社会历史阶段的文化创造活动同它的产品之间的复杂互动网络,又要看到这种文化再生产活动同一般人类实践、同一般的理论和实践的相互关系的复杂关联。

在现实的实际活动中,(1)主体与客体(2)动机与效果以及(3)行动者所处的社会结构及其自身的心态结构,实际上都是交错地双向互动着的三个层面。由于实际活动永远是渗透着人的心态和社会结构,而且实际活动又永远离不开人的文化再生产,所以,人的实际活动始终采取象征的结构。从这个意义上说,文化再生产的实际活动之所以具有象征性的性质,就是因为它是上述三大层面交错双向互动的结果。

人类实践的象征性结构典型地显示在文化再生产活动中。在文化再生产活动中,客观化(objectivation)或外在化(exteriorisation)的过程同内在化(interiorisation)的过程,都是同时地以同质的结构实现和完成的。换句话说,象征性实践的过程,一方面,就是"行动者"通过其行动所完成的"建构化的建构"(structuration structurant)和"被建构的建构"(structuration structurée)的同步双向互动过程;另一方面,它又同时地表现为"社

---

① Bourdieu,P.1990:55.

会"所完成的同一类型的"建构化的建构"和"被建构的建构"的双重活动。不仅如此。象征性实践在完成上述在"行动者"和"社会"双层次的一对各具双重结构的活动时,又再次同时地实现"社会"和"行动者"的"象征性权力"的区分化及再分配,使上述在"社会"和"行动者"双层次所完成的"建构化的建构"和"被建构的建构",具有"象征性权力"的双重运作结构。①

人的文化再生产的象征性实践所固有的上述双重性意义结构,一方面是同象征性实践的文化性质,特别是同象征性实践中的语言使用特征紧密地相连接的;另一方面则是同象征性实践中的行动者的生存心态的特征紧密地相连接。这就是说,首先,人类象征性实践中的文化性质,特别是语言,这个人类特有的象征符号体系之介入,使行动者的行动和社会两个层次,都赋有由语言所贯注的魔术般象征性结构及运作模式;其次,行动者的生存心态的象征性结构,连同上述象征性语言符号体系之介入,又使行动和社会两层次及其相互关系的象征性结构更加复杂化和进一步增殖起来,构成一个层层双重结构化的社会世界。

在布迪厄看来,社会是文化再生产的象征性实践的产物。社会是在人的象征性实践中建构起来,并不断地"再生产"(reproduction)出来的。文化再生产的象征性实践,不断地创造和更新着人类生活和行动于其中的社会世界,也决定着社会世界的双重性同质结构,即"社会结构"和"心态结构";与此同时,文化再生产的象征性实践,也建构出和决定着政治行动者的"生存心态",使政治行动者在一种同整个社会的双重结构(即社会结构和心态结构)相协调的特定心态中,采取和贯彻具有相应的双重性象征结构的行为,以便反转过来维持和宰制有利于巩固和更新具同类象征结构的行为模式的社会世界。显而易见,文化再生产的象征性实践,乃是社会同行动者的行为之间相互复杂交错关联成不可分割的同一生命体的"中介性因素"。以文化再生产的象征性实践作为中介(中间环节),社会和行动者、社会结构和心态结构之间,不断地相互渗透和相互

---

① See Bourdieu, P. 1991: 163-170.

转化,进行一种双向循环的互动和互生过程,形成了社会和人类实践活动的象征性结构。

在《论实践的意义》一书中,布迪厄将他在《论区分》一书中对于文化实践的分析研究成果,进一步提升到一般的实践理论的高度,把象征性实践看做是人类的一般性实践的基本模式,并以此为基础,建构起他的系统的反思型象征论社会学。这就是说,从抽象的和一般性的角度来看,由社会结构和心态结构双重性同质系统相互绞结而成的社会,乃是由生活和行动于其中的行动者所从事的象征性实践所创造出来和运作起来的。社会的双重性同质结构及其同步运作逻辑,是同行动者的实践行为的双重性象征结构相对应并相互关联的。这样一来,人类象征性实践的双重结构不但产生和更新着社会的双重同质结构,同时,也决定着社会的双重生命及其不断更新的运作逻辑。从具体分析的角度,具有双重结构和双重生命的社会同具体的行动者的实践关系是极其复杂;而这种复杂性又由于社会的双重生命同行动者的实践行为的象征性双重结构而更加被覆盖上层层纱幕;甚至可以说,当社会学家具体地分析和揭示社会和行动的复杂奥妙时,免不了将陷入假象之中,以致使任何旨在揭示社会和行动真相的真正社会学,都势必采取“反思”的形态。具体地说,当社会学家深入分析具有双重结构和双重生命的“社会”及其同行动者的行为的相互关系时,必须进一步将抽象的和一般的社会空间(l'espace social),具体地分割成一个一个相互区分开来的“社会场域”(des champs sociaux);因为正是在不同的社会场域中,具有双重结构的“社会”才各个进行具体活动的“行动者”发生活生生的关系,从而使二者进入由“象征性实践”所驱动起来的复杂的互动网络之中,使社会和行动者都同时实现其双重生命的运作和更新。在布迪厄的象征论社会学中,人类实践的象征性结构及其象征性运作过程,使得在社会活动着的各个阶层的个人的生存心态和精神活动,同客观的社会制约性条件、行动者实践活动所创造的社会场域三大方面绞合在一起,扭成不可分割、相互影响、相互转化的活生生的社会历史过程,形成个人和社会的物质性和精神性双重生命的动力根源。

所以,由社会结构和心态结构所组成的社会,抽象地说,就是不断地进行着象征性实践的行动者生活于其中的社会空间;具体地说,由特定的社会关系网而确定其具体社会地位的行为者,都是在一定的"社会场域"中生活和行动着,都是在一定的"社会制约条件"的客观社会环境和状态中,凭借各个行为者的特定"生存心态",不断地同时创造和建构其自身和他在其中生活的社会。因此,要更深入和更具体地了解社会空间中的社会结构和心态结构的相互同质同步的互动交错关系,要进一步了解作为行动者的个人或群体在交错的社会结构和心态结构之双重运作中的实践逻辑,就必须具体地结合特定的社会空间中的社会结构和心态结构的特征,即把行动者的个人或群体在特定历史环境下的实践所面临的客观的社会制约性条件,所寓于其中的社会场域及行动者自身的特殊生存心态,加以通盘地考虑和分析,并在此基础上,再去考察在上述特定社会制约性条件,社会场域和生存心态所构成的社会结构和心态结构,又是如何导致象征性实践之历史性运作。

在各个历史阶段所发生的文化再生产过程,作为行动者以生存心态为中心所开展的象征性实践,包含着历史的、现实的和可能的各种复杂因素;它是某种由现实的、历史的和可能的因素和向量所组成的生命系统。文化再生产过程中所包含的这些多种多样的因素和向量,当它们相互运作的成果在文化产品中固定下来的时候,它们在实际运作中所呈现的各种可能的倾向和表现的程度,都由于产品的固定化而进一步被掩盖起来;在某些方面,甚至有可能被产品的固定化模式永远地被扼杀。因此,要特别集中说明文化再生产过程中的可能性因素的问题。为了说明文化再生产研究同文化产品研究之间的复杂关系,为了说明文化再生产过程的理论和实践意义,有必要首先强调可能性因素在文化再生产过程中的特殊意义及其在文化产品中所采取的转换形态。

（一）文化再生产的可能性及其与文化产品的关系

如前所述,布迪厄强调文化再生产过程的变动性和运动性,试图动态地说明和探索整个文化再生产过程。因此,他并不把文化再生产过程仅仅当成现实的结构,而是,也重视它的可能形态和潜在倾向。在一切呈现为稳定的现实结构的背后,布迪厄始终看到它的可能的变化和潜在的倾向。也就是说,他所重视的,不只是现实的可见的结构,而且还包括其中隐藏的可能性因素。文化再生产之所以是复杂的,就是因为它始终是现实和可能的结合,是两者的反复转化的结果;而且,这两者的转化,是双向进行,并且是无止境的循环。

布迪厄把文化再生产过程看做是充满可能性的极其复杂得多向而又多元的生命运动。如果把文化产品仅仅当做文化生产过程的一个结果,文化生产过程中的一切可能性就将因活动的中止而消失殆尽。布迪厄认为,可能性是文化再生产的实际生命的重要表现和重要活动。严格地说,文化再生产的生命之所以充满着活力,就在于它的任何一个刹那,都存在着或包含着多种多样的可能性。没有了可能性,就没有了生命,就意味着死亡。问题在于:在任何生命运动中的可能性,是非常复杂的、多元的和多维度的。可能性的不同表现及其同历史性、同现实性的具体关系,构成不同生命的具体内容和具体表现形态。在文化再生产过程中的可能性因素,总是采取多种多样的复杂结构,其中包括了可能性的各种可能的结构。这也就是说,文化再生产不只是某种可能性的生命系统,而且是可能性的多层次可能系统。同布迪厄一样,英国社会学家季登斯在研究人类的政治行动和社会实践的时候,已经发现了实践中的可能性结构及其重要性。季登斯指出:"行动的一个必然特征,就是在任何时间点上,行动者都可能以另一种方式行动;也就是说,行动者或者积极地试图干预世界上发生的事件过程,或者消极地进行自制。"①文化再生产过程中所呈现的各种可能性因素和倾向,唯其是可能性,所以是在可能性的活生生变动中的一种可能性,也就是真正有生命的可能性。换句话说,可能性本身就是一种有生命的过程;它的生命力,使可能性成为多元和多向的倾向或趋势。文化再生产中的可能性,显示了文化再生产过程的高度复杂性、不稳定性和不确定性。

这些可能性因素和倾向在文化再生产中的出现,使文化在生产的过

---

① Giddens,A.1979:56.

程不仅高度复杂化,而且也高度活跃起来。其复杂性和活跃性,使文化再生产过程无论在时空结构上及其内容和形式方面,都变成多维度和多元化。由这种复杂的文化再生产过程所产生的文化产品,只不过是其多元化和多维度的可能性中的一种可能性结构的现实化。因此,从这个角度来说,文化产品所呈现的固定化的结构,只是活生生的文化再生产过程中的一个面向,是其中的一个可能性系统的变形和物化的表现。所以,传统人类学对于文化产品的研究,只能表现文化再生产过程中已经现实化的那些可能性系列的一种,并不能全面地表现文化再生产过程的整个面貌。

正因为如此,人类学家和社会学家只有全面地研究文化再生产过程,并把研究文化产品当做研究文化再生产过程整体的一个组成部分,才能对于人类从事文化生产和再生产过程的实际结构和运作逻辑有全面的了解。

但是,上述说明只是涉及文化再生产研究的一个方面,也就是说,只是把文化再生产过程当做一个活生生的文化生命运动,而把文化产品当做这场运动的一个结果。从这个方面来说,文化再生产过程的实际运作比文化产品的结构更加广泛而复杂、更加活跃和更加带有明显的变动性。

文化再生产过程所表现的上述极其复杂而又高度活跃变动的性质,相对于文化产品来说,带有显著的优点,更接近于人类文化再生产实践的真正性质。但是,如前所述,这只不过是从一个角度去比较文化再生产过程和文化产品的结构和性质。实际上,布迪厄认为,文化再生产过程同文化产品的关系是非常复杂的:它并不单纯地表现为"文化再生产过程在前"或"文化再生产过程作为原因",而"文化产品在后"或"文化产品作为结果"的单向单线的因果模式。在这里,有两大方面的问题,必须进一步加以说明。

第一方面,即使是把文化再生产过程作为原因,而把文化产品作为结果来分析,也存在着因果之间互动和相互转化的复杂关系。也就是说,两者之间的因果关系,并不是固定不变的,更不是单线单向的一维结构。在人类文化再生产过程中,任何因素之间的因果关系,不仅是双向互动的和双向相互转化的,而且这个因果系列又必然同整个人类社会文化活动的总体中的各种复杂网络相互交错,因此也就有可能隶属于更大的复杂因果系统的一个分支罢了。从这个意义上讲,任何具体的文化再生产过程和文化产品之间的因果系列,并不是固定的和单一性的;而是双向互动或甚至从属于三维度或四维度以上多元结构的因果系统。在这种情况下,原来被看做是"结果"的文化产品,对于原来被看做是"原因"的再生产过程来说,可能就成为文化再生产过程的一个原因,从而使原有的因果关系颠倒过来。

第二方面,从结构来看,文化产品虽然比文化再生产过程显示出相对静止和固定的形态,因而也使文化产品比文化再生产过程显示出更加简单和更加概括的形式,但是,文化产品作为人类创造精神的一个历史形态,作为物化和组织化的精神活动的结果,它又可以比文化再生产过程更集中和更典型地表现出人类精神创造活动的特征。这就是说,不要把文化产品的物化和固定化形式绝对化,也不要把文化产品的结构简单化和表面化。从物化和固定的形式来看,文化产品中似乎不再存在文化再生产过程中所呈现的各种活生生的因素。从简单和表面来看,文化产品的结构也呈现不出文化再生产中那些隐蔽的各种可能性因素和倾向,呈现不出文化再生产中所表现的各种内在的和精神性的因素。但是,文化产品既然作为一个精神活动的历史结构和作为其活动的结果,就累积和集中了再生产过程的各种因素和倾向,其中包括可见的和不可见的、物质的和精神的、有形的和无形的、可感知的和不可感知的、可表达的和不可表达的以及现实的和可能的一切因素。在文化产品中的所有这些因素,由于采取物化和暂时静止的形态,反而比再生产过程中活生生的那些动态结构,更有利于采取共时和一般的普遍结构而超越时空的限制,因而也就更也有利于把各个时代的特定的文化再生产过程和文化产品连接起来,并在其中透过凝聚下来的人类文化的象征结构而互动,并一代一代地继承和发展。从这个角度来看,原来已经静止固定下来的文化产品,不但其本身重新获得了生命,而且它有带动各个时代的文化再生产过程和文化产品,使贯穿于其中的人类文化创造活动连贯起来,并同一般的人类社会历史事件构成一体,有助于人类学家和社会学家更广阔和更深刻地了解人类事件的一般结构和性质。

在这方面,与布迪厄一样受到胡塞尔和海德格尔的现象学影响的汉娜·阿伦特(Hannah Arendt,1906—1975)早在她的《人类的条件》一书中就有了深刻的说明。她总结了马克思和尼采以来对于人的行为和实践的研究成果,强调要深入研究人类的积极的生命的基本模式,集中探讨人类实践中的"劳动"、"作品"、和"行动"及其相互关系①。在这里,汉娜·阿伦特已经敏感而深刻地发现了行动,作为人类在特定的具体时空结构中所进行的具体活动,同作品相比是脆弱的、不可控制的和不可逆转的。行动之所以比作品脆弱,是因为它是在特定时空结构中进行,深受具体时空的限制,是极其有限的。作品却可以超越时空的限制,大历史环境和视野中驰骋,并在其中不断获得新生。

正是在这里,汉娜·阿伦特重拾亚里士多德的实践概念,强调行动的目的是贯穿于其自身之中。因此,任何行动,其特殊的意义,只是存在于行动之中,而不是在其动机中,也不是在其结果中。在这一点上,当马克思只注重策略性行动,特别是只注重生产活动的时候,他实际上并没有充分考虑到人类行动的目的的高度复杂性。实际上,行动的目的所可能采取的定向的或不定向的、外在化的或隐蔽的、固定的或变动的因素以及行动者自身所意识到或无意识到的方面,是难于表述和难于预料的。这些因素和方面,在行动的实现过程中,始终是活生生的,充满各种可能性。

行动的一个必然的特征,正如季登斯所说,就是在任何时间点上,行动者都可能以另一种方式行动;也就是说,行动者,或者积极地试图干预世界上发生的事件过程;或者消极地进行自制。行动者的行动的上述两种倾向,不仅在行动的整个过程中,而且也在行动未展开的整个历史准备过程中和在行动具体实现之外的未来可能的展示过程中,都随时随地会由行动者自身的内在因素或因应外在因素的干预而显示出来甚至实际地实施。在这种情况下,任何行动,不仅就其实际状况而言,而且就其可能性而言,都隐含着积极和消极两个层面。因此,关于人类实践的政治哲学

---

① See Arendt,H.1958.

理论研究,在布迪厄看来,必须充分地考虑到行动的这两个层面。

同时,还要考虑到:文化再生产作为一般的社会实践,它必须具备高于具体的个人行动的普遍性和超越性。唯其如此,发生于不同地点和时间的不同行动者的行动,虽然是具体的和有限的,但它不仅能在一定条件下,贯彻和实现行动本身的动机和目的,展现行动的内在意义,而且,也能超越时间和空间的限制而统一形成为社会秩序,并因而有可能把整个社会:不只是眼前现存的而且也把已经不存在的过去的历史和未来,当做一种系统而连成一体。这就意味着:任何文化再生产的行动,表面看来,由于其实现的具体时空条件而呈现出具体的行动过程,具有具体的行动意义;但同时,又由于个人行动者之隶属于社会和文化整体,由于行动之时空结构内在于历史的整体时空结构中,使任何行动又能在其具体有限的结构之外,同时地含有一般行动的超时空结构。换句话说,布迪厄认为,文化再生产的任何行动,都具有两个层面的双重结构和双重意义:具有具体的行动所固有的有限结构和有限意义,又具有一般的行动所包含的无限的超时空结构和无限的历史意义。

作为一般社会实践的行动,各个特定的文化再生产活动,虽然发生在各个具体的时空中,但都潜在着超越时空的性质。任何具体行动的这种双重结构和双重意义,使任何行动本身都包含着一般实践的结构和意义,同时也具有象征性的特征。正是在这一点上,季登斯在分析和发展马克思的实践概念时,还充分考虑到实践的时间方面的特殊性和普遍性①,而布迪厄则在他的著作中,反复强调文化再生产实践的双重结构、意义及象征性特征。

当然,无论是季登斯还是布迪厄,在考察行动贯彻过程中行动者同行动动机、行动目的和行动环境的复杂关系的时候,都充分地考虑到行动者目的的实现,除了同行动者所使用的策略和手段相关以外,还考虑到行动过程中周边世界所可能发生的各种偶然的可能事件及其对于行动者的复杂影响,考虑到行动者随时可能采取的应变措施。正是在这里,有必要再

① See Giddens,A.1984:2;10;181.

回到亚里士多德。亚里士多德与柏拉图不同,并不像柏拉图那样只是把实践仅限于"生产"或"制造"(poieses)。亚里士多德为了把理论与实践清楚地区分开来,在他的《政治学》一书中,曾经把理论科学同实际科学区分开来。接着,亚里士多德又进一步把行动概念同生产概念区分开来。他认为行动的标准就是行动的目的的外在性。实践并不是在它自身之外确立其目的,或者,实践并没有外在于其自身的其他目的。但作为生产或制造的活动,则可以具有它自身之外的其他目的。显然,亚里士多德已经深刻地看到了:作为一般的人类实践,其优越于具体行动的地方,就在于它永远包含着随时可能变动的目的自身。一般实践不受具体时空的限制,包含着各种可能性,使它比任何具体的行动都充满生命力,永远包含着自我变动和自我更新的可能性。它所隐含的目的永远是属于实践的生命本身的。与一般实践不同,"制造"作为具体行动,总是包含它自身以外的"其他目的"。亚里士多德把"制造"的这个其他目的,称为"产品"或"作品"(Ergon)。也就是说,"制造"是以制造某一种具体产品为目的的。接着,亚里士多德又在区分实践与生产的基础上,区分运动(kinesis)和内在的行动;内在的行动是每个生存者实现其现实性(energeia)的过程。这样一来,亚里士多德就更深入地分析了人类行为和行动的不同类型。在伦理行为领域中,实践就是智能(phronesis)的领域,也就是一种符合德性实践的理智,也就是谨慎。与此相反,"生产"或"制造"是从属于"技艺"(tekhné)的领域,并不需要德性。由此,实践是同理论(theoria)相对立的。① 亚里士多德从各个方面探讨理论与实践的关系,同时也讨论了实践与行动、与产品的关系。这些讨论,深刻地触及文化再生产与文化产品的复杂关系,值得作为参考进一步深思我们现在讨论的文化再生产理论。布迪厄每次分析文化再生产活动时,总是超越具体时空的环境,并从历史和理论的广阔视野,要求我们反思地理解他的文化再生产理论。

(二)文化再生产研究与人类自由

布迪厄的文化再生产理论的提出,表明对于人类文化的研究,已经随

---

① See Aristotle,Ethics Nicomachean;X 7,1178b 20-22.

同整个社会科学和人文科学的理论模式和方法论的根本转变,不再如同传统人类学和其他社会科学那样,只是对"文化"的最初起源和终极本质问题感兴趣,也不再如同传统人类学那样,将文化研究局限在对于原始文化的起源、类别和发展的调查和分析的范围内,而是集中研究在历史运动中的人类文化的更新及其同现存社会的现实运作的关系,集中研究活生生地存在于现实生活中的各种文化的具体生命表现,集中研究在现实生活中的不同阶层的人们的文化活动网络,集中研究现实的文化创造活动的实践逻辑及其经语言逻辑结构归纳加工所得出的各种文化论述中的逻辑的区别。文化再生产理论所关怀的,是通过以上研究方向的扭转,最终重构人类文化,以文化为主导,摸索当代社会发展的新出路,开辟更广阔的人类自由。布迪厄始终试图通过他的人类学和社会学理论,加强现代人对于其生活于其中的社会文化的反省,不满足于现实社会文化的结构,不执着于当代社会文化的各种制度,而是以批判的态度,探索各种新的可能性,扩大行动的自由。

在布迪厄看来,文化再生产过程及其内在动力,必须作为研究对象和研究过程本身而展现开来;而作为研究者的社会人类学家,又同时地将自身的研究活动,置于活生生的文化再生产过程之中。也就是说,布迪厄试图以现象学的方法和原则,要求从事文化再生产研究的人类学家和社会学家,必须一方面,在客观地进行的历史的和现实的文化创造过程中,展现其研究过程,将客观的文化再生产过程,作为一个中介化的自身展现出来;同时,另一方面,又在研究者自身的研究活动的自我表演中,亲自参与历史的和现时的文化再生产的客观活动过程。因此,布迪厄认为,对于文化再生产的研究,是两种过程的自我表演的高度结合:一方面是客观地进行的历史的和现实的文化再生产过程的自我表演;另一方面是研究者自身的研究活动的文化再生产过程的自我表演,两者在研究活动中相互穿插,来回运动,相互参照,又相互渗透。这就把寻求"他人"的"异文化"的过程与了解"自身"的原本文化的过程交叉地结合起来,使两者的复杂关系,找到了在相互穿插的辩证过程中得到相互了解和相互渗透的可能途径。显然,布迪厄的上述理解及其实践,是他将现象学方法成功地贯彻于社会人类学家研究的结果。

人类学从诞生的时候起,就是试图通过对于作为"他人"的"异民族"的"异文化"的研究来揭示人类文化的奥秘。将文化作为研究对象,与将"他人"的"异文化"作为对象相等同,从一开始就已经赤裸裸地显示出传统人类学研究方向的基本原则的自我矛盾性。由此可见,传统人类学的文化研究,显然将异民族的异文化,当做自然物一样的无生命的对象那样来处理。同时,传统社会人类学的这种研究模式和原则,不但隐藏了社会人类学创立之后近二百多年历经曲折并反复徘徊的必然因素,而且,也隐含了彻底摆脱这种发展困境的可能方案。在某种意义上说,社会人类学对文化再生产的集中研究,是社会人类学从创立以来所隐藏的上述内在矛盾的发展的一个历史性成果。因此,在明确地进行文化再生产的研究之后,又必须同时地不时回顾社会人类学发展过程中所经历的各个阶段所遭遇的基本问题。在同历史过程中所提出的问题的重新对话的基础上,更深入地探索文化再生产研究中所要处理的各种复杂问题。在这个意义上说,社会人类学对于文化再生产的研究,仍然不能同历史上发生过的传统社会人类学的文化研究过程相脱离。毋宁说,重新评价西方各主要国家传统社会人类学文化研究的各种历史问题,是当代社会人类学研究文化再生产问题的一个不可少的组成部分。

作为崭新的社会人类学研究的中心问题文化再生产,不只是为了揭示以往的或现有的文化再生产过程的运作逻辑,从中发现文化再生产过程中人类精神的创造力,而且,更重要的是,文化再生产的研究还意味着寻求重构人类文化的基本途径和方法。在这种情况下,文化再生产问题的研究,其重要组成部分,就是探索人的精神创造活动不断建构和扩大各种新文化的方向,为人类创造活动提供尽可能多元的发展可能性,以便不断扩大人的自由。这种新的研究,显然不是像传统人类学那样,把眼光向后看,只研究已经存在的各种文化,而不去探索创造新文化的各种可能性。就此而言,由布迪厄所坚持的反思性社会人类学对于文化再生产的研究,从根本上改变了人类学研究的方向。

新的社会人类学在研究文化再生产问题的时候,其探索人类创造精神的运作过程的重点,并不是总结或概括以固定形式表现出来的"规律"或"模式";研究文化再生产问题的基本目的,并不是为了给人类精神提供必须遵守的什么"规则"或"方法",而是相反,是为了向人类创造精神,提供更大的自由。实际上,人类文化经历了几千年的曲折发展之后,特别是经过资本主义文化的各个阶段之后,已经有充分的可能性以其自律而自由发展。人类创造精神的自律,在高度发达的资本主义现代文化的基础上,已经有能力,越来越远地脱离各种客观的物质的和历史的条件的限制,具有更大的可能性通过现代文化本身高度复杂的内在因素而实现自我更新。人类文化现阶段的这种高度自律性,是空前未有的;它是文化自身不断发展和不断更新的结果,同时也自然地为未来更加自由的文化的自我更新,提供了最广阔的发展空间。在这种情况下,研究文化再生产问题,就不应该局限于单纯的文化历史分析,也不应该局限于传统的逻辑化约或概括方法,而是要最大限度地为人类文化的创造,提供和开辟自由发展的新领域。在此情况下,文化再生产的研究,实际上也就是为人类向最高的自由的过渡开辟更广阔的前景。布迪厄非常重视扩大文化创造的自律性。他认为,只有首先深入揭示文化再生产活动本身的自律条件及其运作机制,才能为创造自由开辟新的前景。

新的社会人类学的文化再生产研究,既是一种人类学的重要研究工作,也是进行文化再生产的实际活动本身。这就是说,研究文化再生产问题,一方面,固然是一种新的人类学研究活动,它要研究文化再生产的各种可能条件,并集中地研究文化再生产过程的精神创造的自由性;另一方面,它就是实际的社会中的文化再生产活动的构成部分。在这方面,人类学的文化再生产研究,要积极地参与整个社会的文化再生产实际活动;它不是在社会的实际文化再生产活动之外,而是在其中直接地为重建新的人类文化作出贡献。

在文化再生产研究中,虽然要继续发挥人类学家的主体作用,但是,"主体性"的概念已经完全不同于以往的传统人类学。布迪厄所要求的文化再生产研究工作,是将文化再生产研究活动本身当做研究的真正主体。作为文化再生产研究的主体,这种研究活动是以追求其本身的最大自由为唯一目标。这不但可以克服以往传统人类学将自身从属于社会其他活动的被动的工具化命运,避免像以往传统人类学研究那样,使人类学的文化研究,陷于被各种外在的力量所利用的异化地位。

作为主体的文化再生产研究活动,既然没有在它自身以外的其他目的作为其运作的目的,它就自然地成为了由其自身进行自由决定的研究活动。这样的由自身决定自身的研究活动,是人类历史上以往各个阶段所没有过的,也是最自由的研究活动。

所以,当代文化再生产研究,不同于传统人类学文化研究的地方,就在于它把人类追求自由的理念和实际活动,同文化再生产的研究本身统一起来;在某种意义上甚至可以说,它同人类的不间断的追求自由的活动合二为一。

传统的人类学文化研究,实际上也曾经在其发展过程中,自觉或不自觉地逐渐意识到文化研究同人类追求自由的活动的密切关联。英国的马林诺夫斯基在1944年发表的《自由与文明》一书中,第一次较为明确地将人类学文化研究同人类的自由问题结合起来。他认为,人类的自由不能在脱离文化脉络的范围之外去探讨。① 一切自由,归根结底就是文化自由。所以,自由同文化是不可分割的,甚至是同一个范畴。马林诺夫斯基还进一步把自由同社会密切地联系在一起。因此,他认为,单纯地从个人的观点去探讨自由是没有意义的。② 他接着指出:"自由的概念只能参照组织起来的并富有文化动机、文化基础和价值的人才能被界定;这也就是说,要参照实际存在的法律体系、经济体系和政治组织,一句话,就是参照一个文化系统,自由的概念才能被界定。"③所以马林诺夫斯基得出结论说:"自由是文化的一个礼物(Freedom is a gift of culture)。"④马林诺夫斯基的上述观点是非常深刻的。从马林诺夫斯基的上述文化研究经验和

① See Malinowski,B.1944:52.
② See Ibid.:25.
③ Ibid.:29.
④ Ibid.

论述,我们可以看到:不管人类学家是否自觉地意识到,研究人类文化的活动开展得越深刻,就越触及人类自由的根本问题。文化本来就是人类精神的自由创造的产物,也是人类精神自由创造的历史展现过程。人类精神随同人类本身而诞生以来,就以其自身的自由本质,不仅将其自身,而且也使人类整体,幸运地以追求自由作为其基本目标,作为其存在的基本形态,并由此而使人类精神和人类整体,始终都将争取自由当成自己的最高目标。人类精神的这种自由本质,正是人类不断地创造和发展自己的文化的基本的和永不枯竭的动力。关于这一点,马林诺夫斯基,作为一位杰出的英国社会人类学家,通过其深刻而广泛的研究成果,得到了越来越明确的结论。马林诺夫斯基在上述研究中得出结论说:"从人类文明的开端起,自由始终是维持和发展文化过程中一切有建设性的工作的基本前提。所以,也可以这样说,文化是从人类的最早开始和其发展过程中的自由的礼物。"①显然,马林诺夫斯基把自由和文化等同起来,而且也认为两者是互为因果的。

马林诺夫斯基的深刻性,就在于将文化当做是自由的产物;同时,他又把文化这个自由的产品,反过来变为自由的进一步发展的基本条件。文化和自由之间的相互依赖和相互渗透,实际上正是立足贯穿于两者之中的人类精神的自由创造性。然而,马林诺夫斯基并没有进一步从自由与文化之间的互为条件,看到人类精神的自由创造性的关键地位,也看不到自由和文化之间的密切关联的真正根源所在。马林诺夫斯基在分析文化的自由的时候,只是看到自由的两个基本方面,即维护安全的自由(the freedom of security)和繁荣的自由(the freedom of prosperity)。显然,马林诺夫斯基的自由观,一方面仍然受到 16 世纪到 17 世纪洛克等人的自然权利论观点的影响,另一方面他又受到他所处的社会历史条件的限制。

关于人类的自由的探讨,确实只有到了 16—17 世纪的时候,当人类理性真正地摆脱了各种外在的约束,达到康德所说的那种能够不听外在权威指挥而敢于自行决定的成熟阶段时,才能全面展开。洛克在当时正

---

① See Malinowski,B.1944;320.

是根据人类理性的自由的观点,提出了自然权力论,论证了人类的生存权和自由权的至高无上性。但是,洛克并没有能够将人的自由彻底地从自然界的约束中解脱出来。洛克在谈论人的自由的时候,只能从自然出发,以自然为条件,并把人的自由看做自然赋予人的天赋权力。在反对中世纪神学约束人的自由的时候,洛克诉诸自然而论及个人自由的不可剥夺性,具有重要的历史意义。但是,他当时的眼光,只能停留在自然所许可的范围之内。洛克和马林诺夫斯基从自然出发所论述的人类自由,终究不能超出自然所许可的人类维持生命和追求幸福的范围。在马林诺夫斯基看来,维护安全的自由,就是文化为人类本身的生存和延续所提供的各种保护性的机制。至于追求幸福和繁荣的自由,是人类在不断发展其开发自然资源的能力的过程中所增强的自由。马林诺夫斯基所处的新的社会历史条件,使他比洛克更多地看到:人类创造的文化对于进一步发展人的自由是具有重要意义的。所以,马林诺夫斯基进一步区分了生物学的自由和文化的自由。前者更多地受制于自然,后者则是随着文化的发展而不断扩大,并在某种程度上,越来越远离自然的约束。

马林诺夫斯基的自由观是在第二次世界大战期间提出来的。当时人类的自由受到了法西斯势力的威胁。马林诺夫斯基更多地看到了人类自由所受到的历史限制,使他不可能意识到人类精神的创造活动的强大威力。因此,当马林诺夫斯基强调文化的发展将为人类的自由提供一切可能的条件的时候,他的论述带有相当浓厚的乌托邦性质。他既不能正确区分理念的和规范性的文化自由同现实的和实证的文化自由的关系,同时也不能具体而深刻地结合文化发展中人类创造精神的自由运作逻辑去说明自由和文化的深刻关系。

在西方社会和文化人类学发展史上,发现并探讨人类的精神的自由创造对于文化发展的决定性影响的人类学家,并不只马林诺夫斯基一个人。几乎与他同时,美国人类学家克鲁柏早在 1917 年,就明确提出了文化的"超有机体"性质的概念。克鲁柏吸收英国人类学家和社会学家斯宾塞关于人类文化"超有机演化"(super organic evolution)的性质的观点,强调人类文化是"超越有机性"的一种特殊事物,是人类精神的某种特殊产品,完全不同于自然物质及其他的有生命的有机体。① 斯宾塞本来把演化分为三种类型,也就是"无机的"、"有机的"和"社会的"演化过程。斯宾塞在谈到社会演化的时候,强调这种演化之所以超出于有机的演化的特征,就在于"它包含了许许多多的个体的相互协调的行动所产生的一切过程和产品"(all those process and products which imply the coordinated actions of many individuals)。② 在这里,斯宾塞已经隐隐约约地看到了包含在文化产品和它的创造过程中的个体创造精神及其多样性。但是,斯宾塞仍然深受达尔文演化论的影响,使他未能正确区分人类精神的创造力同有组织活动的各种群体动物的创造精神。他甚至把人类的文化创造活动同蜜蜂等动物群体的有组织活动相混淆。克鲁柏克服了斯宾塞的上述达尔文主义演化论的局限性,强调人类的创造精神是具有文化活动能力的人所特有的。同时,克鲁柏进一步指出了文化创造活动同一般的有组织的社会活动的区别。在他看来,社会活动只是一般地指称那些能将一大群人相互协调起来所进行的有目的的活动。文化活动高于社会活动,因而也比社会活动更加复杂,因为文化活动是人类精神的创造活动领域。更重要的是,克鲁柏在强调文化活动的精神创造性的特质的时候,也进一步拒绝用一般生物学和达尔文主义的观点去说明人类精神的性质。在这一点上,克鲁柏一方面看到了人类精神同生物的神经活动的区别;另一方面也为了同当时社会上流行的各种社会达尔文主义的种族歧视观点划清界限,为了同当时诸如勒朋(Le Bon)、加尔敦(Gallton)和皮尔森(Pearson)等人的种族主义优生学相区别。在这种情况下,克鲁柏所说的文化的超有机性,一方面显示了文化的人类创造精神的特点,另一方面又拒绝各种出自自然科学的生物学和心理学观点的说明。克鲁柏说:"精神遗传之所以同文明毫无关系,是因为文明并不是心理活动的单纯产品,而是人类精神运作的一系列体系化的产品。正如生物学家所已经论证的,作为有机的心理活动,它的论证同任何社会事件的论证毫无关系。心

---

① See Kroeber, F.1917.

② Spencer, H.1876-1896:I,4.

态或精神是同个体相关联。而社会的和文化的事物,就其本质是非个体的。这样的文明只有当不再以个体的观点去分析的时候才开始产生。"①克鲁柏进一步指出:"在社会文化的超有机的发展中,产生了某种超越自然选择的因素,因而也就不再完全依赖于有机演化的任何机制。因此,社会的文化超有机演化的产生,并不是任何一种自然的链条中的一个环节,而是朝向另一个层面的一个信道,甚至是一种飞越。"②这样一来,文化是社会性的精神活动过程的超有机的和超心理的产品。

克鲁柏的上述发现,在西方人类学史上具有重要的意义。这不仅是因为克鲁柏比他的前人和同时代人,更深入地发现了文化同人类创造精神的内在关系,而且,还因为他身处于自然科学思考模式占统治地位的美国社会人类学领域中,却又能超脱自然科学思考模式的影响而重视文化的精神创造的超越性,也就是超越经验性。克鲁柏指出:"任何社会的事物只能通过心态活动才能存在(everything social can have existence only through mentality)。当然,文明并不只是精神活动本身,它是要通过人来运作,尽管文化可以脱离人而存在。"③

克鲁柏的上述研究成果,如前所述,是西方人类学发展的重要成果,有助于人们更深刻地了解人类文化发展的自律性,以及这种文化自律性同人类创造精神自律性的内在密切关系。在这一点上,克鲁柏的研究成果显示了人类学文化研究同发展人类自由,特别是发展人类精神的创造自由的密切关系。

但是,克鲁柏所处的历史时代,又使他未能正确地把握文化的自由本质,同时也使他未能全面地理解人类创造精神的自由性质及其可能性。克鲁柏在论述人类文化的"超有机性"的时候,为了强调人类文化的自由性,未能正确估计文化创造同个体的精神创造活动以及同社会的文化创造活动的内在关系。因此,他实际上把文化或文明看做是可以独立于个人或社会的超有机体,也就是说,文化是"超个人的",同时又是"超社会

---

① Kroeber,1917:192-193.

② Ibid:208.

③ Ibid:186.

的"。他说:"文明,是由人所运载的,而且也只有通过人才能存在。但是,它是一种在它自身中的存在。而且,文化又是完全独立于人的另一种秩序。文化实体同个体的人以及同它所仰赖的人类群体毫无内在关系。文明来源于有机体但又独立于它。"①接着,他又说:"文化当然只是靠整合成社会的活生生的和有精神活动组织能力的人才能产生。但是,这些个体和社会只是文化存在的先决条件,而不是它的存在本身。"②这样一来,文化的自律性便发展成为文化独立于个人或社会的特征。这就使克鲁柏无法正确地理解文化的自律性同人的精神创造活动的内在关系。而且,在实际上,克鲁柏把文化的自律性同文化的社会性和自由创造性对立起来和割裂开来。

马林诺夫斯基和克鲁柏,作为英美杰出的社会人类学家,已经比其他人更早和更深刻地看到了人类文化活动中的创造精神及其同人类自由的发展的内在关系。但是,他们两人都由于受到了传统思考模式和当时文化发展水平的限制,未能进一步正确地处理文化与自由的关系中所包含的重要问题,即有关文化与社会、文化与个人创造活动、文化产品与文化的创造过程以及文化再生产同人类自由的发展的内在关系。在克鲁柏的论述中,尤其明显地显示出他在思考中的严重缺陷,显示出将文化同社会割裂开来的片面倾向。

布迪厄的反思性社会人类学的文化再生产的研究,试图充分吸收自20世纪60年代以后发展起来的新的时代精神。这种新的时代精神,是资本主义现代性发展的一个结果,同时它又是超越资本主义现代文化的强大精神力量。它以从未有过的挑战精神,试图摆脱一切传统的约束,试图达到人类文化创立以来人类精神本身所追求的最大的自由的目标。在某种意义上说,这种新的时代精神,提出了实现人类梦寐以求的最大自由的理念。

布迪厄在研究人类文化的过程中,由于思考模式的根本转变,集中地

---

① Kroeber,F.1915:283.

② Kroeber,F.1917:633–634.

探索文化再生产中的精神创造过程及其自由的性质。研究重点的转变，同时也有助于进一步正确处理有关"人"、"社会"、"文化产品"、"语言"、"人类精神"以及"各种不可见的因素"等事物的相互关系的思考方式。在这种转变中，布迪厄以"相互关系性"作为基本原则（le principe de la relationalité），不再把上述诸因素的区别绝对化，更不把上述诸因素的区别建立在上述诸因素自身的同一性的基础上。以往传统人类学的思考模式，深受传统形上学本体论和各种逻辑中心主义的思考原则的影响，总是在理论研究中首先寻求各个基本概念的"逻辑同一性"，并在这种逻辑同一性的基础上进行主观和客观、中心与边陲、同一和差异的二元对立区分。其结果，往往将理论论述的实际对象和客观的实际过程，千篇一律地化约成没有生命的概化的逻辑概念，人为地形成一系列在逻辑结果上首尾一致的论述体系，然后又将这些论述体系加以"正当化"，以便获取一种"真理的身份"。

实际上，在西方传统人类学的长期发展过程中，各种基本概念的形成及其论证过程，始终没有超出传统文化所许可的思考模式及正当化程序的范围。因此，在没有彻底打碎上述传统思考模式和理论之正当化程序以前，无法辨别传统人类学所提出的基本概念及其构成的理论体系的有效性和有限性。马林诺夫斯基和克鲁柏等人在研究文化与自由的关系的时候，之所以最终未能正确处理两者的关系，实际上就是传统的逻辑中心主义及其论证方式的影响的结果。他们在研究社会、文化和人的自由的时候，为了追求这些概念的逻辑同一性，把逻辑上的建构同实际活生生的社会文化创造过程分割开来，然后又将逻辑上的化约与被分割开来的实际过程相等同，宣称他们的论述系统同客观的实际过程的一致性。

布迪厄所强调的，正是要跳出上述传统框框，将寻求逻辑同一性代之于"还原到事物自身"，将原有的以"同一性为主"的原则，代之于"相关系性"的原则。布迪厄认为，任何社会人类学和社会学的论述，要避免对于事物的本来面目的逻辑化约过程，只有从事物自身的活生生的不断差异化的过程出发，以现实生活本身的不断差异化的有生命的过程，才能取代追求逻辑形式的僵化概念体系的理论建构。这样一种建构的结构主义的思考模式和新型的理论建构程序,具体应用到社会人类学中,就是要把人类文化发展中的活生生的再生产过程,通过不断差异化的语言论述的描述,再现在文化再生产过程中所显现的人类创造精神的自由发展过程。因此,在布迪厄那里,这种新型的语言论述的描述,不再寻求各种概化的逻辑概念的建构,也不再将这些逻辑概念之间的差异固定化和形式化,而是注重于现实的文化再生产过程中人类创造精神的自由游戏过程的描述,并特别注意将"纸面上的逻辑"同"实际的逻辑"区分开来,在它们的区分中,反复地进行反思。在这种情况下,原有的社会、文化和人的创造精神之间的关系,已经不是相互区别的单纯逻辑概念之间的关系,而是活生生的文化再生产过程所发生的具体社会场域中各种现实的因素之间的互动。这些在现实创造活动中互动的因素,不将成为理论概念建构的客观资料或对象,而是成为再生产论述中来回运动的自由的主体本身,从而使得这种关于文化再生产过程的自由论述本身,也成为了文化再生产过程自由运动的象征性结构的再现。

布迪厄关于文化再生产过程研究方式的上述变革,有助于揭示文化再生产中人类精神创造活动的实际的自由游戏性质,从而克服了传统人类学在研究文化与自由之间的关系上所显示的各种有限性,有助于扩大人类创造精神的自由幅度。

布迪厄并不打算将当代文化再生产研究停留在一般化的层面上。他认为,当代社会文化再生产问题的关键,就是占据社会权力的集团及其社会成员,试图以当代文化再生产制度和组织,通过文化再生产的运作机制,玩弄一系列象征性策略手段,保障他们一代又一代地连续垄断文化特权。所以,当代文化再生产研究的实质,就是揭示当代社会中的文化特权的延续和再生产程序及其策略。为此,布迪厄的文化再生产理论,又分别深入探讨了以下五大方面的问题:第一,深入揭示现代社会中各个学校教育系统的特殊结构及其权力运作机制,集中分析现代学校教育制度的权力再生产机制,揭露当代学校教育机构中各种特权转移、分配、垄断及再生产的过程,描述其中各种维持文化特权的策略变化及其社会基础。第二,深入分析当代社会各个领域和各个层面的权力正当化机制和程序,将权力正当化当成整个当代社会的核心问题,揭示权力正当化中的策略运作过程以及各个社会阶级或集团的相互紧张关系,尤其是揭露文化资本及象征性资本在权力正当化中的特殊功能。第三,结合当代社会的消费性和文化性,深入分析当代社会中日常生活领域各种最普遍的生活风格的变化动向及其社会文化基础,把生活风格的研究,当成揭示整个社会结构和心态结构的中心环节。第四,深入分析语言社会应用的策略及其普遍意义,将整个社会当成极其复杂的语言交换市场,并把其中的官方语言统治策略的制定和实施过程,当成社会各阶级、统治力量和被统治力量之间的竞争的反映,看做是整个社会权力斗争的重要表现。第五,深入分析文学和艺术场域的象征性结构及其社会影响,通过对于文学和艺术场域权力结构及其分配的特殊规律的分析,揭示整个社会权力再分配过程的复杂性和象征性。

(三)学校教育系统文化特权再生产机制

关于当代学校教育系统的特殊结构及其运作机制,布迪厄首先以法国为例,分别针对法国当代社会中学校教育系统的两大类型(名牌学校教育系统与普通学校教育系统)的区别,揭露当代所谓"民主"和"平等"的资本主义社会中学校教育制度的权力不平等结构。当代法国实行两大类型的学校教育制度:(1)名牌学校教育,即法国人所说的 Systèmes de Grandes Écoles,是以最严格的全国会考(concours natioanl)制度,从全国学生中,谨慎地层层筛选,将"最优秀"的学生,选拔到最高级和最优先的名牌学校中。凡是考上这类学校并在年年会考中又成功地闯过一关又一关的筛选而最后获得毕业文凭的人,保证会在社会权力分配中取得最理想的地位和职务。因此,法国全国各个领域的最高掌权人物,几乎都是这一类型学校教育系统培养出来的人。他们被称为国家精英或国家显贵,构成法国社会结构中最有特权的高级统治阶层,分别掌握政治、经济、文化等领域的最高领导权和控制权。(2)普通学校教育系统是由中小学、专科职业学校及普通大学(université)组成。凡是在这个系统中受到教育的人,即使最后拿到了博士级的学位,也只能在社会权力网络中占据次要的被控制地位。这个系统是"平等"地向社会各阶级、阶层"自由开放"的,但从这个系统毕业的学生没有享受特权的权利。布迪厄所著《继承者》、《再生产》、《论区分》、《学人》及《国家显贵》等,都集中地分析和揭示了上述两大学校教育系统的性质及其权力分配与再生产的社会机制,无情地揭露资本主义社会在"自由"和"民主"旗号下所实行的不平等教育制度。布迪厄甚至认为,现代法国资本主义社会所实行的教育制度,在实质上,并无异于中世纪社会制度下的封建等级特权制度。①

　　社会统治阶级就是通过上述学校教育系统的分流,掌握着整个社会结构变动的方向,也控制着社会各个领域权力分配和再分配的图式。统治阶级和社会特权阶级,利用上述学校教育系统的分流,有意识地垄断教育中的特权,并通过一系列筛选程序,将本身所保护的成员源源不断地送到最有影响力的教育部门中,同时又将他们所要宰制的人们排斥到边沿部门。学校教育系统由此成为了各种社会力量相互激烈竞争的场域。布迪厄指出:"学校系统、国家、教会及政党等都不是机器,(appareil),而是各种场域。"②布迪厄显然是要强调:学校等社会场域是充满着力量竞争的领域,永远处于相互制衡和争夺的状态。他反对将学校等看做是静态的结构,更反对像结构功能论那样,把这些领域说成为某种有固定"功能"的一成不变的社会结构。但是,他也指出:"在一定条件下,它们可以作为机器而运作。"什么样的条件? 他说:"只有在统治阶级掌握足够手段而消除被统治阶级的反抗的时候,一个场域才变为机器。"③所以,学校系统内的竞争和争夺是不会停止的;但有的时候,当统治阶级有足够力量和充分有效的策略进行全面控制的时候,学校系统就会成为某一个统治阶级所掌握的工具,成为它们手中的一个"机器"。学校系统中的这种不断斗争的动态和暂时被控制的静态局面,会在整个社会斗争全局的牵制下,反复地处于变动状态之中。

　　布迪厄对法国学校教育制度进行了理论上和实际经验资料上的分

---

①　See Bourdieu,P.1989.

②　See Bourdieu,P.1964:136.

③　Ibid.

析。在理论上,他不将学校教育系统单纯局限在文化教育领域,而是同政治、经济,特别是同国家政权领域,同这个社会各个场域的权力斗争及社会阶级重构的过程紧密地联系在一起。学校教育系统一贯是资产阶级实行社会和国家统治的关键部门。因此,从资产阶级革命开始,从资产阶级建立近现代社会制度开始,他们就极端注意学校教育系统的改革、调整及重构,以便通过学校教育制度,一代又一代地保证整个社会各个领域的权力分配和再分配,能够有利于整个资产阶级对于社会的统治,保证他们较为顺利地实行权力统治的正当化。布迪厄认为,学校教育系统所采取的自由、平等制度,有利于掩盖权力再分配中的不平等和不合理现象。学校教育系统中进行教育的结果,将有助于原有的特权阶层,以正当化的名义,继续巩固他们的特权地位。同时,学校教育系统的教育成果,也在实际上巩固了社会阶级结构沿着有利于资产阶级的方向发展下去。学校教育系统所分配的文化资本,是整个社会进行阶级结构调整的主要依据。布迪厄指出:"学校教育制度,在实际上,单靠它自身的运作逻辑,就足于保障特权的永久性。"[1]所以,在学校教育系统中所确定下来的阶级结构,将是整个社会组成和重构社会阶级结构的基础。布迪厄特别指出:学校教育系统的一个非常重要的功能,就是培训、养成、熏陶和塑造有利于统治阶级的"心态结构"。正如我们在以上某些章节已经指出的,心态结构同社会结构始终保持着双向共时的互动,而心态结构对于人们的行动方向及方式,具有决定性的意义。

布迪厄在学校教育理论方面,已经远远地超出传统教育社会学的范围,把它同权力社会学、国家社会学、知识社会学以及文化社会学等学科联系起来,同时又提出了一系列新的概念和范畴,诸如"场域"、"生存心态"及"文化资本"等,使他的学校教育理论也构成了他的整个象征性社会人类学理论的一个重要组成部分。他在学校教育理论中,大讲特讲权力竞争、资本转化、斗争策略等内容,同时也将知识分子问题作为一个重要论题加以讨论。他认为,现代社会中的知识分子,特别是学校教育系统

---

① Bourdieu,P.1964:111.

中的各级教师的结构,是整个社会阶级结构的反映,也是整个社会阶级结构的决定性因素。占据教育系统特权位置的教师,实际上是社会上统治阶级的高级文化代言人,也是社会上特权阶级的一个主要组成部分。布迪厄反对过低估计这些学校教育系统中的特权阶级的地位。他说,学校教育系统中占据特权地位的教师,实际上有权分配社会的未来权力资源。而社会上的统治阶级也极端重视这些教师的地位的稳固性,千方百计从制度上和资源上保证他们的特权的延续性。①

为了全面揭示学校教育中的许多实际问题,在经验资料统计调查方面,布迪厄也做了非常多的工作。他的每一本论述学校教育系统的著作,都免不了以大量的经验实际调查资料为基础。他曾经对法国各级学校的教育状况进行经验性的实证调查,不但对教育的类型进行细致的分类,而且,也对学生来源、成分、社会阶级基础、教师的社会出身以及他们在学校中的经济待遇等,作了分门别类的调查和统计,并加以深入的科学分析。所以,他并没有忽视对于学校教育系统实际状况的调查和资料统计分析。

(四)权力正当化的再生产机制

关于权力正当化程序及机制,布迪厄也在理论上作出了特殊的贡献。他在这方面的理论贡献,简单说来,就是:(1)提出了经济资本、文化资本、社会资本和象征资本四大类型的资本的理论。(2)论证了现代社会权力正当化程序的循环模式及其运作机制。(3)凸显正当化程序在权力分配中的关键地位,深入分析正当化程序中权力斗争的策略及其与社会结构和心态结构的密切关系。

布迪厄提出了别具特色的权力理论,并把权力斗争同社会场域结构及其运作机制紧密地结合起来。在布迪厄看来,社会并不是实体性的现成架构,而是随社会中的各个社会阶级之间的权力斗争及其各种斗争走向而不断建构、演变、重整和协调起来的。整个社会就是充满着权力斗争的各种场域所构成的。因此,社会永远是动态的、不稳定的和变动的。对

①　See Bourdieu,P.1989.

于统治阶级来说,维护其统治秩序是必要的。唯其如此,统治阶级才千方百计地试图论证其统治的正当性,并以各种社会资源和力量,设法通过他们所控制的论述形成程序,通过一系列隐蔽的和精致的策略,使本来充满动荡而很难稳定下来的社会秩序,按照他们的利益的需要,依据正当化的途径,尽可能地稳定下来。因此,权力斗争和再分配无时不在,无孔不入地渗透到社会的各个领域和角落,主宰着整个社会运转的速度、节奏、方向及其重构走势。所以,整个社会就是权力斗争所造成的各阶级和各群体间的张力关系网所组成的。

现代社会的权力斗争实际上就是各种各样的"赌注游戏"式的斗争网络。某个社会集团或阶级,以及隶属于特定社会阶级或集团的个人,都会把权力斗争当成紧张复杂的赌注游戏活动。既然是赌注游戏,它也就是冒险性的策略游戏斗争。赌注游戏过程的稳定性及其走向,决定于在其中进行斗争的各个阶级或社会力量的策略及其成功程度。在赌注游戏的斗争中,究竟如何选择最有利的赌注手段和方法,这要取决于每个阶级是否能够正确而恰当地估计整个社会的阶级结构及其走势。[1] 所谓社会阶级结构指的是社会中统治阶级与被统治阶级的关系结构以及其中各个分层的分布状况。布迪厄以 1968 年 5 月学生运动为例,说明上述社会权力斗争的复杂性以及其中的赌注游戏的不稳定性。这种不稳定性是赌注斗争全局各个阶级竞争,尤其是其策略、手段和方法竞争的复杂性所造成的。布迪厄不愿意僵化地分析社会权力斗争的状况,尤其不愿意教条地照搬马克思主义有关社会阶级斗争的公式。他宁愿将社会阶级斗争当成灵活的不稳定的赌注游戏模式,以便更细致地分析实际发生于社会中的权力斗争状况。

但是,现代社会权力斗争的特点,就是无不诉诸正当化程序。现代社会权力斗争不同于传统的古代社会,并不采纳过分露骨的暴力形式;即使在不得已的情况下采取了暴力形式,也要尽力论证其暴力形式的正当性。现代社会的特征,决定了其中所发生的任何一场权力斗争,都必须采取正

---

① See Bourdieu,P.1980:252-253.

当化的形式,都必须完成其正当化的程序。

完成权力斗争正当化程序的首要步骤,就是以原来已经被正当化的社会制度为基础,通过已经被确认的正当化手段,尽可能地争取、获得和增加手中所握有的资本。资本是现代社会中进行权力斗争的基本手段。现代社会的所有不同类型的资本,都是在特定正当化程序中被"确认"的斗争力量单位。谁掌握资本的数量越多,谁在斗争场域中就占据优势地位。现代社会中主要的资本是经济资本、文化资本、社会资本和象征资本,而它们之间是可以相互转换,并经一定斗争之后,统统转换成可以显现人们的社会地位和社会力量的象征资本,因此,人们手中掌握的象征资本的总数,最终成为衡量各个社会阶级或个人的斗争力量总汇集的根据。现代社会的法律不但保障各种资本的合法性和正当性,而且,也规定、保障和维持各种资本之间的斗争、较量和转换的程序。为此,各个社会阶级也会设法争取获得制定法律的权利,扩大其在法律制定中的影响力。统治阶级的优越地位就在于可以获得立法、执法的特殊权力。虽然现代社会是民主社会,一切法律都是通过"民意"确立和确认的,但归根究底,统治阶级对立法和执法的程序具有决定性的意义。所以,各种社会阶级的斗争,都不可避免地同争夺立法权相关。立法和执法权是实行正当化的关键。

权力不只是表现在政治领域,也不只是表现为立法和执法权,而且还表现在社会生活中的各个方面和领域。争夺权力的斗争贯彻于社会的各个领域和各个阶层。不同的资本及其权力象征,在不同的领域采取不同的表现形式。因此,布迪厄发展了特殊场域理论,试图分析和论证社会各个场域中进行权力斗争的不同形式,呈现现代社会正当化程序的多样性和复杂性。

权力正当化程序并不神秘。在布迪厄看来,不管这种程序在各个领域和各个斗争场合会采取各种各样的形式,但都免不了以"循环式"的模式呈现出来。正当化程序的循环式,就是以原有的法律或被确认的程序为基础,由社会"公认"为最有权威的人士或单位,充当正当化程序的"仲裁",在社会的公开的仪式中,确立新的"合法"地位。历代统治阶级之所以全力争夺统治权，就是为了保证他们在每一场循环中，都占据优势和占据已经被"确认"的特权。一代又一代的正当化循环，就是这样始终被控制在统治阶级的手中。

权力斗争的正当化过程是非常复杂的。但最关键的是要在其过程中，始终保持控制心态结构的态势，使斗争中的各个阶级或个人的心态，成为有利于斗争发展方向的因素。心态结构并不只是内在的力量，而且，正如我们在前面一再强调的，它是在斗争行动中同时不断外化和客观化的实际力量。心态结构在斗争趋势的决定较量中，扮演重要的甚至是决定性的力量。当然，布迪厄非常重视心态结构同社会结构的相互关系问题。将他的社会结构和心态结构理论同他的权力正当化理论结合起来，是具有非常重要的意义的。

(五)生活风格和品味的再生产机制

布迪厄与法国同时代其他思想家一样，不但重视权力斗争及其正当化，而且也很重视社会日常生活问题，同时，还在其日常生活研究中，结合当代社会的新特征，凸显日常生活中各种消费活动、文化活动和日常生活方式的问题。他认为，当代社会既然已经演变成消费社会和充满着文化气氛的新社会，就不能忽视当代权力斗争和正当化程序同日常生活、同生活风格以及同各种生活品味的紧密关系。现代社会不但使人政治化和文化化，而且也使人消费化、休闲化和艺术化。历史上没有任何一个社会，能比现代社会更能把政治斗争如此无孔不入地渗透到日常生活领域之中；历史上也没有任何社会，能比现代社会更把政治斗争和权力竞争，如此巧妙地乔装成生活风格和品味的较量活动。在现代社会极其轻松愉快的日常生活风格和品味的比较中，隐含着复杂的阶级斗争和社会区分化斗争。文化的高度发展和社会的繁荣，以及现代社会高度精密的科学技术和管理手段，使统治阶级有能力让社会大众，不知不觉地在其消费和游戏中，遭受"第二次"剥削，接受职业生活以外的"再度控制"。

布迪厄对于现代社会的消费、休闲和艺术欣赏活动以及日常生活方式，进行了深入的调查。他认为，如果说，传统社会是靠社会阶级的分化和对立来完成社会演变和重构的话,那么,现代社会就是靠消费、休闲和日常生活的风格的区分化,来完成其社会区别和重构的。生活风格、品味和生活方式的不同模式,既是个人和社会集团自我区分和自我表演的方式,也是社会区分化的原则。①

政治、经济和社会的权力斗争,开始越来越深地介入和参与日常生活领域,干预消费、休闲和艺术欣赏活动;反过来,消费、休闲和艺术欣赏活动本身,也随着社会的现代化而具有政治、经济和社会权力斗争的象征性质。由于现代社会消费、休闲和艺术欣赏活动,已经成为最普遍的社会活动和生活形式,布迪厄从 70 年代起,就以更大的精力研究了这个领域。他全面地调查了艺术欣赏、博物馆展览、流行文化产品以及城市青少年各种爱好和品位,撰写了《一种普通的艺术:摄影的社会运用》、《对艺术的爱》、《论哥特式建筑及其与经验哲学思维方式的关系》、《论区分》、《论实践的意义》、《学人》、《艺术的规则》及《论电视》等书,还写了大量的调查报告和分析论文,对生活方式、风格和品位的状况、性质及其社会意义进行科学分析,创立了他自己独具特色的生活风格理论,在现代社会学领域中独领风骚。

日常生活中的生活风格、心态、秉性和品位的养成、培育和熏陶过程,充满着激烈的竞争,其中包括政治、经济和社会地位方面的比较和较量。现代社会在一定意义上说就是靠生活风格和品味的竞争,表现其社会阶级斗争的状况和趋向,也显示出现代社会各阶级间竞争的复杂性和曲折性。各种心态、秉性、风格和品位,都是属于文化层面的东西,但它背后却是以政治和经济作为后盾力量,因此它们的社会效果,也是靠一定的政治和经济资本及其转化结果来保障的。而且,正如我们一再强调的,心态方面的因素,从来都是与社会结构方面的因素并行双向发生作用的。所以,生活风格和品位的再生产过程,成为现代社会整个文化再生产过程的主要内容。

---

① See Bourdieu,P.1979a;1980a.

（六）语言象征性权力的再生产机制

社会中的语言交换活动和过程，并不只是人与人之间的观念沟通或信息交流，而是权力斗争脉络的实施信道，也是人与人之间相互进行力量较量、竞争和协调的中间环节。在人们的语言交往中，人们所完成的，并不只是语言文字符号及其意义方面的交换，而是不同的个人、团体、阶级和群体之间的社会地位和社会势力的交流、调整、比较和竞争，也是他们所握有的权力、资源、能力及社会影响的权衡过程。

语言论述、说话方式以及各种语言运用的策略，在现代社会中，都具有特殊的意义，并在当代社会的权力斗争、正当化程序、区分化以及社会结构重构中，发挥特殊的社会功能。布迪厄同现代西方思想家一样，总结近百年来研究语言的理论成果，很重视语言的象征性力量及其社会效果。社会是靠语言交换连接成一个社会生活共同体。

在社会生活中，任何人的说话、谈论和论证，都不是无缘无故的，也不是没有社会效果。说话是一种社会力量的展现。因此，说话就涉及社会力量的较量和竞争。但是，谁在说话，在什么时候说话，在什么场合说话，跟谁说话，说什么话，怎样说话，以什么方式和策略说话，如此等等，就形成和产生完全不同的社会效果。

布迪厄认为，语言交往中人们所实行的，表面看来，似乎只是语言符号按其规则所进行的沟通，其实，还包括语言符号交往中的权力比较和竞争，遵循着比语言交换规则更复杂的赌注游戏规则。布迪厄将社会上的语言交换过程比喻成经济市场的交换过程，因此，他有时也将社会语言交换规则说成为一种"经济学"原则。在社会语言交换中，最重要的是被确认为"合法性语言"或"正当化语言"（la langue légitime）的地位的获得过程。语言交换的复杂过程，之所以包含着非常尖锐紧张的斗争事件，就是因为它是一场争夺正当性语言的确认过程。语言交换是正当性语言进行其生产和再生产过程的必经过程。任何一种语言，其正当性地位的取得，要经历非常复杂曲折的权力较量和竞争过程。只有在社会权力的占有方面，具有优势的个人、集团和团体，其语言论述及其运用效果，才能在语言交换的竞争中,有希望获得正当化的资格和合法地位。

布迪厄指出,在实际的语言交换中,被卷入的社会因素和力量,是多方面的。首先,是语言交换过程中的语言因素,其中包括对于语言的掌握程度、语言使用能力、语言运用的心态和习性以及语言使用的风格等。这些语言因素,实际上也已经包含一系列与社会地位和社会历史经历有密切关系的东西,因为任何人的语言因素和语言能力,都同他们的社会地位和社会经历有密切关系。语言能力是要靠学校教育和社会历练培育出来的,要付出许多代价和资本:这些代价和资本,有时还往往以隐蔽的方式、无形的形式和不知不觉的形态,潜伏在每个人的语言使用的过程中而发挥其功能和效用。其次,还包括语言以外的社会因素,诸如法律结构、道德系统、教育环境以及社会语言交换市场的力量较量结构。这些因素也是以客观和无形的方式,强加在说话者的身上,迫使他必须遵循一定的语言交换规则,并在这些压力下,不得不改变自己的说话内容、方式和环境,使人们的语言使用受到很大的限制。

所以这些影响社会语言使用的因素,实际上又各自遵循着它们自身的独立规则,使语言应用中的各个说话者,无从任意讲出自己所要说的话,也迫使他们在语言交换中接受其社会效果。

在正当化的语言中,最重要的,当然是官方语言(la langue officielle)。任何官方语言的出现和普遍化,是要靠一定的政治制度和政治单位(政党、政权)的力量。一个官方语言的通行,必须靠社会和国家政权的力量,靠其制定的法律和法规,靠其背后所掌握的强大的社会力量,其中包括物质力量和精神力量,特别是意识形态的力量。所以,官方语言的通行,又必须仰赖能够普及特定意识形态或官方意识形态的宣传机构和手段,利用它们的社会网络和宣传工具以及有效的设施,在政权实行统治的地区内,强制性和说服性同时并举,双管齐下。在这种情况下,学校教育系统成为了最好和最有效的手段和工具,在建构官方语言网络方面,充分发挥它的功能。官方语言的通行过程,实际上又是官方意识形态和精神统治发挥作用的过程,因而也是官方意识形态和官方精神统治力量宰制被统治者的最好机会。官方语言的实行,包含着国家政权正当化程序的社会确认过程,也意味着官方法制系统及其从属的统治暴力手段的贯彻和实行。所以,布迪厄说:"使用官方语言的过程,实际上就是确认和默认制定官方语言的政治单位进行社会统治的正当性。"①

所以,文化再生产也就是语言象征性权力的再生产过程,又是官方语言的生产和再生产的过程,是正当化语言的再生产过程。

(七)文学和艺术场域的再生产机制

在当代社会中,文学和艺术场域扮演特别的角色,并在社会生活中具有特殊的意义。这个特殊的场域,尽管远离社会其他场域,特别是远离政治和经济场域,但它以巧妙的方式,迂回地参与了社会的权力正当化和再分配的斗争。布迪厄明确地指出:"文学或艺术场域是一个各种力量存在和较量的场域。"②他又说,文学和艺术场域以"不确认"的方式,"确认"整个社会权力正当化的程序③。所以,问题正是在于:文学和艺术场域具有它自身的自律,并以极其复杂的象征性模式呈现出它的运作逻辑。

布迪厄在分析文学和艺术场域时,总是一方面指明文学和艺术场域同社会其他场域的关联,特别说明它同政治和经济场域的关系,揭示所有这些场域的共同特点;另一方面又不惜付出大量的精力,进行论述和论证,以便具体地揭示文学和艺术场域的文化再生产逻辑的特殊性,揭示其中所隐含的复杂的象征性权力的斗争过程,并揭示文学和艺术场域运作逻辑的自律性。

文学和艺术场域不同于政治和经济场域,因为在这个场域中,文学和艺术所使用的特殊象征性符号系统,作为人类创造精神的最高级、最细腻和最超越的表达方式,具有特别复杂、曲折、灵活和迂回的性质。在文学和艺术场域中,论述和表达系统所采用的象征符号,是多层次和多意涵的。况且,文学和艺术的专业工作者及专家,作为特殊的知识分子,又往往倾向于以"清高"的姿态和隐蔽的形式,曲折地表达他们的利益和欲

---

①   Bourdieu,P.1982;27.

②   Bourdieu,P.1992a.

③   Ibid.

望。他们往往不愿意直接参与社会政治和经济场域的斗争,有时甚至将政治和经济场域的斗争看成为"肮脏的"交易活动。他们宁愿更多地以"良心"和道德"责任"的名义,从抽象的人性出发,监督政治和经济场域的斗争。布迪厄指出,文学和艺术场域的权力斗争及正当化程序,往往采取反面的或否定的形式,以"不承认"代替"确认",以"否定"取代"肯定",以"回避"代替"参与",充分显示出文学和艺术场域的权力斗争的两面性和掩饰性。

布迪厄通过对于福楼拜和波德莱尔的文学创作的研究,强调文学和艺术场域的特殊运作逻辑,并不是因为它们是脱离整个社会结构而存在,而是因为它们自身采取特殊的时空存在结构,并以特殊的展现形式而同整个社会结构和心态结构发生关系。

这就是说,首先,任何文化,包括文学和艺术,都在特定的时空结构中产生和运作,同时又在一般的社会场域的时空结构中存在和运作。任何文化,包括文学和艺术场域的时空结构,既采取特殊的时空结构,又同与这些文化场域相关的一般社会场域的时空结构有密切关系。所以,文学和艺术场域同一般社会场域的关系,既是相互交叉和相互渗透,又具有独立性、自主性和自律性。

文化场域本来就是存在于并运作于一般的社会场域之中。从这个意义上说,文学和艺术等文化场域是整个社会场域的一部分,是同一般社会场域相互重叠和相互渗透的。没有任何一种文化活动,可以脱离社会而存在和进行。严格地说,社会和文化本来是同一个事物的两方面。也就是说,社会和文化都是以人的创造活动及其相应的各种关系为中心而建构起来的。

但在实际的生活中,社会场域又因不同性质的文化活动而被分割。而且,文化活动也可以从狭义的角度去理解。从文化的狭义角度,文化只是指文学和艺术等。文化作为社会场域的一部分,正如马克思所说,是高高地凌驾于经济和政治之上,作为"上层建筑"而占据社会场域的上层时空结构。就文化活动的不同种类而言,不同种类的文化活动,又可以各自以其同类文化活动自身为中心,将其他不同种类文化活动,当做该文化活动场域之外的社会条件,因而也就将其他种类的文化场域被归并到社会场域中去。

包括文学和艺术场域在内的文化场域,其与一般社会场域的相互关系,在文化再生产运作过程中,会同时朝着两个方向发展。第一个方向是文化场域同社会场域相重叠和相渗透的程度不断加强;第二个方向是文化场域的专门化倾向所导致的文化场域特殊性,会不断增强。这种双向复杂化的过程,当然是同文化再生产中的各种因素的复杂化相关联,但是,就其一般形式而言,上述双向复杂化的过程,主要是在时空结构的演变轴线上来回摇摆或循环往返。

任何一种文化都有特定的时间结构和空间结构。文化的时间结构和空间结构,相对于文化所处的社会和自然的时空结构,有其特定的内外复杂关系。但从任何一种文化本身的内在时间结构和空间结构来说,文化自身的时间结构和空间结构,彼此之间总是保持既相同又相异的关系。总的来讲,文化的时空结构是交叉的;它们是不可分割的,是交错在一起的。但在特殊的条件下,两者也可能分离开来;而在这种情况下,往往是空间结构隐藏到时间结构中去,或者,空间结构暂时采取无形的形式而压缩到时间结构中去,造成某种所谓"纯时间结构"的出现。由此也可以看出,时间比空间更抽象,更有可能脱离有限的物质形式而存在。在文化场域中,这种脱离物质空间结构而存在的"纯时间结构"比比皆是。

在把文化的空间结构和时间结构加以相对的分割的条件下,所谓文化的空间结构,就是指文化在各个不同的历史阶段的静态结构、固定状态和特定表现形式。而文化的时间结构指的是文化的产生、演化、发展和演变过程。

文化的时间结构包括文化在其历史演进中的多层次的累积结构和阶段性的断层结构两大方面。毫无疑问,文化的发展和演变是沿着时间的连续系列先后地进行的。因此,文化在其历史发展中,随着各个不同发展阶段的累积,就依时间的不同先后而构成不同层次的文化结构。文化的多层次结构,在一定程度上表现了文化发展过程中不同阶段的累积状况,因而也表现了文化的时间连续结构。但文化的时间连续系列所造成的历史层次结构,也存在着非常复杂的呈现状况。首先,它可以呈现出纵横两方面有顺序的连续层次系列。文化的纵向层次时间结构,以由下而上的先后顺序表现出文化的横向历史发展中由前到后的累积过程的时间结构。因此,文化的层次结构表现了文化发展的纵横双向交错的时间结构。

但是,文化的时间连续结构,一方面并不一定完全表现在层次系列方面,另一方面它也并不意味着历史的层次结构是一成不变的。实际上,表现在文化的历史层面中的时间结构,也并不是永远都是连续的和有秩序的。文化的历史层面结构,可以是有序的,也可以是杂乱无序的,或者是交错颠倒的。这是因为一方面,文化的时间层次结构本身,存在着非常复杂的展现的可能性,另一方面,它又紧密地受到了历史和社会结构的影响。从这个意义上说,文化的历史层次结构,一方面表现出文化本身诸系统诸因素的复杂变动的相互关系,另一方面又表现出文化同社会的关系以及社会作为整体对于文化的影响的复杂性。这样一来,文化的历史层次时间结构,不但表现了文化发展中不同阶段的文化结构,而且也间接地表现了文化同社会的历史关系。在西方的各国文化发展历史中以及在中国的文化发展历史中,都出现了文化发展的时间结构的上述复杂状况。

一般地说,文化的时间连续结构,可以随着历史的先后顺序而构成由下而上或由深到浅的层次结构。这种一般的时间结构,使文化发展中较先形成或出现的前期文化,构成较低层次的文化时间结构,而较后形成或出现的后期文化,则构成较上层次的文化时间结构。而且,文化发展中较先形成或出现的前期文化,往往形成为较后形成或出现的后期文化的基础。但是,上述先后顺序的不同文化所构成的深浅不同层次的文化时间结构,并不是一成不变的;而且,历史发展的顺序,也不是绝对地决定着文化的上下、浅深的层次性时间结构。这里存在着文化发展的时间结构的复杂性的问题。用时间的单向单线连续的结构,作为文化的时间结构的唯一的决定性主轴,是片面的,也是形上学的和僵化的。

在人类文化的发展过程中,构成文化发展诸因素以及文化发展的各种成果,并不是完全按照时间的先后序列,来决定其发展程度的高低。人类文化构成因素中较为重要和较为成熟的部分,可以是在文化历史发展的前期首先出现,也可以在历史发展的中期或后期较晚或较迟出现。而且,即使是较早或较先出现的某些重要因素,并不一定较早或较先沉淀或凝固于较早时期的文化产品中,因而也不一定构成较深的文化层次的基本组成因素。这些较早或较先出现的某些重要因素,有时要经过跨阶段的长时期历史发展以后,也就是要经过多时的隐蔽和转化的形式,在长期不被发现和不直接表达的演化过程之后,在脱离其最初的历史表现阶段,并经历长期凝固中止的中间悬挂过程以后,才明显地在晚期的时间结构中表现出来。这样一来,原来较早出现的文化构成因素,反而要在晚期出现的上层文化结构中表现出来。这种在文化的上下层次结构同先后连续结构发生颠倒状况的复杂时间结构,正好表现了文化发展的时间结构的非单线性、非单一性和非单向性,也在一定程度上表现了其循环性和重叠性,表现出文化的时间结构的多元性、多维度性和多种可能性。

实际上,文化发展的时间结构,并不一定表现为特定的历史形式和现实形式。长期以来,人类学家往往把文化的时间结构当做历史和现实双维度构成的固定模式。传统人类学家正是排除了文化发展的时间结构中各种可能性因素,因此,他们看不到文化时间结构的多元和多维度的以及包含多种可能性变化的"可能模式"。

显然,布迪厄在考虑和分析文化发展的时间模式的时候,充分顾及文化发展中的可能性因素对于文化发展时间结构的影响。文化创造和再生产过程,作为人类精神的活生生的创作活动,充满着各种各样受到时空限制和非时空限制的多种因素,同样也包含着各种可见的和不可见的、有形的和无形的复杂因素和倾向。这一切,就决定了文化的时间结构的高度复杂性和变动性,使其中的可能性因素比其他场域更多和更活跃。

布迪厄指出,就文化发展的时间连续性而言,不同历史阶段的文化,采取不同长短的连续结构。文化在时间连续方面的不同长短结构,又构成了文化累积中不同层次结构的不断变化,也造成了不同层次结构的中断性和连续性的交替或重叠关系。

文化的发展本来可以采取中断、断裂或跳跃式的模式,这是文化发展时间结构的另一特征。这种时间结构的文化发展模式,有时同上述文化发展的连续累积的模式并行或重叠,有时则单独呈现出来。

文化再生产过程的运作所采取的时间结构,同前述文化发展的不同结构,是属于两个不同层次的不同范畴的时间结构。前述文化的时间结构,指的是各种文化产品以及文化活动的结果所留存的时间结构,因此,它是属于文化的历史层面的时间结构。文化再生产过程的运作所采取的时间结构,是人的精神创造力量在活生生的内化和外化过程中,对于各种相关联的因素,进行加工和改造的活动历程的浓缩。因此,在文化再生产过程的时间结构中,必然地重叠和渗透着前述各种文化结构。从时间结构的层次和中介化程度来说,文化再生产运作的时间结构,相对于前述文化时间结构,更复杂得多。

而且,文化再生产过程的时间结构,相对于前述文化的各种时间结构,包含有更多的变动性和可能性的因素,也包含着与文化再生产过程相关的社会场域的各种力量和因素。

文化和文化再生产的时间结构,带有明显的自然性、社会性、历史性和思想性。这就是说,文化和文化再生产的时间结构,不能脱离自然、社会、历史和思想的运作过程。

文化和文化再生产的时间结构的上述特性,使文化的时间结构,不是简单地呈现出上下或先后的更替或连续,而是包含着复杂的相互渗透、累积、融合和转化的过程。在这样复杂的时间结构中,文化的各个组成因素,在不同的历史发展阶段中,有时可以以不同的程度表现出来,并在创作过程中,作为不同的角色进行运作;有时,又不同程度地被淘汰、被压抑或者被隐蔽,因而在文化创作过程中暂时地缺席;有时也以不同程度被挤压而渗透到文化的各个层面,作为各个历史阶段的文化的重要构成部分。组成文化的各个构成因素,在历史发展的各个时间结构中,其运作、累积、交替、融合和转化的形式,并不是一成不变的。有时,在历史发展中的旧文化层次中的某些因素,被肯定而保存下来甚至延续一段时间,因而就构成了下一阶段的文化时间结构的基础部分。但有的时候,旧文化层次中的早已被否定的消极因素,又在新的文化层次结构中作为积极因素而被肯定并重新地成为该阶段文化再生产运作中的重要力量,甚至成为下一阶段文化再生产的连续有效的因素。所以,在文化发展的时间结构中,各种组成因素的被淘汰和重新被运作,都带有相当程度的可能性和变动性;就其运作的方向而言,又包含着多元和多维度的可能倾向。

时空结构是文化场域和一般社会场域实际运作的一般条件。因此,文化场域和一般社会场域的实际运作,同其时间结构相伴随的,是它们的运作中的空间结构。文化场域和社会场域的时空结构,既是两种场域运作的基本条件,又是它们的运作中的基本生命力的展示过程。

一般地说,空间结构和时间结构,不论在文化场域或者是社会场域的运作中,始终不可分割地同时交错地存在。时空结构在文化场域和社会场域中的交错同时存在,又会因两种场域运作中各种因素的变化而采取多种不同的形式。这种时空结构的形式上的变化,可以从不同的层面和角度加以分析。

文化发展的空间结构,一般地说,包含着文化所处的自然、社会和文化条件的各种因素及其存在形式,同时也包含着文化本身各构成因素的特殊空间结构。因此,文化发展的空间结构,同时地包含着物质的、有形的和有限的空间存在形式,也包含着精神的、无形的和无限的空间存在形式。传统人类学和文化社会学,往往只片面地看到文化的物质的、有形的和有限的空间存在结构,单纯地从可见的空间存在形式去理解和分析文化的空间结构。这就表明,传统人类学和文化社会学在研究文化的空间结构的时候,只满足于研究已经呈现出来或实际存在的各种文化产品的存在形式,同时又把这些文化产品的空间存在形式静止化和固定化,把文化的空间结构当做是各个历史发展阶段的社会文化的静态表现。实际上,文化的空间结构同时包含着静态的和动态的两方面,而且,在大多数情况下,从文化再生产的运作过程来看,文化发展的上述静态和动态的空间结构,始终是交叉地运作起来的。不仅如此,而且文化发展空间结构中的有形和无形的形态,也是交错在一起,保障了文化发展中自然的因素和社会文化因素以及人的精神心理因素之间的紧密互动的可能性。

传统人类学中先后出现的单向演化论、文化传播主义、文化物质主义以及文化相对主义等各种思想流派和方法论,都尚未全面正确地分析和研究文化发展的时空结构的复杂性、多元性、多维性以及变动性。例如，文化发展的演化论只注意到文化发展的单线单向连续系列的结构，忽视了文化发展中各种中断、停止、倒退、曲折、循环和跳跃的可能性。同时，上述文化发展演化论往往把文化的时间结构和空间结构分割开来，先把时间结构静止化、阶段化和割裂化，然后把已经被静化、阶段化和割裂化的时间结构中的空间结构加以研究，造成了不同静止阶段的文化空间结构的僵化和表面化。传播主义的文化理论，也同样把各民族的文化交流和融合，加以静止化阶段化，只是研究各个被分割的不同历史阶段的文化交流的结果。

同文化的时间结构一样，文化的空间结构中渗透着许多无形的精神文化因素和力的倾向。在不同的历史阶段的文化的空间结构，一方面表现了各个历史阶段本身的特殊文化以及与其相关的社会文化因素的有形的和无形的存在形式和发展倾向，另一方面又表现了该历史阶段前后各种文化及与其相关的社会文化因素的有形和无形的存在形式和发展倾向。在这种情况下，对于文化发展的空间结构的研究，既要看到空间结构的阶段性存在形式，又要看到其前后交叉或渗透的存在形式；既要看到空间结构中的物质和自然因素的有形存在形式，又要看到其中各种非自然的和人为的精神文化因素的无形存在形式。

抽象地说，文化发展的空间结构也可以层次化，以便表现出文化本身各种自然的、社会的和思想精神的因素所构成的各种产品的空间结构的可见度和有形度的差异，并由此呈现出不同的文化产品的空间结构的复杂程度。一般地说，可以把文化的空间结构，在横向方面，大致分成上、中、下三大层次。所谓文化空间结构的上层产品，指的是采取有形的、可见的和物质的形态的各种文化。这些文化，显然是人们可以在历史和现实的各个地方，立即直接发现的表层文化产品。属于这类表层文化的，包括人们居住的房屋、身上穿戴的服饰、生产和交通用的各种工具等。所谓文化空间的下层产品，指的是无形的和思想性的部分。这类文化产品隐含在最细腻和复杂的象征符号之中，可以采取超时空的存在形式而在人类历史的各个发展阶段来回循环并交叉出现。而居于中层的文化产品，是上述两大层次之间的文化,往往既有有形的一面,又有无形的另一面。但实际上,将文化产品分为上、中、下三层次,也只是为了更好地进行分析。在人类文化发展过程中,各种文化产品经常是交叉存在,并相互补充,呈现出非常复杂的时空结构状况。

所有这些,说明,文化再生产场域的时空结构具有明显的特殊性,是我们分析文化场域特殊运作逻辑的基础。

如同其他场域一样,文化再生产场域的时空结构,是再生产活动发生和存在的基本条件。正因为文化再生产场域具有特殊的时空结构,使它的象征性结构的形成和运作,也带有特殊的性质。

文化场域的时空结构,在文化再生产过程中,可以不断采取层次化、重叠化、增殖化、虚无化、潜在化、历史化、想象化、象征化、纯粹化和现实化等的变换形态。文化场域时空结构的变换形态的特殊性,决定于文化再生产的许多内外特征,特别是决定于文化再生产的意义的双重结构,并特别决定于文化再生产的象征性结构。

布迪厄认为,文化中的文学和艺术形式,其表达和存在所采取的象征性符号系统,不但有完全不同于一般社会场域符号系统的特征,而且,还遵循着其特殊的运作逻辑。文学和艺术中的象征性符号系统,是在文学和艺术场域中,经历史延续和精神创作自律性的反复铸造和磨炼,采取非常特殊的形式而存在的。

布迪厄认为,文化再生产场域的特殊时空结构,首先决定了文化再生产活动采取特殊的密码化和译码化程序,并以此决定了在其中活动的文化人的心态结构的特殊性,也决定了文化场域的斗争过程同艺术家的个人特质和个人才能有密切关系。布迪厄指出,文化再生产场域中各种象征性符号的密码化程序,就是艺术家个人特质和个人才能同整个文化场域的运作逻辑之间的默许和默认所达成的协议。在这里,显示出文化再生产场域同一般社会场域之间的巨大差异。只有在文化再生产场域经历长期活动经验之后,才有可能理解和参与文化再生产场域的密码化程序。而且,这种密码化程序,往往也以无形的形式,不知不觉地对整个文学和艺术场域发生作用,就连在其中从事创作活动的文学家和艺术家,也不一定清醒地意识到密码化的程序的奥秘。文学和艺术场域的运作逻辑，正因为这样，具有明显的自律性。它是根据人们参与和经历文化再生产场域的程度，根据文学家和艺术家的特殊个人才能和天资，决定他们创作、欣赏和诠释文化艺术产品的能力，并同时决定他们能以多大的程度累积和获得那些表示他们的声誉的象征资本总量，决定他们所占据的公认地位。由于文化再生产场域的特殊性，也使得在其中的斗争的胜负程度，在很大程度上，要靠个人特质的质量，靠艺术家的个人天赋，靠艺术家个人在这个场域中所采取的策略，还要靠他们在艺术圈中的威望和声誉。一般说来，文化再生产场域中的艺术家个人地位，是可以通过其作品的价值和社会效果来衡量的。但文化产品的价值和社会效果，并不是像一般产品那样，可以靠算得出来的劳动付出的数量和质量，而是靠许多象征性的形式，靠密码化的特殊程序。所以，文化再生产场域的权力斗争及其正当化程序，同一般场域始终保持一定的距离，并以曲折的形式同一般的权力场域区分开来。

三、权力的象征性

（一）以文化再生产为主轴的象征性实践

文化再生产活动既然构成整个现代社会各种实际活动的基本形态，文化再生产活动本身的象征性特征，也就贯穿于所有的社会实际活动中，使当代社会的实际活动，无论发生在任何场域，特别是在政治场域中，都明显地带有象征性的特质和结构。为了分析和揭示当代社会实际活动的这种象征性，布迪厄创立了与传统社会学理论不同的范畴和基本概念。

在布迪厄政治哲学理论的最成熟著作《论区分》一书中，关于"生存心态"（habitus）、社会制约性条件（des conditionnements sociaux）和社会场域（des champs sociaux）的概念，构成了布迪厄象征性反思人类学和社会学的相互联结的三大范畴。具有象征性结构的文化实践，也就成为现代社会各个阶级及其成员的"生存心态"、社会制约性条件及社会场域本身的象征性结构及其相互同构型(Interhomologies)的基础和前提条件,构成它们不间断地运作并始终遵循着象征结构运作逻辑的动力学根源。

在《论实践的意义》一书中,布迪厄将他在《论区分》一书中对于文化实践的分析研究成果,进一步提升到一般的实践理论(une théorie générale de la pratique)的高度,把象征性实践看做是人类一般性实践的基本形式,并以此为基础,建构起他的系统的反思型象征论社会学。这就是说,从抽象的和一般性的角度来看,由社会结构和心态结构双重性同质系统相互交结而成的社会整体,乃是由生活和行动于其中的行动者所从事的象征性实践所创造出来和运作起来的。社会的双重性同质结构及其同步运作逻辑,是同行动者的实践活动的双重性象征结构相对应并相互关联的。这样一来,人类象征性实践的双重结构,不但产生和更新着社会的双重同质结构,同时,也决定着社会的双重生命及其不断更新的运作逻辑。从具体的角度分析,具有双重结构和双重生命的社会,同具体行动者的实践关系是极其复杂的;而这种复杂性,又由于社会双重生命同行动者实践行为的象征性双重结构而更加被覆盖上层层纱幕;甚至可以说,当社会学家具体地分析和揭示社会和行动的复杂奥秘时,免不了将陷入假象或"幻象"之中,以致使任何旨在揭示社会和行动真相的真正社会学,都势必采取"反思"的形态。

如前所述,当社会学家深入分析具有双重结构和双重生命的"社会"及其同行动者的行为的相互关系时,必须进一步将抽象的和一般的社会空间(l'espace social),具体地分割成一个一个相互区分开来的"社会场域"(des champs sociaux);因为正是在不同的社会场域中,具有双重结构的"社会",才同各个进行具体活动的"行动者"发生活生生的关系,从而使二者进入由"象征性实践"所驱动起来的复杂互动网络之中,使社会和行动者都同时实现其双重生命的运作和更新。在布迪厄的象征论人类学和社会学中,人类实践的象征性结构及其象征性运作过程,使得在社会活动着的各个阶层的个人的"生存心态"和精神活动,同客观的社会制约性条件、行动者实践活动所创造的社会场域三大方面交结在一起,扭成不可分割、相互影响、相互转化的活生生的社会历史过程,成为个人和社会两方面的物质性和精神性双重生命的真正动力根源。

所以,由社会结构和心态结构所组成的社会,抽象地说,就是不断地进行着象征性实践的行动者生活于其中的社会空间(l'espace sociale);具体地说,由特定的社会关系网而确定其具体社会地位的行为者,都是在一定的"社会场域"中生活和行动着,都是在一定的"社会制约性条件"的客观社会环境和状态中,凭借各个行为者的特定"生存心态",不断地同时创造和建构其自身的独特特征和他在其中生活的社会的性质。因此,要更深入和更具体地了解社会空间中的社会结构和心态结构的相互同质同步的互动交错关系,要进一步了解作为行动者的个人或群体在交错的社会结构和心态结构之双重运作中的实践逻辑(la logique pratique),就必须具体地结合特定社会空间中的社会结构和心态结构的特征,即把行动者的个人或群体在特定历史环境下的实践所面临的客观社会制约性条件、所寓于其中的社会场域及行动者自身的特殊"生存心态",加以通盘地考虑和分析,并在此基础上,再去考察在上述特定社会制约性条件、社会场域和"生存心态"所构成的社会结构和心态结构,又是如何导致象征性实践之历史性运作。

由此可见,文化再生产活动的象征性,不但使整个社会实际活动带有象征性的双重结构,而且,也使整个社会实际活动及其与具体文化活动的关系,形成为一种极其复杂的相互交结、穿插、渗透、转化和制约的循环网络,使其中的任何一个环节,都离不开整体结构及其各个组成部分。

(二)象征与象征性

当代社会文化再生产活动的象征性实践性质,具有类似于象征(symbol)的双重结构,但与一般所说的"象征"完全不同。因此,不能把布迪厄所说的"象征性"同一般所说的"象征"相混淆。简单地说,"象征"只是一个名词,至多也是这个名词所意指和代表的那个对象事物。但"象征性"却不仅表现着一整套和一系列的复杂关系网络,而且,还意味着活生生的运作性的动态和趋势,包含着复杂的层次性、过程性、变动性、含蓄性、可能性、潜在性和不可描述性。象征性所要表达的,是文化再生产活动的生命力及其历史运作过程,同时也是文化再生产活动的创造者的生生不息的双重生命历程。布迪厄以"象征性"表示当代社会高度复杂性,同时也以"象征性"表示研究当代社会的政治哲学理论的反思性。

有关文化的象征理论,并不是布迪厄的独创。在他以前,就已经存在着有关文化的各种象征理论。特纳(V.Turner)就认为,象征在社会发展过程中扮演了社会转换机制的功能,因此,他集中研究了仪式的性质和构成过程。道格拉斯(Mary Douglas)也认为,从日常生活的观点来看,文化无非就是由仪式和行为模式等一系列日常性象征(肮脏事物、食物、身体、言说等)所构成的。她很早就亲自到过比利时原殖民地的刚果,对当地原住民宗教仪式中的动物象征的意义进行了深入调查和研究。后来,她发表了一系列论述象征的文化理论著作:《利里族宗教象征论中的动物》(*Animals in Lele Religious Symbolism*,1957)、《卡塞的利里族》(*The Lele of the Kasai*,1963)、《纯洁和危险》(*Purity and Danger:An Analysis of the Concepts of Pollution and Taboo*,1966)、《自然象征:宇宙论中的探索》(*Natural Symbols:Explorations in Cosmology*,1970)、《隐含的意义》(*Implicit Meanings:Essays in Anthropology*,1978)、《文化偏向》(*Cultural Bias*,1978)、《活跃的话音中的隐含因素》(*In the Active Voice*,1982)、《现代化对于宗教变迁的效果》(*The Effects of Modernization on Religious Change*,1982)、《财物的世界:消费人类学探索》(*The World of Goods:Towards an Anthropology of Consumption*,with I.Baron,1979)和《冒险与文化》(*Risk and Culture:An Essay on the Selection of technological and environmental Dangers*,1982)等。道格拉斯在其著作中,始终将仪式和象征当成社会关系的生产和再生产的核心因素。她尤其重视语言密码在揭示社会象征中的重要意义。此外,瓦格纳(Roy Wagner)也很重视象征在文化建构中的意义。他认为,文化就是人类学相互遭遇的产物(culture was the product of anthropological encounters),也就是说,是用来响应研究环境中各种复杂互动的人类学诠释的理论建构。[1] 文化本身的各种约定

---

① See Wagner,R.1974.

（convention）和创新（invention）的相互界定过程，是同人类学研究的象征化中约定和区分两个互补性过程相类似。

一切"象征"，都包含着双重意义的结构：第一层面的意义和第二层面的意义；而每个层面的意义本身，又包含隶属于其自身的新的双重意义。这就是说，象征的双重意义中又包含多层次的双重意义。象征的多层次的双重意义结构，一方面表现出它的可伸缩的模糊性、隐含性、不确定性、混沌性、多义性及歧义性，另一方面又在特定的脉络和处境中，表现出它明确的针对性、一义性和稳定性，不仅使象征的意义结构具有无限模拟、转化的可能维度和领域，而且，也使象征的意义结构本身赋有永不僵化的运动动力和生命，具有可被想象的无限可能性，也具有潜在的再生和更新能力。象征的双重意义结构，是象征本身的本质特性所决定的，同时，也是象征同"人"作为其创造者和运用者的无限自我超越的创造力相连贯。

所以，首先，象征本身的本质特性，就在于：它不仅指示某物，而且也由于它替代某物而表现了某物。布迪厄在研究原始宗教礼仪实践时，尤其清楚地分析了象征的上述本质性双重意义结构。布迪厄说："人们因此可以将一切类型的双重意义，特别是经常出现在宗教论谈中的'双重意义'，归类于'委婉表达'的模式之中……这些宗教论谈在不断地灵活运用中，以不命名的形式去命名那些不可命名的事物；同时，这种双重意义也特别经常表现在各种讽喻形式中，因为各种讽喻采用陈述的方式，在否认特定陈述命题的同时，产生一种双重意义和双重游戏的效果，由此而避开某一场域的审核。"①象征之替代及再现某物之功能，使不在场的某物直接地成为"在场"的。正是因为这样，才使原始宗教活动中的各种象征性图腾和各种信物，受到与其所象征的事物同样的尊敬。例如，在各个部落中的图腾、旗帜、制服、十字架等象征，都明显地替代着人们所尊敬和威慑的事物，并使这些被替代的可敬事物从不可见或不可感知的超自然界的彼岸而直接地和瞬时地存在于象征中，呈现在人们面前。

---

① Wagner，R.1974：17.

　　其实,任何象征都是一方面意指某物,另一方面又代替某物。象征是由相互关系网络所构成的各个组成因素互动的产物。象征所表示的,是复杂的关系及其各个方面的因素的意义。正如伽达默尔所说,信号或符号只是指示某物,但象征却既指示某物,又代替某物。① 显然,当人们静止地对比"信号"和"符号"与"象征"的差异时,人们所注意的,只是"象征"的上述双重性质。然而,布迪厄所强调的"象征性",并不是一般的象征,而是意指那些伴随着语言社会应用而进行的各种人类实际活动的动态性双重结构及其复杂的社会后果。布迪厄所说的"象征性",首先强调当代社会与生活于其中的人的高度文化性,特别强调其中带策略性运作性质的语言论述的决定性意义。它同时包含着极其复杂的"密码化"(codification)过程和"译码化"(décodification)过程,也包含着复杂的权力分配和再分配过程,包含着社会结构和社会位置网络的再生产和重构过程。所以,"象征性"所要表达的,是当代社会和行动者的双重结构及其复杂的运作逻辑。布迪厄通过"象征性"概念,试图揭示当代社会复杂双重结构及其运作的层层"密码"掩饰策略,呈现它的现实性和可能性的双重面貌,含蓄地指谓它在时间和空间方面的"过去"、"现在"和"未来"之间的共时交错关系,透视它的多向、多元和多维度的结构及其趋势动向。因此,严格地说,"象征性"所要表示的,是普通语言所能意指和不能意指的一切。换句话说,"象征性"既表达语言论述所意指的,也表达语言论述所不能意指的;既表达已经被意指的,也表达已经被意指的层面背后的可能性意义网络。所以,布迪厄一再地强调:"象征性"所要表达的,正是语言论述和实际结构的区分;这种区分是任何语言论述所不能精确地表达的。这就意味着:在布迪厄的理论中所使用和表达的概念和语词,都是"话中有话",都具有双重阅读和双重理解的结构,都要求进行反复的反思。布迪厄为此反复强调:他所使用的任何概念,特别是有关实际活动的复杂性的逻辑描述,都只能含有象征性的意义,绝不能将他在字面上所描述的一切,与社会实际状况等同起来。他说,"纸上"的行动逻辑,不

---

　　① See Gadamer,H.G.1986.

同于实际的行动逻辑；"纸上"的阶级分析,不同于实际的阶级状况。如此一来,布迪厄通过"象征性",将他的理论和方法同一切本质论(substantialisme)和化约(réductionisme)论区分开来。

(三)象征性与中介性

象征性所表达的复杂关系活动,要靠中介因素来调整,也要靠中介来更新。没有中介就没有象征性本身。因此,实际活动的象征性意味着它的中介性。

那么,什么是中介？它在象征性中的关键意义究竟是如何展现出来的？

为了理解中介的因素在象征性中的关键意义,我们仍然以人类文化实际活动作为集中观察的场域。实际上,一切人类实际活动,都是文化活动,都是以中介性的文化作为基本标志。

人类的实践在本质上就是中介化的活动,这是因为人的实践都是(1)在人的行动意识的指导下(2)采用一定的工具等实践手段以及(3)使用语言等沟通信号所进行的活动。因此,行动意识、活动工具和语言等沟通符号,不仅它们本身就是一系列靠中介结构所构成的象征物,而且,它们也成为了人的实践活动的最基本的中介性因素,成为了作为主体的人同作为实践对象的客体之间的中间环节,而且,这些中介性因素也始终贯穿于人类活动之中,渗透并凝固在活动的产物中,使它们又成为了现实的活动与"不在场"的历史活动和未来活动的连接环节。这就是人类实践活动同其他一切动物活动相区别的根本标志。随着人类社会和文化的发展,人类在实践活动中所采用的中介性手段也变得越来越复杂,采取越来越多的层次化和区分化的新结构,使这些人类实践的中介性因素,不断地把作为主体的人同作为对象的客体,拉开距离,不但层层隔绝,而且还层层掩饰,呈现出不断更新和不断分化的中介性层次化象征性结构。

人类实践的这些中介性因素本身,虽然包含着客观的构成因素,但基本上是人类在不断实践中的自我创造的物质产品和精神产品。所以,实践的中介性环节在本质上就是人的创造物,也同时就是人类的实践本身的产品。这样一来,人类实践需要在具备不断完善化的中介性因素条件下来进行;同时,随着实践的发展,实践本身所需要的中介性因素,也作为实践的产品而不断丰富和复杂化。实践及其中介性因素之间,不仅存在着不可分割的相互依存的关系,而且还存在着相互构成相互推进的循环地不断再生产不断更新的关系。

人的实践的中介性,不仅使人的实践本身由此而复杂化,而且也使人的实践有可能在中介化中不断自我更新。人类的象征性实践的中介性,为实践中的主观和客观因素的相互渗透和相互转化提供了广阔的可能性。重要的问题正是在于:象征性实践的中介性,不但为实践中的主观和客观因素之间相互渗透和相互转化提供了更曲折、更有伸缩性因而也更灵活的时空条件,而且也同时提供了一种优越的超时空条件。因此,象征性实践的中介性,也成为象征性实践本身的自我调整、自我更新和自我再生产的基本动力和基本条件。

在布迪厄看来,社会是在人的象征性实践中建构起来并不断地"再生产"(reproduction)出来的。人的象征性实践不断地创造和更新着人类生活于其中的社会世界,也决定着社会世界的双重性同质结构,即"社会结构"和"心态结构";与此同时,人的象征性实践也建构出和决定着政治行动者的"生存心态",使政治行动者在一种同整个社会双重结构(即社会结构和心态结构)相协调的特定心态中,采取和贯彻具有相应双重性象征结构的行为,以便反转过来维持和再生产出有利于巩固和更新具同类象征结构的行为模式的社会世界。显而易见,象征性实践乃是社会同行动者的行为之间相互地复杂交错而关联成不可分割的同一生命体的"中介性因素"。

(四)实际活动的象征性意义

作为一位社会学家,布迪厄在观察当代社会时,充分地注意到人们所开展的各种实际活动,无论就其种类、内容、方式、表现形式、功能、运作过程及其基本性质等方面,都已经发生重大的变化。

如前所述,布迪厄反复强调文化再生产活动在当代社会中的决定性地位,而且也指出了布迪厄关于文化再生产的象征性特质及结构。为此,必须深入分析文化再生产活动本身的象征性意义及其微观结构。

在 1985 年四月同德国社会学家霍内斯(Axel Honneth)等人举行的座谈会上,布迪厄曾明确地指出:在 1965 年至 1975 年期间,他在阿尔及利亚所开展的民族学、人类学和社会学的研究工作,直接为 1979 年发表的《论区分》(*La Distinction*)和 1980 年发表的《论实践的意义》(*Le sens pratique*)这两本"相互补充的书"做了准备;而这两本书"乃是整个这一时期的研究总结"。如果说,从 1958 年发表第一本著作《阿尔及利亚社会学》起,布迪厄便开始酝酿一种独特的社会学理论和方法的话,那么,历经 20 年的研究和反思,到 20 世纪 70 年代末准备发表他的《论区分》和《论实践的意义》的时候,布迪厄已经基本上完成了他的反思型"象征形式社会学"的系统建构。布迪厄的这种反思型象征形式社会学的基本特征,便是要超越和克服传统社会学的主观主义与客观主义的对立化或两极化,以"象征性"(symbolique)这种人类特有的实践功能和性质,去揭示人类象征性实践活动所产生和维持的一切社会现象的基本结构及其运作的动力学原则(la sturcture sociale et la dynamique sociale)。因此,"象征性实践"这个概念,构成了布迪厄在 1979 年和 1980 年所发表的上述两本重要著作的基本范畴,也同样成为了布迪厄的反思型象征形式社会学的中心概念。

布迪厄认为,在当代社会中,任何行动者的实际活动,都离不开文化的象征性因素的介入。文化的象征性因素已经渗透到当代社会的所有领域,并无时无刻地参与到社会运作的各个环节,远远地超越了传统文化领域而深深地影响着政治、经济、社会生活和个人日常生活的领域,成为整个社会有机生命体的基础力量。因此,人的实际活动的象征性意义就变得更加突出。象征性实践就是具有肉体和精神双重生命、过着社会文化生活的"人"所特有的社会活动。他的"象征性实践"概念的创造性及其崭新内容,正是在于活灵活现地处理政治行动中各个行动施动者(des agents)的内心活动与外在实际表现、主观与客观因素以及行为角色与社会结构的相互复杂关联。在布迪厄的反思型象征论社会学中,象征性实践既是建构成"社会世界"的"社会结构"（la structure sociale）和"心态结构"（la structure mentale）的产生和存在的基础，又是它们两者获得不断重建和更新，并进行同步同质双向互动复杂运作的动力来源。

这里所说的"实践"，并不等于马克思所常用的"实践"（praxis），而是指人的"实际活动"（la pratique）。布迪厄在同霍内斯等人谈话时曾经强调："我要向你们指出，我从来没有用过'实践'（praxis）这个概念，因为这个概念，至少在法语中，多多少少带有一点理论上的夸大性说法，甚至有相当多成分的悖论性，而且常用这个词去赞赏某些马克思主义、青年马克思、法兰克福学派和南斯拉夫的马克思主义等。我只是说'实际活动'（pratique）。"①这就是说，布迪厄所使用的"实际活动"这个词，指的是人类一般性活动，其中包括生产劳动、经济交换、政治、文化和大量的日常生活活动。作为一个理论范畴，我们翻译成中文时也可用"实践"来表达，但这不是马克思理论中所使用的那种"实践"；而是同布迪厄的政治哲学理论所特有的基本范畴，同他所使用的"生存心态"（habitus）、"策略"（stratégie）和"场域"（champs）等其他旨在建构新的"建构的结构主义"的政治哲学理论基本概念紧密相联。

布迪厄试图使用象征性实践概念，凸显他的政治哲学理论与传统政治哲学理论的差异。象征性实践不是以主体和客体的区分为基础，也不是行动者主体的行为表现总和。象征性实践所突出的是人类实际活动特征，主要表现在实际活动同语言社会运用的密切关系，表现在实际活动中贯穿着由人类精神心态所创造的各种象征性符号和意义系统。因此，象征性实践的提出和运用，表现人类行动同行动者精神心态和文化活动之间相互渗透的关系。同时，象征性实践又同整个人类社会和文化生活本身的象征性特征密切相关，也同政治哲学理论研究的象征性特征密切相关。最后，象征性实践概念充分体现了布迪厄"关系性"基本方法论的特征，它可以说就是布迪厄贯彻"关系性"方法论的产物。

---

① Bourdieu, P.1987:33.

（五）象征性实践概念的复杂性及其局限性

通过对于布迪厄的象征性实践这个基本概念及其逻辑结构的集中分析，可以概括出以下六点。

（1）布迪厄的象征性反思社会学是在分析双重性的社会结构和心态结构的同质同步而又相反相成的复杂交错关系中，深入揭示贯穿于其中的人类实践的动力学原则及其象征性结构。象征性实践不仅成为社会结构和心态结构的双重性生命及其象征性运作逻辑的基础，也是构成其不断更新和再生产的基本动力。因此，关于象征性实践的一般性理论成为了布迪厄社会学的核心组成部分。

（2）象征性实践是贯穿社会结构和心态结构始终的活动，一方面显示出作为政治行动者的人在主观与客观等内外多维度领域内的主动创造地位，另一方面也表现出历史地复杂变动着的社会物质精神条件对于行动者的既主动，又被动的双重互动作用。正是在深入分析行动者及其象征性实践同社会结构和心态结构的活生生关系中，布迪厄提出了关于"生存心态"、"场域"和"社会制约性条件"等重要范畴，使其关于象征性实践的一般理论有可能超越和克服传统社会学理论所面临的许多难题，诸如"个体行动者与社会结构"的矛盾及对于社会进行宏观和微观分析的相互关系问题。

（3）通过对宗教礼仪、劳动、生活习俗、艺术、经济交换、语言应用、教育和权力运作及其正当化的象征化结构和象征性运作模式的深入探讨，布迪厄一方面总结和发展自列维·布吕尔、涂尔干，中经毛斯、范纪内（Arnold Van Gennep，1873-1957），至李维·史陀等人的法国社会人类学象征论研究传统，另一方面也注意到索绪尔、本维尼斯等法国语言学家研究语言和言语使用的重要观点，注意到结构主义和后结构主义思想对语言"论谈"（le discours）及其社会政治控制功能的最新论述，将维特根斯坦的语言游戏理论更具体化地运用到人的政治行动和社会生活领域，从而使布迪厄有可能以语言使用社会市场中"双重意义象征性结构及运作"，作为象征性实践基本模式，解构各个社会场域的游戏式阶级分化、争斗、权力正当化及其不断再生产和更新的逻辑。

（4）近几年来,在人类学、民族学和社会学领域内,出现了越来越多的学者,试图深入研究人类文化和社会行为中的象征性结构及其意义。尼达姆（R. Needham, 1923—　）、荷尔顿（R. Horton）及波哈南（P. Bohannan）等人曾从不同角度比较分析伊凡·普里查（Edward Evans-Pritchard, 1902—1973）和列维·布吕尔在象征论研究中的历史贡献①,布里安·莫里斯（Brian Morris）则更为系统地比较论述了在宗教问题人类学研究中的象征论传统。② 值得指出的是,德国社会学家诺伯特·埃里亚斯（Norbert Elias, 1897—1990）在其生前曾致力于研究"生存心态"和象征理论③并取得了显著成果,无疑给布迪厄带来了深刻的启示。布迪厄一方面总结以往学者的象征论研究成果,另一方面又尖锐地批评了涂尔干、列维·布吕尔、卡西勒（Ernst Cassirer, 1874—1945）、艾里亚特（Mircea Eliade, 1907—1986）、雷蒙·弗兹（Raymond William Firth, 1901—　）、艾德蒙·李区（R.Edmund Leach, 1910—1989）、葛兹（Clifford Geertz, 1926—　）、特纳（Victor W. Turner, 1920—1983）及玛丽·道格拉斯（Mary Douglas）等人的文化主义象征论观点,强调他们尽管遵循不同的路线和方法,但都不同程度地局限于不同文化领域（诸如原始人的宗教信仰、礼仪、习俗、权力交换等）,以及部分的社会活动和社会文化产品,都没有提升到一般的象征性实践的高度,因而也都没有深入揭示贯穿于整个人类社会和人类社会行为网与各个场域的言语象征性交换的双重意义结构及其动力学原则,尤其没有能够针对现代社会更为复杂的象征性结构,揭示操纵着社会结构和心态结构再生产的象征性权力的运作逻辑。

（5）布迪厄的象征论反思社会学注意到现代社会结构及实践活动的更为复杂的象征性运作逻辑,近年来更深入地探讨了现代社会中的艺术、

---

① See Needham, R. 1972: 159–175; Horton, R./Finnegan, R. 1973: 250–258; Bohannan, P. 1969: 71.

② See Morris, B. 1993: 218–246.

③ See Elias, N. 1976[1939]; 1992.

教育和权力正当化等三大论题①,有助于社会学家和人类学家深入了解当代社会的基本问题,也有助于重建与当代社会相适应的新的政治哲学理论和关于"人"的理论。

(6)布迪厄的"象征性实践"的理论,建立在社会学、哲学、语言学、人类学、美学及其他人文科学的整合性观察的基础上,为我们面对现代社会的复杂变迁的社会学重建工程的开展,提供了极为有益的启示。

(六)场域的象征性

当代社会的权力运作及其再分配原则,已经完全不同于古典资本主义社会。权力及其正当化,主要是靠文化象征性运作以及语言象征性权力的功能来完成的。因此,探讨当代社会权力及其正当化过程和程序,必须深入分析社会场域中文化因素的渗透和语言竞争市场中象征性权力运作的过程。

关于场域中指导着行动和权力斗争的上述复杂的利益原则,越是在充满着象征性结构的现代社会中,越采取复杂的掩饰性的"无关利益"的象征形式。相对于古代社会,现代社会中起作用的利益原则,作为各种场域的运作基本逻辑,总是采用较为复杂的象征形式,特别是采取某种向文化转化的无关利益的形式。而在现代社会中,越是远离经济领域和政治领域,越是在被人们称为"高尚"和"神圣"的文化再生产的场域中,例如在艺术的场域和文学的场域中,指导着场域的运作的基本原则,就越采取最无关利益的形式。

在谈到那些与场域的实际运作密切相关的"利益"概念的时候,布迪厄直截了当地说:"为什么在某种意义上说,利益这个词是如此成为我们的中心旨趣呢? 为什么对于所有的行动者来说,当他们行动的时候,都不可避免地要提出利益的问题,而探讨利益的问题又是如此重要呢? 实际上,利益的概念,对我来说,就是与某种把人类行动神秘化的魔术性观点进行决裂的一种工具(un instrument de rupture avec une vision enchantée,

---

① See Bourdieu,P.1989;1992a.

et mystificatrice,des conduites humaines)。"①

显然,布迪厄在论述场域的性质及其运作逻辑时所强调使用的利益原则,不仅具有直接的实际意义,对于真正揭示实际生活中的场域性质具有直接的指导意义,而且,还具有认识论和方法论改造的重要意义,首先是对于传统政治哲学理论和传统社会学将各种利益原则"魔咒化"以及将利益原则简单地归结为功利主义公式的各种做法,具有深刻的批判和改造的意义。同时,在布迪厄上述的利益原则中,还包含着对于传统理性主义和经验主义的行动逻辑原则的批判。实际上,只有强调利益原则贯穿于场域运作的始终,只有强调这些利益原则同所谓"无关利益的利益原则"之间进行相互转化的可能性和复杂性,才能够揭示社会场域的真正运作逻辑,才能够以尽可能接近真实面貌的描述和分析途径去说明场域的实际运作逻辑,才能缩短被说明的场域运作逻辑同实际的运作逻辑之间的差距。

即使是在承认人类行动一般地具有理性化的特征时,也必须看到理性化本身,并不是永远采取理性化的形式;在布迪厄看来,理性化的人类行动,越是采取与理性化相反的曲折形式,其理性化的程度就越高;反之,越采取表面的非理性的形式,越可以达到单纯理性化可能达不到的目的。这就是说,在各种场域中的行动运作逻辑,绝不能用传统政治哲学理论所总结的理性主义原则,绝不能单纯以理性化而化约所有的行动原则。当代社会的实际社会场域的运作过程,生动地表现了这样一种逻辑:场域中的行动越是理性化,越采取非理性化的途径和形式,越隐含着非理性的,甚至反理性的形式;而合理化行动所采用的上述悖论形式,不但没有减轻其理性化的程度,反而进一步加强了其合理性,并使这些理性行动达成实际效益;同时,当代理性化的上述复杂形式,也表明当代理性化的象征化特征。

布迪厄在谈到上述利益概念的时候,还进一步使用"幻觉"(illusio)、"投资"(investissement)和"本能冲动"(libido)等概念,以便更深刻地说

---

① Bourdieu,P.1994:149.

明场域中的行动的复杂性和游戏性。

"幻觉"来自拉丁文 illusio,源自"游戏"一词。在古拉丁文那里,这个词隐含着"引导产生错觉并玩弄策略"以达到使用计谋的目的。因此,严格地说,上述"幻觉"一词,从一开始就隐含着三重相互关联的意义,也只有同这三重意义相关联的情况下,才能较为准确地把握它所要表达的意涵。第一重意义涉及"错误";只有把幻觉同错误相比较,才能把握两者的区别:错误往往是由于脱离真理的范围而产生的,而且,错误往往可以通过某一种有效的方法进行纠正;至于幻觉,从本质上来说,是无法避免的,同时又无法从根本上纠正过来,因为幻觉本身就是对于一切试图消除错误的知觉活动和理性活动的对抗。第二重意义涉及"偏见"或"先入之见":如果说偏见和先入之见具有某种"先天观点"的意涵,同时进行认知活动的主体也自认为有理由接受它,那么幻觉是直接地和不可抗拒地为主体所接受,哪怕是主体采用批判的方式也无法拒绝。第三重意义关系到心理和生理活动中的幻象:如果说生理和心理的幻象并非由客观对象所引起的一种感觉的话,那么幻觉并不是由某种客观的对象所引起,而是一种主观感觉。所以,幻觉一方面区别于错误、偏见和幻象,但同时又兼有了三者的某些重要特性,使幻觉具有正确和错误、精确和含糊的共性,因此又使幻觉有可能游荡于正确和错误、精确和含糊之间,成为了超越正确和错误、精确和含糊的更高层次的感知模式。

这种幻觉式的知觉,实际上就是人类陷入游戏活动时的那种精神状态。荷兰人类学家胡依金克(Johan Huizinga,1872—1945)在其《游戏的人》(Homo ludens.1938)一书中曾深刻指出:幻觉意味着游戏者进入游戏,被游戏所包围因而使自己投入到游戏之中;也意味着游戏者具有严肃的游戏精神。[①] 所以,只有使用"幻觉"这个概念,才能正确表达投入游戏中的游戏者所具备的那种精神状态。在游戏中的游戏者,就其严肃地投入游戏活动而言,他具有严肃的认真精神,全力以赴地陷入游戏活动之中,把游戏当做自身的最高乐趣,并以自身融化在游戏之中而快乐;但就游戏

---

① See Huizinga,J.1938.

者被卷入游戏之中而言,游戏者完全听任游戏活动的摆布,陷入一种陶醉的无意识状态,通过不计较运动中的各种明确界限而达到尽可能符合游戏的规则的程度。

通过同"幻觉"概念的比较,布迪厄明确地指出:"实际上,利益这个词,就其第一层含义来说,恰正意味着我用'幻觉'概念所表达的那些精神,也就是造成同某种重要的社会游戏相协调的状况;而这些游戏对于那些参与其中的行动者来说,是非常重要的。所以,利益,就是陷入游戏中,参与并采取对于游戏者来说是值得去游戏的那种游戏,而且,利益还意味着;通过游戏和在游戏中的活动所生成的游戏策略也是值得继续进行下去,也就是说,利益就是对于游戏和在游戏中的赌注性计谋的确认。"①

所有的社会场域,不管是科学场域、艺术场域、官僚场域或政治场域等等,都具有这样一种特性和力量,它能使参与到场域中去的所有的行动者,都不得不同场域本身保持某种"幻觉"的状态。② 这样一来,所有的场域都表现出某种力的关系网络,而这些关系网络又具有某种客观的强制性的吸引力和摆布能力,不但迫使与之相关的行动者抱着"幻觉"的态度而陷入其中,而且也能使这些行动者在其中不断地将其自身的资本投资出去,并在场域的运作中,一方面使资本不断被消耗,另一方面又在消耗中不断更新。当然,陷入游戏的行动者,在各个场域中,也可以具有改造原有场域力量结构和力量相互关系网络的能力和可能性,但是,他们的这种能力和可能性本身也不能逃脱整个场域的力量对立关系的牵制。在这里,我们可以看出,陷入各个场域的游戏者和行动者,他们一方面有主动性,并且往往依据其本身的资本而发挥不同程度的主动性,可以在改变场域的力量结构中起着各种不同的积极作用。但是,另一方面,他们的任何一种主动行为又必须以承认或默认场域的客观游戏规则作为前提。

因此,在布迪厄看来,任何行动者,包括研究社会的社会学家在内,他们所面对的场域,往往是采取三种不同的存在形式和表达方式;而三者之

---

① Bourdieu,P.1994:151.

② See Bourdieu,P.1992a.

间,既相区别又相混合。他所说的三种不同的场域,指的是:(1)实际存在的场域,这是由现实的社会生活所构成的。因此,在这种类型的实际存在的场域中,各个组成因素及其相互关系都是实际的物和实际的无形精神因素。(2)是行动者和社会学家所看到和观察到的那些实际场域。这种场域尽管也是实际存在的,但它和第一种实际存在的场域有所不同。第一种场域,是未经行动者和社会学家的感官所感知,因而未被这些感知所改造或修正。第二种场域,严格地说,并不是客观地实际存在的场域,而是行动者和社会学家感知和观察的结果,是在他们的感知器官或感知活动中所感受到的场域。(3)是行动者和社会学家用语言或概念所表述的那种场域,是以人所独有的语言和概念等象征性形式所表达的场域结构。显然,第三种场域不但不同于第一种和第二种,而且更有可能依据语言和概念的象征结构的特征,而变得远离第一种和第二种的场域。

正因为这样,布迪厄每当论述场域的性质和结构的时候,往往都是针对着他所观察和分析的那些实际存在的场域;而且,当他以语言论述的形式表达他所直接观察到的场域的时候,他又要求读者对于他所论述的场域性质进行必要的反思。

为此,布迪厄要求他的读者对于其场域论述进行一种"关系性的"(relationnelle)、"结构性的"(structurale)和"生成性的"(générative)阅读方式。布迪厄指出:"实际本身就是关系性的"。① 他所提出的上述阅读方式,是为了同传统的"实质主义的"阅读方式(lecture "substantialiste")相对立的。

在上述的三种阅读方式中,最重要的是"关系性的"和"生成性的"。所谓关系性的,实际上也是包含三种类型的关系性及其各种变种。第一类的关系性,指的是人们所观察和论述的各种实际场域同与之相关的其他场域之间的相互关系。在布迪厄看来,人们固然可以选择自己所考察的特定场域对象,但是,在实际的社会空间中,这些作为对象的特定场域,它的存在并不是有明确的边界和界限。被观察和研究的场域,它的边界

----

① Bourdieu,P.1994:17.

线是观察者从其观察的角度和目的所确定的。实际的场域,始终是以混乱和相互交错的关系而存在。正如自然科学家所考察的特定对象是由科学家本人依据其考察需求和标准而确定一样,社会科学家所研究的社会现象和社会事实,也是靠社会科学家的研究要求和标准而确定其范围,并依据一定的分类方法而加以分类。实际存在的社会现象和社会生活,都是杂乱无章地客观地存在。因此,布迪厄指出任何场域的性质及其边界,实际上都是社会科学家依据其主观的研究要求而确定的。在这种情况下,作为研究对象的各个特定场域,即使是在确定下来而同其他的场域相区别,其实际存在方式仍然不免同其他的场域有密切的交错关系。所以,关系性的阅读方式要求把作为对象的实际场域,同其他邻近的或交叉的场域相关联起来,避免孤立地和僵化地进行研究。例如,当社会科学家研究某一个特定的文学场域的时候,研究者是为了研究文学的特性而特地将某一个实际存在的社会关系网界定为一个研究对象;但这种被界定的文学场域,在实际上又离不开与之相交的权力场域、经济场域和教育场域等。所以,在阅读被研究的特定文学场域的时候,除了注意到文学场域自身所特有的特殊结构和运作逻辑以外,还要充分考虑到它同其他场域之间的密切关系以及其他场域的存在的影响。

第二类的关系性,指的是实际存在的场域同语言表达出来的场域之间的相互关系。这种关系性的阅读方式本身,并不可能靠任何语言表达和描述就可以正确地加以说明,更不用说在实际的分析中加以运用。这关系到语言在描述和分析以及概括过程中对于任何语言对象的修正。传统的西方理论论述和表达方式以及与之相应的思考模式,从古希腊的苏格拉底和柏拉图以来,就始终存在着对于语言表达的准确度及其真理性的盲目崇拜,以至于人们从来没有怀疑过语言和概念所表述出来的内容同事实之间的差距。布迪厄的政治哲学理论所强调的象征性和反思性的基本原则,是建立在近50年来西方哲学界和语言学界对于语言研究的最新成果的基础上,强调语言概括及其各种论述方式同事实对象之间的复杂关系;同时还特别强调,使用语言的思想家的思想观点以及语言使用脉络,对于上述复杂关系的重要影响。由于各种社会场域包含着复杂的权力因素,同时也同人们的各种实际的利益相关联,所以,任何思想家对于场域的描述和表达,就更有可能同实际的场域状况产生很大的差距。在对于各种场域的论述中,就包含着论述者对于场域中的权力关系的态度,包含着他对于这种权力关系的实际利益的影响。在这种情况下,布迪厄所提出的关系性阅读方式,就是充分注意上述各种复杂因素的作用,并要求阅读者在阅读时,充分考量到论述者的论述方式同实际场域之间的关系。

第三类的关系性,指的是研究者对于场域的感受同其论述方式之间的复杂关系的存在。在这方面,布迪厄特别强调研究者在论述其观察成果和感受时所惯用的文风和修辞法的重要性,同时也强调研究者的论述策略对于其观察成果的决定性影响。社会科学不同于自然科学的地方,正是在于论述风格、修辞及论述策略的高度复杂性和变动性。当然,自然科学家也在其论述中展现出其特有的文风和策略。但是,社会科学家所使用的论述风格和策略,更体现出被研究的社会场域本身的权力关系和各种利益网络。为此,对于各种社会科学的语言论述,特别是对于充满着权力斗争和利益竞争的各种场域的论述,尤其要注意贯穿于其中的社会科学家所采用的文风、修辞和论述策略。在充分比较和分析各个社会科学家的文风、修辞和论述策略的基础上,再比较各个社会科学家对于同一个场域的论述的内容和结构,由此体会出有关场域论述中各种文风、修辞和论述策略的影响。

至于"生成性的"阅读法,实际上也是同反思性的原则紧密相关的。这就是说,布迪厄之所以强调一种生成性的阅读法,主要是因为两个原因。第一个原因是通过语言和概念所论述和表达的社会场域本身,始终是进行自我生产和自我生成的,也就是说是不断发生变化和转化的。第二个原因是任何读者在反思地接受一种有关场域的论述的时候,就会在反思过程中生成出由其自身的观点和方法所得出的相应结论。布迪厄在这里反对任何一种生吞活剥和盲目的阅读法。在布迪厄看来,在政治哲学理论中,只有靠生成性的阅读法,才能够通过反思的原则,一方面重新加工和重建所接受的一切有关场域的论述,另一方面又在加工和重建的过程中,自觉地渗入阅读者本身对于有关场域论述的理解和反省,以便进一步提升并检验原有的场域论述。

布迪厄所提出的上述阅读场域论述的方式,再次凸显了场域结构的象征性。我们一再反复强调社会和人类实践的象征性。社会和人类实践的这种象征性,在场域的权力斗争逻辑及其运作的过程中,表现得更加典型。决定着各种场域的权力斗争及其运作的象征性的决定性因素,是多方面的,而且,这些因素之间又是紧密交错而不可分割。只是为了说明和分析的方便,我们不得不把这些错综复杂不可分割的因素,进行分割性的论述。这些因素包括:第一,任何场域都是靠行动者之间的语言交换,所以,场域中的语言交换的象征性结构,成为了各种场域的各种象征性结构的基础和基本模式。第二,决定着场域基本结构的权力关系,除了一方面同语言的象征性权力密切相关以外,另一方面又同最终转化成为象征性资本的各种类型的资本之间的斗争密切相联系。这一切决定了场域中的权力斗争的象征性。第三,贯穿于场域运作的力量,还包括在场和缺席的行动者的各种心态结构和精神力量,而它们都是直接出现和间接存在的行动者在历史和现实的斗争中呈现出来的"生存心态"的一个表现。这就使场域的结构渗透着由无形的象征性的精神力量所构成的复杂因素,而且,这些因素又同前两种渗透于语言和权力中的因素相交错。第四,不断变化的各种场域,不过是象征性地相交叉的无确定边界的实际场域、在行动参与者面前表现出来的象征性结构。每个场域的存在以及各个场域所具有的特殊运作逻辑,只是在各个场域的参与者看来才是稳定的和具有特色的。因此,各个特殊场域的存在本身就是象征性的,是实际地处于混合状态的各种场域的象征性表现。第五,各种场域的权力运作,都是靠象征性的策略原则来进行的。场域的各种实际力量的关系及其变化,不可能脱离开行动的关系和策略,也不可能脱离开行动者思想和语言使用的策略。由于策略本身带有复杂的象征性结构,所以,以策略运用为灵魂的各种场域,就表现为各种策略竞争的象征性表演场所。第六,各种场域都包含包着场域本身的不断重建和自我再生产的过程及其成果。因此,场域也就成为了其自身反思的再生产的象征性场所。第七,任何场域不但是在其中的各个组成因素进行区分和被区分的场所,而且,任何场域本身,一方面是在其各个组成因素之间的区分和被区分中进行自我区分和相互区分,另一方面又是在各个场域之间的自我区分和相互区分中存在。这样一来,不但场域中的各个因素之间的区分与被区分是象征性的,而且各个场域之间的区分与被区分亦是象征性的。

以上所述决定着社会场域象征性结构的各个重要因素,我们已分别在以上相关章节中有所论述。总的来讲,这些因素之间既然是不可分割地交错在一起,所以,它们的上述象征性结构和特征本身也是一种象征性。具有象征性的象征性结构,也就是象征性结构的一种反思性。整个场域的一般性质和各个场域的特殊性质,都必须在这种象征性和反思性的原则的基础上去认识、观察和说明。正是在这个基础上,布迪厄强调了场域运作的实践逻辑和理论逻辑之间的区别。①

(七)对于场域概念的双重阅读和双重诠释

关于场域的概念,布迪厄是在 20 世纪 60 年代开始提出的。这个概念从一开始就同布迪厄的其他重要概念,例如"实践"、"生存心态"和"策略"等密切地联系在一起。从一开始提出,布迪厄就试图在研究阿尔及利亚劳工问题及其宗教社会学问题的过程中,显示出人的行动、观念、精神状态、生活风格、习俗、历史经验、荣誉感和羞耻感以及各种资本和行动策略等因素之间的密切关联。所以,包括场域在内的所有这些概念,从一开始建构就是密切地相互交错和相互制约,对于其中任何一个概念的说明,都势必联系到其他一系列重要概念。因此,在谈到包括场域在内的各个重要概念时,布迪厄坦率地说,这些概念在一开始,就只能采取一种半透明的形式,而且相对地说不是很精致,甚至难以避免具有某种程度的含糊性。② 场域概念从一产生所带有的含糊性和不精确性,实际上一直伴随着布迪厄象征论政治哲学理论的发展,同时也伴随着他的其他重要概

---

① See Bourdieu, P.1980b:144.
② See Bourdieu, P.1987:33-34.

念的含糊性。这种含糊性,如前所述,在布迪厄看来,不但不是他的概念和理论的缺点,而是恰正符合他的反思性和象征性政治哲学理论的要求,也正如实地表现了社会实际本身的含糊性和不断变动性。

但是,场域概念毕竟包含某些基本的内容和反映社会空间的基本特征。布迪厄在分析法国近现代学校教育制度同社会区分的关系时,曾经紧密地结合各个历史时代不同社会场域中所发生的选择和筛选过程,结合各个场域中所发生的权力和统治的斗争,结合在这些斗争中不同社会地位的不同人群和个人的资本及其运用,深刻地论述了场域同人的社会地位、社会关系、权力运作和"生存心态"以及包括学校教育在内的整个社会制度的生产和再生产过程的密切关系。①

在布迪厄看来,社会空间中的各个特殊的社会场域,在不同的历史时代和社会条件下,都有它自己特殊的运作逻辑。分析各个场域不能脱离这些促使场域本身进行稳定的持久运作的实际逻辑,而这种决定着其自身运作逻辑的最基本的因素,在布迪厄看来,是在这些实际场域中所存在的各种社会力量的对比关系,特别是其中的统治关系。这样一来,分析和界定场域概念,首先就同指导着这些具体场域运作的内在逻辑结构密切相关,同时也离不开对于场域中力量关系,特别是权力关系的分析。但是,在布迪厄看来,要界定场域的概念,还不能停留在场域中看得见的各种力量关系,而是要深入分析与这些有形的力量关系相关,并深深地隐藏于其中的精神力量关系,也就是在场域中的各个社会群体和个人的"生存心态"及其动向。

一般地说,场域的基本构成因素,首先是在特定社会空间中的各个行动者的相互关系网络。任何场域的存在,主要决定于在其中活动着的行动者,在其行动脉络和过程中所形构的各种相互关系网络。由于这些关系网络是随行动者的实际行动而存在,所以,这些网络本身就贯穿着行动者在行动中所具有和所呈现的一切活生生的因素,其中主要包括行动者的行动意图,产生行动意图的社会背景和社会地位,贯穿于行动规划和程

---

① See Bourdieu,P.1989:326-327.

序中的各种策略原则,表现在行动过程中的行动者本身及其相关的其他行动者的权力关系,以及在行动过程中所表现出来的各种现实的、历史的和潜在的社会动向。所以,场域并不是表示某种固定不变的"社会结构",同样也并不只是表达行动者的行动路线及其行动结构。任何场域都势必包含并呈现不同的行动者的相互关系网。一个行动者是不可能靠其单独孤立的意图和力量形成为一个场域的。

人们可以为了分析和认识的需要而把实际的社会及在其中的行动者的活动状况分割成各个不同的因素,并以不同的概念来概括这些被分析、因而被化约出来的各个因素。从人类文化的结构来看,由于人的认识和分析活动始终离不开语言论述及其表达,因此,各种社会分析不可避免地受语言论述和表达的结构的影响,以致产生分析过程与社会实际运作过程的差异。换句话说,人的认识和分析中的语言论述,势必将被论述和被说明的实际对象纳入论述的架构和顺序。由此可见,人类文化,包括研究社会的各种政治哲学理论的研究活动,由于他们脱离不开语言论述的中介途径和手段,总是不可避免地被语言论述本身的矛盾性和悖论性所影响。布迪厄充分地意识到政治哲学理论同语言论述的上述联系的悲剧性和消极性。布迪厄坚持政治哲学理论的象征性和反思性,而且,他坚持将这个基本原则贯彻到对于社会结构和行动者的行动的所有分析当中。以上所提出的"场域"、"社会制约性条件"、"生存心态"、"资本"和"权力"等基本概念,就是他的象征性和反思性的基本原则的概念产物,必须在分析社会结构和行动的过程中,将它们的内容及其运用,尽可能纳入到象征性和反思性的原则中去。在这种情况下,这些基本概念为了论述和分析的需要,当然不得不有其特定的含义和论述的基本要求,但同时又不能将它们当做传统概念那样加以分割,并单纯地只从逻辑分析的角度加以运用。

布迪厄在分析社会场域及其中始终贯穿和不断运作的权力脉络的时候,反复地说明实践的逻辑和理论的逻辑之间的根本区别,同时又强调唯有靠反思性原则才能真正区分两者的区别,并真正地把握社会的实际面貌。为此,上述布迪厄所提出的各个重要的范畴和概念,不仅从内容上,而且从形式上,从它们的表达方式和运用原则以及它们之间的相互关系,都是同传统的"社会结构"和"行动"概念不一样的。实际上,我们不得不一方面设法弄清布迪厄的基本概念的主要内容,另一方面又要在它们之间的区别中看到它们之间的不可分割性。为此,我们不但在论述时,而且读者在阅读和理解时也要进行"双重阅读"和"双重诠释"。

(八)资本及其在场域中的转化

场域的一个重要特征,是它为各种资本提供相互竞争、比较和转换的一个必要的场所;反过来,场域本身的存在及运作,也只能靠其中的各种资本的反复交换及竞争才能维持,也就是说,场域是各种资本竞争的结果,也是这种竞争状态的生动表现形式。因此,任何一个场域始终都是个人的或集体的行动者运用其手握的各种资本进行相互比较、交换和竞争的一个斗争场所,是这些行动者相互间维持或改变其本身所具有的资本,并进行资本再分配的场所。每一个行动者一旦参与到某一个特殊场域中的斗争,也就利用其历史积累和原有的资本,依据其所占有的社会地位,通过场域中的特定相互关系网络,而同其他行动者进行多种形式的策略性斗争。在各个场域中的行动者之间的斗争,决定于各个行动者所占有的社会地位,决定于各个行动者的"生存心态"结构及其实际活动能力,也决定于各个行动者在斗争中所采用的策略。但这一切,都同行动者所握有的各种资本的性质、类别和总量相联系,也同整个场域中各个行动者相互关系中所流通和进行交换的资本数量和竞争脉络相关联。

在布迪厄看来,如前所述,社会空间就好比市场系统那样,人们依据不同的特殊利益,进行着特殊的交换活动。因此,普通意义上的经济活动,在布迪厄那里,只是广义的经济实践的一个特殊表现。① 这样一来,社会空间是由许多场域(champs)的存在而结构化的,这些场域,如同市场(marché)一样,进行着多种多样的特殊资本(des capitaux spécifiques)的竞争。

---

① See Bourdieu,P.1972:235.

为此布迪厄把在社会空间的各个市场中竞争的资本,进一步划分为四大类:经济资本(le capital économique)、文化资本(le capital culturel)、社会资本(le capital social)和象征性资本(le capital symbolique)。

所谓经济资本,是由生产的不同因素(诸如土地、工厂、劳动、货币等)、经济财产(des biens économiques)、各种收入(des revenus)及各种经济利益(des intéréts économiques)所组成的。布迪厄认为,不同的社会的经济资本,具有不同的特性:农业经济中的经济资本,服从于与往年收获相关的特殊规律;资本主义经济中的经济资本,则要求严格的合理化的估算。①

所谓文化资本,乃是同经济资本一起,构成一切社会区分化的两大基本区分原则(deux principes de différenciation fondamentale)。现代社会的特点,就是文化资本同经济资本一样,在进行社会区分的过程中,扮演了非常重要的作用。现代社会中的个人或群体,其社会地位和势力,不能单靠其手中握有的经济资本,而是必须同时掌握大量的文化资本。只有将经济资本同文化资本结合起来,并使两者的质量和数量达到显著的程度,才能在现代社会中占据重要的社会地位,并获得相当高的社会声誉。"在文化资本的分配的再生产中,因而也在社会领域的结构的再生产中,起着决定性作用的教育制度,变为争夺统治地位的垄断斗争中的关键环节。"②在布迪厄那里,文化资本这个范畴,从一开始便用来分析社会中不同阶级出身的儿童受教育机会及其就业的不平等性。

文化资本可以采取三种形式:被归并化的形式(l'état incorporé)、客观化的形式(l'état objectif)和制度化的形式(l'état institutionalisé)。被归并化的形式,指的是在人体内长期地和稳定地内在化,成为一种禀性和才能,构成"生存心态"的一个重要组成部分。客观化的形式,指的是物化或对象化为文化财产,例如有一定价值的油画、各种古董或历史文物等。制度化的形式,指的是由合法化和正当化的制度所确认的各种学衔、学位

---

① See Bourdieu, P.1971;1979b;1984b.

② Bourdieu, P.1989;13.

及名校毕业文凭等。

因此,在分析文化资本的性质的时候,必须针对其不同形式作出具体的分析。对被归并化的文化资本而言,由于此类资本之归并过程必须经历一定的时间,同时又必须在这一时间内耗费一定数量的经济资本,并使之转化为文化资本,所以,这些文化资本的性质具有历史性和时间性,同它的内在化过程有密切关系。例如,经历长时间文化修养和教育过程所养成的个人才能,就是具有较高价值的被归并化的文化资本。客观化的文化资本,其价值和意义的大小,并不决定于它本身,而是决定于文化财产中所包含的那些旨在鉴赏和消费的支配性能力。在制度化的文化资本中,则表现出特有的、相对独立于其持有者的自律性(autonomie rélatvie du capital par rapport à son porteur),因为制度本身具有相对独立的制度化魔力(la magic instituante de l'institution)。①

所谓社会资本,是借助于所占有的持续性社会关系网而把握的社会资源或财富。一个特殊的政治行动者,所掌握的社会资本的容量,决定于他实际上能动员起来的那个社会联络网的幅度,也决定于他所联系的那个社会网络中的每个成员所持有的各种资本(经济资本、文化资本或象征性资本)的总容量。因此,社会资本是理解作为市场的社会领域所遵循的逻辑的重要概念。社会资本并非一种自然的赋予物,不是天然地产生的,而是要求经过一个劳动过程,某种创建和维持性的劳动过程,特别是经过行动者长期经营,有意识的笼络、交往及反复协调,才能形成。"作为社会投资的策略的产物,它是通过交换活动而实现的⋯⋯这些交换,借助于某种炼金术(alchémie)之类的手段,能够转变那些交换物以示确认。"②

布迪厄还指出,社会资本的再生产决定于那些促进正当交换活动、排斥不正当的交换活动的各种制度。例如通过各种汽车大赛、俱乐部、体育运动表演及各种社交活动,可以再生产出社会资本的容量和幅度。

---

① See Bourdieu,P.1979b:3-5.

② Bourdieu,P.1980b:55-57.

所谓象征性资本,是用以表示礼仪活动、声誉或威信资本的积累策略等象征性现象的重要概念。声誉或威信资本(le capital d'honneur et de prèstige)有助于加强信誉或可信度(le crédit)的影响力,这类资本是象征性的,因此,某些经济学家称之为"不被承认的资本"或"否认的资本"(un capital dénié)。但在实际上,正如布迪厄所指出的,它同时具有被否认和被承认的(à la fois méconnu et reconnu)双重性质①;或者,更确切地说,它是通过"不被承认"而"被承认";它是通过无形和看不见的方式,达到比有形和看得见的方式更有效的正当化目的的一种"魔术般"手段和奇特的竞争力量。

各种类型的资本转化为象征资本的过程,就是各种资本在象征化实践中被赋予象征结构的过程,就是以更曲折和更精致的形式掩饰地进行资本的"正当化"和权力分配的过程,也是各种资本汇集到社会精英和统治阶级手中的过程,同时又是各类资本在社会各场域周转之后实现资本再分配的过程。

政治权力就是作为这种资本再分配的仲裁者和控制者而存在的,其中心任务便是把各种资本再转换成象征性资本,以便使其自身接受某种看不见的和隐蔽的隶属关系。所以,所谓权力,就是通过使某种资本向象征性资本的转换而获得的那种剩余价值的总和。如果说在一般的阶级斗争中,斗争的形式和内容及其与资本结构的关系呈现得相当复杂的话,那么,在政权领域和政治斗争中,就达到了最复杂和最曲折的程度。

"政权场域是由力量构成的场域;而这些力量的结构,是由各种形式的政权或各种不同类型的资本之间的力量对比状况所确定的(le champ du pouvoir est un champ de forces défini dans sa structure par l'état du rapport de force entre des formes de pouvoir, oudes espèces de capital différents)。"②与此同时,布迪厄特别强调政权场域中的力量对比之间的长期的、持久的斗争性;这些斗争,是在各种不同资本的持有者之间,为了争夺政权而进

---

① See Bourdieu, P. 1980a:205.

② Bourdieu, P. 1989:375.

行的斗争(un champ de luttes pour le pouvoir)。这些斗争构成的政权场域,由此构成赌注竞争的游戏空间(un espace de jeu);在这个空间中,处于不同社会地位的人们,为占据他们各自占领的职位权力,为了保持和改变这些力量对比,就要依据其本身所占有各种资本的状况,而展开各种策略的斗争。为了将这类复杂的政治斗争和为争夺政权而进行的策略赌注的基本运作机制加以揭示,布迪厄集中分析了斗争中诸资本之间的转换关系,并把决定着斗争走向和力量对比变化的基本因素,归结为各类资本间的"汇率"(le taux des échanges)或"兑换率"(le taux de conversion)。布迪厄甚至断言,政权斗争的走向,归根结底,正是同这个"汇率"密切相关,正如市场中各种经济斗争同当时的通货、期票、证券及贵金属间的"汇率"密切相关一样。

　　一切政权,都不能只满足于作为政权而存在;也就是说,一切政权不能只为权力自身而存在,不能只满足于一个空空洞洞的权力而无须做任何正当化程序。进一步说,一切政权,为了继续存在下去,必须设法使其自身正当化,必须至少设法使他人看不到其自身的任意性,必须至少掩饰这种任意性;哪怕这种任意性本来就是其自身的真正基础。问题在于:一切正当化的问题,恰巧依赖于各种多元的、相互竞争的政权的存在状况,密切地联系于这些多元的政权的自我合法化的相互诉求过程。这些多元政权为争夺统治权而进行的正当化程序的竞争,往往达到不可调节的程度。布迪厄指出:"旨在确定统治者的统治原则的这场斗争(Cette lutte pour l'imposition du principe de domination dominant),在每一时刻,都造成分割政权的均衡状况;也就是说,一种统治工作的分工(une division du travail de domination)。这场斗争同时又是为了正当化的合法原则的确立,并不可分离地又是为了统治基础的正当再生产方式的确立。"①总之,布迪厄把政治斗争和政权斗争看做是"社会赌注游戏"(des jeux sociaux),看做是在各种社会场域中的多元化资本进行相互竞争和相互转换的正当化的复杂过程,看做是从学校教育制度开始酝酿和发展起来

---

　　① See Bourdieu,P.1999:376.

的心态结构的潜意识运动的总结果,是统治阶级通过教育和其他制度不断再生产其特权的过程。而为了掩饰这一过程在统治阶级内部的相互竞争和相互瓜分的丑陋形象,它又总是采取复杂的象征性结构进行运作的。

从各个场域的斗争结构及斗争走向来看,对于各个行动者来说,重要的问题,不只是在于这些行动者手中掌握多少已有的现成资本,而是在于如何面对场域所呈现的行动者之间的相互关系网络,如何把握在这些网络中的不同社会地位的行动者的资本走向,如何调动行动者手中所掌握的资本。这些问题实际上关系到行动者对待自己所占有的社会地位的基本态度。这种态度是同行动者的"生存心态"密切相关,因此,如前所述,"生存心态"作为一种必然在斗争中发挥效力的才能和能力,是一种属于不同行动者的"垄断资本"。这样的特殊资本,尤其在斗争策略中体现出来。所以,策略的运用也成为了各行动者实际握有的资本总量的一个组成部分。这种基本态度,不仅表现为行动者对自己的社会地位的正确评估,而且还要依据其本身所掌握的资本以及其他行动者的资本的状况,而确定其本身的社会地位同他人的社会地位之间的正确关系。

行动者对于其社会地位的态度,显然不是孤立地单纯依据本身资本的自我判断,而且更重要的是要把自己的社会地位以及造成这种社会地位的资本状况,同相关的其他行动者的资本状况和社会地位加以比较,也就是在动态的相互关系中,在生成性的相互关系中,观察和更新自身社会地位。这样一来,场域中的社会地位就不是单纯的固定不变结构中的一个点,而是一种能力,一种力量,一种具有自我生成和更新的力量。

作为一种活生生的力量的社会地位,成为了各种场域不断活动和不断更新的基础和出发点。但是,作为力量的社会地位,又是同行动者所掌握的资本及其保存和运用资本的能力相关联,同"生存心态"相关联。所以,社会地位和各种社会位置,在很大程度上,是由选择建构这些社会地位的积极活动的力量所决定的。也正是在这个意义上说,任何社会场域的建构,都是由统治着场域中各个行动者的一种客观力量关系所决定的,这种力量关系并不能随个体或群体行动者的意愿而转变。

(九)权力及其在场域中的斗争策略

场域中的相互关系是靠力的关系来维持并实际地展现出来。在这个意义上说,场域是靠权力关系来维持和运作的。权力,在布迪厄那里,是作为一般的社会关系和社会力量而表现出来的。因此,凡是有社会关系和社会力量存在的地方,就有权力存在,就有权力发生作用。权力并不局限于政治领域,也不单纯表现为国家的政权。权力作为一般的社会关系和社会力量,可以是政治性的、社会性的、经济性的或文化性等。

在布迪厄和其他后结构主义者看来,权力不是单维度和单向性的,也不是某种实质性的因素,而是一种力的关系,是在各种不同的社会关系网络中存在的多维度力量。决定着权力的性质的,是组成特定相互关系的各个社会地位上的行动者所握有的实际资本的力量总和。为此,布迪厄引进了资本的概念,同时也将资本分为政治资本、经济资本、社会资本、文化资本和象征性资本等不同类型。由于资本和权力概念同时又成为场域的基本组成因素,由于象征性实践和"生存心态"的运作也同场域的存在有密切的关系,所以,在这里,有必要进一步从场域的运作及其特殊性质的角度论述资本和权力的问题。

权力在各个场域中之所以起着决定性的作用,是因为任何组成社会场域的关系网络,只有靠在其中贯穿的权力关系才能维持下来,并不断地运作。由各个行动者所组成的社会关系网络,从来都不是靠其中的任何一个行动者单独地决定的。即使是当关系网络中的一个行动者和某群体,作为该网络的主要统治者,试图控制整个网络的其他行动者,该网络中的权力关系也不可能采取单向的和单一维度的结构。在一个特定的社会关系网络中的统治者,其统治权力的实现,不可能单靠其自身的意图、利益和地位,而是必须结合被统治者各方的力量,并在各种力量的竞赛和对比中真正实现。所以,统治的权力是由统治的权力和被统治的权力的相互关系所组成的,在其中不但有统治者所发出的统治意向和统治策略,同时也有被统治者各方的反抗和反统治的意向和策略。即使是当统治者和被统治者之间出现协调和谐的情况下,统治关系仍然是多元的和多维度的。在统治关系中所呈现的上述多维度的权力关系,在某种意义上说,表现了各个场域中的社会关系网络的力量对比的典范结构。

在各个场域中的权力关系,如前所述,是同各个行动者所握有的资本种类及其总量所决定的。这些资本,只有在相互关系所组成的社会网络中呈现出来并发挥其实效,才对场域的形成和运作具有意义。各个行动者手中所握有的资本同这些行动者所占有的社会地位,有相互影响和相互决定的复杂关系。一方面,各个行动者的资本是由其历史的和现有的社会地位所决定;另一方面,各行动者的实际资本又反过来在其实际发挥效用的过程中决定着各个行动者社会地位的高低和强弱。而且,同行动者的资本相联系的社会地位本身,也始终随着社会关系网络中各行动者之间的竞争而变化,随着竞争中资本的不断周转和变化而不断重建。

四、语言论述的权力性质

语言不但建构了社会存在所必需的意义网络,而且,也建构和疏通了社会运作所必需的权力关系网络,使整个社会在语言的沟通、交换和竞争的过程中,真正地变成了活生生的动态性人际历史整体,成为有说有笑,有哭有闹,既有紧张摩擦又有协调整合的人类生活共同体。布迪厄把整个社会活动和社会生活当做是一种象征性的交换活动,一种通过语言作为中介而进行的社会互动。从这个意义上说,整个社会也就是一种通过语言而进行象征性交换的市场。更简单地说,社会就是一种"语言交换市场"(linguistic exchange market)。社会中的任何一个事件、任何一次活动,不管在其准备过程中还是在其贯彻过程中,也不管是正在实现的、已经实现的还是无法实现的,都离不开语言的使用。但是,布迪厄进一步指出:"任何人都不应该忘记,最好的沟通关系,也就是语言交换活动,其本身同样也是象征性权力的关系;说话者之间的权力关系或者跟他们相关的群体之间的权力关系,就是在这种语言交换活动中实现的。"[1]因此,社

① Bourdieu,P.1991:37.

会中人与人之间、群体之间的语言交换,并不只是他们之间的对话关系,并不仅仅是某种沟通和交换意见的活动,而是他们之间权力关系的相互比较、调整和竞争。不同人之间的对话和语言运用,就是不同说话者的社会地位、权能、力量、才能、资本和知识等各种显示权力的因素的语言表露和语言游戏。

(一)政治语言交换市场的竞争性质

社会生活中的任何语言运用,是说话者的不同权力通过对话和语言交换而进行的权力较量。说话者通过说话时所使用的语句内容以及与之相配的语气、句型、修辞、表情、各种肢体动作和各种说话策略等,实际上就是同时地表达意义、显示权力和施展其现实的和可能的社会力量。因此,语言本身虽然仅仅是各种经由共识而建构的沟通符号体系,语言作为语言是对所有社会成员客观而公平的沟通工具,但是,语言一旦被使用,一旦同特定的目的、社会情势、特定的社会关系、社会力量对比、各种具有特定背景的历史事件和各种处于特定脉络的社会活动相结合,不同的语言运用者依据上述语言使用的背景和条件所发出的语言讯号和进行的实际对话,就变成了这些语言使用者及其背后的整个社会势力和社会关系的力量对比和权力竞争过程。

在布迪厄看来,要正确理解社会的语言交换市场性质,必须同时理解社会世界的象征性结构。布迪厄认为,社会的象征性结构是由社会场域(champ social)、生存心态(habitus)和社会制约性条件(conditionnement social)三者的相互交错构成的,又是贯穿于三者之中的人类实际活动的产物和基本条件。社会总是呈现为各种具体的"场域"。社会场域意指具有创造实践、文化才干的互动者、政治行动者,进行竞争较量的"力的较量"的场所。社会就像市场,是凭着意愿进行"力的较量"的场域。不同阶级的人隐含并掌握着不同的"力",进行一场竞赛游戏,而社会的各个领域便是这场竞赛的场域。

布迪厄在谈场域的时候,认为经济资本、社会资本和文化资本之间会进行各种转换,而资本宰制的适切变化原则,在于资本的客观化(objecti-

fication)。个人资本的生产、再生产与复制，就是透过这些客观的、制度化
的中介机构来完成。① 各种制度化的社会机构，包括社会政治、经济和文
化领域中的不同等级的权力机关、交换机构和文化教育机构等。所以，布
迪厄说："制度内的客观化，保证着物质和象征的获得物，其维持和累积，
不需要社会成员费尽心思地不断行动，并且这些制度的利益是不同占有
（appropriation）的客体，从它各种形式的客观化，确定了资本分配结构的
再生产，且为了这些占有结构的先行条件，再生产出宰制和依赖的生产
关系。"②

　　同时布迪厄也认为在资本市场中，语言会成为一种交换性的经济资
本，这种经济资本是由各个国家塑造成的市场机构所制定的市场规律来
决定的。如果一个官方语言进行统治性的政策的话，那么这种语言的市
场性将会更明显：一方面，由语言组成的场域运作逻辑又会与个人的生存
心态相互连接而进行估算，以决定自己在语言市场中要采取什么样的步
骤和策略③；另一方面，语言能力不仅在语言交换中养成和造就，也靠学
校教育培训出来。掌握不同经济资本的人，可以有不同的受教育的机会，
因而也产生不同的语言能力。这些不同的语言能力，实际上成为了各个
人在语言交换市场中的资本，在他们所握有的资本总量中占据一定的分
量。在成本的观点看来，语言能力可以在语言交换市场中创造出客观的
能力。不过这与文化资本又有一些区别，就是说，我们在语言的交换市场
中，语言的交换会产生出利益。当然，这跟训练成本并不一样，因为训练
成本指的是整个社会能力的培养成本，除了是指学习语言所需花费的个
人能力成本以外，我们在市场中交换的还有文化资本及其他资本——这
些资本作为一种力量和能力也需要有成本。因此，语言交换活动中所需
要的各种能力，其本身就是语言运用者，在长期的历史实践中经过一定数
量的资本投资所累积的；它是依据投资过程中的不同成本的代价而获得
并累积起来的。显然，由特定社会历史条件所决定的优越社会地位，实际

---

① 　See Bourdieu, P. 1990:183-184.

② 　Bourdieu, P. 1990:184.

③ 　See Bourdieu, P. 1991:52-57.

上已经客观地为语言能力的形成和累积提供了最好的资本和成本基础。所以,在语言交换中的各种能力的高低,不但决定于语言使用者在交换中所呈现的具体灵活的能力和技巧,而且,也决定于此前语言运用者所占据的社会地位以及由此所获得的各种资本上的优势。从这个意义上说,语言交换中的语言能力的呈现及其较量,表现了不同社会地位和不同历史实践对于语言运用者的实际影响,也表现了语言运用者历史和现实的资本积累状况和投资状况。

循着这样的思路脉络下来,不难理解布迪厄批评语言学大师索绪尔(Ferdinand de Saussure,1857—1913)及乔姆斯基(Noam Chomsky,1928—)之缘由。索绪尔将语言(langue)和言语(parole)区分开来:语言是一种社会资源,是由在不同层次上结合起来的单位和规则所组成的可继承性稳定系统;言语是在特定场合被人采用的具体化的语言。布迪厄认为,索绪尔在分析语言的时候,忽略了社会历史条件对语言的影响,也忽视了在历史过程中言语的运用能改变语言体系本身这一事实。对于语言结构之不变性、固定性,布迪厄存有相当大的质疑。同样地,乔姆斯基也在语言能力(competence)与操用(performance)上作二元区分。乔姆斯基的焦点集中在人天生的语言行为与能力,他将这些内在法则论述合法化,变为一种语言行为的普遍法则。乔姆斯基在相当程度上,注意到社会位置、社会、文化背景的不同,能力就有所不同,但回避讨论合法能力的获得以及合法性市场的社会、经济组成条件①。布迪厄并不认同这两位语言学家所采用的二分法区分。他认为除了语言本身之外,语言结构之外的冲突、控制与权力关系,正是语言之所以可能成为官方标准语言的决定要素,也是语言运用之所以形成为资本较量和取得不同社会地位的基本条件的重要原因。况且这样的截然二分法,阻断了两者之间的相互关联与相互影响之双向运作。行动者在"说话"的过程中,根本不像以往人类学家与语言学家所认定的那般,只是"规则"的遵循;事实上,"说话"就是一种策略的运用,并没有一个固定不变的规则。这种策略上的运用就是在确保说话者

---

① See Bourdieu,P.1991:44.

的权力贯彻与听话者的服从上,说话实际上只是个中介环节,透过说话,或是其他文字上的表达,将说的词句深埋在策略之下,以符合说与听两者的权力关系。这样透过隐晦不明的方式,辗转表达了资源拥有者之权力及行动成员间的阶级关系。

(二)语言象征性权力的基本概念

语言的象征性权力(le pouvoir symbolique du langage)概念,是布迪厄近半个世纪以来所努力创建的"象征形式的反思社会学"(la sociologie refléxive des formes symboliques)中的核心部分。通过语言的象征性权力概念,布迪厄试图把语言同社会以及在社会中复杂地建构和运作的权力网络,联结成一个不可分割的整体。如前所述,语言,在布迪厄看来,不仅仅是沟通的一种单纯手段,而且也是整个社会结构进行再建构和再生产的一个中介,同时又是社会中处于不同地位和具有不同行动能力的个人和群体,为了寻求他们的利益,发挥他们实际活动能力的中介。语言和社会之间的紧密关系,使布迪厄始终都是从语言观点去研究社会,也从社会观点研究语言。在某种意义上说,语言就是社会,社会便是语言。但是,语言和社会的同一关系,只有通过"象征"和"权力"的连贯才能正确地理解。社会和语言,都同时贯穿着"象征"和"权力"。因此,语言、社会、象征和权力,并不是相互独立的四项孤立存在的因素;他们之间相互关联,缺一不可。语言的象征性权力的概念正是将四者连贯在一起。

理解和把握布迪厄的语言象征性权力概念及其社会运作逻辑的中心点,就是始终把语言同社会密切地联结在一起加以考察,并把语言和社会,一方面同具有社会结构和心态结构双重结构的各种社会场域不断再生产的社会实践活动相联系,另一方面又同不断地同时结构化和被结构化的施动者(agent)在社会场域权力网络中的各种行动相关联。换句话说,布迪厄的语言象征性权力概念,同他全新的"社会"、"施动者"、"实践"和"生存结构"等基本范畴密切相关。

实践是一种极复杂的运动过程。实践不只是一般的运动。它是各种"力"交错互动的向量总和及总倾向;同时,实践又掺入了复杂的世界外在(包括社会和自然的客观)关系网和人之自由本质及其高度创造性的精神的生命因素。因此,实践具有主动的被动性和被动的主动性,表现出同时双向性的内化和外化倾向与动力。

再者,就实践的实施运作的范围而言,它通过各种象征结构,把个人与他人、自然、社会,连在一起,并在串联的过程中,将施为、自然、社会的各种物质的和精神的因素,各种主动和被动力量,全部卷入到实践本身的象征性结构及其不断再生产活动之中。因此,最后又导致那些被卷入进去的各因素的再生和相互转化。

布迪厄把象征性实践的"中介性因素"看做是连接主客观、社会与个人、产品与历史过程、过去与未来、目的与手段等对立项的中介转换机制,也是使实践本身成为内与外、静与动相互交错转型的场所。所以,实践不仅造就了一个新世界,而且,也使旧世界在新世界内部获得复制;实践不仅开启新的过程,而且也是从原有制约条件出发,将过去、现在和未来结合为一个共时和历时相结合的双重结构,成为连锁的原因和结果的历史系列。

象征性实践的创造性生命及其"中介性因素"所起的"战略性相互关联作用",同人类象征性实践所创造的"象征性双重意义结构"及其游戏性的运作模式有密切关联。当然,象征性实践的这种"象征性双重意义结构"及其游戏运作模式,又集中地在人类语言及其使用中表现出来,同时也在语言的使用中千变万化。因为人类语言是人类所创造的特有象征体系,而语言的应用则是人类社会文化活动中的最基本的象征性实践,是最复杂的社会日常生活、经济、政治、宗教及文化艺术活动的必不可少的"中介性因素",因此,贯穿着语言运用的一切人类实践都成为了象征性的活动。从这种日常生活的实践所产生出来的符号性事物,会再回过头来成为外在的制约物或是条件,而语言,正是这种转化的中介与基本单位。

如果说布迪厄的社会观和政治哲学理论始终都是把权力当做最重要的概念的话,那么,在布迪厄看来,社会中的任何一种权力运作都是离不开人与人之间的语言象征性交换活动,离不开以语言使用为中介的象征性实践。换句话说,在现实的人类社会中,任何权力的较量和竞争,不管是发生在社会上层或下层,不管是发生在统治者和被统治者之间,也不管是进行在政治活动领域还是在文化生活场域或在日常生活世界中,都是通过实际的语言交换活动,通过语言交换所带动和贯穿的象征性实践而实现的。因此,社会中所发生的各种各样的语言交换活动,不仅实现了语言交换者之间的意义沟通、情感表达和思想意愿的交流,而且也是建构、调整和协调他们之间的相互关系以及与他们相关的一切社会关系,同时,也是进行和实现他们之间的权力较量、协调和权力再分配。

在语言交换活动中所实现的权力较量、协调和权力再分配,表现了语言使用和交换同社会中权力关系的建构、协调和不断重建过程的密切关系,同时也表现了内在于和贯穿于语言使用中的象征性权力的实际效果。社会中的权力运作本来是到处存在的。但是,不管是权力的施动者还是接受权力的对象,往往意识不到或甚至不愿看到权力的实际运作及其效果。权力运作的这种"不可见的性质",一方面是因为统治者有意识地加强权力本身原有的不可见性质,另一方面是因为被统治者已经习惯于反复出现和复杂地贯穿于日常生活中的权力现象,以至于习惯地以"不承认"取代对于权力的"承认"。人们这种对于权力极端矛盾的态度,更主要的还是根源于权力本身运作的象征性特征,根源于社会权力运作的自我悖论的逻辑。布迪厄指出:"象征性权力就是那种不可见的权力;而这种不可见的权力,只有当那些不愿意知道他们自己隶属于它,或不愿意知道他们自己正在操作它的人们,心甘情愿地充当共犯的时候,才有可能被实行。"①

所以,社会、权力和语言的三角关系,构成了社会的象征性结构以及权力的象征性实践的基础和基本动力。在布迪厄的政治哲学理论中,对于社会、权力和语言的正确理解和分析,构成了对于整个社会结构和心态结构的反思性研究的基础。

导致权力象征化,也就是导致权力"不可见"的因素是多方面的和复

---

① Bourdieu,P.1991:164.

杂的。如前所述,这些因素包括社会和文化本身在客观方面的复杂性,也包括权力操纵者在主观方面的复杂因素。但是,语言的象征性交换活动的复杂性,语言的象征性交换同权力运作的相互渗透,却把本来就已经够复杂的上述主客观因素进一步变得更加复杂化,加强了权力运作的象征性和不可见性。

布迪厄对于语言象征性权力的研究,就是要揭露社会生活和社会活动中的语言交换的深刻社会意义,揭示社会中语言交换所隐含和表现的象征性权力的性质,揭示社会权力和社会活动通过语言交换所采取的各种极其复杂、曲折和隐蔽的策略。同时,由于近代社会已进入到高度发达的文化再生产和文化消费的新阶段,上述权力运作同语言交换之间极其复杂的关系,就变成了分析和揭露近代社会运作逻辑的关键。

如果说语言运用和语言交换同社会权力运作的密切关系在任何社会中都是普遍存在的,那么,近代资本主义社会就把这种密切关系进一步复杂化,并不断地随着近代社会文化再生产的深化而加倍地象征化。所以,在布迪厄看来,如果要深入揭露近代社会的运作逻辑的话,就不能不集中地分析当代社会语言交换的象征性权力性质及其各种表现。

(三) 当代社会象征性权力运作的特征

为了正确理解布迪厄关于语言象征性权力的基本概念,有必要从他的政治哲学理论对于近代社会的总观点以及他关于语言象征性权力的具体内容两个层次去进行分析。

首先,布迪厄关于语言象征性权力的基本概念是同他对于近代社会的总观点密切相关的。如前所述,他所要分析和批判的近代社会,是实现了高度文化发展的西方资本主义社会。在布迪厄看来,资本主义社会主要就是靠文化再生产作为基本动力的经济交换市场体系。资本主义经济交换不同于古代经济交换活动的地方,就是靠不断理性化的文化再生产作为调整经济交换活动和整个社会运作的基本杠杆。从 16 世纪资本主义社会自封建社会脱胎以来,文化再生产的理性化过程不断地渗透和指导着资本主义的经济交换活动,不断地巩固和重建整个社会结构和社会关系网络,也不断地造就和培训在经济交换活动中的每个行动者的心态,使整个近代社会的整体结构和社会成员的心态结构在互动中同质地发展,并不断地复杂化。近三百多年来资本主义社会的发展,就是靠稳定的文化再生产的象征性实践而使同质的社会结构和心态结构不断地和重复地再生产出来。布迪厄在《国家显贵》(La Noblesse d'Etat.1989)一书中,以法国社会为例,生动地分析了作为文化再生产核心的教育制度,如何保障文化再生产过程对于整个社会结构和心态结构再生产过程的控制。①文化再生产过程,作为社会结构和心态结构再生产过程的灵魂,就是靠以语言为基本中介符号体系的象征性交换而实现对整个社会权力的再分配。这种以文化再生产为基础,又以文化再生产的过程相伴随的近代社会权力再分配过程,构成了近代资本主义社会包括政治和经济在内的整个体系不断稳定发展的真正动力。

通过文化再生产和权力再分配过程的相互渗透和相互影响,近代资本主义社会在其发展中,比以往任何社会都更成功而有效地建构和维持整个社会结构和心态结构之间相互协调的同质关系。正如布迪厄所说:"在社会结构和心态结构之间,在社会世界的客观区分之间,特别是在不同场域中统治者和被统治者的区分之间,以及在观察的原则和政治行动者所运用的区分原则之间,存在着一种相适应性。"②近代资本主义社会的社会结构和心态结构之间的上述同质关系,随着当代社会中以语言象征性交换为中心的文化再生产在整个社会运作中的渗透而变得更加稳定。如前所述,问题的奥秘就是当代语言象征性交换本身已经隐藏着和包含着整个社会权力分配和再分配的基本原则,也同时实现了权力分配和再分配的过程。

总之,由文化再生产中的语言象征性交换所实现的权力分配和再分配,同整个社会结构和心态结构的同质双向互动有密切关联。具体地说,整体的社会结构和心态结构及其上述同质双向互动关系,既可以成为语

---

① See Bourdieu,P.1989.

② Ibid.;7.

言象征性交换中的权力争斗和再分配的客观外在社会条件,成为特定时期内发生在语言象征性交换中的权力斗争的"社会制约性条件"(le conditionnement social),又可以构成语言象征性权力斗争过程的内在决定性因素,因而也内在地参与到语言象征性权力的整个斗争过程中去,并在这场斗争中,上述社会结构和心态结构逐渐渗透和转化成语言象征性权力的组成因素,最后在特定的语言象征性权力的实现结果中呈现出来。

因此,在近代社会中,作为社会结构和心态结构互动运作和再生产的重要动力的权力系统,其结构和运作的逻辑同文化再生产过程中的象征性结构和运作逻辑是相对应的。所以,为了分析社会结构和心态结构运作中权力的性质及其再分配过程,必须集中地解剖权力的象征性结构,特别是集中分析权力同语言中介因素所构成的整个文化活动的密切关系,集中分析语言象征性权力的特殊形成、转化和实现的过程。近代社会的权力再分配及其运作过程,随着文化的发展,已经越来越不同于古典的中世纪社会的权力运作形式。如果说,在中世纪的权力分配和运作程序,完全依靠于直接的"神化"和"圣化",完全依靠于王权赤裸裸的强制性任命和指定,靠某种特殊的神秘魔术力量在统治者身上的象征性表现威力,那么,近代资本主义社会的权力再分配,就靠越来越象征化和理性化的文化形式,采取越来越曲折和越来越中介化的"正当性"手段。为此,在布迪厄看来,要彻底揭示近代社会的权力运作的奥秘,必须集中揭示文化再生产中象征性权力的运作逻辑。

再者,近代社会的资本主义经济交换活动,靠文化再生产的不断深入的干预和渗透,也典型地表现在人与人之间或群体之间的社会关系往来中的语言象征性交换活动。从这个意义上说,语言的象征性交换活动,典型地表现了当代社会各种关系网络,同时又不断地决定着这些网络的权力关系的象征性本质特征。在近代社会中,社会再生产就是在文化再生产中实现的,而文化再生产又是权力再分配的过程。在所有这些过程中,由于近现代知识体系的优先社会地位及其正当化的功能,语言论述的建构和运用,语言论述之间的竞争及其在社会中的扩展,就显得非常重要,甚至具有决定性的意义。一方面,文化再生产和社会再生产,离不开象征性权力的再分配以及在象征性权力中渗透的语言论述的竞争性交换；另一方面，象征性权力的再分配及其中渗透着的语言论述过程，又反过来影响着文化再生产和社会再生产，影响着社会结构和心态结构的运作和再生产。文化再生产、社会再生产、权力再分配、语言论述的象征性交换以及社会结构和心态结构的运作和再生产，在近代社会的发展过程中，彼此之间越来越紧密地相互交错和相互渗透，也构成了贯穿于社会运动中的象征性实践的动力来源和实现基础。

如此一来，近代社会的象征性结构及其运作，社会中权力的象征性交换和再分配，文化再生产的象征性运作对于整个社会和权力结构的渗透，社会结构和个人心态结构的双向共时同质互动的象征性结构，语言和文化的象征性中介功能对于人的实际活动的渗透，所有这一切，不但是相互影响和相互依赖的，而且也决定了语言象征性权力的运作过程对于社会分析的重要意义。在布迪厄的政治哲学理论中，上述各个方面都是相互渗透和相互联结的。正因为这样，布迪厄把他的政治哲学理论归结为"一种相关性的科学哲学(une philosophie de la science relationnelle)，因为它把各种关系列为首要地位。"①但同时，由于这样一种相关性的科学哲学特别重视隐含于行动者的肉体结构中和有形的客观社会结构中的心态结构，所以，布迪厄又把他的政治哲学理论的指导原则称为"一种禀性位势的行动哲学(une philosophie de l'aetion dispositionnelle)。"②布迪厄的这种特殊的政治哲学理论指导原则是环绕着一系列具有双重意义，也就是其本身具有象征性结构的基本概念而建构的。这些基本概念，包括生存心态、场域、资本和象征性实践等。这些基本概念靠着它们本身的具有双重意义的象征性结构，同客观的社会结构(特别是社会场域结构)和同内化在行动者精神内部的心态结构(特别是生存心态)，具有双重意义的关系(la relation à double sens)。这也就是说，由于语言的象征性结构贯穿于整个象征性实践活动的始终，也隐含于象征性实践的前后，所以，由象

---

① Bourdieu, P. 1994:9.

② Ibid.

征性实践所联结和不断更新的社会结构和心态结构以及权力运作过程,都戴上了象征性双重结构的烙印。对于语言的象征性权力的分析,将有助于彻底弄清象征性实践本身的运作逻辑,也有助于弄清整个社会结构和心态结构的具有双重意义的象征性运作逻辑。

布迪厄的政治哲学理论把"相关性"放在首位。也就是说,无论是社会整体,还是任何一个社会现象,都是在相关性中存在,都是必须在相关性中加以分析。没有关系,就没有社会。但是,在社会中,任何事物之间或任何个人之间的相互关系,都是靠某种力的因素来维持和运作。从这个意义上说,力的关系决定了各种社会关系及其运作。在现实的社会中,这些力的关系就是权力关系。在近代社会中,各种权力关系,由于文化再生产的象征性逻辑的渗透,采取越来越象征化的复杂结构。作为文化再生产的基本中介环节,语言的象征性运作过程,又使权力关系在整个社会结构中的展开和运作,同样变得更加象征化。因此,近代社会中的各种权力关系,更直接和更紧密地决定于语言的象征性权力的运作过程。

综上所述,社会的象征化,文化再生产的象征化,权力运作的象征化,实践的象征化,都是相互关联的,而且都是同语言的象征性权力的运作密切相关的。

(四)语言象征性权力的"柔性"和"掩饰性"

整个社会充满着权力竞争和利益斗争。在这当中,语言的应用策略及其论述方式,在选择和成形的过程中,就具有权力斗争和利益竞争的性质。语言应用及其论述的形成,在社会斗争中,发挥了某种特殊的作用和功能,这就是布迪厄所说的"象征性暴力"(la violence symbolique)的功能。但是,这种象征性暴力究竟能否发挥作用以及究竟能够发挥到什么程度,这就看以什么样的方式和策略说话:选择在什么时候说话、说什么话和怎样说话?围绕着这些,存在着斗争过程。所以,布迪厄说:"任何对政治的定义,始终都存在着一种政治的操纵过程(il y a une manipulation de la politique de la définition du politique)。斗争的赌注游戏,就是斗争的一种赌注:在任何情况下,围绕着是否将某些点上的斗争"适当地"说出来,始终存在着激烈的斗争。象征性暴力作为柔性的和掩饰性的暴力,就是在这种倾向中实现的。"①

语言的象征性暴力不同于露骨的、赤裸裸的暴力,它是以非常讲究的论述策略以及各种符合社会和说话规范的方式显露出来并发挥作用的。当象征性暴力施展其影响时,它呈现出"以理服人"和"彬彬有礼"的文明方式和过程。它宁愿采纳不露声色和静悄悄的方式,在谈论和对话中,不知不觉地征服它所要征服的对象。

所以,布迪厄以大量的叙述和分析过程,说明语言论述象征性暴力的性质及其实施过程、程序和策略。这是一场非常复杂的迂回过程,因为它要求经历多次的反复,在选择场合、时刻、表达方式和气氛的各个方面,斟酌如何采取最"适当"的语言表达、修辞和语句,显示出说话者遵守社会和语言规范的能力和修养。

在深入而具体分析布迪厄关于语言象征性权力的基本概念以前,无论如何必须先弄清楚布迪厄关于整个社会结构和心态结构的象征性的论述。把语言的象征性权力的概念同对于整个社会结构和心态结构的象征性论述联系在一起加以考察,这不只是认识语言象征性权力概念的逻辑程序所要求的,而且更重要的是近代社会的社会结构和心态结构,以及在这双重结构中活动的人类象征性实践的实际状况所决定的。

所以,分析语言象征性权力的基本概念,是一项非常复杂的认知活动和实践活动,是充满着悖论的理论考察。一方面,从事实上看,社会中的任何一种语言象征性权力的运作过程,始终都是离不开整个社会结构和心态结构的复杂运作过程;另一方面,从认识过程和逻辑分析程序来看,又不得不把语言象征性权力运作过程中相互紧密联结的各个环节,加以暂时地分隔,并逐一地具体分析,造成认知和逻辑分析过程中的各种对象同在社会中现实运作的事物相脱节,甚至造成局部的和暂时的扭曲,然后又不得不针对这些被暂时扭曲的因素进行必要的反思,以便尽可能从总体上把握其真相和实际的运作逻辑。

---

① Bourdieu,P.1980b:258.

由此可见,研究布迪厄的语言象征性权力的概念,同时也是掌握布迪厄的方法论的过程。对于整个社会结构的分析,对于社会分析中的方法论的运用,之所以双双都紧密地同对语言的分析批判相联系,是因为社会整体的运作和研究社会的活动都是离不开语言的运用,离不开语言运用中的象征性权力的实际运作。布迪厄的社会研究的方法论,不只是克服和超越传统的主观主义和客观主义的对立,而且也是在研究过程中对于研究者本人和被研究的社会文化的语言结构的不断分析和批判。语言的象征性权力的展开和实施过程,既表现在政治哲学理论所要研究的社会结构和心态结构以及客观的象征性实践活动中,同时也表现在政治哲学家在研究过程中所遵循的基本方法论的实现过程。所以,在布迪厄的社会研究的方法论中,超越主观主义和客观主义的目标,同研究过程中不断地批判被运用的语言的象征性结构,始终都是同时进行的。

在布迪厄的政治哲学理论中,象征性实践是一个关键概念。如前所述,布迪厄把整个社会和心态结构看做是一种象征性的体系,因为它们都是靠语言的象征性交换活动作为中介和基本动力。人的任何社会活动都包含着一定的意义:这些意义可能是行动者所赋予的,也可能是行动者所处的社会历史条件所赋予的,因而行动者或行动参与者并不一定主观地意识到。而实践的各种意义,不管是实践过程中当场所要表现出来的,还是实践过程之前或之后所潜在地包含着的,总是靠语言的象征性结构负载着和加以表达,加以保存,加以积累,加以发展,甚至有时根据需要加以掩饰和适当地歪曲。这一切,决定了人的实际活动和实践的象征性。但是,另一方面,语言的象征性交换总是在人的实际活动中实现,也就是说,语言的象征性交换一刻也离不开实践。语言象征性交换同实践、同实际活动的既共时又连续的密切关联,决定了社会实际活动和实践的象征性。所以,布迪厄的"象征性实践"的概念,表达了极其复杂的社会生活内容和人类社会实际活动的性质。

具体地说,第一,象征性实践表明人类的任何社会实际活动都是离不开语言的象征性结构和运作逻辑,离不开语言的象征性权力的影响和运作。第二,人类的任何社会实际活动都是在同语言象征性权力紧密结合的条件下发动和开启的。第三,语言的象征性权力,随着实际活动的展开而在语言象征性交换活动中显示出来,并影响着实际活动的实现过程。第四,语言的象征性权力,经过实际活动的实现过程,经过实际活动中各种因素之间的互动和重构,有可能在实际活动的各种具体成果中沉淀下来,因而隐蔽地或潜在地包含着实际活动的结果。第五,语言的象征性权力,或者成为新的实际活动展开的一种新的激活能量,或者成为以往各种已经实现了的实际活动成果的形式而为新实际活动的展开提供必要的社会条件。在这种情况下,语言象征性权力又变成了不同阶段的实际活动和不同性质的实践活动之间的中介性环节,成为了联结社会整体各种实践活动的力量枢纽,也成为了社会整体各种实践活动的组织性和制度性的社会联结力量。第六,语言的象征性交换及其中的权力运作,不但构成社会结构和心态结构的二元同质双向互动的关系,而且也保障了此二元互动关系的不断象征化以及它们在象征性实践中的不断再生产。第七,语言的象征性交换及其权力运作,同时也促使本来已经象征化的象征性实践不断地自我分化和自我二重化,不但向社会结构和心态结构双向共时外在化和内在化,而且也使上述在社会结构和心态结构不同层面上的外在化和内在化过程,再度地二重化,并沿着这种自我二重化的逻辑,而实现象征性实践的继续自我分化,导致象征性实践的不断层次化、区分化、中介化和自律化。由此可见,语言的象征性交换及其中的权力运作,是当代社会象征性实践的不断区分化和自我区分化的重要基础。第八,语言的象征性交换及其权力运作,不但使语言中所隐含的极其丰富的意义结构得以在实践活动中发挥出来,成为象征性实践有目的的创造性活动的能力基础,同时,也使象征性实践同行动者的内在心态结构及其精神内涵相互联结和相互转化,使行动同思想以及各种意识、情感、习惯、品位、风格和秉性等因素形成双向互动关系,导致象征性实践本身变为心态结构的一种客观化和外在化的过程,也就是一种心态结构向外结构化的过程。但同时,这种心态结构在象征性实践中的向外结构化,实际上又是同一实践过程中的客观外在因素的内在化过程,也就是心态结构在新的社会条件中的"被结构化的过程"。第九,借助于语言象征性交换及其权力运作过程,象征性实践一方面遵循着被语言文字制度化和规范化的各种权力关系规定以及各种行动规则,另一方面又把实践过程中所遭遇和累积的新的社会经验和新的权力关系用语言文字加以规定化、制度化和规范化,并同时实现某种正当化的程序。从这个意义上讲,语言的象征性交换及其权力运作,又成为社会中的象征性实践的限制性的规定力量和条件,又是象征性实践为其本身的不断更新和不断创造的创造性力量和智能的源泉,成为象征性实践必须遵守的各种社会制度和规范的源泉。

由此可见,布迪厄在研究语言象征性权力的时候,正如他研究人、社会及文化的象征性结构时一样,最重要的,并不是象征及其结构本身,而是语言、社会和文化象征性结构的实际运作以及由此产生的一切与象征有关的复杂问题,也就是"象征性"(la symbolique)。正如布迪厄自己所说,重要的问题并不是研究"象征"的性质及其结构,而是深入研究"象征性实践"(symbolic practice),尤其研究象征性实践的"进入与出发、充实与虚空化、关闭与开启、联结与解脱等"①。

任何象征性结构都与人的实践有密切关系。这不仅是因为象征结构及其体系都是人的实践所创造的,而且其运作也是完全依赖于人的实践活动。所以,象征符号及其体系的生命力来自于人的实践。脱离了人的实践,任何象征性结构及其体系就只是一串毫无意义的符号,是没有生命也没有动力的纯粹符号的堆积。象征性结构包含了二元的对立关系,其中的一方总是同另一方发生互动,并通过这种互动而引起二元对立背后的新的二元对立关系。但是,象征性结构中的二元对立关系,不管是哪一个层次,都必须同人的实践活动发生关联,才有可能存在和运作起来。所以,象征性结构不过是人的实践活动及其创造力的一种存在形式和运作表现。正是从这个意义上说,象征性结构的运作就是象征性实践的基本形式。

在象征性实际活动中,具有象征结构的语言,集中地透过语言本身的运作,把语言中所包含的一切双重意义结构渗透和扩展到社会结构中去,

---

① Bourdieu,P.1990:21.

一方面,使社会和文化中原有的象征性结构及其复杂关系,进一步透过语言的象征性而再次双重化和复杂化;另一方面,又同时带动语言和社会象征性结构的不断再生产。上述两方面的不断复杂化过程,实质上就是象征性实践的中介化过程及其不断分化和不断更新。从这意义上说,"中介化"成为了语言象征性权力运作的主要过程,也是整个社会在象征性实践中不断复杂化和不断区分化的主要途径。当然,中介化过程是以语言和社会的象征性双重结构为基础,以权力和文化的相互渗透及其在语言中的象征化作为基本动力。

语言的双重意义结构,表面看来是各个历史时代社会共识的结果,但实际上是社会中权力斗争的产物和基本条件。意义系统的建构,一方面,是社会各阶层成员间力量较量的记录和结果;另一方面,又被社会中取得正当化统治地位的社会力量所利用,为他们的利益和权力再分配服务的象征性体系。

语言中的双重意义结构的重要性,正是在于它以自身的中介性环节为基础,为与其相关的一切因素的不断再中介化提供可能性。所以,象征性运作,也就是象征性实践,归根结底,就是中介化不断分化和再中介化的过程。而且,由于象征性运作中的中介化过程,为中介性因素的策略性运用提供了种种可能性,所以,中介化的象征性实践,就隐含着使用中介性因素的各种策略游戏。

象征性和中介性因素在策略游戏方面的特征,明显地表现在权力和语言的社会运用中。后期维特根斯坦曾经在《哲学的探究》(*Philosophische Untersuchungen*.1953)一书中,总结语言象征性运作中各种中介因素的策略游戏的社会意义,尤其强调语言的社会运用在语言研究中的中心地位。[①] 布迪厄正是从后期维特根斯坦的上述重要观点出发,进一步说明语言象征性运作及其与权力象征性运作的密切关联。布迪厄尤其集中地论述了语言象征性运作中意义双重结构的中介化过程,并把它同权力运作中的中介化过程关联在一起。正如他所说,语言象征性运作的重要性,

---

① See Wittgenstein,L.1968[1953]:4;8;137.

就在于语言运用中的中介性因素的策略意义,以及由此建构出的社会各事物的相互关联性。① 所以,从根本上说,语言象征性权力的实施过程,就是透过语言象征性运作而使社会中的权力网络演变成越来越复杂的中介性因素的策略游戏活动。

(五)语言运用技巧与权力策略的交叉

语言运用的技巧和权力运用的策略是紧密相联的。语言运用的技巧,就是如何说得好一点,使话语更有说服力,使话语的听众和文字的读者不但听明白所要表达的意义,而且能照说话者和写作者的意图去行动,使说话者、听话者和读者所处的社会世界能感受到最大程度的语言效果,并使这个社会世界能朝着说话者所期望的方向去发展。所以,语言运用的技巧已经包含了权力的运用及其效果。在这个意义上说,语言运用的技巧就是权力运作的策略。但是,另外,社会生活中的任何权力的运作,都是离不开语言的使用及其运用技巧。如何使权力发挥到最大限度,不可避免地要借助于语言、文字的威力,其中包括权力本身借由语言进行清楚的表达及其正当化论证,以及借由语言文字使权力的性质、地位、功能及运作程序而制度化。当权者甚至可以借助其优越的社会地位用语言发号施令,进行各种判决,强制听话者服从,实行某种"语言暴力"。

在语言运用的技巧方面,包括语词的选用、语句的委婉表达以及依据不同时空条件和不同对象灵活地运用语言的能力等。在社会生活的各个领域中,上述语言运用的技巧有千变万化的表现形式,不仅要求具备运用语言的才能和智能,而且也要求说话者本身的权力、地位、威望、组织能力和社会协调的能力等。

自古以来,在西方的文化传统中,一向重视语言使用的技巧。在古希腊,随着诡辩术和对话术的发展,当苏格拉底和柏拉图奠定西方理性主义和逻辑中心主义的基本原则时,就已经发展了一套修辞学和逻辑学的体系,以确保语言表达和运用能达到最大效果。无论是修辞学还是逻辑学,

---

① See Bourdieu, P. 1990:59-75.

都是教导人们以最大效力运用语言表达思想和意义,同时也运用语言巧妙地和强有力地组织人的各种行为,协调整个社会的秩序,调整人与人之间的关系。到了近代资本主义社会以后,理性化和逻辑化的程度空前提高,对于语言论述和话语的修辞学和逻辑学的要求也进一步提升了。近代各门学科的专业化发展,各种科学技术和知识理论的进一步分化,也使修辞学和逻辑学在各个专门领域中取得了特殊成果。这样一来,在近代资本主义社会中,不仅在一般的社会对话和语言运用方面,而且也在各个专门领域的语言论述方面,都要求越来越高的专门化的话语运用的技巧。这些语言运用技巧的一般化和专门化,随着资本主义的发展,在扩大和巩固一般社会领域和专门领域的权力分配和运作方面起了非常大的作用。

在一般的社会生活领域中,典型地表现出修辞学和逻辑学原则的语言运用的重要性。"委婉表达法"(euphémism)就是语言交换中尽可能使语词的含意婉转地表达出来,避免直接地和赤裸地表达意义。在"委婉表达法"中,表现了现代社会语言运用技巧的巨大的甚至是无限的灵活伸缩的可能性。"委婉表达法"实际上表现了处于激烈的权力斗争的社会环境中的人们,如何借由语言运用进行相互竞争同时也总结了社会权力斗争和复杂生活过程的基本经验。为了达到权力竞争的目的,人与人之间总是千方百计地运用"委婉表达法"等语言技巧,克制、说服、控制、诱惑、挑逗、欺骗、蒙蔽别人,同时又尽可能表现自己的威力和影响。为此目的,在使用"委婉表达法"时,既可以把一句话说成千百句不同的话,又可以把千言万语压缩成一句话来表达。总之,"委婉表达法"要求人们在社会权力斗争中,善于使用语言,善于进行各种语言游戏。

布迪厄认为,文化实践的象征性特征,尽管包含着许多因素,尽管有其复杂的原因,但最重要的和最具有决定性意义的,是语言及其社会应用所固有的象征性。在布迪厄看来,一谈到人,就一定要谈到在社会的网络中互动的人。而人在社会网络中的互动,人的一切文化活动,主要靠语言交换。语言交换的运作造成了一个市场网络。语言交换网络就是政治行动网络和权力运作网络以及社会区分化过程的象征性缩影。人与人之间的语言交换,就像商品交换市场一样,通行着一种类似于商品供求关系调整原则的语言交换市场的游戏规则。根据这类语言交换市场的游戏规则，说话者所说出来的"话"，如果要使听话者接受并使之按说出来的"话"去行事，就必须使这些"话"赋有一定的"分量"，如同商品必须赋有一定的价值一样。而且，不仅如此，还要考虑到"说出来的话"必须足以说服得了对话者，不仅使对话者明白和理解"说出来的话"的意思，而且又能当他面对同时出现的多种"话"时，掂量出唯有某句话是最有分量的和最有价值的，因而使对话者终于在语言交换市场中选用那句对他来说是"最有价值的话"，照这句话去办事或作出各种必要的反应。

布迪厄在谈及"论谈"（the discourse）在语言交换市场（the exchange market of linguistic）的交换价值及其有效运作的逻辑时，强调"论谈"所采取的"委婉表达"（euphémisme）的重要意义。在语言交换市场中，各种"论谈"的制造者和传播者，也同样为了在语言交换中得胜，而不断地设法"说得更好一点"、"表达得更好"、或"讲得委婉动听"。所以，"委婉表达"成为了社会生活中，必须通过语言沟通时所普遍采用的实际规则。谁在语言交换中懂得语言交换市场的规则，懂得每个特定的市场中供应各方的张力关系所呈现的比率，并在此基础上制定符合此种张力关系的论述或讲话策略，将自己说出的"论谈"尽可能适当地委婉表达，谁就在语言交换市场中获胜，其论谈便会成功地传播开来，因而这种论谈胜利的机会也会增多和增强，其象征性权力也不断加强。

人与人之间的语言交换就像商品交换市场一样，有一种类似商品供求关系的语言交换市场游戏规则，形成一种语言运用的场域。根据这类语言交换市场的游戏规则，说话者所说出来的"话"，如果要使听话者接受并使之依说出来的"话"去行事，就必须使这些"话"具有一定的"分量"或"价格"，如同商品必须具有一定的价值一样。而且，还要考虑到"说出来的话"必须足以说服对话者，使对话者明白和理解"说出来的话"的意思，而且又能当他面对同时出现的多种"话"时，计算出唯有某句话是最有分量的和最有价值的，因而使对话者最后在语言交换市场中选用那句对他来说是一句"最有价值的话"，照这句话去办事或作出各种必要的反应。"委婉表达"本身就是一种能力，一种在长期的语言交换中培训和总结出来的本领。这种本领必须在实际的语言运用中不知不觉地培养,同时又是同语言运用者的心态结构及其在语言使用中的具体变化相联系。因此,"委婉表达"除了表现语言运用者使用语词和语句的具体语言本领以外,还包含着它的日常生活和历史实践的经验,也包含着随着实践而逐渐培养出来的语言使用的特殊心态。所有这一切,一方面同长期进行的语言交换活动的主客观因素相联系,特别是同各种社会文化脉络相联系;另一方面也表现出"委婉表达"同语言交换中的权力斗争的密切关系。

布迪厄在"委婉表达"中发现"象征"具普遍性的"双重意义"结构(la srructure de double sens)。什么是"象征"具普遍性的双重意义结构呢?如前所述,一切"象征",都包含着双重意义的结构;或者,换句话说,一切象征都包含双重的意义:第一层的意义和第二层的意义;而每个层面的意义本身,又包含隶属于其自身的新双重意义。也就是说,象征的双重意义中又包含多层次的双重意义。象征的多层次双重意义结构,不仅使象征的意义结构具有无限模拟、转化的可能维度和领域,而且,也使象征的意义结构本身赋有永不僵化的运动动力和生命,具有可被想象的无限可能性,也具有潜在的再生和更新能力。

象征本身的本质特性,在于它不仅指示某物,而且也因为它替代某物而表现了某物。象征之替代及再现某物之功能,使"不在场"的事物直接地成为"在场"的。任何语言体系的双重意义结构都表现为语言表达和应用的双重性——它们的意义及其应用永远都是二元的:单义性和歧义性、准确性和模糊性、连贯性和中断性、一线单向性和共时多向性。所以,语言的象征在使用的过程中,可以在"指示"和"取代"两种功能中同时完成双重意义及其相互转化。由于上述"双重意义"本身又包含着更多层次的新双重意义结构,包含着一切现实的和可能的"双重意义",所以,"双重意义结构"成为了有无限可能性的新意义结构群,一旦与人的自我超越创造力相结合,就转变成产生和推进新实践的动力。这种例子可以在许多的访谈中发现,许多单一的话语在事后的分析将产生对当时指涉情境的社会结构的意义。同时,由于象征性实践都具有中介性的双重意义结构,并在这种结构中相互转化,所以,象征性实践都有同质的双重意义结构,而且,一切象征性实践的产物也像象征性实践那样采取双重意义结构。在这个意义上,不仅同一场域中,而且在不同场域中的各种象征性实践之间可以相互转化;一切象征性实践和其产物之间也可以相互转化;在实践过程中,象征性实践的产物之间,例如,政治经济制度及教育制度之间,同样可以相互转化。

(六)语言象征性权力的正当化性质

各场域的各种不同实践之间的相互渗透和相互转化,在人类社会中不可避免地面临社会阶级间的较量游戏和赌注性的竞争,也不可避免地必须通过社会范围内的正当化程序,前面的观点类似于马克思的社会先存观点,但是后者却是马克思所没想到的。布迪厄深入地剖析了社会阶级的较量游戏和赌注性争斗规则,并特别重视社会统治力量控制正当化程序的特殊过程,从中分析作为"市场"而运作的上述游戏和正当化程序。也正是在这个意义上,布迪厄把自己的象征社会学归结为政权社会学,旨在凸显对权力象征性运作的分析的关键地位。[①]

布迪厄有关象征体系双重意义结构及其同构型关系的理论,就是研究象征性实践的语言游戏运作模式的基础。布迪厄的研究发现,不会说官方语言的少数民族,仍然确认官方语言的合法性与权威性。这种确认,布迪厄说,"不是出于胁迫,而是出于鼓励",人民既非被动地顺从,也没有选择不接受的自由。这正是符号宰制的精妙所在。[②] 一切真正的政权,都是作为象征性权力(symbolic power)而起作用的——它们很矛盾地在否认中找到自己的缘由。布迪厄对政权的上述矛盾性的分析是很深刻的。在他看来,政权并不是简单地和任意地发出强制性规定,而是通过一个独立的政权发出的。布迪厄特别强调,政权的被承认和合法化过程,在表面看来是很少带有外力强制的性质,也尽量不带有物体的、经济的、政

①　See Bourdieu,P.1992:35-36.

②　See Bourdieu,P.1991:14-16.

治的或情感性的性质;与此相反,政权的合法化往往借助于合法竞选活动中各种特殊化的理性,显示出其合法性的"真实的"、"诚实的"和"不偏不倚的"等性质。在政权的合法化过程中,统治者总是玩弄一种布迪厄称之为"循环因果性"(la causalité circulaire)的逻辑,使合法化的确立始终都与一种客观的"自律性"(autonomie)相联系。

　　在布迪厄看来,为了确立政权的合法性,掌权者往往借助于已被承认的、作为法定的"祝圣者"(consécrateur),使掌权者之"被祝圣"获得象征性的合法有效性。因此,权力的正当化实际上就是一种"圣化"或"祝圣"(consécration)过程。① "祝圣者"越是显示出其对于"被祝圣者"的独立性,"被祝圣者"的合法性越有成效。② 因此,当被祝圣的制度、机构或个人,与祝圣者的物质关系、利害关系或象征性关系达到看不见的程度,当祝圣者本身的地位达到被广泛承认的时候,被祝圣的制度、机构和个人的权力,就可以达到合法性的顶峰,具有强大的社会效力。也就是说,当掌权者在行使权力时,越运用委婉的形式,越让被宰制者感觉不到权力的运作,或者是让被宰制者感受到当权者的恩泽广被,则这样的一个政权运作会更具有合法性与有效性。所以,一切的政权为了继续存在下去,必须设法使其自身合法化,必须设法让别人看不到其自身的任意性——即使这任意性本来就是其自身真正的基础。透过各种多元的、相互竞争的政权之间的斗争,进行着正当化和合法化的合法原则的选择和实现过程,同时也为统治基础的合法再生产确定最好的方式。从这里可以看出,布迪厄是特别重视"象征化的功效性"(symbolic efficiency),并把它看做是正当化和合法化颁布者的某种自律性的重要条件。这种象征化功效性的作用,就在于使政权的行使权加以"合理化";给政权掩盖它"自己替自己祝圣"的面目,掩饰其自己的任意性,披上"得到承认"的外衣。如果说随着社会的发展,政权的合法化过程变得越"公正"的话,那只是意味着掌权者采取了越来越复杂,越曲折的"合法化循环"罢了。

---

①　See Bourdieu, P.1989:549-550.

②　See Ibid.:550.

布迪厄指出:"统治必须使自身得到承认,也就是说,它要使自身被承认和被认识成为它自身以外的其他事物。统治要成为统治,必须首先被看做是非统治。所谓'统治者是统治的人'这句同语反复不过起着宣告作用。统治者如果自我招认,就接近自我毁灭。因此,统治要通过非统治的被确认,才能真正得到巩固。这就是说,一切真正的政权,都是作为象征性权力而起作用的,他们很矛盾地在否认中确立自己的原则。"①

布迪厄对于政权正当化的上述矛盾性,作了很深刻的分析。如前所述,政权的正当化势必导致政权对于它的被确认过程的封闭化。具体说来,为了确立政权的正当性,掌权者往往借助于已被承认的,作为法定的"祝圣者",使掌权者之"被祝圣"获得正当化的象征的有效性。"祝圣者"越显出其对于"被祝圣者"的独立性,越表现同"被祝圣者"的无关联性,也就是说,"祝圣者"和"被祝圣者"之间的关系越远,那么"被祝圣者"的正当性就越有成效。然而,不管"祝圣者"和"被祝圣者"之间的关系有多远,两者之间实际上存在着循环性的相互祝圣。这就使一切正当化过程免不了呈现出"循环因果性逻辑"。聪明的统治者,总是要把这种"祝圣"和"被祝圣"之间的循环过程变得更远一些和更隐蔽一些。布迪厄以拿破仑称帝的正当化为例,指出拿破仑在欧洲国家的范围内,选择了教皇这位占据圣位的统治者作为"祝圣者",以达到使自己的"被祝圣"的地位正当化的目的。表面看来,教皇是在法国领土之外最具权威的祝圣者,因此给人的印象似乎是拿破仑与教皇之间没有直接的利益关系,而且教皇具有客观的权威性。但实际上,当时的教皇仍然是在拿破仑的威胁之下维持其地位。因此,拿破仑称帝的正当化过程正好体现了上述循环的因果性逻辑。

"有权威者"越是显示出其对于与"被赋予权威者"的独立性,"被赋予权威者"的合法性越有效。因此,当"被赋予权威"的制度、机构或个人,与"权威者"的物质关系、利害关系或象征性关系达到看不见的程度,

---

① Bourdieu,P.1989:549.

当"权威者"本身的地位达到被广泛承认权威者的时候,"被赋予权威"的制度、机构和个人的权力,同时也就达到合法的顶峰,具有强大的社会效力。也就是说,当当权者在行使权力时,越运用委婉的形式,越让被宰制者感觉不到权力的运作,相反地,或者是让被宰制者感受到当权者的恩泽广被,则这样的一个政权运作会更具有合法性。所以,一切的政权为了继续存在下去,必须设法使其自身合法化,必须设法让别人看不到其自身的意图性——即使它本来就是有其本身真正的意图。透过种种禁止与允许、限制与核准种种双重意义的原则,进行被统治者的合法性管理,同时也为统治者的统治基础合法性确立。从这里可以看出,布迪厄是特别重视"象征化的有效性",这种象征化的有效性的作用,就在于使政权行使者加以"合理化",给政权掩盖那种"自己为自己赋予权威"的真实面目,掩盖其自己的意图性,披上"被承认"的外衣。如果说随着社会的发展,政权的合法化过程变得越"公正"的话,那只是意味着掌权者采取了越来越复杂,越曲折的"合法化循环"罢了。

(七)官方语言正当化与统治权正当化

为了说明语言的象征性权力性质,布迪厄首先从正当化语言和法制的论述开始分析。这是因为在正当化语言和法制的论述中,典型地表现了语言的象征性权力的功能。布迪厄指出:"人们永远不应该忘记:由于语言的源生性的(generative)和本原性的(originative)无限能力——这种能力一方面产生语言本身集体地被承认的观念,另一方面也产生使其本身得以存在的能力。因此毫无疑问,语言也就成为了绝对权力的一切梦想的主要支柱。"[1]

布迪厄认为,一种宰制性语言的统一化有其漫长的时间历程。首先出现的是宰制语言的建构,即一个官方语言的建构(constructuration);也就是一个成熟的文字化的语言的确立,并赋予其一定合法性地位,使其成为一个国家的合法的强制性语言。在经过合法化之后,经过市场性的运

---

[1] Bourdieu,P.1989:42.

作及通过日常生活的实践后,这样的一个官方语言会成为一个一般化(generalization)的语言,也就是成为日常生活中一般沟通的普遍性符号体系。在经过这样的一般化之后,这样的官方语言就完成了统一化(unification)的过程。他说:"一般化是市场通过象征性物品统一化过程的一个面向;它总是伴随着经济上和文化生产及流通的统一化过程。"①他同时认为在这样一般化的过程中,经济与符号的物质的流通过程,将会不断地淘汰已经过时的生存心态和社会制约条件。②

以这样的观点看来,只有当官方语言成为日常生活的"不经意"的"无意识"的实际使用语言,并且人们又不会察觉这样的语言是否为其母语时,宰制语言的一般化才算完成。

对宰制阶级而言,语言的合法化并不是目的。宰制的目的在于,借助这样的过程,让语言的市场和语言生存心态烙印在每个人的生活中,让自己的资本通过正当化语言的运用而成为市场中的宰制者,让每个人的语言生存心态符合自己的生存心态,继续维持自己的宰制地位。只不过,这个时候的宰制是通过物质和文化的产品,通过其控制资本继续统治,以便在优势的环境中继续区分自己又区别别人,使自己成为高阶者。

历代的统治者为了统一其领土和管辖区,为了加强其统治权,往往制定和实行统一的官方语言政策。官方语言,不同于任何方言和地方土语的地方,就是它从占统治地位的制度和法制中,取得了在全国范围内推广其密码体系和规范的依靠力量。对于统治阶级来说,他们很清楚:为了加强统治,并贯彻执行他们的政治权力,必须在他们统治的领地内统一语言。为此,由官方所认定的"专家"制定统一的语言规范,靠行政管理系统和其他国家权力机构的优势,特别是靠由国家控制的教育机构,强制性地向全国推广"标准化的"官方语言。"官方语言是一种密码(code)——它一方面用来解开声音同意义之间的同一关系,另一方面又是协调语言

---

① Bourdieu,P.1991:50.

② See Ibid.

实践的规范体系;这样的官方语言是由具备写作权威的作家们和知识分子生产出来的,也是由负责反复灌输其熟练性的合法教师和语法学家们所确定并密码化的。"①

因此,从一开始制定到其贯彻过程,官方语言始终是掌握在政治权力的垄断者手中。正如布迪厄所说:"官方语言,无论是它的形成或者是它的社会运用,都是同国家连接在一起的。"②官方语言的建构完全是为了建立一个统一的语言市场,它是建立国家的过程中必不可少的统一程序。在国家统治的范围内,所有的官方机构和官方活动场所,例如学校、公共行政部门、政府机构等,都通行着这一种官方语言,并成为社会各个领域和各个部门的各种专门性语言的典范,一方面为这一些地方性和专门性语言提供语言方面的统一规范,另一方面又便于统治者直接和统一地发布其政策和法令,也为执行这些政策和法令提供正当的和方便的语言手段。同时,官方语言的建立也为统治者惩罚一切违反官方语言规范的言语行为提供了语言学方面和法制方面的根据。同这样的官方语言政策相伴随的,是一系列以官方语言为标准来衡量的官僚升迁制度、法制执行和监察制度以及其他社会文化制度等。显然,在官方语言的标准和运用中,就已经渗透和隐含着象征性的权力。

官方语言的象征性权力表现在:第一,以语言密码和规范所建构的官方语言本身,就是官方权力自我正当化在语言系统中的浓缩和沉淀物。如前所述,官方语言的建立和执行,本来就是在官方统治者掌握权力的前提下,支配那些有学问的"专家"和教师们,强制性地靠官方统治机构向全国各地进行的。官方语言体系实际上就是这些强制性的过程的产物和浓缩品,因此在建构起来的官方语言体系中,其表现出来的权威性力量就是借用语言这种象征性的符号体系所表现出来的权力。第二,掌握和使用官方语言,就意味着潜在具有发挥统治权力的可能性。如前所述,由于政府鼓励和推广官方语言,同时政府的一切政策和法令及其统治程序无

①　See Bourdieu,P.1991:45.

②　Ibid.

不是借助于官方语言这个统一的手段,所以,官方语言的掌握和运用,借助于它同官方正当化的法律、道德和其他制度的相互渗透关系,已经包含着享用这些法律、道德和其他制度的权力的可能性。凡是掌握官方语言的人,在该官方语言通行的范围内,就具有某种潜在的权力优势;官方语言掌握得越熟练、越精致,掌握潜在的权力优势的可能性就越大。另外,官方语言作为记录、概括和诠释一切官方经验及其政策的正当化语言手段,连同政府制定的法令和法制以及规范,构成了国家统治领域内一切言行的正当化的衡量标准。在这个意义上讲,官方语言同法令等各种强制性的规范制度连接在一起,又成为了一种象征性的权力。第三,官方语言成为了一切知识论述和科学技术专门词汇体系的正当化表达手段,进一步使那些掌握知识和科学技术的专门人才具有特殊的和占优势的象征性权力。加上国家和政府机构在全国范围内采用以官方语言为基础的教育制度和人才评判制度,使官方语言的使用也隐含着知识和科学技术的象征性权力。采用官方语言的各种学术性和理论性词汇,是经不同学科和不同领域的专家和学者们精心加工和分类,变为只有越来越少的特种知识的特权分子所垄断的专门化语言。这些专门性的学术理论词汇,无论是其制造或使用范围,都是由不同领域内的少数掌握正当化权力的权威分子所垄断。因此,词汇越是专门化,越为极少数特权专家所掌握。至于社会科学的各种专门词汇,更是同统治集团的权力和利益的分配相联系,同时又是同现实和未来的社会空间的分隔和统治方向相联系。在布迪厄看来,在社会科学领域中,各个学科的专家们之间的斗争,表面上是某种学术性和理论性的争论,但实际上就是为了维持和改造社会世界,同样也为了维持和改造关于这个社会世界的观点及其区分原则。更确切地说,任何社会世界的区分状况及其区分原则,始终都是某种经过社会科学家精心制作的区分原则及其正当化的社会复制和结果。这些原则在现实的社会区分和阶级差别的运动中,又经国家的干预而逐渐内化成各阶层的心态结构,并在社会制度中外化。上述社会科学领域中各种专家之间的理论和学术斗争,不过是维持和改造社会世界的区分及其区分原则的象征性斗争。布迪厄指出:"有关社会世界的观念的生产,事实上始终是从属于征服政权的逻辑。"①因此,用官方语言所表达的各种专门性学术和理论词汇,尤其是社会科学的专门词汇,表达和浓缩了以国家权力为背景、以社会区分和权力分配为脉络、为少数专家们所垄断的各种知识领域中的象征性权力。第四,一切占统治地位的意识形态都是采用统一的官方语言表达和传播的。在这个意义上说,官方语言中也隐藏了占统治地位的意识形态的象征性权力。第五,官方语言的训练和掌握过程,同正当化的政治、道德和文化规范的教育紧密地平行进行着。这就使一个国家范围内统治者和被统治者的心态结构的建构和巩固过程,同官方语言的培训和教育过程紧密相联。官方语言同心态结构的密不可分的关系,也使官方语言的象征性权力在不同阶层的不同心态结构中表现出来。这一现象,也导致整个社会语言运用方面的心态结构的区别及其相互争斗和较量,造成了整个社会语言交换市场中的象征性权力斗争的一个重要方面。第六,由官方语言所统一建构的语言交换市场为语言资本的竞争创造客观条件,而语言资本的竞争,在社会的语言交换市场中,往往是维持或扩大其他各种资本的重要条件。在文化高度发达的资本主义社会中,政治资本、经济资本、文化资本和社会资本以及表现声誉地位的象征性资本,都是紧密地同语言资本相联系。各类资本都要靠语言资本作为中介而同整个社会和文化生活发生联系,各类资本之间也要靠语言资本进行交换。布迪厄指出:"语言的社会运用具有它们的特有的社会价值,是因为它们试图在复制的区分体系中,在带有偏向性的区分的象征性秩序中,组织和建构社会区分的体系。"②第七,官方语言的建构和推广同文学场域的权力斗争有密切关系。布迪厄指出,文学场域,不仅关系到官方语言的各种语法建构规范,而且也关系到一系列标准文风的建构。两者都同语言使用者的生存心态密切相关。因此,文学场域中的极其复杂的象征性权力斗争也不同程度地表现在官方语言的象征性权力结构中。文学领域中的权力斗争关系到不同作家们使用词汇和句型的能力,同时,更重要

---

① Bourdieu,P.1991:181.

② Bourdieu,P.1991:54.

的,关系到这些作家们调整日常语言和官方语言的关系、概括官方意识形态词汇的内容以及用语言完成正当化程序的能力。所以,布迪厄指出:"作家之间有关写作的正当化方式的斗争,通过它们的存在和表现,一方面,用于生产正当化语言界定正当化语言同日常语言的间距;另一方面,用于生产官方语言本身的正当性。"①第八,要充分估计到语言场域的动力学意义。在布迪厄看来,隶属于语言场域斗争的官方语言正当化过程,对于整个社会和心态结构的生产和再生产具有重要的意义。这不仅是因为语言有助于在时间上持续维持和巩固占统治地位的社会秩序和文化价值体系,而且也有助于在空间上不断扩大它们的影响。更值得注意的是,语言资本的积累和传递在很大程度上要通过教育制度和机构的中介化,因此,也有可能通过世代相传的历史过程不断加强语言场域的权力斗争对于整个社会的影响。

语言交换活动,作为语言应用者之间的沟通关系,是对于沟通符号的密码化和译码,因而也是关于产生和运用这些密码系统的能力的一场力量斗争,同时也是以一种特殊的象征关系而进行的权力斗争。这场象征性的权力斗争,类似于经济领域的市场斗争,同样取决于斗争相关各方所掌握的资本及其支配资本的能力。如果说在经济市场领域中,交换的过程和结果,取决于市场中所流通的资本总量及其走向,取决于各个交换者个人所握有的具体资本的内容和使用这些资本的能力,包括运用这些资本在流通关系中的特征而采取的策略原则,那么,在语言市场交换中,交换者的语言资本,作为一种象征性的关系总和,作为赋有转换能力的二元结构体系,在交换过程中,就显示出各个语言资本的掌握者使用象征性符号的特殊能力和各种复杂的无形策略力量的智能。如同经济市场会导致利润的增值和减少一样,语言交换市场也会产生各种象征性的利润的争夺,在语言交换市场中,发出语言符号不只是对于符号的理解和译码能力的考验,同时也是掌握符号财富和符号权威的标志。所以,在沟通过程中,符号的交流不只是信息的交换,更重要的是语言使用者的财富和权威

---

① Bourdieu,P.1991:58.

的象征性比较。

在语言交换市场中,遵循着价值交换的特殊规则。布迪厄指出:"说话的价值取决于权力的关系,这个关系是在说话者的语言能力的比较中具体地建立起来;而这种说话能力,一方面是他们生产语言符号的能力,另一方面又是他们把握和评估这些符号的能力。换句话说,这一切决定于被卷入到语言交换中的各种行动者,究竟有没有能力向整个市场强制性地发布有利于其推销之产品的评判标准。这样的能力并不是单靠语言方面就可以决定的。毫无疑问,语言能力之间的关系,作为整个社会区分的生产能力,标志着由社会决定的语言单位的生产的区分状况,而作为把握和评估的能力,它又决定着客观的市场状况。所以,语言能力之间的关系,就有助于决定在一种特殊的语言交换中所取得的价格形成规律。但是权力的语言关系并不完全决定于占优势的语言力量。实际上,通过被说出来的语言、通过使用这些语言的说话者以及通过掌握相应的语言能力的群体,在权力的语言关系中,整个社会结构就在每一个互动中在场出席而表现出来。"①

由此可见,语言交换市场的价格规律以及竞争的结果,既决定于交换者的语言能力及其运用这些能力的程度和策略,又决定于这些交换者所处的整个社会结构和权力关系,特别是决定于这些交换者本身所掌握的权力和资本的种类、数量,以及它们应用这些权力和这些资本的本领。

语言交换市场的价格规律是不断变动的,这决定于不同的语言交换市场的结构和力量关系,决定于交换过程中各种力量的协调过程及其结果。在语言交换市场结构中具有重要影响的两个因素,一方面是官方语言及其国家力量对于整个交换市场的干预和控制,另一方面是具有特殊功能和意义结构的"后设论述"对于各种论述的绝对统治关系。

当官方的政权和组织力量通过官方语言的使用干预交换市场的时候,上述客观存在于交换市场中的结构和力量关系以及各因素间的协调过程,都受到了相当大程度的影响,因而它们也就减少或失去了其本身原

---

① Bourdieu,P.1991:67.

有的影响力。这时候,就好像掌握国家金融财政和经济力量的中央银行直接干预日常自我调整的金融经济市场一样,官方机构通过官方语言对于语言交换市场的干预,就带有强制性地改变着市场本身斗争的结构和走向。所以,决定着语言交换市场中占主导地位的价格评判标准,是社会和市场中的象征性权力关系的评比结果。但是,这样一种评比结果,在很大程度上决定于它们所使用的语言和论述究竟在多大程度上表达了社会公权力的权威和社会语言能力。在一般情况下,语言交换市场越具有官方的性质,越具有法制和正当化的性质,官方象征性权力的干预就越大,而交换活动中价格交换和权力比较的程度,就越决定于占统治地位的官方权力。

布迪厄关于语言象征性权力的基本概念,不但进一步推动了20世纪60年代以来所发生的"语言学的转折",而且也深入研究了当代社会极其复杂的权力结构。因此,布迪厄关于语言象征性权力的基本概念,不仅在理论上,而且也在实践上总结了近半个世纪以来西方社会和西方文化的重大变化。

然而,布迪厄的上述概念对于当代西方社会的权力运作逻辑的分析,仍然有相当程度的模糊性。他试图以"相关性"理论说明西方当代社会权力运作中的复杂问题,但是,"相关性"理论又使西方社会中各个重大问题联结在一起,甚至纠结在一起,不但没有能够得到厘清,反而进一步使问题复杂化。他试图批判和克服传统理论对于西方社会的权力分析中的片面性,但他本身所提出的新理论并未如其所愿地克服上述片面性,毋宁说以一种新的片面性取代旧的片面性;或者,布迪厄只是以一种新的相对论取代旧的传统理论。

关于语言和权力的关系,是一个非常复杂的问题。布迪厄把这个问题提出来并加以重点地研究,这对于研究当代社会和当代文化,对于处在世纪末激烈转变中、探索新出路的人类文化来说,是有重要意义的。但是,语言和权力的关系问题,并不一定构成当代社会和当代文化重建的唯一关键问题。为了真正地全面分析当代社会的问题,为了探索人类文化的重建问题,仍然需要在布迪厄所提出的问题之外,以开放的态度进行多方面的试探和多元的探讨。在这方面,布迪厄的研究只是为我们提供了一些重要的,然而是有限的启发。

第十二节　雷蒙·阿隆

雷蒙·阿隆(Raymond Aron,1905—1983),一位具有特色的法国自由主义政治哲学家。第一,与美国自由主义思想家哈耶克(Friedrich August von Hayek,1899—1992)不同,他对公民应当享有的符合社会正义原则的平等权利,非常重视;但他又与马克思主义保持一定距离;第二,阿隆深受以韦伯(Max Weber,1864—1920)等人为代表的新康德主义的影响,将康德(Immanuel Kant,1724—1804)的批判原则贯彻于政治理论研究中;第三,阿隆继承由德国精神科学理论家狄尔泰(Wilhelm Dilthey,1833—1911)所奠定的新历史主义哲学的基本原则,在历史脉络中批判地考察国家理性;第四,阿隆继承法国由孟德斯鸠(Charles Louis de Secndat Montesquieu,1689—1755)和本雅明·康斯东(Benjamin Constant de Rebecque,1767—1830)、托克维尔(Charles Alexis Clérel de Tocqueville,1805—1859)以及埃利·哈列维(Elie Halévy,1870—1937)等人,所坚持的法国自由主义政治理论,再加上英国洛克、休谟及米勒等人的自由主义思想;第五,阿隆发扬杜尔凯姆(Emile Durkheim,1858—1917)及韦伯等人的社会学传统,将政治研究与社会学观点方法结合起来;第六,阿隆积极参与现实的社会政治活动,也干预各种社会运动,同时又充当媒体传播事业的编辑和记者,对时局进行不间断的评论,发表个人的见解,产生了广泛的社会影响。

在当代法国思想和政治舞台上,阿隆与萨特扮演了各自独特的历史角色,以他们自己的独有风格,尽到了他们作为思想家和知识分子的职责,不仅为20世纪文化事业和思想创造活动的繁荣,作出了卓越的贡献,而且也以积极的态度,时刻关怀着整个20世纪的政治生活,深切关注他们生存于其中的社会历史事件以及人类所可能遭遇的政治命运。

为了深入研究阿隆的政治哲学思想特征,我们首先试图集中分析他的意识形态理论,并结合他所表现的政治态度,揭示他的意识形态及政治态度的历史基础和个人特质因素,指出他的意识形态的基本特征。其次,我们主要集中就他的自由观深入研究他的政治理念。最后,我们试图深入分析阿隆的政治态度,更具体地揭示他的意识形态的性质及其与萨特争论的社会历史意义。

我们所探讨的意识形态问题,是就该范畴的最广泛意义而言的。也就是说,我们把意识形态当成是任何一种系统化的思想观念结构或论述体系,是思想家个人,结合他们所生活于其中的整个社会历史环境的特征及需要,进行思想加工的理论成果。在这种情况下,不管它采取什么形式,也不管通过什么样的逻辑规则,是通过综合、分析,还是借助于推理过程,任何意识形态,总是或多或少经历相当长和相当曲折的加工、提炼、伪装、修饰、扩张、增殖和传播的过程,并在此过程中,在特定的社会力量对比的张力网络中,会同这样或那样的社会集团、阶层或势力,发生特定的联系。也就是说,从本质上讲,意识形态都是非天生和非自发的思想意识体系。而且,任何意识形态的加工和扩展过程,又不可避免地遭受其所处的社会环境客观力量的渗透和影响。任何思想家或理论家个人,哪怕是具有特殊才华的思想家,不管他本人意识还是未意识到,都不能脱离其所处的社会力量的影响,他也切不断同特定社会势力的实际关系。因此,在社会的意识形态斗争中,属于这样或那样意识形态的思想家,也不知不觉地为社会的某一个阶级势力说话,表达它们的意图,维护它们的利益。

所以,意识形态的形成、实施、扩展和自我异化过程,一方面需要思想家个人和社会特定集体的力量,另一方面又要借助于社会历史的条件。正因为这样,意识形态不但必定含有加工者的意图和意愿,而且也卷入了无形的社会历史力量本身。尼采在分析西方知识论述中所隐含的"知识的意愿"的时候,指出:任何真理,实际上都是一种知识的意愿。为此,福柯很赞赏尼采,并在他关于"性论述"的考古学中,强调指出:首先,各种知识无非就是某种"发明"(Invention);在它背后,隐含着根本不同于知识的东西,即各种来自创作者个人以及社会历史整体的本能、冲动、欲望、恐惧以及夺取意愿的游戏。知识就是在上述因素之间的相互斗争的舞台上产生出来的。其次，知识并不是上述因素之间的协调和愉快的均衡的结果，而是它们之间的相互憎恨、它们之间可疑的和暂时的妥协以及它们随时准备撕毁的脆弱协议的基础上建构起来的。知识并非一种永久性的功能，而是一个事件，或者是一系列事件。再次，知识始终都是用来服务的，是为一定的目的效劳，因而具有明显的依赖性和带有浓厚的利益关系。知识并不是为了它自身的利益，而是为那些占据统治地位的力量的利益服务。最后，知识的所谓"真理性"，是由它本身规定真假标准的原初的"伪造游戏"（jeu d'une falsification permière）所制作出来的；而且，这种真理性也要靠伪造游戏的不断重复和更新，才能维持下来。①

在这种视野中，意识形态本身，尤其被当成资本主义近代文化的产物，因为只有到了资本主义时代，思想体系同社会力量之间的紧密关系，才能采取更加复杂的"理性"和"公正"的形式，以更加有利于占垄断地位的社会政治经济势力的趋势，迅速地自我增殖和自我再生产。它伴随着资本主义的发展过程，在不同的历史阶段，一方面由于社会历史条件的差异，另一方面也由于制造意识形态的不同思想家个人的素质及其特定社会环境的复杂影响，采取了不同的具体表现形式，表现出多样的历史内容。

阿隆对于自己同萨特、梅洛-庞蒂等人的意识形态分歧，也不打算从狭窄的个人关系的角度进行分析。阿隆说："第二次世界大战后法国知识分子在对待马克思主义的问题上发生了根本的分歧。萨特甚至这样写道，马克思主义已经成为我们时代不可超越的哲学和我们的思想的不可避免的视阈。但我的许多文章，特别是《知识分子的鸦片》，既不是由于好战，也不是由于单纯否弃斯大林主义的罪行。"②

阿隆与萨特的意识形态差异以及他们之间的争论，构成了20世纪西方社会整体的意识形态结构及其历史内容的一个重要组成部分，也成为

---

①　See Foucault, *Dits et ecrits. II.* Paris. 1994：240-245.

②　Aron，" Ma carrière." In *Raymond Aron 1905—1983. Histoire et politique. Textes et témoignages.* Paris：Commentaire Jullard. 1985：518.

法国政治哲学史的一个重要内容,表现了当代西方意识形态的特征,也在很大程度上,反映了西方社会的内在矛盾及其文化乃至于整个世界历史环境的特征。

值得注意的是,阿隆和萨特对意识形态的态度,并不是一致的;而且,阿隆本人也不把自己的自由主义说成为意识形态。阿隆只是把各种形式的马克思主义以及他称为"左派"的政治理论,归结为意识形态。因此,在阿隆的《知识分子的鸦片》、《民主制与集权制》和《想象的马克思主义》等书中,特别把当时苏联斯大林政权的"官方理论"以及萨特和梅洛-庞蒂等人的"存在主义的想象的马克思主义"或阿尔杜塞的"结构主义的想象的马克思主义"等,称为意识形态。

而且,阿隆还强调:意识形态,不管采取什么形式或具有什么内容,都是"昙花一现"的,是寿命不长的;它们往往是像走马灯一样,像流行文化那样,以短暂的时间,不断替换地出现在社会舞台上。他认为,在多政党的宪制国家中,意识形态固然可以多元地存在,但它们永远不会占据统治地位,更不会获得垄断地位;只有在苏联那样的极权主义的国家中,它们才能占优势、具有控制权或甚至垄断一切政治力量。所以,阿隆往往以讽刺的口吻,或以贬义的方式,使用意识形态这个概念。

问题在于,阿隆本人不愿意让自己的理论成为意识形态,并不等于他可以脱离特定社会历史条件进行理论研究。阿隆本人在谈到他的政治理论和具有明显政治色彩的历史哲学时,也不得不承认:他的理论和方法,总是同社会和历史环境以及他本人的某种难以避免的偏见联系在一起。正是从这个意义上说,阿隆的政治理论以及他对政治事件的评论,带有意识形态的性质。阿隆自己在谈到他那来自德国历史哲学的历史诠释原则时,明确地承认:他是一位双重的相对主义者:一方面认为历史知识具有相对性,另一方面强调价值的相对性。[1]

阿隆在谈到他的《历史哲学导论》时说:"我力图以我的独特方式,分

---

① See Aron, "Ma carrière." In *Raymond Aron 1905—1983. Histoire et politique. Textes et témoignages.* Paris; Commentaire Jullard. 1985; 517.

析对历史的理解(la compréhension)、历史因果性的限制、历史著作诠释的多元性以及历史本身在其重建过去时所扮演的角色。也就是说,历史学家是扎根于他自身的地位、他的集体以及他的时代。"①而且,阿隆特别欣赏韦伯所提倡的那种"历史中的人"(l'homme dans l'histoire);也就是说,阿隆主张像韦伯那样,作为一位在历史中生活和思想的人,要时刻履行作为一个人,作为一个知识分子的责任;这个责任心,就表现在理性地作出"抉择"(le choix)和作"决定"(la décision)。②

正是因为强调了理性抉择和决定的重要性,阿隆在分析托克维尔(Charles Alexis Clérel de Tocqueville,1805—1859)的社会学理论时,特别指出了"一切理论,都在其理论中包含了规范的因素"③。规范,什么规范? 当然是理性的规范;但是,什么样的理性规范,在不同的人和在不同的具体环境下,就有不同的分别。阿隆和他所赞赏的托克维尔,都强调经验分析不可能完全地脱离价值判断。

所以,遵循理性的原则,阿隆的意识形态和政治判断,仍然难于避免一定的主观性和社会倾向性。阿隆意识到自身理性选择的偏颇可能性,所以,他承认自己毕竟不能达到完全的客观中立。

阿隆所崇尚和奉行的,既是传统的,又是他独特的自由主义;这是以德国古典历史哲学和现象学为方法论基础,总结以孟德斯鸠(Montesquieu,1689—1755)、贡斯当(Benjamin Constant de Rebecque,1767—1830)、托克维尔及哈列维(Elie Halévy,1870—1937)为代表的、自18世纪以来所形成的法国传统自由主义路线的基本原则,再加上英国古典自由主义的思想精髓,在20世纪的具体社会历史环境中的实际政治经验的反复验证的基础上,所建构和不断改进的自由主义。

阿隆本人,在逝世之前九个月左右,即1983年1月6日,亲笔写了只

①　See Aron, "Ma carrière." In *Raymond Aron 1905—1983. Histoire et politique. Textes et témoignages.* Paris:Commentaire Jullard.1985:517.

②　See Aron, *Le spectateur engage. Entretiens avec Jean-Louis Missika et Dominique Wolton.* Paris. Julliard.1981:408.

③　Aron, *Dix-huit leçons sur la société industrielle.* Paris.Gallimard.1962:563.

有几页的简短笔记,终结了他的学术生涯。这段在他逝世后以"我的生涯"(Ma carrière)为题而发表的笔记,清晰地勾画出阿隆的思想历程轨迹。阿隆在笔记中开宗明义宣布:"我的生涯分成看起来相异质的两大段:在战前,两本论述德国思想(关于社会学和历史理论)的著作以及一本题名为《历史哲学导论》的书。这三本书都带有来自两大影响的标志,一个是新康德主义,另一个是现象学;而第一个影响比第二个更明显。"①阿隆所说的康德主义,主要是指新康德主义者卡西勒(Ernst Cassirer,1874—1945)、文德尔班(Wilhelm Windelband,1848—1915)、李凯尔特(Heinrich Rickert,1863—1936)以及韦伯(Max Weber,1864—1920)等人,他们在文化哲学、政治哲学和历史哲学方面取得了显著的理论成就,给予阿隆很大的影响;尤其是韦伯,他在哲学、社会学、历史学和政治学方面的著作,几乎成为阿隆从事进一步研究的主要参考书。而在现象学方面,阿隆主要是指胡塞尔和海德格尔。

谈到阿隆的思想中的德国哲学根源,实际上还包括马克思。阿隆在20世纪20年代就读于巴黎高等师范学院时,马克思主义通过法国工人运动和社会党的社会主义政策,对法国社会和文化生活产生了很大的影响。当时担任巴黎高等师范学院校长的谢列斯丁·布格列(Celestin Bouglé,1870—1940)本人就是一位社会主义者。布格列在校内建立法国工人运动档案室,在阿隆毕业之后,布格列委派阿隆担任该档案室主任。当时的阿隆,出自对社会正义的向往和支持,曾经在一段时间内,站在社会主义一边。除了政治思想方面的影响以外,马克思还在社会学理论方面,对阿隆产生影响,阿隆在他的早期关于德国社会学理论的导论中,就以较为详尽的内容和分析,向法国读者介绍和评论马克思的社会学思想。阿隆认为,马克思是西方社会学的奠基人之一,必须加以重视。

当然,对于阿隆来说,如同对萨特一样,他们在巴黎高等师范学院时期所受到的哲学教育,仍然是他们的主要思想基础。在阿隆未到德国深

①　Aron,"Ma carriere", in *Histoire et politique. Textes de Raymond Aron 1930—1983*. Paris, Julliard.1985:517.

造以前,主要影响他的法国思想家,就是阿兰(Alain,原名 Emile-Auguste Chartier,1868—1951)、布伦斯威克(Léon Brunschvicg,1869—1944)和哈列维三位哲学家。

阿隆在第一阶段的思想,为他的自由主义奠定了方法论基础。他自己特别强调了德国上述思想对于他分析、理解和重建历史事实的重要意义,也为他提供了观察现实社会现象的方法论基础。

第二次世界大战结束后,阿隆的自由主义思想进入到新的阶段。20世纪 50 年代之后,阿隆的自由主义思想更趋于成熟。这是由于理论上和实践上两方面的原因。在理论上,阿隆走出原初深受德国政治思想传统的影响的狭小范围,进一步从法国和英国的自由主义思想宝库中汲取了精神养料;而在实践上,他从 30 年代初单纯的对法西斯专制和苏联体制的了解,进一步扩大到对第二次世界大战后"冷战时期"的复杂政治的全面分析。

首先,值得注意的是,阿隆在 50 年代,根据他从第二次世界大战结束后的国内外政治形势的观察和分析经验,他的研究方向集中地转向政治学和政治社会学,特别对法国和英国自由主义思想传统,进行了系统的研究,取得了重大成果。

在 1948 年出版的《大分裂》(Le Grand Schisme)、1955 年出版的《知识分子的鸦片》(L'opium des intellectuels)以及阿隆在 50 年代在巴黎大学论述工业社会的社会学的讲稿,是他的思想进入第二阶段的里程碑著作。

阿隆自己承认:"我宣布属于自由派社会学家学派,他们是孟德斯鸠、托克维尔,同时还要加上埃利·哈列维。"①

庄·拉鲁阿(Jean Laloy)在他的回忆录中说,阿隆是一位热忱的自由主义者(un libéral passionné)。他甚至指出,在阿隆逝世之后,人们几乎把阿隆当成自由主义者的象征。但是,正如这位作者所指出的,对阿隆来说,问题并不在于满足于把自己一般地被称为"自由主义者",而是要进一步更具体地表明他的自由主义的特殊性,更深入地说明阿隆本人所选

---

① Aron,*Les étapes de la pensée sociologique*.Paris.Gallimard.1967:21.

择的自由主义的特征。阿隆的自由主义的特征是什么呢？阿隆所追求的,是把自己变为这样的自由主义者:不只是像其他自由主义者那样,仅仅一般地捍卫自由主义的基本原则,尊重每个人的自由权利;也不需要在任何社会事件面前,采取像其他自由主义者那样千篇一律的、固定不变的或永远一致的态度,而是要根据不同的具体环境和历史需要,保留自身的特殊性和独创性,使自己具有某种程度的怀疑主义倾向,不轻易接受和相信别人的任何意见,哪怕他们是属于自由主义派别的任何人。所以,阿隆认为,作为自由主义者,不是为了把自己单纯地归入自由主义的行列,不是在任何争论中,不假思索地追随其他号称"自由主义"的人们,而是主张认真思索,进行反思;并同时地坚持对各种文明思想采取开放的态度。①

正是由于具有这样的精神面貌和特殊风格,使阿隆这位自由主义者,并不盲目地追随其他自由主义者,更不顺从任何一时地取得社会统治地位的社会势力。这也就是为什么阿隆在第二次世界大战期间,能够同戴高乐这样的自由主义政治家建立良好的联盟关系,但一旦阿隆发现戴高乐将军在第二次世界大战后采取了他认为不合适的立场和政策的时候,阿隆就毫不动摇和毫无惧色地宣布自己的不赞同态度。所以,阿隆并不轻易地给自己贴上一种政治标签,因为在他看来,一种标签就象征着一个僵化的公式。政治是一种艺术,一种可能性的策略,只有使自己脱离教条的模式,才能自由地在复杂的政治风浪中驾驭自如,并保持清醒的头脑和灵活的态度。

按照拉鲁阿的意见,阿隆所坚持的,很接近法国自由主义的先辈,诸如本雅明·贡斯当和托克维尔那样的自由主义。

阿隆经常在许多场合赞赏贡斯当。这位生于瑞士洛桑而后又就学于牛津、埃朗根和爱丁堡的政治家,从 1795 年定居巴黎而成为一位政论作家之后,就旗帜鲜明地支持法国大革命。当拿破仑称帝之后,他由于反对

---

① See Laloy, J. "Un liberal passionné." In *Raymond Aron 1905—1983. Histoire et politique. Textes et temoignages.* Paris：Commentaire Jullard. 1985；36-38.

拿破仑而在 1802 年被放逐。但他在 1814 年回国后,又积极地参与政治活动,成为当时的自由主义反对派的领袖。阿隆在一生中往往以贡斯当为榜样,发挥自身作为自由主义者政治评论家的身份和职责。贡斯当在各种艰苦环境中忠实于自身的价值观念的历史形象,成为了阿隆为人处世的榜样。

阿隆在 1967 年发表的《社会学思想的发展阶段》(*Les Etapes de la pensée sociologique*),作为他在巴黎大学讲授社会学理论的讲稿的集大成者,明确地把托克维尔尊奉为近代政治,特别是政治社会学思想的奠基者;并把托克维尔和孟德斯鸠两人,列为法国的政治社会学学派的创始人。阿隆很有感触地说:他只是在 50 年代下半叶之后,才深深理解到孟德斯鸠和托克维尔的思想的深刻性和极端重要性。①

接着,阿隆又进一步把埃里·哈列维当成法国政治社会学的创始人之一。阿隆指出:法国政治社会学的特征,就在于它鲜有教条气息,对政治思想深感兴趣,并对政治抱有正确的观点,即不忽略它的社会基础结构,也能够抽引出政治层面的自律性,对之进行自由的思考。②

阿隆的自由主义很重视英国古典自由主义理论。他在 1970 年发表于法国哲学会的演讲中,把孟德斯鸠、托克维尔和哈列维说成是属于英国自由主义思想路线的三位政治理论家。③

阿隆的上述自由主义意识形态,在哲学基础方面,首先是从阿兰(Alain,1868—1951)、布伦斯维格(Léon Brunschvicg,1869—1944)和哈列维的本体论、认识论和历史观出发。接着,阿隆吸收了韦伯的新康德主义,并在第二次世界大战后,进一步采纳孟德斯鸠、本雅明·贡斯当、托克维尔以及英国古典自由主义思想,也注意部分采纳像卡尔·波普那样的新自由主义观点。

为了深入分析阿隆的政治哲学思想,必须集中就他的自由观和历史

---

① See Aron, *Les étapes de la pensée sociologique*. Paris. Gallimard. 1967:21.

② See Ibid.:295.

③ See Aron, *Discours de Raymond Aron à la société française de philosophie. Bulletin de la société française de philosophie*. LXXI, 1971:6.

观进行分析,因为在他的思想中,自由,是一个核心问题;而历史则是社会,特别是社会中的政治的载体和基础。在阿隆的自由观中,不同程度地渗透着他对政治的基本观点。政治,在他看来,归根结底,就是为了保护和扩大个人的自由;反过来,不同的自由观,又显示了不同的政治立场和态度。

阿隆,作为典型的自由主义者,他所坚持和追求的自由,是在法制允许范围内的自由。他发扬了孟德斯鸠和托克维尔的自由观,认为只有依据法制的理性规范,才谈得上真正的自由。阿隆在《社会学思想的发展阶段》一书中说:他一生始终关切的核心问题,就是"自由究竟如何可能在一个既非狭窄又非简朴的社会中维持下来"。[1] 这种自由观实际上就是托克维尔的自由观的进一步发展。

托克维尔在谈到自由时,严格地区别了"为其自身的自由"(la liberté pour elle-même)和作为手段和工具的自由。他说:"确确实实,对于那些真正理解自由的人们而言,自由,长远地说,是始终为人们带来愉悦、幸福、乃至于财富的东西。但有的时候,它也会暂时地干扰这类财富的使用;有的时候,唯有靠集权制才能为人们提供临时的满足。那些只是在自由中获取暂时满足的人们,绝不会长期地保持自由。但对于某些人来说,在他们的心目中始终极其强烈地吸引他们的是自由本身的那股魅力,它那独立于其实际好处的真正诱惑力。这就是在独一无二的上帝和法的统治下,可以无拘无束地自由说话、行动、呼吸的乐趣。所有那些在自由中寻求它自身之外的事物的人们,只是为了利用它而已"(Il est bien vrai qu'à la longue la liberté amène toujours, à ceux qui savent la retenir, l'aisance, le bien-être, et souvent la richesse; mais il y a des temps où elle trouble momentanément l'usage de pareils biens; il y en a d'autres où le despotisme seul peut en donner la jouissance passagère. Les hommes qui ne prisent que ces biens-là en elle ne l'ont jamais conservée longtemps. Ce qui, dans tous les temps, lui a attaché si fortement le coeur de certains hommes, ce sont ses

---

[1]　Aron, 1967:633.

attraits mêmes, son charme propre, indépendant de ses bienfaits; c'est le plaisir de pouvoir parler, agir, respirer sans contrainte, sous le seul gouvernement de Dieu et des lois. Qui cherche dans la liberté autre chose qu'elle même est fait pour servir)。① 不言而喻,这正是西方传统的自由主义的自由观;它的核心就是维护和保障每个人追求个人幸福的基本条件,即对财富的自由追求。

当然,阿隆经历了漫长的政治生活考验,也观察到自法国大革命以来西方各国实现自由主义的艰苦历程。他意识到:实现上述自由的目标并非轻而易举或一蹴而就。在实际的社会生活中,自由主义所追求的真正自由,总是要依据更具体的条件而重新产生新的问题。所以,阿隆所说的"自由究竟如何可能在一个既非狭窄又非简朴的社会中维持下来"的问题,就是必须结合近一百年来西方各国,特别是法国的自由主义的实践经验,进行历史的总结和分析。

因此,阿隆走上自由主义的道路的过程是曲折的。当他还在巴黎高师的时候,深受当时环境的影响,特别是他的比较倾向于左派的老师们的影响,他还在一定程度上同情社会主义,同情社会上大多数穷人或受压迫的劳动者。但20世纪30年代在德国的生活经验,使他发生转变。他在德国看到的,正是希特勒国家社会主义的狂热运动,而被卷入运动中的,多数是社会中低层的群众。由此,他得出了很重要的结论:社会多数人往往是很容易被一种意识形态所煽动。他认为,社会的正义只能靠理性。理性就需要知识、法制和反思的态度,也需要一定的时间和空间的间距,进行一定距离的观察和思索。

阿隆和托克维尔一样,在考虑政治自由问题的时候,他们的立足点是:一方面,每个人的安全要受到法律的保护,另一方面,每个人都参与法制的制定。这也正是法国自由主义的杰出代表本雅明·贡斯当所坚持的基本原则。

阿隆所说的这种自由,一方面排除了各种专制主义政权的可能性,另

---

① See Tocqueville, *L'Ancien R'gime et la Révolution. Tome I, III*, p.3.

一方面也区别于少数贵族特权阶层所垄断的自由。他期望使自由真正成为一种"民主制的权利"(droit démocratique)①;也就是说,社会的每一个成员都应该有平等的权利自由地参与政治生活和活动。

阿隆的上述自由观,在第二次世界大战前后,导致他对法国和欧洲政治形势的特殊看法,也引起了他同萨特的政治立场的分歧的开端。然后,在第二次世界大战结束之后,由于他和萨特在自由问题上的根本分歧,又进一步加剧了他和萨特之间的政治争论。

在阿隆的哲学理论和政治思想中,历史观是一个非常重要的组成部分。阿隆始终把历史当成分析整个社会和政治斗争的出发点。

阿隆在他的回忆录中,明确地表示自己的学术生涯是从研究德国的历史哲学作为开端的。②

《阿隆传》的作者尼古拉·巴维列(Nicolas Baverez)在纪念阿隆与加斯东·费萨德神甫(le Père Gaston Fessard)的文章中很中肯地说,正是从两种截然不同的历史哲学出发,20世纪的两位介入的见证人,雷蒙·阿隆和加斯东·费萨德神甫,面对纳粹主义、抵抗德国运动以及共产主义,采取了一致的态度。③ 不了解阿隆的历史哲学,就不可能把握他的整个思想体系,也无法理解他的政治态度。

历史观长期以来是西方思想和文化的核心。正如汤恩比(1889—1975)所坦诚宣示的,历史简直就是西方的奥秘所在。

阿隆在《历史批判哲学》(La philosohie critique de l'histoire)的序言、导论和结论中,明确地指出了历史哲学在西方文化和思想传统中的重要地位。自19世纪末以来,他认为,由于德国历史哲学理论的强大威力,不仅德国,而且几乎整个欧洲的人文社会科学和人们的精神世界,都受到了历史哲学的思想感染。

阿隆认为,历史哲学的重要意义,不只是提供了观察历史的基本观

---

① See Aron,1976[1965]:97.

② See Aron,"Ma carrière." In *Raymond Aron 1905—1983. Histoire et politique. Textes et temoignages.* Paris:Commentaire Jullard.1985:517-519.

③ See Baverez,1983:193-199.

点,而且还在于提供了观察社会和人的方法。阿隆是从方法论的高度研究历史哲学的。从这个意义上说,阿隆在历史哲学方面,很尊重韦伯,因为根据阿隆的看法,研究历史和观察社会一样,既要怀有热情和责任,同时又要有客观的态度,为此,他很欣赏韦伯那种"在一定的距离之外"冷静思索的客观态度。但是,从第二次世界大战以后整个欧洲和世界的政治形势的发展,使阿隆意识到:历史的观察还必须同对于政治的研究和批判结合在一起。从那以后,阿隆更成熟地在其政治评论中应用了历史哲学的理论和方法。阿隆发现:一旦他将历史的理性方法贯彻到政治分析中,他就在极其复杂的当代政治形势中,获得更加明亮和更加冷静的反思态度。①

阿隆的传统的自由主义和历史主义,使他对自 20 世纪初诞生的苏联社会主义国家及其相关的政治,抱有鲜明的反对态度。他指出:对于苏联等社会主义国家来说,虚幻的宪制和实际的政治生活是相互分割的两码事。在苏联,无产阶级专政是用来为共产党垄断政治权力进行合法化论证的,而民主集中制则是用来为少数人甚至一个人的强权专断进行合法化论证的。因此,阿隆认为,苏联政权是寡头政治,即使当它还不是暴政化的时候。② 阿隆接着比较了东西方两种政治制度。他强调西方政治制度是人民主权的一种制度化(une traduction institutionnelle de la souveraineté populaire)。西方政治制度表现在受到多种政治力量影响的选举制上。选民以或多或少自由的方式选举他们的代表;而被选出的代表就实施议会活动规则。

苏联等国家的民主制反映了另一种民主理念。人们或无产阶级的政权是托付给一个政党,即作为"无产阶级和人民的先锋队"的共产党。③

两种政治制度的对立和竞争,就是同一种意识形态模式的两种制度化系统的对立;而这种对立并不是次要的或无关紧要的,而是根本性的对

---

① See Aron,1985.
② See Aron, *Démocratie et totalitarisme*. 1965:262-263.
③ See Ibid. ;263.

立和区别：它关系到生活风格、统治方式以及社会共同体的模式。①

从政治上说，具有决定性意义的，在阿隆看来，是西方政治制度始终容许多种独立于国家的组织的存在；而在苏联，所有企业都具有某种程度的行政和法律的自律性，一切组织都必须顺从于或隶属于国家，因而也自然地要屈从于国家的意识形态。②

在苏联，国家离不开共产党，而共产党也离不开它的意识形态。共产党的意识形态不能脱离某种历史观。按照这个历史观，不仅一切社会的进化都朝向一个最终的公式，而且，在各个阶级之间，在善与恶之间，进行着你死我活的斗争。囊括一切专业和政治组织的国家，在本质上是不断变化的。促使社会和国家发生变化的历史运动，表现出矛盾的性质：一方面它在理论上是受到某种必然性的制约，但另一方面，在事实上，它是少数人，或甚至单独一个人所作出的决定的结果。

阿隆认为，马克思主义的意识形态是政府和国家的一种工具，就好像在多元立宪制中，民主的意识形态也是国家的一个工具一样。③但是，在苏联，一个垄断政治权力和政治活动的政党，统治着国家。

总之，阿隆的政治哲学表现了当代法国自由主义的特殊观点及其历史特征。在阿隆的政治哲学中，可以看到法国自由主义从孟德斯鸠、康斯东、托克维尔到埃里·哈列维等人的发展线路及其特点。

第十三节　萨　　特

一、萨特政治哲学的历史性

萨特不但经历了 20 世纪一系列最重要的历史事件，同时他也身体力

---

① See Aron, *Démocratie et totalitarisme*. 1965；263-264.
② See Ibid.；265.
③ See Ibid.；271.

行,几乎都亲自参与并关注一切他认为必须"干预"的社会运动。他把自己的哲学,当做是时代精神的理论反映和历史的纪录,并时刻伴随时代的变化而发展自己的思想和方法。所以,他经常借用"干预"或"介入"(en-gagement)的概念,表达他的哲学对实践的关怀及其不断更新的思想。

　　萨特在谈到自己的思想转变过程时指出:"所有的人都是政治的。但只是由于战争才使我发现这一点,而且,也只有在 1945 年之后,我才对它有真正的理解"(Tout homme est politique. Mais ça, je ne l'ai découvert qu'avec la guerre, et je ne l'ai vraiment compris qu'à partir de 1945)。萨特在晚年接见米歇·贡达(Michel Contat)时,为此更详细地说明了他的思想转变的历史背景及其对于他的政治哲学的深刻影响:"促使这一切明朗化的,是 1939 年的某一天,我收到了一张征兵的通知单。……就是这一切使社会的事务进入我的头脑。……战争确实把我的生活分成两部分。……就是在那个时候,我从战前的个人主义和纯粹的个人,过渡到社会的和社会主义。"①

　　所以,萨特的思想,在 20 世纪 30—40 年代还属于存在主义的个人主义,但在第二次世界大战后,他转变为拥护社会主义的马克思主义者,尽管他仍然坚持具有浓厚气息的人道主义的存在主义。萨特从 50 年代初开始明显地靠近法共和苏共,特别在他当时所写的《共产党人与和平》中,公开地宣布自己站在"工人阶级"一边。②

　　萨特是一位不折不扣主张行动的哲学家。他把生活的希望、思想的乐趣和创造的动机,全部渗透于、寄托在实际的干预社会的行动中。早在第二次世界大战结束前夕,萨特就对未来寄托希望,并强调个人的希望,只能寄托于自己的实践和历史的考验;他认为,只有靠自己的实践,未来才是最光明的。他当时明确地说:"人,他自己必须首先明白,只有寄望于自己,他才能有所意愿。人只单靠他个人,才能承担起他在自己生活的土地上所负有的责任;为此,他既不靠帮助,也不靠拯救。他除了自己为

---

① Situations X;Gallimard,1976:180-181.

② See Sartre,"Les communistes et la paix." In *Situations*,VI.1964:250.

自己所提出的目标以外,除了他自己为自己在这个世界上所造就的命运以外,再也没有别的任何目标和目的。"①

在第二次世界大战后极其激烈的意识形态斗争以及实际的政治斗争中,尤其在 1947 年之后,萨特更鲜明地,有时甚至带有很浓厚的偏激情绪,表示了他的立场和观点。最了解萨特的西蒙·德波娃,曾经在她的《事物的力量》一书中谈到萨特的这种态度。她说:"最正确的观点是剥夺的观点。屠夫可以无视他所做的事情,但受害者却以毋庸置疑的方式经受了他的苦难,他的死亡。压迫的真理,就是压迫。正是通过被压迫者的眼光,萨特明白了他的过去:如果说他们过去否弃了他,那是因为他当时仍然封闭在他的小资产阶级的特殊性之中。"②根据萨特和西蒙·德波娃的说法,正是社会激烈的阶级斗争形势,使他们有意识地和自觉地站在被压迫阶级的一边。

所以,在 1960 年发表《辩证理性批判》的时候,萨特全面地论证了他所拥护的马克思主义世界观和历史观的"不可超越性":"如果哲学必须同时地成为知识、方法、调整性观念、进攻的武器以及语言的共同体的总体化的话,如果这个世界观同时又是过时的社会的改造工具的话,如果这个属于一个人或一群人的特殊观念变为整个一个阶级的一种文化,或者,在某些情况下,变为其本质的话,那么,这就非常清楚,哲学创造的时代是很稀少的。在 17—20 世纪之间,我认为有三种我可以用"杰出的人的名字"来表示的哲学:这就是笛卡尔和洛克的时期、康德到黑格尔的时期,以及马克思的时期。这三种哲学分别逐步地成为所有特殊的思想的腐殖质,成为一切文化的视阈,而且,只要表现他们的历史时刻尚未过时,它们就是不可超越的。"③萨特所采取的上述意识形态立场,促使他同阿隆之间发生越来越激烈的理论斗争。

1960 年出版的《辩证理性批判》一书中,萨特一方面认为"历史唯物论提供了唯一站得住脚的对历史的解释",另一方面,又说"存在主义仍

①　Contat et Rybalka, *Des ecrits de Sartre*. Paris. 1970:656.

②　Simone de Beauvoir, *La force des choses*. Paris. 1963:130.

③　Sartre, 1960:17.

旧是唯一能应付实际的具体步骤"。他的这种自相矛盾的结论,表明他抱着这样一种幻想,即把马克思主义同存在主义调和在一起,使存在主义成为马克思主义的一部分。他的这一观点,使他的哲学体系显得更加不协调。但是,萨特的意图,是紧跟社会的步伐,赋予他的哲学新的时代精神。萨特试图集中他的存在主义与马克思主义的理论优点,通过马克思主义的历史和实践的基本概念,将他的原有的强调个人自由的人道主义,提升到能够推动社会发展的历史动力的层面上。萨特的哲学创造工程尽管没有成功,但他毕竟为后人留下了丰富的精神遗产。所以,即使是在1980年萨特逝世之后,他的思想仍然强烈地影响着法国哲学思想的发展方向。

但是,萨特的存在主义的马克思主义,既不是固定不变,也与传统的马克思主义有很大区别。

为此,不但阿隆,而且也包括梅洛-庞蒂等人,在评述萨特的马克思主义时,具体指出了它的特殊性。阿隆借用马克思本人在批判青年黑格尔派的时候所使用的语言,幽默地把萨特和梅洛-庞蒂的存在主义的马克思主义和阿尔杜塞的结构主义的马克思主义称为新的历史条件下的"神圣家族"。[①]

萨特虽然拥护马克思主义,但是,第一,他始终都不完全等同于法共和苏共。他在苏美发生争执和斗争的时候,站在苏联和法共一边,但一旦苏共发动反人道的非正义战争的时候,例如在苏联入侵匈牙利时,就毫不动摇地严厉批评苏联的政策。第二,只要美国或西方国家发动非正义战争,例如在越南战争和阿尔及利亚战争时期,萨特就坚决地站在正义的一边,站在和平运动一边。根据萨特的说法,他在第二次世界大战后的立场,主要决定于美国的全球霸权战略。正是从这个意义上说,萨特倒向苏联一边,在很大程度上是由美国等西方国家在冷战时期的行为所决定的。

1952年,萨特以明确的词句对卡缪说:"我们今天的自由,只能是为了争取自由而选择斗争的自由,而这个公式的悖论性,正好表现了我们这

---

① See Aron, *D'une Sainte famille à l'autre. Essai sur les marxismes imaginaires.* Gallimard. 1969.

个历史条件的悖论性。"①阿隆也和萨特一样,强调了第二次世界大战之后整个政治和社会形势,对他们的政治立场和意识形态的选择有决定性影响。

在谈到自己立场转变的社会基础时,萨特指出:"由于出生于中产阶级,我们试图在小资产阶级知识分子和无产阶级知识分子之间建立联盟。这是资产阶级促使我们这样做的。我们曾经从传统中接受了它的文化和它的价值。但德国对我们的占领和马克思主义教育了我们,使我们知道,不管是任何事情的发生,都不是无缘无故的。我们曾经向共产党的朋友们要求拔除资产阶级人文主义的武器。而向所有左派的朋友们,我们要求他们同我们一起工作。为此,梅洛-庞蒂写道:'我们在 1939 年要求自由、真理、幸福、人与人之间的透明关系以及不放弃人文主义等,都没有错。但是,战争教育了我们,使我们知道,如果没有经济基础以及保证生存的政治的话,所有这些价值都是不值一提的。'这样的可以称之为折中主义的立场,我并不认为是可以站得住的说法,但法国和国际的形势却真的使之成为可能。"②萨特在许多场合一再地说明他的政治态度的时代性质。他不仅与阿隆,而且也同卡缪和梅洛-庞蒂等曾经与他站在一起的朋友,反复争论政治立场的选择问题,并更多地从环绕当时社会的政治形势出发,论述自己立场的社会性和历史性。

二、自由的悖论

为了维护个人生存的自由,萨特受到胡塞尔和海德格尔的影响,直接地向传统形上学开刀,反对将理性置于至高无上的地位,径直转向个人的"在世生存",将希望寄托在"自为"的个人所选择的自由。为了自由的实现,萨特为人下赌注,不指望神。他明确地说:"我为人下赌,不指望神。"

在萨特对于自由的探讨中,我们看到,萨特所讨论的人,是充满矛盾

---

① Sartre,1980:110.

② Sartre,1980[1964]:217-218.

的生存物。人追求自由,但他又意识到他的自由的实现,是无时无刻不受到限制的。然而,人作为生来自由的生存物,又必定顽固地追求绝对的自由。这是人的悲剧,也是人的烦恼,但同时又表现了人的可贵之处。人宁愿在烦恼中度过,也不要没有自由的生活。而且,尽管存在着种种困难和障碍,人始终都要不惜代价地追求自由。萨特比他的同时代人都更深入和更执着地寻求自由的道路。

萨特所揭示的自由的双重性,表现他本人的双重性:他既要追求自由,又意识到必须受到环境的限制,必须承担环境所赋予的介入责任。因此,他同传统的关系以及他同当时的马克思主义的关系也是矛盾的:它既反对传统,又同传统保持一定的联系;它既拥护马克思主义,又强调个人自由的不可剥夺性。

对自由的肯定和追求,是萨特思想中的核心和基础。萨特认为自由构成人的真正本质,也是人的现实本身。这个自由,就是人的存在,就是超越,就是自为,就是自我创造,就是在不断的自我否定中进行自我肯定。"人是以自己的出现而造就一个世界的生存物。"[①]也就是说,"我们永远都不会简单地成为他人所造成的产品。"我们永远是某种比现实更多的生存物。我们永远是由我们自己所造就,所重造的结果,尽管必然性不断地侵蚀着我们的自由。

自由既然是人的作为和自为本身,那就不可避免地要超越。人不能把自己降低或化约为他所面对的"实事性"(Facticité);超越乃是试图脱离自在的人的无可选择的但又是充满着挑战性的生存方式。

概括地说,萨特所捍卫的个人自由,第一,是建立在他的现象学的存在主义的基础上。按照这样的自由观,所谓自由,就是个人生存的前提和出发点;自由在本质上是内在于生存本身的。萨特说:"我是注定必须在超越我的本质之外而生存,必须在超越我的行动的动机之外而存在;也就是说,我是注定自由的。这就意味着:人们只能在我的自由本身之中发现

---

① Sartre,1946.

自由的限制;或者,如果人们还要进一步说的话,我们没有停止自由的自由。"①这样的自由观,显然不同于阿隆的上述自由观,因为阿隆显然把自由当成一种并非内在于人本身的存在的事物,即一种与社会制度及其运作密切相关的政治活动的产物。

第二,萨特所主张的自由,就是偶然性本身。萨特强调:"重要的是偶然性(l'essentiel,c'est la contingence)。由此,我想说,存在在本质上并非必然性。存在,就是在那里。如此而已。存在者出现,他们之间相互遭遇,但始终无法将他们加以化约。也许有人,我想,理解这一点。他们试图超越这个偶然性,并发明一种必然的存在及其自因。然而,任何必然的存在都无法说明生存。偶然性绝不是某种似是而非的东西,似乎它是可以任意地取消掉。偶然性就是绝对,因此,它是绝对没有道理可讲的。一切都是无缘无故的,这个花园,这个城市以及我自己。……这就是呕吐。"②

第三,自由,在萨特看来,就是人的生存中难以避免的烦恼本身。正如存在是无可争辩和无可论证以及无须论证的一样,烦恼、偶然性和自由,也都是无可争辩的和无须论证的。他说:"在烦恼中,我们不只是理解到我们所筹划的可能性始终都被我们未来的自由所缠绕,而且我们还了解到:我们的选择,也就是我们自身,原来是无可证实的。"③

第四,自由是与环境相关联的。萨特认为,没有一种自由是在环境之外,也没有一个环境不是通过自由来实现的。从这个意义上说,自由和环境几乎就是同义词!

第五,每个人决定自己生存的范围和方式,每个人都是他个人自由的创造者和否定者。人注定永远会在一个异化的环境中而自由地生存,但他本身恰恰就是他的自由的决定者。每个人都要为他的自由和他的生存而负责。人们无法逃避自己的获得自由和实施自由的责任。萨特指出:"'我们注定是自由的'。但人们始终都不明白这个道理。可是,这正是

---

① Sartre,1943:515.

② Sartre,1938:184.

③ Sartre,1943:542.

我的道德的基础。让我们从人生在世的事实出发。一种环绕着我们的实事性,往往同时又是一种超越的筹划。也就是说,作为筹划,它又为超越它的环境而提出保障。……我永远都是把被给予的东西给予自己;换句话说,我为我自己的行为承担责任。"①

第六,萨特把自由当成一种介入的道德和伦理。萨特所提出的"责任"(la responsabilité)概念,成为了"我们注定是自由的"这个判断与"介入的伦理"(une éthique de l'engagement)之间的桥梁。萨特关于作家的"责任"及其"介入"的必要性的思想,恰好是这种立足于自由基础上的责任概念的一个特殊范例。②

第七,我们的自由只能是在一个异化的世界中实现。为什么? 首先,是因为我们并非绝对地独生,我们是被成群的他人所包围。"人是自由的,但人又是使他成为对象的那个存在。"我们主体的自由总是面对着他人的多种自由。其次,人是通过他无法选择和不是他决定的过去而存在的。接着,萨特指出:我们是由历史的重负所决定的存在,而且,我们是通过他人在我们之中而无意识地存在的。我们的自由本身,当它呈现的时候,就已经同时地被他人所侵蚀。所以,我们的自由,如前所说,是被抵押的。

萨特的自由观是他的特殊的马克思主义不同于一般传统的马克思主义的地方。而且,也正是在这里,可以看到阿隆与萨特的意识形态的相互交叉和相互渗透。

阿隆在批评萨特的马克思主义时,强调指出了它的"想象性质",这正是揭示了阿隆本人也的确看到了萨特的马克思主义区别于传统马克思主义的特征。

与阿隆一样,梅洛-庞蒂也指出萨特马克思主义的特色。"将萨特同马克思主义区分开来的,即使是在最近时期,始终是他的主体哲学。"③

萨特的存在主义始终都是一种历史哲学。在《为了一种道德的笔

---

① Sartre,1983:394.

② See Sartre,1947:172-173.

③ Merleau-Ponty, *Les aventures de la dialectique*. Paris:Gallimard.1955:180)(Sartre 545).

记》中，他对存在主义的理解，始终都把它同特定的历史背景联系起来。他说："存在主义并不认为自身就是历史的终结，也不认为它就是一种进步的化身。存在主义只是试图通过绝对的论述，理解每个人无非就是在相对中的存在"①；"在历史中，每个历史的存在，同时又是一个历史的绝对。"②在反对和批判结构主义的另一场意识形态斗争中，针对结构主义所提出的"共时性"和"断裂性"的概念，萨特又进一步指出："每个生命始终都无须跳板就开始了。"③任何生命都在一种绝对新颖的环境中无须经验就突然出现。所以，这种被萨特一再地重视的"偶然性"（la contingence），是同历史和时间的不可预见性密切相关的。在这种情况下，所谓自由，就是在历史中的存在的创造活动本身。萨特说："自由是在创造具体的延续性和绝对的无重复性的过程中构成历史本身。"④接着，萨特还说："如果说人是自由的，那是因为我们不能预见他会变成什么，何况他所处的环境也发生变化。"⑤

可见，在萨特的存在主义中，历史的因素是决定性的。人作为存在，并不只是历史的行动者，而且还是历史的主体（le sujet hstorique），一个自由的主体（le sujet libre）。正因为这样，归属于一种道德，始终都是力求实现的，尽管自由本身是一种抵押物或一种担保而已。

作为萨特自由观的一个重要组成部分的"环境"（situation），其本身就是历史的。萨特说："使环境变为复杂的，就是因为它是历史的。也就是说，正因为环境就是已经被另一个其他的自为经历过并被这位其他的自为思想成为我在出生前就为其而存在、促使我追求自由的某种东西。这也就是说，我是一位被抵押的自由（je suis une liberté hypothéquée）。在超越环境时，一切自为向我指定一个未来。所有这些自为都已经把我规定为法国人、资产阶级、犹太人等。"⑥

---

① Sartre,1983:99.

② Ibid.:32.

③ Ibid.

④ Ibid.:34.

⑤ Ibid.

⑥ Sartre,1983:63.

三、历史观

同萨特的自由观密切相关的"异化"概念,在实际上,也同样是一个历史范畴。萨特始终主张从历史的观点看待异化问题。他说:"我们把异化理解成某种类型的人际关系。在这种关系中,人们对待他与他自身、他与他人、他与世界;而且,他在其中放置了他者的本体论的优先性。他者不是一位确定的个人,而是一种范畴(une catégorie),或者,也可以说,是一个维度,一个因素。并不存在某种应该成为他者的握有特权的客体或主体,但是,一切都可能成为他者,而他者也可能变为一切。这只是一种生存的方式而已。在一种专门建立在他者的基础上的世界观中,主体将他的一切筹划及其生存,从不是他本身,一切非他的他者以及不像他那样存在的他者中,偏离出来。他诠释宇宙的一切对象,不是依据作为其本身的它本身,而是依据完全不是同一样存在的它;这样一来,他者就是实体,而自身是偶然性或表面事物。最后,主体通过他者实现一种变异的存在方式,也就是说,甚至当存在每一次突现的时候,他所想的,并不是他自身的那种生存方式;这是一种脱离自身的存在方式,将其他不是自身的其他事物当成自己,而这些他物的存在,根本就不是自身的自为的方式,而是他在他物中的反射,在其他客观因素中的反射,也就是他者的异化物。这样一种由他者所统治的自身,到处泛滥,因为没有一个人不是他者,而且所有的人都是这样。我在他人看来是他者的具体化,但我只是被他人所占有的我自身;他人永远是在边沿。在这个层面上,人发明了广泛的和异化的压迫,而且正是因为他自身把自己发明成异化的创造者。"①萨特特别指出,一切压迫现象都是以异化为基础。由此出发,萨特认为:"一切历史都应该根据这种最原始的异化而被理解;而在这种异化中,人无法逃脱出来。"萨特的上述异化观和历史观直接地导致他的革命观。他说:"既然人不能在异化阶段解脱出来,那么,一切对于自由的肯定,只能在

_____

① Sartre,1983:394.

结束压迫之后完成。但是,在这里,又存在矛盾和某种无法达到乐观的恶性循环,因为异化使压迫恒久化,而压迫又使异化恒久化。"①

萨特的历史观伴随着他整个世界观和政治观的转变,从 50 年代开始,逐渐地试图在原来的存在主义历史观的基础上,添加马克思主义的历史唯物主义。

萨特的历史观在晚期更集中在《辩证理性批判》之中。他明确地表示:"我说过,而现在我还是重复地说,对人类历史的唯一有效的说明,就是辩证唯物主义。"②"我们的问题是批判,而且,毫无疑问,这一问题是由历史所引起的。正因为这样,必须在历史中,在人类社会发展的此刻,检验、批判和建构历史本身用以思考其自身的工具,同时也把历史当做历史自身自我构成的实践手段。"③

由此可见,萨特的历史辩证法具有政治哲学性质。众所周知,历史辩证法是萨特在 1960 年所发表的《辩证理性批判》一书的核心概念。通过一种对马克思和黑格尔的原有观点的改造,萨特试图总结从 20 世纪初以来的欧洲政治实践的经验,一方面以西方传统的主体意识哲学为主轴,特别以他原有的存在主义哲学为基础,对当时以苏共和法共为代表的社会主义政治提出改革的意见,另一方面又从马克思主义的立场出发,对西方的自由主义政治进行批判,提出了一种以历史主义为基础的"实践整体的理论",试图将他原有的存在主义和历史唯物主义结合在一起,作为萨特本人的政治哲学的主要框架。所以,被马克思所重视的"实践",经过一番存在主义理论的改造和修正之后,又成为了萨特所说的历史辩证法的基本动力。因此,萨特的《辩证理性批判》,在实践上紧密地与 20 世纪以来的政治生活联系在一起,而在理论上,也同样与现代政治哲学的论证议题及方法密切相关。正是在这个意义上说,《辩证理性批判》就是萨特所试图建构的新型政治哲学。

但是,这个政治哲学也可以被称为新型的人类学,因为作为人文主义

---

① Sartre,1983:396.

② Sartre,1960:134.

③ Ibid.:135.

者的萨特,原本就主张:一切政治,都应该是人文主义的,都必须以人作为其基础和目标,又是以人的理性作为其基本方法。因此,萨特也说,他的《辩证理性批判》是一种"历史人类学"。

四、《辩证理性批判》的政治人类学

萨特的《辩证理性批判》的政治哲学性质,可以进一步从三方面被展示出来。首先,从这本书的历史背景和社会脉络来看,它同当时法国和欧洲的政治状态具有密切的联系。这种联系主要展现在三大面向:第一,它是受到 20 世纪 50 年代处于政治危机中的苏联东欧集团的刺激而撰写的;作为该书第一部分的《方法问题》,就是应波兰一家杂志的要求而写的。在这篇短文中,萨特所阐明的理论及方法,是同当时流行于东欧集团的知识分子的马克思主义思潮相呼应。这种马克思主义思潮,同苏联官方的共产主义意识形态有明显区别,是当时广泛传播于西方各国的各种带有不同程度自由主义思想的"欧洲马克思主义"(European Marxism 也简称 Euro-Marxism)的一个支流。在欧洲马克思主义中,匈牙利思想家卢卡奇(Georg Lukacs,1885—1971)的"青年黑格尔学派"、南斯拉夫的"实践派"、意大利的拉伯里约拉(Antonio Labriola,1843—1904)和葛兰西(Antonio Gramsci,1891—1937)学派以及德国的法兰克福学派的理论,都或多或少地影响了东欧各国知识分子的思想。萨特本人的马克思主义思想固然有其法国社会主义思想的特殊根源,但他也在很大程度上同法国以外的欧洲马克思主义思潮有千丝万缕的联系。萨特在谈到他的马克思主义思想时,毫无掩饰地指出其政治实践背景。第二,萨特期望向当时的马克思主义者,提供一种改造政治体制的新型政治哲学理论,以便使当时面临社会危机的苏联东欧集团,从他所设计的新政治哲学中找到改善社会矛盾的实践哲学。第三,萨特试图借此批判西方传统的自由主义政治哲学,鼓吹以他的"实践整体理论",对法国等西方国家的社会制度给予批评。

其次,萨特在《辩证理性批判》中,当他展开他的历史哲学时,始终以

政治关怀为中心。这是符合西方传统的基本原则,因为从古希腊开始,西方人就很明确地把历史当成他们的奥秘。而且,萨特本人也很公开地把《辩证理性批判》当成他进行政治"介入"的一个理论表现和实践原则。

因此,萨特在这本书中所提出的整个理论体系及其基本概念,都是围绕着社会政治问题而论述的。也就是说,从理论体系来看,这本号称"实践整体理论"的著作,其所追求的实践终极目标,就是实现马克思主义所期待和论证的历史发展方向。

再次,从《辩证理性批判》发表后所引起的反应来看,基本上也是属于政治性质和政治哲学理论的争论。这本书发表后,整个法国,乃至于西欧,社会政治形势严峻,各种危机接踵而来,很快就导致1968年的社会动荡。在1968年学生运动中,有不少学生领袖引用萨特的《辩证理性批判》的论点,而萨特本人也积极地投入当时的学生和工人运动,既与自由主义论战,也与结构主义争论。所以,这本书,在某种意义上说,就是法国1968年社会运动的"政治哲学导论"。

政治与政治哲学究竟要不要结合其所处的社会历史环境进行理论反思,这是始终困扰着政治哲学家的重要问题。虽然,政治哲学,就其严格的意义而言,在西方是出现得比较晚的概念;但作为西方文化和思想体系的一个重要核心部分,政治和哲学,以及政治与哲学的紧密联系,乃至后来由此而形成的政治哲学,都是从其古希腊的起源开始,从"城邦"的形成及其运作开始,就成为西方整个文化思想整体的关键部分,不但始终成为社会文化和思想的基础,而且也随整个社会文化的演变而发生变化。布柯哈特在他的著名文化史著作《意大利文艺复兴时代的文化》就指出:政治是西方文化发展和变革的决定性力量。[①] 自从完成工业革命和技术革命之后,西方文化究竟是否继续受到政治的决定性影响,这是一个非常重要的理论问题,值得我们深入探讨的,因为对于这个问题的解决,将有助于我们这些研究西方哲学的专业人员更清醒地估计到当代西方哲学和文化的基本特点。

---

① See Burckhardt,J.1988[1860]:I.

发生在 20 世纪初的第一次世界大战给法国现代哲学所带来的冲击是如此深刻,以至当时及此后的相当长时间内,法国的绝大多数哲学家,在思考他们的哲学理论时,都不得不以不同的程度,或者隐含,或者明显,表达着他们的政治态度。至于第二次世界大战的爆发,更促使法国哲学以复杂的形式同政治发生这样那样的联系。换句话说,在 20 世纪的整个过程中,法国哲学发展的一个明显特征,就是或多或少地都具有政治哲学争论的性质。

按照现任法国哲学会主席、法国政治与精神科学院院士布尔乔亚(Bernard Bourgeois)教授的观点,当代法国哲学的重要特征,就在于呈现了发生于 20 世纪内的一系列政治事件的深刻影响,而其中,尤以 1968 年的社会危机为典型。他认为,1968 年的动荡,不仅是第一次和第二次世界大战的历史产物,而且更是法国哲学本身的危机的直接结果。[1]

就连被认为最保守和最传统的天主教哲学,即新托马斯主义的两位杰出的主要代表人物,吉尔松(Etienne Gilson)和马里坦(Jacques Maritain),也以不加掩饰的方式,在他们的主要著作中直接阐述他们的政治立场,甚至表示他们对现代社会政治制度的批判。[2]

对于萨特来说,从他在 20 世纪 30—40 年代思想成熟后所隶属的政治哲学类型来看,尤其突出地显示了他的哲学理论与政治之间的密切关系。他明确地说:"所有的人都是政治的。但只是由于战争才使我发现这一点,而且,也只有在 1945 年之后,我才对它有真正的理解(Tout homme est politique. Mais ça, je ne l'ai découvert qu'avec la guerre, et je ne l'ai vraiment compris qu'à partir de 1945)。"萨特在晚年接见米歇·贡达(Michel Contat)时,更详细地为此说明了他的思想转变的历史背景及其对于他的政治哲学的深刻影响:"促使这一切明朗化的,是 1939 年的某一天,我收到了一张征兵的通知单。……就是这一切使社会的事务进入我的头脑。……战争确实把我的生活分成两部分。……就是在那个时候,

---

[1] See Bourgeois, B. Préface pour "Introduction à la philosophie française contemporaine" de KHA Saen Yang;参见高宣扬:《当代法国哲学导论》上卷,同济大学出版社 2004 年版。

[2] See Gilson, 1951;1952;Maritain, 1953.

我从战前的个人主义和纯粹的个人,过渡到社会的和社会主义。"①

　　萨特从人的社会性出发断定人的政治性,基本上是符合亚里士多德的传统观点,因为亚里士多德最早在他的《政治篇》中强调"人是政治动物";人之为人就在于人的政治本性。人的政治本性,促使人时时以政治的观点及其政治利益,介入和干预社会事件和政治运动。

　　萨特的政治哲学的理论特征,基本上表现了他个人政治态度的矛盾性。

　　值得注意的是,当萨特最初"介入"(engagement)政治的时候,他的政治态度就已经很明确地表现出三个明显的特点:第一,他把自己的思想,归属于"社会主义"的类型。第二,萨特是自由的哲学家,他无论在任何时候都以突出的立场和观点捍卫自由。所以,第三,萨特的政治态度始终包含着矛盾性,即社会主义与个人自由的矛盾。这就使他在许多场合下,表现为政治上的摇摆性。例如,在20世纪30年代,虽然,萨特本人表示自己是社会主义者,但他也和同时代的其他许多号称"社会主义者"的人们一样,并没有真正理解所谓"社会主义"的确切含义。这种状况恰恰造成了萨特在那以后的相当长时间内,都对"社会主义"以及与此相联系的马克思主义,无论在理论上还是在实践方面,都经常表现出相当模糊甚至摇摆不定的意识和立场,同时也使他的政治哲学论述和实践两方面,经常带有自由主义和社会主义的双重特点。萨特政治态度的上述三大特点,集中地表现在《辩证理性批判》中。

　　我们所要讨论的《辩证理性批判》一书中的政治哲学,同萨特早期的那种模糊的社会主义意识有很大的不同,但又有内在的联系。首先,其不同点就在于:萨特在20世纪50年代之后,更明显地倾向于马克思主义,而这是由于萨特经受了第二次世界大战后十多年国际政治关系的新变化的严重影响。其次,其相同点则是萨特仍然在政治上保持其摇摆性和两面性,他在社会主义和自由之间,始终未能克服其来回摇摆性。这种状况,使他在这一时期的政治立场和理论观点,更集中地体现为他协调存在主义同马克思主义的辩证历史观的努力。

---

① Situations X;Gallimard,1976;180-181.

在《辩证理性批判》撰写过程中,萨特实际上从理论上表现了他在政治和实践方面的马克思主义倾向性,他在这一时期,越来越有意地向法共表示他的靠拢愿望,尽管萨特对法共的靠拢本身也仍然明显地表现出一定程度的矛盾性和摇摆性。

为了深入分析萨特在理论上和在政治实践方面的这种始终矛盾的性格,有必要以发生在1956年的政治事件作为典型的政治环境进行深入分析。这个分析将有助于我们进一步理解萨特在《辩证理性批判》中理论观点的政治性质。

这一年2月,萨特在他所领导的《现代杂志》上发表一篇论法共党内改革派首领之一皮埃尔·埃尔维(Pierre Hervé)的文章,阐明了他在哲学理论和实际政治两方面的极端矛盾的思想和观点。

此前不久,作为法共重要的改革派分子,皮埃尔·埃尔维在圆桌出版社发表《革命与崇拜》(La Révolution et les fétiches),严厉批判法共党内欠缺民主讨论的气氛以及流行于法共党内的教条主义。法共理论家立即展开了对皮埃尔·埃尔维的理论围攻,而其中最明显的,是由吉·贝斯(Guy Besse)在《人道报》上发表的一篇文章。针对这篇文章,萨特不只是对辩论双方表现某些程度的模棱两可立场,而且,连对双方的批判本身也是充满矛盾的。萨特先是批判皮埃尔·埃尔维对法共的"极端"态度,另外又承认皮埃尔·埃尔维仍然还保留一定的"节制";而对于严厉批判皮埃尔·埃尔维的吉·贝斯,萨特也同样地表现了带有双重性质的批评:他认为,一方面,吉·贝斯的批判方法存在许多值得讨论的问题,从而为萨特自己此后发表《方法问题》留下后路;另一方面,萨特又不得不肯定吉·贝斯分析的"客观性"。

在这场争论中,萨特最终明显地站在法共的立场上,他强调"由历史所支持的法共,表现了一种非常客观的理智;它很少犯错,它总是尽力地做它所应做的事情,但这个与实践相混淆的理智往往并不经常表现在它的知识分子中。实际上,自从资产阶级思想死亡以后,只有马克思主义,才是唯一的文化,因为唯有它才使人们理解人类、各种著作以及各种事件。"①

---

① 转引自Contat, M.1970;296。

这几段论述所表达的观点,已经基本上表明了《辩证理性批判》的整个理论立场;其中最关键的是萨特已经很公开地宣称法共"表现了一种非常客观的理智;它很少犯错,它总是尽力地做它所应做的事情";此外,在理论上,萨特则明确表示"自从资产阶级思想死亡以后,只有马克思主义,才是唯一的文化,因为唯有它才使人们理解人类、各种著作以及各种事件"。

关于萨特与马克思主义的复杂关系,在萨特个人的思想发展过程中,明显地表现出一定的阶段性。从第二次世界大战结束到20世纪50年代中期,萨特同苏共和马克思主义的关系越来越密切,使他在世界范围内,积极从事由苏共倡导的"保卫世界和平运动",谴责西方帝国主义;从1956年发生匈牙利事件之后,萨特同马克思主义的关系又转入新的阶段。在第二阶段,萨特对马克思主义的态度表现出越来越明显的矛盾性:一方面,谴责苏联对匈牙利的暴行,批评马克思主义理论的"停滞性"(arrêté);另一方面,他又赞扬马克思主义的理论威力,并在《方法问题》一文中,把马克思主义比喻成为"吸引潮水的月亮"。

所有这些观点和立场,在《辩证理性批判》有了更全面的阐述。萨特首先在当时的波兰杂志上发表《存在主义与马克思主义》("Existentialisme et marxisme")(后改题为《方法问题》发表出来),以显示他对国际共产主义运动的实际问题和理论问题的关注。他认为,关键的问题,就是返回现实生活中的人。他说:"在人的所在之处寻找人,在人的工作中,在家中,在街上。"①

但另一方面,在《辩证理性批判》中,萨特又宣称:"历史唯物主义的最高悖论就在于,它在同一个时间里是历史的唯一真理,又是真理的一种彻底的非决定论。历史唯物主义的完整化思想确立了一切,却排除了它自身的存在。或者用另一种方式表达,即受到了它一向反对的历史相对主义的污染,它没能展示出自我界定的那种历史真实性,也未能显现出这一点在历史进程中以及在实践和人类经验的辩证发展中,是如何决定了

---

① 转引自 Contat,M.1970:42。

它的性质和正确性。换言之,我们不知道马克思主义历史学家的说出真理是什么意思。这并非说它的陈述是假的;绝非如此。但是它确实并未掌握真理这一概念。"①接着,在该书 A III 的开头,萨特更明确地批判了马克思主义的辩证唯物主义的问题。萨特说:"这个教条主义的源头来自辩证唯物主义的基本问题。马克思为了追溯辩证法的独立存在地位,揭示了实在论的各种矛盾。这些矛盾应该成为认识的实质,然而它们却被掩盖了。"②显然,萨特试图指出马克思的辩证唯物主义理论所包含的"教条主义"因素,试图为他自身把存在主义运进来,以便"补充"马克思主义的历史辩证法的缺点。他明确地说:"存在主义就是一种在马克思主义内部重新征服人的谨慎而坚持不懈的努力。"③

对于萨特的政治哲学的上述摇摆特点,研究萨特的专家弗朗西斯·让森(Francis Jeanson)曾经形象地称之为"河狸式的变动"(variations castoriennes)④。让森以萨特在 1950 年至 1953 年之间的政治态度变动状况为例,把它描述成"在不确定中游动"(Il nage dans l'incertitude)⑤。

说明这一点,是很重要的,因为萨特的所谓"社会主义意识",原本并非真正马克思主义传统的理论和实践,而是更多地同法国近代以来的哲学传统以及追求自由、平等、博爱的现代思想文化有密切关系。1968 年学生运动时,写在巴黎大学索尔邦大院墙上的标语具有典型性:"社会主义+自由。"萨特的政治摇摆的思想基础,就是这个口号所表达的思想。

《辩证理性批判》的政治哲学,不仅是在第二次世界大战后十多年内法国及欧洲社会历史的具体条件下形成的,而且,它本身也是当代法国持续进行的哲学论战的一个历史文献和结果。

第二次世界大战后的二十年内,在法国哲学舞台上,在探索哲学创造的新道路的过程中,展开了现象学、马克思主义、基督教神学、结构主义及

---

① 《辩证理性批判》引论 A II。
② Ibid.
③ Ibid.118.
④ See Jeanson,1974:200.
⑤ Jeanson,1974:200.

其他各种思潮之间的激烈争论,而争论的焦点,是环绕人文主义和历史主义的问题。不管是人文主义,还是历史主义,在法国哲学的脉络中,都隐含着复杂的政治问题。

由于世界政治形势的影响,第二次世界大战后世界范围内两大政治军事力量及其意识形态的对立,促使萨特选择了"社会主义"和自由,批判自由主义和帝国主义。在法国,从第二次世界大战后到1960年,在哲学和政治领域中连续发生了一系列争论,几乎所有的知识分子和哲学家,都无一例外地被卷入进去。

福柯在他的1966年出版的《语词与事物》中,明显地批评了人文主义、历史主义和马克思主义。福柯在那里用大量的篇幅,分析批判了以往的传统人文主义和历史主义以及马克思主义的政治意义:"马克思主义在19世纪就好像水中的鱼那样;也就是说,它到处都不再把历史的剧烈变动当成可能性的条件……而考古学则可以精确地和同时地以同样的模式,描述19世纪的资产阶级和革命的经济学(comme un poisson dans l'eau;c'est-à-dire que partout ailleurs il cesse de respirer le projet(d'un retournement radical de l'Histoire a)pour condition de possibilté…un événement que…l'archéologie peut situer avec précision et qui a prescrit simultanément, et sur même mode,l'économie bourgeoise et l'économie révolutionnaire du XIX siècle.Leurs débats ont beau émouvoir quelques vagues…ce ne sont tempêtes qu'au bassin des enfants)。"①

意味深长的是,上述法国哲学争论还深深地镶嵌在法国政治哲学的历史背景中。

法国的政治哲学,在20世纪初的一段时期内,曾经由19世纪流传下来的柏格森主义、新经院主义(Néo-Scholastisme)和人格主义(Personnalisme)所统治。1932年,柏格森在他的《道德与宗教的两个源泉》一书中,揭示了现代人被囚困在现代科学技术成果的牢笼中,以致造成近代民主

---

① Foucault,1966:273-274.

制的"非自然化"①。柏格森指出:近代民主制的基本精神,就是将自由与平等结合在一起,但是,现在,"人类呻吟着,半死不活地被压在人自身所造成的进步之下"②。柏格森因此说,20世纪的政治需要增补它的灵魂。③ 柏格森建议,为了拯救处于危机的政治,人类精神必须简单化,同样地,也要使已经被复杂化的疯狂,加以节制。④ 在柏格森的政治哲学中,显然还保留着强烈的自然法精神,而他在面对现代政治危机时,也仍然把希望寄托在人类自己对自身理性的节制。与此同时,新经院主义的两位杰出思想家,吉尔松(Etienne Gilson,1884—1978)和马里坦(Jacques Maritain,1882—1973),率领着由他们所培育出来的卢汶学派(l'école de Louvain),不仅在形上学领域,而且也在政治哲学中,独占鳌头。新经院主义者将中世纪的学说加以翻新,结合20世纪初人们的心理特征和当时的社会要求,推出了一系列新型的社会哲学与政治哲学观点。吉尔松和马里坦各自就国家、主权性、自然法以及民主制等重要问题,发表了划时代的著名作品。⑤

吉尔松在《上帝之城的演变》(Les métamorphoses de la cité de Dieu,1952)指出:现代民主制符合圣奥古斯丁关于"上帝之城"的基本原则,因为民主制是在基督教合理性概念的引导下创立,并在同样的理念下,经过多世纪的探索,逐步完善起来。马里坦在他的《人与国家》一书中,强调民主制必须建立在政治生活的道德理性化的基础上。马里坦说:"只有通过民主制,才有希望使政治实现一种道德理性化的过程,因为民主制是建立在法制基础上的自由的合理的组织。"⑥马里坦等人,提醒哲学家们,更多地重视以合理性为基础的人权问题和世界的政治统一化过程。马里坦等人的新经院主义政治观点,很快地转化为人格主义的思想。在他们

---

① Bergson,1963[1932]:1023-1215.

② Ibid.:1245.

③ Ibid.:1239.

④ See Ibid.:1237.

⑤ See Gilson,E.1951;1952;Maritain,J.1953.

⑥ Maritain,J.1953:53.

的后继者牟尼耶(Emmanuel Mounier,1905—1950),更进一步使新经院主义政治思想,转化为强调个人的人格的人格主义政治哲学。对于他们来说,人的基本特征就是其生活世界、人格以及社会生活的人格化。也就是说,人及其世界,特别是他们的政治活动的特征,就是以尊重每个人的人格为最高准则。这种人格主义政治思想,尽管很快地让位于存在主义,但却深深地影响了20世纪整个政治哲学的发展,因为他们对于人格的个性的重视,几乎无例外地成为了20世纪政治哲学主流,特别是存在主义的基本观点。

从第二次世界大战开始的法国政治哲学,虽然可以分为许多派别,但我们仍然可以大致地看到其中的三大主流思想:存在主义、现象学和马克思主义。在这一时期的政治哲学中,最有成果的,就是属于这三大派别的哲学家萨特、卡谬、马尔塞、梅洛-庞蒂、加洛迪、勒菲柏勒、阿尔杜塞、利科、柯杰夫、雷蒙·阿隆、埃里克·维尔(Eric Weil,1904—1977)、西蒙·维(Simone Weil,1909—1943)、西蒙·戈雅·法卜勒(Simone Goyard-Fabre)等。他们在这个领域的研究成果,对当代法国政治哲学的发展具有重要意义。

从20世纪60—70年代起,法国政治哲学的状况,发生重大变化。结构主义和解构主义的兴起,不但给哲学家提供了分析和研究政治的新观点和方法,而且,也以鲜明的立场,几乎和萨特一样,积极地"介入"了当时的政治生活,并不加掩饰地把他们的理论主张同现实的政治批判结合起来。福柯、德里达和布迪厄等人,都对权力、国家、民主制、正当化、社会正义等问题感兴趣。他们采取了反历史和反主体中心主义的立场,重新探讨了最重要的政治问题。因而,他们实际上也对萨特的政治哲学进行了批判。

接着,从70年代末至80年代开始,后现代主义思潮,开始建构了自己的新政治哲学体系。利奥塔等人,根据他们的新型的社会、政治和文化观,提出了一整套的后现代政治哲学理论,继续更深入地批判了萨特原有的政治哲学原则。

由此可见,法国政治哲学的发展历程,基本上与一般哲学思想的演变相适应。总的来讲,当代法国政治哲学经历了三大发展阶段:第一阶段是从第二次世界大战到 20 世纪 50—60 年代,第二阶段是从 60—70 年代,第三阶段是 80 年代之后至今。

在第一和第二阶段,最有影响力的政治哲学家,就是萨特、梅洛-庞蒂、雷蒙·阿隆、阿尔杜塞、柯杰夫和埃里克·维尔等。

自称存在主义者和马克思主义者,萨特的政治哲学,在他的《辩证理性批判》中典型地表现出来。萨特当然并没有围绕传统政治哲学的论题来阐述自己的政治哲学观点。萨特更多地从他的实际斗争的需要,特别是依据他本人在理论创造中所关切的主题,论述他的政治哲学观点。为此,他一方面批评当时已经兴起的结构主义社会历史观,另一方面集中论述了他为综合存在主义与马克思主义而提出、以“实践”(la praxis)概念为核心的历史观。正是在这个意义上说,萨特的政治观是以他的辩证的历史观为基础的。

作为萨特的基本政治哲学概念,所谓实践,是指存在主义所关注的个人的实践(la praxis individuelle)。但为了使个人实践跳出存在主义的狭隘范围,萨特试图通过它的“总体化”(la totalisation)过程,实现向马克思主义历史观的过渡,从而完成萨特所想要实现的目标:存在主义与马克思主义政治观点的结合。萨特写道:“人的关系的唯一可理解性(l'intelligibilité),是辩证法。在每个以稀有性(la rereté)为基础的特定历史时代中,这个可理解性,只能在相互对立中表现出来。因此,不仅作为实践的阶级斗争,只能通过辩证法的解读,才能被理解,而且,在人类的多样历史中展现的辩证法本身,也只能在特定历史条件下,作为进行中的辩证合理性的实现过程而产生出来。”①因此,在萨特那里,实践是人的尺度和真理的基础,而辩证法是“分析理性”(la raison anlytique)的永久的解析。②

在 60 年代,萨特的观点立即引起了存在主义与结构主义的争论。这

---

① Sartre,1960:744.

② See Ibid.:741.

场争论实际上远远超过政治哲学的范围,涉及政治哲学的基础:社会历史的性质。萨特指出:结构主义之所以否定历史的存在,以断裂性和共时性,取代连续性和发展性,是为了整个地否定马克思主义。萨特坚持要从特定历史环境的特点出发来分析一切政治问题。所以,当涉及结构主义所说的"无主体的历史"和"人已经死去"的时候,萨特再次引用他在1946年就明确主张的历史"环境"(la situation)的概念。他指出:民主制所主张的抽象的自由主义,表面上认为,犹太人、中国人、黑人都应该享有与其他民族平等的权利,但自由主义者宣称,犹太人、中国人和黑人的自由权,只是当他们作为普遍的人的时候才有效。显然,民主制所主张的自由和人权,在具体的特定历史环境下,便失去了它的有效性。[1] 由此出发,萨特也明确地说:"人并不存在;存在的,只是具体的犹太人、基督徒、天主教徒、法国人、英国人、德国人、白人、黑人和黄种人。"[2]

梅洛-庞蒂是另一位发生强烈影响的存在主义政治哲学家。梅洛-庞蒂不同于萨特,他在政治上始终保持一种冷静谨慎的态度。当法国政治家皮埃尔·蒙德斯·弗朗斯(Pierre Mendès France)在1962年发表《近代共和国》(La république moderne)的时候,梅洛-庞蒂也表现类似的政治立场,但他并无意将自己列入一定的政治营垒中。尽管梅洛-庞蒂无意卷入政治旋涡,但他始终关切政治的命运,这使他能够以较为客观的立场,密切注视政治的发展方向,并及时地在当时比较普及发行的《现代杂志》、《快报》和《世界报》等报刊上,发表他的富有洞见的政治评论。

梅洛-庞蒂的政治思想经历一段演变过程。他早期曾经对马克思和胡塞尔的思想表现一股强烈的热情。因此,在第二次世界大战前后一段时间内,梅洛-庞蒂曾经对现代自由主义进行尖锐的批评。他坚持认为,社会生活中的人,不应该像自由主义所鼓吹的个人主义的个人,而是应该相互共存,应该以"主体间性"的方式,生活在生活世界的群体中,应该相互支持和相互帮助。他在《辩证法的历险》中强调人的相互支持性。"单

---

① See Sartre,1946:233.

② Ibid.

独的主体是零,独自一个人是没有自由的。"①同样,他也强调马克思所说的"实践"的重要性。但他主张:只有在自由的环境中,人才有希望通过实践而与人群、理事会合在一起。在历史的实践中,人永远摇摆在历史的旋涡之中,一会儿被历史的辩证法所威胁,一会儿又返回历史的轨道。20世纪50年代之后,梅洛-庞蒂发现苏联劳动集中营的存在,并因此逐步地采取批判苏联式的社会主义的立场,由此导致梅洛-庞蒂与萨特的分歧。梅洛-庞蒂在胡塞尔的现象学中找到进行政治改革的希望。他在《辩证法的历险》说:"历史中存在一个中心,这就是政治行动;在它的周围是文化。"②因此,梅洛-庞蒂的政治,就是一种包含文化因素和人道主义理念的相对主义政治。

在存在主义与结构主义的争论中,雷蒙·阿隆是作为中间人的身份发表他的具有独特立场的政治理论。雷蒙·阿隆以《历史与暴力的辩证法》("Histoire et la dialectique de la violence")为题,阐述他的基本观点。阿隆一方面把《辩证理性批判》说成是一种"摧毁性和魔鬼式的"档案,另一方面又客观地分析其中所论述的问题。阿隆说:《辩证理性批判》可以做各种不同的解读。从萨特的思想来说,这本书有双重好处。一方面,就其思辨的利益而言,它是以实践的理论为基础,在强调个人意识的"自为"(pour soi)能力和实践的范围内,建构一个关于集体的概念。另一方面,就其实际利益或政治利益而言,《辩证理性批判》要论证实践克服异化的可能性;因为萨特毕竟看到了实践本身的惰性(inerte)及其异化(aliénation)的倾向,所以,萨特极力论证:在一个以实践为基础的社会中,应该可以靠非暴力的方式,保障实践的自由性质。从萨特与马克思主义和历史主义的关系来看,萨特的《辩证理性批判》试图论证历史对人的实践的总体化过程的正当性,同时也由此寄托解放全人类的希望。③ 阿隆最后强调萨特的存在主义与他的马克思主义之间的不可协调性和矛盾

---

① Merleau-Ponty,1955:276.

② Ibid.:212.

③ See Aron,1973:13-14.

性。① 雷蒙·阿隆的政治哲学散见在他的一系列评论政治问题的著作《从一种神圣家族到另一个:论想象中的马克思主义》、《进步幻想的破灭》、《论自由》、《为颓废的欧洲辩护》及《找不到的革命》等。

发生在 20 世纪 60 年代初的萨特与列维·斯特劳斯的争论,推动着法国政治哲学的理论建设的进程。从那以后,福柯、德里达等人,从结构主义出发,进一步提出他们的后结构主义和解构主义政治观点,把重点指向整个传统政治理论及其基础。福柯在他的法兰西学院课程中,集中转向最敏感的政治问题:国家权力的专制及其权术策略。他在《监视与惩罚》的监狱史著作中,揭露近代政治制度对人的无时无刻、无所不在的监视、规训、宰制、监管、控制和统治的性质及其策略。福柯针对边沁所发明的"全方位监控监狱"(panoptique)的问题,全面揭露现代国家的专制实质。福柯还探讨国家理性与所谓的"自身的技术"的关系,指出西方近代国家,实际上继承了自基督教以来所采用的"自身的技术"与"基督教教士权力运作模式",使政权的运作,从当初只注意领土主权,转向集中对被统治的个人实行全面宰制的问题。德里达也反复对现代国家的权力滥用现象进行无情的批判,同时揭露现代国家政治制度的形上学基础的非正当性。

在解构主义和后结构主义理论的基础上发展起来的后现代主义,从 20 世纪 70 年代末至 80 年代初以来,首先集中批判现代政治哲学的"大叙述"(grand récit)体系的非正当性。利奥塔在其代表作《后现代的条件》中指出:现代知识所采取的大叙述体系形式,是近代理性主义的产物,它们几乎成为了一切现代政治制度进行自我正当化的理论根据。从霍布斯、休谟、洛克到康德、黑格尔、马克思,都竭尽全力用他们所编造出来的大叙述体系,论证他们所推崇的社会制度的合理性。② 实际上,所有这一切,都是玩弄语言游戏,是他们凭借他们所依靠的权力网络,建构有利于占统治地位的权力集团的论述体系。所以,现代政治理论,在本质上

---

① See Aron,1973:33;59;225-226.

② See Lyotard,1979.

是特定论述的自我论证和自我实施。利奥塔等人更感兴趣的，是实际的政治生活本身的运作过程以及为之服务的策略的运用过程。利奥塔认为，一切正义问题都必须靠公民自己来判断，无须规定统一的法制基础，因为所谓法制只是大叙述系统的产物。为了彻底否定现代国家的"公权力"形象，利奥塔论证了后现代社会公民社会的特征，强调公民个人权利的不可化约性和不可归纳性。

除了以上属于时髦潮流的政治哲学以外，还有必要简单论述其他较为著名的政治哲学家的观点。首先是柯杰夫。柯杰夫在他撰写于1943年的《关于法的现象学概论》(*Esquisse d'une phénoménologie du droit*)一书中，强调了从现象学立场研究法制问题的重要性，同时他也指出：法国哲学界实际上尚未对法的性质进行系统的研究。

柯杰夫承认，他的关于法的定义，既是经验性的，也是行为主义的。柯杰夫从这样的假设出发：当两个不同的生命体（不管是个人、集体还是抽象的生命体）相遇，其中一个或者具有肉体的人格，或者是精神的人格。上述两个人格发生互动(interaction)，其中一个人格的行动，使另一个产生反应，或者导致另一个取消、促进和激发其行为。在这个情况下，在特定社会环境下，如果从一个群体中出现第三者，出自有意识的目的，介入或干预上述两者的互动。这个时候，也只有在这个时候，探讨法的定义才有它的意义。显然，柯杰夫关于法的定义是在非常具体的社会历史条件下提出来的。他认为，正是在这样的社会环境下，才有必要和有可能讨论关于法的行动主体以及它的条件，其中包括客观法、法的执行规则、国内或国家的积极的实证法、法的现象以及法的现象学等问题。接着柯杰夫还进一步更详细地探讨法对于国家、经济、道德、宗教的独立性和自律的问题。为了论证法的自律地位及实行正义的可能性，柯杰夫借用黑格尔法哲学中的现象学人类学原则。柯杰夫认为，只有把人放在公民的主奴双重地位中，才有可能具体解决现代人的法制行动及其正义性问题。柯杰夫强调，真正的人，是包含矛盾的身份：它一方面是自己和社会的主人，另一方面又是奴仆。所谓绝对的正义，只能是上述两种原始正义的综合结果。整个正义的演变和实施的历史，无非就是上述两者的结合的逐步过程。一切实际的个人,都只能是特定社会的公民,所以,正义也只能是黑格尔所说的"平等的贵族式正义"(justice aristocratique de l'égalité)与"等价的中产阶级式的正义"(justice bourgeoise de l'Equivalence)之间的一种"公平性的正义"(une justice de l'équité)。

曾经发生重大影响的另一位法国政治哲学家,就是埃里克·维尔。他在他的著名著作《政治哲学》中指出:政治学所思考的,是某种与道德、法制、个人、社会和国家紧密相关的历史性合理行动。也就是说,政治学所思考的政治行动,必须是一种正确处理与道德、法制、个人、社会和国家的合理关系的历史性活动。政治行动,归根到底,是一种历史行动,它的合理性及其实施过程,都离不开历史条件的限制;政治学是建构在历史的具体普遍化过程中。① 埃里克·维尔试图竭力阻止把政治学简单地归结为一种社会科学。政治科学,作为一种建立在哲学思考基础上的理论体系,其最原初的根源,乃是道德的思考。显然,埃里克·维尔的政治哲学同康德的政治理论有密切的关系。

由此可见,当代法国政治哲学的发展过程几乎同整个哲学领域的论争相平行,因为绝大多数的法国当代哲学家都卷入了政治哲学方面的论争。萨特的《辩证理性批判》正是在这样的理论环境下发表,也正因为这样,它的内容才具有政治哲学的性质。

如前所述,萨特在《辩证理性批判》中所阐述的政治哲学的内核,就是一种特殊的历史存在主义,而这种历史主义,又无非就是他的人道的存在主义和历史唯物论的哲学混合物。

马克思主义的历史主义尽管具有唯物和辩证的特点,但作为西方历史主义的一个变种,充其量也跳不出传统历史主义的范围,即主张历史有一个终极目标,而历史在朝着这一终极目标行进的过程中,必然要沿着一个由简单、落后和低级的阶段,导向复杂、进步和高级的阶段的单向发展路线。启蒙思想家之所以强调"进步"(progrès)的概念,就是为了将原来基督教的历史主义改造成为近代理性主义的历史观。但是,归根结底,启

---

① See Eric Weil,1971[1956]:16.

蒙运动思想家始终未能超越基督教原有的历史观,因为启蒙的历史观也和基督教历史观一样,主张历史发展的单向性和终极性。启蒙思想家的新型历史观,并不否弃由圣奥古斯丁所奠定的基督教历史观的基本方面,只是以"理性"取代神性,以"进步"取代"末世",以世俗的"自由解放"取代基督教的"救赎",以"人间乐园"取代"天国"。所以,传统的历史主义,包括马克思主义在内,都在坚持终极目的论(historical teleology)和历史直线进化论(linear-evolutionism)方面,继承了基督教原有的历史观;而所有这些不同类型的传统历史主义的核心,则是历史价值论。也就是说,在传统历史主义看来,不管是基督教思想家,启蒙运动思想家,还是马克思主义思想家,都强调历史之所以有终极目标,之所以走一条单向的"进步"的路线,就是因为历史本身呈现了某种意义或价值;历史的重要性就在于它的价值和意义。当然,不同的历史主义,都依据其本身所崇奉的价值标准,为历史确定其存在和发展的意义。

萨特在他的《辩证理性批判》中所阐述的历史观,反复地以强烈的腔调,坚持主张历史的特定价值及意义。萨特指出:历史"辩证法就是整体化法则,这个法则造就了一些集合体,一些社会,一部历史,即一些强加于个人之上的实在性"。[①] 接着,他又说:"辩证法,作为在反对压迫者的斗争中被压迫阶级的实践觉悟,是由压迫的分裂倾向而在被压迫者那里激发起来的一种反应。……不管怎样,辩证法是有效的实践真理对沉思的真理的超越,是朝向斗争群体的综合统一,是对分散化的超越"。[②] 依据萨特的看法,历史的真正价值,就在于实现以彻底消灭社会阶级不平等为基础的人类解放,而这场历史的解放运动,只能由作为历史主体的革命阶级来组织和完成。

萨特在书中坚持人在实践中的自为性,即主张使人的历史活动从属于人的自为意识所肯定的生存价值。

在《辩证理性批判》中,我们看到:实践的观念,一方面来自萨特前期

---

① Sartre,1960:170.

② Ibid.:997.

的存在主义中的"自为"（pour-soi）概念，另一方面又来自马克思主义的传统"实践"（praxis）范畴。由此而产生的实践概念，不但隶属于历史的终极目标，而且也从属于传统的历史价值系统。也就是说，"实践"，在《辩证理性批判》中，是为历史的终极目标和价值服务的：实践，归根结底是为了达到萨特所追求的目的和保卫他所捍卫的价值。

萨特的"实践"概念的历史主义性质，首先表现在他对哲学的一般看法上。在《方法问题》中，萨特给哲学下了这样的定义："哲学首先是上升的阶级意识到自身的一种方式。……哲学是当代知识的整体化，哲学家应该遵照某些表达出上升阶级对自己的时代和世界采取的态度和方法的指导模式，对所有的知识进行统一。……哲学客体在被归结为最简单的形式之后，在"客观精神"中仍然将以指出一种无限任务的调解性理念的形式出现。……这是因为一种哲学在十分敏锐有力之时，绝不会表现为一种惰性物，不会表现为知识的已经终结的消极统一；它产生于社会运动，本身就是运动，并影响着未来。这种具体的整体化同时是把统一继续进行到底的抽象计划。在这方面，哲学的特点，就是一种研究和解释的方法；它对自己和它未来的发展的信心，只会再现拥有它的阶级的自信心。任何哲学都是实践的，即使是最初表现为极度沉思性的哲学也是如此。方法是一种社会的和政治的武器。"①接着，萨特进一步把哲学归结为"知识的整体、方法、调解性的理念、进攻的武器和语言的共同体"。②

从这段话来看，萨特显然已经彻头彻尾地把哲学同政治、同他所理解的"实践"，特别是同他所支持的"无产阶级革命"实践联系在一起。马克思本人早就把哲学理解为"批判的武器"，当成"改造世界"的"实践"本身（参看马克思的《黑格尔法哲学批判》和《费尔巴哈论纲》）。萨特在20世纪50年代为哲学下的定义，无非重复了马克思的概念，并把哲学直接地归结为"实践"本身。不仅如此，而且，萨特还不加掩饰地公开承认自己是马克思主义者，他甚至还以更坚定的立场，批判了当时的法共党内的

---

① Sartre,1960:7-8.
② Sartre,1960:9.

"修正主义者"。由此可见，萨特不但在理论上，而且也在实际行动上，表明他所理解的"实践"就是当时所一般地理解的马克思主义范畴。

值得注意的是，萨特在第二次世界大战之后，原本一再地试图表明自己一方面支持马克思主义，但另一方面又与当时在"社会主义国家"中所流行的官方马克思主义相区别，特别是与斯大林的教条的马克思主义划清界限。可是，就在《辩证理性批判》中，他所论证的"实践"概念，却在根本方面，仍然未能跳出斯大林所规定的"哲学"定义及其"实践"标准。

值得指出的是，在《方法问题》中所展现的上述哲学观点，已经很明显地表达出萨特在整个《辩证理性批判》一书中所阐述的理论观点的特征。

首先，萨特在上述哲学定义中，已经明确地将哲学归结为"上升的阶级意识到自身的一种方式"。"上升的阶级"就是"无产阶级"，而所谓"意识到自身"，实际上就是萨特早在《存在与虚无》中所说的"自为"的基础。这实际上还是重复了马克思早期在他的《德意志意识形态》所表达的思想观点。因此，在这个哲学定义中，已经表明了萨特将马克思主义同他的存在主义结合起来的愿望。

但是，萨特的个人意愿在其实际的理论建构过程及其效果中遇到了他本人意想不到也无法克服的矛盾。首先，萨特所主张的存在主义"自为"，与马克思原本所理解的"实践"，仍然有很大的区别。萨特在《存在与虚无》中，从现象学出发，反复地强调自为的意识基础及其思想性，把意识的虚无性及其虚无化能力当成"自为"的决定性根据。但马克思在其早期的著作《神圣家族》和《德意志意识形态》中，早就严厉批判了纯粹立足于自我意识基础上的观念论实践观的虚幻性。所以，马克思从1845年起就一再强调他的"实践"观念本身的革命实践性质，试图同一切只注意主观意识重要性的哲学划清界限。萨特在20世纪中叶竟然忽略了马克思早期对主观意识论的批判，显然陷入他所一厢情愿的哲学幻想之中。

萨特在实践概念中所遇到的难题，迫使他诉诸"斗争"。他说："斗争的原则本身，对每个人来说，都是在一个综合的张力中发展人类维度多元性的机会，因为它对一个主体—客体，即他人，必须使自己成为一个客体—主体;同时,也还因为它把包含在自己的自由中的另一个自由内在化了。而与此同时,它自始至终是唯物主义的,即它必须:第一,根据他人所处的条件之无机实在,来确定他人的行动;第二,根据自己始初的物质和惰性条件,来确定自己反对他人的行动;第三,根据估算过的或形势所允许做到的,尽可能严格确立的可能性,来确定他人按照已采取之行动而作出的预见,以便使他人拥有一些关于物质条件的确切情报,等等”。所以,萨特认为:“斗争是人类的唯一实践,它在紧迫性中,有时也在死亡危险中,实现每个人与自己的客体存在的关系。”①正是在这里,萨特又一次使自己陷入难以克服的矛盾中,因为他既显示出他的实践概念的含糊性,又无法同他力图与之保持距离的斯大林的实践观念划清界限。

至于最重要的“群众”概念,萨特说:“只要产生哲学、负载着哲学性并被阐明的实践仍然生气勃勃,哲学就依然有效。但是,它发生了变化,失去了它的独特性和它原来的时代性的内容,原因是它逐渐渗透到群众之中,并通过群众成为一种集体的解放工具。”②哲学通过它的主体性而成为了群众解放的工具。但萨特显然改造了马克思原来的公式,因为,马克思所强调的,恰恰是无产阶级的历史主体性,而不是像萨特那样含糊说的“群众”。

不但如此,而且,正如萨特在整篇著作中所显示的矛盾性那样,当他宣称群众的优先地位时,他自己又同他原先所坚持的“个人意识的优先性”相冲突。萨特坦率地说:“如果看不到在个人中、在他的事业中以及在他的自我客观化中的独特的辩证运动的话,那么,就必须否弃辩证法,或者使它变为历史的内在法则。”③这显然是萨特早期的个人自主义的一种“回光返照”,它从根本上与上述思想相矛盾。所以,为了协调这些相矛盾的思想,当萨特强调群众的历史主体性时,他又不得不承认,“确切意义上的个体典型的无机作用(通过个体之间的团结)的不可超越性,是历史合理性的基本条件”。这样一来,群众也就要顺从于个体的辩证法。

---

① Sartre,1960:1004.

② Ibid.:9.

③ Ibid.:101.

　　萨特对"群众"概念的模糊定义,使他很难明确论证群众与个人的关系,也使他有可能由此而走上两种决然相反的方向:或者,他由于坚持群众的"首创精神"而成为群众的尾巴,甚至成为民粹主义者;或者,他由于强调个人的创造性而夸大个人的作用,使群众变为某个个人的工具和手段。在这方面,萨特几乎面临着同时代的马克思主义者所遇到过的历史境遇。

　　萨特固然是作为自由主义政治哲学的对立面而出现(他同雷蒙·阿隆的对立就是这方面的典型),但是,在萨特的政治哲学中,却也显露出自由主义的印记,因为他属于法国思想文化传统的继承者,同时,他本人所坚持的存在主义的性质,都使他始终把对于个人自由的追求,当成他的思想的重要支柱之一。

　　严格地说,自由主义在本质上是与历史主义相对立的,因为自由主义将个人的自由列为首位,而历史主义强调历史所追求的价值及终极目的,要求个人为价值和意义而作出牺牲。但个人主义和自由主义,都是以个人功利放在第一位,是以"解咒"的工具理性为基础(Weber)。因此,个人主义和自由主义从根本上与传统历史主义所宣扬的历史终极论相抵触。正因为这样,萨特在《辩证理性批判》中也一再地为维护个人自由而同马克思主义的历史唯物主义相冲突。萨特明确地主张个体实践的"整体化"性质,这在根本上是同马克思主义的实践观不相容的。

　　萨特的自由主义,使他所主张的辩证理性陷入重重理论矛盾之中。萨特指出:他的辩证理性试图将"众人的冒险"与"个人的自由"、"经验"与"必然"两种对立的东西,在历史的实践中结合起来。但他自己也不得不承认:"我远不认为个人的孤独努力,能够就一个极其广泛、又以历史整体性来冒险的问题作出令人满意的、哪怕只是部分的答复。"

　　总而言之,萨特的《辩证理性批判》,是一部政治哲学著作,其中所论证的思想,不但必须同20世纪特殊的理论和意识形态斗争背景联系在一起,而且,也必须同萨特在这一时期所履行的实践活动的政治性质相联系。

　　德勒兹在1985年明确地说:"我对萨特情有独钟;我一生只爱萨特这

样的思想家。萨特使我悲伤,使我更强烈地想念他,以至我既不再把他当成一个思念的对象,也无法使自己成为同他一样的人。一定要把我对这位作家的思念所带来的愉快,所给予我的强大力量,转告所有的人,让大家都知道他的思想威力,都能感受到他的创造魅力。"这是德勒兹对当时正在撰写《论萨特》的青年哲学家嘉内特·格隆贝尔说的话。

第十四节　阿尔杜塞

阿尔杜塞(Louis Althusser,1918—1990)是法国"结构主义的马克思主义"思想家。他以结构主义的方法,重构马克思主义的基本理论体系。阿尔杜塞和许多法国著名的左派思想家一样,出生于法属阿尔及利亚。当时,正是第一次世界大战结束的时候。1948 年他 30 岁的时候,由左派社会运动领袖贾克·马丁(Jacques Martin)的介绍,阿尔杜塞加入法共,而那时,正是法共经历第二次世界大战的政治发展之后,成为法国国民议会中第一大党的有利历史时刻。

阿尔杜塞在 1948 年完成了他在巴黎高等师范学院的毕业论文《黑格尔哲学中的"内容"概念》("La notion de contenu dans la philosophie de Hegel")。他的指导教授就是赫赫有名的法国只是"知识哲学"的代表人物加斯东·巴舍拉(Gaston Bachelard,1884—1962)。巴舍拉的知识哲学就是一种科学哲学流派,而这个流派的科学哲学队伍中,还有柯以列(Alexandre Koyré,1902—1964)、杜赫姆(Duhem,1861—1916)、彭加勒(Henri Poincaré,1854—1912)和乔治·冈格彦(Georges Canguilhem,1904—1995)等卓越的思想家。

由于他在理论上的成果,他的朋友、巴黎高等师范学院校长庄·伊波利特(Jean Hyppolite,1907—1968)聘请他担任该校哲学教授,负责对年青一代的哲学教育。

阿尔杜塞在巴黎高等师范学院任职时,正当法国人类学家列维·斯特劳斯的结构主义思想登上学术舞台而走红的时候,也是结构主义与萨特等人的存在主义发生激烈争论的时候。当时的法国学术界正在激烈争论人性、"主体性"及历史主义的问题。这场争论实际上是法国思想界和理论界长期探索新的思路、试图跳出传统思维模式的一场新的"决战"。正是在这场争论中,法国一批新一代思想家福柯、德里达等人脱颖而出,开辟了法国思想创造的新视野。所以,阿尔杜塞充分利用了法国思想界的创新氛围,充满信心地提出了他的新型的结构主义马克思主义理论,在当时的理论界发生了重大影响。

阿尔杜塞的最重要的著作有:《论孟德斯鸠:政治与历史》(*Montesquieu, la politique et l'histoire*, PUF, 1959. Réédition en coll. "Quadrige")、《维护马克思》(*Pour Marx*, Maspero, coll. " *Théorie* ", 1965. Réédition augmentée, avant-propos d'Étienne Balibar, postface de Louis Althusser, La Découverte, coll. "La Découverte/Poche", 1996)、《读〈资本论〉》(*Lire Le Capital*, en collaboration avec Etienne Balibar, Roger Establet, Pierre Macherey et Jacques Rancière, Maspero, coll. "Théorie", 2 volumes, 1965. Rééditions coll. "PCM", 4 volumes, 1968 et 1973, puis aux PUF, coll. "Quadrige", 1 volume, 1996)、《列宁与哲学》(*Lénine et la philosophie*, Maspero, coll. "Théorie" 1969. Réédition augmentée sous le titre Lénine et la philosophie [suivi de Marx et Lénine devant Hegel], coll. "PCM", 1972)、《答复约翰·路易》(*Réponse à John Lewis*, Maspero, coll. "Théorie", 1973)、《哲学与学者的自发性哲学》(*Philosophie et philosophie spontanée des savants*, 1967, Maspero, coll. "Théorie", 1974)、《自我批评集》(*Éléments d'autocritique*, Hachette, coll. "Analyse", 1974)、《立场》(*Positions*, Éditions Sociales, 1976. Réédition coll. "Essentiel", 1982)、《论法共第十二次代表大会》(*XXIIe* Congrès, Maspero, coll. "Théorie", 1977)、《共产党内不可继续留存的东西》(*Ce qui ne peut plus durer dans le parti communiste*, Maspero, coll. "Théorie", 1978)、《未来将长期留存》(*L'avenir dure longtemps*, suivi de *Les faits*, Stock/IMEC, 1992. Réédition augmentée et présenté par Olivier Corpet et Yann Moulier Boutang. Le Livre de Poche n° 9785, 1994)、《被捕日记》(*Journal de captivité* [Stalag #4 1940—1945], Stock/IMEC, 1992)、《关于精神分析学的论文》(*Écrits sur la psychanalyse.* Freud et Lacan, Stock/IMEC, 1993. Réédition Le Livre de Poche, coll. "Biblio-essais", 1996)、《论哲学》(*Sur la philosophie*, Gallimard, coll. "L'infin", 1994)、《哲学与马克思主义：与费尔南达·纳瓦罗的对话》(*Philosophie et marxisme*: entretiens avec Fernanda Navarro.1984—1987)、《哲学的转变》(*La Transformation de la philosophie*: conférence de Grenade, 1976)、《哲学与政治论文第一集》(*Écrits philosophiques et politiques 1*, textes réunis par François Matheron, Stock/IMEC, 1994)、《关于善良情感的国际》(*L'internationale des bons sentiments.*1946)、《返回黑格尔》(*Le retour à Hegel*, 1950)、《论夫妻关系的淫秽性》(*Sur l'obscénité conjugale*, 1951)、《马克思及其极限》(*Marx dans ses limites*, 1978)、《论再生产》(*Sur la reproduction*, PUF, coll. "Actuel Marx Confrontations", 1995)、《哲学与政治论文第二集》(*Écrits philosophiques et politiques 2*, textes réunis par François Matheron, Stock/Imec, 1995)、《马基维利与我们》(*Machiavel et nous.* 1972—1986)、《论费尔巴哈》(*Sur Feuerbach*, 1967)、《论列维·斯特劳斯》(*Sur Lévi Strauss.*1966)、《论布列斯特与马克思》(*Sur Brecht et Marx.*1968)、《抽象画家克列莫尼》(*Cremoni*, peintre de l'abstrait, 1977)、《孤独的马基维利》(*Solitude de Machiavel*, présentation de Yves Sintomer, PUF, coll. "Actuel Marx Confrontations", 1998)等。

　　阿尔杜塞在重新阅读和诠释马克思著作的时候，从法国历史认识论系统中借用了"认识论的断层"(rupture épistémologique)的概念，将马克思政治经济学重构成与传统德国观念论哲学的人道主义系统相割裂的新理论结构。阿尔杜塞还声称他所重构的马克思主义理论结构是当代历史科学的更新。他严厉批评了传统马克思主义，特别是列宁(Vladimir Ilich Ulyanov Lenin, 1870—1924)的布尔什维克主义对于马克思主义的窜改；阿尔杜塞强调马克思主义应该有自身的"理论创造的自主权"，因而不应该将马克思主义简单地等同于政治，也不容许将阶级斗争归结为一种理论。他对于马克思著作的重读和诠释，使他写出了《支持马克思》(*Pour Marx.*1965)和《读资本论》(*Lire Le Capital.*1965)等重要著作，成为了结构主义在人文社会科学领域的重要代表人物。

从 20 世纪 60 年代末开始,阿尔杜塞的思想发展到第二阶段,在这个阶段中,他深受中国"文化大革命"和欧洲 1968 年学生运动的影响,对于前期思想进行了自我批评。在第二阶段中,他试图概括出一种将葛兰西(Antonio Gramsci,1891—1937)的"实践"概念、精神分析学的潜意识结构的概念和结构主义概念相结合而构成的有关"意识形态的一般理论"(une théorie générale de l'idéologie)。这种意识形态的一般理论是一个一个的个人走向主体的呼喊。同时,他又把意识形态看做是保障社会关系再生产的公众的和私人的制度系统。1980 年以后,阿尔杜塞因患精神病、掐死他的妻子而被送进精神病院。在他死后,他的学生巴里巴(Etienne Balibar,1942—)等人整理了他的各种日记、笔记和讲稿以及草稿,从 1992 年起陆续发表《战俘营日记》(Journal de captivité,1992)和《自传》(L'Avenir dure longtemps.Suivi de Les faits.Autobiographies.1922)等。由于阿尔杜塞在第二次世界大战后相当长时间里曾任巴黎高等师范学院哲学教授,他的思想广泛地影响从 1845 年到 20 世纪 60 年代期间成长的青年思想家,甚至还可以说,阿尔杜塞成为了法国第二次世界大战后第一代成长起来的大批哲学家和思想家的启蒙者和导师;他的学生包括了结构主义符号论者罗兰·巴特和后结构主义者福柯、德里达(Jacques Derrida,1931—2004)等人。当然,他的学生很快地分化成许多学派,只有以巴里巴为代表的结构马克思主义学派试图继承阿尔杜塞的思想。这一派人不但继续深入研究各种社会文化现象,而且也集中分析了当代民主制、公民社会结构、政治与宗教、民族和文化的关系的问题。

因此,阿尔杜塞的结构马克思主义也在政治哲学理论研究中产生了深远的影响,其中包括新一代的结构主义的马克思主义人类学家哥德里耶(Maurice Godelier,1934—)、结构马克思主义社会学家阿兰·杜连(Alain Touraine,1925—)以及结构马克思主义政治学家普兰查(Nicos Poulantzas,1936—1979)在内。

在《支持马克思》一书中,阿尔杜塞搜集了从 1960 年到 1965 年之间的七篇重要文章,并冠之以重要的序言。在序言中,阿尔杜塞指出,虽然这本书所载各篇文章都有其不同历史背景和动机,但都是"同一个时代和同一个历史的产物"。① 这本书是他那一代思想家们"试图在马克思著作中探索走出理论死胡同的出路的见证"。他还说,正是这个理论死胡同,使历史有可能让我们在那里隐藏起来,并回避问题。

阿尔杜塞指出,通过对于马克思著作的重读,他找到了克服各种理论教条的认识论解决途径。整本书通过对马克思青年时代哲学著作的分析以及对于马克思晚期著作《资本论》的解构,强调辩证法、意识形态和理论的三角关系的重要性。为此,他严厉地批评了关于"马克思主义是现实的人道主义"以及"马克思主义是黑格尔主义辩证法的唯物主义的颠倒"的说法。在这种严格批评的基础上,他创造性地改造了马克思的基本概念"实践",并认为:实践只能是"作为变化过程的无主体的实践"(La pratique comme procès de transformation sans sujet)。

这样一来,阿尔杜塞把原有的马克思主义基本概念"实践"改造成为"无主体"的实践。

显然,阿尔杜塞的新实践概念表现出浓厚的结构主义特征。结构主义思潮的基本特征,就是强调结构本身的非主体性。列维·斯特劳斯在他的结构主义代表作《忧郁的热带》和《原始思维》等书中一再地指出:以语言结构为模式的人类思维结构是稳定不变的;它与其是连续的和历时的,不如是共时的和断裂的。在谈到结构语言学的基本理论成果时,列维·斯特劳斯说:"结构语言学对于整个社会科学的影响,就好像核物理在整个物理科学所具有的革命性意义一样。在他看来,结构语言学为社会科学提供的结构主义基本方法,主要包含四条原则:第一,结构语言学从对于有意识的语言现象的研究,转变成对于其无意识的基础的研究。第二,它并不把语词当成独立的单位来研究,而是把语词间关系的研究当成分析基础。第三,它导入'系统'(Système;System)的概念。第四,结构语言学把揭示一般性通则(lois générales;general law)作为其研究的基本目标。"②

---

① Althusser,L.1965a:11.

② Levi-Strauss,*Structural Anthropology*,I.Trans.By Jacobson C./Schoepf B.G.New York,Penguin.1977[1958]:33.

因此,对结构主义来说,重要的问题,不是思想和创作的主体,而是决定着思想创造的语言结构和具有"共时结构"(la structure synchronique)的稳定的思维模式。

也正因为这样,结构主义还更多地强调结构的"非历史性"(l'anhistoricité)和"断裂性"(la rupture),而不是注重连续的历史关系。结构主义对结构的重视及其对历史主义的批判,曾经导致世纪哲学理论界的激烈争论,引发了20世纪50年代至70年代的长期论战,而其中的最具有代表性的论战,便是萨特和列维·斯特劳斯之间的争论:萨特站在马克思主义历史观的立场,批判列维·斯特劳斯关于历史的"共时性"的观点。

其实,萨特与列维·斯特劳斯之间的争论的实质,就是传统的主体中心主义与结构主义的非主体性观点的较量和决战。

阿尔杜塞指出:作为马克思主义的基石,唯物论应该强调"结构式的因果关系"(la causalité structurale)。他认为,社会是由经济、政治和意识形态三大结构所组成,而三者之间是交错重叠,不存在"谁决定谁"的问题。阿尔杜塞说:"只有把劳动力、直接劳工、非直接劳动的主人、生产对象、生产工具等因素当成组合和关系中相互差异的历史结构,才能对各种存在过或可能在人类历史中存在的生产方式作出定义。"①

所以,对阿尔杜塞来说,真正的主体不是个人,也不是某一个阶级,而是作为结构的生产关系。他说:"生产关系的结构决定每个生产者所占的地位和职能,人只是某个位置的占据者,而这些职能也不过是从属因素而已。真正的主体不是这些占据者和从属者,也不是所谓的'朴素人类学'中的'具体的个人'或'真实的个人',而是这些特定的位置和职能以及分配的原则,即生产关系。"②

阿尔杜塞还强调:生产关系不过是一种结构,而且,作为一种结构,它并非是孤立的,而是与社会的其他各种关系相互关联的,它涉及整个社会

---

① Althusser, L. *Lire Le Capital*, *II*. Paris, Maspero. 1965:152.

② Ibid.:157.

结构的复杂系统。显然,阿尔杜塞表现出一种超越传统二元对立思考模式的倾向,试图从更复杂的三元和多元交错的视野,来分析社会、生产关系、个人和历史;也就是说,他试图超越传统的主体性原则,从"结构的因果性"(la causalité structurale)概念代替原有的"历史因果性"(la causalité historique);其用意,在于突出结构关系的优先性和稳定性,替代原有的"历史—线性因果关系"(la causalité historique linéaire)的概念。

阿尔杜塞还提出了一种作为一般的实践理论的辩证法,认为这种辩证法是在多种多样的社会实践中不断转换的,但同时又在永远既成的社会结构多样性中存在。这使阿尔杜塞进一步强调了辩证法的开放性质,以替代原有的较为封闭死板的传统马克思主义的辩证法。

正是在这些基本概念的基础上,阿尔杜塞提出了在意识形态的认识论和科学的认识论之间的断裂,提出了一种"典型的系统结构"(structure systématique typique)。他认为,这个"典型的系统结构"存在于特定社会历史条件的内在和外在关系网络中,同时又指导着意识形态的思想转变可能性。阿尔杜塞认为,在社会结构中存在着一种不可能化约成"本源统一性"的分化的矛盾性。

显然,阿尔杜塞的结构主义的马克思主义主张从"概念"、"科学"和"结构"三个角度来观察和分析社会。阿尔杜塞指出:马克思的主要贡献,仅仅在于建构了以《资本论》为核心的概念体系,借此概念体系,马克思和我们才有可能科学地分析资本主义社会及其经济现象。

在阿尔杜塞的政治哲学中,"意识形态"是最关键的概念。它不仅吸收了传统的马克思主义的意识形态观,而且也吸收了葛兰西、弗洛伊德和拉康(Jacques Lacan,1901—1981)的理论。

首先,由于创造性地运用结构主义的方法,阿尔杜塞通过新的意识形态理论批判了传统的马克思主义关于基础与上层建筑的历史唯物论,同时也批判了西方传统的人文主义思想,并试图结合第二次世界大战后西方世界的转变,提出以新的意识形态观点为基础的国家理论。

阿尔杜塞在《意识形态与国家意识形态机器》(Idéologie et appareils idéologique d'Etat)一文中强调,国家机器固然通过一系列镇压装置和工具实行对整个社会的镇压功能,但意识形态作为国家机器的一个重要组成部分,却实行与镇压完全不同的更为复杂的功能。

阿尔杜塞认为,在意识形态的整个结构中,包含着非常复杂的内在结构,同时也发挥了不同的然而又是相互关联的功能。

阿尔杜塞的意识形态理论把意识形态区分为两种类型:特殊的意识形态和一般的意识形态;前者包含"人文主义"和"国家"两大因素。

阿尔杜塞认为,"人"只是一种意识形态,是"虚幻的"和欺骗性的。真正的人是存在于现实的生产活动和生产关系之中。至于"国家",阿尔杜塞综合了马克思和葛兰西的观点,强调现代国家应该包含"镇压性的国家机器"和"意识形态的国家机器"两大部分。镇压性的国家机器只有一个,它是不可分割的,而且是存在于公共领域中;而意识形态的国家机器则包含很多因素,诸如宗教、教育、家庭、法律、政治、工会、文化、传播媒体以及各种民间团体等,其大多数存在于私人领域。

阿尔杜塞由此认为,不能对意识形态进行简单化的分析,而是必须结合不同的社会结构和历史时代,特别是结合现代社会中已经趋向于日益复杂的公民社会的结构,对意识形态进行断裂式的分析。

阿尔杜塞认为,镇压性的国家机器不只是在结构上,而且也是在功能贯彻程序方面,完全不同于意识形态。这也就是说,镇压性的国家机器,就其结构而言,不同于意识形态,因为它包含着像常备军、警察、检察院和法院等镇压机构,而意识形态的结构中却包含着哲学、宗教、教育、传播媒介以及其他文化因素,等等。就功能贯彻的程序而言,镇压性国家机器,当它诉诸其镇压工具时,只需动用强制性的镇压程序,而且,在贯彻过程中无须通过公民社会的认可,只要国家元首及其镇压机构核准,便可通过强制性的镇压途径加以贯彻。

意识形态相反,由于它所包含的都是具有思想和文化性质的基本因素,所以,意识形态的社会功能只能通过一系列具有中介性的"软方法"加以贯彻。不仅如此,一旦涉及意识形态的思想文化教育问题,它就不可避免地要求通过耐心而曲折的说服途径,以至意识形态的社会功能的贯彻,包含着非常复杂的手段和程序。

阿尔杜塞还考虑到意识形态功能的强制性部分,这就是他借用葛兰西的"文化霸权"概念的主要原因。根据葛兰西的"文化霸权"理论,意识形态固然属于软性工具,但国家仍然可以借助于统治的优越地位,发挥其权力的强制性功能,使意识形态的贯彻也带有强制的性质,而在这种情况下,国家就意味着动用了它手中所垄断的"文化霸权"而对整个社会实行马克思所说的"以统治阶级的意识形态进行思想统治",实现整个社会的"统治阶级的意识形态化"。在这个意义上说,阿尔杜塞的"意识形态国家机器"概念是对葛兰西"意识形态霸权"概念的发展。

显然,阿尔杜塞严厉地批评了马克思关于基础与上层建筑的矛盾的理论,反对马克思把这一矛盾归结为经济本源结构内的本质矛盾。阿尔杜塞还提出了"非中心化的结构"(structure décentrée)的概念,用以说明特定历史条件下经济因素不可能永远成为某种统治的综合统一体。

阿尔杜塞的"一般性意识形态"的观念,继承了马克思的思想,强调意识形态的否定性和消极性的特征,把它基本上当成"统治阶级用来宰制被统治者的思想工具"。正因为这样,意识形态也具有贬义和遮蔽的反面性质:它是虚幻的和带欺骗性的,又是具有麻醉和颠倒事实的特征。

阿尔杜塞将马克思的意识形态观点同弗洛伊德的"潜意识"理论结合起来,创造性地指出意识形态的结构特征:它是人类的集体潜意识,又是具有遮掩事实的"幻相"。阿尔杜塞进一步认为:既然意识形态是一种结构性的幻相,它就只能是非历史性的。阿尔杜塞为此说:"意识形态是没有历史的。"[1]

阿尔杜塞还吸收拉康的观点,认为:"意识形态是一种表象,形成了个人对其存在的真实条件的想象关系。"[2]在这里,阿尔杜塞使用了拉康精神分析学理论中的"想象"概念,并把它同现实、表象和象征等联系在

---

① Althusser,"Idéologie et appareils idéologiques d'Etat." In *Positions*. Paris. Seuil. 1976:111.

② Ibid.:114.

一起。根据拉康的理论，人的精神，经历从儿童时期的"镜像阶段"（stade de miroir）、经想象和象征的复杂关系，到逐渐地认识实际世界的过程。在"镜像阶段"中，人通过对自身镜像的想象观察，逐渐学会通过"他人"身体的形象来了解自己，从而逐步产生了个人的主体观念。在这过程中，显然混淆了表象和真实。接着，又通过想象和象征的关系，人逐渐地学会使用象征而区分表象和真实，并由此认识和掌握表象与真实之间的距离，比较直觉地认识到表现并非真实。所以，阿尔杜塞发挥了拉康关于"想象"、"象征"和"真实"三者关系的理论，进一步说明了意识形态与科学之间的差别。他认为，意识形态既然不是真实，就必须通过科学否定表现与真实的关系，进而把握呈现在现实界中的对象，真正认识现实世界中的实际结构。

总的来讲，阿尔杜塞的意识形态理论可以简单地归结为三大论题：第一，"意识形态表象着个人与其真实存在条件的想象关系"；第二，"意识形态具有一种物质性存在的性质"；第三，"意识形态召唤个人成为主体"。为此，只有通过意识形态，且只有在意识形态之下，才可能实践；而且，只有通过主体和为了主体，才有所谓的意识形态。①

关于理论与实践的关系问题，阿尔杜塞反对马克思僵化的二元对立统一性公式，强调理论与实践的关系可以导致一种"理论的实践"（pratique théorique），它是意识形态的意识的产生过程，也是科学的认识的产生过程。而所谓意识形态，在阿尔杜塞看来，乃是关系的关系（rapport de rapports），或者，是人在现实存在条件中的实际关系在人们心目世界中的想象的关系的一种表现。这样一来，阿尔杜塞通过他的结构马克思主义，把马克思主义原有的人道主义因素彻底的消灭掉。

阿尔杜塞的思想影响具有一般方法论的意义。他的思想的珍贵之处，并不在于他所提出的那些具体概念，而在于他在重读和重构马克思学说时所表现的那种大胆的、具有开创性的解构原则。

---

① See Althusser, "Idéologie et appareils idéologiques d'Etat." In *Positions*. Paris. Seuil. 1976: 114–129.

第十五节 德 勒 兹

德勒兹(Gilles Deleuze,1925—1995)是一位典型的积极参与社会运动的法国"左派"知识分子。他曾经诙谐地称自己的角色不过是"一位普通的左派分子"(un gauchiste ordinaire)。1988 年《文学杂志》(*Magazine littérraie*)在访问他之后,发表了德勒兹为自己编写的"生平表"(fiche biographique)。他认为他自己的特征(signes particuliers)是:"很少旅行,从未加入法共,从来都不是现象学家,也不是海德格尔主义者,从来没有抛弃过马克思,也从来没有否弃过 1968 年五月运动(voyage peu,n'a jamais adhéré au Parti Communiste,n'a jamais été phénoménologue ni heideggerien,n'a pas renoncé à Marx,n'a pas répudié Mai 68)。"他的这一段话,写在他逝世前七年,是对他进行总评价的重要根据。

他于 1925 年诞生于巴黎的一个犹太裔工程师家庭。他的哥哥在抵抗德国的抗战游击战争中被法西斯分子逮捕,并在押送到奥斯威辛集中营的途中死去。1944 年,19 岁时,德勒兹进入巴黎大学哲学系,聆听著名哲学家阿尔基耶(Ferdinand Alquié,1906—1985)、庄·依波利特、莫里斯·贡狄亚克(Maurice de Gandillac)所开设的课程。就在这个时期,他认识了杜尼耶(Michel Tournier,1924—　　)、萨德列、布佗(Michel Butor,1926—　　)、柯洛梭夫斯基与拉康等人。这几位哲学家和文学家,后来不仅对德勒兹个人思想发展,而且也对整个法国现代思想发生了深刻影响。布佗后来成为了著名作家,他在 1954 年发表的小说《经过米兰》(*Passage de Milan*),描述发生在一天时间、在一幢八层楼房屋之内的故事,使时间本身成为了小说角色的故事,试图将他原来所喜爱的哲学同他所追求的理想诗歌结合起来,把乔易斯、庄·多斯·派索斯(John Roderigo Dos Passos,1896—1970)、马拉美、卡夫卡及抽象派画家的风格糅合在一起,要在他所理解的时间空间中赢得他所向往的"小说的诗情"。布佗的哲学和文学思想,使德勒兹和福柯采用了"在外面思想"(la pensée du dehors)的特殊思考模式,抗拒传统的主体同一性原则。

1947年,在著名的哲学家依波利特及冈格彦的指导下,他以论休谟的论文毕业,并在次年获得哲学教授资格文凭(Agrégation de philosophie)。1948年至1957年,他先后在阿缅(Lycée d'Amiens)、奥里昂(Lycée d'Orléans)及巴黎的路易大帝中学(Lycée Louis le Grand à Paris)任教。1968年他完成了国家博士学位的哲学论文,其中,主要论文是由贡狄亚克教授指导的《差异与重复》("Différence et répétition")的论文;次要论文是由阿尔基耶指导的《论斯宾诺莎与表达的问题》("Spinoza et le problème de l'expression")的论文。与此同时,他积极地参加了1968年学生运动,第一次以激进的姿态投入社会政治运动。

1969年是德勒兹学术生涯中的一个转折点。他在这一年被任命为巴黎第八大学哲学系教授;同时,他认识了精神分析学家加达利(Pierre-Félix Guattari,1930—1992),从此以后,他们在共同讨论中逐渐地找到了思想和表达的共同点,使他们决定一起写作。巴黎第八大学是在学生运动的造反声中诞生的。一大批左派知识分子和教授,为了支持学生运动并推动教育革命,都自愿地接受巴黎第八大学的聘请。同德勒兹一起的,还有福柯、弗朗斯瓦·萨德列等人。

从那以后,德勒兹始终一贯地参与各种抗议非正义和种族歧视的社会运动。但他同时非常痛恨时时为社会统治阶级及各种有权势的社会力量服务的大众媒体。所以,他在1970—1980年整整十年期间,完全断绝同媒体的关系。

德勒兹最早研究英国哲学家休谟写出了《经验主义和主体性》(1953)。但他所关心的主要是休谟关于法及其运作策略的问题。他认为休谟所创立的制度和法的概念,不只是形式地谈论各种法和各种权力,而且还突出了法的运作,突出了法的各种实际运用;而正是在法的运用中,德勒兹看到了以"正义"或社会中立的外衣建立起来的各种法,其实质是在其运作中所表现的具体策略和原则。德勒兹认为,各种法的应用策略和原则,倒是体现了创立和执行法的那些人的特殊利益和特殊要求,表现了他们意欲统治世界和社会的实际利益。

从德勒兹发表的第一本书开始,经过20世纪60年代,他对西方哲学史上柏拉图、康德、斯宾诺莎、柏格森和尼采的研系统究,使他有可能进一步把对于政治的关怀渗透到他的哲学研究中去。所以,当1972年德勒兹同费力克斯·加达里合写出版《反俄狄柏斯》的时候,德勒兹仍然强调:这是一本完完全全的政治哲学书。在这本从理论上同时批判传统精神分析学和哲学的书中,德勒兹公开赞赏一贯被人们鄙视的精神分裂症。

他认为,精神分裂症并不是疾病,而是人们不堪于资本主义社会的令人窒息的生活而产生的一种正常生活态度,它实际上是为了对抗到处是警察监狱和监视的资本主义的封闭社会。在他看来,天然的充满各种欲望的人,和精神分裂症"病人"那样,本来就是一种欲望机器,向四面八方显示其欲望的多样性;与所谓"正常人"不同的,是精神分裂症病人,敢于赤裸裸表达他们的生命内在真正欲望,敢于藐视社会上一切对人类自然欲望实行压制的制度。现代人只有以这种精神分裂的态度,对待压迫着他的社会,才有无限的创造力和具有真正的自由。与此相反,统治阶级的国家和各种社会制度,像各种牢笼一样,铺天盖地向社会大众进行压制,想要"罩住"每一个人。在这种情况下,只有以精神分裂的态度和力量,才能使所有笼罩人的压迫机器,陷于失效状态。

德勒兹的政治哲学具有突出的特点。首先,他拒绝把政治当成可以独立于人的"内在性"的外在活动;对他来说,政治不是人的超越活动,恰恰相反,是人的内在本质的直接表现;人是一种具有"绝对内在性"(immanence absolue)的特殊存在。人的一切活动,包括政治在内,无非就是人的内在性的自我表演,也就是说,是人的内在精神心理活动的外化或实施;包括政治在内的人类一切活动,其真正奥秘,只能在人的内在性中去寻找。因此,对人来说,不存在所谓的"超越"(pas de transcendant),也没有"否定"(pas de négation),没有"缺乏"(pas de manque);有的只是"情志的谋划"(un complot d'affects),一种"寻欢的文化"(culture de la joie),

一种"对权力的绝对摒弃"(une dénonciation radicale des pouvoirs)①。

德勒兹强调:这是一种发自人的内心的欲望和情感,它引导人疯狂地向与死亡完全相反的方向猛跑! 它也引导生命在其自身内在创造力量尚存的任何时刻进行最强劲的创造活动,它体现了人的内在精神生命的强大威力,这也集中体现了德勒兹的尼采主义哲学思想,强调人的内在意志、情感、欲望和理智等精神力量的绝对重要性。

实际上,我们所生活的世界,就是我们自己所感受和所观察到的世界的结合体;在我们所感知或观看到的世界以外,并不存在真正的世界;换句话说,"自在的世界"是不存在的。我们自己的内心世界有能力创建我们自己的世界。世界是由我们自己来创造的。

德勒兹自己曾经明确宣称自己的哲学是"一种先验主义",而不是经验主义。也就是说,对德勒兹来说,人是由自己内在精神所决定的;人靠自身的精神力量,就足以创造自己、自己的主体以及自己与世界的关系。

德勒兹认为,人的内在生命具有强大无比的威力,有可能成为创造自己和创造世界的伟大力量。人必须坚信自身的创造精神,必须充分发挥自己的内在创造性,创建一个属于自己的世界。外在的世界无非只是"向内折的皱褶",不应该对世界寄托不切实际的幻想,唯有自身的内在性力量,才能通过自己的思想,创造并改变世界以及自己与世界的关系。

德勒兹怀着对摩纳哥著名歌手列奥·费雷(Léo Ferré, 1916—1993)的狂热之爱,不惜为实现自己的生命追求而付出一切,甚至自己的生命。德勒兹以列奥·费雷为榜样,力图为改造这个不合理的社会而牺牲一切。在德勒兹看来,应该像列奥·费雷那样,敢于表达、倾诉和实践自己内在固有的情感,对世界上各种事物,直截了当地表达自己的态度,并身体力行,把自己的情感彻底地贯彻到在自己的行为中,表达在自己的言语中。德勒兹赞赏列奥·费雷敢于表达自己的感情的勇气,特别赞赏这位歌手嫉恶如仇的精神,赞赏他为了揭露社会的黑暗以及暗藏于社会中的邪恶势力而英勇歌唱,唱出对黑暗势力的宣战决心,也唱出对人民的同情和关

① See Dominique Lacout, *Léo Ferré*, Éditions Sévigny, 1991:321–322.

爱。德勒兹把列奥·费雷的赤裸裸的情感,称为一种"受到控制的暴力"(une violence maîtrisée),它的珍贵之处在于:赋有为正义而牺牲一切的勇气,敢于同世界上到处出现的"不可容忍的事情"(l'intolérable)作斗争。在德勒兹看来,列奥·费雷是一位值得我们尊敬和效法的伟人,因为他时时与万物沟通,力求使自己与世界实现完全的和谐,与天地合为一体,心胸是一片崇高而肃穆的宁静(la sérénité),胸有世界、宽宏大量、大公无私,除了对纯洁的生命之爱以外,没有别的任何杂质,这也就是受德勒兹赞赏的"天真无邪"(innonence)的心态和气质!正因为这样,列奥·费雷才真正做到了坦然自若,无所畏惧地信步于世界各地,自由自在地高唱自己心中的激情,随心所欲地说出自己要说的一切。

为此,必须冲破"主体性"的约束,敢于同社会提出的各种同一化制度进行斗争,并把这种斗争当成磨炼自己的自由意志的机会,当成自我苦修的自我锻炼过程。因此,不断地磨炼自己,在社会的"沙漠"中求得自己的自由生存,就是我们应有的态度①。

德勒兹接着发扬了福柯的政治思想,从中特别继承福柯关于"疯子政治"的观点。福柯认为,从对于"疯子"历史的研究,可以揭示:"疯子"作为社会问题和政治问题,是近代社会的事情。"疯子"作为社会问题,是现代社会进行政治统治的需要。只有编造出"疯子"问题,现代社会统治者才有可能找到一个"正当的理由",建构一系列高度操纵化和控制化的社会制度。所以,福柯宣称:关于"疯子"的思想并非疯子的经验,而是思想本身的经验;只有真正的疯子,才试图摧毁它(la pensée de la folie n'est pas une expérience de la folie,mais de la pensée:elle ne devient folie que dans l'effondrement)。这也就是说,现代社会的统治者,为了全面被控制的社会,编造了关于"疯子"的故事,旨在任意使用其统治权力,被控制的社会所有成员,而把少数反对统治者的人,污蔑成"异常"的"人",称之为"疯子"。

德勒兹由此出发,与菲力克斯·加达里(Félix Guattari,1930—1992)

---

① See Deleuze,G.*Dialogues*,Paris,Flammarion,1996:18.

一起,提出了"块茎"(Rhizome)概念,作为他的政治哲学的重要范畴。

所谓"块茎",指的是一种由多种各自独立的生命体所集合构成的自发性创造力量,它时时发生复杂的变易,其中混在生活在一起的各个部分和枝节,随时可以依据各自面临的生活条件自行生成而变为一个朝向自己选择的方向发展的新肢体。组成"块茎"的各个部分,相互交结,却又各自内含自我创造的生命力,任意地依据自身内在生命发展需要,结合其遭遇的周围环境,自发产生新芽,朝着有利于生长的方向,顽强地向外延伸扩展,显示了生命独立发展的强有力创造精神。

作为生命共同体的"块茎",并不是铁板一块,而是由混杂的各种独立生命潜力构成的;其中的任何一个部分或任何一个方向,都有可能生长出新的嫩芽,成分发挥新生生命的强大生命力,无须征得"块茎"整体及其他部分的"同意"而自行向外延伸。正是块茎的这种特点,显示政治本身应有的特征:作为混杂合成的政治生活,其内在各个组成部分或因素,都是各自自由的生命体,每个生命体分享自我发展的权利,选择有利于自身生命的方向,不停顿地向外延伸扩展。

生活在一起的"块茎",不存在等级化的结构,没有优劣的差异,没有"中心"和"边陲"的分别,也不承认内在的相互控制的机制;有的只是各自独立自主的发展权利和能力,致使任何由复杂因素混合的块茎,都可以使其自身的任何部分和任何因素,发展成为越来越强劲的生命体。自然界中的姜块、中国南方各地的榕树和水下的莲藕等,都复制了"块茎"的典型模式。

德勒兹主张将"块茎"推广成为世界政治的模式。按照这样的模式,任何政治共同体,都可以自由自在地向外延伸扩展,发展自己的生命权利,优化自身的生命结构和内在潜力。

"块茎政治"的另一个特点,就是鼓励所有政治力量,在自由选择"向外"发展的同时,实行"无限开放"的策略,促使组成共同体的所有生命体,都有权利自行走出相对封闭的块茎结构,朝外延伸发展,积极主动创新,忘记自己的"过去",走出"过去"的回忆牢笼,以自由自在的"流浪者"的精神,突破边界的约束,打破中心化的模式,向多维度和多方向发展,开辟新的多样化的前程。

为此,德勒兹认为,必须鼓励冒险、探险、创新的精神,敢于突破传统,敢于走出历史,敢于远离中心,敢于自行繁殖,敢于多生多产,创造自己的新天地,开辟新的生活境界。德勒兹把这种政治主张和政治精神,称为"造成'一个任意事件',哪怕是非常小的事件"①。

德勒兹晚年,进一步发展了福柯关于"规训化的社会"(sociétés disciplinaires)和"受控制的社会"(les sociétés de contrôle)的重要概念,对现代社会的政治制度及其实施进行批判。实际上,德勒兹在这里是进一步扩展了他的"疯人政治"和"块茎政治"的内容,并结合现代资本主义社会的状况,针对现代资本主义社会的政治制度进行更细致的分析。

所谓"规训化的社会"指的是现代资本主义社会中一系列由监狱、避难所、收容所、兵营、医院、工厂、学校等机构组成的资本主义建制组织,其目的在于集中所有"正常"的人,接受规训化的生活方式和工作方式,使自己变成为"驯化"(docile)的"有教养的人",而这种机构的典范,就是由英国自由主义政治家边沁(Jeremy Bentham,1748—1832)发明和倡导的"全方位管控监狱"(Panoptic;panoptique)②。福柯指出,现代社会日益扩展的"自由"权利,实际上是立足于一种"规训化体制"和"正常化策略"(fondées sur un régime disciplinaire et une normalisation),其实施经历了好几个世纪的过程,并以人们"看不见"(invisible)的方式加以贯彻。这是一种社会"总体化"的制度,旨在使所有社会成员变成"单质性或同质性"(homogénéité)的人。

德勒兹认为,规训化社会具有"权力装置"(dispositif de pouvoir)性质,因为它实际上把一系列权力组织、机构及其执行策略捆绑在一起,扮演了十分有效的统治力量的作用。通过"权力装置",资本主义国家把全部有能力进行劳动的人驱赶到一个组织机构总体,强制他们在这个社会总体中,严格地按照统治者规定的规则和法制实行相互间的交往。

---

① Deleuze,G.*Dialogues*,Paris,Flammarion,1996:81.

② Foucault,M.*Surveiller et punir*,*Naissance de la prison*,Paris,Gallimard,1975.

从另一个角度来看,规训化社会也是实施"微观权力体制"(Une microphysique du pouvoir)的一种高效率制度和装置。在这个社会中,一切都是实行规则的结果;从宏观到微观,无处不是贯彻预定规则的场所:在学校、军队、工厂、医院和商店,没有一个不是按照特定训练而培养出来的人的工作和活动场所。一切活动,从讲话规则到交往关系,从走路姿态到说话方式,资本主义通过语法、论述训练、对话模式、行动游戏规则等有组织的规定系列,通过非常细腻和特别讲究的培训程序,经历一系列制度化的训练和教化,把所有人推向"微观权力"的制度和装置中加以改造。德勒兹进一步指出,"微观权力体制"实际上也是"统治欲望和管控欲望的装置"(Une microphysique du désir),是统治者用来贯彻其统治欲望的操作机器,是一种不折不扣的"战争机器"(Machine de guerre)。这样的"战争机器"并不是满足于在所有维度实行管制而已,而且具有本体论建构(ontologiquement constitutifs)的实践制度和策略总体。尤其严重的是,资本主义的战争机器,并不停留在话语实践(pratique discoursive),而且还是具有实践效力的管控措施,包含一系列十分讲究和精细的谋略处理和狡谲计算①。

德勒兹认为,在现代社会的历史中,从规训社会到管控社会的过渡,是最近的事情。德勒兹还同意大利思想家安托尼奥·内格里(Antonio Negri,1933—　)一起,进一步充实"管控社会"的概念。他们从福柯的理论出发,强调管控社会中的人,不再是在封闭式的关押机构中实行规训,而是通过连续的管控和对于沟通的及时的控制(non plus par enfermement,mais par contrôle continu et communication instantanée),通过一系列比公开的外在控制更加狡猾精致的内在性改造,采用更加隐蔽的内部渗透方式,对人脑和心灵深处以及肉体的深层,实行全方位的控制和改造②。

①　See Giorgio Agamben, *Qu´est-ce qu´un dispositif?*, Rivage poche, 2007;Michel Foucault, *Sécurité,Territoire,Population. Cours au Collège de France. 1977-1978*, Gallimard/Seuil, 2004;Gilles Deleuze, *Post-scriptum sur les sociétés de contrôle* [archive], in *Pourparlers*, Minuit, 1990;Bruno Karsenti, *Le criminel, le patriote, le citoyen. Une généalogie de l´idée de discipline*, *L´Inactuel*, no 2, 1999;Maurizio Lazzarato, *Expérimentations politiques*, Éditions Amsterdam, 2009.

②　See Deleuze, *G. Foucault*, Paris, Les Éditions de Minuit, 1986.

德勒兹在 1987 年 5 月 17 日参加学术研讨会时,更明确地说:当代社会的各种信息就是不折不扣的控制系统(*l'information, c'est exactement le système du contrôle*)。也就是说,通过细致制造和精密调制的当代各种信息,表现了统治者意欲控制整个社会的意志和权力。正因为这样,西方社会从 15—16 世纪的"主权社会"(*des sociétés de souveraineté*)逐渐过渡到"规训化社会"(*sociétés disciplinaires*),接着又在 19 世纪实现了从"规训化社会"到"被控制的社会"(*sociétés de contrôle*)的过渡①。

德勒兹关于"被控制的社会"的概念后来为意大利思想家安托尼奥·内格里所继承并使之发展成为"帝国"(Empire)的概念。内格里认为:被控制的社会已经发展成为"帝国",意味着当代整个西方社会都已经沦落成"帝国",所有社会成员表面上很自由,可以自由进行人与人之间的沟通,但所有的沟通,都必须通过由资本帝国的统治者所垄断的渠道及其所规定的规则系统②。

如果说,原来的"规训化社会"是通过一系列精细化、分类化、等级化和专业化的经纬天下的统治网络系统,使用总体化的装置或机制,把被统治者全方位地纳入封闭可控的生命体系中,以便强制性控制被统治者的生活习惯、习俗和生产行为方式,那么,到了"被控制的社会",情况就发生了变化:社会似乎越来越"民主化",但控制的魔力渗透到大脑神经系统,渗透到肉体的各个枝节及其末梢端,用内在化改造的"人性化"方式,全面控制公民的大脑和肉体。这样一来,"被控制的社会"就变成为对整个社会的社会关系网络进行控制,从公民的内在生命的运作过程的改造,达到改变他们的一切生命活动的目的。

这样一来,社会成员的个体化的"身体",也丧失了其个性;换句话说,在被控制的社会中,再也找不到以独立的"身体"的方式而生活和工作的个人。各种"控制装置"无非就是连成一体的变易控制器的变

---

① See Gilles Deleuze, *Post - scriptum sur les sociétés de contrôle* [archive], in *Pourparlers*, Minuit, 1990.

② See Negri, T. *Multitude : guerre et démocratie à l'époque de l'Empire* (en collaboration avec Michael Hardt), La Découverte, 2004; *Empire* (en collaboration avec Michael Hardt), Exils, 2000.

种,它们形成了以数字语言为主轴的现代社会的统治杠杆,到处操纵社会整体的运动和变化,而生活于其中的人民大众在无形中受到了统一的管制。

对于德勒兹来说,当代社会的主要统管主力,就是经过统治者精密加工的"信息"及其处理过程。在规训化社会中扮演主要作用的,是以论述为基础的各种"指令",而在当代社会中,则是通过以数字化为基础的各种信息进行控制;规训化社会是以能动化机械系统为模式的"控制机器"进行控制,而当代社会则靠信息化和电脑化的控制机器实行全方位控制①。

现代社会的所有变化,都是由于资本主义社会本身发生了重大变化。德勒兹指出:现代社会是资本主义社会的代名词;现代社会的一切变化,根基于资本主义本身的根本变化。

当代资本主义已经从先前的"以生产为主和以私有制为基础"(un capitalisme de production et de propriété)的"集中化"(concentration)基本结构,转化成为"散播化的资本主义"(un capitalisme dispersif),一种主要靠管理人员(gestionnaires)掌控的数字化和可变动的控制系统;这个变化意味着:资本主义更加不遗余力地把管理掌控看作是最关键的因素,主要通过管理技术的精细化和高效率,通过管理手段的科技化,来实现越来越有效的资本控制。这样一来,管理掌控,以科学技术的精密化手段,取代了可见的权力集中化现象;而惯用的监控,也被网状的(réticulaire)管理系统所取代;管理重点从严厉限制身体转移到煽动和鼓动的效果(on passe à des effets incitateurs),同时,也进一步把所有的人的生活,都纳入被监控的范围。统治者仔细管控所有的人的生活质量、消费习惯及其银行存款的流动状况②。更严重的是,当代社会的资本主义控制已经发展

---

① See Gilles Deleuze,《Post-scriptum sur les sociétés de contrôle》,in Pourparlers 1972-1990, Paris,Les éditions de Minuit,1990.

② See Michel Alberganti,Sous l'œil des puces,la RFID et la démocratie,éditions Actes Sud, 2007;Edward Herman,Noam Chomsky,La Fabrication du consentement. De la propagande médiatique en démocratie(1988),Agone,2008;Olivier Razac,Avec Foucault,après Foucault. Disséquer la société de contrôle,avant-propos d'Alain Brossat,Paris,L'Harmmattan,coll.《Esthétiques》,série《Culture et politique》,2008;Pièces et Main d'Œuvre,RFID:la police totale,éditions de L'Échappée,2008.

到既普遍、又高效的程度,并以高速旋转和无限延伸的旋律,扩展到社会的一切领域和角落。"控制是短期的,却快速旋转和无限连续进行,……人不再是被封闭管控的人,而是负债累累的人"(L'homme n'est plus l'homme enfermé,mais l'homme endetté)①。

---

① Deleuze,G.《*Post-scriptum sur les sociétés de contrôle*》,in *Pourparlers* 1972-1990,Paris,Les éditions de Minuit,1990:246.

人民文库 第二辑

当代政治哲学

（修订版）

（第四卷）

高宣扬｜著

人民出版社

第 五 章

拉丁美洲的政治哲学

拉丁美洲是一个非常重要的地区,在当前全球政治化的新形势中,拉丁美洲扮演了重要的角色。拉丁美洲的政治哲学家们从 20 世纪 50 年代之后,独立地创建了具有世界意义的政治哲学理论,不可忽视。拉丁美洲政治哲学的兴起、传播及其实践,彻底打破了政治哲学领域的"西方中心论",在理论和实践两方面,具有重要意义。

第一节　当代拉美"第一代"政治哲学家

拉美的政治哲学家是在拉美特殊的地理和历史环境中诞生和成长起来的。我们并不是平白无故地探讨拉美的政治哲学。他们的理论地位和历史价值,决定于近一百年的世界政治史及政治哲学史的发展状况。首先,是世界进入了全球化的时代,使拉美国家及其政治在全球化中跃升为一个重要角色。其次,拉美当代政治哲学具有消化和重建西方政治哲学的重要意义。所以,我们所关心的拉美政治哲学,指的是拉美国家中既吸收消化西方政治哲学原则而又创造性地发展自己独立的政治哲学思想及其实践策略的理论。

拉美地区自 18 世纪以来一直是美国的势力范围,但当代拉美政治哲学却直接吸收西欧政治哲学传统,并结合拉美历史地理环境的特征而产生出来的。由于政治经济和变化的历史条件,拉美政治哲学从一开始就与马克思主义的传播发生密切的关系。可以说,拉美的政治哲学的一个显著特点,就是它与马克思主义的千丝万缕联系,值得我们给予关注。

当代拉美政治哲学的第一代理论家是劳尔·普列毕斯(Raúl Prebisch,1901—1986)。考虑到拉美长期受美国控制和盘剥而形成的经济贫困,劳尔·普列毕斯的政治哲学的首要重点问题是从政治上寻求解决经济问题的政治出路。

劳尔·普列毕斯最初是受经济学的训练。他早期研究结构主义经济学,提出了著名的"普列毕斯—辛格尔假设"(Prebisch-Singer hypothesis)经济理论。这就是依赖理论(Dependency Theory)的最早形态。

由劳尔·普列毕斯所倡导的依赖理论,是紧密考虑政治和经济两大因素的政治哲学理论,因此,它身兼政治经济学和政治哲学的"双重学术身份"。

另外,和拉美各国当代具有独立意识的政治家一样,劳尔·普列毕斯深受马克思主义的影响,在一定意义上说,他可以归入广义的"新马克思主义者"的范畴,尽管他在许多方面并不是遵循马克思主义原则。

劳尔·普列毕斯生于阿根廷的图楚曼(Tucuman),并在布宜诺斯艾利斯大学受到严格的经济学教育。流行于他所处的青年时代的经济学理论基本上是古典的自由市场经济理论。但 20 世纪 30 年代的经济危机,使他转变为保护主义经济政策的辩护人,同时也成为凯因斯(John Maynard Keynes)经济学的拥护者。

显然,从劳尔·普列毕斯的经济思想的转变,可以看出:生活和工作在拉丁美洲的实际政治经济地位,在很大程度上影响了劳尔·普列毕斯的学术立场和基本观点。如果说,他早期是自由主义经济学的拥护者,那是因为阿根廷等拉美国家在当时都是以出口农产品和畜产品为主,它们将牛肉等产品输出到西方主要的农产品消费国家,赢得了经济上的收益;但是,自 20 世纪 30 年代的经济危机之后,由于美国农产品的倾销政策以及拉美国家经济的萧条,就促使拉美国家经济学家改变了立场和观点,转向维护本地区经济利益的经济学说,试图论证他们的政治经济立场的正当性。正因为如此,劳尔·普列毕斯重新反思了大卫·李嘉图的经济学说,对李嘉图经济理论中的"相对利益"(comparative advantage)观念甚感兴趣。正是在此基础上,劳尔·普列毕斯提出了他的最初的"依赖理论"。

20世纪40年代,阿根廷经济开始复苏的情况下,作为阿根廷中央银行行长的劳尔·普列毕斯,把经济理论的研究同贸易实践和贸易政策的制定结合在一起,首先提出了实现工业化的"中央"(Center)和专门制造原料的"边沿"(Margin)的重要概念,明确地把处于世界经济中心地位的西方发达国家和处于供应原料地位的发展中国家区分开来,并在此基础上进一步论证供应原料的国家同制造工业产品的国家之间的"依赖关系"。

1948年,劳尔·普列毕斯被任命为拉丁美洲经济委员会主席(Director of the Economic Commision of Latin America)①。1950年,劳尔·普列毕斯在他的论文《论拉丁美洲经济的发展及其主要问题》("The Economic Development of Latin America and its Principal Problems")中,强调了工业国家与边沿国家之间的在经济发展中的相互依赖性。这一观点类似于德国经济学家汉斯·辛格尔(Hans Singer)的观念。但劳尔·普列毕斯所采用的研究方法基本上是以经验调查分析为依据的。不管怎样,这就使劳尔·普列毕斯所提出的新观点被普遍地称为"劳尔·普列毕斯—辛格尔假设"。

这一假设首先强调当时世界经济发展的基本模式是"边沿国家生产第一原料,并向中央国家输出这些原料;反之,中央国家生产被加工制作的产品,并把这些产品出口输往周边国家(periphery)"。

接着,劳尔·普列毕斯的"以来理论"指出:"中央"地区国家充分利用高级技术方法,善于建构和发挥商业组织机构和制度的长处,赢得更高

---

①　拉丁美洲经济委员会通常被简称为 ECLA 或 CEPAL。

利润,并同时维持高工资制度。而周边国家的工商业和企业则在管理和技术方面居于弱势地位,不得不以廉价的劣势换取技术方面的补助,导致贸易上的亏损,实行与西方中央国家的交换。周边国家以低廉的价格向工业国家出售原材料,却以高昂的价格买进西方的过时了的技术和先进产品。正因为这样,西方"中央国家"往往以"出超"的优势取得对"边沿国家"的贸易宰制。

不久之后,由于第三世界国家在联合国组织中的积极活动,由劳尔·普列毕斯领导的拉丁美洲经济委员会逐渐成为了第三世界国家的经济理论代言人。劳尔·普列毕斯所创立的新理论也从此被称为"结构主义经济学派"。

在1964年至1969年期间,劳尔·普列毕斯成为联合国贸易与发展会议(United Nations Conference on Trade and Development,简称UNCTAD)的秘书长。

劳尔·普列毕斯在20世纪60年代之后,致力于创建"依赖理论",试图为拉丁美洲的政治和经济发展提供一个可行的理论模式。

第二节 法兰克及其"依赖理论"

一、依赖理论形成的社会历史基础

法兰克(André Gunder Frank,1929—2005)是具有典型意义的拉丁美洲政治哲学家。法兰克和他的同事们所创建和发展的"依赖理论"(Dependent Theory),是第二次世界大战之后,逐渐摆脱西方国家的掌控而独立自主地发展起来的拉美国家的思想家们对政治哲学创新的一个重要贡献。

第二次世界大战后,世界资本主义经济的进一步发展以及全球范围内经济结构的重构,引起了经济学家和政治哲学家对于资本主义研究的新兴趣。如果说,华勒斯坦等人所提出的世界体系理论,试图从世界人类历史的广阔角度说明资本主义产生和发展的过程的话,那么,由法兰克、马里尼(Ruy Mauro Marini,1932—1997)和多斯桑托斯(Theotonio Dos Santos)等人为代表的"依赖理论",就试图以发展中国家或低度发展国家的政治和经济为中心,来说明世界范围内资本主义时代经济发展的基本特征。

依赖理论试图说明:在资本主义经济已经垄断和控制整个世界市场的新的历史条件下,任何低度发展国家的社会和经济发展,都势必依赖着先进的发达资本主义国家。这也就是说,先进的资本主义国家靠剥削和控制发展中国家而发展其经济,而发展中国家又靠先进资本主义国家的统治和控制来发展自己的经济。显然,依赖理论是有关商品交换周转理论(Circulation Theory)的一种变形。

法兰克原籍德国,随父母移民美国后,先后在密西根大学和芝加哥大学研究文学和经济学,并于1957年获得经济学博士学位。而法兰克学术生涯的一个转折点,是在1963年应聘担任巴西的巴西利亚大学客座教授时期发生的。

从20世纪60年代中期开始,法兰克陆续地将其研究巴西等第三世界经济状况的成果,系统地总结在他的如下著作中:《拉丁美洲的资本主义和低度发展》(*Capitalism and Underdevelopment in Latin American*.1967)、《拉丁美洲:低度发展或革命》(*Latin American:Underdevelopment ro Revolution*.1969)、《世界积累:1492—1789》(*World Accumulation 1492—1789*.1978)、《依赖积累和低度发展》(*Dependent Accumulation and Underdevelopment*.1978)、《第三世界的危机》(*Crisis:In the Third World*.1981)以及《中亚细亚的中心地位》(*The Centrality of Central Asia*.1992)等。

法兰克抵达巴西后,观察到巴西等拉丁美洲各国经济发展模式同先进的欧美资本主义国家发展模式的根本差异,使他开始对他早期所研究的古典经济理论产生怀疑。传统的经济学理论在论述资本主义现代化过程时,只是集中分析资本主义经济制度和体系内部导致自我发展的基本动力因素。而法兰克在巴西发现了一件令他惊讶的残酷事实,就是先进的资本主义国家不断地剥削低度发展国家的经济剩余价值,导致低度发展国家近百年来长期陷于贫困状态;资本主义的发展正是建立在低度发展国家持续贫困的基础上。这一事实使他转变了研究的方向,也从根本上纠正了他的基本信念。

在法兰克之前,波尔·巴蓝(Paul Baran)在 1957 年发表的《发展的政治经济学》(*The Political Economy of Growth*.1957)一书中指出:对于剩余价值的抽取就是导致世界划分为富裕国家和贫穷国家的主要原因。波尔·巴蓝认为,任何经济发展的动力和过程,都必须在其历史脉络中加以考察。每个国家和每个民族都存在着其自身经济发展的历史脉络系统,但同时,整个世界范围内在高度发达的资本主义经济兴起以后,由于资本主义经济具有强大的活动能量和无限扩张的能力,并扩充为世界性和全球性的经济体系,所以,整个世界范围内的各个国家经济结构所组成的总体系的产生和发展,也存在着世界整体的历史脉络。因此,不但不同民族国家的经济发展,甚至全世界各个国家所组成的统一世界经济体系的发展,都同样必须在它们各自特有的发展脉络中来分析考察。波尔·巴蓝认为,在资本主义发展到控制整个世界市场的新阶段的时期,整个世界划分为比较先进和低度发展的国家经济是必然的。而且,世界经济结构的这种贫富分化的特征,又建构了高度发展国家经济同低度发展国家经济的新互动关系。

不仅如此,更重要的是,全球化作为政治、经济和文化的整体化过程,又自然进一步加强本来已经激化的资本垄断化过程。保尔·巴兰与保尔·斯威基一起发表的《垄断资本》更深刻地揭示了全球化时期国际资本运作逻辑的新转折,即全面地实现了从竞争经济到垄断经济的历史性转折。保尔·巴兰与保尔·斯威基还特别强调:全球垄断资本的主要特征,就是西方各国握有巨额资本的极少数寡头经济资本的绝对统治[1]。

在这种情况下,互动关系的延续和加强,总是有利于具优势经济实力

---

[1]　See Paul Sweezy and Paul A.Baran., *Monopoly Capital*:*An Essay on the American Economic and Social Order*, Monthly Review Press.1966.

的先进国家方面而先进国家利用占优势的统治地位,不断深化这种不平等的互动关系,一方面,充分掌握其本身的资源和能力,扩张和加强它们原有的实力和经济强权;另一方面,又利用低度发展国家需要各种不同的经济和技术支持的机会,进一步加强对这些国家的控制。因此,已经确立起来的互动关系,实际上变成了真正的依赖关系。建立在不平等的互动关系基础上的依赖关系,只能是不平等的依赖关系;也就是说,这是一种由先进的资本主义国家所控制并以它们的优势作为基础所建立起来的世界范围内相互依赖的经济体系。

法兰克在吸收了波尔·巴蓝的上述经济理论以后,进一步明确指出:第二次世界大战以后,刚刚全面开始的低度发展国家的经济发展过程,面临着已经全面巩固并垄断世界范围内经济市场的资本主义经济体系。[①]因此,低度发展国家经济发展的过程,一方面,是处于先进资本主义国家已取得世界范围内经济统治地位的历史时期;另一方面,其本身又是先进资本主义国家长期历史发展的结果。回顾近五百年来的历史,特别是从哥伦布(Christopher Columbus,1451—1506) 发现美洲大陆以后,拉丁美洲各国就纷纷被纳入资本主义经济的总体发展过程之中。从那以后,拉丁美洲各国的经济发展使从属于世界资本主义经济体系的发展过程,无论是发展的方向、速度或范围,皆完全取决于以先进资本主义国家为中心的世界资本主义经济发展的总需求和总结构。

因此,拉丁美洲各国的经济低度发展,严格来讲,是一个由资本主义经济发展的逻辑所控制的长期历史过程。可以说,正是拉丁美洲国家在世界经济结构中的从属地位,才决定了它们低度发展的基本模式以及缓慢的发展速度。

二、依赖关系的不平等性

为了深入研究低度发展国家经济发展的基本模式,以及它们同先进

---

① See Frank,A.G.1967;1969;1978a;1978b.

资本主义国家的相互依赖关系,法兰克分别对巴西、智利和墨西哥等国的资本主义发展历史过程进行个案研究,并在当地进行大量的实证调查,最后以丰富的经验资料分析作为基础,总结出拉丁美洲低度发展国家同其经济宗主国的依赖关系的性质。

因此,法兰克认为,要正确理解低度发展国家的经济现代化过程,其关键就在于正确考察宗主国和附属国的相互关系。在他看来,所有发达的资本主义国家,本来就是以宗主国的身份对其附属国长期榨取剩余产品和剩余价值,并且通过种种强力手段压制和控制附属国对于当地资源的开发状况。而先进资本主义国家对于世界各地落后国家的长期经济控制和剥削,造成了当今世界范围内不平等的宗主国和附属国之间的关系网络。①

资本主义经济的发展,既然是以自由竞争为动力,它就势必采取不平衡发展的基本模式。因为自由竞争和不平衡发展是一体的两面,而且,自由竞争和不平衡发展不仅发生在先进国家的经济体系里,同时也广泛地在世界范围内宗主国和附属国的关系网络中发挥效应。由此看来,资本主义发展的基本不平衡模式,直接导致经济宗主国和附属国之间的不平等关系;反过来,宗主国和附属国之间的不平等关系,尤其是宗主国和附属国之间的不平等依赖关系,又进一步稳固了资本主义经济的不平衡发展结构。

第二次世界大战以后,世界资本输出的规模、速度、结构、内容和地区流向,都有着新的发展和深刻的变化,并出现了一些显著的特点。

(一)资本输出规模大,增长速度快

第二次世界大战后,先进资本主义国家的资本输出,不仅规模大、速度快,并呈现加速的趋势。1973年到1979年期间,先进资本主义国家工业平均增长率为2.1%,而对外直接投资的年平均增长率却高达18%。80年代以来,对外直接投资的年增长率仍保持在两位数(1979年到1981年

---

① See Frank,A.G.1967;1969;1978a;1978b.

度均为 12%),到了 1981 年,先进资本主义国家对外直接投资额已达
5250 亿美元。

单位:亿美元

	1973 年	1979 年		1980 年		1981 年	
	直接投资额	直接投资额	净增%(以1973 年为基期)	直接投资额	净增%(以1979 年为基期)	直接投资额	净增%(以1980 年为基期)
美国	1013	1924	90	2135	11	2273	6
西欧	848	1780	111	1927	11	2241	11
日本	103	297	188	365	22	464	27
其他国家	105	214	103	230	7	272	18
总计	2096	4215	104	4702	12	5250	12

(二)在私人资本输出中,直接投资占主要地位

第二次世界大战前,资本主义国家的私人资本输出,主要用于购买输
出国的有价证券,即间接投资。间接投资只是凭借证券获得红利,对企业
没有干预和控制权。例如,1914 年主要资本主义国家资本输出总额为
440 亿—480 亿美元,其中间接投资占 90%,直接投资仅占 10%。1930
年,主要资本输出国英国的国外证券投资占对外投资总额 88%。第二次
世界大战后的私人资本输出则以直接投资为主。直接投资即在输出国经
营企业和事业,对企业有相应的干预和控制权。从上表可以看出,第二次
世界大战后主要资本主义国家的对外直接投资增长很快,从 1973 年到
1981 年不到十年的时间增长了 1.5 倍以上,即由 2069 亿美元增至 5250
亿美元。在 70 年代期间,美国每年对发展中国家输出的私人资本中直接
投资占 60%—65%,间接投资占 20%—25%,信贷投资占 4%—6%,其他
形式的投资占 8%—15%。

(三)资本输出地区流向上的反向变化

第二次世界大战前,资本输出主要是流向殖民地附属国等经济落后

的国家和地区,其比重占世界资本输出总额的70%左右,输往发达国家占30%左右。第二次世界大战后,正好发生相反的变化,即70%流向发达资本主义国家,30%输往发展中国家。例如,在60年代和70年代,在对外私人直接投资中输往经济发达国家所占比重是:美国在1960年为60%,1970年为67%,1978年为72%;英国在1974年为86%;联邦德国和法国在1973年分别为76%和67%。日本稍有不同,其资本输出总额较"均衡"地流向美欧和发展中国家两类地区,并形成所谓两者平行发展的"双向结构"。例如,在1951年至1970年度日本对外直接投资的累计额中,发展中国家(为17.65亿美元)同欧美发达资本主义国家(为18.31亿美元)之比是49:51,直到1984年三月末,这个比例仍稳定在53:47(326.6亿美元:286.2亿美元)。这是当代日本资本输出地区流向上不同于其他发达资本主义国家的特殊特点。美国直到1980年年末对发展中国家的资本输出只占其私人对外直接投资累计额的24.7%,联邦德国到1979年年末对发展中国家的直接投资仅占18.7%,其他主要资本主义国家这一比重也都很小,这是当代世界资本输出地区流向的一般趋势。

需要指出,第二次世界大战后在资本输出地区流向上的一个突出的变化是:美国成为西欧和日本等发达资本主义国家的重要投资场所。20世纪60年代后,特别是70年代以来,外国对美国的直接投资急遽增长,明显地超过美国同期对外直接投资的增长速度。例如,70年代按账面价值计算的外国对美国直接投资的年平均增长率为14.7%,同期美国对外直接投资的年平均增长率为11%。近几年来,流入美国的外资年平均增长率已高达23%。到1981年年初,外国对美国的私人投资额为3052亿美元,其中直接投资为654.8亿美元(1980年)。80年代初,对美国的外国直接投资中,约90%来自发达资本主义国家,其中66%来自西欧(57.8%来自欧洲经济共同体国家),6.4%来自日本。联邦德国对美国的直接投资,从1970年的6.8亿美元增长到1980年的52.9亿美元,日本同期从2.29亿美元增长到42.19亿美元。

（四）对外直接投资部门结构发生明显变化

第二次世界大战后，随着资本输出地区流向的变化，对外直接投资部门结构也发生了明显的变化。对发展中国家的投资主要流向采掘工业和加工工业；发达国家之间的投资则主要流向加工工业和石油工业，同时对商业、金融业等第三产业的投资增长很快。这从外国对美国直接投资的部门结构可以看出。

	1970 年	1980 年	净值（倍）
总计	132.70	654.83	3.9
石油部门	29.92	122.53	3.1
加工工业	61.40	241.34	2.9
金融保险业	22.56	50.60	1.2
商业	9.94	137.72	12.9
其他部门	8.88	102.64	10.5

注：该项不包括金融部门。金融部门计入"其他部门"。近二十多年来，某些发展中国家成为了资本输出国。这主要是石油输出国组织成员。1974 年到 1980 年期间，石油输出国组织成员国对发达资本主义国家的投资达 3360 亿美元，其中对美国的投资为 700 亿美元。截至 1981 年，沙特阿拉伯在国外的资产总额已达 1750 亿美元，其资本输出的主要形式是间接投资，即购买国外各种证券。此外，还进行借贷资本输出和以活期存款形式投入国际金融界。

三、从旧殖民主义向新殖民主义的转变

第二次世界大战后帝国主义殖民扩张形式和殖民政策的转换，即从旧殖民主义向新殖民主义转变，其必然性是由下列政治和经济因素决定的：其一，帝国主义的旧殖民体系的瓦解。其二，广大发展中国家仍然是帝国主义的资源产地、销售市场和投资场所，仍然是高额垄断利润的重要泉源：其三，国家垄断资本主义的高度发展。例如，作为新殖民主义重要特点的经济"援助"，只有国家垄断资本才能办到。正是国家以贷款和"援助"为形式的国家资本输出和国家补助金等，为跨国公司走向全世界铺平了道路。而跨国公司的对外直接投资是第二次世界大战后推行新殖

民主义的重要工具。

当代帝国主义通过种种经济关系和经济手段,竭力维护其在世界资本主义体系中的垄断地位,使不发达国家继续成为它们的资源产地、销售市场和投资场所,成为巨额利润的来源。据统计,1970年美国对亚洲、非洲和拉丁美洲发展中国家投资的利润率为21%,而国内投资的利润率仅为9%;1976年美国在发达国家投资的利润率为11.3%,在发展中国家投资的利润率却高达24%;1981年美国从海外直接投资中获得的利润比上年减少了,其中来自发达国家的减少了23.7%,但来自发展中国家的却增加了3.3%。当代资本扩张的经济性是新殖民主义的基本特点。

这种生产的社会化,在跨国公司中表现得最明显。跨国公司是在第二次世界大战以后出现和发展起来的。19世纪末和20世纪初,当资本主义由自由竞争阶段进入垄断阶段以后,出现了同行业和跨行业的垄断集团。在垄断阶段,由于国内市场日益狭小和缺乏有利投资场所,这些垄断资本集团便将"剩余资本"输出到资金少、地价贱、工资低、原料便宜、因而利润率比较高的国家和地区,在这些国家和地区设立分支机构,这样,便形成了早期的跨国经营的企业。列宁在《帝国主义是资本主义的最高阶段》中谈到资本家同盟分割世界时,曾引用了拥有国外企业和国外子公司的一些托拉斯的事例,其中,特别谈到美国的通用电器公司、德国的电器总公司和美国洛克菲勒集团所属美孚石油公司等,正是这些大型托拉斯之间签订了分割世界市场的卡特尔协议。在两次世界大战之间,国际托拉斯为了从经济上瓜分世界,签订了各种国际卡特尔协议,由生产同类产品的几个国家的大企业组成。这时,也有少数垄断企业对外直接投资建立了为数不多的工业企业,以跨国企业的形式向外扩张。德国的拜尔公司、电器总公司、美国的通用电器公司和美孚石油公司以及英荷两国合营的壳牌石油公司,等等。所以,早在两次世界大战期间,这些跨国企业就有了相当的发展。但是,它们的数量还不够多,而且其业务经营大多数以局部地区为重点,远没有形成全球性的经营规模。第二次世界大战后出现的跨国公司虽然在历史上和形式上同战前的国际垄断组织有一定的联系和相似之处,但是,跨国公司并不是战前的国际性垄断组织和跨国际企业的简单继续,而是在战后的社会经济条件下产生的一种新的国际垄断组织。就此而言,跨国公司比战前的国际性"托拉斯"和"康采恩"集团都有了新的内容和特点。

第二次世界大战后,由于现代科学技术革命和生产力的迅速发展,主要资本主义国家生产社会化的程度空前提高,导致生产专业化和协作化在国际范围内的进一步发展。在垄断阶段,上述生产国际化必然导致垄断资本在国际范围内的积聚和集中,形成生产资本的国际化。跨国公司就是在战后生产国际化和资本国际化的新条件下迅速发展起来的。

四、第二次世界大战后跨国公司的迅速扩张

同第二次世界大战前相比,第二次世界大战后跨国公司不但在数量上,而且也在规模上有明显的发展。1913年,美国187家制造业垄断组织的海外机构只有116家,1937年增至715家。美国的对外直接投资,1945年只不过83.7亿美元。这与第二次世界大战后跨国公司的大发展是不能匹敌的。

第二次世界大战后跨国公司的迅速发展,首先表现在数量众多、规模巨大上。1968年到1969年,发达资本主义国家的跨国公司已达7276家,所属国外子公司为27300家,到1977年相应增为10727家和82266家。1948年,美国资产额在10亿美元以上的大跨国工业公司只有12家,1970年增至109家,1982年又增至256家。1982年,美国五百家最大的跨国公司和美国以外的资本主义世界五百家最大的跨国工业公司的资产总额达28023亿美元,其中50家最大的跨国公司的资产总额就达9500亿美元以上。第二次世界大战后跨国公司的迅速发展还表现其对外直接投资的增长上。1960年对外直接投资累计总额为550亿美元,1982年增为6000亿美元左右。

跨国公司是第二次世界大战后生产国际化和资本国际化的产物。因此,跨国公司在发展战略、组织管理、业务经营等方面,与战前的跨国企业和一般垄断组织相比,都具有一些显著的特征。主要有:(1)以"全球战

略"出发安排企业的经营活动。跨国公司的投资、生产、销售、金融和科学研究等业务经营活动,都是首先由总公司从总体上的考虑和运筹,然后通过遍布世界各地的营业网,有组织计划地进行安排。它以整个世界市场为角逐目标,以世界广大劳动者为剥削对象,跨越国界组织生产线,定点专业生产,定向销售,由此使资本的国际运动在各经济领域里全面展开。(2)企业所有权的灵活多样化。企业所有权是控制企业的基础。因此,股权分配成为跨国公司的"全球战略"和它与所在国争夺支配权的核心和焦点。现在,跨国公司国外子公司的所有权有四种类型:全部拥有(股权95%以上);多数拥有(股权50到94%);对等拥有(股权50%);少数拥有(股权49%以下)。(3)经营管理上高度集中统一化。现代跨国公司不仅规模大、国外子公司多,而且经营也日趋多样化。因此,跨国公司为了保证"全球战略"的实现,在经营管理上,必须实行集中统一领导。而跨国公司一般是由一国的垄断资本控制的,与由几个国家同一行业的垄断组织组成的国际卡特尔不同,完全可以在自己体系内实现高度集中统一监控。现代交通通信等工具的迅速发展,又为跨国公司对其遍布世界的子公司实行集中灵活的指导和管理提供了物质技术基础。

由此可见,资本主义国家的跨国公司是第二次世界大战后现代科学技术进步、生产力迅速发展和垄断资本主义高度发展条件下,生产国际化和资本国际化的产物。它进行全球性的生产和经营,以多国籍的工人为剥削对象和世界市场为角逐目标,以获取国际剩余价值。所以,现代资本主义世界的跨国公司,就是通过对外直接投资,在国外建立分支机构,并由此形成全球性的生产和销售网,对外进行经济扩张,获得高额垄断利润的一种超国家的国际垄断组织。在这个意义上说,跨国公司又是建立在垄断生产资本全球循环的基础上的国际垄断组织。

五、依赖关系和不平衡性之间的恶性循环

在法兰克看来,巴西、墨西哥、智利和阿根廷等拉丁美洲国家的资本主义经济发展过程,是在主要资本主义国家完成了全球性的市场和原料

的瓜分以及生产资本循环的情况下开始进行的。因此,巴西等拉丁美洲国家的资本主义现代化过程同主要资本主义国家的资本主义经济发展过程相比,一方面有明显的不同,但另一方面又有密切的依赖关系。两种类型的资本主义现代化过程,主要表现在前者的资本主义经济现代化的内容、形式和速度都远远地落后于后者。这一基本条件也决定了前者和后者之间不平等的依赖关系:对前者来说,主要是表现在必须依赖后者的科学技术和生产管理技巧的支持,才能逐步实现现代化过程;而对后者来说,主要是指依赖前者的生产资源、劳动力和销售市场的提供。由于科学技术和生产管理的技巧构成现代资本主义生产和消费过程的最主要动力,所以,前者对于后者的依赖又决定了后者对前者依赖关系的不平等性质。

法兰克把上述两种类型的资本主义过程的相互依赖说成为宗主国和附属国之间不平等的依赖关系。这种不平等的依赖关系,先是以资本主义在全球发展的不平衡性作为基础,接着它又促进和加强了资本主义在全球发展的不平衡性。依赖关系和不平衡性之间的恶性循环,就成为了资本主义体系不断发展的基本逻辑。

六、全球经济两种类型不平衡性及其相互关系

资本主义发展的不平衡性,可以表现为两种不同的范畴。第一种范畴是指各主要资本主义国家之间的经济发展不平衡性。第二种范畴指的是各主要资本主义国家同低度发展国家的经济发展不平衡性。上述两种范畴之间的不平衡又相互渗透和相互影响,使不平衡性在全球范围内表现出多元的复杂形式。研究巴西等拉丁美洲国家的资本主义发展过程,在法兰克看来,不能不研究上述资本主义发展过程不平衡性的复杂状况。

资本主义发展过程的不平衡性,显示出资本主义生产的相互竞争的基本性质。资本主义是靠自由竞争而产生和发展起来的。而这种自由竞争一方面是以强和弱、先进和落后之间的差异,即不平衡性为基础;另一方面又是以不断扩大和发展这种不平衡性作为自由竞争发展的条件。

资本主义的积累过程,从根本上说,就是通过宗主国和附属国不平等关系的强制性建构来进行的。

第二次世界大战以后,主要资本主义国家经济发展不平衡可以分为两大阶段。第一阶段是从20世纪50年代到70年代初,在主要资本主义国家经济高速增长的基础上,西欧和日本的经济发展速度大大超越美国。这就造成了美国、西欧和日本之间经济发展速度差距的不断扩大。从1948年到1973年,各主要资本主义国家工业生产年增长率分别为:美国4.6%,加拿大5.9%,英国3.2%,西德9.0%,法国6.0%,意大利7.4%,日本15.0%。经济发展速度的差异又造成了经济实力对比的根本变化。美国经济霸权地位逐渐衰落,美国在资本主义世界工业生产、出口贸易和黄金储备方面所占的比重也逐年下降。而西欧经济实力却不断增强。1948年,欧洲共同体国家的工业生产只占资本主义世界工业的12.9%,而战前1937年占20.8%,到了60年代以后就开始超过战前的最高水平。西德的国民生产总值,按1970年的固定价格计算,从1950年到1978年增长的3.2倍,其工业生产在1955年、国民生产在1960年都先后超过了英国,重新跃居资本主义世界的第二位。日本的经济实力更是高速度地发展。从1950年到1970年,日本的工业生产增长了15.7倍,平均年增长率为14.1%。日本的国民生产总值在1968年超过了西德,成为仅次于美国的第二经济大国。日本经济的跳跃式发展,是第二次世界大战后资本主义发展不平衡的最显著例子。

从20世纪70年代中期到80年代中期是第二次世界大战后资本主义发展不平衡的第二阶段。在这一时期,美国经济又转降为升,西欧经济逐渐下降,日本经济巩固中有升有降。从70年代中期开始,特别是1982年以来,美国经济回升强劲有力,增长速度高于西欧和日本。日本经济虽然出现了战后以来最缓慢的增长,但在国内生产总值和工业生产方面,仍然比美国和西欧增长得快。唯有欧洲共同体经济一直处于停滞和慢性危机之中。

从上述第二次世界大战后两个阶段主要资本主义国家经济发展不平衡的状况来看,可以显示:第一,不平衡性主要表现在发展速度和实力增长方面的变化。在第一阶段,发展速度和实力增长方面,日本第一,西欧第二,美国第三。在第二阶段,上述次序发生了变化,不仅 20 世纪 70 年代中期出现了美国和西欧之间相互易位,而且在 1983 年到 1984 年期间又出现了日本和美国之间相互易位的征兆。上述变化及其协调的方式,同第二次世界大战以前相比,有明显的不同。在第二次世界大战前,不但变化的速度和周期的差异性不大,而且解决不平衡的方式也往往采取暴力的战争手段。第二次世界大战后,由发展速度和实力增长所引起的不平衡,往往靠经济、文化和政治领域内的竞争去解决。第二,经济发展速度的差异明显扩大,而经济发展均衡化的时间却大大缩短。第二次世界大战后各主要资本主义国家经济发展速度差异明显扩大,具有跳跃的性质。并且,由于日本和西德等战败国发展速度迅速,仅用 20 年的时间,就达到同美英等战胜国的经济水平均衡化的程度。这同第二次世界大战前,各资本主义国家之间需要近半个世纪的均衡化间隔相比,显然大大缩短了。另外,各资本主义国家之间经济实力维持均衡的时间也相对地延长了。从 20 世纪初到第一次世界大战,当时美、英、法、德、日、奥等主要资本主义国家之间,从经济实力均衡的建立到破坏,大约经历了 10 年左右;而第二次世界大战后到 60 年代末,美、英、法、西德和日本经济发展水准就很接近,因而出现了美、日、西欧三大集团和地区鼎立的态势。直到现在为止,这种均衡态势已经延续了 15 年。这一状况,不能单纯从资本主义经济发展规律去说明,而是要综合整个世界的政治、经济和文化的总结构,结合各资本主义国家在经济以外的政治和文化因素的相互竞争,才能进行有说服力的分析。第三,第二次世界大战后,资本主义世界形成了三大竞争中心,并由此引起了它们在经济和政治领域内的激烈争夺。从60 年代到 70 年代初,美国从世界霸主地位跌落下来,逐渐形成美国、西欧和日本三大竞争中心。其主要的标志有:美国经济实力相对减弱,欧洲共同体和日本实力迅速增强,由布雷敦森林会议所确认的以美元为中心的世界货币体系开始瓦解,浮动汇率代之而起,各式各样的贸易保护主义卷土重来。这一切造成世界范围内的投资场所、销售市场、原料产地、货币金融和国际贸易等领域的矛盾和斗争加剧。第四,经济发展不平衡和政治发展不平衡越来越采取异步的节奏而进行。这明显地表现在美国在资本主义世界中的地位。美国在经济上的霸主地位虽然已经丧失，但它仍然是资本主义世界的盟主。美国在政治上和外交上仍然作为资本主义世界的指挥者和决策者。

这种状况使各主要资本主义国家之间的矛盾性质发生了新的变化。首先，这种矛盾不再像第二次世界大战以前各资本主义国家之间争夺世界霸权、重新瓜分殖民地和势力范围的斗争，而是各资本主义国家集团之间为统治和维持现有世界秩序而相互协商和妥协中的矛盾。其次，第二次世界大战后，各主要资本主义国家内部出现了相当长时间的政局相对稳定的局面，各主要资本主义国家内部社会的正义结构也发生了明显变化，阶级之间的矛盾和冲突呈现缓和和不断协调的状态。政治局势和阶级结构的上述变化，也使第二次世界大战后各主要资本主义国家的不平衡性的程度和解决方法发生了变化。最后，由于第二次世界大战后生产和资本国际化的发展，资本主义经济的世界市场内，除了竞争以外，还不断地发展着相互渗透、联合和交融的局面，出现了相互依存和相互斗争的新结构。在此基础上，各主要资本主义国家处理相互间经济利益冲突的方式也发生了变化。例如，世界七大工业国首脑定期开会讨论世界政治经济主要问题并协商国际性的解决方案，就是第二次世界大战后各主要资本主义国家之间解决不平衡性问题的重要渠道。与此同时，世界性的各种经济和协商组织机构，也不断扩大影响，在解决经济发展不平衡方面发挥了重要的功能。

在法兰克看来，上述主要资本主义国家之间的不平衡性，主要是建立在各主要资本主义国家同低度发展国家之间不平衡性的基础上。法兰克认为，各主要资本主义国家同低度发展国家的不平衡关系，是靠一个由各主要资本主义国家所控制的传送带连动装置的运作来维持的。这个连动装置，保障了从世界最边缘地区和各个角落所榨取的剩余利润，能源源不断地输送到各主要资本主义国家，保障这些主要资本主义国家的世界经济中心的优先地位。

由于各主要资本主义国家长达近五个世纪对于低度发展国家的剩余

价值的掠夺过程,使巴西等拉丁美洲各主要国家的现代化过程,不但在速度上大大地落后于各主要资本主义国家,而且在经济结构上也出现了畸形的发展状况。直到20世纪上半叶为止,巴西的整个经济始终都是以出口原始生产原料为主。20世纪初,巴西的对外贸易额的90%是出口咖啡,只是在第二次世界大战之后,巴西才开始缓慢地发展自己的工业,而其工业发展也仅仅局限于纺织、衣物制造和制鞋业。1929年发生在资本主义世界的经济危机,使巴西的咖啡出口价格狂跌,成为了各主要资本主义国家将经济危机的损失转嫁给这些低度发展国家的明显例子。巴西经济对于各主要资本主义国家的依赖关系,在第二次世界大战前,主要是以巴西本国出口原料和低度发展轻工业的经济结构为基础。第二次世界大战后,上述依赖关系的基础发生了变化。美国、西德和日本的各个垄断企业向巴西输出大量资本,以开发和利用巴西廉价的原料和劳动力为主要手段,在巴西建立起一系列重要工业的跨国公司分支机构。例如,美国的IBM公司、通用汽车公司在巴西进行大规模的投资,使巴西的电子业、汽车工业以及航空业迅速发展。据统计,巴西的电子业的绝大部分资本是由IBM所控制的,而巴西的汽车工业和化学药物工业的90%资本是属于美国和外国垄断资本,工业设备企业的65%资本归属外国。与此同时,以开发巴西本国工业和农业原料为主的轻工业,也在第二次世界大战后迅速发展。从70年代初开始,蔗糖的生产增长了2.5倍,柑橘生产增长了15倍,豆油增长了30倍。巴西成为了当代世界中主要的农产品输出国。

巴西的经济在第二次世界大战后的迅速发展,不但没有改变巴西经济对于各主要资本主义国家的依赖关系,反而进一步使各主要资本主义国家的垄断资本更加强了对于巴西经济的垄断和控制地位。从整个巴西经济的结构来看,它是属于依赖经济类型的。根据1989年的统计,外国垄断资本从巴西所获得的剩余利润相当于其投资额的2.5倍,而这些外国资本又平均以4.7倍的速度向巴西进行再投资。垄断资本一方面不断加强对于巴西剩余价值的抽取过程,另一方面又不断加强对于巴西的资本再投资,造成了巴西经济对于各主要资本主义国家越来越大的依赖性。

巴西经济对于世界资本主义经济体系的依赖关系,主要表现在三大方面。第一方面是对于世界石油进口的依赖。巴西石油的1/3消耗量靠进口的石油。由于世界石油市场受到各主要资本主义国家的垄断,对于石油进口的依赖也造成了巴西对于各垄断经济集团的依赖地位。第二方面是巴西对于外国工业投资的依赖。第三方面是巴西对于先进的科学技术的依赖。上述三种依赖使巴西在1992年对外负债1200亿美元,也就是等于国民经济生产总值的30%。

巴西对于各主要资本主义国家的依赖和附属关系,是在宗主国和附属国之间所建构的上述传送带连动装置长期运作的结果。法兰克认为,这些连动装置不仅描述了剩余利润在宗主国和附属国不平等关系的各个层次上以不断增强的速度积累,同时也证明了资本主义和资本主义发展的世界体系的性质。

七、法兰克世界体系依赖理论的基本概念

为了说明宗主国和附属国的不平等关系以及造成这种不平等关系的连动装置的运作,法兰克分别以"低度开发的发展"、"有变化的连续性"和"宗主国附属国关系"三大中心概念来建构他的世界体系依赖理论。[①]显然,法兰克一方面同马克思和列宁的资本主义理论保持某种程度的联系,另一方面他又通过对于资本主义世界经济结构、市场关系和宗主国附属国关系的新概念,而同马克思和列宁的理论保持相当大的距离,并由此表现出他的世界经济依赖理论的创造性特征。

围绕着上述三大基本范畴,法兰克把世界资本主义经济不平等关系的原因,首先,归结为主要资本主义国家对于低度发达国家的剩余价值的剥削,而不是像马克思那样,首先归结为资本主义国家内资本家对工人的阶级剥削。这就是说,法兰克的依赖理论更多地从国际范围内资本主义

---

① See Frank, A.G.1978b;1992.

国家对贫困国家的剩余价值剥削的角度分析资本主义的发展。①

其次,法兰克的宗主国和附属国不平等关系依赖理论,并不把重点放在剩余价值抽取过程的分析上,而是放在宗主国和附属国之间不平等交换关系的分析上。②

法兰克的依赖理论所表现的上述不同于马克思观点的特征,表现出法兰克基本上拒绝和否认马克思资本主义理论中的阶级分析观点和阶级斗争理论。首先,马克思在分析资本主义产生和发展过程时,始终强调资本家对于工人的剩余劳动价值的抽取和剥削,并把这种抽取和剥削当成资本主义产生和发展的最主要原因。至于资本主义发展成为国际范围内的经济体系以后,上述剩余价值的抽取和分配过程虽然已超出国家的范围,但仍然未改变其阶级剥削的性质。而且马克思认为,资本家对工人的剩余价值的剥削,主要是在生产过程中进行的,而不是在分配和商品周转过程中实现的。所以,法兰克的上述理论,实际上回避了资本在本国范围内以剩余价值剥削为基础的主要增值过程。法兰克对于资本主义剥削过程的分析重点的转移,是因为他把资本在低度发达国家的投资和增值当做主要的过程。法兰克认为,投资于低度发达国家的资本,由于其利润率大大地高于投资于国内的资本,所以它成为了资本主义世界经济体系发展的主要动力。

八、依赖理论的不同模式

关于低度发达国家同主要资本主义国家之间的依赖关系,其他的拉丁美洲依赖理论的思想家,提出了不同于法兰克的另外两种模式。第一种模式就是以桑凯尔(Osvaldo Sunkel)和傅尔达多(Celso Furtado)为代表,他们认为低度发达国家虽然依赖于主要资本主义国家,但低度发达国家可以通过转变经济发展类型的战略而得到经济独立。③ 他们所提出的

---

① See Frank,A.G./Gills,B.K.1996[1993].

② See Frank,A.G.1981.

③ See Furtado,C.1970.

经济发展类型的转变,主要是指从外向型出口为主的发展战略改变为内向型生产为主的发展战略。这一派理论家显然认为,低度发展国家经济落后的主要根源,是这些国家长期以出口本国低廉的生产原料为主,同时还因为这些国家不努力发展本国生产力,以建立独立的工业和农业生产体系。但是,这一派理论家显然忽视了世界资本主义发展的历史事实。他们看不到,低度发达国家出口原料的弱势地位,是在主要资本主义国家经济高度发展并向它们实行强制性不平等贸易和交换的结果。

第二种模式是以卡尔多佐(Fernando Henrique Cardoso,1931—　)、伊昂尼(Octavio Ianni)、费尔南德斯(Florestan Fernandes)和纪雅诺(Anibal Quijano)为代表。卡尔多佐从 20 世纪 60 年代起,连续发表一系列论述巴西和拉丁美洲国家资本主义发展的重要著作,其中最有影响的是译成英文的《依赖性和发展》(*Dependency and Development*,1979)。这一派理论家认为,低度发达国家可以通过"依赖发展的模式"来实现本国的经济发展。根据这种依赖发展的理论,低度发达国家将尽量扩大跨国公司的投资,充分利用主要资本主义国家向它们输出的资本和技术力量,同时排除本国阻碍工业化的保守阶级的残余力量。[1] 这种理论显然是在承认不平等的历史事实的基础上,试图利用各主要资本主义国家进行资本输出和扩大经济市场的客观需要,并以本国有计划的经济开发力量和独立的经济政策为导向,改变低度发达国家的经济结构。实现这一理论的基本条件,显然是低度发达国家本身在政治上和经济上的高度独立性。由于这派理论对于促进低度发达国家经济发展具有更大的现实意义,卡尔多佐等人在巴西政治界和经济界产生了重要的影响。卡尔多佐本人于1995 年担任巴西联邦共和国总统。他在理论中强调一种外部力量和内部力量的结构性依赖。他认为,只要恰当地和灵活地运用这种结构性依赖,尽可能在本国和外国经济集团之间寻找出利益和价值的共同方面,就可以充分发挥上述依赖关系的积极方面,并使之朝着有利于低度发达国家经济发展的方向转化。卡尔多佐思想中深受马克思的辩证方法思想的

---

① See Cardoso,F.H.1971.

影响十分浓厚,同时他又推崇韦伯传统的社会学理论。在卡尔多佐看来,巴西等国的低度发展,是从周边社会和中心社会的关系中演变而来的。低度发达的状况是商业资本主义和后期的工业资本主义发展的结果,它们扩大了世界市场,并把世界市场同非工业的经济联结在一起。卡尔多佐还进一步分析了某些国家中所出现的经济依赖新形式。以巴西为例,巴西的经济在外国资本主义控制的条件下,发生了内部结构的分化和重组。这种变化使经济中的先进领域进一步同国际资本主义体系连接在一起。

总而言之,由法兰克所提出的依赖理论,是在马克思关于资本主义经济的分析和对于现代性的批判的启发下,通过对于当代资本主义世界经济体系和原附属国经济的具体分析,结合第二次世界大战后国际范围内和低度发达国家经济结构的新变化而产生的经济理论和政治哲学理论。依赖理论紧密结合拉美国家的政治和经济发展的特征,将国家和区域的政治经济发展问题,统一起来进行理论探索,为全球化时代新政治哲学的重建提供很好的历史先例。

第三节 卡斯特罗的政治哲学

从 1823 年美国第五届总统门罗(James Monroe, 1758—1831)发表"门罗主义"(Monroe Doctrine)之后,美帝国主义始终把拉丁美洲当成自己的"后院",无端干涉拉丁美洲各国政治事务,从经济上残酷剥削和压榨拉丁美洲各国,并直接培养了听从美国指挥的各国傀儡专制政权,甚至不惜支持实行专制的军政府,迫害各国反抗美国统治的革命者。卡斯特罗(Fidel Alejandro Castro Ruz, 1926—2016)就是在美帝国主义残酷迫害下成长并成为一位赫赫有名的拉丁美洲革命思想家和政治家。

卡斯特罗是古巴革命者,从 1959 年至 1976 年担任古巴政府总理,并从 1976 年至 2008 年担任总统。卡斯特罗也是古巴共产党第一书记

（1961—2011 年），坚定的马克思主义者和共产主义者，在他的领导下，古巴实现了社会主义革命，完成了经济上的社会主义改革，并在全国范围内贯彻马克思主义的思想原则，使古巴成功地实现了民族独立，在美国的眼皮底下抗拒美国的各种压力，实行一系列社会主义革命和社会主义建设的主张，试图在马克思主义的思想指导下实现社会主义目标。

一、马克思主义思想背景

卡斯特罗在 2004 年接见西班牙作家伊尼亚乔·拉莫奈（Ignacio Ramonet，1943—　）的访问时，讲述了他的一生及其政治观点，公开宣称自己是"社会主义者、马克思主义者、列宁主义者"①。卡斯特罗宣称，他将以坚定的信心领导古巴及其他地区实现从资本主义到社会主义的过渡，以工人阶级掌握生产资料的公有制，改造并取代原来的以个体私有制为基础的资本主义制度。他认为，资本主义保护富有阶级掌握和垄断生产资料，控制了整个社会的企业、工厂、农场和媒体，迫使贫穷的工农大众为富人而艰苦地进行劳动；只有社会主义制度，才有可能统一地由国家政府重新合理分配生产资料，并有步骤地过渡到共产主义社会②。

早在青年时代，卡斯特罗就已经很崇拜古巴民族英雄和革命诗人何塞·胡利安·马蒂·佩雷斯（西班牙语：José Julián Martí Pérez，1853—1895）。卡斯特罗在谈到何塞·马蒂时，慷慨地说："他是多才多智的诗人和革命者！他有强大的思想威力，展现了伟大的精神力量！他创立了革命理论，并向我们提供关于独立和革命的哲学以及极其深刻的人文主义思想"③。卡斯特罗尤其赞赏马蒂的道德伦理思想。

---

① Ramonet, I. *Fidel Castro : Biografía a Dos Voces*. 2006 ;（Spanish : *Fidel Castro : Biography with Two Voices*）also titled *Cien horas con Fidel*（*One Hundred Hours with Fidel*）; *Fidel Castro : My Life*, edited by Ignacio Ramonet, translated by Andrew Hurley, Allen Lane, 2007 : 157.

② See *Fidel Castro : My Life*, edited by Ignacio Ramonet, translated by Andrew Hurley, Allen Lane, 2007 : 160–162.

③ Castro & Ramonet, *Fidel Castro : My Life*, edited by Ignacio Ramonet, translated by Andrew Hurley, Allen Lane, 2009 : 147.

　　何塞·马蒂在1868年开始参加古巴民族解放运动,创办《自由祖国》和《祖国报》,宣传革命和独立,批判殖民主义,揭露西班牙殖民者的残酷殖民统治的反人性性质。尽管他一再被殖民者逮捕并送进监狱关押迫害,但何塞·马蒂始终坚持走革命的道路。他在1870年被捕并被强迫做苦役,又被流放到西班牙,几经周折,历经千辛万苦,但何塞·马蒂坚定不移地用诗歌号召人民起来向西班牙殖民者进行斗争,在19世纪70、80年代反复多次举行革命起义,并于1892年成立古巴革命党,准备武装起义,1894年率领武装队伍登陆古巴,未得成功,于1895年发动古巴独立战争,在4月份率领革命战士在东海岸登陆,最后不幸在6月的一次战斗中中弹牺牲。

　　卡斯特罗以何塞·马蒂为榜样,誓为人民奉献一切,乃至生命。卡斯特罗说:"我永远不会忘记何塞·马蒂说的一句话'世间一切荣华富贵,只是沧海一粟';这是一句多么豪迈的话! 我们革命者必须始终谨记在心,切记不要追求虚荣和个人名利。从何塞·马蒂的诗句中,我抓住了伦理的灵魂。伦理,作为行为的指导原则,是最重要的,也是最珍贵的财富。"①卡斯特罗的大公无私精神,由此可见一斑。他的这句话,始终指导他的一切革命行动,因此,在卡斯特罗逝世之后,何塞·马蒂的这句话成为卡斯特罗的墓志铭。

　　从卡斯特罗与何塞·马蒂的革命经历,可以明显地看出他们的革命指导思想都深深打下拉丁美洲思想文化传统的烙印。总的来讲,卡斯特罗的马克思主义是与拉丁美洲的思想传统息息相关的;当我们分析卡斯特罗的马克思主义思想的时候,不能忽略其与拉丁美洲、特别是古巴的思想文化传统的历史背景。

　　尽管卡斯特罗青年时代受到过各种思想的影响,其中也包括在耶稣会学校受到的西班牙"长枪党"(Falangism)"国家工团主义"(national syndicalism)思想的影响,但卡斯特罗很早就辨明了什么是"正义",对追

---

　　① Castro & Ramonet, Fidel Castro: *My Life*, edited by Ignacio Ramonet, translated by Andrew Hurley, Allen Lane, 2009: 101-102.

求物质享受的英美国家主要价值观抱批判态度,更倾向于拉丁美洲土生土长的思想文化传统。①

所以,经历思想磨炼和实践的教育以及他亲身对古巴社会的全面调查,卡斯特罗越来越转向马克思主义。卡斯特罗尤其赞赏马克思的历史唯物主义,认为马克思主义给他提供了观察和分析社会本质的正确观念,特别使他能够根据马克思主义的历史唯物主义把握社会的本质,注意到人民群众在社会发展中的决定性作用。卡斯特罗说:"没有马克思主义,就无法正确地认识社会"②。他还认为,人民是国家的主人,一切尝试政治工作的人,应该首先视人民的利益为最高优先地位。

由于拉丁美洲思想文化的特殊传统,拉丁美洲大多数老百姓都信仰天主教,因此,天主教神学思想在拉丁美洲人民中发生了广泛的影响。卡斯特罗考虑到大多数人信仰天主教的历史事实,他十分重视天主教神学思想在整个拉丁美洲人民中的影响,所以,卡斯特罗和拉丁美洲大多数革命者一样,并没有一般地否定天主教神学思想的某些值得肯定的成分。

19 世纪拉美各国脱离了西班牙葡萄牙的控制后,长期处于少数军阀控制的军政府的独裁统治之下,为此,摆脱一切奴役,特别是推翻独裁的军政府腐败统治,实现人民民主,争取彻底解放成为普遍的社会要求。真正的革命者必须首先考虑大多数老百姓要求摆脱腐败统治的要求。正因为这样,拉丁美洲各国革命者都普遍提出了"解放"的口号,所谓"解放神学"(西班牙语 *Teología de la liberación*;葡萄牙语 *Teologia da libertação*;英语 *liberation theology*)就是在这种历史背景下出现的。解放神学在社会问题上的主张与拉丁美洲各国革命者动员老百姓实现解放的革命运动的目标,不谋而合。

解放神学把基督教神学与实际的政治经济分析结合起来,强调拉丁美洲的客观事实表明:大多数贫困人民迫切需要从饥寒交迫的困境中获

---

① See Castro & Ramonet, Fidel Castro: *My Life*, edited by Ignacio Ramonet, translated by Andrew Hurley, Allen Lane, 2009: 103.

② Castro & Ramonet, Fidel Castro: *My Life*, edited by Ignacio Ramonet, translated by Andrew Hurley, Allen Lane, 2009: 102.

得解放。因此,20世纪60年代之后的天主教神学家和思想家们都主张倾向于贫困人民一边,以正义和解放解救大多数老百姓。

对卡斯特罗及其他拉丁美洲当代革命家发生重要影响的解放神学思想家,包括秘鲁哲学家和神学家古斯塔夫·谷吉野列(Gustavo Gutiérrez,1928—)、巴西哲学家、神学家兼里约热内卢大学教授列奥纳多·玻夫(Leonardo Boff,1938—)、西班牙籍巴士科地区耶稣会士贝德罗·阿柳博(Fr.Pedro Arrupe,1907—1991)、乌拉圭神学家兼外科医生茹昂·路易·谢谷恩多(Juan Luis Segundo,1925—1996)以及容·索布林多(Jon Sobrino,1938—)等。他们几乎都是社会主义者,但只是"基督教社会主义者",坚定地贯彻为贫民效劳并为贫民寻求解放道路的政治路线,严厉批判拉丁美洲各国原军政府的反动政治路线和政策,因而在拉丁美洲各国获得了人民群众的广泛支持。

卡斯特罗意识到拉丁美洲、特别是古巴大多数天主教徒追随基督教社会主义的事实,试图在政治上和思想上联合基督教社会主义者和解放神学的社会改革方案。卡斯特罗在2000年7月14日强调他和耶稣一样,是支持穷人的革命者,并由此公开再次宣称他自己的"一位共产主义者"①。

2009年讲述自传的时候,卡斯特罗指出:基督教积累和贯彻了人间许多箴言、戒律和格言,有助于增进社会道德,主张社会正义,因此,如果大家不是从宗教角度,而是从社会角度,可以说我是一位基督徒。②

卡斯特罗还肯定基督教和共产主义在某些方面的一致性,这些方面包括基督教寻求的人人平等的目标以及相互尊重、相互关照、大公无私的观念。

二、革命与马克思主义

卡斯特罗参加和领导古巴革命,是经历了漫长的曲折过程。从20岁

---

① *Irish Times*,Sat,Jul 15,2000,01:00.

② See Castro & Ramonet,Fidel Castro:*My Life*,edited by Ignacio Ramonet,translated by Andrew Hurley,Allen Lane,2009:156.

左右的热血青年,到成为古巴革命领导者,走过了从自发到自觉、从民主主义者到马克思主义者的成长发展过程。

他在1945年升入哈瓦那大学法律系的时候,还是一位在政治上几乎幼稚无知的热血青年,但当时古巴以拉蒙·格劳·圣马丁(Ramón Grau San Martín,1881—1969)总统为首的腐败无能的政府及其与美帝国主义相互勾结的一系列政策,使卡斯特罗很快接受校内"左"倾革命青年的影响,积极参加哈瓦那大学的学生运动。

面对美帝国主义越来越猖狂干预甚至试图全面控制拉丁美洲各国政治、经济和文化事务,卡斯特罗及其周围的爱国青年,越来越觉醒,并越来越投入反傀儡政府和反美帝国主义的斗争运动。

实际上,美国从门罗宣言之后,变本加厉地对中美洲和加勒比海地区各国实行一系列占领、不宣而战的军事行动以及内政操控。这一时期开始于1898年的美西战争和随后的巴黎条约,从此美国控制住古巴和波多黎各。尽管1934年美军撤出海地和美国总统小罗斯福的睦邻政策,但美国始终没有停止对古巴等加勒比海国家的军事行动,美国甚至派遣海军陆战队和海军以及陆军,直接从事对拉丁美洲国家的军事干预。

依据巴黎和约,西班牙将古巴、波多黎各、菲律宾的管辖权交给美国。随后,美国在古巴、巴拿马、洪都拉斯、尼加拉瓜、墨西哥、海地、多米尼加等国发起军事行动。美国发动不宣而战的战争的原因和目的,是为了保护美国在该地区的商业利益,最明显的是联合果品公司已有重大的经济利害关系于整个加勒比地区;中美洲和南美洲北部可生产香蕉、烟草、甘蔗以及其他多种产品的地区。为此,美国不遗余力地推进其在拉丁美洲的政治利益,维持和加强其势力范围和控制至关重要的全球贸易和军事要地巴拿马运河①。

19世纪古巴沦为美国殖民地之后,在美国扶持下的古巴军事独裁者福尔根夏·巴蒂斯塔(Fulgencio Batista y Zaldívar,1901—1973)连续多年

---

① See Langley,Lester D.*The United States and the Caribbean*,1900-1970;*The Banana Wars:An Inner History of American Empire*,1900-1934;Thomas G.Paterson.*Contesting Castro:The United States and the Triumph of the Cuban Revolution*.New York:Oxford University Press,1994.

统治古巴,直至 1959 年被卡斯特罗领导的古巴革命所推翻。

卡斯特罗在谈到自己参加和领导 1959 年古巴革命的思想背景的时候说:"我加入人民的队伍,与人民打成一片。我从一个被群众围困的腐败透顶的警察局里,夺取武器。我当时见证了一个完全自发的革命。……当时的实际经验,使我意识到自己已经不知不觉地投入人民的革命事业。我最初的马克思主义思想与当时的自发革命没有丝毫关系;我当时的行动完全是自发的反应,作为一个参加何塞·马蒂的革命组织成员的身份,作为一个反帝国主义者和反殖民主义者以及倾向于民主革命者的身份,参加到革命群众中去"①。

卡斯特罗在革命中和在革命成功以后,始终坚持与人民打成一片,站在人民的立场,强烈谴责反动政府的腐败行径和美帝国主义的侵略政策,维护人民大众的根本利益,依靠工农劳动大众。卡斯特罗在古巴人民议会的一次演讲中公开宣布:"我站在古巴人民全国代表大会的讲坛上宣布,向全世界宣布,誓死维护人民的利益,维护农民的土地权,维护工人获得自己的劳动果实的权利,维护儿童接受教育的权利,维护病人治疗自己的疾病和住院治疗的权利,维护青年的工作权利,维护大学生的职业训练权利和接受科学教育的权利,维护黑人和印第安人的人身尊严的权利,维护妇女参加社会活动的平等权利,维护年老人获得老年保险的权利,维护知识分子、艺术家、科学家争取不断改善他们的工作条件的权利,维护各国政府将一切帝国主义垄断资本进行国有化以及拯救本国资源和财富的权利。……我们所进行的,是劳动人民的民主革命和社会主义革命,是为了工人、农民和全体人民的利益的革命,是与人民打成一片的革命。为了劳动人民,我们准备献出我们的一生"。

在卡斯特罗的政治生涯中,他始终不怕重复地强调对于马克思主义思想的忠诚立场。面对西方媒体及各国政治家对他的革命思想的误解,卡斯特罗一再说:"我是马克思列宁主义者,而且也将永远是马克思列宁

---

① Castro & Ramonet,Fidel Castro:*My Life*,edited by Ignacio Ramonet,translated by Andrew Hurley,Allen Lane,2009:98.

主义者,直到我生命的终点"(I am a Marxist-Leninist, and I will be a Marxist-Leninist until the last days of my life)①。

卡斯特罗还强调,马克思主义不是教条,也不是永远不变的封闭式理论系统,而是要根据革命实践的丰富经验,不断加以发展更新。他说:"必须强调:每一位马克思列宁主义者,都可以根据自己的革命实践经验,向马克思主义增添新的内容,用他的革命经验丰富马克思主义。这是因为马克思主义永远要靠成千上万马克思主义者的实践经验而不断发展"②;"马克思主义是对于历史事件的正确解释,是革命行动的指导原则,是无产阶级的意识形态,指导无产阶级实行无产阶级革命,自觉地颠覆资本主义社会制度,实现一个无阶级的共产主义社会"③。

从20世纪50年代末之后,卡斯特罗的马克思主义思想越来越成熟,使他越来越自觉地以马克思主义思想作为古巴革命的指导思想。

谈到古巴革命的指导思想及其宗旨,卡斯特罗指出:"与工农大众站在一起,永远与工农大众结合起来,为工农大众而革命。这是劳动大众的社会主义革命和民主革命。为了劳动大众,我们甚至可以牺牲我们的生命"④。

即使晚年时期,当卡斯特罗面临让位于他弟弟劳尔·卡斯特罗的时候,卡斯特罗都不忘一再声称自己和他所领导的古巴革命,是信奉并执行马克思主义。他在劳尔·卡斯特罗胜利连任其领导人职务的时候,说:"过不久,我将会像其他人一样退出历史舞台。但古巴革命的思想及其实践,由于我们始终坚贞地贯彻并为之自豪,将在地球上永存;古巴革命将永远为全球各地,提供各国人民所需要的物质和精神力量"⑤。

---

① Castro, F.*Speech on the anniversary of the Granma landing* (2 December 1961); "Chavez Would Abolish Presidential Term Limit" in *The Washington Post* (11 January 2007.

② Castro, F.*Speech*, 20 December 1961.

③ Castro, F.*Speech*, 2 December 1972.

④ Castro, F.On 16 April 1961, in a funeral oration in Vedado for victims of the air raids the day before, Fidel Castro referring to the January 1959 Cuban Revolution. Quoted in José Ramón Fernández.2001.*Playa Giron/Bay of Pigs*: *Washington's First Military Defeat in the Americas*, 2001: 56.

⑤ Castro, F.*Speech after Raul was re-elected as head of the Communist party*, from CBS NEWS.

卡斯特罗从来不掩盖自己的马克思主义观点。面对美帝国主义及其追随者对古巴革命的污蔑,卡斯特罗一再宣称:"我们拥有一个革命的思想观念,这就是必须以被剥削阶级的专政,对付剥削阶级的专政"①。

第四节 格瓦拉的政治哲学

格瓦拉(Ernesto"Che"Guevara,1928—1967)是拉丁美洲仅次于卡斯特罗的著名革命者,阿根廷马克思主义革命家、外科医生、作家、游击战争理论家、外交家和无产阶级国际主义战士。他不但积极参与古巴革命,在1961年至1965年担任古巴革命政府工业部部长,而且,还献身于拉丁美洲革命事业,不顾身患哮喘顽疾,乘坐一部摩托车,往来于拉丁美洲各国及非洲大陆,试图亲自创建一个颠覆全球资本主义统治的国际无产阶级革命统一阵线,以自己的革命实践,展示了一位不折不扣的无产阶级国际主义革命战士的光辉形象,最后在1967年参加玻利维亚游击革命战争时,惨遭美国中央情报局的杀害。②

格瓦拉是一位多产的作家。他不但撰写了指导游击战的《游击战争手册》和《洲际摩托车旅游日记》,还撰写了大批回忆录,使他成为震撼世界的著名作家。

卡斯特罗说:"如果问我们,我们以及我们的革命战士、我们的积极分子和所有我们的支持者,究竟想要成为什么样的人,那么,我们就会毫不犹疑地马上回答说,成为像'彻·格瓦拉那样的人'! 如果问到,我们希望我们的下一代应该成为什么样的人,那么,我们希望他们像彻·格瓦拉那样! 如果问及我们将怎样教育我们的儿童,我们将毫不踌躇地说,要以彻·格瓦拉的精神教育他们!"③

---

① Frank Mankiewicz and Kirby Jones, *With Fidel: A Portrait of Castro and Cuba*, 1976:83.

② See Nadle, Marlene. "*RégisDebray Speaks from Prison*". *Ramparts Magazine*. 24 August 1968.

③ Castro, F. *Speech*, 18 October 1967.

卡斯特罗还说:"彻·格瓦拉以极其清新、纯粹和最革命的表达方式,向我们传输了马克思列宁主义思想"①。

格瓦拉的革命形象随着当代历史的发展,越来越成为各国青年的崇拜偶像。据美国《时代周刊》调查表明,格瓦拉是"20世纪最有名望的一百人中的一位"②,而古巴摄影家阿尔伯特·科尔达(Alberto Korda,1928—2001)为格瓦拉拍摄的"游击战英雄"的照片,也被美国马里兰艺术学院选定为"世界最著名的照片"。

一、在革命实践中成为马克思主义者

从青年时代开始,格瓦拉就喜欢周游世界。他在世界各地亲眼看到了遍布世界的贫民窟,同时也看到美帝国主义及其西方盟国对第三世界的残酷剥削。他认为,第三世界、特别是拉丁美洲各国的贫困,是美帝国主义剥削政策的直接后果。这一切促使他积极支持危地马拉总统哈科沃·阿尔本次(Jacobo Arbenz Guzman,1913—1971)领导的改革计划及相关政策。由美国中央情报局支持的颠覆活动以及破坏这项改革的政治阴谋,使格瓦拉更激烈地展开反对美帝国主义的革命行动。格瓦拉在墨西哥城遇见卡斯特罗兄弟之后,更加坚定了格瓦拉参加拉丁美洲革命的决心。于是,格瓦拉参加了古巴"7月26日运动"(26th of July Movement),与其他古巴革命者一起,参加推翻由美帝国主义支持的古巴独裁者福尔根夏·巴蒂斯塔政权的革命活动。在古巴革命成功以后,格瓦拉担任古巴革命政府工业部部长兼国家银行行长,并屡次以古巴革命政府的代表的身份,周游世界,宣传古巴革命的胜利成果。

格瓦拉认为:"马克思的贡献,就在于在社会科学思想史上,实现了本质性的革命。他正确地说明了历史,把握历史的动力,预见了历史的未来;但除了对历史进行说明以外,还以其科学的责任感,强调我们不应该

---

① Castro, F. *Speech*, 18 *October* 1967.

② Dorfman, Ariel(14 June 1999). *Time* 100; *Che Guevara. Time magazine*.

只是说明世界,而是要改造世界。这样一来,人将不再是他的环境的奴隶和工具,而是翻转过来,成为他自己的命运的设计师和工程师"①。同年9月,当他出席拉丁美洲国家首届议会的时候,他很明确地宣称:"如果问到我们是否从事共产主义革命,我们的回答就是:我们是以马克思主义为指导,应用马克思主义的方法找到了革命的正确道路"②。

格瓦拉还一再强调:在社会生活领域,必须靠马克思主义,才能达到真理,就好像在物理学领域必须依靠牛顿的理论,而在生物学必须遵循帕斯特的原则一样③。

二、革命与政权

格瓦拉多次严厉批判西方资本主义社会的假民主,蔑视资本主义制度的法制。他认为,民主并不仅仅表现在选民的所谓自由投票;因为西方国家的选民自由投票,都是在有权有势的资本家操纵下进行的。他说:"西方的所谓民主选举,永远都近乎虚假的,是由有权有势的资产者、土地占有者和职业政治家所操纵"④。在所有由资本统治的国家里,一切革命不可能通过和平过渡来实现。古巴革命为此提供了证据。⑤ "我们绝不容许剥削阶级通过使用'民主制'的虚假制度,当作他们实行专政的借口"⑥。

革命的主要目的是夺取政权。格瓦拉在谈到拉丁美洲革命的基本策略的时候,强调说:"夺取和掌握政权是一切革命力量的不可或缺的条件。一切活动都应该从属于这个基本目标。但在这个由强大的力量所操

---

①　Che Guevara, *Notes for the Study of the Ideology of the Cuban*, October 1960.

②　Samuel Shapiro, *Cuba：A Dissenting Report*, *New Republic*, 12 September 1960；8-26, 21.

③　See Che Guevara, *Notes for the Study of the Ideology of the Cuban Revolution*, published in *Verde Olivo*, October 8, 1960.

④　Che Guevara, "*Economics Cannot be Separated from Politics*", speech to the ministerial meeting of the Inter-American Economic and Social Council(CIES), in Punta del Este, Uruguay, 8 August 1961.

⑤　See Che Guevara, "*Guerrilla Warfare：A Method*", September 1963.

⑥　Che Guevara, "*Guerrilla Warfare：A Method*", September 1963).

纵的世界,夺取政权绝不能局限于单一的地理条件或社会单位之内;夺取世界范围的政权才是革命力量的客观目标"①。

拉丁美洲革命应该以古巴为榜样。"古巴就像一个灯塔,为拉丁美洲人民革命放射出指引革命的光芒"②。

三、游击战就是人民战争

根据拉丁美洲的社会条件,革命的过程必须通过以工农群众为主体的游击战争。格瓦拉指出:在历史上的一切革命,都像医生治病救人一样,本来是不希望也不愿意采用强制性力量;只有在非不得已的时候,为了拯救生命,才毫不犹疑地采用强力。因为只有这样,才能把受压迫和受奴役的群众,从死亡线上解救出来。所以,暴力并不是剥削阶级的专利和垄断手段;被剥削阶级在必要的时候,应该毫不犹疑地拿起武器,使用暴力进行革命。③

"游击战争是人民战争;只有人民的支持,才可以避免灾难性结果。如果没有人民的支持,游击战争就会不可避免地导致失败";"游击队是人民斗争的先锋,他们根据自己所处的不同环境,使用武器进行一系列的战斗,以便达到夺取政权的目的";"我们的游击队是由工人农民支持的;在游击队活动的各个地方,都是以工农群众的支持为基础。没有这个基本的条件,游击战是绝对不可能进行的"④。

四、进行社会主义改造,造就"新人"

在古巴革命成功以后,为了消除旧社会的不平等现象,格瓦拉主张在全社会实行社会主义改造,一方面,在经济领域,对工业企业、银行、商业

---

① Che Guevara,"*Tactics and Strategy of the Latin American Revolution*"(October,1962).

② Ibid.

③ See Che Guevara,"*Guerrilla Warfare:A Method*",September 1963.

④ Ibid.

部门推行国有化的政策,逐步消除生产资料私有制,使工人和农民获得自由劳动的权利,成为生产资料的主人;另一方面,在意识形态领域,进行集体主义和新道德观的教育,培养革命接班人,批判个人主义,反对自私自利,提倡为人民服务的精神,要求年轻一代尊重劳动人民,为大多数人能够过幸福的日子贡献自己的力量。他说:"只有当人不再作为商品而出卖他自己的时候,才能真正达到全面的人的生活条件"①。

格瓦拉说,旧社会制度的目的,是要把财富集中到私人手里,集中到少数人手里,集中到与政府相勾结的财团那里。但是,财富应该属于人民。

对格瓦拉来说,资本主义就意味着追求物质享受,以牺牲别人利益为基础,进行剥削,"像野狼一样相互仇恨"。正因为这样,必须改造资本主义社会的人,使他们成为"新人"②。

格瓦拉认为,新社会的"新人"(*el Hombre Nuevo*; the New Man)是大公无私的,消除自私自利的观念,待人平等,服从纪律,热爱劳动,没有性别歧视概念,主持正义,抗拒腐败,没有物质崇拜现象,不追求物质享受,精神高尚,反对帝国主义。为达此目的,必须坚持马克思主义教育,实行马克思列宁主义基本原则,有自我牺牲精神,贯彻团结、平等和自由的原则。

为此,首先必须改造"个人思想意识"(individual consciousness)及其价值观,培育符合新社会的公民。真正的人是不在乎物质享受,不追求个人财富;对人来说,最重要的,是培养高尚的思想品格,不断进行内在精神的自我熏陶,务求使自己成为道德上纯洁并追求世界大同。政府应该在整个社会范围内,为培育新人创造有利条件,包括:创建由党和政府领导

---

① *Löwy, Michael*(1973).*The Marxism of Che Guevara*: *Philosophy*, *Economics*, *Revolutionary Warfare*.Monthly Review Press; *La Pensée de《Che》Guevara*, Paris, Maspero, 1970, 2ᵉ édition, éditions Syllepse, 1997: 158; *Man and Socialism in Cuba*, Archived 2010-11-28 at the Wayback Machine by Che Guevara.

② "Socialism and Man in Cuba" A letter to Carlos Quijano, editor of *Marcha*, a weekly newspaper published in Montevideo, Uruguay; published as "*From Algiers, for Marcha*: *The Cuban Revolution Today*" by Che Guevara on 12 March 1965.

的组织机构,鼓励成立多种多样的劳动群体、青年团、妇女团体、共同体社区中心以及文化宫之类。在这些组织机构中,促进由政府支持的艺术创作、音乐、文学创作活动,与此同时,必须促进所有教育机构、媒体和艺术团体,共同努力,为此奋斗。

格瓦拉认为,在培育新人方面所做的一切努力,完全不同于旧社会私人企业的管理方法。格瓦拉指出,旧的制度是放任个人,以个人利益为中心发展自己的私利,而新的制度则鼓励把集体利益放在首位,相互团结,志愿劳动,促进人与人之间的互助互爱、互相尊重,强调个人要与群众打成一片,团结一心,同心同德。

格瓦拉自己以身作则,虽然身患严重的先天性哮喘,但他奋不顾身地辛勤劳动,不求名利,忘我地为革命而工作,几乎每天工作到深夜,很少休息。他经常在午夜之后召集工作会议,有时连续工作 36 小时,他自己没有固定的吃饭时间,经常随便在街边吃饭。

由此可见,格瓦拉的革命思想非常重视思想意识层面的教育,始终强调对于青年一代的马克思主义教育工作。

第 六 章

政治的基本问题及其时代性

第一节 政治的基本定义

一、政治哲学的基本原则

由于政治在社会生活中的极端重要性及其本身的极端复杂性,因此,政治哲学对政治的本质的任何考察及其答案,在任何时候和在任何条件下,都必须充分地考虑到理论和实践两方面的因素及其在政治研究和实际活动中的相互紧密的关联性。这就是我们所要论述的新政治哲学的基本原则。

也就是说,政治哲学始终都要从政治本身的内在本质及其实践意义两个角度,对政治进行哲学的分析和理解。我们将在本书的以下各个部分的分析中看到:政治所固有的这种两面性及其相互渗透性,乃是政治本身的本质问题,它造成了政治在本质上永远含有矛盾性、悖论性及难以理解性,甚至使它也含有某种神秘性。同时,政治的这种两面性也使政治哲学不能仅仅停留在理性的领域,不能仅仅归结为理论的探讨,同样也不能仅仅从政治的理念角度去讨论政治的本质问题。这也就决定了政治哲学家的品质,必须一方面具备美好的政治理想和理念,以其政治理念为依据,始终保持清醒的政治头脑,维持正义感,站在正义的立场和适当的距离,对实际的政治进行清醒的监督和批评;另一方面又有实践的观点,避免书生气,善于总结实际的政治经验,对现实的政治进行恰当的批评。

为了理解政治哲学对政治的上述态度和立场,我们不妨以近代著名的政治哲学家马基维利(Nicolas Machiavel, 1467—1527)为范例。马基维利在他致佛罗伦萨公国统治集团麦迪西家族的王公继承人(le Prince de Medicis)的信中称:根据长期观察和系统的历史分析,经得起历史考验的有效政治统治,归根结底,决定于统治者所具备的双重才干和品质,即善于将人的善与恶的双重本性高度地结合起来,使自己成为一位有才能和有气魄的政治家,同时具备"狐狸"和"狮子"的品格。真正的政治家既要理性清醒,又要坚定公正无情,为此不怕"孤独";为了夺取、巩固和扩大他的政权,为了扩大和加强他的权威性,为了在政治斗争中取胜,在必要的时候,他必须敢于冷静地和残酷无情地面对现实而作出最明智的政治决策。针对当时意大利及其周围各国的连年动乱的不稳定局势,马基维利强调:政治行动的最终目的,无非是建构有效稳定的社会秩序,以便向社会各个阶层提供一个可能平衡协调社会各种势力、进行和平竞争的合理和谐发展的社会环境,避免不必要的社会动乱。为达此目的,马基维利主张最高的统治者必须握有强大的权力和享有最高的权威,在必要时不惜牺牲任何法律条例和道德规范。[1]

在马基维利那里,政治的理论和实践两方面的特征,表现得非常明显;而且在处理政治的理论(或理念)和实践两方面的关系时,他更倾向于注重实践方面的因素。也就是说,他把政治看做是一种理性的和策略性的社会实践,是为了解决各种"社会事件"的行动策略和社会游戏艺术。

这样一来,政治虽然具有理论和实践的双重特征以及由此引起的内

---

[1] See Machiavel, N. *Le Prince*. In *Oeuvres completes*, tome I. Traduction francaise par C. Bec. Paris. Garnier. 1987.

在矛盾和悖论,但政治归根结底是实践的艺术,是实际社会斗争的策略。

麦迪西家族是意大利佛罗伦萨公国从 15 世纪至 18 世纪的统治者,其第一代首领老柯斯默(Cosme l'ancient,1389—1464)原名麦迪西的柯斯默(Cosme de Medici),拥有百万财富,并以慷慨捐助佛罗伦萨的文化慈善事业为乐,自 1434 年起成为了佛罗伦萨公国的王公。在他的统治下,佛罗伦萨不仅成为地中海地区的繁华商业贸易都市,也迅速成为意大利最繁盛的人文主义文化中心,在后期文艺复兴中扮演了非常重要的角色。佛罗伦萨从此也在近代政治改革方面向整个西方国家提供了通过市民社会结构走向民主政治的良好范例。

马基维利在麦迪西家族进行政权换代继承的历史关键时刻,总结罗马衰败及意大利各国相互争斗的历史经验,向麦迪西家族的继承人出谋献策。马基维利不希望麦迪西家族的继承人软弱地处理处于动乱中的局势。在当时的情况下,马基维利所能够提供的政治谋略,也只能是突出政治的实践性及其策略性。但这并不意味着他的政治哲学只主张残酷的实践性。在西方政治哲学史上,一贯地把马基维利列为强权主义者,甚至把他列入反理性主义的范畴。但把他的这个政治哲学理论加以分析,就可以看出:马基维利仍然不愧为卓越的政治哲学家,他很深刻地揭示了政治的理论(理念)和实践两方面的特性,并懂得在各个不同的历史条件下,政治家不但必须使政治的两种因素紧密地结合起来,而且,更重要的是要善于决定强调两者中的哪一方面。

政治的两面性和悖论性,固然是复杂的和多变的,但更重要的是必须一眼看穿其中的斗争倾向性及其走向。这也就是说,要把政治两面性问题,放在它的走向景观中,要注重从其未来趋向及其解决途径方面着手。马基维利的高明之处恰恰就在这一方面。

实际上,在马基维利的政治哲学中,同样包含对政治的双重性的深刻分析。他在总结罗马崩溃的历史经验时,深刻地指出了罗马政治失败的关键。在这方面,他的结论几乎与法国政治哲学家让·博丹(Jean Bodin,1529—1596)相一致。博丹的政治哲学很注意政权的主权性(la souveraineté)。博丹的主权论在强调主权性与强权性(la puissance)的方面,与马基维利几乎一致。

政治哲学家必须具备理智和实践两方面的优良特质,既不是只迷信理性的书生型,又不是只玩弄强权的权术家;同时,又懂得在什么环境和时势下应该强调政治的哪一方面的因素。马基维利做到了,至少他在当时的具体历史环境下做到了他应该做的。

同样的,柏拉图(Plato,427-346 B.C.)在《共和国篇》(La Republique)中论述"正义"的时候,一方面从抽象的角度,另一方面又从个人品质的具体方面,说明"正义"的多重性质。柏拉图指出:"正义"包含"智慧"、"勇敢"、"节制"和"公正"四个要素。① 政治家和政治哲学要善于巧妙地将政治的这些要素结合起来加以论述和分析,并实施于他们的政策中。

因此,政治的概念,就像"哲学"概念一样,由于不同的哲学派别、不同的立场和不同的方法,可以有不同的理解,给予不同的诠释。而且,政治是社会生活中最活跃、最有生命力和最灵活的部分,它又是最有时空性、时代性和历史性的社会活动。所以,政治既有坚硬、残酷不留情的强制性和稳固性,又富有高度敏感性、灵活性、伸缩性和可能性。政治的复杂性使现代政治成为最包含矛盾和悖论的概念。针对政治的这种悖论性质,法国著名哲学家保尔·利科(Paul Ricoeur,1913—2005)深刻地指出:"政治是合理性和恶的巧妙结合物。"②

如果说政治本身具有上述悖论性,那么,专门研究政治问题的政治学及政治哲学,与别的学科相比较,就一向具有令人肃然起敬和易于遭人批评怀疑的双重特点。柏拉图和亚里士多德(Aristotle,384-322 B.C.)最早给予政治学一种最高的优越地位,称它为"指导人类其他一切行为的学问"。③ 也正因为如此,政治又最能引起大多数人关注的社会领域,使它成为社会舆论的焦点。同时,政治也因此既成为少数政治家和思想家集

---

① See Platon, *La Republique*. Tradution francaise par E. Chambry, Paris. Les Belles Lettres. 1982.

② Ricoeur, P. *Finitude et culpabilite*. Paris. Auber-Montaigne. 1960; *Le Mal*. Geneve. Labor/Fides. 1986.

③ Plato, *Criton*. Paris. Les Belles Lettres. 1970; Plato, *La Republique*. Paris. Les Belles Lettres. 1982; Aristotle, *La Politique*. Paris. Flammarion. 1990; *Ethique a Nicomaque*. Louvain/Paris. Nauwelaerts. 1958.

中思考的主题,也成为社会绝大多数人关注的对象。

二、从"政治"的最原初意义出发

任何社会现象,无论如何复杂或变幻莫测,只要上溯到它们的最初根源,只要从其源初现象进行探索,都可以清楚地揭示其本质。政治,作为最复杂和最多变的社会现象,也只有从其最源初的自然形态进行分析,才能理清它的本质。

每当人们探讨政治问题,都离不开特定时期大多数人所公认或默认的价值标准。所以,政治的性质也伴随着不同时期的价值判断的标准而发生变化。在早期的希腊,人们形成一种共识,即认为社会应该朝着"善"的方向发展,政治也应该以追求善为其基本目标。希腊人认为,脱离价值和道德标准,政治就无法辨认正义和非正义。

正是环绕着或依据这些基本问题,人们建构和实施政治生活,并使社会得以稳定和持续地生存和更新;同时也进行政治哲学的讨论和研究。所以,从一开始,政治,就是把城邦中的人协调地生活在一起,试图共同以一致的观点,即所谓"共识",以统一的行动,一起解决公共事务。

人作为社会动物,具有明显的社会性和动物性。所谓"人是政治动物",正是为了强调人的社会性和动物性的双重性质及其同其政治生活的不可分割的内在关系。我们说人类离不开社会而存在,主要就是指人类离不开在社会中的政治生活而存在。政治成了区分人与其他生命群体的主要标志,政治构成了人类社会的最重要的组成部分,在社会生活中占据着非常重要的地位。换句话说,人类毕竟只能生活在具有政治性质的共同体之中。上述维系城邦共同体存在和运作的基本因素和要件,就是人类进入文明社会之后所必须首先解决的基本问题,而它们都明显地具有政治性质。

人类社会的政治性质决定于人类生活的共同性和集体性。只要出现集体及其共同活动,就势必产生政治,因为任何集体的共同活动,都要求人与人之间相互关系的协调性、强制性和约束性。在集体和共同活动中的协调性、强制性和约束性,就是其政治性质的表现。既然社会生活势必带有协调性、强制性和约束性,就产生了维持协调性、强制性和约束性的权力及其机构。很明显,这样的权力及其机构是公共的,它的产生和运作关系社会共同体的每一个成员的利益和命运,是为了公共的事业和目的而运作的。公共权力及其机构的公共性质,决定了它们的产生和运作机制的公共性,即要求它们的产生和运作,必须遵守经大家讨论、协商、同意和授权的程序。

所以,自从人类社会进入近代阶段之后,在理性原则获得人们的共识的基础上,思想家对政治的探讨,才深入到协调机制的层面,从各种各样的契约论的可能模式出发,设计出新的探索政治本质的政治哲学理论。也就是说,从 16—17 世纪陆续产生的多种类型的契约论来看,近代思想家更倾向于用契约论说明政治的本质。在这方面,卢梭(Jean-Jacques Rousseau,1712—1778)、洛克(John Locke,1632—1704)和康德(Immanuel Kant,1724—1804)所提出的契约论是最典型的近代契约论政治哲学版本。

当然,与此同时,也产生了诸如像马基维利、马克思那样的政治哲学理论模式;他们所强调的,就是政治的强制性层面及其实践策略的复杂性。

由此可见,在西方哲学史上,对于政治哲学的探讨,基本上沿着两条相辅相成的研究路线:一条是强调政治的形式层面,主张从理性的角度讨论政治;另一条则重视其暴力强制性的一面,主张重视政治生活中的权力及其强制性实践的性质,因此政治哲学要注重研究权力的游戏规则及其灵活性,揭露权力的奥秘。

考虑到政治哲学发展的上述历史过程,现代政治哲学往往也出现两种倾向,或者试图将两者结合起来。这就是为什么美国当代政治哲学家约翰·罗尔斯以《一种关于正义的理论》基本上总结了契约论的政治哲学理论传统,而法国的米歇·福柯、卡斯妥里亚迪斯(Cornelius Castoriadis,1922—1997)、克劳特·勒伏特(Claude Lefort,1924—)、朗希耶(Jacques Rancière,1940—)、庄·皮埃尔·杜毕(Jean-Pierre Dupuy)、伊夫·米索(Yves Michaud)等人则主张延续马基维利的研究传统。

在这基础上,法国的利科建议将上述两条路线结合起来,发扬埃里克·维尔(Eric Weil,1904—1972)的更为全面的研究方法,把政治看成是一种"特殊的理性"和"特殊的恶"相结合的社会现象。

由此看来,所谓政治,就是在一个社会共同体内,以协调和管理公共事务,整顿和控制社会共同体各个成员之间的合法关系网络为宗旨,围绕公共权力而开展的活动以及公共权力机构(如政府)对公共问题进行正当性决策和对公共资源进行权威性分配的过程。

这种意义上的政治,既是复杂的,又是简单的,就好像决定着政治性质的人和社会本身,也是既复杂又简单一样。政治,就其直接与人的本质及其社会生活的密切关系而言,它是简单明了的事情,甚至是很自然而然的,没有什么神秘的。为此,只要敏锐地观察政治的社会表现,就可以掌握它的本质;但同时,政治,就其关系人和社会的命运而言,就其涉及社会各个人的利益、涉及各个人的幸福和不幸而言,由于它同生活在一起的人类社会整体密切相关,它同个人的事物相比,是复杂的,而且也往往采取隐蔽的形式,甚至是以真真假假,经常以伪装的方式,介入到人们的社会生活中,掩盖其自身的面貌,以至于人们很难掌握它的真正本质。在这个意义上说,政治是社会现象中最复杂的事物。

政治的高度复杂性及其极端变动性,还决定于它同人本身的理智性和野蛮性的双重特点的内在紧密关系。人的理性、知性和智慧,是人的政治带有充分的伸缩可能性,使它可以在最理性和最野蛮的两极之间灵活滑动。

同时,政治的敏感性、尖锐性和普遍性,又使它同人的宗教性、科学性和文学性紧密相关。首先,政治明显地与宗教发生不可分割的互动和互牵关系。由于宗教具有广泛的影响和社会基础,任何政治都不能不考虑宗教的因素。从古以来,没有一种政治可以脱离宗教而存在和发展。20世纪末至21世纪初国际政治的复杂性,无不与宗教相关。其次,政治与科学技术的关系越来越密切,以至可以说,当代的政治无一不借助于科学技术的力量而贯彻实施。最后,政治的论述性和修辞性,又使当代政治表现出越来越多的文学性;文学的想象性及其叙述性,也加强了现代政治的浪漫性及其柔和性,并由此导致政治本身变得更加神秘。

政治性质的这种既复杂又简单的特点,使人们对于它的本质的认识,必须经历一番既漫长又曲折的过程。实际上,哲学家和政治哲学对政治的本质的了解和探索,是经历很长的曲折过程的,其间,不可避免地出现过这样那样的偏差,产生过各种不同的理论和观点。所有这一切是正常的,不用大惊小怪。反过来,如果哲学家从一开始就声称已经完全把握了政治的真正本质,那倒是值得我们警惕的,不可信的。

历史上哲学家和政治哲学对政治的不同理解,尽管出现过各种片面性,仍然对我们现在理解真正的政治,大有益处;而且,更确切地说,我们唯有跟随历史上各种不同的政治哲学的观点,才能有助于自己更正确地认识政治的本质。过去的各种对政治的观察,即使是不尽完满,它们至少反映了政治的不同面向及其各个特点。如前所述,政治既然是复杂的,哲学家就势必在其认识中,试图从各个方面、从不同角度、以不同观点和方法,反复对政治进行多方面的探讨。今天,当我们面临着政治的重要问题时,尤其是在探讨政治的本质时,就有必要参照以往各个时期哲学家的政治哲学观点和方法,对政治的本质进行科学的探讨。

所以,对于政治的本质的哲学理论,是随着各个历史阶段的政治哲学家的反复曲折的探讨过程,才逐渐地由浅入深地对它提出了不同的观点。为了深入理解政治的本质,我们也只好随着各个历史时期政治哲学家的分析和讨论,逐渐地展现其内在的基本内容,这将有助于我们更全面地了解政治的本质。

政治与政治学、政治哲学本身,在回应社会变动与时代特征方面,比其他任何社会活动及其相应的学科更加灵敏。所以,政治及政治学、政治哲学更具有明显的时代性和实践性。

政治的真正性质,源自人类社会生活本身的共同性及其共同体组织方式;同时,也决定于活生生的个体性的人的复杂性。这是古典的政治哲学所一贯坚持的原则。

但是,从马克思(Karl Marx,1818—1883)和尼采(Fridrich Nietzsche,

1844—1900)开始,政治的概念发生了根本的变化。马克思和尼采都因此成为现代政治哲学的最重要的理论奠基人。他们开展了对传统和古典政治哲学的严厉批判,试图创建以权力意志为基础的新政治。马克思的重要贡献在于强调:"迄今为止一切哲学都以各种方式诠释世界,但问题在于改造世界(Die Philosophen haben die Welt nur verschieden interpretiert, es kömmt darauf an sie zu verändern)。"①马克思把政治明确地归结为"革命的实践"的问题,从而使政治哲学改变为真正的"实践哲学"。对于尼采来说,政治的最重要的问题,就是把人本身改造成为具有强大无比的"权力意志"的"超人"。只有在此基础上,尼采认为,才有可能建构一个崭新的"伟大的政治"(die große Politik)。② 所以,尼采所强调的,就是一种空前未有的"超人政治":一种永远不满足于现状、奋发图强、创造不止的新政治。这一切,为政治本身带来了无限的生命力,为它开辟广阔无限的前景。马克思和尼采的新政治哲学,尽管并不一致,但对于现代政治却发生类似的强大影响。

　　由此可见,尽管政治是人类社会发展到一定阶段之后所必然出现的现象,但政治并不是自然自明的,也不是永恒不变的。经历了 20 多个世纪的演变之后,越来越多的政治学家和政治哲学家及其相邻的社会科学家,居然开始怀疑传统政治学本身的合法性。在科学技术和文化发展达到非常强大的新时代,政治本身的根本性质也要发生转变。

　　从 20 世纪上半叶开始,法国及西方各国的社会科学家们,便纷纷探讨政治学的可能性质及其地位问题,同时也以新的姿态和视野探讨政治哲学。

　　政治以及研究政治的政治学的所有这些特征,归根结底,决定于政治本身的固有性质以及它所处的特定时空结构及其可塑性的变化程度。

　　由于政治的这种复杂性质,显然,这本政治哲学导论并不打算也不可能详尽讨论各种哲学派别的具体政治概念及其实际运用的可能性;它只

---

① Marx, *Thesen über Feuerbach*.#11.1845.
② See Nietzsche, "Wie die 'Wahre Welt' endlich zur Fabel wurde.#3." In *Friedrich Nietzsche Werke* Ⅲ.Hrg.Von Karl Schlechta.Frankfurt am Main/ Berlin/ Wien, Ullstein Materialen.1979:412.

能从最一般的观点探讨政治的基本问题。当然,对于某些对当代政治生活发生重大影响的最重要的哲学派别,例如,马克思主义、自由主义、社会民主主义、现象学、解构主义、社群主义、文化多元主义、后现代主义以及女性主义的政治观点,我们仍然要给予充分的注意,加以适当的讨论。

我们是在现代社会的条件下谈论政治的。因此,不但要从理论和历史的角度,而且也必须结合现代社会的条件及其未来命运,来说明政治的基本问题。因此,本书较多地选择与当代社会有密切关系的政治哲学理论进行分析。

另外,作为一本政治哲学导论,本书也要结合不同的理论脉络和实际政治生活的需要,广义地或狭义地讨论政治的定义。

古希腊人最早将广义的政治同狭义的政治区分开来。对他们来说,广义的政治,指的是一切具有政治意义的政治行动;而政治行动本身,由于涉及社会关系以及实际的社会利益,本来就已经具有广义的政治性质。这也就是说,凡是关系最普遍和最一般的社会关系和社会利益的行动,都具有政治的性质。这就决定了政治在社会中的广泛渗透性。

政治,就其本义,是社会生活和政治行动所固有的;它的根本目的,是以实现社会生活"协调"的名义或形式,建构一个能够为大多数人接受的社会制度和秩序,使这种制度和秩序得以正常的运作,保障各种具有政治性质的社会行为和活动,能够在社会共同体范围内正常进行,同时,也由此而普遍地保障社会大多数人的正当利益及其生存的权利。在这个意义上说,一切政治,归根结底,就是寻求、实现和维持一种能为多数人接受的特定社会制度,建构一个在当时当地可能实现的社会秩序。

作为一般性的广义的"政治"(politics),最早就是源自古希腊的"城邦"(polis),因为希腊人一进入文明时代,就成群地居住在城邦中。城邦的出现成为了希腊文明诞生的主要标志,也成为希腊文明形成的摇篮;从那以后直到希腊文化衰落为止,一切与文明相关的问题和思考,都是与城邦的命运息息相关。

所谓狭义的政治,指的是实行具有政治性质的"政治行为",特别是与"国家"的行动相关,或者是特指国家机构的决策者和一定的政治组织机构,例如,各个政党,所执行的政治行动。古希腊人把这种狭义的政治称为 politeia,它是具体的政治活动、政治组织、政治机构或政治制度等,同上述治理一般城邦事务的 politiké 相区别。

"国家"之所以成为政治的最重要的标志,是因为任何社会秩序或制度的建构和运作,在一般情况下,都仰赖于具有全社会权威性质并具有正当性和合法性的"国家"的管制、协调、统治和治理,并以此作为基本条件。从法律上讲,国家是社会大多数成员所公认因而具有社会权威性的组织机构;到了近代阶段,它是指通过一定程序选举出来的民意代表共同体以及它所授权委托进行管理社会、并执行民意决策的权力机构。因此,国家理应首先产生于、归属于人民,并为人民服务。

但是,现实生活本身又使力量竞争的逻辑占据上风,导致国家机构为社会上最有实力的人群所控制。于是,国家的理念与国家的现实相脱离。"国家",在这个意义上说,往往成为社会上最有实力和最有权威的人群及其组织所把持的"统治机器"。

当人们是从严格意义谈论政治,或者狭义地谈论政治的时候,政治行动就意味着一种可能影响国家,或者,反过来,某种受到国家影响的行动。所以,狭义的政治,是指人类社会产生国家以后的政治行动,它尤其指与国家运作相关的"权力"的性质及其分配、执行、协调和监督的问题。也正因为这样,一切政治哲学家所基本关怀的,是权力的形成、分配及其正当化程序,是权力的正常运作制度、权力更新、权力实施的监督制度以及权力与整个社会的协调关系,以便集中力量解决关系政治生命的最关键的国家问题。

自从人类社会进入文明阶段之后,任何一个社会的政治制度和系统,总是通过具有系统化的社会决策效力的法制形式表现出来。所以,谈论政治问题或政治行为,也就不可避免地要同国家及其机构的决策行动及其执行过程相关联。而这样一来,政治行动就必须与法的问题相结合。所以,现代的严格意义的政治,总是指具有合法性或正当性的政治行动。

所以,"政治",从古希腊开始,就具有两面性:一方面,它是用来指所有与管理、组织和统治城邦有关的事务。这意味着,在古希腊时期,居住在城邦中的公民，作为城邦的主要成员，都默认着和明确地形成一种共识，认为所有组成城邦共同体的人，身负共同的义务和责任，要把城邦管理和建设成为符合城邦主体的利益的生存统一体；政治就是为了达到这个目的而自然地形成和运作起来。但另一方面，政治的产生，又立即由于社会本身的复杂矛盾而使它有可能转化为脱离共同体生活的专门统治技巧和控制权力运作策略，并由此使它为少数"专家"或"政治家"所垄断和操纵。同时，政治也因此而变成权力斗争的集中领域。

就词源学的观点来分析，"政治"的最早的希腊名词，当它从形容词"政治的"转变而来的时候，产生了三个不同的独立词汇，并由此形成不同的意义。古希腊阳性名词"政治"，专门指"政治家"；阴性名词"政治"，专门指具有政治性质的特殊活动；中性名词"政治"，指的是多种可能指涉的不同意义，其中，单数的中性名词，有时指"政治体"（politie），有时指"政治自身"或"作为政治的政治"（即"严格意义的政治"）。复数的中性名词"政治"，指的是"公共事务"、"一切属于政治的事情"。

在古希腊，"政治"的所有上述内涵，都具有确定的性质，因为它们中的每一个，都特指某一个事物或对象的某一个方面。但是，唯有第二个单数中性名词"政治"，专指"严格意义的政治"，包含了原来"政治"的最重要的意义，因为它揭示了具有真正政治性质的行动和人的最基本的特征。

值得一提的是，从古希腊开始，西方人就对政治问题进行较为细致的分析，尤其是明确地把"政治"和"政治活动"区分开来，并对"严格意义的政治"进行更为明确的界定。

严格地说，作为 politiké 的政治，即希腊人用单数的阴性名词来表示的"政治自身"，不同于作为政治活动的 politeia；前者是指"城邦的事务"（法国人后来称之为 des affaires de la cité），后者是指"政治的制度"（法国人称之为 constitution d'un régime）。后来，继承并改造希腊文化的罗马人，则比较倾向于使用"公共事务"（publicus）和"公民事务"（civilis）而取代比较抽象的"政治"（politcus），并使用"国家"（respublica）来统称"政治事务"、"领导这些政治事务的艺术"（civilis prudentia）及其相关制度、组织系统和执行机构。

在古希腊,人们界定"政治"的主要目的,不仅在于弄清"政治"的真正含义,而且,还在于把它同一切虚假的、颠倒的、不为社会所接受的伪装"政治"对立起来,以抗拒或反对一切"假政治"和"反政治"的行为,并由此将一切诸如此类的"假政治"与"反政治"当成"腐败"和"非正义"加以拒绝,尽可能从社会生活中排除出去,以便确保社会的安全稳定的运转及其再生产。

显然,当希腊人思考政治问题的时候,不但对各种与政治有关的事务或因素进行了细微的区分和分析,而且,还深入地思考政治的"本质"、"政治的起源"、"政治的社会基础"、"政治的各种可能的形式和制度"、"政治的目的及手段"以及"政治的逻辑(运作机制)"等重要问题。也就是说,古希腊的政治,严格地包含了对一切与政治本质相关的重要问题的研究,特别是开展哲学方面的政治研究,使政治的本体论本质和形而上学基础得以彰显出来,旨在保证政治的纯洁性、神圣性和权威性,保障它的反腐败可能性。所以,政治哲学所探讨的基本概念和范畴,其实是伴随着希腊城邦生活的发展而和哲学本身的形成和发展紧密地联系在一起。

西方政治哲学的又一个特征,就是始终把政治与法制问题结合在一起来讨论。这一特征也是同希腊城邦的特殊性质有密切关系:城邦的较小规模、文明的生活方式及其文化传统,特别是它的语言论述特征,使其政治生活,建立在城邦群体所形成的"社群精神"的基础上。

城邦的社群精神,实际上就是维持城邦生存及稳定的精神基础,它基本上是以建立和谐的群体行动为主旨的。法制,就是在这样的情况下,自然地形成为城邦成员所共同关心和探讨的核心问题,变为维系城邦存在和稳定的一个主要的政治力量。① 法制的出现当然有一个历史过程。最早的法制是城邦所约定俗成的"习惯法"。习惯法是特定社会共同体长期实践的经验总结,也是随其经验的积累和变化而不断完善化,并逐步演变成"文字法"或"成文法"。希腊人对于法制的关注,不只是限制在少数统治者或思想家的范围内,同时也见诸一般公民的言论和行动上。希腊

---

① See Plato, *Laws*. Trans. And annotated T.J.Saunders, Harmondsworth:Penguin.1970.

人很早就把立法和执法,当成全体公民的公共事务和责无旁贷的义务。

到了 16 世纪左右,政治,又随着时代的变迁和社会制度的改变而具有新的意涵。在法国,"政治"这个概念,就是在 16 世纪才正式地被大量使用,并具有新的意义。一般地说,法国人所说的政治,是指一种与政治事务有关的多种意义群,包括:(1)有组织性的活动(l'activité organisatrice);(2)统治的艺术(art de gouverner);(3)政治事务的总体(l'ensemble des affaires politiques);(4)关于制度的学说(la théorie des régimes);(5)研究所有这些现象的科学(la science qui analyse tous ces phénomènes)。

同法国人稍有不同,英国人所说的"政治",包括一般的政治事务(Politics)以及作为个人和群体的行动技巧的政策(Policy)或策略(Strategy)。

最近几年以来,法国人、德国人和英美人士又特别地使用政治学(Politologie,Politology)这个新概念,用以指谓专门研究政治的学问,以便使专门研究政治的学问,变得更加具有"科学性"。

一般地说,希腊城邦具有一切人类共同体所共有的基本特征:它以其成员为基干,以特定的默认的(tacite)或较为明显的(explicite)"共识"(consensus),作为联结纽带,旨在达成共同关切的目标并形成为一种社会体。

各个不同历史时期的不同政治的区别,在实质上,仅仅是由于不同时代的社会生活条件的变化,为人们提供了实施共同体活动的不同的决策程序的可能性。

从人类社会产生的时候起,人们就遭遇到政治问题,即面临着政治所必须解决的社会关系和政治行动的协调以及处理社会利益与个人利益的关系问题。所以,自从人有能力进行思维的时候起,政治的问题就开始成为人的思想的一个重要内容;而由于政治涉及许多比一般社会问题更为复杂的因素,就使人们对于政治的思考,变为非常复杂、甚至非常困扰的事情。

只有在人类尚未进入社会生活状态的情况下,当人们处于所谓的

"自然状态"的时候,每个生存者之间以及生活集团之间所发生的各种矛盾和冲突,都无法靠具有权威地位的集团或力量来协调;在那个时候,政治尚未正式出现。这种处于自然状态下的人,其生活处在一种"非政治"的时期。许多人类学家曾经在美洲、大洋洲等地发现过这样的"无法、无信仰、无国王"的社会。

但是,当人类发展到一定阶段的时候,就产生了政治及其相应的制度和机构。这就说明,政治也是一种历史现象。

在中国,政治也是很自然地随着社会的演化而变更。在中国的传统文献中,较早系统讨论政治并对中国政治生活发生重要影响的著作,就是孔子的《论语》。"政治,正也。"孙中山结合西方的思想,把政治称为"管理众人的事"。

西方人从古希腊的时候起,由于他们的特殊的生活方式和文化传统,在他们创立哲学的开端,就把政治、自然和神的问题三重并列,当成人类进入文明社会后首当其冲必须解决的问题,因而也当成哲学、科学和神学研究的重要对象。所以,那个时候的希腊哲学家,几乎同时地探讨自然、政治和宗教的基本问题,使他们成为一般的哲学家,同时兼任政治哲学家和宗教哲学家。

在柏拉图的《对话录》的"斐多篇"中,曾经记述苏格拉底年轻时代寻求有关城邦的"意见"而放弃他原初只对自然知识感兴趣的历程。[①] 这标志着西方哲学从此真正地实现了从最初单纯追求自然的知识而转向对于政治本质的探讨,因而也同时意味着西方哲学从那以后就把政治哲学当成了它的最重要的部分。

其实,早在苏格拉底之前的智者派普罗塔哥拉(Protagoras,486-410 B.C.),就已经明显地强调:公民道德学远比自然科学重要,他还嘲笑讲授天文学、数学和编年史的埃利斯的西皮亚。普罗塔哥拉强调:只有对家政、市政和国家行政取得正确的认识,才能使公民尽到对国家的职责。[②]

---

① See Plato, *Phédon*. Notice de L. Robin, texte établi et traduit par P. Vicaire, Paris. 1984.

② See H. Diels/W. Kranz, *Die Fragmente der Vorsokratiker*. II. 80. Berlin. Weidemann. 9 Auflage. 1959.

接着,苏格拉底进一步认为:哲学应该限制在可认识的和有用的事物方面,即人在国家组织中的生活。他认为,一个公民和他同胞的关系以及道德问题,才是高于一切的。①

但是,严格地说,西方哲学只有到了中世纪时期,当人们开始研究亚里士多德的文献而严格地区分了作为"第一哲学"(philosophie première)的形而上学与一般知识的时候,原来的政治哲学,才作为研究政治的学问而脱离了研究世界"本质"(希腊文 ousia)的"第一哲学"。当然,这种区分本身不但很勉强,而且还甚至同亚里士多德本人在他的《政治学》的论述自相矛盾,因为亚里士多德自己在这本书中就明确地说:人在本质上是一种政治动物;第一哲学就是政治哲学。②

在城邦时代的希腊哲学家,由于他们都很自然地在其哲学研究中,极端关心城邦的政治,所以,他们也就根本没有想过要在哲学之外,再创立专门探讨政治的哲学分支,即"政治哲学"。也就是说,"政治哲学"这个词和概念,在古希腊,可以说是哲学本身的同义词,因为,如前所述,当时的哲学家如果试图在哲学之外再去创立一个专门探讨政治的"政治哲学",那就意味着他们否定了哲学本身所内在地涵盖的政治主题。柏拉图和亚里士多德等重要的希腊哲学家,都没有把政治哲学从哲学中单独地分离出来。在古希腊,任何人,只要他是一位合法的公民,只要他不是奴隶,就会把政治问题作为生活的基本问题来思考。在那个时候,政治是所有的公民的事务,也是所有公民所思考的问题;政治,是生活的一个重要组成部分;学会"政治地"生活,就是每个公民的生活"技艺"的重要表现。

政治在西方社会中的上述重要地位,使政治哲学始终成为西方思想发展过程的一个主轴之一,也使政治哲学的争论成为推动西方思想发展的一个重要动力。

---

① See Gigon, O. *Sokrates. Sein Bild in Dichtung und Gedichte.* Berne, A. Francke. 1947.

② See Aristotle, *The Politics.* Ed. E. Barker, 2nd. Edition Oxford, Clarendon. 1948.

三、政治关系到人的生命

人们可以从各个角度和观点探讨政治的性质。但是,关于"政治是治理人的生命的最一般的科学"这个定义,是政治本身的最根本和最高的定义;政治的其他各种定义,都低于它。

法国哲学家埃德加·莫兰(Edgar Morin,1921—　)指出:"政治处理一切最复杂和最珍贵的事务,即个人、集体以及人类的生命、命运和自由。"①所以,"政治向一切知识提出了最大的挑战……政治关系一切关于人和社会的知识。"②

同样的,法国另一位哲学家福柯(Michel Foucault,1926—1984)也指出:近现代政治的核心问题就是人的生命。现代权力所关注的首要对象,就是个人和社会群体的生命;在这个意义上说,现代权力就是不折不扣的生命权力(Bio-Politique)。

如果说政治关系到生命本身,那么,更确切地说,政治实际上关系到人的自由问题,因为人的生命的本质就是自由。一切政治问题的实质,就是关于人的自由的规定、限制及其扩充和实施。如果政治不回答和不理会自由问题,那么,它就丧失了政治的真正意义,也就导致对人类政治活动的本意的背叛。反过来,任何政治只有环绕着自由的限制和扩充,它才能获得社会的确认,并在社会生活中表现出它的效益。

人的政治自由,从来都脱离不开特定的社会文化条件。从古希腊的城邦开始,政治学和政治哲学所探讨的主要问题,就是城邦统治和管理所遇到以及必须解决的基本问题,而解决政治问题的主要方法和基本途径,也是与城邦生活方式本身有密切的内在关系,尤其同城邦中生活的市民的命运及其共同追求的生活目标息息相关。从城邦出现的时候起,城邦生活、政治和政治哲学所探讨的基本问题,无非就是关于维系城邦生活稳

①　Morin,E.*Pour Entrer dans le XXIᵉ siècle*.Paris.Seuil.2004:11.

②　Ibid.:10.

定运作的"法律"、"制度"、"行政组织机构"、"政府体制"、"人民的权利和义务"、"平等性"、"正义"、"战争"、"革命"……因为只有首先解决这些问题,在城邦中生活的人,才能和谐地生活在一个共同体之中,他们才能协调一致地共同处理他们所共同关心的内外问题。

四、指挥与服从的关系

要正确理解政治的本质以及政治哲学的基本概念,首先必须集中论述政治中的几个核心问题。在人类历史上,不同的历史阶段或世界上不同的地区和民族,都有自己的不同的政治共同体,呈现不同的历史形式和民族特点。但是,在各种政治中,始终包含一些不变的基本因素,这就是指挥(命令)的权力(the power of command;le pouvoir de commandement)。任何政治,不管是可能的,还是现实的,都离不开某种能促使被统治者服从的具有权威性的权力。所以,在政治的复杂体系中,具有决定性意义的,就是指挥与服从的关系。

但是,关于指挥与服从的关系,其本身也是很复杂的;在政治哲学史上,这个问题是逐渐地被深入探索的;随着讨论的深入,它的解决,还先后触及"公共判决"和"法制权威性"的问题。正是在一步一步地深入探讨中,我们现在才达到新的认识境界,对政治的本质有了现在这样的概念。

总之,作为政治的本质,关于指挥与服从的关系,是按照三个层次被探讨:(1)指挥与服从的关系;(2)公共事务的判决;(3)指挥和协调的权威的法制基础。三个大问题实际上又是紧密相关的。这三个问题的提出及解决,决定了政治在不同历史时代的表现形式及其实际命运,而所有政治哲学,基本上也是环绕着这些问题进行探索和开展讨论。以下,我们就跟随历史上不同的政治哲学家的理论和观点,逐步地并深入地探讨政治的本质。

作为社会生活共同体,使之稳定地维系下来并正常运作的最重要的条件,就是要首先确立共同体中的人与人之间的指挥和服从的关系,必须一方面确立其运作原则,另一方面形成能够保障政治服从关系的权威机构及相应的人际关系网络。通观人类历史上一切政治,不管采取何种形式,都是在指挥和服从的关系网络中维持和稳定下来;没有指挥和服从关系,就没有政治。

人类的政治生活,最基本的,就是通过权力、统治和权威的形式或途径,建构起由相互协调和相互牵制的社会关系网络而形成的共同体生活及其行动。因此,政治是经由指挥和服从机制而运作的人类特殊的社会关系网络,但它同时又是人类社会中的最重要的社会关系网络。从这个角度来说,政治是一种特殊的人际关系网络,在这个网络中,最关键的因素,就是指挥与服从的关系。

所以,研究政治的最基本的思考方向和对象,就是在社会生活中的指挥和服从关系。任何指挥和服从关系,为什么成为社会生活的必要前提?它究竟是怎样建构和稳定地维持下来的? 它必须依据什么基本原则而运作? 在维持和运作的过程中,指挥和服从关系究竟应怎样实际地进行?所有这些问题,归结起来就是关于指挥与服从关系的必要性、重要性、操作性及其性质。政治哲学必须思考并回答共同体的人际关系中的指挥和服从关系的根据、条件、原则及其基本实施程序。

在古希腊,城邦是很小的社会共同体,它是一种类似原初的小宇宙那样的关系网络,呈现单纯而混沌的结构。当时的希腊人,一谈到城邦的公共事务,就自然地当成大家的事情,几乎所有的人都很自觉地参与。柏拉图在他的对话录中所讨论的政治,已经触及作为政治本质的"指挥与服从的关系"问题。柏拉图在他的《政治篇》的对话录中,直截了当地把政治学界定为"关于指挥的学问"。①

柏拉图根据他当时的主张,坚持认为:解决指挥的问题,首先要有知识;而最有知识的人,就是哲学家。所以,在城邦中最有资格指挥城邦的,就是哲学家;哲学家应该成为城邦的"王"。柏拉图是在后来的《共和国篇》中论证上述基本观点的。

为了形成指挥和服从的关系,必须建立有效的权力机构。为什么要

---

① See Plato, *Politique*; 260ab.

有权力出现？权力由何而来？权力由谁控制和行使？权力的性质是什么？这就是在建构指挥和服从关系时所面临的首要问题。

权力及其实施过程，是保障社会共同体协调运作的基本条件。问题在于：权力及其在指挥和服从关系中所体现的权威性，是否只能采取暴力手段？是否存在暴力以外的其他手段？暴力和非暴力手段，在权力运作中的关系如何？

指挥与服从的关系，可以采取不同的历史形式，也可以通过不同的选择、决定和执行的途径。

显然，不能把指挥与服从的关系仅仅归结为"国家"。最早希腊人所谈论的政治，还不懂得有社会和国家之分，一方面是因为城邦很小，另一方面是因为当时尚未实现复杂的社会分工，社会结构很简单，简单到整体结构呈现为真正的透明性。所以，当时的公众事务很自然地是由大家一起讨论协商决定的。也就是说，在最简单的社会中，虽然需要权力的运作，需要建立指挥与服从的关系，但必须要国家这样一种独立于社会之上的专门机构。

国家只是政治生活中贯彻指挥与服从关系的一种方式。所以，把政治与国家等同起来是错误的。卡尔·施密特（Carl Schmidt，1888—1985）曾经指出：国家与政治不同，必须严格加以区分。①

如何对待国家与权力的关系，如何看待国家主权的性质，关系政治本身的性质。

国家固然必须具有主权，但主权究竟属于谁，这是与国家的政治制度的性质紧密相关的。一个民主制的国家和一个专制暴政的国家，在表面看来，似乎都一样重视国家的主权问题，但其立足点和立场完全不同。卡尔·施密特，作为一位法西斯政权的拥护者，很重视国家主权，而且他对主权的论点，还包含一定的合理内涵。但他的主权观，不论在当时，还是在现在阶段，仍然是各种专制暴政的一个理论基础。

---

① 参见卡尔·施密特：《政治的概念》，刘宗坤等译，上海人民出版社 2004 年版，第 90—95 页。

如果谈到国家,也并不一定意味着暴力,同样也并不意味着以暴力为主;不能把国家等同于暴力,就好像不能把国家等同于权力机构那样。

马克思主义的政治理论很注意暴力问题,但即使是列宁,在他的《国家与革命》中,他在强调国家的暴力性质的同时,还特别强调国家的教育、协调和调整的功能。

实际上,在政治哲学历史上,思想家们很早就把注意力集中在国家对于整个社会的统治功能的发挥问题。国家要实现对社会,特别是对社会中的各个成员的统治,必须通过暴力和非暴力的两条途径,并使两者在国家所制定的政策和一系列法制的实施程序中,巧妙地结合起来。

五、公共的法制和司法

政治的最基本性质决定于它的公众性,而其公众性又决定了它的集体性和公共性。所谓公众性,指的是它的产生及其实施,首先就是立足于公众生活的需要以及公众的实际利益;这也就是说,政治在本质上是人类公众生活的产物。人类社会是公众生活的基本单位,公众生活需要建构有秩序和有权威性的社会制度,才产生政治。但是,政治之所以能够成为公众生活的必要中介,就是因为它具有公共决定的性质。公共性的特点,就是公众大多数决定它的产生和运作过程;主要的程序是公开的和开放的,即由公众决定必须贯彻到从产生到实施的一切过程,必须能够使产生它的公众能够实行对它的监督。

政治,正如孙中山先生所说,“是管理众人的事”。这就决定了它是公共事务,也决定了它必然涉及和影响众人的利益及其各种基本状况,它必须由众人参与,必须通过公共的途径来实行。在这个意义上说,所谓政治,就是组成为各种形式共同体的集体的人,依据他们共同参与讨论、决策和接受的公共规则,进行公共决策及其执行的过程。所以,政治生活的完善化必须在朝向公共化的方向中寻求。

一切公众事务的讨论和决策,如要合理地进行,只能诉诸公众所制定并能接受的制度。所以,政治哲学总是把“制度化”当成重要问题来讨论。

制度化是法制建构的基础。制度问题的关键是健康而合理的公共领域的建构。

人类社会的发展,经历了相当长的巨大历史代价之后,才逐渐意识到法制建构的重要性。从古代的城邦,经过中世纪制度之后,西方人才发现了社会法制化对于维持合理的政治制度的决定性意义。

问题在于:一切对于公共事务及其相关利益的判决,其是非善恶的标准究竟应如何确定?其决断程序和过程是否合理?当涉及公共事务时,其讨论过程势必充满着争议,自然会存在各种不同标准、意见和观点。在这种情况下,就要求建构符合公众利益、具有公正性、并获得公众统一拥护的"判决"机构。

所谓"公共判决",实际上就是要以合理的法制体系为基础,以具有正当合法性的公共司法机构为主要杠杆,将来自民意的合理标准,通过法律的建构及实行,保证对公共事务的公平正义的评判,并将此评判付诸实施。

在希腊社会中,当然早已存在寻求公正的法律及其执法机构和制度。当罗马人战胜希腊文化而建构罗马大帝国时,这种法制思想和观念及其制度也随着罗马人对法的尊重而加强。罗马在西方历史上是以其法律传统而著称的。但是,罗马帝国时代毕竟还是以皇帝和教皇的中世纪政治统治为主轴,所以,当时的法制传统也只限于中世纪文化的范围内。因此,当时的罗马法制还不能成为严格意义的法制。

在西方政治哲学史上,只是到了16—17世纪的时候,才形成了一批以理性主义为基础的"自然权利"理论,声称文明社会应该区别于"自然状态",而一切公众事务的真假、是非、善恶及其取舍的判决,都必须是经公众合理讨论协商同意,由公众所认同的公共机构来决断和执行。由此,自然权利论的主要代表人物洛克,首先系统地在他的两篇《政府论》中提出了公正的公共判决的原则。所谓公共判决,主要是指:一切公众事务,必须交由公众大多数认同的合法公共机构及其代理人来评判和解决。这一过程基本上是一种讨论、协商、调整和征得大多数人同意的过程。

政治哲学为此极端关怀政治权力的特殊性质,并严格地对政权的法律性质及其程序作出规定,即严格地从法制的角度,对政权的运作及其范围进行限制,使之在法制的范围内发挥作用,防止它的滥权可能性。所以,从公共决策的法律程序及其执行过程,可以更具体地显示政治的基本性质。

六、法制权威和权能

政治哲学,特别是现代政治哲学,非常重视政治的合法性问题,因此,有必要深入进行对法律制度的哲学探讨,从哲学上揭示现代政治的法制基础,并把法制的哲学探讨当成现代政治哲学的基本内容。

真正的政治,必须通过合法的法律制度来建构及实施。但是,政治的法制系统及其合法的建构过程,只有经过漫长的政治实践所付出的巨大代价之后,才能在近代以来的世界历史上形成真正实施的条件。

综上所述,现代政治的基本内容和基本成分,应包括:(1)作为政治生活基本单位和基础的个人生命及其社会个体的实际命运;(2)个人自由的保障;(3)作为现代政治基础的经济活动及其市场的正常运作;(4)由公民选出并随时可以被罢免的国家机构及其合法运作;(5)作为国家和政治基础的公民社会的健康运作;(6)由公民合法选出政府和国家的透明决策过程及其贯彻政策的政治艺术;(7)国家和其他各种形式的权力的合法分配及正常运作。

法制及其权能的实施,固然要依靠法制本身在制度上的合理和健全及其合法性,但这还远远不够。实际上,法制的实施及其权能还要依靠特定社会的历史基础条件、文化传统的性质及其在民间中的渗透性。而且,法制及其权能不是单纯属于理论或理念的问题,也不是只停留在制度建设上。任何理想的制度,哪怕它是很合理合法的,都需要实际社会生活中的各种具体条件来保障。然而,实际社会的具体生活条件是非常复杂的;这不仅是说它的结构和层次的复杂性,而且更重要的是指这些具体社会生活条件本身的实施过程的复杂性。实际的具体生活条件,有些是有形

的和可见的,但很多是无形和不可见的。用最现代的话语来说,有些是
"硬件性",另一些则是"软件性"。硬件的因素容易看得出来,并且容易
被规范和被监督;相反,软件的东西则是难以被发现、被广泛和被监督。

所谓"软件性"的法制实施条件,主要是不可见和无形的民间习惯、
传统生活方式以及人民的精神面貌。这些是难以控制和难以测量、难以
约束的东西。列宁(Vladimir Lenin,1870—1924)曾说:人民的习惯力量
是最可怕的。①

所以,总的来讲,法制权威及其权能的实施是很复杂的;其中,制度建
设、法制实施程序健全化及其合法性,是建立和稳定法制权威及其权能充
分发挥的"硬件性"条件,但另外,还有人民精神因素和文化传统因素等
"软件性"力量和因素,牵制和限定上述法制权威与权能的具体实施。

在中国尤其要重视上述两大条件。这是考虑到中国法制权威与权能
的实施条件的民族性特质。

七、治理的艺术及政治的审美性

政治,关系到如何看待和应付复杂的人际关系的问题,也涉及如何处
理复杂的社会事物,更直接关系到如何发挥权力、掌握权威性以及在国际
环境和社会竞争中取得胜利。所以,政治事务或行为,是直接与决策及实
施行动的实践智慧和艺术相关。

自古以来,政治哲学家就已经深刻地意识到政治及权力运作的艺术
性及审美性的重要性。古罗马查斯丁尼大帝(Flavius Petrus Justinianus,
482—565)统治时期,在他的领导下所制定的《罗马法大全》(Corpus Iuris
Civilis),已经很明确地指出了法律的艺术性。也就是说,政治和法律,一
方面是科学,另一方面它又是艺术。作为一门科学,它是关于人类和神明
的事物的一种知识;作为艺术,它是对善和公正事物的促进和保障。律师

---

① See Lenin, *Left-Wing Communism:An Infantile Disorde*.Written:April—May 1920.First Pub-
lished:As pamphlet,June 1920.Source:*Collected Works*,Volume 31,pp.17—118.Publisher:Progress
Publishers,USSR,1964.First Published:As pamphlet,June 1920.

的任务非常崇高,可以比之与牧师的神圣职务。因此,律师和政治家必须善于和学会运用艺术的方式维护善和公正。①

在当代的全球化以及流行文化的时代,政治更需要加强其文化和审美的特征。正是从这个意义上说,有效的政治行动,总是表现为具有艺术性的社会行为;或者,从根本上说,是具有艺术性的统治他人及治理社会的策略性行为。在这里,所谓政治的艺术性,实际上,就是它的策略性和美学性。

策略性,归根结底,就是将政治本身的善与恶的双重性,巧妙地结合起来,恰如其分地以正当性和合法性的程序,表现成为合理的形式,形成恰当而灵活的制度以及较完美的政治机构系统,并在实际贯彻各种政策的过程中,结合人性的、科学性的和委婉性的策略。在中国古代,关于政治的艺术性,曾经被归结为实行"仁政的艺术"。

基本上,政治的艺术性,分为四个层面:(1)贯彻政治行动前后及行动过程中的言谈艺术,主要包括修辞艺术、表达艺术、辩护艺术、论证艺术、总结艺术以及对敌方言论的揭露艺术。(2)贯彻政治协议、决定及计划的行动艺术,主要是权术、调整人际关系的艺术等。政治的艺术性,实际上就是一种实践智慧。(3)建构并贯彻政治意图及政策的合理制度,包括一系列可行的政治机构系统。(4)善于采取审美的表达仪式和活动方式,千方百计使用适度的装饰,并机智地结合最有利的时空条件,使政治能够在最好的天时、地利、人和的状态下实施。

法国著名政治哲学家、自由主义思想家本雅明·康斯东(Benjamin Constant,1767—1830)深刻地指出:"政治应该是美的,也可以是美的。"

现代的政治是尽可能远离暴力的策略行动。即使在不得已使用暴力时,也尽可能实行具有合法性质的暴力。即使在不得已采取暴力的时候,也要尽可能通过各种配合性的策略行为,是用科学和技术的手段,设法使暴力的暴力性减少到最低限度。因此,在实行合法的暴力时,需要使用和贯彻巧妙的言谈艺术和行动艺术。这也就是说,即使是进行政治暴力,也

① See *Corpus Iuris Civilis*. Digest.

特别讲究玩弄暴力的艺术。

掌握政治艺术的程度将在很大程度上决定政治本身的胜败。

当人们或政治家强调政治的艺术性的时候,绝不能使政治陷入优柔寡断的陷阱。

政治哲学要从政治美学和政治艺术的角度,从政治的论述性和修辞性的角度,从政治的实践智慧及总结经验的艺术的角度,来探讨政治的艺术性。

八、政治与经济的相互关系

本书已在开端部分强调了当代政治受全球化的影响而越来越显示出它与经济之间的密不可分关系。本来,政治从人类社会进入文明阶段以来,就已经明显地显示出与经济以及通过经济而同整个社会整体之间的密切关系。

毫无疑问,政治具有其独特性质,它在整个社会中占据特定的领域,因此,政治哲学如同政治学那样,总是把政治当成一个专门的研究对象,并与社会的其他领域区分开来,只有这样,政治哲学与政治学才有可能深入地探讨政治不同于其他社会领域的性质。

问题在于,对政治的任何割裂或归纳,都只是近现代社会科学为了专门研究政治的性质而采取的必要逻辑手段。事实上,政治从来不可能与社会其他领域相脱离,尤其不能与社会生活和社会运作的基础的经济领域相脱离。也正因为这样,政治哲学无法回避经济问题以及政治同经济的关系。

当代政治的前述特点,即它的全球化、技术化、市场化及文化化,进一步使当代政治加强了与当代经济的关系。当代经济的特征,诸如商业媒体化、市场至上化以及经济的流行文化化,已经深刻地影响了当代政治的基本结构及其运作机制。当代经济的强大力量,越来越显示经济在社会运作中的决定性地位,从而也加强了经济对政治的影响。

当代经济对政治的影响,并不单纯采取传统式的"由外而内"的途径。例如,传统马克思主义所深刻总结的"经济是政治的基础,而政治是经济的集中表现"的原则,固然继续在当代社会中有效,但它只看到了问题的一面,即单纯把经济与政治置放于社会的两个不同领域,并把经济对政治的影响当成是经济"由外而内"对政治发生决定性作用;而没有进一步看到政治与经济之间的相互影响的内在性特征。

这也就是说,考察政治与经济的关系,可以遵循两种途径:第一种就是马克思主义的上述传统途径,首先把政治与经济列为两个不同领域,并把两者的关系当成两者相互之间的外在关系,即使是存在相互影响,充其量也只是相互之间"由外而内"的影响。但是,当代的全球化以及整个全球社会基本结构的变化,已经在实际上打破了传统社会科学和政治科学对政治与经济的划分标准;当代政治与经济之间不但已经没有明确的界限,而且,政治、经济、文化以及社会各个领域之间已经实现了从未有过的相互渗透,以至于可以说各领域之间的界限进一步模糊化,出现了政治与经济相互渗透和相互寄生的新现象。

法国著名政治社会学家马费索利在他的新著《政治之变形:后现代世界的部落化》系统地分析了全球化时代政治的变迁及其特征,强调现代政治已经不是传统意义上的国家权力所能够宰制和垄断的社会特殊领域,而是受到商业、媒体、艺术、宗教以及其他许多非政治因素的全面包围及渗透,因而改变了其固有的性质。①

关键的问题是:任何政治事件都不再是独立存在的政治领域本身所能决定的结果,而是各种非政治力量采取"部落式"的途径相互结合起来,然后,它们渗透到政治之中而转化为多种多样形式的政治力量,并决定政治本身的命运。

这样一来,政治与经济之间的关系,不是建立在两者之间所存在的明确界限的基础上,也同样不是两者之间各自通过"由外向内"的方向而建构的。

---

① See Maffesoli, *La transfiguration du politique. La tribalisation du monde postmoderne.* Paris. 2002.

由于现代经济同技术和文化之间的紧密结合,使当代经济有可能获得比政治优先得多的机会,直接促进新的政治力量的出现,也改变了政治本身的力量对比。

针对经济同社会其他因素程度不等地共同渗透到政治领域,并转化为政治本身的内在因素而对政治发生决定性影响的新状况,利科特别描述了当代政治与经济的新关系,特别从政治、经济与道德三者的特殊关系,来建构他本人的新政治哲学。

利科的政治观点深受他的老师纳贝尔特的影响。纳贝尔特在他的《伦理学的基本要素》中,一再地指出人类政治行动的伦理性质。政治,作为人类社会的基本生活方式,更涵盖着伦理的内容及特征。①

在纳贝尔特的影响下,长期以来,利科都是把政治当成整个社会和文化的核心问题之一,并把政治领域中所发生的事件当成他分析整个社会和文化问题的重要参考点。他认为,政治虽然有它的特殊性,并遵循着政治事件的特殊规律,但他并没有将政治同社会文化整体分割开来。他很明确地指出:政治和经济及伦理是人类社会存在和运作的基本杠杆,而且,三者之间从来都是相互交错和相互影响的。

在1986年发表的《从文本到行动》一书中,利科以下图表示政治、经济及伦理的相互关系。

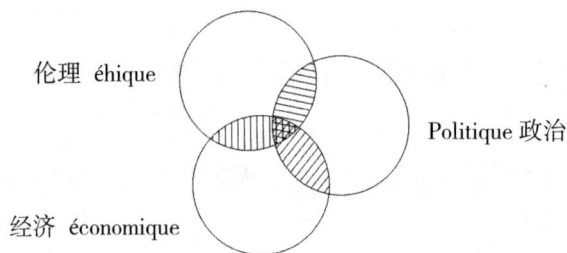

利科认为,在探讨政治、经济与伦理的关系时,既不能简单地将伦理归结为隶属于政治的附属因素,也应该避免陷入传统的道德论,简单地将政治纳入伦理所管辖的范围之内。利科主张以政治、经济和伦理的三者

---

① See Nabert, *Elements pour une ethique*. Paris. 1962[1943].

交叉、并相互影响的景观,来考察三者的关系及其性质;然后,在考察三者关系的基础上,进一步更详尽地考察政治与伦理的特殊关系。根据利科的观察,当三者交叉时,不仅它们三者会出现共同占有的领域,表明三者的交叉是三者的不同性质的重要构成因素;而且,政治、经济及伦理的每两个之间,还会形成属于两者的独特的共同领域,使三者的交叉,同时地产生了一个总的复杂关系网。

所以,利科在考察政治与伦理的相互关系时,总是将它们两者的关系,既放在政治、经济与伦理的三者关系中来分析,又特别地从政治与伦理、政治与经济、经济与伦理之间相互关系的特殊性质,再一次更具体地分析政治同伦理的关系。利科认为,这样做的目的,不是使问题扩大为三者的关系,而是为了从三者的关系网中,更全面地观察政治与伦理的关系,并在比较"经济与伦理的特殊关系"同"政治与伦理的特殊关系"的过程中,进一步确定政治与伦理的特殊关系的性质。

在利科看来,在全面考察政治与伦理的相互关系前,首先必须考察政治同经济以及政治同社会的相互关系。利科这样做,明显地遵循了汉娜·阿伦特和埃里克·维尔(Eric Weil,1904—1977)的基本观点:前者在她的《人类的状况》(*The Human Conditions*)一书中,对政治与社会、经济、文化以及伦理的关系,做了非常深刻的论述;而后者则先后在其《论道德哲学》(*La philosophie morale*,1956)与《论政治哲学》(*La philosophie politique*,1961)的两本书中,对政治及其与伦理的关系进行了系统的研究。

如前所述,早在1956年分析匈牙利事件时,利科就已经提出了"政治是特殊的合理性与特殊的恶的结合"的著名论题。为了真正了解政治的特殊合理性,必须首先将它同经济的特殊合理性加以比较。

利科注意到这样的事实:黑格尔在考察政治与经济的差异时,也曾经强调:经济只是一种"外在的国家"(État extérieur),其功能无非是"人们的需求的机制"(un mécanisme des besoins);所以,经济是完全不同于透过习俗和道德观念的内在化整合机制而建构的具体的历史共同体。正因为这样,利科特意凸显埃里克·维尔对于"社会"(la société)与"共同体"(la communauté)的不同诠释。在埃里克·维尔看来,"社会"所强调的,是经济的机制,而"共同体"则是强调在历史中显现的习俗与德性的交换过程。

汉娜·阿伦特和埃里克·维尔一样认为,经济秩序(l'ordre économique)并不能构成一个具体的历史共同体(une communauté historique concrète),而是一种抽象的社会机制(un mécanisme social abtrait)。正如大家所知道的,亚里士多德曾经强调:经济中的人类合作,只不过是家庭成员之间相互协作的延伸。汉娜·阿伦特在她的《人类的条件》中,曾经肯定亚里士多德的这种观点。

汉娜·阿伦特在论述人类经济活动的性质的时候,就是反复地从具体的历史共同体和社会的抽象机制的两个角度,首先强调作为政治动物的人的基本特征,就是具有进行行动的能力;然后,她再分析作为经济基本活动的劳动的性质,以便深入说明政治的性质及其与经济的关系。她认为,正是人类的行动,决定了人类生活的社会性,并使人类同动物区分开来。人类行动的基本特点,就是以人类共同生活在一起作为条件。"一旦超出了人类社会的范围,行动简直是不可想象的。"①她认为,人的行动创造了环境,创造了产品和制造品,照应着环境(如耕地),透过组织建立起环境(如政治共同体)。行动不同于劳动,因为劳动并不像行动那样需要他人的在场,需要同他人建立某种关系。所以,"唯有行动才是专属于人的特权,无论是动物还是神,都不具备行动的能力;同时,也唯有行动,才完完全全地依赖于其他人的恒久在场。"②

根据汉娜·阿伦特的观点,与经济不同,人类的政治组织能力,不仅不同于以家庭为轴心的自然关系,而且还直接地与之相对立。

汉娜·阿伦特特别赞赏亚里士多德的如下观点:在人类共同体的所有必要的活动中,只有两种活动被当成是政治性的,构成了亚里士多德所说的政治生活,也就是行动和言语。因此,早在希腊城邦兴起之前,文明的希腊人便开始相信,行动和言语这两种人类能力,是齐头并进的,同时

① Arendt, Arendt, *H. La condition huamaine.* Paris. 1998[1958]:22.
② Ibid.

也属于人类的最高级的能力。为了强调行动和言语的政治性，也就是为了凸显人类的两种特点，希腊人甚至认为同语言相比，思想是次要的。这就意味着，真正的人，是要避免一切不借用言语的暴力；所谓行动是指在恰当的时候说出恰当的言辞。这也意味着，作为人类两项最基本的特征，行动和言语原本是一回事。令人深思的是，希腊人把暴力活动，也就是把排除以恰当语言进行合理行动的暴力，排除在政治领域之外。

汉娜·阿伦特由此推论，野蛮的暴政以及各种不靠说理手段的专制，都是同原来意义上的政治毫无共同之处。所以，汉娜·阿伦特在考察集权主义和专制主义政治的历史根源时，特别强调了亚里士多德的上述经典论断。汉娜·阿伦特试图引导现代人，特别是现代政治家发扬希腊人的政治传统。同她一样，英国哲学家卡尔·波普（Karl Raimund Popper, 1902—1994）在他的《开放社会及其敌人》一书中，在分析和总结当代法西斯专制和集权主义政治的根源时，也强调指出了：“民主制（la démocratie）的实质，并不在于‘主权在民’，而是在于能在任何情况下，都坚信靠民主平等的争论而不诉诸暴力。”[1]

汉娜·阿伦特还特别指出，在古代希腊，即便是后来越来越重视军事斗争，但希腊人仍然强调兵法和演讲术以及修辞术的内在紧密关系。值得注意的是，希腊城邦的历史经验，表明希腊人越来越把强调的重心从行动转向言语，并强调符合逻辑的言语是进行人类政治活动的唯一可选择的手段；无论发生什么样的事件，都必须最终诉诸言语，靠言语的争论最后解决问题。换句话说，“以政治方式做事并生活在城邦里，就意味着一切事情都必须透过言辞和说服劝导，而不是透过强力和暴力来决定。按照希腊人的自我理解，凭借暴力威逼他人以及靠命令而非劝说的方式对待他人，是一种属于“前政治”阶段的手段，是用以对付那些城邦外的生活、家庭生活以及以亚洲式野蛮帝国的生活为特征的人们。”[2]

所以，在汉娜·阿伦特看来，要充分理解亚里士多德关于“人是政治

---

[1] Popper, *The Open Societies and Its Enemies*. London. 1945.

[2] Arendt, *The Human Conditions*. Chicago. University of Chicago Press. 1998[1958].

动物"(zōon politikon)的伟大论断,还必须追加亚里士多德的另一句重要的话:"人是会说话的动物"(zōon logon ekhon)。更引人注目的是,在中世纪时期,当罗马人翻译并继承希腊文明的时候,竟然将"人是政治动物"译成"人是社会动物"(animal soialis);而将"人是会说话的动物"译成"人是理性的动物"(animal rationale)。拉丁文的上述翻译,尽管都与希腊文本有所出入,但却在无意中,更深刻地表达了亚里士多德和希腊人的原义。

所以,阿伦特得出结论指出:"在任何情况下,政治都不可能仅仅是保护社会的手段,不管这是一种类似于中世纪时期的信徒社会,还是像洛克所设想的那种财产所有者的社会,还是像霍布斯所设想的那种无情地进行攫取的社会,还是马克思所设想的那种生产者的社会,或者是如同当代我们的社会那样的职业者的社会,或者是如同某些社会主义和共产主义国家中的劳动者的社会。在所有这些情况下,正是社会的自由,要求对政治权威进行限制,并为这种限制提供正当的理由。自由存在于社会领域中,而强力或暴力则逐渐地被政府所垄断。"①"自由意味着既不受制于生活的必然性或他人的命令,也不对他人发号施令;它既不意味着统治,也不意味着被统治。"②

然而,对于阿伦特来说,悲剧就在于:古代希腊人所追求的政治理想,随着社会的发展,距离现实越来越远。西方社会越朝着科技化、商业化、专业化、制度化和法制化的方向发展,以说理的言语为主轴的政治活动,逐渐地被专业的政治活动所取代;其结果,"社会期待着它的每个成员表现出一种特定的行为,它要求其成员遵循无以计数的各类规则,目的是让他们受规矩,排除一切自发的行动或杰出的成就,倾向于将社会成员'标准化'。……大众社会的兴起仅仅表明,不同的社会群体遭遇到了与家庭在以前所遭遇过的同样命运,即把他们吸纳到一个单一的社会中去。……社会在各个方面都实现了平均化,平等在现代社会中取得了胜

---

① Arendt, *The Human Conditions*. Chicago. University of Chicago Press. 1998[1958].

② Ibid.

利,而这种胜利仅仅从政治上和法律上表明承认如下事实:社会已经征服了公共领域,区分和差异已经变成了个体的纯属私人的事情。"①

在近代社会中,政治只不过是社会的一项功能,而行动、言语和思想,都变成主要是隶属于社会利益的上层建筑。随着社会的兴起,随着"家务"或经济活动进入公共领域,家政管理以及一切与私人性家庭领域相关的活动,都变成了"集体的事情"。

近代社会的出现,提升了家庭和经济活动的地位,使家庭和经济都一拥而上地融入政治领域,把政治的性质完全改变了。值得注意的是,政治性质的转变,在很大程度上是由经济的社会地位的提升所决定的。近现代社会把金钱当成判断"客观性"的唯一标准。许多属于经济领域的活动模式及标准,都被搬用到政治中去。所以,阿伦特指出:"一种顺从主义奠定了近代经济科学的基础。经济学的诞生与社会的兴起恰好发生在同时,经济学带着它的主要的技术工具,即统计学,使经济学成为一门标准的社会科学。人变成了一致遵循着某些特定的行为模式的社会生物;凡是不遵守规则的人,都被看成是反社会的或反常的。"②

这就是说,现代经济学基本上假定人们在经济活动方面如同其他活动一样,均以相同方式行动。阿伦特认为,普遍化的经济统计学方法,导致一种可悲的结局:人的数量越多,他们就越有可能循规蹈矩,就越可能容忍除行为以外的一切。从统计学的观点看,这表现为消除一切起伏波动的因素,形成一种整齐划一的格局。实际上,行动越来越不可能抗拒行为的潮流,事件越来越失去其意义;也就是说,失去其阐明历史时间的能力。统计学的一致性,"成为了社会的一个不再隐秘的政治理想"③。

这样一来,社会完全淹没在常规化的日常生活中,它与社会中流行的科学观越来越一致起来。把统计学的上述一致性特征扩散到整个社会的结果,反而助长了各种各样的新型专制主义和集权主义。与这些政治主张相伴随的,是强求一致性的暴力手段和行动的普遍化。

---

① Arendt,*The Human Conditions*.Chicago.University of Chicago Press.1998[1958].

② Ibid.

③ Ibid.

汉娜·阿伦特的精辟政治观点,深刻地揭示了当代法西斯及各种集权主义政治的产生根源。政治作为一种特殊的合理性,是伴随着它同专制主义的平行增长而演变的;更确切地说,政治的特殊合理性同一种"恶"的结合,已经随着历史的发展而不可避免地发生了。

在这里,汉娜·阿伦特已经敏感而深刻地发现:行动,作为人类在特定的具体时空结构中所进行的具体活动,同作品相比是脆弱的、不可控制的和不可逆转的。正是在这里,汉娜·阿伦特重拾亚里士多德的实践概念,强调行动的目的是贯穿于其自身之中。因此,任何行动,其特殊的意义,只是存在于行动之中,而不是在其动机中,也不是在其结果中。

在这一点上,当马克思只注重策略性行动,特别是只注重生产活动的时候,他实际上并没有充分考虑到人类行动的目的的高度复杂性,也没有考虑到行动的目的所可能采取的定向的或不定向的、外在化的或隐蔽的、固定的或变动的因素以及行动者自身所意识到或无意识到的实施过程。作为创造作品的劳动,总是重复着那在消费的循环中的自我耗尽过程;作品的制成虽然可以构建适当的居住环境,但作品世界总是没有保留制造者的痕迹。在这里所获得的持续性,是以忘却作品的作者的代价而巩固下来的。

由此可见,汉娜·阿伦特是从整个社会的历史发展的宏观角度,把政治同社会、经济、文化及人性的变化纳入广阔的视野中去分析,使她一方面能够发现当代政治中的"恶"的历史必然性及不可避免性,另一方面又找到克服它的希望之光。

当汉娜·阿伦特的著作《人类的状况》的法文译本发表时,利科为之写了一篇重要序言。他强调指出:如果说极权主义者的世界的出现可能性,是建立在对于极端的恶的思索上,那么,反对极权主义专制世界的可能性,就应该在人类生存条件中所包含的那种抵抗能力和新生能力本身去寻找;如果说,专制制度的形成,是由于人性失去了稳定性,是由于人性的变化的可能性,那么,进行新的社会和文化的研究的最恰当条件,就是从人类活动的持续性的时间观点,正确估价各种各样的社会文化产品同人类行动的内在关系。

从汉娜·阿伦特对极权专制的研究批判,利科把阿伦特关于人的"积极的生活"(vita activa)中的劳动(Labor)、作品(Work)、行动(Action)的分析,同对于时间性(la temporalité)的连续性、共时性和不可逆转性三方面的分析联系在一起加以考察,集中地探讨了轻飘无价性(la futilité)、持久性(la durabilité)及脆弱性(la fragilité)。这三对范畴,一方面显示了人类为了永恒生存而作的努力;另一方面又表现了行为的悲剧性及人性在历史缝隙中可能导致"恶"的可能性。

但是,汉娜·阿伦特最终仍然对人的"行动"抱一线希望,因为她认为,"行动"的脆弱性,还可以在一个被讲述的历史中,重新被提及并得到挽救。利科透过在《时间与记述》一书中的分析,试图用"记述"和"叙述",使"行动"给人类带来新的希望。利科在讲述"行动"的三重失望和挫折(triple frustration de l'action)中,让"行动"本身承担得起人类行动的三大悲剧性特征:"不可预测的结果"、"不可逆转的过程"和"作者的匿名性"。

利科认为,汉娜·阿伦特和埃里克·维尔的共同点就在于:在论述经济的特殊合理性的基础上,凸显政治的特殊合理性。她们两人都强调:人类社会的经济领域,主要是开展针对自然界的斗争,全面地组织社会的各个成员的劳动活动,并组织生产、流通及消费之间的合理关系。因此,这两位作者在经济观点上,基本上忠实于自亚里士多德到黑格尔以至英国的现代政治经济学派的基本论点。①

从社会和经济的抽象角度来看,一个民族的经济生活是靠国家的政治决定而被整合到国家中去。这正是表明了经济社会层面的抽象性。

近现代社会的发展进一步表明,随着国际商业市场和劳动的全球化过程的扩大,随着经济社会层面的自律化倾向,经济社会层面的上述抽象性有越来越强化的趋势。当然,利科并无意贬低经济合理性的意义。近现代经济市场上的劳动组织的合理化过程,确实有利于教育个人的理性

---

① See Ricoeur,"Preface a *Condition humaine* de Hannah Arendt." In *La condition de l'homme moderne*,Version francaise.Paris.1983[2961].

启蒙,有利于提升个人的纪律性。由市场经济的发展而造就出来的"技术的人"(l'homme de la technique)、"经济计算的人"(l'homme du calcul économique)及"服从社会机制的人"(l'homme du mécanisme social),无疑是近现代社会中普遍存在并透过这种普遍的合理性而相互理解的人。

所有这一切是非常重要的。因为只有由此出发,才能正确理解什么是政治和什么是国家。须知,现代性就是伴随着历史共同体的社会经济层面的扩大而形成和发展的。

只有当社会有可能将劳动合理地组织起来、共同向自然进行有效地斗争的时候,近代国家才有可能产生和巩固下来。如果不把现代社会简单地归结为一种绝对消灭"神圣"与"世俗"的区别的话,那么,我们可以把现代社会理解为这样的社会:它是力图将效率和计算放在首位、并几乎将对于自然的有效斗争,当成"新的神圣"事务的社会。换句话说,当一个社会是单纯靠经济因素来决定它的性质和特征的时候,这个社会就是真正的世俗社会。

利科反对将政治简单地理解为经济的反面或对立面。他认为,马克思主义的重要缺点正是在于将政治归结为经济的一种简单的变种。他认为,马克思主义者过分强调了经济的社会功能,以至未能更具体深入地探讨政治本身的特征。由于忽视了政治的本身特征,马克思主义者往往不能更深刻地揭示由政治权力所产生的政治特殊问题。

政治和经济有密切关系,但不能将政治化约为经济问题。马克思主义者的上述基本观点,使他们在分析英美国家性质时,简单地认为:政治上的自由主义是经济上的自由主义的表现和反映。

利科认为,马克思主义者的简单化分析导致了近现代社会中一系列政治悲剧的产生。为了避免重演历史悲剧,利科强调要注重分析政治的特殊性。

政治哲学中的相当大一部分学派,虽然重视政治与经济的关系,但没有很认真地根据政治与经济双方的内在因素,根据它们的性质及其相互关系,进行深入地研究。

当代政治哲学,考虑到全球化的泛滥和突飞猛进的发展及其对整个地理政治气候、性质及规律的决定性影响,比传统政治哲学更注重在这方面的问题。这是全球化时代的世界政治的一个重要特征,不但不同于历来政治哲学的观点和方法,而且也不同于传统政治经济学的基本观点。

在古典时期,正如福柯所指出的,政治经济学,作为观察近代社会性质的基本学科,作为训练近代人的主体性的基础知识,作为分析近代政治的重要手段,曾经在16—18世纪,对整个政治生活以及知识结构发生了决定性影响。①

古典政治经济学,并不是单纯训练近代人进行合理经济治理的指示,而且也是宰制他们成为现代社会"主体"的政治策略。因而,政治经济学就是一种近代政治哲学。它对于控制和治理近代社会权力的运作及其在生产和再分配,是非常重要的。

正因为这样,李嘉图(David Ricardo,1772—1823)和亚当·斯密(Adam Smith,1723—1790)以及马克思,都很重视政治经济学,并超出经济的范围,特别是从政治的观点研究它。近现代实际政治的历史经验证明,政治经济学,不管是对近现代资本主义统治者,还是对马克思主义者来说,都是作为政治哲学的一个方面,对他们的政治活动及其政策的制定发挥了决定的作用。

20世纪帝国主义政治和全球化的发展,更使政治经济学变为政治哲学的基本内容,对研究当代政治是不可忽略的。

在当代政治哲学中,属于新马克思主义的世界体系理论和依赖理论,从20世纪中叶开始,也在政治哲学领域中发生重要影响;前者以美国的思想家华伦斯坦(Immanuel Wallerstein,1930—　)为代表,而后者以巴西思想家法兰克(Andre Gunder Frank,1929—　)为代表。他们在这方面的研究,发展和更新了古典政治经济学的基本原则,为20世纪末及21世纪的全球化政治研究,提供了良好的基础。

---

① See Foucault,*Les mots et les choses.Archéologie des sciences humaines.*Paris.Gallimard.1966: 262-313.

九、政治是各种社会力量相互较量的紧张场域

政治既不是干净的,也不是平静稳定的,更不是和谐的场所,而是充满斗争、充满较量的"力的场域"。

传统政治哲学较多地注意政治的基本构成因素,试图以形而上学、本体论和认识论为模式,分析政治的哲学本质。但当代政治哲学家试图改变这种思维模式,更多地从政治的实际运作状况及其动态特点,对政治进行哲学研究。

在实际社会中的政治完全不同于政治哲学理论所抽象讲述的状况。正如福柯所指出:实际的政治是充满战争和争斗,是由激烈竞争和多种力量的紧张网络所构成。[1] 因此,福柯宁愿在实际的权力、制度和伦理关系中分析政治的历史与理论。[2]

同样,政治只能从力量斗争的层面进行分析才能揭示它的真正性质。福柯建议从各种社会力量的对立的角度分析当代社会的政治状况。

福柯认为,社会力量的对立并不是抽象的,而是应该把它具体化为"男人对女人的权力"、"家长对孩子们的对立"、"精神分析学家对他们的患者的对立"等[3]。只有从这些非常具体的对立形式中,才能真正揭示政治的本质。这就是说,在考察政治的性质的时候,首先必须注意到政治本身的激烈斗争状况,而且,还必须结合各个具体的社会生活,结合各个社会的历史发展阶段,分析在实际政治中的各种力量对比,分析其中各个力量之间的实际关系,分析各个力量关系网络中的实际力量的增减、强弱和运作状况。

与福柯相类似,法国另一位政治哲学家布迪厄也指出:政治是各种力量相互竞争的紧张场域。[4] 因此,福柯与布迪厄等人实际上发展了传统

---

① See Foucault, *Dits et écrits*. Paris. 1994:Ⅰ.687-688;Ⅱ.427-428;Ⅵ.592-595.

② See Foucault, *Dits et écrits*. Paris. 1994:Ⅵ.585-586.

③ Foucault, *Dits et écrits*. Paris. 1994:Ⅵ.226.

④ See Bourdieu, *La noblesse d'Etat*. Paris. 1988.

政治哲学中主张从对立和斗争的观点来看待政治的研究路线,特别继承了近代政治哲学上以马基维利、霍布斯和马克思为代表的政治哲学派别的基本路线。

政治的权利斗争性质是政治本身的基本特征所决定的,因为正如我们反复强调指出的,政治旨在协调社会的各种势力并以此为基础建构起可以为社会各个阶层所共识和接受的稳定制度。在这种情况下,政治永远面对着社会各种势力之间的竞争,而且,政治也不可避免地将成为社会各种势力进行实际斗争的一个产物。所以,无论从政治的起源、建构过程及其结果而言,它都只能是权力斗争的组织机构和产物。

第二节　现代政治的特征

从 20 世纪中叶开始,在西方社会的急剧变动的影响下,现代社会的政治活动的性质、内容、周边环境条件、活动形式以及政治统治方式等,都发生很大变化。

早在 19 世纪末,马克斯·韦伯就已经深刻地指出:近代政治的正当化性质及其形式,只能采取合理性的程序,因而,政治本身势必以理性化的正当化程序取代原有的"强权式"或"个人权威式"的模式。这意味着现代政治越来越诉诸合理化程序,以至政治本身不能不变成顺从于科学的模式。

20 世纪中叶后,各种社会变革要求政治更多地采取信息式和技术式的管制和治理模式。

但是,当我们强调政治的时代性的同时,又不可忘记政治本身所含有霸权性和强权性。最强大的美国政治,除了表现为高科技和高信息以及高度民主以外,它又最具有霸权性和强权性。这就是说,归根结底,政治始终含有统治和宰制性质,尽管它又随时代的转变而含有更多的民主治理性。

一、现代政治的广泛渗透性

现代社会中各种人为因素的增殖和膨胀,使本来很复杂的政治变得更加不可捉摸和不可预测。同时,现代政治也以迅速和诡秘的形式,渗透到各个领域。所以,现代政治一方面伴随着现代社会和文化的发展而实现越来越专业化和分工化,使政治同其他领域之间的分割越来越明显;另一方面政治又以多样的方式,以各种变换的形式,渗透到各个领域,打破了传统政治与其他领域的分工,也打破社会和文化中各个领域之间的分工界限,越来越干预其他领域,实现了从未有过的政治霸权和政治滥权现象。

当代政治向各个领域的扩张及渗透,主要表现在对文化和经济两大方面的扩展。

传统的文化领域是相对自律的,而且,从启蒙运动以来,由于强调专业分工,文化领域越来越实现对政治领域的"间距化过程"(distanciation)。所谓"间距化",指的是一种间隔化,即对政治保持一定的距离,并坚持非政治领域自身的自律化,以维持社会各个领域的自由运作,并保障各个领域自身的专业化进程。

在传统社会中,文化领域的相对自律化尤其明显。这是文化领域发挥其对于政治的监督的一个表现。

当代社会的政治力量发展,却试图越来越渗透到社会的各个非政治领域,实现政治在各个领域的统治和宰制。这就是当代政治的一种揽权和滥权现象的表现,也是当代政治实现"国家化"(Etatisme)的一个必然的结果。

政治的国家化是政治走上权力垄断的一个重要步骤。当代政治以"国家理性"(la raison d'Etat)的形式,试图实现对整个社会的干预和统治,以便加强政治在社会各个领域中的统治力量。

在传统的经济领域中,经济本身也是试图对政治保持一定的距离,以便保证经济领域的自由交换和运作。经济始终具有其自身的运作自律。

经济只有在维持其自律的情况下,才能真正发挥经济力量的自由增长。经济力量本身具有其自身的紧张关系,它们之间的相互调整是由经济本身的因素所决定的。正如英国古典政治经济学家们所指出:经济领域中的自由交换和竞争,其背后总是有一个"黑手"在操纵。这个"黑手",并不是扮演消极的角色,而是作为一个积极的调整中介因素在起作用。如果听任政治对经济的干预,经济的内在运作机制便会受到破坏。在这种情况下,经济就有可能陷入混乱和危机之中。

二、现代政治的科技性

政治的科技性指的是两方面的相反相成的现象:一方面,科学技术渗透到政治中,使现代政治转化成为不折不扣的技术政治,一切政治事件和程序,均依靠技术力量;另一方面,科学技术的精英分子渗透到政治领导阶层,掌握政治权力,控制了政治的命脉,这就是所谓的"科技专制"(Technocratie)。

在当代全球政治的实际生活中,政治的上述科技性已经越来越清楚地表现出来,以致使现代政治更彻底地脱离了古典政治的权力模式,把技术的实际发展程度及其在政治生活中的运用状态当成政治本身的强弱地位的主要标志。也就是说,哪一个国家、哪一个社会势力或哪一个民族掌握当代技术的先进成果、占有当代技术的尖端领域,以及将当代技术实际运用到政治生活的具体程序的程度,将决定它们在国际政治和各地区政治地图中的实际地位。也正因为这样,当代全球政治的一个基本趋势,就是各国政治势力竞相发展和扩大它们对技术力量的控制和领导地位。政治与技术之间的这种紧密关联性,也使技术本身更加盲目当地膨胀起来,导致政治与技术之间的相互依赖关系更加恶性循环地发展起来。

三、现代政治的信息性

现代政治的信息性是紧密地与上述现代政治的科技性联系在一起,

或者说,前者就是后者的直接结果。现代技术发展的一个重要成果,就是创建一个由先进技术所发明和系统化的人工信息系统,并通过各种新型媒体技术的创建和发展,使新型信息系统的推广和发展迅速地取代以传统语言文字为基本媒介和基本手段的沟通传播制度和文化体系。同时,新型信息系统的创建和推广不只是逐步窒息和摧毁传统语言文字的文化,而且还进一步创建具有自我生产和自我参照能力的信息媒体文化以及以此为基础建构的媒体化政治。这种新型信息媒体文化不只是广泛地运用在沟通和通信领域,不只是作为信息交流的手段,而且更是控制甚至垄断社会重要领域的战略工具,也成为改造原有社会结构和人工培育社会势力的武器。信息系统已经发展到足以控制人本身的生产及生存的程度。

因此,信息化的结果,不仅产生了新的沟通形式,而且也改变了现代整个社会和文化,改变了社会关系和制度,同时也在很大程度上决定了整个人类社会的发展方向及其存在模式。正是在这种情况下,信息化的结果产生了一种新型的信息政治,或者说,导致了政治的信息化。

卡斯德尔(Manuel Castells,1942——)是当代著名的都市社会学家,他对全球化时代所形成的资讯网络系统的社会意义进行了深刻的研究,成为了当代信息社会的都市社会学研究专家。自 1964 年他在巴黎大学法律与经济学系以及公共法学系取得硕士学位之后,他又先后在巴黎大学和巴黎高等社会科学院专攻社会工作学,取得了丰富的社会工作研究的经验,并于 1967 年获得巴黎大学和马德里大学的社会学博士学位。1978 年,经历多年在加拿大蒙特利尔大学和巴黎高等社会科学院等著名院校进行都市社会学研究之后,取得了巴黎大学人文科学国家博士学位。1979 年,应聘成为美国加利福尼亚大学柏克莱分校的都市社会学教授,并专门主持城市与区域计划的研究工作。从那以后,由于他对城市阶级与权力结构的深刻研究,成为 20 世纪 70 年代末西方都市社会学研究的重要权威。

20 世纪 80 年代以后,卡斯德尔针对全球化和当代资讯信息技术的迅速兴起,集中研究以都市为基本网络而形成的全球资讯信息的基本结构及其运作逻辑,使他的都市社会学被冠以"资讯信息时代的都市社会学"的称号。

在卡斯德尔看来,以资讯信息系统为灵魂而连接构成的全球化都市网络,是全球化之后多国垄断资本与西方强权国家资本相结合进行全球性全面操纵的基本途径。

在卡斯德尔的著作中,值得注意的是他的《都市社会学的调查问题》(1971)、《都市问题》(1972)、《都市斗争》(1973)、《垄断:企业、国家、都市》(1974)、《工业空间社会学》(1975)、《城市、阶级与权力》(1978)、《住宅危机与都市社会运动》(1978)、《经济危机与美国社会》(1980)、《都市危机与社会变迁》(1981)、《多国资本、国家与地域社区》(1982)、《城市与草根:都市社会运动的跨文化理论》(1983)、《西班牙的新科技、经济与社会》(1986)、《信息资讯化的城市》(1989)、《香港石硖尾症候群:香港与新加坡经济发展与公共住宅》(1990)、《全球经济、信息资讯社会、城市与区域》(1999)、《信息资讯时代:经济、社会与文化》(三卷本)(1996—2000)、《网际、网络银河:网际网络、企业与社会的反思》(2001)、《资讯信息社会与福利国家:以芬兰为典范》(2002)、《穆斯林的欧洲》(2002)等。

在卡斯德尔的上述一系列著作中,尤其重要的,是他的三卷本的《信息资讯时代:经济、社会与文化》;其中第一卷是《网络社会的崛起》(*The Rise of the Network Society*,1996),第二卷是《认同的强大力量》(*The Power of Identity*,1997),第三卷是《千禧年的终结》(*End of Millennium*,1998)。

卡斯德尔的老师、法国社会学家阿兰·杜连指出:"卡斯德尔的《信息资讯时代:经济、社会与文化》是21世纪的经典。"同样的,英国的季登斯也指出:"信息时代的特征就在于网络社会的形成,它以全球经济为主要力量,彻底动摇了以固定空间领域为基础的民族国家以及所有传统组织的既有形式。"

为此,季登斯认为,卡斯德尔的《网络社会的崛起》这本书所具有的伟大意义,就如一个世纪以前马克斯·韦伯的《经济与社会》这本书揭示了工业社会所体现的意义一样,具有划时代的革命性质。如果说,现代社会科学产生于工业社会创建的过程中并源自封建社会的倒塌的话,那么,当代信息社会的到来,就意味着新型社会科学形式取代一百年来盛行的旧社会科学模式的时刻已经到来。也就是说,卡斯德尔所揭示的信息社会的兴起,意味着社会科学彻底更新的时代已经到来。

如果用另一种说法来描述信息社会所引起的社会变革的话,那么,这就意味着现代性所建构的时空结构及其神圣光环,正在迅速地由于信息社会所形成的流动性信息幻影而转变成随时有待解码的新式符号系统。这样一来,我们显然不能再沿用以往传统的范畴来看待世界与社会,我们所面对的,是由一系列咨询信息的符码化系统所构成的新世界,其中的符号联系以密码结构,随时都因网络社会对传统时空结构的摧毁而变得变化不定。

当代的信息咨询社会是以不同的密码化程序所建构的,而密码系统的释码与解码的全部秘密,恰恰垄断在制造秘密系统的强权集团以及附属于他们的专业技术力量。

当代信息咨询社会的另一个特点,就在于它的全球性。全球性的基础是垄断经济集团的跨国家控制力量,同时,近半个世纪以来,迅速发展的科学技术力量,由于它的跨时空的威力,也加强了上述信息咨询社会的全球性。

回顾信息咨询社会的形成过程,其演变速度是史无前例的。也就是说,信息咨询社会从产生到当代网络社会的全面形成,不但远远地超过了封建社会以前的所有传统社会的演变历程,而且同样也远远超过现代性形成以来所产生的工业社会的发展速度。

具体地说,信息咨询社会的历史只有半个世纪左右,其最初的形成基础,是20世纪70年代在最先进的资本主义社会所产生的信息技术革命,其中包括在美国加州硅谷所发生的信息技术革命。同此前一切政治、经济和技术革命完全不一样,当代信息技术革命的基础并不在于社会基础,而在于技术本身。更确切地说,近半个世纪所发生的信息技术革命不是与其所处的社会历史条件绝对无关,而是与引起和推动其进程的技术力量本身密切相关。问题恰恰在于:作为信息咨询社会的基础推动力量的技术,已经不是传统意义的技术,而是已经发展成为具有自我生产和再生产能力、具有自我参照能力的所谓"第二自然力量"的新一代科学技术；这种新一代科学技术虽然是人类科学力量所创造的，但它已经产生能够进行自我调整和自我更新的能力，因此可以在一定程度上脱离人的控制而获得其自身的独立生命运动的能力。

新型的信息技术的特征，就是靠信息系统中的符号与密码之间的差异及其变化而自我维持与自我更新。因此，信息咨询符号结构一旦成为系统，其存在和发展的可能性，就决定于系统内各符号组成因素之间的关系。这样以来，一旦系统化的信息咨询技术就主要地依据其内部各组成因素间的关系而运作。

上述在 20 世纪 70 年代所形成的信息咨询系统，仅仅经历 20 年的发展过程，就发生了本质性的变化。20 世纪 90 年代的信息咨询技术迅速地成为了新型的网络社会的基础。而网络社会的形成又反过来大规模地改造了全球社会的结构，其最主要的特征就是社会赖以生存和发展的时空架构发生了根本性的变化。这就是所谓的流动空间（space of flows）对"位置空间"（space of places）的取代。原来传统市场经济和政治生活中进行流通和交换的位置空间，已经不再是基础空间结构，而是被变化不定并可能具有虚幻性质的流动空间所代替。流动空间不只是在结构上优越于位置空间，而且也在流通和交换的转化过程中充分地发挥了它的优势。流动空间不但有利于资本的转移和交换，而且也有利于买卖双方不受时空限制的商业交易活动。这样一来，市场经济中具有决定意义的交换与消费，都彻底地改变了其基本形式。

信息咨询社会的形成不只是改变了原有的社会经济结构，而且也改变了国家的存在形式及其相互关系，同时也改变了整个社会的人际关系。

首先，在信息咨询社会形成以后，由于网络系统的跨国家性质及其新型的时空存在形式，使原有的国家结构及其功能发生了变化。原来在市民社会基础上建立起来的民族国家，受到网络社会的挑战，其固定的主权性疆界被破坏。不仅是原有的中央与地方的关系，而且各民族国家之间的关系也被改造成为非稳定性的界限。

信息资讯社会的产生，也加剧了密码化及解码中的垄断与反垄断之间的斗争,促使社会集团和政治集团之间对密码化和解码化技术及策略的重视,也进一步扩大它们之间掌握和控制权力的斗争。

四、现代政治的宗教性和神秘性

从政治学、哲学、宗教学、人类学、社会学的观点来分析,政治与宗教几乎存在同一个历史起源。而且,在政治和宗教的发展过程中,两者之间始终存在紧密的互动关系,而在某些特定的历史时期内,宗教和政治之间甚至还相互混淆,出现了以宗教形式进行政治统治的现象。在西方的中世纪,出现过政教合一的双重统治过程,使中世纪的西方政治基本上掌握在教会手中。

政治与宗教之间本来存在着相互区分又相互渗透的复杂关系。这并不奇怪。

法国社会学家杜尔凯姆在《宗教生活的基本形式》(*Formes élémentaires de la vie réligieuse*)一书中指出,人类社会,从最原始的阶段开始,就是以最自然的宗教信念为基础而建构起来的生存共同体。在原始社会阶段,如果说自然的亲属关系建立了最基本的人际关系网络的话,那么原始宗教就成为原始社会整体地凝聚起来的基本精神力量。通过这种神秘的精神力量,原来靠亲属关系建立起来的简单人际网络,不仅获得了精神上和思想上的普遍化原则,而且也有可能超越直接的家庭关系而变为一般的社会共同体关系。正是在这个意义上说,具有普遍化性质的宗教原则,不只是最原始的宗教神秘精神的表现,同时也具有政治意义。

原始宗教的政治功能主要表现在三个方面:第一,它是特定的人类共同体超出最原始的自然的血缘亲属关系而变为具有社会凝聚力的共同体;第二,原始宗教向最原始的人类共同体提供一个具有权威性的神圣力量,而这种神圣力量以原始宗教最朴素的象征性形式,高居于现实的社会生活之上,获得具有威慑性意义的彼岸世界的性质,反过来,向世俗生活中的原始人发挥一种带有威胁性的神圣力量,从而使权威性以神圣性的形式发挥社会作用;第三,原始宗教提供了连接社会群体成为不可分割的整体的纽带,而这个纽带往往采取像"禁忌"那样的社会规范和社会连带的形式,对整个社会的各个成员,无一例外地实现一种社会体的和精神上的双重统一性作用。

更具体地说,宗教和政治之间的内在联系,可以从涂尔干所说的"集体意识"(conscience collective)的形成及其社会功能来理解。所谓"集体意识",就是超越个人意识之上并对赋有集体意识的共同体各个成员发生精神影响的一般性精神力量。因此,集体意识从一开始,不管它是模糊的,还是不稳定的状态,就具有政治和宗教统一性双重功能。

人的社会本质首先表现在精神层面的社会性,也就是人的精神力量具有超出个人差异的社会性。但是,人的精神力量的社会性,需要靠人在社会中的共同生活来培养和巩固。在人的社会生活中,最原始的共同体形式,除了物质活动中的生产和劳动以外,就是精神活动中的宗教信仰的生产与再生产。正是在宗教意识的生产与再生产中,不断地巩固人的集体意识,同时也形成和巩固一种政治力量。

涂尔干在论述宗教与政治的共同起源时指出:最原始的"禁忌"(taboo)具有宗教与政治的双重意义,因为禁忌是培养和巩固集体意识并不断加强社会凝聚力的宗教和政治因素。与禁忌相类似的,或者,与禁忌同时形成的原始政治与宗教力量,就是图腾(totem)。

涂尔干在分析禁忌与图腾的特点时指出:它们都具有"设定超越世俗社会的彼岸权威的功能",以便使设定起来的禁忌或图腾的权威性,在社会共同体之上,也就是以高居于社会一切成员之上的绝对优越地位,向社会各个成员发出权威性的威力,迫使社会各个成员无条件地服从由禁忌与图腾所表现的权威性。显然,这种权威的树立,一方面使原来散沙一般的各个成员,从此围绕共同的信念而凝聚起来;另一方面使所有的人都无条件地服从同一个最高的权威,形成一种服从关系,以便实现对整个共同体的统治,维持共同体的整体性及其协调性。

上述政治与宗教之间的内在联系及相互影响,即使在人类走出了原始社会之后,仍然发生作用,只是其运作机制和形式,随历史的发展而不断变化。

马克斯·韦伯在谈到统治与权力的性质时,指出:人类社会的统治形式,经历了漫长的历史演变过程,其中包括古代社会中的"克里斯玛"(charisma)统治模式。"克里斯玛"统治模式就是政治与宗教相结合的统治模式。到了近代,尽管自由民主的制度取代了古代的政治统治模式,但仍然包含着宗教与政治之间的内在联系。韦伯为此强调了基督教伦理精神在近现代社会发展中的重要意义。

经过启蒙运动和法国大革命,现代政治主张政教分离,反对教会对政治的干预,但这在任何意义上都不是否定宗教对政治的影响以及政治与宗教之间的相互结合的必要性。

现代政治的理性化很容易掩饰宗教与政治之间的内在紧密关系,但在实际的政治生活中,宗教从来都没有停止过对政治的影响,反过来,现代政治也在实际上越来越重视宗教的政治功能,只不过采取了"理性"的更巧妙的形式。

即使是在社会主义国家中,官方一再强调宗教与政治的分离,但是,宗教仍然以各种各样的形式,对官方与老百姓阶层发生作用,进行越来越复杂的渗透活动,以致影响到政治本身的性质及其改革。苏联与东欧国家的政治变革及其最后垮台,都生动地表现出政治与宗教之间的微妙而复杂的关系。

在全球化阶段,国际政治与宗教之间的紧密关系,越来越采取微妙的形式,在国际生活的各个领域中,发生深刻的影响。

从20世纪60年代之后,国际政治各大阵营之间,不同的政治力量之间,不同的种族集团与政治联盟之间,越来越利用宗教力量及其复杂因素进行激烈的较量。最明显的例子,就是美国与中东国家之间的政治关系中所发生的各种重大政治事件,其中包括两次海湾战争、以色列与巴勒斯坦之间的持续不断的战争等。在巴尔干半岛地区所发生的重大政治事件,也典型地表现出政治与宗教之间的复杂关系。同时,20世纪末以来,越演越烈的恐怖与反恐怖的斗争,实际上也表现出政治与宗教之间的日益紧密关系。

现代政治的宗教性及其神秘性,要求我们更谨慎地处理政治问题。

一方面,必须具体地分析现代政治的复杂性,针对它在不同的地区和文化环境的特征,进行灵活的政治斗争;另一方面,还要善于采取艺术的方式,反其道而行之,把现代政治本身的宗教性和神秘性的现实状况,有策略地引导到非神秘化(démystification)的方向。

五、现代政治的文化性

严格地说,政治本来也是一种文化现象。政治的文化性,首先,主要表现在政治与文化的"共源性",即两者在人类历史上的共同起源。我们在前面已经反复指出:从人类走出自然状态开始,便同时出现文化和政治现象的相互交叉性及其相互混杂性。其次,一切政治的实际运作都需要文化的操作和干预。

但是,人类社会发展到 20 世纪下半叶,文化因素便在社会生活总体中扮演越来越重要的角色,以至文化发展成为社会网络中最强大的力量,无所不在地渗透到社会生活的各个领域。在这一方面,法国政治社会学家布迪厄曾经在他的《继承者》一书中明确地指出:文化的因素和力量采用了最精致的形式改变了当代政治的性质及其运作策略。①

关于西方社会在第二次世界大战后所发生的根本变化,当代社会理论不仅可以从经济、政治、文化及社会结构各个角度去观察和分析,而且也可以从生活于西方社会中的人的心态、生活方式、行为模式以及其个人和社会心理结构的变化去考察。显然,在考察社会结构的变化时,只停留在宏观的、有形的、可感知的、物质的层面上,是不够的。当代西方社会变化的一个重要方面,是人类所创造的文化发展得越来越复杂,在文化中的人文因素和物质因素紧密地相互交错在一起,致使人类创造的现代文化在社会生活中占据着非常重要的中心地位。

人类社会从最初形成以来,一直是以人类所创造的文化,作为同自然界相区分甚至是对自然进行控制和改造的基础和基本条件。社会当

---

① See Bourdieu et ali., *Les Héritiers*. Paris. Minuit. 1964.

然是人所建造的。没有人,没有人的文化创造,就不会有社会。但当代西方社会中的文化因素和人文因素,同过去的任何社会相比,都有所不同。

文化在区分社会同自然的性质方面,在西方社会的历史上,始终起着决定性的作用。这也许是西方社会同东方社会相区别的一个重要特征;因为对于东方社会来说,东方人所创造的文化充其量也只是把社会同自然区分开来;即使是在一定条件下把自然同社会对立起来,也不至于将两者发展到极端对立的程度。不同于西方文化的东方文化,在区分自然与社会的同时,往往也注重"天人合一",使文化本身的发展和充实,始终同自然的发展和人本身的发展相反相成或相辅相成。因此,东方文化不至于发展到只讲人的主体中心地位而把自然单纯地异化为被人所控制的外在对象。西方文化的特征,从古希腊创立的时候起,便把主客体对立起来,始终强调人作为主体对于作为客体的自然的统治。西方社会进入近代以来,人作为主体对于作为客体的自然的统治,更是变本加厉。到了20世纪中叶,西方文化已发展到严重地破坏人与自然的平衡关系的程度。

当代社会中文化的高度发展的结果,使社会同自然的对立发展到空前未有的危机程度。当代西方文化呈现出许多不同于东方文化的特征,但首先引起当代社会理论重视的问题,恰巧正是西方文化中将人的主体地位同自然的对象地位相对立的严重程度。由这个特点所产生的结果,引起西方社会在性质和结构的基本方面同其自然环境的尖锐矛盾。当代社会理论对于这方面的问题,进行了多方面的研究。当代社会理论为此而提出了古典社会理论从未提出过的问题。

"文化"成为了当代社会理论研究行动与结构等重大问题的一个基本参照点。正如英国瓦维克大学社会学女教授阿雪(Margaret S. Archer)所指出的:"关于结构同施动(agency)的问题,被正确地看成为当代社会理论的基本争论问题。但是,在研究这个中心问题的过程中,始终都是被文化和施动问题所笼罩……实际上,这两个问题是直接地并列存在的;也就是说,两者都提出了同一的困难问题,并且也提出了能够同样正确地解决它们的方法。"①

六、现代政治的多元可能性

传统的政治哲学,主要指的是近代以来的传统政治哲学,一直无法跳出关于自由与平等的两难抉择困境。20 世纪中占 2/3 的时间内所展示的苏联与美国两大国家及其制度的对立,已从事实上突出了自由与平等的两难性。但是,政治哲学的最新研究成果显示:一方面可能由于理论上的观念的模糊性,另一方面由于实践上的利益的冲突,才使自由与平等的实施长期相矛盾。

为了克服这种两难抉择,首先,在理论上,在第一层次,要区分"平等"的真正意涵。在这方面,既可以把平等理解成"平均分配",也可以理解成"平等对待所有的公民"。应该说,前者只是满足于对平等的表面理解,而后者才以抽象的形式,更深层地触及"平等"的真正意义:每位公民都应该受到平等的待遇和尊重,享有平等尊重的权利。

在理论上的第二层次,应该看到现代社会的发展及其新特征,使"平等"概念进一步涉及更多的内容和表现形式:生活方式的平等选择权、男女两性关系的对等、享用自然资源的平等、身份选择的平等……现代社会中消费文化、流行文化的发展,科学技术及管理能力的提升,全球各地区创造活力的普遍增长,所有这一切新的变化,除了促使"平等"本身的内容及形式发生很大变化并含有更大的可能性以外,还为政治哲学家的思路开辟更大的灵活性和前景性。因此,当初坚持把"平等"当成最基本的政治概念的做法,已经逐渐让位于多元文化理念的思维和行动模式。在"平等"之外,人们还有更重要的政治诉求及基本概念:像罗尔斯所提出的"契约协议"、德沃尔金所主张的"权利"、女性主义所追求的"男女无别"、文化多元主义所提倡的"多元不定身份"、社群主义所论述的"共同

---

① Archer, M. S. *Culture and Agency. The Place of Culture in Social Theory.* Cambridge：Cambridge University Press.1996：xi.

利益"以及新功利主义所强调的"效用"等,都被提升到与"自由"和"平等"一样高的重要地位。这样一来,政治哲学理论中所注重的核心概念,已经不只是"自由"和"平等",而且还包括更多的范畴,因而也提供了探讨的更深厚的基础和更广阔的视野。

在实践上,政治生活所关怀的焦点,已经越出"自由"和"平等"的简单诉求,提出了更多的关怀核心;而且,全球化和消费文化的发展,也使政治的"非政治化"成为一种重要的表现形式。

七、现代政治的偶然性和风险性的增加

许多西方的政治学家和社会学家已经在他们的研究中惊觉到当代风险社会的到来。在前面谈论的德国政治哲学家鲁曼和贝克等人,尤其已经对风险社会和风险政治进行了近半个世纪的研究。实际上,风险社会与风险政治是伴随着现代社会的发展而逐步形成的,而且,近半个多世纪以来,尤其是受到当代技术发展的强烈影响,现代社会和政治已经进入风险社会和风险政治的阶段。

1986年4月发生在当时苏联乌克兰基辅附近的切尔诺贝利核电站灾难性爆炸事件以及它所造成的严重污染和破坏性后果,就是当代风险社会和风险政治全面登上历史舞台的标志。当然,切尔诺贝利核电站的爆炸及其污染,并不是偶然的,也不构成当代风险社会和风险政治的第一个信号。其实,切尔诺贝利核电站事件不过是当代风险社会和风险政治静悄悄地步入当代历史门槛的一个信号而已;而此前历经多个世纪发展的近代化和现代化过程早已积累了发生这一人类悲剧性灾难的种种因素。

由近代社会所累积的人类生活的风险性,主要表现在两大方面:一方面是由于社会财富分配的不平衡所造成的社会贫穷化的风险性;另一方面是由科学技术的迅速发展及其在扩大财富中的盲目运用所造成的风险性,导致科学技术本身的功利化和工具化而直接危害着人类本身的生存。其实这两种风险性是相互影响的,但在西方各个先进国家中,在相当长的

时间里,西方人的注重点是协调和克服第一方面的风险性,既看不到第二方面的风险性的严重性,也看不到上述两方面风险性之间的相互联系性。

为了解决因社会财富不均衡而造成的社会风险性,西方各国从 19 世纪开始探索各种社会保险方案,特别是采取社会福利制度。尽管西方各国在社会保险方案的创建及推行方面,由于各国传统和社会条件的差异性而有所不同,但基本上都有利于缓解社会风险问题。问题在于:社会风险问题本身是极端复杂的,它不能靠单纯的社会保险制度的建构和推行来孤立地解决;而且,各种设计和建构起来的社会保险制度本身就是社会发展的各种实际力量之间相互较量的结果,也是当时当地社会各种条件的一个产物,因此各种社会保险制度充其量也是极其有限的,也是隐含着当时当地的社会风险因素。换句话说,各种社会保险制度虽然旨在克服社会风险,但它本身也是社会风险的一个症候,隐含着社会风险的各种因素。20 世纪下半叶发生于西方各国的不同程度的社会保险危机,恰恰证明了社会保险制度本身的局限性及其隐含社会风险的性质以及它有可能直接转化为社会风险本身的趋势。

20 世纪 80 年代后,全球化的发展又进一步揭示了西方社会保险制度在解决社会风险方面的许多弱点和它的风险性。从法国的社会保险制度的危机来看,尽管法国的保险制度相对于西方各国来说具有某种优越性,法国的保险制度不单未能解决以社会财富分配不平衡而引起的社会风险,而且它本身还直接地转化成为危害社会稳定制度的一种社会风险。法国政府及法国人民固然不愿意看到他们尽心尽力所建构的社会保险制度面对日益升级和日益白炽化的社会风险的无能性质,因此尽力维护和改善原有的社会保险制度,但他们又立即意识到:维护和改善任何一个社会保险制度,同时必须付出更多的代价,特别是付出使自己陷入更大的可能的社会风险的代价。具体地说,每当维护和改善社会保险制度,就必须从早已陷入亏空深渊的公共财富中提取更多的财富进行社会保险制度的投资,从而进一步加剧原有的危机。然而,归根结底,如果只是在社会保险和社会风险之间进行封闭式的改善措施,任何改善社会保险的努力,都只能反过来加剧社会风险本身。这就是当代社会在社会风险和社会保险的领域中所不可避免会遇到的悖论。

八、政治的全球性质及其地理性

正是在上述研究的基础上,当代全球化政治哲学才有可能根据全球化的实际发展,提出新的理论。在这方面,一系列被称为"地理政治"(Geopolitics;Geopolitique)和"全球化政治"(Politics of Globalization;Politique de la Mondialisation)的新政治哲学,在西方各国学术界产生了。

围绕着全球化论题的新政治哲学,以崭新的视野和方法,更新了古典政治经济学以及与之相适应的古典政治哲学。

值得指出的是,新的全球化政治哲学,不但将政治与经济,而且也将文化、个性、民族心态结构、传统、生活方式、媒体以及"认同"(Identity;Identité)的问题,当成新政治哲学的主要研究目标。

本来,政治哲学的基本任务,就是探索政治的起源、意义、价值、基本范畴、功能、制度及其演变过程,以便探索政治的社会文化意义及其在人类社会生活中的地位。为此,政治哲学有必要深入探讨政治的社会文化根源,在此基础上,进一步探讨政治的各种可能的制度和表现形式,探索各种政治制度的基本原则及其哲学根据,然后再探索政治的历史变化过程以及它在现实的社会生活中所可能采取的各种形式。

现在的问题在于:全球化的发展,需要重新探索全球化时期既能够符合全球范围实际状况的新政治制度同时又照顾到世界不同地区的特点的政治制度。在这方面,各国政治哲学家尚未达成一致的结论。

九、政治的各种可能表现方式

现代政治的最重要特点,就是它的高度灵活性及变通性,以至于使它有可能采取各种表现形式。严格地说,实际表现的政治,总是与政治学定义中的"政治"相去甚远。现代政治把政治本身表演成各种难以预测的可能现象,也使政治学不再禁锢在传统政治学的"正统"定义中。这个现象尤其在第二次世界大战之后更加明显。

翻阅第二次世界大战后的政治学和政治哲学教程,人们可以列出一系列关于政治的"言谈"或"论述"。

巴黎高等政治学院教授菲利普·布劳(Philippe Braud),在他的一系列政治学著作中特别强调从心理学和政治的象征性维度,特别是从象征性暴力和身体暴力(la violence symbolique et la violence physique)的角度,分析政治的性质。① 为此,布劳宁愿把政治学与政治社会学等同起来。② 从这样的视野出发,政治学还包含政治理论、管理学、国际关系学以及策略学。

另一位法国政治学家莫里斯·杜维杰(Maurice Duverger,1917—　)则更直接地把政治学归结为政治社会学。③

所有这些,实际上并没有穷尽政治学在当前复杂变动的社会中的可能表现形式。

在西方各国的政治学及政治哲学领域中,随着当代政治本身的迅速演变以及当代政治生活的激烈变化,政治哲学面临着许多新的可能问题;而在许多方面,已经使当代政治哲学家随时准备以新的视野、观点和方法,重新研究当代政治哲学的论题、内容及方法。如果说,当代政治已经没有任何"禁忌"和"规则"的话,那么,政治学和政治哲学也已经变为没有固定框架、理论典范及研究边界的"学问";这样一来,它不但同人文社会科学其他学科以及同自然科学的关系,也越来越模糊起来,而且它究竟是否继续严格地作为一门"学问"或"学科"而存在,也成为了一个有待进一步摸索的问题。

正因为如此,当代政治哲学成为了人文社会科学中争论最激烈、论题更新最频繁的一门学科,而且,它同政治以及整个社会实践的严格界限也

---

① See Braud,Philippe,*La science politique.*Presses universitaires de France,*Que sais-je*,2007(9e éd.)Paris.

② See Braud,Philippe,*Sociologie politique.* LGDJ,2000,5ᵉ édition.Paris;*Violences politiques*,Seuil,coll."Points ESSAI" n°515,2004,Paris.

③ See Duverger,Maurice,*Introduction à la politique.* Paris.1964;*Sociologie de la politique.*Paris.1980.

变得越来越模糊,以至于人们可以在一定程度上说:当代政治哲学变为当代社会生活的一个组成部分,也成为技术、商业、文化、经济以及宗教活动的"实践智慧"的标志,成为具有高度变化可能性和表现高度策略性的一种社会行动本身。

第三节　政治组织及其制度的性质

一、政治的组织性和制度性

政治学也好,政治哲学也好,都必须进一步深入地针对政治本身的核心结构及其问题,进行探索和探讨。在政治的基本问题中,关系政治的本质及其演变可能性的关键因素,就是政治组织及其制度问题。政治组织及其制度是保证政治贯彻及其实际命运的重要问题,因而也是政治学和政治哲学在考察政治本身的性质时所不能忽视的方面。

首先,政治的性质本身,也使它势必诉诸制度化和组织化的过程,以便保证它的内在本质得以在实际的政治生活中得到贯彻。所以,研究政治的性质还不能停留在上述抽象的层面上。政治制度和组织及其基本组织原则,实际上本属于政治本身的最重要的性质,甚至可以说构成确保政治生命的关键因素;它们是政治的实践本质所决定的。因此,在探讨了政治的内在深层的抽象本质之后,我们必须进一步探讨政治的第二层重要性质,这就是它的制度、组织及其基本原则的性质,同时还要探讨实行这些组织原则的各种可能性及其多种可能选择的方案,并且,还要探讨这些制度运作过程中的操作"艺术"或"技艺",深入探讨实际的政策的多种可能性及其操作艺术,从中进一步分析政治的实践智慧性质及其重要性。

所以,政治制度的层面,一方面包含制度及其原则的性质及建构模式;另一方面还涉及制度的贯彻以及贯彻过程中的技巧、技艺、艺术和策略。所有这些,从政治的实际利益来说,甚至比探索政治的内在本质这样抽象的问题更为重要,因为它们直接关系到实际政治活动的生死存亡,涉及在现实的社会中存在和运作的政治的功效及其命运。

制度的本质就是特定社会的力量关系及政治行动的模式。

所以,政治制度及其实践技艺和策略,是直接关系到政治本身的生命和命运。从古到今,哲学家也好,政治家也好,都更加重视政治的制度层面及其实践可能性、操作性和策略性。因此,在西方政治哲学史上,存在一种越来越明显的倾向,即越来越深入探讨政治的实践技艺、艺术和策略。西方政治思想和政治哲学史上,多数政治哲学派别越来越关切与政治制度相关的基础问题。因此,近现代政治哲学往往以它们对政治制度的态度和基本观点而划分为各种学派。例如,近现代政治哲学上的自由主义、社会主义、保守主义等,基本上都把制度问题当成它们的理论探讨的重心。也正因为这样,以探讨社会政治制度为重心的近现代政治哲学,又往往被人们称为"意识形态",因为它们表面上属于观念系统,但它们所关注的重点,是实际的政治制度的选择及其正当性基础。

从理论上来说,政治的制度化和组织化的哲学探讨,实际上涉及政治问题中的个人与群体的、政治与社会、公民与国家、权力及其分配和再分配、正义的可能方案、自由、平等等重大问题。

二、政治制度的性质及其基本问题

政治的实践性质决定了它必须靠制度化来确保它本身的存在、稳定及运作。政治的产生本身,本来就是为了解决人类共同体的维持及其实际运作。但政治的稳定化及其维持,要靠合理的政治制度的建构及其不断完善化。这就涉及政治制度的建构及其各种方案的理论基础。

如前所述,政治从产生的时候起,就带有一定程度的强制性、协议性和实践性。一切强制性、协议性和实践性,都要求靠制度作为中介和组织形式,来确保它的存在、维持和实行。

而且,政治所担负的基本任务,也使它必须首先恰当处理极其复杂的社会关系网络。一切社会关系问题,不能停留在抽象的层面上,只有通过组织和制度的层面才能彻底得到解决。

所以,各种政治制度,实际上就是现实化的政治哲学价值观,也就是政治哲学的价值追求的具体落实,落实到政治制度中去。一切这种制度都是将理想的政治价值和政治观念落实到实际的政治组织和政治规则,用以指导实际政治生活和政治行为。

政治制度具有两个层面:第一层面是它的思想和理论基础部分;第二层面是具体的组织和机构系统的结构方面,通过各种较为现实的法律、规范、程序和模式等可以操作化的结构,约束政治共同体的每个成员的个体性和集体性行为,以便解决政治共同体所发生的各种复杂的政治事件、冲突、矛盾,维持在一定的秩序范围内,保证其政治理念和政治价值的实施及其稳定化。

"制度"的原文 institution,主要是指组织、机构、体制、创立和设定的意思,它来自动词 instituer 表示"创立"、"制定"、"建立"和"设定";在古代,这个词主要指"创立决定"和"设立决定"。也就是说,就其本义来看,制度原本是带有相当大的主观设定性,这表明它在很大的程度上,总是体现了在一个国家中占统治地位的社会势力所期望的稳定关系网络,也在同样程度上表现了这个占统治地位的社会势力协调其理想的社会关系网络的艺术和计策,表现了他们对于其所面对的社会关系网络的态度和实际调整艺术、技能及其容忍程度。

但是,制度还不只是体现占统治地位的社会势力的利益、意愿和容忍程度,也体现整个社会各种力量关系的紧张状况,表现这个社会中多元社会势力的相互拉扯程度以及它们的可能趋势。

所以,制度是一个社会各种力量关系的组织结果及其可能趋势。在一个社会的制度中,可以看到这个社会各种社会力量的意愿及其可能发展趋势。

从制度的性质及其未来可能性中,我们一方面要看到特定政治气候、环境和场域的现有现实条件,看到其中占统治势力及其被统治者的现有现实关系,还要从另一方面看到这个现实制度中的各种关系网络的不稳定性及其趋势,看到现有现实关系网络的潜在变动趋势。也就是说,不能单纯从现实的观点,只看到占统治地位的社会势力在制度中的暂时优势,还要看到其隐含的变动可能性,发现这种可能变动的发展方向。作为统治者,固然要看到制度的现实及未来;作为被统治者,同样要看到其现实的面向,又要看到其潜在的可能性。这就关系到处于土地制度中的各个社会势力的政治实践智慧及其进行政治游戏本领。

显然,制度并不只是社会力量关系网络的调整结果,也是它们在其中进行各种政治游戏活动的"棋盘",又是它们在这个特定的"棋盘"进行各种游戏的行动规则,而且也是这个政治游戏活动的可能变化的预设场域。

由于制度是政治游戏的规则、棋盘以及游戏的未来可能趋势的预设条件和场域,所以,制度总是规定了参与游戏、游戏胜负及惩奖的条件和规则。

但是,制度作为游戏规则的总和,也不是固定不变的;如前所述,制度的游戏规则性质,既决定于先前和现有社会力量的对比和紧张程度,也决定着未来可能的游戏结果。所以,制度对于各个社会势力而言,并非单纯约束自身游戏活动的规则,而且也是它们主动出击和克敌制胜的手段。各个社会势力实际上可以,也完全应该充分利用现有游戏规则,在制度的框架内,进行政治游戏,发挥自己的长处和优势,但同时,又要善于在有利条件下,神不知、鬼不觉地钻游戏规则的空子,必要时甚至还会"艺术地"以遵守规则的形式行犯规之实。这就是进行政治游戏的艺术和策略。制度,在这种情况下,不应成为政治势力约束自己的外来强加性规则,而是反过来成为克敌制胜、扩大自身实力的工具和手段。

所以,制度一方面是特定社会和国家的各种力量的协调基础和结果,另一方面又是统治与被统治之间各种力量反复较量及其可能性的出发点和晴雨表。由此看来,制度既是带有强制性的规则总和,又是重新进行力量调整和进行权力再分配的可能舞台。

在研究政治制度时,我们要警惕并避免的一种倾向,就是只停留或满足于表面的认识,只把制度归结为外表的结构或形式。有很多政治哲学家只把制度说成为外表可以看得见的机构体系或体制系统;他们看不到制度问题还包含看不见的部分、潜在的部分和可能性的部分。因此,我们主张从制度的现存和可能、从硬体和软体、从实际和潜在、从动态和静态、从单向和多向互动等多重方面来深入考察。

任何制度,不管怎样严密、协调和完整,都存在其可能的松动、危机和变动的倾向。任何制度所包含的硬体和软体两方面的关系,始终处于紧张而又潜在变动的因素。所以,不能夸大制度的稳定性,而看不到它的不稳定因素。

在西方政治思想和政治哲学史上,政治制度总是被规定为规范和约束政治共同体成员的行为的基本准则,它作为社会和国家整体确认的政治行为的准则,具有一定的合法性、正当性、强制性和规定性,是处理某个社会和国家的政治生活的法规基础。因此,政治制度也成为特定社会内立法和执法的根据,它是维持特定政治秩序的基本条件。但它基本上是从组织、机构和规则层面来发挥其稳定作用的。

制度研究的另一个重要方面,就是要尽可能避免对制度产生幻想,要尽可能避免把制度理想化,避免对制度的"迷信"或"崇拜"。这就是说,不能以为制度化可以解决一切政治问题,更不能以为制度化就可以使政治混乱和危机得到"一劳永逸"的解决。

制度固然是重要的,但它毕竟是人所设计出来的,也是要靠人来实施的。所以,制度问题归根结底也是实行制度的人的问题。不仅制度的设计和建构,决定于人的因素,而且,制度的维持、运作和改革,也决定于人。不是制度决定人,而是人决定制度的命运及其运作。

因此,政治制度的建构、运作和维持,要在很大程度上决定于生活其中的人,决定于他们对制度的态度、忠实程度、信赖程度以及他们的各种思想行为方式等。总之,不能把制度问题孤立起来,制度并非万能。

三、国家制度分析

在这一小节里,我们所要探讨的重点是国家制度的层次和类别及其理论依据。

从层次上看,社会和国家的制度总是分为两大层次,而两大层次又相互依存。第一层次是宏观和总体方面的制度和机构。它指的是调整国家总体的规则,如在法律方面的宪法、在机构方面的议会等。第二层次的制度,是产生这些第一层次制度的基础部分或者是它们的贯彻产物;这主要是指选举制度、政党制度等。

政治制度的类别是很复杂的,也是随历史和各个民族的文化传统而异。我们把重点放在以不同政治意识形态为基础而创立的不同国家制度方面,集中分析以自由主义和社会主义为基础而提出的国家民主制。

经历近现代四百年左右的政治较量之后,也就是说,从 16 世纪到 21 世纪,目前,摆在世界各国人民面前可供选择的政治制度,主要是自由主义的民主制和社会主义的民主制;近现代各国政治制度的变迁,往往是在这两大类型的民主制中来回摇摆。其实,这两大类型的民主制,从社会基础来看,主要基于不同的社会阶级利益作为出发点;从政治哲学理论上来看,则主要立足于对社会正义的不同看法。

如果我们把自由主义和社会主义当成假定的两大极端的话,在它们中间往往还存在各种可能的偏向,或者横向的偏斜,或者纵向的偏斜,因而造成在它们之间的多种选择性。所以,我们集中分析自由主义和社会主义的性质及其制度化的可能模式。

自由主义主要包含个人主义原则、自由原则、理性原则、平等原则、宽容原则、同意原则、宪政原则等。

从历史来看,自由主义是随资本主义的兴起而产生和变化的政治意识形态。所以,它首先带有明显的反封建等级制、王权专制和绝对主义(或集权主义)等特色。同时,它也反映了资产阶级追求市场经济自由贸易和平等交换的愿望。自由主义集中了政治、经济和伦理方面的协调原则,强调个人的优先地位,所以,个人自由成为了自由主义的核心价值观。在这种情况下,政治制度中的权力分配及其实施,都必须首先尊重个人的自由。所以,自由主义制度总是把个人自由列为首位,而把政府的权力及其操作当成维护个人自由的手段。

正因为自由主义重视个人自由的价值,为了维护整个社会所有个人的自由及其权利,自由主义意识到必须使相互冲突和相互竞争的个人自由,不至于构成对社会上某些个人的自由的威胁。为此,自由主义总是诉诸法律的平等性及其普遍性的权威,保证个人自由在整个社会中的普遍实现。自由主义要借用法律的正当性及其权威,来推行和保障个人自由的普遍实行。为此,自由主义的自由,必定伴随着"法律面前的自由"的原则。孟德斯鸠在他的《法意》一书中,就强调现代社会的自由,是"遵守法律的自由"。因此,自由主义把自由界定为一种"许可",强调每个人都必须作出承诺,最大可能地享受与其他所有人相一致的自由。

这种自由主义是以理性为基础和标准。因此,自由主义主张从理性出发,以理性为标准,把理性当成协调社会关系的准则。正是在这种情况下,自由主义强调宽容,并主张以理性为原则,协调统治者与被统治者之间的关系;反对权力的滥用和膨胀,主张使权力受到人民的约束,既反对少数人专制,又反对"多数暴政",使政府既实行多数原则,又实行保护少数的原则,并主张在实行民主的同时,又对民主进行必要的"设防",给予民主一定的限制。为此,自由主义主张宪政,实行一种"有限制的政府",设定各个政府机构之间的相互监督和牵制,以避免滥权和腐败。

四、民主制及其政治奥秘

在政治价值体系中,最关键的是自由和平等,它们之间的关系直接关系到社会正义的实行及其性质。在政治制度的选择中,或者以自由为本位兼顾平等;或者以平等为本位兼顾自由;或者以民主为机制协调自由与平等。

如果仅仅从数量和质量的角度来看民主制的话,它就有可能导致三大类型的民主形式:大民主、有限民主(专家和精英以及代表机构的协调机制)以及权威主义(或极权主义)。美国的罗迪(Richard Rorty, 1931—2007)在观察了美国的民主制的实际运作之后说,"民主"这个词实际上渐渐地表现为两个不同的含义;从狭隘的、最小化的意义,它指的是"一种政府管理体制,其中权力掌握在自由选举中获胜的官员手中,我把这个意义上的民主称为'立宪政治'(Constitutionalism)。在更广的意义上,它指的是一种社会理念,一种机会平等的理想。在另一个意义上,民主可以是一种社会,其中所有的孩子都有同样的生命发展机会,没有任何一个人,生来就是穷人、奴隶的后代、女性、同性恋者等。我把这个意义上的民主为'平等主义'。"①

其实,罗迪的观点仍然停留在表面上。他所说的"立宪民主",也是靠选举中的"多数"建构起来,它并不能保障民主制的好坏及其对社会国家的实际功效,决定于如何艺术地处理上述民主的程度。

五、政治的策略性及其艺术化

早在古希腊时期,当人们谈到政治的时候,还同时强调它的艺术性,甚至把它归结为一种"管理的艺术",并把它当成人们普遍寻求的生活艺术的最重要的一种。在柏拉图的《阿尔基毕亚德篇》中,苏格拉底谆谆告诫阿尔基毕亚德必须首先学会和掌握政治的艺术,并把它称为城邦命运的主要保证。在这篇对话录中,柏拉图强调:对于城邦来说,所谓正义的统治,首先就是陶冶自身善良的心灵。一切好的统治者,首先必须具有善的心灵。

到了希腊化时期,当罗马人建立其统治的时候,由斯多葛学派所倡导的生存美学更普遍地传播开来,使统治的艺术随着生活的艺术化而更稳固地在全社会普及开来。

但是,只有到了文艺复兴时期,所谓统治的艺术才真正地成为统治者的必修课程。雅克布·布格哈特(Jacob Burckhardt,1818—1897)在其著作《意大利文艺复兴时期的文化》中,第一次全面系统的描述和总结了当时关于"作为一种艺术的政治"的观念及其实践。

政治的艺术化,包含两大方面:在政治活动中的语言运用的艺术以及政治实践的策略艺术;而这两方面的政治艺术化,又可以集中地表现在政策的语言论述形式及其实践的艺术化。

---

① See Rorty,R.*Democracy and Philosophy*.

所以,法国政治哲学家福柯强调政治事件的本质在于它的政策实践中的高度灵活性及其机动性。关于这一点,我们可以更具体地从福柯政治哲学中的新概念"政府统管术"(la gouvernementalité)的提出来说明。

福柯对于真理游戏及权力游戏的论述,从 1977 年起,将重点转向了"政府统管术"。一方面,"政府统管术"的概念,在福柯的权力系谱学的批判活动中,具有非常重要的意义,它标志着福柯对于现代社会的批判矛头,由原来对于边沿地区和局部权力运作的研究,转向现代社会的政治制度及其实际的权力管控机制;另一方面,它也把福柯的权力系谱学研究直接地同他晚期所探讨的生存美学联系在一起。

"政府统管术"的法文原文 Gouvernementalité,是由福柯本人所发明创造出来的。它实际上是由 Gouvernement(统治、管理、政府)及 mentalité(心态)两个词结合而成。所以,Gouvernementalité 也可以翻译成"统治心态"。这个新概念的提出,显示了福柯对于现代政权统治的独特了解;它所强调的,是统治和权力争夺过程中所实行的心术,即统治过程中的权术和权谋游戏。同时,这一概念也集中地表现了现代政治的艺术性及其"国家理性"的内在关系。

"政府统管术"或"统治心态"的概念,在 20 世纪 70 年代中期提出时,福柯正在集中力量研究规训的权力(le pouvoir disciplinaire)及其对于被统治者的身体的规训技术和策略。当时,福柯还以独特的方式,研究了"国家理性"(la raison d'État)和"警察"(la police)的问题。所以,福柯通过"政府统管术"或"统治心态"的概念,实际上所要揭示的,就是西方国家中,自 16 世纪以来所实行的"国家理性"和"警察"的统治策略和规训技术;其重点是揭露当时国家政权所玩弄的规训权术游戏。

要充分了解 Gouvernementalité 的真正意义,当然要首先正确理解 Gouvernement 的含义。Gouvernement 这个词,含有多重意义。首先,它是指一般意义上的"政府"。

福柯为此指出:"政府是指由机构制度及其实际活动所构成的整体,通过这些机构制度及其实际活动,把人牵引来、牵引去,从行政系统到教育等各个部门。正是政府的这个由程序、技术和方法所构成的整体,确保它们对人的牵引活动。"①

　　显然，即使在使用"政府"的一般意义时，福柯也仍然注重于它的实际引导活动的技巧、程序及策略，注重于政府的具体管理技术。这是现代政府不同于历史上的中世纪国家及早期资本主义政府机构的地方。

　　其次，福柯更多地使用 Gouvernement 的最广泛意义，即强调现代政府实际活动中的一系列将"统治"（domination）、"管理"（gestion；administration）、"规训"（discipline）、"引导"（conduire；direction）四大方面扭结在一起的技巧和策略。

　　早在中世纪末期，文艺复兴的某些思想家们，在探讨政府的统治方法时，就已经强调了统治的艺术性。当时的思想家们已经从最广泛的意义上将 Gouvernement 理解为"统治的艺术"（l'art de gouverner）。所以，当1978 年福柯首次明确提出 Gouvernementalité 这个新概念时，他就从"统治的艺术"的角度，说明统治技巧、策略和计谋在统治过程中的决定性意义。②

　　所以，Gouvernement，在福柯的新字典里，主要是为了显示现代政治制度的三大重点，即主权（souveraineté）、规训（discipline）和管理（gestion）的统一。福柯曾经将现代社会政府统治的主要目标归结为"主权、规训和管理的三角形"（un triangle de souveraineté-discipline-gestion）。③

　　接着，福柯在谈及权力关系时指出：Gouvernement 一词，"并不只是指政治结构（des structures politiques）和国家的管理（les gestion des Etats），而且还指对于个人或群体的行为的领导方式（la manière de diriger la conduite d'individu ou de groupes），例如，管辖儿童、心灵、共同体、家庭及病人的所作所为。它不只是包括政治或经济隶属关系的构成性的和合法的形式，而且还包括或多或少经过深思熟虑而设计出来的行为模式（des modes d'actions），包括一切用以对付他人行为的可能性的行为模式。管辖，在这个意义上说，就是将他人的潜在行为，限定在一定的结构范围内，

---

①　Foucault, *Dits et ecrits. IV*. Paris. 1994：93.

②　See Foucault, *Dits et ecrits. III*. Paris 1994：635-657.

③　Ibid.：654.

使之在规定范围内实施。"①

在此基础上,当论述"政府统管术"(gouvernementalité)的重要意义时,福柯使用 Gouvernement 的最广泛意义,并使之同贯穿于统治过程中的统治心态结合在一起,将政府机构体系同它的整个权力运作技术联系在一起,用以说明现代社会政府部门的权力滥用现象及其科学技术化的特征。

现代国家及其政府机构所进行的政治统治,既然是在自由民主制的基础上实现的,它就具有其独特的性质和表现形式。这是一种对于他人行为和被统治者的行为的管辖方式,它远比中世纪时期对于无个人自由的农奴的约束和统治,还复杂得多。所以,现代社会所指涉的"政府",远远地超出传统意义上的政府,其关键,就在于它不只是指涉统治与被统治的关系,而且还包含自由。福柯说:"现代权力只对'自由的臣民'(sujets libres)运作,而且是把他们当成自由的人。"②

现代权力只能存在于具有自由意志和自由权的个人之间所建构的权力关系网络。在奴隶和奴隶主之间不存在权力关系。这也就是现代权力关系的复杂性和赌注性,显然这是因为现代权力关系网络是在充分自由的人之间的权力游戏,在这场权力游戏中,个人的自由始终是作为权力关系运作的一个必要条件而存在。因此,在现代政治的权力游戏中,与其存在对抗,不如说存在相互挑衅和相互竞争;在权力游戏中的各个自由人之间,最重要的,是他们相互进行激励和相互争夺:这是既相互竞赛,又相互学习的平等关系。这种状况使他们之间的关系,显得比单纯的对立还更复杂和更曲折。

最后,值得注意的是,福柯从 20 世纪 70 年代中期开始,明显地深入研究了"自身的技术"(technique de soi)和生存美学的论题。与此同时,福柯在法兰西学院的课程和研讨会的主题,也集中转向政府统治权术和"关怀自身"(souci de soi)的问题,而这两个问题,前者属于权力系谱学,

---

① Foucault, *Dits et ecrits. Ⅵ*.Paris.1994:237.

② Ibid.

后者则属于生存美学。所以，正是在交错研究权力系谱学和生存美学的时候，福柯一再地从"政府"、"管理"、"统治"和"引导"这四个方面，分析Gouvernement 的意义。

所以，Gouvernement 一词，福柯强调它所包含的四大方面的意义。第一，它指的是"统治"（domination），但是，这种统治不再是不平等的占有被统治者，而是以"法律面前人人平等"的形式，利用、开发和宰制个人的身体，使之以其自身主体的自由权利，按照规定的法制和规范，进行合理的劳动和从事各种合法的行为。这显然是特指近代资本主义社会法制化的政府（gouvernement）的统治模式。第二，它意味着规训（discipline）、监督及监视（surveiller），对社会整体的居民和所有的个人，进行无休止的或全天候的监管。第三，它指的是管理（gestion），即利用科学技术的合理性进行最高效率的管辖，使被统治者的每个人，都能依据法制和规范的要求，将自身的最大能量发挥出来，为统治者所规定的目标服务。第四，它意味着引导和指引（conduire），即对被统治者的行为进行有效的指导，避免使用能够引起被统治者反感的方式，千方百计采取他们所喜欢的方式，使他们在自愿和愉快的情况下，接受政府的引导，将他们的所作所为，导入政府所期望的方向。

福柯在其授课提纲中强调，"主权与规训，主权法与规训的机制，是我们的社会中，权力一般机制的最重要的两大构成部分"①。现代统治者所监视和统管的对象是所有的人：不管是有罪的，还是无罪的"良民"。只是针对对象的差异，统治者采取了不同的监视方式。但是，监视方式的不同，并不能消除监视行动本身的持续性及其无所不在性。所以，在谈到边沁（Jeremy Bentham，1748—1832）的"全方位环形敞视监督系统"（Panoptique）时，福柯指出：现代政府所监视的对象，包括疯子、病人、犯人、工人和小学生等，而监视的时空是全方位和全天候。

其实，福柯惊奇地发现：早在边沁之前，在1751年的巴黎军校规定条文中，就已经明确规定对于校内每一位学生的监视制度。根据这个制度，

———————

①　Foucault, *Dits et ecrits. Ⅲ* .Paris.1994:189.

军校内的每一位学生,都被分割在各个独立的小房间内,遭受日日夜夜二十四小时的严格监视。所以,边沁招认:是他的兄弟访问了巴黎军校之后,给他设计全方位环形敞视监督系统提供了最好的启示。

值得注意的是,军校的学生是现代社会的"精英"的一个最重要的组成部分,他们将是国家的"栋梁",尤其是国家统治中属于极端关键的军队的核心部分。但是,即使是这些未来的"精英",在现代社会中,也难免遭受日夜无休止的监管,并必须经历这种监管的过程之后,他们才有"资格"成为统治阶级的一部分。这就表明:现代社会的权力关系网络,是透过一系列严格的监视和管辖的程序之后所建立起来的。如果说,上述社会精英都难免遭受监视和规训的话,那么,最普通的老百姓就更无法幸免最严谨的监视和规训。为此,福柯将边沁所发明的上述全方位环形敞视监督系统称为"权力的眼睛"(l'oeil du pouvoir)。①

在论述生存美学的时候,福柯给予 Gouvernement 以新的意义。正如我们将在本书后半部集中论述福柯的生存美学时所要指出的,他的生存美学,主要寻求"自身"(le soi-même)同"他人"(des autres)之间的快乐亲密关系,所以,艺术地实现对于"自身"和"他人"的管制和操控(gouvernement de soi et des autres),也是生存美学的重要论题。②

由于以上原因,福柯所说的 Gouvernement,如果翻译成汉语来表达,还是"管控"更为适合,因为它包含了管辖、管理、控制、宰制、规训、监视、监督、指导和引导等各种含义。

以上述"管控"概念为基础,福柯在他的《安全、领土及居民》(Sécurité,territoire et population)的年度课程中,系统地提出"政府统管术"新概念。他明确指出:"我们生活在政府统管术的新时代"③;以"政府统管术"的概念为核心,开展对于现代社会权力游戏的分析,是揭露现代社会的"统管居民的政府"(le gouvernement de la population)的本质的关键。福柯强调:现代社会的政府统管术,已经远非中世纪时代的国王主

① See Foucault,*Dits et ecrits*.Ⅲ.Paris.1994:190.

② See Foucault,*L'Herméneutique du sujet*.Paris:Gallimard/Seuil.2001.

③ Foucault,*Dits et ecrits*.Ⅲ.Paris.1994:656.

权体系,也不是马基维利(Nicolo Machiavelli,1469—1527)所说的"王公主权"(la souveraineté de la principauté),而是完全新型的政府统管方式。①

政府统管术本来是18世纪的政治家所提出来的。现代社会中,政府统管术的重构及重现,意味着现代国家建设的重点,就是使统管技术和技巧,实现真正的细腻化、微观化和科技化,使当代政治斗争和政治管理,日益成为不可见的手腕和方法,渗透到每个人和每个社会基层单位元,达到全面控制社会整体的目的。

现代政府统管术是以现代政治学为基础而建构起来的,它的基本精神是强调统管的技巧性和技术性:政府统管术的灵魂所在,就在于实践一种统管的艺术(l'art de gouverner)。因此,它的重点就是统管过程中的策略和计谋游戏;它实际上就是现代"国家理性"(Raison d'Etat)或"政治合理性"(la rationalité politique)的核心。现代国家正是依靠统管术的不断更新而延续留存下来。

现代政治学对于政府统治概念的诠释,集中在统治的艺术性,强调现代国家统治的基本精神,就是以合理性为手段,实现对于领土范围内的全体居民的合理管理方式。在现代科学技术获得重大发展之后,统治的关键,已经不是强制性的暴力形式,而是尽可能进行理性的管理。管理上升到重要地位。正因为这样,福柯认为,西方国家的统管对象及其手段,在西方社会发展史的不同阶段,是有很大区别:以主权为主的古代政权(ancien pouvoir de souveraineté),是以占有土地及其财富为主要对象;从16世纪至18世纪的古典时期的规训为主的政权(pouvoir disciplinaire),是以统管被统治者个体的身体(le corps des individus)为主要对象;现代生命权力则是以统管居民的生命为主要对象。所以,现代西方国家的政权的基本功能,并不是执行一种"死的权利"(un droit de mort),而是执行其统管生命的权利(un controle de la vie)。

福柯在分析批判现代社会权力运作的特征时,注意到它的特殊的三角结构模式:"主权、规训制度、政府管辖"(souveraineté-discipline-gestion

---

① Foucault,*Dits et ecrits. Ⅲ* .Paris.1994:635-657.

gouvernementale)。现代社会政府统管术的三角结构模式,是以其所属的居民作为主要统管目标,而它所实行的运作机制是以一整套安全措施(dispositifs de sécurité)作为核心。①

对于拥有财产自由权和行动自由的现代社会公民而言,维护他们的个人生命和财产的安全是最重要的。所以,现代社会的权力关系网络的运作的最高目标,无非就是透过一系列保障安全的措施,达到对于整个社会居民的真正统治。

正因为这样,福柯对政府统管术作了以下明确的"定义"。他说,政府统管术,首先是指一切围绕着现代统治而产生和设计的制度、机构、程序、分析、思索、计谋、计策和策略,其目的在于保证政府统管系统,作为一种新型的特殊权力运作形式,能够顺利地对人口、居民、知识形构、政治、经济以及保安技术等重要方面实行有效的控制和管理。其次,政府统管术就是旨在统管主权和规训的力的趋势、倾向(la tendance, la ligne de force),使这些力的关系的发展,朝着有利于灵活运用一切统治机器和开发各种必要的知识的目的。最后,政府统管术是自中世纪以来西方的国家机器,转变成 16 世纪后的"管理性国家"(Etat administratif)的演变结果。②

因此,政府统管术包含着现代国家的政治、权术游戏及其演变历史的总和,而其核心,是现代国家在实行其功能时所显示的"权术性"和"管理性"。

第一,现代社会的政府统管术是古代统管术的翻版,主要是吸取基督教权力运作模式,将统治的重点集中在被统治的个体身上。第二,现代政府统管术,就技术层面来说,主要参照"外交—军事的技术"(technique diplomatico-militaire)的模式。第三,现代政府统管术还要靠警察(police)系统的存在及其扩展来维持。警察有两项基本功能:维护法制和社会公共秩序。如果说,外交和军队是对外协调国与国正常关系的主要手段的

---

① See Foucault, *Dits et ecrits.* Ⅲ .Paris.1994:654.

② See Ibid. :655.

话,那么,警察就是在国内实现稳定统治的主要依靠力量。福柯认为,现代社会中国家的统管化,主要就是依靠上述三方面的因素和力量。①

值得注意的是,福柯所强调的"警察",并非专指国家机构中兼顾镇压和管制的暴力行政力量,而是一种属于国家的统管艺术(une technique de gouvernement propre à l'Etat)。② 关于警察的这种特殊概念,主要是来自荷兰著名政治家图尔格(L.Turquet de Mayerne)的思想。图尔格在1611 年所发表的著作《贵族民主制的君主政体:由三种合法的共和形式所构成的政府》(La Monarchie aristodémocratique , ou le gouvernement composé des trois formes de légitimes républiques.Paris:J.Berjon),详细地论述了警察的重要性。福柯据此进一步说明了当代国家统管术的基本功能。③

第四节　政治的改革

政治和整个社会一样,是有其本身的生命的。因此,政治永远是变动的。而且,由于政治是社会中最活跃和最复杂的领域,它比社会中的其他任何领域都表现出高度灵活性和机动性。所以,政治生活及其制度是以变动和不断更新为基本特征的。为此,政治哲学当然要特别注意政治的变动及其改革问题。

把政治的变动和改革列为政治哲学的一个重要探索内容,在历代各种政治哲学中表现得非常突出。问题在于各种政治哲学对于政治的变动及改革,都采取非常不同的立场、策略和研究方法。

在近代政治哲学史上,各国的政治改革尽管发生过许多次,而且,改革的形式也采取了无数的模式,但总的来讲,近代政治的改革无非经历两

---

① See Foucault, *Dits et ecrits.* III .Paris.1994:657.

② See Foucault, *Dits et ecrits.* VI .Paris.1994:153.

③ See Ibid.:155-157.

次最关键的阶段:第一阶段是国家与民族的关系的变化,在这个改革的最初时刻,是维科(Vico)提出了最有历史意义的模式。他在1744年发表的名著《一个关系到各民族的共同性质的新科学的原则》(*Principes d'une science nouvelle relative à la nature commune des nations*)中,以崭新的观念,改造和发展亚里士多德关于人是政治动物的思想,在人类历史转折的时刻,论述了以人性为基础而建构的政治共同体的历史性及其制度的历史变迁特征。第二阶段是全球化和政治的国际化时期,改革的方向基本上是冲破原来以民族差异为基础的民族国家范围,主张推行跨民族和跨国家的新型世界政治组织,逐渐取代民族国家的功能。

西方资本主义社会的发展,从一开始,就把一切其能力所及的范围都纳入资本主义市场之中。资本主义商业交换活动的高度发达,将交换活动扩大到整个人类生活的各个领域。因此,在其能力许可的条件下,资本主义交换活动早就远远超出经济生活的范围,并把它的活动领域尽可能地扩大到整个世界。因此,"全球化"不可避免地成为资本主义发展的基本策略和根本目标;而且,全球化,从一开始,就不只是经济活动,同时也是政治、文化和思想传播的综合性活动。

马克思在《资本论》中深刻地说明了资本的高度生命力及其野心勃勃的占有欲。同样的,亚当·斯密在《国富论》(*The Wealth of Nations*)中也深刻地分析了资本主义经济体系的市场运作机制的强大动力及其发展的无限可能性。布劳岱(Fernand Braudel,1902—1985)在分析15—18世纪资本主义产生和发展的历史的时候,更进一步指出:资本主义商业如同一个疯狂而迅速旋转的车轮那样,在其力所能及的范围内,会不断地把一切因素都刮进其旋涡之内,并使之成为其生命力不断发展的原动力。同时,布劳岱还深刻地说明了资本主义发展同社会日常生活的密切关联。

资本主义经济作为人类发展史上最复杂的商业交换活动的产物和最高成果,实际上集中了人类社会在政治、经济、文化和社会各个方面和各个领域的活动成果,因此具有空前的威力和发展潜力,也采取了最复杂和最曲折的方法和途径。总之,从历史上来看,资本主义从一开始产生就是世界性的事业。虽然资本主义的产生和发展,总是从经济生产最发达和社会历史条件最有利于商业自由交换的民族和国家开始,但是,资本主义生产的性质,决定了资本主义发展的范围和进程必定表现出民族性和世界性高度结合的特征。

在人类历史上,西方文化的传统本身有利于西方各国各民族首先产生世界意识。西方各国民族的开放精神,早在中世纪产生基督教的时候,就已经形成和发展了强烈的世界意识。基督教的早期著名思想家圣奥古斯丁(St.Augustine,354—430)在总结罗马衰弱的历史经验的基础上,强调人类是一个统一的共同体。他认为人的历史是单一的、统一的和世界性的。人类历史作为由全能的上帝所创造的一个整体,只能有一个世界性的形成、发展和死亡的过程。在人类的历史发展过程中,人类作为一个整体,只有一个起源,也只能经历同一个历史过程,并导致同一种结果。他在《上帝之城》(*La Cité de Dieu*)一书中明确地指出:全世界人类,由于人类的"原罪",终将消灭在一场大灾难之中,只有依靠上帝才能拯救人类。而上帝拯救人类的过程,就是人类共同体超出民族的界线和范围,进行"普世性"救世的活动,实现从地上之城上升到天上之城的过程。这一种历史观固然是基督教史观,但是它比其他宗教更显示了基督教的"普世性"(oecumenicity)。圣奥古斯丁的历史观对于西方历史学家产生了深远的影响。托因比(Arnold Toynbee,1889—1975)、史怀哲(Albert Schweitzer,1875—1965)和尼布尔(Reinhold Niebuhr,1892—1971)都吸收了圣奥古斯丁的"普世"历史观点。同样的,13世纪的基督教思想家托马斯·阿奎那(Thomas Aquinas,1225—1274)也特别重视人类历史的"普世性"、理性和经验性。由于基督教在西方历史上长期地影响了西方人的思想和情感,所以上述基督教历史观和社会观也深深地影响到西方人的生活方式和思想情感。

因此,在这个意义上说,韦伯在分析近代资本主义社会理性化的历史进程的时候,高度地重视基督教伦理思想的影响是正确的。基督教和其他西方历史传统一起构成了西方资本主义社会产生和发展的文化基础。同样的基督教和其他西方历史传统一起,也构成了西方资本主义文化和生活方式实现全球化的思想历史根源。所有这些文化思想因素同政治、经济和社会因素结合在一起,又构成西方资本主义社会生活和文化的全球化的动力。

西方政治、经济、文化和西方社会生活方式的全球化,实际上是一个历史的过程。这个过程,包括前述西方文化历史传统的基督教发展阶段,同时也包括从文艺复兴以后到 19 世纪末自由资本主义阶段,最后又包括从 19 世纪末到 20 世纪末所谓晚期资本主义发展阶段。

16 世纪以后,近代西方政治、经济、文化和生活方式的全球化的过程,主要经历了两大历史阶段,并在近期内迅速地过渡到第三阶段。

在西方政治、经济、文化和生活方式的全球化过程的第一阶段,西方各国基本上是采用军事强权和经济文化渗透相结合的基本策略。这一阶段大约从 16 世纪到 20 世纪第二次世界大战为止,经历了大约三四百年的历史。

西方政治、经济和社会文化制度进入到近代阶段以后,政治上的自由化和文化上的理性化相结合,使西方文化产生了强大的优势力量。站在近代史的门槛上的黑格尔指出:"阿那克沙哥拉(Anaxagoras, B.C.500 - 428)说过,理性统治世界。但是直到如今,人们才能够理解到,思想应该统治精神现实。这是光辉的日出。所有能思维的存在都和这个时期共同庆祝。高尚的热情笼罩着这个时期精神的热忱使世界颤动,仿佛是第一次达到了神圣和世俗的现实和解。"在这一时期,西方各国在国内进行经济、政治、文化和社会方面的民主化、自由化和理性化的建设的同时,也在世界范围内靠军事强权和经济文化渗透相结合的基本策略向全球扩张。

因此,在第一阶段的西方政治、经济、文化的全球化的过程是向内外双向地同时进行的;而且这种双向发展是相互补充的。西方各国国内的现代化过程,没有同时地向世界其他地区的渗透和输入西方文化,没有对于世界其他地区的资源的掠夺作为代价,就不可能顺利地和迅速地在短短的两个世纪的历史时间内得以完成。正如马克思在《资本论》中所分析的那样,不但在 15—16 世纪的资本原始积累时期,资本的发展要靠"火和剑"来完成,而且即使是在 17—19 世纪末的自由资本主义时期,资本的发展也始终以一个由资本宰制的世界统一市场的出现作为前提。在这个时期,资本向世界范围的扩张和统治,一方面是源源不断地把世界其他广大地区的丰富原料和资源运回西方国家;另一方面又以强力和不平等的条件向这些地区推销资本的商品。正是在这种不平等的双向文化和经济的交流过程中,为西方文化的全球化打下了初步的、然而是牢固的基础。

这一时期的文化和经济双向世界性交流的过程,其不平等的性质,一方面可以将交换过程的单向强制性质体现出来,另一方面又可以将交换所造成的世界其他地区的进一步贫困化的不合理结果体现出来。所以,总的来看,全球化的第一阶段,虽然导致西方文化向全球的扩展,为后来的整个全球化的凯旋行进奠定了基础,但是,又是以其他地区的贫困和原有文化的破坏作为代价。

其结果,西方政治、经济、文化的全球化导致非西方世界的被殖民化过程。因此,研究世界经济和西方全球化的西方政治哲学理论专家华勒斯坦(Immanuel Wallerstein,1930—　)等人尖锐地指出:第一阶段的发展造成了西方世界和非西方世界的分离和对立,造成了贫困的和不发展的殖民地世界的出现,也造成了这些殖民地世界对于西方世界的依赖和归属关系。

对于西方政治、经济、文化的全球化过程第一阶段的研究,使马克思曾经提出资本主义世界市场经济的概念。在马克思之后,是列宁(Vladimir Ilich UlyanovLenin,1870—1924)进一步发展了英国历史学家霍普森(John.A.Hobson,1858—1940)的帝国主义理论。

列宁早在 1893 年所写的《论所谓市场问题》("On the So-called Problems of Market".1893)一文中,就已经进一步发展了马克思关于资本主义世界市场的理论,强调在资本主义经济体系中,"增长最快的是制造生产数据的生产数据的生产。其次,是制造消费数据的生产数据的生产。而最慢的是消费数据的生产"。

马克思和列宁在这里都注意到:在资本主义社会中,生产数据的生产比消费数据的生产增长得快,主要的原因是资本主义生产创造了以往任何时代无可比拟的高度发展的技术。在 1899 年所写的对霍普森《现代资本主义的演进》(*The Evolution of Modern Capitalism*.1894)一书的书评中,列宁指出:霍普森擅长于把最新的统计材料和经济资料分门别类并加以叙述,……很成功地利用图表来说明自己的论点,……接近于马克思早就得出的一些结论。

列宁在这里所说的马克思的观点,指的是马克思在《资本论》第一卷第十三章到第十四章所说的近代工业发展过程中相对剩余价值的生产所伴随的资本的集中化和信贷制度的发展。这就意味着,早在 19 世纪中叶,资本的垄断过程就已经开始了。由霍普森发现并由列宁进一步发展的帝国主义理论,就是要分析和概括资本主义从自由竞争阶段过渡到资本垄断阶段以后的新时代的特征。

在列宁看来,资本主义的特征包括以下五点:第一,伴随着商品输出的资本输出已经成为主要的世界经济现象;第二,生产和分配高度集中在大规模的托拉斯和卡特尔;第三,银行和工业资本迅速产生;第四,资本主义强权在世界各地瓜分势力范围;第五,各帝国主义国家之间在完成瓜分世界势力范围的过程中,不可避免地导致资本主义国家之间重新瓜分世界的斗争。

接着,列宁在分析帝国主义经济实质的时候,指出帝国主义不是纯粹的垄断,而是垄断和交换、市场、竞争、危机并存。因此,具有寄生性和腐朽性特征的帝国主义,在其发展过程中,存在着两种可能的趋势:迅速发展的趋势和停滞腐朽的趋势。通过对于上述帝国主义特征的分析,列宁得出了帝国主义时代资本主义经济政治发展不平衡规律的结论。

列宁的上述帝国主义理论,在 20 世纪的历史发展中,随着世界政治经济形势的变动,不同思想流派的理论家和思想家,都进行了不同程度的修正、补充和批判。不管怎样,这种帝国主义理论,对于深入分析 20 世纪以来特别是第二次世界大战后的世界范围内的社会结构的变迁,提供了一种介于多元模式的"另类"思考取向。

第二次世界大战结束以后,西方政治、经济、文化的全球化的过程进入到第二阶段。这一个阶段的特点,首先是原来的西方大国,经济实力迅速增强,科学技术突飞猛进,在政治上原来依赖和归属于西方各国的殖民地和半殖民地国家和社会,也同时逐步地走向独立自主的道路。因此,这一阶段也被称为"非殖民化时期"(de-colanialization)。其次在经济和文化方面,西方国家并不因为殖民统治的结束而停止或减少对于非西方国家的地区的渗透和控制。相反,正是因为结束了政治上的殖民统治,西方国家更是采用经济和文化上的优势而加强了其渗透性和控制性。其结果,造成了整个地球范围内三个世界的出现:西方各国是第一世界,原有的殖民地国家在走上独立和发展道路之后被称为"第三世界"或"发展中国家"。在上述两个世界之间是第二世界的国家。

当代政治哲学研究的重点,将是从第二阶段之后的全球化过程所造成的世界性的社会生活和社会制度方面的重大变化。对于这方面的研究,在理论方面可以大致分成三大方面的思潮和流派。第一方面是所谓依赖理论(Dependency Theory),以南美的思想家卡尔多佐(Fernando Henrique Cardoso, 1931—　　)、傅尔达多(Celso Furtado)和法兰克(Andre Gunder Frank,1929—　　)为代表。第二方面是所谓世界体系理论(World System Theory)以华勒斯坦为代表。第三方面是后现代思想家们所提出的"晚期资本主义"或"消费文化"的理论,以贝尔和波德里亚克等人为代表。除了这三大流派以外,其他当代政治哲学家也都很重视全球化的问题,并把全球化的过程同对于西方各国当代社会结构的研究紧密地结合在一起。英国的季登斯的政治哲学理论在研究现代性问题时,就是把西方文化和生活方式的全球化当做是西方当代社会结构的最基本的变化。

西方文化和生活方式的全球化,不只是一个社会历史过程,而且也改变了西方政治哲学家的整个社会观和世界观。当代社会思想的一个转折,就是在面对新的事件时,不再从一个局部的和孤立的观点去看待,而是转向一个全球化的观点,从整个世界的整体结构以及整体对部分的关系去分析。

在使用全球化概念的时候,并不是表示反对以客体建构的经验论和以意识形态为主导建立的一般理论。微观或特殊的社会事件,只有在与一个时代或社区的社会观点的特征相结合的时候才能被理解。而在面对现今的多样的政治、经济、社会、文化的模式时,华勒斯坦以总体的观念来解释世界体系的核心/边陲、发展/非发展、民主/独裁架构。与其强调它们之间的差异性,华勒斯坦更重视它们之间的整体性:即重视它们之间的单一世界体系的宰制。他认为因为资本主义的来临,为全世界的人共享了一套物质和精神的价值。

社会实体的全球化不是一个精确计算的结果,相对地说,它倒是一个前决定的结果。这一种结果是通过人们群体、机构和文化系统的互动的相互关系所组成的复杂网络。这种由复杂的相互关系所构成的无限的和生活的网络之中,没有固定的游戏规则元素,而且这种永久的活力保障了社会生活的持续地生产和再生产。

留美华裔教育学家田长霖在谈到 21 世纪世界大学教育之发展趋势时也提到现代社会全球化的结构。在他所提到的各种趋势中,谈到国际化和多元化社会。他认为所谓国际化即是指全球化。在国际化的观点下,领土疆域的概念已经很难像过去般划分清楚。此外,环保和双语问题也在很大程度上削弱了国家的界限。因此,过去的疆域、领土、民族主义意识等问题,在已经实现全球化的世界中也将发生重大的变化。全球化时代也同信息革命(information revolution)密切相关。过去只谈到计算机、微电子(micro-electronic)就足够了,现在则还要进一步关心远距离的通信(tele-communication)、国际网络(internet)及全球信息网(World-Wide Web)。不管是在政治、经济、军事、教育领域上,都必须赶上信息社会的脚步。由于这种全球化的变化,很难再维持一种如同过去的古典的稳定社会结构。全球化使社会结构越来越变动,变动的频率与节奏也越来越快。

20 世纪 60 年代后,一系列西方殖民地国家纷纷宣布独立,从而开创了一个"后殖民主义"(post-colonial)的新时代。正如哥尔梭普所指出的:新获得独立的国家,无论在经济、政治、文化和社会各个方面,都更紧密地同整个西方社会文化的结构相关联。

所以,全球化的时代,实际上也是同第二次世界大战后世界范围内非殖民化的过程密切相关。原有的殖民地国家虽然纷纷获得政治上的独立,但是,它们同西方社会的关系,特别是在经济和文化方面的关系,在它们独立之后,不但没有削弱,反而进一步加强。这种状况,正是说明这个时代的"全球化"的特征。

由此可知,当代政治哲学在研究西方现代社会基本问题的时候,再也不能像传统政治哲学理论那样,只单纯地在西方国家的范围内进行分析;而是必须从全球的范围,从世界各个不同地区的社会和文化的互动网络的全面观点进行分析和研究。虽然,西方社会和文化在世界现代化的过程中一直起着主角的作用,但它所产生的世界性影响,却反过来成为了西方社会和文化本身进行进一步现代化的一个基本条件。因此,当代政治哲学的各种基本概念及基本命题,虽然都是以西方社会和文化的问题作为讨论的主轴,但都密切地同世界性的全球结构相关联,同世界各个大地区的社会和文化的基本问题密切相关。

"主权"固然是政治的一个关键问题,但它并不能真正地表现政治的根本性质,因为如果把主权列为政治的核心概念,无疑是为了强调政治中的权力分配的中心,即强调政治中占主导地位的势力的核心地位。更确切地说,主权论往往是为大多数统治者所关心,其重点恰恰为了维护主权的合法性。只有在面临外敌入侵威胁的时候,为了维护一个国家的主权,有必要把主权论放在显赫地位来讨论。

对于主权问题,实际上可以依据不同的政治需要,采用不同的方法或侧重于不同的角度。从统治者来说,比较倾向于采用主体论,并借用主体论,强调统治的主体的权力的至高无上性及其合法性。在多数情况下,越是专制的政权,越欣赏主权论。在 1933 年的《政治的神学》(*Politische Theologie*)的主权论中,施密特(Carl Schmidt)强调:"主权就是决定非常状态。"他说:"只有在紧急状态才符合主权这个题目,也就是切合整个的主权问题。……统治者决定是否出现了极端的紧急状态以及采取何种措施消除这种情况。它置身于正式生效的法律秩序之外,它绝不属于这种秩序,因为它来决定是否完全搁置宪法。……主权概念与生死攸关的紧急状态有关。"施密特作为纳粹党执政的合法性的论证者,非常突出主权与统治者专断的内在关系,这恰恰说明主权仅仅是统治者所垄断并使用的专制权。

当然,主权确实不是一种抽象的权力,而是在具体的政治争斗的状态中显示其特殊意义。所以,最早系统论述"主权"的法国政治哲学家庄·博丹(Jean Bodin)一再地强调主权问题的具体性和复杂性。施密特看到这一点,所以,施密特说:博丹的贡献并不在于提出"主权是国家绝对的和永恒的权力"的抽象定义,而是在于他最明确地揭示了主权的实质。博丹总是在具体的实例中分析主权的性质,并结合实际的政治事实,一再地提出"统治者究竟在多大程度上,受到法律的约束和对各个阶层负责"的问题。正如施密特所指出的,博丹的真正贡献,是他诉诸紧急状态而将他对国王和对各个阶层的关系化约为简单的非此即彼的关系。正是在这里,显示主权问题的关键就在于"决定"或"决策"(La décision)。主权就是一种"决策权"。

第 七 章

政治哲学的基本问题

第一节 对于政治的性质的哲学探讨

为了深入探讨政治的本质,可以从哲学、历史学、政治学、人类学、社会学等专门研究的角度,也可以从人文社会科学多学科或跨学科的综合研究角度,进行深入探索,也可以单纯从政治哲学的观点和方法,进行专门性特殊研究。

政治的本质之所以要从上述各个方面及各个领域进行探索,是因为政治活动是人类社会最基本的和最重要的活动之一,它关系到人类本身的社会命运及其发展方向。当然,与社会的其他活动相比,政治并不如文化创造和日常生活那样,更能够给人带来精神上和物质生活上的愉快。但是,除此以外,像我们讨论其他事物一样,最好的途径,是从它的起源开始探索。这种研究源自自然法学派。他们在 16—17 世纪期间,最先使用自然法研究途径,实际上已经远远超出一般的历史研究和一般的政治研究方法,因为他们所使用的自然法研究途径,是综合历史科学、哲学和政治科学的研究成果,再加上社会学、人类学和语言学方面的方法,跨学科地从政治生活的起源中,探索政治本身的本质。

政治的缘起,就是政治的起源,它涉及政治在人类社会生活中的出现机缘,在本质上又是与人、人类社会以及政治本身的本质有密切关系。

政治或政治哲学,首先必须发问的基本问题,就是政治的缘起。这个问题包含两方面:一方面,是政治是怎样起源的,政治为什么必然伴随着人类的社会生活;更确切地说,也就是政治究竟为什么必然地要随人类社会生活的出现而产生,为什么政治必须在社会中扮演如此重要的角色?另一方面,是关于政治本身在其开端的时候所呈现的基本特征。换句话说,人类社会生活为什么不可以没有政治,而从一开始,政治究竟又采取了什么样的样态?政治究竟是怎样伴随文化的产生而出现?这两大问题,实际上又是不可分割,甚至是相互牵连的。

首先必须看到:从人类学会思维的时候起,对政治的关切就立即伴随着人的思想,人们就一刻也不得不考虑政治问题。这是因为人的思想本是人的生存和生命的基本表现,而且,人类一旦作为社会动物而出现,就面临如何作为社会共同体而相处的问题。这就是一个政治问题。既然政治成为了人类社会生活的基本问题,思想就势必要把政治当成主要的思考对象。政治问题就是这样,从人类学会思想的时候起,就成为了人类思想的一个重要内容。

如前所述,政治并非现代人的发明。正如哲学那样,政治在西方是起源于古希腊,而且从它诞生起,就立即引起哲学家的关注,并始终成为哲学家思考的主要对象之一。正如著名的古代文明史专家费恩里(Moses I. Finley, 1912—1986)所指出的:政治是希腊人和罗马人分别发明出来的。[1]

古希腊的最原初的哲学家们,几乎都以极其严肃和认真的态度思考着政治问题;而且,当他们探讨政治的本质时,几乎都首先关切它的最初起源。

---

[1] See Finley, *Politics in The Ancient World*, Cambridge Cambridgeshire and New York: Cambridge University Press, 1983; *The Legacy of Greece*, Oxford University Press, 1984; *Democratie Ancient and Modern*, New Brunswick, N. J.: Rutgers University Press, 1985; *L'Invention de la politique*, traduction française, Paris: Flammarion, 1985.

当然,从某些哲学家的理论来看,人类社会曾经经历过所谓的"自然状态",在当时,人类过着像动物那样的极其自然的生活,根本不存在统治或管制人的"政权";换句话说,人们无须服从或屈服于后来扮演着"组织权威"和"调解权威"的"政权"。因此,那些哲学家所说的"自然状态",就是一种超政治或无政治的状态。某些人类学家也同样指出:根据他们的实际调查,不但过去,而且直至现在,世界上仍然还有一些地区的人类共同体,还过着非政治或无政治的生活,例如,在非洲、美洲或大洋洲的某些地区,存在着所谓"无信仰、无法律、无政治、无国王"的生活。

政治哲学家以外的社会学家、人类学家和宗教学家等,都认为:人类社会并不是从一开始就包含了政治的因素。他们认为,比政治更早,宗教和文化就在调整社会生活中,扮演了决定性的作用。社会学家、人类学家和神学家们用他们所调查的资料,证明人类为了建立社会共同体,在政治之前就诉诸宗教和道德的力量。杜尔凯姆(1858—1917)在他的《宗教生活的基本形式》(*Les formes élémentaires de la vie religieuse*,1912)中指出:很早以前,人们是靠宗教的力量,维系社会共同体的存在及其运作。宗教性的图腾是最早的宗教形式和手段,把成群的人结合在一起,并加以协调而共同地进行社会活动。

问题在于:杜尔凯姆所揭示的上述宗教现象,虽然有助于人类社会共同体的建构及其正常运作,但它同政治相比,仍然属于亚里士多德所说的那种"前政治现象",它和家庭、亲属关系一样,并不构成像城邦这样高度组织化和协调化的社会共同体。因此,宗教的产生并不意味着人类社会生活步入文明的阶段。只要把宗教和政治加以仔细地比较,就可以看出:宗教所依据的,是非经理性论证,未经法制正当化程序的盲目信仰过程。它显然不同于政治过程,属于人类从动物向文明进化过程中的较低级阶段。而且,同亚里士多德所说的家庭关系、亲属关系以及家长制一样,上述宗教现象所具有的约束力是非政治的,是仍然属于人类未正式开花前的"自然阶段"。

如果我们从最早发明和使用"政治"语词和概念的西方来看,"政治"是人类进行文化创造的最初形式之一;从西方人或从西方文化史来看,作为城邦生活基本形式的政治,从一开始就伴随着人对自然世界的发现过程,它是在人类发现自然的过程中同时产生的。在古希腊,作为西方文化的真正摇篮,政治的出现是与人们发现自然同时发生的。也就是说,当古希腊人建构他们的社会生活共同体"城邦"的时候,他们就同时地建构关于自然的文化和关于社会的文化,而后者的重要一部分就是政治。因此,在西方文化史上,政治的产生是同对自然的知识的发明同时发生的。因此,可以说,对于西方人来说,政治不仅构成了文化的一个重要组成部分,而且还是西方最初的文化整体中的一个重要形式;政治还因此反过来对文化本身产生决定性的影响。

在古希腊,哲学家们所发问的基本问题中,有相当大的内容,是关于政治为何、如何、为什么被发明出来。他们思考着政治的本质,寻求政治的基础,也想象着政治的各种可能的或实际的多种形式,探索政治的目的和目标,区分政治的各种不同的概念和范畴,分析政治的实际内容及结构,讨论政治的可能的或实际的运作方式及其各种可能的规律,研究政治的各种制度和方案,等等。在这些希腊哲学家看来,对于人类来说,没有政治是难以想象的。

政治哲学的历史向我们指出:尽管存在着各种不同的观点和方法,对政治的哲学思考是始终不停地贯穿于西方政治和政治哲学史。

政治哲学史的长期不停的争论表明:有的是环绕具体的社会政治问题,有的是思考更抽象的甚至是超时空、超历史的政治问题。但他们都关心政治的最根本的问题。

因此,政治哲学所探讨的基本问题,就其性质而言,一方面不一定关系到"真理"的知识;另一方面又不一定要归结为某种意识形态。换句话说,政治哲学所讨论的问题,既不能简单地归结为"真理知识",也不能生硬地同特定的意识形态联系在一起。唯有这样,政治哲学才能对现实的社会生活扮演启发、监督和促进政治合理化的角色。

政治的本质关系到人和人的社会生活的特征。所以,在详细研究政治的本质之前,必须首先探索政治的起源。我们将会看到:在政治的起源方面,人们所能够提出的设想和方案,无非就是两种:一种是认为政治起源于"自然",也就是说,它是自然而然地随着人类社会的出现而诞生;另一种是主张将政治设想为"协议"或"契约"的结果。这两大类关于政治产生的理论,从政治哲学产生以来,就一直互相争论。

一、城邦起源说

柏拉图,作为古希腊著名的哲学家,早期曾在《普罗塔哥拉篇》的对话录中,以神话的形式,讲述了城邦的起源。很早很早以前,当会死的生物产生的时候,爱比默黛神授予他们各种生存的本领,让他们平等地获得进行竞争的机遇。宙斯神后来发现:人被遗忘了,以至于他们不同于动物,既没有盔甲,也没有爪子,全身裸体,无法单凭自身的自然体魄,同其他动物一起竞争。所以,宙斯神就要求普罗米修斯神向人提供必要的生存手段。普罗米修斯盗取了火种,交给人,并教会人学会各种生活的技艺,以保证人类能够生存下来。接受了上天的礼物之后,人类于是获得了智慧,也成为了唯一懂得敬神的动物。同时,人类也学会了使用自己的语音而讲话,建造房屋而居住,学会耕地而获得生存需要的粮食。但人们很快就发现:单纯学会生存的本领还不够。如果人类满足于各自分散地生活,仍然无法抵御自然和其他动物的袭击,因此,还必须学会群聚在一起,在一个共同体中生活,学会"管理城邦的艺术",懂得建立相互之间的团结和协议的必要性,掌握相互整合和订立合同的本领,掌握政治的艺术。于是,宙斯神派遣信使赫尔墨斯神,向人类传递荣誉感和法的信念。这就是宙斯所说的"城邦的成套装备",或者,一种"保证人际间友谊关系的必要纽带";任何人,如果不赞同或不分享这个关系到共同体生死存亡的共同情感和意识,就将被处以死刑。于是,城邦就诞生了。

柏拉图在后来的《国家篇》的对话录中,进一步在理论上论证了他所理想的共同体制度和形式。柏拉图所描述和论证的"国家"(原来的希腊文是 politeia),就是政治哲学所讨论的政治制度的最理想的典范。柏拉图所说的 Politeia,后来,在罗马帝国时期,被翻译成拉丁文时,被称为 Res publica,其中 Res 就是"事情",publica 是"公共的"意思;所以,整个地说,就是"公共的事情"。总之,不论是古希腊,还是古罗马时期,柏拉图所说的,实际上并不是现代人所理解的"共和国",同样也不是现代意义的国家,而是当时的一种理想的国家形式。柏拉图在 Republic 对话录中,即分析了作为城邦理想榜样的政治制度的各个层面,也指明了理想政治制度所依据的精神和思想基础。

希腊的城邦实际上是早在公元前 8—7 世纪时就已经出现。它的出现,不只是一个历史性创举,而且也使社会生活和人际关系呈现出新的、真正的文明形态。

古希腊的"城邦",原文 Pólis(πολις)包含着三大因素:(1)某一个人类群体、(2)一定范围的领土以及(3)一个政治中心。但在最早时期,Polis 是从 acropolis(ακροπολις),即"卫城"变来的。Acros 原来的意思是指"高",因为当时的卫城都是建筑在高地上的设防城堡,不同于没有设防的平地乡村。

大约在荷马时代后期,铁器在希腊的广泛使用,使生产力有了新的发展。随着生产力发展而产生的大量的剩余产品,不仅为私有制的建立和扩大创造条件,而且也为奴隶制的建立建立了经济基础。日益残酷的部落间的战争,不仅为获胜的部落首领带来了无数的免费劳动力,而且也加速了原有部落制度的衰落,使得占据富饶土地以及优良自然条件的部落地区,迅速发展成为新的生产力中心;而且,在这些部落中的原有首领,也较为顺利地转变为占有大量奴隶的大奴隶主。这样一来,由于外籍奴隶以及异邦奴隶的大量增加,使奴隶在生产中占有的比重也不断提高。于是同时,原有部落中的一般成员也逐步转化成为平民。希腊社会从此出现了奴隶主贵族、奴隶和平民三大阶级,形成了奴隶和奴隶主、贵族和平民之间的新社会矛盾。就是在这样的情况下,生产的发展以及社会分化的需要,为凌驾于社会之上的国家机器的产生奠定了基础。

希腊最初的政权机构,是通过原有旧氏族和部落的改造,同时伴随着新设置的机构,然后将原有的部落制度将以逐步替代和排挤。最早的政府机构是被称为"议事会"和"人民大会"的机关,同时也产生了被称为"执政官"和"监察官"的新官职。大约在公元前 9 世纪,希腊的斯巴达,发生了莱卡喀斯（古希腊文称他为 Lukourgos，现代西方人称之为 Lycurgus）的改革。据说，他在改革以前，广泛地吸收了克里特、埃及以及古代亚洲的许多统治经验以及法治，作为他在斯巴达实行改革的依据。后来他所奠定的原则也成为斯巴达城邦的贵族制统治制度的基础。

斯巴达的监察官制度是开始于公元前 757 年，在这以前，斯巴达所通行的是所谓"二王制"、"元老院"和"公民大会"三等级的社会政治制度。

斯巴达实行二王制，由斯巴达内最有势力的两大氏族代表掌握最统治权。希腊人最早的时候把"王"称为 wa-na-ka。后来当"王"逐渐变为侧重于统率军队的最高统帅时，wa-na-ka 就被称为 basileus（βασιλειξ）。斯巴达时期，只有"王"（Basileus）才有权力统率军队，并主持具有最高权威的祭祀礼仪。最高政治机构是"长老会"，由除了二王以外的二十八位长老组成，他们是由公民大会从有势力的氏族中选出的。根据莱卡喀斯的立法，公民大会实际上是无权的，全部权力属于 60 岁以上的享有终身职的长老。全体公民必须接受军事和体育训练，鼓励他们绝对服从的精神。据说这种制度有利于社会的稳定，但显然是以巩固少数人的专制统治为基本条件的。

大约在公元前 683 年，希腊最著名的城邦雅典，废除了王权，并在次年开始实行一年一任的执政官（archontes）制度。从那以后，原来的城市（polis-city）就逐步变为城邦国家（city-state；la cité）。城邦的居民被称为城邦公民（polîtai）。根据当时的制度，由城邦公民所构成的公民社群，并不是与居住在城邦领土内的人的总体相等同；城邦内的所有未成年人、女人以及没有公民权的人，都不属于这个公民社群。所谓没有公民权的人，在雅典，包括以下三种人：第一种是希腊人与异族人所生的混血儿，第二种是外国居民，第三种则是奴隶。在当时，成为一位公民的最一般条件，就是在城邦中出生在符合公民资格的公民家庭的人。由公民执政官，先是三位、后来扩大成九位；他们的任期也由最初的终身制，逐渐变为十年制，最后改为一年一任制。元老院（Areopagos）也称为贵族院，是最高的裁判和监察机构，既可以推选，也可以制裁执政官。梭伦（Solon，B.C. 640-558）的改革进一步扩大了公民的政治权利，正如亚里士多德所说：

"人民有了投票权,也就成为法制的主宰者。"①值得注意的是,梭伦的改革不仅扩大了公民的权利,而且也强调了公民的义务。他规定,在发生公众争论时,如果有人袖手旁观、不闻不问,不表示任何意见或不表示站在哪一边,就意味着放弃公民权,就丧失公民资格,而不再成为城邦的一位公民。

后来,雅典的民主制随着克里斯狄尼(Cleisthenes,about B.C.540-490)、阿里斯泰德(Aristeides)、塞米斯托克勒(Themistocles,about B.C.528-462)和伯里克勒(Pericles,about B.C.495-429)的改革有了进一步的发展。

历史学家修希狄德斯(Thucydides)在他的《伯罗奔尼撒战争史》(*History of the Peloponnesian War*)(伯罗奔尼撒(Peloppenesos)战争发生于公元前6世纪到5世纪(B.C 600-404),几乎延绵了两百年)一书中,生动地描述了雅典民主制的特点。他引用了伯里克勒在公元前431年在阵亡将士国葬礼上的著名演讲:

"我们的制度之所以被称为民主政治,是因为政权是在全体公民手中,而不是被少数人掌握。解决私人争执的时候,每个人在法律上都是平等的。让一个人比别人优先担任公职的时候,并不是因为他是某一特殊等级的成员,而是因为他有真正的才能。任何人只要对国家有贡献,绝不会因为贫穷而在政治上湮没无闻。我们的政治生活是自由而公开的,我们彼此间的日常生活也是这样。当我们的邻人为所欲为的时候,我们并不因此生气而给他难堪,以伤他的感情。在我们的私人生活中,我们是自由和宽恕的,但在公家事务中,我们遵守法律,因为这种法律使我们心服。对于那些将我们置于当权地位的人(即人民),我们服从。我们服从法律本身,特别是那些保护被压迫者的法律,……我们的城邦是这样伟大,世界各地一切美好的东西都可以充分带给我们,使我们像享受本地的产品一样地享受外来的东西。……我们的教育制度也有自己的特点:斯巴达人从婴儿时代起就受到锻炼,使他们勇敢。……而我们是自愿地以轻松

————————————

① Aristotle,《雅典政制》,第8、9节。

的情绪来应付危险,并不是用艰苦的训练。我们的勇敢是从我们的生活方式中自然产生的,不是由国家的法律强迫的,我认为这是我们的优点。因此,如果将这一切联合起来考虑,我可以断言,我们的城邦是全希腊的学校。我们每个公民在许多生活方面能够独立自主,并且特别表现出温文尔雅和多才多艺。这就是这些人为它慷慨而战、慷慨而死的一个城邦,因为他们意识到如果失去它,自己便会不寒而栗。自然我们作为他们的后人,每个人都应当忍受一切痛苦为它服务。……我希望你们每天都注意到雅典的伟大。它真正是伟大的,你们应当热爱它。……你们要下定决心:要自由,才能有幸福;要勇敢,才能有自由!"①

在这里,值得我们反复讨论的,是有关城邦公民的资格、权利和身份问题,因为这不仅是当时城邦制度的核心问题,而且也影响到迄今为止西方公民社会基本制度的重大问题。作为公民资格与身份的最重要因素,就是要求所有的公民都参与一种被称为"政治性"(Politeía)的活动。如前所述,梭伦的改革不仅扩大了公民的权利,而且也强调了公民的义务。他规定,在城邦发生公众争论时,如果有人袖手旁观、不闻不问,不表示任何意见或不表示站在哪一边,就意味着放弃公民权,就丧失公民资格,而不再成为城邦的一位公民。这显然强调城邦的命运同公民的态度和责任之间的紧密内在关系,也强调公民政治活动对于决定公民身份以及对于决定城邦共同体的民主性质的重要意义。

在当时的希腊,所谓"政治性",首先指的是"公民性"或"城邦的权利",其次它是指公民体制的整体,最后它又是指城邦的机构系统及其运作模式。后来,柏拉图在论述希腊政治制度的时候,将这些因素分别称为"国家"(republic)、"法规"(nomoi)及"政体"(politikos)。

为了显示城邦的民主性质,同时也为了强调城邦民主性同人的群体生活特征的内在关系,希腊人把城邦公民的政治活动,理解为一种在人为的社会生活环境中进行合理的行动。人是以其自身的行动而同一般动物区分开来的。没有独居特征的行动,人就不成其为人。人的本质,首先就

---

① Thucydides, *History of the Peloponnesian War*, Vol. II, Chapter 4.

表现在他们不满足于自然状态,他们必定要在自然之外,在其社会生活中发明和增加"文化"的成分,并使文化发展得越来越复杂,以便使人类的社会生活能够不断地朝着人类自己所期望的方向而不断改善。而人的行动的唯一重要特征,就是要在人类自己所人为创建的社会生活环境中从事某种合理的行为。

人不同于一般动物的地方,正是不愿意满足于自然现成的环境,而要依据自己的意愿和理想依据自己的目的创建一个本来不存在的新世界,这就是人为创建的社会生活环境。但任何人为社会生活环境都离不开同他人的共同生活,离不开同他人进行合理的沟通,也离不开同他人建立必要的默契和协议。人的行动的上述性质,决定了人的行动同合理进行相互间的合理语言沟通之间的内在关系,也决定了人的行动本身的群体性。在这方面,长期研究希腊政治思想的德国思想家汉娜·阿伦特(Hannah Arendt,1906—1975)正确地指出:"唯有行动才是人所专有的特权,不管是动物还是神,都不具备行动的能力;而且,唯有行动才完全离不开他人的恒久出席(Action alone is the exclusive prerogative of man;neither a beast nor a god is capable of it,and only action is entirely dependent upon the constant presence of others)。"①正因为这样,在城邦中从事政治行动,才是一个有公民资格的人所必须履行的义务和不可推卸的责任。

亚里士多德在总结希腊城邦经验时指出:在人类的所有必要的活动中,只有两种活动被看成是政治性的,即"行动"(action;praxis)和"言语"(speech;lexis)。正是在行动和言语中,体现了人类活动的自由本性以及它的超越短浅实用性的理性特征。行动并不等于任何类型的肢体动作;因为如果任何肢体动作都可以被看做是"行动"的话,一切动物就都具有行动的能力。行动是人的实践活动,它要求行动者主体及其同他人之间的协作,因为行动不但不只是单纯地发生于主体同其外在客体(对象)之间的关系,而且还要求建构与他人之间的密切关系。为此,不但行动必须始终伴随着言语,而且,言语还必须贯穿于行动的始终,并指导着行动本

---

① Arendt,H.*Human Condition*.1998[1958]:22-23.

身。在这里,值得注意的是,希腊人还把言语摆在高于行动之上,认为言语是比行动更能体现人的本性。

按照这样的理解,所谓最标准的行动,无非就是在恰当的时刻和在恰当的状况下应用最恰当的言语。这就排除了不使用合理言语的各种暴力行为。希腊人把暴力行为看做是非人的即没有人性的行为,因为它是不必借助于说理的言语而直接地进行活动的;这种排除合理言语的暴力无别于动物的野蛮行为,是城邦社会生活所不能接受的。

希腊城邦政治活动的重要经验就是将言语置于高于行动的优越地位。随着城邦政治生活的展开,希腊人逐步将强调的重心从行动转向言语。希腊人在总结忒拜城覆灭的原因时认为,忒拜人忽略言语表达的艺术,忽略修辞学的应用,只是崇尚军事武功,才导致忒拜的灭亡。为此,在希腊城邦政治中,凡是以暴力强制他人,专靠命令行事,都不能算做真正的政治,而只能归结为一种"前政治的手段",属于以自然关系为基础的家庭统治模式。

城邦政治对于言语的重视,使言语的应用及其技巧的训练成为希腊人教育和政治活动的主要内容,从而也使修辞学、逻辑学和辩证法成为最重要的训练科目。他们认为,一切政治问题及其解决方式,都应该诉诸言语的辩论,靠说服的方式来解决。

希腊人之所以推崇言语,是因为他们认为言语是紧密同人的逻辑思想过程相联系的。正确的言语表达就是思想理性的直接表现。一切政治原则和行动,只有立足于理性以及表达理性的言语的基础上,才能符合人类生活共同体的基本宗旨。

在城邦制度的繁荣时代,经济上基本上是以奴隶制的生产方式作为基础,而在政治上普遍实行奴隶主阶级专政下的城邦民主制(以雅典作为典型)或贵族制(以斯巴达作为典型)。与此同时,各个城邦也分别建构了符合各个城邦本身历史传统与人民基本意志的法治及规范体系。在当时,这些法治与规范体系,是城邦共同体中人与人之间相互关系的最高原则。它们带有强制性,但又被当成城邦公民意愿的体现,希腊人称之为nomos($\nu o\mu os$),这也就是西方人后来称之为"法律"的名称的最早起源。

实际上,在城邦制度中,还包含着密切地与共同体公民的社会生活相关的各种制度、规范、约定及习惯等因素,其中尤其关系到他们的社会教育制度、伦理规范和生活方式。

除此以外,城邦制度也隐含着宗教方面的因素,其中还包括能够标志着各城邦特征的城邦守护神、邦徽以及节日等因素。例如,雅典城邦的守护神是雅典娜,而雅典的重要城邦节日是泛雅典娜节、科林斯宙斯大庙会以及大规模的科林斯海峡赛会等。在节日到来时,城邦公民要集聚在守护神庙前,举行祭祀和公餐。这些节日对于巩固和发扬城邦传统以及加强城邦公民之间的团结具有重要意义,对于西方各国文化传统的影响也极为深刻。

上述城邦制度向我们暗示了一个重要的道理。人不同于动物的地方,首先就在于人能够、并且必须从事一种社群共同体的社会活动;而且,所有这些活动,都是与人类本身所创建的文化以及人造的社会环境紧密相关。人通过他的活动创造了他的生活所必须的特殊环境,同原先自然界所提供的自然环境有所不同、却又同时与之保持密切的联系。创造了自己的生活环境的人,还不能满足于人为环境创造物的建构,而且还必须不断地进行再创造与再生产活动,以不断更新着的创造活动去照应环境。

所以,通过一系列的组织机构建立起共同体生活所必须的社会环境,同时又建构起能够使这些机构正常地运作、并不断使之连续地再生产和更新的合理规则,这就是人类共同体不同于动物群体的最本质的特点。正如汉娜·阿伦特所说:"任何人类生活,即便是栖息于旷野里的隐士生活,如果脱离开一个直接地或间接地见证其他人在场出现的世界,就不可能成立。"①希腊城邦制度的一个最深刻的历史经验,就是强调了社会共同体生活的必要性及其基本条件。

在城邦制度的基本经验中,最重要的是有关政治活动以及政治生活的基本原则。城邦制度强调,人之所以为人,是由于人是政治动物;作为政治动物的人,自然地要求建构一种具有规范性和制度性的社会生活体

①　Arendt, H. *Human Condition*. 1998[1958]:22-23.

系。希腊城邦制度实际上强调了人的政治性对于社会性的决定性意义。在上述所探讨的城邦制度基本原则中,希腊人反复强调人的政治性。有趣的是,当亚里士多德将人定义为政治动物的原文被中世纪的托马斯·阿奎那(Thomas Aquinas)翻译成拉丁文时,原有的 zoon politikon(政治动物)被翻译成 animal socialis(社会动物)。阿奎那的翻译,在无意中篡改了希腊人对于政治的原初理解。实际上,拉丁文中的 socialis 并没有希腊文对等词。当柏拉图和亚里士多德总结城邦经验时,并没有使用"社会性"或"社会动物"的概念,表明希腊人对于政治生活有其独特的见解。而这种对于政治生活的独特见解也正好够成为西方社会或传统的精华部分。

在希腊人的思想中,用"政治性"的概念,正是为了区别于建立在自然生活及自然因素为基础的家庭及其活动。城邦的兴起意味着人类走出了自然界,同时也走出了以自然因素为基础所建构的家庭的范围。如果说城邦的特征就在于它的政治性,那么它所强调的是人在自己的家庭私人生活领域之外,还必须进行第二种生活,这就是具有公共性特征的政治生活。所以,将人同动物区分开来的决定性标志是人的政治性公共生活,而不是他的私人性的家庭生活。但是,更重要的是,将自己的生活扩大到公共性的政治生活之后,人虽然走出了私人性的家庭,却仍然没有抛弃家庭生活,而是从此过着一种既有私人生活、又有公共生活的双重生活:一种内含着矛盾的社会性的生命活动。人的高明之处及其超越性的优越,就在于人渴望过而不是回避这种矛盾性的双重生活。作为城邦的公民,其身份和资格就是建立在他本身处理这种双重生活及双重生活的能力及经验的基础上。

当人从自然界过渡到社会文化生活的时候,人不同于动物的一个根本性转变,就是所有的人都毫无例外地同时成为了个体性和社会性的双重生命体。这种双重生命体实际上又是同每个人都具有肉体与精神的双重生命相对应的。关于人的个体性和社会性双重生命,主要是在人的公共生活领域中呈现出来的;而人的肉体和精神的双重生命,则是更彻底地体现在人的生活各个领域中。由于我们的考察重点是集中在社会生活范围之内的,因此将较多地探讨人的个体性和社会性双重生命的性质及其意义。法国社会学家涂尔干曾经深刻地指出:"人处处都意识到他自身是一种由两个绝对异质的存在所构成的生存体:身体和心灵。"①关于人的双重性,德国社会学家齐默尔在探讨时尚哲学时指出,人的超越性使人成为"二元生物"(dualistic creature);他既有生产力,又有消费力,既有一般性,又有特殊性。人的二重性使人在社会中的生活方式呈现出极不稳定的状态。二重性使人时时处于紧张状态。人要通过"创造"和"模仿"活动去疏解自己心理的紧张状态。模仿使人实现了在个人和群体之间的过渡,不仅使人有可能过着社会群体生活,而且也使个人有可能适应社会的变迁;而创造又不断重新使人与人之间产生裂痕和分割。从这个意义上说,人的二重性是人类社会不断进步和发展的基础和条件。② 围绕着人的双重性问题,古希腊城邦制度为整个西方社会思想的演变及其发展方向奠定了基础。

在探讨人的个体性和社会性双重生命的问题时,古代希腊人同世界上其他古老文明国家和民族一样,都考虑到人在探索和处理这个基本问题时所必须经历的必要过程。如何处理个体与社会的关系,实际上最深刻地检验出一个共同体各个成员所具有的自我意识和社会意识的发展程度。这就是说,在处理个人和社会相互关系问题时,除了取决于共同体中最有智慧的某些成员的思想意识发展程度,除了考虑到共同体每个成员进行个别活动的实际能力,而且更重要的,是决定于共同体绝大多数成员处理个人与他人相互关系的能力。正是考虑到这些复杂的问题,古希腊社会共同体的演变经历了非常复杂而曲折的过程。大致来说,从古希腊社会思想家、哲学家和政治家的各种思想资料来看,希腊人经历了从以家庭为基本单位的前政治社会过渡到以城邦为基本单位的政治社会两大历史时期。

实际上,所谓"前政治社会"包含了从神话传说到以家庭为基础的自

---

① Durkheim, E. 1914:207.

② See Simmel, G. 1890;1891;1902b.

然社会的整个发展时期。正如本书第二章已经讨论的,在从最原始的社会过渡到文明时代的过程中,古希腊人经历了社会生活社群、生产劳动社群、原始宗教社群和军事社群相互渗透并相继更替的不同时代。前述以家庭为基本单位的前政治社会,大概是在完成了上述各种社群的演变之后形成的。所以,以家庭为基本单位的前政治社会,可以看做是从最原始的人类社群过渡到政治社会的一个中间环节。把以家庭为基本单位的社会称为前政治社会,主要是考虑到两大因素:第一是个人生活和行为的自由度;第二是社群成员精神生命发展的程度。

关于个人生活和行为的自由度,主要是从个人与社会整体相互制约的程度来测定的。人类社会和文化越是处在原始阶段,也就是越接近自然生活的阶段,就越受到自然界和社会群体规律的约束,而人的生活越充满着必然的性质,越过着被强制的生活。反之,越向着文明和文化的方向发展,越远离自然,个人和群体所享受的自由越多。关于人的个人和社会生活的自由度,一方面决定于人受到自然规律的制约程度,另一方面又决定于受到群体生活制度的约束程度。家庭的形成和发展,正好是从自然向社会过渡中自然与社会制约因素发生变化的重要领域。

在希腊思想家的探讨性文献中,家庭制度的形成已经显示人类脱离自然以及朝向文明制度的程度。在这个阶段,人类的家庭生活,仍然保留许多自然的因素,其中主要是以人的生物性血缘亲属关系作为基本标记。当然,家庭生活中已经显示脱离自然和社会群体生活的性质,主要是建构了亲属关系的处理原则以及各种相关的性禁忌。但是,哪怕是包含了社会规范性质的亲属关系原则和性禁忌,都仍然保留着浓厚的自然性质,也就是说它们是以生物学意义的自然关系为基础的。除此而外,所有家庭生活原则都强烈的具有强制的性质,特别是具有维护家长绝对权威和绝对统治权的特征。在西方,表示"统治"的原词是 dominus;而 dominus 最初就是指"家长"。因此家庭规则尽管具有文明的因素,却更多地显示强制性的必然因素,是属于自然生活原则的范围,因而也是缺乏个人自由的生活原则。所以家庭生活原则是属于极为有限的人类小社群的基本社会规则,其个人自由度是非常有限的。正因为这样,古希腊思想家把家庭生活归属于自然社会原则,也就是前政治社会原则。

希腊人所追求建构的社会是社会成员自由度不断扩大的文明社群。因此,自由度的发挥是建构理想社会的主要标准。这在古希腊早就已经稳定的奠定下来了。所以,严格地说,在以强制性的暴力作为主要手段的家庭生活阶段,也就是在人的自由还没有真正实现的阶段,人们还只是生活在自然社会中。根据福斯特尔·德·古朗耶在研究希腊古代家庭和城市生活时所发现的原始资料,古希腊家庭和城市虽然都属于同一种宗教信仰的力量所构成的最早人类文明社群生活的典范,但家庭与城市采取完全不同的管理形式。据说,在古希腊时,在城邦的宗教生活原则形成以前,早就存在一种为了维持家庭生活所共同崇拜的更原始的宗教。早期家庭生活所崇拜的是女灶神,而城邦生活所崇拜的是城邦女守护神。在希腊人看来,只有在超出家庭自然生活范围的时候,才有可能出现政治生活。人类的政治组织能力不但不同于以家庭(oikia)为轴心的自然关系处理能力,而且还直接地同它相对立。根据贾格尔在他的《派地亚》一书中所说:"希腊城邦的兴起意味着人除了他自己的私人生活以外,还同时接受了第二种生活,即政治生活(bios politikos)。现在,每一位公民都隶属于两种秩序,在属于他自己的私人生活(idion)与共同体的公共生活(koinon)之间存在着明显的区分。"①

大量的历史资料证明:希腊城邦的兴起是以牺牲家庭中的私人生活领域作为代价的,也是以取代家庭生活原则作为基本条件的。实际上,家庭领域的一个重要特征,就是人们是在匮乏和需要的情况下才共同生活在一个家庭之中的。根据普罗塔克的看法,家庭就是使我们得以生存并滋养我们身体的唯一的动力来源。正是为了维持个体的生存和种族的延续,才需要同他人生活在一起。在希腊的早期典型而稳定的家庭生活中,男人为获取食物而劳动,而女人则专注于生养后代。这两种自然功能都来自于同一种生活的紧迫需要。所以,家庭内部的自然共同体的产生是出于一种自然必然性,而且必然性主宰和控制家庭共同体的一切活动。

---

① 参见贾格尔:《派地亚》第 3 卷,第 111 页。

　　相反,城邦是一个自由领域。所以,当古希腊人建构城邦制度的时候面临着一个严肃的抉择:或者是继续维护旧有的自然家庭制度及其原则,或者是放弃和取代家庭而采用城邦制度。在前一种情况下,个人自由完全牺牲在家庭的暴力统治系统中,而在后一种情况下,个人自由冲破了家庭亲属关系的约束得到发展。但是,当希腊人选择了城邦制度的时候,也清醒地意识到城邦对于家庭的取代还必须以限定家庭制度原则的有效范围作为先决条件。因此,当城邦出现并取代家庭时,家庭及其原则也同时被有条件地吸收到城邦制度体系之中。城邦取代并有限吸取家庭制度的上述历史特征,造成了城邦公民具有私人生活和公共生活两大领域的区分。城邦制度建立以后,家庭生活原则明显地削弱,而其主要标志是父权的削弱,甚至完全丧失,以至于成年的子女因城邦生活原则所容许的高度自由而不在顾忌父母。正是在这种情况下,为了维持城邦本身的稳定,城邦又规定了与城邦公民自由相对立的相关民法规定,强制性地要求公民有赡养父母尽孝道的义务。在这个意义上说,城邦法律中有关民法的某些规定,一方面显示家庭中父权的衰弱,另一方面也表现出城邦吸收和有条件地维持家庭制度原则的特征。

　　所有的希腊哲学家,都一致认为,自由是政治生活领域的基本特征,而把暴力归属于一种前政治的范畴,是属于私人性的自然家庭组织的一个基本特征。他们认为,只有在前政治的家庭生活阶段,强力和暴力才是正当的,因为它们是家长们维持家庭关系和统治家庭奴隶的唯一手段,也是社会成员过幸福的家庭生活的条件。希腊人把幸福(eudaimonia)理解为一种享受财富和健康的客观状态。他们认为,只有充分的财富和健康才有生活的自由。贫穷和体弱多病意味着一个人仍然要受到物质的必然性约束,是没有自由的。真正的自由只有在城邦的政治生活中才能实现,因为只有在城邦政治中,才有摆脱家庭生活约束以及脱离单纯物质追求的可能性。希腊城邦政治的最高原则,就是以民主讨论或辩论的方式,达到尽可能限制政治权威的目的。

　　在西方社会发展史上,正义问题始终伴随着社会政治和经济制度的改革过程,各个时代的思想家也同样非常关心正义的原则及其实际贯彻程序。早在古希腊文明社会的最早形成时期,正义问题就是人们关心的重点和焦点。其实,希腊人在神话传说时代,就不停地探讨正义问题。古代诗人荷马(Homère,B.C.900)所整理的两部伟大史诗《伊利亚特》(Iliade)和《奥德赛》(Odyssée),就明显围绕正义的问题,经常提到惩罚、奖赏、报酬的问题。在那里,不仅神的世界,而且,属于人的世界中的英雄们,都离不开正确与错误、善与恶、光明与黑暗、美与丑的争论。这些争论的评判标准就是正义原则。奖赏、利益分配以及神和人们的一切言行,都是依据正义的标准。

发生于公元前7世纪到公元前5世纪(约B.C.600-404)的伯罗奔尼撒(Peloppenesos)战争(B.C.600-404)使贵族制的希腊北部城邦斯巴达战败了实行民主制的城邦雅典。雅典的失败意味着民主政治的危机。正是在这种情况下,柏拉图(Plato,B.C.428-348)和苏格拉底(Socrates,B.C.469-399)作为当时最活跃的思想家,非常关心社会正义问题。当时希腊人将"正义"称为Dike。在柏拉图的《国家篇》中,以大量篇幅讨论了正义问题。伯罗奔尼撒战争给希腊带来了严重灾难。虽然斯巴达胜利了,但整个希腊所付出的代价是惨重的;可以说,经历这场战争之后,整个希腊没有一个城邦是真正的胜利者。对于雅典来说,战争最后是以向敌人求和告终,使雅典的政治和经济生活发生了很大的变化。雅典人的伦理思想也普遍地蜕变堕落起来。柏拉图的《国家篇》对雅典人的道德沦丧表示极大的愤慨。他借用他的弟弟格劳孔的话,揭露当时的雅典人只顾及自己的个人利益;每个人都只想满足自己的欲望,只要对自己有好处,什么坏事都可以做出来。当时许多人认为,没有人会心甘情愿地做正义的事情;人们坚持正义是不得已的,是被迫的。坚持正义者吃亏,破坏正义者反而得利。柏拉图和苏格拉底不同意这种看法。所以,在《国家篇》中,柏拉图通过苏格拉底的口,向雅典人大声疾呼:"你们是雅典人,属于伟大的城邦,是以智慧和强盛闻名于世的。可是你们却专心致志于获得钱财,掠取荣誉,而不关心智慧、真理和灵魂的完善,你们不感到可耻吗?(29D—E)"

苏格拉底在逝世以前,到处演讲试图挽救希腊城邦。他认为:人最宝

贵的东西是德性,而要具备德性首先要有智慧(wisdom)。所以,他说:
"我什么都不知道;我唯一知道的,是自己什么都不知道。"这种自称无知
的名言,无非为了鼓励希腊人追求知识,培养和发展智慧;同时,苏格拉底
还希望通过掌握知识,使希腊每个城邦都成为"善的国家"。他认为,城
邦国家的唯一和最高的目的,就是达到"至善"。实现至善就是实现
正义。

　　正是在苏格拉底上述关于善的理念的指导下,柏拉图把探讨正义原
则摆在首位。对于柏拉图来说,最迫切的任务就是重整社会道德风气,并
奠定社会基本原则的正义基础。所以他在《国家篇》中以大量篇幅讨论
正义原则。

　　美国哈佛大学教授约翰·罗尔斯(John Rawls,1921—2002)在《论正
义》(*A Theory of Justice*,1971)一书中,对 17 世纪以来西方自由民主社会
的社会原则重新作了全面的探讨,强调正义问题是贯穿于西方社会发展
始终的核心问题。正义问题不愧是整个人类社会的核心原则,是各种各
样的社会思想中人们所考虑的主导问题(The leading question of all social
thinking)。他认为西方社会虽然自 17 世纪以来曾先后提出了各种有关
自由民主的政治理论,而且也实现了自由民主的社会政治制度,但仍然存
在着许多理论上和实际上的问题。约翰·罗尔斯的理论探讨表明正义问
题的实现是同自由民主问题紧密联系在一起的。只有深刻了解正义问题
的实质,正确把握实现社会正义的基本原则,才能真正明白现代自由民主
制度的基本指导思想。

　　在柏拉图之后,亚里士多德在其《政治论》中进一步探讨了政治的起
源。他认为,政治的产生就像人的出现那样,是一种纯粹的自然事物;人
既没有发明政治,也不特意建构政治秩序。政治,在他看来,对人来说,是
一种自然而然的事情。因此,他进一步认为,既然政治本身是自然的,那
么,政治制度,作为确保政治实施的基本社会条件,也必须符合自然的原
则,它才是好的;否则它就是不合理的。

　　亚里士多德的政治自然经验论,在西方思想史上的相当长时间内,一
直发生重要影响。列奥·斯特劳斯在他的《城邦与人》(*The City and*

Man）一书中对此给予充分的肯定。他说："哲学乃是一种从那'首先为我们所是的东西'（what is first for me）通向'那由其本性而是的东西'（what is by nature）的上溯；此种上溯，要求'首先为我们而是的东西'尽可能充分地按照那种它先于该上溯而进入视野的方式而被理解……城邦原初地理解它自身的方式，乃是区别于古典政治哲学展现它的方式：神圣城邦（holy city）与自然城邦（natural city）截然不同。……'首先为我们'而是的东西，并非对城邦之哲学理解，而是那种内在于前哲学的城邦之中的理解。依据这种理解，在对神圣者的日常理解中，城邦将其自身视为隶属、附属于神圣者的东西；或者，城邦仰望着神圣者。"①他认为，现象学的一个重要贡献，就是主张"回到事物自身"，而所谓"回到事物自身"，就是回到人的最原初的自然经验；这是一种未经人的后天认识加工改造的自然状态。实际上，胡塞尔、海德格尔和列奥·斯特劳斯都认为：科学与哲学都必须以前科学的经验作为其起点，都必须以日常经验的世界作为基础；胡塞尔特地为此说：必须开端于"生活世界"。对于这样的生活世界的精确描述和表达，乃是哲学的头等重要的任务。

如前所述，根据古希腊思想家的说法，政治是人类本性所产生的；这里所说的"原初经验"，不是指某个人的，而是指整个人类的原初经验。正是在这个意义上说，柏拉图、亚里士多德及其他各种契约论和自然权利论，都属于这一类型的政治哲学家。但是，要特别注意的是：同样属于政治自然论的不同思想家，对于政治的起源，也会有各种不同的版本。

二、协议或契约论

古希腊的和近代的政治自然论就存在许多区别点。这个区别的主要方面，就表现在近代思想对理性和对法制的新认识。

就是在这种情况下，作为近代政治思想的较早代表人物，英国的霍布斯（Thomas Hobbes，1588—1679）毫不掩饰他对亚里士多德政治观点的鄙

---

① Leo Strauss，1964：240-241.

视和否弃。霍布斯可以说是西方政治思想史上最早的一位主张以"协议论"说明政治的思想家。

霍布斯在他的最主要的政治著作《利维坦》(*Leviathan, or the Matter, Form and Power of a Commenweakth, Ecclesiastical and Civil*, 1651)中指出，政治不是自然而然随着人的出现而产生。政治是人工产品(artefact)。这种被称为"契约"(contract, convenant, 拉丁文称之为 pactum 或 foedus)的东西，是需要经过契约各方，人为地寻求共同点或共识，才能建构起来，根据霍布斯的看法，人类恰恰经历了漫长的曲折过程，付出了巨大的牺牲和代价之后，才意识到建立相互间"契约"的必要性和可能性。

霍布斯说，处于自然状态的人是极其野蛮的；他们之间"像狼一样"，处于一种"一切人反对一切人的战争状态"(Bellum omnium contra omnes)中。他们是经历了长期流血牺牲之后，才意识到：为了活下去，有必要建立一种以大家所共有的理性的基础上的协议。

霍布斯认为，人与人之间虽然是残酷的和野蛮的，但所有的人在本质上是平等的。更具体地说，尽管人与人之间有差异，千差万别，但都有理性；而且，凡是在某一方面薄弱和欠缺的，必定在另一方面有所补偿。理性，起初使人的自然生存导致人与人之间的相互倾轧、猜忌和争斗，相互间进行无止境的斗争。他们各自利用自己的理性为自己的生存服务，想尽一切办法打倒他人。但经历无数争斗之后，人们终于意识到理性毕竟可以为人与人之间寻求建立协议的可能性。这就是说，人的理性终于使人找到了能够共同生存下来的适当途径，这就是经协议而产生的政治。所以，霍布斯说："正是艺术，才建构了人们称之为'共和国'(Republic)或'国家'(State)(Commenwealth; Civitas)的共同体；它不过是人工的人(an artificial man)。"既然政治和国家是人工的艺术品，那么，人们就必须模仿上帝当初创造自然的时候那样，去建构政治共同体。他认为，既然这样，共和国的本质就在于通过协议而创立一个赋有主权的国家。

在霍布斯之后，法国的卢梭(Jean-Jacques Rousseau, 1712—1778)进一步提出了他的富有特色的契约论。他在《社会契约论》(*Du Contart social ou principes du droit politique*, 1755)中一开始就指出："人生来自由，

却处处困于枷锁中。"卢梭严厉地批判当时流行于启蒙思想家中的崇拜
理性观点,揭露这种人为的理性,把人推进经过周密计算的"冷冰冰的模
式"中,压抑了人的情感。因此,他针锋相对地提出了"回到自然去!"(re-
tour à la nature !)的口号,并强调说:启蒙思想家所说的文明是邪恶的根
源。卢梭在《论人类不平等的起源》中揭示说:文明导致了故弄玄虚的生
活方式,使人导向堕落,因为文明和科学扭曲了人的本性。由此卢梭主张
"在共同体中过一种自然的有德行的生活"。同当时大多数启蒙思想家
相反,卢梭肯定人的情感的优先地位,因为只有人的自然情感,才把人与
人之间连接成和谐的共同体。

显然,卢梭所追求的自然生活,并不是倒回野蛮的自然生活中,而是
过一种符合人的自然本性的生活,在那里,人们自律地过淳朴的生活。

卢梭在谈到政治生活时说:"社会首先就在于某种普遍的协议(la
société ne consista d'abord qu'en quelques conventions générales)。"这就是卢
梭的"第一协议"论(premiere convention)。他认为,真正的法权根本就不
是来自自然,而是以协议为基础(le droit véritable ne vient point de lq na-
ture,qu'il est fondé sur des coinventions)。在《社会契约论》中,卢梭指出:
"管理一个社会",并不意味着建构奴隶主对他的奴隶的关系,而是建立
人民对他的首领的关系;所以,问题就在于寻求一种使人民成为人民的和
谐合成的联合方式。"必须找到一种联合的形式,通过它,能够以共同的
努力,保卫和保护每一个社会的个人及其财产;而且,通过它,一方面每个
人团结成一个整体,另一方面又使每个人都只服从他自己,并保留和以前
一样的自由。"①他还强调指出,这样的契约不同于在具体场合下的各种
类似商业交换的契约。

在霍布斯和卢梭生活的前后,一系列契约论相继出现,而其代表人物
也层出不穷:从格洛西乌斯(Hugo Grotius, 1583—1655)、普芬多尔夫
(Samuel Pufendorf, 1632—1694)到洛克(John Locke, 1632—1704)、康德
(Immanuel Kant, 1724—1804)……

---

① Du contrat social,I.6.

洛克（John Locke，1632—1704）是英国思想史上最杰出的一为思想家。他不仅继承和总结了英国历史上中世纪以来由罗吉尔·培根、约翰·敦·司各脱以及奥卡姆的威廉等人所创立的哲学思想传统，也继承和发展由弗朗西斯·培根和霍布斯所创立的经验主义哲学路线。

洛克一生写了不少论著。但他的最有影响的著作主要有五部，而且这五部也都是在 1688 年发生的"光荣革命"（The Glorious Revolution）之后发表的。这五部著作是：《一封关于容忍的信》（*A Letter Concerning Toleration*，1689）、《政府论两篇》（*Two Treatises of Government*，1689）、《人类理解论》（*An Essay Concerning Human Understanding*，1690）、《关于教育的思想》（*Thought on Education*，1693）以及《基督教的合理性》（*On The Reasonableness of Christranity*，1695）。在这以前，洛克所发表的许多书中，有两本是值得注意的。这就是他在牛津大学时期发表的《论自然法》（*Essays on the Law of Nature*，1660）和《论容忍》（*An Essay on Toleration*，1667）。这就说明，在洛克的思想发展中，人本主义的自然法理论和经验主义哲学，构成了两条基本的发展路线。他的这种思想路线，首先是在他的牛津时代，特别是由于他在这一时期同谢夫迪斯贝里（Comte of Shaftesbury，An Thony Ashley Cooper，1621—1683）家族的关系，已经有所表露；但是，只有在光荣革命之后，才由于其本身的思想成熟而得到了全面的发展。由此可见，1688 年成为了洛克思想转变的一个重要转折点。

洛克的自然法和自然权利论思想，既继承又不同于霍布斯的自然法与自然权利论思想。就其相同点而言，他们两位都一样认为：人人都有理性；理性是人的自然本性。但洛克不同于霍布斯的地方，主要是表现在对于人的自然本质的不同理解上。在霍布斯看来，人在本质上是自私自利的；因此，人在自然状态中，个个都是同等地追求其个人生存的欲望和需求，因而导致各个人之间的相互猜忌和残酷的战争。只是由于对于死亡的恐惧，由于共同生存的需要，人们才希望和平，并由此诉诸理性，最终产生了相互让与部分的生存自由的愿望，形成了最初的建立一个人类生存共同体的协议。但是，在洛克看来，寻求个人生存的自由的自然权利同时地包含着尊重其他个人的生存的自由权，也就是说，每个人的生存自由的自然权利原本是同人的理性本质相一致的。因此,每个人的自然权利,并不像霍布斯所想象的那样,必然导致人与人之间的相互猜忌和争斗,而是导致相互之间的理性的退让,导致每个人之间以等同的个人自由的部分放弃为基础,进行相互让与,这就导致符合理性的最初的社会契约的产生。

生存权利、自由权和财产权是人的三大基本权利,而且它们都是来自自然,是上天自然地赋予每个人的。

首先,人的生存权,和自然界的一切事物一样是立足于"保存自己"的原则基础上。一切事物都倾向于保全自己。没有一种事物甘心情愿地进行自我毁灭。

在关于财产的观念方面,洛克的自然法和自然权利论,不但把个人的财产权看做是同个人的生存权和自由权同等重要的人的最基本的人权的三大内容之一,而且甚至还把它列为最关键的因素,因为他认为,没有财产就无所谓生存和自由。

为了确保个人生存的权利,洛克深入地探讨了国家形式及其功能的问题。他特别注意到国家权力的实施及其限制的条件,以便防范国家权力的滥用,并保障少数人的不同意见,建构起与多数人统治相制衡的"容忍少数"的原则。所以,容忍原则乃是民主制的一个不可分割的成分。

洛克的社会思想,不仅对于英国本国的社会和政治思想的发展以及英国社会政治制度的发展,而且,也对整个西方世界的社会思想及其社会政治制度的发展,发生深远而广泛的影响。

首先,洛克的自然法和自然权利论的影响,对于英国 18 世纪古典政治经济学的发展产生决定性的影响。

亚当·斯密(Adam Smith, 1723—1790)所写的《国富论》(*Adam Smith, An Inquiry Into The Nature And Causes of The Wealth of Nations*, 1776)就是洛克的自然法与自然权利论在政治经济学领域里面的理论发展的一个成果。如果说,洛克的自然权利论的财产观念建立在关于"劳动创造个人财富"的基本理念的基础上的话,那么,亚当·斯密的《国富论》的整个理论体系就是以论述劳动的生产能力及其发展为出发点和基础的。

三、反契约论

契约论并不是诠释政治起源的唯一理论模式,这不但是因为它是立足于想象,只依据人类的最原初的自然经验,却缺少实际经验事实作为根据,而且还因为它在事实上经不起历史经验的检验,尤其是在法国大革命之后,一系列实际经验证实了契约论所提出的观点以及以此为基础所建立的政体,导致了许多难以解决的后果。

英国的休谟(David Hume,1711—1776)从经验主义出发,强调观察任何事物,包括政治在内,都必须立足于经验。休谟坚决反对抽象地讨论政治及其起源,他在《论人性》(*A Treatise of Human Nature*, I - III. 1739—1740)及《政治论》(*Political Discourses*,1752)中,总结了英国革命的经验,认为一切政治都必然伴随着暴力事件,而且还决定于最有实践智慧的政治势力,因为它们善于将本身的利益提升成为社会公认的"共同利益"。也就是说,在政治角斗中,决定胜负的,不是那些理想主义者或理性主义者,而是那些善于靠自己的强力及其丰富的实际经验,迫使社会大众确认其利益为整个社会的"一般利益"。一切政治史证明了:凡是强者,只要善于观察经验事实、又善于贯彻经得起经验检验的政策,就可以控制整个政治局面。所以,政治的根基,正是整个社会中各种最具体的利益和情绪的实际协调的结果。休谟为此批判理性主义以及个人主义和意志主义的政治理论。休谟认为,关于意志自律的各种论调,特别是那种以为政治可以为所欲为的论调,在政治上是不可取的。一切政治行为的准则,不是抽象的、一般的和无人称的(impersonal),而是具体的和经验的。

如果说,休谟是近代经验主义政治哲学的集大成者的话,那么,黑格尔就是近代理性主义政治哲学的最典型的代表。

黑格尔从理性主义的辩证法出发,论证了人的政治及其制度的合理化历史过程。他以作为世界本体的"绝对精神"(absoluter Geist)为中心,论述了绝对精神的历史辩证的异化过程,指出政治无非是绝对精神的历史辩证发展的结果。他认为,就是在绝对精神历史辩证发展的"客观精神"阶段,才产生了政治(Phänomenologie des Geistes,1807;Wissenschaft der Logik,1812 - 1816;Enzyklopädie der philosophischen Wissenschaften,1817)。

在1821年所写的《法哲学原理》(Rechtsphilosophie,1821),黑格尔首先严厉地批判以费希特为代表的政治契约论的基本观点。黑格尔指出,费希特的观点不但一方面继承了卢梭的契约论;另一方面又重复了霍布斯的国家起源机械论。黑格尔认为,霍布斯的机械论是毫无生气的几何学推理的翻版,无助于理解真正的政治。

四、自然法的哲学理论

(一)法哲学的历史和内容的复杂性

关于自然法的哲学理论,在西方政治哲学史上,已经存在和争论近2000年的历程。因此"自然法"(Natural Law;Droits naturels;Naturrecht)这个观念长期以来也是西方政治哲学,特别是"法哲学"的一个核心概念;同时,由于西方政治哲学又在许多场合下也同"法哲学"相混淆,所以,法哲学的问题及其历史也应该成为政治哲学探讨的一个重要内容。

"法哲学"这个基本概念之所以能够如此长远地成为西方政治哲学的核心内容之一,是同西方人从古希腊以来所形成的关于对与错、正义与非正义、善与恶的传统终极标准问题紧密相联。因此,法哲学,从一开始,就很自然地与哲学特别是哲学中的形而上学探讨相结合;而且也同探讨正义、善恶等价值观的道德哲学以及道德伦理思想,有难以割裂的密切关系。这种状况,一方面使法哲学的探索成为很复杂的研究工作,使它涉及政治哲学以外的许多跨学科的领域;同时,另一方面,又使法哲学本身在西方思想发展史上经历曲折的道路,使它因此发生内容和方法上的重大变化,以致在不同的时代,西方的法哲学具有不同的表现形式,甚至采取截然对立或根本不同的学说,由此也产生了许多理论上的混乱。

最早的时候,古希腊人就形成了关于合理的和正义的生活方式就是

"符合自然的生活"的基本观念。后来,经过西方哲学和文化的连续发展,特别是由于自然科学逐渐成为西方文化的一个基本内容,也由于自然科学追求真理的模式逐渐被标准化和正当化,所以,"符合自然"也就成为判断真理和正义的一个重要尺度。

苏格拉底曾经把法的概念界定为一种由统治者颁布的强制性条令。关于这一点,智者派的色诺芬曾经在《回忆苏格拉底》第一卷第二章中讲述了苏格拉底的基本观点,显示出苏格拉底在一定程度上忽略了道德层面的问题。此后,柏拉图在《美诺篇》强调了法律必须做到同善与真的一致性,并强调法律必须与真实存在相一致。所以,柏拉图已经暗示法律如果不具有公正性和正当性,与其说属于法律,不如说属于暴力。柏拉图还说:"那些不是为了整个共同体的共同利益而颁布的法律条文,其实根本就不是真正的法。"

由柏拉图坚持主张的上述关于法的公正性的论述,在昔尼克学派的思想家西塞罗那里又重新得到了关注。他说:"在法的概念的定义自身中,就已经内在的隐含着必须选择公正而真实的观念和原理。"

值得注意的是,在柏拉图及其后的亚里士多德那里,对于法的观念还进一步突出了新的意涵,这就是关于把法的日常性论述同有关法的诠释性定义区分开来,但两者又同时可以并行不悖的。按照这种模式,后来在政治哲学中通行的合法性证明同诠释性定义,也可以是并行不悖的。由此可见,从古以来在西方政治哲学中,已经注意到政治哲学所关怀的法律性质问题,同时也必须适当的注意到那些可以引起法律腐败和滥用的实际问题。

总之,由古希腊开创的这种诉诸自然并将自然当成人世间各种争论的评判标准的想法,在西方文化和社会发展中,被证实为一种有利于人类自身进行自我反省的重要途径,也成为各种现存社会制度的正当性的一块试金石,同时也成为日常生活和各种行动的方向标。

当然,这种凡事诉诸自然法的做法并不是没有争论的;甚至在某些时候,特别是在发生重大的社会变动以及出现社会危机的时候,这种争论会达到非常激烈的程度。实际上,尽管西方思想和文化史以及政治哲学史一再地记载自然法理论的有效性及其历史延续性,但是,它毕竟还是被认为是含糊不清的,是有待证明的一种假设。

在近代科学取得了长足进步的新时代里,有关法哲学的各种抽象讨论开始受到某种程度的质疑。理论上的质疑导致近代有关实证法的观念的产生。据说,"实证法"这个概念是在 1135 年出现在法国,并逐渐传播于此后的法哲学理论家中。一直到英国的边沁全面的论证实证法观念的正当性为止,关于实证法的思想慢慢地成为了西方近代法哲学的基本概念。这一变化是很缓慢的,也是曲折的。其实,早在中世纪的末期,生活在 13 世纪的托马斯·阿奎那就已经提出了实证法的概念,接着在 14 世纪的奥卡姆的威廉和波杜瓦的玛西流斯也先后就实证法提出了自己的观点。这就证明,在西方政治哲学史上,对于自然法的研究,也始终伴随着对实证法的探讨过程,同时,关于实证法的研究也慢慢地被看做是一种有别于道德哲学和政治哲学的特殊论题,却又不妨碍政治哲学必须包含捍卫道德原则与公正性论题的传统。

法哲学方面的许多混乱,还根源于语词上的多义性和歧义性。本来 ius 包含了"正义"、"法律"、"权利"等多种意思。到 16 世纪近代自然法理论提出的时候,当时的思想家主要是从"自然权利"的观点来论述的。所以,近代政治哲学所说的 ius naturale 已经不再是中世纪道德学家所指的 lex naturalis,也不是罗马法思想家所说的 ius naturale。

霍布斯(Thomas Hobbes,1588—1679)曾经正确地说:"虽然讨论自然法理论的人们,经常把 ius(权利)和 lex(法律)混为一谈,但我们却必须把它们加以区分;这是因为'权利'所谈的是有关'做和克制的自由',而'法律'所涉及的,是'应该做和克制'的问题,是'强求人们非要做或非要克制'的问题。由此可见,法律和权利的区别,大到犹如'义务'和'自由'的区别的程度。"①

当然,即使是在 17 世纪和 18 世纪,大多数自然法思想家也不接受霍布斯的上述观点。斯特劳斯曾经专门为此撰写《霍布斯的政治哲学》一

---

① Hobbes, *Leviathan*, part.I, ch.14.

书,深刻评述霍布斯观点的某些偏颇之处①。

其实,在古罗马时代以及后来研究罗马法的专家,都很谨慎地区分 ius 和 lex 两者的差别。首先,他们谨慎地区分"客观"和"主观"的权利,区分作为行为规则的 norma agendi 和作为行为权利的 facultas agendi 的不同内容和性质,尽管两者都可以用 ius 来代表。后来,英国人使用的英语试图以 law 和 right 来表示区别,但他们并不打算由此而割裂两者的内在意义联系。在法律上,ius 一词,既有客观的意义,又有主观的意义,不过后者总是以前者作为前提。也就是说,只要有"行为规则",就同时包含"行为权利"。

只有弄清上述关于 ius 和 lex 在语词义意义上的联系与区别,我们才能清楚地了解为什么关于自然法的思想一方面在西方思想史上经历了漫长的演变,另一方面又在 16 世纪左右被当时的法哲学家以自然权利论的形式表达出来,同时又变为近现代各种政治哲学的重要出发点。

(二) 探讨法哲学的基本方法

为了深入探讨自然法理论及其基本观念的正当性,为了探讨自然法理论在当代政治哲学中的实际地位,有必要首先弄清研究自然法理论的方法本身。总的来讲,在方法上,可以采取历史的方法和哲学的方法。

一方面,对自然法理论进行研究的历史方法,就是把它当成一个历史的过程和思想文化发展的产物,并设法系统地探讨自然法理论产生的根源及演变过程,以便从历史的各种重大事件以及西方人的实际命运,探讨自然法理论在西方政治哲学发展史上的重要地位。

另一方面,对自然法所进行的哲学研究方法,主要探讨自然法理论如何被确定为这样或那样的哲学理念,探讨自然法理论与西方人的价值观的关系,并由此深入研究自然法理论的基本概念及其与西方哲学和道德观念的紧密关系。

近百年来,从历史的角度和方法探讨自然法理论的思想家中,怀特海

---

① See Strauss, L. *The Political Philosophy of Hobbes*. 1936:156.

和波洛克取得了一定的成果。使用历史方法论证自然法理论的有效性，主要目的是强调自然法理论已经深深地扎根于西方的传统伦理学与政治哲学中，它甚至已经成为西方文化发展的一个传统力量，渗透到西方人的价值观念以及由此所指导的行动中。

为此，英国学者巴克爵士（Sir Ernest Barker）在他的著作《西方文明的传统》①中说："自然法观念的起源，可以归诸人类心灵的一种非常古老而无法取消的活动，这个活动促使心灵形成一个永恒不变的正义观念，强调作为正义的判断力量，人类社会中的各种权威如果要发生效用的话，就必须设法论证自身并非来自人类本身及其社会，而是来自人类所无法控制的自然。古希腊悲剧家索福柯勒斯以及荷马都在作品中一再地强调这一个准则。"

显然，把正义的根源和标准置于自然中，主要向我们传达这样一个基本信息，即作为终极的和最高的法律原则，正义，只能来自宇宙的本性，也自然地产生于客观的理性以及体现着这种客观理性的上帝本身。把正义设在社会之上，又必须贯彻于社会之中，是为了不断地确认一个永恒不变的原则：法律高于立法；立法者毕竟在法律之下，也无例外地必须服从于法律。

正是这条永恒不变的原则才保证法制和法律的权威性；除此之外，别无他法。然而，保证这条永恒不变的原则的至高无上性，只能诉诸自然。

因此，从柏拉图和亚里士多德开始，就一再地强调自然法的客观理性地位及其不可动摇性，并将这一观念当成是社会正义实现的前提条件。

在亚里士多德之后，是希腊化时期的斯多葛学派将自然法的观念进一步普遍化，并渗透到社会生活的各种礼仪行为中，并使之提升到人类心灵修养的最高原则。

在罗马人统治的中世纪时代，自然法的观念进一步同基督教思想相结合，也成为经院哲学和基督教神学的一个重要内容，甚至成为天主教和基督教信仰的一个精神支柱。

---

① See Barker, *Traditions of Civility*. London, 1948.

由于自然法观念的上述连续性和历史基础,使西方社会在 16 世纪经历文艺复兴及其后的启蒙运动的变革过程中,经过一系列杰出思想家的理论加工,才产生了近代的自然法理论,成为西方近现代自由民主的法制思想的重要组成部分。

当然,在强调自然法理论的历史连续性的时候,还不能忽视自然法理论及其基本观念在不同历史时代中会呈现出极其不同的内容和表达方式。

当然,从哲学的方法和途径来探讨自然法,也许可以表现出理论上的更多的优点。西方哲学家们从古以来形成了一个很强烈的思想传统,即认为这个世界存在着一种不变的准则或模型。哲学的任务就是要探讨不变的准则及其基础,同时说明它们的存在的客观性,即不以人的主观意志而存在并发生作用。正是为了证明不变的原则的客观性,才诉诸自然,使之具有毋庸置疑和无须讨论的绝对地位。

斯多葛学派的思想家西塞罗(Marcus Tullius Cicero,B.C.106-43)指出:"真正的法,是与大自然相符合的正确道理;它既是普遍适用又不变而永存,它以命令的形式召唤人们负责尽职,以它的禁令力量强制性地防止人们为非作歹。法对好人下命令并立禁制,但又对坏人无能为力,使法律在现实中呈现为一种矛盾,尽管无损于它的真理性。试图更改这种法律乃是一种罪过;企图废除它的任何一个部分也是不允许的。企图完全废除法律是不可能的。即使元老院或下议院也不能解除法律加诸我们的义务。……无论在罗马或在雅典,都不可能存在两种不同的法律,即使是现在或未来也同样是这样。因此一种永恒不变的法律适用于一切民族和一切时代,而在我们所有的人之上,只能存在一个绝对的主人和统治者,那就是上帝,因为上帝是这种法律的创造者、颁布者及执行者。"①

西塞罗还进一步说,作为自然法的一个重要观念,平等,也可以在人性中找到它的自然基础。因此,他说:"没有一个东西和另一个东西相类似,可以达到人类彼此之间相类似的程度。如果不是坏习惯和错误的信

---

① Cicero,*De Republica.III*,xxii,33.

念把比较脆弱的心灵扭曲了，使它们变质，则一个人和自己相类似的程度，甚至还比不上所有的人彼此之间相类似的程度。因此，不管我们怎样给人下定义，一个定义就足够适用于所有的人。……凡是从上帝领受理性的人，也一定领受了正义和真理，因此也同样领受了法律；当正义和真理变为命令和禁制，就变为法律。既然人人秉受法律，他们也必然秉受正义。这样一来，人人都秉受理性，人人也秉受正义。"①

由此可见，由西塞罗所总结的古代西方传统自然法理论，是从整个人类共同体所固有的本性以及维系人类存在的最高存在者上帝的绝对地位来决定的。

跟西塞罗一样，斯多葛学派的塞涅卡也强调同样的观点。

由此可见，在西方的政治哲学史上，把自然法理论提升到至高无上的高度是基于西方的人性论和对上帝的信仰。也就是说，自然法是人性自然产生的，毋庸置疑；它是经上帝所认可的，乃是永恒不变的。这一原则已经成为了"罗马法"及其贯彻的基础；也在后来长期地影响了西方人的政治哲学及法制的基本观念。

(三) 自然法理论与罗马法的特殊关系

自然法与罗马法之间的上述紧密连贯关系，再次说明了自然法观念在西方政治哲学史上的重要地位。在这里，主要是通过自然法理论与罗马法传统的关联突出地显示政治哲学研究中关于自然法理论的探讨的必要性。

这也就是说，探讨自然法必须以探讨罗马法传统联系在一起。这是从历史主义的方法探索自然法理论的性质所要求的。如前所述，既然历史的方法为我们提供深入揭示自然法理论的良好途径，那么，通过罗马法的观念和角度，再回过头来探讨自然法就成为顺理成章的事情。

在西方政治哲学史上，除了前述的古希腊政治哲学基本文献以外，大概只有《圣经》才有资格与《罗马法大全》(Corpus Iurus Civilis) 相比拟。

---

① Cicero, *De Legibus*. I, x, 29; xii, 33.

《罗马法大全》几乎成为"罗马帝国的幽灵",也同样成为罗马史的主要内容的法律基础。它不只是以历史遗迹的形式留存下来,而且也渗透到西方国家的各种文化遗物中,特别是渗透到各主要西方国家的语言体系中。迄今为止,罗马法这个历史的幽灵,还继续或多或少地呈现在现代西方国家的制度、法制和公民的日常行为中,以致可以说,罗马法不只是"幽灵"而已,而且也是活生生的历史事实和实际的状况。所以,谈论自然法而不联系罗马法,是近乎荒谬的。

正是在罗马法中,表现出西方自然法传统在中世纪一千多年的延续文明以及在近现代文化中的具体表现形式。

据说,在公元534年左右,一群拜占庭的法学家和律师们,奉查斯丁尼大帝(Flavius Petrus Justinianus,482-565)的命令开始编撰《罗马法大全》,试图继承和延续公元前5世纪罗马人的第一套成文法《十二铜表法》(*Twelve Tables*)的基本精神。贯穿于其中的基本精神就是把法律的至高无上性与造物主神的崇高地位联系在一起。所以,但丁(Dante Alighieri,1265—1321)在他的《天国》中以这样的文字描述了这位拜占庭皇帝:"这个人以其所固有的原初之爱的强烈意志删除了法律所不需要的部分。"①

但丁在这里用文学的语言说明了查斯丁尼立法的神圣依据,同时也巧妙地透露了这位皇帝立法时所表现的无可抗拒的权力意志。重要的是,这种由最高权威所表达的强烈权力意志,居然能够通过神的无可怀疑的威望掩饰起来。

更重要的是,由查斯丁尼所颁布的罗马法,不只是具有无可怀疑的权威,而且更显示它的理性特征。查斯丁尼反复宣称,他的目标是建造一座正义的庙堂,必须诉诸具有普遍效力的理性。

同样值得注意的是,作为自然法的历史基础,罗马法还表现出理性创造的艺术性和科学性。这也就是说,诉诸自然的和神圣的最高创造力的任何法律,都必须同时具有艺术性和科学性。作为一种艺术,法律是对善

---

① Dante, *Paradiso*, vi, 11-12.

与公正事业的赞赏及审美的描述;作为一门科学法律是对于一切与神相关的神圣事物的知识,也是关于辨别是非的理论体系。

在罗马法的自然法基本精神中,强调人类是一个"普世性"的共同体,法律的存在是共同体留存下来的基本条件。而且,由于法律是以人性为基础,所以它是普遍有效的。又由于法律是经过上帝所审核和认可,所以它又是永恒不变的。

(四)自然法的基本内容与概念

根据上述基本观点,在西方政治哲学史上,始终认为理想的社会模式应该与实际的法律体制存在一定的差异;前者是自然法所表达的,后者则是我们在人世间所面对的。因此,尽管人们对现实社会制度可以存在各种不满或怀疑,但对自然法却只能服从。

在 17—18 世纪,自然法理论家一般都认为自然法是自然权利的必要的和先决的条件。洛克(John Locke,1632—1704)在他的《再论政府》一书中明确地论证了这个道理。①

自然法的理论还涉及"自然"与"约定"或"契约"之间的关系。自然永远是作为理念、作为标准而具有普遍有效性,但约定或契约是可以根据它与自然的差异关系以及现实生活的需要而不断更新和充实的。

关于自然法所强调的重点,在不同的时代,是有差别和变化的。例如,从 18 世纪起,人们所关注的重点,越来越从自然法的客观意义转向主观意义。德国哲学家沃尔夫(Christian Wolff,1679—1754)指出:自然法的主观意义才是原来的 ius naturae 的固有意义,"无论什么时候,当我们说到自然法(ius naturae)的时候,我们从来都不曾指'自然的法律',而毋宁是指'凭借自然法之力量而自然地从属于人的权利'"②。到了美国大革命和法国大革命前夕,自然法理论已经普遍地变成有关自然权利的理论。

---

① See Locke,*Second Treatise of Government*.Ch.6,§ 59—63.

② Wolff,*Ius naturae Methodo Scientifica Pertractatum*.1741:Vol.I,Prol.,§ 3.

实际上,近代自然法之所以产生如此强大的威力,主要还是它为人权作辩护。现代理性主义、个人主义、激进主义都越来越把它奉为至宝。

对我们具有现实意义和历史意义的,还有关于自然法、国内法与国际法的三者关系的观念。这也是探讨自然法理论时所不能忽略的重要问题,更何况在全球化时代法律的任何实质问题及其实际运用都同国内外因素紧密联系在一起。

任何自然法都涉及自然法本身、国内法与国际法的相互关系问题。而且,环绕这些问题,无论从哲学上还是在历史上,始终都存在激烈的争论,而这些争论又反过来有助于我们更深入地理解自然法理论的性质。

从历史记载来看,值得我们回顾的是由乌尔毕安(Domitius Ulpianus,?—228)引起的争论。乌尔毕安是公元 3 世纪上半叶亚历山大·瑟夫鲁斯(Alexander Severus,205-235)皇帝统治时代的著名法学家。他在《论法理制度》中强调:"任何私法都是三重的;它既源自自然律法,又根据国际戒律和城邦戒律。自然法是大自然赋予一切动物的,它不是人类所特有,而是属于一切动物。从自然法出发才产生男女两性的结合,即所谓婚姻关系,生儿育女以及对子女的教育……国际法则是人类所必需遵循的法律,它无疑应该不同于自然法,因为如前所述,后者属于一切动物,而前者只属于人类。"

由此可见,早在中世纪,就已经把自然法与国际法和国内法区分开来,尽管它们之间有一定的联系。

其实,在乌尔毕安之前,另一位被称为盖乌斯(Gaius,约公元 2 世纪)的法学家就已经在他的《论法理制度》中讨论了自然法与国际法和国内法的关系。这位生活在公元 2 世纪的法学家明确地说:"凡是受法律与习俗所约束的人,都必须服从于部分为他们专有而部分又为一切人所共有的法律。各个民族为它自己所定的法律是各个城邦所特有的,它被称为国内法。……由自然理性向全人类发出的指令,同时又为全人类所必需遵守的那种法律,就是国际法,这是被所有为人者所实践的法律。"①

---

① Gaius, *Institutions*.

同样的,一位被称为鲍卢斯(Paolus)的罗马法学家也说:"我们可以从几种意义上谈论法律。一个意义下的法律,就是我们称之为永远公正与善的那种法律,这就是自然法。另一个意义下的法律,则是在各个城邦中对全体或多数人有利的那种法律,这就是国内法。"

总之,谈论自然法,在西方政治哲学中始终是与谈论国际法和谈论国内法联系在一起,而这种论述方式,其重点,仍然是突出自然法的普遍性和永恒性。

(五)自然法与道德的关系

在西方政治哲学史上,关于自然法的伦理道德性质,主要是从基督教开始所强调的。所以,只有从基督教教会统治的中世纪开始,自然法的伦理性原则才凸显出来。

由1441年基督教巴塞尔大会(Basel Council)所制定的基督教《教规大全》(*Corpus Iurus Canonici*)中的《格拉贤教规集》(Concordia discordantium Canonum)特别强调:"一切与自然法相矛盾的东西都应该被视为无效,因为天主说过:'我就是真理';也就是说,天主从未说过'我就是习俗或法规'";"人类受两种法律的统治:自然法和习俗。自然法就是包含在《圣经》与福音中的东西"。①

按照基督教神学的原则,自然法作为现实法规和制度的理念,也自然成为一个完整的人类行动伦理体系的基石。

基督教神学的原则认为,自然法应该溯源到上帝那里,而它的立法之所以具有绝对权威性,乃是由于它是经"天启"的证实和贯彻。由于自然法的神圣性质,它具有绝对约束力,并压倒其他一切法律。首先是因为自然法在时间上先于一切法律。"由于自然的产生与上帝创造具有理性的生存物人类是同时进行的,所以,自然法在时间上是永恒不变的,并具有永远有效的性质。"②

---

① See *Decretum Gratiani*.

② See Ibid.

接着,基督教神学又强调:"从尊贵的层面来看,自然法绝对优越于习俗和种种人为的法规。因此,任何通过实际运用而被承认的东西,或者通过明文规定而制定出来的东西,一旦同自然法发生冲突,就必须被视为无效。"①

中世纪时期的自然法,显然既继承了古代的罗马法传统,又显示出基督教神学的原则精神。但是,在基督教的观念中,法律不再是罗马时代的三分法中的法律,而是两分法的法律。最典型的是圣伊西多尔(Saint Isidore,560-636)所强调的原则:"一切法律,不是神的,就是人的。神的法律基于自然,人的法律基于习俗。"②

原来环绕自然法的罗马法精神,特别是罗马法对于自然法持有的那种谨慎却模糊的风格,被基督教通过神学的洗礼程序而转变成独断和坚定的教规和法律。

值得注意的是,基督教关于自然法的论述,在很多地方却与斯多葛学派思想家的观点相类似。

圣奥古斯丁的《上帝之城》系统地论述了基督教的伦理学基本原则,也强调一切法律的伦理性质。圣奥古斯丁强调:一旦人类道德伦理观念沦落衰退,任何强有力的法律都无法挽救人类社会的存在,更无法维持具有道德价值的人类社会的延续性。

圣奥古斯丁说:"法律不再成为法律,除非它符合正义。因此法律的有效性基于它的正义性。但是,在人类的事务中,一件事只有符合理性法则的时候,才符合正义;而我们已经看到:理性的首要法则就是自然法。因此所有人类制定的法律,只要是从自然法引申出来,便是符合理性的。一旦某一项人类法律与自然法相矛盾,它便不再合法,而毋宁是法律的败坏。"

基督教赋予自然法以道德伦理的功能,只有到圣托马斯·阿奎那的时候才达到了顶峰。他的《神学大全》对彻底基督教化的理想社会进行

---

① See *Decretum Gratiani*.

② Saint Isidore, *Etymologies*.

了完整的描述,简直把但丁在《神曲》中所完成的艺术成果提升到极其崇高的程度,并同时把道德伦理原则置于至高无上的地位,使之成为上帝所创立的自然法得以真正实行的主要动力。

阿奎那将法律分为四大类:(1)永恒法(Eternal Law);(2)自然法(Natural Law);(3)人法(Human Law);(4)神法(Divine Law)。

永恒法是由那些支配永恒宇宙的规律所组成。神法所涉及的则是每一个个体的人欲实现永恒救赎而必须履践的戒条。当然,一个人也不能仅凭自己的理性去发现神法,神法戒律的"发现"只能通过神秘的天启(divine revelation)。

圣托马斯·阿奎那的伦理学的核心是自然律。他认为自然律是道德标准的来源,也是人类理性制定一般的或具体的道德标准的依据。

当然,中世纪所说的自然律(lex naturalis)不是关于自然界的一般规律,而是关于人的本性的规律。自然律不仅是道德准则的来源和依据,而且也是宗教戒律、教会和国家法律的来源。在托马斯·阿奎那看来,自然律引申出四种法:第一种是永恒法(the eternal law);永恒法又可以引申出其他的法。第二种是神法(the divine law),也就是圣经中所论述的各种戒律。第三种是自然的法(the law of nature)。第四种是成文法(Human positive law)。他认为人的成文法是为了教育人,防止人做坏事,并且为社会共同体提供一种和平的生活。

自然法属于永恒法中支配人类行为的那一部分法则,而人的行为又受控于理性和自由意志。在阿奎那看来,自然法的第一要义在于多多少少显得有点含糊的行善避恶。

值得一提的是,阿奎那所持的自然法道德论。他认为的善恶标准均来自于人类的理性。善与恶也因此是客观的而且是普适的。

与此同时,阿奎那也是一位自然法的法律论者。他认为,人法(即由人类所颁布的法)仅仅只在其内容合乎自然法要求的情况下才是有效的。他这样写道:"每一条人类的法律都因为来自自然法而拥有了法的特性。一旦任何一条法律偏离了自然的法则,它就不再是法而仅仅只是对法的背叛。"这样的论述话语,简直就是圣奥古斯丁(Augustine)关于

"不正义的法律根本就不是法律"那条著名论断的一个注脚。

当然,违背自然法的法规不具有法律效力这一观念,同样也是概念性自然法理论的经典命题。

威廉·布莱克顿(William Blackstone)是这样阐述这一命题的,"自然的法则,得自上帝,理所当然地较其他任何规范更为优越。它的约束力遍及整个宇宙,无处不在,无时不有。一切人类的立法与之相悖,则无任何合法性可言。并且,人类的立法正是从它们的源头(即自然法)中分享其全部的力量和权威。"

圣托马斯·阿奎那还说:"只要是正义的命令所要求的,人就有义务服从世俗的统治者。由于这个理由,反过来,如果世俗的统治者没有具备正当的名分,而只是靠篡权进行统治的,或者,他们只是靠人为的命令去做不合正义的事业,那么,他们的臣属就没有义务去服从他们……"

从自然法的道德理论看,支配人类行为的道德标准在某种程度上是客观地来源于人的本性的;反过来,从自然法的法律理论来看,法律规范的最起码的权威性,也正是基于这些法律规范的道德本性。

所以,圣托马斯·阿奎那又说:"假定这个世界是无条件地受神圣天命的统治,那么,很明显,整个宇宙共同体便都受到神圣理性的管辖。上帝对于被造出的万物的合理指导,我们称之为永恒法。既然所有听命于神圣上帝的事物都受到永恒法的规范,那么,很明显的,所有的事物便都在相当程度上分享了这个永恒法;这是就它们受永恒法影响而具有对适当的行为采取规范化的倾向而言。但相对于其他一切事物,具有理性的被造物,总是以一种特殊的方式而服从永恒法;也就是说,它们被造成为天命之分享者,既能够控制自己的行动,又能控制其他事物的行动,以便由此而听命于神圣的永恒法。……理性的被造物所分享的永恒法,就是自然法。……这就好像自然理性之光无非就是神圣之光留在我们心中的影子,而我们用以分辨善恶的,也正是这种自然理性之光,这就是自然法。因此,很明显,自然法不外就是理性的被造物所分享的永恒法。"①

---

① St.Thomas Aquinas.*Summa Theologica*,1a 2ae,quae.91,art.1 et 2.

尽管从基督教神学的角度,自然法有它的道德基础和本性,但对于自然法的深入研究,仍然不能回避道德与法律之间的关系问题。

固然,在自然法的法律理论看来,法律的意图与道德的主张间并无多少明显分野;或者,至少有部分法律,它们的"权威"是建立在它们与道德标准的逻辑关联上,而非取决于某些远古时代形成的惯例或约定。

总之,政治虽然是人类社会特有的社会文化现象,也是人类本身所特有的社会活动,但自从政治诞生以来,就始终切不断它与自然的联系。自然不仅是政治的真正根源,也是政治的最可靠的参照体系,又是政治长期发展的终极基础。

在西方的思想和文化的传统中,政治始终没有脱离过与自然的关系。

但自从启蒙运动以来,统治着西方国家的基本政治路线,却越来越远离自然,甚至导致与自然对立的程度造成了西方政治本身的危机。

五、关于"正当性"(合法性)的论述

自然的东西并不一定是正当的东西。所以,自然法理论的正当性还有待进一步探索和论证。

正当性(合法性 Legitimacy;Legitimität;Légimité),源自拉丁文 lex,原意为"法"、"法律"或"法规"。所谓合法的(legitimate;legitim;légitime),就是符合法律的。所以,从法律的角度,"合法性"和"法律性"是同义的。但在实际上,"合法性"的含义远比"法律性"广得多。"合法性",在严格意义上说,并不只是要求符合法律,而且还要符合道德和符合理性。

所以,合法性的问题,不只是在事实层面上,而且也在法律层面,必须符合道理。

因此,"合法性"问题的提出,具有远比法律更深的意义。实际上,仅仅诉诸法律,是远远不够的;因为如果仅限在法律层面,几乎所有的国家的法律,都无法最终判定政治行为的合理性及其正当性。法律,往往是根据占统治地位的社会力量的意志,借助于形式上的法制程序而制定出来的。所以,正当性不仅要求在法律上,而且也在法律以外寻求一个进行公

正判决的"中立"因素,以便更客观地判定法律本身的公正性。显然,判定法律的正当性的力量,不应该是法律本身,而是可以决定法律的正当性的权威力量。

任何一个社会的政治制度及其政策的权威性是和它的正当性的程度紧紧联结在一起。因此,正当性问题不是政治的枝节问题,也不是局部性和策略性问题,而是政治的根本问题;它涉及政治本身的根基和基本性质。

在古代社会中,还没有直接地提出正当性问题的可能性。古希腊的柏拉图和亚里士多德都只满足于探究理想的政治。同样的,古罗马时期的西塞罗(Marcus Tullius Cicero,B.C.106-43)也在他的《国家篇》(De Republica)有限地探讨"最好的国家制度"和"最好的政治家"。只有到了公元4世纪的基督教神学家才提出了"合法性"或"正当性"的问题。从那个时候起,当基督教教会需要论证它的政治主张、行动及其对世俗社会的政治统治的正当性的时候,神学家们才开始关心"正当性"的论题。

也是从基督教神学家们开始探讨正当性的论题开始,它的首要论证目标,就是政治权力特别是政治行动的指挥权的正当性。

在相当长的时间里,正当性论题的论证往往诉诸历史的验证力量。也就是说,只要设法从历史发展的角度,证明一个政权或法制的正当历史根源及其继承性,它们就可以获得正当性的基本根据。

因此,正当性论证包含两大方面的努力:一方面是关系准则和政治原则的标准问题的探讨,即从正当化原则的规范性(normative investigations of legitimation)角度;另一方面是从历史发展的连续性、继承的合法性的角度进行论证。

这样一来,正当性的探讨触及"价值中立"(Wertfrei)的原则。正是德国社会学家马克斯·韦伯(Max Weber,1864—1920),在这方面,作出卓越贡献。韦伯在他的《经济与社会》(Wirtschaft und Gesellschaft. Tübingen.Mohr.1922)一书中,从历史和价值学说(Axiologie)的角度,区分了"事实与价值",强调学者和研究者在社会科学研究中应该排除价值判断的立场,只对"事实"本身进行分析,唯有这样,才能在社会科学研究中尽可能地贯彻"客观性"原则。但同时,韦伯在德国社会学方法论争论中,更明确地提出价值中立的原则及其与合法性的关系。他在关于价值判断的科学性的争论中指出,任何一门社会科学理论,是不可能教人"应该做什么",而只能告诉人们"能够做什么",或者,在某种情况下,"愿意做什么"①。接着,在他的《经济与社会》一书中,韦伯从历史和价值学说(Axiologie)的角度,明确区分了两种不同的方法论,其一是诠释的方法论,其二是实证主义的方法论。韦伯强调:对于社会的、经济的和历史的任何研究,都不能单独实行实证主义的归纳法或叙述法,因为任何研究都势必涉及研究者个人的立场和利益。为此,韦伯特别提出了"理想类型"的概念,并把理想类型当成科学诠释过程的主要参照,然后,他把人类行动分成四类:目的合理的行动(zweckrational)、价值合理的行动(wertrational)、受控于感情的行动(affektual)以及受习惯引导的传统行动(traditional)。

韦伯认为,近代国家之所以不同于传统国家,就在于它的建构和统治方式基本上遵循合理性的原则。韦伯特别强调:近代国家是以"合理性"为基础建构它的权威性(Autorität),同时也以"合理性"为标准建构和实行其法制和行政的形式。因此,近代国家必须具备以下几个特征:

一、行政或法律秩序的变化均受到法制的约束;

二、行政机构总是依据法制来协调一切行政事务及行政工作;

三、把对于全体公民的权威同发生在执法领域内的行动联系起来;

四、只有在正当地建构起来的政府的授权和核准下,才在执法领域内执行合法的强制行为和合法的暴力。

在马克斯·韦伯之后,卡尔·斯密特(Carl Schmitt,1888—1985)继续更深入地探讨了合法性问题②。

卡尔·斯密特在1923年所写的《罗马天主教与政治形式》一文中指

---

① Weber, M. "Die 'Objektivität' sozialwissenschaftlicher und sozialpolitischer Erkenntnis." In: *Gesammelte Aufsätze zur Wissenschaftslehre*, hrsg. v. Johannes Winckelmann, Tübingen 1988: 151; Weber, M. *Schriften zur Wissenschaftslehre*, Stuttgart, Reclam, 1991.

② See Karl Smitt, *Legalität und Legitimität*. München. Dunker und Humblot. 1932.

出:任何政治机构,特别是国家机构,如果它想要稳定地存在和维持下去,就必须以各种方式或以各种不同的程度,显示其统治的正当性和合理性。过去的政治哲学和政治理论对这个问题的论证,似乎包含不同程度的含糊性,其中最典型的表现,就是简单地认为:只有到了近代资本主义法制建构以后,正当性和合理性问题才得到解决。其实,在资本主义以前,凡是一个稳定的政治统治制度或机构,不管它是君主制、军事专制还是民主制,只要它能够维持一个相当长的统治时间,就意味着它或多或少地含有"实际的"正当性或合理性。斯密特很有趣地指出:天主教的政治观念实际上含有合理的宽容原则以及合理性概念。他指出:"罗马天主教的对立复合体本质在于,它具有特殊的、形式的优越性,凌驾于人类生活事物之上。在这点上,其他任何帝国都难以望其项背。罗马天主教卓有成效地建立了一个历史和社会现实的持久结构。这个结构虽具有形式的特点,却保持着极具活力同时又极富理性的具体存在形态。罗马天主教的这种形式特点乃基于代表原则的完全实现。代表原则的特殊性最明显地体现在它与今日基于主导地位的经济技术思维针锋相对。"斯密特在文中另一处还说:"教宗职务不依赖于个人的超凡魅力(或称为'克里斯马')。"所以,斯密特认为,天主教这个政治复合体隐含着天主教的理性创造力和人情味。所有这一切,正是表明,就连天主教教会所实行的宗教专制统治,也包含着相当程度的正当性与合理性。当然,天主教政治结构的合法性,不同于近现代意义上的合法性,正如施密特所说,罗马教会的理性主义在道德上涵盖了人的心理学和社会学本质;它与工业和技术不同,不关心对物质的统治和利用教会有其自身的理性……就连韦伯也断定,罗马理性主义在罗马教会中延续下来,它有意识地、异常成功地压制了酒神崇拜和迷狂,克服了把理性淹没于沉思的危险。这种理性主义寄寓于一系列建制机构,本质上具有法的意义。①

施密特还深刻地揭示了政治的"中立性"的实际意义。他说:首先,

---

① See Schmitt, *Der Begriff des Politischen*. 此处引用刘小枫编:《政治的概念》,刘宗坤等译,上海人民出版社 2004 年版,第 52—58 页。

政治是对于社会共同体一般事务的管治和统治,因而它应该不同于管理具体事务的经济等领域,政治应该高于社会生活中的一切具体领域,在它们之上统管全局,由此就自然地应该"中立"于一切具体领域,即高于一切领域,超出一切具体领域的部分性利益。政治之所以要诉诸法律和法制,就因为法律和法制都具有高于一切领域具体利益的性质,它们在这个意义上是"中立的"。

其次,施密特还进一步强调"政治中立性"的含糊性及其肯定性和否定性的双面意义,因此,必须明确弄清中立性的双重意义,然后才有可能进一步探讨所谓"中立"与"合法性"和"正当性"的奥妙关系。在这一点上,恰好显示了政治问题的复杂性及其各种可能性所隐含的危险意义。

从否定意义来看,政治中立性主要指的是逃避政治决断,表现政治对某些问题的一定程度的"无所谓"态度,不参与其中的争论和利益抉择,不关心其中的派别争斗。其次,政治的中立性还表现在国家机构所扮演的普遍性技术功能,使国家明显地为社会的各个阶层实现"一律平等"的服务,使各个阶层都可以感受到国家的行政服务所给予的"机会均等"性质。

从肯定意义来看,政治中立主要指它在政治决断中的中立性。政治有必要对关系到根本性利益的问题和对全局性的问题,作出应有的决断。在这方面,主要指法制执行中的中立,同时也指维护主权和领土完整问题上的决断。国家对这些整体性和根本性问题的决断,就是它的肯定性中立意义。

但是,要正确讨论政治和国家的中立性原则,不能不首先讨论政治和国家合法性。任何国家和政治,只有其本身具备法制统治的因素,只有使其自身的政治统治建构在合理的法制基础上,不有可能使前自身的统治和管理具备合法性。

政治的发展也表明:人类在探索政治统治制度方面建立了长期的试验,也为此付出了巨大的代价。在近代社会以前,人们基本上是在盲目的历史实践中探索政治统治的合法性模式。如前所述,并不是只有近代社会才建构起合法性的政治制度。在这以前,包括启蒙运动所批判的中世

纪教会统治,都或多或少地已经包含了合法性,它们也在它们的政治统治
实践中不断探索合法性的较好模式。但是,唯有经历了奴隶制度和中世
纪统治制度之后,人们才找到了一种建立在法制统治基础上的合法性
模式。

施密特在总结欧洲政治合法性制度的历史经验时,特别分析了"立
法型国家"的合法性制度问题。

第二次世界大战之后,晚期资本主义社会的出现,使正当性问题再次
以新的历史形式被讨论。

哈贝马斯曾在1973年发表专著《晚期资本主义的合法性问题》(*Le-
gitimationsprobleme im Spätkapitalismus*, 1973)。这本书和《论历史唯物主
义的重建》构成他对现代社会及对马克思的资本主义政治哲学理论的批
判整体。

1975年10月,德国政治学协会(die Deutsche Vereinigung fur Politische
Wissenschaft)在杜伊斯堡召开代表大会。哈贝马斯与政治学家威廉·赫
尼斯(Wilhelm Hennis)就"合法性问题"发表重要论文。哈贝马斯的论文
于1976年1月30日发表在《水星》(*Merkur*)杂志,1976年编入《论历史
唯物主义的重建》一书中,题为《现代国家中的合法性问题》。

什么是合法性问题?为什么要讨论合法性问题?晚期资本主义或现
代资本主义的合法性问题与社会合理化问题有何关系?晚期资本主义与
现代性(Modernität)问题有何关系?⋯⋯诸如此类的问题是有重要的、特
定的理论内涵及实践意义的。

"合法性"问题本来属于政治学国家论的范畴。现代政治学严格限
定,唯有国家才有合法性的权力去指挥、支配和使用军事力量,有权制定
一系列指导国家行动的政策。

现代社会学与社会哲学,在研究和探讨社会正义、政权的正当实施条
件和统治者的职责以及统治者与被统治者之间可以容许达成的合理原则
的可能性的时候,经常提出合法性的范畴。

在哈贝马斯那里,从他青少年时代关心社会问题开始,他就已经面对
"现代资本主义为何繁荣起来?"、"现代民主制有无合理性?"、"现代民主

制在什么样的范围内才具有其合法的功能?"等问题进行了思考。

哈贝马斯生活在第二次世界大战后现代资本主义进行自行解决和自我调整其社会危机的新时代。因此,他所关心的,一方面是现代社会自行解决其危机的内在的、根本的原因及其有效程度;另一方面则是现代社会产生危机的精神方面的、文化方面的、科学技术方面的、理性的、道德的基础及其有效程度。

在此基础上,哈贝马斯提出了社会合理化的方案,即在沟通行为原则的基础上的反思性的批判原则的实施,以达到全人类的总解放。

哈贝马斯所提出的合法性问题,明显地体现出他对现代社会、对理性、对现代性、对人的本质本身以及对人类前途的矛盾态度:一方面,现代社会所达到的高度文明,即在物质方面的先进生产力、科学技术力量的广泛应用、社会成员物质生活条件的空前改善以及对自然力量的魔术般的控制程度等和在精神文明方面所达到的民主制法律、道德体系的完备性以及人的道德意识的修养和培育程度,集中地体现出现代社会的存在与发展本身的合法性,也体现出现代社会的合法性与人类理性力量的内在联系。但是,另一方面,这样一个本来基于理性本身的、有"合法性"基础的现代社会,又为什么还要遭遇到一系列持续的危机? 这些危机,虽然最终可以靠现代社会本身加以调整和解决,但它毕竟是不合理的、与现代社会的理性基础是相矛盾的,也是有害于人类现代生活的。所以,哈贝马斯的合法性问题又是针对着那些导致现代危机的、确确实实存在于社会中的现实矛盾及其内在本质的。在这里,尤其重要的是,哈贝马斯不停留于问题表面,而试图揭示这些矛盾的本质,特别着重揭露国家政权方面、科学技术力量方面和人类理性的历史演变方面的根基。

具体地说,哈贝马斯关于晚期资本主义的合法性问题的论证和批判,包含五个基本内容:第一,什么是晚期资本主义的合法性问题;第二,现代社会对合法性原则的研究;第三,现代合法性问题与资本主义国家结构的直接关系;第四,发达资本主义社会的合法性的延长;第五,哈贝马斯基于其社会批判论对于合法性概念的批判和重建。

所谓合法性(Legitimität),就其一般意义而言,是指依据人们所承认的、视为正确和正当的原则,而对一种政治制度提出的、可论证其法律上的正当性的要求。所以,"合法性意味着对一种政治制度的公认的赏识"(Legitimität bedeutet die Anerkennungswürdigkeit einer politischen Ordnung)。这就是说,一种政治制度的合法性,意味着人们所承认的、对它的尊重和赏识(Würdigkeit,原义为"值得尊重"或"功绩";词根 Würde 既有"庄严"、"尊严"之意,也有"身份"、"地位"之意。

因此,在某种意义上讲,与 Identität 相类似,意味着对它的"名正言顺"之身份之承认。所以,对于一个政治制度的合法性的要求或评判标准(哈贝马斯用 der Legitimitätsanspruch 来表示),是立足于对于社会的特定的、规范性的标准的、社会整体性的维护之上的。

大家对于特定的、有确定身份标准的社会形成一种大致一致的要求,并全体地对之加以维护;只有在此基础上,才谈到一个社会的合法性问题。

这样一来,合法性问题的展开和论证,要说明现存的制度(Institutionen)和政权(politische Macht)是怎样以根本性的价值(konstitutiven Werte)来维护社会的公认身份(Identität)的。

哈贝马斯在 1973 年在罗马市哥德研究院所召开的讨论会上,以题为《什么是今天的危机? 晚期资本主义的合法性问题》("Was heisst heute Krise? Legitimations probleme im Spätkapitalismus")的论文,更具体而深入地分析了晚期资本主义的合法性问题。

如前所述,提出资本主义的合法性问题并不意味着无条件地论证或辩护现代资本主义的合法性;恰巧相反,现代资本主义的合法性问题是同它的危机性问题密切相联系,是同它的不合理性相联系的。

换句话说,哈贝马斯要以晚期资本主义的合法性问题的研究,揭示现代资本主义的"不合理的合理性"或"合理的不合理性"的奥秘,揭示其既合法又不合理的矛盾性质,以达到实现未来的合理又合法的理想社会的目的。

哈贝马斯在上述发表于罗马的报告中说:"当人们应用'晚期资本主义'这个语词的时候,就意味着含蓄地提出这样的判断,即使在有国家调整的资本主义中,社会的发展也在矛盾重重或危机中进行着(wider-spruchsvoll oder krisenhaft verlaufen)。"

因此,理解资本主义的合法性问题,必须同对于资本主义现代危机的分析结合在一起。

哈贝马斯关于晚期资本主义的危机问题的研究,是从对晚期资本主义国家的有组织的调整经济活动的能力的分析开始的。在哈贝马斯看来,晚期资本主义的国家,基于资本累积过程的加速进行,有可能通过国营的或多国联合经营企业的集中过程和对商品市场、资本市场和劳动市场的组织工作,以及对市场的日益增长的功能缺陷的干预,完成国家对整个经济活动的调节和控制。

为了深入论述这个重要问题,哈贝马斯具体地分析了先进资本主义社会的经济制度(das ökonomische System)、行政管理制度(das administrative System)、合法化制度(das legitimatorische System)和阶级结构(Klassenstruk-tur)的特征。

关于先进资本主义经济制度的特征,哈贝马斯援引了美国经济学家谢勒(F.M.Scherer)和奥康那尔(J.O'Connor)的调查分析资料。谢勒在其著作《工业市场结构与经济活动进程》(*Industrial Market Structure and Economic Performance*,Chicago,1970)和奥康那尔在其著作《各国财经危机》(*Die Finanzkrise des Staates*,Frankfurt Main,1973)中,都先后分析了美国在20世纪60年代的三种模式的经济结构的状况及其实施过程。

美国经济学家分析了私营经济的两种模式与国营经济的一种模式的状况。私营经济的第一种模式是通过竞争的市场调整经济;私营经济的第二种模式是进行"竞争边缘"(competitive fringe)的少数制造商对市场进行控制的经济;这一经济模式往往是在市场中存在大量买主的情况下,制造商为了控制价格和赚取利润而采取旨在期望竞争对手作出有利于制造商的积极的反应的战略。作为第三种模式而存在的国营经济控制着诸如军备生产和宇航工业生产等重要部门,可以在很大程度上独立于市场经济而作出各种投资或生产的决定。在国营的和垄断的经济部门中,资本集中和增殖过程占优势;而在竞争性经济部门中劳动强度大的工业则越来越发展。工会组织的力量也在国营和垄断经济部门中有显著的发展。

关于先进资本主义的行政管理制度,哈贝马斯着重指出两点:第一,国家机器借助于总体规划的手段调整着整个经济循环;第二,国家机器不断改善资本的使用条件(die Verwertungs bedingungen des Kapitals)。

至于先进资本主义国家的合法化制度,哈贝马斯是从下述基本观察出发的,即资本主义市场的功能削弱倾向及市场机制的功能性损坏的附带后果,导致资产阶级的关于正常交换的基本意识形态(Basisideologie des gerechten Tausches)的逐步倒塌。这一基本事实使加强的合法需求(ein versta rkter Legitimationsbedarf)显得非常必要。这样一来,已不再是仅仅保证而且也积极干预生产过程的国家机器(der Staatsaparat)就必须为其不断增强的经济干预行为进行合法化的程序和手续,论证这些越来越大的参与活动的合法性。资产阶级意识形态关于普遍性的价值观念体系就变成一般性的公民权利(die Staatsburgerrechte)、公民参政及政治选择权的观念。一种形式民主制(formale Demokratie)得到加强;这种形式民主制所关心的,是使行政管理方面的各种决定相对地独立于公民的具体目的和动机。

先进资本主义社会的阶级结构也发生了变化。哈贝马斯说:"第二次世界大战后的几十年间,最先进的资本主义国家已成功地将阶级冲突潜伏地维持在它的核心领域中(den Klassenkonflikt in seinen Kernbereichen latent zu halten)。"

哈贝马斯对于当代资本主义社会阶级结构的分析,同法国政治学家兼政治哲学家阿兰·杜连的研究成果有密切关系。杜连在《社会的生产》(Production de la Société,1973)一书中,他为"历史性"下了独特的定义。同所谓"制度主义社会学"(Sociologie institutionnaliste)相反,他创立一种社会学的干预社会运动的技术。

杜连认为,现代社会的阶级结构,已不是像过去那样,在企业中的业主、管理人员同受薪工人的对立;而是生产机器(des appareils de production)与在社会生活各领域中受生产机器的控制的使用者(des usagers)之间的矛盾。

另一位法国政治学家兼政治哲学家尼可斯·布兰查（Nicos Poulantzas,1936—1979）也在研究现代资本主义社会阶级结构方面作出了突出的贡献。他的《政权与社会阶级》（*Pouvoir politique et classes sociales*,1968）和《现代资本主义的社会阶级》（*Les classes sociales dans le capitalisme aujourd'hui*,1974）两本书,对现代资本主义的阶级结构与国家机器的分析是非常深刻的。

布兰查认为,国家越来越显示其相对中立和相对自治（autonomie relative）;它既不是可以被分割出来的机构,也不是单纯的工具。他严格地区分了国家机器与国家权力（le pouvoir d'Etat）,以便由此区分和分离"革命政党"与"国家",并进而论述国家机器不同部门的多元化的功能。布兰查的国家论很深刻地揭示了国家机器之为各种政治力量所利用之可能性及其限度。

在《现代资本主义的社会阶级》一书中,布兰查论述现代阶级之扩大再生产之可能性,分析资产者关系的国际化（internationalisation des rapports capitalistes）、资产阶级与国家的关系的演变以及现代小资产阶级结构的变化。

哈贝马斯在分析批判杜连和布兰查的理论的同时,也很注意他的本国同事奥弗（Klaus Offe,1940—　）和维尔登贝尔格（Th. Würtenberger）在研究资本主义国家问题方面的理论成果。

奥弗与隆格（V. Ronge）合著的《资本主义国家概念的基础论纲》（*Thesen zur Begründung des Konzepts des kapitalistischen Staates*,MS Starnberg,1975）、奥弗的著作《资本主义国家的结构问题》（*Struktur probleme des kapitalistischen Staates*,Frankfurt Main,1973）以及维尔登贝尔格的著作《国家统治的合法性》（*Die Legitimation staatlicher Herrschaft*,Berlin,1973）,都为哈贝马斯的论证提供不少启示。

哈贝马斯在他后来的著作《关于现代性的哲学论证》（*Der philosophische Diskurs der Moderne*,1985）一书中,曾进一步发展了他对晚期资本主义的合法性问题的观点。所以,当他的这本书的意大利译本（*Il discorso filoso fico della modernita*,*Dodici lezioni traduzione italiana di Emilio Agazzi*,Roma Bari,1987)在罗马出版时,哈贝马斯的晚期资本主义合法性观点,连同他的"现代性"和现代危机观点,受到意大利理论家的批评和评论。

意大利哲学家安东尼奥·德·西蒙(Antonio de Simone)对哈贝马斯的观点的评论具有代表性。德·西蒙的论文《论晚期资本主义的危机的可能性》首先全面地估价了哈贝马斯重建历史唯物主义的基本方面。在他看来,哈贝马斯以历史社会进化理论为主轴线,分析批判生产方式与社会组织原则的关系,试图以"劳动和相互作用"这一对立范畴的展开替代已逐步过时的马克思主义关于生产的公式,并在此基础上,建立由沟通行动理论出发的社会发展论,在交往合理性理论(Theorie der kommunikativen Rationalität)和现代性理论(Theorie de la Modernität)的极为广阔的范围内去探索"体系"(System)与"生活世界"(Lebenswelt)的辩证关系。

晚期资本主义社会的性质,从社会关系及其趋势而言,已进入福利国家(Welfare State)的阶段。因此,这个社会的各种危机,虽然就其终极原因而言,仍未摆脱经济体系中的基本矛盾,但它已不总是直接地表现为经济形式或只限于经济领域内。

这种社会的特征,在很大程度上同人类文化的高度发展水平密切相关。因此,许多重大的国家政治问题和社会问题,都已经不例外地纳入文化和科学技术高度发展的范畴内,都不能逃脱文化和科学技术的强大影响。国家机器对经济生活的越来越强大的干预,国家所制定的战略性行动对经济和社会生活的影响,乃是文化和科学技术高度发展成果的表现。

所以,对于晚期资本主义的危机,也必须在新的文化背景下,在新的人类理智总成果的广角镜下进行考察。哈贝马斯所说的生活世界概念,就是指晚期资本主义社会内人类生活在其中的社会文化背景。

哈贝马斯认为,在这种情况下,马克思关于生产力与生产关系的经典公式,应随着上述历史变化而加以修正和调整,使之补充那在旧有的生产方式公式中所欠缺的交往行为因素,把社会的矛盾放在新的生活世界中加以解剖。

这样一来,生产力与生产关系的旧矛盾便成为了一方面"生活世界"及其各种客观的、规范的表现,同另一方面经济、政治制度之间的矛盾。正是这后一方面,即经济和政治制度方面的历史局限性,不断地限制着人们在其中生活的那个生活世界的更新和发展。

现代生活世界的交往结构(die kommunikative Struktur der neuen Lebenswelt)及其实施,使一切与日常生活作为现代消费世界的基本表现场所有密切联系的社会运动变为最值得加以理解的方面,同时,也把一切政治问题归结为或还原为经济制度从下面来的和政治制度从上面来的对于生活世界的不合理的、歪曲了的、反向的统治。

哈贝马斯本人在1984年参加在意大利举行的关于哈贝马斯思想的学术讨论会上,作了重要发言,强调他的关于晚期资本主义危机的基本观点之所在,即从沟通行动理论的角度,把当今社会的基本矛盾理解为一种"生活世界"与政治经济体系的矛盾,其表现形式就是:一方面,在科学技术和文化高度发达的环境下,人们之间的交往成为了一切活动的基础,人们对于日常生活中的基本矛盾构成一切社会运动的杠杆,物质上和精神上的无止境的、然而又是合理的需求,使这一生活世界变成多姿多彩的、相互沟通的、在空间和时间上有无穷伸缩性的多方位的新世界;另一方面,政治和经济制度本身却又往往处于被动的、消极的地位,而反过来要以统治者自居去控制生活世界的发展。

值得注意的是,在哈贝马斯解释晚期资本主义危机及其合法性问题时,同他论述个体意识结构问题时一样,他很重视学习过程和教育的作用。他指出:"学习的方式不仅表现在对发展生产有决定意义的、技术上有利的知识领域内,而且也表现在对于实践性道德意识的相互作用结构有决定意义的领域。"

这就是说,社会的发展也在很大程度上取决于教育和学习的质量及其水平,因为恰巧通过学习和教育过程潜在的合理性结构才得以在社会的和制度化的实践中逐步实施。哈贝马斯通过对于教育和学习过程的分析,又进一步强调学习过程在社会组织活动中的特殊作用。

在哈贝马斯看来,晚期资本主义社会内的组织问题既然已上升到首要地位,那么,教育和学习对于社会历史发展的方向所起的根本作用就不言而喻了。

如前所述,哈贝马斯对于晚期资本主义的组织原则问题给予很大的重视。在他看来,组织原则在改造现代社会的过程中具有特别的功能,它甚至起着社会发展总调整的作用。他认为,组织原则体系有很大的伸缩性,在它的内部可以容纳关于学习、关于世界形象的认识以及关于对社会的控制能力等重要因素。正是在这个意义上,组织原则确定着社会总体化(Soziale Integration)和体系一体化(Systemintegration)之间的相互联系的性质与程度。

哈贝马斯指出,组织原则决定着控制和指导体系的实施条件;而且组织原则的发展确定着社会结构的界限,并在一定程度上表达这个组织结构的潜在的可能性,表现着社会整体机制所可能发生变动的限度。

在《晚期资本主义的合法性问题》一书中,哈贝马斯正是从上述观点出发,强调组织原则的特别意义。正是组织原则能在社会体系内部减少危机并使危机从属于经济的和社会的综合结构。哈贝马斯曾为此而具体地区分了四种社会构成:前文化社会、传统社会、资本主义社会及后资本主义社会。

接着,哈贝马斯在分析晚期资本主义的危机时,使用了"输入—输出型"(input-output type)的模型,区分了经济的、政治的和社会文化的三种体系,并指明四种可能发生的危机:经济危机、合理性的危机(Rationalitätskrise)、合法性危机(Legitimationskrise)和动机性危机(Motivationskrise)。

总之,哈贝马斯把晚期资本主义说成为"有组织的、并由国家调节的资本主义"。

与哈贝马斯不同,关于"正当性"问题,法国的利奥塔首先强调了他的这个概念同哈贝马斯的概念的不同点。他指出,他所说的正当性比哈贝马斯所说的概念包含更广阔的含义。

利奥塔认为,哈贝马斯更多地从权威性(autorité)观点来谈正当性。①

所以,利奥塔指出:所谓正当性,指的是"立法者(législateur)获准颁布一个作为准则的法律的程序"(la légitimation, c'est le processus par lequel un législateur se trouve autorisé à promulguer cette loi comme une norme)②。

正当性问题包含着两个互相牵连的方面:一方面,后现代社会的到来,使原来的正当性程序成为了人们质疑的问题,这是因为原有的正当性程序是依据18—19世纪时期所确定的原则和标准,社会的根本变化使这些旧有的正当性程序失去了效能,丧失了它的合法性,不再适用于当代社会;另一方面,新产生的后现代科学知识论述,也没有经过正当的程序完成和确立其正当性。所以,利奥塔从上述两方面对正当性问题进行分析。

总之,在当代政治哲学的各种论述中,合法性问题越来越成为重要的争论核心。

第二节　政治哲学的基本模式

一、探索政治的理想模式

政治哲学所探讨的政治,既不是一般政治学所说的政治,也不是实际呈现的政治,同样也不是隶属于社会特定集团的意识形态的政治。政治哲学所关心的政治,是兼有理想与实际的两面性,是充满悖论的政治。只有以这样的模式来探讨政治,政治哲学才有可能既关怀实际的政治、又与实际的政治保持一定的距离,达到"适当地"以哲学方法,"冷静地"和"中性地"从理论高度讨论复杂的政治事务的目的。

---

① See Lyotard, *La condition postmoderne*, Paris. 1979: 19.

② Ibid.

政治同人类社会生活的其他形式一样,一直是以两面的层层重叠结构,以隐蔽和显现的复杂双重方式,在社会生活中扮演它的角色,发挥它的功能,并反过来,又受到了整个社会生活的影响,不断地采取不同的历史形态,发生多面向的演变和改革。

所以,政治哲学所寻求的政治,绝不是一般政治学所研究的政治,而是从它的层层复杂的结构和功能出发,对它进行哲学的反思和批判。这种政治,就是哲学的"折射镜"中所反射出来的政治。

从古到今,政治的哲学的折射方式,可以采取多样的形式。

在古希腊时期,柏拉图和亚里士多德是两种最基本的政治哲学形式的典范。对于柏拉图来说,政治哲学采取了"理念化"的形式,只探索政治的理想形式①;而对于亚里士多德来说,政治哲学是采取自然的方式,对政治进行素朴而抽象的分析。②

在中世纪,圣奥古斯丁采取神学理念的模式,研究政治的性质,得出哲学的深刻结论。③

到了近代,政治哲学采取了另外两种相互对立的方式,即卢梭式的"人类学模式"④与休谟的"经验模式"⑤。

在19世纪末,马克斯·韦伯根据现代科学研究成果提出新的"理念型"探讨模式,补充实证主义的政治研究模式。⑥

政治哲学之所以经常面临着这两种对立的表达模式,正是由它所探讨的问题的性质所决定:政治哲学基本上探索两大类型与政治相关的问

① See Plato, *Critias*. Loeb Claissical Library, London; *Republic*. Loeb Claissical Library, London; *Timacus*. Loeb Claissical Library, London; *Laws*. Trans. And annotated T. J. Saunders. Harmondsworth: Penguin. 1970; *Stateman*. Trans. And intro. J. Skemp. London. Routledge & Kegan Paul. 1952.

② See Aristotle, *The Politics*. Ed. E. Barker, 2nd. Edn. Oxford. Clarendon Press. 1948.

③ See Augustine, St. *City of God* (B. C. 412 – A. D. 25). ed. D. Knowles, trans. H. Bettenson. Harmondsworth. Penguin. 1972.

④ Rousseau, *Discours sur l'origine et les fondements de l'inégalité parmi les hommes*. Amsterdam. Rey. 1755; *Du contrat social. Ou Principes du droit politique*. Amsterdam. Rey. 1762.

⑤ Hume, *A Treatise of Human Nature*. London. Longman. 1739–1740; *Essay Moral, Political and Literary*. Edimbourg/London. Millar. 1741–1758.

⑥ See Weber, *Wirtschaft und Gesellschaft*. Tübingen. Mohr. 1922.

题,一方面讨论政治本身的理性基础及其合理化的可能性;另一方面探讨实际政治生活所面对的基本问题以及哲学家同政治的关系。

二、哲学与政治哲学的关系

从以上简单的分析,可以看出:"政治哲学"(Political Philosophy;Philosophie politique;Politische Philosophie)的出现及其对于政治问题的探讨,在西方,始终是与哲学家对于政治生活的关切态度密切相联系的;而且,它也随着历史的发展,经历了相当长的演变过程。在希腊城邦时代,当时的古希腊哲学家,由于一般人及哲学家们都把城邦事务当成最主要的问题,甚至把它看成人之为人的根本问题,往往把城邦事务列为思想的首要关注对象和主题,因而也把政治当成哲学思考的焦点。在希腊人看来,既然哲学所要回答的基本问题是人生的意义,而人的生命及其意义又离不开人之为人的社会条件,那么,哲学所探讨的基本问题,就是作为人生活动重要场所的"城邦"的活动规则;而政治哲学所要探讨的基本问题,也就是人的生命所追求的基本目标,即在社会生活中的实现真正的自由。所以,从希腊哲学的早期,哲学家们就把政治哲学的研究目标,同哲学的探索目的并列起来。

更具体地说,在早期希腊,哲学、伦理学、修辞学等与人和社会的命运密切相关的学科,都探讨政治问题。如果说城邦的公民本来就应该关心政治的话,那么,哲学家就必须更加关心政治,并将政治的论题当成哲学的主题。在当时的希腊哲学文献中,政治就是所有城邦事务的关键,哲学家首先思考政治及其与人、与社会的性质的关系问题。在当时的伦理学著作中,一切道德行为都是政治行为,都是与社会共同体的命运密切相关。因此,作为最高的德行和德性,"至善"就意味着首先关怀人与社会的共同命运,并因此将个人行为、欲望与思想观念同社会的整体利益联系在一起。而在修辞学中,以最优雅的言语和修辞进行表达和沟通,被当成是文明人和城邦有道德的公民的首要秉性和根本义务。

三、自由与平等：正义的两难

（一）人的自由本质：生命的超越性

什么是自由，这是政治哲学长期讨论的基本问题。但是，究竟什么是自由？不同的政治哲学做出了不同的回答。伊塞亚·柏林（Isaiah Berlin，1909—1997）指出：自由这个概念有超过 200 种以上的意义。所以，贾利（W.B.Gallie）干脆说："自由这个概念是一个在本质上带争议性的概念。"①

但是，归根结底，人在本质上是一种自由的生命体。从人脱离自然而成为社会动物开始，就一直不停地寻求其自身生命存在的自由。这是一种不同于自然状态下的行动自由和生活自由。行动自由和生活自由是来自人的生命内部的基本特征，是由人的生命所固有的超越性所决定的。

换句话说，人的自由是人的超越本质的基本表现。人的生命不同于其他动物的生命的地方，就在于它的无限超越性。所以，萨特指出，"我们注定是自由的"；"人的自由先于人的本质、并且还使人的本质成为可能；所以，人的本质悬挂于它的自由之中"（la liberté humaine précède l'essence de l'homme et la rend possible，l'essence de l'être humain est en suspends dans sa liberté）。②

我们说自由是人的本质，实际上还只是揭示了自由的一个方面，即只论及自由与人本身的内在本质的关系。但是正如我们一再指出的，人是社会生存物，人一刻离不开社会及其环境。所以，一谈到人的自由和人的本质，就势必谈到人的社会生活条件和环境。自由无论如何离不开社会环境。翻阅西方自由民主制的历史，我们看到：自由的真正实施是极其艰难曲折的。

---

① Gallie，"Essentially Contested Concepts." In *Philosophy and the Historical Understanding*. New York.1964.

② Sartre，1943:61.

　　如果说，启蒙运动曾经向人们许诺过"自由"和"解放"的话，那么，两百年来的"现代性"的历史，给人类所带来的，仅仅是西方近代自由民主制范围内的"自由"；事实证明了这种自由的内在矛盾性：它一方面确实给予了个人远比中世纪多得多的自由；另一方面它又使人陷入一系列现代"自由的"法制、规范和规则的枷锁中，强制人们变为福柯所说的那种不折不扣的"温驯的人"（Foucault，1975）。其实，这一切，只是卢梭早在18世纪所作的批判的见证。卢梭在他的《社会契约论》中，开宗明义就指出："人生来自由，但却发现自己处处被套在枷锁之中。"就连现代法制理论的创始人之一孟德斯鸠也直截了当地揭示了现代自由同遵守法制的一致性："所谓自由就是遵守法规。"福柯、利奥塔等人的贡献就是结合现代社会发展进程的活生生的事实，论证了现代自由的有限性及其对人本身生活自由权的侵犯。而且，福柯等人并不把自由问题孤立起来讨论。他们结合当代国家政权及现代民主制的实际进展状况，揭示了现代自由对人性摧残的必然性。他们把现代国家的滥权现象当做最关键的问题来讨论。自然权利论思想家当初所作的对现代国家政权的限制承诺，随着现代国家机器的发展而逐渐地和彻底地泡沫化。

　　在西方民主制范围内而出现的德国法西斯，集中地证实了西方自由民主制本身的危机及其矛盾性质。与此同时，由一系列社会危机和科学技术发展所造成的人的生存的异化，也促使人越来越感受到自身无法掌握自己的命运。人的自由本身受到了威胁。人们无法掌握自己的命运。

　　为此，作为向传统形上学开战的先锋，萨特早在1934年，就写出了《呕吐》（La nausée），生动地揭示被"抛入"世界而存在的人的"荒谬性"。萨特通过他自己所经历的社会事件，深深感受到个人再也不是个别的"单子"，而是同周边的世界的命运连成一体的生命单位。萨特所处的具体生活世界，教育了萨特本人，使他感受到自己已经不由自主地"介入"到了他所试图超越的世界中去。萨特的思想转变，使他越来越意识到：个人是不可能超越历史和环境。正如他自己所说：或者盲目地被时代推着走，或者主动地承担起历史的责任，"自为地"介入到时代的洪流中去。

　　对一个人来说，当他面临社会的重大变化和时代的挑战，他究竟介入不介入，这是个人要不要自由的问题；或者，更确切地说，问题不是"有没有自由"或"要不要自由"，而是个人要"选择"什么样的自由的问题。萨特认为，对于具有意识的人来说，每个人都毫无例外地拥有选择的自由。所以，萨特说，个人存在的自由，是注定的。

（二）自由的社会本质

更具体地说，作为社会动物的人，只能要求一种与自己所在的社会共同体的生命及其发展相依存的自由。这就是政治的自由的基本意涵。人的自由之所以离不开其生存的社会的性质，是因为任何自由关系到个人自身及其他人的存在。

政治之所以出现，政治之所以成为人的社会生活的必不可少的条件，就是因为人意识到自己既然生活在社会之中，就不能继续像动物那样，过着毫不顾及他人、不顾及其所属的社会的命运的那种"为所欲为"的生活。换句话说，从人成为社会动物开始，人就必须认识到、并强迫自己做到：其生活和行动的自由，在社会生活的范围内，必定与他人和社会的存在及其发展相互制约。

就此而言，在社会生活范围内，人的自由永远是具有政治意义，即必须从政治的观点来对待自己的行动和生活的各种自由。对于人来说，要么使自己成为社会的一个成员，在社会的范围内发挥自己的能力而实现受社会约束的政治自由，要么不顾社会的约束而过着为所欲为的生活而使自己失去政治自由。正是针对这个非常重要的问题，一个关系到人本身的生活和行动的自由的问题，政治哲学才有必要成为文明社会的一门必不可少的学科，专门研究人的自由与政治的相互关系问题。也正因为如此，政治哲学的基本问题就是自由。

（三）自由的矛盾性

但是，在任何情况下，政治所环绕的自由问题，都势必关联到内在于人类社会生活中的本质矛盾。历史上没有过一个时代可以轻而易举地实现人的自由。自由始终伴随着矛盾，伴随着幸福和痛苦，伴随着喜剧和悲剧。正如法国作家和诗人保尔·瓦列里所说:"政治向我们谈起自由。……一个满载着许诺、又同时激发起忧虑的语词。"①是的,不管是承诺还是忧虑,都属于未来;政治确实关系到人类命运的未来;关系到人类未来自由的状况。

自由所遇到的首要矛盾,就是由人的个人性及其社会性的两重性所决定的。个人寻求自由;整个社会,作为一个生命整体,也寻求自由。

个人的自由是以个人的具体生存环境以及由此所产生的个人利益作为基础,而整个社会的集体自由是根据社会生活的总体需要所需求的。只有正确处理个人自由与集体自由的关系,才能使这两种自由之间的相互适应、又相互矛盾的关系,控制在合理的社会生活的范围内。

(四)现代民主制的自由的危机

与阿伦特不同,德里达在《流氓》(*Voyous*, 2003, Paris: Galilee)一书中,集中讨论了现代民主制的危机及其不断危害个人自由的严重后果。

德里达对自由的质疑,在近十多年来,实际上也已经在自由主义和共和主义之间的争论中体现出来。较早试图修正自由主义的自由观的共和主义者斯金纳,从论述公民义务、法律强制和自由的关系出发,批评传统自由观的内在矛盾。但阿兰·波顿(Alan Patten),在其发表于 1996 年的论文中指出:斯金纳并没有清晰地分析自由的"构成性因素"与"工具性因素"之间的关系。斯金纳为此提出"第三种自由"的概念,试图补足其论证的缺点。与此同时,佩迪特在 1997 年发表《共和主义》一书,试图通过"非支配的自由"的新概念。但是,查尔士·拉莫(Charles Larmore)反驳说:自由主义的自由观并不是靠"非干涉"的方法来界定自由本身;而且,"非支配"作为一种政治性的品德,其功用只是在于促使公民追求各种不同的"善的生活",而不是用来界定善的生活本身。这样一来,佩迪特的所谓"非支配的自由",实际上也没有跳出自由主义的传统。

这一切表明:现代民主制范围内的自由仍然包含复杂的矛盾,而且,

---

① Valery, *Regards sur le monde actuel.*

由于无法找到处理矛盾的方案,现代民主制的自由正面临新的危机。

四、政治哲学与社会哲学和法哲学的关系

现在我们所说的政治哲学,是同其他现代人文社会科学的各个学科并列的学问。

只是到了西方社会进一步发展成为更复杂的共同体,出现了更细的分工和专业化,才产生了一种被称为"政治哲学"的专门学问;而政治哲学作为哲学的一个分支,也就自然而然地形成了。但是,即使是这样,研究政治的哲学分支,也不是一下子就被明确地称为"政治哲学";在严格意义上的政治哲学产生以前,从 17 世纪左右,才产生了所谓的"法哲学"、"道德哲学"或"社会哲学"之类的概念,成为当时专门从哲学的角度研究政治现象的哲学分支之一。真正的政治哲学是到 19 世纪末以后的事;从那以后,由于确立了所谓的"科学方法",各种知识也实行明确的分工和专业化,才形成了一种新的政治哲学。

但是,也正是在新的政治哲学形成的同时,与它并行发展的,还有政治人类学、政治社会学、经济社会学、经济人类学、政治经济学等各种或多或少具有政治哲学性质的新学科。而且,在西方社会和文化的发展过程中,以上各种相邻近的学科,也逐渐使它们之间的边界模糊化,形成了以上各个学科相互渗透和相互影响的趋势。

五、政治哲学的研究方法

政治哲学本来是一个很古老的学问。正如我们在第一章各节所指出的那样,早在古希腊时期,政治哲学就已经伴随哲学和政治学的形成而诞生。而且,即使在基督教教会所统治的中世纪,政治哲学也仍然成为早期教父哲学和后来的经院哲学所关心的一个基本论题。更重要的是,在近代社会和文化形成的时候,政治哲学尤其成为近代思想文化所深思的重要方面。在 15—16 世纪,正当文艺复兴在意大利等地蔓延的时候,政治

哲学是思想家们的思考焦点。

但是,政治哲学的基本方法,却随着人类认识和各种知识的发展而不断发生变化,以至可以说,政治哲学的基本方法,比政治哲学的理论焦点,更能体现出政治哲学与它所处的时代之间的密切关系;换句话说,政治哲学的方法,更直接地反映时代的特征,因为它敏感地表现时代的认识和思想模式。

在文艺复兴的关键时刻,最能够体现思想家的思想和认识模式的转变的,就是在政治哲学领域,试图比其他知识领域更彻底地表现出时代的特征。马基维利之所以成为了"近代政治哲学之父",就在于他首先以政治哲学研究基本方法的革命来彻底改变政治哲学的传统。正是他,突出地以研究方法的革命来转变政治哲学的性质及其基本内容。

现代政治哲学是伴随着现代实证科学的发展,随着现代政治学的产生而被纳入现代人文社会科学的领域之中,作为一门独立的学科而存在。19世纪是西方文明史和哲学史的一个转折点。

法国的实证主义思想的杰出代表圣西门最早提出创立"实证的"政治学的设想。他认为,政治学和道德学等人文社会科学,不应该将自身的普遍有效性建立在单纯的主观信念的基础上,而是应该像其他自然科学那样,建立在客观的明确性的基础上(Saint Simon, 1813)。接着,他的学生奥古斯都·孔德在1822年正式地在其著作《社会重组所必需的科学程序计划》(*Plan of the Scientific Operation Necessary for the Reorganization of Society*)中指出:政治学应该成为一种"社会物理学",而它的任务就是探索和发现不变的社会进步规律。后来,孔德进一步将"社会物理学"称为"社会学";而政治学只是探讨社会中的"国家"部分。

六、政治哲学与政治学

最早的哲学和后来严格意义的政治哲学,都是根据政治在人类社会生活中的决定性地位及其重要性质而产生和存在。由于政治的重要性,哲学和后来的政治哲学,不能不时刻关注各种基本的政治问题。政治哲学对政治的关注,实际上就是对人的生命及其社会生活的关注,就是对人的存在的关注。所以,不能把政治哲学对政治的讨论,当成纯粹政治事件,也不能把它仅仅限于纯粹的政治的问题,更不能从狭义的范围理解它;而是应该理解为对人及其生活的根本性的关怀。总之,政治哲学不能单纯谈论政治本身,而是要结合人及其社会生活,从更广的角度讨论政治问题。

由于政治哲学关心最基本的政治问题,而且它是从哲学角度,以反思、思辨、理论化的态度和方式,不断探询和深入研究政治,所以,政治哲学不应该同(1)政治行动;(2)政治理念;(3)政治观念史;(4)政治学混淆起来。

为此,卡尔·斯米特(Carl Schmitt,1888—1985)在《政治的概念》中曾经深刻地说,不应将政治当成"神学"或"意识形态"。①

法国当代政治哲学家米歇·昂里(Michel Henry)从现象学的角度指出,政治就是生活本身。人的社会生活从根本上包含政治的性质,只是它在实际运作中,政治的因素时隐时显,程度不同。政治哲学的任务就是要把人的社会生活的现象学结构加以分析。②

七、多学科的研究视野

传统的政治哲学往往狭窄地单纯从政治哲学的观点和方法,进行其政治哲学的研究。传统的政治哲学的典型就是由苏格拉底所奠定的古典政治哲学模式,它只是集中探讨当时人们所普遍关心的"城邦"事务及其问题,特别是城邦的法制。在此基础上,为了探索一种能够超越一般人观点的合理方案,苏格拉底才不得不越出实际争论中的各种不同意见,诉诸被设想为具有"中立性"的自然法则。苏格拉底认为,只有自然的正义本身,才是具有绝对正义的意义,即具有正义"理念"的意义。所以,古典政

---

① Schmitt, *Der Begriff des Politischen*. 1963[1927].

② See Henry, *Phénoménologie de la vie. Tome II. De l'art et du politique*. Paris:P.U.F. 2004.

治哲学基本上一直在哲学的视野内探讨政治的根本问题。古典政治哲学在古希腊之后演变成希腊化时期的多种政治哲学流派以及中世纪时期的教父政治哲学和经院政治哲学。尽管流派的变化,古典政治哲学并不打算在哲学视野之外讨论政治哲学。

在古典政治哲学的启发下,根据时代的要求和条件,创建了16—17世纪以来的现代政治哲学。现代政治哲学在研究视野方面,仍然没有彻底超越哲学本身的约束,只是在现代科学和技术的强大压力下,适当地采用以科学精神为基础的"实证主义"的方法,试图修正或补充古典政治哲学的哲学性质,以理性主义和经验主义的相互补充来发展现代政治哲学。

只是到了启蒙时代,与理性主义相伴随的浪漫主义、历史主义和非理性主义的思想流派,面对历史和政治的复杂性及其与自然、与人性的错综关系,才产生了超越哲学范围探索政治哲学的新动向,这就是表现在维科、卢梭、荷尔德林、赫尔德、本雅明·康斯东(Benjamin Constant, 1767-1830)、托克维尔(Alexis de Tocqueville, 1805-1859)等浪漫主义政治哲学中的多学科研究视野。他们把政治哲学研究同文学、人类学、语言学、心理学及社会学等学科联系起来,不拘泥于哲学,而是试图灵活地在整个人文社会科学领域中,来回穿梭地探索政治哲学的基本问题。这一新传统具有革命性理论意义,因为它有可能通过多学科研究而把政治哲学研究带回最自然和最素朴的政治哲学研究源泉上,同时也使政治哲学研究返回人性中最原初的根源上。

政治哲学不能采取封闭的研究方法,不能单纯从哲学的视野进行探索,而是必须结合社会学、人类学、心理学、地理学和语言学的研究,甚至同自然科学的研究结合起来,以便应对日益复杂的政治局势以及越来越复杂的政治结构本身。

在当代社会的哲学讨论中,早已呈现一系列超越哲学范围的研究趋势,尤以当代法国政治哲学家德里达和米歇·福柯最为典型。他们一方面认为哲学本身本来不应该为其自身的研究设定"界限",另一方面还主张把"思想"理解为人类精神的"逾越"活动,当成一种寻求真正自由的冒险性创造性游戏。因此,政治哲学没有理由禁锢在哲学范围内,为自身画地为牢。

在以上论述政治哲学与社会哲学和法哲学的相互关系时，我们已经提出了这样一种观点：在政治哲学与社会哲学、法哲学、政治人类学、政治社会学、政治经济学等相关部门之间，实际上并不存在绝对割裂的关系；相反，它们之间的相互渗透和相互影响，已经随着社会和政治的全球化而日益明显。

八、政治哲学与政治哲学史

研究西方政治哲学，不能忽略对西方政治哲学史的研究。这并不意味着"政治哲学"就等于"政治哲学史"，也不意味着我们只重视"史"而轻视现实，而是因为：第一，现有的和实际的西方政治哲学无不起源于自古希腊以来的西方政治哲学史；几乎任何现行的西方政治哲学，都与以往的政治哲学保持着千丝万缕的思想理论的联系。第二，现实的政治生活和政治活动不能不与历史的力量联系在一起。

哲学史，作为一种特殊的思想史，虽然不同于一般历史，也不同于知识史和其他文化史，但它具有一般历史的特征，即它总是作为一种深刻的人类记忆，一代又一代地跨越个人的界限，扎根于人类的思想意识底部，不以人类的意志而在文化再生产活动中发生德国诠释学家伽达默尔所说的那种"功效历史意识"的作用。哲学不同于一般思想，在某种意义上说，哲学以其概括性和深刻性发挥出远比一般思想意识强大得多的精神威力。政治哲学又比一般哲学更集中地探讨和思索政治问题，更集中地关切全社会的共同利益，具有普遍性的效力，使它在人性结构中占据特殊的顽固地位。胡塞尔在谈到人类意识中的顽强结构时指出：有一种超历史的内在时间性构成了人性的中坚力量，它以势不可当的威力，从人的纯粹意识深处展示出来，它一方面是人类历史经验的持之以恒的总结成果，另一方面又是文明发展过程中渗透于意识中的强大记忆力量的储存库。政治哲学所探讨的问题及其成果，恰恰累计在这个储存库中，使人无可逃脱地成为一种"政治动物"，并具有顽固的政治意识，也使政治哲学在历史中的延续成为可能。

在历史上存在和发展的政治哲学,曾经是不同时代的社会的人对于他们所关切的政治问题的思索成果,构成人类文化和人类意识的基础力量。不管人们采取什么政治立场,也不管他们是否愿意对政治哲学的争论发表自己的态度,人们总是要最终表示自己对社会政治生活的正义性和公正性的态度。

总之,政治哲学史的深刻性和普遍性,不仅使它成为一切政治哲学研究的关键领域,而且也使它显示活生生的生命力,随时在现实的政治哲学讨论中发生难以克服的实际影响。因此研究政治哲学,不能不同时关心和探索政治哲学史。

西方的政治哲学是随着历史时期的不同阶段而发生变化的。不同的历史时期,会出现各种不同的现实的政治问题,也会产生不同的政治哲学的理论典范和基本方法论的形态。研究政治哲学在不同的历史阶段的形态,将有助于深入理解政治哲学的基本概念及其历史形态。因此,任何一本政治哲学的研究专著,都难以避免对政治哲学史的探讨。但是,政治哲学对其发展史的探讨,又不同于一般的政治哲学史专著,因为政治哲学对其历史的探讨,只是为了更深入地了解政治哲学本身的基本概念及其理论内容。

一般地说,西方政治哲学史经历从"古代"、"中世纪"、"近代"、"现代"到"当代"五个基本发展阶段。几乎每个时代,都有它自身的政治哲学理论典范。时代的发展往往引起理论典范的转换,造成了政治哲学史本身的多次重要的时代"断裂"以及与此相适应的政治哲学理论模式的断裂。

在古代,从希腊时期开始,就出现政治哲学的基本概念,然后,再进一步发展成为古代的各种政治哲学理论体系。在古代的政治哲学中,我们可以清楚地看到政治哲学思想是怎样从原始的具有神话特征的模糊混沌的样态,逐步地转化成为具有严密的逻辑结构的理论形式。

在西方政治哲学史上,第一位系统研究政治哲学并对后世发生深远影响的古代政治哲学家就是柏拉图。

柏拉图的政治观点几乎渗透于他的所有对话录中,但他直接讨论政治的著作,主要是《国家篇》(*Republic*)、《法律篇》和《政治家篇》。

在《国家篇》中,柏拉图和苏格拉底讨论正义问题的基本出发点是将"理性"放在首位。理性的最集中的表现就是"智慧"。但智慧还不是目的本身,它是为了城邦的最高的"善"服务的。在这种思想原则的指导下,他们通过理性对话的说理方式,试图说服希腊人接受他们的正义原则和基本观点。

在《国家篇》中,柏拉图基本上通过两种途径论证他的正义观点。

首先,从正义的个人思想基础出发,探讨正义的理性基础。由此说明正义的实现要以公民具有一定的思想素质为先决条件;其次,从正义在各个城邦的应用状况和基本条件,进一步说明正义的基本原则。

当讨论正义的个人思想基础时,柏拉图以苏格拉底作为主要的对话者,借苏格拉底之口讲述正义的内在要素。《国家篇》共分成十章,自始至终都是在谈正义。在《国家篇》第一章中,柏拉图通过苏格拉底同其对话者的对话,首先批评当时流行的几种关于正义的片面观点。在柏拉图的对话中,苏格拉底始终扮演"真理产婆"的角色,以苏格拉底惯用的"产婆式"的引导方式,指出对话者论点中的弱点和矛盾,从而推翻对话者的错误定义;与此同时,苏格拉底往往也隐喻式地在其辩论中暗示着他的基本观点。

在《国家篇》中,讨论正义时,柏拉图首先设计一个辩论环境。书中提到:苏格拉底受伯勒马古斯(Polemarchus)之邀,同格劳贡(Glaucon)及其兄弟阿迪曼度斯(Adimantus),还有特拉西马古斯(Thrasymarchus)等人,到伯勒马古斯家中作客,因而一起讨论正义问题。在座的,当然还有伯勒马古斯之父塞法鲁斯(Cephalus)。讨论就是由塞法鲁斯在对话中所提出的正义概念引起的。这位接待苏格拉底来访的主人认为,所谓正义就在于归还从他人那里所得到的东西;即"物还原主"(Justice consists in restoring what one has received from another)。[①]

---

① See Plato, *Republic*, 329–330.

在这个关于正义的定义中,实际上包含了当时流行的正义观点的基本内容,这就是强调正义是言行必须诚实,要讲真话,讲信用,负责任,借了东西要归还。苏格拉底接着反驳道:如果向一位朋友借了一把枪,而他变成了疯子,难道也要把枪归还给他吗? 若将枪归还他,反倒使精神病患者可以乱开枪,试问:这就是正义吗?[①]

在塞法鲁斯的定义中,背后实际上还隐含了一个非常重要的问题,即关于私有财产的所有权。"物归原主"这个命题的立足点,就是强调物同其所有者的密不可分的关系。在当时的希腊,奴隶主占有制的确立,使社会有关"责任"、"信用"等环绕道德问题的观念,也不能不具有巩固经济所有制的意义。

而在苏格拉底的反驳中,提出了正义观念中应该包含的其他更加重要的问题:人的思想心态、道德责任以及对待财产所有制的态度。

不论是物主,还是借方,在苏格拉底的心目中,最重要的是他们的思想心态的素质及其思想境界。"原物主变疯"在苏格拉底那里变为判定借者是否应归还原物的重要依据。但在当时的希腊,法制的观念本来已经很牢固。苏格拉底自己更不愧是遵守法律的榜样。但他为什么不在这里把法律问题摆在首位,却把"物主变疯"的假设看成是很重要的思考因素? 最主要的原因,大概就是他试图凸显人的"善"的思想心态在讨论和处理正义问题的重要性。其次,大概苏格拉底还考虑到,正义问题不只是局限于物主和借方两个人之间的关系,而是一个涉及整个社会的大问题。因此,考虑是否要借方将所得物归还物主的时候,对于苏格拉底来说,还要谨慎考虑这一归还行为同社会整体利益的关系。当物主变疯时,如果借方归还借去的枪,就会对社会治安造成危害,有可能伤及他人。实际上,苏格拉底所提出的问题,已经为以下他将"智慧"列为正义的首要前提埋下伏笔。

接着,塞法鲁斯的儿子伯勒马古斯提出了新问题。他认为,正义就是"对朋友做好事,使敌人受到损害"(Justice is doing good to friends and harm

---

① See Plato, *Republic*, :331.

to enemies）。① 也就是说,正义意味着"将善付予朋友,把恶给予敌人"。

苏格拉底认为,这种观点存在许多疑点。首先,从道德上来说,正义必须有利于整个社会走向至善。正义不能只考虑对一部分人有利,还要有利于使坏人改恶从善。如果正义行为只有利于朋友,而促使敌人变坏或变得更坏,就违背了善的原则,就是从根本上违背正义。其次,在如何正确对待敌友之前,必须学会辨别谁是敌人? 谁是朋友? 而要辨明敌友,必须要有知识。

接着,对话进入最激烈的阶段。作为智者的 Thrasymarchus,坐在一旁,以毫不掩饰的厌恶神态倾听这场辩论。他以强硬的态度提出了他的看法。他认为,所谓正义是"有利于强者",是"强者的利益"（Justice is that which is to the advantage or interest of the stronger party）,因为正义就是执行和维护法律,而所有的法律都是成为了统治者的强者所制定的。

苏格拉底认为,强者,特别是统治者,也面临如何正确理解其自身的利益的问题。并非所有的人,包括强者在内,在任何时候都能够正确地知道自己的利益。要懂得自己的利益必须要有智慧。如果强者没有知识,不能辨别利益所在,便有可能会犯错误。

Thrasymachus 反驳说:如果强者会犯错误,他就不再成为强者;强者是不可能犯错。强者之所以为强者就是因为他不会犯错,若强者犯错,那他便不再是强者。

苏格拉底认为,任何人的言行,都必须明确其目的所在。行为的目的,绝不只是为行为主体的本身利益着想;正确行为的真正目的,是为行为的对象服务,为其行为对象带来利益。社会上从事各种技艺都是为了该技艺所服务的对象,而不是为了技艺从事者本身的利益。

正如医生的行为是为了治好病人的疾病,船长的行为是为了使船上旅客平安地航行到对岸一样,政治家的行为是为了造福于被统治者。社会中所有的行为,都是为了对其施行的对象服务。统治是最高的技艺,其目的在于造福于人民,为被统治的人民带来利益和好处。没有人会心甘

① See Plato,*Republic*,332.

情愿地去从事统治行为;统治者之所以承担责任,是因为他担心遭受坏人的统治。所以,统治者若犯了错,便会造成重大的影响。统治者为了进行其正确统治,必须掌握知识,增长自己的智慧,以便辨明其统治的真正利益所在。

在苏格拉底看来,正义者所要战胜的,除了非正义者以外没有其他任何人;而非正义者却打算战胜一切人。由此看来,非正义者是愚昧无知的,因而将是徒劳无功的;正义者则具有智慧,也是聪明善良的。只有那些具有知识的人,才会是正义者;也只有他们,才能够同时地统治自己和他人。

在《国家篇》第四章中,柏拉图全面、系统的展示和论述正义观的基本要素。然而要分辨正义的基本要素,为了更详尽地探讨正义,必须从城邦或国家的实际生活及其运作状况来分析。城邦相当于个人的扩大,凡是个人所必备的善,在城邦中亦同等需要,而且在城邦中的正义及善会更为明显。

在城邦中最容易找到的正义的基本要素首先是智慧(wisdom)。

只要放开眼睛看看每个城邦,就可以看到城邦里用了许许多多实际的智慧。例如,铜匠具有做铜器的智慧,木匠有做木器的智慧,医生有治疗人的智慧……到处都可看到智慧,而智慧是善的。

但这种智慧是各个行业的智慧,是特殊的智慧,非一般的智慧。对城邦而言,最重要的智慧,不是铜匠制造铜器的特殊智慧,因为它们的好处有限。最重要的智慧是统治的智慧,因为统治的智慧关乎国家城邦之利益及所有被统治者之利益;而在统治的智慧中,最重要的是保护和监护的智慧(wisdom of guardianship),故统治者和武士是很重要的,他们能使所有的人各司其职,这是统治的智慧中最重要的。

由此可见,智慧,特别是统治的智慧,一般的智慧,是构成正义的最重要的因素。

其次,是勇敢(brave)。正义需要勇敢精神。这是因为正义的实现,首先需要对外敢于抵御和抗拒外敌之入侵,维护城邦和国家的安全;而对内则需要敢于维护法制,捍卫法律的尊严,对于一切破坏法制,对于一切违法、犯法、触法的行为,敢于揭露和斗争。没有勇气,正义将流于空谈。

敢于坚持法律原则,维护法律原则,如果任何人都没有勇敢去捍卫法律,则此一城邦便没有正义,其代表者是武士。

再次,正义意味着节制(temperance)。如果这个国家的人没有节制的行为,则这国家的善无从谈起,所以节制是很重要的基本要素。节制是一种秩序(Temperance is a kind of order),人人都有节制,整个社会才有秩序。

最后,正义就是各守其职、各尽其责。每个人都去做对他本性而言是最恰当、最合适的工作,一个国家要得到正义,须国内的人民都能恪守其职(Justice is found in the truth that each one must practice the one thing for which his nature is best suited)。

柏拉图的正义观是以善为理念的正义观,而所谓以善为理念的正义观其重点在于:在每个人的心灵深处,都必须以善作为最高的目标,在最高目标的追求下,个人才能训练、陶冶符合正义四个基本原则的智慧,亦能将正义奠定在牢固的基础上,而城邦才能实现正义,人人各司其职、各尽本分。

柏拉图的学生亚里士多德在《政治学》中,总结了古希腊的政治学说,强调国家是通过合并和联合而形成的。国家是首先由家庭这样的原始社会细胞通过其增殖、分裂和再结合而形成的有机体。当时的家庭是家长制典型家庭;家庭分居导致家庭群体的出现,然后就产生了村落。村落的进一步联合形成国家。正因为这样,国家是自然形成的。

古希腊的政治哲学,在公元前 1 世纪左右,由于罗马的入侵导致古希腊文化和思想体系的瓦解,产生了由古希腊思想和罗马思想相结合的新型的"希腊化时代"的思想模式。作为这个重大转折的标志的,是希腊化时期出现的斯多葛学派和基督教思想的兴起。古罗马的新的思想家,通过斯多葛学派的思想影响,接受和消化古希腊文化,并汇集埃及、巴比伦和波斯等古代文明的成果,才形成了罗马的政治思想。罗马有学识的皇帝,曾经是政治家兼思想家。他们当中的西塞罗(Cicero,B.C.106—43)和马克·奥列尔(Marc Aurel,即 Marcus Aurelius Antoninus,121-180),是典型的代表人物。他们成为了把希腊思想和政治理念转化为罗马模式的关键人物。

西塞罗发扬了斯多葛学派的自然法理论,在政治哲学方面发表了《国家篇》和《法律篇》两部重要著作,成为了从希腊向罗马文化转变的一位关键人物。西塞罗的政治思想的特征,就是强调对历史、习俗、实践智慧及政策灵活性的重视,但同时又很重视理性、正义和自然法的地位。《国家篇》是在公元前 54 年左右开始写作的。整篇以每一天所进行的对话的形式来讨论重大的政治问题。由于持续很久,这本著作所讨论的问题,经常发生变化。现在流传下来的著作只是残片。西塞罗首先强调政治是"技艺"。"如同其他技艺一样,除非你运用它,否则不足以拥有它。尽管它确实是一种技艺,即使你从来没有使用过,只要你了解它,你仍然可以拥有它。但是,品德的存在完全取决于对它的使用;而对它的最高贵的使用便是治理国家,是把那些哲学家在其各个角落喋喋不休地向我们耳朵灌输的那些东西变为现实,而不是变为语词。"

在中世纪,最重要的政治学说是亚里士多德主义,其代表人物首先是托马斯·阿奎那(Thomas Aquinas,1225—1274);而在阿奎那之外,就是阿尔伯特一世(Albertus Magnus,1200—1280)等。他们所探讨的政治问题,主要是围绕国家与教会的关系。他们开始在基督教神学的范围内研究自然法理论,并在西班牙思想家弗兰西斯哥·德·维多利亚(Francisco de Vitoria,1483—1546)、巴多洛美·德拉斯·卡萨(Bartolomé de Las Casas,1484—1566)和弗兰西斯哥·苏阿雷斯(Francisco Súarez,1548—1617)的理论中达到了很高的成就。在中世纪的政治理论中,越到后来,涌现了多多少少的人文主义因素,而在这一方面,尤其突出地表现在坦丁(Dante,1265—1321)、奥康的威廉(Wilhelm von Ockham,1280—1347)以及巴度阿的马尔西利乌斯(Marsilius de Pauda,1280/85—1342/43)的学说中。

西方的近代政治学说的最早的著名代表人物是意大利的马基维利

（Niccolo Marchiavelli,1469—1527）。他专门论述政治权力的著作《论君主》成为了近代政治理论的典范之一。

我们仅从柏拉图和亚里士多德到中世纪时期的政治思想发展史,就可以看出:研究政治哲学史对正确理解西方的政治哲学是非常重要的。

参 考 文 献

ABBEY, R. (2001). *Charles Taylor*, Princeton University Press, Princeton.

ABRAMS, K. (1999). "From Autonomy to Agency: Feminist Perspectives on Self-Direction", *William and Mary Law Review*, 40/3: 805–846.

ACKERMAN, B. (1980). *Social Justice in the Liberal State*, Yale University Press, New Haven. (1991). *We the People: Foundations*, Harvard University Press, Cambridge, Mass.

ADAMS, R. (1970). "Motive Utilitarianism", *Journal of Philosophy*, 71: 476–482.

ADDIS, A. (1992). "Individualism, Communitarianism and the Rights of Ethnic Minorities", *Notre Dame Law Review*, 67/3: 615–676.

ADLER, J. (1987). "Moral Development and the Personal Point of View", In *Kittay and Meyers* 1987, 205–234.

Albistur, M./Armogathe, D. (1977) *Histoire du féminisme français du Moyen Age à nos jours*. Paris: Editions des femmes.

ALEXANDER, L. and SCHWARZSCHILD, M. (1987). "Liberalism, Neutrality, and Equality of Welfare vs. Equality of Resources", *Philosophy and Public Affairs*, 16/1: 85–110.

ALFRED, G. (1995). *Heeding the Voices of our Ancestors: Kah-nawake Mohawk Politics and the Rise of Native Nationalism*, Oxford University Press, Oxford.

ALLEN, A. (1988). *Uneasy Access: Privacy for Women in a Free Society*, Rowman and Allanheld, Totowa, NJ. (1997). "The Jurispolitics of Privacy", in *Shanley and Narayan* 1997, 68–83. (1999). "Coercing Privacy", *William and Mary Law Review*

40/3:723－758. and REGAN, M. (eds.) (1998). *Debating Democracy's Discontent:* *Essays on American Politics,Law,and Public Philosophy*,Oxford University Press,Oxford.

ALLEN,D.(1973)."The Utilitarianism of Marx and Engels",*American Philosophical Quarterly*,10/3:189－199.

ALLISON,L.(ed.)(1990).*The Utilitarian Response:The Contemporary Viability of Utilitarian Political Philosophy*,Sage,London.

Althusser,Idéologie et appareils idéologiques d'Etat.In Positions.Paris.1976.

Althusser,L.(1965)Lire *Le Capital*,*II*.Paris,Maspero.

ANAYA,S.J.(1996).*Indigenous Peoples in International Law*,Oxford University Press,New York.

and THOMAS,P.(eds.)(1995).*Rational Choice Marxism*,Pennsylvania State University Press,University Park.

ANDERSON, B. (1983). *Imagined Communities:Reflections on the Origin and Spread of Nationalism*,New Left Books,London.

ANDERSON,E.(1999)."What is the Point of Equality?"*Ethics*,99/2:287－337.

Anderson,P.(1983) *In the Tracks of Historical Materialism*.London:Verso.

Anderson,P.(1989)*Considerations on Western Marxism*.London:Verso.

Anderson,W.H.L./Thompson,F.W."*Neo-classical Marxism.*" In *Science and Society*.No.52.1988.

ANDREWS,G.(1991).*Citizenship*,Lawrence and Wishart,London.

Apel,K.-O./Kettner,M.(1992)*Zur Anwendung der Diskurethik in Politik,Recht und Wissenschaft*.Frankfurt am Main:Suhrkamp.

Archer,(1996)*Culture and Agency:The Place of Culture in Social Theory.*(Revised Edition)Cambridge:Cambridge University Press.

ARCHIBUGI, D. (1995). " From the United Nations to Cosmopolitan Democracy",in *Archibugi and Held* 1995, 121 － 162. and HELD, D. (1995). *Cosmopolitan Democracy:An Agenda for a New World Order*,Polity Press,London.

Arendt, H. Human Condition. 1998 [1958]. *La condition humaine*. Paris. 1998 [1958].Ich will verstehen,München:Peper,1966.*The Human Conditions*.Chicago.University of Chicago Press.1998[1958].

Aristotle,(1958) *Ethique a Nicomaque*. Louvain/Paris. Nauwelaerts. (1990) *La Politique*.Paris.Flammarion.(1450)*Poetics*.(1948) *The Politics*.Ed.E.Barker,2nd.Edn. Oxford.Clarendon Press.

ARNESON, R. (1981). "What's Wrong with Exploitation?" *Ethics*, 91/2: 202-227.

ARNESON, R. (1985). "Freedom and Desire", *Canadian Journal of Philosophy*, 15/3:425 - 448. (1987). "Meaningful Work and Market Socialism", *Ethics*, 97/3: 517- 545. (1989). "Equality and Equal Opportunity for Welfare", *Philosophical Studies*, 56:77-93. (1990). "Liberalism, Distributive Subjectivism, and Equal Opportunity for Welfare", *Philosophy and Public Affairs*, 19:159 - 194. (1991). "Lockean Self-Ownership:Towards a Demolition", *Political Studies*, 39/1: 36 - 54. (1993a). "Market Socialism and Egalitarian Ethics", in *Bardhan and Roemer* 1993, 218-247. (1993b). "Equality", in *Goodin and Pettit* 1993, 489-507. (1997a). "Egalitarianism and the Undeserving Poor", *Journal of Political Philosophy*, 5/4:327-350. (1997b). "Feminism and Family Justice", *Public Affairs Quarterly*, 11/4:313-330. (2000a). "Egalitarian Justice versus the Right to Privacy", *Social Philosophy and Policy*, 17/2: 91 - 119. (2000b). "Luck Egalitarianism and Prioritarianism", *Ethics*, 110/2:339 - 349.and SHAPIRO, I. (1996). "Democracy and Religious Freedom: A Critique of Wisconsin vs.Yoder", in Ian Shapiro and Russell Hardin(eds.), *Political Order: NOMOS* 38(New York University Press, New York), 356-411.

ARNSPERGER, C. (1994). "Envy-Freeness and Distributive Justice", *Journal of Economic Surveys*, 8:155-186.

Aron, R. (1969). *D'une Sainte famille à l'autre. Essai sur les marxismes imaginaires.* Paris.Gallimard. (1971). *Discours de Raymond Aron à la société française de philosophie.* Bulletin de la société française de philosophie. LXXI, Paris. (1962). *Dix-huit leçons sur la société industrielle.* Paris.Gallimard. (1981). *Le spectateur engage. Entretiens avec Jean-Louis Missika et Dominique Wolton.* Paris. Julliard. (1985). "Ma carrière." In *Raymond Aron 1905-1983.Histoire et politique.Textes et témoignages.* Paris: Commentaire Jullard.

ARTHUR, J. (1987). "Resource Acquisition and Harm", *Canadian Journal of Philosophy*, 17/2:337-347.

Aston, T.H./Philpin, C.H.E. (1985). *The Brenner Debate.* Cambridge: Cambridge Uniersity Press.

ATKINSON, T. (1996). "The Case for Participation Income", *Political Quarterly*, 67:67-70.

AUDI, R. (2000). *Religious Commitment and Secular Reason* (Cambridge University Press, Cambridge).

Augustine,(1972).St.*City of God*(B.C.412-A.D.25).ed.D.Knowles,trans.H. Bettenson.*Harmondsworth*.Penguin.

AVINERI,Sh.,and DE-SHALIT,A.(eds.)(1992).*Communitarianism and Individualism*,Oxford University Press,Oxford.

BABBITT,S.,and CAMPBELL,S.(eds.)(1999).*Racism and Philosophy*,Cornell University Press,Ithaca,NY.

Bachrach,P./Baratz,M.S.(1970).*Power and Poverty*.New York:Oxford Univrsity Press.

BACK,L.,and SOLOMOS,J.(eds.)(2000).*Theories of Race and Racism* ,Rout ledge,London.

BADER,V.(1995)."Citizenship and Exclusion",*Political Theory*,23/2: 211-246.(ed.)(1997).*Citizenship and Exclusion* ,St.Martin's Press,New York.

BAIER,A.(1986)."Trust and Anti-Trust",*Ethics*,96:231-260.(1987a). "Hume,the Women's Moral Theorist?"in *Kittay and Meyers* 1987,37-55.(1987b). "The Need for More than Justice",*Canadian Journal of Philosophy*,supplementary Vol.13:41-56.(1988)."Pilgrim's Progress",*Canadian Journal of Philosophy*,18/2: 315-330.(1994).*Moral Prejudices*,Harvard University Press,Cambridge,Mass. (1996)."A Note on Justice,Care and Immigration",*Hypatia*,10/2:150-152.

BAILEY,J.(1997).*Utilitananism,Institutions,and Justice*,Oxford University Press,Oxford.

Bailey,(1997).*Utilitarisanism,Institutions,and Justice*.Oxford University Press.

BAKER,C.E.(1985)."Sandel on Rawls",*University of Pennsylvania Law Review*,133/4:895-928.

BAKER,J.(ed.)(1994).*Group Rights*,University of Toronto Press,Toronto.

Balibar,*Les frontières de la démocratie*.Paris:La Découverte.1992.

BALL,S.(1990)."Uncertainty in Moral Theory:An Epistemic Defense of Rule-Utilitarian Liberties",*Theory and Decision*,29:133-160.

BANTING,K.(2000)."Social Citizenship and the Multicultural Welfare State", in Alan Cairns et al.(eds.),*Citizenship,Diversity and Pluralism*,McGill-Queen's University Press,Montreal,108-136.

BARBALET,J.M.(1988).*Citizenship:Rights,Struggle and Class Inequality*,University of Minnesota Press,Minneapolis.

BARBER,B.(1984).*Strong Democracy:Participatory Politics for a New Age*,University of California Press,Berkeley and Los Angeles.(1999)."The Discourse of Givility", in Stephen Elkin and Karol Soltan(eds.).*Citizen Competence and Democratic Institutions*, Pennsylvania State University Press, University Park, 39–47.

Barber, (1984). *Stronge Democracy: Participatory Politics for a New Age.* U. S.: California University Press.

BARBIERI, W. (1998). *Ethics of Citizenship: Immigrants and Group Rights in Germany*, Duke University Press, Durham, NC.

BARDHAN, P. and ROEMER, J. (eds.) (1993). *Market Socialism: The Current Debate*, Oxford University Press, New York.

BARKER, E. (1960). *Social Contract: Essays by Locke, Hume and Rousseau*, Oxford University Press, London. (2000). *The Guilt of Nations: Restitution and Negotiating Historical Injustices*, Norton, New York.

Barker, (1948). *Traditions of Civility.* London.

BARRY, B. (1973). *The Liberal Theory of Justice*, Oxford University Press, Oxford. (1989a). *Theories of Justice*, University of California Press, Berkeley and Los Angeles. (1989b). "Utilitarianism and Preference Change", *Utilitas*, 1: 278 – 282. (1989c). "Humanity and Justice in Global Perspective", in B. Barry, *Democracy, Power, and Justice: Essays in Political Theory*, Oxford University Press, Oxford. (1994). "In Defense of Political Liberalism?" *Ratio Juris*, 7/3: 325 – 330. (1995). *Justice as Impartiality*, Oxford University Press, Oxford. (1997). "Political Theory: Old and New", in Robert Goodin and Has-Dieter Klingeman(eds.) *A New Handbook of Political Science*, Oxford University Press, Oxford, 531 – 548. (1999). "Statism and Nationalism: A Cosmopolitan Critique", in *Brilmayer and Shapiro* 1999, 12–66. (2001). *Culture and Equality: An Egalitarian Critique of Multiculturalism*, Polity, Cambridge. and GOODIN, R. (eds.) (1992). *Free Movement: Ethical Issues in the Transnational Migration of People and of Money*, Pennsylvania State University Press, University Park.

BARRY, N. (1986). *On Classical Liberalism and Libertarian-ism*, Macmillan, London. (1990). "Markets, Citizenship, and the Welfare State", In Raymond Plant and Norman Barry, *Citizenship and Rights in Thatcher's Britain: Two Views*, IEA Health and Welfare Unit Iondon. (1991). *Libertarianism in Philosophy and Politics* (Cambridge University Press, New York).

BASSHAM, G. (1992). "Feminist Legal Theory: A Liberal Response", *Notre Dame Journal of law, Ethics and Public Policy*, 6/2: 293–308.

Batero, (1583). *Della ragione di Stato dieci libri.* Roma: V. Pellagallo.

BATSTONE, D. and MENDIETA, E. (eds.) (1999). *The Good Citizen*, Routledge, London.

BAUBÖCK, R. (1994). *Transnational Citizenship: Membership and Rights in International Migration*, Edward Elgar, Aldershot.

Baudrillard, J. (1970). *La société de consommation.* Paris: Le Point.

Baudrillard, (1976). *L'Echange symbolique et la mort.* Paris: Gallimard.

Baudrillard, (1992). *L'illusion de la fin.* Paris: Galilée.

Bauman, (2000). *Liquid Modernity.* Cambridge: Polity Press.

BAUMEISTER, A. (2000). *Liberalism and the Politics of Difference*, Edinburgh University Press, Edinburgh.

BEARS(Brown Electronic Article Review Service) (1999). "Symposium on Elizabeth Anderson's "What is the Point of Equality?", www. brown. edu/Departments/ Philosophy/bears/ 9904sobe.html.

Beauvoir, S. de *Le deuxième sexe.* 2 Vols. Paris: Gallimard.

Beck, (1997). *Was ist Globalisierung.*

BEINER, R. (1983). *Political judgment*, Methuen, London. (1989). " What's the Matter with Liberalism?" in Allan Hutchinson and Leslie Green(eds.) *Law and Community*, Carswell, Toronto, 37 – 56. (1992). "Citizenship", in R. Beiner, *What's the Matter with Liberalism*, University of California Press, Berkeley and Los Angeles, 98–141. (ed.) (1995). *Theorizing Citizenship*, State University of New York Press, Albany. (ed.) (1999). *Theorizing Nationalism*, State University of New York Press, Albany.

BEITZ, C. (1979). *Political Theory and International, Relations*, Princeton University Press, Princeton. (1989). *Political Equality: An Essay in Democratic Theory*, Princeton University Press, Princeton. (1999), " International Liberalisn and Distributive Justice: A Survey of Recent Thought", *World Politics*, 51: 269–296.

Bell, D. *The Coming of Post-Industrial Society.* 1974.

BELL, D. (1993). *Communitarianism and its Critics*, Oxford University Press, Oxford. (2000). *East Meets West*, Princeton University Press, Princeton.

BELLAH, R., et al. (1985). *Habits of the Heart: Individualism and Commitment in American Life*, University of California Press, Berkeley and Los Angeles.

BENHABIB, S. (1986). *Critique, Norm, and Utopia*, Columbia University Press, New York. (1987). "The Generalized and the Concrete Other: The Kohlberg-Gilligan Controversy and Feminist Theory", In S. Benhabib and D. Cornell(eds.), *Feminism as*

Critique, University of Minnesota Press, Minneapolis, 77 – 95. (1992). *Situating the Self*: *Gender*, *Community and Postmodernism in Contemporary Ethics*, Routledge, London. (1996). "Toward a Deliberative Model of Democratic Legitimacy", in S. Benhabib(ed.), *Democracy and Difference*: *Contesting the Boundaries of the Political*, Princeton University Press, Princeton, 67－94.

BENN, S. and GAUS, G. (1983). *Public and Private in Social Life*, Croom Helm, London.

BENTHAM, J. (1970). *An Introduction to the Principles of Morals and Legislation*, (ed.) J. H. Burns and H. L. A. Hart, Athlone Press, London: 1st pub. 1823.

BERKOWITZ, P. (1999). *Virtue and the Making of Modern Liberalism*, Princeton University Press, Princeton.

BERLIN, I. (1969). *Four Essays on Liberty*, Oxford University Press, London. (1981). "Does Political Philosophy Still Exist?" in H. Hardy(ed.), *Concepts and Categories*: *Philosophical Essays*, Penguin, Harmondsworth, 143－172.

BERTRAM, Ch. (1988). "A Critique of John Roemer's Theory of Exploitation", *Political Studies*, 36/1: 123－130.

BICKFORD, S. (1996). *The Dissonance of Democracy*: *Listening*, *Conflict and Citizenship*, Cornell University Press, Ithaca, NY.

BLACK, S. (1991). "Individualism at an Impasse", *Canadian Journal of Philosophy*, 21/3: 347－377.

BLATTBERG, Ch. (2000). *From Pluralist to Patriotic Politics*: *Putting Practices First*, Oxford University Press, Oxford.

BLAUG, R. (1996). "New Theories of Discursive Democracy: A User's Guide", *Philosophy and Social Criticism*, 22/1: 49－80.

BLUM, L. (1988). "Gilligan and Kohlberg: Implications for Moral Theory", *Ethics*, 98/3: 472－491.

BOAZ, D. (ed.) (1997). *The Libertarian Reader*: *Classic and Contemporary Writings from Lao-tzu to Milton Friedman*, Free Press, New York.

BOBBIO N. (1995). "Democracy and the International System", in *Archibugi and Held* 1995, 17－41.

BOGART, J. H. (1985). "Lockean Provisos and State of Nature Theories", *Ethics*, 95/4: 828－836.

BOHMAN, J. (1996). *Public Deliberation*: *Pluralism*, *Complexity and Democracy*, MIT Press, Cambridge, Mass. (1998a). "The Coming of Age of Deliberative Democracy", *Journal of Political Philosophy*, 6/4: 399 – 423. (1998b). "The Globalization of the Public Sphere: Cosmopolitan Publicity and the Problem of Cultural Pluralism", *Philosophy and Social Criticism*, 24: 199–216. and REHG, W. (eds.) (1997). *Deliberative Democracy: Essays on Reason and Politics*, MIT Press, Cambridge, Mass.

Bordo, S. (1993). *Unbearable Weight: Feminisme, Western Culture and Body.* Los Angeles: University of California Press.

BOSNIAK, L. (2000). "Citizenship Denationalized", *Indiana Journal of Global Legal Studies*, 7/2: 447–509.

Bottomore, T. et alii. (eds.) (1983). *A Dictionary of Marxist Thought.* Oxford: Basil Blackwell.

Bourdieu, D. (1996). *Sur la télévision.* Paris. (1988). *La Noblesse d'Etat.* Paris. (1989). *La Noblesse d'Etat.* Paris.

Bourdieu, P. et alii. (1992), *An Invitation to Reflexive Sociology.* Chicago: The University of Chicago Press.

BOWDEN, P. (1996). *Caring: Gender-Sensitive Ethics*, Routledge, London.

BOWLES, S. and GINTIS, H. (1998). "Is Equality Passé? Homo Reciprocans and the Future of Egalitarian Politics", *Boston Review*, 23/6: 4 – 10. (1999). *Recasting Egalitarianism: New Rules for Markets, States, and Communities*, Verso, London.

BOYD, S. (ed.) (1977). *Challenging the Public/Private Divide: Feminism, Law and Public Policy*, University of Toronto Press, Toronto.

Brandt, (1979). *A Theory of the Right and the Good.* Oxford University Press.

Brandt, (1992). *Morality, Utilitarianism and Rights.* Cambridge University Press.

BRANDT, R. B. (1959). *Ethical Theory*, Prentice-Hall, Englewood Cliffs, NJ. (1979). *A Theory of the Right and the Good*, Oxford University Press, Oxford.

Braud, Philippe, *La science politique.* Presses universitaires de France, *Que sais-je*, 2007 (9e éd.) Paris.

Braud, Philippe, *Sociologie politique.* LGDJ, 2000, 5ᵉ édition. Paris.

Braud, *Violences politiques*, Seuil, coll. "Points ESSAI", 2004, Paris.

Braudel, *Civilization and Capitalism*, 15ᵗʰ –18ᵗʰ Centry. Vol.I *The Structure of Everyday Life. The Limits of the Possible.* (trans. by) Sian Reynnolds. New York: Harper & Row. 1981.

BRAVERMAN, H. (1974). *Labor and Monopoly Capital*, Monthly Review Press, New York.

BRECHER, B., et al. (eds.) (1998). *Nationalism and Racism in the Liberal*

Order, Ashgate, Aldershot.

BRENKERT, G. (1981). "Marx's Critique of Utilitarianism", *Canadian Journal of Philosophy* 7:193-220.(1983).*Marx's Ethics of Freedom*, Routledge and Kegan Paul, London.

BRENKERT, G. (1998). "Self-Ownership, Freedom, and Autonomy", *Journal of Ethics*, 2/1:27-55.

Brenner, R.*The Social Foundation of Economic Development.* In Roemer, J. (ed.) *Analytical Marxism.* Cambridge:Cambridge Uniersity Press.1986.

BRIDGES, D. (ed.) (1997). *Education, Autonomy and Democratic Citizenship*: *Philosophy in a Changing World*, Routledge, London.

BRIGHOUSE, H. (1998). " Against Nationalism ", in *Couture, Nielsen, and Seymour* 1998, 365-406. (2000).*School Choice and Social Justice*, Oxford University Press, Oxford.

BRILMAYER, I.and SHAPIRO, I. (eds.) (1999).*Global Justice*, New York University Press, New York.

BRINK, D. (1986). " Utilitarian Morality and the Personal Point of View ", *Journal of Philosophy*, 83/8:417-438.

BRITTAN, S. (1988).*A Restatement of Economic Liberalism*, Macmillan, London.

BROMWICH, D. (1995). "Culturalism: The Euthanasia of Liberalism", *Dissent*, Winter:89-102.

BROOKS, R. (1996).*Separation or Integration: A Strategy for Racial Equality*, Harvard University Press, Cambridge, Mass. (ed.) (1999).*When Sorry Isn't Enough*: *The Controversy over Apologies and Reparations for Human Injustice*, New York University Press, New York.

BROOME, J. (1989). "Fairness and the Random Distribution of Goods", in Jon Eister(ed.), *Justice and the Lottery*, Cambridge University Press, Cambridge. (1991). *Weighing Goods*, Blackwell, Oxford.

BROUGHTON, J. (1983). "Women's Rationality and Men's Virtues", *Social Research*, 50/3:597-642.

BROWN, A. (1986).*Modern Political Philosophy: Theories of the Just Society*, Penguin, Harmondsworth.

BROWN, J. (2001). "Genetic Manipulation in Humans as a Matter of Rawlsian Justice", *Social Theory and Practice*, 27/1:83-110.

BRUGGER, B. (1999). *Republican Theory in Political Thought: Virtuous or*

Virtua? St Martin's Press, New York.

Brumberg, J. Fasting Girls: *The Emergence of Anorexia Nervosa as a Modern Disease.* Cambridge: Harvard University Press. 1988.

BUBECK, D. (1995). *Care, Gender, and Justice*, Oxford University Press, Oxford. (1999). "A Feminist Approach to Citizenship", In O. Huftan and Y. Jravaritou (eds.) *Gender and the Uses of Time*, Kluwer, Dordrecht.

Buchanan, A. *Marx and Justice.* Totawa, N. J.: Littlefield, Adams. 1982.

BUCHANAN, A. (1975). "Revisability and Rational Choice", *Canadian Journal of Philosophy*, 5: 395 – 408. (1982). *Marx and Justice: The Radical Critique of Liberalism* (Methuen, London). (1989). "Assessing the Communitarian Critique of Liberalism", *Ethics*, 99/4: 852 – 882. (1990). "Justice as Reciprocity versus Subject-Centred Justice", *Philosophy and Public Affairs*, 19/3: 227 – 252. (1991). Secession: *The Legitimacy of Political Divorce* (Westview Press, Boulder, Colo.).

BUCHANAN, J. (1975). *The Limits of Liberty: Between Anarchy and Leviathan* (University of Chicago Press, Chicago).

BUCHANAN, J. and CONGLETON, R. (1998). *Politics by Principle, Not Interest* (Cambridge University Press, Cambridge). and TULLOCK, G. (1962). *The Calculus of Consent* (University of Michigan Press, Ann Arbor).

BULMER, M. and REES, A. (eds.) (1996). *Citizenship Today: The Contemporary Relevance of T. H. Marshall*, University College London Press, London.

BURTT, Sh. (1993). "The Politics of Virtue Today: A Critique and a Proposal", *American Political Science Review*, 87: 360 – 368. BUTLER, JUDITH, and SCOTT, JOAN W. (eds.) (1992). *Feminists Theorize the Political*, Routledge, London.

Cain, P. A. Lesbian and Gay Rights: The Legal Controversies. New York: Westview. 1999.

CAIRNS, A. (1995). "Aboriginal Canadians, Citizenship, and the Constitution", in A. Cairns, *Reconfigurations: Canadian Citizenship and Constitutional Change*, McClelland and Stewart, Toronto, 238 – 260. and WILLIAMS, C. (1985). *Constitutionalism, Citizenship and Society in Canada*, University of Toronto Press, Toronto.

CALHOUN, Ch. (2000). "The Virtue of Civility", *Philosophy and Public Affairs*, 29/3: 251 – 275.

CALLAN, E. (1994). "Beyond Sentimental Civic Education", *American Journal of Education*, 102: 190 – 221. (1995). "Common Schools for Common Education", *Canadian Journal of Education*, 20: 251 – 271. (1996). "Political Liberalism and Political

Education", *Review of Politics*, 58 : 5-33. (1997). *Creating Citizens : Political Education and Liberal Democracy*, Oxford University Press, Oxford.

Callinicos, A. *Marxist Theory*. Oxford : Oxford Uniersity Press. 1989.

CAMPBELL, R. and SOWDEN, L. (eds.) (1985). *Paradoxes of Rationality and Cooperation*, UBC Press, Vancouver.

CAMPBELL, T. (1983). *The heft and Rights : A Conceptual Analysis of the Idea of Socialist Rights*, Routledge and Kegan Paul, London. (1988). *Justice*, Macmillan, Basingstoke. (2000). *Justice*, 2nd edn. Palgrave, New York.

CANEY, S. (1991). " Consequential Defenses of Liberal Neutrality ", *Philosophical Quarterly*, 41/165 : 457-477. (1995). "Anti-perfectionism and Rawlsian Liberalism", *Political Studies*, 43/2 : 248-264.

CANOVAN, M. (1996). *Nationhood and Political Theory*, Edward Elgar, Cheltenham.

CARD, C. (1990). "Caring and Evil", Hypatia, 5/1 : 101 - 108. (1991). *Feminist Ethics*, University Press of Kansas, Lawrence. (1996). *The Unnatural Lottery : Character and Moral Luck*, Temple University Press, Philadelphia. (ed.) (1999). *On Feminist Ethics and Politics*, University of Kansas Press, Lawrence.

CARENS, J. (1985). " Compensatory Justice and Social Institutions", *Economics and Philosophy* 1/1 : 39-67. (1986). "Rights and Duties in an Egalitarian Society", *Political Theory*, 14/1 : 31-49.

CARENS, J. (1987). "Aliens and Citizens : The Case for Open Borders", *Review of Politics*, 49/3 : 251 - 273. (1989). " Membership and Morality : Admission to Citizenship in Liberal Democratic States", in W. R. Brubaker (ed.), *Immigration and the Politics of Citizenship in Europe and North America* (University Press of America, Lanham, Md.), 31-50.

CARENS, J. (ed.) (1995). *Is Quebec Nationalism Just? Perspectives from Anglophone Canada*, McGill-Queen's University Press, Montreal. (2000). *Culture, Citizenship, and Community : A Contextual Exploration of Justice as Evenhandedness*, Oxford University Press, Oxford.

CAREY, G. (1984). *Freedom and Virtue : The Conservative/Libertarian Debate*, University Press of America, Lanham, Md.

Carling, A. "Rational Choice Marxism." In *New Left Reiew*. No. 160. 1986.

CARTER, A. (2001). *The Political Theory of Global Citizenship*, Routledge, London.

CARTER,I.(1992)."The Measurement of Pure Negative Freedom", *Political Studies*,40/1:38-50.(1995a)."interpersonal Comparisons of Freedom", *Economics and Philosophy*,11:1 -23.(1995b)."The Independent Value of Freedom", *Ethics*, 105/4:819-845.(1999).*A Measure of Freedom*,Oxford University Press,Oxford.

CARVER,T.(ed.)(1991).*The Cambridge Companion to Marx*,Cambridge University Press,Cambridge.

CASTLES,S.and MILLER,M.(1993).*The Age of Migration:International Population Movements in the Modern Age*,Macmillan,Basingstoke.

Castoriadis,C."Technique",In *Encyclopaedia Universalis*.Paris.1988.

CAVALIERI,P.and SINGER,P.(eds.)(1993).*The Great Ape Project:Equality beyond Humanity*,Fourth Estate,London.

CHAMBERS,S.(1996).*Reasonable Democracy:Jürgen Habermas and the Politics of Discourse*,Cornell University Press,Ithaca,NY.(1998)."Contract or Conversation? Theoretical Lessons from the Canadian Constitutional Crises", *Politics and Society*, 26/1:143-179.(2001)."Critical Theory and Civil Society",in Simone Chambers and Will Kymlicka(eds.),*Alternative Conceptions of Civil Society*,Princeton University Press,Princeton.

CHAN,J.(2000)."Legitimacy,Unanimity,and Perfectionism", *Phihsophy and Public Affairs*,29/1:5-42.

CHARVET,J.(1982).*Feminism*,J.M.Dent and Sons,London.

Chemnitz, B. P. (1647). von, *Dissertatio de ratione Status in imperio nostro romano-germanico*.Freistadi.

Chernin, K. (1985). *The Hungry Self:Women Eating and Identity*. New York: arper and Row.

Chernin, K.(1981).*The Obsession:Reflexions on the Tyranny of Slenderness*. New York:Harper and Row.

CHILD, J. (1994). "Can Libertarianism Sustain a Fraud Standard?" *Ethics*, 104/4:722-738.

CHRISTIANO,Th.(1996).*The Rule of the Many*,Westview Press,Boulder,Colo.

CHRISTIE,C.J.(1998).*Race and Nation:A Reader*,St.Martin's Press,New York.

CHRISTMAN,J.(1986)."Can Ownership be Justified by Natural Rights?" *Philosophy and Public Affairs*,15/2:156-177.(1991)."Self-Ownership,Equality and the Structure of Property Rights",*Political Theory*,19/1:28-46.

CHRISTODOULIS,E.(ed.)(1998).*Communitarianism and Cituenship*,Ashgate,

Aldershot.

Cicero, *De Legibus.*

Cicero, *De Republic.*

CLARK, B.and GINTIS, H.(1978).“Rawlisian Justice and Economic Systems”, *Philosophy and Public Affairs*, 7/4:302–325.

CLARKE, D.and JONES, Ch.(eds.) (1999).*The Rights of Nations: Nations and Nationalism in a Changing World*, Palgrave, New York.

CLEMENT, G.(1996).*Care, Autonomy and Justice: Feminism and the Ethic of Care*, Westview, Boulder, Colo.

COCHRAN, D. C. (1999). *The Color of Freedom: Race and Contemporary American Liberalism*, State University of New York Press, Albany.

Cohen, “Strutration Theory and Social Praxis.” In *Social Theory Today.*(eds.) by Giddens A.and Turner, J.Cambridge: Polity Press.

COHEN, A.(1998).“A Defense of Strong Voluntarism”, *American Philosophical Quarterly*, 35/3:251–265.

COHEN, C.(1997).“Straight Gay Politics: The Limits of an Ethnic Model of Inclusion”, in *Shapiro and Kymlicka* 1997, 572–616.

COHEN, G.A.(1978).*Karl Marx's Theory of History: A Defense*, Princeton University Press, Princeton. (1979). “ Capitalism, Freedom and the Proletariat ”, in A. Ryan(ed.) , *The Idea of Freedom*, Oxford University Press, Oxford. (1981). “ Illusions about Private Property and Freedom”, in J.Mepham and D.H.Ruben(eds.) Issues *in Marxist Philosophy*, vol.iv Harvester, Hassocks, 223–239. (1986a). “ Self-Ownership, World-Ownership, and Equality”, in F.Lucash (ed.) , *Justice and Equality: Here and Now*, Cornell University Press, Ithaca, NY, 108 – 135. (1986b). “ Self-Ownership, World-Ownership and Equality: Part2”, *Social Philosophy and Policy*, 3/2:77 – 96. (1988).History, *Labour, and Freedom: Themes from Marx*, Oxford University Press, Oxford.(1989). “On the Currency of Egalitarian Justice”, *Ethics*, 99/4:906 – 944. (1990a).“Marxism and Contemporary Political Philosophy, or Why Nozick Exercises Some Marxists More Than He Does Any Egalitarian Liberal”, *Canadian Journal of Philosophy*, supplementary Vol.16:363 – 387. (1990b). “Self-Ownership, Communism, and Equality”, *Proceedings of the Aristotelian Society*, supplementary Vol.64:25 – 44. (1992).“Incentives, Inequality and Community”, in G.B.Peterson(ed.) , *The Tanner Lectures on Human Values*, Vol.xiii, University of Utah Press, Salt Lake City, 261–329. (1993).“Equality of What? On Welfare, Goods, and Capabilities”, in Nussbaum and

Sen 1993, 9 – 29. (1995a). *Self-Ownership*, *Freedom and Equality*, Cambridge University Press, Cambridge. (1995b). "The Pareto Argument for Inequality", *Social Philosophy and Policy*, 12/1: 160–185. (1997). "Where the Action Is: On the Site of Distributive Justice", *Philosophy and Public Affairs*, 26/1: 3–30. (1998). "Once More into the Breach of Self-Ownership", *Journal of Ethics*, 2/1: 57–96. (2000). *If You're an Egalitarian*, *How Come You're So Rich*? Harvard University Press, Cambridge, Mass.

Cohen, G. A. (1978). *Central Problems in Social Theory*. London: Macmillan. (1988). *History*, *Labour and Freedom*. London: Clarendom Press. (1978). *Karl Marx's Theory of History.* : *A Defence.* Oxford: Oxford University Press.

COHEN, J. (1985). "Strategy or Identity. New Theoretical Paradigms and Contemporary Social Movements", *Social Research*, 54/4: 663–716.

COHEN, J. (1996). "Procedure and Substance in Deliberative Democracy", in Seyla Benhabib(ed.), *Democracy and Difference*: *Contesting the Boundaries of the Political*, Princeton University Press, Princeton, 95 – 119. (1997a). "Deliberation and Democratic Legitimacy", in *Goodin and Pettit* 1997, 143–155.

COHEN, J. (1997b). "The Arc of the Moral Universe", *Philosophy and Public Affairs*, 26/2: 91–134.

COHEN, M. (1985). "Moral Skepticism and International Relations", in Charles Beitz(ed.), *International Ethics*, Princeton University Press, Princeton, 3–50.

COLE, EVE B. and COULTRAP-MCQUIN, S. (eds.) (1992). *Explorations in Feminist Ethics*: *Theory and Practice*, Indiana University Press, Bloomington.

COLE, P. (2000). *Philosophies of Exclusion*: *Liberal Political Theory and Immigration*, Edinburgh University Press, Edinburgh.

COLTHEART, D. (1986). "Desire, Consent and Liberal Theory", in Carole Pateman and E. Gross (eds.), *Feminist Challenges*: *Social and Political Theory*, Northeastern University Press, Boston, 112–122.

CONNOLLY, W. (1984). "The Dilemma of Legitimacy", in William Connolly (ed.), *Legitimacy and the State*, Blackwell, Oxford, 222 – 249. (1991). *Identity/Difference*: *Democratic Negotiations of Political Paradox*, Cornell University Press, Ithaca, NY. (1993). *The Terms of Political Discourse*, Princeton University Press, Princeton. (1995). *TL Ethos of Pluralization*, University of Minnesota Press, Minneapolis.

CONNOR, W. (1972). "Nation-Building or Nation-Destroying", *World Politics*,

24:319-355. (1984). *The National Question in Marxist-Leninist Theory and Strategy*, Princeton University Press, Princeton. (1999). "National Self-Determination and Tomorrow's Political Map", in Alan Çairns et al. (eds.), *Citizenship, Diversity and Pluralism: Canadian and Comparative Perspectives*, McGill-Queen's University Press, Montreal, 163-176.

COOK, C. and LINDAU, J. (eds.) (2000). *Aboriginal Rights and Self-Government*, McGill-Queen's University Press, Montreal.

COOKE, M. (2000). "Five Arguments for Deliberative Democracy", *Political Studies*, 48:947-969.

COPP, D. (1991). "Contractarianism and Moral Skepticism", in Vallentyne 1991, 196-228.

Corpus Iuris Civilis. Digest.

COSER, ROSE LAMB (1991). *In Defense of Modernity: Role Complexity and Individual Autonomy*, Stanford University Press, Stanford, Calif.

CRAGG, W. (1986). "Two Concepts of Community or Moral Theory and Canadian Culture", *Dialogue*, 25/1:31-52.

CRISP, R. (ed.) (1997). *Routledge Philosophy Guidebook to Mill on Utilitarianism*, Routledge, London.

CROCKER, L. (1977). "Equality, Solidarity, and Rawls'Maxim in", *Philosophy and Public Affairs*, 6/3:262-266.

CROSSLEY, D. (1990). "Utilitarianism, Rights and Equality", *Utilitas*, 2/1:40-54.

CROWLEY, B. (1987). *The Self, the Individual and the Community: Liberalism in the Political Thought of F. A. Hayek and Sidney and Beatrice Webb*, Oxford University Press, Oxford.

CUMMINSKY, D. (1990). "Kantian Consequentalism", *Ethics*, 100:586-630.

D'AGOSTINO, F. (1996). *Free Public Reason: Making it Up as We Go Along*, Oxford University Press, Oxford.

DAGGER, R. (1997). *Civic Virtues: Rights, Citizenship and Republican Liberalism*, Oxford University Press, Oxford.

DANCY, J. (1992). "Caring about Justice", *Philosophy*, 67/262:447-466.

DANIELS, N. (1975a). "Equal Liberty and Unequal Worth of Liberty", in Daniels 1975b, 258-281. (ed.) (1975b). Reading *Rawls*, Basic Books, New York. (1979). "*Wide Reflective Equilibrium and Theory Acceptance in Ethics*", Journal of

Philosophy 76:256-282.(1985).*Just Health Care*,Cambridge University Press,Cambridge.(1990)."Equality of What? Welfare,Resources,or Capabilities?",*Philosophy and Phenomenological Research*,supplementary vol.50:273-296.

DARWALL,S.(ed.)(1995).*Equal Freedom:Selected Tanner Lectures on Human Values*,University of Michigan Press,Ann Arbor.(1998).*Philosophical Ethics*,Westview,Boulder,Colo.

DAVION,V.and WOLF,C.(eds.)(2000).*The Idea of a Political Liberalism:Essays on Rawls*,Rowman and Littlefield,Totowa,NJ.

DAVIS,B.(1994)."Global Paradox:Growth of Trade Binds Nations,But It Also Can Spur Separatism",*Wall Street Journal*,30 June 1994:Al.

DE GREIFF,P.(2000)."Deliberative Democracy and Group Representation",*Social Theory and Practice*,26/3:397-416.

DE VARENNES,F.(1996).*Language,Minorities and Human Rights*,Kluwer,The Hague.

DEGRAZIA,D.(1995).*Taking Animals Seriously:Mental Life and Moral Status*,Cambridge University Press,Cambridge.

DELANEY,C.F.(ed.)(1994).*The Liberal-Communitarian Debate:Liberty and Community Values*,Rowman and Littlefield,Savage,Md..

Deleuze,G.(1999).Pourparles.Paris.Minuit.

DEN UYL,D.(1993)."The Right to Welfare and the Virtue of Charity",in E.F. Paul, F. D. Miller, and J. Paul (eds.), *Altruism*, Cambridge University Press, Cambridge,192-224.

Derrida,(1987).*De l'esprit.Heidegger et la question*.Paris:Galilée.

Derrida,(1967).*De la grammatologie*.Paris:Minuit.

Derrida,(2001).*De quoi demain...:Dialogue avec Elisabeth Roudinesco*.Paris Minuit.

Derrida,(1987).Entretiens avec Derrida,par Didier Cahen.In *Digraphe*,No.42, decembre 1987 Paris.

Derrida,(1978).*Eperons.Les styles de Nietzsche*.Paris.

Derrida,J./Habermas,J.(2005).*Le"concept" du 11 septembre.Doialogue a New York(octobre-decembre 2001)avec Giovanna Borradori*.Paris.Galilee.

Derrida,J.(1991).*Acts of Literature*.London:Routledge.

Derrida,J.(2005).*Apprendre a vivre enfin.Entretien avec Jean Birnbaum*.Paris. Galilee/Le Monde.

Derrida, J. (2005). *Chaque fois unique, la fin du monde*. Paris. Galilee.

Derrida, J. (2006). *L'animal que donc je suis*. Paris. Galilee.

Derrida, J. (1987). *Psyche. Inventions de l'autre*. Paris: Galilée.

Derrida, J. (2003). *Voyous*. Paris. Galilee.

Derrida, (2006). *L'animal que donc je suis*. Paris.

Derrida, (1978). *La vérité en peinture* Paris: Flammarion.

Derrida, (2000). *Le toucher*. Paris.

Derrida, (1992). *Les Spectres de Marx*. Chapitre II, Conjurer-le marxisme. Paris.

Derrida, (1988). *Limited Inc*. Illinois: Northwestern University, Édition française en 1990, Paris: Galilée.

Derrida, (1972). *Marges-de la philosophie*. Paris.

Derrida, (1972). *Positions* Paris.

Derrida, (1992). *Spectres de Marx*. Paris.

Derrida, (1970). *Todorov & Kahn*, *Morphologie du conte*, Paris: Seuil.

Derrida, (2003). *Voyous*. Paris: Galilee.

Derrida/Roudinesco, (2001). *De quoi demain...* Paris.

DE-SHALIT, A. (2000). *The Environment: Between Theory and Practice*, Oxford University Press, Oxford.

DEVEAUX, M. (1995α). "Shifting Paradigms: Theorizing Care and Justice in Political Theory", *Hypatia*, 10/2: 115-119. (1995b). "New Directions in Feminist Ethics", *European Journal of Moral Philosophy*, 3/1: 86-96. (2001). *Cultural Pluralism and Dilemmas of Justice*, Cornell University Press, Ithaca, NY.

DICK, J. (1975). "How to Justify a Distribution of Earnings", *Philosophy and Public Affairs*, 4/3: 248-272.

DIETZ, M. (1985). "Citizenship with a Feminist Face: The Problem with Maternal Thinking", *Political Theory* 13/1: 19-37. (1992). "Context is All: Feminism and Theories of Citizenship", in Mouffe 1926, 63-85.

DIGGS, B.J. (1981). "A Contractarian View of Respect for Persons", *American Philosophical Quarterly*, 18/4: 273 - 283. (1982). "Utilitarianism and Contractarianism", in H.B. Miller and W.H. Williams (eds.), *The Limits of Utilitarianism*, University of Minnesota Press, Minneapolis, 101-114.

DION, S. (1991). "Le Nationalisme dans la convergence culturelle", in R. Hudon and R. Pelletier (eds.), *V Engagement intellectuel: mélanges en l'honneur de léon Dion*, Les Presses de l'Université Laval, Sainte-Foy, 291 -311.

DIQUATTRO, A. (1983). "Rawls and Left Criticism", *Political Theory*, 11/1: 53-78.

DOBSON, A. (1990). *Green Political Thought*, Unwin Hy-man, London. (1991). *The Green Reader*, Mercury House, San Francisco.

DONNER, W. (1993). "John Stuart Mill's Liberal Feminism", *Philosophical Studies*, 69: 155-166.

DOPPELT, G. (1981). " Rawls'System of Justice: A Critique from the Left", *Nous*, 15/3: 259-307.

DRYZEK, J. (1990). *Discursive Democracy*, Cambridge University Press, Cambridge. (2000). *Deliberative Democracy and Beyond: Liberals, Critics, Contestations*, Oxford University Press, Oxford.

Duverger, (1964). Maurice, *Introduction à la politique*. Paris.

Duverger, (1980). *Sociologie de la politique*. Paris.

Dworkin, (1978). "Liberalism." In Stuart Hampshire, ed. *Public and Private Morality*. Cambridge.

DWORKIN, R. (1977). *Taking Rights Seriously* (Duckworth, London). (1978). "Liberalism", in S. Hampshire(ed.) *Public and Private Morality*, Cambridge University Press, Cambridge, 113-143. (1981). "What is Equality? Part Ⅰ: Equality of Welfare: Part Ⅱ: Equality of Resources", *Philosophy and Public Affairs*, 10 3/4: 185- 246, 283- 345. (1983). "In Defense of Equality", *Social Philosophy and Policy*, 1/1. 24-40. (1985). *A Matter of Principle*, Harvard University Press, London. (1986). *Law's Empire*, Harvard University Press, Cambridge, Mass. (1987). "What is Equality? Part 3: The Place of Liberty", *Iowa Law Review*, 73/1: 1-54. (1988). "What is Equality? Part 4: Political Equality", *University of San Francisco Law Review*, 22/1: 1- 30. (1989). "Liberal Community", *California Law Review*, 77/3: 479-504.

DWORKIN, R. (1992). "Deux conceptions de la démocratie", in Jacques Lenoble and Nicole Dewandre(eds.), *L "Europe au soir de la siècle, identité et démocratie* (Éditions Esprit, Paris), 111- 135. (1993). "Justice in the Distribution of Health Care", *McGill Law Journal*, 38/4: 883-898. (2000). *Sovereign Virtue: The Theory and Practice of Equality*, Harvard University Press, Cambridge, Mass.

Dworkin, R. (2000). *Sovereign Virtue. The Theory and Practice of Equality*. Harvard University Press.

Dworkin, R. (1977). *Taking Rights Seriously*. Cambridge, Mass., Harvard University Press.

Dworkin,R.(1981).What is Equality? Part Ⅰ:Equality of Welfare;Part Ⅱ:Equality of Resources.In *Philosophy and Public Affairs*,10,3/4.

DYZENHAUS,D.(1992)."Liberalism,Autonomy and Neutrality",*University of Toronto Law Journal*,42:354-375.

ECKERSLEY,R.(1992).*Environmentalem and Political Theory*,State University of New York Press,Albany.

Morin,E.(2004).*Pour entrer dans le XXI siècle*.Paris.

EICHBAUM,J.(1979)."Towards an Autonomy-Based Theory of Constitutional Privacy:Beyond the Ideology of Familial Privacy",*Harvard Civil Rights-Civil Liberties Law Review*,14/2:361-384.

EISENBERG,A.(1995).*Reconstructing Political Pluralism*,State University of New York Press,Albany.

EISENSTEIN,Z.(1981).*The Radical Future of Liberal Femi-ninsm*,Longman,New York.(1984).*Feminism and Sexual Equality:Crisis in Liberal America*,Monthly Review Press,New York.

Elam,D.(1994).*Feminism and Deconstruction:Mise En abyme*.London:Routledge.

ELKIN,S.and SOLTAN,K.(eds.)(1999).*Citizen Competence and Democratic Institutions*,Pennsylvania State University Press,University Park.

ELSHTAIN,J.B.(1981).*Public Man,Private Woman:Women in Social and Political Thought*,Princeton University Press,Princeton.

Elster,J.(1983).*Making Sense of Marx:Studies in Marxism and Social Theory*.Cambridge:Cambridge University Press.

Elster,J.(1982)."Marxism,Functionalism and Game Theory." In *Theory and Society*.No.11.

ELSTER,J.(1982a)."Roemer vs.Roemer",*Politics and Society*,11/3:363-373.(1982b)."Utilitarianism and the Genesis of Wants",in Sen and Williams 1982,219-238.(1983a)."Exploitation,Freedom,and Justice",in J.R.Pennock and J.W.Chapman(eds.),*Marxism:NOM OS* 26,New York University Press,New York,277-304.(1983b).*Sour Grapes*,Cambridge University Press,Cambridge.(1985).*Making Sense of Marx*,Cambridge University Press,Cambridge.(1986)."Self-Realization in Work and Politics:The Marxist Conception of the Good Life",*Social Philosophy and Policy*,3/2:97-126.(1987)."The Possibility of Rational Politics",*Archives européennes de sociologie*,28:67-103.(1992).*Local Justice*,Russell Sage,New York.

(1995). "Strategic Uses of Argument", in Kenneth Arrow (ed.), *Barriers to Conflict Resolution*, Norton, New York, 236-257. (1998a). "Introduction", in J. Elster (ed.), *Deliberative Democracy*, Cambridge University Press, New York, 1-18. (1998b). "Deliberation and Constitution Making", in J. Elster (ed.), *Deliberative Democracy*, Cambridge University Press, New York, 97-122. and ROEMER, J. (eds.) (1991). *Interpersonal Comparisons of Well-Being*, Cambridge University Press, Cambridge.

Elster, (1983). *Making Sense of Marx : Studies in Marxism and Social Theory.* Cambridge : Cambridge University Press.

Faye, E. (2005). *Heidegger. Introdcution du naizism dans la philosophie.* Paris.

Levinas, E. (1982). *Ethique et Infini.* Paris.

Levinas, E. (1972). *Humanisme et l'Autre Homme.* Paris.

Levinas, E. (1961). *Totalité et Infini. Essai sur l'Extériorité.* Paris.

ENGELS, F. (1972). *The Origin of the Family, Private Property, and the State* (International Publishers, New York).

ENGLISH, J. (1977). "Justice between Generations", *Philosophical Studies*, 31/2 : 91-104.

EPSTEIN, R. (1985). *Takings*, Harvard University Press, Cambridge, Mass. (1995a). *Forbidden Grounds : The Case against Employment Discrimination Laws*, Harvard University Press, Cambridge, Mass. (1995b). *Bargaining with the State*, Princeton University Press, Princeton. (1995c). *Simple Rules for a Complex World*, Harvard University Press, Cambridge, Mass. (1998). "The Right Set of Simple Rules", *Critical Review*, 12/3 : 305-318.

ESTLUND, D. (1998). "Liberalism, Equality and Fraternity in Cohen's Critique of Rawls", *Journal of Political Philosophy*, 6/1 : 99-112.

ETZIONI, A. (1993). *The Spirit of Community : Rights, Responsibilities and the Communitarian Agenda*, Crown Publishers, New York. (1999). "The Good Society", *Journal of Political Philosophy*, 1/1 : 88-103. (2001). *Next : The Road to the Good Society*, Basic Books, New York.

EVANS, S. (1979). *Personal Politics : The Roots of Women's Liberation in the Civil Rights Movement and the New Left*, Knopf, New York.

EXDELL, J. (1977). "Distributive Justice : Nozick on Property Rights", *Ethics*, 87/2 : 142-149. (1994). "Feminism, Fundamentalism, and Liberal Legitimacy", *Canadian Journal of Philosophy*, 24/3 : 441-464.

FAVELL, A. (1999). "Applied Political Philosophy at the Rubicon", *Ethical*

Theory and Moral Practice, 1/2:255–278.

FEALLSANACH, A. (1998). "Locke and Libertarian Property Rights", *Critical Review*, 12/3:319–323.

FEINBERG, J. (1980). *Rights, Justice, and the Bounds of Liberty*, Princeton University Press, Princeton. (1988). Harmless *Wrongdoing*: The Moral Limits of the *Criminal Law*, Vol.iv, Oxford University Press, Oxford.

FEINBERG, W. (1998). *Common Schools/Uncommon Identities*: National Unity *and Cultural Difference*, Yale University Press, New Haven.

FEMIA, J. (1996). "Complexity and Deliberative Democracy", *Inquiry*, 39: 359–397. FEREJOHN, J. (2000). "Instituting Deliberative Democracy", in Ian Shapiro and Stephen Macedo (eds.), *Designing Democratic Institutions*: NOM'OS 42, New York University Press, New York, 75–104.

Ferguson, (1995). *An Essay on the History of Civil Society*. Ed. By Fania Oz-Salberger. Cambridge: Cambridge University Press.

Ferry, L. (1986). *Et Alain Renaut, La pensee* 68. Paris.

Ferry, L. *Histoire de la philosopghie politique. Tome I : La querelle de Anciens et des Modernes. Tome II : Le système des philosophies de l'histoire.* 1984; *Tome III . Des droits de l'homme a l'idee republique.* Avec Renaut, 1984–1985.

FIERLBECK, K. (1991). "Redefining Responsibilities: The Politics of Citizenship in the United Kingdom", *Canadian Journal of Political Science*, 24/3:575–583.

Finley, A. Moses, (1985). *L'Invention de la politique*, traduction française, Paris: Flammarion.

Finley, A. Moses, (1985). *Democratie Ancient and Modern*, New Brunswick, N.J.: Rutgers University Press.

Finley, A. Moses, (1983). *Politics in The Ancient World*, Cambridge Cambridgeshire and New York: Cambridge University Press.

Finley, A. Moses, (1984). *The Legacy of Greece*, Oxford University Press.

FINNIS, J. (1981). *Natural Law and Natural Rights*, Oxford U-niversity Press, Oxford. (1983). *Fundamentals of Ethics*, Oxford University Press, Oxford.

FISHKIN, J. (1983). *Justice, Equal Opportunity and the Family*, Yale University Press, New Haven. (1991). *Democracy and Deliberation*: New Directions for Democratic *Reform*, Yale University Press, New Haven. (1995). *The Voice of the People*, Yale University Press, New Haven.

FISHKIN, J. (1996). *The Dialogue of Justice*: Toward a Self-Reflective Society,

Yale University Press, New Haven.

FLANAGAN, O.and ADLER, J.(1983). "Impartiality and Particularity", *Social Research*, 50/3: 576-596.and JACKSON, K.(1987). "Justice, Care, and Gender: The Kohlberg-Gilligan Debate Revisited", *Ethics*, 97/3: 622-637.

FLAX, J.(1993). *Disputed Subjects: Essays on Psychoanalysis Politics and Philosophy*, Routledge, New York.

FLEURBAEY, M.(1994). "L'Absence d'envie dans une problématique post-welfariste", *Recherches économiques de Louvain*, 60: 9-42.FLEW, A.(1979). *A Dictionary of Philosophy*, Fontana, London.(1989). *Equality in Liberty and Justice* (Routledge, London).

Foucault, M.(1994). *Dits et écrits.IV.* Paris: Gallimard.

Foucault, M.(1994). *Dits et écrits.* Paris: Gallimard.

Foucault, M. (2001). *Herméneutique du sujet*, *Cours au Collège de France*, 1981-1982.Paris: Galliamrd.

Foucault, M.(1997). *Il faut défendre la société.Cours au college de France*, 1976. Paris.

Foucault, M.(2001). *L'Herméneutique du sujet.* Paris: Gallimard/Seuil.

Foucault, M.(1976). La politique de la santé au XVIIe siècle.In *Institut de environnement*.

Foucault, M.(1976). *La Volonté de savoir.Histoire de la sexualité, t.I.* Paris: Gallimard, coll. "Bibliothèque des histoires".

Foucault, M. (1966). *Les mots et les choses. Archéologie des sciences humaines.* Paris.Gallimard.

Foucault, M.(1975). *Punir et surveiller.* Paris.

Foucault, M.(1975). *Surveiller et Punir. Naissance de la prison.* Paris: Gallimard, coll. "Bibliothèque des histoires".

FOX-DECENT, E. (1998). "Why Self-Ownership is Prescriptively Impotent", *Journal of Value Inquiry*, 32/4: 489-506.

Fraisse, G.(1987). *Droit naturel et question de l'origine dans la pensée féministe au XIX siècle.In Stratégies des femmes.* Paris: Tierce.

Fraisse, G.(1994). *Reason's Muse: Sexual Diffenrence and the Birth of Democracy.* Chicago: University of Chicago Press.

FRANCK, Th.(1997). "Tribe, Nation, World: Self-Identification in the Evolving International System", *Ethics and International Affairs*, 11: 151-169.

Frank,(1978).Dependent Accumulation and Underdevelopment.New York.

FRANKLIN,J.(ed.)(1997).*Equality*,Institute for Public Policy Research,London.

FRASER,N.(1989)."Talking about Needs:Interpretive Contests as Political Conflicts in Welfare State Societies",*Ethics*,99:291-313.(1992)."Rethinking the Public Sphere. A Contribution to the Critique of Actually Existing Democracy", in Craig Calhoun(ed.),*Habermas and the Public Sphere*,MIT Press,Cambridge,Mass., 109-142.(1995)."From Redistribution to Recognition? Dilemmas of Justice in a "Post-Socialist Age",*New Left Review*,212:68-93.(1996)."Multiculturalism and Gender Equity:The U.S.'Difference' Debates Revisited",*Constellations*,3/1:61-72. (1997).*Justice Interruptus:Critical Reflections on the'Post-Socialist' Condition* (Routledge,New York).(1998)."Social Justice in the Age of Identity Politics:Redistribution,Recognition and Participation", in Grethe Peterson(ed.) *The Tanner Lectures on Human Values*,Vol.xix,University of Utah Press,SaltLake City,1-67.(2000)."Rethinking Recognition",*New Left Review* 3:107-120.

FRAZER,E.(1999).*The Problems of Communitarian Politics:Unity and Conflict*,Oxford University Press,Oxford.and LACEY,N.(1993).*The Politics of Community:A Feminist Critique of the Liberal-Communitarian Debate*,Harvester Wheatsheaf,London.

FREEMAN,S.(1994)."Utilitarianism,Deontology and the Priority of Right", *Philosophy and Public Affairs*,23/4:313-349.

FREY,R.(ed.)(1984).*Utility and Rights*,University of Minnesota Press,Minneapolis.

FRIDERES,J.(1997)."Edging into the Mainstream:Immigrant Adults and their Children", in Wsevolod Isajiw(ed.),*Comparative Perspectives on Interethnic Relations and Social Incorporation in Europe and North America*,Canadian Scholar's Press,Toronto,537-562.

FRIED,C.(1978).*Right and Wrong*,Harvard University Press,Cambridge,Mass.

FRIED,C.(1983)."DISTRIBUTIVE JUSTICE",*Social Philosophy and Policy*, 1/1:45-59.

FRIEDMAN,M.(1987a)."Beyond Caring:The De-moral-ization of Gender",*Canadian Journal of Philosophy*,supplementary Vol.13:87-110.(1987b)."Care and Context in Moral Reasoning", in Kittay and Meyers 1987, 190-204.(1989). "Feminism and Modern Friendship:Dislocating the Community",*Ethics*, 99/2:

275-290. (1991). "The Social Self and the Partiality Debates", in Card 1991, 161 - 179. (1993). *What Are Friends Fori Feminist Perspectives on Personal Relationships and Moral Theory*, Cornell University Press, Ithaca, NY. (1997). "Autonomy and Social Relationships: Rethinking the Feminist Critique", in *Meyers* 1997, 40-61.

FROLICH, N. and OPPENHEIMER, J. (1992). *Choosing Justice: An Experimental Approach to Ethical Theory*, University of California Press, Berkeley and Los Angeles.

FRYE, M. (1983). *The Politics of Reality. Essays in Feminht Theory*, Crossing Press, Trumansburg, NY.

Fukuyama, F. (1992). *La fin de l'histoire et le dernier homme*. Traduit par D. A. Canal, Paris, Flammarion.

Fukuyama, F. (1992). *The End of History and the Last Man*. The Free Press, New York.

FULLINWIDER, R. (ed.) (1995). *Public Education in a Multicultural Society*, Cambridge University Press, Cambridge. (ed.) (1999). *Civil Society, Democracy and Civic Renewal*, Rowman and Littlefield, Savage, Md.

FUNK, N. (1988). "Habermas and the Social Goods", *Social Text*, 18:19-37.

Gadamer, (1985). in *Gesammelte Werke*, Bd. Ⅰ. J. C. B. Mohr. Tübingen.

Gadamer, (1975). *Wahrheit und Methode: Grundzüge einer philosophischen Hermeneutik*, 5th edn.

Gadamer, Wahrheit und Methode. Grundzüge einer philosophischen Hermeneutik. I. Tübingen. 1986 [1960].

GALENKAMP, M. (1993). *Individualism and Collectivism: The Concept of Collective Rights*, Rotterdamse Filosofische Studies, Rotterdam.

Gallie, (1964). "Essentially Contested Concepts." In *Philosophy and the Historical Understanding*. New York.

GALLOWAY, D. (1993). "Liberalism, Globalism and Immigration", *Queen's Law Journal*, 18:266-305.

GALSTON, W. (1980). *Justice and the Human Good*, University of Chicago Press, Chicago. (1986). "Equality of Opportunity and Liberal Theory", in F. Lucash (ed.), *Justice and Equality Here and Now*, Cornell Univefsity Press, Ithaca, NY, 89 - 107. (1989). "Community, Democracy, Philosophy: The Political Thought of Michael Walzer", *Political Theory*, 17/1:119 - 130. (1991). *liberal Purposes: Goods, Virtues, and Duties in the Liberal State*, Cambridge University Press, Cambridge. (1993a). "Cosmopolitan Altruism", *Social Philosophy and Policy*, 10:118-134. (1993b). "Political Theory in the 1980s", in Ada Finifter (ed.), *Political Science:The State of the Discipline* 2, (American Political Science Association, Washington, 27-53. (1995). "Two Concepts of Liberalism", *Ethics*, 105/3:516-534.

GANS,Ch.(1998). "Nationalism and Immigration", *Ethical Theory and Moral Practice*, 1/2:159-180.

GARET, R. (1983). "Communality and Existence: The Rights of Groups", *Southern California Law Review*, 56/5:1001-1075.

GAUTHIER, D. (1986). *Morals by Agreement*, Oxford University Press, Oxford. (1991). "Why Contractarianism?" in *Vallentyne* 1991,15-30.

GAVISON, R. (1992). "Feminism and the Public/Private Distinction", *Stanford Law Review*, 45/1:1-45.

GELLNER, E. (1983). *Nations and Nationalism*, Blackwell, Oxford.

GEORGE, D. and JONES, P. (eds.) (1996). *National Rights*, *International Obligations*, Westview, Boulder, Colo.

GEORGE, R. (1993). *Making Men Moral. Civil Liberties and Public Morality*, Oxford University Press, Oxford.

Geras, N. *The Controversy about Marx and Justice*. In *New Left Review*. No. 150.1985.

GERAS, N. (1989). "The Controversy about Marx and Justice", in A. Callinicos (ed.), *Marxist Theory* (Oxford University Press, Oxford), 211-267. (1993). "Bringing Marx to Justice: An Addendum and Rejoinder", *New Left Review*, 195: 37-69.

GIBBARD, A. (1985). "What's Morally Special about Free Exchange?" *Social Philosophy and Policy*, 2/2:20-28.

Giddens, (1981). *A Contemporary Critique of Historical Materialism.* Vol.1. *Power, Property and the State.* London:Macmillan.

GIDDENS, A. (1998). *The Third Way*, Polity, Oxford.

Giddens, (1971). *Capitalism and Modern Social Theory: An Analysis of the Writings of Marx, Durkheim and Max Weber.* Cambridge:Cambridge University Press.

Giddens, (1979). *Central Problems in Social Theory: Action, Structure and Contradiction in Social Analysis.* London:Macmillan/Berkeley:California University Press.

Giddens, (1976). *New Rules of Sociological Method: A Positive Critique of Interpretaive Sociologies.* London:Hutchinson Press.

Giddens, (1995). *Politics, Sociology & Social Theory: Encounters with Classical and Contemporary Social Thought.* UK: Polity Press.

Giddens, (1977). *Studies in Social and Polotical Theory.* London: Hutchinson.

Giddens, (1989). *The Consequences of Modernity.* Stanford: Stanford University Press.

Giddens, (1984). *The Consititution of Society: Outline of The Theory of Structuration.* Berkely: California University Press.

Gigon, O. (1947). *Sokrates. Sein Bild in Dichtung und Gedichte.* Berne, A. Francke.

GILBERT, A. (1980). *Marx's Politics: Communists and Citizens*, Rutgers University Press, New Brunswick, NJ. (1991). "Political Philosophy: Marx and Radical Democracy", in *Carver* 1991, 168–195.

GILBERT, P. (1998). *Philosophy of Nationalism*, Westview, Boulder, Colo. (2000). *Peoples, Cultures, and Nations in Political Philosophy*, Georgetown University Press, Washington.

GILENS, M. (1996). " ' Race Coding ' and White Opposition to Welfare", *American Political Science Review*, 90: 593–604. (1999). *Why Americans Hate Welfare*, University of Chicago Press, Chicago.

GILLIGAN, C. (1982). *In a Different Voice: Psychological Theory and Women's Development*, Harvard University Press, Cambridge, Mass. (1986). " Remapping the Moral Domain", in Thomas Heller and Morton Sosna (eds.), *Reconstructing Individualism: Autonomy, Individuality, and the Self in Western Thought*, Stanford University Press, Stanford, Calif, 237–250. (1987). "Moral Orientation and Moral Development", in *Kittay and Meyers* 1987, 19–36. (1995). "Hearing the Difference: Theorizing Connection", *Hypatia*, 10/2: 120–127. and ATTANUCI, J. (1988). "Two Moral Orientations", in C. Gilligan, J. Ward, and J. Taylor (eds.), *Mapping The Moral Domain: A Contribution of Women's Thinking to Psychology and Education*, (Harvard University Graduate School of Education, Cambridge, Mass, 73–86.

GITLIN, T. (1995). *The Twilight of Common Dreams: Why America is Wracked by Culture Wars* (Henry Holt, New York).

GLAZER, N. (1983). *Ethnic Dilemmas: 1964—1982*, Harvard University Press, Cambridge, Mass. (1988). *The Limits of Social Policy*, Harvard University Press, Cambridge, Mass. (1997). *We Are All Multiculturalists Now*, Harvard University Press, Cambridge, Mass.

GLENDON, M. (1991). *Rights Talk: The Impoverishment of Political Discourse*,

Free Press, New York. and BLANKENHORN, D. (eds.) (1995). *Seedbeds of Virtue*: *Sources of Competence*, *Character and Citizenship in American Society*, Madison Books, Lanham, Md.

GLOVER, J. (ed.) (1990). *Utilitarianism and its Critics*, Macmillan, New York.

GOLDBERG, D. Th. (ed.) (1995). *Multiculturalisme. A Critical Reader*, Blackwell, Oxford.

Goldthrope, J. H. *Social Mobility and Class Structure*. Oxford: Clarendon Press. 1980.

GOODIN, R. (1982). *Political Theory and Public Policy*, University of Chicago Press, Chicago. (1988). *Reasons for Welfare*, Princeton University Press, Princeton. (1990). "International Ethics and the Environmental Crisis", *Ethics and International Affairs*, 4:91-105. (1990). "Liberalism and the Best-Judge Principle", *Political Studies*, 38:181-185. (1992a). Green *Political Theory*, Polity, Oxford. (1992b). "If People Were Money", in *Barry and Goodin* 1992, 6-22. (1995). *Utilitarianism as a Public Philosophy*, Cambridge University Press, Cambridge. (1998). "Public Service Utilitarianism as a Role Responsibility", *Utilitas*, 10/3:320-336. and PETTIT, P. (eds.) (1993). *A Companion to Contemporary Political Philosophy*, Blackwell, Oxford. (eds.) (1997). *Contemporary Political Philosophy: An Anthology*, Blackwell, Oxford. and REEVE, A. (eds.) (1989). *Liberal Neutrality*, Routledge, London.

Gordon, F. and Cross, M. (1996). *Early French Feminisms*, 1830 – 1940. Cheltenham: Edward Elgar.

GORDON, S. (1980). *Welfare, Justice, and Freedom*, Columbia University Press, New York.

GORR, M. (1995). "Justice, Self-Ownership, and Natural Assets", *Social Philosophy and Policy*, 12/2:267-291.

GOUGH, J. W. (1957). *The Social Contract*, 2nd edn. Oxford University Press, London.

Gouldner, A. *The Coming Crisis of Western Sociology*. New York: Basic. 1970.

GOVIER, T. (1997). *Social Trust and Human Communities*, McGill-Queen's University Press, Montreal. (1999). *Dilemmas of Trust*, McGill-Queen's University Press, Montreal.

GRAHAM, K. (1990). "Self-Ownership, Communism and E-quality Ⅱ", *Proceedings of the Aristotelian Society*, supplementary Vol.64:45-61.

GRANT, G. (1974). *English-Speaking Justice*, Mount Allison University Press,

Sackville.

GRAY, J. (1986a). *Liberalism*, University of Minnesota Press, Minneapolis. (1986b). "Marxian Freedom, Individual Liberty, and the End of Alienation", *Social Philosophy and Policy*, 3/2: 160-187. (1989). *Liberalism: Essays in Political Philosophy*, Routledge, London.

GREEN, K. (1986). "Rawls, Women and the Priority of Liberty", *Australasian Journal of Philosophy*, supplementary Vol.64: 26-36.

GREEN, L. (1995). "Internal Minorities and Their Rights", in *Kymlicka* 1995: 256-272.

GREENE, S. (1996). "Rethinking Kymlicka's Critique of Humanist Liberalism", *International Journal of Applied Philosophy*, 10/2: 51-57.

GREENFELD, L. (1992). *Nationalism: Five Roads to Modernity*, Harvard University Press, Cambridge, Mass.

GRESCHNER, D. (1989). "Feminist Concerns with the New Communitarians", in A. Hutchinson and L. Green (eds.), *Law and the Community*, Carswell, Toronto, 119-150.

GRICE, G. (1967). *The Grounds of Moral Judgement*, Cambridge University Press, Cambridge.

GRIFFIN, J. (1986). *Well-Being: Its Meaning, Measurement, and Moral Importance*, Oxford University Press, Oxford. Well-Being: *Its Meaning, Measurement, and Moral Importance*. Oxford University Press. 1986.

GRIMM, D. (1995). "Does Europe Need a Constitution?" *European Law Journal*, 1/3: 282-302.

GRIMSHAW, J. (1986). *Philosophy and Feminist Thinking*, University of Minnesota Press, Minneapolis.

GROSS, E. (1986). "What is Feminist Theory?" in Carole Pateman and E. Gross (eds.), *Feminist Challenges: Social and Political Theory*, Northeastern University Press, Boston, 125-143.

GUÉHENNO, J.-M. (1995). *The End of the Nation-State*, University of Minnesota Press, Minneapolis.

GURR, T. (1993). *Minorities at Risk: A Global View of Ethnopolitical Conflict*, Institute of Peace Press, Washington. (2000). "Ethnic Warfare on the Wane", *Foreign Affairs*, 79/3: 52-64.

GUTMANN, A. (1980). *Liberal Equality*, Cambridge University Press, Cambridge.

(1985). "Communitarian Critics of Liberalism", *Philosophy and Public Affairs*, 14/3: 308 – 322. (1987). *Democratic Education*, Princeton University Press, Princeton. (1993). "The Challenge of Multiculturalism to Political Ethics", *Philosophy and Public Affairs* 22/3: 171–206. and APPIAH, KWAME ANTHONY (1996). *Color Conscious: The Political Morality of Race*, Princeton University Press, Princeton. and THOMPSON, D. (1996). *Democracy and Disagreement*, Harvard University Press, Cambridge, Mass.

Habermas, J. (1964). *Der strukturalwandel der Öffenlichkeit*. Frankfurt am Main: Suhrkamp.

Habermas, J. (1988). "Entretiens." In *Le nouvel Observateur*, 3–9.

Habermas, J. (1990). *Die nachholende Revolution*. Frankfurt am Main: Suhrkamp.

Habermas, J. (2006). *Zukunft der menschlichen Natur*. Frankfurt am Main.

Habermas, J. (1978). *Zur Rekonstruktion des Historischen Materialismus*. Frankfurt am Main: Suhrkamp.

Habermas, J. (1981). *Theorie des Kommunikativen Handelns*. Band I.: *Handlungsrationailtät und gesellschaftliche Rationalistische Vernunft*. Frankfurt am Main: Suhrkamp.

HAMPTON, J. (1980). "Contracts and Choices: Does Rawls Have a Social Contract Theory?" *Journal of Philosophy*, 77/6: 315 – 338. (1986). *Hobbes and the Social Contract Tradition*, Cambridge University Press, Cambridge. (1997). *Political Philosophy*, Westview Press, Boulder, Colo.

HANNUM, H. (1990). *Autonomy, Sovereignty, and self-Determination: The Adjudication of Conflicting Rights*, University of Pennsylvania Press, Philadelphia.

HANSER, M. (1990). "Harming Future People", *Philosophy and Public Affairs*, 19/1: 47–70.

HARDIMON, M. (1992). "The Project of Reconciliation: Hegel's Social Philosophy", *Philosophy and Public Affairs*, 23/2: 165 – 195. (1994). *Hegel's Social Philosophy: The Project of Reconciliation*, Cambridge University Press, Cambridge.

HARDIN, R. (1988). *Morality within the Limits of Reason*, University of Chicago Press, Chicago. (1995). *One for All: The Logic of Group Conflict*, Princeton University Press, Princeton.

HARDING, S. (1982). "Is Gender a Variable in Conceptions of Rationality? A Survey of Issues", *Dialectica*, 36/2: 225–242. (1987). "The Curious Coincidence of Feminine and African Moralities", in Kittay and Meyers 1987, 296–316.

HARDWIG, J. (1990). "Should Women Think in Terms of Rights?" in Cass Sunstein (ed.), *Feminism and Political Theory*, University of Chicago Press, Chicago, 53–67.

HARE, R. M. (1963). *Freedom and Reason*, Oxford University Press, London. (1971). *Essays on Philosophical Method*, Macmillan, London. (1975). "Rawls'Theory of Justice", in *Daniels 1975b*, 81–107. (1978). "Justice and Equality", in J. Arthur and W. Shaw (eds.), *Justice and Economic Distribution*, Prentice–Hall, Englewood Cliffs, NJ, 118–132. (1981). *Moral Thinking*, Oxford University Press, Oxford. (1982). "Ethical Theory and Utilitarianism", in Sen and Williams 1982, 23–38. (1984). "Rights, Utility, and Universalization: Reply to J.L.Mackie", in *Frey* 1984, 106–121.

HARMAN, G. (1983). "Human Flourishing, Ethics, and Liberty", *Philosophy and Public Affairs*, 12/4: 307–322.

HARSANYI, J. (1976). *Essays on Ethics, Social Behavior and Scientific Explanation*, Reidel, Dordrecht. (1977a). *Rational Behavior and Bargaining Equilibrium in Games and Social Situations*, Cambridge University Press, Cambridge. (1977b). "Rule Utilitarianism and Decision Theory", *Erkenntnis*, 11: 25–53. (1985). "Rule Utilitarianism, Equality, and Justice", *Social Philosophy and Policy*, 2/2: 115–127.

HART, H.L.A. (1975). "Rawls on Liberty and its Priority", in *Daniels* 1975b, 230–252. (1979). "Between Utility and Rights", in Alan Ryan (ed.), *The Idea of Freedom* (Oxford University Press, Oxford), 77–98.

HARTNEY, M. (1991). "Some Confusions Concerning Collective Rights", *Canadian Journal of Law and Jurisprudence*, 4/2: 293–314.

HARVEY, D. (1996). *Justice, Nature and the Geography of Difference*, Blackwell, Oxford.

HASLETT, D.W. (1987). *Equal Consideration: A Theory of Moral Justification*, University of Delaware, Newark.

HAWORTH, A. (1994). *Anti-libertarianism: Markets, Philosophy and Myth* (Routledge, London).

Hayek, F.A. (1976). von, *Law, Legislation and Liberty: A new Statement of the Liberal Principles of Justice and Political Economy*. Vol.2. *The Mirage of Social Justice*.

Hayek, F.A. (1960). von, *The Constitution of Liberty*.

HAYEK, F. (1944). *The Road to Serfdom*, University of Chicago Press, Chicago.

HEATER, D. (1990). *Citizenship: The Civic Ideal in World History, Politics and Education*, Longman, London. (1996). *World Citizenship and Government: Cosmopolitan*

Ideas in The History of Western Political Thought, St. Martin's Press, New York. (2000). *What is Citizenship*, Blackwell, Oxford.

HEFFERMAN, W. (1995). "Privacy Rights", *Suffolk University Law Review*, 29: 737-808.

HEFNER, R. (ed.) (1998). *Democratic Civility: TL History and Cross-cultural Possibility of a Modern Political Ideal*, Transaction Publishers, New Brunswick, NJ.

HEGEL, G. W. F. (1949). *Philosophy of Right*, trans. T. M. Knox, Oxford University Press, London.

Heidegger, *Holzwege*. Frankfurt am Main: Klostermann. 1950.

Heidegger, *Sein und Zeit*, Tübingen: Max Neimeyer Verlag. 1986[1927].

Heidegger, *The End of Philosophy*. New York: Harper & Row. 1973.

Heidegger, Vorträge und Aufsätze. Verlag Günther Neske. 2000[1954]. 参见(中译本)海德格尔著,孙周兴译:《演讲与论文集》,三联书店 2005 年版。

Heilbroner, R. L. *The Nature and Logic of Capitalism*. New York. 1985.

HEKMAN, S. (1995). *Moral Voices, Moral Selves: Carol Gilligan and Feminist Moral Theory*, Polity Press, Cambridge.

HELD, D. (1989). "Citizenship and Autonomy", in *Political Theory and the Modern State*, Stanford University Press, Stanford, Calif, 189-213. (1995). *Democracy and the Global Order: From the Modern State to Cosmopolitan Governance*, Polity Press, London. (1999). "The Transformation in Political Community: Rethinking Democracy in the Context of Globalization", in Ian Shapiro and Casiano Hacker-Cordon (eds.), *Democracy's Edges*, Cambridge University Press, Cambridge, 84-111.

HELD, V. (1987). "Feminism and Moral Theory", in Kittay and Meyers 1987, 111-128. (1988). "The Non-contractual Society", in M. Hanen and K. Nielsen(eds.), *Science, Morality and Feminist Theory*, University of Calgary Press, Calgary, 111-137. (1993). *Feminist Morality: Transforming Culture, Society, and Politics*, University of Chicago Press, Chicago. (ed.) (1995a). *Justice and Care: Essential Readings in Feminist Ethics*, Westview, Boulder, Colo. (1956). "The Meshing of Care and Justice", *Hypatia*, 10/2: 128-132.

Henry, M. *Phénoménologie de la vie. Tome II. De l'art et du politique*. Paris: P. U. F. 2004.

HERZOG, D. (1986). "Some Questions for Republicans", *Political Theory*, 14/3: 473-493.

HIGGINS, T. (1997). "Democracy and Feminism", *Harvard Law Review*, 110:

1657-1703.

HILL, G. (1993). "Citizenship and Ontology in the Liberal State", *Review of Politics*, 55:67-84.

Hindess, B. "Rational Choice Theoty and the Analysis of Political Action." In *Economy and Society*. August 1989.

HIRSCH, H.N. (1986). "The Threnody of Liberalism: Constitutional Liberty and the Renewal of Community", *Political Theory* 14/3:423-449.

HIRSCHMANN, N. (1999). "Difference as an Occasion for Rights: A Feminist Rethinking of Rights, Liberalism and Difference", *Critical Review of International Social and Political Philosophy*, 2/1:27-55. and DISTEFANO, Ch. (eds.) (1996). *Revkioning the Political: Feminist Revisions of Traditional Concepts in Western Political Theory*, Westview, Boulder, Colo.

HIRST, P. (1994). *Associative Democracy: New Forms of Economic and Social Governance*, Polity, Cambridge.

HOAGLAND, S. (1991). "Some Thoughts About 'Caring'", in Card 1991, 246-286.

Hobbes, Th. *Leviathan*. 1651.

HOBSBAWM, E. J. (1990). *Nations and Nationalism since* 1780: *Programme, Myth and Reality*, Cambridge University Press, Cambridge.

HOLLINGER, D. (1995). *Postethnic America: Beyond Multiculturalism*, Basic Books, New York.

Holmes, S. *Benjamin Constant and the Making of Modern Liberalism*. New Haven, CT.: Yale University Press. 1984.

HOLMES, S. (1989). "The Permanent Structure of Antiliberal Thought", in N. Rosenblum(ed.) *Liberalism and the Moral Life*, Harvard University Press, Cambridge, Mass, 227-253.

HOOKER, B. (1993). "Political Philosophy", in Leemon McHenry and Frederick Adams(eds.), *Reflection on Philosophy* (St Martin's Press, London), 87-102.

HOROWITZ, D. (1985). *Ethnic Groups in Conflict* (University of California Press, Berkeley and Los Angeles). (1991). *A Democratic South Africa: Constitutional Engineering in a Divided Society* (University of California Press, Berkeley and Los Angeles). (1997). "Self-Determination: Politics, Philosophy and Law", in Shapiro and Kymlicka 1997, 421-463.

Hume, D. *A Treatise of Human Nature*. London. Longman. 1739-1740.

Hume, D.*An Enquiry Concerning the Principles of Morals*.1751.

Hume, D. *Essay Moral, Political and Literary*. Edimbourg/London. Millar. 1741–1758.

Hume, D.*Political Discourses*.1752.

Hume, D.*Political Essays*. Ed. By Knud Haakonssen. Cambridge: Cambridge University Press.1994.

HUPKA, Th. (1993), *Perfectionism* (Oxford University Press, Oxford). (1995). "Indirect Perfectionism: Kymlicka on Liberal Neutrality", *Journal of Political Philosophy*, 3/1:36–57.

Hutton, P.H. and ali, *Technologies of the Self. A Seminar with Michel Foucault*. Amherst: The University of Massachusetts Press. Institut de l'environnement.1988.

IGNATIEFF, M. (1989). "Citizenship and Moral Narcissism", *Political Quarterly*, 60: 63 – 74. (1993). *Blood and Belonging: Journeys into the New Nationalism*, Farrar, Straus and Giroux, New York. (2000). *The Rights Revolution*, Anansi Press, Toronto.

INGRAM, A. (1993). "Self-Ownership and Worldly Resources", *International Journal of Moral and Social Studies*, 8/1:3–20.

INGRAM, D. (2000). *Group Rights: Reconciling Equality and Difference*, University Press of Kansas, Lawrence.

Irigaray, L. (1977).*Ce sexe qui n'en est pas un*. Paris: Minuit.

Irigaray, L. (1979).*Et l'un ne bouge pas sans l'autre*. Paris: Minuit.

Irigaray, L. (1973).*Le langage des déments*. La Haye: Mouton.

Irigaray, L. (1985). "Langage, Persephone and Sacrifice. Interview with Luce Irigaray, conducted and translated by Heather Jon Maroney." In *Borderlines*, 4, winter: 30–32.

Irigaray, L. (1981).*Le corps à corps avec la mère*. Montreal: La Pleine Lune.

Irigaray, L. (1974).*Speculum de l'autre femme*. Paris: Minuit.

ISIN, E. and WOOD, P. (1999).*Citizenship and Identity*, Sage, Beverly Hills, Calif.

IVISON, D., SANDERS, W. and PATTON, P. (eds.) (2000).*Political Theory and the Rights of Indigenous Peoples*, Cambridge University Press, Cambridge.

JACKSON, F. (1991). "Decision-Theoretic Consequentialism and the Nearest and Dearest Objection", *Ethics*, 101:462–483.

JACOBS, L. (1996). "The Second Wave of Analytical Marxism", *Philosophy of*

Social Sciences, 26/2：279－292. (1997). *An Introduction to Modern Political Philosophy：The Democratic Vision of Politics*, Prentice-Hall, Upper Saddle River, NJ.

JACOBSON, D. (1996). *Rights across Border：Immigration and the Decline of Citizenship*, Johns Hopkins University Press, Baltimore.

JAGGAR, A. (1983). *Feminist Politics and Human Nature*, Rowman and Allanheld, Totowra, NJ. and YOUNG, IRIS MARION (eds.) (1998). *A Companion to Feminist Philosophy*, Blackwell, Cambridge.

JANOSKI, Th. (1998). *Citizenship and Civil Society. Obligations in Liberal, Traditional and Social Democratic Regimes*, Cambridge University Press, Cambridge.

JANZEN, W. (1990). *Limits of Liberty. The Experiences of Mennonite, Hutterite and Doukhobour Communities in Canada*, University of Toronto Press, Toronto.

Reich, J. *Es wird ein Mensch gemacht.* Berlin. 2003.

JESKE, D. (1996). " Libertarianism, Self-Ownership, and Motherhood ", *Social Theory and Practice*, 22/2：137－160.

JOHNSON, J. (1998). " Arguing for Deliberation：Some Skeptical Considerations ", in Jon Elster (ed.), *Deliberative Democracy*, Cambridge University Press, Cambridge, 161－184. (2000). " Why Respect Culture? " *American Journal of Political Science*, 44/3：405－418.

JOHNSTON, D. (1989). " Native Rights as Collective Rights：A Question of Group Self-Preservation ", *Canadian Journal of Law and Jurisprudence*, 2/1：19－34.

JONES, Ch. (1999). *Global Justice. Defending Cosmopolitanism*, Oxford University Press, Oxford.

JONES, P. (1982). " Freedom and the Redistribution of Resources ", *Journal of Social Policy*, 11/2：217－238.

JOPPKE, Ch. and LUKES, S. (eds.) (1999). *Multicultural Questions*, Oxford University Press, Oxford.

KAGAN, Sh. (1989). *The Limits of Morality*, Oxford University Press, Oxford. (1994). " The Argument from Liberty ", in J. Coleman and A. Buchanan (eds.), *In Harm's Way*, Cambridge University Press, Cambridge, 16－41.

KAHANE, D. (2000). " Pluralism, Deliberation and Citizen Competence：Recent Developments in Democratic Theory ", *Social Theory and Practice*, 26/3：509－535.

KAHNEMAN, D., et al. (1986). " Fairness as a Constraint on Profit-Seeking ", *American Economic Review*, 76/4：728－741.

KAMENKA, E. (ed.) (1982). *Community as a Social Ideal*, Edward Arnold, London.

Kant, I. *Political Writings*. Ed. By Hans Reiss. Cambridge: Cambridge University Press.1991.*Religion innerhalb der Grenzen der bloßen Vernunft*.1793.

KARMIS, D. (1993). "Cultures Autochtones et libéralisme au Canada: les vertus médiatrices du communautarisme libéral de Charles Taylor", *Canadian Journal of Political Science*, 26/1:69-96.

KATZ, L. (1999). "Responsibility and Consent: The Libertarian's Problems with Freedom of Contract", *Social Philosophy and Policy*, 16/2:94-117.

KAUS, M. (1992). *The End of Equality*, Basic Books, New York.

KAVKA, G. (1986). *Hobbesian Moral and Political Theory*, *Princeton University Press*, *Princeton*.

KEARNS, D. (1983). "Á Theory of Justice-and Love: Rawls on the Family", *Politics*, 18/2:36-42.KEAT, RUSSELL(1982). "Liberal Rights and Socialism", in Keith Graham(ed.), *Contemporary Political Philosophy: Radical Perspectives*, Cambridge University Press, Cambridge, 59-82.

KEATING, M. and McGARRY, J. (eds.) (2001) Minority Nationalism and the Changing International Order, Oxford University Press, Oxford.

KENNEDY, E.and MENDUS, S. (1987). *Women in Western Political Philosophy*, Wheatsheaf Books, Brighton.

KERNOHAN, A. (1988). "Capitalism and Self-Ownership", *Social Philosophy and Policy*, 6/1:60-76.(1990). "Rawls and the Collective Ownership of Natural Abilities", *Canadian Journal of Philosophy*, 20/1:19-28.(1993). "Desert and Self-Ownership", *Journal of Value Inquiry*, 27/2:197-202.(1998). *Liberalism*, *Equality and Cultural Oppression*, Cambridge University Press, Cambridge.

KERSHNAR, S. (2000). "There is No Moral Right to Immigrate to the United States", *Public Affairs Quarterly*, 14/2:141-158.

KING, D. (1999).*In the Name of Liberalism: Illiberal Social Policy in the U.S.and Britain*, Oxford University Press, Oxford.

KITTAY, E.F. (1995). *Equality*, *Rawls and the Inclusion of Women*, Routledge, New York. (1998). *Love's Labor. Essays on Women*, *Equality and Dependency*, Routledge, New York.

KLEINGELD, P. (1998). "Just Love: Marriage and the Question of Justice", *Social Theory and Practice*, 24/2:261-281.

KLEY, R. (1994).*Hayek's Social and Political Thought*, Oxford University Press,

Oxford.

KNIGHT, K. (ed.) (1998). *The MacIntyre Reader*, University of Notre Dame Press, Notre Dame, Ind.

KNOWLES, D. (2001). *Political Philosophy*, McGill-Queen's University Press, Montreal.

KOEHN, D. (1998). *Rethinking Feminist Ethics : Care, Trust and Empathy*, Routledge, London.

KOHLBERG, L. (1984). *Essays on Moral Development*, Vol. ii, Harper and Row, San Francisco.

Kohn, J. " Arendt's Concept and Description of Totalitarianism," in *Social Research*, Vol. 69, No. 2, Summer 2002.

KORSGAARD, Ch. (1993). "Commentary on Cohen and Sen", in Nussbaum and Sen 1993, 54−61.

Kristeva, J. *Semeiotikè. Recherche pour une sémanalyse*, Paris : Seuil. 1969. *La révolution du langage poétique. L'Avant-Garde à la fin du XIX siècle. Lautréamont et Malalrmé.* Paris : Seuil. 1974.

KRISTJANSSON, K. (1992a). " For a Concept of Negative Liberty-But Which Conception?" *Journal of Applied Philosophy*, 9/2 : 221−232. (1992b). "What is Wrong with Positive Liberty", *Social Theory and Practice*, 18/3 : 289−310. (1992c). "Social Freedom and the Test of Moral Responsibility", *Ethics*, 103 : 104−116.

KUKATHAS, Ch. (1989). *Hayek and Modern Liberalism*, Oxford University Press, Oxford. (1992). "Are There any Cultural Rights", *Political Theory*, 20/1 : 105−139. (1997). "Cultural Toleration", in Shapiro and Kymlicka 1997, 69−104. and PETTIT, PHILIP (1990). *Rawls : A Theory of Justice and its Critics*, Polity, Oxford.

KYMLICKA, W. (1988a). " Liberalism and Communitarianism ", *Canadian Journal of Philosophy*, 18/2 : 181−203. (1986). "Rawls on Teleology and Deontology", *Philosophy and Public Affairs*, 17/3 : 173−190. (1989a). *Liberalism, Community, and Culture*, Oxford University Press, Oxford. (1989b). "Liberal Individualism and Liberal Neutrality", *Ethics*, 99/4 : 883−905. (1990). "Two Theories of Justice", *inquiry*, 33/1 : 99−119. (1991). " Rethinking the Family", *Philosophy and Public Affairs*, 20/1 : 77−97. (ed.) (1992). *Justice in Political Philosophy*, Edward Elgar, Aldershot. (1995a). *Multicultural Citizenship : A Liberal Theory of Minority Rights*, Oxford University Press, Oxford. (ed.) (1995b). *The Rights of Minority Cultures*, Oxford University Press, Oxford. (1998). *Finding our Way. Rethinking Ethnocultural Relations in*

Canada, Oxford University Press, Toronto. (2001). *Politics in the Vernacular. National-ism, Multiculturalism and Citizenship*, Oxford University Press, Oxford. (2002). "Nation-Building and Minority Rights. Comparing Africa and the West", in Bruce Ber-man, Dickson Eyoh, and Will Kymlicka (eds.), *Ethnicity and Democracy in Africa*, James Currey, Oxford. and NORMAN, W. (1994). "Return of the Citizen", *Ethics*, 104/2:352 – 381. (eds.) (2000). *Citizenship in Diverse Societies*, Oxford University Press, Oxford. and OPALSKI, M. (eds.) (2001). *Can Liberal Pluralism be Exported? Western Political Theory and Ethnic Relations in Eastern Europe*, Oxford University Press, Oxford.

Lacan, J. *Ecrits I.* Paris: Seuil. 1966.

LADENSON, R. (1983). *A Philosophy of Free Expression and its Constitutional Applications*, Rowman and Littlefield, Totowa, NJ.

LAITIN, D. (1992). *Language Repertoires and State Construction in Africa*, Cam-bridge University Press, Cambridge.

Laloy, J. Un liberal passionné. In Raymond Aron 1905 – 1983. *Histoire et politique. Textes et temoignages.* Paris: Commentaire Jullard. 1985.

LAMONT, J. (1997). "Incentive Income, Deserved Income and Economic Rents", *Journal of Political Philosophy*, 5/1:26–46.

LANDES, J. (1988). *Women and the Public Sphere in the Age of the French Revo-lution*, Cornell University Press, Ithaca, NY. (ed.) (1988). *Feminism, the Public and the Private*, Oxford University Press, Oxford.

LANGTON, R. (1990). "Whose Right? Ronald Dworkin, Women and Pornogra-phy", *Philosophy and Public Policy*, 19/4:311–359.

LAPIDOTK, R. (1996). *Autonomy: Flexible Solutions to Ethnic Conflict*, Institute for Peace Press, Washington.

LARANA, E. et al. (eds.) (1994). *New Social Movements: From Ideology to Identi-ty*, Temple University Press, Philadelphia.

Le Doeuff. *L'Étude et le le rouet.* Paris: Seuil. 1989.

Lebowitz, M. "Is 'Analytical Marxism' Marxism?" In *Science and Society*. No. 52. 1988.

LEGRAND, J. and ESTRIN, S. (eds.) (1989). *Market Socialism*, Oxford University Press, Oxford.

LEHMAN, E. W. (ed.) (2000). *Autonomy and Order: A Communitarian Anthology*, Rowman and Littlefield, Savage, Md.

LEHNING, P. (ed.) (1998). *Theories of Secession*, Routledge, London.

Lenin, *Left-Wing Communism: An Infantile Disorde*. Written: April-May 1920. First Published: As pamphlet, June 1920. Source: *Collected Works*, Volume 31: 17-118. Publisher: Progress Publishers, USSR, 1964.

LESSNOFF, M. (1986). *Social Contract*, Macmillan, London.

Levinas, *Autrement qu'etre ou au dela de l'essence*. Paris. Livre de poche. 2006 [1978]. *Difficile Liberté. Essai sur le Judaisme*. Paris. Alben Michel. 2003 [1963]. *En découvrant l'existence avec Husserl et Heidegger*. Paris. Vrin. 1949. *L'Asymétrie du visage*. In *Cités*, No. 25, Paris. 2006. *Le temps et l'autre*. Paris. P. U. F. 2004 [1979]. *Totalité et Infini. Essai sur l'extériorité*. Paris, 1961.

Levine, A./ Wright, C. Rationality and Class Struggle. In *New Left Review*. No. 123. 1980 (1988). "Capitalist Persons", *Social Philosophy and Policy*, 6/1: 39-59. (1989). "What is a Marxist Today?" *Canadian Journal of Philosophy*, Supplementary Vol. 15: 29-58. (1998). *Rethinking Liberal Equality from a "Utopian" Point of View*, Cornell University Press, Ithaca, NY. (1999). "Rewarding Effort", *Journal of Political Philosophy*, 1/4: 404-418.

LEVINSON, M. (1999). *The Demands of Liberal Education*, Oxford University Press, Oxford.

Levi-Strauss, *Structural Anthropology*, I. Trans. By Jacobson C./ Schoepf B. G. New York, Penguin. 1977 [1958].

LEVY, J. (1997). "Classifying Cultural Rights", in Shapiro and Kymlicka 1997, 22-66. (2000). *The Multiculturalism of Fear*, Oxford University Press, Oxford.

LICHTENBERG, J. (1999). "How Obérai Can Nationalism Be?" in Beiner 1999, 167-188.

LINDBLOM, Ch. (1977). *Politics and Markets*, Basic Books, New York.

LINKLATER, A. (1998). *The Transformation of Political Community: Ethical Foundations of the Post-Westphalian Era*, University of South Carolina Press, Columbia.

LIPPERT-RASMUSSEN, K. (1999). "Arneson on Equality of Opportunity", *Journal of Political Philosophy*, 7/4: 478-487.

LISTER, R. (ed.) (1998). *Citizenship: Feminist Perspectives*, New York University Press, New York.

LITTLETON, Ch. (1987). "Reconstructing Sexual Equality", *California Law Review*, 75: 201-259.

LLOYD THOMAS, D. (1988). *In Defense of Liberalism*, Black-well, Oxford.

LLOYD, S. (1992). "Stepping Back", *Analyse & Kritik*, 14/ 1 : 72-85. (1994). "Family Justice and Social Justice", *Pacific Philosophical Quarterly*, 755 : 353-371.

Locke, *A Letter Concerning Toleration*; *Epistola de tolerantia*. 1689.

Locke, *Second Treatise of Government*. 1690.

LOEVINSOHN, E. (1977). "Liberty and the Redistribution of Property", *Philosophy and Public Affairs*, 6/3 : 226-239.

LOMASKY, L. (1987). *Persons, Rights, and the Moral Community*, Oxford University Press, Oxford. (1998). "Libertarianism as if(the Other 99 Percent of) People Mattered", *Social Philosophy and Policy*, 15/2 : 350-371.

A Ithusser, " Idéologie et appareils idéologiques d'Etat." In *Positions*. Paris. Seuil. 1876.

Luc Ferry/Alain Renaut, *La pensée 68. Essai sur l'anti-humanisme contemporain*. Paris. 2002[1984].

Luhmann, N. *Beobachtungen der Moderne*. Opladen. Westdeutscher Verlag. 1992. *Funktionen und Folgen formalen Organization*. Berlin. Duncker und Humboldt. 1964. *Sozial Systeme : Grudriß einer allgemeinen Theorie*. 1987. *The Differentiation of society*. New York. Columbia University Press. 1982. *Soziologische Aufklaerung Bd. I . : Aufsaetze zur Theorie sozialer Systeme*. Mit. F. Becker, Koeln /Opladen : Westdeutscher Verlag. 1970. *Trust and Power*. New York. Wiley. 1979.

LUKES, S. (1985). *Marxism and Morality*, Oxford University Press, Oxford. (1995). "Marxism, Liberalism and the Left", paper Presented at Universidad Internacional Menendezy Pelayo, Santander, 1995.

LYONS, D. (1965). *Forms and Limits of Utilitarianism*, Oxford University Press, London. (1981). "The New Indian Claims and Original Rights to Land", in Paul 1981, 355-379. (ed.) (1997). *Mill's Utilitarianism : Critical Essays*, Rowman and Littlefield, Savage, Md.

Lyons, *Mill's Utilitarianism : Critical Essays. Rowman and Littlefield*. 1997.

Lyotard, *L'Inhumain*. Paris. 1988. *La condition postmoderne*, Paris. 1979. *Le postmoderne explique aux enfants*. Paris. 1988. "Retour au postmoderne." In *Magazine litteraire*, No. 225. Paris. 1985.

Lyotard/Thebaud, *Just Gaming*. University of Minesota Press. 1985.

MACCALLUM, G. (1967). "Negative and Positive Freedom", *Philosophical Review*, 76/3 : 312-334.

MACEDO, S. (1988). " Capitalism, Citizenship and Community ", *Social Philosophy and Policy*, 6/1: 113 – 139. (1990). *Liberal Virtues: Citizenship, Virtue and Community*, Oxford University Press, Oxford. (1995). " Liberal Civic Education and Religious Fundamentalism ", *Ethics*, 105/3: 468 – 496. (ed.) (1999). *Deliberative Politics: Essays on Democracy and Disagreement*, Oxford University Press, Oxford. (2000). *Diversity and Distrust: Civic Education in a Multicultural Democracy*, Harvard University Press, Cambridge, Mass.

MACHAN, T. and RASMÜSSEN, D. (eds.) (1995). *Liberty for the Twenty-First Century: Contemporary Libertarian Thought*, Rowman and Littlefield, Lanham, Md.

Machiavel, N. "Le Prince." In *Oeuvres completes*, tome I. Traduction francaise par C. Bec. Paris. Garnier. 1987.

MACINTYRE, A. (1981). *After Virtue: A Study in Moral Theory*, Duckworth, London. (1988). *Whose Justice Which Rationality?* University of Notre Dame Press, Notre Dame, Ind. (1994). " A Partial Response to my Critics ", in Horton and Mendus 1994, 283–304.

MACINTYRE, A. (1999). *Dependent Rational Beings: Why-Human Beings Need the Virtues*, Open Court Publishing, La Salle, 111.

Macionis, J. J. *Society: The Basics.* New Jersey: Prentice-Hall. 1996.

MACK, E. (1990). " Self-Ownership and the Right of Property ", *Monist*, 73/4: 519–543. (1995). " The Self-Ownership Proviso: A New and Improved Lockean Proviso ", in Ellen Frankel Paui (ed.), *Contemporary Political and Social Philosophy*, Needham Heights, Cambridge, 186–216.

MACKENZIE, C. and STOLJAR, N. (eds.) (1999). *Relational Autonomy in Context: Feminist Perspectives on Autonomy, Agency and the Social Self*, Oxford University Press, New York.

MACKIE, J. L. (1984). " Rights, Utility, and Universalization ", in Frey 1984, 86–105.

MACKINNON, C. (1987). *Feminism Unmodified: Discourses on Life and Law*, Harvard University Press, Cambridge, Mass. (1991). " Reflections on Sex Equality under the Law ", *Yale Law Journal*, 100: 1281–1328.

MACLEOD, C. (1998). *Liberalism, Justice and Markets: A Critique of Liberal Equality*, Oxford University Press, Oxford.

MACPHERSON, C. B. (1973). *Democratic Theory. Essays in Retrieval*, Oxford University Press, Oxford.

Maffesoli, *La transfiguration du politique. La tribalisation du monde postmoderne.* Paris. 2002[1992].

MALLON, R. (1999). "Political Liberalism, Cultural Membership and the Family", *Social Theory and Practice*, 25/2: 271-297.

MANENT, P. (2000). "The Return of Political Philosophy", *First Things*, 103: 15-22.

Mannheim, K. *Conservatismus.* Frankfurt am Main, Suhrkamp. 1984.

MAPEL, D. (1989). *Social Justice Reconsidered*, University of Illinois Press, Urbana.

Marcuse, One-Dimentional Man. 1964.

MARGALIT, A. (1996). *The Decent Society*, Harvard University Press, Cambridge, Mass. and RAZ, J. (1990). "National Self-Determination", *Journal of Philosophy*, 87/9: 439-461.

Marion, *De surcroit.* Paris. 2000. *Etant donnée.* Paris. 1997. "La voix sans nom. Hommage à partir de Levinas." In *Emmanuel Levinas.* Rue Descartes Collège international de philosophie. Paris, 2006. *Le phenomene erotique.* Paris. 2003.

MARSHALL, T. H. (1965). *Class, Citizenship and Social Development*, Anchor, New York. *Repositioning Class: Social Inequality in Industrial Societies.* London: Sage. 1997.

Martin, B. "How Marxism Became Analytical?" In *Journal of Philosophy.* November. 1989.

MARTIN, R. (1985). *Rawls and Rights*, University Press of Kansas, Lawrence.

Marx, K. *Grundrisse der Kritik der politischen Ökonomie.* 1857; 参见《马克思恩格斯全集》第 46 卷上, 人民出版社 1979 年版。

Marx, K. *Manifesto der kommunistischen Partei*; 参见马克思:《共产党宣言》, 人民出版社 1997 年版。

MARX, K. (1973). *Grundrisse*, (ed.) M. Nicolaus, Penguin, Har-mondsworth. (1977a). *Economic and Philosophie Manuscripts of 1844*, Lawrence and Wishart, London. (1977b). *Karl Marx: Selected Writings*, (ed.) D. McLellan, Oxford University Press, Oxford. (1977c). *Capital: A Critique of Political Economy*, Vol. i, Penguin, Harmondsworth. (1981). *Capital: A Critique of Political Economy*, Vol. iii, Pengu in, Harmondsworth. and ENGELS, F. (1968). *Marx/Engels: Selected works in One Volume*, Lawrence and Wishart, London. (1970). *The German Ideology*, Lawrence and Wishart, London.

MASON, A. (1993). "Liberalism and the Value of Community", *Canadian Journal of Philosophy*, 23/2: 215−240.

Mauss, M. *Introduction to the First Edition of "Socialism and Saint-Simon"*. London. 1952.

Mayer, T. *Analytical Marxism*. Thousand Oaks, Calif.: Sage Publications. 1994.

MCCABE, D. (1996). " New Journals in Political Philosophy and Related Fields", *Ethics*, 106/4: 800−816.

McCarney, J. "Analytical Marxism: A New Paradigm?" In *Racial Philosolhy*. No. 43. 1986.

McCarthy, T. *The Critical Theory of Juergen Habermas*. Cambridge. 1978.

MCCLAIN, L. (1994). "Rights and Irresponsibility", *Duke Law Journal*, 43: 989−1088. (1995). "Inviolability and Privacy: The Castle, the Sanctuary, and the Body", *Yale Journal of Law and the Humanities*, 7/1: 195−242. (1999a). "Reconstructive Tasks for a Liberal Feminist Conception of Privacy", *William and Mary Law Review*, 40/2.759−794. (1996). "The Liberal Future of Relational Feminism: Robin West's Caring for Justice", *Law and Social Inquiry*, 24/2: 477−516.

MCDONALD, M. (1991a). "Questions about Collective Rights", in D. Schneiderman (ed.), *Language and the State: The Law and Politics of Identity*, Les Éditions Yvon Biais, Cowansville, 3−25.

MCDONALD, M. (1991b). "Should Communities Have Rights? Reflections on Liberal Individualism", *Canadian Journal of Law and Jurisprudence*, A/2: 217−237.

MCKERLIE, D. (1994). "Equality and Priority", *Utilitas*, 6/1: 25−42. (1996). "Equality", *Ethics*, 106/2: 274−296.

MCKIM, R. and MCMAHAN, J. (eds.) (1997). *The Morality of Nationalism*, Oxford University Press, Oxford.

MCLAUGHLIN, T. H. (1992a). "Citizenship, Diversity and Education", *Journal of Moral Education*, 21/3: 235−250. (1992b). "The Ethics of Separate Schools", in Mal Leicester and Monica Taylor (eds.), *Ethics, Ethnicity and Education* (Kogan Page, London), 114−136.

MEAD, L. (1986). *Beyond Entitlement: The Social Obligations of Citizenship*, Free Press, New York.

MENDUS, S. (1989). *Toleration and the Limits of Liberalism*, Humanities Press, Atlantic Highlands, NJ. (1993). "Eve and the Poisoned Chalice: Feminist Morality and the Claims of Politics", in M. Briigmann (ed.), *Who's Afraid of Femininity? Questions of Identity*, Rodopi, Amsterdam, 95–104.

Mesnard, P. *L'essor de la philosophie politique au XVI siecle*. Paris. 2008 [1977].

MEYER, M. (1997). "When Not to Claim Your Rights: The Abuse and the Virtu-ous Use of Rights", *Journal of Political Philosophy*, 5/2:149–162.

MEYERS, D. (1987). "The Socialized Individual and Individual Autonomy", in Kittay and Meyers 1987, 139–153. (1994). *Subjection and Subjectivity: Psychoanalytic Feminism and Moral Theory*, Routledge, London. (ed.) (1997). *Feminists Rethink the Self*, Westview, Boulder, Colo.

MICHAEL, M. (1997). "Redistributive Taxation, Self-Ownership and the Fruit of Labour", *Journal of Applied Philosophy*, 14/2:137–146.

Michel H., *Auto-Donnation*. Paris. 2004.

MICHELMAN, F. (1975). "Constitutional Welfare Rights and *A Theory of Justice*", in Daniels 1975 b, 319 – 346. (1996). "Socio – Political Functions of Constitutional Protections of Private Property Holdings in Liberal Political Thought", in G.E. van Maanen (ed.) *Property Law on the Threshold of the 21st Century*, Maklv, Apeldorn.

MIDGLEY, M. (1978). *Beast and Man: The Roots of Human Nature*, New American Library, New York.

MILDE, M. (1999). "Unreasonable Foundations: David Gauthier on Property Rights, Rationality and the Social Contract", *Social Theory and Practice*, 25/1: 93–125.

MILL, J.S. (1962). *Mill on Bentham and Coleridge*, ed. F. Leavis, Chatto and Windus, London. (1965). "Principles of Political Economy", in *Collected Works*, Vol. iii (University of Toronto Press, Toronto) (1967). "Chapters on Socialism", in *Collected Works*, Vol. V, University of Toronto Press, Toronto. (1968). *Utilitarianism, Liberty, Representative Government*, ed. A.D. Lindsay, J.M. Dent and Sons, London. (1982). *On Liberty*, (ed.) G. Himmelfarb, Penguin, Harmondsworth. and MILL, H.T. (1970). *Essays on Sex Equality*, (ed.) A. Rossi, university of Chicago Press, Chicago.

MILLER, D. (1976). *Social Justice*, Oxford University Press, Oxford. (1989). "In What Sense must Socialism be Communitarian?" *Social Philosophy and Policy*, 6/2: 51 – 73. (1992). "Distributive Justice: What the People Think", *Ethics*, 102/3: 555–593. (1993). "Equality and Market Socialism", in Bardhan and Roemer 1993, 298–314. (1995). *On Nationality*, Oxford University Press, Oxford. (1997). "What Kind of Equality Should the Left Pursue", in Franklin 1997, 83–100. (1998). "Secession and the Principle of Nationality", in Couture, Nielsen, and Seymour 1998, 261–282. (1999). *Principles of Social Justice*, Harvard University Press, Cambridge, Mass. (2000). *Citizenship and National Identity*, Polity Press, Cambridge. and WALZER, MICHAEL (eds.) (1995). *Pluralism, Justice and Equality*, Oxford University Press, Oxford. et al. (1996). "Symposium on David Miller's On Nationality", *Nations and Nationalism*, 2/3: 407–451.

Miller, R.W. "*Marx and Aristotle. In Marx and Morality.*" In *Canadian Journal of Philosophy*, eds. by Neilsen, K. and Patten, S.C. suppl. for Vol. vii. 1981.

Miller, R.W. *Analyzing Marx.* Princeton: Princeton University Press. 1984.

MILLER, R. (1984). *Analyzing Marx*, Princeton University Press, Princeton.

Millet, K. *Sexual Politics.* London: Viargo. 1971.

Mills, C.W. *The Power Elite.* Oxford: Oxford University Press. 1956.

MILLS, Ch. (1997). *The Racial Contract*, Cornell University Press, Ithaca, NY.

MINOW, M. (1990). *Making all the Difference. Inclusion, Exclusion and American Law*, Cornell University Press, Ithaca, NY. (1991). "Equalities", *Journal of Philosophy*, 88/11: 633–644.

MISCEVIC, N. (1999). "Close Strangers: Nationalism, Proximity and Cosmopolitanism", *Studies in East European Thought*, 51: 109–125. (ed.) (2000). *Nationalism and Ethnic Conflict: Philosophical Perspectives*, Open Court, La Salle, 111.

MODOOD, T. (1994). "Establishment, Multiculturalism, and British Citizenship", *Political Quarterly*, 65/1: 53–73.

Moggach, D. "Monadic Marxism: A Critique of Elster's Methodological Indivialism." In *Philosophy of Social Sciences.* March. 1991.

Mongin, P. *Rational Choice Theory Considered as Psychological and Moral Philosophy.* In *Philosophy of Social Sciences.* March. 1991.

MOON, D. (1988). "The Moral Basis of the Democratic Welfare State", in Amy Gutmann (ed.), *Democracy and the Welfare State*, Princeton University Press, Princeton, 27–52. (1993). *Constructing Community: Moral Pluralism and Tragic Conflicts*, Princeton University Press, Princeton.

MOORE, G.E. (1912). *Ethics*, Oxford University Press, London.

MOORE, M. (ed.) (1998). *National Self-Determination and Secession*, Oxford University Press, Oxford.

Morin, E. *Pour Entrer dans le XXIe siècle.* Paris. Seuil. 2004.

MORRIS, Ch. (1988). "The Relation between Self-interest and Justice in Contractarian Ethics", *Social Philosophy and Policy*, 5/2: 119 – 153. (ed.) (1999). *The Social Contract Theorists*, Rowman and Littlefield, Lanham, Md.

MOUFFE, Ch. (1992a). " Feminism, Citizenship and Radical Democratic Politics", in Butler and Scott 1992, 369 – 384. (ed.) (1992b). *Dimensions of Radical Democracy: Pluralism, Citizenship and Community*, Routledge, London. (1992c). "Democratic Citizenship and the Political Community", in Mouffe 1992b, 225 – 239. (2000). *The Democratic Paradox*, Verson, London.

MULGAN, G. (1991). "Citizens and Responsibilities", in Andrews 1991, 37–49.

MULHALL, S. and SWIFT, A. (1996). *Liberals and Communitarians*, 2nd edn., Blackwell, Oxford.

MURPHY, J. (1973). "Marxism and Retribution", *Philosophy and Public Affairs*, 2/3: 214–241.

MURPHY, L. (1999). "Institutions and the Demands of Justice", *Philosophy and Public Affairs*, 27/4: 215–291.

Nabert, *Elements pour une ethique*. Paris. 1962 [1943].

NAGEL, Th. (1973). "Rawls on Justice", *Philosophical Review*, 82: 220 – 234. (1979). *Mortal Questions*, Cambridge University Press, Cambridge. (1980). " The Limits of Objectivity", in S. McMurrin (ed.) , *The Tanner Stures on Human Values*, Vol. i, University of Utah Press, Salt Lake City, 75 – 140. (1981). "Libertarianism without Foundations", in Paul 1981, 191 – 205. (1986). *The View from Nowhere*, Oxford University Press, New York. (1991). *Equality and Partiality*, Oxford University Press, New York.

NARAYAN, U. (1995). " Colonialism and its Others: Considerations on Rights and Care Discourses", *Hypatia*, 10/2: 133–140. and HARDING, S. (eds.) (2000). *Decentering the Center: Philosophy for a Multicultural, Postcolonial, and Feminist World*, Indiana University Press, Bloomington.

NARVESON, J. (1983). " On Dworkinian Equality ", *Social Philosophy and Policy*, 1/1: 1 – 23. (1988). *The Libertarian Idea*, Temple University Press, Philadelphia. (1991). "Collective Rights?", *Canadian Journal of Law and Jurisprudence*, 4/2: 329 – 345. (1995). " Contracting for Liberty", in Machan and Rasmussen 1995, 19–40. (1998). "Libertarianism versus Marxism: Reflections on G. A. Cohen" s *Self-Ownership, Freedom and Equality*", *Journal of Ethics*, 2/1: 1–26.

NAUTA, L. (1992). "Changing Conceptions of Citizenship", *Praxis International*, 12/1: 20–34.

NEAL, P. (1994). "Perfectionism with a Liberal Face? Nervous Liberals and Raz's Political Theory", *Social Theory and Practice*, 20/ 1: 25–58.

NEDELSKY, J. (1989). "Reconceiving Autonomy: Sources, Thoughts, and Possibilities" in Allan Hutchinson and Leslie Green (eds.). *Law and the Community: The End of Individualism?* (Car-swell, Toronto), 219–252. (1993). "Reconceiving Rights as Relationship", *Review of Constitutional Studies*, 1/1: 1–26. (2000). "Citizenship and Relational Feminism", in Ronald Beiner and Wayne Norman (eds.), *Canadian Political Philosophy: Contemporary Reflections* (Oxford University Press, Toronto), 131–146.

NENTWICH, M. and WEALE, A. (eds.) (1998). *Political Theory and the European Union: Legitimacy, Constitutional Choice and Citizenship*, Routledge, London.

NEWMAN, S. (1996). *Ethnoregional Conflicts in Democracies: Mostly Ballots, Rarely Bullets*, Greenwood, London.

NICHOLSON, L. (1986). *Gender and History: The Limits of Social Theory in the Age of the Family*, Columbia University Press, New York.

NICKEL, J. (1990). "Rawls on Political Community and Principles of Justice", *Law and Philosophy*, 9: 205–216. (1995). "The Value of Cultural Belonging", *Dialogue*, 33/4: 635–642.

NIELSEN, K. (1978). "Class and Justice", in J. Arthur and W. Shaw (eds.), *Justice and Economic Distributions*, Prentice-Hall, Engle-wood Cliffs, NJ. (1985). *Equality and Liberty: A Defense of Radical Egalitarianism*, Rowman and Allanheld, Totowa, NJ. (1987). " Rejecting Egalitarianism: On Miller's Nonegalitarian Marx ", *Political Theory*, 15/3: 411–423. (1989). *Marxism and the Moral Point of View*, Westview Press, Boulder, Colo. (1993). "Relativism and Wide Reflective Equilibrium", *Monist*, 76/3: 316–332.

Nietzsche, F. *Beyond Good and Evil*. Trans. Walter Kaufmann, New York: Vintage Books. 1966 [1886]. *Thus Spoke Zarathustra*. Trans. R. Hollingdale, Harmondsworth: Penguin Books. 1969 [1883]. "Wie die 'Wahre Welt' endlich zur Fabel wurde. #3." In *Friedrich Nietzsche Werke III*. Hrg. *Von Karl Schlechta*. Frankfurt am Main/ Berlin/ Wien, Ullstein Materialen. 1979.

NODDINGS, N. (1984). *Caring: A Feminine Approach to Ethics and Moral Education*, University of California Press, Berkeley and Los Angeles.

NORMAN, R. (1981). " Liberty, Equality, Property ", *Proceedings of the Aristotelian Society*, supplementary Vol. 55: 192–209. (1987). *Free and Equal*, Oxford

University Press, Oxford. (1989). "What is Living and What is Dead in Marxism?", *Canadian Journal of Philosophy*, supplementary Vol.15:59-80.

NORMAN, W. (1991a). *Taking Freedom Too Seriously? An Essay on Analytic and Post-analytic Political Philosophy*, Garland, New York. (1991b). "Taking 'Free Action' Too Seriously", *Ethics*, 101/3: 505 - 520. (1994). "Towards a Normative Theory of Federalism", in Baker 1994, 79-100. (1995). "The Ideology of Shared Values", in Carens 1995, 137-159. (1996). "Prelude to a Liberal Morality of Nationalism", in S. Brennan, T. Isaacs, and M. Milde (eds.), *A Question of Values*, Rodopi Press, Amsterdam, 189-208. (1998). "Inevitable and Unacceptable? Methodological Rawlsianism in Contemporary Anglo-American Political Philosophy", *Political Studies*, 46/2:276-294. (1999). "Theorizing Nationalism (Normatively): The First Steps", in Beiner 1999, 51-66. (2001). "Etica y la constmccion de la nacion", in R. M. Suarez and J. M. Rivera Otero (eds.), *Europa Mundi: democracia, globalization y europeizacion*, Prensa de la Universidad de Santiago de Com-postela, Santiago.

NOVE, A. (1983). *The Economics of Feasible Socialism*, George Allen and Unwin, London.

NOZICK, R. (1974). *Anarchy, State, and Utopia*, Basic Books, New York. (1981). *Philosophical Explanations*, Harvard University Press, Cambridge, Mass.

NUNNER-WINKLER, G. (1984). "Two Moralities?" in W. Kurtines and J. Gewirtz (eds.), *Morality, Moral Behavior and Moral Development*, John Wiley, New York. 348-361.

NUSSBAUM, M. (1986). *The Fragility of Goodness*, Cambridge University Press, Cambridge. (1999). *Sex and Social Justice*, Oxford University Press, New York. (2000). *Women and Human Development: The Capabilities Approach*, Cambridge University Press, Cambridge. and SEN, AMARTYA (eds.) (1993). *The Quality of Life*, Oxford University Press, Oxford.

NYE, A. (1988). *Feminist Theory and the Philosophies of Man*, Croom Helm, London.

O'BRIEN, M. (1981). *The Politics of Reproduction*, Routledge and Kegan Paul, London.

O'BRIEN, Sh. (1987). "Cultural Rights in the United States: A Conflict of Values", *Law and Inequality Journal*, 5:267-358.

O'NEILL, O. (1980). "The Most Extensive Liberty", *Proceedings of the Aristotelian Society*, 85:45-59. (1993). "Justice, Gender and International Relations", in Nussbaum and Sen 1993. (1996). *Toward Justice and Virtue*, Cambridge University Press, Cambridge, 303-323.

OAKESHOTT, M. (1984). "Political Education", in Michael Sandel (ed.), *Liberalism and its Critics*, Blackwell, Oxford, 219-238.

Öffe, *Modernity and the State.* Cambridge: Polity Press. 1996.

OKIN, S. (1979). *Women in Western Political Thought*, Princeton University Press, Princeton. (1981). "Women and the Making of the Sentimental Family", *Philosophy and Public Affairs* 11/1:65-88. (1987). "Justice and Gender", *Philosophy and Public Affairs*, 16/1: 42 - 72. (1989a). "Reason and Feeling in Thinking about Justice", *Ethics*, 99/2: 229 - 249. (1989b). *Justice, Gender, and the Family*, Basic Books, New York. (1990). "Thinking Like a Woman", in Rhode 1990, 145 - 159. (1991). "Gender, the Public and the Private", in David Held (ed.), *Political Theory Today*, Polity, Cambridge, 67 - 90. (1992). "Women, Equality and Citizenship", *Queen's Quarterly*, 99/1: 56 - 71. (1994). "Gender Inequality and Cultural Differences", *Political Theory*, 22/1:5-24. (1998). "Mistresses of their Own Destiny? Group Rights, Gender, and Realistic Rights of Exit", presented at the American Political Science Association annual meeting, Sept. (1999). *Is Multiculturalism Bad for Women?* Princeton University Press, Princeton.

OLDFIELD, A. (1990a). "Citizenship: An Unnatural Practice?" *Political Quarterly*, 61:177-187. (1906). *Citizenship and Community: Civic Republicanism and the Modern World*, Routledge, London.

OLLMAN, B. (ed.) (1998). *Market Socialism: The Debate among Socialists*, Routledge, London.

OLSEN, F. (1983). "The Family and the Market: A Study of Ideology and Legal Reform", *Harvard Law Review*, 96/7:1497-1578.

Orbach, S. HungerStrike: The Anorectic's Struggle as a Metaphor for Our Age. New York: W.W. Norton. 1986.

OREND, B. (2001). *Michael Walzer on War and Justice*, McGill-Queen's University Press, Montreal.

ORWIN, C. (1998). "The Encumbered American Self, in Allen and Kegan 1988: 86-91.

OTSUKA, M. (1998a). "Making the Unjust Provide for the Least Well Off, *Jouranl of Ethics*, 2/3:247-259. (1998b). "Self-Ownership and Equality: A Lockean Reconciliation", *Philosophy and Public Affairs*, 27/1:65-92.

PALMER, T. G. (1998). " G. A. Cohen on Self-Ownership, Property, and Equality", *Critical Review*, 12/3 : 225–251.

Panichas, G.E.*Marx Analysed : Philosophical Essays on the Thought of Karl Marx*. New York : University Press of America.1985.

PAREKH, B. (1982). *Contemporary Political Thinkers*, Martin Robertson, Oxford. (1994). " Decolonizing Liberalism ", in Alexsandras Shiromas (ed.), *The End of "Isms"? Reflections on the Fate of Ideological Politics after Communism's Collapse*, Blackwell, Oxford, 85–103. (1997). " Political Theory : Traditions in Political Philosophy", in Robert Goodin and Hans-Dieter Klingeman (eds.), *A New Handbook of Political Science*, Oxford University Press, Oxford, 503–518. (2000). *Rethinking Multiculturalism : Cultural Diversity and Political Theory*, Harvard University Press, Cambridge, Mass.

PARFIT, D. (1984). *Reasons and Persons*, Oxford University Press, Oxford. (1998). " Equality and Priority ", in Andrew Mason (ed.), *Ideals of Equality*, Blackwell, Oxford, 1–20.

PARIS, D. (1991). " Moral Education and the ' Tie that Binds ' in Liberal Political Theory", *American Political Science Review*, 85/3 : 875–901.

PARRY, G. (1991). "Paths to Citizenship", in Vogel and Moran 1991, 167–196.

Parsons, *Structure and Process in Modern Societies*. New York : Free Press.1951.

PASSERIN, M. and VOGEL, U. (eds.) (2000). *Public and Private : Legal, Political and Philosophical Perspectives*, Routledge, London.

PATEMAN, C. (1975). " Sublimation and Reification : Locke, Wolin and the Liberal Democratic Conception of the Political", *Politics and Society*, 5/4 : 441–467. (1980). " ' The Disorder of Women': Women, Love and the Sense of Justice", *Ethics*, 91/1 : 20–34. (1987). " Feminist Critiques of the Public/Private Dichotomy", in A. Phillips (ed.), *Feminism and Equality* (Blackwell, Oxford), 103–126. (1988). *The Sexual Contract* (Polity Press, Oxford). (1989). *The Disorder of Women, Democracy, Feminism and Political Theory* (Stanford University Press, Stanford, Calif.) (1991). " ' God Hath Ordained to Man a Helper' : Hobbes, Patriarchy and Conjugal Right", in Shanley and Pateman 1991, 53–73.

PATTEN, A. (1996). "The Republican Critique of Liberalism", *British Journal of Political Science*, 26 : 25–44.

PAUL, J. (ed.) (1981). *Reading Nozick*, Rowman and Lit-tlefield, Totowa, NJ.

PEFFER, R. (1990). *Marx, Morality and Social Justice*, Princeton University

Press, Princeton.

PETERSON, R. (1996). "Á Re-evaluation of the Economic Consequences of Divorce", *American Sociological Review*, 61:528–536.

PETTIT, Ph. (1980). *Judging Justice: An Introduction to Contemporary Political Philosophy*, Routledge and Kegan Paul, London. (1989). "The Freedom of the City: A Republican Ideal", in A. Hamlin and P. Pettit (eds.), *The Good Polity*, Blackwell, Oxford. (1997). *Republicanism*, Oxford University Press, Oxford. (2000). "Democracy, Electoral and Contestatory", in Ian Shapiro and Stephen Macedo (eds.), *Designing Democratic Institutions: NOMOS* 42, New York University Press, New York, 105–144.

PFAFF, W. (1993). *The Wrath of Nations: Civilization and the Furies of Nationalism*, Simon and Schuster, New York.

PHILLIPS, A. (1991). *Engendering Democracy*, Pennsylvania State University Press, University Park. (1995). *The Politics of Presence*, Oxford University Press, Oxford. (ed.) (1998). *Feminism and Politics*, Oxford University Press, Oxford. (1999). *Which Equalities Matter'*, Polity Press, Cambridge. (2000). "Feminism and Republicanism: Is This a Plausible Alliance", *Journal of Political Philosophy*, 8/2:279–293.

PHILLIPS, D. (1999). "Contractualism and Moral Status", *Social Theory and Practice*, 24/2:183–204.

PHILLIPS, D. (1993). *Looking Backward: A Critical Appraisal of Communitarian Thought*, Princeton University Press, Princeton.

Picq, J./Cusset, Y. *Philosophies politiques pour notre temps. Un parcours europeen.* Paris. Odile Jacob. 2005.

PLANT, R. (1974). *Community and Ideology*, Routledge and Kegan Paul, London. (1991). *Modern Political Thought*, Blackwell, Cambridge.

Plato, *Critias.* Loeb Claissical Library, London. 1964. *Criton.* Paris. Les Belles Lettres. 1970. *La Republique.* Paris. Les Belles Lettres. 1982. *Laws.* Trans. And annotated T. J. Saunders, Harmondsworth: Penguin. 1970. *Phédon.* Notice de L. Robin, texte établi et traduit par P. Vicaire, Paris. 1984. *Politique.* Paris. 1990. *Republic.* Loeb Claissical Library, London. 1964. *Stateman.* Trans. And intro. J. Skemp. London. Routledge & Kegan Paul. 1952. *Timacus.* Loeb Claissical Library, London. 1964.

PLUHAR, E. (1995). *Beyond Prejudice: The Moral Significance of Human and Nonhuman Animals*, Duke University Press, Durham, NC.

POCOCK, J. G. A. (1992). "The Ideal of Citizenship since Classical Times", *Queen's Quarterly*, 99/1:33–55.

POGGE, Th. (1989). *Realizing Raids*, Cornell University Press, Ithaca, NY. (1994) " An Egalitarian Law of Peoples ", *Philosophy and Public Affairs*. 23/3: 195-224. (1995). "How Should Human Rights Be Conceived", *Jahrbuch für Recht und Ethik*, 3:103-120. (1997a). "A Global Resources Dividend", in David Crocker and Toby Linden (eds.) , *Ethics of Consumption: The Good Life, Justice, and Global Stewardship*, Rowman and Littlefield, Lanham, Md., 501 - 536. (1997b). " Migration and Poverty", in Bader 1997, 12-27. (1998). "The Bounds of Nationalism", in Couture, Nielsen, and Seymour 1998, 463-504. (2000). "On the Site of Distributive Justice: Reflections on Cohen and Murphy ", *Philosophy and Public Affairs*, 29/2: 138-169.

POOLE, R. (1999). *Nation and Identity*, Routledge, London.

Popper, *The Open Society and Its Enemies*, $I - II$, 1945.

PORTER, J. (1987). *The Measure of Canadian Society*, Carleton University Press, Ottawa.

POSNER, R. (1983). *The Economics of Justice*, Harvard University Press, Cambridge, Mass. (1996). *Overcoming law*, Harvard University Press, Cambridge, Mass.

Postone, M. *Time, Labor, and Social Domination. A Reinterpretation of Marx's Critical Theory*. 1996. *Time, Labor, and Social Domination: A reinterpretation of Marx's critical theory*. Cambridge: Cambridge University Press. 1996.

Propp, V.I. (1958) "Morphology of the Folktale." In *International Journal of Linguistics*, No.24, 4, Oct.1958.

PUTNAM, R. (1993). *Making Democracy Work: Civic Traditions in Modern Italy*, Princeton University Press, Princeton.

QUTNN, M. (1993). "Liberal Egalitarianism, Utility and Social Justice", *Utilitas*, 5/2:311-316.

RADCLIFFE-RICHARDS, J. (1980). *The Sceptical Feminist: A Philosophical Enquiry*, Routledge and Kegan Paul, London.

RAIKKA, J. (ed.) (1996). *Do We Need Minority Rights*? Kluw-er, Dordrecht. (1998). "The Feasibility Condition in Political Theory", *Journal of Political Philosophy*, 6/1:27-40.

RAILTION, P. (1984). " Alienation, Consequentialism, and the Demands of Morality", *Philosophy and Public Affairs*, 13/2:134-171.

RAKOWSKI, E. (1993). *Equal Justice*, Oxford University Press, Oxford. (2000). "Can Wealth Taxes Be Justified?" *Tax Law Review*, 53/3:263-375.

Rancière,J.*Le destin des images.*Paris.Editions La fabrique.2006[2003].

RAPHAEL,D.D.(1970).*Problems of Political Philosophy*, Pall Mall, London. (1981).*Moral Philosophy*,Oxford University Press,Oxford.

RAWLS,J.(1971)*A Theory of Justice*,Oxford University Press,London.(1974). "Reply to Alexander & Musgrave", *Quarterly Journal of Economics*,88:633-655. (1975)."Fairness to Goodness", *Philosophical Review*,84:536-554.(1978)."The Basic Structure as Subject",in A.Goldman and J.Kim(eds.), *Values and Morals*,Rei-del,Dordrecht,47-61.(1979)."A Well-Ordered Society",in P.Laslett and J.Fishkin (eds.), *Philosophy, Politics, and Society*, Yale University Press, New Haven, 6-20. (1980). "Kantian Constructivism in Moral Theory", *Journal of Philosophy*,77/9: 515-572.(1982a)."The Basic Liberties and their Priority",in S.McMurrin(ed.), *The Tanner Stures on Human Values*, Vol.iii, University of Utah Press, Salt Lake City, 1-89.(1982b). "Social Unity and Primary Goods", in Sen and Williams 1982, 159-186.(1985)."Justice as Fairness:Political not Metaphysical", *Philosophy and Public Affairs*,14/3:223-251.(1987)."The Idea of an Overlapping Consensus", *Oxford Journal of Legal Studies*,7/1:1-25.(1988). "The Priority of Right and Ideas of the Good", *Philosophy and Public Affairs*, 17/4:251-276.(1989). "The Domain of the Political and Overlapping Consensus", *New York University Law Review*,64/2: 233-255.(1993a). *Political Liberalism*, Columbia University Press, New York. (1993b)."The Law of Peoples",in S.Shute and S.Hurley(eds.), *On Human Rights: The Oxford Amnesty tectures* 1993, Oxford University Press, Oxford, 41-82.(1997). "The Idea of Public Reason Revisited", *University of Chicago Law Review*, 64: 765-807.

RAWLS,J.(1999a). *Collected Papers*, ed.Samuel Freeman, Harvard University Press,Cambridge,Mass.(1999b).*The Law of Peoples*,Harvard University Press,Cam-bridge,Mass. RAZ,J.(1986). *The Morality of Freedom*, Oxford University Press, Oxford.(1994). "Multiculturalism:A Liberal Perspective", *Dissent*, Winter:67-79. (1998)."Multiculturalism", *Ratio Juris*,11/3:193-205.

RCAP(1996).*Report of the Royal Commission on Abonginal Peoples*,ii:*Restructu-ring the Relationship*,Ottawa.

RÉAUME,D.(1991). "The Constitutional Protection of Language:Security or Survival?"in D.Schneiderman(ed.), *Language and the State:The Law and Politics of Identity*,Les Éditions Yvon Biais,Cowans ville,37-57.(1995)."Justice between Cul-tures:Autonomy and the Protection of Cultural Affiliation", *UBC Law Review* 29/1:

117-141.

REGAN, T. (2001). *Defending Animal Rights*, University of Illinois Press, Champaign.

REIMAN, J. (1981). "The Possibility of a Marxian Theory of Justice", *Canadian Journal of Philosophy*, supplementary Vol.7:307-322. (1983). "The Labor Theory of the Difference Principle", *Philosophy and Public Affairs*, 12/2:133-159. (1987). "Exploitation, Force, and the Moral Assessment of Capitalism: Thoughts on Roemer and Cohen", *Philosophy and Public Affairs*, 16/1:3-41. (1989). "An Alternative to 'Distributive' Marxism. Further Thoughts on Romer, Cohen, and Exploitation", *Canadian Journal of Philosophy*, supplementary Vol.15:299-331. (1991). "Moral Philosophy: The Critique of Capitalism and the Problem of Ideology", in Carver 1991, 143-167.

REINDERS, H. (2000). *The Future of the Disabled in Liberal Society*, University of Notre Dame Press, Notre Dame, Ind.

Renaut, A. *Histoire de la philosophie politique.* Tome 5. Paris. Calmann-Levy. 1999.

RESCHER, N. (1966). *Distributive Justice: A Constructive Critique of the Utilitarian Theory of Distribution*, Bobbs-Merrill, Indianapolis.

RHODE, D. (ed.) (1990). *Theoretical Perspectives on Sexual Difference*, Yale University Press, New Haven. (1997). *Speaking of Sex: The Denial of Gender inequality*, Harvard University Press, Cambridge, Mass.

RICHARDSON, H. and WEITHMAN, P. (eds.) (1999). *The Philosophy of Rawls*, Garland, New York.

Ricoeur, *Conflits des interprétations. Essais d'herméneutiques.* Paris. 1969.

Ricoeur, Du texte à l'action. 1986.

Ricoeur, Quel ethos nouveau pour Ourope. Paris. 1992.

Ricoeur, *Fragility and responsability.* Naples. 1992.

Riceour, P. Preface. 参见利科为高宣扬著《利科的反思诠释学》所写的"序言",同济大学出版社 2004 年版。

RIEBER, S. (1996). "Freedom and Redistributive Taxation", *Public Affairs Quarterly*, 10/1:63-74.

RILEY, P. (1982). *Will and Political Legitimacy: A Critical Exposition of Social Contract Theory in Hobbes, Locke, Rousseau, Kant, and Hegel*, Harvard University Press, Cambridge, Mass.

RIPSTEIN, A. (1987). "Foundationalism in Political Theory", *Philosophy and*

Public Affairs, 16:114–137. (1989). "Gauthier's Liberal Individual", *Dialogue*, 28: 63–76. (1994). "Equality, Luck and Responsibility", *Philosophy and Public Affairs*, 23/1:3–23.

ROBBINS, B. (ed.) (1998). *Cosmopolitcs: Thinking and Feeling beyond the Nation*, University of Minnesota Press, Minneapolis.

ROBERTS, M. (1996). *Analytical Marxism: A Critique*, Verso, London. (1997). "Analytical Marxism: An Ex-Paradigm? The Odyssey of G.A.Cohen", *Radical Philosophy*, 82:17–28.

ROBINSON, F. (1999). *Globalizing Care: Ethics, Feminist Theory and International Relations*, Westview, Boulder, Colo.

ROEMER, J. (1982a). *A General Theory of Exploitation and Class*, Harvard University Press, Cambridge, Mass. (1982b). "Property Relations vs. Surplus Value in Marxian Exploitation", *Philosophy and Public Affairs*, 11/4:281–313. (1982c). "New Directions in the Marxian Theory of Exploitation and Class", *Politics and Society*, 11/3:253–287. (1985a). "Equality of Talent", *Economics and Philosophy*, 1/2: 151–187. (1985b). "Should Marxists Be Interested in Exploitation?" *Philosophy and Public Affairs*, 14/1:30–65. (1986a). "The Mismarriage of Bargaining Theory and Distributive Justice", *Ethics*, 97/1: 88–110. (ed.) (1986b). *Analytical Marxism*, Cambridge University Press, Cambridge. (1988). *Free to Lose. An Introduction to Marxist Economic Philosophy*, Harvard University Press, Cambridge, Mass.

ROEMER, J. (1989). "Second Thoughts on Property Relations and Exploitation", *Canadian Journal of Philosophy*, supplementary Vol. 15: 257–266. (1993a). "A Pragmatic Theory of Responsibility for the Egalitarian Planner", *Philosophy and Public Affairs*, 22:146–166. (1993b). "Can There be Socialism after Communism?" in Bardhan and Roemer 1993, 89–107. (1994). *A Future for Socialism*, Verso, London. (1995). "Equality and Responsibility", *Boston Review*, 20/2:3–7. (1996). *Theories of Distributive Justice*, Harvard University Press, Cambridge, Mass. (1999). "Egalitarian Strategies", *Dissent*, 64–74.

ROONEY, P. (1991). "Á Different Voice: On the Feminist Challenge in Moral Theory", *Philosophical Forum*, 22/4:335–361.

RORTY, R. (1985). "Postmodernist Bourgeois Liberalism", in R. Hollinger (ed.), *Hermeneutics and Praxis*, University of Notre Dame Press, Notre Dame, Ind., 214–223.

ROSENBLUM, N. (1987). *Another Liberalism. Romanticism and the Reconstruction of Liberal Thought*, Harvard University Press, Cambridge, Mass. (1998). *Membership and Morals : The Personal Uses of Pluralism in America*, Princeton University Press, Princeton. (2000). *Obligations of Citizenship and Demands of Faith : Religious Accommodation in Pluralist Democracies*, Princeton University Press, Princeton.

Ross, W.D. (1930). *The Right and the Good*, Oxford University Press, London.

Rossi, *Structural Sociology*. New York : Columbia University Press. 1982.

ROTHBARD, M. (1982). *The Ethics of Liberty*, Humanities Press, Atlantic Highlands, NJ.

ROTHSTEIN, B. (1992). " Social Justice and State Capacity ", *Politics and Society*, 20/1 : 101–126. (1998). *Just Institutions Matter : The Moral and Political Logic of the Universal Welfare State*, Cambridge University Press, Cambridge.

Rousseau, *Discours sur l'origine et les fondements de l'inégalité parmi les hommes.* Amsterdam. Rey. 1755. *Du contrat social. Ou Principes du droit politique.* Amsterdam. Rey. 1762.

RUBIO-MARIN, R. (2000). *Immigration as a Democratic Challenge : Citizenship and Inclusion in Germany and the US*, Cambridge University Press, Cambridge.

RUDDICK, S. (1984a). " Maternal Thinking ", in J. Trebilcot (ed.) , *Mothering : Essays in Feminist Theory* (Rowman and Allanheld, To-towa, NJ) , 213–230. (1984b). " Preservative Love and Military Destruction ", in J. Trebilcot (ed.) , *Mothering : Essays in Feminist Theory* (Rowman and Allanheld, Totowa, NJ) , 231 – 262. (1987). " Remarks on the Sexual Politics of Reason ", in Kittay and Meyers 1987, 237–260.

RUSSELL, J. S. (1995). " Okin's Rawlsian Feminism ", *Social Theory and Practice*, 21/3 : 397–426.

RYAN, A. (1994). " Self-Ownership, Autonomy, and Property Rights ", *Social Philosophy and Policy*, 11/2 : 241–258.

SABETTI, F. (1996). " Path Dependency and Civic Culture : Some Lessons from Italy about Interpreting Social Experiments ", *Politics and Society*, 24/1 : 19–44.

SANDEL, M. (1982). *Liberalism and the Limits of Justice*, Cambridge University Press, Cambridge. (1984a). " The Procedural Republic and the Unencumbered Self ", *Political Theory*, 12/1 : 81–96. (1984b). " Morality and the Liberal Ideal ", *New Republic*, 190 : 15–17. (ed.) (1984c). *Liberalism and its Critics*, Blackwell, Oxford. (1989). " Moral Argument and Liberal Toleration : Abortion and Homosexuality ", *California Law Review*, 77/3 : 521–538. (1990). " Freedom of Conscience or Freedom of Choice? " in James Hunter and O. Guinness (eds.) , *Articles of Faith, Articles of Peace*, Brookings

Institute, Washington, 74−92. (1996). *Democracy's Discontent: America in Search of a Public Philosophy*, Harvard University Press, Cambndge, Mass. (1998). "Reply to critics", in Allen and Regan 1988: 319−335.

SANDERS, J. (1987). "Justice and the Initial Acquisition of Property", *Harvard Journal of Law and Public Policy*, 10: 369−387.

SARTORIUS, R. (1969). "Utilitarianism and Obligation", *Journal of Philosophy*, 66/3: 67−81.

SAXONHOUSE, A. (1981). *Women in the History of Political Thought*, Praeger, Westport, Conn.

SAYRE-McCORD, G. (1994). "On Why Hume's 'General Point of View' Isn't Ideal-and Shouldn't Be", *Social Philosophy and Policy*, 11: 202−228.

SCALES, A. (1993). "The Emergence of Feminist Jurisprudence", in Patricia Smith (ed.) *Feminist Jurisprudence*, Oxford University Press, Oxford, 94−109.

SCANLON, Th. (1982). "Contractualism and Utilitarianism", in Sen and Williams 1982, 103−128. (1983). "Freedom of Expression and Categories of Expression", in D. Copp and S. Wendell (eds.), *Pornography and Censorship*, Prometheus, Buffalo, 139−166.

SCANLON, Th. (1988). "The Significance of Choice", in S. McMurrin (ed.), *The Tanner Stures on Human Value*, Vol. viii, University of Utah Press, Salt Lake City, 151−216. (1991). "The Moral Basis of Interpersonal Comparisons", in Elster and Roemer 1991, 17−44. (1993). "Value, Desire and Quality of Life", in Nussbaum and Sen 1993: 187−207. (1998). *What We Owe to Each Other*, Harvard University Press, Cambridge, Mass.

SCARRE, G.R. (1996). *Utilitarianism*, Routledge, London.

SCHAEFER, D. (2001). "Feminism and Liberalism Reconsidered: The Case of Catherine MacKinnon", *American Political Science Review*, 95/3.

SCHALLER, W. (1997). "Expensive Preferences and the Priority of Right: A Critique of Welfare Egalitarianism", *Journal of Political Philosophy*, 5/3: 254−273.

SCHLERETH, Th. (1997). *The Cosmopolitan Ideal in Enlightenment Thought*, University of Notre Dame Press, Notre Dame, Ind.

SCHLESINGER, A. (1992). *The Disuniting of America*, Norton, New York.

SCHMIDT, A. (1997). *The Menace of Multiculturalism: Trojan Horse in America*, Praeger, Westport, Conn.

SCHMIDTZ, D. (1990a). "When is Original Appropriation *Required*?" *Monist*,

73/4:504-518.(1990b)."Justifying the State",*Ethics*,101/1:89-102.(1994)."The Institution of Property",*Social Philosophy and Policy*,11/1:42-62.

Schmitt,C.*Der Begriff des Politischen*.1963[1927].

SCHULTZ,B.(ed.)(1992).*Essays on Sidgwick*,Cambridge University Press, Cambridge.

Schultz,*Essays on Sidgwick*.Cambridge University Press.1992.

SCHWARTZ,A.(1973)."Moral Neutrality and Primary Goods",*Ethics*,83: 294-307.(1982)."Meaningful Work",*Ethics*,92/4:634-646.

SCHWARTZ,J.(1992)."From Libertarianism to Egalitarian-ism",*Social Theory and Practice*,18/3:259-288.

SCHWARTZ,N.(1979)."Distinction between Public and Private Life:Marx on the Zoon Politikon",*Political Theory*,7/2:245-266.

SCHWARTZ,W.(ed.)(1995).*Justice in immigration*,Cambridge University Press,Cambridge.

SCHWEICKART,D.(1978)."Should Rawls Be a Socialist?"*Social Theory and Practice*,5/1:1-27.

Scott,J.*Stratification & Power*.Cambridge:Polity.1996.

Scruton,R.*The Meaning of Conservatism*.London.1998.

SEHON,S.(1996)."Okin on Feminism and Rawls",*Philosophical Forum*,27/4: 321-332.

SEIGAL,R.(1996)"'The Rule of Love':Wife Beating as Prerogative and Priva-cy",*Yale Law Journal*,105/8:2117-2208.

SEN,A.(1980)."Equality of What?",in S.McMurrin(ed.),*The Tanner teetures on Human Values*,Vol.i,University of Utah Press,Salt Lake City,353-369.(1985). "Rights and Capabilities",in T.Honderich(ed.),*Morality and Objectivity*,Routledge and Kegan Paul,London,130-148.(1990a)."Justice.Means versus Freedom",*Philosophy and Public Affairs*,19/2:111-121.(1990b)."Welfare,Freedom and Social Choice",*Recherches économiques de Louvain*,56/3:451-486.(1991)."Welfare,Preference and Freedom",*Journal of Econometrics*,50:15-29. and WILLIAMS, BERNARD(eds.)(1982).*Utilitarianism and Beyond*,Cambridge University Press, Cambridge.

SEVENHUUSEN,S.(1998).*Citizenship and the Ethics of Care:Feminist Considerations on Justice,Morality and Politics*,Roudedge,London.

SHACHAR,A.(1998)."Group Identity and Women's Rights:The Perils of Multicultural Accommodation", *Journal of Political Philosophy*, 6:285-305.(1999)."The Paradox of Multicultural Vulnerability", in Joppke and Lukes 1999, 87-111.(2001). *Multicultural Jurisdictions:Preserving Cultural Differences and Women '5 Rights in a Liberal State*, Cambridge University Press, Cambridge.

SHAFIR, G.(ed.)(1998).*The Citizenship Debates:A Reader*, University of Minnesota Press, Minneapolis.

SHANLEY, M.L.and NARAYAN, U.(eds.)(1997).*Reconstructing political Theory:Feminist Perspectives*, Pennsylvania University Press, Philadelphia.and PATEMAN, CAROLE(eds.)(1991). *Feminist Interpretations and political Theory*, Pennsylvania State University Press, University Park.

SHAPIRO, D. (1993). " Liberal Egalitarianism, Basic Rights, and Free Market Capitalism", *Reason Papers* 18:169-188.(1997)."Can Old-Age Social Insurance be Justified?" *Social Philosophy and Policy*, 14/2:116-144.(1998). "Why Even Egalitarians Should Favour Market Health Insurance", *Social Philosophy and Policy*, 15/2: 84-132.

SHAPIRO, I.(1991)."Resources, Capacities, and Ownership:The Workmanship Ideal and Distributive Justice", *Political Theory*, 19/1:47-72.(1999).*Democratic Justice*, Yale University Press, New Haven.and KYMLICKA, W.(eds.)(1997).*Ethnicity and Group Rights*, New York University Press, New York.

Shaw, W.(1978).*Marx's Theory of History.*Stanford:Stanford University Press.

SHAW, W.(1998).*Contemporary Ethics:Taking Account of Utilitarianism*, Blackwell, Oxford.

SHER, G. (1975). " Justifying Reverse Discrimination in Employment ", *Philosophy and Public Affairs*, 4/2:159-170.(1987). "Other Voices, Other Rooms? Women's Psychology and Moral Theory ", in Kittay and Meyers 1987, 178 - 189. (1997).*Beyond Neutrality:Perfectionism and Politics*, Cambridge University Press, Cambridge.And BRODY, BARUCH(eds.)(1999).*Social and Political Philosophy: Contemporary Readings*, Harcourt Brace, New York.

SHKLAR, J.(1991). "American Citizenship:The Quest for Inclusion", in *The Tanner factures on Human Values*, Vol.x, University of Utah Press, Salt Lake City, 386-439.

SHRAGE, L.(1998)."Equal Opportunity", in Jaggar and Young 1998, 559-568.

SHUE, H.(1988)."Mediating Duties", *Ethics*, 98/4:687-704.

SIDGWICK, H. (1981). *The Methods of Ethics*, Hackett, Indianapolis: 1st pub.1874.

SINGER,P.(1993).*Practical Ethics*,Cambridge University Press,Cambridge.

SINOPLI,R.(1992).*The Foundations of American Citizenship: Liberalism, the Constitution and Civic Virtue*,Oxford University Press,New York.

SKINNER,Q.(1990)."The Republican Ideal of Political Liberty",in Gisela Bock et al.(eds.)*Machiavelli and Republicanism*,Cambridge University Press,Cambridge,293-309.(1992)."On Justice,the Common Good and the Priority of Liberty",in Mouffe 1992b,211-224.(1998).*Liberty before Liberalism*,Cambridge University Press,Cambridge.

SKITKA,L.J.,and TETLOCK,P.E.(1993)."Of Ants and Grasshoppers:The Political Psychology of Allocating Public Assistance",in B.A.Meilers and J.Baron (eds.),*Psychological Perspectives on Justice:Theory and Applications*,Cambridge University Press,New York,205-233.

Sloterdijk,P.*Kritik der zynischen Vernunft*,2 Bde.,1983.*La domestication de l'être.* Version francaise.Paris.Mille et une nuits.2000.*Regeln für den Menschenpark.Ein Antwortschreiben zu Heideggers Brief über den Humainismus.*Frankfurt am Main.1999.

SMART,J.J.C.(1973)."An Outline of a System of Utilitarian Ethics",in J.J.C. Smart and B.Williams(eds.),*Utilitarianism: For and Against*,Cambridge University Press,Cambridge,1-75.

SMITH,M.(1988)."Consequentialism and Moral Character",unpublished manuscript,Philosophy Department at Monash University.

SMITH,P.(1998)."Incentives and Justice:G.A.Cohen's Egalitarian Critique of Rawls",*Social Theory and Practice*,24/2:205-235.

SMITH,R.(1985).*Liberalism and American Constitutional Law*,Harvard University Press,Cambridge,Mass.(1997).*Civic Ideals: Conflicting Visions of Citizenship in American History*,Yale University Press,New Haven.

SMITH,S.(1989).*Hegel's Critique of Liberalism:Rights in Context*,University of Chicago Press,Chicago.

SOMMERS,C.(1987)."Filial Morality",in Kittay and Meyers 1987,69-84.

Spencer-Brown,G.*Laws of Form.*Ashland,Ohio:Book Masters.1994[1969].

SPINNER,J.(1994).*The Boundaries of Citizenship: Race, Ethnicity and Nationality in the Liberal State*,Johns Hopkins University Press,Baltimore.(2000). *Surviving Diversity: Religion and Democratic Citizenship*,Johns Hopkins University Press,Baltimore.

SPRAGENS,Th.(1999). *Civic Liberalism:Reflections on our Democratic Ideals*, Rowman and Littlefield,Lanham,Md.

St.Thomas Aquinas.*Summa Theologica*,la 2ae,quae.91,art.1 et 2.

STEIN,L.(1993)."Living with the Risk of Backfire:A Response to the Feminist Critiques of Privacy and Equality",*Minnesota Law Review*,77/5:1153-1192.

STEINER,H.(1977)."The Natural Right to the Means of Production",*Philo-sophical Quarterly*,27/106:41-49.(1981)."Liberty and Equality",*Political Studies*, 29/4:555-569.(1983)."How Free? Computing Personal Liberty",in A.P.Griffiths (ed.),*On Liberty*,Cambridge University Press,Cambridge,73-89.(1994).*An Essay on Rights*,Blackwell,Oxford.(1998)."Choice and Circumstance",in Andrew Mason (ed.),*Ideals of Equality*,Blackwell,Oxford,95-112.

STERBA,J.(1988).*How to Make People Just:A Practical Reconciliation of Alter-native Conceptions of Justice*,Rowman and Littlefield,Totowa,NJ.

STERBA,J.(2000)."Fora Liberty to Welfare:An Update",*Social Theory and Practice*,26/3:465-478.

STIEHM,J.(1983)."The Unit of Political Analysis:Our Aristotelian Hangover", in S.Harding and M.Hintikka(eds.),*Discovering Reality*,Reidel,Dordrecht,31-44.

STOCKER,M.(1987)."Duty and Friendship:Toward a Synthesis of Gilligan's Contrastive Moral Concepts",in Kittay and Meyers 1987,56-68.

Stoner,*The Civil Rights of Homeless People*.Berlin:de Gruyter.1995.

STOUT,J.(1986)."Liberal Society and the Languages of Morals",*Soundings*, 69/1:32-59.

Strauss,L.*The Political Philosophy of Hobbes*.1936.

STRIKE,K.(1994)."On the Construction of Public Speech:Pluralism and Public.Reason",*Educational Theory*,44/1:1-26.

SULLIVAN,W.A.(1982).*Reconstructing Public Philosophy*,University of California Press,Berkeley and Los Angeles.

SUMNER,L.W.(1987).*The Moral Foundation of Rights*,Oxford University Press,Oxford.

SUNSTEIN,C.(1986)."Legal Interference with private Preferences",*University of Chicago Law Review*,53/4:1129-1174.(1991)."Preferences and Politics",*Philos-ophy and Public Affairs*,20/1:3-34.(1996)."Social Roles and Social Norms",*Colum-bia Law Review*,96:903-968.(1997).*Free Markets and Social Justice*,Oxford Univer-sity Press, Oxford.(1999)."Should Sex Equality Law Apply to Religious

Institutions", in Okin 1999, 85-94.

SVENSSON, F. (1979). "Liberal Democracy and Group Rights: The Legacy of Individualism and its Impact on American Indian Tribes", *Political Studies*, 27/3: 421-439.

SWIFT, A.M., GORDON, BURGOYNE, CAROLE, and ROUTH, D. (1995). "Distributive Justice: Does it Matter What the People Think", in J.R.Kluegel, D.S.Mason and B. Wegener (eds.), *Social Justice and Political Change: Public Opinion in Capitalist and Post-communist States*, Aldine de Gruyter, New York, 15-47.

TALISSE, R. (2000). *On Rawls*, Wadsworth, Belmont, Calif.

TAM, H. (1998). *Communitarianism: A New Agenda for Politics and Citizenship*, New York University Press, New York.

TAMIR, Y. (1993). *Liberal Nationalism*, Princeton University Press, Princeton.

TAWNEY, R.H. (1964). *Equality*, 4th edn. Allen and Unwin, London.

TAYLOR, Ch. (1991). "Shared and Divergent Values", in Ronald Watts and D. Brown(eds.), *Options for a New Canada*, University of Toronto Press, Toronto, 53-76. (1992). "The Politics of Recognition", in Amy Gutmann(ed.), *Multiculturalism and the "Politics of Recognition"*, Princeton University Press, Princeton, 25-73. (1997). "Nationalism and Modernity", in McKim and McMahan 1997, 31-55. (1999). *A Catholic Modernity*, Oxford University Press, Oxford.

TAYLOR, Ch. (1979). *Hegel and Modern Society*, Cambridge University Press, Cambridge. (1985a). *Philosophy and, the Human Sciences: Philosophical Iyapers*, Vol. ii, Cambridge University Press, Cambridge. (1985b). "Alternative Futures: Legitimacy, Identity and Alienation in Late Twentieth Century Canada", in Cairns and Williams 1985, 183-229. (1989a). Cross-Purposes. The Liberal-Communitarian Debate', in Nancy Rosenblum(ed.) *Liberalism and the Moral Life*, Harvard University Press, Cambridge, Mass, 159-182. (1989b). *Sources of the Self: The Making of the Modern identity*, Cambridge University Press, Cambridge.

TEMKIN, L. (1993). *Inequality*, Oxford University Press, New York.

THOMPSON, D. (1999). "Democratic Theory and Global Society", *Journal of Political Philosophy*, 7/2: 111-125.

Thucydides, *History of the Peloponnesian War*, Vol. II, Chapter 4. London. 1989 [B.C.400]

TILMAN, R. (2001). *Ideology and Utopia in the Social Philosophy of the Libertarian Economists*, Greenwood, New York.

TOMASI, J. (1991). "Individual Rights, and Community Virtues", *Ethics*, 101/3: 521–536. (2001). *Liberalism beyond Justice: Citizens, Society, and the Boundaries of Political Theory*, Princeton University Press, Princeton.

TONG, R. (1993). *Feminine and Feminist Ethics*, Wad-sworth, Belmont, Calif. (1998). *Feminist Thought: A More Comprehensive Introduction*, 2nd edn. Westview, Boulder, Colo.

TREMAIN, Sh. (1996). "Dworkin on Disablement and Resources", *Canadian Journal of Law and Jurisprudence*, 9/2: 343–359.

TRONTO, J. (1987). "Beyond Gender Difference to a Theory of Care", *Signs*, 12/4: 644–663. (1993). *Moral Boundaries, A Political Argument for an Ethic of Care* (Routledge, New York). (1995). "Care as a Basis for Radical Political Judgements", *Hypatia*, 10/2: 141–149.

TULLY, J. (1995). *Strange Multiplicity: Constitutionalism in an Age of Diversity*, Cambridge University Press, Cambridge. (2000). "Struggles over Recognition and Distribution", *Constellations*, 7/4: 469–482. and WEINSTOCK, D. (eds.) (1994). *Philosophy in an Age of Pluralism: The Philosophy of Charles Taylor in Question*, Cambridge University Press, Cambridge.

Turquet de Mayerne, L. *La Monarchie aristo-démocratique, ou le gouvernement composé des trois formes de légitimes républiques*. I. Paris. 1611.

TYLER, T., et al. (1997). *Social Justice in a Diverse Society*, Westview, Boulder, Colo.

UNGER, R. (1984). *Knowledge and Politics*, Macmillan, New York.

Valdés, M. *Shadows in the Cave. A phenomenological Approach to Literary Critism Based on Hispanic Texts*. Tronto. University of Toronto Press. 1982.

Valery, *Regards sur le monde actuel*. 1980.

VALLENTYNE, P. (ed.) (1991). *Contractarianism and Rational Choice: Essays on Gauthier*, Cambridge University Press, New York. (1997). "Self-Ownership and E-quality. Brute Luck, Gifts, Universal Dominance, and Leximin", *Ethics*, 107/2: 321–343. (1998). "Critical Notice of G. A Cohen *Self-Ownership, Freedom, and Equality*", *Canadian Journal of Philosophy*, 28/4: 609–626. and STEINER, HILLEL (eds.) (2000a). *The Origins of Left-Libertarianism: An Anthology of Historical Writings*, Palgrave, London. (eds.) (2000b). *Left-Libertarianism and its Critics: The Contemporary Debate* (Palgrave, London).

VALLS, A. (1999). "The Libertarian Case for Affirmative Action", *Social Theory and Practice*, 25/2:299-323.

VAN PARUS, P. (1991). "Why Surfers Should Be Fed: The Liberal Case for an Unconditional Basic Income", *Philosophy and Public Affairs*, 20/2:101-131. (ed.) (1992). *Arguing for Basic Income*, Verso, London. (1993). *Marxism Recycled*, Cambridge University Press, Cambridge. (1995). *Real Freedom for All*, Oxford University Press, Oxford. (2000). "Á Basic Income for All", *Boston Review*, 25/5: 4-8. (2001). *What's Wrong with a Free Lunch: A New Democracy Forum on Universal Basic Income*, Beacon Press, Boston.

VARIAN, H. (1985). "Dworkin on Equality of Resources", *Economics and Philosophy*, 1/1:110-125.

VINCENT, A. and PLANT, R. (1984). *Philosophy, Politics and Citizenship: The Life and Thought of the British Idealists*, Blackwell, Oxford.

VOGEL, U. (1988). "When the Earth Belonged to All The Land Question in Eighteenth-Century Justifications of Private Property", *Political Studies*, 36/1: 102-122. (1991). "Is Citizenship Gender-Specific?" in Vogel and Moran 1991, 58-85. And MORAN, M. (1991). *The Frontiers of Citizenship*, St. Martin's Press, New York.

VOICE, P. (1993). "What Do Children Deserve?" *South African Journal of Philosophy*, 12/4:122-125.

WALDRON, J. (1986). "Welfare and the Images of Charity", *Philosophical Quarterly*, 36/145: 463-482. (1987). "Theoretical Foundations of Liberalism", *Philosophical Quarterly*, 37/147:127-150. (1989). "Autonomy and Perfectionism in Raz's Morality of Freedom", *Southern California Law Review*, 62/3: 1097-1152. (1991). *The Right to Private Property*, Oxford University Press, Oxford. (1992). "Superseding Historic Injustice", *Ethics*, 103/1:4-28. (1993). *Liberal Rights: Collected Papers* 1981-1991, Cambridge University Press, Cambridge. (1995). "Minority Cultures and the Cosmopolitan Alternative", in Kymlicka 1995b, 93-121. (1999). *Laiv and Disagreement*, Oxford University Press, Oxford.

WALKER, B. (1998). "Social Movements as Nationalisms", in Couture, Nielsen, and Seymour 1998, 505-547.

WALKER, S. (1998). *The Rights Revolution: Rights and Community in Modern America*, Oxford University Press, New York.

WALL, S. (1998). *Liberalism, Perfectionism and Restraint*, Cambridge University Press, Cambridge.

WALLACH, J. (2000). "Can Liberalism be Virtuous?", *Polity*, 33/1:163-174.

Wallerstein, F. *The Modern world System. Vol. III. The Second Era of Great Expansion of the Capitalist World Economy*, 1730 - 1840. New York. 1989. *Geopolitics and Geoculture*. Cambridge. Cambridge University Press. 1995.

WALZER, M. (1981). "Liberalism and the Art of Separation", *Political Theory*, 12:315-330. (1983). *Spheres of Justice: A Defence of Pluralism and Equality*, Blackwell, Oxford. (1989). "Citizenship", in T. Ball and J. Farr (eds.), *Political Innovation and Conceptual Change*, Cambridge University Press, Cambridge, 211 - 219. (1990). "The Communitarian Critique of Liberalism", *Political Theory*, 18/1:6-23. (1992a) "The Civil Society Argument", in Mouffe 1992b, 89-107. (1992b). *What it Means to be an American* (Marsilio, New York). (1992c). "The New Tribalism", *Dissent*, Spring: 164-171. (1992d). "Comment", in Amy Gutmann (ed.), *Multiculturalism and the 'Politics of Recognition'* (Princeton University Press, Princeton), 99-103. (1994). *Thick and Thin: Moral Argument at Home and Abroad*, Harvard University Press, Cambridge, Mass. (1995a). "Pluralism in Political Perspective", in Kymlicka 1995b, 139 - 154. (1995b). "Response", in Miller and Walzer 1995, 281 - 298. (ed.) (1995c). *Toward a Global Civil Society*, Berhahn Books, Oxford. (1997). *On Toleration*, Yale University Press, New Haven.

WARD, C. (1991). "The Limits of 'Liberal Republicanism': Why Group-Based Remedies and Republican Citizenship Don't Mix", *Columbia Law Review*, 91/3: 581-607.

Ware, R./Nielsen, "Analyzing Marxism-New Essays on Analytical Marxism." In *Canadian Journal of Philosophy*. Supplement. Vol. 15, 1989.

WARE, R. (1989). "How Marxism is Analyzed: An Introduction", *Canadian Journal of Philosophy*, supplementary Vol. 15:1-26.

WARREN, M. (ed.) (1999). *Democracy and Trust*, Cambridge University Press, Cambridge.

WARREN, P. (1994). "Self-Ownership, Reciprocity, and Exploitation, or Why Marxists Shouldn't Be Afraid of Robert Nozick", *Canadian Journal of Philosophy*, 24/1:33-56. (1997). "Should Marxists be Liberal Egalitarians?" *Journal of Political Philosophy*, 5/1:47-68.

WEALE, A. (1982). *Political Theory and Social Policy*, Mac-millan, London.

Weber, M. *Wirtschaft und Gesellschaft*. Tübingen. Mohr. 1922.

Weil, E. *La philosophie politique*. Paris. Vrin. 1984 [1956].

WEINBERG,J.(1997)."Freedom,Self-Ownership,and Libertarian Philosophical Diaspora",*Critical Review*,11/3:323-344.(1998)."Self-and World-Ownership:Rejoinder to Epstein,Palmer,and Feallsanach",*Critical Review*,12/3:325-336.

WEINSTOCK,D.(1998)."Neutralizing Perfection.Hurka on Liberal Neutrality",*Dialogue*,38/1:45-62.(1999)."Building Trust in Divided Societies",*Journal of Political Philosophy*,7/3:287-307.(2000)."Saving Democracy from Deliberation",in Ronald Beiner and Wayne Norman (eds.),*Canadian Political Philosophy. Contemporary Reflections*,Oxford University Press,Toronto,78-91.

WEINSTOCK,D.(2001)."Citizenship and Pluralism",forthcoming in Robert L. Simon(ed.),*Blackwell Guide to Social and Political Philosophy*,Blackwell,Oxford.

WEISS,P.and FRIEDMAN,M.(eds.)(1995).*Feminism and Community*,Temple University Press,Philadelphia.

WEITZMAN,L.(1985).*The Divorce Revolution:The Unexpected Social and Economic Consequences for Women and Children in America*,Free Press,New York.

WENAR,L.(1998)."Original Acquisition of Private Property",*Mind*,107:799-819.

WENDELL,S.(1987)."Á(Qualified)Defense of Liberal Feminism",*Hypatia*,2/2:65-93.

WEST,L.(ed.)(1997).*Feminist Nationalism*,Routledge,London.

WEST,R.(1997).*Caring for Justice*,New York University Press,New York.

WHITE,P.(1992)."Decency and Education for Citizenship",*Journal of Moral Education*,21/3:207-216.

WHITE,S.(1991).*Political Theory and Postmodernism*,Cambridge University Press,Cambridge.

WHITE,S.(1998)."Interpreting the 'Third Way'",*Renewal*,6/2:17-30.(2000)."Review Article:Social Rights and the Social Contract-Political Theory and the New Welfare Politics",*British Journal of Political Science*,30:507-532.

WILLET,C.(1998).*Theorizing Multiculturalism:A Guide to the Current Debate*,Blackwell,Oxford.

WILLIAMS,A.(1998)."Incentives,Inequality,and Publicity",*Philosophy and Public Affairs*,27/3:225-247.

Williams,B.*Ethics and the Limits of Philosophy.*London.1985

WILLIAMS,M.(1998).*Voice,Trust and Memory:Marginalized Groups and the Failings of Liberal Representation*,Princeton University Press,Princeton.(2000).

" 'The Uneasy' Alliance of Group Representation and Deliberative Democracy", in Kymlicka and Norman 2000,124-152.

WILSON, L.(1988)."Is a 'Feminine' Ethic Enough?" *Atlantis*,13/2:15-23.

Wittgenstein, *Philosophical Investigations*. Oxford: Basil Blackwell.1968[1953].

WOLFE, A.and LAUSEN, J.(1997)."Identity Politics and the Welfare State", *Social Philosophy and Politics*,14/2:231-255.

Wolff, *Ius naturae Methodo Scientifica Pertractatum*. Vol.I.1741.

WOLFF, J.(1991), *Robert Nozick: Property, Justice, and the Minimal State*, Stanford University Press, Stanford, Calif.(1992)." Not Bargaining for the Welfare State", *Analysis*,52/2:118-125.(1996a).*An Introduction to Political Philosophy*, Oxford University Press, Oxford.(1996b)." Rational, Fair, and Reasonable", *Utilitas*, 8/3:263-271.(1998)."Fairness, Respect, and the Egalitarian Ethos", *Philosophy and Public Affairs*,27/2:97-122.

WOLFF, R.P.(1977).*Understanding Rawls*, Princeton University Press, Princeton.

WOLGAST, E.(1987). *The Grammar of Justice*, Cornell University Press, Ithaca, NY.

Wood, A.*Karl Marx*. London: Routledge & Kegan Paul.1981.

Wood, E." How Marxism Became Analytical?" In *Journal of Philosophy*. November.1989.

Wright, E.O."Marxism after Communism." In *Social Theory and Sociology*. ed.by Turner, S.P. London: Blackwell.1996.

WRIGHT, S.(2000).*Community and Communication*, Multilingual Matters, Clevedon.

YOUNG, I., M.(1981)."Toward a Critical Theory of Justice", *Social Theory and Practice*,7/3:279-302.(1987)." Impartiality and the Civic Public", in S. Benhabib and D. Cornell (eds.) *Feminism as Critique*, University of Minnesota Press, Minneapolis,56-77.(1989)."Polity and Group Difference: A Critique of the Ideal of Universal Citizenship", *Ethics*, 99/2:250-274.(1990). *Justice and the Politics of Difference*, Princeton University Press, Princeton.(1993)."Justice and Communicative Democracy", in Roger Gottlieb (ed.), *Radical Philosophy: Tradition, Counter-Tradition, Politics*, Temple University Press, Philadelphia, 123-143.(1995a). "Together in Difference. Transforming the Logic of Group Political Conflict", in Kymlicka 1995b,155-176.(1995b)."Mothers, Citizenship and Independence: A Critique ure Family Values", *Ethics*, 105/3:535-556. (1996). "Communication and the Other: Beyond Deliberative Democracy", in Seyla Benhabib (ed.) , *Democracy and Difference:Contesting the Boundaries of the Political*, Princeton University Press, Princeton, 120-135.

YOUNG, I., M. (1997a). " Á Multicultural Continuum: A Critique of Will Kymlicka's Ethnic-Nation Dichotomy", *Constellations*, 4/1:48-53. (1997b). "Political Theory:An Overview", in Robert Goodin and Hans-Dieter Klingeman (eds.) , *A New Handbook of Political Science*, Oxford University Press, Oxford, 479-502. (2000a). *Inclusion and Democracy*, Oxford University Press, Oxford. (2000b). "Self-Determination and Global Democracy. A Critique of Liberal Nationalism", in Ian Shapiro and Stephen Macedo (eds.) , *Designing Democratic Institutions*, New York University Press, New York, 147-183.

Zimmerli, W. Ch. (1988). *Technologisches Zeitalter oder Postmoderne?*